LOUIS XI

OUVRAGES DU MÊME AUTEUR

Les Archives (PUF, 1959; 5e édition, 1993).

Un conseiller de Philippe le Bel : Enguerran de Marigny (PUF, 1963).

Cartulaire et Actes d'Enguerran de Marigny (Imprimerie nationale, 1965).

Les Finances pontificales à l'époque du Grand Schisme d'Occident (De Boccard, 1966).

De Marco Polo à Christophe Colomb (Larousse, 1968).

Histoire de la Normandie (en collaboration; Privat, 1970).

Les Contribuables parisiens à la fin de la guerre de Cent Ans (Droz, 1970).

Finance et Fiscalité au bas Moyen Âge (CDU-SEDES, 1971).

Paris au xve siècle (Diffusion Hachette, 1974).

Le Commerce fluvial dans la région parisienne au xve siècle (Imprimerie municipale, 1975).

Philippe le Bel (Fayard, 1978; nouv. éd. entièrement revue, 1998).

La Guerre de Cent Ans (Fayard, 1980).

François Villon (Fayard, 1982).

La France médiévale (directeur d'ouvrage; Fayard, 1983; 2e édition, 1990).

Le Temps des principautés (Fayard, 1984), t. II de l'*Histoire de France* publiée sous la direction de Jean Favier.

De l'or et des épices. Naissance de l'homme d'affaires au Moyen Âge (Fayard, 1987).

Archives nationales. Quinze siècles d'histoire (en collaboration avec Lucie Favier; Nathan, 1988).

L'Univers de Chartres (Bordas, 1989).

Les Grandes Découvertes (Fayard, 1991).

Dictionnaire de la France médiévale (Fayard, 1993).

Paris. Deux mille ans d'histoire (Fayard, 1997).

Charlemagne (Fayard, 1999).

Jean Favier
de l'Institut

LOUIS XI

Fayard

Couverture : Médaille à l'effigie de Louis XI, réalisée pour le roi René par Francesco Laurana. C'est l'un des rares portraits du roi. Paris, Bibliothèque nationale de France, Cabinet des médailles. Cliché © BNF.

Avant-propos

L'historien du Moyen Âge ne peut que s'interroger à propos de Louis XI. D'abord parce qu'il n'échappe pas à l'image noire que l'on en a si souvent brossée, nourrie d'un petit chapeau et de médailles, de têtes tranchées et de cages de fer, de manquements à la parole donnée et de coups tordus. Ensuite parce que le bilan ne saurait être sous-estimé, fait d'une France influente en Europe, d'un État consolidé et d'un pays en paix. Enfin parce que, plus qu'aucun autre avant lui, Louis XI a laissé par écrit ce qu'il avait en tête.

Dans quelque domaine que l'on poursuive des recherches, on le rencontre. De la diplomatie aux infrastructures commerciales, de la monnaie à la poste aux lettres, des fondements du gallicanisme à ceux de l'unité politique du royaume, on ne peut éviter Louis XI. On ne saurait considérer l'histoire de l'Angleterre, celle de l'Espagne ou celle de l'Italie sans lui faire place. Ses échecs même, en matière économique par exemple, sont de ceux qu'il faut souligner. Il en va de même de ses absences, comme dans l'émergence d'une nouvelle pensée universitaire ou dans celle de l'humanisme et de l'art renaissant.

J'ai donc, à mon tour, voulu m'interroger sur Louis XI et conduire mes lecteurs à cette interrogation. Parti sans autre idée préconçue que ce que me valaient mes lectures antérieures, je suis arrivé à une tout autre vue de l'homme, ou plutôt du roi. On ne s'étonnera pas de trouver en ce livre deux portraits, celui de l'homme, qui s'imposait pour commencer, celui de l'homme d'État, en quoi j'ai voulu construire une conclusion car il supposait déjà énoncées les péripéties d'une vie publique.

L'historien ne dispose pas de l'histoire. J'avais souhaité conduire ce livre en traitant successivement des différentes affaires qui ont marqué le règne de Louis XI. L'universelle araignée ne m'en a pas laissé le droit. Ayant dans le même temps l'esprit aux questions les plus diverses, combinant son action sur des théâtres d'opérations diplomatiques ou militaires différents et souvent éloignés, mêlant à tout instant le politique, l'économique et le religieux, ce roi qui tirait tous les fils à la fois m'a contraint, plus que je ne l'aurais voulu, à le suivre année après année. La chronologie que j'ai dressée à la fin de ce livre est délibérément détaillée : elle montre à quel point les affaires se croisent dans les mêmes temps. S'il est aisé dans l'absolu d'évoquer de manière distincte les relations avec Florence, l'affaire de Catalogne, les séquelles de la guerre de Cent Ans, le « navigage de France », la destruction de l'État bourguignon et les affrontements avec le pape, tout s'entrecroise dans la réalité, et l'on ne peut parler d'une affaire en voulant ignorer ce que trame ailleurs et dans le même temps le roi ou ce qu'entreprennent ses partenaires du jeu européen.

Je dois dire ma gratitude envers ceux qui m'ont précédé. Elle va d'abord aux érudits qui ont publié les sources de l'histoire de Louis XI, et avant tout à Vaesen et Charavay qui ont eu le mérite de rassembler une correspondance combien éparse et d'en donner une édition pour longtemps définitive. C'est cette correspondance qui m'a conduit. Je dois aussi dire ma dette envers ceux qui, depuis trente ans, c'est-à-dire depuis le temps de Bittmann, Vaughan et Kendall, ont apporté, par leurs recherches, de nouvelles informations ou de nouveaux points de vue dont j'ai évidemment tenu compte. C'est pour moi un devoir de dire combien j'ai tiré parti des recherches de Michel Mollat, de Jean Dufournet, de Bernard Guenée, de Philippe Contamine, de Werner Paravicini, de Bernard Chevalier, de Bertrand Schnerb, de Jacques Krynen, de Franca Leverotti, de Neithard Bulst, de Colette Beaune et de tant d'autres que je ne puis citer tous. Bien que je n'aie pu le lire qu'à un moment où ce livre était presque achevé, j'ai également profité avec bonheur du très beau travail de Jean-François Lassalmonie.

J'ai voulu, le plan que j'ai choisi le montre bien, distinguer le portrait de l'homme qu'eût été Louis XI s'il n'avait été roi et celui de l'homme d'État qu'il fut. Après tant de siècles où s'est imposée la légende noire développée par les romantiques et où elle a persisté dans les esprits, une remise en cause s'impose à l'historien d'aujourd'hui. Ce livre n'est pas pour autant une apologie. Mais le règne de Louis XI demeure un moment décisif de l'histoire de France, et le roi en fut le premier acteur. J'ai voulu montrer les fondements de son action et en retracer les cheminements. L'historien n'a pas à juger. Au moins est-il là pour aider à comprendre.

Saint-Maur, 18 mai 2001.

Note

J'ai cité bien des textes. Ils sont la chair de l'histoire. Si l'on excepte quelques documents dont l'original est en latin ou en italien, la plupart des citations viennent de textes en français. Même si les mots sont presque tous de ceux qu'a conservés la langue actuelle, les tournures du style sont parfois telles qu'elles déconcertent le lecteur peu familier de tels textes. J'ai donc pris la liberté de moderniser quelque peu mes citations, d'en alléger la phrase, d'y introduire des ponctuations conformes à notre usage.

Il en va de même pour les noms de personne. S'il n'y avait pas à toucher aux patronymes, j'ai adopté pour les prénoms la forme la plus actuelle et pour les noms de seigneuries la forme actuelle du nom de lieu. Ainsi ai-je écrit Louis et non Loys, Jean – ou Juan – et non Jehan, Bourgogne et non Bourgongne, Savoie et non Savoye, Dammartin et non Dampmartin. De même ai-je préféré Cœur à Cuer. Pour les souverains et les princes, j'ai suivi l'usage qui fait passer la clarté avant la logique en adoptant les formes françaises Sixte IV, Édouard IV ou Laurent le Magnifique et non Sisto IV, Edward IV ou Lorenzo il Magnifico, cependant que je gardais les formes John Howard, Giangaleazzo Sforza ou Francesco Salviati. Par souci de parallélisme avec les autres banquiers italiens, j'ai cependant gardé Medici et non Médicis.

Divers personnages apparaissent dans l'histoire – et dans les documents – sous des noms et des titres différents, ce qui égare parfois le lecteur. D'autre part, le même titre a été porté par plusieurs. Le risque de confusion n'est pas moindre quand un personnage n'est désigné, notamment par Louis XI lui-même dans sa correspondance, que par sa fonction : ainsi les nombreuses lettres à Pierre de Morvilliers, à Guillaume Juvénal des Ursins ou à Pierre Doriole, qui comportent pour toute adresse « Chancelier », les lettres à Antoine de Dammartin adressées à « Monseigneur le Grand Maître » ou les lettres à Gaspard Bureau qui commencent par « Maître de notre artillerie ». Il en va de même pour les adresses de courtoisie : le roi écrit « Mon Fils » à l'amiral, c'est-à-dire au Bâtard de Bourbon. Au risque de quelques anachronismes qu'on voudra bien me pardonner, j'ai choisi de dispenser mon lecteur d'une fastidieuse identification et de n'utiliser couramment que l'un de ces noms. Afin d'aider à la lecture de certains textes et d'autres ouvrages, des renvois ont été portés à l'index. En voici quelques exemples (en italique, les noms le plus souvent retenus dans ce livre).

Charles de France, duc de Berry, duc de Normandie, duc de Guyenne.

Charles de Bourgogne, comte de *Charolais*, puis duc de Bourgogne, dit *le Téméraire*.

Louis de Luxembourg, *comte de Saint-Pol*, dit le Connétable.

Antoine de Bourgogne, dit *le Grand Bâtard de Bourgogne*.

Pierre de Bourbon, seigneur de *Beaujeu*.

Pierre de Rohan, seigneur de *Gié*, maréchal.

André de Laval, seigneur de *Lohéac*, maréchal.

Jean de Lescun, dit *le Bâtard d'Armagnac*, comte de Comminges, maréchal.

Jean de Bourbon, dit *le Bâtard de Bourbon*, comte de Roussillon, amiral.

Charles d'*Amboise*, seigneur de Chaumont.

Antoine de Chabannes, comte de *Dammartin*, grand maître.

Georges II de *la Trémoille*, sire de Craon.

Philippe de *Crèvecœur*, seigneur d'Esquerdes.

Jacques de *Beaumont,* seigneur de Bressuire.

Jean *Blosset,* seigneur de Saint-Pierre.

Jean *Balue*, dit le cardinal d'Angers.

Philippe de *Commynes*, seigneur d'Argenton.

Jean de *Daillon*, seigneur du Lude.

Ymbert de *Batarnay*, seigneur du Bouchage.
Odet d'*Aydie*, seigneur de Lescun, comte de Comminges.
Jean de Montespedon, dit *Houaste*.
Jean *Bourré*, seigneur du Plessis.

Il m'a semblé souhaitable de simplifier de même la numérotation de certains féodaux, dont on sait qu'elle diffère d'un auteur à l'autre selon que l'on prend en compte ou non les différents lignages qui se succèdent pour une même seigneurie. Ainsi, pour ne prendre qu'un exemple, ai-je nommé Charles du Maine le frère du roi René, premier comte du Maine du lignage issu du roi Jean le Bon, et Charles II son fils, qui sont normalement connus sous ce nom, sans compter, comme l'ont fait avec de bonnes raisons certains historiens, les princes de la précédente maison d'Anjou, issus de Louis VIII, qui ont possédé le Maine mais, comme les deux Charles d'Anjou, rois de Naples, ou comme Charles de Valois, n'en ont porté le titre que secondairement et à la suite des autres.

Le lecteur s'apercevra vite qu'il y a, tout au long de cette histoire, un grand nombre de protagonistes ayant Charles pour nom. Il y a en particulier, outre le roi Charles VII et le futur roi Charles VIII, plusieurs princes : le duc de Guyenne, le duc de Bourgogne, le duc de Bourbon, le comte du Maine, le comte d'Eu et quelques autres. Pour aider à la lecture de ce livre, dès les premières mentions que je fais de ce prince, j'ai délibérément donné à Charles de Bourgogne, d'abord comte de Charolais, puis duc de Bourgogne, le surnom de « Charles le Téméraire » qu'il n'a cependant jamais porté : il n'est pas cité ainsi avant le XVIIe siècle et ce nom n'est devenu usuel en français qu'à la fin du XIXe. Jusque-là, il est plutôt appelé « le Guerrier » ou « le Hardi », nom qu'utilise encore en 1894 l'historien Bernard de Mandrot. On dit encore *den Stoute* en flamand, *the Bold* en anglais et *der Kühn* en allemand, surnoms qui n'ont aucune signification péjorative et peuvent se traduire par « le Hardi » plus que par « le Téméraire ». Faut-il rappeler que « le Hardi » était déjà, peut-être gagné au côté du roi Jean le Bon, son père, à la bataille de Poitiers, le surnom du premier des ducs de Bourgogne de la maison de Valois ? Il va de soi que, en adoptant pour la commodité de mes lecteurs l'appellation devenue traditionnelle en français, je ne porte aucun jugement de valeur sur le personnage, non plus que sur les travaux en langue étrangère qui utilisent un autre nom.

PROLOGUE

Témoins et témoignages

Le premier témoin de son règne, c'est le roi. Dans son art de gouverner, la correspondance occupe une place d'exception. Il informe, il explique et il ordonne. L'historien se doit d'être attentif à ce que les dires du roi ont de personnel en la forme et de subjectif, voire de tendancieux, quant au fond. C'est sa vérité, quand ce n'est pas son mensonge. Ni l'une ni l'autre ne sont indifférents. Ces lettres au ton toujours assez naturel ont fait l'objet d'une publication, combien utile, en dix volumes (plus un précieux volume d'itinéraire et d'index) par Vaesen et Charavay. À côté des lettres missives, il faut faire place aux lettres patentes dont un bon nombre ont été publiées sous l'appellation globale d'ordonnances et se trouvent souvent dans l'irremplaçable recueil des *Ordonnances des rois de France de la troisième race.*

Si les lettres adressées au roi sont moins bien conservées, elles n'en sont pas moins précieuses. Les ambassadeurs de Milan, de Florence, de Venise, de Mantoue, mais aussi d'Aragon, sont en revanche au premier rang de ces témoins dont les maîtres attendent les récits précis et impartiaux qui les aideront à former leur jugement et à mener leur politique. L'historien ne saurait s'en priver.

Naturellement, il y a la masse des archives produites ou conservées par les organes du pouvoir, les grandes institutions judiciaires ou financières de la monarchie et celles des princes territoriaux comme les institutions municipales des villes grandes et moyennes. Ajoutons à ces documents publics les quelques archives qu'ont laissées les opérateurs du monde économique, avant tout les grandes compagnies commerciales et bancaires de l'Italie.

Et puis, il y a les historiens. Chroniqueurs du présent ou mémorialistes d'un passé récent, ils sont à la fois conteurs, rapporteurs et analystes. Notant ce qu'ils ont vu ou ce qu'on leur a dit, ils ne se privent pas de porter des jugements et d'en colporter. Leurs sources sont diverses, de la rumeur des rues à celle des cours, des propos entendus aux documents vus.

Les chroniqueurs bourguignons ont ici la part belle. Officier du duc, Matthieu d'Escouchy continue à titre privé jusqu'à l'année 1461 la chronique d'Enguerrand de Monstrelet, et il y montre une réelle impartialité dans les jugements. D'autres écrivent sur commande, et les ducs se sont souciés d'être à cet égard bien servis. Georges Chastellain est un fidèle du duc de Bourgogne. Écuyer de Philippe le Bon, chroniqueur officiel de la cour à partir de 1455 et siégeant au Conseil, il est fort bien informé des négociations et des décisions. Son récit, qui commence en 1419, prend l'intérêt d'un témoignage de première main à partir des années 1440. Chastellain le poursuit jusqu'à sa mort en 1475. Il a pour successeur le poète Jean Molinet, qui continuera son œuvre jusqu'au temps des Habsbourgs. La précision du récit l'emporte naturellement sur une impartialité qu'on ne peut attendre d'un serviteur du Téméraire. C'est à Chastellain et à Molinet – l'un et l'autre dans une ballade – que l'on doit l'image qui colle si justement à la personnalité de Louis XI, celle d'une « universelle araignée ».

On ne peut négliger Jean de Wavrin qui, né vers 1400, a d'abord participé dans les armées anglaises et bourguignonnes à bien des combats de la guerre de Cent Ans et dont Philippe le Bon a fait l'un de ses négociateurs préférés. Dans une histoire de l'Angleterre depuis l'Antiquité légendaire, ce gentilhomme épris de romans de chevalerie fait une large place aux événements dont il a été l'acteur et le témoin. Composée entre 1469 et la mort de Wavrin vers 1473, la dernière partie est du plus grand intérêt pour l'histoire des relations anglo-bourguignonnes jusqu'au rétablissement d'Édouard IV en 1471.

Du côté français, on ne peut malheureusement compter sur

l'écriture officielle. L'une des sources essentielles de l'histoire de France a été, jusqu'au temps de Charles VII, l'œuvre des religieux de Saint-Denis. On verra dans quelles circonstances Louis XI y a mis un terme. Ceux qui s'emploient ensuite à tenir la chronique du règne, Danicot, Castel et Levrien, n'apportent guère d'informations utiles. Le roi n'a, semble-t-il, ni voulu ni pu entretenir des chroniqueurs de la qualité de ceux qui, tels Jean Juvénal des Ursins ou le Héraut Berry, ont assuré la mémoire du règne de Charles VI. Une grande tradition s'interrompt. Les *Grandes Chroniques de France* que publie en 1476 le libraire Pasquier Bonhomme s'arrêtent à l'année 1450.

D'autres récits nous sont heureusement parvenus, qui ne doivent rien à l'initiative royale. Ainsi celui de Jean Maupoint, ce fils d'un sergent parisien, lui-même prieur de Sainte-Catherine-de-la-Couture, qui a tenu un journal dont les parties conservées couvrent les années 1437-1469. Quelques additions tardives, dues à l'auteur lui-même, ont complété un récit qui intéresse particulièrement l'histoire des événements survenus à Paris, mais aussi celle des réactions de l'opinion publique aux informations qui circulent dans la capitale. On ne peut, en revanche, lui faire créance pour le récit de négociations ou de campagnes dont il n'a eu que l'écho déformé par la rumeur.

Du même ordre est le journal de Jean de Roye, fâcheusement dénommé *Chronique scandaleuse.* Notaire au Châtelet et familier du prévôt de Paris Robert d'Estouteville, puis secrétaire du duc de Bourbon, ce fils de bourgeois parisiens à peu près contemporain de Louis XI est proche du pouvoir. Témoin de ce qui survient à Paris, il apprend rapidement à l'hôtel de Bourbon ce qui se passe ailleurs, et même dans le cabinet du roi. Son métier en fait un professionnel de la précision et il se montre scrupuleux sur les moindres détails. Citant un mandement royal que l'on publie aux carrefours, il pense à nommer le secrétaire qui l'a visé, ce qui prouve qu'il a vu l'original. Racontant une fête, il observe que la pluie a endommagé une tapisserie. Mais le journal n'est pas tenu au jour le jour. Jean de Roye ne le cache pas lorsqu'il anticipe en rapportant une rumeur : « Desquelles choses n'était rien, et fut trouvé tout le contraire être vrai. » Il se trompe donc parfois lorsque, rapportant les faits avec quelques semaines de retard, il fournit une date à l'heure près mais fausse de quinze jours. Conservé pour les années 1460-1479, son œuvre est surtout précieuse pour les années 1464-1477. Ce sont les notes, suggestives et souvent pittoresques, d'un Parisien curieux de tout.

Venons-en à ceux qui ont écrit avec le recul du temps. Les deux principaux narrateurs du règne de Louis XI, Philippe de Commynes et Thomas Basin, ont été passablement mêlés aux événements, et leurs souvenirs autant que leurs jugements n'en sont que plus originaux. Mais Commynes et Basin écrivent sur le tard, et le temps a passé entre les faits et l'écriture. Naturellement, les positions sociales et politiques contribuent à marquer la différence entre les deux récits : Commynes est un chevalier, Basin un évêque. Par rapport au pouvoir, Commynes a réussi à se trouver toujours du bon côté, Basin a fini par être du mauvais. L'un et l'autre sont soucieux de composer, voire de prouver : Commynes éprouve le besoin de se justifier, Basin celui de se venger.

Fils d'un bailli de Flandre, chambellan du duc de Bourgogne, chevalier de la Toison d'Or, Philippe de Commynes est passé dans le camp du roi en 1472. Il alimente son récit de ses souvenirs personnels, car il était à Montlhéry comme à Péronne, mais aussi des souvenirs d'autrui glanés au fil des conversations, et celles qu'il a eues avec le roi lui-même ne sont pas les moindres. « Je ne sais ces choses, écrira-t-il à propos de la conquête de la Normandie, que ce qu'il m'en a dit et conté, car je n'étais pas sur les lieux. » Il en va de même pour les défaites du Téméraire en Suisse : « Il me fut dit par ceux qui y étaient. » Il l'avoue à nouveau à propos de l'affaire de Neuss : « Ce n'est pas le train de ma matière, car je n'y étais pas. » Il cite à l'occasion son informateur, par exemple le futur roi de Naples Frédéric d'Aragon : « J'en parle par le rapport de Monseigneur le prince de Tarente, qui le conta au roi en ma présence. » Mais il le dit tout net en d'autres cas : « J'ai vu beaucoup d'exemples de cette matière à l'œil, et ne parle pas par ouï-dire. »

De toute manière, le propos de Commynes n'est pas de porter témoignage mais de fonder sur son expérience les leçons qu'il croit pouvoir tirer de l'histoire. « Les bêtes et les gens simples ne s'amuseront point à lire ces *Mémoires*, mais princes ou autres gens de cour y trouveront de bons avertissements. »

Jouant admirablement de la langue française, campant les situations et brossant les portraits, rapportant les dires des acteurs et les propos des entourages, Commynes n'en est pas moins, en pages entières, un phraseur qui joint à d'utiles digressions de bien inutiles dissertations sur les vertus qu'il attend d'un prince ou d'un conseiller. Il ne manque pas d'attirer à tout propos l'attention sur le fait qu'il en a trop connus pour ne s'être pas fait une philosophie de l'action politique. « Retournons à nos opinions » est un aveu.

Mais Commynes ne perd jamais le fil de son récit. Il y revient, et avec une précision stupéfiante. Certes, il est aisé de trouver en sa chronologie quelques erreurs. Elles sont de faible importance. Lui-même, d'ailleurs, s'excuse de son imprécision en rappelant son propos, qui n'est pas celui d'un historien, et en laissant à son lecteur le soin de mettre de l'ordre dans les faits.

> Je ne vous garde point l'ordre d'écrire que font les historiens, ni nomme les années, ni proprement le temps que les choses sont advenues, ni ne vous allègue rien des histoires passées pour exemple, car vous en savez assez et ce serait parler latin devant les cordeliers, mais seulement je vous dis grossement ce que j'ai vu et su, ou ouï dire aux princes que je vous nomme. Vous êtes du temps que toutes ces choses sont advenues, par quoi n'est pas besoin de très justement vous dire les heures ni les saisons.

Il n'y a pas à gloser l'excuse : écrivant vingt ou trente ans après bien des faits, l'auteur ne peut se faire d'illusions sur la capacité de ses futurs lecteurs à restituer la précision qui manque au récit. La question se pose alors, comme pour tout mémorialiste qui écrit sur le tard : Commynes avait-il pris des notes ? Elle se pose quant au déroulement des faits, à certaines localisations (Champtoceaux pris pour Champtocé) et à l'estimation souvent excessive des distances (Montlhéry à trois lieues de Longjumeau, soit le double de la réalité, et la butte du château à deux lieues du village, soit dix fois la réalité). Il en va de même pour une chronologie parfois attentive au jour et à l'heure malgré ce qu'en dit l'auteur, mais souvent relative et parfois fausse :

ainsi le Téméraire aurait-il appris la paix d'Ancenis après le départ de Balue, la nouvelle ayant mis près d'un mois pour venir d'Ancenis à Péronne. La question ne se pose pas moins pour les paroles citées, pour les propos tenus en confidence, pour les dialogues publics et privés. Jamais le mémorialiste ne fait allusion à quelque note que ce soit, et l'historien de notre temps a quelque peine à discerner ce qui relève de la mémoire et ce qui est reconstitution. Nous ne nous sommes pas privé de ces citations dont le ton est toujours vraisemblable. Il faut se rappeler qu'elles ont été intégrées dans un récit composé autour de 1490 à la suggestion de l'archevêque de Vienne Angelo Cato, lui aussi fidèle du Téméraire passé à Louis XI.

Publiés pour la première fois à Paris en 1524, ces *Mémoires* ne peuvent laisser indifférents les historiens qui suivent. Mais parce que son nom est attaché à celui de Louis XI, Commynes suscite au fil des siècles de violentes réactions. Voltaire voit en lui le traître, Chateaubriand le naïf, Sainte-Beuve le fourbe, un « Machiavel en douceur ». Au XIXe siècle, Kervyn de Lettenhove récuse le témoignage d'un traître à la Bourgogne dont il fait un peu vite un traître à la Belgique. L'opinion que l'on se fait de Louis XI tient évidemment à ce que l'on pense de son laudateur, et celui-ci ne cesse d'avoir en tête la nécessaire justification de son changement de camp. Pour Kervyn de Lettenhove, un traître est nécessairement un faussaire. Le temps ne viendra qu'au XXe siècle d'une critique sérieuse du témoignage d'un Commynes évidemment porté à des inflexions, voire aux travestissements qui l'arrangent. Encore certains analystes comme Karl Bittman, Jean Dufournet et Samuel Kinser s'acharnent-ils à mettre en doute tout le témoignage par une hypercritique des omissions dont beaucoup ne sont que l'effet du temps qui a passé. Kendall, avec sagesse, prend une position équilibrée : on peut suivre Commynes, mais à condition de ne jamais oublier ce qu'il entend démontrer. Récemment, Joël Blanchard a donné une analyse fine des idées politiques de Commynes, largement développées au temps de Charles VIII et de Louis XII.

L'évêque Thomas Basin a été très proche de Charles VII, moins proche de Louis XI avant 1469 et poussé à l'exil à cette date après avoir tenu en Normandie, lors de l'éphémère apanage de Charles de France, un rôle que Louis XI ne lui pardonne pas. C'est alors, à Louvain puis à Utrecht, qu'il compose à partir de 1473 son *Histoire de Louis XI* pour faire suite à l'*Histoire de Charles VII* qu'il a rédigée en 1471 et 1472. Il achèvera son œuvre en 1484 et procédera alors à une très soigneuse révision du tout. Basin est donc, pour la première partie du règne, un témoin fidèle dans le récit mais de médiocre impartialité dans les jugements. Pour les années suivantes, c'est un conteur de deuxième main, mal documenté par la force des choses et souvent réduit à des sources orales. Rapportant le coup de théâtre de Trèves, il précise lui-même qu'il était présent mais qu'il n'a pu « savoir le vrai et le certain » de l'affaire. Certes, l'évêque en exil a bénéficié d'informateurs, il a quelque peu correspondu, il a eu accès à quelques archives. Lui aussi est trompé par sa mémoire quant à certaines dates – l'erreur est d'un mois pour le traité de Conflans – ou aux distances, mais faut-il récuser tout son témoignage parce que, écrivant huit ans plus tard, il situe Montlhéry à quatre ou cinq lieues de Châteaudun alors qu'il en est bien trente ? Dans l'ensemble, son œuvre est des plus utiles, parce que nourrie de ses souvenirs d'antan, de ses observations du moment et de ses conversations de toujours.

Désireux d'écrire une histoire à la manière antique, celle de Suétone, ce grand amateur des lettres classiques et des historiens romains qu'est Basin a, tout autant que Commynes mais avec des orientations différentes, le désir de brosser une histoire qui soit une leçon de morale politique. Son hostilité envers un roi qui n'a pas jugé bon de le prendre parmi ses conseillers entache sérieusement son témoignage, même si, jusqu'à la brouille de 1469, il a pris part à l'histoire qu'il raconte et sur laquelle il s'abandonne parfois à des propos personnels relativement savoureux.

Secrétaire du roi à partir de 1475, clerc des Comptes en 1482, Nicolas Gilles est l'auteur d'une vaste fresque, *Annales et Chroniques de France* qui, composée après la mort de Louis XI et imprimée en 1492, n'est d'abord qu'une compilation des *Grandes Chroniques de France*. Son récit prend cependant une plus sensible originalité pour les années où l'auteur s'est trouvé mêlé aux affaires.

Bien que l'essentiel de son œuvre d'humaniste se situe dans le contexte universitaire, Robert Gaguin a été à plusieurs reprises proche de Louis XI, dont il fut même en 1477 l'ambassadeur en Allemagne. L'histoire de France qu'il publie en 1495 sous le titre *Compendium de Francorum origine et gestis* est avant tout une réfutation des prétentions italiennes à la primauté historique et intellectuelle. Il n'y fait à Louis XI qu'une part modeste, développant les thèmes de la grandeur et de la continuité de la puissance royale plus que le récit, assez succinct, des événements.

Il faut aussi évoquer, parmi ces historiographes tardifs, Olivier de la Marche, un noble lettré très présent à la cour du duc de Bourgogne qui en fait son chambellan, lui confie le commandement de sa garde, le retient à son Conseil et s'en sert parfois comme ambassadeur. Il est connu pour avoir été l'organisateur du « Banquet du Faisan ». En 1474, à la veille des premiers déboires du Téméraire, Olivier de la Marche compose un *État de la maison du duc Charles de Bourgogne* qui est une description précise des structures et un récit de la vie de cour au quotidien. Par son rôle auprès de Philippe le Bon et de Charles le Téméraire, Olivier de la Marche a assurément beaucoup vu et entendu, mais c'est seulement à la fin du siècle que, pour l'éducation de Philippe le Beau, ce vieux fidèle de la maison de Bourgogne qui a su résister, après la chute du Téméraire, aux propositions alléchantes de Louis XI compose une chronique à la gloire des ducs de Bourgogne. Il s'y attache surtout à la vie de la cour, aux fêtes et au faste, montrant là un talent de conteur agréable et superficiel plus qu'une capacité à analyser l'histoire. Sa chronique n'en présente pas moins un réel intérêt pour l'époque de Philippe le Bon.

CHAPITRE PREMIER

Aux origines d'un caractère

Le fils du « Gentil Dauphin »

3 juillet 1423. la reine de France va accoucher. Pauvre reine que celle-ci. Marie d'Anjou, une jeune princesse de vingt et un ans, a épousé l'année précédente le seul fils survivant du roi qui est en train de mourir fou, ce Charles VI que gouvernaient sa femme la reine Isabeau de Bavière et son cousin le duc de Bourgogne Philippe le Bon.

Fille de Louis II d'Anjou et de la très belle Yolande d'Aragon, la princesse Marie pouvait espérer un beau parti. Son père était duc d'Anjou et petit-fils de Jean le Bon, il était comte de Provence, il était roi de Jérusalem et de Sicile. Il est mort en 1417. Ses couronnes royales étaient fictives. La Sicile a été perdue par la première dynastie angevine, et dès le temps de son fondateur Charles d'Anjou, le frère de saint Louis : les Vêpres siciliennes ont en mars 1282 sonné le glas de son pouvoir dans l'île, désormais soumise à l'Aragon. Il en était resté un royaume continental, le royaume de Naples, que la dernière descendante des premiers Angevins, la reine Jeanne II, va léguer en 1423 au frère de Marie, le jeune Louis III d'Anjou, et que perdra définitivement, plus tard, le frère de celui-ci, le célèbre « roi René ». Liée à celle de Sicile, la couronne de Jérusalem n'est pas moins fictive. Saladin, en 1187, a repris la Ville sainte, et le titre n'est qu'un héritage pas même illusoire des Lusignan. Au moins, si les couronnes ne couvrent pas la réalité, Anjou et Provence suffisent à faire de Louis II un prince des fleurs de lis parmi les plus notables.

Yolande, elle, est fille du roi Jean Ier d'Aragon. Elle n'a pas encore cinquante ans. C'est une veuve impérieuse. Elle a le sens politique développé. Mariant sa fille Marie à un roi de France désemparé, elle sait ce qu'elle fait : elle fera de lui un homme d'État.

Car épouser Charles VII en 1422, alors que Henri V d'Angleterre semblait le maître des deux royaumes, c'est un pari risqué. Même s'il intitule ses actes « Charles, par la grâce de Dieu, roi de France », ses partisans traitent encore de « gentil dauphin » cet homme jeune – il a vingt ans quand naît son fils aîné – et apparemment falot. Quatre dauphins l'ont précédé, et il n'a joué aucun rôle dans les événements de 1413-1418. Le duc de Bourgogne l'a un temps enlevé pour le protéger des Armagnacs. Il a couvert d'une absence de réprobation l'assassinat de son cousin le duc de Bourgogne Jean sans Peur au pont de Montereau en 1419. En 1420, sa mère Isabeau de Bavière a accepté que le traité de Troyes le qualifie, pour le déshériter, de « soi-disant dauphin de Viennois ».

Devenu l'un des hommes forts de la cour du Charles VII triomphant, l'archevêque Jean Juvénal des Ursins aura beau gommer plus tard la formule dans la traduction latine qu'il donnera du traité dans son *Histoire de Charles VI,* elle se trouve bien à l'article 29 dans le texte original, en français, du traité scellé à Troyes le 21 mai 1420, texte enregistré à l'identique par la Chancellerie royale et par le Parlement. Elle ne peut qu'avoir gravement blessé le jeune Charles.

> Item, considéré les horribles et énormes crimes et délits perpétrés au royaume de France par Charles, soi-disant dauphin de Viennois, il est accordé que ni nous ni notre fils le roi Henri ni notre cher fils le duc de Bourgogne ne traiterons aucunement de paix ou de concorde avec ledit Charles, ni ne ferons traiter, sinon du conseil et assentiment de tous et chacun de nous trois et des trois états des deux royaumes dessus dits.

« Soi-disant dauphin », qu'est-ce que cela signifie ? À prendre ces mots au pied de la lettre, cela veut dire que Charles n'est pas le fils de son père, puisque, depuis le temps de Jean le Bon, l'aîné des fils du roi est automatiquement dauphin de Viennois. Telles étaient les dispositions contraignantes de la vente du Dauphiné au roi par le dernier dauphin, en 1349 : le Dauphiné ne devait jamais être uni à la Couronne. Pas fils de son père, cela implique l'adultère d'Isabeau. Outre le fait qu'à l'époque de la conception de Charles VII son père est dans l'un de ses moments de parfaite santé et qu'on le voit même participer à une joute, on voit mal une princesse de Bavière devenue reine de France passer par traité un aveu d'adultère sans y être le moins du monde forcée, puisqu'elle se trouve alors dans le camp vainqueur. On ne saurait cependant mettre la formule au compte d'une rédaction hâtive : l'ennemi auquel Henri V s'engage à faire la guerre sans accepter avec lui de paix ou de concorde est bien défini par Charles VI à l'article 12 : « Toutes cités, villes, châteaux, lieux, pays et personnes dedans notre royaume, désobéissants à nous et rebelles tenant la partie ou étant de la partie vulgairement appelée du Dauphin et d'Armagnac. »

Le « soi-disant » n'est pas une inadvertance. Encore faut-il noter que, déshéritant leur fils aîné par lettres patentes du 17 janvier précédent, comme coupable de l'assassinat de Jean sans Peur et pour cela indigne de tout honneur et de toute dignité, Charles VI et Isabeau n'ont enfreint aucune loi fondamentale du royaume : si la Couronne passe d'aîné en aîné depuis Hugues Capet, les théoriciens et les historiens savent bien que le roi est censément élu. Un siècle plus tôt, Charles IV mourant n'a pas dit que l'aîné de ses cousins devait lui succéder, mais que les pairs se réuniraient pour choisir celui qui leur semblerait en droit de recevoir la Couronne. Froissart ne craint pas de rapporter la chose sous Charles VI. L'idée du choix n'est donc pas absente des esprits, et c'est pour réfuter le traité de Troyes que les juristes de Charles VII formuleront plus tard la règle suivant laquelle la Couronne n'est pas disponible. En 1420, on joue sur les mots. Le futur Charles VII est qualifié de soi-disant « dauphin de Viennois », non de « dauphin » tout court, comme on dit alors depuis un bon demi-siècle pour qualifier l'héritier de la Couronne de France, et encore moins de soi-disant « fils de roi de France ». Les rédacteurs du traité de Troyes veulent dire, tout simplement, que Charles n'est plus dauphin, même s'il continue de se dire tel.

De là à dire que Charles n'a pas quelque inquiétude, il y a loin. On a beaucoup jasé sur la vie intime de la reine Isabeau, à laquelle était échu le sort peu enviable d'être la femme d'un fou auquel de nombreuses rémissions permettaient cependant de reprendre les relations conjugales et de donner à son épouse des enfants. Tout Paris a reproché à Isabeau ses fêtes, non moins qu'une affection jugée douteuse pour son jeune beau-frère Louis d'Orléans. Même s'il n'y a pas la moindre preuve d'un comportement répréhensible, il y avait sur l'instant matière à dauber. Cela ne peut avoir été ignoré du dauphin Charles. Au temps du traité de Troyes, Charles a dix-sept ans. C'est l'âge où l'on comprend. L'entourage, certes, n'a pas manqué de réconforter Charles VII.

L'impossibilité de se faire sacrer n'était pas pour arranger les choses. Il y faudrait, à tous égards, Jeanne d'Arc. Si le sacre de 1429 change l'état d'esprit du roi, on peut bien penser que, *a contrario*, être un roi non sacré est pour quelque chose dans cet état d'esprit des années 1422. Le jugement de Dieu est toujours présent dans les mentalités, et l'auteur du *Journal d'un Bourgeois de Paris* n'y échappera pas, qui trouvera étonnant, après le sacre de Henri VI à Paris, que le véritable roi – Henri VI – soit mal sacré et que le faux roi soit bien sacré puisqu'à Reims et avec l'huile de la Sainte-Ampoule.

Dans l'usage que l'on continue de faire, à la cour des bords de Loire, de l'appellation « gentil dauphin », il y a un peu d'attente d'un sacre aussi problématique que la route de Reims, mais il y a aussi le rappel d'une réalité politique bien tangible : le roi de France l'a privé du titre de dauphin de Viennois, mais le dauphiné de Viennois est une principauté d'Empire – dauphin veut dire comte – et c'est à Charles qu'il est fidèle, non à Henri de Lancastre. Charles fait bien savoir que, dans le Dauphiné, il reste bien le dauphin de Viennois.

N'allons pas, pour autant, peindre le « roi de Bourges » avec les couleurs blafardes que choisissent les gens du parti de Bourgogne quand ils lui donnent, dès la mort de Charles VI, ce surnom fâcheusement passé à la postérité. Le futur Louis XI est fils d'un homme meurtri, non du roi incertain de sa légitimité qu'a trop souvent présenté la légende noire. Il n'empêche que Louis XI gardera en son âge mûr le souvenir de cette incertitude. Lorsqu'en 1478 il se croira obligé de rappeler la naissance illégitime du roi Ferrante de Naples, il laissera tomber qu'après tout il est lui-même le petit-fils d'un fou et que sa grand-mère Isabeau était une catin, en sorte que lui-même n'est pas certain de ses parents.

Certes, la cour est à Bourges, et elle est médiocre. La reine accouche du futur Louis XI dans le palais des archevêques, qui n'est pas un palais royal mais n'a rien d'une masure. Peut-être faut-il rappeler que Charles V a préféré le séjour de l'hôtel Saint-Paul à celui du Louvre, que Charles VI y est mort cependant que la reine Isabeau avait élu domicile rue Vieille du Temple dans l'hôtel Barbette, c'est-à-dire dans la maison construite pour un riche bourgeois, puis à l'hôtel des Tournelles, une ancienne résidence du duc de Berry où elle laissera la place au régent Bedford, avant de s'installer, devenue veuve, à l'hôtel Saint-Paul. Un peu plus tard, la duchesse de Bedford Anne de Bourgogne mourra à l'hôtel de Bourbon et Isabeau de Bavière mourra à l'hôtel Saint-Paul. Quant au duc d'Anjou, grand-père du nouveau-né, il avait son hôtel rue de la Tixanderie, à mi-chemin de la place de Grève et des Tournelles, en plein quartier marchand. Louis XI gardera le goût d'une maison simple. Ne faisons pas de ce goût le fruit d'une naissance misérable.

Pour décorer l'archevêché de Bourges, on a emprunté des tapisseries qui appartiennent au duc Charles d'Orléans, lequel est, depuis Azincourt, prisonnier des Anglais. Mais un tel emprunt n'est en rien signe d'indigence : cela montre, simplement, que le dauphin devenu roi à Bourges n'a accès ni aux collections royales demeurées à Paris ni au marché parisien des tapisseries d'art, d'ailleurs passablement ruiné par la guerre civile. Les Bourguignons ont beau raconter que Charles VII n'a pas de quoi payer son bottier, cela ne peut que faire sourire : aucune cour princière ne paie comptant.

Le « royaume de Bourges »

Mais qu'y a-t-il autour de Bourges? De quoi est fait ce « royaume de Bourges » ? D'un mot, il est fait de la moitié de la France et, pour l'heure, de la meilleure.

Pour gouverner, pour administrer, pour juger, Charles VII ne manque pas d'hommes et d'institutions. Et d'abord, les princes. Son beau-frère le duc Louis III d'Anjou lui est naturellement fidèle, comme l'est le frère de celui-ci, le duc de Bar René d'Anjou. Petit-fils du duc de Berry, son cousin le duc Charles Ier de Bourbon, d'abord et jusqu'en 1434 comte de Clermont, a abandonné l'alliance du duc de Bourgogne, dont il a pourtant épousé la sœur, pour rallier dès 1419 le camp du dauphin. Si Charles d'Orléans écrit des poèmes en captivité, sa maison ne manque pas à Charles VII, et en premier son demi-frère Jean : celui que l'on appelle encore le Bâtard d'Orléans et qui sera le comte de Dunois, comptera bientôt parmi les plus valeureux capitaines du jeune roi. Pour n'être pas présent à la cour, le duc de Savoie garde sa fidélité au roi français. Si le duc Jean V de Bretagne conquiert alors son indépendance envers le roi de France, c'est envers les deux rois qu'il se garde de prendre parti. Charles VII ne peut compter sur lui, mais Bedford non plus.

Un personnage hors du commun se dresse dans l'entourage royal. Deuxième fils de Jean IV, donc frère du duc Jean V, Arthur de Bretagne, comte de Richemont, va sur ses trente ans. Il ne compte guère être duc : la succession de son frère paraît assurée. En fait, il sera duc, après ses neveux, pendant quelques mois. Il a commencé par préférer le camp anglais. C'est la reine mère Yolande d'Aragon qui le décide, en 1424, à rallier celui de Charles VII. En 1425, il est connétable de France. Beau-frère du duc de Bourgogne Philippe le Bon, dont il a épousé la sœur, veuve du premier dauphin Louis, il pourrait être de surcroît un utile intermédiaire en cas de nouvelles négociations. Trop agité pour plaire durablement à Charles VII, il ne restera en faveur que jusqu'en 1427, mais on sait qu'il sera, en 1450, l'un des principaux artisans de la victoire française.

Le dauphin Charles et ses fidèles ont tôt fait de reconstituer les organes d'un gouvernement royal. Une chancellerie est formée dès 1418, avec à sa tête, comme chancelier de France, le chevalier Robert Le Maçon, un ancien maître des requêtes qui a été chancelier de la reine Isabeau, puis du dauphin Louis. Le Maçon se démet dès 1421 mais il demeure au Conseil du dauphin Charles qu'il a sauvé lors de l'entrée des Bourguignons dans Paris en 1418. Lui succède l'évêque de Clermont Martin Gouge, un juriste de grande expérience qui a été trésorier du duc de Berry, puis général sur le fait des aides de Charles VI, puis conseiller politique du dauphin Louis pendant la réaction armagnaque de 1413, et enfin chancelier de Berry. En 1422, le dauphin le nomme un temps son lieutenant en Languedoc, mais lui laisse la direction de la Chancellerie.

Au Parlement, bien des conseillers ont préféré quitter Paris. Ils forment dès 1418 autour de Jean de Vailly, puis de Jean Jouvenel, un Parlement à Poitiers. Les maîtres des comptes fidèles à Charles VII sont à Bourges où se reconstitue une Chambre des comptes que complète une Chambre des monnaies. D'autres les joignent, en attendant que de nouveaux départs de Paris réunissent au sud de la Loire plus d'officiers royaux qu'il n'en restera dans la capitale de Henri VI.

Charles VII règne sur une France que borde au nord la Loire et au sud la Méditerranée, et qui va du Poitou et de la Saintonge à l'Auvergne, au Lyonnais et au bas Rhône. Le Dauphiné et le Valentinois lui sont acquis, à quoi il faut naturellement ajouter l'alliance de la Savoie et celle de la Provence angevine. Charles VII est même reconnu sur la rive droite de la Loire en Anjou. Le duc de Bourbon lui garde la fidélité du Bourbonnais, mais aussi celle de l'Auvergne et du Forez. Ce qui constitue encore le royaume de Charles VII est un ensemble territorial d'un seul tenant.

Lui échappe la Guyenne. De ce qui fut l'Aquitaine du Plantagenêt, il reste en effet à Édouard III Bordeaux, Blaye et Libourne au nord, Bayonne au sud, avec un arrière-pays qui ne dépasse que fort peu la basse Dordogne et n'atteint pas Agen sur la Garonne. La France du Lancastre est donc formée de deux ensembles que séparent durablement le Val de Loire et le Poitou. On comprend l'enjeu que vont représenter les ponts sur la Loire. Jusqu'à la fin de la guerre, c'est la Guyenne qui, n'étaient ses relations maritimes avec l'Angleterre, paraîtra isolée de la partie principale, essentiellement formée de la Normandie, de l'Île-de-France et de la Champagne. La Bretagne garde, on l'a dit, sous le duc Jean V son indépendance de fait. Le duc de Bourgogne a très vite compris qu'il n'était plus le maître à Paris, mais il n'entend nullement laisser le Lancastre se croire chez lui à Dijon ou à Bruxelles.

L'extension territoriale n'est pas tout. Le Languedoc, dont certains laisseraient entendre que, depuis les croisades du XIIIe siècle contre les Albigeois, il n'a jamais été totalement conquis par les Capétiens venus du nord, demeure fidèle à un Charles VII dont il eût été, en de telles circonstances, aisé de secouer le joug. Armagnac, Albret, Foix, les princes territoriaux ont plutôt considéré le roi comme un partenaire que comme leur maître, mais ils n'ont jamais mis en doute sa souveraineté. Charles VII n'aura pas grand-peine, en 1444, à mater la rébellion du comte d'Armagnac Jean IV, tenté par l'indépendance ou par l'adhésion au Lancastre.

Un tableau idéal de la France de Charles VII serait excessif. Les contribuables continuent de protester, les États de discuter l'impôt et les féodaux de se quereller. Si Charles VII est heureux de recruter, comme on le verra, des hommes d'armes étrangers, c'est que la noblesse française renâcle devant le service en armes : mieux vaut enrôler des professionnels étrangers que donner, comme on est parfois amené à le faire, des armes à des boutiquiers ruinés, à des paysans sans terre et à des clercs défroqués. Ces recrutements même suffisent à prouver que le roi peut payer les soldes : 38 000 livres tournois en six mois au seul John Stuart. C'est au Parlement de Paris que les conseillers se mettent plusieurs fois en grève parce qu'ils ne parviennent pas à se faire payer leurs gages, non à celui de Poitiers. Le « roi de Bourges » a, semble-t-il, deux à trois fois plus d'argent que son adversaire.

Il faut en effet parler des finances. Le régent Bedford est, dans la France du Nord, en position fragile : les Armagnacs sont nombreux à battre la campagne, et Paris prend les allures d'une ville assiégée : portes murées, sorties étroitement surveillées, psychose de complots. Nul ne se fait là-dessus d'illusions, il y a plus à Paris de partisans de Charles VII – qui ne se sont pas déclarés dans les années précédentes et n'ont donc souffert ni des bannissements ni des exils volontaires – qu'il n'y a dans le royaume « de Bourges » de partisans du Lancastre. On en vient à des mesures hautement impopulaires, comme de contraindre les Parisiens à inviter aux banquets de mariage un représentant du prévôt, uniquement chargé de veiller à ce que le festin ne soit pas une conspiration camouflée. Il en coûte à Henri V, et ensuite à son frère le duc de Bedford, régent pour le jeune Henri VI, de nombreuses garnisons, celle de Paris n'étant pas la principale, loin de là. Les garnisons de Normandie sont la ruine du Lancastre.

Pour tenir son royaume français, l'Anglais doit donc faire finance, et cela au prix d'une réelle impopularité. Lorqu'en 1421 il lève sur sa capitale un impôt payable en poids d'argent, car l'inflation est telle qu'une taxation en monnaie de compte n'aurait plus aucun sens, la levée se révèle difficile : en dix-huit mois, il n'en rentre pas la moitié. Les plus gros contribuables sont les plus mauvais payeurs : l'ancien concierge du Palais Antoine des Essarts, qui ne passe guère pour pauvre, n'a pas payé un denier sur les deux marcs qu'il devait. Les choses vont encore plus mal en Normandie, où les résistances sont vives et où les receveurs anglais ne cessent de rencontrer de réelles difficultés. Pendant toute la domination anglo-bourguignonne sur la France du Nord, c'est de la trésorerie de Winchester que vient l'argent des soldes, et Bedford est souvent obligé d'emprunter, notamment au banquier génois Jean Sac, l'argent que celui-ci fait rembourser en Angleterre à son associé Amfreon Spinola. Autant dire que l'occupation anglaise coûte cher à l'Angleterre, et que les Anglais renâclent.

Dans cette France de l'Anglais, les Français ne rechignent pas moins, et la réticence normale à toute fiscalité se double vite d'une déception. Bien peu de Français étaient prêts à accepter une domination anglaise, et le traité de Troyes demandait une justification. Celle-ci, c'était la paix. Un seul roi pour les deux royaumes de France et d'Angleterre, cela devait être la fin des compétitions en armes. La guerre allait cesser, la prospérité revenir comme au temps de la petite paix des dernières années du XIVe siècle. Le commerce allait renaître, les routes redevenant sûres. Et la relation aisée avec la Flandre industrielle comme avec l'Angleterre productrice de laine et d'étain ne pouvait que favoriser la reprise économique. Passe encore pour un gouvernement anglais, pensait le bourgeois, pourvu qu'il assure la paix. Or, c'est le contraire qui se rencontre. La guerre continue, sporadique en ces années qui voient naître le futur Louis XI, mais assez présente pour que subsistent l'insécurité et la dépression économique. Les Français voulaient bien accepter la paix anglaise, non soutenir et financer la guerre anglaise. De ce mécontentement, Charles VII profitera. Bourguignon de cœur, l'auteur du *Journal d'un Bourgeois de Paris* parle d'abord des « faux Armagnacs », voire des « brigands ». Après 1430, il commencera de dire « les Français ».

Charles VII, au contraire, a le profit de la fiscalité habituelle des régions qui lui sont soumises. Elle lui suffit à payer la solde de quelques soldats et les gages de ses officiers. Le roi ne devra l'alourdir qu'après 1435, quand viendra le temps des fortes armées de la reconquête.

Ce qui est vrai, c'est que Charles VII n'a plus de capitale. Lui-même s'est d'abord installé à Bourges, parce qu'il y était chez lui et pas trop loin de Paris. Pour résidence, il dispose d'un palais aménagé par son grand-oncle, le duc Jean de Berry. Il a même, complément du palais, une Sainte-Chapelle dont le nom seul souligne la présence souveraine. Charles affectionne, autre héritage de Jean de Berry, le superbe château de Mehun-sur-Yèvre. Mais les revers des années 1423-1424 le contraignent soudainement à déménager : Bourges est trop exposé. Poitiers n'offrant pas une meilleure sécurité, le roi réside alors dans ses forteresses, à Loches ou à Chinon, voire à Amboise après qu'il a, en 1431, confisqué le château sur un Louis Ier d'Amboise compromis avec La Trémoille, ou dans ceux du duc d'Anjou, à Loudun ou à Saumur. Les organes centraux qu'il reconstitue – y compris le Conseil – sont disséminés entre Bourges et Poitiers.

À la longue, ce qui semblait provisoire se perpétuant, Charles VII finira par se convaincre qu'il lui faut établir son siège dans une véritable ville et sa plus grande assurance politique fera taire, dans les années 1430 et surtout à partir de 1444, les appréhensions qu'il nourrissait à l'égard des populations urbaines. La forteresse ne lui paraît plus indispensable. Tours l'emporte alors dans ses habitudes. Il loge parfois au château, encore que l'inclusion de celui-ci dans la ville le mette mal à l'aise. Plus souvent, il s'installe pour quelque temps chez l'un de ses proches, dans l'un des manoirs ou des relais de chasse de la région proche. Après 1444, il occupe volontiers le petit château des Montils, à l'ouest de Tours, qui appartient à l'un de ses familiers et qu'il rénove à grands frais avant même que son fils songe à l'acheter. Alors même qu'en 1436 Paris est de nouveau à lui, c'est à Tours qu'il revient entre les campagnes. Quand elle ne l'accompagne pas, c'est là que l'attend la reine Marie. Cela ne lui interdit pas de revenir en Berry, et l'on sait qu'il mourra à Mehun-sur-Yèvre.

Le futur Louis XI restera marqué par cette enfance provinciale. Sensible aux intérêts de la bourgeoisie, se plaisant dans les villes et dans les maisons citadines, il sera toujours réticent envers une capitale que son père a quittée en fugitif après y avoir vécu des heures dramatiques. Et il se trouvera bien d'une ville moyenne qui, sans jamais prétendre au titre de capitale, en a quand même tenu la place jusqu'à la reprise de Paris en 1436.

Autre élément négatif de la conjoncture politique, Charles VII n'a encore ni les moyens ni l'énergie nécessaires pour mettre sur pied une véritable armée. Alors qu'on finit à peine de fêter la naissance de Louis, l'armée de son père se fait battre à Cravant en Champagne, le 30 juillet, par les Anglais. Malgré la victoire remportée quelques semaines plus tard, le 26 septembre, à La Gravelle, dans le Maine, par les Français du comte Jean d'Aumale sur l'armée de William de la Pole, le futur duc de Suffolk, les perspectives sont sombres pour le « roi de Bourges ». Nul n'ose encore évoquer une reconquête. Charles VII n'est pas aussi démuni que le disent ses ennemis. Il est loin de passer pour ce qu'il sera dans trente ans, Charles le Victorieux.

Un prince nommé Louis

La venue au monde du jeune prince ne passe pas inaperçue. On carillonne à tous les clochers, on allume des feux de joie, on crie « Noël ! », on dépêche des courriers : Charles VII en écrit aux rois de Castille et d'Écosse. On solennise le baptême, le 4 juillet, dans la cathédrale Saint-Étienne. L'immense vaisseau à cinq nefs de la plus aérienne des grandes cathédrales du XIIIe siècle est envahi par une foule peu habituée aux fêtes royales. L'évêque et duc de Laon, Guillaume de Champeaux, qui est pair de France, officie en grand apparat.

Les parrains sont Jean II, duc d'Alençon, et l'évêque de Clermont Martin Gouge, chancelier de France. Alençon sera le « gentil duc » de Jeanne d'Arc et en fait l'un des meilleurs chefs de guerre de Charles VII jusqu'à la brouille de 1435. Nul ne peut penser que, pour trahison, il mourra en prison. Excellent juriste et très au fait des affaires financières, Gouge est l'un des conseillers les plus écoutés du roi, et sera l'un de ses porte-parole préférés.

La marraine, c'est Catherine de l'Isle-Bouchard. Héritière d'une longue lignée de châtelains tourangeaux, fille d'un chevalier mort à Azincourt et déjà deux fois veuve, elle est pour l'heure l'épouse de l'un des conseillers préférés du roi de Bourges, un homme assez fat nommé Pierre de Giac. Bien qu'il ait été l'un des familiers d'Isabeau de Bavière – on raconta qu'il était son amant – et ensuite le conseiller du duc de Bourgogne Jean sans Peur, qu'il ait participé aux pourparlers de 1419 entre le duc et le roi d'Angleterre, et qu'il ait été du côté bourguignon l'un des organisateurs de l'entrevue de Montereau, Pierre de Giac a brutalement changé de camp après avoir été arrêté, à Montereau même, par les gens d'Armagnac et emmené à Bourges. Il s'y est rangé au parti de Yolande d'Aragon et de Charles VII, et il a vite acquis une grande influence sur le roi. Par cette influence et plus particulièrement par le rôle que lui a confié le roi dans le gouvernement de ses finances, Giac devient rapidement le principal obstacle aux intrigues et à l'ambition de Georges de la Trémoille. Celui-ci finira par le faire noyer assez misérablement en février 1427. Puis, ayant su convaincre Charles VII que Giac était coupable de toutes sortes de crimes, La Trémoille épousera Catherine. On dira qu'il était depuis longtemps son amant, et que la véritable cause de l'assassinat était là. Peut-être la jolie Tourangelle est-elle aussi, dès ces moments-là, la maîtresse de Charles VII. En tout cas, elle ne lui ménage pas ses conseils.

Dans les familles, et pas seulement chez les grands, les noms de baptême sont emblématiques. À plus forte raison un héritier de la Couronne de France n'est-il pas nommé au hasard. Jean d'Alençon n'aurait pas refusé que son filleul s'appelât Jean. Ce nom est des plus fréquents dans toutes les couches de la société, et il n'est pas sans exemple dans la famille royale. Le deuxième dauphin, fils de Charles VI, s'appelait Jean, comme le grand-oncle, le duc de Berry, et comme l'arrière-grand-père, le roi Jean le Bon. Jean est un nom de bon chrétien, mais il n'a rien de significatif. La reine Marie fit préférer Louis. Ce qui emporta la décision, c'est à la fois la référence au roi saint Louis et le souvenir du roi Louis II d'Anjou : le grand ancêtre paternel et le grand-père maternel.

Deux noms, Louis et Charles, n'ont cessé de se croiser dans la généalogie des rois de France. Charles, c'est un nom royal, le nom du fondateur de l'Empire chrétien d'Occident, celui du roi légitimé par l'onction sacrée. Les Capétiens n'ont jamais manqué depuis le XIIe siècle de revendiquer un lien avec Charlemagne, un lien par le sang, aussi réel, il est vrai, que ténu, mais renouvelé à bien des occasions entre le Xe et le XIIe siècle par des mariages avec la famille de Vermandois et la famille de Champagne. Cela commence avec Pierre Charlot, le fils illégitime de Philippe Auguste, et cela continue avec Charles d'Anjou, le frère de saint Louis, avec Charles de Valois, le frère de Philippe le Bel, et avec Charles de la Marche, devenu le roi Charles IV.

Ce culte dynastique de Charlemagne, entretenu par les Capétiens depuis leur origine, a été ravivé par Charles V pour faire pièce aux prétentions du Saint Empire. Mais il interfère au XIVe siècle avec l'exaltation de l'ancêtre Charles de Valois, celui qui fut « fils de roi, frère de roi, père de roi et jamais roi » si l'on excepte une illusoire couronne d'Aragon, exaltation assez évidente chez des Valois qui ont longtemps vu contester leur légitimité. La maison d'Évreux, un temps concurrente de celle de Valois, ne manque pas de compter d'abord un cadet, Charles, comte d'Étampes, puis des aînés, Charles le Mauvais et son fils Charles le Noble, tous deux descendants directs de Philippe le Bel par sa petite-fille Jeanne, et tous deux rois de Navarre.

Les Valois n'en ont que plus d'attachement au nom du grand

empereur, que portait précisément le premier de la branche, Charles de Valois. C'est avec eux que l'on commence de donner à l'héritier de la Couronne le nom de Charles, jusque-là réservé à des cadets par des Capétiens soucieux de revendiquer la légitimité carolingienne mais de s'en distinguer. Le roi Charles IV, rappelons-le, n'était que le troisième fils de Philippe le Bel. Les Valois ont donc eu, après Charles d'Alençon, le frère de Philippe VI, les trois rois Charles V, Charles VI et Charles VII. Les deux premiers étaient bien depuis leur naissance « fils aîné de roi de France ». Et le fait que Charles VII ne le fût point ne doit pas tromper : Charles VI tenait à ce point au nom de Charles qu'il le donna aux deux premiers de ses fils, morts prématurément, l'un en 1386 à trois mois, l'autre en 1401 à neuf ans, avant de le donner à nouveau à son cinquième fils, celui qui allait devenir Charles VII. Les alliances y ajoutent : c'est Marguerite, sœur de Philippe VI et de Charles d'Alençon, qui porte le nom de Charles dans la maison de Blois, et l'on sait le rôle que Charles de Blois tient dans l'affaire de la succession de Bretagne. Au siècle suivant, après un Charles de France, deuxième fils de Charles VII, on verra Louis XI donner le nom de Charles à son fils unique, le futur Charles VIII, et celui-ci nommer ses deux fils, morts en bas âge, l'un Charles-Orlant et l'autre Charles. On aura noté le nom, Orlant, qui rappelle sous sa forme italienne l'histoire légendaire du preux de Charlemagne, Roland.

Les princes des fleurs de lis ne sont pas seuls à faire leur le nom de Charles. Hors du lignage des Valois, la diffusion du culte de Charlemagne conduit bien des maisons princières à le faire entrer dans leur lignage. C'est le cas de la maison d'Albret ou de celle de Valentinois à la fin du XIVe siècle, de celle de Bourbon au début du XVe. Mais c'est bien par une volonté d'affirmer le sang des Valois chez l'héritier de Marie de Bourgogne que l'on donnera, en février 1500, le nom de Charles de Valois, autant que celui de l'empereur Charles IV de Luxembourg, au fils du Habsbourg Philippe le Beau et de l'Espagnole Jeanne la Folle : il sera Charles Quint.

Différemment significatif est le nom de Louis. Il s'attache d'abord au souvenir de Clovis, Chlodovic ayant donné Clovis avant d'aboutir à Ludwig en Allemagne et à Louis en France.

Louis est donc un nom royal, celui du fondateur de la royauté franque et celui du premier roi baptisé. Dans les *Miracles de Notre-Dame,* au début du XIIIe siècle, le premier roi des Francs ne s'appelle pas Clovis mais Louis. De Louis VI à Louis X, cinq rois ont porté ce nom, mais aussi des cadets comme Louis d'Évreux, le frère de Philippe le Bel, Louis d'Anjou, le frère cadet de Charles V, et Louis d'Orléans, d'abord duc de Touraine, le frère cadet de Charles VI. En 1423, on n'a pas oublié le dauphin Louis, le troisième fils de Charles VI. S'il n'était mort le 18 décembre 1415, il eût été le roi Louis XI. Et c'est au temps de Charles VI que l'on tente d'établir en France le culte de saint Clovis, parallèlement à celui de saint Charlemagne : il s'agit de faire quelque contrepoids à celui-ci, objet de toutes les dévotions d'un Charles V mais abusivement, pense-t-on, accaparé par le Saint Empire au temps de l'empereur Charles IV de Luxembourg. Clovis, alias Louis, devient le héros de plusieurs romans de chevalerie, qui n'ont aucun rapport avec les chansons de geste dont le personnage principal est Louis le Pieux, le fils de Charlemagne. On ne fabrique pas moins, sur le modèle des Vies de saints traditionnelles, quelques *Vies de saint Clovis.* Deux fois au moins, Louis XI fera référence à Clovis dans le texte même d'ordonnances royales.

Et puis, il y a saint Louis. Plus que tout autre, il a sacralisé la royauté française. Si l'on tient les insignes matériels et symboliques, le couvre-chef royal et l'épée du sacre, pour la couronne et l'épée de Charlemagne, il en va différemment quand on veut qualifier la royauté française : la Couronne de France, c'est la Couronne de saint Louis. On évoque encore avec nostalgie la bonne monnaie du « bon roi saint Louis », en ignorant que cette bonne monnaie était le fruit d'une dévaluation. Saint Louis, c'est le roi martyr, mort en une croisade après avoir été captif en une autre. Ce rappel n'est pas inutile alors que le père du duc de Bourgogne, Jean sans Peur, a dû son surnom au courage manifesté face aux Turcs lors de la croisade manquée qui, en 1396, s'est achevée par le désastre de Nicopolis. Il ne l'est pas davantage alors que Charles VII sait bien que son sacre est pour longtemps hors de portée.

En 1423, donc, alors que la mort des deux dauphins Louis et

Jean qui ont tenu leur place dans la vie politique du royaume – nul ne se souvient, hors de la famille, des deux premiers dauphins Charles, morts en l'enfance – a fait que le nouveau roi s'appelle Charles, il semble naturel que son fils aîné porte le nom de Louis. Notons que Louis XI n'aura son unique fils, le futur Charles VIII, qu'en 1470, et que, jusque-là, l'héritier de la Couronne, après un Charles de France pas encore marié, c'est le plus proche cousin, le duc d'Orléans : huit ans plus tôt, Charles d'Orléans n'a pas manqué de donner le nom de son père, le duc Louis d'Orléans assassiné en 1407 à la porte Barbette, à l'enfant qui sera un jour le roi Louis XII. Rien de cela n'est indifférent.

Lorsque naît le futur Louis XI, celui qui s'est dit roi de France et d'Angleterre, Henri V, est mort et son très jeune fils, qui règne maintenant à Londres comme à Paris, est Henri VI. Même s'il est fils de France par sa mère, il porte un nom quelque peu oublié en France depuis la mort en 1060 du roi Henri Ier. Au fils du « roi de Bourges », on donne un nom de roi de France. Et le nom du plus grand des rois de France. Si c'est à son père qu'elle pense avant tout, Marie d'Anjou a eu la victoire facile. Elle aussi, elle descend de saint Louis.

L'éducation d'un futur roi

Comme il est d'usage, l'enfant appartient aux femmes. On lui donne deux nourrices, Jeanne Silonne et Jeanne Pouponne, deux femmes du peuple choisies pour leur bonne santé et l'abondance de leur lait. On lui affecte un « hôtel », mais il est de petite envergure : quelques serviteurs menés par un maître d'hôtel, Jacques Trousseau. Il va suivre le jeune dauphin de logis royal en maison bourgeoise. Avec son père, Louis quitte très vite Bourges pour une résidence mieux protégée, le château de Loches. On le loge ensuite à la suite de son père dans la forteresse de Chinon. En 1433, on l'installe à Amboise. L'année suivante, il est à Tours.

Un enfant n'a rien à faire dans la vie du roi de France. Des intrigues qui animent la cour et où les Richemont et les La Trémoille jouent leur influence d'un temps et leur disgrâce d'un autre, Louis est à l'écart. Il l'est aussi des velléités du roi qui voit sans réagir se stabiliser le partage du royaume. L'enfant a-t-il suivi les péripéties de l'histoire glorieuse puis dramatique de Jeanne d'Arc ? Nul ne peut le dire. Au mieux sait-il que son père est enfin sorti de l'inertie et qu'il a été sacré. Louis n'est pas à Reims en 1429.

On rapporte l'horoscope que dresse vers ce temps-là un clerc astrologue de Spire, lui annonçant qu'il sera roi dans vingt ans, et qu'il sera le plus grand roi de France depuis Charlemagne. Il n'y a là rien de bien original.

L'éducation d'un futur roi a pris, depuis Charles V, une tournure nouvelle. On avait toujours élevé les princes pour être de parfaits chevaliers. La guerre et la chasse allaient occuper leur temps. Il leur fallait apprendre l'équitation et le maniement des armes. Un gouverneur y pourvoyait. Un rudiment d'instruction – lire, écrire et compter – était indispensable pour gouverner, mais nul ne cherchait à faire d'un futur roi un savant. Encore moins voulait-on en faire une sorte de clerc laïc : pour avoir admiré saint Louis, l'aristocratie n'avait pas gardé bon souvenir de l'emprise qu'avaient eue sur lui les franciscains, et l'on préférait ne former le prince qu'aux exercices de dévotion propres à un bon chevalier chrétien. Élevé pour être le chef d'une branche collatérale des Capétiens, non pour être roi, Philippe de Valois devenu Philippe VI tenait l'instruction pour préjudiciable à la formation d'un prince et manifestait ouvertement son agacement à l'égard des intellectuels qui prenaient quelque ascendant sur le futur Jean le Bon. Celui-ci veilla à ce que son fils Charles reçût un peu plus qu'un rudiment. Son aumônier en fut chargé. Il ne chercha pas à en faire un savant, et le goût des lettres ne vint à Charles V que peu à peu. Le fait qu'il commandât pour son propre usage tant de traductions suffit à prouver à la fois son appétit de connaissances et les limites de sa capacité.

C'est avec Charles V que l'on prend vraiment conscience des exigences intellectuelles du métier de roi, en même temps que l'on perçoit les dimensions de l'art de gouverner, plus souvent évoquées jusque-là par les clercs – pensons au traité *Du Gouvernement des Princes* composé par Gilles Colonna pour le jeune Philippe le Bel – que vraiment comprises par les princes eux-mêmes.

Pour l'éducation du futur Charles VI, on fait appel à un grand lettré, mais un laïc : Philippe de Mézières, un chevalier picard qui a longtemps servi à Chypre le roi Pierre de Lusignan et a passablement parcouru le monde pour chercher de l'aide contre les Turcs. C'est pour son ancien élève qu'en 1389 il écrit le *Songe du Vieil Pèlerin*, un long poème allégorique où il brosse le portrait du souverain idéal, dont les vertus sont certes plus politiques qu'intellectuelles mais auquel une culture encyclopédique est nécessaire pour comprendre les hommes et le monde. Mézières a lui-même, pour compléter ce qu'un chevalier lettré pouvait enseigner, fait venir un véritable maître, l'un de ceux qui forment au collège de Navarre l'élite intellectuelle du clergé français. La lecture deviendra l'un des passe-temps préférés de Charles VI.

Charles VII, on le sait, n'a pas été élevé pour régner. Quand, après la mort de deux dauphins, lui vint un rôle politique, il n'était plus temps de lui donner des leçons. Pour instruire l'enfant qui devait être Louis XI, en revanche, le temps ne semblait pas manquer.

On nomma naturellement un gouverneur, Guillaume d'Avaugour, un fidèle entre les fidèles de la maison d'Anjou. Il avait d'abord commandé une compagnie, puis avait été nommé en 1418 bailli de Touraine, également en charge des exemptions royales d'Anjou, du Maine et du Poitou. Suspect d'avoir eu sa part dans l'organisation de l'assassinat de Jean sans Peur, il avait été remplacé en 1425, mais n'avait pas perdu pour autant la confiance de Charles VII. À la même époque, d'ailleurs, le roi écartait de fonctions trop proches de sa cour un Tanguy du Chastel, principal responsable de l'affaire du pont de Montereau, mais ne s'interdisait pas de le charger de missions en Provence, en Bretagne et en Languedoc, et il n'allait pas se priver de nommer amiral en 1439 un Prégent de Coëtivy qui était le neveu de Tanguy du Chastel. Avaugour était moins compromis, et l'on disait finalement qu'il avait été opposé au meurtre du duc de Bourgogne. Surtout, il était de ceux qui avaient sauvé le dauphin Charles en 1418, lors de l'entrée des Bourguignons dans Paris. Le roi lui confia une mission en Avignon. C'est de là qu'on le rappela vers 1430 pour faire l'éducation militaire du dauphin Louis. Celle-ci achevée, Charles VII récompensa Avaugour : il lui rendit en 1440 le bailliage de Touraine et lui confia de surcroît la charge de gouverneur et capitaine de Tours. Avaugour garda la faveur du roi et celle du dauphin Louis, qui en fit son chambellan. En 1445, Louis le chargeait encore d'une mission auprès du roi son père. Il mourut peu après.

Un « physicien » – nous dirions un médecin – s'attacha au jeune dauphin : Guillaume Léothier. Il semble n'avoir veillé que sur la santé de l'enfant. Restait donc à pourvoir celui-ci de maîtres, et Charles VII ne pouvait les choisir que parmi ceux qui avaient dû s'absenter de Paris, ceux qui n'avaient pas donné dans le parti de Bourgogne.

Or c'est celui-ci qu'avaient souvent préféré les universitaires en un temps où, la crise de l'Église et celle du royaume se mêlant dans les esprits, les intellectuels de Sorbonne et d'ailleurs donnaient plus volontiers leur sympathie au parti réformateur animé par un duc de Bourgogne écarté du pouvoir qu'à un parti d'Orléans trop disqualifié par les dilapidations visibles du duc Louis. Mais, pendant que se maintenait à Paris une université qui allait se compromettre avec le gouvernement anglo-bourguignon, quelques maîtres avaient suivi ou rejoint Charles VII. Ils allaient être le premier noyau de ce qui deviendrait en 1431 l'université de Poitiers.

Ce milieu intellectuel encore non fixé dans l'espace, c'étaient pour une bonne part les survivants ou les héritiers du mouvement humaniste formé dans les années 1390 par l'entourage et la chancellerie de Louis d'Orléans et par la chancellerie royale : tous des gradués de l'Université, mais dont l'activité littéraire se situait en marge des structures traditionnelles de la Faculté des arts et de la Faculté de théologie. Les têtes de ce premier humanisme français, en relations épistolaires avec les humanistes d'Italie et surtout ceux d'Avignon mais non à leur remorque, c'étaient Gontier et Pierre Col, Nicolas de Clamanges, Jean de Montreuil, Guillaume Fillâtre, Laurent de Premierfait. Mais à ces clercs de chancellerie se joignaient des théologiens comme Jean Gerson, Gérard Machet et Pierre d'Ailly. Pendant que l'on massacrait en 1418 Gontier Col et Jean de Montreuil, certains étaient parvenus à s'enfuir. Gerson s'était longtemps caché, avant de gagner Lyon. Il y retrouva Machet. Le vieux Gerson – il était né sous Jean le Bon – allait demeurer à Lyon jusqu'à sa mort en 1429, mais Machet gagna Bourges. Ce n'était pas seulement un humaniste. Sa réputation était grande comme théologien. Charles VII le prit pour confesseur.

C'est Machet qui, semble-t-il, conseilla vers 1429 le choix de Jean Majoris comme précepteur du dauphin Louis. Gerson semble n'avoir pas été étranger à cette désignation, et il ne manqua pas d'adresser à Majoris, de sa retraite lyonnaise, des instructions pour l'éducation du dauphin. Ce Majoris, dont nous ne connaissons que le nom latin qu'il prenait à la mode du temps mais qui se nommait sans doute Le Maire, était un esprit éclectique, à la fois juriste et théologien. Il avait trente ans. On lui adjoignit un autre clerc, Jean d'Arcouville.

L'enfant s'attacha à ses maîtres. Majoris allait être, plus tard, son confesseur. Il était aussi l'homme de ses dévotions : le dauphin lui donna, en 1444, une somme importante – 2 750 livres – pour financer les pèlerinages dont il avait fait le vœu mais qu'il n'avait guère le loisir de faire lui-même. La chose peut étonner. Elle n'étonnait pas en un temps où l'on avait bien vu, sans en rire, Isabeau de Bavière faire jeûner ses chapelains pour le salut de son âme. L'année suivante, c'est une somme de 4 000 écus que Majoris recevait pour la distribuer à trois églises désignées par le dauphin. Majoris fut assez bien rémunéré de ses services par de bonnes prébendes, ce qui lui permit d'offrir en 1460 à la cathédrale de Tours une suite de tapisseries de la *Vie de saint Martin* spécialement tissées à ses frais.

Machet veilla de près sur le programme d'enseignement destiné à donner sa formation intellectuelle à un roi de France. Cela comprenait naturellement la lecture, l'écriture et le calcul, mais aussi, très vite, la grammaire et l'histoire aussi bien sainte que profane. En fait, Louis se passionna pour l'histoire de France, qu'il lisait dans des manuscrits assez richement enluminés pour que, plus tard, ces livres de classe ne lui servant plus de rien, Majoris pût en vendre six à la reine de France : Marie d'Anjou les paya cent livres tournois. L'histoire de l'Italie n'était pas oubliée. On fit, aussi, lire au dauphin la *Politique* d'Aristote et quelques-uns des écrits de ces aristotéliciens qui, comme Nicole Oresme, avaient donné sa couleur politique à l'entourage de Charles V. Il pratiqua Christine de Pisan, son *Livre des faits et des bonnes mœurs du sage roi Charles V* comme son *Livre de corps de policie* qui est un manuel pratique du comportement idéal d'un roi. Ainsi Louis XI en apprit-il assez pour être un jour roi.

CHAPITRE II

Portrait d'un homme

UNE SANTÉ DE ROI

On a de Louis XI quelques portraits figurés, mais aussi le portrait que quelques-uns de ses contemporains en ont brossé par écrit. Le premier portrait figuré est celui du jeune dauphin que l'on voit à un vitrail de la cathédrale de Toulouse. Il date de 1438 et passe pour assez ressemblant. C'est celui d'un jeune homme coiffé d'un chaperon noir et vêtu d'une robe de drap bleu brodé de fleurs de lis, au visage finement traité en grisaille peinte. Un autre, à la cathédrale d'Évreux, date d'environ 1466. On connaît aussi la médaille (Bibl. nat. de France) réalisée par Francesco Laurana pour son maître le roi René. Ajoutons la tête dite de Toul (Chicago, Art Institute). À tous ces portraits, on note des traits communs : le visage légèrement prognate avec une forte bouche et un long nez.

À son avènement, Jean Maupoint le dit « de stature égale », et légèrement corpulent. En 1466, les ambassadeurs de Bohême notent sa taille moyenne, ses courtes jambes, son teint brun, ses cheveux noirs. Ils sont frappés par le long nez et les yeux profondément enfoncés dans les orbites, ce que confirme l'examen du crâne conservé à Cléry, un crâne où l'on remarque surtout la proéminence des arcades sourcilières. Tout cela, ils l'eussent vu vingt ans plus tôt, mais à quarante-trois ans il est un trait nouveau : le roi commence de perdre ses cheveux.

Pour juger de sa santé, il faut faire la part de l'âge. Le roi n'est pas à son avènement le souffreteux tremblant devant la mort qu'il sera réellement vingt ans plus tard. Jusqu'au Bien public, Louis ne répugne ni aux longues chevauchées ni au combat. Il y fait même preuve d'un courage qui étonne chez un homme aussi méfiant. À la guerre ou en voyage comme à la chasse, les témoins le trouvent infatigable. En 1472 encore, l'ambassadeur milanais se plaint de devoir le suivre alors que le roi est en pleine excitation de ses négociations avec le duc de Bretagne. « Son allure était telle que je ne le pris ni pour le roi ni même pour un grand seigneur... Le roi chevauche comme un courrier, et non comme un roi. »

Pour ses déplacements, cependant, il préfère le plus souvent les allures calmes. Une monture paisible fait son affaire. Il a quarante-cinq ans quand il se fait livrer « une bonne mule qui aille bien doux » et un cheval qu'il connaît déjà, du nom de Noletedau. Il ne veut pas d'autres coursiers que celui-là. Il ne regarde pas au prix : il attendra deux mois les bêtes, et paiera mille écus pour les deux. Dix ans plus tard, il enjoint à Bourré de lui céder un petit cheval qui va l'amble, un « hobin », et un paisible grison qu'il affectionne. « Ne pensez pas, écrit-il à son fidèle secrétaire, que ce soit pour autre que pour moi, car je ne le prendrais pas autrement. » Deux jours plus tard, les deux chevaux sont là, et le roi « ne veut pas les avoir sans les payer », ce à quoi Bourré n'avait naturellement pas fait allusion.

Il affectionne aussi la voie d'eau, propice aux longs entretiens avec ses compagnons de voyage. Il s'est fait aménager sur la Loire une gabarre dont le logis, pourvu de fenêtres vitrées, comporte même une cheminée. Car, si Louis XI est peu sensible au luxe, il a le sens du confort. On monte et démonte son lit à chaque étape. Lorsqu'en octobre 1465 il décide un beau soir de rester pour la nuit à Vincennes plutôt qu'à Paris, il envoie quérir son lit. Comme tout prince qui se respecte, il fait transporter de logis en logis les tapisseries qui feront le décor de sa chambre et la protégeront de l'humidité. Dans son hôtel parisien des Tournelles, on lui prépare en 1467 un bain chaud dont, d'ailleurs, il ne profitera pas parce qu'il est enrhumé.

En cas de nécessité, il sait négliger l'inconfort. On le voit aller de village en village et s'arrêter pour la nuit sans s'inquiéter de savoir s'il y a du logement. Les ambassadeurs italiens qu'il vient de recevoir à l'improviste au sortir de la messe à Saint-Martin de Tours s'étonnent de le voir ensuite entrer à la bonne franquette dans l'auberge voisine et y déjeuner simplement avant de monter à cheval pour gagner Chinon. Une autre fois, les Milanais se montrent gênés d'être reçus par le roi de France dans une sorte de cabane rurale où il a son « grossier logement ». De telles façons n'ont pas cours chez Sforza.

Louis XI fait volontiers bonne chère. Il festoie avec plaisir, mais c'est plus souvent en petit comité qu'en des banquets. On sait bien à la cour qu'être admis à sa table est un honneur. Certains en sont familiers. En toute circonstance, le roi se montre attentif à ce qu'on mange, et il se pique de diététique. Il faut ici citer l'étonnante lettre qu'en juillet 1477, en pleine campagne d'Artois, il adresse à la veuve de Tanguy du Chastel, alors gouvernante des deux filles d'Olivier de Coëtivy et de Marie, l'une des bâtardes de Charles VII.

> Je ne suis pas physicien, mais il me semble qu'on ne les doit point garder de boire entre deux heures quand elles auront soif, et leur faire mettre beaucoup d'eau en leur vin, et qu'elles ne boivent que petits vins de Touraine. Et ne leur donner point de salure, ni de viande là où il y ait épices, mais bouilli et toutes viandes moites. Et ne leur donner point de fruit, réservé des raisins qui soient bien mûrs. Il me souvient qu'on dit que les surains sont bons, mais il y en a d'autres qui sont bien mauvais et font venir le flux de ventre.

On aura noté la méfiance envers les viandes et poissons salés, les ragoûts rehaussés d'épices et surtout les raisins acides, les surains. La diversité ne lui déplaît pas, et il se pique de connaître les vins : le cellier du Plessis est approvisionné de vins de la Loire, mais aussi de vins clairets de France – sans doute ceux d'Argenteuil, de Suresnes et de Chaillot, qui sont les meilleurs – dont le président de la Chambre des comptes, Jean de la Driesche, lui fait envoyer vingt pipes en octobre 1472. Il n'apprécie pas moins les vins de la Marche.

De son séjour en Dauphiné, il a gardé quelques souvenirs culinaires. En juillet 1480, il envoie un homme au trésorier de Dauphiné : il demande à celui-ci de lui envoyer pour ses ragoûts des graines de genièvre rouge. « Et qu'elles soient bien rouges, et prises alentour de la garde, pour ce que ce sont les meilleures, car des autres je n'en veux point. »

Cet homme que l'on verra peureux devant la vieillesse et la mort a longtemps affecté de ne pas craindre la maladie. Alors que la peste sévit autour de lui, le jeune Louis XI fait trembler son entourage car il va comme si de rien n'était, couchant dans des villages où sévit l'épidémie. Avec les années, il se montrera plus prudent. Quand, en décembre 1471, la ville est, comme bien d'autres, en proie à la peste, il écrit qu'il n'a « pas osé aller à Amboise » : il préfère rester à Montbazon. En juillet 1479, il renonce à un voyage « à cause des mortalités qui sont partout en son chemin », et il se plaint d'une chambre trop chaude : il ne peut y respirer et il y a mal au ventre.

C'est alors qu'il commence de cultiver une peur panique de la mort. Comme tous les princes, il craint qu'on l'empoisonne, et sa méfiance va jusqu'à faire manger à un chien une omelette et du mouton frit sur lesquels on a versé une substance suspecte, puis à faire autopsier la bête par sept chirurgiens. Mais il tremble tout autant devant la mort qui l'attend par nature. Il a toujours, rapporte Commynes, « en imagination de ne passer point soixante ans », et il remâche la dure réalité historique : ses prédécesseurs sont morts avant cet âge. Certes, il se montre courageux à la guerre. Il est gravement blessé à Montlhéry en 1465 et le boulet qui tue Tanguy III du Chastel à Bouchain en 1477 est passé à deux doigts du roi. Mais, s'il se complaît à la morosité morbide, Louis XI n'entend pas qu'on évoque l'inévitable mort naturelle. À son entourage, il a donné une consigne : ne jamais lui en parler. Si on le voit proche de la mort, il faut simplement lui dire : « Parlez peu. » Il assure qu'il comprendra. Mais il se contredit : qu'on lui dise de se confesser, sans dire la raison de cette soudaine nécessité.

À peine avait-il vingt ans qu'il commença de souffrir d'hémorroïdes. Il traita d'abord la chose par le mépris, envoyant au diable ses médecins et se contentant de bains chauds. Mais en 1467 il eut une forte crise, avec de violentes douleurs et de la fièvre. On annonça sa mort. Rétabli, il fit un pèlerinage à Chartres. Un apothicaire de Tours lui fabriqua un onguent, dont il ne cessa de transporter des petits pots dans ses déplacements.

Une autre crise l'accabla en 1473 sur le retour de Bayonne. En réalité, le mal ne le lâcha jamais, et les longues chevauchées – en voyage comme à la chasse – n'étaient pas faites pour calmer la douleur. Le roi affecta d'en prendre son parti, disant, non sans humour, à l'ambassadeur milanais Cristoforo da Bollate qu'un tel mal avait au moins l'avantage de préserver des tentations de débauche. Assurant en décembre 1473 le chancelier et le grand maître qu'il pouvait en une nuit aller de Creil à Guise, puis à Compiègne, et s'en retourner le lendemain, il plaisanta : « Et cuiderait-on que j'eusse les hémorroïdes ? »

Il eut en 1476 une crise particulièrement violente, dont il attribua la cause aux efforts intellectuels et physiques des derniers mois, mais aussi au manque d'activité sexuelle lié à la longue absence de la reine. C'est alors qu'il fit au médecin milanais Pantaleone le terrible aveu des étourdissements dus à la douleur. « Cette maladie occasionne certaines vapeurs qui me montent à la tête et provoquent chez moi une palpitation du cœur qui me gêne beaucoup. »

La prétendue épilepsie du roi a fait beaucoup parler. Tout le monde y a cru. C'est ce qu'en mai 1473 rapporte à Sforza son ambassadeur, alors que, selon toute vraisemblance, Louis XI vient d'avoir une légère attaque cérébrale. Son état de santé est assez préoccupant pour qu'il se soucie de ne pas être vu, même de ses proches. Il gagne Amboise, s'y enferme et interdit à quiconque d'approcher à moins de trois lieues. Georges de la Trémoille, qui a décidé que l'interdiction ne s'applique pas à lui, se voit expulsé par la garde avant d'avoir atteint le roi. Celui-ci ne reparaîtra qu'au bout d'un mois, et l'on constatera qu'il ne garde aucune trace de l'accident.

C'est en mars 1481 qu'une véritable hémorragie cérébrale met durablement à mal la santé du roi. Il maigrit, il se claquemure, il perd parfois le sens commun. À partir de cette date, et les rechutes se multipliant, Louis XI est un homme diminué. Il est prêt à croire n'importe quoi. Il demande en décembre que l'on prie pour qu'il attrape la fièvre quarte : « Les physiciens disent que je ne puis être guéri sans l'avoir. » La paralysie gagne. Lorsqu'en janvier 1483 il jure au Plessis le traité d'Arras, c'est en catimini, et les rares témoins le voient lever le bras gauche, le bras droit étant en écharpe. Craignant qu'on ne mette en doute son serment parce que prêté de la main gauche, il se voit obligé de préciser qu'il a le bras droit « faible ». En réalité, il est paralysé. À cette date, le roi a encore huit mois à vivre.

La robe et le chapeau

En sa jeunesse, Louis est attentif à la mode, et il se targue même d'élégance. Le compte d'un marchand florentin nous laisse connaître quelques achats faits en juin 1439 : des martres zibelines pour fourrer deux robes longues de drap d'or et en faire les parements, et d'autres martres « de pays » pour fourrer une robe de velours cramoisi et une robe de velours noir. À la même époque, le dauphin fait venir de Toulouse des draps de soie, du velours cramoisi pour une robe et du satin cramoisi pour un pourpoint. On le voit, le jeune homme alterne le port de la robe longue et celui du pourpoint ajusté. Suivant Charles VII lors de l'entrée solennelle dans Paris en 1437, il est, note le Héraut Berry, « moult richement habillé et couvert d'orfèvrerie ». Son souci d'élégance ne l'a pas quitté quand il vit difficilement à Genappe. Thomas Basin a noté le vêtement qu'il porte alors à la chasse et celui qu'il endosse à Reims après le sacre : un pourpoint mi-parti de rouge et de blanc, et très court : « il lui arrive à peine au bas du dos ».

Avec les années, le roi se montre indifférent à sa mise. Il ne cherche pas à éblouir par son train de vie. Il est, écrit un chroniqueur, « mieux pourvu d'entendement que de beaux vêtements ». Les témoins lui connaissent surtout un pourpoint court et des chausses de lainage fort ordinaire, ou une robe de gros drap gris fourrée d'agneau blanc. On l'a vu, en voyage, n'orner son vêtement que d'une « grosse rude patenôtre pendue au col ». Mais il s'entend à assurer son confort. Il demeurera longtemps fidèle à une sorte de manteau de fourrure baptisé chapeau, que Louis de Poitiers lui a rapporté de Rome et dont il commande en 1480 la réplique.

> Il me semble qu'il était de poil autre que bièvre, et avait bien un grand pouce d'épais. Il couvrait toutes les épaules et toute l'échine, jusque bien avant sur la croupe du cheval. Encore était-il bien fort rebrassé devant et sur les côtés. Et il ne fallait point de manteau contre la pluie. Et aussi, pour le chaud, il valait une petite maison.

Même sur les médailles dues à Francesco Laurana, le roi apparaît vêtu d'une jaque boutonnée et coiffé d'un haut chapeau de feutre ou de bièvre – de castor – duquel dépasse une abondante chevelure. N'ayant pas eu le chapeau qu'il souhaite et en attendant qu'on lui en apporte un de Rome, il en commande plusieurs à Valence, « et qu'on les fasse les plus légers qu'on pourra ».

Il faut une raison d'État pour qu'il se donne la figure d'un roi. Ainsi fait-il quand, en octobre 1465, vêtu d'une robe de pourpre à ceinture et fourrée d'hermine, il reçoit à Paris le duc de Bourbon, ou quand, en janvier 1466, il reçoit les envoyés de Rouen venus lui apporter la complète soumission de la capitale normande : le trône, le dais de drap d'or et les tentures de soie sont là pour faire sentir à ces bourgeois qu'ils ont frôlé le crime de lèse-majesté. En 1474, pour recevoir les ambassadeurs du roi d'Aragon, il fait sensation avec une robe de satin sur laquelle il porte le collier de Saint-Michel. Le fait que Bollate s'en émerveille laisse penser qu'une telle tenue n'a rien d'ordinaire, même en de telles circonstances. Et il semble bien que Louis XI se soit toujours dispensé de porter une couronne, fût-elle plus légère que celle du sacre, et d'avoir en main quelque sceptre ou main de justice. Les attributs de la royauté sont sur le grand sceau et cela suffit.

C'est au cours de sa dernière maladie que, pour le plus grand étonnement de l'entourage, Louis XI se reprend à s'habiller richement. Pour recevoir au Plessis, deux mois avant sa mort, les délégués des villes venus assister aux fiançailles du dauphin, il porte, le 1er juillet 1483, non la petite jaque qu'on lui connaît d'ordinaire, mais une robe royale, une grande robe de satin cramoisi fourrée de martre. La longue robe qui cache les difformités pourrait être mise au compte d'une coquetterie : le roi n'aime pas qu'on constate sa décrépitude, et la robe cache la maigreur. Mais le satin cramoisi relève bien d'un souci, tout à fait nouveau, de décorum. C'est encore de cela qu'il s'agit quand, dans la solitude des derniers jours avant l'agonie, il se fait, en plein mois d'août, vêtir de soie et de fourrures précieuses. Il entend montrer qu'il est toujours le roi, et se le montrer à lui-même.

Un chasseur

Louis est grand chasseur. Même à la guerre, il trouve le temps de chasser le renard ou le blaireau, et ses lévriers le suivent d'aussi près que sa garde écossaise. À plus forte raison consacre-t-il beaucoup de temps à la chasse quand la paix lui laisse des loisirs, c'est-à-dire l'hiver. En la saison, il chasse aux faucons, mais il préfère chasser aux chiens, se levant avant le jour et marchant ou chevauchant des journées entières sur les traces d'un cerf ou d'un sanglier. S'il le faut, il loge au soir dans un village pour reprendre la traque le lendemain à l'aube. Il revient exténué, et l'entourage ne l'est pas moins quand il a dû le suivre pendant neuf heures sur les traces d'un cerf. Chasser avec le roi est un compagnonnage à haut risque, car Louis XI revient souvent, dira Commynes, « courroucé à quelqu'un ». Autant dire qu'une bête manquée l'est toujours par la faute d'autrui. Il en va de même en des affaires plus politiques et, en 1470, Tanguy du Chastel l'écrira à Bourré : « Si dommage lui en advient, il pourra dire que nous en sommes cause. »

Ses chiens et ses oiseaux de proie l'occupent au point d'alimenter une correspondance. En 1466, il prie Francesco Sforza d'acheter pour lui d'un marchand vénitien ayant des affaires en Orient cinq ou six petits chiens comme on en trouve à Chio, parfaits pour la chasse aux oiseaux, pourvu qu'ils soient le plus petits possible et de pelage blanc ou roux. Les ambassadeurs feront vite savoir que les présents les plus agréables au roi de France, ce sont des chiens de chasse. En juin 1473, Galeazzo Maria Sforza lui envoie son valet de chiens pour escorter deux lévriers dont il vante les qualités pour la chasse au faucon. Et le valet de faire parler le roi pour mieux connaître ses goûts. Il en informera aussitôt le duc de Milan : le roi préfère les mâles aux femelles et n'aime pas les chiens châtrés. Naturellement, Louis XI ne conçoit pas de plus beau cadeau à faire à son tour :

il envoie deux lévriers comme il sait que les aime Sforza. L'année suivante, chargeant son secrétaire Jean de Moulins d'une mission diplomatique à Milan, il lui confie un autre lévrier pour Sforza, et annonce qu'il en enverra rapidement de plus beaux.

En pleine négociation pour l'héritage du Téméraire, le roi a l'attention attirée par les chiens d'un seigneur bourguignon qu'un intermédiaire se propose de lui faire acquérir. Immédiatement, il donne à Imbert de Batarnay ses instructions, et il y revient dans plusieurs lettres, non sans préciser qu'il est prêt à payer deux ou trois cents marcs d'argent pour ces chiens dont on lui a vanté la qualité. Il se soucie de son élevage : c'est « pour avoir la race » qu'il veut les plus grandes lévrières. En même temps qu'il donne à Batarnay ses instructions pour la négociation avec les ambassadeurs de Maximilien, il suit son idée. « Donnez-vous garde qu'il ne vous trompe pas et qu'il ne vous baille pas lévrières châtrées et petites. Et n'en prenez point qui ne soient bien grandes ni des lévriers qui ne soient bien grands. »

Un an plus tard, on parle encore de cet achat de lévriers, mais ceux-ci se sont, entre-temps, mués en rançon d'un prisonnier qui n'est d'ailleurs pas le propriétaire : la liberté contre les lévriers. On discute donc toujours la qualité des bêtes, et l'intermédiaire malgré lui est obligé de se défendre.

> La lévrière blanche que vous avez eue est fille de celle qu'on appelle Ma Mie. Au regard des deux roux lévriers, il vous promet qu'il vient de la même race, mais le père était petit, et non pas jeune. Outre l'enseigne, bon était, et aussi je sais bien que l'on ne peut bouter en colliers deux plus vaillants lévriers que les deux roux sont.

Alors que la grande affaire est la succession de Bourgogne, et que les successions de la maison d'Anjou sembleraient de nature à accaparer son esprit, le roi n'oublie pas la chasse. Il n'est donc pas inutile de lui faire valoir alors les antécédents de deux lévriers. Mais il s'occupe aussi d'un léopard pour la chasse au lièvre. Lorsqu'en 1482 il apprend la mort de Marguerite d'Anjou, le premier souci du roi est de mettre la main sur les chiens de l'ancienne reine d'Angleterre. Et, dans l'agitation de son ultime maladie, il achètera encore des levrettes en Espagne, des lévriers et des épagneuls en Bretagne. Les chiens auront été la grande passion de sa vie. Au terme, il n'aura pas changé.

Il y a les chiens de chasse. Il y a aussi les chiens de compagnie. Nommés Paris, Plessis, Artus et Beauvoisin, ses lévriers familiers accompagnent le roi dans toutes ses résidences. C'est dans le logis, non au chenil, qu'ils ont leur place. Au Plessis, Louis XI ne manque pas de rendre visite à la chèvre Mignonne.

Attentif à l'allure de ses chiens, dont les colliers de cuir de Lombardie sont ornés de clous d'or, le roi ne l'est pas moins à leur entretien : on désinfecte leurs pattes en les baignant dans du vin chaud, un apothicaire veille à leur nourriture, on leur évite le collier de fer qui peut blesser le cou. Cela dépasse parfois l'entendement : le chien favori, nommé Mistodin, porte robe chaude et dort dans un lit à courtepointe. On n'est pas étonné que Louis XI n'aime que les chiens affectueux.

Ses oiseaux de chasse sont une autre préoccupation constante. En 1457, le dauphin demande au roi d'Aragon de lui envoyer deux « sacres », c'est-à-dire deux gerfauts. En 1469, il en achète quarante-six à un Espagnol. Alors qu'à Ham, en mai 1471, il veille sur la frontière de Picardie, le roi envoie à Amboise son fauconnier Mathieu Frammery pour qu'il fasse muer les oiseaux. Et il se fâche quand le fauconnier lui dit n'avoir pas été payé depuis trois mois.

Bien différente est la relation qu'il entretient avec ses chevaux : hors le fait que le cheval est un excellent cadeau diplomatique, Louis XI n'y met ni intérêt ni affection. Certes, il fait acheter un coursier de Naples « quoi qu'il doive coûter », mais il chevauche ce qu'il peut, changeant de monture quand besoin est. Lorsqu'il apprend à cheval une mauvaise nouvelle, il refuse de monter ensuite l'animal.

Naturellement, il veille à peupler ses chasses. En 1468, il charge son écuyer d'écurie Merlin de Cordebeuf de saisir autour de Paris les cerfs, biches et grues qu'on y peut trouver et de les mener à Amboise.

Son goût pour les animaux ne s'arrête pas aux bêtes de chasse et de monte. En sa jeunesse, on l'a déjà vu voyager accompagné d'une jeune lionne qu'il ne craint pas de loger, au grand dam des moines, dans une cellule du monastère où il cantonne à Limoges en 1439. Pendant le séjour en Dauphiné, un de ses écuyers est « garde du léopard ». Après son avènement, ce goût se développe à la mesure de ses moyens. Comme bien d'autres princes, il entretient au Plessis une volière et en forêt d'Amboise une ménagerie. En 1469, il fait acheter en Normandie des paons et des paonnes blanches. Il y a désormais au Plessis un « pennier » pour les paons gris, et un autre pour les paons blancs. On offre au roi des animaux exotiques. Au fil des relations diplomatiques et des échanges de présents, on voit ainsi arriver un éléphant, des léopards, des dromadaires et des autruches, aussi bien que des oiseaux de Turquie ou de Tunisie.

Les femmes

Son premier mariage a été pour le dauphin un échec. Marguerite d'Écosse en a souffert, mais Louis n'a pas moins regretté cette union arrangée par Yolande d'Aragon. « Il fut marié, écrira Commynes, à une fille d'Écosse, à son déplaisir, et autant qu'elle vécut il y eut regret. »

La principale consolation de la dauphine sera de s'entourer de poètes en qui les malveillants ne manqueront pas de voir des galants et d'écrire elle-même quelques rondeaux. Douloureusement touchée par les commérages dont le bruit lui revient et auxquels elle attribue la froideur de son époux, elle sombrera dans la neurasthénie. Un homme que Charles VII a placé au côté de son fils, Jamet de Tillay, semble avoir joué un assez vilain rôle en l'affaire, dénigrant systématiquement la dauphine devant tout l'entourage et s'arrangeant pour que ses propos parviennent au dauphin. Celui-ci, qui n'y est pour rien et dont le peu d'empressement qu'il met dans les relations conjugales ne vont nullement jusqu'à l'hostilité, tentera par la suite de faire juger Tillay. Charles VII protégera son homme.

Après huit ans d'un mariage naufragé, Marguerite d'Écosse mourra de phtisie, le 16 août 1445. Ses derniers mots seront : « Fi de la vie, qu'on ne m'en parle plus ! »

Les maîtresses se sont succédé dans les années de jeunesse.

Elles se multiplient après 1447 pendant les premiers temps du séjour en Dauphiné. Louis eut d'abord pour maîtresse la fille d'un notaire de Grenoble, Guyette Durand, qu'il finit par marier fort convenablement. La veuve d'un de ses écuyers, Félice Reynaud, lui donna une fille. La fille d'un des grands barons du Dauphiné, Marguerite de Sassenage, lui en donna deux. D'une autre maîtresse, il eut encore une fille.

Le hasard, qui avait donné à Charles VII quatre fils légitimes mais seulement des filles de ses maîtresses, ne donnait également au dauphin que des filles. Devenu roi, Louis XI y gagnera d'avoir des filles à marier et de n'avoir pas un encombrant Bâtard de France. Il fera ainsi du Bâtard de Bourbon, d'Aymar de Poitiers et de Louis de Saint-Priest ses gendres, et il pourra les appeler « mon fils ». Il ne se privera pas pour autant de marier les filles qu'a eues de ses maîtresses Charles VII, et de faire ainsi du prince de Viana, d'Olivier de Coëtivy, d'Antoine de Bueil et de Jacques de Brézé ses beaux-frères. Ainsi pense-t-il « toujours accroître l'amour qu'ils doivent avoir à nous et au bien de notre royaume ».

Le temps de l'exil, à partir de 1456, est ensuite un temps qu'il faut tuer. Épousée en 1451 pendant le séjour en Dauphiné, Charlotte de Savoie ne tient qu'une faible place dans la vie du dauphin réfugié en Brabant. Le mariage écossais entrait dans une politique, qui n'était pas la sienne. Le mariage savoyard entrait dans sa propre politique, mais il n'avait rien d'un mariage d'amour. Louis ne se refuse pas alors à la polissonnerie. Il se complaît, rapporte Commynes, aux histoires grivoises et aux « contes de dames de joie ». Il participe à la composition des *Cent Nouvelles nouvelles* qui sont, dans la lignée du *Décaméron* de Boccace, une suite de récits licencieux tels qu'il en faut pour faire rire l'auditoire masculin des cours. On attribue au futur Louis XI des contes qui s'appellent *Le Mari maquereau de sa femme* ou *Le Cornard débonnaire*, toutes œuvres dont la substance ne dément pas le titre. Il est juste de dire que son entourage improvise à l'unisson.

Installé en Touraine, Louis s'arrange pour faire le moins possible demeure commune avec la reine Charlotte. Si tous parlent de ses qualités de cœur, ceux qui l'ont décrite sans préjugé, comme en 1466 les ambassadeurs de Bohême, s'accordent en effet sur la beauté fort médiocre de la reine. Commynes en fera l'observation : « La reine n'était point de celles où on devait prendre grand plaisir, mais au demeurant fort bonne dame. »

Le mari se montre cependant à Amboise et il n'y vient pas pour rien. Il fera Charlotte mère de sept enfants. Après le petit Joachim, né à Namur en juillet 1459, Louise, qui naît et meurt aussitôt à Genappe en mai 1460, et Anne – la future Anne de Beaujeu – qui naît pendant l'avènement, la reine Charlotte accouche sur les bords de la Loire en 1464 d'une fille, Jeanne, malheureusement boiteuse et bossue, qui sera la duchesse d'Orléans, et d'un garçon que l'on prénomme François en l'honneur de Francesco Sforza et qui ne vit que quatre heures en décembre 1466. Après la naissance, le 30 juin 1470, du futur Charles VIII, on verra naître en 1472 un second François, qui vivra dix mois. Si les relations conjugales sont espacées, elles n'ont pas cessé, on le voit, et les convenances sont sauves. Elles n'empêcheront pas le roi de dire « les vieilles » en parlant de la reine et de ses proches.

On ne voit plus alors de maîtresses en titre, mais les jolies filles se multiplient pendant dix ans dans l'entourage royal. Nobles ou bourgeoises, elles sont aux soirées chez le roi, mais aussi à la chasse, où Louis en prend volontiers une sur sa selle. Une bourgeoise parisienne, Perrette de Chalon, semble avoir eu la faveur pendant les séjours du roi à Paris entre 1465 et 1468, et l'on s'amusa parce que les oiseaux parleurs saisis en 1468 criaient : « Perrette, donne-moi à boire. »

C'est après la mort en juillet 1473 du second François que Louis XI fait le vœu de n'avoir plus aucune relation avec une autre femme que la reine. Il tiendra presque parole, et ira jusqu'à se plaindre à son médecin de ce que les absences de sa femme le privent de relations sexuelles. Il n'en continue pas moins de faire le galant et, au printemps de 1476, il quitte Lyon en emmenant la veuve d'un marchand et la femme d'un autre. Il mariera ensuite la veuve au contrôleur de son écurie et consolera le mari de l'autre en le nommant à la Chambre des comptes.

Bons mots

L'image traditionnelle est celle d'un homme froid, et Commynes l'a dit coléreux. Il faut y regarder de plus près. Louis XI est un interlocuteur très loquace. Il manie volontiers l'ironie ou l'humour, comme lorsqu'il invente pour un diplomate bourguignon la fable du lièvre qui refuse de chasser avec le lion. Quand en 1463 les Catalans l'appellent au secours contre l'Aragon tout en se défiant de la mainmise française et en comptant sur le contrepoids de la Castille, il se fait cinglant : « Quelle langue parle-t-on à Barcelone ? Certains parlent le castillan, d'autres l'aragonais. » Lorsqu'il accueille aux Montils sa sœur la duchesse de Savoie qu'il vient de faire libérer de la prison où la tenait son ancien allié le duc de Bourgogne, le roi ne manque pas de lui rappeler d'un mot, en l'embrassant, sa trahison passée : « Madame de la Bourgogne, soyez la très bien venue ! » La pauvre duchesse en sera quitte pour jurer qu'elle n'est pas bourguignonne. L'ironie n'est pas moins cinglante quand, parlant à l'ambassadeur milanais qui évoque l'appui dont a besoin le jeune duc de Savoie, le roi feint de ne pas connaître le nom de celui-ci. « Nous n'avons pas encore appris son nom », ose-t-il dire à propos de son neveu Philibert. Ce sera plus méchant quand, au cours de la campagne de 1472 sur la Loire, il dira des Bretons qu'il n'a vu « onques si mauvais Bourguignons qu'ils sont ».

Ceux qui jouissent de sa confiance n'échappent pas à la causticité naturelle du roi. En 1471, il houspille Dammartin qui, à soixante-trois ans, lui paraît s'essouffler en Picardie.

> J'ai bien espérance que vous y mettrez du vôtre, et je vous prie que vous attintiez [organisiez] si bien tout que vous n'ayez pas besoin de vous excuser sur le dire que vous ne cuidiez pas qu'ils y vinssent. Et montrez que vous avez autrefois vu le comte de Salisbury, Talbot, Scales et tous ces gens-là.

Salisbury était à Verneuil en 1424 et avait été tué en 1429 à Orléans. Vaincu à Patay en 1429, Talbot avait dirigé en 1452 la reconquête anglaise en Guyenne mais avait trouvé la mort dans sa défaite de Castillon. Thomas Scales était en 1429 le lieutenant de Bedford et avait commandé en 1432 la vaine entreprise contre le Mont-Saint-Michel. Louis XI ne prend pas par hasard ses références : les trois personnages qu'il cite sont des soldats de légende, jadis admirés des Anglais et redoutés des Français. Le chef d'écorcheurs qu'était jusque-là Antoine de Chabannes avait été enrôlé à vingt-deux ans dans l'armée de Charles VII au temps de Jeanne d'Arc. Louis XI sait qu'il touche au vif le grand maître : c'est à sa jeunesse qu'il le renvoie.

Six ans plus tard, voulant à nouveau vexer le grand maître qui demeure cependant son homme de confiance, il reprend le même argument, celui de la réputation déjà ancienne d'un grand chef de guerre. Cette reprise, mot pour mot, laisse penser que le propos revenait souvent dans la pensée et peut-être la conversation du roi. « Vous êtes aussi bien officier de la Couronne comme je suis et, si je suis roi, vous êtes grand maître, et adieu... Montrez que vous avez vu autrefois tel, de Salisbury, Talbot, Scales et tous ces gens-là. »

D'une ironie appuyée il sait se faire une arme. Négociant avec les ambassadeurs de Francesco Sforza qui lui tiennent tête quant à l'affaire de Naples, il laisse paraître une grande considération pour le duc de Milan : en comparaison, dit-il, il n'est lui-même qu'un « pauvre homme ». Les Milanais rendront compte en précisant que le roi s'est à l'évidence payé leur tête.

De sa capacité à plaisanter Louis XI use à l'occasion pour se dégager d'une négociation difficile. Lors de la pénible entrevue au cours de laquelle, en octobre 1465, le duc de Calabre l'accuse de ne rien faire pour la cause des Angevins à Naples, il rit ouvertement pour ébranler les certitudes du duc Jean. Et de conclure, devant un interlocuteur courroucé au point de perdre toute retenue, qu'il remercie Dieu de lui avoir donné un si bon sujet d'amusement.

S'il fait des bons mots quand il est d'excellente humeur, c'est évidemment quand il subit un échec qu'il se révèle féroce. « Il n'était pas habitué à perdre », écrira injustement Commynes qui oublie tous les mécomptes du roi en sa jeunesse. Lorsqu'on lui explique, en août 1479, qu'il n'a pas tout perdu à la bataille de Guinegatte puisque ses hommes sont demeurés maîtres du champ, Louis XI prend très mal la chose, et l'entourage se fait rabrouer.

Allez dire à mes lieutenants, puisqu'ils ont gagné le champ pour moi, qu'ils y fassent planter des fèves, car je sais bien que, la nuit du combat, ils étaient trop las et n'avaient pas loisir de ce faire...

On me mande que, si j'ai envie d'avoir de bons chevaux, et bien vites, j'en envoie quérir en Picardie, pour ce qu'il y a de mes capitaines qui les ont bien éprouvés à la course en retournant en leurs logis.

S'il se montre, avec les années, moins enclin à la colère, son esprit demeure mordant. N'ayant guère d'illusions sur les motifs qui ont poussé tant de fidèles du Téméraire à se rallier à lui, une fois leur maître mort, il observe froidement, voyant à sa cour le Grand Bâtard de Bourgogne et Philippe de Crèvecœur, qu'il pourrait bien organiser à Tours un chapitre de l'ordre de la Toison d'Or. Apprenant en novembre 1481 que le roi d'Angleterre a renoncé à une entreprise contre la France, Louis XI conclut calmement : « Je m'en retourne prendre et tuer les sangliers, afin que je n'en perde pas la saison, en attendant l'autre pour prendre et tuer les Anglais. » La causticité ne l'abandonne pas quand, dans sa dernière maladie, il se prend de suspicion contre tout le monde et change sans cesse de valet de chambre : « La nature, dit-il, se réjouit en choses nouvelles. » Mais cet homme qui craignait tant la mort ose même ironiser, le 1er juillet 1483, devant les délégués des villes : « Je sais bien que vous préférez me voir sous les traits d'un vieillard plutôt que sous ceux d'un mort. »

Il aura passé sa vie à plaisanter, et à tout propos. Il excelle notamment à brosser des portraits parfois méchants, mêlés de sobriquets de son invention. Le comte du Maine et Dunois courent-ils le jupon que le roi raille en les appelant « les vieillards de Suzanne ». Dans une lettre au Parlement, il qualifie le prince d'Orange, qui vient de le trahir, de « prince des Trente Deniers », allusion non déguisée à Judas. Le héraut du duc de Bourgogne, Toison d'Or, devient « Trahison d'Or ». Quant à l'émissaire de Marie de Bourgogne dont il suspecte la mission, le roi le qualifie en 1479, non sans humour, de « ce sage homme », ce qui le définit clairement comme douteux. Même son fidèle Batarnay n'échappe pas à la pique : connaissant sa rapacité, le roi lui écrit en le traitant de « riche comte » et ironise sur « la chose que vous aimez le mieux, qui est l'argent ».

Rares sont les témoins de ces moments – ou les lecteurs de ces lignes – où le roi se débride. Commynes, qui en a été, lui reproche sa langue acérée. Mais il a souvenir des regrets qu'en manifeste, parfois même publiquement, un Louis XI conscient du tort qu'il se fait à coups de bons mots.

> Il était léger à parler des gens. Et aussitôt en leur présence qu'en leur absence, sauf de ceux qu'il craignait, ce qui était beaucoup car il était craintif de sa propre nature.
>
> Quand pour parler il avait reçu quelque dommage ou en avait suspicion et le voulait réparer, il usait de cette parole au personnage propre : « Je sais bien que ma langue m'a porté grand dommage. Aussi, m'a-t-elle fait quelquefois du plaisir beaucoup. Toutefois, c'est raison que je répare l'amende. » Et il n'usait point de ses privées paroles, qu'il ne fît quelque bien au personnage à qui il parlait.

Il savait qu'il devait se méfier de lui-même. Après la conclusion du traité de Picquigny, il avait grand-peur qu'il lui échappât « quelque mot par quoi les Anglais pensassent qu'on se moquât d'eux ». Et cependant, ayant convenablement abreuvé les soldats anglais et couvert de présents leurs seigneurs, il se crut autorisé à plaisanter devant son entourage : « J'ai plus aisément chassé les Anglais hors du royaume de France que ne l'a fait mon père, car mon père les a mis hors à force d'armes, et je les ai chassés à force de pâtés de venaison et boire de bons vins. » Il s'aperçut alors qu'il y avait dans un coin de la pièce un marchand gascon vivant en Angleterre, venu solliciter l'autorisation d'exporter ses vins vers l'Angleterre. Le Gascon allait rapporter le propos. Le roi lui accorda le congé qu'il sollicitait pour exporter du vin gascon vers l'Angleterre, mais sous condition qu'il ne retournerait pas en Angleterre. On le fit conduire à Bordeaux sous surveillance et on lui donna mille francs pour faire venir sa femme. « Ainsi, écrit Commynes, se condamna le roi en cette amende, connaissant qu'il avait trop parlé. » C'était le prix du silence.

L'homme d'esprit est capable d'humour. Lorsqu'en 1478 il évacue Cambrai pour faciliter la négociation avec Maximilien, il pense qu'il a naguère, dans cette ville d'Empire, fait remplacer aux portes l'aigle impériale par les fleurs de lis. Geste courtois, mais de courtoisie fort diplomatique, il fait savoir au corps de ville qu'il comprendra très bien qu'on rétablisse l'aigle, et il le dit, rapporte Molinet, de charmante façon. « En ce qui concerne nos armes, vous les ôterez quelque soir et y logerez votre oiseau. Et vous direz qu'il sera allé jouer un espace de temps et sera retourné en son lieu, ainsi que font les hirondelles qui reviennent sur le printemps. »

Si bien des lettres dites de Louis XI ne sont que signées « de par le roi », il en est beaucoup dont le ton très personnel ne trompe pas. Lorsqu'il attend de l'argent il exige qu'on le lui envoie « à tue-cheval ». À Houaste dont les troupes sont en difficulté devant le col du Perthus, il écrit : « À ce que je vois, vous saignez du nez pour le Perthus. » C'est avec la même verve qu'il fait part aux Bordelais du risque d'invasion anglaise : « Les Anglais ont, contre les vendanges, donné bruit de faire une armée pour descendre en Gascogne. » D'Odet d'Aydie, il dit que, malgré les recommandations du duc de Bretagne, Tanguy du Chastel lui a « plumé la barbe ». À Jean de Baudricourt, qu'il charge d'aller atermoyer les gens de Maximilien, il donne en 1480 une consigne claire : « Et faites le boiteux. » Mais il craint que les Bourguignons soient disposés à lui « faire une piperie », autrement dit à tricher.

Le sommet est sans doute atteint par les reproches adressés au fidèle Batarnay et à ses collègues qui négocient en 1480 le futur traité d'Arras et se laissent trop aisément amuser par les gens de Maximilien qui changent sans cesse leurs propositions. Le 8 novembre, il ne les ménage pas : « Vous êtes bien bêtes si vous croyez... ». Le 10, il ironise : « Vous êtes tous maître Jean... ». Le 13, il les insulte : « Vous voyez bien, sanglantes bêtes que vous êtes... ». Le 11 décembre, alors que les affaires traînent, il ironise : « S'il n'y a rien de bon, allez-vous-en faire vos pèlerinages. »

Il a le goût des formules imagées, et il n'y manque pas de talent. En juillet 1470, alors qu'il vient de réconcilier la reine Marguerite d'Anjou et le comte de Warwick, et que l'on vient de fiancer celui qui pourrait être le futur roi d'Angleterre à la fille dudit Warwick, le roi résume l'opération à l'intention de Jean Bourré : c'est comme s'il avait marié Marguerite à Warwick. Au même Bourré, alors qu'on prépare l'offensive de 1471 et qu'on en cherche le financement, il demande de « trouver de l'argent en la boîte à l'enchanteur », autrement dit de se débrouiller. Chargeant en 1479 François de Dunois de mener à bien les négociations avec la Savoie, il conclut : « Il est force que vous meniez cette épousée au moûtier. » Parlant d'un homme qu'il entend faire pendre, il ordonne qu'on prépare « les noces du galant avec une potence ».

Le trait est parfois acide. Lorsqu'il apprend par un courrier « des plus privés » et « par homme exprès » que son frère se meurt, nouvelle qui ne peut l'attrister vraiment, il en écrit à Dammartin : « Je me suis fort ébahi et m'en suis signé depuis la tête jusques aux pieds. » Ce qui l'a ébahi, c'est que l'informateur ne soit autre que le chapelain du duc de Guyenne : le moine a assez vite retourné son froc pour servir le roi avant même la mort du duc.

Il arrivait au roi de plaisanter en public, et de s'en repentir. À Picquigny, il se crut autorisé à taquiner le roi d'Angleterre, lequel était fort bel homme et aimait les femmes. S'il venait à Paris, il trouverait à se divertir. Quelques heures plus tard, Louis XI regrettait cette proposition, non parce qu'elle était inconvenante, mais parce qu'il craignait de voir Édouard IV en profiter. « Il pourrait trouver quelque affétée à Paris qui lui saurait bien dire tant de belles paroles qu'elle lui ferait envie de revenir. »

Des inconvénients de cette propension au bon mot qui fait mal Louis XI est parfaitement conscient. Il ne peut s'empêcher de parler. Il le reconnaîtra : « Depuis que je suis né, ma langue m'a coûté plus d'un million en or. »

Dévotions

Les dévotions du roi sont quotidiennes. Il entend la messe tous les matins. Quand il peut, il occupe à la chapelle une petite loge grillagée, moins par souci de sécurité que par besoin de tranquillité. S'il en trouve le temps, il dit ses heures. Il se confesse une fois par semaine. Rien là que de très normal. Mais il ne se contente pas de ces pratiques auxquelles nul prince ne songerait à se soustraire. Il lui faut des moments de recueillement.

Adepte de cette « dévotion moderne » qui se développe depuis un siècle et contre laquelle la hiérarchie de l'Église se défend parce qu'elle institue une relation directe du fidèle avec Dieu – ce qu'on a reproché à Jeanne d'Arc – et qu'elle encourage les exercices personnels de dévotion plutôt que l'assiduité à l'office divin, il multiplie à son gré les journées de méditation, les temps de recueillement que nul ne contrôle et les lectures spirituelles. Il lui arrive de s'enfermer une journée entière pour prendre le temps de la prière. Chaque année, le roi note le jour de la semaine où est tombée la fête des Innocents, et il réserve ce jour, chaque semaine, pour un temps de lecture et de méditation. Son entourage parle du « jour des Innocents ». Pour l'intelligence du personnage, cette méditation solitaire, qui n'a rien d'obligatoire, est plus importante que le rituel des offices, que respecte tout prince, et que les manifestations publiques et les démarches intéressées qui font entrer l'action politique et militaire dans le cadre du jugement de Dieu, et Dieu dans les objectifs de la politique.

Louis XI ne conçoit pas une action sans une prière préalable. Il prie chez lui, et Commynes se fait violence, pendant les négociations de 1475 avec l'Anglais, pour interrompre le roi qui, dans sa chambre, dit ses heures à son réveil. Bien souvent, la prière est publique. En pleine affaire du Bien public, en 1465, il prie à Marsat, à Cléry. À la veille de la bataille de Montlhéry, il entend, à genoux et en robe blanche, neuf messes. Toujours à Montlhéry, il descend de cheval pour prier au moment d'ordonner l'assaut. Lorsque ses navires cinglent vers l'Angleterre en septembre 1470, il prie à Notre-Dame-de-la-Délivrance, à Caen, et offre à l'église, avec un cierge et son buste en cire, six vases liturgiques d'orfèvrerie.

À tout propos, et sans la moindre relation avec le calendrier liturgique, Louis XI part en pèlerinage, et son choix se porte plus souvent sur les petits sanctuaires que sur les lieux de culte illustres. L'un de ses préférés est celui du Puy-Notre-Dame, près de Montreuil-Bellay, une imposante église romane où l'on vénère la Ceinture de la Vierge. Il y vient à plusieurs reprises, il le dote richement, il achète en 1477 pour 4 000 écus de rente pour y fonder une messe et il y installe en 1482 un chapitre de chanoines. Il n'est pas moins fidèle à Béhuard, un petit prieuré bénédictin situé dans une île de la Loire, près d'Angers. On le voit en 1465 en Limousin à Saint-Junien pour le pèlerinage de Notre-Dame du Pont. En 1470, c'est à Celles-sur-Belle, près de Niort, qu'il va prier dès qu'il est assuré du succès de Warwick, et il prend à sa charge la restauration de l'abbaye. Aux approches du conflit ouvert avec la Bourgogne, il combine un voyage politique à Avranches et un pèlerinage au Mont-Saint-Michel.

En mars 1473, il annonce qu'il va prier au Saint-Christ de Bayonne. Ses conseillers ont beau lui remontrer qu'une absence serait mal venue alors que le duc de Bourgogne se prépare à la guerre, il tient bon : il ne saurait compter sur l'aide de Dieu s'il se dérobe à ses obligations. Et pour qu'on ne le rattrape pas en route, il fait fermer derrière lui les portes de Tours et couper un pont. Ainsi peut-il, sacrifiant trois semaines d'un emploi du temps pourtant chargé, faire ses dévotions au modeste hospice du Saint-Christ. Nul ne saurait dire s'il n'y a pas quelque relation entre ce voyage inopiné et la reprise de Perpignan par l'Aragon et si le roi ne ressent pas la nécessité de négociations discrètes avec la Castille ou l'Aragon.

Sixte IV ayant en 1475 proclamé un jubilé qui connaît un réel succès, le roi parle de se rendre à Rome par mer. Les circonstances l'en dissuaderont, mais il regrettera d'avoir ainsi manqué les indulgences qui l'eussent mis à l'abri des revers de fortune. Il compense en intervenant auprès des évêques pour généraliser la pratique de l'*Angelus* de midi auquel il a, trois ans plus tôt, convaincu le pape d'attacher une indulgence.

Même si les médailles ne semblent pas avoir dans la réalité la place qu'elles ont prise dans la légende, Louis XI a ses objets de dévotion préférés, et c'est avec un soin tout particulier qu'il choisit ceux sur lesquels il prête ou fait prêter serment. Il transporte le plus souvent avec lui la croix de Saint-Charlemagne, et c'est sur elle qu'est juré le traité de Péronne. La croix de Saint-Laud, qui contient un morceau de la Vraie-Croix, tient également une place de choix dans l'arsenal politique. Quiconque rompt un serment prêté sur cette croix, dit-on, meurt dans l'année, et le roi ne manque pas d'y recourir pour faire jurer les traités et les engagements. Quand on ne peut aller à Angers, on l'emprunte, comme le fait Bourré en août 1471 pour préparer le serment de fidélité de Charles de France.

Il est vrai que le roi collectionne volontiers les reliques, et de tout genre. Toujours porté à le dénigrer, l'évêque Thomas Basin réduit la portée spirituelle de ses dévotions. Lorsque le roi fait, avant le Bien public, un pèlerinage au Puy-Notre-Dame, Basin le voit « dans je ne sais quel oratoire de Notre-Dame afin d'y faire ses dévotions et s'y livrer à des pratiques superstitieuses ». Ce recours aux reliques s'accentuera quand le roi verra venir sa fin.

Aux reliques s'ajoutent les talismans. Lorsque le connétable de Saint-Pol, avant de monter sur l'échafaud, charge son confesseur de remettre à Notre-Dame de Paris le diamant qu'il a au doigt et à son petit-fils une pierre qu'il porte au cou et qui « a moult grand vertu car elle résiste contre tout venin et préserve aussi de toute pestilence », le chancelier Pierre Doriole laisse exécuter la volonté du mort en ce qui concerne la bague, mais fait porter au roi la pierre merveilleuse. On conserve d'autre part (Reims, palais du Tau) un pendentif de pâte de verre bleu pâle cerclée d'or filigrané et entourée de grenats et d'émeraudes que la tradition dit être le « talisman de Charlemagne ».

Tout au long du règne, Louis XI multiplie les dons et les fondations. Dès 1461, il fait des dons en argent à Saint-Sauveur de Redon, à Notre-Dame de Boulogne et – 1 200 écus – à Sainte-Pétronille de Rome. En 1468, c'est aux Augustins de Tournai qu'il donne une rente de 200 livres pour qu'ils célèbrent à son intention un service consistant de son vivant en une oraison et après sa mort en un *De Profundis*. À peine Perpignan est-elle prise, en janvier 1463, qu'il écrit à Gaston de Foix, à Jean de Lescun, à Louis de Crussol et à Jean Bureau, leur racontant par le menu la soumission de la ville, « laquelle réputons miraculeuse ». À chacun, il demande donc de prier la Vierge et saint Martin pour que les autres places du Roussillon se rendent aussi facilement, et il ordonne au trésorier Étienne Chevalier d'envoyer 200 écus à Saint-Martin de Tours. Lorsqu'il apprend à Compiègne, en 1468, la défaite du duc de Bretagne, il ordonne sur-le-champ la construction d'une chapelle qui sera mise sous le patronage de Notre-Dame-de-Bon-Confort.

Les générosités aux églises se multiplient à partir des années 1470. En 1472, pendant l'affaire de Beauvais, le roi fait vœu de ne pas manger de viande tant qu'il n'aura pas fait remettre à Saint-Martin de Tours 1 200 écus, à prendre s'il le faut sur les sommes disponibles pour la guerre, afin qu'on fabrique une « ville » – un luminaire en forme de couronne crénelée – du poids de 200 marcs d'argent : près de 50 kg. Ayant fait un autre vœu pendant l'invasion anglaise de 1475, il s'occupe dès la mi-octobre de doter le chapitre cathédral de Beauvais d'une terre dont le revenu financera l'entretien d'un « autel de Notre-Dame-de-la-Paix ». Comme il a beaucoup logé, en ces moments difficiles, à l'abbaye de Notre-Dame-de-la-Victoire, près de Senlis, il lui donne, à peine rentré au Plessis en décembre, la vicomté d'Orbec. Plus tard, après la prise de la ville en avril 1477, il offre à Notre-Dame de Boulogne un cœur d'or pur d'une valeur de 2 000 écus, ce qui laisse deviner qu'il emporte en campagne les offrandes qui pourraient être de mise. Au temps de la conquête de Bourgogne, en 1479, il redouble de générosité. Il offre au monastère limousin de Charroux, connu pour sa relique du Saint-Vœu que l'on dit être le prépuce du Christ, six lampes d'argent massif. Il fait remplacer, autour de la châsse de saint Martin à Tours, la grille de fer par une grille d'argent massif pesant 12 000 livres. Les dons royaux pleuvent aussi à Rome, à Compostelle, à Maastricht, à Cologne, à Aix-la-Chapelle.

Le don n'est pas toujours d'or ou d'argent. En 1473, de passage à Avranches où il organise la défense contre un éventuel débarquement anglais, le roi prescrit au vicomte de Coutances d'offrir chaque année à Saint-Gilles de Cotentin « un vœu de cire en la façon d'un cerf, pesant huit vingt livres de cire ».

Superstitieux ou non, il arrive que le roi se comporte envers Dieu et les saints comme un maquignon. Ses pèlerinages et ses générosités correspondent toujours à une entreprise pour laquelle il compte sur l'aide de l'Au-delà. À l'ouverture d'une campagne, il fait des dons et « recommande à Dieu son affaire et qu'il lui plût d'avoir ses gens d'armes pour recommandés ». Parfois, il s'agit de remercier, comme lorsqu'il fait un don à Saint-Pierre de Rome pour la naissance du dauphin Charles, mais il n'est souvent question que d'implorer. Quand il s'estime dupé, il le dit, comme en 1474 quand il se voit acculé à la guerre contre l'Angleterre : « Sainte Vierge ! Même maintenant que je vous ai donné quatorze cents écus, vous ne m'accordez pas le moindre secours ! »

La correspondance entre le vœu, l'offrande et son résultat est une constante dans l'esprit du roi. Ayant en 1480 fait treize vœux, il n'a reçu que l'argent de neuf, et il en fait reproche aux généraux des finances, leur demandant d'urgence de quoi satisfaire aux quatre derniers : « S'il m'en venait dommage, je dirais que ce serait pour cela. » Le marchandage va jusqu'à l'imputation budgétaire. Le luminaire pour Saint-Martin est dû pour la victoire de Beauvais. C'est donc une dépense de guerre, et, s'il le faut, on prendra l'argent sur les subsides octroyés pour la guerre.

Une distinction s'impose. Certes, le roi garde une foi très solide, au point de se soumettre à la volonté divine quand le petit François meurt quelques heures après sa naissance, alors que l'arrivée d'un fils semblait essentielle pour la sauvegarde de la Couronne. Sa dévotion, toutefois, ne va pas jusqu'à un respect excessif pour les serviteurs de Dieu. Pour tout dire, il les tient collectivement pour des félons. Il le dit clairement à l'ambassadeur milanais Panigarola : « Sans eux, il ne peut jamais y avoir traîtrise ou duperie parmi les seigneurs, et aucun acte frauduleux ne semble pouvoir être commis sans leur intervention. »

De cette méfiance constante à l'égard du clergé, une méfiance dont les racines sont purement politiques mais que les palinodies de certains et les rivalités de la plupart pour les bénéfices ecclésiastiques transforment parfois en mépris, il n'est pas étonnant qu'ait été exempt l'ermite François de Paule, que nous retrouverons au chevet du roi mourant. Un ermite n'est pas un clerc comme les autres, et celui-là jouit d'une réputation de sainteté. On verra que, son rôle politique aidant, même Hélie de Bourdeilles, que l'Église élèvera au rang des bienheureux, ne jouit nullement dans l'esprit du roi de la même considération. Pour

Louis XI, la piété est une relation avec Dieu, et les affaires des clercs sont autre chose.

Dans les dévotions du roi, il faut faire une place à part à Charlemagne, ou plutôt à saint Charlemagne. Le propos politique est ici évident. On a déjà dit le rôle dévolu au nom même de Charles dans la construction d'une légitimité capétienne. Dès le XIIIe siècle, l'épée du sacre est réputée « l'épée de Charlemagne ». La statuette de l'empereur est au sommet du sceptre fabriqué pour Charles V. Dans la composition du *Retable du Parlement de Paris* (Louvre), saint Jean Baptiste est accompagné de Charles VII et saint Denis de Charlemagne, mais ce sont bien deux rois aux côtés de deux saints. Dans le même temps, l'imagerie populaire fait de Charlemagne l'un des quatre rois des jeux de cartes, mais ce n'est pas au titre de saint, que nul ne songerait à donner à Alexandre, à David et à César. Quant aux dernières chansons de geste et aux romans de chevalerie qui leur font suite, elles célèbrent à l'envi l'empereur et son neveu Roland, mais ils sont là des « preux », non des saints. « Mais où est le preux Charlemagne ? » demande Villon. On n'a, jusqu'à Louis XI, pas donné en France dans le culte.

Une lettre, probablement datée du 3 avril 1469, prescrit à l'archevêque de Rouen de « célébrer et férier » non seulement l'anniversaire de la mort de l'empereur, le 28 janvier, mais aussi celle de « sa translation en ce royaume », le 27 juillet. C'est l'occasion d'affirmer que le royaume de France est « encore aujourd'hui réputé sa propre terre et spéciale relique de sa seigneurie et domination ». Autant dire que le Saint Empire romain germanique n'est pas l'héritier de l'Empire carolingien, ce qui est d'ailleurs exact, et que la France est tout ce qui reste dudit Empire carolingien, ce qui est faux. Mais, à l'heure où Charles le Téméraire tente de reconstituer l'ancienne Lotharingie, le propos du roi de France a de fortes résonances. Naturellement, on n'évoque pas ce que signifie la « translation », c'est-à-dire le transfert du corps de Charlemagne dans une châsse monumentale et la fermeture de celle-ci, le 27 juillet 1215, par l'empereur Frédéric II. La « translation en ce royaume », ce n'est qu'un déplacement sous le dôme d'Aix-la-Chapelle, et Aix n'a jamais appartenu au royaume.

Les fêtes ordonnées à Rouen, ville qui n'a rien de particulièrement carolingien, le seront ailleurs. En janvier 1475, Jean de Roye note que l'ordre est donné à Paris de célébrer dorénavant la Saint-Charlemagne, « ladite fête gardée comme le dimanche ». Elle sera même fériée à l'Hôtel de Ville. Deux ans plus tard, on retire « du rang des autres rois » les statues de saint Louis et de saint Charlemagne qui étaient contre les piliers de la Grand-Salle du Palais, et on les place à l'entrée de la chapelle.

Fêter Charlemagne est maintenant un bon moyen de faire plaisir au roi, et l'Université de Paris n'y manque pas, qui se sait peu considérée et s'est vue parfois méprisée. En 1478, la Nation de France obtient de Louis XI l'autorisation de fonder une confrérie en l'honneur de la Vierge et de saint Charlemagne. Dès lors, et malgré les réticences des humanistes comme Robert Gaguin, qui refuse en 1482 d'écrire une *Vie de saint Charlemagne* parce que le saint lui paraît plus légendaire qu'historique, la Saint-Charlemagne devient la grande fête des maîtres et des écoliers. On le sait, Gaguin jouit de toute la confiance du roi qui n'hésite pas à en faire son ambassadeur. Sur ce point, Louis XI se veut indifférent aux scrupules des érudits humanistes. La dévotion l'emporte, surtout quand elle sert la Couronne de France.

Il faut marquer la place de la France auprès du saint empereur. En octobre 1481, à Aix-la-Chapelle, on retire les deux os du bras de Charlemagne du petit sarcophage où Frédéric Barberousse les a placés après avoir de lui-même, en 1165, décrété la canonisation de l'empereur, et on les enferme dans un superbe reliquaire d'argent doré et émaillé en forme de bras dressé à la main ouverte. C'est Louis XI qui a fait fabriquer à Lyon ce reliquaire que ferme, sans discrétion, une broche faite d'un écu aux trois fleurs de lis.

On a observé le silence de Louis XI à propos de Jeanne d'Arc. Dans un Val de Loire si fortement marqué, aujourd'hui, par le souvenir de la Pucelle, pas une étape des dévotions royales n'est motivé par ce souvenir. Dans le *Rosier des guerres*, le résumé d'histoire de France dû à Pierre Choisnet et fait pour l'édification du futur Charles VIII ne mentionne Jeanne que pour noter, sans le moindre commentaire, la date de sa mort.

Il est à ce silence deux raisons. L'une est que le souvenir de Jeanne, encore très vif à Orléans, n'est que celui d'une héroïne : on n'en est pas encore au culte d'une sainte. Ne nous y trompons pas, la réhabilitation, ou plutôt l'annulation de la condamnation, n'est pas une canonisation. Maintenant, on sait Jeanne au Paradis. La prier ne viendrait pas à l'idée. L'autre raison est que l'apparition de la Pucelle est à l'origine de l'histoire glorieuse de Charles VII, et que Louis XI et son entourage se montrent sur ce sujet des plus discrets. Charles VII oubliait volontiers ce qu'il devait à Jeanne. Louis XI sait très bien qu'il n'a joué – ou pu jouer – aucun rôle dans la reconquête sur l'Anglais. Il oublie délibérément ce qui a fait de son père « le Victorieux ». Mieux vaut célébrer Charlemagne.

Curiosités intellectuelles

On pourrait penser que ses relations constantes avec l'Italie, ses liens étroits avec Milan, l'intérêt qu'il manifeste pour Florence, ont ouvert les yeux du roi sur le mouvement intellectuel et artistique qui s'y développe. Il n'en est rien, semble-t-il, et ces relations demeurent ce qu'il veut qu'elles soient, politiques. D'ailleurs, Louis XI n'a jamais franchi les Alpes et n'a donc rien vu des splendeurs de la Renaissance italienne. Au reste, il ne paraît pas que Laurent le Magnifique ait entretenu son correspondant le roi de France de ses préoccupations intellectuelles et de ses réalisations artistiques. La correspondance ne laisse entendre que des alliances, des guerres, voire du commerce. Le reflet qu'elle donne des conversations entre le roi et les ambassadeurs italiens ne contredit en rien cette vue. Si les Italiens de son entourage ne l'entretiennent pas de la Renaissance et de l'humanisme italiens, c'est qu'ils savent le peu d'intérêt du roi pour la chose. Ils ont à l'instruire des réalités politiques de l'Italie et à traduire dans leurs dépêches sa pensée en la matière, non à lui faire partager ce vers quoi il ne tend pas.

On voit pourtant d'authentiques humanistes dans le proche entourage de Louis XI. Jean Robertet comme Nicolas Gilles comptent plusieurs années parmi les secrétaires. Robert Gaguin est des hommes de confiance du roi, qui le charge à l'occasion d'acquérir en Italie les produits imprimés du nouvel humanisme. Mais si le roi lui demande de veiller quelque peu sur l'instruction du dauphin Charles, il n'utilise vraiment Gaguin que comme diplomate.

Louis XI ne reste pas moins délibérément à l'écart de la reprise de la spéculation intellectuelle que l'on observe alors en France dans l'Université. Son hostilité marquée à l'égard des maîtres de la Sorbonne le conduit à envoyer son aumônier Guillaume Toustain, « désireux des bonnes lettres », étudier à Pavie, ce qui ne l'empêche pas de charger en novembre 1469 Guillaume Fichet et son collègue Gilles d'Aulnois d'une mission diplomatique à Milan. La même hostilité le porte volontiers vers les ordres mendiants, vieux rivaux des maîtres séculiers, et c'est sous leur influence que, le 1er mars 1474, il interdit par ordonnance le nominalisme, quitte à le rétablir en fait le 30 avril 1481, à l'instigation du célèbre docteur Martin Magistri – il s'appelle en réalité Lemaître – dont il vient de faire son aumônier. Mais il pose une condition : l'équilibre entre les deux enseignements, celui des maîtres traditionnels et celui des mendiants. Ce qui paraît essentiel à Louis XI, c'est que ne renaissent pas les querelles de doctrine qui se traduisaient jadis en troubles de l'ordre public.

On sait peu de chose des goûts littéraires de Louis XI. Quand Commynes écrit que le roi avait « beaucoup d'affection pour les belles lettres », il ne dit pas ce qu'il met derrière ces mots. Faisant l'éloge de sa sagesse, Commynes le dira de même « assez lettré », ce que confirme un Chastellain pourtant peu suspect de complaisance envers l'adversaire du Téméraire.

Il lit et parle le latin, au point de pouvoir s'exprimer en cette langue quand il fait à un médecin une confidence dont il n'est pas utile qu'elle soit entendue des domestiques. Mais il demeure conscient de ses limites : son latin ne s'étend pas à la poésie, et il l'avoue. Il parle aussi l'italien, même si, recevant en grande colère les envoyés de Sixte IV, il lui arrive de mêler l'italien et le latin. Surtout, il parle et écrit une langue française précise. Dictant avec fermeté, se montrant au fait des problèmes juridiques et de leur vocabulaire, sachant fort bien formuler son entendement et sa volonté, il le dira sans fard : « Nous n'écrivons point sans savoir comment. »

Le fait qu'il n'en laisse rien transparaître dans une correspondance volumineuse et souvent très libre de ton laisse cependant penser que Louis XI est assez indifférent au monde de la plume. Les quelques textes élaborés qui lui doivent assurément leur substance sont d'ordre politique : des *Instructions* sur la Pragmatique Sanction, un exposé des droits du roi de France sur Naples et la Sicile, les instructions sur le gouvernement qui donnent matière à l'ordonnance du 21 septembre 1482 et ce testament politique qu'est le *Rosier des guerres.* On ne voit pas que les poètes aient eu quelque occasion de se faire prêter l'oreille royale. En Charles d'Orléans il ne voit que le prince. Tout comme Villon, Robertet a participé au « concours de Blois », et il correspond en vers et en prose avec les grands écrivains du temps, notamment avec ceux de la cour de Bourgogne. Mais le roi ignore sereinement sa rhétorique et ne voit en lui qu'un serviteur fidèle dans les affaires du royaume.

Si l'on en juge par le compliment qu'il adressa un jour à l'évêque Louis d'Amboise, « plus vaillant que fut onques l'évêque Turpin », Louis XI n'a pas dédaigné, du moins en sa jeunesse, les romans de chevalerie. On n'a aucune autre trace d'une référence à ce long filon littéraire qui s'achève avec les dernières chansons de geste et avec les romans de chevalerie dont se repaissent les nobliaux nostalgiques et les bourgeois qui se voudraient autres. On n'entend pas davantage Louis XI multiplier, comme tant de ces cuistres qu'il déteste, les allusions à la mythologie ou à cette histoire romaine qu'il connaît cependant fort bien. Lorsque le temps lui semblait long, à Genappe, il a lu Xénophon parce qu'on le lui traduisait, mais il ne paraît pas qu'il y soit revenu. Au contraire du Téméraire, Louis XI ne se prend ni pour Alexandre ni pour César. S'il est vrai que les *Cent Nouvelles nouvelles* ont été composées dans son entourage au temps de l'exil à Genappe, le jeu littéraire et licencieux que met en forme ce recueil est à porter au compte d'une cour désœuvrée plus que d'un goût durable pour les joutes de l'esprit. On ne voit pas, non plus, que le roi ait manifesté quelque intérêt pour le théâtre, alors même que celui-ci fait recette dans toute les villes du royaume.

Les curiosités intellectuelles de Louis XI sont simples. L'histoire sainte et l'histoire profane, un peu de droit, voire de médecine, telles sont les lectures qui occupent ses temps de loisir quand il ne chasse pas. Il aime apprendre. Il n'y met aucune prétention.

CHAPITRE III

Un héritier

Une dauphine venue d'Écosse

Le sortir de l'enfance, c'est l'adoubement comme chevalier. On n'y pense même pas. C'est aussi le mariage, et Charles VII, qui ne rechigne pas devant des alliances, sait quel parti il pourrait tirer de ce mariage. Majeur à treize ans, Louis est en âge de prendre femme. Une alliance écossaise a tout pour tenter le roi Charles.

C'est en 1419 qu'apparaissent dans l'armée de Charles VII des capitaines écossais et leurs hommes. John Stuart, comte de Buchan, son cousin John Stuart, seigneur de Darnley, et son beau-frère Archibald Douglas, comte de Wigtown, conduisent dès ce moment une véritable armée. Ni l'un ni l'autre ne sont de minces personnages. Le comte de Buchan est petit-fils du roi Robert Stuart. Il descend du héros national, Robert Bruce, vainqueur des Anglais en 1314 à Bannockburn. À l'heure où John sert la France, son cousin Jacques Ier règne sur l'Écosse.

La présence dans l'armée royale de contingents étrangers n'a rien d'étonnant : nul n'a oublié les amiraux génois de Philippe le Bel, ou les arbalétriers génois de Philippe VI. On continue de recruter des hommes d'armes et des archers en Lombardie, en Castille et en Écosse. Naturellement, si les Lombards et les Castillans sont à qui les paie, les Écossais trouvent dans leur haine ancestrale de l'Anglais une raison supplémentaire de s'enrôler sous la bannière du roi de France. Ce sont six mille hommes qui débarquent à La Rochelle et joignent immédiatement l'armée du dauphin Charles, qui leur donne Tours pour base. Le comte de Buchan remporte sur les Anglais la victoire de Baugé (22 mars 1421). Il prend ensuite plusieurs places dont Avranches.

Vainement, Henri V a tenté de dissocier les Écossais des Français de Charles VII. Ayant fait prisonnier le roi Jacques Stuart, l'Anglais le traîne à Rouen et lui fait lancer une proclamation en faveur du « roi de France et d'Angleterre ». Stuart et les autres tiendront ce ralliement pour nul, comme obtenu par la contrainte.

Blessé à Cravant le 31 juillet 1423, John Stuart est connétable de France en 1424. Il ne faut pas moins de douze navires loués à des Espagnols pour aller chercher les renforts qui viennent à nouveau d'Écosse, aux ordres du comte de Douglas, Archibald. C'est l'un des plus grands barons écossais, le père de Wigtown et le beau-père de Buchan. À ce moment-là, on compte dans l'armée de Charles VII près de douze mille Écossais. Douglas est sur-le-champ nommé lieutenant général des armées du roi et, ce qui paraît exorbitant à beaucoup, duc de Touraine, titre qui reviendra à sa mort aux Angevins.

Douglas et Buchan sont tués dans le désastre de Verneuil le 17 août 1424, comme bien d'autres Écossais, mais il en reste assez pour constituer, aux ordres du comte de Darnley devenu sire d'Aubigny et comte d'Évreux, une force armée que l'on retrouve en 1429 au siège d'Orléans. Elle deviendra d'une part la compagnie écossaise, l'une des compagnies de l'ordonnance de 1445, d'autre part la fidèle garde écossaise du roi, que conserve Louis XI et qu'il laissera à ses successeurs. Que des titres de la maison de France comme celui de duc de Touraine et celui de comte d'Évreux – un titre qui ne couvre aucune réalité, Évreux étant aux Anglais – soient alors donnés à ces barons écossais suffit à dire le besoin que l'on a eu d'eux et la considération que leur vaut leur valeur de soldats.

Autant dire que, dans les années où l'on songe à marier le futur Louis XI, on pense beaucoup à l'Écosse. Elle fournit des troupes. Elle occupe les Anglais dans leur île, les dissuadant ainsi d'un effort militaire plus intensif sur la Loire. On fait même miroiter devant le roi Jacques Ier la possible cession d'une

Saintonge qui serait la première tête de pont écossaise sur le continent. Bref, on convient d'un mariage. Jacques Ier et Jeanne Beaufort ont une fille à marier, et ils n'ont pas écarté d'abord l'idée de la marier à Henri VI. Elle avait tout pour séduire l'Anglais : un tel mariage assurerait la tranquillité dans l'île.

Jeanne Beaufort, c'est une princesse anglaise, une Lancastre. Ses oncles sont le roi Henri IV et le cardinal Henri Beaufort. Ce dernier a tenu en Angleterre, pour son petit-neveu Henri VI, le rôle dévolu en France à son neveu Bedford. Le cardinal était à Rouen pendant le procès de Jeanne d'Arc. Il dirigeait à Arras en 1435 la délégation anglaise, et ce sont ses exigences démesurées non moins que ses tergiversations qui ont provoqué la rupture des pourparlers entre Angleterre et Bourgogne. La France y a beaucoup gagné : la rupture signifiait l'isolement de l'Angleterre. Mais on sait Beaufort intraitable et, Bedford mort, il est l'homme fort du gouvernement anglais.

Pour faire bonne mesure, Jeanne a un frère que les Français ont, lui aussi, appris à connaître : John Beaufort, récemment promu duc de Somerset. Quand on négocie le mariage de Marguerite, Somerset est gouverneur de la Normandie et l'un des chefs de l'armée qui s'oppose sur le terrain à la reconquête française. Autant dire que, si la fille de Jeanne Beaufort devient reine d'Angleterre, c'en est fini pour Charles VII de l'alliance écossaise. Et l'on ne verra plus dans l'armée du roi de France ces compagnies d'Écossais qui y font merveille.

Un mariage avec le dauphin Louis serait en revanche la consolidation de la « vieille alliance ». On y pense de temps à autre depuis qu'en 1428 l'archevêque Regnault de Chartres et Darnley sont allés formuler la première demande. Les enfants étaient encore bien jeunes, et Jacques Ier commençait de trouver excessives les demandes de renfort qu'accompagnait la proposition de mariage. L'urgence s'en fait cependant sentir dans l'esprit de Charles VII et surtout dans celui de la reine mère Yolande d'Aragon lorsque, après le traité d'Arras de 1435, l'alliance bourguignonne fait défaut à l'Anglais. Il importe au roi de France que Henri VI ne trouve pas la compensation que serait un rapprochement de l'Angleterre et de l'Écosse. La négociation reprend donc, d'autant plus difficile que le roi Jacques ne voit pas que des avantages à ce projet de mariage. Au début de 1436, les ambassadeurs de Charles VII emportent la partie. Conduite par une forte flotte qui n'est pas inutile quand des Anglais tentent de l'intercepter, Marguerite d'Écosse aborde à l'île de Ré le 17 avril. Elle est le 19 à La Rochelle, où l'on commence de la fêter. Son père a eu l'heureuse idée de la faire accompagner d'un millier d'hommes d'armes : ce renforcement des compagnies écossaises sera fort apprécié.

À Poitiers, Marie d'Anjou accueille Marguerite et la conduit au dauphin. En juin, la jeune princesse fait son entrée à Tours. Louis et elle sont encore des enfants, et la première chose que font les fiancés quand ils se rencontrent pour la première fois, c'est d'aller jouer ensemble. Il a treize ans, elle en a onze. D'ailleurs, Marguerite ne sait pas un mot de français. Il faudra lui apprendre la langue de ce qu'elle pense être son futur royaume. Qu'importe, l'archevêque de Tours accorde le 13 juin la dispense d'âge nécessaire et, le 25 juin, dans la chapelle du château de Tours, l'archevêque de Reims Regnault de Chartres les marie. Chancelier de France, il a joué un rôle de premier plan dans la négociation avec l'Écosse.

La fête des noces est naturellement au château, qu'ornent pour la circonstance des tapisseries et des draps d'or empruntés à Blois à la collection du duc d'Orléans. Charles VII assiste au mariage en tenue de voyage sinon, comme on l'a dit, de chasse, ce qui fera dauber, mais le marié est superbe. Pour la première fois, il a revêtu la grande robe royale, la robe de velours bleu brodé d'or que tout le monde sait être un vêtement de sacre. Au côté, il porte l'épée de Robert Bruce que lui a envoyée le roi Jacques Ier.

Nul ne peut savoir que la jeune femme sera des plus malheureuses, plus considérée par la reine Marie comme une fille chérie qu'elle garde près d'elle que par Louis comme sa femme.

Un apprentissage royal

Le futur roi était majeur, et il était marié. L'entourage changea. Un nouveau gouverneur fit son entrée : c'était Bernard d'Armagnac, fils de celui qui fut le beau-père de Charles d'Orléans et donna son nom au parti d'Orléans. Il avait épousé Éléonore de Bourbon, héritière en 1438 du comté de la Marche. Le nouveau comte de la Marche avait la réputation d'un bon chevalier, d'un homme pieux, d'un politique sage. Il ne s'agissait plus d'apprendre à Louis le maniement de la lance et de l'épée. Il fallait maintenant en faire un roi. Mais Armagnac n'était pas homme à détourner le dauphin de deux penchants qu'avaient développés chez lui ses premiers maîtres : le goût de la lecture et celui de la dévotion. Chez le gouverneur, on lisait la Bible à table.

Comme pour tous les dauphins, on composa un hôtel, dont les membres furent procurés par le roi et la reine. Un ancien sénéchal de Poitou, le vieux Amaury d'Estissac, que l'on reverra dans l'armée de 1444 contre les Suisses, fut chambellan du jeune prince. Un secrétaire du roi, Hélie de Linaye, devint le secrétaire. Pierre George lui succéda, avec Jean Bourré, qui était alors un tout jeune homme – un an de moins que Louis XI – et allait demeurer le fidèle entre les fidèles, et avec Charles Astars qui sera l'un des diplomates préférés de Louis. Pour gouverner la matérielle, on nomma maître d'hôtel d'abord Jean de Gamaches, fils d'un maître d'hôtel de Marie d'Anjou, puis Gabriel de Bernes, un homme du Dauphiné qui avait épousé une Tourangelle. Les finances furent gérées par un argentier qui avait été comme tel au service de Marie d'Anjou, Guillaume Goyet. Pour en contrôler la comptabilité, un secrétaire du roi, Simon Verjus, puis Étienne Chevalier et enfin un receveur royal, Jean de la Borderie, furent pompeusement qualifié de maître de la Chambre aux deniers du dauphin. Guillaume Léothier demeura le médecin du prince.

Un personnage apparaît alors, qui allait garder, presque dans l'ombre, la confiance du roi jusqu'à la fin du règne : Jean Guérin, d'abord secrétaire du dauphin, devait être ensuite maître d'hôtel du roi. Le grand maître d'Hôtel de France ayant surtout une fonction politique, Guérin sera le véritable chef de l'Hôtel royal. En 1482, alors que son fils Olivier Guérin lui a succédé à l'Hôtel, Jean Guérin sera l'homme que Louis XI charge de sonder discrètement Maximilien et de hâter la conclusion de la paix.

Les revenus du dauphin étaient modestes, sans être aussi insignifiants que le laissa souvent entendre l'intéressé. Aux finances allouées par le roi – 2 000 livres par an – s'ajoutaient les subsides régulièrement octroyés à leur dauphin par les États de Dauphiné : 30 000 florins en 1434, 10 000 en 1437, 30 000 en 1441, 20 000 en 1443, 28 000 en 1445. Les États d'Auvergne lui accordèrent 9 000 livres en 1444, octroi à vrai dire justifié par la campagne qu'il menait pour purger le pays de ses routiers. Le même langage lui procura des subsides de diverses villes qu'il débarrassa de la menace de pillage que représentaient les compagnies sans embauche. Les dépenses du dauphin, ce n'était pas seulement son train de vie, c'était aussi « sa guerre ».

Les comptes présentés pour les années 1439-1442 établissent à quelque 10 000 livres au moins, 20 000 au plus, la dépense annuelle de l'hôtel, ce qui ne comprend évidemment pas les aides dites extraordinaires et les dépenses à caractère politique ou militaire. N'oublions pas, même si le total nous échappe, les diverses pensions et rentes assurées par des villes, comme celle de mille florins que devait au dauphin la ville de Romans. Si l'on en juge par les rappels à l'ordre, elles étaient fort irrégulièrement payées. Mais lorsqu'on apura les comptes, en 1442 comme en 1443, c'est le dauphin qui restait débiteur de son maître de la Chambre aux deniers Étienne Chevalier : 2 739 livres en 1442 et, après report, 15 livres en 1443. Le dauphin vivait au-dessus de ses moyens, mais il n'en manquait pas.

Restait à voir comment on gouverne. Le portrait noir que l'on a trop souvent brossé du Charles VII d'avant Jeanne d'Arc a conduit la postérité à imaginer, à l'arrière-plan d'un roi inactif, un dauphin de France livré à lui-même et à ses précepteurs, privé de la présence de ses parents et donc de leur exemple. Rien n'est plus faux. Certes, l'enfant des premières années est, comme il se doit, aux mains de son gouverneur et des femmes. Rien là que d'ordinaire. Encore faut-il faire une place à part à la marraine du dauphin, cette Catherine de l'Isle-Bouchard qui devient en 1427 l'épouse de l'assassin de son précédent mari. Celui-ci, Pierre de Giac, s'était fait l'homme d'un parti angevin dominé par la haute figure de Yolande d'Aragon, celle que l'on appelle « la reine de Sicile », mais aussi par celle du connétable Arthur de Richemont. Georges de la Trémoille, au contraire, penche pour un rapprochement avec le duc de Bourgogne, moins pour en finir avec la guerre civile que pour écarter du pouvoir le parti angevin. On devine l'atmosphère d'intrigues qui règne à Loches autour du jeune Louis, et combien ce constant affrontement entre deux politiques lui sera une leçon de la complexité du gouvernement. Or Catherine est une tête politique, et une tête sage. L'enfant de quatre ans ne comprend peut-être pas tout quand en 1427 on tue le mari de sa marraine, laissée nue dans le lit d'où les hommes de La Trémoille ont brutalement tiré la victime. C'est en revanche un enfant de onze ans qui apprend en 1433 que le nouveau mari de sa marraine a été arrêté en pleine nuit et que Richemont domine maintenant les affaires. On devine l'impression produite sur le jeune Louis par ces retournements.

Les choses changent dès que s'anime la cour, et elle s'anime précisément alors qu'il est temps de faire passer Louis des mains des femmes à celles des hommes. Le dauphin des années 1430 accompagne maintenant son père dans ses déplacements à travers le royaume, et c'est être proche de la reine Marie d'Anjou, qui ne quitte guère le roi et qui répercute la pensée de sa propre mère, Yolande d'Aragon. Il suit Charles VII aux chasses, aux campagnes, aux négociations. Il est là quand le roi discute avec les états provinciaux de la contribution que ceux-ci accepteront de verser. Il a neuf ans quand il parcourt l'Auvergne et le Languedoc au côté du roi son père et qu'il assiste aux négociations avec les assemblées d'états.

La solution – que l'on ne sait pas temporaire – de l'affrontement franco-bourguignon est en soi une leçon. Louis a douze ans quand en 1435 on négocie la paix d'Arras. Il n'y est pour rien, mais il voit qu'un prince ne peut mener une politique tout d'une pièce. Philippe le Bon préfère en finir avec les luttes pour la France, alors que Bedford lui a été si peu reconnaissant de son alliance et qu'il s'est trouvé écarté des affaires de France. Le duc de Bourgogne a tout à gagner à une paix qui, en passant l'éponge sur les vieilles querelles et même sur l'assassinat de son père, le laissera libre d'agir à sa guise dans la constitution d'un état bourguignon capable de ressusciter, entre le royaume de France et le Saint Empire, une Lotharingie jamais oubliée.

Charles VII, lui, accepte l'amende honorable qu'on impose à son chancelier, demandant à genoux pardon pour l'assassinat du duc Jean sans Peur en laissant oublier l'assassinat du duc Louis d'Orléans. Il accepte l'abandon, pour une génération, de l'hommage normalement dû par Philippe le Bon pour le duché de Bourgogne. Il accepte, disons-le clairement, ce qui est une humiliation publique. Mais il sera libre, désormais, de reconstituer son pouvoir royal, de former une armée, d'imposer sa fiscalité, et finalement d'expulser l'Anglais, celui-ci ayant perdu son principal allié sur le continent. Louis XI a vu qu'en acceptant de composer, on obtient beaucoup. Le pouvoir y gagne ce qu'y perd la vanité.

Il n'a pas moins vu, au lendemain de la réconciliation avec la Bourgogne, l'habileté d'un Charles VII qui n'écarte des grandes institutions centrales du royaume presque aucun des anciens fidèles de Bourgogne et qui fait siéger côte à côte ceux qui l'ont servi à Bourges ou à Poitiers et ceux qui ont servi Bedford et Henri VI à Paris. Au Conseil de Charles VII, les anciens fidèles de Bourgogne sont plus nombreux que les anciens Armagnacs. Peut-être le spectacle de la fortune consolidée des ralliés de la onzième heure a-t-il été pour le futur Louis XI une leçon définitive de rouerie. Les ducs d'Alençon et de Bourbon avaient risqué leur avenir politique et leur fortune en servant le « roi de Bourges ». Charles d'Orléans a perdu dans sa captivité anglaise ce qu'il lui restait de jeunesse au temps d'Azincourt, et son demi-frère Jean de Dunois n'a jamais fait défaut à Charles VII : c'est le duc de Bourgogne qui, finalement, paie la libération de Charles d'Orléans. Quant au roi René, duc d'Anjou mais vaincu et fait prisonnier dans une guerre pour la possession de son héritage de Lorraine, il a, lui aussi, le sentiment que Charles VII n'a pas fait grand-chose pour le libérer. Tous voient bien que la réconciliation avec la Bourgogne les prive de l'espoir qu'ils caressaient naturellement d'une répartition des dépouilles.

Au reste, on a bien oublié Jeanne d'Arc. C'est en 1456 que l'on pensera à la réhabiliter, ou plutôt à annuler sa condamnation. Nul n'a songé à la délivrer, ou à négocier sa libération. Nul, non plus, ne pleure parce que tiennent à Paris le haut du pavé des officiers, des magistrats et des maîtres qui, naguère, traitaient de brigands les fidèles de Charles VII. Les princes qui remâchent leur amertume devant l'ingratitude dont ils souffrent font bon marché de l'ingratitude envers les plus modestes serviteurs. Louis XI saura que la fidélité des petites gens vaut bien que l'on soit ingrat envers les grands barons et les officiers de haut rang.

Cette politique, que ne faisaient attendre ni les propos de Jeanne d'Arc ni ceux du parti angevin, enseigne au dauphin la relativité des positions et des alliances, voire la versatilité des hommes. Elle lui fait également voir que la paix a son prix et qu'elle mérite bien quelques concessions.

L'année suivante, Louis suit encore son père en Languedoc et en Auvergne. Il a treize ans – il serait majeur si Charles VII disparaissait – quand, au début de 1437, il arrive à Nîmes avec le roi. Les États de Béziers lui font en février un don de 1 000 écus. À Carcassonne, à Beaucaire, il collecte les subsides pour le roi. À Montpellier, il assiste en avril à ces États que le roi préside en personne et au cours desquels il réforme pour le Languedoc le système fiscal et monétaire.

Il est aussi à la guerre. Du Languedoc, il passe en Velay où il mène la campagne contre les Anglais qui continuent d'infester la région. À l'automne, il dirige le siège et la prise de Château-Landon. En octobre de cette même année 1437, il accompagne son père au siège de Montereau et c'est lui qui obtient du roi qu'on n'exécute pas les Anglais du capitaine Thomas Gerard. Le 8 novembre, il chevauche derrière Charles VII qui fait son entrée solennelle dans Paris. Il est flanqué à droite de son oncle le comte du Maine Charles d'Anjou et à gauche de son gouverneur, le comte de la Marche Bernard d'Armagnac.

Louis continue d'accompagner son père. En 1438, il assiste à Limoges aux États de Limousin, à Riom à ceux d'Auvergne, au Puy à ceux de Languedoc. Deux ans plus tard, il a seize ans quand Charles VII lui confie une charge autonome : en mai 1439, le dauphin est lieutenant général en Languedoc. Cette fois, il mène seul la négociation : c'est lui qui, à Castres, obtient des États de Languedoc 46 000 livres qui financeront pour une bonne part la reconquête de la Guyenne. Il en profite pour mener la chasse aux écorcheurs, choisissant lui-même ses capitaines et trouvant tout seul le financement de sa campagne. Charles VII en est visiblement satisfait, mais il n'entend pas laisser son fils prendre trop d'indépendance. Il le charge donc, en novembre 1439, de nettoyer aussi les campagnes du Poitou et de la Saintonge, plus proches que le Languedoc, et il le met sous l'étroite surveillance de quelques hommes à lui.

Tout au long de cet apprentissage où l'on mêle pour lui l'accompagnement au roi et un droit variable à l'initiative personnelle, il est témoin du ballet diplomatique qui traduit, à mesure que l'on s'aperçoit que le « roi de Bourges » ne saurait être négligé, la propension des princes et celle des sujets à mesurer le degré de crédibilité des alliances qui s'offrent et des fidélités qui se mesurent en subsides. Il comprend que rien n'est jamais définitivement perdu, mais que rien n'est jamais durablement gagné. Ce qu'il a appris dans les livres, Louis le vérifie et le corrige au contact des réalités quotidiennes du métier de roi.

Le pion de la Praguerie

Très tôt, les princes ont tenté de jouer de lui. L'histoire se renouvelle : n'avait-on pas joué du dauphin Charles contre Charles VI ? Lorsqu'au printemps de 1440 éclate la « Praguerie », cette insurrection de la haute féodalité contre une monarchie que les princes voient avec inquiétude se renforcer, c'est le dauphin Louis que les ducs de Bretagne, d'Alençon, d'Anjou et de Bourbon, secondés par le Bâtard d'Orléans qui vient d'être fait comte de Dunois, vont séduire pour légitimer leur mouvement, et c'est lui qu'ils verraient bien régent du royaume. L'idée d'un remplacement du roi n'est pas inconcevable alors que, moins d'un siècle plus tôt, le futur Charles V ne se refusait pas à cette régence qu'on lui offrait en conspirant contre Jean le Bon, et alors que le traité de Troyes avait en 1420 substitué le Lancastre au Valois sans susciter sur le moment la moindre réaction des juristes. Pour l'heure, on n'ose dire qu'on déposera le roi. Le mettre en tutelle suffirait, avec un Conseil formé des princes et un régent à la dévotion de ce Conseil. Louis n'écarte donc pas l'idée, et il annonce déjà qu'il ferait « très bien le profit du royaume ».

« Très bien », qu'est-ce à dire ? En ces années qui suivent la réconciliation du roi et du duc de Bourgogne, tout le monde, en France, est plus ou moins mécontent. Les fidèles du roi de Bourges s'estiment mal payés du risque qu'ils ont pris. Les princes ont, depuis un siècle, l'habitude de négocier leur adhésion, de choisir le roi de leur choix, de tenir au mieux celui-ci pour un allié plus que pour un souverain. Les malheurs qu'ont été l'avènement en 1380 d'un roi trop jeune et après 1392 sa trop longue maladie n'ont pas fini de porter leur fruit. On s'est habitué à un roi « absent », et les rémissions jamais totales n'ont fait que multiplier les temps d'incertitude politique. Avec un roi sous influence, c'était beau jeu pour les partis. L'assassinat de Louis d'Orléans puis celui de Jean sans Peur n'ont fait que dramatiser ce jeu. Le traité de Troyes l'a scellé. Celui d'Arras n'y a pas mis fin, et Charles VII demeure sous influence. À la cour, les intrigues reprennent de plus belle, et les favoris se succèdent. Qui tient le pouvoir n'en est pas sûr, et qui ne l'a pas en est jaloux. Si l'alliance des princes est à l'encan, la fidélité des petits barons est à vendre.

Ce n'est pas de l'Église qu'il faut attendre quelque cohésion. Le Grand Schisme d'Occident, les soustractions d'obédience, les grands conciles, celui de Constance naguère et maintenant celui de Bâle, qui dure depuis 1431 et ne finira que dix-huit ans plus tard, ont durablement altéré l'image de la papauté. Le haut clergé s'est compromis dans les affrontements politiques. La Sorbonne s'est déconsidérée dans l'affaire de Jeanne d'Arc, mais elle a surtout perdu son autorité dogmatique en s'occupant plus des structures de l'Église que des matières de foi, et l'on sait bien qu'à Bâle les pères du Concile, les docteurs comme les prélats, reproduisent les clivages nationaux et ne retrouvent une certaine unité que pour s'opposer au pouvoir pontifical. Pour couronner le tout, ils viennent d'ouvrir un nouveau schisme en déposant un pape, en élisant pape le duc de Savoie et en ne parvenant pas à l'imposer.

La fondation des nouvelles universités n'a fait, depuis vingt ans, que conforter une nouvelle vue de l'institution universitaire.

Les princes veulent avoir leur université, à la fois pour disposer du centre de formation des élites dont a besoin leur état sans en passer par le voisin ou l'adversaire et pour être en mesure de savoir et de contrôler ce qui s'y fait et ce qui s'y dit. Philippe le Bon en a créé deux à Dole et Louvain, Charles VII a créé la sienne à Poitiers et Bedford, espérant garder la Normandie s'il venait à perdre le reste, a créé la sienne à Caen. Le temps n'est plus où l'universalisme de l'Église se reflétait dans le monde des maîtres et des écoliers.

Le bourgeois, lui, constate que le marasme continue. Plus que d'autres, il renâcle contre une fiscalité qui ne pourrait s'alléger qu'avec la fin de la guerre. Du moins le croit-il. Aventurer son avoir sur les routes, c'est folie, mais ne rien faire, c'est la ruine. Et les hommes d'affaires de constater qu'on a pris moins de risque en servant le mauvais roi dans ses offices de tout rang qu'en accumulant les débiteurs insolvables ou disparus. Après la reprise de Paris par l'armée de Charles VII et la fuite des Anglais, le Parisien voit que mieux valait être l'officier de Henri VI que le banquier d'un Anglais. La course aux offices commence d'ébranler l'économie.

Et c'est dans ce temps où nul n'a encore retrouvé ses équilibres anciens que le roi de France manifeste sa prétention à l'absolue maîtrise des affaires. Le 7 juillet 1438, la Pragmatique Sanction de Bourges n'est pas autre chose que la publication par ordonnance royale des canons du concile de Bâle que le roi, après avoir pris l'avis de son clergé, a décidé d'accepter. D'une part, Charles VII manifeste, en consultant l'assemblée du clergé du royaume, que celui-ci l'emporte à ses yeux sur le concile universel. D'autre part, il pose en principe que les canons de ce concile ne sont applicables au royaume que s'ils sont approuvés par le roi, publiés par lettres patentes scellées du grand sceau de France et enregistrés par la chancellerie royale. C'est un coup d'État. Pour qui réfléchit un peu, il y là de quoi s'inquiéter.

Le contribuable s'inquiète aussi quand l'impôt, devenu permanent en raison de la guerre, tend à l'être en droit. C'est en 1436 que les États convoqués à Poitiers – une très petite partie de ce que seraient les États généraux de Langue d'oïl – acceptent de voter pour quatre ans la prorogation des aides indirectes, se privant ainsi de tout contrôle de la fiscalité pour ces quatre années. L'année suivante, le roi n'attend pas l'ouverture des États de Languedoc qui se préparent à négocier comme à l'accoutumée le taux de leur contribution : il fixe lui-même ce taux : douze deniers pour livre (5 %) sur tout le commerce, le vin étant spécialement taxé à un denier pour huit. En vain les députés protesteront-ils. Et, si le roi feint à Orléans en 1439 de négocier avec les États de Langue d'oïl le montant de l'impôt direct, tout le monde a compris que refuser le principe serait ouvrir un inutile conflit. Le roi ne convoquera plus les États de Langue d'oïl.

Avec un revenu assuré, on peut organiser l'armée permanente et, ce qui assure la popularité du pouvoir, la solder régulièrement en sorte qu'elle ne vive pas sur le pays. En 1439, on n'en est pas encore aux compagnies de l'ordonnance de 1445, mais la réforme s'amorce. Le 2 novembre 1439, une ordonnance affirme le droit exclusif du roi à lever des troupes. Peu après, ordre est donné aux officiers royaux de payer les déplacements des compagnies et d'assurer la solde chaque mois. Médiocrement exécuté, cela pose cependant un principe : l'armée, c'est celle du roi.

C'est de tout cela que parlent les princes – Bourbon, Vendôme, Alençon et Dunois – réunis à Blois en 1439 pendant qu'à Angers Charles VII organise sa prochaine campagne de Normandie et que le dauphin, à Niort, croit assurer l'ordre dans un Poitou dont la féodalité demeure remuante. Et c'est avec le projet de se servir du dauphin contre son père que le duc d'Alençon gagne Niort et met la main sur le jeune Louis sous couleur de le protéger, et qu'il refuse de céder au roi quand celui-ci demande, par lettre, la restitution de son fils. Pour mettre les choses au clair, les princes ont expulsé de Niort le comte de la Marche, gouverneur du dauphin, dont la fidélité au roi ne semblait pas entamée. Vainement Charles VII envoie-t-il d'abord à Blois le connétable de Richemont et l'indéfectible Raoul de Gaucourt pour tenter de raisonner les insurgés, puis vers Niort une petite armée, cent vingt lances, aux ordres d'Antoine de Chabannes. Alençon n'attend pas et, accompagné de Chabannes qui se rallie aux insurgés, emmène le dauphin en Bourbonnais. C'est donc la guerre, en ce début de 1440, alors que le capitaine de Loches se met au service du duc de Bourbon et que Charles VII part à la recherche de son fils.

Étonnante campagne que celle-ci, dont l'enjeu est un otage consentant, l'héritier de la Couronne, et dont les protagonistes sont de ceux qui ont déjà assuré, et assureront encore, sur les champs de bataille, la victoire du roi sur l'Anglais. On y voit même, à la tête de cent hommes d'armes, un Georges de la Trémoille qui était à la cour, quelques années plus tôt, l'homme de confiance du roi mais qu'a perdu son goût immodéré des intrigues. Au premier bruit d'un complot, il s'y est joint. Toute son ambition est de revenir au pouvoir.

Le 13 juillet 1440, le dauphin et La Trémoille ont fait une sorte de traité : Louis s'engage à protéger La Trémoille. Mais c'est Bourbon, maintenant, qui tient le dauphin et l'emmène de ville en ville. Ils sont d'abord à Cusset, qu'il leur faut quitter devant l'hostilité des bourgeois. Ils gagnent Saint-Pourçain, d'où ils partent quand le roi vient s'établir à Aigueperse, bien trop près à leur goût. Les voilà à Moulins, puis à Decize, et ils songent à gagner la Bourgogne, renonçant finalement à poursuivre leur itinérance quand ils se rendent compte que les villes leur sont hostiles et que les campagnes n'apprécient guère cette troupe incapable de payer ce qu'elle mange. Bourbon étend cependant son entreprise en occupant quelques places stratégiques : il place ses garnisons à Sancerre et à Sancoins pour menacer Bourges, à Corbeil, à Brie-Comte-Robert et à Vincennes pour menacer Paris. Lui-même, qu'accompagne maintenant sans réticence le dauphin, va montrer son armée devant Clermont et Montferrand.

Le Bourgeois de Paris ne s'y trompe pas : il y a bien deux partis en guerre, celui du roi, avec Anjou et Richemont, et celui du dauphin, avec Bourbon. On se croirait trente ans plus tôt, au temps des Armagnacs et des Bourguignons. Et de faire l'amalgame entre les rebelles et les écorcheurs. On ne sait plus qui est à qui, et il y a grand péril à circuler. Tout cela ne vaut rien pour le peuple.

> Il n'était homme ni femme qui osât se mettre en chemin pour chose qu'il eût à faire. Ils prenaient les villes les uns aux autres.

> Corbeil fut pris au nom du duc de Bourbon. Beauté et le Bois (Vincennes) étaient de par le roi. Ceux de Corbeil allèrent faire une course pour piller sur les champs. Aussitôt qu'ils furent un peu éloignés de Corbeil, ceux de la ville leur fermèrent les portes.

Charles VII ne pouvait que réagir fortement. Après avoir fait occuper par ses compagnies la plupart des villes d'Auvergne, il vint à Clermont, y passa deux semaines, y tint son Conseil, y réunit les États d'Auvergne. Il trouvait en l'évêque de Clermont un porte-parole de qualité : Martin Gouge, homme de finance, diplomate et sage politique, avait été chancelier de France dans les premières années de Charles VII. Il gardait quelque rancune envers le duc de Bourbon qui l'avait naguère pris et rançonné. Le roi l'avait fait libérer, et Gouge lui en avait une réelle gratitude. Il expliqua aux États que c'était trahison que tenir la campagne contre le roi pendant que l'armée royale gardait les frontières contre l'ennemi anglais.

Parmi les princes, il en était pour se lasser. Alors que l'on piétinait dans la guerre contre les Anglais, quelques-uns commençaient de penser que l'on gaspillait les forces du royaume. Le comte d'Eu, Charles d'Artois, offrit ses bons offices. Fils du connétable Philippe d'Artois, mort prisonnier des Turcs après le désastre de Nicopolis, le comte d'Eu était un Capétien, tout comme Bourbon. Par sa mère, Marie de Berry, il était le petit-fils de Jean le Bon, mais Marie de Berry s'était remariée, et avec le duc Jean Ier de Bourbon. Charles d'Artois se trouvait donc être le demi-frère de Charles de Bourbon. Pris à Azincourt, il avait été captif des Anglais à vingt ans. Il avait retrouvé sa liberté en 1438, à quarante-quatre ans. Sa vie était gâchée. Il ne souhaitait pas que cela continuât. Il alla voir son demi-frère Bourbon. Le Héraut Berry met à son crédit un succès sans lendemain.

> Monseigneur le comte d'Eu travailla moult devers monseigneur de Bourbon pour voir s'il pourrait trouver aucune bonne union entre le roi et mes dits seigneurs, et y fit moult de voyages qui ne valurent rien, dont le dit seigneur eut assez peine. Et à la fin fit tant que messeigneurs de Bourbon et d'Alençon vinrent à Clermont, où le roi était.

Bourbon songeait-il vraiment à traiter ? C'est probable, car il fallait en sortir. Avec Alençon, il alla s'établir aux Cordeliers de Montferrand où, trois jours de suite, on négocia. Charles VII était représenté par le frère de la reine, le comte du Maine Charles d'Anjou, le connétable Arthur de Richemont, l'amiral Prégent de Coëtivy, Bernard d'Armagnac et Martin Gouge. Ils tentèrent avec le comte d'Eu de raisonner les rebelles. On prit rendez-vous pour ramener le dauphin le mardi suivant. Les deux princes se retirèrent. Eu les rejoignit pour entretenir leurs bonnes dispositions. Le mardi, on attendit en vain Bourbon et le dauphin. De celui-ci, d'ailleurs, on ne faisait que le cas qu'on peut faire d'un otage. Il n'avait été ni mêlé à la négociation ni admis à faire connaître ses sentiments. Son entourage était pour l'essentiel demeuré à l'écart de l'équipée : son maître d'hôtel Gabriel de Bernes avait même été fait prisonnier par Guillaume de Ferrières, l'un des capitaines du duc de Bourbon et son chambellan.

La patience du roi avait ses limites. Bourbon se dérobait. Charles VII montra son artillerie et prit quelques villes du Bourbonnais comme Vichy et Varennes-sur-Allier où il libéra Bernes et quelques autres. Il envoya des troupes réoccuper bien des places où, comme à Sancerre, à Loches ou à Corbeil, les princes avaient mis des garnisons.

Jean d'Alençon se lassa le premier. Il prit poliment congé du dauphin et de Charles de Bourbon, laissa celui-ci à sa guerre et, descendant l'Allier et la Loire en bateau, regagna l'Anjou où l'attendait sa femme. Son dernier acte de guerre fut d'obliger le capitaine mis par les rebelles à quitter Niort.

L'une après l'autre, les villes naguère tenues par les princes tombaient aux mains du roi. Celui-ci revenait à ce qui semblait à tous le principal : la guerre contre l'Anglais. On le vit à Orléans et à Chartres, puis en Champagne. Charles de Bourbon restait seul à Moulins avec un dauphin devenu encombrant. Il le laissa rejoindre le roi le plus discrètement possible. Avec l'armée royale, Louis participa au siège de Creil et à celui de Pontoise. Bourbon fit ensuite sa paix, s'arrangeant cependant pour ne pas trop s'engager : Richemont attendit en vain son contingent quand il fallut enlever Meaux aux Anglais. Le 17 juillet 1441, le roi annonçait la paix au prévôt de Paris et lui ordonnait de faire crier la nouvelle par les rues. Le prévôt s'exécuta le 28 juillet. Les gens allumèrent des feux de joie. Tout s'était joué en quelques jours.

Pour écarter Charles VII du pouvoir, les coalisés s'étaient quelque peu souvenus du traité de Troyes, mais l'arme se révéla à double tranchant, et le roi eut l'intelligence de la retourner. Quand Louis s'en vint enfin « en humilité qu'il doit » faire sa paix avec son père, il osa dire qu'il s'était engagé à intercéder en faveur de ceux qui l'avaient servi en cette affaire. Il entendit alors une algarade capable de le faire réfléchir.

> Vous êtes mon fils. Vous ne pouvez vous obliger à quelque personne que ce soit sans mon congé.
>
> Si vous voulez vous en aller, allez-vous-en ! Car, au plaisir de Dieu, nous trouverons aucuns de notre sang qui nous aideront mieux à maintenir notre honneur et notre seigneurie que vous n'avez fait jusqu'ici !

En propres termes, Charles VII reprend le raisonnement de Charles VI et d'Isabeau de Bavière. On n'est pas dauphin de droit divin. Le roi menace son fils d'un nouveau traité de Troyes. Louis se le tiendra pour dit. Il n'acceptera plus d'être un pion dans le jeu des autres.

Les princes ont fait leur paix, et le dauphin se tire en définitive de son faux pas : le roi a encore en pensée que l'indulgence paie. De cette erreur, Charles VII va s'apercevoir. Louis XI en tirera pour lui-même une leçon.

L'assemblée de Nevers

L'ambition du jeune homme n'a pas désarmé, et les princes ne renoncent pas à se servir de lui. À la fin de 1440, Charles d'Orléans est enfin libéré, et c'est au duc de Bourgogne qu'il manifeste sa reconnaissance : Philippe le Bon a payé le solde de la rançon. Le prince poète arrive à Saint-Omer en janvier 1441, épouse Marie de Clèves, nièce du duc de Bourgogne, est fait chevalier de la Toison d'Or. À la cour de Bourgogne, il exhale sa rancœur, et le duc Philippe est une bonne oreille : Charles VII l'a déçu. De même que les Français regrettaient le traité de Troyes dès lors qu'il n'assurait pas la paix, Philippe regrette celui d'Arras, dont il espérait la paix. Or Charles VII n'a encore ni mis un terme à son conflit avec le Lancastre ni pacifié un pays en proie à ces soldats en rupture de ban que sont les écorcheurs, dignes successeurs des grandes compagnies du siècle précédent. L'insécurité règne sur les routes, les affaires ne reprennent pas, les grandes villes industrielles et commerçantes des Pays-Bas en souffrent. Pour comble d'ingratitude, Charles VII se mêle fâcheusement de la politique interne de l'état bourguignon : dès ce moment, le soutien de la France anime le mouvement d'indépendance qui couve à Liège.

La coalition se reforme donc, plus forte qu'en 1440 et combien différente. Bourgogne en est la tête, Orléans l'a rejointe, et l'on y retrouve Bourbon et Alençon, qui tentent d'y enrôler Bretagne. On négocie ouvertement : il s'agit de jouer les médiateurs entre la France et l'Angleterre. Au vrai, c'est bien à une alliance avec l'Angleterre que pensent les princes. Henri VI, faut-il le dire, est demandeur.

Louis a vu comment Charles VII, qui n'est plus alors le jeune homme timoré des années 1420, a subitement tourné les conjurés de la Praguerie. En 1440, il les a impressionnés par une démonstration en armes mais, après l'entrée en scène du duc de Bourgogne et la perspective d'une collusion avec l'Anglais, le temps n'est plus à la force. Cette fois, il va les dresser l'un contre l'autre en opposant leurs appétits. Le dauphin va prendre là sa première grande leçon de politique.

Les coalisés s'étaient donné rendez-vous à Nevers en janvier 1442. Le roi d'armes Jarretière en avait écrit au roi d'Angleterre, fournissant tous les détails sur la participation et les vues politiques de chacun. Son courrier tomba aux mains des Français. La lettre était en anglais. Le capitaine de la garde écossaise la traduisit à l'intention de Charles VII.

Charles VII montra alors une audace toute nouvelle, et un grand art de la duperie. D'abord, il fit savoir à Dunois et à son demi-frère Charles d'Orléans qu'il ne s'opposait pas à la réunion. Puis il convoqua à celle-ci le duc de Bourbon, lequel était assez stupide pour ne pas trouver curieux d'être deux fois convoqué, l'une par le duc d'Orléans, l'autre par le roi de France. Le seul qui s'étonna fut Jean V de Bretagne, qui crut à une erreur. Il le fit savoir aux autres, notant qu'il y avait « mutation de termes et autre latin ».

Bretagne n'avait pas tort. Il y avait « autre latin ». Il s'abstint d'aller à Nevers. En revanche, les coalisés qui s'y rendirent trouvèrent là quelqu'un qu'ils n'attendaient pas : Regnault de Chartres. Cardinal depuis 1439, le chancelier du roi de France n'était pas un mince personnage. On se rappelait qu'il avait, archevêque de Reims, sacré Charles VII, et qu'il avait, à Arras, mené la négociation. Il était de ceux qui dominaient le Conseil royal. Sa présence à Nevers ne pouvait être de pure représentation. On s'en avisa quand il prit d'autorité la présidence de l'assemblée. Il était accompagné de Louis de Beaumont, seigneur de la Forêt, l'un des plus efficaces parmi les capitaines de Charles VII. Pour l'heure, il était lieutenant du roi en Poitou et Saintonge. Il allait être en 1451 sénéchal de Poitou et, maintenu en faveur sous Louis XI, il serait en 1469 l'un des premiers capitaines admis dans l'ordre de Saint-Michel. En 1442, c'était déjà un homme influent, et les princes savaient que Charles VII l'écoutait. Le voir là n'était pas pour les rassurer.

Ce qui suit semble irréel. Les gens du roi posèrent leurs conditions et formulèrent leurs exigences. La première était une échéance : la campagne contre l'Anglais devait commencer en mai et le roi y serait en personne. On y attendait les princes. On fit mine de discuter d'autre chose : on parla de la dot de Marie de Gueldre, la nièce de Philippe le Bon, qui devait épouser Charles, comte du Maine, le frère du roi René. C'était oublier que leur mère, Yolande d'Aragon, était pour l'heure belle-mère du roi de France.

Les princes étaient médusés. Ils assurèrent les gens du roi de leur parfaite fidélité. Au plus dressèrent-ils le catalogue de leurs revendications, vieilles de deux siècles, contre les développements du pouvoir royal : ils souhaitaient avoir place dans la détermination de la politique royale. Ils s'entendirent répondre que les troubles avaient été aggravés par « les gens faisant pilleries », ce qui pouvait viser les écorcheurs aussi bien que les armées des princes, et que tout serait réglé depuis longtemps s'il n'y avait eu « plusieurs traverses », que chacun identifia sans peine.

Le roi avait donc eu l'audace de faire présider en son nom la réunion qui devait organiser contre lui l'alliance des mécontents. Il paya naturellement les ralliements, mais en distribuant des subsides assez différents pour attiser les jalousies. René d'Anjou, Charles d'Orléans et Dunois eurent les meilleures parts. Le seul qui ne put se tenir tranquille fut Jean d'Alençon, le « gentil duc » que l'on avait vu aux heures sombres au côté de Jeanne d'Arc. Il n'avait rien eu pour dédommagement de toutes les pertes que lui avait coûtées sa fidélité à Charles VII, et rien pour avoir ébranlé la coalition en 1440. Il continua de négocier avec l'Anglais.

En toute cette affaire, Charles VII avait également fait comprendre aux bourgeois que la prospérité de la « marchandise » ne passait pas par la reprise des guerres, qui serait « la totale destruction du royaume » : les bourgeois se rappelaient qu'ils avaient, un temps, cru que le traité de Troyes leur apporterait la paix, et qu'ils avaient été bien déçus. Contre les agitations féodales, le roi entendait compter sur les bonnes villes. Au cours de la fantasque équipée du Bourbonnais, le Héraut Berry le rapporte sans ambages, les coalisés n'avaient rencontré que l'hostilité des bourgeois et des manants. Ceux-ci avisèrent les princes qu'ils pouvaient venir, mais pas avec une armée. « Ils surent nouvelles certaines que, s'ils allaient plus avant, nulles des bonnes villes ne les recevraient, ni se bouteraient dedans, sinon en leur simple état. Et aussi que le plat pays ne souffrirait point que les gens d'armes vécussent s'ils ne payaient leur écot. »

Le futur Louis XI a été à bonne école. Il a compris que l'on obtient plus en négociant et en payant qu'en guerroyant. Il a aussi mesuré le profit de l'audace, aussi bien quand il a vu son père promulguer comme ordonnance royale les canons votés par un concile que dans cet étonnant retournement de la réunion de Nevers. La lecture de Christine de Pisan n'avait pas manqué, déjà, de lui enseigner que Charles V n'avait pas gagné son royaume en montrant sa bravoure, mais en sachant s'obstiner. Pendant ce second acte de la Praguerie, le dauphin n'avait pas pipé mot.

Un dauphin aux affaires

Il accompagna son père dans sa campagne de l'été 1441 autour de Paris. Le 1er juin, il vint dans la capitale, logea aux Tournelles, repartit à l'aube sans s'être montré. Le 10, le roi et le dauphin vinrent passer une nuit à la Bastille. Le Bourgeois de Paris n'a sans doute pas tort quand, constatant la discrétion du roi et celle du dauphin, il les impute au mécontentement de la population.

> Il n'y demeura qu'une nuit et ne se montra point à Paris, et son père le roi n'y vint point, parce qu'on leva la plus grosse taille à Paris, selon la grande pauvreté d'argent et de gain qui lors était, que on eût vue depuis cinquante ans. On faisait d'abord un très grand emprunt à tous ceux du Parlement, du Châtelet et de toutes les cours de pratique, sur peine de tous de perdre leurs biens, et il leur convenait payer ou être mis en prison...
>
> Après ce prêt, furent assises d'autres grosses tailles. Le peuple croyait qu'on ne lui demanderait rien, mais après commença la grande douleur du peuple pour cette taille, car nul n'en échappa...
>
> Le samedi, vint le roi à Paris comme un homme étranger, et son fils, et se logea près du château de Saint-Antoine, lui et son fils, comme s'ils eussent peur qu'on leur fît aucun grief, dont on n'avait talent ni volonté.

Le Bourgeois a mis le doigt sur la faiblesse du pouvoir : le roi a peur de Paris, et son fils n'est guère plus brave. Les souvenirs d'antan ne sont pas effacés. On a applaudi trois ans plus tôt le roi vainqueur, mais le fisc a fait oublier le triomphe d'un instant. Le Parisien n'attend qu'une chose, la paix. Il l'avait espérée du traité de Troyes. Il l'a cru venue avec la victoire de 1436 et l'entrée solennelle de 1437. En 1441, c'est toujours la guerre, avec son cortège d'impôts, d'insécurité et de ruines. Le Bourgeois peut bien nier le risque, ni le roi ni le dauphin ne peuvent écarter l'idée d'une insurrection dont ils seraient les prisonniers.

Louis avait participé en juin 1441 au siège de Creil, en août à celui de Pontoise. À l'automne, il suivit la cour en Anjou et en Poitou. Au printemps de 1442, il était en Limousin. Il participa, le 8 juin, à l'entrée du roi dans Toulouse. Il assista à la « journée » de Tartas où l'armée du roi de France attendit vainement le 24 juin 1442 celle du roi d'Angleterre qui se dérobait à la bataille pourtant annoncée selon les règles de la chevalerie. Il était donc le témoin, et pour une petite part l'acteur, de ce qu'on croyait alors être le premier achèvement de la guerre de Cent Ans. Le Héraut Berry, qui se contentait jusque-là de mentionner le dauphin en premier parmi ceux qui accompagnaient le roi dans ses campagnes, ne manque pas de noter qu'après six semaines de siège, c'est lui qui, à Dax, secondé par Joachim Rouault, mène « en personne » l'assaut final.

La victoire semblait acquise. La Réole tomba en décembre. Louis fêta Noël avec son père à Montauban, le suivit à Toulouse, puis à Tulle. C'est alors que l'Anglais reprit l'initiative : Louis XI se souviendra qu'à la guerre rien n'est jamais définitivement gagné.

Au printemps de 1443, Charles VII voulut montrer la confiance que, même si elle était de façade, il plaçait désormais en son fils. Il le nomma gouverneur des pays entre Seine et Somme. En fait, il s'agissait d'empêcher l'Anglais de reprendre Dieppe qu'avait enlevée en octobre 1435 un audacieux coup de main d'un chef de bande agissant pour Charles VII, Charles des Marets, et que Talbot assiégeait depuis neuf mois. Le dauphin était à Poitiers. Il alla se montrer à Paris le 20 juillet. On lui fit fête, mais il en profita pour lever une nouvelle taille et, le 23, pour tancer et même menacer les présidents du Parlement, lesquels tenaient, en enregistrant un don du roi au comte du Maine, à mentionner qu'ils enregistraient contraints et forcés.

Quittant Paris, Louis passa le 24 par Compiègne, gagna Amiens le 5 août. On fit là de grandes fêtes en son honneur. Il atteignit Dieppe le 14 août, et la seule apparition de son armée, où l'on voyait le comte de Saint-Pol et Dunois, suffit pour que Talbot levât le siège. Le dauphin fit mettre en prison trois cents Anglais qui s'étaient rendus, et l'on jeta à l'eau les soixante hommes d'armes français que l'on avait trouvés dans leurs rangs. Dix ans plus tard, après la victoire de Castillon, Charles VII allait reprendre cette distinction déjà faite par le même dauphin en 1437 à Montereau et soulignée par un homme rompu par son métier aux subtilités de la diplomatie et du protocole, le Héraut Berry : les Anglais traités comme des ennemis vaincus, les Français comme des traîtres.

À la fin d'août, Louis était de retour à Paris. Le prieur Maupoint mit à son actif, à l'âge de vingt ans, son premier fait d'armes. Puis le dauphin rejoignit son père en octobre à Saumur. Ce fut pour apprendre qu'il changeait de théâtre d'opérations. En Armagnac et en Rouergue, les choses allaient mal. Jean IV, comte d'Armagnac et de Rouergue, reniait son hommage au roi et tentait d'annexer le Comminges. Le comte d'Armagnac jouait l'indépendance et se disait comte « par la grâce de Dieu ». Le Parlement le condamna. Pendant ce temps, des routiers comme Jean de Salazar et le Bâtard d'Armagnac mettaient le pays à feu et à sang. On les avait vus jusqu'en Auvergne et en Bourgogne.

Louis avait vingt ans. Le roi le chargea de présider à la saisie des biens confisqués sur Jean IV d'Armagnac et de rétablir l'ordre dans la région. Fin 1443, le dauphin était à Toulouse. Il marcha sur L'Isle-Jourdain, où était le comte d'Armagnac. Jean IV comprit qu'il lui fallait composer : il vint proposer la paix. Louis ne s'embarrassa pas de scrupules, le fit arrêter, mit en prison son fils cadet et ses filles et saisit ses terres. Seul put se sauver le fils aîné, le vicomte de Lomagne, le futur Jean V d'Armagnac.

Restait à s'occuper des routiers qui dévastaient le pays. Louis acheta pour 5 000 écus le passage de Salazar au service du roi. Le Bâtard d'Armagnac, de son vrai nom Jean de Lescun, ne se retourna pas moins après une vaine démonstration de force : il allait être l'année suivante le capitaine de l'une des compagnies de l'ordonnance. C'est sans doute à ce moment que le Bâtard s'attacha au dauphin dont il allait demeurer l'homme de confiance et l'un des principaux capitaines. Louis avait profité du voyage et pris prétexte de sa mission pour obtenir du Languedoc de nouvelles subventions : 2 000 écus du Gévaudan, 5 600 livres de la sénéchaussée de Toulouse, 9 000 livres de celle de Carcassonne.

Le roi pouvait être satisfait, mais il y avait quelque risque à pérenniser son fils dans un Midi où il pouvait être à son tour tenté de s'émanciper. Charles VII le rappela et nomma pour gouverner les comtés occupés un officier qui avait fait la preuve de sa fidélité, Théaude de Valpergue. C'était un Piémontais, venu en France comme capitaine d'une compagnie milanaise. Il était depuis 1435 – et allait demeurer jusqu'en 1459 – bailli de Mâcon en même temps que sénéchal et capitaine de Lyon. Il avait à Lyon très fortement assuré l'autorité du roi contre celle du Conseil de la ville. Il se montra, jusqu'en 1447, très efficace pour assurer la soumission des seigneuries d'Armagnac et de Rouergue. Son frère Jacques était, par la protection de Charles VII, devenu en 1452 chancelier de Savoie, et il servait là les intérêts du dauphin. Il contribuera par la suite au rapprochement entre la Savoie et Milan, ce dont Charles VII prendra ombrage. Nous retrouverons Jacques de Valpergue en 1456 dans l'entourage du dauphin exilé à Genappe.

Louis est devenu le premier des hommes de guerre de son père. Lorsqu'en 1444 sont conclues les trêves de Tours qui assurent quelques années de tranquillité en Normandie et en Guyenne, Charles VII réoriente l'activité de son fils. Tout semble dans l'ordre en ces années où Charles VII met au point ses grandes réformes et où il se sent assez sûr de lui pour laisser à son fils unique le sentiment d'exister. Lorsque les pères du Concile élisent Nicolas V, trois ambassades partent de France en grand arroi – trois cents chevaux, selon le Héraut Berry – pour saluer le nouveau pape : celle du roi, celle du dauphin et celle du roi René.

L'affaire de Suisse

Le rôle qu'il tient encore au nom du roi son père l'a déjà mis au fait des affaires de l'Empire. Il est donc prêt pour l'entreprise dont le charge Charles VII alors que les trêves poussent sur les routes des soldats désormais ou de longue date sans embauche, ceux que l'on appelle non sans raison les écorcheurs. Le dauphin a déjà fait ses preuves à leur endroit dans le Midi. Charles VII pense qu'il pourrait assumer la même mission pour ceux qui, dans le nord et l'est du royaume, ne lui semblent pas propres à former les compagnies qu'il souhaite retenir à son service à la veille de la création, le 9 janvier 1445, des compagnies de l'ordonnance. Le Héraut Berry formule fort bien le propos du roi : « Conclut le roi en son Conseil que on enverrait les gens d'armes de France, tant Français comme Anglais, pour vivre en Allemagne et faire guerre, cependant que les trêves dureraient. »

C'était à peu près la solution qu'avait jadis trouvée Charles V quand, après avoir vainement proposé aux compagnies de routiers qui encombraient le royaume depuis que la guerre était en répit d'aller se battre en Hongrie contre les Turcs, il les avait fort proprement expédiés, aux ordres de Du Guesclin, placer sur le trône de Castille l'allié de la France, Henri de Transtamare. Les occasions de profit manquant en Espagne, les routiers de Charles V étaient revenus. L'idée était restée qu'on pouvait plus aisément écarter la soldatesque que la vaincre. La situation en Suisse allait fournir à Charles VII l'occasion.

D'une part, la maison d'Autriche ne se consolait pas d'avoir perdu l'une après l'autre ses positions héréditaires au sud du Rhin et d'avoir, faute de mettre la main sur Bâle, manqué la jonction tant désirée entre ses domaines d'Autriche, d'Alsace, du Brisgau et de la Forêt-Noire.

Il faut le rappeler ici, la maison de Habsbourg est divisée. Son expansion du XIVe siècle a d'abord été compromise en 1379 par le partage des terres entre les deux frères, Albert III et Léopold III, puis freinée par la résistance des cantons suisses, vainqueurs en 1386 du duc Léopold III. La branche aînée règne sur l'Autriche. L'autre se divise elle-même en 1406 en deux rameaux : l'un a la Styrie et l'Autriche intérieure, et c'est le duc de cette Autriche qui devient l'empereur Frédéric III, l'autre tient le Tyrol ou Basse-Autriche, avec ses dépendances de Rhénanie – le Sundgau de Haute-Alsace sur la rive gauche et le Brisgau sur la rive droite – que l'on appelle l'Autriche antérieure. Ce dernier ensemble a maintenant pour duc Sigismond. Lorsqu'en 1457 s'éteint la branche aînée, c'est aux Habsbourgs de Styrie que va la plus grande partie de l'Autriche. Sigismond doit se contenter de son Tyrol, de la Haute-Alsace et du Brisgau, mais il se console en recevant le titre d'archiduc d'Autriche. Encore faut-il noter que le Tyrol est riche de ses mines d'argent. Sigismond, que l'on affuble du sobriquet « le Riche », sera en réalité, jusqu'à sa mort en 1490, un panier percé.

Élu roi des Romains – donc empereur en puissance – en 1440, Frédéric III de Habsbourg, soutenu en l'affaire par son frère le duc Albert de Haute-Autriche, a remis en cause la quasi-indépendance reconnue aux cantons confédérés par le traité de 1412 qui proclamait la paix pour cinquante ans.

D'autre part, un conflit aux multiples raisons et aux nombreuses implications opposait Zurich aux sept autres cantons confédérés. Ceux-ci ayant, en avril 1443, déclaré la guerre à Zurich, l'intérêt des Habsbourg était bien évidemment d'intervenir contre les confédérés. Le roi de France et le futur empereur avaient, en 1430, fait un premier traité d'amitié : l'appel à l'aide était prévisible. Il vint en août 1443, avec pour justification la nécessaire solidarité monarchique contre les confédérés. Les trêves de Tours rendaient, en mai 1444, tout à fait recevable cet appel à l'aide française.

Une idée simple germa alors dans l'esprit de Charles VII : envoyer contre les Suisses les compagnies dont il n'entendait pas s'encombrer alors qu'il entreprenait sa réforme de l'armée. Ainsi ceux que le Bourgeois de Paris appelait « ces mauvaises gens » seraient-ils ou détruits ou définitivement éloignés du royaume de France. L'Empire payait les frais de l'opération. Montrer la France sur le Rhin avait un double avantage, après le long effacement de l'échiquier européen qu'avait provoqué la guerre contre l'Angleterre : rappeler à l'empereur l'existence du roi de France et laisser entendre au duc de Bourgogne qu'il lui fallait compter avec une alliance de la France et de l'Empire.

En l'affaire, Philippe le Bon n'était pas un simple spectateur : non seulement il n'avait aucune envie de se voir contourné par le sud, mais il ne cessait de revendiquer contre le Habsbourg du Tyrol des droits sur la Haute-Alsace. Le Habsbourg avait une forte position sur le Rhin, avec le landgraviat de Haute-Alsace, le comté de Ferrette autour d'Altkirch et de Thann, et sur la rive droite le Brisgau. Ses vassaux subissaient là les assauts de quelques cantons confédérés, Berne en tête. Autant le duc de Bourgogne était réticent à l'idée d'une venue des troupes françaises, autant les barons alsaciens y étaient favorables.

Le roi ne pouvait prendre lui-même la tête de l'opération. En Lorraine, le roi René appelait lui aussi à l'aide, mais contre la ville de Metz. Ne pouvant se faire rembourser ce qu'elle avait prêté aux ducs de Lorraine et en dernier lieu à René, duc de Lorraine par son mariage avec l'héritière Isabelle en 1431, Metz était entrée en révolte. D'autant plus impécunieux qu'il avait à subir la compétition de son cousin Antoine de Vaudémont, René ne pouvait compter que sur l'alliance du roi. Intervenir en Lorraine, c'était pour Charles VII un bon moyen d'affirmer une souveraineté nouvelle sur le duché et surtout sur la ville de Metz. Il y trouvait un autre avantage, considérable, le même que pour l'intervention en Alsace : intimider le duc de Bourgogne en créant de nouveaux relais de l'influence politique du roi de France, et cela dans cette région dont rêvait un Philippe le Bon conscient de la faiblesse de sa construction territoriale tant qu'Alsace et Lorraine la couperaient en deux. Charles VII se devait à son beau-frère le roi René. Il fallait se partager la tâche : le roi de France irait à Nancy, le dauphin irait en Suisse.

C'était donner à Louis l'occasion de faire connaître ses talents. L'écarter un temps de la cour n'était pas non plus pour déplaire au roi. De la Suisse Charles VII faisait peu de cas. Le futur Louis XI allait mener son expérience au contraire.

À la fin de juillet 1444, flanqué du futur amiral Jean de Bueil et d'Amaury d'Estissac, deux hommes de guerre dont Charles VII avait éprouvé l'efficacité en bien des campagnes. Louis prenait à Langres le commandement théorique d'une armée hétéroclite forte de cent quarante compagnies. Les unes, aux ordres de quelques princes de la maison de Bourbon et du maréchal Philippe de Culant, étaient empruntées à ce qui allait devenir l'armée régulière de Charles VII et s'étaient déjà illustrées contre les Anglais. Elles seraient l'année suivante des compagnies de l'ordonnance. Les autres, formées de ces routiers, de ces écorcheurs dont on entendait se débarrasser en les éloignant, voire en les faisant massacrer, n'avaient de la discipline qu'un sens très léger. Il y avait peut-être là vingt mille hommes, parlant dix langues, de l'anglais au castillan et du lombard au gascon, avec des capitaines plus familiers du pillage que du combat rangé. C'était une horde, où pullulaient les femmes qui n'avaient rien à y faire mais n'étaient pas les dernières à vivre sur le pays. Un combattant sur deux n'avait comme arme qu'un couteau. La plupart étaient en loques. Deux canons lançant des boulets de soixante livres, six canons lançant des pierres de dix livres et huit couleuvrines formaient toute l'artillerie. Pour Louis, la campagne s'annonçait difficile. Le vrai chef de guerre, c'était évidemment Bueil. Il eut l'habileté de ne pas tenir pour rien l'autorité du dauphin.

Entre Langres et la Suisse, il y avait les terres bourguignonnes et il y avait la Haute-Alsace. Nul n'était désireux de voir arriver chez soi ou simplement passer les routiers. Le duc de Bourgogne et les princes allemands envoyèrent à Langres des protestations renforcées de quelques cadeaux, sacs d'écus ou fûts de vin de Bourgogne, pour le dauphin et ses principaux conseillers. Bien des villes d'Empire s'inquiétèrent à leur tour, comme Augsbourg et Nuremberg, où l'on voyait fort bien que les écorcheurs allaient semer l'insécurité et provoquer la ruine des routes commerciales. On négligea les réticences de Philippe le Bon, et on prit la route sans son autorisation. L'armée du dauphin passa en Alsace au début d'août. Elle gagna Montbéliard, où elle rencontra quelque résistance de la part de la garnison qu'y entretenait le duc de Bourgogne. Louis y mit une garnison et, pour apaiser le duc, promit de ne pas la laisser là plus d'un an.

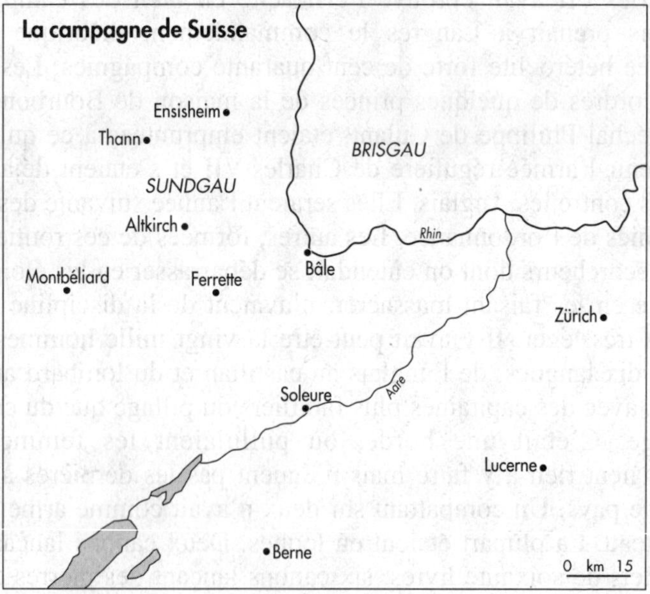

On était pressé : après quelques victoires en rase campagne, les coalisés assiégeaient Zurich et, malgré la présence d'un concile qui s'éternisait, menaçaient Bâle. Lors d'une conférence tenue à Baden en mars 1444, Zurich avait repoussé une proposition de compromis. Plus que sur une intervention autrichienne qui se faisait attendre depuis un an, la ville comptait sur un appui militaire venu de l'étranger, en l'occurrence de la France. Aux nouvelles qu'il recevait du comportement d'écorcheurs qui ravageaient tout sur leur passage, le duc d'Autriche fit savoir au dauphin qu'il serait opportun de s'en tenir là. C'était en vain : le dauphin se souciait peu de Zurich, mais il n'avait pas pour mission de laisser ses écorcheurs se disperser si tôt.

De surcroît, Louis n'oubliait pas les intérêts de son Dauphiné, et l'une des routes du commerce dauphinois passait par Bâle. Dès lors qu'il intervenait contre les confédérés, Bâle pouvait, si elle tombait en leurs mains, constituer un verrou redoutable pour l'accès au Rhin. Bueil marcha sur Bâle. Louis le rejoignit. Le 23 août, il était devant Bâle, occupant quelques places cédées par les Autrichiens. Il resta sur la rive gauche du Rhin, à l'ouest de la ville, cependant que les Autrichiens s'installaient sur la rive droite.

À Bâle, on feignit le calme. La ville appartenait à l'empereur, et c'est là que deux ans plus tôt, au nom du Concile, le cardinal Louis Aleman avait couronné Frédéric III, encore incapable d'aller chercher à Rome son diadème impérial. Depuis treize ans, les pères conciliaires se succédaient ou s'éternisaient à Bâle. Malgré tant de difficultés et d'élections contestées, Bâle faisait figure de haut lieu de la chrétienté. Il ne déplaisait pas au dauphin d'y entrer en sauveur. Le bourgmestre, qui ne voyait pas un réel danger du côté des confédérés, fit demander ce que cherchaient là les Français. Au vrai, Bâle n'appartenait pas à la confédération – elle n'y sera qu'en 1501 – et tenait à le rappeler. La ville, cependant, se préparait au siège. Le 25 août, Louis alla inspecter les fortifications. Plusieurs de ses compagnons essuyèrent un tir d'arquebuse. Dans le même temps, Bâle mettait les confédérés en garde contre le risque qu'ils prendraient à livrer bataille aux écorcheurs : c'étaient de rudes combattants, et ils étaient quelque dix ou douze mille.

Les confédérés avaient mis le siège devant le château de Farnsbourg, au sud de Bâle. Le dauphin et Bueil voulurent débloquer la place. Entre Bâle et Farnsbourg, la bataille de Prateln commença, au matin du 26 août, par un premier succès des Suisses. Leur infanterie escalada le plateau et les premières charges de la cavalerie de Bueil s'embrochèrent sur les piques que brandissaient les fantassins suisses. Bueil, cependant, avait l'avantage du nombre, et il avait enfin mis en place son artillerie. Les assaillants finirent par se débander. Certains crurent trouver refuge à l'abri de la maladrerie de Saint-Jacques-sur-la-Birse, où les écorcheurs les massacrèrent pendant que d'autres se faisaient tailler en pièces sur la rive de la Birse. Au soir, l'affaire se soldait par l'écrasante victoire des Français. On parla de quatre mille écorcheurs laissés pour morts sur le terrain, mais les Suisses avaient, eux aussi, un grand nombre de morts : peut-être deux mille, c'est-à-dire les trois quarts de leur armée. Ce qu'apprenant, les Bâlois renoncèrent sagement à se mettre en campagne.

Le dauphin avait, bien involontairement, cimenté l'alliance de Bâle et des cantons confédérés. Il lui fallait en tenir compte. En fait, il avait maintenant tout le monde contre lui, et même l'empereur qui ne pouvait ignorer les pillages commis par les écorcheurs sur ses terres et notamment dans la Forêt-Noire. Pour faire face à l'armée du dauphin, les Suisses avaient levé le siège de Zurich. C'était tout ce que demandait Frédéric III. Le duc d'Autriche Albert de Habsbourg se refusait maintenant à l'idée d'héberger durablement les écorcheurs.

Louis était venu pour débarrasser la France de ceux-ci, non pour remporter une éphémère victoire et un échec durable. Il s'obstina. Il regagna la Haute-Alsace et s'établit le 5 septembre à Ensisheim. De là, il entama des négociations avec les Suisses, cependant qu'il poursuivait en Alsace même quelques opérations contre les villes qui avaient soutenu la rébellion contre le Habsbourg. C'est alors que, le 7 octobre, il fut blessé d'une flèche au siège de Dambach. Il regagna finalement Ensisheim pour négocier, aux dépens des écorcheurs, la paix avec les cantons suisses. C'était aussi aux dépens de l'Alsace autrichienne, où il allait finalement laisser lesdits écorcheurs se livrer à leurs méfaits habituels. Il reviendrait au Habsbourg de s'en occuper.

Le 19 octobre, Le duc Albert rencontrait le dauphin à Ensisheim. L'accord ne put se faire. Mais en ce même mois d'octobre, la nouvelle de l'alliance conclue entre le duc de Bourgogne et le duc de Bavière fit réfléchir Louis sur l'inconvénient qu'il y aurait à persister. Les bourgeois de Bâle récusaient farouchement la protection qu'offraient les Français. Occuper la ville était impossible, et c'était en outre, avec la présence du Concile, prendre le risque d'un scandale. Seul le pape Eugène IV eût été satisfait de voir, dans le tumulte, cesser ce concile qui avait osé le déposer et qui ne laissait pas de combattre le principe même de la souveraineté pontificale sur l'Église. Mais Eugène IV était à Rome, et le fait qu'il ait nommé le dauphin gonfalonier de l'Église, ce qui était en la circonstance le charger explicitement des intérêts pontificaux, n'avait rien pour impressionner les Bâlois. Qùant aux pères conciliaires, ils savaient se montrer actifs. Plusieurs d'entre eux, dont deux cardinaux, se joignirent au bourgmestre pour rencontrer à Altkirch un dauphin qui commença par parler de reddition sans conditions, puis sentit qu'il était temps de traiter.

Déjà, le futur Louis XI montrait son sens de l'opportunité. À Saint-Jacques, il avait constaté l'héroïsme des Suisses. Il les avait battus, mais estimés. Il leur fit proposer un traité « de bonne intelligence et ferme amitié ». Le 28 octobre, il concluait avec les huit cantons de la confédération – et notamment Berne, Lucerne et Soleure (Solothurn) – comme avec Bâle un traité qui, fait notable, comportait une clause de protection des échanges commerciaux. Les relations amicales établies à cette occasion par le futur Louis XI avec les cantons suisses auront des effets sur le moyen terme comme sur le très long. Le Téméraire, trente ans plus tard, en fera les frais. Et l'on retrouvera les troupes suisses au service du roi de France jusqu'au sanglant épisode des Tuileries, le 10 août 1792. Naturellement, les soldats suisses chercheront, en quittant le service, des emplois civils : en resteront longtemps le suisse des hôtels aristocratiques – un concierge vigoureux – et le suisse des églises, avec sa hallebarde et son épée.

Le même pragmatisme faisait voir au futur Louis XI comme à son père qu'ils avaient plus intérêt à cultiver l'alliance des Suisses que celle du Habsbourg qui avait conduit là le dauphin.

En négligeant ostensiblement les droits de l'empereur sur la rive gauche du Rhin, en Suisse comme en Alsace, dans le duché de Lorraine comme à Metz, ils avaient sapé son autorité. Mais le Habsbourg était empereur, et un simple duc de Bourgogne ne pouvait lui faire d'ombre. Mieux valait s'entendre avec ceux qui, par leur position géographique, étaient un obstacle à la constitution d'un état Habsbourg territorialement cohérent.

De cette politique réaliste des années 1444-1445, il est difficile de dire qu'elle a un unique auteur. Dans les grandes lignes, c'est incontestablement la politique de Charles VII. C'est le roi qui, en 1445, conclut des traités d'amitié avec tous ceux que menace l'ambition de Philippe le Bon, avec les archevêques de Trèves et de Cologne comme avec l'électeur Palatin et avec les ducs de Saxe et de Juliers. Au plus peut-on dire que, dans l'affaire suisse, le dauphin Louis a eu les coudées franches et qu'il a appris à juger sur place d'une situation et de ses lendemains. La rapidité des réactions interdit de penser que Louis ait pu, à l'heure où il lui fallait prendre les principales décisions, attendre l'avis du roi. Il aura aussi appris à connaître les marges orientales du royaume et à comprendre les problèmes nés du voisinage avec l'Empire, bien différents des affaires féodales dont il avait eu jusque-là l'expérience. L'expédition en Suisse aura bien été, pour le futur Louis XI en sa vingt et unième année, un sérieux apprentissage politique. Il y gagnait une réputation qui lui manquait encore à l'échelle européenne.

Charles VII et le dauphin ne manquèrent pas de tirer très tôt des deux affaires une conclusion qui, en ce temps de reconstitution du pouvoir royal sur la France, touchait de plus larges horizons politiques mais qui, à leur date, s'apparente plutôt à un programme. Le 2 septembre 1444, Louis déclarait aux ambassadeurs de Frédéric III qu'il entendait « recouvrer certaines terres soumises anciennement à la Couronne de France ». C'était étendre jusqu'à Bâle les prétentions du roi de France. Il y avait à ce message deux destinataires implicites : l'empereur et le duc de Bourgogne. La semaine suivante, le roi affirmait lui-même en Lorraine son ambition :

> Donner remède à plusieurs usurpations et entreprises faites sur les droits de nos royaumes et Couronne de France en plusieurs pays, seigneuries, cités et villes étant deçà la rivière du Rhin qui étaient et appartenaient à nos prédécesseurs rois de France, et icelles remettre et réduire à notre seigneurie et bonne obéissance.

Charles VII, pendant ce temps, avait réglé l'affaire de Metz. Le 4 septembre, il recevait la soumission d'Épinal, qui avait participé à la rébellion de Metz. Le 28 février 1445, ayant renoncé à prendre Metz, il concluait avec les Messins un traité par lequel ceux-ci lui donnaient 80 000 florins et faisaient remise au roi René des 100 000 florins qu'il leur devait. Les deux autres évêchés, Toul et Verdun, durent en juin accepter la « protection » du roi, moyennant finance.

Louis avait rejoint le roi à Nancy. On y traita une nouvelle fois du mariage de sa cousine Marguerite d'Anjou et du roi d'Angleterre. Le temps n'était plus aux campagnes. Demandant aux villes du royaume quelques subsides pour payer ses dettes, le dauphin s'accorda un satisfecit.

> Vous savez assez comment, par le bon plaisir et volonté de mon seigneur [le roi] nous avons en la saison passée fait vider et mettre hors de ce royaume, en grand danger de notre personne, tous les capitaines, routiers et autres gens de guerre épandus en celui-ci à la foule [l'écrasement] et totale destruction des pays de mon dit seigneur, et iceux menés et fait vivre par longue saison au pays d'Allemagne à ce que les pilleries puissent cesser et le pauvre peuple et sujets de mon dit seigneur demeurer et vivre sûrement. À quoi nous avons, moyennant la merci et aide de notre seigneur, bien pourvu et remédié.

Tout le monde n'avait pas apprécié au même prix cette campagne. Elle semblait onéreuse à ceux qui ne voyaient pas le royaume de France en danger de ce côté-là. Bien des routiers qu'avait conduits le dauphin s'ennuyaient en Allemagne. Ils regagnèrent la France sans demander leur reste. Dans une ville qui ne cessait de gémir sous le poids des tailles qu'on levait en toute occasion, le Bourgeois de Paris ne mâchait pas ses mots, bien incapable qu'il était évidemment d'entrevoir ce que serait le fruit de la réforme militaire qui se préparait.

> Alla le roi en Lorraine et le dauphin son fils en Allemagne guerroyer ceux qui ne leur demandaient rien... Il laissait son royaume, qui était tout mêlé d'Anglais qui fournissaient et renforçaient leurs châteaux, et ils allaient, lui et son fils, en terres étrangères où ils n'avaient rien, pour dépenser et gâter ses gens et la finance de son royaume.

Lorsque le 3 mai 1445 la reine et la dauphine firent à Châlons en Champagne une entrée que l'on aurait souhaitée triomphale, les générosités de la ville furent chiches. C'était marquer à la fois la pauvreté du pays et le mécontentement des notables.

> On portera, depuis la porte jusqu'au logis, sur la reine un drap de sendal vermeil frangé, et le porteront deux nobles et deux échevins. On donnera à la reine deux queues de vin de Beaune, une blanche et une vermeille, et à madame la dauphine deux poinçons de pareil. Aux autres seigneurs, on ne leur fera aucun présent, car autrefois on leur en a fait assez.

Huit hectolitres de vin à la reine, moitié moins à la dauphine, pas un présent d'orfèvrerie. Rien à la suite. C'était le minimum tolérable. En juin, à l'arrivée du roi et du dauphin, qu'accompagnaient le roi René, le comte du Maine, le connétable de Richemont, les archevêques de Reims et de Lyon, et surtout la duchesse de Bourgogne, la ville se crut obligée de donner fêtes et joutes. Mais le cœur n'était pas à la fête. La dauphine se mourait. Les cloches ne sonnèrent plus pendant huit jours. On traita de la paix entre le roi et le duc de Bourgogne, comme entre celui-ci et le roi René. Le dauphin n'était plus là qu'un figurant, certes au premier rang, mais simple témoin de la diplomatie du roi.

CHAPITRE IV

Le père et le fils

Charles le Victorieux

Louis XI a trente ans quand résonne en 1453 le bruit de la victoire qui, à Castillon, met un terme à trois siècles d'affrontements, de douleurs, parfois d'humiliations. Charles VII est le Victorieux. Si l'on excepte Calais, qui est encore à l'Anglais, le roi de France est maître chez lui. Quatre ans plus tard, c'est le connétable de France, artisan de la victoire de Formigny, qui devient duc de Bretagne. Les autres principautés du royaume sont tenues par des princes des fleurs de lis, et la Praguerie s'est soldée par l'échec des féodaux qui songeaient à mettre le roi en tutelle. Subsiste la menace de complots et de rébellions, mais il ne s'agit plus que de crises localisées. La guerre civile appartient maintenant au passé.

Un grand ensemble territorial s'est peu à peu constitué, qui pourrait bien constituer rapidement un état bourguignon. Un remarquable homme d'État, le duc de Bourgogne Philippe le Bon, a commencé d'en assurer l'unité institutionnelle, en même temps qu'une politique acharnée d'acquisitions prépare une unité territoriale encore fragile. Philippe le Bon a fait, en 1435, sa paix avec le roi de France. Ses vues portent sur cet espace méridien qui fut pour une part au IXe siècle la Lotharingie. Il a compris que son avenir n'était plus dans l'affrontement avec son cousin le roi de France.

Charles VII a mis au pas les États généraux qui limitaient dans le temps la certitude du revenu fiscal. Depuis 1436 pour l'impôt direct, depuis 1439 pour les aides indirectes, on ne parle plus des États de Langue d'oïl, et ceux de Languedoc ne discutent plus que des taux et des quotas. L'impôt est, en fait, permanent. Il donne au roi les moyens d'une administration efficace, comme ceux de l'armée soldée que constituent à partir de 1445 les compagnies de l'ordonnance doublées par les bandes d'artillerie de campagne. La justice du roi a beaucoup gagné à une réforme modérée des structures du Parlement, à la capacité qu'a désormais le roi de payer régulièrement ses juges et à la cohérence qu'introduisent dans le droit la rédaction et la correction des coutumes amorcées en 1454 par l'ordonnance des Montils-lès-Tours : la coutume de Touraine est publiée en 1461. La Pragmatique Sanction de Bourges a établi en 1438 l'autorité du roi sur l'Église de France. L'Université a, bon gré mal gré, accepté la réforme imposée en 1452. Peu glorieux en 1453-1456 lors de la réhabilitation de Jeanne d'Arc, les maîtres qui ont jadis trempé dans la condamnation de la Pucelle ont perdu la mémoire, et ils sont heureux de s'en tirer à bon compte.

L'économie se remet lentement d'un siècle d'épreuves. Avant la victoire française des années 1450-1453, les trêves de Tours ont en 1444 commencé de restaurer la confiance. Dans les campagnes, la reprise est lente, mais elle est déjà perceptible dans la conclusion de nouveaux baux, dans la remise en culture des terres trop longtemps laissées en friche, dans les mouvements migratoires qui répondent à des besoins de main-d'œuvre ou à des perspectives de développement. Plus rapide parce qu'on y est plus aisément porté à anticiper, la reprise porte déjà ses fruits dans les villes. Pour la restauration des infrastructures commerciales, le roi a pris les initiatives qui s'imposaient, comme le rétablissement des chenaux navigables que la guerre avait souvent laissés encombrés ou simplement ruinés par faute d'entretien. Les marchés jugent maintenant saine la monnaie du roi de France. D'habiles privilèges ont aidé à la renaissance des sociétés citadines. Le remodèlement des parcellaires urbains bat son plein, générateur d'un nouvel urbanisme.

L'effondrement de Jacques Cœur, victime en 1451 des jalousies exacerbées par la faveur dont il jouit et la fortune qu'il a trop rapidement accumulée, ne doit pas laisser sous-estimer les dynamismes économiques qui portent ses larges vues ou les suivent. L'argentier du roi n'est un aventurier qu'au grand sens du terme. La France de Charles VII se sent maintenant des droits sur les grandes routes du commerce méditerranéen. Pour la première fois, on a formulé en France une politique commerciale qui n'est pas seulement faite de privilèges aux foires. Lyon rêve d'un destin qui serait celui d'une grande place commerciale et bancaire à la confluence des routes du continent, cependant qu'à Montpellier et à Marseille on fait le lien entre les foires de Languedoc et les routes de l'Orient.

Telle est la France dans laquelle et pour laquelle le jeune Louis a appris ce qui sera son métier de roi. Né dans le « royaume de Bourges », il voit la Couronne de France restaurée dans sa dignité, le pouvoir royal plus établi que jamais, le royaume uni et en cours de rapide modernisation. Il n'a plus qu'à attendre.

Une cour bouleversée

Deux événements d'apparence secondaire vont cependant assombrir l'horizon du dauphin Louis. L'un, c'est la mort de Marguerite d'Écosse : la petite dauphine disparaît le 16 août 1444 au soir, pendant le séjour à Châlons, sans avoir donné d'enfants au futur roi. Malgré la saison, elle a pris froid pendant ses dévotions. On le reprochera à son mari, assez justement taxé d'indifférence envers une jeune femme qu'il n'a pas choisie, Marguerite n'a rien fait pour ne pas mourir. Au vrai, il semble bien qu'elle soit morte de phtisie. On l'enterre sur place. Mais Louis n'est plus d'humeur à laisser son père le marier. Il décidera lui-même. Le mariage avec Marguerite était un mouvement de pion sur l'échiquier du roi, ou plutôt sur celui de Yolande et du parti angevin. La mort de la dauphine donne à Louis de nouvelles velléités d'indépendance.

L'autre événement, c'est l'apparition d'Agnès Sorel. En cette même année 1444 et pendant le séjour en Lorraine, la fille d'un petit seigneur tourangeau est présentée à Charles VII par l'épouse du roi René, Isabelle de Lorraine. La demoiselle a vingt-deux ans et de l'ambition. Même si, devenue historique, l'appellation de « dame de Beauté » ne tient pas à l'esthétique mais à la seigneurie et au château de Beauté-sur-Marne, en bordure du bois de Vincennes, que lui donnera bientôt Charles VII, il est certain qu'Agnès est ravissante. Elle devient vite, et de notoriété publique dès le début de 1445, la maîtresse du roi. En six ans, elle lui donnera trois filles.

L'entourage royal en est bouleversé. Marguerite d'Écosse n'avait jamais joué de rôle politique à la cour, et l'on attendait toujours qu'elle donnât un héritier au dauphin, mais sa présence retenait Marie d'Anjou de prétendre, auprès de son fils, au rôle longtemps tenu auprès de son gendre par Yolande d'Aragon. La mort de Yolande en 1442, celle de la dauphine en 1444, donnent à la reine de France l'occasion de tenir une place dans la vie de son fils. Or elle se sait maintenant une rivale, et c'est en ménageant celle-ci qu'elle acquiert un nouvel ascendant à la cour. La reine Marie tolère mal Agnès, mais elle la tolère. Les deux femmes vont éviter de se gêner, ce qui veut dire qu'elles vont toutes deux placer leurs pions. De nouveaux favoris émergent rapidement, dont le principal est un baron angevin protégé d'Agnès, Pierre de Brézé. Sénéchal d'Anjou, Brézé s'est fait remarquer pendant la Praguerie par son indéfectible fidélité au roi. Il est maintenant sénéchal de Poitou, mais il est aussi capitaine de bien des villes où on ne le voit jamais. Il s'est en revanche taillé une réputation de valeureux chef de guerre. Aussi intrigant que jadis La Trémoille, il est plus habile. En fait, il est vite une sorte de premier ministre.

Tout cela fait jaser. Les échos en parviennent même à Rome. Rapportant le départ du dauphin, Commynes l'attribuera justement aux « bandes et brouillis de la maison du roi son père ». En Touraine, les officiers soucieux de leur carrière immédiate ont tôt fait de se rallier au parti de la maîtresse. Ainsi voit-on Étienne Chevalier, surtout connu de la postérité pour avoir commandé à Jean Fouquet un superbe *Livre d'Heures* (Bibl. de Chantilly), passer du service du dauphin, dont il est encore en avril 1443 le maître de la Chambre aux deniers, à celui du roi dont il devient vite contrôleur général des aides, puis trésorier de France. Exécuteur testamentaire d'Agnès Sorel et ensuite de Charles VII, il sera un temps disgracié à l'avènement de Louis XI.

Pour le dauphin, les choses sont claires : sa mère et la maîtresse de son père entendent gouverner. Marie d'Anjou est enceinte de celui qui sera Charles de France : elle n'a rien de la reine délaissée, et cela conforte ses ambitions politiques. Même s'il lui a offert six tapisseries de l'*Histoire de la Chaste Suzanne*, Agnès Sorel ne laisse pas Louis ignorer qu'il la gêne. Le dauphin n'a pas davantage les moyens de s'opposer efficacement à Brézé, et leur inimitié alimente les ragots : on va jusqu'à dire qu'il a tenté de faire assassiner le favori. Le bruit court même qu'il lui a fallu accepter que Brézé soit son maître d'hôtel. Pour faux que soit ce bruit, il dit bien que, pour certains, le dauphin est sous surveillance.

Instruit par l'histoire du siècle écoulé, Charles VII ne souhaite pas confier à son fils un trop vaste commandement. Le roi n'a pas oublié le trop rapide ralliement du dauphin au parti des princes insurgés dans la Praguerie de 1440. Il n'est pas question de lui donner une principauté taillée dans le domaine royal, comme la Normandie ou la Guyenne. En reprenant pour ses fils la pratique des grands apanages inaugurée par Louis VIII, Jean le Bon avait donné l'exemple de ce qu'il ne fallait pas faire. Face à une Bourgogne qui tend à l'indépendance, Charles VII a retenu la leçon. Son fils n'a qu'à se contenter du Viennois. Celui qui se languit alors ne sait pas que le problème se posera dans les mêmes termes quand, devenu le roi Louis XI, il entendra son frère Charles nourrir le même espoir d'une principauté dans le royaume.

Au printemps de 1446, il caresse le rêve d'un véritable rôle dans les affaires. Il en entretient son fidèle Antoine de Chabannes, il a cru que le roi lui confierait quelque responsabilité. « J'ai été déçu sous bonne foi, dit-il à Chabannes, on ne m'a pas fait ce que je croyais. » Il rêve d'une mission en Italie, ou d'un commandement dans ce Languedoc où il a déjà mené campagne pour son père. Il va jusqu'à s'informer de l'accueil qu'on lui réserverait dans les villes languedociennes. Le roi est vite prévenu. C'est en vain que le dauphin courtise du bout des lèvres Pierre de Brézé : le clan qui gouverne sait bien ce qu'il perdrait à lui laisser une place. Entre le dauphin et Brézé, la guerre est maintenant ouverte.

Louis fait cause commune avec Charles du Maine, qui remâche lui aussi sa mise à l'écart. À eux deux, ils tentent de convaincre le roi d'éliminer Brézé. C'est peine perdue. Charles VII préfère son favori à son fils : le favori est moins dangereux.

Le dauphin se prend alors à rêver d'un coup de force, et il rêve devant ses proches, Chabannes, Daillon, Laval, Bueil. Avec quelques archers, il neutraliserait le roi. Puis il s'établirait au pouvoir. Le projet est celui d'un enfant : il ne se demande pas comment on prend la place d'un roi de France.

Plusieurs trahisons sonnent le glas des espoirs du dauphin. Les conciliabules ont fini par prendre des allures de complot, et cela fait peur à Chabannes. À trente-huit ans, l'ancien routier de Charles VII a passé l'âge des folies. Il révèle tout au roi. Daillon, pendant ce temps, va du père au fils en cherchant de part et d'autre à se faire valoir. Bueil ne complote pas moins, mais c'est largement pour son propre compte. Quant à Charles du Maine, il juge prudent de se réconcilier avec Brézé : il y a plus à attendre de l'homme fort que du prince sans pouvoir. Le dauphin se voit abandonné et, pour tout dire, trahi.

Ainsi désemparé, il se livre aux incongruités de qui n'a plus rien à attendre. Il insulte Agnès Sorel. Il la menace même l'épée à la main. Le roi ne peut plus supporter cela. Il lui faut reléguer son fils, et il le laisse entendre. Celui-ci se venge en ridiculisant grossièrement un Charles VII entièrement aux mains de sa maîtresse : il fait couper la queue de ses chevaux pour les mettre à la mode, puisque le roi s'est lui-même « écourté ».

Louis a vingt-trois ans. Roi à dix-neuf ans, son père n'en a que quarante-trois, et il jouit d'une bonne santé. Malgré sa maladie, Charles VI, roi à douze ans, a vécu cinquante-quatre ans. Charles V avait dix-huit ans quand il gouvernait un royaume dont le roi était captif, et il est mort à quarante-deux ans, mais on se souvient de ses frères, du duc Jean de Berry mort à soixante-seize ans, du duc de Bourgogne Philippe le Hardi mort à soixante-deux. Même s'il va passer sa vie à redouter de ne point franchir la soixantaine, le futur Louis XI trouve longues les années de Charles VII. Il trompe l'ennui en chassant. À son cousin Charles d'Orléans il offre son mulet, espérant en retour un lévrier. C'est le destin d'un prince héritier en l'attente de la succession, mais cela ne lui suffit pas. Le dauphin Louis n'est pas encore le roi à l'inlassable patience qui saura laisser faire le temps et attendre le sien. C'est un jeune homme impétueux, et qui ne voit pas la fin de cette attente. Il n'est pas près d'être roi de France. Il va prendre l'air.

Le dauphin de Viennois

Une voie s'ouvre à lui. Il est dauphin. On pense dauphin de France sans le dire officiellement, mais on l'appelle ainsi parce qu'il est en droit dauphin de Viennois, comte d'un comté de Viennois dont ses prédécesseurs ont fini par prendre comme nom générique ce qui avait d'abord été un surnom : Dauphin. Un comte de Viennois mort en 1142, Guigue IV d'Albon, était surnommé Dauphin. Les descendants de son fils Guigue V ont fait de ce surnom le titre héréditaire du comte de Viennois. De la même manière, les descendants de sa fille, mariée à un comte d'Auvergne, en ont fait leur titre, et l'on a parlé du dauphiné d'Auvergne comme du dauphiné de Viennois. Au temps de Charles VII, le dauphiné d'Auvergne est passé dans la maison de Bourbon, et l'on ne connaît plus qu'un seul Dauphiné.

À Milan, en 1455, un clerc de la chancellerie ducale l'écrira en toutes lettres : « le dauphin de France ». En 1343, on ne connaît encore qu'un dauphin de Viennois, et c'est Humbert II, de la maison de la Tour-du-Pin. Il a perdu son fils unique, et il est accablé de dettes. Il cherche donc à vendre son héritage. Le pape, puis le roi angevin de Naples, qui ont respectivement le Comtat Venaissin et la Provence, refusent la proposition. Avec l'accord d'un Clément VI qui a été le conseiller de Philippe VI et demeure attaché aux intérêts du Valois, le roi de France accepte l'offre. L'intérêt est évident : enjamber le Rhône, et mettre un pied en terre d'Empire. Le 23 avril 1343, Philippe VI achète à terme le Dauphiné pour 120 000 florins et une rente viagère de 10 000 livres. Le terme, ce sera la mort de Humbert II.

Une clause est à noter : le nouveau dauphin sera, à la mort de Humbert II, le second fils du roi, Philippe, ou l'un des fils du duc de Normandie, alors héritier de la Couronne, autrement dit un fils du futur Jean le Bon. Il est stipulé que le Dauphiné n'est pas pour autant réuni au domaine royal, encore moins à la Couronne. Le 7 juin 1344, les conditions sont modifiées, car le roi ne veut pas que la branche cadette de sa descendance se pose hors des frontières en principauté indépendante. Philippe aura le duché d'Orléans. On sait qu'il mourra sans descendance. Le Dauphiné ira au fils aîné, donc à Jean, ce qui garantit son maintien dans la branche royale. Il demeurera la seigneurie des fils aînés des rois, le roi de France ne prenant le Dauphiné pour lui-même qu'en l'attente d'un fils, ce qui, on le sait, sera le cas pendant la minorité de Charles VI.

L'affaire faillit avorter. Humbert II devint veuf. Il songea à convoler. On pouvait craindre qu'il eût un fils et changeât d'avis, surtout à la perspective des 100 000 florins proposés par le duc Pierre Ier de Bourbon pour dot de sa fille Jeanne. Philippe VI se chargea de le faire renoncer. Puis il accéléra les choses au prix d'une extraordinaire manœuvre, sanctionnée par le traité du 30 mars 1349. Le dauphin Humbert n'avait plus qu'à se retirer du monde : il se fit dominicain. Moyennant 200 000 florins et une rente de 18 000 livres, il abandonnait sur-le-champ ses droits à l'usufruit du Dauphiné. Le dernier dauphin de la famille de la Tour-du-Pin sortit vite de son couvent, se fit ordonner prêtre et mourut en 1355 patriarche d'Alexandrie.

À cinquante-sept ans, Philippe VI se faisait vieux, et le temps n'était plus de faire de Jean, duc de Normandie en l'attente de la Couronne, un dauphin de Viennois. On sauta une génération. C'est au fils aîné de Jean, le futur Charles V, que Humbert II transportait ses droits. Quant à Jeanne de Bourbon, elle apportera en 1450 sa dot au nouveau dauphin. Elle allait être, quatorze ans plus tard, reine de France. Le duc de Bourbon n'avait rien perdu en acceptant de changer de gendre, et le roi de France pouvait consacrer la dot à payer le Dauphiné.

Depuis ce temps, c'est-à-dire depuis un siècle, les dauphins de la maison de Valois ont veillé de loin sur le gouvernement de leur Dauphiné, mais ils n'y ont guère mis les pieds. Le futur Charles V, en un moment de panique, a songé à s'y réfugier, mais la mort d'Étienne Marcel l'en a dispensé. Aucun des dauphins fils de Charles VI ne semble s'être occupé de son Dauphiné, accaparé chacun à son tour par les affaires du royaume et par les événements parisiens. Le futur Louis XI est passé par le Dauphiné, en 1437, au côté de son père, mais il n'y a pas séjourné. À cette date, le Dauphiné était encore gouverné au nom du roi. C'est le 28 juillet 1440 que, pour montrer sa magnanimité après la Praguerie et parce qu'il y était bien obligé, Charles VII a, par lettres patentes, « délivré » le Dauphiné à son fils, et celui-ci a sur-le-champ, dès le 3 août, envoyé Jean de Gamaches et Gabriel de Bernes pour prendre possession de sa principauté et en percevoir les revenus. Depuis, il a pris nombre de mesures relatives au Dauphiné, nommé lui-même les officiers et géré une diplomatie distincte de celle du roi.

Déjà, il affirme l'autonomie de sa principauté, et cela alors que les hommes du roi sont encore très présents en Dauphiné et que le Conseil du dauphin siège à Chinon. Avant même d'y aller en personne, Louis s'est soucié de mettre au clair ses prérogatives et donc les limites de celles du roi. C'est ainsi que, dès 1440, il écrit à la Chambre des comptes du roi à Paris au sujet de la monnaie. La Chambre répond par retour que le roi a coutume d'émettre en Dauphiné des monnaies royales et des monnaies delphinales, et que le dauphin de Viennois peut, avec la permission du roi, en faire autant. Les pierres d'achoppement sont dès lors prévisibles : les monnaies royales et la permission royale.

Louis mesure le chemin à parcourir pour une véritable autonomie. Une affaire dont l'enjeu est au vrai fort mince apparaît ici comme révélatrice du malaise. Lorsqu'en septembre 1443 les gens du roi au Parlement de Paris s'opposent à l'enregistrement de lettres de rémission que le dauphin a obtenues du roi en faveur du maître de la monnaie de Crémieu, c'est un combat de principe qui s'ouvre dans un extraordinaire imbroglio juridique. Le fautif est monnayer en Dauphiné, non dans le royaume, et les écus de mauvais poids qu'il a frappés sont des espèces delphinales. Mais elles sont frappées au coin du roi et du dauphin.

Ce sont les généraux maîtres des monnaies à Paris, donc la Chambre des monnaies du roi, qui ont prononcé la condamnation à une forte amende. Mais c'est au dauphin qu'a été payée cette amende et c'est lui qui demande en conséquence la rémission grâce à laquelle le monnayer pourra reprendre son service. Le roi a accordé la rémission, mais c'est sa Chambre des monnaies qui refuse de l'entériner. Pierre George, secrétaire du dauphin et porteur d'une lettre de créance de celui-ci, essuie un premier refus au motif que « le cas n'était pas assez exprimé ni déclaré ». Il rejoint le dauphin, qui est alors à Compiègne. Louis se doit alors d'adresser à la Chambre une nouvelle lettre, assurant qu'il est « informé bien au long » de l'affaire, qu'il en a fait informer le roi et son Conseil, que l'amende est bien payée, qu'il est en conséquence « content » de son ancien maître des monnaies et qu'il lui a « remis et pardonné toute l'offense ». C'est donc lui qui pardonne et c'est son père qui accorde les lettres de rémission.

Les gens du roi continuent de s'opposer à cette rémission. Devant la Chambre, se dresse Jean Dauvet, procureur fiscal du roi et futur procureur général au Parlement. Dauvet parle au nom de l'avocat du roi au Parlement, Jacques Juvénal des Ursins, qui sera bientôt président de la Chambre des comptes du roi et archevêque de Reims. Développant à nouveau la critique de lettres qu'il juge insuffisamment explicites, Jean Dauvet ajoute un argument de fond : les crimes du monnayer sont de lèse-majesté, commis contre le bien du roi et au préjudice de la chose publique. Laissons la procédure : l'avocat du roi peut bien intervenir devant quelque juridiction royale que ce soit, le roi peut toujours accorder la rémission, mais les lettres doivent mentionner qu'il y a lèse-majesté, et la Chambre est dans son rôle en voulant éviter que la grâce du roi soit obtenue par surprise. Ce qui est important, c'est qu'on parle de lèse-majesté pour un monnayage hors du royaume.

Louis emportera la rémission, mais il a compris deux choses : le coin du roi est de trop sur une monnaie delphinale, et il manque au Dauphiné des institutions autonomes. Demander la grâce du roi et négocier avec les gens du roi ne lui conviennent plus.

Il y a quatre ateliers monétaires en Dauphiné : à Crémieu, à Romans, à Montélimar et à Grenoble. En mars 1445, Louis décide d'y faire frapper des monnaies, et notamment des écus d'or, à son nom – Louis, dauphin de Viennois – sans la moindre mention du roi, et à ses armes qui sont écartelées de France à trois fleurs de lis et de Dauphiné à un dauphin. Pendant qu'il y est, il interdit l'émission d'espèces au nom du roi. Conscient de l'incapacité d'une petite principauté à assurer son monopole de la circulation monétaire sans ruiner les échanges économiques avec les pays voisins, son Conseil ne parviendra à le faire changer d'avis que sur un point : les monnaies delphinales seront analogues à celles du roi. En cette même année, Louis se passe de l'accord du roi pour envoyer deux experts, Ravand le Danois et Jean Gencien, inspecter les ateliers.

Ni l'un ni l'autre ne sont des nouveaux venus dans les affaires financières. Ils ont déjà fait leurs preuves. Ravand le Danois a été à ses débuts l'associé de Jacques Cœur dans l'atelier monétaire de Bourges, et il est maître général des monnaies du roi. Gencien appartient à l'une des plus anciennes familles de la bourgeoisie d'affaires parisienne parfaitement intégrée dans le service financier du roi, l'une des rares qui, ayant tenu le haut du pavé au XIIIe siècle, le tiennent encore deux cents ans plus tard. Le dauphin Louis n'a pas fait appel à des amateurs, et il n'a pas négligé les meilleurs serviteurs du roi. Mais il les a désignés lui-même.

N'oublions pas Jacques Cœur. L'argentier de Charles VII est alors au sommet de sa puissance économique et de son influence politique. À ce moment-là encore, Agnès Sorel le protège, et le fait que la reine Marie d'Anjou fasse des affaires sans lui est bien propre à le rapprocher de la maîtresse. Si Jacques Cœur est trop habile pour se mêler des affrontements qui s'annoncent entre le roi et son fils, il n'est cependant pas indifférent à l'enjeu qu'est le trafic commercial à travers le Dauphiné : d'une part le trafic du sel entre les salines de Languedoc qui lui appartiennent et le marché lyonnais, d'autre part l'accès à l'Italie par les cols alpins.

Dès 1444, Cœur négocie le ralliement du dauphin à une extension au Dauphiné de la « marque de Catalogne », une taxe légère – cinq deniers pour livre – perçue dans le royaume pour l'indemnisation des marchands ayant, au cours de leurs voyages d'affaires, subi des dommages. Cœur a une part dans les profits de l'affermage de ce droit et il en négocie l'extension aux trafics qui, entre la Catalogne et la France, empruntent la route de la rive gauche du Rhône pour ne pas payer. Il parvient à convaincre Louis de renoncer à l'exemption du Dauphiné, alors que le dauphin vient de proposer à l'Aragon une renonciation mutuelle au droit de marque. À cette extension, le Dauphiné perd assurément beaucoup, les marchands allemands étant en particulier sensibles à l'exemption et donc moins enclins à emprunter la route de la rive gauche si elle disparaît. Ses sujets le reprocheront à leur dauphin.

Louis se passe délibérément de l'assentiment royal quand il noue ses premières relations avec le duc de Savoie. Le 3 avril 1446, alors qu'il est encore à Chinon, il entérine un échange négocié par le gouverneur Raoul de Gaucourt, échange qui présente l'avantage d'une avancée vers la Provence. Le dauphin abandonne au duc Louis son droit à l'hommage que lui devait celui-ci pour la baronnie de Faucigny. Le duc renonce à ses droits sur les comtés de Valentinois et de Diois qui étaient depuis un quart de siècle l'objet d'une contestation. En complément, mais la clause est essentielle pour un dauphin qui se prépare à rompre avec le roi, le duc de Savoie promet au dauphin 54 000 écus et lui remet une dette de 3 000 ducats. Autrement dit, le duc achète à haut prix la fin d'un simple hommage pour le Faucigny. En mai, Gaucourt fait prendre possession du Valentinois et du Diois. Bernes est chargé de percevoir la finance du duc : il reçoit comptant 25 000 écus en mai, le reste ne viendra qu'en plus d'un an, par petites sommes. C'est seulement en 1452 que l'affaire sera soldée par la remise au duc de tous les titres concernant Faucigny et conservés jusque-là par la Chambre des comptes de Grenoble.

Louis se voit importun à la cour du roi, et il s'y sent surveillé de trop près. Il a compris qu'une réorganisation du gouvernement s'impose en Dauphiné. Encore fils unique du roi car rien ne dit que la reine va accoucher d'un enfant mâle, il est assuré de ne voir personne lui ravir la place d'héritier de la Couronne de France. Mais il fait, le premier depuis longtemps, l'expérience d'une position qui aura d'autres titulaires : celle d'un héritier qui sait devoir attendre. Il pourrait bien aller tenir sa place de prince d'Empire et, par la même occasion, s'essayer à gouverner. À l'automne de 1446, le dauphin Louis décide de partir pour sa principauté. Le 7 janvier 1447, il est à Lyon. Le 15, il est à Saint-Symphorien d'Ozon, donc en Dauphiné. Charles VII n'a rien trouvé à y redire.

L'ENTOURAGE D'UN DAUPHIN

Un entourage se forme, fait de quelques fidèles comme l'archevêque d'Embrun Jean Girard, le doyen de Thonon Jean Fautrier et les chevaliers Guillaume de Courcillon et Gabriel de Bernes. Bernes, déjà envoyé en Dauphiné en août 1440, aura souvent la charge des problèmes financiers et fiscaux, Courcillon celle de la réforme des institutions. Tous seront appelés à des missions diplomatiques, dont les plus délicates seront plusieurs négociations, vaines, avec le roi pour tenter de dénouer la crise entre le père et le fils.

Charles VII voit naturellement avec appréhension son fils gagner en autonomie. Il veille donc à le faire accompagner de quelques hommes sûrs. C'est ainsi qu'il nomme conseiller du dauphin son propre conseiller Baudouin de Champagne, qui a été bailli de Touraine. L'homme demeure entièrement dévoué au roi. Louis fera semblant d'accepter, emmènera son conseiller en Dauphiné et, là, le chassera.

Amaury d'Estissac est lui aussi un fidèle du roi, mais il a déjà servi le dauphin. Ce vieux chevalier issu d'une noble famille d'Aunis et bien possessionné en Périgord a manifesté dans les heures sombres son adhésion au parti d'Armagnac. Il s'est inscrit dès 1421 parmi les fidèles du futur roi de Bourges. On l'a vu à côté de Jeanne d'Arc au siège d'Orléans. Il a été quelque temps, de 1429 à 1431, sénéchal de Poitou. On en a fait en 1436 le chambellan du jeune dauphin, puis, simultanément à partir de 1442, un sénéchal de Saintonge. Louis l'a eu à ses côtés dans la campagne contre les Suisses, et il en a usé pour diverses missions, aussi bien auprès de son père qu'auprès du roi des Romains Frédéric III. En 1446, Estissac suit en Dauphiné le dauphin qu'il sert fidèlement, non sans être plus fréquemment en Saintonge qu'en Dauphiné. Pour tout dire, l'exil en Dauphiné ne semble pas convenir à ce vieux soldat très attaché au roi. En

1451, il résigne sa fonction de sénéchal et semble ne plus jouer de rôle auprès du dauphin. Il a passé la cinquantaine. Il mourra six ans plus tard.

Gouverneur du Dauphiné depuis 1428, Raoul de Gaucourt est, lui aussi, un homme du roi, et l'on se rappelle qu'en 1439 il fut de ceux qui tentèrent en vain de ramener à la raison les princes au début de la Praguerie. Il porte le titre de conseiller et chambellan du roi. Son gouvernement du Dauphiné ne signifie rien, sinon une pension de 2 000 florins. Il a participé aux campagnes de Normandie et tenu le parti du roi contre la Praguerie. Il a été prisonnier des Anglais, puis des troupes de Bourbon pendant la Praguerie. On ne l'a guère vu en Dauphiné, où son lieutenant, Alzias Rigaud, gouverne avec l'aide du Conseil. Non sans s'occuper de réunir l'argent pour payer la rançon de son gouverneur, le dauphin Louis jugera qu'un gouverneur doit demeurer sur place. Le 1er janvier 1448, il nommera un grand seigneur breton qui fut de ses familiers quand on complotait à Chinon contre le roi, Louis de Laval, frère cadet du maréchal de Lohéac. Malgré des péripéties sur lesquelles nous reviendrons, Laval demeurera au gouvernement du Dauphiné jusqu'à l'avènement de Louis XI.

Pour gérer son trésor, le dauphin a trouvé un autre homme du roi. C'est un grand bourgeois de Paris, Nicolas Erlant. D'abord nommés Orlant, puis Erlant, les descendants d'un Génois nommé Orlandi qui s'était établi à Paris au XIVe siècle sont de grands changeurs et des hommes d'affaires notables. Henri Orlant vendait sous Charles VI des joyaux et de l'argenterie. Le changeur Thomas Orlant est en 1435 l'un des derniers échevins de Paris sous la domination anglaise. Après le retour de Charles VII, il est encore l'un des grands bourgeois de la place, et en 1438, il est l'un des vingt Parisiens les plus imposés. Nicolas Erlant, lui, est licencié en droit civil. Il est secrétaire du jeune roi Charles VII qui, dès 1435, le nomme trésorier du Dauphiné. Le dauphin Louis n'a aucune raison de s'en séparer quand en 1440 il prend en main ses affaires. Après de brèves absences en 1440 et 1442, Erlant est encore en fonctions quand le dauphin Louis prend en 1446 le chemin de son dauphiné. Il voit même ses responsabilités élargies : Louis le nomme « trésorier général de toutes nos finances tant ordinaires qu'extraordinaires », cumulant les fonctions de trésorier général, de receveur général et de trésorier particulier. Il crée ainsi une direction unique des affaires financières.

Au départ, donc, l'entourage qui accompagne le dauphin Louis est fortement marqué par la présence de gens qu'y a placés le roi. Rares sont ceux qui n'ont que la confiance du dauphin. Certains, qui eussent probablement trouvé leur place à la nouvelle cour de Grenoble, ont disparu. Avaugour, l'excellent gouverneur du jeune dauphin, vient de mourir. D'autres sont trop vieux pour changer leurs habitudes. Mais deux venues ne sauraient passer inaperçues, celle du Bâtard d'Armagnac et celle de Jean de Montauban. Cet homme de guerre qu'est Jean de Lescun, dit le Bâtard d'Armagnac, s'était, on l'a dit, attaché au dauphin lors de son expédition de 1443. On le retrouve maintenant en Dauphiné. Le 4 octobre 1450, Louis en fait un maréchal du Dauphiné et un sénéchal de Valentinois et Diois. En 1453, le Bâtard est capitaine de Crest. Quant à Jean de Montauban, c'est, malgré son nom, un noble breton dont le père était dès 1415 bailli de Cotentin. Après son frère Arthur, qui a vite opté pour l'habit religieux et sera archevêque de Bordeaux, Jean de Montauban a été à son tour bailli de Cotentin. En décembre 1454, Charles VII l'a révoqué. Nous le retrouvons dans le proche entourage du futur Louis XI, qui en fera plus tard un amiral de France.

Il y a les gens que fait venir le dauphin. Il y a aussi ceux qui sont déjà en place, les officiers originaires du Dauphiné comme ce Guigue de Costaing que Louis a nommé en 1443 « gardier » de Vienne, c'est-à-dire son représentant dans l'administration de la ville de Vienne, partagée entre le dauphin et l'archevêque. Avec sagesse, le dauphin Louis confiait la défense de ses intérêts, face au « courier » de l'archevêque, à un homme du cru. De même retrouvons-nous Gabriel de Bernes, seigneur de Targy, ce Dauphinois que le dauphin avait déjà à son service en Touraine.

Dans la société dauphinoise, Louis trouve sans peine de nouveaux fidèles. Ainsi s'attache-t-il des gens qui ne doivent pas grand-chose au roi et gagne-t-il la confiance des notables locaux. Il appelle à son Conseil, malgré sa jeunesse, le grand baron qu'est Louis de Crussol. L'archevêque d'Embrun Jean Girard paraît avoir été, jusqu'à sa mort en janvier 1452, de ces conseillers que le dauphin pensionne pour leur fidélité.

Certains ne doivent leur faveur qu'à une rencontre imprévue. Imbert de Batarnay est de ceux-là. C'est un enfant quand Louis fait sa connaissance et se l'attache. Imbert suivra le dauphin, puis le roi Louis XI, et sera toute sa vie l'un de ses hommes de confiance. Devenu le seigneur du Bouchage, il multipliera les missions, notamment auprès de Charles de France, mais celui qu'il appelle « Monseigneur du Bouchage, mon ami », sera surtout le compagnon proche et, jusqu'au dernier jour, le confident du roi. Son frère Antoine sera chambellan du roi, épousera la fille du bailli de Caen – le roi lui donnera pour ce mariage, en 1469, six mille écus – et succédera finalement à son beau-père comme bailli de Caen.

On ne va pas moins chercher quelques compétences à Lyon. Louis prend à son Conseil un juriste lyonnais formé à Turin, Guy Pape, dont il fera un magistrat et qui restera l'un des grands jurisconsultes du temps. C'est un Lyonnais, Antoine Laydier, qui devient « premier orfèvre » du dauphin avec le titre de valet de chambre. Commence alors la longue relation de Louis avec les milieux d'affaires lyonnais, qui sera souvent décisive pour la politique économique du roi Louis XI.

Bien différent est Charles Astars. Notaire et secrétaire du roi, il est l'un des hommes de confiance de Jacques Cœur qui le charge aussi bien de veiller sur la gestion de certains domaines que sur celle des exploitations minières. On lui confie en 1450 le soin de repousser hors du Mâconnais le sel de Franche-Comté et d'y pousser le sel du Languedoc. Il est originaire du Vivarais, et le Dauphiné lui est familier. Nous le trouverons peu après parmi les financiers chargés de recouvrer la dot de Charlotte de Savoie comme en 1461 parmi les ambassadeurs qu'envoie le dauphin à Milan et en Savoie. Il restera l'un des diplomates de Louis XI.

Louis s'attache les grands lignages du Dauphiné, et en premier lieu la famille de Poitiers, dont il faut tout de suite noter qu'elle n'a aucun lien avec la capitale du Poitou. Les Poitiers tenaient au XIIe siècle le comté de Valentinois, un comté qu'en 1419 le comte a cédé au roi de France. La branche cadette, celle des seigneurs de Saint-Vallier, est fort considérée dans la région, et le dauphin gagne tout à son alliance. Bâtard de Charles de Poitiers, seigneur de Saint-Vallier, Guillaume de Poitiers, seigneur de Barry, est fait sénéchal de Valentinois et Diois dès 1446. À partir de 1447, il est l'un des principaux agents diplomatiques du dauphin. Dans le même temps, l'évêque de Valence Jean de Poitiers devient en 1447 archevêque de Vienne et Louis de Poitiers lui succède à Valence.

De même le dauphin fait-il la fortune de la famille de Poisieu, une famille de châtelains du Dauphiné méridional qui l'accompagnera pendant tout son règne. Aymar de Poisieu, surnommé Capdorat pour sa chevelure d'un blond éclatant, était depuis 1444 le maître d'hôtel et le conseiller de Louis. On l'avait vu à son côté dans la campagne contre les Suisses. Le dauphin lui confie maintenant diverses missions diplomatiques après l'avoir un temps fait bailli de Valentinois et Diois. On le retrouvera bailli de Mantes et capitaine de Montereau. Un autre Poisieu, Jacques, est capitaine des archers et arbalétriers du dauphin. Celui-ci, contre le désir de Charles VII, donne en 1453 l'archevêché de Vienne à l'abbé de Saint-Pierre de Vienne, le bénédictin Antoine de Poisieu. Son neveu Guy lui succédera en 1473.

Encore faut-il compter avec le passé. C'est ainsi que Louis doit revenir sur une nomination aventurée. Le châtelain de Goncelin, c'était le premier président du Parlement de Paris Adam de Cambrai, lequel n'était bien entendu jamais venu dans sa châtellenie. Louis l'a remplacé par un natif du Dauphiné, un nommé Beyaigue, mais il lui faut en 1444 révoquer celui-ci et rétablir le premier président, à l'évidence soutenu par le roi. Il prendra ensuite à son service le fils d'Adam, Ambroise de Cambrai, un personnage vénal et d'esprit tordu, mais c'est en vain qu'il tentera, contre le candidat du roi, d'en faire un évêque de Châlons.

À côté des officiers, il faut compter les conseillers qui ne forment pas une institution, ceux avec lesquels Louis entretient des correspondances et dont il prend l'avis, voire ceux qu'il charge à l'occasion de missions politiques. En 1448 encore, Jacques Juvénal des Ursins est de ceux-là : le trésorier alloue explicitement 300 écus « à l'archevêque de Reims, conseiller du dauphin ». La formule n'a rien de théorique : de Nice où il négocie « le fait de la seigneurie de Gênes », l'archevêque a bel et bien fait porter d'urgence à Valence une lettre pour informer le dauphin de l'évolution des affaires. L'archevêque est le seizième des enfants de l'avocat Jean Jouvenel – ses enfants ont amélioré leur nom – qui fut le grand homme du Paris de Charles VI. Il est donc le plus jeune des frères du chancelier Guillaume, connu pour sa fidélité à Charles VII, et de l'évêque de Laon Jean, qui sera plus tard lui-même archevêque de Reims et l'historiographe de Charles VI. Excellent juriste et homme de grande expérience, Jacques Juvénal des Ursins a été, dès le retour à Paris en 1436, l'avocat du roi au Parlement, puis en 1444, en même temps qu'archevêque, le premier président de la Chambre des comptes. On se souvient qu'en 1443 il a plaidé contre le dauphin dans l'affaire du monnayer de Crémieu. Louis n'est pas rancunier, dès lors qu'un homme lui peut être précieux. Il a d'ailleurs à son service un autre fils de Jean Jouvenel : de Denis Juvénal des Ursins, il fait son échanson.

La formation de ce cercle de fidèles a un prix. Déjà, Louis multiplie les pensions. Il en sert quatorze en 1447, trente-neuf en 1452. Il lui faut aussi récompenser les services par des dons de terres ou de revenus, toutes générosités qui diminuent le domaine delphinal. Commynes observera que le dauphin avait avec lui des gens de bien « plus qu'il n'en pouvait nourrir ».

Le Dauphiné

Le dauphiné de Viennois, c'est une principauté, formée de nombreuses pièces réunies au fil des générations plutôt que d'un ensemble à la forte cohérence territoriale et aux limites incontestées. On y trouve quelques grandes seigneuries, comme Beaumont, Roussillon, Saint-Vallier, Tallard ou La Tour du Pin. Du Rhône aux montagnes du Graisivaudan et du Queyras, animé par le Rhône navigable comme par les riches vallées de la Durance, de la Drôme et de l'Isère, ouvert sur le Piémont italien par les deux cols de Larche et du Mont-Genèvre, il ne manque ni d'hommes ni de ressources. La route du Rhône comme celle d'Italie sont des voies commerciales de premier ordre. Le fer d'Allevard, de Vizille et de Château-Dauphin a donné naissance à une industrie métallurgique. Il y a des orfèvres à Grenoble. Vienne, Romans, Grenoble et Embrun. Valence, Montélimar, Gap et Briançon sont des villes actives. Au long des vallées, on compte un bon millier de communautés d'habitants bien organisées. Bref, régner sur le Dauphiné n'a rien de négligeable.

Le Dauphiné est encore pour beaucoup le dauphiné de Viennois. Établie sur la route de Vienne à Milan et dotée dès le IVe siècle d'un évêché, Grenoble est capitale du Dauphiné, mais Vienne garde son prestige historique, celui de l'une des principales cités de la Gaule romaine. À la fin de l'Empire, Vienne était la capitale d'un « diocèse » administratif groupant, de l'Aquitaine aux Alpes maritimes, toute la moitié méridionale de la Gaule. L'archevêché de Vienne date du IIIe siècle, celui d'Embrun du IVe. Ce sont des choses qui comptent.

La prospérité n'est cependant plus ce qu'elle était aux siècles précédents. Trois épidémies de peste, en 1410, en 1420 et en 1427, complétées par une disette en 1433 et par la divagation de bien des troupes de routiers, ont lourdement frappé la région, et notamment les villes. Bien des marchands ont quitté le Dauphiné. La place bancaire de Grenoble s'est étiolée.

Le pape lui-même vient de contribuer à dorer la couronne delphinale. Eugène IV, c'est le pape qui a résisté à tous les assauts du concile de Bâle. L'Angleterre, la Bourgogne, la Bavière, la Castille lui sont toujours demeurées fidèles. L'Empire commence de négocier un ralliement à Rome qui sera effectif en août 1447. Charles VII a louvoyé, entérinant par la Pragmatique Sanction les décrets de Bâle mais en les reprenant à son compte, ce qui était réduire l'autorité du concile. L'Université de Paris, naguère très influente à Bâle, penche maintenant pour l'union de l'Église. Le duc de Savoie, on le reverra, s'entremet pour mettre fin au schisme provoqué par l'élection de son père Amédée VIII au souverain pontificat : ce Félix V qui comptera parmi les antipapes n'a plus qu'à se soumettre. Dans ces conditions, le dauphin Louis fait grand cas de la décision d'Eugène IV qui, le 26 mai 1445, l'a nommé protecteur du Comtat Venaissin, cette seigneurie qui borde, au sud, le Dauphiné et qui est au Saint-Siège depuis le XIIIe siècle. Le titre de gonfalonier de l'Église décerné à Louis avant la campagne contre les Suisses n'apporte qu'une rente. Celui de protecteur du Comtat peut être, hors du royaume, un nouveau moyen de rayonnement.

Les institutions sont en place, mais elles semblent insuffisantes à qui peut, comme le dauphin Louis, les comparer à l'appareil de gouvernement que Charles VII est en train de constituer en France. Pour la plupart, ces institutions sont à Grenoble, ville qui a fait figure de capitale dès le XIIIe siècle et qui est reconnue comme telle depuis le temps du dernier dauphin de la famille d'Albon. Celui-ci y a, en 1340, installé le Conseil delphinal – conseil politique et cour de justice – qu'il avait d'abord établi en 1335 à Saint-Marcellin. Il y a même créé, en 1339, une université qui, formée pour raison politique à l'époque où les princes commençaient de penser qu'une université était un symbole de souveraineté, a disparu dans les années 1360 quand la raison politique a durablement disparu.

Il y a un gouverneur, un Conseil des comptes, une Chancellerie. Le dauphin s'est fait graver un sceau de type équestre, comme en ont tant de princes. La légende est calquée sur celle dont usait Charles VII avant son avènement : SIGILLUM LUDOVICI REGIS FRANCORUM FILII, DELPHINI VIENNENSIS. Sur le champ du sceau, sur le vêtement du cavalier et sur les pièces d'armure, on voit alterner les fleurs de lis et les dauphins. Le contre-sceau est orné d'un écu écartelé de France et de Dauphiné, et on y lit CONTRASIGILLUM LUDOVICI DELPHINI VIENNENSIS. Le sceau du secret est aux mêmes armes, avec une légende simplifiée : SIGILLUM SECRETUM DALPHINI.

La principauté regagne son autonomie. Elle n'est plus ce qu'elle était pour les précédents dauphins, un titre significatif et un revenu entre autres pour un fils de France vivant à la cour de son père. Le dauphin Louis entend bien mener sa politique, et il voit déjà grand. Les états de Dauphiné qui s'assemblent dans le réfectoire des frères mineurs de Romans en sont bien convaincus, même s'ils récriminent à chaque réunion contre le poids de l'impôt. La crise démographique et économique a en effet porté des coups sévères à la fiscalité, et l'on voit le gouverneur accepter à plusieurs reprises la réduction du nombre de feux fiscaux qui sert de base à la répartition de l'impôt entre les communautés d'habitants. Comptée jusque-là pour 250 feux, la ville de Grenoble est ramenée à 200 feux en 1440, à 140 en 1447. Elle ne sera plus taxée que pour 110 feux en 1450. Si les chiffres bruts n'ont aucune signification démographique, leur constante diminution est lourde de signification économique.

N'allons cependant pas imaginer une principauté en ruines. Louis ne manque pas, d'ailleurs, de prendre en charge un certain rétablissement des affaires. Il crée deux foires à Montélimar pour faire profiter la région du trafic commercial de la vallée du Rhône et une à Gap pour exploiter les routes des cols. Il incite les étrangers à venir ou revenir s'établir en Dauphiné, leur accordant comme il se doit des privilèges, en l'occurrence une exemption des tailles et subsides pendant dix ans. De même, pour favoriser le retour des juifs qu'avait fait fuir une fiscalité particulière exorbitante, réduit-il leur charge et prend-il sous sa protection les banquiers juifs. Il lui en coûtera de devoir convaincre les États généraux, portés à prendre en compte les plaintes de la population contre les usuriers juifs et à demander leur expulsion plutôt que leur exonération.

Cette politique de développement économique est payée de retour. On se rappelle qu'en 1445 les États ont voté une subvention de 28 000 florins. En 1448, ils votent 45 000 florins, « pour votre joyeux avènement et pour subvenir à vos affaires et nécessités ». On peut sourire de l'avènement, non du chiffre. Bon gré mal gré, le Dauphiné soutient son dauphin. Celui-ci n'a pas pour autant renoncé à d'autres revenus : il perçoit toujours les subsides votés par les États de Languedoc et, comme gonfalonier de l'Église, il a sa part de la décime imposée par le pape sur le clergé du royaume. Tout cela lui vaut en 1448 des sommes non négligeables, 3 000 livres du Languedoc, 26 000 écus de la décime. En cette année 1448, le trésor du dauphin aura reçu 93 641 livres. Capable, dès son arrivée, de se doter d'une armée permanente en organisant cinq compagnies bien soldées, comparables à celles de l'ordonnance du roi, Louis a bien les moyens de sa politique.

Il a aussi les moyens d'un train de vie. Sous les ordres d'un ou plusieurs chambellans, son hôtel compte une trentaine d'écuyers, deux écuyers tranchants, quatre écuyers d'écurie, deux écuyers échansons, deux écuyers panetiers dont un premier panetier, un écuyer « garde du léopard », un huissier d'armes, un armurier, un barbier, quatre trompettes, un canonnier et vingt-quatre archers et vingt-quatre arbalétriers avec leur capitaine Jacques de Poisieu. Naturellement, il y a un veneur et sept gerfautiers. Ajoutons les valets, les cuisiniers, les palefreniers et autres serviteurs dont nous ne connaissons ni le détail ni les noms.

Autant par souci du paraître que pour nouer les fils de sa toile diplomatique, Louis multiplie déjà les ambassades. Ses secrétaires, ses écuyers, ses chambellans sont sans cesse sur les routes. Même lorsque l'envoyé est assez modeste pour ne pas dépenser à l'excès, une ambassade ne se conçoit pas sans échange de cadeaux. Toute mission comporte son lot de sacs d'écus et de pièces d'orfèvrerie. De même faut-il recevoir décemment les ambassadeurs qui se pressent parfois à Grenoble. En 1448, on y voit ceux des cantons suisses, du duc de Savoie, du roi d'Angleterre, du prince de Navarre, et même de l'archevêque Jacques Juvénal des Ursins. On y verra d'abondance ceux du duc de Milan Francesco Sforza, ceux de la Sérénissime République de Venise et ceux du pape, sans oublier ceux des princes français.

CHAPITRE V

La rébellion

LA BROUILLE

En avril 1446 encore, le dauphin soumet à la ratification du roi son père le traité qu'il vient de conclure sans son avis avec le duc de Savoie. Mais on ne saurait s'y tromper : quelques mois avant de quitter la cour, Louis ménage ses alliances, et ce n'est pas un hasard si son attention se porte sur un accommodement fort avantageux avec la Savoie.

Le lien n'est pas rompu, non plus, avec les finances royales. Dans les trois premières années de son autonomie en Dauphiné, le dauphin reçoit du roi 48 000 livres. En janvier 1451, nommant un nouvel échanson, il stipule que ce que lui paiera sa Chambre aux deniers sera alloué au crédit de celle-ci par la Chambre des comptes du roi.

Comme elles l'étaient en Touraine quand Daillon s'agitait des deux côtés, les relations du père et du fils sont vite empoisonnées par les pêcheurs en eau trouble. Envoyé auprès du roi au début de 1447, le secrétaire du dauphin Guillaume Mariette s'est mis à jouer double jeu à coups de révélations de pure invention. Il prévient Brézé que le dauphin complote contre lui, le dauphin que toute la brouille est fabriquée par Brézé, et le roi que le dauphin veut le renverser. C'est finalement Charles VII qui mettra fin à cette industrie en faisant décapiter Mariette. Le roi et le dauphin ont tous deux compris le jeu très personnel du secrétaire mais il demeure, dans l'esprit de chacun, quelque chose de ses dires.

Le conflit ouvert avec Charles VII commence dès que, interprétant à sa façon la décision de Humbert II – pas d'union à la Couronne – et se tenant donc pour souverain, le dauphin se prend à agir en complète indépendance. Il va le faire dix années durant. Naturellement, il entretient ses propres relations diplomatiques. Lorsqu'en mars 1447 est élu le pape Nicolas V, le dauphin le fait complimenter par un ambassadeur qui n'est autre que Guy Pape. La personnalité du diplomate suffit à faire prendre la démarche au sérieux. Et le dauphin de placer à la cour pontificale le neveu et fils adoptif de Guy, Humbert Pape, chanoine d'Embrun, qui devient à Rome l'un des notaires du pape et du Saint-Siège. À la même époque, Louis reçoit à Grenoble Jarretière, le roi d'armes d'Angleterre, comme il reçoit les ambassadeurs du duc de Savoie ou du roi de Navarre. En décembre 1450, Francesco Sforza croit utile de lui donner des précisions au sujet de sa mainmise sur Milan.

Le dauphin prend même en main sa politique ecclésiastique. À placer ses hommes sur les sièges épiscopaux il gagne beaucoup. D'abord, il démontre l'influence dont il jouit auprès des chapitres. Car les évêques sont élus, et ce sont les candidats du dauphin qui le sont. Ensuite, il rémunère ses fidèles. Enfin, ceux-ci ne peuvent lui refuser quelque reconnaissance : les quatre évêques du Dauphiné acceptent une suzeraineté du dauphin qu'ils avaient jusque-là toujours niée. Les seigneuries épiscopales entrent véritablement dans celle du dauphin de Viennois. La juridiction de celui-ci s'en trouve élargie et confortée.

Charles VII ayant convoqué pour le 15 mai 1450 une assemblée du clergé pour discuter de l'éventuelle abrogation de la Pragmatique Sanction, Louis prend soin de réunir d'abord à Grenoble, le 25 avril, le clergé du Dauphiné, afin d'établir une position commune. À cette date encore, il ne s'agit pas d'indépendance. Louis ne discute même pas le devoir qu'ont les prélats du Dauphiné de se joindre à ceux du royaume. Il entend cependant qu'il y ait bien une politique du Dauphiné, et qu'elle soit fixée avant la réunion voulue par le roi.

Il lève des impôts à son seul profit. Il crée en 1453 à Grenoble un Parlement qui succède à l'ancien Conseil delphinal, un Conseil qu'il semble avoir lui-même, dès 1447, qualifié de Parlement. Rappelons qu'à ce moment il n'est pour tout le royaume de France que deux Parlements, celui de Paris et celui de Toulouse. Certes, le Parlement de Grenoble est encore modeste par ses effectifs – un président et quatre conseillers – mais les ambitions dépassent la simple gestion de la justice courante. L'un des conseillers, Mathieu Thomassin, compose à la demande du dauphin un *Registre delphinal.* Un autre est Guy Pape lui-même, qui se charge de former un corpus des arrêts rendus, ces *Décisions* qui le rendront fameux. Louis ne se soucie pas moins du rayonnement intellectuel de son Dauphiné quand, à l'instar d'autres princes territoriaux désireux d'une réelle autonomie pour la formation des élites locales, il fonde en 1452 à Valence une Université qui remplace avantageusement l'ancienne Université de Grenoble puisqu'on y enseigne comme jadis en celle-ci les arts libéraux, la médecine et les droits canonique et civil, mais qu'on y joint maintenant la théologie.

Signe qui ne trompe pas les contemporains, Louis se prend à anoblir des bourgeois. C'est ce que font les autres princes du Saint Empire. Dans le royaume de France, il y a un siècle que le droit d'anoblir par lettres patentes n'appartient qu'au roi.

Naturellement, comme tous les princes territoriaux, il s'est pourvu d'un roi d'armes, que l'on appelle Grenoble. Celui-ci n'atteindra jamais la notoriété de Montjoie, de Bretagne, de Sicile, de Beaujeu, de Navarre, de Jarretière, de Luxembourg et de Toison d'Or, ou celle du Héraut Berry, l'ancien héraut d'un duc de Berry qui allait être le « gentil dauphin », puis le roi Charles VII, et qui reste plus connu pour ses *Chroniques du roi Charles VII* que pour une activité diplomatique qui l'a cependant conduit à sillonner le monde. Mais un roi d'armes est indispensable au prestige d'un prince : amiral de France, le Bâtard de Bourbon aura bien le sien, dénommé Plain Chemin.

Charlotte de Savoie

En 1451, le dauphin manifesta soudain son indépendance. Le 7 mars, par procuration, à Chambéry, puis le 2 avril à Grenoble, il épousait Charlotte de Savoie, fille du duc Louis Ier avec qui il avait noué deux ans plus tôt des liens amicaux au cours d'une rencontre, à Briançon. En soi, l'alliance était digne d'un dauphin. La mère de Charlotte, Anne de Lusignan, était fille du roi de Chypre Jean II dit Janus et d'une Bourbon. Sa grand-mère était fille du duc de Bourgogne Philippe le Hardi. Quant à son grand-père le comte Amédée VIII, il jouissait d'un étonnant prestige. Il avait d'abord obtenu de l'empereur l'érection de la Savoie en duché. Il avait mis la main sur le comté de Genève. Comme il s'était fait religieux à la mort de sa femme, sa réputation de saint homme lui avait valu, après la déposition d'Eugène IV par le Concile, d'être pendant près de dix ans le pape Félix V. L'affaire avait mal tourné, ses fidèles n'ayant pas tous abandonné Eugène IV, mais Félix V en était sorti de manière honorable. Cardinal et doyen du Sacré-Collège, il venait de mourir, le 7 janvier.

Son fils Louis – le duc de 1451 – avait mené la négociation grâce à laquelle l'Église évitait ainsi de faire durer le schisme. Il en tira la réputation d'un prince soucieux de la paix et de l'équilibre politique. Ses terres atteignaient la Saône d'un côté, Turin et Nice de l'autre. Le mariage était plus que convenable. D'ailleurs, Charles VII ne rechignait pas devant une alliance avec la Savoie. L'année suivante, il allait marier sa fille Yolande au futur duc Amédée IX. Le dauphin allait donc se trouver à la fois gendre du duc de Savoie et beau-frère de son fils : on reconnaît là le sens de l'équilibre déjà manifesté par le duc Louis.

Charlotte était une petite brunette moyennement jolie, mais elle manifestait déjà la sensibilité à la poésie et à la musique qu'on allait lui reconnaître par la suite. La jeune dauphine avait onze ans, comme à son propre mariage Marguerite d'Écosse. On attendrait une nouvelle fois pour consommer le mariage. Elle demeura en Savoie pendant que son mari regagnait le Dauphiné. Le dauphin avait commencé de se consoler avec ses maîtresses d'un veuvage qui n'avait pas changé grand-chose à sa vie conjugale. Son remariage avec une princesse qui était encore une enfant ne bouleversa pas, sur le moment, la vie intime du dauphin.

Le contrat de mariage avait été fait à Genève le 14 février. Pour la dot de sa fille, le duc de Savoie parla de 400 000 écus, en promit finalement 200 000, gagés sur le comté de Nice, et n'en versa peu à peu qu'une petite partie. Il donnait d'autre part à la dauphine une rente annuelle de 5 000 écus. Cette défaillance quant à la dot, qui ne satisfaisait guère le dauphin alors qu'il vivait quand même de son Dauphiné, allait peser très lourd quand, exilé à Genappe, il lui faudrait n'attendre que les subsides du duc de Bourgogne. Louis n'allait cesser d'en écrire à son beau-père, de lui faire écrire par Charlotte et de lui envoyer à ce sujet ses hommes de confiance.

Tout cela eût été fort convenable. Ce qui ne l'était pas, c'est que le dauphin ne s'était pas encombré de l'autorisation de Charles VII. Il s'était contenté de lui dépêcher deux de ses conseillers, chargés de l'aviser du projet, non sans en profiter pour se plaindre de son petit état : en sus de ce Dauphiné qui lui était venu de droit, il demandait une principauté dans le royaume, la Guyenne, dont la reconquête allait commencer. C'était habile : la demande n'avait au premier abord rien d'inconsidéré. Le dauphin proposait ses services là où l'on en avait besoin, et il était bien dans le rôle d'un fils aîné du roi en voulant prendre à son compte le principal théâtre d'opérations. Charles VII feignit de ne voir qu'une chose : le dauphin voulait accroître son revenu. Sans doute n'oubliait-il pas que l'on n'avait aperçu ni le dauphin ni ses compagnies, l'année précédente, pendant l'ultime campagne de Normandie. Il refusa les services que lui proposait son fils.

Les propos échangés à Briançon étaient d'ailleurs dénués d'ambiguïté. Le duc de Savoie et le dauphin se promettaient une aide réciproque, non contre le roi, ce qui eût été déplacé, mais contre son entourage, peuplé des ennemis du dauphin. On était dans le droit-fil de la tradition : on n'attaque pas le roi mais seulement ses « mauvais conseillers ».

Le traité d'alliance que signent et scellent à Chambéry, le 13 mars 1451, le dauphin et son nouveau beau-frère Amédée de Savoie, fils du duc Louis, va beaucoup plus loin. L'hostilité au roi est explicite. Le texte s'ouvre par quelques formules convenues évoquant l'honneur que vient de faire le dauphin au duc « et à tout l'hôtel de Savoie » en épousant Charlotte – honneur dont l'expression paraît excessive si l'on se rappelle que Charlotte est arrière-petite-fille du roi Jean le Bon – et mentionnant le consentement donné au mariage par le duc Louis. Mais Amédée en vient ensuite au fait.

> J'ai élu et retiens par ces présentes mon dit seigneur le dauphin pour mon bon et spécial seigneur et maître, et lui promets par la foi et serment de mon corps et sur mon honneur que dorénavant je le servirai de corps, de biens et de toute ma puissance avant tous et contre tous ceux qui mal ou dommage lui voudraient porter en quelque manière que ce soit.
>
> Et ne servirai au roi ne à autre contre mon dit seigneur le dauphin et ne le abandonnerai pour aller devers le roi en quelque manière que ce soit sans son bon congé et licence.
>
> Avant tout, si le roi était mal content des dites épousailles et qu'il veuille faire aucun dommage à mon dit seigneur le dauphin, j'aiderai celui-ci avec toute ma puissance, ainsi qu'il lui plaira de me commander.

On ne saurait dire que la maison de Savoie ait ignoré que les conditions du mariage offensaient gravement le roi de France et qu'elle n'en ait pas mesuré les conséquences. Un hommage lige – « avant tous et contre tous » – et une alliance militaire, c'est assez pour que Charles VII sache désormais à quoi s'en tenir. Amédée ne manque d'ailleurs pas de faire allusion aux « amitiés et alliances » faites entre son père et le dauphin, alliances qu'il promet lui-même de tenir et observer.

Dire quel a été en l'affaire le rôle de Jacques Cœur est impossible. Quelques indices, cependant, laissent penser qu'il n'y a pas été étranger. On a noté que, parmi les hommes de confiance qui s'entremettent de l'encaissement de la dot, figurent plusieurs correspondants de l'argentier. On sait que, d'abord protégé d'Agnès Sorel, Cœur sera par la suite accusé d'avoir fait empoisonner la maîtresse du roi. Faut-il en déduire qu'il a abusivement servi les intérêts du dauphin Louis ? Comment, enfin, ne pas citer la restitution de divers biens de l'argentier à son fils Geoffroy, décidée en 1463 par Louis XI en raison des « bons et humbles services à nous faits par ledit Jacques Cœur » ? Et peut-on oublier que la chute de Jacques Cœur, en juillet 1451, suit de peu le mariage savoyard du dauphin ? Il est vraisemblable, sinon prouvé, que Cœur, trop sûr de lui pour voir le danger, a misé à la fois sur les services qu'il rendait au roi et sur ceux qu'il pouvait rendre au futur roi.

La dauphine arriva en Dauphiné vers le début de mai, avec une suite nombreuse et brillante, que rehaussait la présence de sa mère la duchesse de Savoie Anne de Lusignan. Il en coûta plus de trois mille écus pour les cadeaux qu'il convenait de faire à cette suite et pour les cadeaux de joyeux avènement que Louis ne manqua pas d'offrir à sa jeune femme. On acheta à Genève un bracelet d'or garni de six gros diamants et plusieurs pièces faites d'un « diamant en tablette enchâssé en or » ou d'un diamant « en écusson ». Un diamant en tablette, cela signifie un diamant taillé. La chose est encore, à cette époque, de la plus grande rareté. Bref, le dauphin cherchait à éblouir la Cour de Savoie.

Les villes furent mises à contribution. La peste qui sévit à l'automne changea quelque peu les dispositions. Le dauphin ordonna de distribuer à la population les cent marcs d'argent déjà donnés par la ville de Romans.

Pour marier son fils, Charles VII n'avait pas manqué d'idées, dont aucune n'eût porté préjudice à la Couronne. Il avait notamment songé à une princesse de Portugal : la France n'avait rien à craindre du Portugal. Le choix d'une princesse de Savoie était plus lourd de conséquences. Le duc Louis avait les dents longues. Alors que le roi de France éprouvait les inconvénients d'avoir en Bourgogne un voisin incommode, il ne pouvait se réjouir d'une alliance de son fils rebelle avec un autre voisin aux visibles ambitions, et cela alors que le dauphin commençait de cultiver son amitié nouvelle avec les cantons suisses. Nul n'était assez naïf pour ignorer que le dauphin entretenait des relations suivies avec le Milanais et qu'il nourrissait des ambitions en Italie : l'alliance de Savoie était un premier pas vers une politique italienne qui ne pouvait que renforcer le poids du dauphin face à son père.

Le mariage avec Charlotte de Savoie fit entrer des Savoyards dans le proche entourage du dauphin. C'est ainsi que l'un des conseillers du duc de Savoie, Jacques de Montbel, seigneur d'Entremont, devint le chambellan de Louis et le bénéficiaire de ses largesses. D'étonnants personnages apparurent ainsi au fil des années. On y vit même un Chypriote, car la mère de Charlotte était une Lusignan, fille du roi de Chypre. Ainsi le dauphin prit-il à son service comme chambellan et conseiller diplomatique le Chypriote Guiotino de Noris, qu'il chargea en 1455 d'aller à Milan suivre la négociation du mariage de Marie de Savoie et de Galeazzo Maria Sforza, le fils aîné de Francesco : le mariage ne se fera pas, Galeazzo Maria épousera une Gonzaga puis, veuf, se tournera de nouveau vers la Savoie et épousera en 1468 Bonne, la sœur de Charlotte et de Marie, alors que celle-ci épousera le connétable de Saint-Pol. Quant à Guiotino, il passera deux ans plus tard au service du Sforza, puis reviendra à celui du duc de Savoie.

L'IMBROGLIO ITALIEN

En Italie, c'est déjà le temps de la Renaissance. La vie académique s'y accommode de la vie de cour, les écrivains et les artistes y connaissent la notoriété, la philosophie inspirée de Platon porte en elle le retour à une culture inspirée de l'esprit grec, la vie politique doit compter avec l'exigence d'un gouvernement idéal organisé pour le bonheur du peuple, en fait celui d'une oligarchie d'affaires venue au pouvoir avec ou sans la bénédiction des clercs. Brunelleschi, mort en 1446, a imposé la rigueur de son architecture avec l'étonnante coupole de Florence, Ghiberti a donné avec sa *Porte du Paradis* le symbole d'une nouvelle sculpture ornementale, Mantegna et Donatello sont au sommet de leur gloire, Alberti se révèle comme le théoricien de l'architecture nouvelle, Bramante et Léonard de Vinci vont bientôt commencer de se faire connaître.

Mais l'Italie est aussi le pays des affrontements politiques. Du Saint Empire romain germanique, il reste peu de chose dans la Péninsule, sinon que le futur empereur élu en Allemagne continue de se dire « roi des Romains » et que des partis n'ont pas tout à fait cessé de se recommander de traditions, celle des guelfes et celle des gibelins, que l'on définissait jadis par leur hostilité ou leur allégeance à l'autorité impériale. Partout, plus qu'une légitimité tenue du pape ou de l'empereur, c'est le rapport de forces qui fonde le pouvoir, un pouvoir que sanctionnent l'adhésion des oligarchies, la reconnaissance des voisins et l'efficacité des *condottieri* embauchés pour commander l'armée de qui les paie. L'histoire politique de la Péninsule est donc faite d'un jeu permanent d'alliances instables commandées par les ambitions territoriales et les rivalités économiques.

Deux types de pouvoir voisinent et alternent dans la Péninsule. Il y a les états monarchiques, avant tout le royaume de Naples et l'État pontifical, mais aussi les principautés qui naissent de manière empirique, le plus souvent reconnues ou proclamées comme telles par le pape ou l'empereur, mais en réalité conquises par la force des armées ou celle de la révolte. Il y a les républiques urbaines de l'Italie du Nord et du Centre, où le peuple se gouverne lui-même quand il ne délègue pas ce gouvernement à un podestat choisi hors des murs, et qui tournent souvent à la principauté quand le maître d'un jour parvient, comme à Florence ou à Milan, à s'installer dans la durée. N'oublions pas, aux confins des deux types de système politique, l'ambiguïté de Venise et de Gênes où des doges qui sont des monarques élus ne tiennent qu'en partie les rênes d'un pouvoir réellement exercé par des Conseils où les grandes familles font la loi.

La Rome des papes a beaucoup souffert du Grand Schisme d'Occident. Pendant quarante ans – de 1378 à 1417 –, le pape de Rome n'a eu que l'obédience d'une moitié de la Chrétienté. Au terme de l'épreuve, Martin V et ses successeurs doivent compter avec des conciles, celui de Constance, celui de Bâle, qui ont rétabli l'unité de l'Église mais ont établi sur celle-ci le contre-pouvoir conciliaire. Honnie de tous avant le Schisme, la fiscalité pontificale est en grande partie abrogée. Ruiné par d'incessantes guerres, l'État pontifical coûte plus cher en garnisons et en compagnies qu'il ne rapporte vraiment. Il faudra la découverte en 1462, d'un important gisement d'alun à Tolfa, non loin de Civitavecchia, pour que, l'Europe étant désormais cliente du pape alors que l'avancée ottomane vient de fermer la route de l'alun de Phocée, la position financière du Saint-Siège soit durablement rétablie.

La situation a tout pour tenter le dauphin Louis de tenir une place sur l'échiquier politique de l'Italie voisine. En ces années 1450, cette situation est fortement marquée par les convoitises qu'entretient le souvenir de droits récemment encore affirmés et défendus.

Les plus anciens, ce sont ceux des Angevins et, pendant que Charles VII est fort occupé à préparer l'ultime offensive sur le front de Guyenne, le roi René ne s'interdit pas de rêver à un retour dans le royaume de Naples que l'Aragonais a fini par occuper en totalité dix ans plus tôt.

Les choses sont en effet, à Naples, d'une complexité déjà historique. Investi par le pape, le premier des Angevins, le frère de saint Louis Charles d'Anjou, a perdu dès 1282 – la révolte des « Vêpres siciliennes » – une Sicile passée sous la domination aragonaise. Dès le XIIIe siècle, donc, le royaume est divisé entre Naples et Sicile. Gardant le titre illusoire de roi de Jérusalem et de Sicile, l'Angevin n'est au vrai que roi de Naples, mais cela représente quand même tout le sud de la Péninsule, et c'est vers le nord qu'il cherche à étendre son pouvoir, plus que vers une Sicile insulaire dont la reconquête paraît impossible. La reine Jeanne a tout gaspillé en louvoyant entre les prétendants à sa succession. Soucieux d'éliminer l'influence française, le pape de Rome a soutenu un cadet de la famille angevine, Charles de Durazzo, qu'on appelle en France Duras. Parce qu'il espère une intervention militaire qui l'établirait à Rome, le pape d'Avignon a pris cause pour le duc Louis Ier d'Anjou, frère de Charles V : Jeanne l'a adopté avant de mourir en 1382 étranglée dans le cachot où la tient Duras.

La deuxième dynastie d'Anjou se révèle incapable de rétablir la situation. Louis Ier est mort sans pouvoir atteindre Naples. Son fils Louis II multiplie en vain les tentatives. Charles de Duras, puis son fils Ladislas, règnent sur Naples et renforcent leur influence politique sur l'Italie méridionale, et même sur l'état pontifical. La chance des Angevins est, un temps, l'inconduite de la dernière des Duras, Jeanne II. Ayant mis sa succession à l'encan et craignant que l'Aragonais ne soit trop pressé de lui succéder, elle a finalement adopté en 1423 Louis III d'Anjou, puis en 1432 le frère de celui-ci, René.

Quand meurt Jeanne II en 1435, la guerre est déjà commencée. Bien que soutenu par l'armée milanaise, René perd rapidement et sa capitale et son royaume. En 1442, c'est la fin. Le roi d'Aragon Alphonse V le Magnanime va désormais régner sur l'Aragon et sur la Sicile et Naples réunis comme au XIIIe siècle. Dans l'affaire, le *condottiere* Francesco Sforza est passé au service du Visconti. Ce choix sera lourd de conséquences.

Depuis, les choses se sont clarifiées. L'union personnelle des royaumes aragonais a cessé en 1458 à la mort d'Alphonse, mais l'Aragonais Ferrante règne à Naples. René d'Anjou – le roi René – a manqué sa vie de souverain. Il se consolera aisément en menant dans ses résidences de Provence et d'Anjou la vie fastueuse d'un prince qui se voudrait encore au temps de la chevalerie. Parce qu'il est duc d'Anjou et comte de Provence par son héritage propre, duc de Bar par celui de sa mère et même un temps duc de Lorraine par celui de sa première femme, il a le prestige de qui aura beaucoup à léguer. Soutenu par Florence, son fils Jean, que son père a titré duc de Calabre, tente de reprendre Naples. Il a contre lui le pape Pie II, le plus ferme soutien de Ferrante. Après quelques succès en juillet 1460, il sera définitivement éliminé de la compétition en août 1462.

Malgré tant de conflits internes, entre guelfes et gibelins, puis entre guelfes blancs et guelfes noirs, enfin entre *popolo grosso* et *popolo minuto*, c'est-à-dire entre l'oligarchie d'affaires et le petit peuple des métiers, Florence a toujours préservé son indépendance. C'est la Seigneurie qui gouverne la ville et son territoire, étendu à Pise en 1406, mais elle est en perpétuel conflit avec le Saint-Siège dont le pouvoir temporel s'étend sur une bonne partie de l'Italie moyenne. Banquiers déjà bien établis en Europe au temps de Giovanni di Bicci dans les années 1400, puis de Côme l'Ancien après 1429, les Medici prennent une part grandissante dans la vie politique. Écarté et exilé en 1433, Côme revient l'année suivante, plus puissant que jamais. Jusqu'à sa mort en 1464, il est, par ses fidèles et clients qu'il place dans toutes les fonctions essentielles, le maître de Florence. Sans en prendre le titre, il fait figure de prince.

L'étoile montante, c'est alors Milan qui devient le grand centre économique de l'Italie du Nord. L'avancée des Turcs en Méditerranée orientale a sérieusement entamé la prospérité des républiques maritimes et marchandes liées à l'Égypte comme aux comptoirs du Bosphore et de la mer Noire, celle de Gênes comme celle de Venise. L'ouverture, dans la seconde moitié du XIIIe siècle, des cols des Alpes centrales a favorisé Milan, nœud des relations routières de l'Italie avec l'Europe danubienne. Textile, sidérurgie, papeterie font maintenant la fortune de l'oligarchie milanaise. La banque lombarde commence d'occuper des positions, dans toute l'Europe, où jusque-là dominaient sans peine les Toscans, naguère suivis de loin par les Lombards d'Asti. On trouve maintenant des comptoirs milanais sur toutes les places financières d'Europe.

Seigneurs de Milan, les Visconti ont régné pendant un siècle sur l'Italie septentrionale. Ils ont tenu la tête d'un parti gibelin opposé, sous couvert d'une autorité impériale qui a l'avantage d'être lointaine, à des guelfes qui sont officiellement le parti du pape, voire de l'Angevin de Naples. Ils ont développé un réseau de relations diplomatiques. Giangaleazzo a épousé une fille de Jean le Bon. Leur fille Valentine a épousé le frère de Charles VI, Louis d'Orléans. Elle apportait le comté d'Asti et des droits éventuels sur le Milanais.

En 1395, Giangaleazzo a acheté de l'empereur l'érection de Milan en duché. Après le pape et le roi de Naples, il est le premier des princes italiens. Il nomme les gouverneurs que les villes soumises à Milan élisaient jusque-là comme podestats.

Les intérêts du Visconti et ceux des Valois se sont vite croisés. La République de Gênes s'étant donnée au roi de France en 1396, c'est à une alliance franco-florentine souhaitée par le duc de Bourgogne Philippe le Hardi et soutenue par tous ceux qu'inquiète l'ambition du Visconti que doit faire face Milan jusqu'à ce que la guerre civile de la France ramène l'affaire à un affrontement purement italien. Devant Brescia, en 1401, l'armée milano-napolitaine l'emporte sur celle de Florence. Milan gagne à l'affaire la soumission de Bologne. En 1422, Filippo Maria Visconti est maître d'une Italie septentrionale étendue à Gênes. Venise, seule, lui échappe totalement.

C'est le *condottiere* Francesco Sforza qui prend, à partir de 1425, la tête des armées milanaises, affrontées à une coalition de Venise et Florence que soutient le pape vénitien Eugène IV. Sforza attaque les états pontificaux, assiège Rome, puis passe au service du pape et de ses protecteurs florentins. La guerre se poursuit dans une Italie où se joue également le sort de la couronne de Naples entre Alphonse V d'Aragon et René d'Anjou. Visconti bat l'Aragonais, puis le soutient. Sforza se pose alors en tête politique, et non plus seulement militaire. Il se taille une principauté en faisant la conquête de Brescia, Crémone, Bergame et quelques autres villes dont, finalement, en 1441, Visconti lui reconnaît la seigneurie, cependant qu'il en fait son gendre.

Francesco Sforza est déjà maître d'une seigneurie largement étendue en Lombardie, mais aussi dans les Marches, quand, en 1447, après une vaine tentative pour réduire la puissance de son gendre, meurt Filippo Maria Visconti. Il ne lui faut que trois ans pour mettre à la raison les Milanais qui ont cru un peu vite qu'ils pouvaient rétablir la république. En 1450, Francesco Sforza est proclamé duc de Milan. Que l'empereur refuse de reconnaître cet avènement n'y change rien.

Charles d'Orléans n'avait aucun droit à manifester tant que les Visconti régnaient à Milan. Lorsque le Milanais semble à prendre, il se rappelle qu'il est le fils de Valentine Visconti. Dans le même temps, Charles VII, qui en a presque fini avec l'Angleterre, prête l'oreille à ce qui se passe à Gênes.

Avec l'avènement de Francesco Sforza et la manifestation de ses ambitions territoriales, les cartes sont redistribuées pour toute l'Italie. Contre le nouveau maître de l'Italie septentrionale, se dressent Venise, le roi de Naples, le duc de Savoie qui voit menacé son Piémont et le marquis de Montferrat qui tente de sauver son indépendance. Venise mène une politique originale que dicte la configuration de son territoire en Terre Ferme jusqu'à l'Istrie, à la Dalmatie et au Frioul, mais aussi la carte de relations maritimes assises sur un empire colonial que menace en Méditerranée orientale l'avancée des Ottomans. Profitant de la crise dont souffre Gênes à partir du moment où les Turcs contrôlent le Bosphore et la mer Noire, Venise mène une habile politique de relations avec l'Égypte. Dans la Péninsule même, Venise ne peut éviter les conflits avec Milan, dont les prétentions hégémoniques inquiètent la Sérénissime.

C'est alors que les souverains s'en mêlent. Venu à Rome en

1452 se faire couronner empereur après l'avoir été au concile de Bâle, le Habsbourg Frédéric III en profite pour se constituer une clientèle. On le voit à Naples, à Ferrare, à Venise. Quant au roi de France Charles VII, il a un triple intérêt à intervenir dans la Péninsule : celui des Angevins à Naples, celui des Orléans à Milan, le sien à Gênes. René d'Anjou guerroie au côté de Sforza contre Venise. À Milan, Charles VII n'entend pas faire valoir les droits de Valentine Visconti, mais il ne souhaite pas non plus que le jeu se déroule sans lui. Pendant que l'empereur soutient Venise et l'Aragonais de Naples, le roi de France fait alliance avec Sforza. Ce rapprochement va se révéler décisif pour la politique extérieure de la France pendant près d'un demi-siècle.

Les relations entre le roi de France et les Génois sont traditionnelles. Gênes a fourni aux Capétiens comme aux Valois des amiraux et des navires de guerre. Lorsqu'en 1392 l'aristocratie génoise se révolte contre le gouvernement populaire, c'est tout naturellement que le doge Antoniotto Adorno se tourne vers le roi de France pour lui offrir la seigneurie de la ville. Laissant son oncle Louis d'Anjou courir après la chimère d'une reconquête de Naples, le frère de Charles VI, Louis d'Orléans, saisit l'occasion. Le fils de Valentine Visconti a des intérêts en Italie, que servirait une position à Gênes. En 1396, Gênes est au roi de France, et cette seigneurie française va durer jusqu'en 1409.

Rien de tout cela n'est oublié quand en 1458 une nouvelle crise intérieure de la République incite la faction au pouvoir avec le doge Pietro Fregoso à faire appel à la France. Charles d'Orléans n'est pas prêt à partir. Il se garde maintenant des aventures. C'est Jean de Calabre, le fils du roi René, qui entend l'appel des Génois. L'entendre est d'autant plus opportun que le roi de Naples dirige contre Gênes une expédition dont le résultat doit être le remplacement du doge Fregoso par un Adorno.

Deux camps se dessinent donc. D'un côté, nous trouvons ceux que menace Milan : la Savoie, Venise et Montferrat. Le roi aragonais de Naples n'est pas moins opposé au duc de Milan : l'un et l'autre tendent à établir leur hégémonie sur la Péninsule. Ceux qui soutiennent Milan ont des intérêts plus divers : Florence a besoin de l'alliance milanaise pour résister aux menées aragonaises et Gênes s'oppose naturellement à la politique vénitienne. René d'Anjou ne peut compter que sur ce camp pour recouvrer son royaume.

C'est la menace ottomane dans les Balkans qui conduit Venise à proposer aux puissances italiennes d'organiser la paix dans la Péninsule. L'empire économique de la Sérénissime est en danger, et il est plus urgent de contenir le Turc que de se battre pour Brescia. Sforza, pour sa part, n'est pas sûr de son *condottiere* Bartolomeo Colleoni, et il a bien raison. Medici n'est pas plus sûr de ses armées : Sigismondo Malatesta ne travaille plus que pour lui-même. En 1454, la paix de Lodi est conclue. Le 2 mars 1455, c'est la constitution de la « Ligue italienne pour la paix et la tranquillité de l'Italie ». Milan, Florence, Venise, Rome et Naples s'entendent pour que, dorénavant, l'étranger n'intervienne plus dans les affaires de la Péninsule.

Recherche d'un rôle en Italie

Le dauphin Louis n'entend cependant pas manquer une occasion d'y jouer un rôle. Il lui faut bien exister, et il lui serait utile de nouer des liens propres à dissuader son père d'une intervention en force contre le Dauphiné. Multipliant les ambassades officielles et lançant sur les routes de l'Italie ses agents officieux, nouant à la fois des alliances publiques et des combinaisons occultes, payant peu et cherchant à se faire payer, on voit déjà percer sous le dauphin « l'universelle araignée » tissant sa toile qu'il restera pour l'histoire.

Retranché dans son Dauphiné, le futur Louis XI n'est-il pas lié avec le duc de Savoie et, depuis 1451, son gendre ? Cela justifie l'intérêt qu'il porte aux affaires du Milanais. Il entretient avec celui qu'il appelle d'abord le comte Francesco Sforza une correspondance politique. En 1450, il l'incite fermement à se tenir prêt à la guerre. En 1455, il veille sur la négociation d'un éventuel mariage de Marie, la fille du duc de Savoie, donc de sa belle-sœur, avec le fils du duc de Milan, Galeazzo Maria Sforza. En 1460, anticipant sur le mariage, qui ne se fera que huit ans plus tard, de Galeazzo Maria et de Bonne de Savoie, c'est « à l'illustre prince son oncle » le duc de Milan que le dauphin Louis écrira de Genappe pour proposer son alliance.

En 1452, c'est à son oncle d'Anjou qu'il offre ses services. Avec l'accord de Charles VII, René accepte. Le roi de France ne peut guère refuser à son beau-frère de chercher à reconquérir l'héritage italien des Angevins, et il ne peut ouvertement lui reprocher de faire appel à la solidarité des Valois, fût-ce celle d'un incommode dauphin. D'autre part, Charles VII n'oublie pas que le roi de France a tenu la seigneurie de Gênes de 1396 à 1409. Or Gênes est en proie à d'incessantes crises internes, et rien n'exclut que la République fasse de nouveau appel au roi de France. Il pourrait être avantageux pour celui-ci d'apparaître comme le protecteur de Gênes menacée par l'Aragonais. Le dauphin se prépare donc. Tous les titulaires de fiefs du Dauphiné reçoivent l'ordre de se tenir prêts. Finalement, l'expédition est renvoyée à l'année suivante.

René en profite pour se dégager des affaires lorraines : le 23 mars 1453, évitant toute polémique sur la succession de sa femme, Isabelle de Lorraine, qui vient de mourir le 25 février, il cède tous ses droits sur le duché d'Isabelle à leur fils Jean de Calabre. Puis il entreprend de s'introduire dans les combinaisons diplomatiques de l'Italie. Le 11 avril, il passe convention avec Charles VII pour prendre la tête d'une expédition contre l'Aragonais Alphonse et son alliée, Venise. C'est Florence qui finance, avec l'alliance du duc de Milan Francesco Sforza et celle du doge de Gênes Pietro Fregoso.

De manière bien fâcheuse, la Savoie est dans l'autre camp. Le duché de Savoie comprend tout le Piémont, et le duc Louis se montre fort inquiet des visées territoriales du Milanais. Les intérêts de Charles VII et de René d'Anjou vont donc s'opposer à ceux de la Savoie. Pour le dauphin, qui rencontre son oncle en juin à Villeneuve-lès-Avignon, la situation est inconfortable. Lorsque René tente de gagner la Lombardie en franchissant les Alpes, le duc de Savoie lui refuse le passage. Force est de revenir en Provence. Toute la stratégie est à revoir : René passera par mer, grâce à une flotte fournie par Gênes. En septembre, il est devant Brescia, mais l'hiver arrive. Le temps perdu ne se rattrapera pas. Florence se lasse de payer pour ne rien faire, et l'on a appris la chute de Constantinople, le 29 mai, ce qui détermine le pape à pousser les adversaires à la paix.

Le dauphin est sorti sans gloire de l'aventure. Ayant massé ses troupes dans les Alpes, il a renoncé à forcer le verrou savoyard. Il songe alors à un renversement : se ralliant à la politique de son beau-père le duc de Savoie, il engage des pourparlers secrets avec Venise, ou plutôt avec le Sénat de Venise, le vieux doge Francesco Foscari étant tenu quelque peu à l'écart des affaires. Le 31 août, le Sénat de la Sérénissime discute donc d'une proposition transmise par le marquis de Montferrat : le dauphin s'offre à venir, avec trois mille cavaliers et deux mille hommes à pied, porter la guerre contre Sforza. Mais il demande pour cela six mille ducats, que le Sénat n'est pas disposé à offrir. En cette circonstance, le futur Louis XI montre déjà son opportunisme, mais il se comporte surtout comme un *condottiere* italien : il sert celui qui le paie. La vérité est probablement là : le dauphin a dû financer une armée qui ne sert à rien, et il serait bien heureux de rentrer dans ses fonds, fût-ce en attaquant son ancien allié. Le Sénat se garde de refuser, mais reporte l'affaire « en raison des conditions du temps présent, car l'hiver vient ». L'armée vénitienne va prendre ses quartiers d'hiver, et les sénateurs « ne voient pas ce qu'ils peuvent dire pour l'instant ». Par quatre-vingt-seize voix contre neuf, la proposition du dauphin est repoussée.

En septembre, Louis fait donc revenir ses troupes, et le doge Pietro Fregoso lui écrit pour le féliciter de s'être retiré. En janvier, René regagne la Provence.

Le dauphin Louis a montré sa bonne volonté envers la maison de Valois. On ne pourra pas dire que l'affaire a tourné court par sa faute. Il a sauvé son alliance avec la Savoie et s'est fait un ami à Gênes, où Pietro Fregoso préfère la paix à une mainmise aragonaise que laisse craindre la flotte envoyée par le roi Alphonse pour bloquer le port. La République finira par offrir de nouveau, en 1458, la seigneurie de Gênes au roi de France mais, aidé de son frère l'archevêque Paolo Fregoso, Pietro Fregoso s'insurgera l'année suivante contre la domination française. Il échouera à soulever la ville et périra dans l'affaire. Le dauphin, qui continue d'adresser à son père des protestations de loyalisme, ne pourra se faire reprocher d'avoir compromis la politique française en Italie. Il ignore que le Sénat de Venise a donné instruction à son ambassadeur à la cour de France de tout révéler au roi. Charles VII sait maintenant que son fils se range dans le camp adverse.

La diplomatie du dauphin s'inscrit désormais en parallèle de celle du duc de Savoie. C'en est fini pour un temps de l'amitié du Sforza. Le Sénat de Venise, lui, n'a pas oublié la proposition. En décembre 1453, son ambassadeur à la cour de Savoie, Francesco Venier, reprend avec le dauphin la négociation. S'il pouvait venir contre Milan avec huit ou dix mille hommes d'armes à cheval, il serait le bienvenu. Mais les Vénitiens finassent.

> Si le seigneur dauphin vous dit, ou si vous comprenez, qu'il lui faut avoir l'accord et la licence de son père, vous lui direz que cela nous paraît fort honnête et convenable, et vous lui offrirez, si cela lui convient, d'aller vous-même demander à sa Majesté sacrée qu'elle donne à cela son assentiment.

On ne se fait pas d'illusions à Venise : le dauphin n'ira pas lui-même voir le roi son père. D'ailleurs, à la même époque, Sforza dépêche un ambassadeur à Charles VII. Mais les Vénitiens doivent prévoir la réaction de Charles d'Orléans.

> S'il vous était dit par le dauphin ou par le sérénissime roi que cette affaire revient à l'illustrissime seigneur duc d'Orléans, comme lui revient de droit le duché de Milan, ou d'autres propos de ce genre, nous voulons que vous disiez que nous sommes très attachés à cette sérénissime maison et que notre désir est que l'un des seigneurs de cette maison obtienne ledit duché.

Suit une analyse assez fine de la situation : si le duc d'Orléans vient, Venise sera heureuse qu'il ait le Milanais. L'ambassadeur devra donc demander au roi qu'il autorise le dauphin à venir *presto et potenter* avec huit à dix mille hommes d'armes. On discuterait des éventuelles conditions. Le tout fait l'objet, le 11 décembre, d'un vote du Sénat : on compte 72 voix pour le projet, 33 contre, 26 abstentions. Le 14, ordre est donné à Venier de rencontrer, en présence du duc de Savoie, le dauphin

Louis pour l'assurer que Venise est prête à subventionner l'entreprise et à y joindre ses forces armées. Mais on lui rappellera qu'il y a urgence à mener cette guerre contre Sforza.

Les conditions de l'entreprise dépassent largement ce que demandait en août le dauphin : 60 000 ducats, dont 45 000 avant qu'il ne quitte le Viennois, sur lesquels 30 000 seront pour lui-même et 15 000 pour le marquis Guillaume de Montferrat qui doit conduire deux mille hommes à l'armée du dauphin. Le dauphin viendra alors en Lombardie avec quatre mille hommes. Le duc de Savoie fournira à ses frais deux mille hommes, et il en sera récompensé par le don de Novare. Alexandrie ira à Montferrat. Le solde des 60 000 ducats, soit 15 000, sera versé au dauphin dès son arrivée en Lombardie, sur lesquels 5 000 seront pour Montferrat. Par la suite, le dauphin recevra 4 000 ducats par mois tant que durera la guerre. Le Sénat n'écarte pas l'idée que la paix pourrait se faire sans guerre. Le dauphin garderait alors les 30 000 ducats du premier paiement. Un autre cas est prévu : si Guillaume de Montferrat se récuse, Venier a mission de demander au dauphin de renforcer son armée, et de lui verser les sommes destinées au marquis. Ces conditions sont acceptées par le Sénat : 129 voix pour, contre 14 et 10 abstentions.

Il s'agit bel et bien d'engager le dauphin comme un *condottiere*. Au détour d'une phrase, le Sénat parle ouvertement de la « conduite du dauphin ». En Italie, la chose n'est pas pour gêner. Sforza s'est d'abord fait connaître comme *condottiere*. Bartolomeo Colleoni a d'abord servi Naples, puis Milan, et il servira bientôt Venise, où sa statue par Verrocchio ornera un jour le parvis de San Giovanni e Paolo. Quant au retournement des alliances, elle ne peut étonner dans une France qui a connu la Praguerie.

La paix se fera avant que commence l'expédition. Le 9 avril 1454, le traité de Lodi procure la paix entre Venise, Florence et Milan. Venier se voit alors chargé d'expliquer au dauphin que Venise n'a plus besoin de lui. Pour dire le vrai, la perspective d'une intervention quelque peu encombrante des Français a poussé les Italiens à la conciliation. À Milan comme à Venise, on mesurait bien le risque : voir, comme au temps de Charles d'Anjou, la maison de France trop présente dans les affaires de la Péninsule. Comme le contrat n'était pas encore conclu, Louis n'a gagné à l'affaire que les cadeaux d'usage dans toute négociation. L'ambassadeur aura une mission autrement difficile : donner quelques explications au duc de Savoie qui, lui, attendait de l'alliance vénitienne les moyens d'une plus grande ambition en Italie. Venier sera chargé de trouver les « bonnes et pertinentes paroles qu'il jugera bon dans sa prudence ». Le 26 avril, c'est presque à l'unanimité que le Sénat vote la fin de l'ambassade : 140 voix contre 2 et 2 abstentions.

Il reste au dauphin à montrer sa bonne volonté envers le duc de Milan. Quelques missions diplomatiques apaiseront le conflit qui n'a pas commencé. Louis en percevra les intérêts. De manière paradoxale, alors que le non-paiement de la dot de Charlotte et le mariage, célébré en 1452, d'Amédée de Savoie, fils du duc, avec Yolande de France, fille de Charles VII, assombrissent les relations du dauphin et de son beau-père, c'est avec le duc de Milan que Louis, alors exilé à Genappe, traitera en 1460 pour sauvegarder les intérêts de son chambellan Jacques de Valpergue, l'ancien chancelier de Savoie, dont le duc de Savoie menace les terres pour le punir d'avoir poussé, contre Charles VII, à l'alliance milanaise.

La rupture

À partir du mariage de 1451, les relations du père et du fils ne cessent de s'envenimer, sans que l'on sache vraiment ce qu'il y a de vrai dans les griefs réciproques et ce qui relève des rumeurs colportées. À la cour de Charles VII, les rapports d'influence changent. Ces « mauvais conseillers » dont on a parlé à Briançon et qui demeurent n'ont été tout d'abord qu'un mythe, un mythe de tous les temps. Ils commencent de prendre visage. Un nouveau camp prend position autour du roi, plus hostile encore au dauphin que les précédents. Agnès Sorel est morte en février 1450 dans sa retraite de Jumièges, mais sa cousine, la très belle Antoinette de Maignelais, prend sa place dans le lit du roi. Elle ne jouera que tardivement et par prudence la complaisance envers le dauphin. Pour commencer, elle n'a aucune envie de voir à la cour celui qui s'était opposé à Agnès. Et on lui rapporte les propos que tient à son égard le dauphin, informé de ce qu'elle ne se contente pas d'offrir au roi ses propres faveurs : Antoinette se chargerait de trouver pour Charles VII nombre de filles faciles. On devine les qualificatifs dont on use à Grenoble pour celle qu'à la cour on appelle « la demoiselle ».

Bien plus, Antoinette a un mari, André de Villequier, qui entend bien se faire payer sa complaisance par une place politique. Avec Antoine de Chabannes, il forme un clan dont il est évident qu'il perdrait tout au retour du dauphin. Ce Chabannes, devenu par l'héritage de sa femme comte de Dammartin-en-Goële, est issu d'une grande famille du Limousin. Il a servi à l'armée de Charles VII, a côtoyé Jeanne d'Arc, a continué en armes à la tête d'une bande d'écorcheurs. Dans la Praguerie, il a soutenu le dauphin Louis, puis est rentré en grâce auprès du roi et s'est illustré dans la campagne de Normandie. Il est bailli de Troyes.

Et c'est ce Dammartin que Charles VII charge d'organiser à partir de juillet 1451 la chute de Jacques Cœur. Or on se rappelle que Cœur et le dauphin avaient des intérêts communs, voire des complicités communes. L'effondrement brutal de l'argentier, c'est pour Louis celui d'un monde politique qu'il savait quelque peu manier. Tout l'entourage de Jacques Cœur s'efface, quand il n'est pas poursuivi. À ceux qui sont éloignés de la cour, le nouveau clan est peu familier. De Chabannes, qui fut son confident et qu'il a vu à l'œuvre comme capitaine, Louis ignore les réseaux politiques et les ambitions nouvelles. Les Villequier sont pour lui des inconnus.

Au moins n'ignore-t-il pas le retournement du duc de Savoie. La dot était déjà cause de conflits. Le mariage de l'héritier de Savoie, Amédée, avec Yolande de France, sœur du dauphin, n'arrange pas les affaires de celui-ci. Il sait maintenant son beau-père et voisin dans le camp du roi. Le duc Louis aura l'habileté de feindre la neutralité.

L'entourage du dauphin change, lui aussi, quelque peu. Il en est qui s'en vont. Majoris regagne Tours, où Charles VII lui donne une pension. C'est le prévôt d'Embrun, Jayme Albert, qui lui succède comme confesseur. Apparaît en 1450 un nouveau « trésorier et général des finances », Antoine Boulomier.

Le dauphin n'a plus guère confiance en son chancelier. Yves de Scépeaux était, depuis 1442, président au Parlement de Paris. Lorsqu'il se ralliera à Charles VII et deviendra premier président en 1457, on précisera à Paris qu'il a été absent pendant six ans en raison de son service chez le dauphin. Bien que les registres du Parlement ne le donnent comme premier président qu'en 1457, après son retour définitif à Paris, le compte des gages servis par le dauphin à ses officiers précise dès 1452 que le dauphin diminue ses gages au motif que Scépeaux est premier président et que Louis n'est « pas content qu'il ait pris cette charge ». Scépeaux abandonnera le dauphin lors de son départ pour la cour de Bourgogne et sera rétrogradé par Louis XI à son avènement.

En vain Charles VII enjoint-il à plusieurs reprises au dauphin de revenir à sa cour. Louis fait la sourde oreille. Au plus juge-t-il utile de mander à son père des ambassadeurs chargés de négocier les conditions d'un retour qu'il n'entend pas voir tenir pour une reddition. Il va jusqu'à revendiquer le gouvernement de cette Normandie dont la conquête lui a si peu coûté. En 1452, le roi lui supprime sa pension.

Charles VII envoie le maître des arbalétriers Jean d'Estouteville et le gouverneur de La Rochelle Jean de Chambes porteurs de propositions. Le dauphin fait en retour assurer le roi de son bon vouloir. Il est conscient d'avoir été terriblement absent en 1450 des campagnes de Normandie et de Guyenne, alors qu'il avait fait à Dunois des propositions de services qu'a ignorées le roi. Apprenant le débarquement de Talbot en Guyenne, il va donc jusqu'à envoyer son fidèle chambellan Guillaume de Poitiers proposer ses services pour les derniers combats de la guerre de Cent Ans.

Les bons offices du cardinal d'Estouteville se heurtent aux mêmes obstinations. Chargé par le pape de procurer une paix durable entre la France et l'Angleterre, mais aussi de faire abroger la Pragmatique Sanction de 1438, Guillaume d'Estouteville est l'un des principaux personnages de la Cour pontificale. Sa légation de 1452 en fait un acteur du jeu politique amorcé par une papauté désireuse de reprendre l'initiative après la longue éclipse du Grand Schisme et de la crise conciliaire.

Charles VII ne saurait récuser Estouteville. Par sa grand-mère, le cardinal est petit-neveu de Charles V. Son frère Louis a été le courageux défenseur du Mont-Saint-Michel et Charles VII en a fait le grand bouteiller de France. Son cousin Jean a été prévôt de Paris et est maître des arbalétriers. Son cousin Robert est prévôt de Paris. On sait que le cardinal échouera dans les deux missions qui lui étaient imparties. Il a plus de succès quand il réforme l'Université de Paris, modifiant habilement le cursus des études et la discipline interne, voire le statut des maîtres par l'abolition de l'obligation du célibat pour les médecins qui ne sont pas clercs. Il hâte de surcroît la réhabilitation de Jeanne d'Arc. Au passage, il a visité la Savoie, et s'est donné la mission de rétablir l'entente entre les maisons de France et de Savoie.

Regagnant Rome, il s'arrête en novembre 1452 à Vienne, et s'y entretient avec le dauphin, présents les ambassadeurs du roi qui l'accompagnent. Le dauphin s'est confondu en protestations de respect pour son père mais le cardinal n'a pu conclure, « pour les causes, écrit-il à Charles VII, que vous diront vos ambassadeurs ». Ceux-ci, l'évêque d'Alet Élie de Pompadour et Gérard Le Boursier, se sont heurtés à l'intransigeance du dauphin : Louis a trop affiché sa souveraineté pour y renoncer.

Ce sont là vaines démarches. Tout le monde a compris : le dauphin attend en Dauphiné que la Couronne de France soit vacante, ce qui ne l'empêche pas d'écrire au roi, comme le veut la bienséance, qu'il prie « le benoît Fils de Dieu qu'il vous donne très bonne vie et longue ». C'est alors qu'en 1456 Charles VII décide d'aller lui-même chercher son fils.

Celui-ci a vu venir le danger. Il multiplie les ambassades. Six fois, il charge l'un de ses fidèles d'aller rassurer le roi sur ses intentions, mais pas une fois il ne parle de venir tout simplement à la cour de son père. Il fait soudainement du zèle, un zèle qui ne trompe ni Charles VII ni ses conseillers. En mars, il fait parvenir au roi un paquet de lettres contenant des informations qui pourraient lui être utiles. À ce moment, il sait imminente la venue du roi, et il feint de voir là une bonne nouvelle. En avril, il dépêche au roi le fidèle Guillaume de Courcillon.

> Ainsi je vous supplie, mon très redouté seigneur, qu'il vous plaise l'ouïr et croire ce qu'il vous dira de par moi, et m'avoir et tenir toujours en votre bonne grâce, qui est la chose en ce monde que plus je désire, et ensemble me mander et commander vos bons plaisirs pour iceux faire et accomplir à mon pouvoir.

Charles VII n'est pas dupe. La flagornerie est de façade. Il y a bientôt dix ans qu'il n'a pas vu le dauphin, et la future reine de France est encore pour lui une inconnue. Le Dauphiné a totalement échappé à son autorité. Louis mène sa diplomatie à sa guise. Tout ce qu'il demande par la bouche de Courcillon, c'est que le roi garantisse sa sûreté et celle de ses fidèles. Autrement dit, il a peur, et ce que rapporte Courcillon n'est pas fait pour calmer ses appréhensions. Le 18 mai, il en écrit à son cousin Charles d'Orléans.

> Attendu les rapports que on lui a faits, de quoi il a eu et a encore de grands soupçons sur nous, et aussi nous en a-t-on fait, de quoi nous avons de grandes craintes, et non sans cause.

Bref, Courcillon a été fort mal reçu, et le chancelier Guillaume Juvénal des Ursins lui a fait « bien étrange réponse ». Louis demande donc à Charles d'Orléans de jouer les médiateurs. Il est peu vraisemblable que le prince poète ait pris au sérieux la demande de précisions quant aux griefs nourris par le roi. Le dauphin fait le naïf. Il attend que le roi s'explique.

> Qu'il lui plaise faire remontrer à vous et autres seigneurs du sang et son grand Conseil la déplaisance qu'il a envers nous, et pour quoi. Et au plaisir de Dieu nous nous en excuserons tellement que Dieu, Monseigneur et vous autres seigneurs du sang et du grand Conseil, en devrez par raison être contents.
>
> Et qu'il lui plaise, lui qui est prince de justice, ne vouloir concevoir une si grande mélancolie contre nous sans que premièrement nos raisons et excusations soient ouïes, qui est chose qui ne se devrait dénier au plus étrange du monde.

Louis a compris qu'il n'aurait pas les assurances de sûreté qu'il espérait. Il lui faut s'attendre à la prison. Naturellement, il ne peut plus compter sur des revenus en provenance du royaume. C'en est fini pour lui d'une politique, d'une diplomatie, d'un train de vie. Vainement dépêche-t-il de nouveau Courcillon, assisté du prieur des Célestins d'Avignon. La réponse du roi est sèche. Non sans dureté, le chancelier Juvénal des Ursins met fin à l'audience. « Cette affaire a trop duré. Le roi entend en voir la fin. Messire Guillaume, vous pouvez prendre congé du roi. »

En juillet 1456, c'est Bernes que le dauphin charge d'une dernière mission. Bernes et le prieur sont reçus par le roi lui-même, en présence du légat pontifical, le cardinal Alain de Coëtivy, de Jean de Calabre, fils du roi René, et de plusieurs membres du Conseil. C'est encore le chancelier qui se charge de la réponse officielle. Le roi la résumera, en septembre, à l'intention des Dauphinois.

> Si notre fils voulait venir devers nous comme bon fils doit faire envers son père, nous étions content et prêt de le recueillir en notre bonne grâce, lui pardonner et oublier toutes les déplaisances du temps passé, et le recevoir comme bon et naturel père doit son bon et obéissant fils.

Bernes et le prieur vont se retirer. Le roi prend alors la parole. Il évoque les assurances demandées par le dauphin. Il rappelle sa propre attitude. Pour laisser une porte ouverte au dauphin, il retourne l'argument politique bien connu, celui du prince égaré par de mauvais conseillers. Mais le fond du propos, c'est, cette fois, un réquisitoire et un ultimatum.

> Leur avons dit de bouche que l'un des plus grands désirs que ayons en ce monde est que notre fils se gouverne bien et que, si par jeunesse il a par ci devant été mal averti, dorénavant qu'il est en âge de se connaître, il mette peine à redresser son fait et se réduire envers nous, comme il est tenu de faire.
>
> Et que, s'il faisait aucun doute ou qu'il eût aucunes craintes ou soupçons, quand il nous en avertirait, nous l'en assurerions tellement que raisonnablement il en devrait être content et n'aurait cause de rien craindre.

> Mais ce, néanmoins, jusque ici il ne l'a voulu faire, mais il a été si mal conduit et conseillé que toujours il a persévéré à dire qu'il ne voulait venir devers nous ni se trouver en notre présence, ce qui est chose bien étrange à considérer de fils à père.

On ne saurait être plus clair : la soumission doit précéder le pardon. Le dauphin n'a pas à poser ses conditions.

CHAPITRE VI

L'exil

Le roi en Dauphiné

Il est trop tard. L'armée de Charles VII est aux portes du Dauphiné, et c'est Antoine de Chabannes qui la commande. Une ultime tentative de médiation, à laquelle se risque le cardinal d'Estouteville, est vouée à l'échec. Le duc de Savoie reste sourd aux appels à l'aide que lui adresse le dauphin. Le roi n'entend plus reculer. Il attend à deux jours de marche, à Saint-Pourçain. L'armée a déjà passé le Rhône et se tient au sud-est de Lyon, à Saint-Priest et à Saint-Symphorien. À Grenoble, la panique s'empare du dauphin. Chabannes a ordre de le ramener prisonnier. Louis dira qu'il a, un temps, craint pour sa vie.

Le 30 août 1456, profitant d'une partie de chasse, il vide les lieux en petit équipage : dix à douze chevaux seulement, dira le Héraut Berry. Avec l'accord du duc Louis, auquel il a d'abord envoyé Richemont et Dunois, le roi entre en Savoie et prend au début de septembre ses quartiers au Châtelard, une petite forteresse située en plein massif des Bauges. C'est de là qu'il écrit à peu près dans les mêmes termes, non seulement à « ceux du pays de Dauphiné », mais à tous les prélats et à toutes les bonnes villes du royaume.

On peut s'interroger sur ce choix du Châtelard, comme sur la route prise par Charles VII pour gagner le Dauphiné. Le plus court chemin de France à Grenoble ne passe pas par les Bauges. Le cheminement ne trouve son sens que si l'on considère la route du dauphin. Pour gagner les terres du duc de Bourgogne,

Louis ne prendra pas le risque de passer par la France. La route de Lyon et du Beaujolais est donc dangereuse. Louis ne peut que traverser la Savoie par la route la plus discrète, celle qui évite Chambéry, et gagner Genève. Peut-être par intuition, peut-être informé par quelqu'un qui trahit le dauphin, voire par le duc de Savoie qui est venu le rencontrer, c'est cette route par la Savoie que le roi tente visiblement de couper en gagnant cette position stratégique qu'est le Châtelard. Il y prend position au plus tard le 7 septembre. C'est en vain. Le dauphin a déjà, le 31 août, atteint Saint-Claude. On ne peut douter que le duc de Savoie ait à ce moment joué de sa neutralité entre les deux Valois qui lui sont proches parents.

À la mi-septembre, le maréchal de Lohéac et l'amiral Jean de Bueil s'installent à Lyon. Une lettre du roi a annoncé leur venue aux Lyonnais, qui délibèrent du comportement à adopter avant d'aller les voir et les entendre. Le roi les rejoint au début d'octobre. Là, se pose une question de droit : Charles VII est-il fondé à intervenir dans le Dauphiné sans que cela prenne la couleur d'une guerre ? À s'en tenir au traité de 1349, le Dauphiné ne doit jamais être réuni à la Couronne. Même quand les officiers du Dauphiné étaient nommés par le roi, celui-ci n'agissait qu'au nom de son fils mineur, ou au nom du fils encore à venir, car il n'y avait eu aucun dauphin entre l'avènement de Charles VI et la naissance de son premier fils. Charles VII est en droit de venir chercher un « fils de roi de France », celui que tout le monde tient en France pour le dauphin de France. Mais le « dauphin de France » n'existe pas en droit. En Dauphiné, il n'y a qu'un dauphin de Viennois, sur lequel le roi de France n'a aucune autorité. Pour se faire accepter, Charles VII va donc devoir ménager « ceux du pays de Dauphiné ».

Dans sa lettre aux Dauphinois, il a souligné le fait que leur seigneur les a abandonnés « sans garde, ordonnance et conduite ». Quand on sait que les dauphins de la famille royale avaient été fort absents de leur personne pendant un siècle, l'argument est plaisant. Il est plus aisément recevable pour les contemporains, habitués depuis dix ans à être gouvernés sur place. Évoquant les « bons et loyaux services que ceux du Dauphiné ont de toute ancienneté faits à la Couronne de

France », le roi est fondé à occuper la place vacante. Il le fait cependant avec prudence. Le dauphin a laissé à Grenoble bien des fidèles : ceux qui sont originaires du Dauphiné peuvent craindre pour l'indépendance de la principauté et tous craindre simplement pour leur personne. À Lyon, Charles VII reçoit par deux fois, en octobre, l'évêque de Valence Louis de Poitiers, venu s'assurer de ses intentions. Que fera le roi des « mauvais conseillers » de son fils ?

À tous, il promet de ne contraindre les serviteurs du dauphin « à chose qui soit contre leur honneur », pas même à lui prêter serment. Il va jusqu'à demander aux principaux officiers, le gouverneur, le trésorier général et quelques autres, de venir le voir. À Vienne, il reçoit les principaux officiers du Dauphiné et les rassure : il n'a pas l'intention de les révoquer. Seuls seront écartés ceux qui sont partis en Bourgogne. Guillaume de Poitiers et Guillaume de Meuillon, qui sont demeurés à Grenoble et correspondent avec le dauphin, font part à celui-ci de ces négociations tout en lui donnant les meilleures nouvelles de la dauphine.

Avant de partir, le dauphin a intimé à tous les Dauphinois l'interdiction d'obéir à quelque autre que ce soit. Meuillon entend s'y tenir. Il gouverne à Grenoble un millier d'hommes d'armes et archers, et il entretient les relations désormais amicales du dauphin et du Sforza. Il se dit prêt, comme son honneur l'y oblige, à tenir bon contre le roi aussi longtemps qu'il pourra. Capdorat est revenu de Bourgogne avec sa compagnie, qui renforce à Grenoble la garnison de Meuillon. Quant au Bâtard d'Armagnac, il a quatre cents lances cantonnées à Crest dont il est le châtelain, et il se dit prêt à tenir tête à toute la France.

Charles VII est enfin entré en Dauphiné, mais avec précaution. Le 22 octobre, il est à Vienne, où il préside une réunion des trois états devant lesquels il ne se prive pas de critiquer la charge fiscale dont son fils a accablé le Dauphiné et de souligner les aliénations du domaine delphinal qui ont financé la prodigalité du dauphin. Ensuite, il regagne Lyon. C'est là qu'il reçoit, fin novembre, l'ambassadeur du duc de Milan, Tommaso Tebaldo, qui l'assure des bonnes intentions de son maître. Sforza n'a qu'une crainte : il voit trop de gens d'armes français aux portes de l'Italie. Charles VII calme les appréhensions de Tebaldo. Sforza n'en continuera pas moins à jouer sur tous les tableaux.

Charles du Maine et Dunois sont là, ainsi que Dammartin. Charles du Maine fait l'aimable. Dunois parle peu. Il y a aussi Guillaume Gouffier, le chambellan et favori du roi. Charles VII a eu l'habileté de se faire accompagner du bailli de Tours Antoine d'Aubusson, qui l'a bien servi dans la guerre de Guyenne mais a surtout conduit une mission diplomatique à Milan et, très lié avec Sforza, pourrait être utile. Le duc Louis de Savoie loge à proximité. Il reçoit, lui aussi, l'ambassadeur milanais et ne se compromet pas : il rappelle que la dauphine est sa fille et que son fils a épousé une fille du roi. Il confirme ce qui rassure Tebaldo : le roi n'a aucune vue belliqueuse au-delà des Alpes, toute son ambition étant de réduire le dauphin à l'obéissance.

Charles VII convoque à Vienne pour la mi-décembre le gouverneur Louis de Laval et les trois états du Viennois. Il n'y viendra que peu de monde, et l'on apprend que le chancelier a déclaré ne pouvoir obtempérer sans un mandat des trois états. Furieux d'attendre huit jours ceux qu'il a convoqués, le roi assène à ceux qui sont venus une déclaration sur l'amour que lui portent ses peuples et que ne peuvent lui refuser les gens du Dauphiné. Ce n'est pas à eux qu'il en veut, précise-t-il, mais aux mauvais conseillers de son fils. Et il en nomme quatre, qu'il exécute en paroles. Pour le roi, Jean de Montauban est connu pour avoir même trahi sa famille. De Capdorat et de Jean de Garguesalle, il préfère ne pas parler longuement : ils sont du pays et tout le monde sait qu'ils sont des ribauds. Quant à Jean de Lescun, le Bâtard d'Armagnac, le roi martèle qu'il n'est pas d'Armagnac : il l'appelle « l'Anglais ». Personne ne s'y méprend : Lescun est l'une des plus vieilles seigneuries de Béarn et Jean est né des amours d'un cadet de la famille et d'une Armagnac. Charles VII, en ce moment, saisit les plus mauvais prétextes : au plus aurait-on pu dire le Bâtard de Lescun et non le Bâtard d'Armagnac. On dit bien le Bâtard d'Orléans et le Bâtard de Bourbon, et Guillaume de Poitiers est souvent appelé le Bâtard de Poitiers. Bref, Charles VII jure qu'il ne pardonnera jamais ni à Montauban ni au Bâtard d'Armagnac.

Le discours se poursuit devant les Dauphinois ébahis. Le roi a toujours, dit-il, fait les propositions les plus généreuses à son fils : une pension de 25 000 francs par an et, outre le Dauphiné qui lui revient de droit, un duché qui aurait été la Guyenne ou la Normandie. On se rappelle qu'au lendemain de son mariage le dauphin a vainement demandé la Guyenne. Charles VII arrange alors quelque peu l'histoire : le dauphin peut faire ce qu'il veut, soit vivre à la cour de son père soit vivre en Dauphiné, pourvu qu'il éloigne les quatre malfaiteurs déjà nommés.

On se sépare. Les Dauphinois élisent quelques ambassadeurs pour aller rapporter à Grenoble les propos du roi. Désigné pour cette délégation, Louis de Poitiers s'arrangera pour n'y pas aller. À cette date, Guillaume de Poitiers est encore à Grenoble l'un des fidèles du dauphin. Le roi, lui, va s'établir au nord de Vienne à Saint-Symphorien-d'Ozon. Le gouverneur Louis de Laval demeure auprès du roi et de son frère aîné le maréchal de Lohéac.

Tebaldo fait un rapide voyage à Grenoble pour voir ce qui se passe, puis gagne Lyon, où il reste à l'écoute des nouvelles qui viennent de toutes parts et où il rédige pour Francesco Sforza un rapport à ce point détaillé qu'à la fin il se moque de lui-même : « Je vous ai raconté l'Ancien et le Nouveau Testament. » Mais il note finement que le roi a passé sous silence l'affaire du serment : les gens du Dauphiné ne sont nullement disposés à le lui prêter, et Charles VII tient surtout à ne pas heurter la susceptibilité d'une principauté qui n'appartient pas au royaume. Il n'a nulle envie d'une insurrection.

Dominant la vallée de la Drôme, la forteresse de Crest est réputée imprenable. Le Bâtard a des munitions. Surtout, il pense que le roi n'osera pas s'aventurer jusque-là. Ce n'est pas de Crest qu'il empêchera Charles VII d'atteindre Grenoble, mais il a là une base d'opérations qui peut constituer pour le roi une menace permanente, obligeant au maintien fort onéreux des effectifs de l'armée royale. Louis de Laval tente de faire sortir le Bâtard de sa position : il le convoque. L'autre refuse tout simplement. Le roi tente alors l'intimidation : il annonce qu'il fait venir d'Auvergne des charrois entiers d'artillerie. En réalité, Charles VII sait bien qu'il n'a pas les moyens d'entretenir une guerre d'usure en Dauphiné. Il laissera faire le temps.

Les choses, en effet, s'arrangent. Comme l'écrit encore

Tebaldo, les châtelains et gentilshommes du Dauphiné n'ont pas le choix. Ils se rallient. « Ils ne voient pas comment faire autrement, le roi étant là avec beaucoup de gens d'armes et eux n'ayant pas d'autres appuis, ni d'aide pour le présent. »

Le gouverneur a donné l'exemple. Laval n'est pas originaire du Dauphiné, et ce Breton ne se sent pas personnellement impliqué dans un combat pour l'indépendance d'une principauté d'Empire. Le maréchal de Lohéac, qui accompagne le roi, est son frère. Contre la fidélité à un dauphin fugitif, il choisit la fidélité au roi. Bien des ralliements seront le fruit de son influence. Le dauphin retiré chez le duc de Bourgogne semble avoir longuement hésité à son sujet, et c'est seulement en janvier 1458 que, de Bruges, il nommera gouverneur du Dauphiné le Bâtard d'Armagnac. Charles VII ne pourra évidemment que maintenir Laval. En fait, les hommes d'armes demeurés fidèles au dauphin quitteront l'un après l'autre les places qu'ils tenaient. À la fin de 1457, Laval aura les affaires en main.

D'autres, que le dauphin a comptés parmi ses fidèles, comme Bernes et Courcillon, ont rallié le camp du roi, sans doute de moins en moins convaincus de la bonne foi de leur maître. On se rappelle qu'au temps de la Praguerie Bernes n'avait pas pris le parti du dauphin Louis. Serviteur du dauphin, c'est quand même et avant tout un fidèle du roi. Il s'est donc retourné dès le temps de sa dernière mission de conciliation. Avant de quitter le Dauphiné, le dauphin l'a fait condamner pour ce qu'il ne craignait pas d'appeler « félonie et crime de lèse-majesté ». Charles VII fera Bernes capitaine de Châteauneuf-de-Mazenc, fonction dont il ne profitera guère : il mourra peu après. Quant à Courcillon, il n'a pas moins changé de parti. Charles VII le prend à son Conseil. Louis XI en fera cependant, plus tard, un bailli et capitaine de Chartres.

Cela va moins bien pour Antoine de Poisieu. Il n'est, depuis deux ans, archevêque de Vienne que par la décision du dauphin. Il est le frère de Capdorat et cette parenté, naguère avantageuse, est lourde à porter quand Capdorat tient contre le roi la garnison de Grenoble. On s'avise donc que l'archevêque n'a reçu aucune bulle pontificale de nomination. Le légat Alain de Coëtivy parle de le destituer. Le roi, toutefois, tient à éviter un scandale et il s'arrange pour composer : il accorde au légat le droit de faire lever la décime sur le clergé de la province, mais le légat distribue les clés des coffres installés à cette fin dans chaque diocèse : une pour lui, une pour l'évêque et une pour un représentant du roi. On décidera plus tard, dit le cardinal, de l'emploi des sommes ainsi levées. Autrement dit, le roi pourrait bien n'y rien gagner en un temps où l'on parle de la croisade. Si celle-ci est le prétexte toujours invoqué quand on impose une décime, le prétexte devient vraisemblable alors que les Turcs sont en Europe. L'archevêque sauvera son siège, mais au prix d'une soumission.

Charles VII évite toujours Grenoble, que tient fermement Meuillon. Il redoute l'affrontement en armes que signifierait une marche sur la capitale du Dauphiné. La veille de Noël 1456, il prend ses quartiers au château de Saint-Priest. Il y demeurera cinq mois. Il va « donner bon ordre et provision ».

La croisade

Que faire ? Le dauphin Louis est-il sincère quand, dans une lettre à son père datée de Saint-Claude le 31 août, il se dit tenté d'aller avec le duc de Bourgogne en croisade contre les Turcs ? L'est-il quand il écrit en septembre à un évêque qu'il veut s'employer désormais au service de Dieu et de la Chrétienté ? L'est-il quand en novembre il fait porter au roi une lettre dans le même sens ? Tebaldo ne manque pas d'en informer le duc de Milan, le dauphin parle beaucoup de croisade.

C'est deux ans plus tôt, le 17 février 1454, que Philippe le Bon a prêté serment d'aller contre l'Infidèle, et ce au cours d'un festin où l'on venait de présenter un superbe faisan orné d'un collier d'or. Le « vœu du Faisan » est resté célèbre, même s'il est certain qu'un prince chrétien n'aurait pas fait un vœu à ce point sacrilège. Le banquet est celui du faisan, et le vœu est un vœu. Plusieurs dizaines de nobles bourguignons ont prononcé le vœu à la suite du duc, de son fils Charles et de son demi-frère Antoine. Mais nul n'a été dupe, et le duc Philippe s'est bien gardé de fixer un terme pour la réalisation de son projet. Lorsqu'en 1425 il a envoyé à Chypre une petite armée que l'on a vite baptisée croisade, c'est son demi-frère le bâtard Guy, qu'il a désigné pour la commander. Mais l'ultime projet de Philippe le Bon, qui n'aura rien d'une simple vue de l'esprit, échouera en 1464 devant les interventions de Louis XI. Autant dire qu'au dauphin, qui n'a jamais, jusque-là, parlé de se croiser, la vocation semble bien venue avec la détresse. Elle n'est peut-être pas, dans ce moment, sans sincérité. Elle est en tout cas vraisemblable.

Il ne s'agit plus, en ce XVe siècle, d'aller délivrer les Lieux saints. En 1453, les Turcs de Mahomet II sont entrés dans Constantinople. En 1456, ils sont parvenus devant Belgrade. Jean Hunyade, dont le fils sera le roi Mathias Corvin, les a chassés. Il a informé de sa victoire l'archevêque d'Esztergom, qui a écrit au doge de Venise, qui en a transmis la nouvelle à Francesco Sforza, lequel a jugé bon de la faire connaître au dauphin par une lettre datée du 11 août, dont rien ne permet d'être certain qu'elle est parvenue à temps en Dauphiné.

Philippe le Bon a très réellement proposé son aide au roi de Bohême pour faire face au péril. Mais le roi de Bohême depuis 1440 et de Hongrie depuis 1444, c'est Ladislas de Luxembourg, et celui-ci ne cesse de revendiquer le duché de Luxembourg dont en 1443 le duc de Bourgogne lui a ravi l'espérance. En 1456, alors que Ladislas se prépare à demander pour lui-même la main de Madeleine de France, fille de Charles VII, le temps n'est guère à une entreprise commune de la Bourgogne et de la Bohême.

Naturellement, le pape parle de temps à autre de cette croisade, et ses légats s'emploient à obtenir la levée de décimes destinées à financer l'expédition. Mais il y a déjà plus d'un siècle que les papes invoquent la croisade dès qu'ils ont besoin d'argent, et nul ne sait quand il faut prendre au sérieux le propos. Lorsqu'en novembre 1456 le cardinal de Coëtivy vient à ce sujet en France, le Héraut Berry se montre sceptique. « Le cardinal d'Avignon vint devers le roi pour avoir un dixième sur les gens d'Église de ce royaume, pour aller sur les Turcs, comme il disait. »

En parlant de la croisade, le dauphin n'est pas moins provocateur. il sait très bien que celle-ci, si elle se fait, se fera sans le roi de France. Charles VII a bien fait comprendre qu'au sortir de la guerre avec l'Angleterre son royaume n'était pas en état de supporter une entreprise de ce poids. Et puis, si l'on est inquiet des Turcs en Bohême et en Hongrie, on l'est moins en France. Le dauphin désoblige donc son père quand il se dit prêt à ce que celui-ci n'entend pas assumer.

Le dauphin Louis connaît la situation et, bon chrétien, il semble avoir été séduit par l'idée d'une croisade. À la fin de 1455, on notait à Milan que le dauphin manifestait le désir d'en être. De là à penser qu'il prend au sérieux le projet du duc de Bourgogne et qu'il gagne les terres de celui-ci pour combattre les Turcs, il y a loin.

Louis invoque maintenant, pour conforter son propos le fait que, dix ans plus tôt, le pape Eugène IV l'a nommé « gonfalonier et protecteur de la Sainte Église ». Le titre ne voulait rien dire, même s'il comportait une pension substantielle, faite d'une part de la décime imposée sur le clergé du royaume. Louis n'en avait pas moins notifié sa promotion à toute la Chrétienté occidentale. Il avait notamment dépêché à Venise des ambassadeurs qui furent reçus fraîchement. Poliment, le doge et le Sénat avaient, le 11 mars 1446, opiné que le pape distinguait avec raison la « Maison Très Chrétienne » qu'était la lignée des rois de France. Puis ils avaient observé que Venise défendait toujours « l'état de la Sainte Église et le Pontife romain », aussi bien contre les nations barbares qu'autrement, et que cette protection s'était notamment étendue sur le pape actuel dans les moments où il s'était trouvé en danger. L'allusion à la fragilité politique d'Eugène IV était alors claire. Par la suite, le dauphin n'avait plus guère parlé de sa charge de gonfalonier.

En fait, quand il parle de la croisade, Louis se cherche un alibi. Il ne peut tromper personne : pour aller contre les Turcs, il n'était pas besoin de quitter le Dauphiné de manière aussi subite et avec tant de discrétion. Charles VII ne s'y trompera pas. Si le dauphin passe en Bourgogne, c'est bien pour se mettre à l'abri. Les lettres qu'il envoie à divers seigneurs capables de l'aider ne font plus mention des Turcs. On ne peut cependant exclure que, désemparé comme il l'est, Louis puisse voir dans la croisade une sortie honorable.

Un hôte encombrant

De Saint-Claude, il a gagné Noseroy, où il a rencontré le prince d'Orange, Louis de Chalon. À la fin de septembre, Louis est à Louvain. Le duc étant pour l'heure en campagne, c'est Antoine, le Grand Bâtard de Bourgogne, comme on appelle fort officiellement le fils qu'il a eu de Jeanne de Presles, qui accueille avec effusion le dauphin de France et le conduit à Bruxelles où Philippe le Bon tient une cour qui est pour tout l'Occident un modèle de faste.

Philippe le Bon est un prince préoccupé, et le moment ne lui paraît guère favorable à un affrontement avec Charles VII. La longue rébellion de Gand n'a été réduite qu'en 1453, et Philippe n'a cessé de craindre en cette affaire une intervention française. En 1456, il tente de mettre la main sur la fière et indépendante Liège en faisant élire de force un évêque à sa dévotion. Il sait très bien que la colère gronde à Liège, et qu'une explosion est toujours possible. Or le meilleur allié des Liégeois, c'est – jusqu'à la volte-face de Péronne en 1468 – le roi de France.

Il y a aussi l'affaire de Luxembourg. Ladislas, roi de Bohême et Hongrie, est le fils d'Élisabeth de Luxembourg et d'Albert de Habsbourg, ce duc d'Autriche que l'on a vu naguère faire appel au roi de France contre les Suisses. Pendant son enfance, Ladislas a été sous étroite tutelle de son oncle l'empereur Frédéric III. Maintenant qu'il a seize ans, on parle sérieusement du mariage avec une fille de Charles VII, Madeleine de France. On peut donc s'attendre à ce que le roi de France soutienne les prétentions du roi de Bohême sur le Luxembourg dont il estime que Philippe le Bon l'a frustré en l'achetant à bon compte en 1443. Charles VII, d'ailleurs, ne manquera pas, l'année suivante, à la mort de Ladislas, d'envoyer une armée au Luxembourg. Naturellement, on n'aura pas eu le temps de célébrer le mariage, et Madeleine épousera en 1461 Gaston de Foix, le fils du comte Gaston IV.

Lorsqu'il fait choix de se réfugier chez Philippe de Bourgogne, le dauphin Louis n'est pas innocent : une fois de plus le torchon brûle entre France et Bourgogne. Mais ce qui importe en ce moment au duc, ce n'est pas d'en découdre avec Charles VII, c'est de mener à bien les affaires de ses propres états sans donner au roi une occasion supplémentaire d'intervenir. Il n'a pas davantage l'intention de mécontenter celui qui sera un jour roi de France. C'est donc avec circonspection que le sage Philippe le Bon accueille le fugitif.

Lorsque, le 15 octobre, à Bruxelles, il le rencontre enfin, il joue subtilement du double titre du dauphin. Il n'aurait aucune raison de manifester quelque respect que ce soit envers le dauphin de Viennois, un prince d'Empire dont le rang et la puissance n'égalent pas les siens. Il en a s'il considère que le prince est « fils de roi de France ». Philippe n'oublie pas que son grand-père l'était. C'est donc à ce titre que Philippe accueille Louis. Tête nue, Philippe salue le dauphin d'une génuflexion, puis le suit tête nue. Et le banquet qui suit est à la hauteur de la réputation acquise par la cour de Bruxelles. Le roi ne saurait s'offusquer de ce qu'un duc, lui-même prince des fleurs de lis, réserve les plus grands égards à son fils, le premier des princes des fleurs de lis. Dès le 26 octobre, Louis se charge d'ailleurs de l'écrire à son père, non sans y ajouter des remerciements qui prêtent à sourire. « Je suis venu par devers mon bel oncle de Bourgogne qui, comme je vous l'ai déjà écrit, m'a fait et me fait chacun jour, pour l'honneur de vous, très bonne chère, ce dont je vous remercie tant que je puis. »

Protéger l'héritier de la Couronne est pour Philippe une assez belle revanche. Mais le duc de Bourgogne est prudent : en octobre 1456, il envoie ses ambassadeurs au roi, afin de connaître son sentiment sur ce qui se passe et qu'à l'évidence il n'avait pas prévu. Rien ne retient le duc de Bourgogne de chercher des ennuis au roi de France, mais encore entend-il ne pas se laisser dicter sa politique par ce qui lui apparaît alors comme un épisode de la vie intérieure du royaume. Philippe n'a pas cherché à disposer du dauphin. Il lui faut laisser venir. D'ailleurs, les délais de route sont longs. Datée du 26 octobre à Bruxelles, la lettre au roi n'atteint Saint-Symphorien que le 27 novembre. Les ambassadeurs du duc de Bourgogne n'ont pas eu pour instruction de crever leurs chevaux.

Le duc ne souhaite pas garder à ses côtés un hôte encombrant. Il alloue donc au dauphin une résidence, le château brabançon de Genappe : un pavillon de chasse plus qu'un palais princier.

Louis s'en accommode : il est heureux d'avoir un protecteur, mais il ne cherche pas un tuteur. À Genappe, il sera plus tranquille qu'à Bruxelles. Avec quelques escapades à la cour, Louis va demeurer dans son petit château jusqu'à la mort de Charles VII.

Charles VII veut bien croire que Philippe a été surpris, et qu'il n'a reçu le dauphin que par respect pour le roi de France. Pour ce qui est de la Croisade, il est plus circonspect. Il n'a ni autorisé ni empêché son fils d'y prendre part, mais il se méfie de la collusion de son fils et du duc de Bourgogne : les voir en armes côte à côte ne lui conviendrait guère. Tebaldo le rapporte sans fard à Sforza : tout ce que fera le dauphin sera attribué au duc de Bourgogne, qui l'a chez lui. Le propos est à double entente : s'il y a de la gloire à gagner en l'affaire, le dauphin n'est pas chargé d'accroître celle de la maison de Bourgogne. Mais il faut aussi comprendre qu'une armée levée à une fin pourrait bien se tourner vers une autre. Dans la société lyonnaise, on dispute de la guerre possible, et on se demande si les Anglais s'accorderaient avec le roi ou avec le duc et le dauphin. Charles VII renforce ses garnisons face à la Bourgogne.

Heureusement pour Louis, son père est assez préoccupé par cette menace d'un retour des Anglais que favoriserait une alliance entre Édouard IV et Philippe le Bon pour ne pas chercher querelle au duc de Bourgogne à propos du fils rebelle. Dans un premier temps, Charles VII a tenté de le prendre de haut et a fermement demandé au duc de ne pas prêter aide au fugitif. Très vite, il a compris que le Grand Duc d'Occident ne recevait pas d'ordres. Depuis le traité d'Arras, le roi a accepté que le duc ne soit pas son vassal, même pour les seigneuries qui, tel le duché de Bourgogne, étaient bel et bien des fiefs tenus du roi de France. Charles VII se le tient pour dit : il fera semblant de ne voir aucune hostilité dans le refuge accordé au dauphin.

Philippe le Bon ne se prive pas de montrer son protégé. Le dauphin ne tarit pas d'éloges envers celui qu'il appelle « mon bel oncle ». En février 1457, le dauphin Louis a été le parrain de la fille, première et unique, que vient d'avoir le futur duc de Bourgogne, le comte Charles de Charolais. Elle sera plus tard connue comme Marie de Bourgogne. Le duc Philippe le Bon est, le 5 août 1459, parrain de l'enfant Joachim qui vient d'apparaître au foyer du dauphin. L'autre parrain est le fidèle ami Jean de Croy. Mais le protégé sait la précarité de sa situation.

C'est donc avec une infinie prudence qu'en 1457 il se mêle d'une brouille passagère entre le duc de Bourgogne et son fils le comte de Charolais, brouille qui reproduit assez bien ce qui s'est passé à la cour de France. Charles de Charolais a vingt-quatre ans. Il s'estime en âge de choisir lui-même son entourage. Son père veut lui imposer comme chambellan Philippe de Croy, le fils de Jean. Charles préférerait le fils du chancelier Nicolas Rolin. Au cours d'un entretien entre le duc de Bourgogne et le comte de Charolais, on a haussé le ton. Une maladroite intervention du dauphin en faveur de son ami Charles n'a réussi qu'à courroucer encore plus le duc. Louis s'est fait remettre à sa place : s'il aime tant Charolais, qu'il le prenne à sa charge ! Charles a dû céder. Louis s'est cependant arrangé pour plaider la réconciliation, non la cause de Rolin, donc pour ne pas contrarier ouvertement les Croy. Jean de Croy sera, dès l'avènement de 1461, l'un des ambassadeurs préférés de Louis XI.

La cour de Genappe

Il est difficile d'avoir l'air d'un prince quand on a déménagé à la cloche de bois. Louis tente donc d'improviser une cour qui se dit provisoire et dont chacun comprend qu'elle durera jusqu'à la mort de Charles VII. Or tout manque. Le dauphin a même oublié d'emporter de Grenoble son grand sceau équestre. Il use alors d'un sceau ordonné en l'absence du grand, un sceau fabriqué pour la circonstance et où l'on voit un ange soutenir l'écu écartelé de France et de Dauphiné. La légende est significative : SIGILLUM LUDOVICI DALPHINI VIENNENSIS IN ABSENCIA MAGNI ORDINATUM. La mention « fils de roi de France » a disparu.

Charlotte était demeurée à Grenoble. Louis lui a écrit. Philippe le Bon lui a envoyé son roi d'armes, Toison d'Or. La dauphine a bien compris qu'on ne pouvait prévoir un proche retour de Louis et qu'elle n'avait plus rien à faire à Grenoble. Elle rejoint donc son mari, qui l'accueille le 7 juillet 1457 à Namur.

C'est là que le mariage est enfin consommé. La jeune femme va avoir dix-huit ans. Louis l'emmène ensuite à Genappe. En août, Charlotte écrira qu'elle est « la plus heureuse femme qui fût jamais ».

Qui se trouve maintenant autour du dauphin ? Quelques fidèles, qui auront leur récompense lors de l'avènement de 1461. Un compte, dont le chambellan François Royer et le receveur Hector Josselin n'obtiendront le quitus qu'en 1483, nous fournit la liste de ceux que le dauphin a subsidiés pour être à ses côtés. En 1456, ils sont des exilés. Comme la cour de Genappe est peu nombreuse, chacun tient plusieurs rôles.

Il y a les conseillers, Jean de Montauban et le Bâtard d'Armagnac, bien sûr, que le roi tient pour des ennemis personnels et dont la carrière est liée à la survie politique du dauphin. Ce sont surtout des capitaines, prêts à prendre les armes si l'occasion s'en présente, et le Bâtard se dit toujours maréchal du Dauphiné. Simon de Lorgeril apparaît plus comme un diplomate : le dauphin le chargera en 1461 d'une délicate mission auprès des princes de l'Empire. Le premier écuyer tranchant est le chambellan Gaston du Lion, tenu pour homme d'armes de la garde du dauphin et surtout son conseiller et son ambassadeur, d'abord auprès des Bernois, puis auprès du pape, et enfin auprès de Francesco Sforza. Le grand seigneur du Dauphiné qu'est Louis de Crussol partage l'exil, tout comme le Comtois Guillaume de Challant et Georges II de la Trémoille, le fils du favori disgracié de Charles VII. Charles Astars, l'ancien homme de confiance de Jacques Cœur et l'un des intermédiaires entre Cœur et le dauphin, n'a pas moins suivi : l'air de la cour de France est maintenant mauvais pour qui a beaucoup trempé dans les affaires de l'argentier.

Quelques grands seigneurs de l'état bourguignon ont vite offert des services qui ne sont nullement désintéressés mais qui se révèlent d'autant plus utiles que l'on n'a pas, sur le moment, à les payer. C'est le cas des frères Antoine et Jean de Croy, comme de Simon de Lalain, qui sont des fidèles du duc. Ce sont de bons chefs de guerre mais aussi de fins connaisseurs de la situation politique en Europe. Antoine, seigneur de Croy, est gouverneur du comté de Namur et du duché de Luxembourg.

Son frère Jean, seigneur de Chimay, a été en 1435 l'un des négociateurs du traité d'Arras. Il est capitaine général du duché et grand bailli de Hainaut. Simon de Lalain a été l'un des chefs de la croisade de Chypre en 1425. Il a tenu un commandement stratégique contre les Gantois en 1452. Il est bailli d'Amiens. Le dauphin se trouvera bien de leurs conseils.

Il y a le service proche, avec les secrétaires, Baude Meurin et surtout l'irremplaçable Jean Bourré, à la fois secrétaire et maître des comptes. Leur charge n'a rien d'une sinécure, alors que Louis multiplie les correspondances. Pendant que Bourré s'occupe des finances, Meurin est chargé de missions diplomatiques, notamment à Milan. Un chapelain, frère Dominique Dupont, assure le service religieux. Imbert de Batarnay est toujours là. N'oublions pas les gardes du corps, avec un capitaine et des archers. On y voit Raymond du Lion, frère de Gaston. Il y a même un Vénitien, garde des sacres, c'est-à-dire des gerfauts.

Le dauphin ne saurait se passer de banquiers, et il ne peut plus compter sur les Lyonnais. Il lui faut maintenant se tourner vers la place de Bruges, où il fait affaire avec les Lucquois Guglielmo Cenami et ses fils Jacopo et Marco, qui représentent la société des Cenami, fort liée, naguère, aux Rapondi dont le duc de Bourgogne Philippe le Hardi avait fait ses hommes d'affaires préférés. Marco Cenami, que les Français appellent plutôt Marc Cename ou Senesme, ne cessera jamais d'être l'un des financiers de confiance de Louis XI. Un autre Lucquois, Giovanni Arnolfini – celui dont on a le portrait par Jan Van Eyck (Londres, National Gallery) – dit Jean Arnoul ou Arnoulfin, dont la femme est une Cenami, sert parfois d'intermédiaire pour les versements financiers et fournit l'hôtel du dauphin en draps de luxe. Il sait prendre des risques en se portant caution du dauphin devant les Medici et en acceptant des reconnaissances payables – on le dit clairement – lors de l'avènement à venir. Un troisième Lucquois de Bruges, Niccolo del Poggio que l'on appelle Nicolas de Poges, semble avoir dès ce temps servi, lui aussi, le dauphin.

On peut être plus circonspect sur le rôle que se donne Pigello Portinari, l'agent des Medici à Bruges. S'il ne cesse de renseigner ses correspondants de Milan et de Florence sur les agissements du dauphin, il ne paraît pas avoir été, au temps de l'exil à Genappe, de ses banquiers. Le temps des Medici viendra plus tard, à Lyon.

Quelques-uns des hommes de confiance que Charles VII avait placés près de son fils n'ont pas quitté celui-ci. Charles Astars est au premier rang de ces fidèles. C'est lui qui, en 1458, négocie en Savoie le paiement de la dot de Charlotte et fait, pour le transfert des fonds, affaire avec la compagnie génoise des Giustiniani.

Le dauphin tente de faire bonne figure. Dès le début de son exil, alors que le roi est encore en Dauphiné, il lui envoie « ses ambassadeurs », mais ces ambassadeurs ne sont déjà plus de son entourage : Jean de Croy et Simon de Lalain sont des Bourguignons, qui apportent la lettre du dauphin mais surtout la lettre de Philippe le Bon. Au fil des mois, les courriers se suivent. Louis feint de s'en réjouir, protestant toujours de son amour pour son père. Il écrit au roi, au chancelier, à des princes, à des évêques. Sauvant les apparences et, espère-t-il, l'avenir, il va jusqu'à prier ses officiers du Dauphiné d'obtempérer aux ordres du roi. Et, dans une lettre par laquelle il demande au roi d'Aragon de lui envoyer deux « sacres » pour la chasse, il reprend en décembre 1457 le titre de « aîné fils du roi de France, dauphin de Viennois » qui est exactement le sien mais dont il avait de longue date laissé tomber la première moitié. Il s'accroche encore à l'idée que le roi lui fera grâce, car c'est maintenant de grâce qu'il s'agit, non plus de justice. Louis avale son humiliation quand il charge les ambassadeurs de Philippe le Bon de remettre, en juin 1458, une lettre au roi et une autre, qui est une véritable supplique, au chancelier Guillaume Juvénal des Ursins et aux membres du Grand Conseil. Un an plus tard, le 27 juillet 1459, il annonce au roi la naissance de son fils Joachim, un enfant qui vivra quatre mois. « Lesquelles choses, mon très redouté seigneur, je vous signifie en toute humilité, afin de vous donner à connaître de mes nouvelles, et mêmement quand elles sont bonnes et joyeuses, comme raison est et tenu y suis. »

On s'est interrogé sur le nom donné à cet enfant en qui son père peut légitimement voir un futur roi de France. Kendall y a vu une preuve de la dévotion particulière du dauphin pour la

Vierge, dont Joachim était le père. Il est certain que, deux ans plus tard, Louis choisira de nom d'Anne, la mère de la Vierge, pour sa deuxième fille. Mais on peut s'étonner que, si la dévotion l'emportait, la première fille ait été nommée Louise, la dernière Jeanne, et aucune Marie, qui est pourtant le nom de la mère du dauphin. Il a déjà donné le nom de Marie, mais c'est à l'une des filles qu'il a eues de sa maîtresse Marguerite de Sassenage. Sans doute, et cela n'est pas nier la dévotion, faut-il penser que le dauphin Louis a délibérément cherché un nom qui n'était pas dans la famille, un nom étranger aux usages de la dynastie. N'oublions pas qu'à certains moments, évoquant ce qu'il croit savoir de l'inconduite de sa grand-mère Isabeau de Bavière, Louis s'interroge sur son appartenance à la lignée des Capétiens. Qu'il cherche à s'en démarquer en ce moment d'exil n'a rien d'invraisemblable. Le temps n'est pas encore venu où, beaucoup plus assuré de sa position, il donnera le nom de Charles à son propre dauphin.

Le dauphin multiplie les correspondances. Il ne faudrait pas qu'en France on oublie qu'il est l'héritier de la Couronne. Il lui faut se comporter comme tel. La nouvelle de l'heureuse naissance, il la notifie à son frère le duc de Berry, à l'évêque de Paris Guillaume Chartier, au Parlement et à la Chambre des comptes. Il en écrit même à la prévôté des marchands, qu'il prie d'ordonner dans la capitale les réjouissances accoutumées en pareil cas. La demande mettra l'Hôtel de Ville dans la plus grande perplexité : le prévôt des marchands Mahieu de Nanterre, qui est de surcroît président des Requêtes du Palais, fera suivre la lettre au roi et demandera ce qu'il doit faire. Les bourgeois de Bourges, destinataires eux aussi d'une lettre du dauphin, marqueront leur stupéfaction et l'enverront au roi le 9 août en demandant des instructions. « Pour ce que en notre temps n'avons vu advenir le cas pareil et que cette chose nous est nouvelle..., vous plaise nous faire savoir votre bon plaisir et volonté sur ce. »

Un père inflexible

Tout cela est en vain. L'humilité ne sert de rien. Charles VII félicite son fils par retour du courrier, mais il demeure inflexible. De fêtes populaires, on ne parle guère, sinon à Lyon, où les bourgeois feront un bon placement en ménageant le dauphin et où, sans en référer au roi, le Conseil de la ville justifiera habilement la fête. Il faut bien prier pour le rétablissement du beau temps.

> Les conseillers conclurent de faire sonner les cloches par les églises de la ville en signe de liesse et de faire le lendemain des processions, tant pour lesdites joyeuses nouvelles que pour l'indisposition du temps.

À vrai dire, à ce moment de la brouille, on ne sait plus ce que souhaite le roi. Il est sûr que les excuses ne lui suffisent plus. A-t-il encore envie de revoir son fils ? À cette date, ce n'est plus Agnès Sorel qui écarte le fils du père : elle est morte en 1450. Faut-il penser que le duc de Berry, celui que l'histoire retiendra comme Charles de France et qui, lui, n'a pas quitté son père, n'est guère désireux de voir revenir son frère aîné ? Charles de France a douze ans. La suite de leurs relations autorise à penser qu'il n'a guère servi auprès du roi les intérêts du dauphin. Chastellain comme Basin se feront l'écho du bruit qui court alors à la cour de Bourgogne et qui pourrait même avoir atteint l'Aragon : le roi songe à déshériter Louis pour laisser sa succession à son second fils. Il se pourrait que le pape Pie II l'en ait dissuadé.

Il est à la cour de France d'autres ennemis du dauphin, et en premier lieu Dammartin. Antoine de Chabannes a été de la folle aventure de Louis contre son père aux premiers temps de la Praguerie, mais il a changé de camp, et il est maintenant l'un des conseillers du roi. Celui-ci en a fait son lieutenant général pour les opérations contre le dauphin. Dammartin ne cesse de dresser le père contre le fils, au point que la maîtresse du roi, Antoinette de Maignelais, pourtant cousine d'Agnès Sorel et longtemps égratignée par Louis dans des propos de table naturellement rapportés, finit par prévenir le dauphin : elle s'est avisée que l'avenir d'une intime de Charles VII sera un jour entre les mains du roi Louis XI. Le dauphin en prend acte : « Une fois, je vous le rendrai. » Et de lui donner un conseil : brûler ses lettres.

Entre Dammartin et le dauphin, la haine va croissant. « Je feins de le haïr », écrit Louis, sans que l'on sache quel sens il donne au verbe feindre. La *Chronique martinienne* est plus claire : « Monseigneur le dauphin portait au comte de Dammartin une merveilleuse haine ». La suite de l'histoire laisse sourire de cette phrase.

Bien des fidèles de la première heure se refusent à suivre ce qui était naguère un éloignement mais est devenu une rébellion. C'en est fini des relations avec Jacques Juvénal des Ursins. Devenu patriarche d'Antioche, ce qui est un titre prestigieux mais ne comporte aucun revenu, l'ancien archevêque de Reims tient trop à l'administration de l'évêché de Poitiers, alors vacant : elle assure sa matérielle, et c'est au roi qu'il la doit.

À la dureté de Charles VII, qui servira de leçon à Louis XI, il est quelques raisons. Le roi n'a certainement pas oublié le premier acte de la Praguerie. Celui-ci passé, il a fait confiance à son fils aîné. Or, à la première occasion, Louis a retrouvé ses rêves d'émancipation. Certes, le statut du Dauphiné s'y prêtait, le dauphin Humbert II ayant bien stipulé qu'en aucun cas le Dauphiné ne devait être tenu par le roi de France. Tenu est une chose, gouverné et administré en est une autre. De l'avènement de Charles VI à la majorité du premier dauphin Louis en 1399, le Dauphiné a bien été gouverné avec le royaume et par le roi ou ses oncles. De 1422 à 1440, il l'a été par Charles VII, et ce n'est pas par hasard que son entourage a si longtemps continué de dire « le gentil dauphin » en parlant de lui. Par la suite, faute d'avoir un héritier en âge de se faire mettre en possession, Louis XI usera pendant tout son règne de l'appellation « roi dauphin » que sa Chancellerie portera même sur les lettres patentes : sur les lettres commandées par lui, la mention *per regem dalphinum* « par le roi dauphin », maintiendra le principe selon lequel le Dauphiné n'est pas dans le royaume.

Maintenant, il y a ce choix de la Bourgogne. Même s'il est quelque sincérité dans le propos de croisade, c'est provoquer le roi que de trouver, contre lui, refuge à la cour de Philippe le Bon en cette année 1456 où, de Liège à la Hongrie, les intérêts du roi de France et ceux du Grand Duc d'Occident sont partout opposés. Et c'est l'offenser que d'y demeurer. Charles VII fait la différence entre ce que serait une visite de courtoisie ou une rencontre diplomatique, et une durable émigration.

Le père et le fils en sont à échanger des ambassades publiques. En janvier 1460, le cardinal Richard Olivier de Longueil, qui sera, à l'avènement de Louis XI, premier président de la Chambre des comptes, vient avec tout une suite à Bruxelles, porteur de lettres et chargé de haranguer le dauphin. C'est l'évêque d'Arras Jean Jouffroy, donc un prélat des états bourguignons, qui prononce la réponse du dauphin. On échange de bonnes paroles, mais personne ne cède. Le duc de Bourgogne fait même semblant de jouer les bons offices : il écrit au roi qu'il a tout fait pour seconder le cardinal.

Le roi refuse même d'entendre les propos aimables qui ne ressemblent pas à une soumission publique. Il est vrai qu'on ne manque certainement pas de lui rapporter les dires du dauphin, assurant qu'il aimerait « avoir jeté son père la tête devant dans un puits ». Il en résulte parfois des incidents protocolaires. Vers la fin de 1460, un Bourguignon qui part pour la cour de France et verra peut-être le comte du Maine demande au dauphin s'il a quelque chose à dire à son oncle. Le dauphin lui demande de le saluer et de le prier d'avoir « son fait recommandé » envers le roi. Rien là que de la courtoisie banale. Le roi, ayant appris la chose, charge ses maîtres des requêtes de l'Hôtel Jean Havart et Guillaume Cousinot de faire, en présence de Charles du Maine, de sèches représentations : si le dauphin a quelque chose à dire à son père, il n'a qu'à lui envoyer un homme avec lettres de créance et instructions.

Louis ne cesse de nouer des intrigues en France et en Europe, et c'est souvent à l'encontre de la politique de son père. Peut-être lui en prête-t-on plus qu'il n'en ourdit. Dès décembre 1456, on arrête des hommes qui avouent avoir été payés pour s'emparer du roi. On peine à croire une telle fable, quand on sait ce qu'était alors la situation du dauphin en fuite. De même Thomas Basin, toujours hostile par principe, accusera-t-il, avec plus de vraisemblance, le dauphin d'avoir incité Édouard IV à débarquer en France. Il n'y a aucun doute, au contraire, pour les démarches que multiplie Louis pour faire nommer des évêques ou des abbés, voire des chanoines. Faut-il dire qu'il s'agit de ses fidèles ?

Dans de telles conditions, le roi est fondé à tenir son fils pour effronté quand il proteste parce qu'il a perdu le revenu de son Dauphiné et que le Trésor royal ne lui sert plus sa pension de 24 000 livres. Louis n'ose cependant pas se plaindre à son père d'une autre avanie financière : les retards du duc de Savoie à payer la dot de Charlotte.

À l'étranger, on ne s'y trompe pas : il convient de ménager l'avenir. On regarde donc de près ce qui se passe en Brabant. La naissance de Joachim, qui survient à Genappe le 27 juillet 1459, est connue à Milan avant le 16 août. L'ambassadeur du marquis de Mantoue Ludovico Gonzaga, Vincenzo della Scalona, qui évoque déjà dans ses lettres le jour où le roi mourra, s'empresse de répercuter vers son maître la nouvelle de cette naissance, mais il y ajoute qu'une ambassade génoise est à Paris, qui s'en va ensuite chez le dauphin. Au début de 1461, les princes jugent le moment venu d'obliger le dauphin : Francesco Sforza lui avance 18 000 florins du Rhin et François II de Bretagne propose de lui prêter les 4 000 écus qu'il lui a naguère refusés.

La vie difficile d'un exilé

Il faut vivre. Celui qui, selon Chastellain, se tient pour « le plus pauvre fils de roi qui onques fut » vit en partie à crédit. Même ceux qui l'ont suivi en sont réduits à escompter le prochain avènement et, en attendant, à emprunter pour leur propre compte. Lorsque Louis XI, le 12 janvier 1462, assignera mille écus à Philippe Royer, ce ne sera pas seulement pour son salaire de capitaine au cours de l'année à venir. Ce sera aussi pour le passé. « Pour l'aider à s'acquitter envers aucuns auxquels il est tenu et obligé en plusieurs sommes de deniers pour lui empruntées pour s'entretenir en son service avant son avènement à la Couronne de France. »

C'en est fini des aides votées par les États de Dauphiné et, on l'a dit, de la pension royale. Louis se démène pour que le duc de Savoie n'oublie pas de payer les 22 000 écus qui restent dus de la dot de Charlotte, mais le beau-père trouve avantage à payer, non en monnaie trébuchante, mais en assignations sur des revenus qu'il incomberait à l'administration du dauphin de percevoir. Or le dauphin n'a plus d'administration. Dès son arrivée en Brabant, il a obtenu du duc de Bourgogne une pension annuelle de 36 000 livres. C'est elle qui lui permet de tenir son hôtel. Portée à 48 000 livres après l'arrivée de la dauphine, cette pension fait de Louis un obligé, et trop longtemps. Louis a peur, dira Commynes, « qu'on s'ennuyât de lui à y être tant ».

Même si Louis exagère quelque peu quand il gémit de n'avoir jamais connu que « pauvreté et angoisse en disette », la vie à Genappe est donc difficile, et délicates sont les relations de l'exilé avec ses banquiers. Il lui faut rogner sur les dépenses, voire se séparer d'un serviteur qu'il ne peut payer. En janvier 1458, à Bruges, il doit emprunter 4 000 francs « à la banque », et il lance un appel au secours angoissé à ses hommes de confiance chargés de convaincre le duc de Savoie : si le dauphin ne paie pas au terme de la Chandeleur, les lettres de change seront protestées et il y aura « grand déshonneur ». Il y aura aussi, parce qu'on ne lui prêtera plus jamais rien, « grand dommage ». Bref, ce sera « la plus grand honte que nous eûmes onques ».

Non moins tendues sont les relations avec les fournisseurs. Il ne peut payer les trente écus qu'il doit à son premier écuyer pour le prix d'un cheval : en septembre 1459, il s'engage par écrit à les payer avant Noël. Il lui faut même, grâce à l'entregent d'Arnolfini, rendre à l'agent des Medici, Angelo Tani, la pièce de drap d'or inconsidérément achetée à crédit pour 1 000 écus qu'il n'a pas trouvés. En 1460, son ambassadeur qui revient de Milan est à ce point démuni qu'il lui faut laisser pour vingt écus chez un usurier genevois le superbe harnois que Francesco Visconti adressait en présent au dauphin. Cela n'empêche pas celui-ci d'écrire en cette même année à Arnolfini pour lui commander quarante-trois aunes de « velours sur velours » cramoisi, bien qu'il soit plus cher que le « velours plain » initialement demandé. L'année suivante, c'est un gerfaut que Sforza envoie au dauphin, qui lui en offre en retour trois autres. Mais Louis hypothèque dans le même temps tous ses biens pour les

18 000 florins du Rhin que, le 2 juin 1461, lui prête le duc de Milan. Le dauphin est bien informé. Charles VII se meurt.

> Promettons de bonne foi, en parole de fils de roi et sur l'obligation et hypothèque de tous et chacun de nos biens présents et à venir, rendre et payer à notre dit oncle dedans six mois après que notre appointement sera fait avec Monseigneur ou que nous parviendrons à la succession et Couronne du royaume de France, lequel que plus tôt adviendra.

Louis passe une partie de son temps à chasser, mais il sait profiter des circonstances pour faire l'expérience de ce qu'il n'a pu connaître ni dans les châteaux du Berry ou de Touraine, ni dans son Dauphiné : les grands centres industriels que sont les villes drapantes. Il voit, à Maubeuge, à Courtrai, à Audenarde, à Saint-Omer, un type d'activité économique qu'il souhaitera un jour reproduire, et un type de société urbaine dont il devra tenir compte. Ce n'est pas là pure curiosité de prince désœuvré : il demande de lui-même à voir ce nœud de tous les trafics maritimes et terrestres de l'Europe du Nord et cette place de tous les trafics financiers qu'est encore Bruges. Philippe le Bon l'y emmène en avril 1457 et de nouveau en janvier 1458. Le dauphin découvre à L'Écluse ce qu'est un grand port. Il s'avise alors de l'avantage que procurent à un pays des foires achalandées. La place que tiendront les foires dans ses préoccupations de roi a pour une bonne part ses racines dans ce qu'il a vu en Flandre et en Brabant.

De son temps libre, Louis profite également pour lire. Jean du Temple traduit pour lui du latin en français huit volumes des œuvres de « Xénophon le philosophe », et il les fait enluminer et relier.

Le ménage se porte bien. Charlotte manque de charme, mais elle ne cesse de manifester son dévouement à son mari, et elle se garde bien de jouer un rôle politique. Louis n'affiche plus ses maîtresses. Pour Charlotte, les accouchements se suivent. Le 13 décembre 1459, alors que le petit Joachim est né le 27 juillet et mort le 29 novembre, le dauphin, qui a déjà envoyé son échanson porter à Charles VII l'annonce d'une nouvelle grossesse, répond aux félicitations de son père : la dauphine a senti l'enfant bouger. « La chose est sûre, car elle a déjà senti par plusieurs fois bouger son enfant, par quoi je sais que vous serez bien joyeux. »

Au printemps de 1460, la dauphine accouche d'une fille, qui ne vit que quelques jours. Mais à peine Charlotte est-elle remise qu'elle se trouve de nouveau enceinte. Or, et l'on peut s'en étonner, le dauphin n'a pas confiance dans les Brabançonnes. En mars 1461, il demande au roi la venue de deux dames de Paris, la femme d'un officier – l'épouse de Nicolas Erlant – et la veuve d'un autre, pour servir la dauphine « et être entour d'elle à la délivrance de sa grossesse ». La requête prend les proportions d'une affaire d'État. On en discute le 22 mars au Conseil royal. Le comte Charles du Maine, frère de la reine et homme fort du Conseil, donne son avis. Dunois fait de même. Le chancelier et l'amiral opinent. L'accord se fait, unanime : on enverra les dames de Paris. Ainsi naîtra en Brabant avec l'aide de Parisiennes celle qui, devenue Anne de Beaujeu, sera un jour régente du royaume.

Sforza contre la Savoie

À Genappe, le mal d'argent se fait pressant. Alors que Louis tente de tenir sa place dans le jeu diplomatique, ce qui l'emporte donc sur toutes choses, c'est sa vindicte contre son beau-père le duc de Savoie qui n'a toujours pas fini de payer la dot de Charlotte. Un véritable ballet diplomatique se déroule alors. Louis envoie ses deux secrétaires en ambassade vers les puissances européennes, Gaston du Lion d'une part, Baude Meurin d'autre part. C'est cette brouille avec le duc de Savoie qui, en 1460, pousse le dauphin à se rapprocher du duc de Milan. Mais à peine a-t-il fait les premiers pas que, prudent, Francesco Sforza s'empresse d'avertir Charles VII : il lui envoie même un ambassadeur pour lui dénoncer la mission de Gaston du Lion, « un jeune dénommé Gaston », qui est venu à Milan avec Jacques de Valpergue, chambellan et fidèle conseiller du dauphin, sous prétexte de participer aux joutes qui ont lieu chaque année. Le duc de Milan n'est pas dupe. « Ledit Gaston est venu ici deux fois en peu de temps. La première fois, on a cru qu'il venait jouter à ladite joute. Mais, comme on n'a pas pu la faire en raison du mauvais temps, elle a été prolongée à la quinzaine après Pâques. »

Naturellement, quand il écrit au dauphin, Sforza ne parle pas d'un « jeune dénommé Gaston » mais du « magnifique et généreux homme Gaston, conseiller et ambassadeur de Votre Excellence ». Tout le monde, en cette affaire, joue double jeu.

Gaston du Lion revient cependant et, en août 1460, on négocie un traité. Sforza envoie à Genappe son secrétaire Prospero da Camogli. Celui-ci se met d'accord avec Gaston du Lion. Contre la Savoie, le duc de Milan est prêt à mettre dans l'alliance 3 000 cavaliers et mille fantassins, et il attend un peu plus du dauphin : 4 000 cavaliers et 2 000 archers. Autant dire qu'il espère l'alliance du duc de Bourgogne plus que celle d'un dauphin dont on n'ignore pas à Milan qu'il vit aux dépens de Philippe le Bon. Jamais Louis ne pourrait réunir seul une pareille armée. L'ambassadeur Vincenzo della Scalona n'est d'ailleurs pas dupe quand, écrivant le 20 novembre à Barbara de Brandebourg, l'épouse du marquis de Mantoue Ludovico Gonzaga, il rapporte que l'on attend à Milan, pour prendre quelque initiative envers la Savoie, que se soient rejoints l'ambassadeur du dauphin et celui du duc de Bourgogne.

Mais le duc de Milan et le dauphin jouent la carte de l'avenir : les nouvelles que l'on a de la santé de Charles VII laissent attendre la fin. C'est en réalité avec le futur Louis XI que traite Sforza. Acceptant les effectifs voulus par celui-ci, Louis approuve, le 6 octobre à Genappe, un accord explicitement dirigé contre la Savoie, et ce par des lettres patentes où il se donne une étrange titulature.

> Et nous, Louis, fils aîné du roi de France, dauphin de Viennois, futur roi de France d'après la constitution royale, avons promis et promettons, en tant que dauphin maintenant et roi dans le futur, à notre illustrissime oncle le très cher seigneur duc de Milan...

Le 6 décembre, Sforza approuve à son tour le traité. On fait jurer à tous les témoins qu'ils ne révéleront rien de cette alliance. Vu le nombre de gens au courant de l'affaire, la clause ne laisse pas d'étonner. Mais, le 13 décembre, alors que le dauphin envoie auprès du roi son premier valet de chambre, Jean de Montespedon que l'on appelle Houaste, la dauphine charge ledit Houaste de « dire aucunes choses » à Charles VII. On peut se demander si le traité conclu contre son père n'inquiète pas Charlotte de Savoie.

Le double jeu continue. Le 27 novembre, Alberico Maletta, ambassadeur de Francesco Sforza, rend compte à son maître de l'entrevue qu'il a eue avec le duc de Savoie. Il l'a assuré des bonnes intentions du Milanais, mais on a très vite parlé des doléances du dauphin quant à la dot toujours en suspens. Le duc de Savoie révèle qu'il a reçu les ambassadeurs du duc de Bourgogne, qui l'en ont déjà entretenu et auxquels il a répondu. Rappelant qu'il « connaît bien le dauphin et sa nature », il précise que, si le dauphin se plaint au pape, ou au roi, ou à tout autre, le duc est prêt à se justifier. D'ailleurs, le dauphin lui a déjà fait la guerre et a soutenu les rebelles.

Sforza n'en assure pas moins Charles VII de sa neutralité. Il n'a, écrit-il, « aucune pratique avec le dauphin ou avec le duc de Bourgogne ». Ce n'est vrai qu'en ce qui concerne le duc de Bourgogne.

Des 200 000 écus de la dot stipulée voilà déjà dix ans, il reste à payer 22 000 écus, dont 7 000 auraient dû être versés à brève échéance et le reste dans l'année. Mais le duc Louis ne s'acquittera pas en ce moment de sa dette : il n'entend pas que le dauphin « lui fasse la guerre avec ses deniers ». De surcroît, le duc veut « la sûreté de la dot de sa fille », dont il n'entend pas que Louis la dilapide à ses propres fins, et il exige également la sûreté des 10 000 ducats par an du douaire que devrait constituer le dauphin. Et de conclure qu'il n'est nullement en colère contre son gendre, alors que celui-ci l'est contre son beau-père. Pour preuve de sa bonne foi, Louis de Savoie propose de s'en remettre à un arbitre, qui serait le duc de Bourgogne.

La veille de Noël, Francesco Sforza envoie de nouvelles instructions à Camogli. Elles sont très larges. La première est de persuader le dauphin de se réconcilier avec le duc de Savoie. Sforza rappelle que, pour ami qu'il soit avec le dauphin, il n'en est pas moins lié à d'autres puissances italiennes, et notamment au duc de Savoie. Si l'on comprend bien, le duc de Milan n'a guère envie d'honorer son obligation d'une campagne contre la Savoie. Plus que tout, il tient à son engagement dans la Ligue italienne, cette alliance conclue en 1455 pour vingt-cinq ans entre Milan, Florence, Venise, Rome et Naples, toutes puissances soucieuses d'organiser une protection durable de la Péninsule contre les visées de l'empereur Frédéric III. Camogli est spécialement chargé d'en aviser le duc de Bourgogne. Il fera de même, par l'intermédiaire du légat, pour Ferrante d'Aragon, roi de Naples.

La mission de Camogli va plus loin. Sforza le charge d'aller en Angleterre rappeler son amitié au duc Richard d'York comme à Warwick, qui vient de contraindre Henri VI à désigner Richard comme son héritier. Sforza ne peut deviner que Richard sera tué la semaine suivante. À l'évidence, en cette veille de Noël 1460, il joue ce qu'il pense être l'avenir de l'Angleterre, de même qu'il joue l'avenir du royaume de France. On aura noté que les protestations d'amitié du duc de Milan ne vont ni à Henri VI d'Angleterre et à son épouse Marguerite d'Anjou – la fille du roi René – ni à Charles VII de France. Si ceux qui sont encore le dauphin et le duc d'York montent chacun sur leur trône, Sforza n'entend pas se trouver pris dans un conflit qui ne serait pas le sien. Il souhaite « n'avoir jamais de conflit avec la maison de France », mais n'en veut pas davantage avec celle d'Angleterre.

Recevant Baude Meurin, le secrétaire du dauphin venu en ambassade, Sforza consigne par écrit sa position. À la mort de Charles VII, il mettra tout en œuvre pour que Louis puisse conquérir et assurer son pouvoir royal. Il fera tout pour l'aider dans ses relations avec le duc de Savoie, mais cela ne veut pas dire qu'on entre en guerre contre celui-ci : le duc de Savoie est membre de la Ligue italienne.

Louis n'en persévère pas moins. Baude Meurin va faire le tour de l'Italie pour dresser les puissances contre le duc de Savoie. On le voit à Venise, à Florence, à Rome. Le 24 janvier 1461, à Florence, il expose tous les griefs du dauphin, le premier étant toujours le non-paiement de la dot, particulièrement douloureux alors qu'il a « dû s'absenter en raison de quelques discordes avec son père » et que, réfugié en Bourgogne, il manque d'argent. Mais on évoque toujours les biens de Jacques de Valpergue saisis par le duc de Savoie, et l'on ajoute sans les préciser les vexations infligées aux ambassadeurs du dauphin. On en vient enfin à l'essentiel : c'est à tort que, dans ces affaires, le duc de Milan se dit lié par les obligations de la Ligue.

Pierre de Medici, gonfalonier de justice, réplique. La discorde entre le dauphin et le duc de Savoie attriste les Florentins, et ils feront tout pour rétablir la concorde. Mais de l'injustice dont se plaint le dauphin, ils ignorent tout. Quant à savoir si le duc de Savoie a ratifié le traité de la Ligue, c'est une autre affaire : il aurait dû le faire, et peut-être l'a-t-il fait. En conclusion, Florence ne s'engagera pas contre le duc de Savoie.

Pendant que Meurin est en Toscane, Du Lion envoie en février un de ses familiers à Milan. Il s'agit de faire croire que le roi et le dauphin se sont mis d'accord. Vincenzo della Scalona n'en croit pas un mot : « c'est comme s'ils écrivaient un compliment ». Mais les agissements du dauphin et ses relations avec la reine d'Angleterre Marguerite d'Anjou occupent une bonne part des rapports qu'il adresse à la cour de Mantoue. À Venise, un homme de confiance de Charles VII, Andrea Morosini, laisse entendre, lui aussi, que son maître et le dauphin sont l'un et l'autre tout dévoués à la reine. Bref, l'Italie sait Charles VII sur le déclin et s'intéresse beaucoup au dauphin. Ses ambassadeurs repartent couverts d'or et de draps de soie.

Les événements, soudain, prennent de vitesse les diplomates. En juillet 1461, Charles Astars et Jean de Sabbies emportent de Milan le texte, ratifié par les deux parties, de l'accord entre le dauphin et Sforza. Ils quittent Milan le 20 juillet.

Ils apportent de surcroît à Genappe une information de première importance, celle de l'échec du roi René et de son armée, défaite et massacrée quatre jours plus tôt par les Génois pour une fois unis et insurgés contre la domination française. Jean de Calabre n'a pas su les contenir. L'archevêque Paolo Fregoso et son frère Pandolfo n'ont jamais pardonné la mort de leur frère le doge Pietro Fregoso, tué par les Français deux ans plus tôt. Ils ont fomenté une insurrection. Élu en mars, le doge Prospero Adorno a fui la ville en juillet. Il finira ses jours à Naples. Le 8 juillet, Gênes a élu un nouveau doge, un membre de la famille éternellement rivale des Adorno, Spineta di Campo-Fregoso. Le roi René n'a pu que rassembler à Savone, puis à Marseille, les restes de son armée. Tant pour le bouleversement de la situation politique à Gênes que pour la déconfiture du roi René et du parti angevin, donc du parti français, la nouvelle a de quoi intéresser le dauphin. Encore faut-il dire qu'à ce moment il sait son père mourant. La France, pour l'heure, lui importe plus que les intérêts angevins en Italie. Il se contentera, comme l'écrira le 27 août 1461 l'ambassadeur de Mantoue à Milan, de « faire des caresses aux Angevins ».

CHAPITRE VII

La couronne

L'AVÈNEMENT

Le 22 juillet 1461, dans le château de Mehun-sur-Yèvre qui avait été celui de son grand-oncle le duc Jean de Berry, Charles VII rendait le dernier soupir. En mars, au Conseil tenu à Bourges, on se préparait déjà pour l'avènement du fils rebelle. Le contrarier eût été maladroit. Depuis quelque temps, la maladie du roi rendait le changement inéluctable, et les gens prudents en tenaient compte. Au début de juillet, le roi étant au plus mal, le bruit courut, comme souvent en semblable circonstance, qu'on l'empoisonnait. Un proche crut devoir informer le mourant. Bouleversé, le roi cessa de s'alimenter. Les médecins tentèrent de le rassurer, le raisonnèrent en vain, lui dirent qu'il allait finalement mourir de ne pas manger. Il était trop tard. Charles VII ne supportait plus la nourriture. Les médecins l'alimentèrent de force : comme le rapporte Commynes, on lui mit « des coulis en la bouche ». Cet épisode, qui rappelait la rumeur dont s'était accompagnée la mort d'Agnès Sorel, laissa penser que, si l'on empoisonnait le roi, c'était pour le compte de celui à qui sa mort allait profiter. Heureusement pour Louis, le bruit se perdit vite. On ne l'oublia pas complètement et, écrivant vers 1490, Commynes s'en fait encore l'écho.

Des conseillers de Charles VII ne manquaient pas d'informer le dauphin de l'évolution du mal. Le 17 juillet, le Conseil avait jugé nécessaire de le prévenir officiellement. Le 22, alors qu'à Paris on croyait le roi encore en vie et qu'on multipliait les processions, la reine Marie d'Anjou écrivait à son fils aîné qu'il était roi. On avisa aussi Charles de France, qui était à Bourges. La nouvelle arriva à Genappe le 24.

Déjà, les officiers du défunt prenaient le chemin du Hainaut. Simon Charles, président des Comptes, se fit porter en litière. Jean de Roye le note sans ironie : ils venaient « pour savoir de lui son plaisir, comment ils auraient à gouverner sous lui et pour être de lui confirmés en leurs offices ». Maupoint n'est pas moins caustique, et il s'amuse d'apprendre que le nouveau roi ne donnera aucune provision avant d'être sacré et entré dans Paris. Bref, les quémandeurs furent renvoyés à Paris : on verrait plus tard. Seules décisions immédiates notées par le prieur, le roi « démit et désappointa les amiraux, maréchaux, capitaines et tous chefs de guerre ».

Il y eut quelques incidents. Étienne Chevalier et Dreux Budé voulurent se rendre à Meung. Houaste veillait sur la route. Comme ils passaient à Montargis, il les fit arrêter. Louis XI dut intervenir pour qu'on les relâchât. Il en profita pour les confirmer, l'un comme trésorier, l'autre comme audiencier de la Chancellerie.

On transféra le corps de Charles VII à Paris, où on le reçut à Notre-Dame-des-Champs dans la soirée du 5 août. On le porta le lendemain matin à travers la ville jusqu'à Notre-Dame. Charles VII reposait en une litière couverte de drap d'or, et son effigie en cire couverte de cuir était sur la litière, vêtue de velours blanc brodé de fleurs de lis et fourré d'hermine, couronnée d'or et tenant sceptre et main de justice. Le 28 juillet, un office avait déjà été célébré à Saint-Denis. On fit les obsèques solennelles à Notre-Dame le 6 août. En l'absence de l'évêque de Paris qui s'était précipité auprès du nouveau roi, l'archevêque de Narbonne Louis d'Harcourt officia en tant que patriarche de Jérusalem. Le comte d'Eu Charles d'Artois quitta Paris avant la messe. Puis on transporta le corps à Saint-Denis où, le lendemain 7 août, on lui donna sa sépulture. L'abbé de Saint-Denis, Philippe de Gamaches, n'avait rien jugé de plus urgent que d'aller saluer le roi Louis : l'abbé de Saint-Germain-des-Prés le suppléa. On fit prêcher un revenant, Thomas de Courcelles, qui avait été l'un des théologiens les plus influents de la Sorbonne dans les années 1430, s'était distingué lors du procès de Jeanne d'Arc en étant l'un des rares juges à se prononcer pour le recours à la torture, avait manqué de peu un chapeau de cardinal et avait été longtemps l'un des conseillers très écoutés de Charles VII.

Le héraut Montjoie cria : « Dieu ait l'âme du roi Charles très victorieux », et aussitôt : « Vive le roi Louis ! ». Nul ne s'était posé de questions. Le roi Louis n'avait pas même songé à se faire représenter. Au plus avait-il chargé le duc Charles d'Orléans d'organiser le transfert du corps. Le vieux poète conduisit le deuil, accompagné de son frère le comte Jean d'Angoulême, de leur demi-frère Jean de Dunois, du chancelier Guillaume Juvénal des Ursins et de Tanguy III du Chastel. On ne s'était pas bousculé pour assister aux obsèques d'un roi qui avait régné près de quarante ans. Seuls, parmi les grands barons, s'étaient dérangés les vieillards qui ne risquaient plus rien. Un autre vieillard – il avait soixante ans – tremblait pour son office : le chancelier.

Une altercation éclata après l'enterrement pour la possession du drap d'or qui avait servi de poêle : les écuyers le réclamaient, Dunois et le chancelier arbitrèrent en faveur de l'abbaye. À la fin du dîner qui suivit la sépulture et auquel on compta assez peu de monde pour qu'il fût possible de laisser entrer qui voulait, Dunois tira la conclusion, froidement rapportée par Jean Chartier : pour les fidèles de Charles VII, l'avenir était sombre.

> Après toutes ces choses faites, alla un chacun dîner à la grand-salle de l'abbé d'icelle église, où fut cour plénière et ouverte à tous venants, et de cette heure, le dîner fait, les grâces dites, monseigneur de Dunois dit à haute voix que lui et tous les autres serviteurs avaient perdu leur maître, et pourtant que un chacun pensât à soi pourvoir, à quoi furent plus moult dolants, et par espécial commencèrent ses pages fort à pleurer.

La mort de Charles VII n'avait donc surpris personne, et surtout pas le dauphin. Au début de juillet, il avait interrompu ses négociations diplomatiques et pris ses dispositions pour l'avènement. Il en écrivit aux grands du royaume.

> Plusieurs et diverses façons des nouvelles de Monseigneur, mais en effet toutes disent que l'on n'y attend vie. Et pour ce, si le cas advient que vous oyez dire qu'il soit trépassé, nous vous prions que incontinent vous montiez à cheval et vous en venez, vous et tous vos gens en leur habillement vers les marches de Reims, où vous nous trouverez, si Dieu plaît.

Le nouveau roi tint à marquer son indifférence. Il n'allait pas pleurer son père. Il était encore à Genappe le 8 août. Il s'était ensuite avancé jusqu'en Artois. Une messe de requiem fut célébrée, à Avesnes. Chastellain la décrit comme fort pompeuse, Thomas Basin comme très mesquine. Ce qui est sûr, c'est que Louis y assista en robe de deuil, puis passa un très court pourpoint rouge et blanc, et il s'en alla chasser jusqu'à la nuit. Quelques visiteurs empressés se présentèrent pour offrir, en habits noirs, leurs condoléances. Louis ne les reçut pas. Tout le monde comprit. On troqua le noir contre le rouge et blanc.

Louis n'entrerait dans sa capitale que sacré. Certes, à travers le royaume, l'avènement de Louis XI a suscité quelques questions. On a même entendu que le duc de Berry, celui que l'histoire retiendra définitivement comme Charles de France et qui avait maintenant quatorze ans, avait songé à se faire couronner. Mais Berry ne bougeait pas. Au vrai, nul ne pensait vraiment à le faire roi.

Le duc de Bourgogne avait réuni nombre de ses chevaliers pour accompagner en armes son protégé. Persuadé que le nouveau roi n'était pas désiré, il était prêt à soutenir une entrée en force dans le royaume. Comme l'écrit Jacques du Clercq, Louis avait prié le duc « qu'il se déportât de faire si grande armée ». Il savait très bien qu'on ne lui saurait aucun gré en France d'arriver porté par une armée de Flamands et de Brabançons, et le duc voyait bien que les notables se pressaient déjà pour assurer le nouveau roi de leur empressement à le servir. Non seulement on ne vit pas les trente mille chevaliers qui, selon Thomas Basin, auraient été prêts à former l'armée, mais ceux qui accompagnèrent le roi et le duc n'étaient qu'une « escorte honorable », certes somptueuse – on parla de quatre mille hommes – mais nullement belliqueuse.

L'archevêque de Reims Jean Juvénal des Ursins vint, avec quelques membres de son clergé, présenter ses devoirs et prendre les instructions pour le sacre. Il s'entendit d'abord préciser par l'archevêque de Bourges Jean Cœur, arrivé avant lui, qu'il avait à « être bien bref ». On introduisit la délégation. Le roi ne s'embarrassa pas de courtoisie : « Soyez bref. » L'archevêque se lança dans une harangue qu'il avait soigneusement préparée et qui était un chef-d'œuvre de cuistrerie. Il avait, « à deux lieues d'ici », entendu « d'une manière de vent ou de voix » les paroles de Dieu enjoignant à Samuel d'aller sacrer Saül. En propres termes, l'archevêque avait mission de Dieu de donner ordre au roi d'aller se faire sacrer. Un autre que Louis XI, en une autre circonstance, en eût souri. Les citations bibliques se succédaient, ouvrant la voie aux dissertations grammaticales assorties d'allégories. Le propos versa soudain dans le concret, qui n'avait rien à voir avec le discours. « Le peuple est chargé de tailles et aides, et de plusieurs – à proprement parler – pilleries et roberies, lesquelles, s'il vous plaît, à votre nouvelle venue, faites cesser ou au moins alléger. »

Le rendez-vous était à Reims. L'archevêque annonça qu'il s'en allait devant, « pour faire les préparations nécessaires » et conclut en souhaitant au roi « des biens en ce monde et à la fin la joie de Paradis ». Le roi avait trop attendu ce moment pour se trouver soudain pressé d'aller au Paradis. Quand, au bout d'un quart d'heure, il entendit un final digne d'une oraison, « *in secula seculorum, amen* », il se tint pour content et ne répondit pas. Il avait pris l'archevêque pour un imbécile. Mais, le 12 août, alors qu'il séjournait déjà à l'abbaye de Saint-Thierry-au-Mont-d'Or, à une heure de Reims, il fit parvenir à Jean Juvénal une lettre comminatoire qui laisse entendre que les choses n'allaient pas de soi. L'archevêque avait, peut-on penser, fait observer à l'entourage royal qu'il lui fallait du temps pour tout préparer. On notera le rappel à peine discret : l'archevêque est le « féal » du roi.

> Révérend Père en Dieu et notre aimé et féal. Nous avons reçu vos lettres et, ensuivant votre avis, sommes délibéré, au plaisir de Dieu et de Notre-Dame, de recevoir notre sacre et couronnement samedi prochain. Et pour ce, donnez ordre que tout soit prêt, et qu'il n'y ait point de faute.

Que tout soit prêt, cela ne signifiait pas seulement les préparatifs de la cérémonie. L'euphémisme était aussi une allusion à l'état des esprits. En ville, on murmurait contre celui que bien des notables tenaient encore pour un rebelle.

Il semble bien que l'on ait d'abord pensé couronner le roi le 25, jour de la Saint-Louis. C'est en tout cas l'information qui parvint le 24 à Milan et que Vincenzo della Scalona transmit sur-le-champ à Mantoue. Un tel délai n'entrait pas dans les vues du nouveau roi. Le 14, Louis entrait à Reims. Le 15, il recevait de l'archevêque Jean Juvénal des Ursins l'onction royale. Le cardinal Richard Olivier de Longueil, le nonce Francesco Coppini, quatre archevêques et treize évêques l'assistaient. Philippe le Bon, deux fois pair de France – pour la Bourgogne et pour la Flandre – était au premier rang, flanqué de son fils Charles de Charolais. Le frère du roi et les autres pairs étaient absents, mais on voyait là le duc de Bourbon, le duc de Clèves, le comte d'Étampes, le comte de Saint-Pol et Jean de Dunois. La foule était considérable. Il fallut verrouiller les portes de la cathédrale pour éviter qu'on s'y bousculât. Les hommes d'armes côtoyaient les princes, les prélats et même les ambassadeurs vénitiens.

Les vicissitudes de sa jeunesse n'avaient pas laissé l'occasion au dauphin de se faire armer chevalier. Il avait trente-huit ans. Il n'était que temps. Après la cérémonie, le roi s'agenouilla devant le duc de Bourgogne qui l'arma chevalier. Le protecteur devenait parrain. Puis le roi et le duc adoubèrent d'autres chevaliers. On y compta Jean Bureau, le trésorier de Langue d'oïl qui était l'un des amis intimes du nouveau roi. Louis XI roi toucha les scrofuleux. Enfin, il regagna Saint-Thierry, le duc demeurant à Reims. Le surlendemain, Philippe le Bon vint à Saint-Thierry faire hommage, comme il le devait, pour les fiefs qu'il tenait de la Couronne : la dispense d'hommage stipulée lors de la réconciliation de 1435 avait cessé à la mort de Charles VII. Le duc n'avait pas cherché à esquiver son obligation : il trouvait encore avantage à rappeler qu'il était le premier des pairs de France.

Il faut remonter à Hugues Capet pour trouver un roi couronné à un âge si avancé. Beaucoup, à trente-huit ans, étaient déjà morts. Du moins le nouveau roi avait-il une jeune femme. La future Anne de Beaujeu venait de naître, mais la reine Charlotte n'était pas femme à se dorloter en couches. Elle fut sacrée à Reims avec son mari.

Tous ceux qui approchaient le roi lui demandaient quelque chose. La foule l'obligeait à chevaucher lentement, et bien des gens s'étaient juchés sur un cheval pour tenter de lui parler. L'ambassadeur mantovan Pietro da Pusterla eut quelque peine à l'approcher. Les Normands ne furent pas les derniers à revendiquer. Louis XI promit tout ce qu'on voulut. Il allait supprimer les tailles, les aides et la gabelle, restaurer les libertés, remédier à la misère. Thomas Basin se vantera d'avoir prononcé une fort belle harangue au roi. C'était compter sans l'expérience qu'avait déjà Louis, depuis son séjour en Dauphiné, d'un gouvernement qui ne pouvait se passer de ressources. Et Basin de conclure, dissociant les clercs avisés qui n'étaient pas dupes de vaines promesses et les « avocats laïcs du pays, d'esprit moins ouvert », qui se trouvèrent trompés par le discours royal.

> Beaucoup se prirent alors bien légèrement à espérer qu'ils obtiendraient la restauration de l'indépendance et l'allégement des impôts, selon les promesses du roi. Mais ceux qui n'ignoraient pas comment il s'était comporté, tant en Dauphiné qu'ailleurs, ne furent pas dupes.

Philippe le Bon avait procuré l'escorte. Il avait de surcroît payé la fête en bons lions d'or versés par Giovanni Arnolfini à Marco Cenami et remis à Louis par celui-ci. Accompagné de son fils le comte de Charolais et du duc Jean de Clèves, il avait mené le cortège. Il allait continuer de le mener jusque dans les rues de Paris. Ce triomphe était un peu le remboursement de l'hospitalité accordée à l'exilé de Genappe.

Dès le 1er août, le roi avait donné commission à Jacques de Villiers de l'Isle Adam de prendre possession au nom du roi de toutes les villes « et mêmement de Paris », et de « pourvoir aux offices et états d'icelle ville ». Le 30, il le nomma prévôt de Paris. Prévoyant le rôle qu'ils avaient à tenir dans l'entrée solennelle, il avait déjà révoqué les deux grands officiers qui avaient été à Lyon les agents de Charles VII contre lui, Lohéac et Bueil.

Le 3 août, il avait créé un maréchal de France à la place de Poton de Xaintrailles qui se mourait à Bordeaux : c'était le fidèle Joachim Rouault, l'ancien maître de l'écurie du dauphin, qui avait été l'un de ses capitaines dans les campagnes d'Île-de-France en 1441, de Guyenne en 1442 et de Suisse en 1444, et dont Charles VII avait fait un sénéchal de Beaucaire. Jean de Montauban fut, peu après, nommé amiral de France.

Il fallait éviter les remous en province. Le roi n'attendit pas d'être à Paris pour confirmer toutes sortes de privilèges accordés à des villes. De même fit-il changer quelques châtelains. Le comte Gaston IV de Foix fut ainsi fermement prié de confier Mauléon « à quelqu'un de vos gens qui ne soit partial à nul autre que à nous ». Puis, en décembre, Jean Bureau et Jean Dauvet allèrent prendre possession de Mauléon au nom du roi. Ils enregistrèrent la protestation de Gaston.

Un triomphe partagé

La France que retrouvait Louis XI après quinze ans d'absence, ce n'était plus la France qu'il avait quittée, celle des lendemains de la Praguerie et des trêves de Tours. De cette histoire qui s'était déroulée sans lui, il n'avait cessé de suivre les développements. Au contact des réalités du pouvoir, il avait à découvrir une France nouvelle.

Pour entrer dans sa capitale, il prit son temps. Il avait ainsi le loisir de préparer et de laisser préparer cette entrée, mais il avait aussi fort opportunément laissé passer les obsèques de Charles VII. Louis XI demeura donc trois jours à Saint-Thierry et commença à gouverner, s'entretenant surtout avec les grands qui avaient assisté au sacre. Passant par Soissons et empruntant la route de la Marne pour contourner des zones désertes qui n'inspiraient aucune confiance, il gagna Saint-Denis.

Il continua de prendre son temps. Il alla à la chasse. Il vint aussi s'incliner sur la tombe de Charles VII. Le nonce du pape, Francesco Coppini, évêque de Terni, donna alors lecture d'un étrange document : l'absolution du défunt pour cet acte de désobéissance à l'Église qu'avait été la publication en 1438, par la Pragmatique Sanction, des canons d'un concile de Bâle dont on se souvenait qu'il avait été passablement hostile au pape. L'absolution sembla chose curieuse, jamais les nombreux légats reçus à la cour de France – et notamment le cardinal d'Estouteville, venu spécialement en 1452 pour obtenir l'abrogation de la Pragmatique – n'ayant fait part de quelque condamnation canonique que ce fût. Dans le même temps, un autre nonce, Jean Jouffroy, demandait au nouveau roi d'abolir la Pragmatique.

Louis XI ne broncha pas. Le pape n'avait jamais accepté le gallicanisme. La démarche était inconsidérée mais logique. Elle passa presque inaperçue. Mais, le 27 novembre, Louis XI allait abolir la Pragmatique. La rouerie du nouveau roi était déjà flagrante à Saint-Denis : en laissant faire le nonce, il se démarquait fortement de son père et laissait benoîtement absoudre celui-ci d'une faute qui n'avait jamais été condamnée. Pour ceux qui avaient, à Bourges et ensuite, approuvé la Pragmatique, c'était un camouflet. Les prélats le prirent ainsi. Ils observèrent que Charles VII, à son lit de mort, n'avait rien demandé de la sorte.

C'est alors que Louis XI prit une décision lourde de conséquence pour sa propre histoire. Il mit fin à la mission historiographique, plusieurs fois séculaire, de l'abbaye de Saint-Denis, et il chargea son secrétaire Jean Castel d'écrire l'histoire de son règne. Castel ne pouvait avoir, pour cette tâche, les moyens dont disposaient, grâce à leurs archives, les moines de Saint-Denis. Sans doute ceux-ci semblaient-ils, en 1461, avoir été trop portés à flagorner Charles VII.

Le 29 août, Louis XI était devant Paris. Il alla loger aux Porcherons, dans le petit château du Coq qui appartenait à Jean Bureau : au nord-ouest de la porte Montmartre, à peu près à l'emplacement de l'actuelle église Notre-Dame-de-Lorette, c'était une maison cossue construite au début du XIVe siècle par un bourgeois nommé Coq.

Pendant que l'on préparait Paris, le nouveau roi commença de traiter des affaires du royaume. Il écrivit notamment à Francesco Sforza, préoccupé qu'il était d'une entente entre celui-ci et le roi Ferrante de Naples : l'entente serait à l'évidence préjudiciable au roi René.

Le roi avait offert au duc de Bourgogne de le loger à l'hôtel

Saint-Paul, lequel était riche de souvenirs prestigieux mais passablement vide depuis la mort d'Isabeau de Bavière. Philippe le Bon alla tout simplement chez lui, rue Mauconseil, dans cet hôtel de Bourgogne qui avait été la résidence de Jean sans Peur mais que lui-même avait depuis longtemps déserté. Au nord des Halles, cette petite forteresse – on en voit encore la tour, crénelée et pourvue de mâchicoulis, qu'avait élevée Jean sans Peur sur un vestige de l'enceinte de Philippe Auguste (20, rue Étienne-Marcel) – était l'ancien hôtel d'Artois, construit au XIIIe siècle par Robert II d'Artois, neveu de saint Louis, et venu au duc Philippe le Hardi par sa femme Marguerite de Flandre. Ç'avait été au début du siècle le quartier général du parti de Bourgogne. C'est de là que Jean sans Peur avait souvent dominé la capitale. Cinquante ans plus tard, il y avait encore des Parisiens pour s'en souvenir. Non loin de là, l'hôtel de Flandre appartenait aussi au duc de Bourgogne, qui pouvait ainsi loger une partie de sa suite. Rappelons en passant que cet hôtel de Bourgogne donnera au XVIIe siècle son nom à une troupe de comédiens et qu'il sera ainsi illustré par Corneille et par Racine avant qu'une fusion avec la troupe de Molière ne donne naissance aux Comédiens-Français.

En allant occuper l'hôtel de Bourgogne pendant que Louis logeait aux Porcherons, Philippe le Bon jouait ainsi un jeu politique assez simple pour être compris de tous : il était chez lui à Paris. Il entendait bien qu'on le vît y accueillir le roi. Deux jours avant le roi, il fit donc, accompagné de son fils le comte de Charolais, une entrée en ville qui fut remarquée. La justification était facile à trouver : le duc était venu voir si la ville était prête, et politiquement et matériellement, à applaudir le nouveau roi. Celui-ci ne pouvait s'en offusquer. Des mesures furent prises pour assurer le calme dans la ville : deux capitaines, deux archers, un arbalétrier et six hommes de la dizaine voisine pour garder chaque porte, et limitation à vingt hommes de l'effectif des compagnies autorisées à entrer en ville,

Voilà un siècle déjà que l'entrée royale dans Paris a pris, aussitôt après le sacre, les allures d'un rite. L'acclamation du nouveau roi par le peuple, qui précédait jadis à Reims le sacre proprement dit, a pratiquement disparu. Elle se retrouve dans ce geste de reconnaissance du roi par le peuple de sa capitale. Elle est aussi la compensation que se donnent les Parisiens, qui sont les premiers à reconnaître Reims pour la ville du sacre – le sacre de Henri VI en 1431 a laissé de mauvais souvenirs – mais n'entendent pas qu'on oublie que Paris est « siège du Royaume ». L'ampleur de la manifestation est à la mesure de sa signification politique, et celle-ci est bien particulière quand le nouveau roi était hier rebelle au roi. Louis XI sait toutes les réticences des princes à son égard, et il ne peut se méprendre sur les attentions dont l'entoure le duc de Bourgogne : comme les autres, celui-ci se dressera contre le pouvoir royal. Il n'ignore pas l'inquiétude justifiée des officiers royaux naguère fidèles, contre lui, à Charles VII. Il lui faut à tout prix asséner aux notables une démonstration de puissance, et conquérir l'affection d'un peuple parisien qui ne l'a presque jamais vu.

Au désir d'éblouir Paris – éblouir les foules ne sera ni du goût ni du talent de Louis XI – se joint une compétition. Le roi arrive de la cour de Bourgogne, réputée pour son éclat. S'il a surtout vécu dans sa retraite de Genappe, il a pris sa part des fêtes du Grand Duc d'Occident, et il a mesuré le faste entretenu à grand-frais par Philippe le Bon. Lui, cherchant toujours quelques deniers, n'a jamais songé à rivaliser. Et voici que, roi de France, l'occasion lui est enfin donnée de montrer sa récente fortune. Depuis le départ de Brabant, le roi n'a cessé d'apparaître comme le protégé du duc de Bourgogne. À Paris, on va montrer à celui-ci que les rôles ne sont plus les mêmes. Du moins Louis le pense-t-il alors qu'il se prépare.

L'entrée de Charles VI était, en novembre 1380, celle d'un enfant-roi porteur d'espoir. Nul n'attendait les drames que nous savons. L'entrée de Henri VI était en 1431 celle d'un roi incertain, incapable de gagner Reims et porteur d'une couronne déjà branlante. L'entrée de Charles VII était en 1437 celle d'un roi victorieux. Le dauphin Louis y était, au côté de son père, et il pouvait se souvenir d'une fête qui était celle de la victoire, non celle de l'avènement. Alors que la situation politique est pour le moins trouble, Louis va connaître une entrée qui devrait être celle d'un triomphe personnel. On ne s'y trompe pas à Milan, où l'on colporte que, oint à Reims, le « dauphin » va se faire « couronner » le 25 à Paris. Il s'en faudra seulement de quelques jours. Mais le récit de l'événement est bien qualifié par Scalona de « plus grand triomphe du monde ».

Car le mot que l'on prononce maintenant, et pour la première fois, c'est bien celui de « triomphe ». Promue triomphe dans une évidente référence à l'antique, l'entrée va rappeler l'accueil réservé par Rome au général vainqueur ou à l'empereur. Reste à savoir qui est le général vainqueur, du roi ou du duc de Bourgogne.

Le lundi 31 août, le nouveau roi fait donc dans sa capitale l'entrée solennelle qui s'imposait. Philippe le Bon n'a pas manqué sa mise en scène. C'est lui qui, accompagné de son fils le comte de Charolais, le futur Téméraire, sort en grande pompe par la porte Saint-Denis et s'en va jusqu'à La Chapelle au-devant du roi.

Cent soixante-six frères mineurs vêtus de brun ouvrent le cortège, suivis de cent soixante-huit jacobins à la robe blanche, puis de trente-trois prêtres de la paroisse Saint-Séverin portant chapes dorées. Vient ensuite le symbole : précédées d'un héraut dont la cotte d'armes est aux couleurs de Paris, cinq dames parisiennes vêtues de drap d'or chevauchent en portant cinq panneaux frappés d'une des lettres du nom de Paris, mais le jeu qu'elles présentent au roi devant Saint-Lazare donne à ces lettres leur signification, qui a la valeur d'une revendication : P pour Paix, A pour Amour, R pour Raison, I pour Joie, S pour Sûreté. La Ville veut la concorde.

Apparaît maintenant, bénissant la foule, l'évêque de Paris Guillaume Chartier. Il porte le chapeau noir fourré de satin vert et cordons pendants, ce chapeau épiscopal qu'il n'aura jamais l'occasion de troquer pour un chapeau rouge de cardinal.

Le prévôt des marchands Henri de Livres et les quatre échevins viennent ensuite, montant de superbes chevaux, vêtus de violet et de rouge. Deux des échevins sont en fin de mandat : on a retardé d'un mois l'élection, qui aurait dû avoir lieu le 16 août.

Les prêtres de deux paroisses avec leurs chapes brodées et soixante-dix-huit augustins en robe noire précèdent les magistrats du Châtelet, vêtus de violet et de rouge. Les couleurs de Paris s'étendent visiblement aux gens du roi.

Inattendus mais conviés parce qu'ils sont à Paris, on remarque des « ambassadeurs de Grèce ». Qui sont-ils? Ils apportent en tout cas une touche d'exotisme dans ce cortège.

Les corps constitués se suivent. Le badaud ne manque pas d'identifier à leur robe violette les maîtres de la Chambre des comptes, que conduit leur nouveau premier président, le cardinal Richard Olivier de Longueil. Et l'on reconnaît ensuite le chapitre de Notre-Dame.

Arrivent maintenant les personnalités, et le Parisien y voit beaucoup de Bourguignons. Le premier, c'est le seigneur de la Roche-Nolay, autrement dit Philippe Pot, l'un des principaux familiers et diplomates du duc de Bourgogne. Il porte une chaîne d'or au cou. Suit, avec ses pages, le seigneur de Basseigny, Jean de Hornes. C'est un chambellan de Philippe le Bon. Un homme que les Parisiens ne connaissent pas encore apparaît alors : le nouveau prévôt de Paris, Jacques de Villiers de l'Isle Adam. Il est le fils de ce Jean de l'Isle Adam qui, le 13 avril 1436, se rendit fameux en pénétrant au côté de Richemont dans Paris enfin acquis à Charles VII. Comme son père, c'est un féal du duc de Bourgogne.

Toute la cour de Bourgogne défile maintenant, avec une hiérarchie clairement indiquée par le nombre des chevaux qui suivent chacun. On voit Antoine de Croy, qui vient d'être nommé grand maître de l'Hôtel du roi de France. Le Parisien identifie plus ou moins Jean de Calabre, le fils du roi René, puis deux des nombreux bâtards de Philippe le Bon, Philippe de Brabant et surtout Antoine de Bourgogne, le Grand Bâtard, qui est l'un des principaux personnages de la cour de Bourgogne en même temps qu'un des plus actifs capitaines de son père.

Quelques hommes du roi figurent ensuite dans le défilé, vêtus des couleurs du roi, le rouge et le blanc. Le Parisien ne les connaît pas encore. Mais après le maître d'hôtel du duc de Bourgogne, Jean de Renty, et avant Jean de Haluin et Adrien de Borseles, on découvre l'un de ceux qui ont tenu le haut du pavé en Dauphiné dans les années où le dauphin le gouvernait, Philippe de Poitiers.

Nul, en revanche, n'ignore qui est Louis de Luxembourg, comte de Saint-Pol. Il est le neveu du chancelier bourguignon

Louis de Luxembourg. Quatre ans plus tard, après avoir joué un rôle de premier plan dans l'affaire du Bien public, il sera connétable de France. Époux de Marie de Savoie, il sera le beau-frère du nouveau roi. À ce titre, il recevra le comté d'Eu. Son fils, Jean de Luxembourg, l'accompagne.

Tous les noms qui suivent sont propres à faire comprendre que la cour de Bourgogne est en train d'envahir Paris. Habourdin, Croy, Chimay, Crèvecœur, Lalain, tous sont, comme le maréchal de Bourgogne Henri de Neufchâtel, les témoins et les acteurs d'une extraordinaire manifestation de la puissance bourguignonne dans un Paris qui n'a que de lointains souvenirs de la domination de 1418. Arborant son récent collier de la Toison d'Or, on voit ainsi, richement monté, le fidèle conseiller Louis de Bruges, seigneur de Gruuthuse, un grand amateur de manuscrits précieux et l'un des premiers collectionneurs de livres imprimés. C'est ensuite l'armée. Les archers du comte de Charolais précèdent les archers du duc Philippe.

Vient alors Philippe le Bon. Le peuple peut ainsi admirer le train du « Grand Duc d'Occident ». Perles et pierreries ornent son chapeau, son pourpoint, son épée, sa selle. Un énorme rubis éclate au chanfrein de son cheval. La housse du cheval n'est pas moins admirable, faite de satin noir brodé d'or. Un valet d'armes porte le heaume, où l'on voit le plus gros rubis jamais vu de mémoire de Parisien. Huit chevaux houssés d'orfèvrerie l'accompagnent. Pages, valets et palefreniers sont vêtus de damas noir.

Les invités suivent. Il y a le comte de Vendôme Jean de Bourbon, le comte Eberhard de Würtemberg et le duc Jean de Clèves avec ses douze chevaux. Puis, c'est la famille. Charles de Charolais conduit huit chevaux dont un porte sur le dos une cloche soutenue par quatre piliers. Six chevaux accompagnent le comte de Nevers. Le Grand Bâtard de Bourgogne en avait huit devant lui et dix derrière, que vingt archers suivaient à pied.

Le duc ayant salué le roi, le cortège se retourne et entre en ville, les gens de la ville et les officiers d'abord, les gens de Bourgogne ensuite. On pénètre dans Paris. Le prévôt des marchands Henri de Livres présente au roi les clés de la porte Saint-Denis. Sur la façade de la porte, une nef d'argent domine la scène.

Tout au long de la Grand-Rue Saint-Denis, les Parisiens vont pouvoir admirer le faste de la cour de Bourgogne. Même ceux qui étaient déjà là en 1437 pour l'entrée de Charles VII n'ont jamais rien vu de pareil. Depuis cette date, on n'a guère eu à Paris l'occasion de profiter de ce spectacle qu'étaient jadis les fêtes royales, les entrées d'ambassadeurs, les grands mariages et les baptêmes princiers. Paris a été frustré. Paris n'a plus l'habitude. Lorsqu'il a fallu, dans les derniers jours d'août, trouver à loger toute cette cour qui s'annonce, on a dû reconnaître que la capitale, à force d'être privée de la présence royale, n'a plus les capacités d'hébergement d'antan. Seuls, quelques princes ont encore leur hôtel, souvent délabré. Autrefois, tous ces gens qui viennent de Reims auraient eu à Paris leur maison convenablement meublée. Ils ne l'ont plus. Après avoir recensé les chambres vides, les lits disponibles et les étables encore utilisables, on les logera chez l'habitant, violant ainsi pour une fois l'exemption du droit de gîte qui fait partie des privilèges des Parisiens. Le prévôt des marchands a donné son accord. Les victimes des billets de logement ont grincé des dents. Un chanoine a demandé l'autorisation du chapitre pour héberger l'évêque de Rennes. Autant dire que les invités ne resteront pas longtemps.

Il a même fallu se préoccuper du ravitaillement. Le Parisien a ses grains au grenier et son vin en cave. Celui qui n'a ni grenier ni cave compte sur le marché du jour, sur le boulanger, sur le boucher. L'afflux de consommateurs a tout pour faire flamber les prix. L'Hôtel de Ville a pris les grandes mesures : il a réquisitionné d'avance toute arrivée de blé qui surviendrait pendant le séjour royal.

Ce 31 août 1461, le badaud reprend cependant ses droits. Et de se livrer au jeu difficile qui consiste à reconnaître les grands de ce monde qu'il n'a pas souvent vus. Au moins peut-il dénombrer les chevaux et noter la somptuosité des pourpoints et des paletots, l'élégance des chapeaux, la richesse des ornements de perles et de pierreries, la variété des housses dont sont caparaçonnés les chevaux. On s'émerveille des velours noirs, bleus, gris, sanguins ou cramoisis, voire de cramoisi doré ou de sanguin cramoisi, des soieries, des damas et des satins, des fourrures d'hermine ou de zibeline. Même les archers du duc de Bourgogne sont vêtus de paletots ornés d'orfèvrerie.

Ce que l'on voit le mieux, ce sont les chevaux. Celui de Philippe Pot est caparaçonné de velours noir chargé de clochettes d'argent en forme de poires. Ceux de Basseigny portent housse noire semée de clochettes d'or, et des clochettes d'argent pendent sur les bords. Celui de Jean de Calabre se fait remarquer par une housse de velours noir frappée d'un grand soleil d'argent. Louis de Luxembourg caracole avec cinq chevaux, respectivement houssés d'orfèvrerie d'or et d'argent « à grosses cloches sonnant à batel », de damas noir doublé de zibeline, d'orfèvrerie d'argent, de drap d'or bleu fourré d'hermines et d'orfèvrerie dorée, cependant que les pages ont pourpoints de taffetas doublé de satin bleu. Les chevaux de son fils Jean ont des housses de cramoisi bordé de drap d'or vert, de velours noir bordé de cramoisi et, pour l'un d'eux, de fine soierie de samin cramoisi à figures tissées. Ceux de Gruuthuse sont houssés de cramoisi, de satin bleu, de drap d'or vert, de drap noir et de damas noir. Ceux du Grand Bâtard de Bourgogne le sont de damas violet doublé de blanchet.

Juché à quatre pattes,« comme un singe », sur le dos de son cheval, un fou fait la transition. C'est maintenant le défilé du roi. Une centaine d'archers ouvrent la marche, salade en tête. Des hérauts d'armes, des poursuivants d'armes, des trompettes, des ménestrels mettent de l'animation. Puis, c'est Jean Bureau, qui vit son heure de gloire. Il a été avec son frère Gaspard l'organisateur de l'artillerie royale de Charles VII, et il a mis en place les francs-archers. On l'a connu prévôt des marchands. Il est maître des comptes, il est trésorier de France, et c'est chez lui que le roi vient de passer la nuit. Lors du sacre, quinze jours plus tôt, Louis XI l'a armé chevalier. À cette heure, Bureau fait figure de premier ministre en puissance. Derrière Bureau, voici les princes : le comte de la Marche Bernard d'Armagnac, le duc Jean II de Bourbon, dont le train est d'une exceptionnelle opulence, et Philippe de Savoie, comte de Bresse, le frère de la nouvelle reine.

On voit alors passer les insignes de la royauté. Jean de Garguesalle, que Charles VII, naguère, traitait de ribaud, porte droite l'épée royale, la poignée appuyée sur son écharpe. Derrière des trompettes, Joachim Rouault, nouveau maréchal de

France, porte le heaume, l'armet du roi, timbré d'un double rang de fleurs de lis. Un page conduit le destrier du roi, houssé de velours azur semé de fleurs de lis d'or.

Enfin, c'est le roi. Louis XI est à cheval sous un dais de couleur ciel que portent les six corps des métiers de Paris. Avec son pourpoint de damas blanc frangé d'or et son petit chaperon noir, il n'a pas très grande allure, même si les gros boutons d'or sont « envaisselés » de gros saphirs balais. L'amiral Jean de Montauban et le maréchal Jean de Lescun – le Bâtard d'Armagnac – suivent, sur des chevaux houssés de satin blanc pour l'un, de cramoisi pour l'autre. Les pages, les secrétaires et les chambellans ferment le cortège, portant la livrée royale, de velours bleu à grandes fleurs de lis.

On comprend l'embarras du roi. Après un défilé à la gloire de la puissance bourguignonne, il apparaît à son peuple de Paris comme un protégé. Il n'a pu s'y tromper : alors que tant de grands seigneurs le précédaient avec le duc de Bourgogne, il en comptait peu à sa suite, où l'on n'a même pas vu son frère Charles de France : le duc de Berry ne s'est pas dérangé, et il n'est pas certain que Louis XI ait souhaité sa présence. Le peuple, lui, constate. Et ce n'est pas la présence protocolaire d'un prince de Savoie qui peut conforter le nouveau roi, après tant de conflits au sujet de la dot de Charlotte, et tant de projets belliqueux. À voir le défilé, Louis est assez seul. Le triomphe n'est pas pour lui. Il est trop fin pour ne pas s'en aviser.

Certes, il ne peut ignorer que l'ancienne popularité du duc de Bourgogne s'est émoussée dans la capitale. De l'immense espoir de réformes qui avait, au début du siècle, jeté les Parisiens en si grand nombre dans le parti de Bourgogne, il n'est rien resté. Ou plutôt, il est resté une occupation de plus en plus sentie comme étrangère. Ce sont les Parisiens qui ont en 1436 jeté hors de la ville les Anglais que, au temps de Jeanne d'Arc encore, on tolérait à Paris parce qu'ils étaient les alliés de Bourgogne. Mais on n'avait pas revu Bourgogne. Comme le dit, avec une ironie cinglante, au duc Philippe le Bon un boucher qui regarde le cortège de 1461 : « On vous a beaucoup désiré ! »

Après le traité de Troyes et surtout après la mort de Henri V, Philippe le Bon avait vite compris que le maître à Paris, c'était

Bedford. Le duc avait préféré s'occuper de ses états. L'opinion parisienne ne lui est plus acquise en 1461 comme elle l'était quarante ans plus tôt. Et quarante ans, c'est plus d'une génération. Peu de ceux qui parlent haut dans les rues et dans les maisons ont en souvenir la démagogie de Jean sans Peur, la tyrannie armagnaque, le soulagement qui a suivi et l'espoir de paix de 1420. Pour eux, Philippe de Bourgogne est un prince lointain.

Il reste quand même quelques noyaux de fidélité à ce qui fut le parti de Bourgogne. Les Parisiens l'ont noté : l'Université ne s'est pas déplacée au-devant du roi. L'usage ancien dont ils ont tiré argument est pourtant des plus incertains puisqu'en 1437, marchant immédiatement derrière le Parlement et devant la Chambre des comptes, leurs prédécesseurs sont allés jusqu'à La Chapelle pour faire à Charles VII « la révérence moult doucement et humblement », comme l'écrit le Hérault Berry. Cette fois, après en avoir longuement délibéré, les maîtres ont délibérément attendu l'arrivée du roi sur le parvis de Notre-Dame. Or ils ont fait des frais, l'avant-veille, au duc de Bourgogne, lequel a entendu une harangue pleine de louanges. Le clergé ne s'est pas, lui non plus, fortement mobilisé. Six paroisses, c'est peu pour la capitale aux cent clochers.

Louis n'est pas moins lointain que le duc de Bourgogne, mais il est le roi. Et la Praguerie a enseigné aux Parisiens qu'ils n'ont rien à gagner à prendre le parti de princes qui finissent toujours par se réconcilier aux frais des contribuables. De cela Louis XI saura jouer. Mais il connaît la versatilité des Parisiens, et il sait ce qu'il en a coûté aux gouvernements de Charles VI. Il fait sa « joyeuse entrée », mais l'idée de s'installer dans sa capitale ne l'effleure pas. Pour se protéger des Parisiens, les premiers Valois ont usé de Vincennes. Louis XI va tout simplement retrouver le pays de son enfance. Malgré sa vergogne contre son père, il a la nostalgie de la Touraine.

Heureusement, les Parisiens ont bien fait les choses. Certes, ils ont été inquiets, se demandant si le nouveau roi n'allait pas les comprendre dans l'inimitié qu'il vouait à ceux qui avaient soutenu Charles VII. Jean de Roye le note, on a vu, le 23 juillet, un signe annonciateur de catastrophes. « Une très longue comète, qui jetait en l'air un grand resplendisseur et grande clarté, tellement qu'il semblait que tout Paris fût en feu et en flambe. Dieu veuille l'en préserver ! »

Le parti a rapidement été pris de faire quand même la fête. Les tapisseries pendent d'une fenêtre à l'autre. Aux carrefours et aux endroits quelque peu dégagés, on fait du théâtre en jouant sur des tréteaux « plusieurs histoires anciennes très belles », comme l'écrira dans son *Journal* ce badaud qu'est de naissance – il est fils d'un sergent – le prieur Jean Maupoint. Au pont-levis de la porte Saint-Denis, on voit une nef d'argent ou naviguent des nobles, des clercs et des bourgeois, autrement dit les trois états de la société. Devant la Trinité, on mime la Passion. Au pont au Change, on a mis en scène le baptême de Clovis. Devant la fontaine du Ponceau de la rue Saint-Denis, des sauvages simulent un combat, cependant que trois jeunes filles nagent et « font des contenances ». Naturellement, on régale gratis.

> Il y avait encore trois bien belles filles, faisant personnages de sirènes toutes nues, et leur voyait-on le beau tétin droit, séparé, rond et dur, qui était chose bien plaisante. Et disaient de petits motets et bergerettes. Et près d'eux jouaient plusieurs bas instruments qui rendaient de grandes mélodies.
>
> Et pour bien rafraîchir les entrants en ladite ville, y avait divers conduits en ladite fontaine, jetant lait, vin et hypocras, dont chacun buvait ce qu'il voulait.

On est venu de toute la France. Il en sera pour estimer la foule à trois cent mille personnes, en sus des Parisiens. Même si le chiffre est exagéré, il signifie que l'on n'a pas vu tant de monde depuis longtemps. Les fenêtres se sont louées à prix d'or. Des spectateurs se sont installés sur les toits.

Par la Grand-Rue Saint-Denis, le cortège est arrivé à la Seine. Il est près de six heures du soir. On gagne Notre-Dame. Les portes sont closes. L'évêque Guillaume Chartier a quitté le cortège, une fois le roi accueilli à son entrée en ville. Il attend sur le parvis. L'archevêque de Bourges l'assiste : c'est Jean Cœur, le frère de l'argentier mort cinq ans plus tôt dans son exil de Chio. On n'a pas oublié que le roi a été baptisé à Bourges, et Jean Cœur a trouvé la route de Genappe.

Louis XI n'est pas le dernier à comprendre ce que l'Université a sous-entendu en refusant de faire un pas pour l'accueillir. Peut-être se souvient-il d'avoir vu les maîtres à La Chapelle en 1437. S'il n'en a pas souvenir, il y a certainement des gens pour l'en faire ressouvenir. La prétention des universitaires aura vite sa récompense. « Vous ne valez point que je me mêle de vous », leur dira-t-il bientôt. Dans deux ans, la création de l'Université de Bourges sera une première réponse. Pour le moment, les voici enfin devant la cathédrale, ces docteurs, ces régents qui ont tenu le haut du pavé pendant près d'un siècle, qui ont cru disposer de l'Église de France pendant le Grand Schisme, qui ont arbitré les conflits de la guerre civile, qui ont jugé et se sont déjugés dans l'affaire de Jeanne d'Arc, qui se sont pris aux conciles pour les maîtres à penser de la chrétienté et pour ceux de l'Europe politique. L'un d'entre eux s'avance pour prononcer son inévitable harangue. Le roi n'en écoute que quelques phrases, puis le fait taire. Les rieurs seront du côté du roi. Il n'en manquera qu'un pour rire, dans les tavernes, du faux pas des doctes : le chenapan François Villon est pour l'heure en prison, à Meung-sur-Loire.

Les deux prélats ont revêtu leurs ornements. Mitre en tête, Guillaume Chartier présente l'évangéliaire au roi. Celui-ci le prend d'une main, saisit de l'autre le registre du chapitre qu'on lui tend et lit d'abord à voix basse le texte du serment qu'on attend de lui, ce serment qui rappelle celui qu'il a déjà prêté à Reims et dont le renouvellement lui ouvrira les portes de la cathédrale.

Le roi est de mauvaise humeur à l'égard du clergé. Un paragraphe du texte lui paraît inacceptable. On peut y voir une reconnaissance de l'indépendance des églises.

> Je promets et je garantis à chacun de vous et aux églises à vous confiées que je maintiendrai votre privilège canonique, votre statut et votre juridiction, et que je vous aiderai à les défendre, autant qu'il sera en mon pouvoir, avec l'aide de Dieu, ainsi qu'un roi est tenu de le faire à l'égard de chacun des évêques de son royaume et de l'église confiée à chacun d'eux.

Louis XI refuse de jurer cela. Un siècle et demi après les grands conflits idéologiques du temps de Philippe le Bel, il lui semble que c'est poser de nouveau la question de la relation du roi et de l'Église de France. Les clercs sont-ils de France avant d'être d'Église, ou d'Église avant d'être de France ? Le roi est-il le maître de son Église, la « première personne ecclésiastique du royaume », ou n'en est-il que le défenseur ? On discute brièvement. Tout cela se passe devant le peuple, mais la discussion n'est entendue que de quelques-uns, tout comme le serment que, finalement, prête le roi parce qu'il faut en finir. Lui a-t-on fait valoir qu'il s'agissait d'une « antique coutume », comme le rapporte Thomas Basin qui semble n'y avoir pas été ? A-t-il, au contraire, prêté un serment abrégé, se contentant de maintenir le privilège claustral, autrement dit la franchise accordée depuis cinq siècles au cloître des chanoines ? L'incident est clos, mais le roi en gardera rancœur.

On lui tend maintenant une croix, qu'il baise. Il baise aussi l'évangéliaire. Les portes s'ouvrent. Le clergé entre. Le roi entre à son tour, suivi du cortège. On chante le *Te Deum*. L'orgue joue. La foule crie : « Noël ! ». Le roi se recueille devant l'autel.

La foule l'acclame à la sortie. Il remonte à cheval et gagne le Palais de la Cité. Le banquet qui clôt la journée et que l'on donne au Palais laissera quelques souvenirs. Le faste du duc de Bourgogne l'a emporté sur la pingrerie de Henri VI, qui avait fait servir aux notables des viandes réchauffées, et sur la faute de Charles VII qui avait oublié la « donnée », autrement dit la distribution d'argent au peuple.

Ce soir-là, Louis XI dort au Palais. Le lendemain, après avoir soupé chez Guillaume de Corbie, qui devient premier président au Parlement de Dauphiné, il va loger dans cet hôtel des Tournelles qui fut, au nord de la Grand-Rue Saint-Antoine, la dernière résidence de Bedford et que Charles VII a occupé quelques jours. C'est là qu'en juin 1441 Louis a passé une nuit sans se montrer aux Parisiens. Même vingt ans plus tard, il n'a guère le choix. Charles VII n'y a couché qu'une nuit après son entrée du 8 novembre 1437, le Palais de la Cité étant encombré de longue date par les organes administratifs et judiciaires du pouvoir central. Le Louvre n'est plus habitable. Depuis la mort d'Isabeau de Bavière, l'hôtel Saint-Paul est vide. Louis XI n'a jamais vécu à Paris, sinon quelque trois semaines après l'entrée solennelle de son père en 1437 et quelques jours au début de 1441. Au soir de sa « joyeuse entrée, il peut se demander s'il y a vraiment place pour le roi dans sa capitale.

La journée portera très vite ses leçons. Il appartient au roi de remettre sur-le-champ les choses en ordre. Pour protégé qu'il ait été, cinq années durant, du duc de Bourgogne, le roi de France n'a maintenant plus rien de commun avec le camp bourguignon. L'attitude de l'Université l'a bien souligné, qui s'est montrée plus bourguignonne que royaliste. Même si le duc Philippe reçoit beaucoup en son hôtel d'Artois tendu de tapisseries de haute lice, il est le premier à comprendre que les choses on changé. Le roi lui laisse à entendre qu'il a fini de jouer son rôle. Philippe le Bon va regagner ses terres.

Louis XI peut à son tour quitter sa capitale. Il y restera quand même trois semaines, le temps de procéder sur place à quelques révocations et à autant de nominations dans les grands corps qui constituent, en l'absence chronique du roi et de la cour, le haut de la société parisienne. Il ne manquera pas de témoigner pendant ce temps la plus grande considération aux corps, frappant parfois les têtes mais flattant les plus modestes. On lui en saura gré.

Il a beau souper chez quelques officiers et quelques grands bourgeois dont les épouses demeureront éblouies d'avoir reçu le roi de France, il ne peut s'y tromper : le bon accueil de ceux dont l'intérêt était de lui faire bonne figure ne peut effacer l'inquiétude que suscite chez lui une capitale à la fidélité changeante. Louis ne sait pas que l'intérêt même des bourgeois, quatre ans plus tard, sauvera la Couronne. Ce qu'il en sait pour l'heure, et assurément ce qu'on lui en a dit, l'engage à la méfiance. Nous avons bien des preuves d'une volonté déjà arrêtée de ne point faire de Paris la résidence royale par excellence qu'a été la capitale entre le XIe et le XIVe siècle.

L'étrange distribution des rôles née du tumulte et consolidée par le partage du royaume va donc durer, et cela jusqu'à François Ier. Paris demeure capitale. La reconquête de Paris en 1436 a été un symbole, et l'entrée solennelle de 1437 a fortifié le symbole. Le rôle de la capitale a été durablement défini sous

Philippe Auguste : c'est la ville où se tient à demeure, donc disponible pour tous les officiers royaux et pour tous les sujets du roi, le complexe d'institutions qui, aux dimensions nouvelles du domaine royal et de l'autorité royale, ne sauraient plus suivre la personne du roi dans l'itinérance qui tient aussi bien à la chasse qu'à la guerre et, de plus en plus, à la nécessité politique de se montrer et de voir par soi-même. Pour abriter le trésor et les archives au lieu de les transporter sans cesse, le Louvre est un symbole autant qu'un instrument. Les fiefs mouvant du roi sont dits « tenus de la grosse tour du Louvre ». Reconstruit au XIIIe siècle dans la Cité sur l'emplacement du palais des empereurs romains et des comtes carolingiens, le Palais abrite les institutions administratives, judiciaires et financières de la Couronne, et leur développement en fait même, dès le XIVe siècle, un ensemble monumental fort impropre à la résidence d'un roi et de son hôtel.

Bref, Paris est capitale, et le restera même au temps d'un Louis XIV tenant ses conseils à Versailles. C'est dans la capitale que se traitent les affaires quotidiennes du royaume. Charles VII y a fait revenir les institutions – le Parlement, les Chambres ou Cours des comptes, des aides, du trésor et des monnaies – qui s'étaient dédoublées pendant la guerre. La réunification du royaume s'est faite à Paris et par Paris. Louis XI n'y touchera pas.

L'Université sera finalement la seule à garder la blessure des fondations concurrentes nées de la division du royaume : on a gardé les universités de Poitiers et de Caen, tout comme se maintiennent naturellement celles qu'ont créées les princes, et Louis XI y ajoutera celle de Bourges. Mais, si la fonction universitaire contribue notablement au rayonnement de la capitale, elle n'est en rien une composante de la fonction de capitale. Malgré la prétention des maîtres parisiens, l'Université de Paris n'a jamais été la seule.

Autre chose est la résidence royale, qui implique d'abord le goût du roi et son agrément, la confiance que l'on peut avoir en la population ambiante, des relations aisées avec tout le royaume et assez d'espace bâti pour que s'y abritent les organes proches qui demeurent nécessaires à l'exercice du gouvernement. Tout autant que pour Charles VII, les deux premières conditions excluent Paris. Louis XI a gardé de son enfance un goût réel pour la province et en particulier pour la campagne, et de son expérience politique une méfiance viscérale envers les Parisiens. L'analyse que peut faire l'historien du lent mais profond retournement de l'opinion dans la capitale n'a pas encore été faite, et Louis XI n'a pas les moyens de percevoir la déception des bourgeois face au duc de Bourgogne et à ce qu'il représente, non plus que leur lassitude devant les agitations des princes. Sa décision est prise : il gagne les bords de Loire.

Bilan d'une longue attente

Un bilan s'impose à l'historien qui atteint cette année 1461 où prend fin l'interminable attente. De ce long apprentissage, d'abord organisé, ensuite improvisé, qu'a retenu Louis XI ?

Le nouveau roi vient d'avoir trente-huit ans. À ce moment de leur vie politique, Charles VI avait onze ans et Charles VII dix-neuf. Louis XI n'a plus à découvrir le monde. Il n'est pas, non plus, appelé à la Couronne dans des circonstances difficiles : ni minorité, ni guerre civile. Que nul n'ait pris argument de sa rébellion pour mettre en doute sa qualité d'héritier le conforte dans l'idée que son droit est inviolable. Le très jeune Charles de France n'a pas bronché, et nul n'a pris son parti. La cause est entendue. Louis est « vrai roi ». La question a quand même été posée, et l'information sera transmise jusqu'à Genève, à Milan et, par Vincenzo della Scalona, à Mantoue. « Par des marchands de France, on a entendu que tous les seigneurs et le peuple ont demandé le dauphin pour roi et que son frère lui consent qu'il soit le vrai successeur. »

Voilà pour les principes. Venons-en à la pratique. Sa trop longue jeunesse de prince élevé dans une cour aux cent intrigues lui a donné sinon le goût du moins l'habitude des favoris, ou pour tout dire la manœuvre des entourages. Peut-être lui a-t-elle enseigné, aussi, à ne laisser guère de place dans la vie politique aux femmes de sa maison. Isabeau de Bavière en un temps, Yolande d'Aragon en un autre, Agnès Sorel et Antoinette de Maignelais en un troisième lui ont paru tenir un rôle qui n'était pas le leur. Il a promis sa gratitude à Antoinette quand celle-ci trahissait son royal amant pour informer le dauphin. Il ne lui a pas promis une place. Le gouvernement de Louis XI sera un gouvernement sans femmes.

La prise en main du Dauphiné l'a mis au contact des réalités de la vie administrative. Il sait ce que sont les problèmes d'un pays, ce que valent des institutions, et ce qu'il faut d'hommes pour les tenir loyalement. Il a idée de ce que sont les particularismes. Il a l'expérience des besoins de l'économie. Si l'on excepte le futur Charles V, régent en un temps de crise, Louis XI est le premier des rois de France à avoir réellement gouverné. Et, parce que sa présence en Dauphiné n'a cessé d'être conflictuelle, il sait ce que c'est que tenir le pouvoir dans le contexte changeant des conflits européens.

Sa position, somme toute modeste, de prince d'une petite principauté ne lui a pas permis, comme il en a parfois rêvé, de jouer les grands en tête d'armées qu'il n'avait pas. Il en a conçu une certaine estime pour ces capitaines qui l'ont servi, parfois avec des gens de sac et de corde, mais qui ont illustré l'utilité du mercenaire. Lui-même n'a-t-il pas, un temps, songé à se faire une sorte de *condottiere* ? Il a appris que l'on peut mener une grande politique en faisant se battre les autres. L'argent peut être une armée, il l'a éprouvé.

Ce faisant, sa politique a largement été celle d'un prince qui, peu soucieux de sortir de son refuge dauphinois ou brabançon, correspond avec le monde. On est fasciné par le nombre des lettres qu'il reçoit et adresse, par celui des ambassades et des courriers. Parce qu'il était quelque peu enfermé dans son Dauphiné ou dans son château de Genappe, le futur Louis XI a appris à manier les affaires par correspondance. L'image du roi dans le secret de son cabinet, pour fausse qu'elle soit au regard de ses activités, de ses déplacements et de ses contacts personnels, n'en a pas moins une touche de justesse : le travail de Louis XI sera largement nourri de dossiers, de rapports et de lettres.

Attentif qu'il a été à ces relais politiques que sont les évêques, il est au fait de ces réseaux qui sont en bonne partie familiaux mais qui se traduisent par des connivences politiques. Son expérience des évêques du Dauphiné lui sera précieuse, comme la connaissance qu'il a de certains légats et en premier lieu du cardinal d'Estouteville. De la situation du clergé français après la Pragmatique Sanction et des prétentions de la Cour de Rome, Louis est parfaitement informé.

Il a côtoyé les milieux d'affaires. Parce qu'il lui a souvent fallu vivre à crédit, il a l'usage des banquiers. Il a connu les problèmes économiques de Lyon comme ceux de Genève. Des conseillers comme Astars ou Erlant lui ont été précieux. Il sait ce qu'est une place économique et ce qu'est une route commerciale.

Son exil en Bourgogne n'a pas été moins formateur. Parce qu'il arrivait en situation de quémandeur et qu'il demeurait en état de faiblesse, il a appris ce qui lui sera si utile plus tard, l'art de plaire. Commynes l'écrira plus tard, le séjour en Bourgogne n'a pas peu contribué à former l'esprit de Louis XI. « Le travail qu'il eut en sa jeunesse, quand il fut fugitif de son père et fuit sous le duc de Bourgogne où il fut six ans, lui valut beaucoup, car il fut contraint de complaire à ceux dont il avait besoin, et ce bien, qui n'est pas petit, lui apprit adversité. »

Il a de surcroît connu ceux qui vont être les protagonistes du jeu politique à venir, et en premier lieu le futur duc de Bourgogne : Charles de Charolais, qui sera le Téméraire, a souvent été son compagnon. Mais il n'est pas moins familier du duc de Savoie et du roi René, voire, par correspondance, du duc de Milan. Il n'est pas, comme jadis son père, trop longtemps isolé par les événements de Paris, puis par la guerre étrangère, ignorant des alliances et des tensions de la haute féodalité. Sur le duc de Bourbon comme sur le duc d'Alençon, il a son opinion. À charge de révisions, bien sûr...

En Dauphiné, il a pu connaître et juger ceux qui l'ont servi. Certains, comme Batarnay, seront encore au chevet de son lit de mort. Il a même jaugé ceux qui l'ont desservi. Antoine de Chabannes lui sera plus tard précieux. En Brabant, il s'est lié avec les Croy, comme avec Philippe Pot. À des moments différents, il les retrouvera.

Sa jeunesse à la cour de France lui avait appris ce qu'était un complot. La vie chez le duc de Bourgogne lui a appris la diplomatie. S'employant à réconcilier pour un temps le duc et son fils, calmant le duc quand celui-ci s'insurge contre une convocation au lit de justice tenu par Charles VII, convocation qui fait bon marché de l'exemption d'hommage stipulée en 1435, il a découvert les vertus de l'art de composer. Il a enfin, voyant vieillir son protecteur, su comment on met en tutelle un prince : il en gardera l'appréhension et saura, le moment venu, s'en préserver.

Règlement de comptes

On ne pouvait que s'y attendre, Louis régla quelques comptes. Le fait qu'il n'ait pas jugé utile de se précipiter pour assister aux obsèques de son père était en soi un avertissement : Louis XI n'avait pas le pardon facile. Commynes le note : « Comme il se trouva grand et roi couronné, d'entrée ne pensa qu'aux vengeances. » Le moment, en effet, semblait venu.

Il commença par punir ceux de ses anciens fidèles qui l'avaient abandonné. Le vieil Étienne Chevalier perdit ses fonctions. Ayant refusé de suivre le dauphin en 1456 et s'étant vu confirmé par Charles VII, Nicolas Erlant fut remplacé comme trésorier général du Dauphiné. La victime la plus en vue fut Dammartin. Il avait été des signataires de la lettre du 17 juillet 1461 appelant le dauphin à se tenir prêt. Mais il jugeait incertains les effets de ce retournement. Il s'exila. Guillaume Cousinot, que l'on avait connu à Grenoble conseiller du dauphin et premier président du Conseil delphinal, avait jugé bon, avant 1449 de rejoindre Charles VII, lequel l'avait nommé bailli de Rouen avant même la reprise de la ville, et Cousinot était demeuré l'un des conseillers intimes du roi. On se souvient du rôle qu'il avait joué, quelques mois plus tôt, face à l'envoyé du dauphin. Louis XI le fit jeter en prison à Montrichard. Ses biens furent attribués aux nouveaux favoris : Antoine du Lau, Houaste, Charles de Melun.

Certains ont trop servi Charles VII pour n'être pas coupables ou suspects d'avoir nourri une inimitié contre Louis. On l'a vu, celui-ci n'a pas attendu le sacre pour évincer Lohéac et Bueil, porteurs, cinq ans plus tôt, de l'ultimatum royal. Lohéac est également remplacé comme lieutenant pour le roi à Paris, charge qu'il n'a exercée que quelques mois.

Au Conseil, c'est évidemment la grande purge. Pierre de Brézé a préféré prendre le large. Il reviendra et sera jeté en prison à Loches. Revenu en 1463, Dammartin sera condamné à mort et en fait embastillé. Général des finances de Langue d'oïl depuis 1452 et maître des comptes depuis 1459, Pierre Doriole est révoqué avant même le sacre, le 29 juillet 1461. Seul échappe Jean Bureau, l'ami personnel du roi et son hôte à la veille de l'entrée dans Paris.

Bien des victimes du règlement de comptes de 1461 ne tarderont pas à revenir. Louis XI s'avise rapidement qu'il n'a pas à sa disposition un lot inépuisable de gens compétents, et qu'il peut, maintenant qu'il est roi, acheter des ralliements et récompenser des services.

Antoine d'Aubusson a été bailli de Tours de 1450 à 1461, et on l'a connu à la cour de Charles VII dans la double position de favori et de mari d'une favorite que certains disaient être la maîtresse du roi. On l'a vu au côté de Charles VII lors de son irruption en Dauphiné. Il est sur-le-champ remplacé dans son bailliage, et se voit même interdire d'attendre l'arrivée de son successeur : le 5 août, Louis XI charge le lieutenant du bailliage de gouverner l'office en attendant le nouveau bailli. Mais Antoine d'Aubusson est un grand personnage, bien pourvu de seigneuries et de pensions. On compte trois évêques parmi ses frères. Lorsqu'en 1480 il ira secourir à Rhodes son frère Pierre, grand maître de l'ordre de l'Hôpital, il emmènera une armée de 500 cavaliers et 2 000 hommes de pied armés à ses frais. Nous le reverrons, en 1466, bailli de Caux.

Brézé revient très vite. Sans doute Louis XI est-il obligé de tenir compte de ce réseau de relations féodales et familiales qu'a tissé l'ancien favori de Charles VII et d'Agnès Sorel. Au printemps de 1462, il est libéré et ses biens lui sont rendus. Son fils Jacques épouse Charlotte, l'une des filles de Charles VII et d'Agnès, une Charlotte qu'il tuera de ses propres mains dix ans plus tard, l'ayant surprise au lit avec son veneur. En septembre 1464, Pierre de Brézé redevient grand sénéchal de Normandie. Il sera tué le 16 juillet 1465 à Montlhéry à la tête de l'avant-garde de l'armée royale. Son fils Jacques lui succédera en Normandie.

En 1463, Doriole est de retour au Conseil royal et il est chargé par le roi de négocier des emprunts. De nouveau compromis par son adhésion au parti de Charles de France dans le Bien public, il retrouve cependant la faveur royale en se rendant utile.

D'autres connaissent une disgrâce durable. Le Bâtard d'Armagnac remplace Jean II de Bourbon comme gouverneur de Guyenne. Bueil mourra à l'écart du pouvoir, ayant fâcheusement participé au Bien public et n'ayant pas su se faire pardonner. À d'autres qu'à quelques princes avec lesquels il lui faut bien composer, Louis XI peut éventuellement pardonner une fois, non deux.

Souvent, Louis XI assure habilement un changement sans blessures, renouvelant sans punir ceux qui ont été fidèles au roi sans attaquer pour autant le dauphin. D'ailleurs, il n'a pas toujours les coudées franches. Il ne peut offenser tous les grands corps en faisant litière de l'inamovibilité qui s'est établie depuis le siècle précédent. C'est ainsi que la continuité est assurée au Parlement et aux Chambres des comptes et du trésor.

Le chancelier Guillaume Juvénal des Ursins, qui a si durement traité en 1456 les envoyés du dauphin Louis, est remplacé dès septembre 1461, après un intérim du fidèle Jean de Valpergue, par le conseiller au Parlement Pierre de Morvilliers, fils du premier président du Parlement bourguignon de 1418-1436. Son jeune frère, Michel Juvénal des Ursins, était bailli de Troyes, la ville natale de Jean Jouvenel. Il est, lui aussi, révoqué.

Au Parlement, Louis XI confirme le 18 septembre 1461 les quatre présidents, les quatre présidents des Enquêtes, les trente-six conseillers clercs et les vingt-sept conseillers lais qui sont en fonction. À l'exception de Guillaume Erlant – le fils de Nicolas – qui remplace Morvilliers, promu chancelier de France, les conseillers qu'il nomme à son avènement remplacent simplement quelques magistrats récemment disparus. Le roi joue en revanche des fonctions de président, qui sont à sa discrétion. On a dit le mécontentement du dauphin à l'endroit du premier président Yves de Scépeaux : celui-ci est rétrogradé comme deuxième président, et remplacé par Hélie de Tourettes, jusque-là troisième président. La mort de Tourettes, en décembre, permettra la promotion de Mahieu de Nanterre, ce magistrat que, prévôt des marchands, nous avons vu sérieusement ennuyé en 1459 par l'heureuse naissance survenue chez le dauphin Louis. Nanterre sera encore au Parlement sous Charles VIII.

Deux personnages font, le 11 septembre 1461, leur apparition au Parlement, en charge des affaires du roi. Tous deux sont liés au duc de Bourgogne. Jean de Saint-Romain, nommé procureur général, est le fils d'un conseiller jadis écarté par le gouvernement armagnac. L'avocat Guillaume de Ganay, qui avait parmi ses clients le duc de Bourgogne, devient l'un des deux avocats du roi, mais l'autre reste Jean Simon, fils d'un avocat au Parlement de Poitiers, qui était en charge depuis 1452 et mourra en fonctions en 1471. Condition inusitée, la Cour fixe à Ganay un délai d'un mois pour se libérer de toutes les causes qu'il défendait : l'avocat du roi ne peut être en même l'avocat de quelque autre que ce soit. Ganay demeurera l'avocat du roi jusqu'à sa mort en 1483. Son fils sera chancelier de France sous Louis XII.

À la Chambre des comptes, sur trente et un maîtres, quatre seulement sont remplacés. Quatre nominations en surnombre permettent cependant au nouveau roi de mettre en place des gens sûrs. Sur les deux présidents, l'un, le président lai Simon Charles est maintenu. Mais il n'y a plus de président clerc, Jacques Juvénal des Ursins, patriarche d'Antioche, étant mort en 1457 et Charles VII ne lui ayant pas donné de successeur. Le président clerc est toujours un prélat de haut rang. Dès le 6 août, Louis XI nomme là le cardinal Richard Olivier de Longueil. La continuité n'est pas moins assurée à la Chambre du Trésor, où nul n'est évincé.

Au Châtelet, le lieutenant civil Jean de Longueil – nommé en 1431 par Bedford – a grande réputation comme praticien du droit. Le 11 septembre 1461, il est nommé conseiller au Parlement, fonction sans doute moins fatigante pour un homme qui vieillit. Son collègue le lieutenant criminel Martin Bellefaye échappe également à la disgrâce : il entre au Parlement dès février 1462. Quant au procureur du roi, Henri de la Cloche, il reste en place.

Parmi les hauts officiers de la finance, le bouleversement est général, à l'exception des deux trésoriers des guerres. Généraux, receveurs généraux et trésoriers, un sur deux perd sa place. La Chambre des aides n'est pas moins perturbée. Un membre sur trois est remplacé sur-le-champ, dont le président. En mai suivant, le roi supprimera la Chambre, qu'il rétablira deux ans plus tard. Quant à la Chambre des monnaies, elle voit, en quelques semaines, révoquer les deux tiers des maîtres généraux.

On voit alors entrer en scène plusieurs de ces hommes d'affaires berrichons ou tourangeaux qui, naguère liés à Jacques Cœur, ont avec lui servi les desseins du dauphin Louis. À peine est-il roi, et non encore parti de Genappe, que Louis XI nomme généraux des finances deux Berrichons qui ont été des collaborateurs de l'argentier, Jean de Bar pour la Langue d'oil à la place de Pierre Doriole et Guillaume de Varye pour le Languedoc à la place de Jean Herbert. Tous ces noms représentent un milieu parfaitement lié : Varye a épousé vingt ans plus tôt Charlotte de Bar, la sœur de Jean, et celle-ci, après la mort de Varye en 1469, se remariera avec un Doriole revenu aux affaires pour un temps en 1465 comme général pour la Normandie et de nouveau pour la Langue d'oïl en 1468. Dans cette fournée de généraux qui ébranle la haute finance royale en juillet et août 1461, l'arrivée d'Arnoulfin ne détonne pas.

Une fournée de receveurs et de contrôleurs généraux complète à l'automne, après plusieurs révocations, le renouvellement du personnel financier. On y voit, outre Simon de Varye, le frère de Guillaume, deux secrétaires du nouveau roi, Jean Le Prévost et Jean Bourré, le confident des jours sombres. Nommé secrétaire des finances le 29 juillet 1461, cinq jours après que Louis XI a appris la mort de son père, Bourré devient contrôleur général de Normandie dès le 10 septembre, sans cesser pour autant d'être omniprésent au côté du nouveau roi.

Dans les bailliages et sénéchaussées, c'est le grand mouvement. Encore faut-il, pour l'apprécier, noter que les baillis et sénéchaux de Louis XI ne sont plus ce qu'étaient leurs prédécesseurs du siècle précédent, et qu'on peut en dire autant de bien des capitaines et de quelques gouverneurs. Pour la plupart, la fonction n'est qu'un revenu permanent fondé sur un rôle épisodique. Certains ne mettent guère les pieds dans leur ressort. En réalité, ce sont des hommes de confiance, souvent des capitaines, parfois des diplomates, qui sont employés par le roi à d'autres affaires. Quand on voit guerroyer en Roussillon Houaste ou Louis de Crussol, l'un bailli de Rouen et l'autre sénéchal de Poitou, quand on voit faire campagne en Armagnac le bailli de Lyon Théaude de Valpergue, quand un Antoine d'Aubusson, bailli de Tours, fait la guerre en Guyenne ou négocie à Milan avec Sforza, quand le Dauphinois Aymar de Poisieu est à la fois bailli de Mantes et capitaine de Montereau qui ne sont pas villes voisines, quand le gouverneur de Montpellier Guillaume Cousinot est ambassadeur à Rome, quand le gouverneur de Roussillon Jean de Salazar dirige la défense de la ligne de la Somme, et quand un poltron avéré comme Jean Bourré est capitaine de Langeais, on comprend ce qu'il en est. Ces pratiques, d'ailleurs, n'empêchent pas de tels hommes de jouer à l'occasion un rôle dans leur ressort, voire d'y tenir, comme le sénéchal de Lyon face à la ville ou le bailli de Rouen face à l'agitation de la féodalité normande, une position stratégique assez constante.

Le mouvement qui les affecte n'est donc à certains égards qu'une redistribution de titres et de pensions. À Lyon, Tanguy de Joyeuse, nommé depuis 1460, est remplacé en janvier 1462 par le fidèle François Royer. Le sénéchal de Poitou Louis de Beaumont est remplacé par Joachim Rouault, lui-même remplacé à Beaucaire par Bernard d'Oms. En Cotentin, le Gascon Odet d'Aydie, nommé en 1454 à la place de Jean de Montauban, est révoqué dès juillet 1461. Il sera, contre Louis XI, des plus solides partisans de Charles de France et du duc de Bretagne.

Quelques-uns franchissent sans embarras le passage d'un roi à l'autre. Robert de Floques a eu son heure de célébrité en 1441 quand il a pris Évreux aux Anglais. Il demeure maréchal de Normandie, mais il est mourant. Bailli d'Évreux, il a, en 1456, obtenu de Charles VII la survivance de son office de bailli au profit de son fils Jacques. Louis XI confirme celui-ci. Jacques de Floques sera tué à la bataille de Montlhéry. Quant à Gilles de Rouvroy, l'ancêtre des Saint-Simon, il a été nommé bailli de Senlis en 1439, puis capitaine de Senlis en 1447, et il va garder ces deux offices jusqu'à sa mort en 1477.

Parmi les capitaines de l'armée permanente, le nouveau roi en conserve peu. Le maître de l'artillerie, Gaspard Bureau, qui est de surcroît capitaine du Louvre, est maintenu : le roi le sait difficilement remplaçable. Dunois demeure en fonction, mais non en place : il est dépêché en Italie pour défendre Asti. Tristan L'Hermite demeure prévôt des maréchaux. Mais, pour trois capitaines sur quatre, c'est la purge.

Le monde des officiers n'est pas le seul touché par le règlement de comptes. À Tours, la fonction naguère illustrée par Jacques Cœur était occupée dans les dernières années de Charles VII par un Tourangeau, Jean de Beaune, un fils d'hôtelier rapidement devenu le principal homme d'affaires de la place mais obligé de tenir compte de quelques marchands venus de Bourges, et en particulier du grand drapier Jean Lallemant. Un autre Tourangeau, Pierre Burdelot, était argentier en titre. En février 1462, Louis XI nomme argentier Guillaume de Varye, qui a déjà, en 1448, suppléé pour un temps Jacques Cœur dans cette fonction. Dans le même moment, il retire à Jean de Beaune le monopole des approvisionnements de la cour en draps, désormais confiés à son fidèle Michau Dauron, un marchand berrichon qui l'a servi depuis son enfance et l'a suivi en Dauphiné, puis en Brabant. Dauron se dit maintenant « marchand suivant la cour ». Jean de Beaune devrait se contenter de vendre du drap à la clientèle citadine, voire de brasser des affaires. Il saura vite se rendre utile.

Un double geste de clémence ou de justice sera mal interprété de certains. Les ennemis irréductibles du dauphin ont laissé courir le bruit d'un empoisonnement de Charles VII. En attendant l'arrivée du nouveau roi, le médecin Adam Fumée a été incarcéré et le chirurgien s'est enfui. Louis XI leur donne des compensations et garde Fumée à son service, d'abord comme médecin, ensuite comme maître des requêtes de l'Hôtel et parfois comme ambassadeur. Délibérément hostile à Louis qui n'a pas fait grand cas de lui, Thomas Basin laissera entendre que ces gestes étaient preuves de complicité. On peut penser que, si les praticiens avaient été des assassins à gage, on n'aurait pas manifesté à leur endroit la moindre charité.

Le désir de prendre le contre-pied de son père et, pour un temps, de faire plaisir au duc de Bourgogne pousse parfois

Louis XI à des décisions malheureuses. Ainsi blanchit-il, dès le 11 octobre 1461, le comte Jean V d'Armagnac que le Parlement a, à l'instigation de Charles VII, condamné pour trahison au bannissement et à la confiscation de ses biens. Jean V est un personnage fort peu recommandable, qui défraie la chronique en ayant fait trois enfants à sa sœur et qui n'a jamais manqué de seconder son père dans ses rébellions contre la Couronne. Il a tenté de mettre la main sur le Comminges, et c'est le dauphin Louis qui s'est alors vu chargé de le réduire. Comme il est parvenu à s'enfuir, il a échappé à la peine de mort. Louis XI jugera très politique de faire réviser son procès et, le 12 septembre 1464, de le faire rétablir dans ses droits et ses seigneuries. Il en va de même avec le duc Jean d'Alençon. Condamné à mort pour trahison en 1458, le « gentil duc » est toujours en prison. Louis XI s'empresse de le libérer et de lui rendre ses seigneuries. C'est compter en vain sur la reconnaissance de deux agités.

Pendant que Jean d'Estouteville perd sa charge de maître des arbalétriers, son frère le prévôt de Paris de Charles VII, Robert d'Estouteville – le protecteur béni de François Villon – est révoqué dès le 30 août, jeté en prison à la Bastille, puis au Louvre. Une enquête aboutira à cette conclusion qu'il n'y a rien à lui reprocher. Jean et Robert reviendront aux affaires.

Tiré de sa prison après une bonne année de captivité, Guillaume Cousinot devient pour Louis XI ce qu'il a été pour Charles VII : un conseiller juridique et un diplomate fidèle. Étienne Chevalier retrouve la confiance du roi, qui en fait en 1462 un trésorier de France pour la Langue d'oïl, et il ne la décevra pas : dans l'affaire du Bien public, il refusera toute compromission avec les rebelles. Il en sera récompensé en retrouvant sa pension. L'un et l'autre seront plus tard de ceux que Louis XI chargera de l'éducation du futur Charles VIII.

Les compétences financières de Nicolas Erlant sont trop précieuses pour que le roi s'en passe longtemps. Nicolas devient en 1465 receveur général de Languedoc. Ses enfants feront de belles carrières. Dès 1461, Antoine est général à la Cour des aides et Guillaume est conseiller au Parlement. Jacques sera en 1464 secrétaire du roi et en 1482, général des finances dans la Bourgogne conquise par Louis XI. André sera en 1483 contrôleur général de Normandie.

En ces temps de changement, on doit noter quelques étonnantes continuités. Conseiller au Parlement depuis 1442, ambassadeur de Charles VII en Italie, Henri II de Marle est maître des requêtes de l'Hôtel et chargé de mission, en 1461 dans l'affaire de Catalogne, en 1463 dans celle d'Épinal. Il est nommé en 1465 premier président du Parlement de Toulouse, pour succéder à Jean Dauvet qui regagne Paris. Il y mourra en fonction trente ans plus tard. Et le chevalier du guet Jean de Harlay, pourtant nommé par Charles VII en 1455, traversera tout le règne et sera encore en fonction sous Charles VIII en 1496.

Carrières de fidèles

C'est naturellement le grand retour de ceux qui ont été fidèles en Dauphiné dans les temps difficiles et de ceux qui ont suivi l'exilé à Genappe. Jean de Montauban devient amiral de France. L'ancien routier Jean de Lescun, le Bâtard d'Armagnac, que l'on a vu maréchal du Dauphiné, est fait maréchal de France, en même temps que lieutenant général en Guyenne. Louis XI lui donne en 1461 le comté de Comminges qui vient d'être uni à la Couronne – ce pourquoi la Chambre des comptes et le Parlement feront quelque difficulté pour enregistrer le don – et en 1464 celui de Briançonnais. En 1463, il est légitimé par lettres patentes. Entre-temps, il a enfin occupé son gouvernement du Dauphiné, que le dauphin lui a donné en 1458 mais dont il ne pouvait alors prendre possession.

Fidèle depuis sa jeunesse au point que Chastellain le qualifie de « mignon du roi », Louis de Crussol entre au Conseil du roi, qui en fera en 1468 le grand panetier de France. Crussol sera pendant quelques jours en 1461 bailli de Chartres, puis pendant douze ans sénéchal de Poitou, mais il prendra une part active à la campagne de Roussillon. Dans l'été de 1473, pour les dernières semaines de sa vie, le roi lui donnera la charge dont ce grand baron dauphinois ne pouvait qu'avoir rêvé, celle de gouverneur du Dauphiné. Un autre Crussol, Géraud, devient maître des requêtes de l'Hôtel.

Les Poisieu et les Poitiers ne sont pas oubliés. Aymar de Poisieu, *alias* Capdorat, devient en 1461 bailli de Mantes et capitaine de Montereau. Il est l'un des quatre capitaines généraux des francs-archers du royaume. À sa mort en 1478, lui succéderont à Montereau son fils Louis et à Mantes son neveu Étienne – dit le Poulailler – qui est par ailleurs capitaine d'une compagnie de l'ordonnance. Le neveu de Guillaume de Poitiers, Aymar, seigneur de Saint-Vallier, épousera en 1467 l'une des filles que Louis XI a eues de Marguerite de Sassenage. Veuf en 1469, il devra rendre la dot, mais Charles VIII en fera un grand sénéchal de Provence. Sa petite-fille sera Diane de Poitiers. Un autre fidèle du Dauphiné, Louis de Saint-Priest, est marié à une autre fille de Marguerite de Sassenage.

Le secrétaire Jean Bourré n'a jamais manqué au dauphin. Il a été en Dauphiné le contrôleur de la Chancellerie et le secrétaire de la Chambre des comptes, puis à Genappe l'irremplaçable secrétaire, souvent interprète de la volonté d'un roi qui a éprouvé sa fidélité, son expérience et sa discrétion. À peine est-il roi que Louis XI l'envoie comme ambassadeur auprès du pape et le représentant permanent de Ludovico Gonzaga à la cour de Milan a quelque peine à se mettre son nom en tête : « Le nouveau roi de France envoie ici un maître Zohanne Borrao, secrétaire, duquel je ne saurais rien dire d'autre. » Durant tout le règne, Bourré sera l'un de ses principaux conseillers, et celui qui partage tous les secrets de l'État. En septembre 1461, il est fait maître des comptes et contrôleur des aides en Normandie. En fait, on le verra peu à la Chambre et sans doute peu en Normandie : il reste l'homme des secrets du roi. Celui-ci lui confie de surcroît la charge de capitaine de Langeais, une charge qui est une responsabilité civile plus qu'un commandement militaire pour lequel Bourré ne serait pas fait. C'est sous son autorité que l'on commence en 1465 la construction du nouveau château, que le roi donne dès l'année suivante à François de Dunois, le fils de Jean, à l'occasion de son mariage avec Agnès de Savoie, la sœur de la reine Charlotte. Pour lui-même, Bourré construit l'imposant château du Plessis-de-Vent (auj. le Plessis-Bourré).

Le roi nourrit pour Bourré une profonde affection. Elle ne le dispense pas de voir les défauts de son fidèle : Bourré est peureux. On en plaisante pendant le drame de Péronne, quand arrive une lettre de Bourré, qui se dit prêt à venir se faire tuer pour son roi mais se dit aussi sûr de mourir dans l'affaire et propose d'attendre éventuellement le roi à Meaux ou à Paris. Louis XI fait observer à ses proches que Bourré traverserait la terre pour lui mais mourrait de peur en route. Mieux vaut qu'il attende à Meaux. Plus tard, le roi dispensera formellement Bourré de répondre à la convocation du ban et de l'arrière-ban.

Vient le temps d'une autre carrière. Le roi lui écrit désormais « Monseigneur du Plessis ». En 1473, Bourré est général des finances en Dauphiné. La même année, il est trésorier de France en Languedoc, et l'année suivante en Langue d'oïl. En 1478, Louis XI le choisit comme gouverneur du dauphin, le futur Charles VIII, et il s'installe à Amboise. Sous Charles VIII, Bourré sera capitaine d'Angers mais surtout président de la Chambre des comptes, et il faudra une dispense spéciale du roi pour que ce laïc marié occupe le siège du président-clerc.

Nous retrouvons aussi Imbert de Batarnay. L'enfant a grandi. Un beau mariage le fait seigneur du Bouchage. Dès 1461, le roi le nomme visiteur des gabelles de la sénéchaussée de Lyon et maître des ports et passages de la même sénéchaussée, deux fonctions essentielles quand on pense à l'importance prise par les milieux financiers de Lyon et aux prétentions de Lyon à tenir une place stratégique dans l'économie du royaume. Batarnay est de surcroît capitaine de Dax et Blaye, ce qui n'est pour lui qu'un revenu. Dans trois ans, il sera capitaine du Mont-Saint-Michel, et l'année suivante capitaine de Mehun-sur-Yèvre. En 1468, il deviendra chambellan du roi. Il sera baron, et en 1472 comte de Vic-Fezensac. Louis XI en fera l'un des exécuteurs de sa politique en bien des cas difficiles, d'abord en Roussillon, et il tiendra ensuite une place de premier plan dans les relations du roi avec son frère Charles de France.

Étonnante est à tous égards l'histoire d'Antoine de Castelnau, seigneur du Lau, qui devient sénéchal de Guyenne. Jacques du Clercq a décrit son intimité avec le roi, une intimité qui explique le retour en grâce après les infidélités des années 1465-1468. Du Lau est un homme qui doit tout à Louis XI. Il l'oubliera un temps. Le roi ne l'oubliera pas. « Un pauvre gentilhomme, mais le roi l'avait fait chevalier et il était toujours dans sa chambre avec lui, et il n'allait peu ou néant sans lui, et il l'avait fait capitaine de cent lances. »

Louis marque sa gratitude à ceux qui ont été ses banquiers dans le temps de la disette d'argent. Les Lucquois de Bruges ont, en lui faisant souvent crédit, réalisé un heureux placement. Les uns et les autres sont déjà des notables. Ils accèdent maintenant à l'aristocratie. Dès août 1461, Giovanni Arnolfini, qui ne s'appelle plus que Jean Arnoulfin, est chevalier, devient général des finances pour l'Outre-Seine et Normandie, en résidence à Rouen. Il demeure avant tout le fidèle du duc de Bourgogne et, dans l'affaire du Bien public, en 1465, il prend le parti de Philippe le Bon. Révoqué par Louis XI, arrêté et obligé de payer une amende de 12 000 livres, il regagne alors Bruges. Mais sa position sera vite rétablie. Les origines marchandes de la fortune familiale se feront oublier, et un Jules d'Arnolfin sera, sous Louis XIV, comte de Magnac, lieutenant général et inspecteur général de la cavalerie. Quant à Marco Cenami, devenu écuyer, il reste attaché au service personnel du roi. Il porte un titre envié pour un anobli de fraîche date : il est panetier du roi. Louis XI en fera, au plus tard en 1475, l'élu sur le fait des aides à Paris, c'est-à-dire le chef de toute l'administration fiscale de la capitale. Il sera sous Charles VIII le receveur et payeur des gages de la Chambre des comptes. Les Cenami porteront « d'or au lion dressé de gueules », et un Barthélemy de Cenamy sera conseiller de Henri III, Henri IV et Louis XIII. Moins glorieux est le destin de Niccolo del Poggio : il n'en est pas moins receveur des aides à Rouen avant de rentrer, peu avant 1479, finir ses jours à Bruges.

Certaines promotions sont rapides. Houaste, qui a été le premier valet de chambre du dauphin au temps de l'exil et qui a accompli tant de missions délicates auprès du roi comme ailleurs, est nommé bailli de Rouen à la place de Cousinot.

Une nomination doit être attentivement considérée : celle de Guillaume de Corbie. Pour tout le monde, Guillaume, jadis avocat et conseiller au Parlement, est le petit-fils de cet Arnaud de Corbie qui a été l'un des conseillers de Charles V, a fait partie des « Marmousets » rappelés par Charles VI à sa majorité, s'est fait remarquer par son sens de l'État. Arnaud de Corbie a été premier président, puis chancelier de France. Il s'est opposé à des réformes souhaitées par les Bourguignons et jugées par lui inefficaces. Le père de Guillaume, Philippe de Corbie, a brillé dès 1411 dans l'opposition au parti de Bourgogne. Il n'a cessé de dénoncer les engagements politiques de l'Université. Il a été la bête noire des Cabochiens. Il a été tué dans une des émeutes de 1418. Un demi-siècle plus tard, son nom reste un symbole, celui de l'hostilité fondamentale au réformisme universitaire. Le geste du nouveau roi, allant souper chez son petit-fils Guillaume et nommant celui-ci à la tête du Parlement de Dauphiné, n'est pas fait pour passer inaperçu, et cela d'autant moins que Guillaume de Corbie demeure conseiller à Paris. Deux ans plus tard, il sera président à Paris et restera en place jusque sous Charles VIII. Du côté de la Sorbonne comme au Palais, les descendants des anciens réformateurs ont compris que le vent a tourné.

CHAPITRE VIII

Le Val de Loire

Le roi à Tours

Le 24 septembre, Louis XI quitte donc Paris sans regret. À petites journées, Louis XI gagne Tours, la ville « située au milieu du royaume », comme disent volontiers les Tourangeaux de l'époque. La décision n'a rien d'improvisé. Les ambassades envoyées pour saluer le nouveau roi par les villes italiennes ont directement pris le chemin de Tours, non celui de Paris. Bien des officiers, qui savaient n'avoir pas à Paris l'occasion d'approcher le roi pendant la fête de son entrée solennelle, se sont établis, non sans inquiétude, pour attendre le roi sur les bords de la Loire. Louis XI voit-il, à ce moment, plus loin que l'hiver qui s'annonce ? Il l'écrira six ans plus tard : « À notre partement de Paris, notre intention était de s'en tirer tout droit en ce pais et d'y faire notre hiver... »

La volonté de demeurer à vie en Touraine semble lui être venue dans le courant de ce même hiver. Ce choix peut surprendre chez un nouveau roi si désireux de se démarquer de son père. En 1461, la Loire n'a plus la place stratégique qu'elle avait sur la carte politique et militaire des années 1420 et qu'elle gardait encore vingt ans plus tard. La ville de Tours est bien en position centrale, mais médiocrement reliée aux autres métropoles. De bonnes routes vont vers Paris, vers la Bretagne et surtout vers l'Aquitaine, mais les relations sont mal assurées vers la Normandie, la Bourgogne ou le Centre. À l'avènement de Louis XI, le Val de Loire n'en est pas moins une place d'où l'on surveille aisément les régions à la fidélité incertaine, la Bretagne et l'Anjou aussi bien que la Guyenne, le Bourbonnais et la Bourgogne. Le roi n'a pas oublié la Praguerie, le complot des princes réunis à Blois et l'agitation des petits seigneurs poitevins : s'établir non loin de la cour de Blois, de celle d'Angers et de celle de Moulins paraît chose raisonnable.

Les habitudes prises depuis quarante ans donnent de surcroît à la Touraine cet avantage qu'est une capacité de logement propre à l'accueil permanent d'une cour. Le nouveau roi vient de connaître les problèmes posés à Paris par l'hébergement de sa suite, et il ne prévoit certes pas l'engorgement que va provoquer à Tours même l'arrivée de courtisans et d'ambassadeurs qui se presseront naturellement plus nombreux dans les premiers jours qu'en temps normal. Comme quelques jours plus tôt à Paris, on devra distribuer des billets de logement chez l'habitant. Mais, avec le besoin, la capacité d'accueil de la ville se développera vite.

De son enfance passée d'un château à l'autre, il garde l'idée qu'on n'improvise pas la résidence durable d'un roi et de sa cour. Au temps de Bourges, de Loches et de Chinon, Charles VII n'avait qu'un petit train de vie. Louis XI n'a certainement pas envie de recommencer. Récusant Paris, il constate que la résidence royale est maintenant à Tours. Et puis, s'il a été brouillé avec son père, il n'en tient pas moins à affirmer qu'il lui succède. Le roi, maintenant, c'est lui. En Touraine, il sera chez lui et, parce qu'il y sera, ce ne sera plus chez son père.

Ce ne sera pas non plus chez sa mère. Depuis la mort de Charles VII, la reine Marie d'Anjou s'est retirée en Poitou. Le roi l'a vue quelques instants à son arrivée en Touraine, et il lui a prodigué les plus grandes attentions. Mais cela suffit. Marie mourra le 29 novembre 1463 dans la petite abbaye cistercienne des Châtelliers où Louis XI fera peindre ses armes.

Le 30 septembre, le roi est à Orléans. Il lui faut reprendre pied dans ce pays qui a été celui de son enfance. Accompagné de Charles d'Orléans, qui tient à lui ménager un accueil somptueux, il prend son temps. Dans chaque ville, on lui fait fête. On lui offre saumons et esturgeons, oies et chapons, vins blancs et vins vermeils. Il entend la harangue des notables, écoute la plainte des habitants, prie dans les églises et y vénère les reliques. Il accorde quelques remises d'impôt, quelques grâces aussi. Ainsi le 2 septembre, à Meung, fait-il comme ailleurs libérer quelques prisonniers. L'un d'eux ne l'oubliera pas.

Loué soit-il, et Notre-Dame,
Et Louis le bon roi de France,
Auquel donne Dieu l'heur de Jacob
Et de Salomon l'honneur et gloire...
Afin que de lui soit mémoire
Vivre autant que Mathusalem.

Et douze beaux enfants, tous mâles
Voir de son cher sang royal,
Aussi preux que fut le Grand Charles,
Conçus en ventre nuptial,
Bons comme fut saint Martial.
Ainsi en prenne au feu dauphin.
Je ne lui souhaite autre mal,
Et puis paradis en la fin !

Écrit l'ai l'an soixante et un
Lorsque le roi me délivra
De la dure prison de Meung
Et que vie me recouvra,
Dont suis, tant que mon cœur vivra,
Tenu vers lui m'humilier,
Ce que fera jusqu'il mourra.
Bienfait ne se doit oublier.

Louis XI vient de remettre un voleur en liberté. Il aura certainement ignoré sa brève rencontre avec un misérable hère, le « pauvre Villon ». En fait, leurs routes se sont vraiment croisées. Le roi s'est empressé de quitter Paris. À peine libéré, maître François n'a qu'une idée en tête : retrouver le pavé de Paris.

Le voyage continue, qui est un retour au pays. Le 4 octobre, le nouveau roi passe la nuit à Beaugency. Le 7, il couche dans le vieux château d'Amboise où il a des souvenirs d'enfance. Le 9, il arrive à Tours. Il va s'installer dans le château des Montils, qu'a occupé son père à plusieurs reprises depuis qu'il a trouvé commode d'y loger pendant la négociation des trêves de 1444.

Quelque 12 000 habitants, peut-être 14 000, font alors de Tours une bonne ville moyenne. Construite au milieu du XIVe siècle, une enceinte englobe 57 hectares et unit les deux noyaux anciens qui forment sur la rive gauche toute la ville : celui de la cité, à l'est, autour de la cathédrale Saint-Étienne et du château qui domine le pont fortifié sur la Loire, et celui de Châteauneuf à l'ouest autour de Saint-Martin et du Grand Marché. Avec la bastide du pont, elle met la place à l'abri des surprises. Grâce au tombeau de saint Martin, Tours est depuis plus d'un millénaire l'un des premiers centres religieux de la France. Dans les moments décisifs, et Clovis et Charlemagne y ont prié. Un archevêché, de grandes abbayes, plusieurs couvents et onze paroisses y sont une structure ecclésiastique de qualité. La prestigieuse abbaye de Marmoutier est à l'horizon, sur la rive droite.

L'archevêque Jean Bernard est issu d'une famille de notables tourangeaux. En place depuis vingt ans, il n'a eu aucune part dans les conflits politiques des dernières années. Une forte bourgeoisie, les « honorables hommes de Tours », assure la cohésion du petit groupe social de marchands, de gros artisans et de robins qui supporte un régime municipal relativement démocratique, fondé sur des privilèges octroyés en 1356 par Jean le Bon.

Ni par la richesse ni par le nombre, la ville n'a rien, jusque vers 1450, d'une puissance économique. Même si le denier tournois l'a emporté, dans la France du Nord, sur le parisis, il s'agit là d'une convention, et la plupart des espèces définies au tournois sont frappées ailleurs. Les changeurs sont relativement nombreux, mais de modeste envergure et plus versés dans le simple change manuel que dans le trafic des changes tirés. Marché régional très moyen, convenablement alimenté par les campagnes d'alentour, établi sur deux voies navigables, la Loire et le Cher, qui acheminent le vin, le grain, le bois et le sel, Tours n'est pas en mesure de revendiquer une place de premier rang sur la carte des relations économiques, et on ne voit guère les Tourangeaux aux grandes foires et sur les grandes places commerciales de l'Europe occidentale, non plus que gouvernant vraiment les grands trafics de la Loire, celui du sel en particulier. Ses foires sont peu fréquentées, voire – à l'exception de celle de la Saint-Barthélemy – en cours de disparition. Mais Tours est une ville où le ravitaillement ne pose pas de ces problèmes qui, à Paris en particulier, peuvent conduire à l'émeute. Dans l'artisanat, les métiers du cuir, du métal et de l'alimentation ont longtemps tenu le haut du pavé. Quelques tisserands de chanvre ont fait nombre. La présence de la cour en Touraine a ajouté depuis trente ans le change à grande échelle, la mercerie et l'épicerie de luxe.

Les choses ont un peu changé avec le transfert du Berry vers la Touraine d'une résidence royale dont on a compris qu'elle n'allait pas retrouver Paris de si tôt, et avec le retour à une certaine tranquillité politique. On voit, dans les années 1450, se dégager de la société tourangelle quelques hommes d'affaires avisés et parfois audacieux qui constituent des réseaux et amorcent des monopoles. Déjà frotté aux milieux bancaires et commerçants de Lyon, Louis XI va faire son profit de ces dynamismes qui ne demandent qu'à se développer.

Le roi entendait loger chez lui. Charles VII n'avait cessé de loger chez ses fidèles. Le nouveau roi voulait la stabilité, et ne dépendre de personne. Cinq ans à Genappe lui avaient suffi. Un temps, il songea à s'installer à Amboise. Le vieux château – dont il ne reste rien – était à lui : Charles VII l'avait saisi en 1431 sur le rebelle Louis Ier d'Amboise, impliqué dans l'un des complots de La Trémoille. C'est là que, craignant la cohue de Tours, Louis XI alla passer son premier Noël de roi. Peu après, il agrandit le domaine et fit faire des travaux. Il lui arrivera ensuite, surtout dans les premières années, d'y passer quelques semaines. Il tiendra à Amboise en août 1469 la grande assemblée de la noblesse royale au cours de laquelle sera créé l'ordre de Saint-Michel. La reine Charlotte s'y établira, et c'est là qu'elle donnera naissance en juin 1470 au futur Charles VIII.

Réflexion faite, Louis XI se sentait mal à l'aise dans un vaste château fort propre à accueillir une foule de courtisans, ce à quoi il souhaitait échapper. C'est à Tours qu'il était venu se fixer, et qu'il se fixa.

Le Plessis

Le choix qu'il a fait de vivre en Touraine ne lui donne pas nécessairement la possibilité de réaliser son rêve. Les premières années du règne voient le roi sur toutes les routes du royaume. Après l'affaire du Bien public, il passe l'hiver à Orléans, dans une simple maison de ville qu'il aménage en la reliant par une discrète galerie à la maison voisine où il loge ses conseillers. L'idée d'une résidence stable à Tours n'en fait pas moins son chemin. Il l'écrit en 1467 aux habitants de Tours, « Nous avons l'intention d'user en cedit pays le surplus de nos jours. »

À partir de 1469, après les États généraux de Tours et la mésaventure de Péronne, il se fait plus sédentaire. Il laisse maintenant à demeure la plupart de ceux qui l'entourent dans son travail de roi. Encore continue-t-il, pour les besoins de sa politique mais aussi pour ceux de la chasse quand ce n'est pas la dévotion, de résider à l'occasion dans d'autres demeures de la région, chez lui en Orléanais au Bel Ébat et à Cléry ou en Touraine aux Forges près de Montbazon et à Bonaventure près de Chinon, comme chez le roi René en Anjou à Saumur, à Montreuil-Bellay et à Béhuard.

Pas plus que son père Charles VII, il ne souhaite vivre dans le château de Tours, une robuste et austère forteresse qui domine le pont et dont les accès sont naturellement encombrés et bruyants. Le château est exigu : lorsqu'il lui faudra trouver une salle pour réunir les États généraux de 1468, le roi empruntera la grande salle du palais archiépiscopal. Peut-être son goût pour l'histoire lui a-t-il enseigné que ses prédécesseurs rois de France se sont trouvés fort mal d'habiter en plein Paris et fort bien de pouvoir, non loin de la capitale mais hors d'atteinte des assauts éventuels de la populace, disposer du château de Vincennes. Le château des Montils est à une demi-lieue à l'ouest de la ville, au centre de la presqu'île constituée par le confluent de la Loire et du Cher. Cette simple demeure campagnarde est à Hardouin de Maillé, naguère maître de l'Hôtel de la reine Marie d'Anjou. Charles VII s'était accommodé de séjourner l'hiver chez Maillé, allant l'été de manoir en manoir à travers la région. Louis XI n'a de cesse que la maison et la terre des Montils soient à lui. Le 15 février 1463, il les achète pour 5 300 écus.

Lorsqu'en 1469 il lui paraît nécessaire de se donner un logis digne d'un roi, c'est évidemment à la jolie maison des Montils qu'il pense. Elle est alors en bonne partie reconstruite. En 1472, les travaux s'achèvent. Quelques améliorations seront encore réalisées entre 1478 et 1480. C'est maintenant un véritable château, dont le premier nom disparaît de l'usage. Il devient Le Plessis, ou Le Plessis du Parc. Il restera pour la postérité Plessis-lès-Tours. Avec les années, le roi se plaindra de l'humidité qui règne au Plessis et préférera souvent s'établir près de Chinon. C'est cependant le Plessis qui demeure sa maison.

Pour l'essentiel, le Plessis est formé, au milieu d'un vaste parc qui s'étend lui-même au milieu de varennes cultivées mais inondables, de deux grandes maisons fortes, chacune pourvue d'une enceinte. L'une, à l'est, est affectée aux services et à la garde écossaise. L'autre, à laquelle on accède par un pont-levis et une porte encadrée de deux tours, est ordonnée sur les trois côtés d'une cour que ferme, face au logis royal, un jardin séparé de la cour par un fossé. Les dimensions n'ont rien de considérable : le logis central est un bâtiment rectangulaire de briques aux arêtes de pierre blanche dont l'étage s'ouvre par six fenêtres en façade. Il est agrémenté d'un discret décor sculpté et, sur le côté, d'une tourelle avec son escalier. L'aile gauche du logis royal est faite d'un simple bâtiment de pierre à cinq fenêtres en façade. On y ajoute en 1481 une tour à deux niveaux qui n'a rien d'un donjon. Nul ne songe à qualifier de Sainte-Chapelle – comme le faisait naguère à Bourges et à Mehun le duc Jean de Berry – la petite chapelle Saint-Jean qui forme l'aile droite, à côté de l'entrée.

Si les dimensions ne sont pas celles d'un palais, la demeure n'est pas pour autant le sinistre logis qu'ont inventé les romanciers du XIXe siècle et où se sont complu quelques historiens romantiques. Louis XI est indifférent au luxe, non au confort. Des tapisseries réchauffent les murs. On y voit des tableaux de Bourdichon. De grandes bannières de tissu azur portées par des anges de trois pieds de haut disent en lettres d'or la louange de la miséricorde divine. Dans la grande galerie où le roi pratique la compagnie comme dans les chambres où l'on se retire pour la nuit, et même dans le cabinet où il travaille, le feu pétille dans les cheminées, et le maître de maison se montre généreux envers les serviteurs qui l'entretiennent même la nuit. En 1471, on construit une horloge.

Comme jadis Charles V à l'hôtel Saint-Paul, Louis XI agrémente à sa guise le parc où il aime se promener très simplement, seul ou avec quelques proches. Il y regarde ses volières. Il visite son chenil, objet de sa préoccupation de chasseur, mais aussi les étables où l'on entretient de superbes vaches flamandes et où la laitière ne s'étonne pas de battre son beurre sous le regard du roi de France. En 1479, le duc de Ferrare Hercule d'Este fait présent à Louis XI d'un léopard pour sa ménagerie d'Amboise, léopard dont le roi dira qu'il n'en a jamais vu de plus beau. En 1481, le roi offre un lévrier au duc de Ferrare mais demande de nouveau : « On m'a dit que vous avez des léopards qui prennent bien les lièvres. » Il en arrivera un en avril 1483, alors que le roi sera hors d'état de chasser le lièvre.

Le cadre dit la chose : le train de vie n'a rien d'excessif. Estimé dans les dernières années du règne après une sensible augmentation, le coût de l'Hôtel royal approche les 200 000 livres, chiffre auquel il convient d'ajouter quelque 100 000 livres pour le coût de la garde. Encore faut-il noter dans ce total 32 000 livres pour une écurie qui est, certes, celle des chasses, mais qui est surtout celle des déplacements politiques et militaires, et 49 000 livres pour les gages d'officiers dont beaucoup sont des collaborateurs administratifs plus que des serviteurs domestiques. La dépense de l'Argenterie du roi, où il en coûte 24 000 livres par an pour les diverses fournitures nécessaires à la vie au Plessis, ne signale pas un train de vie fastueux.

Si les goûts du roi sont simples, son esprit est craintif. Il se méfie des complots qui conduisent à des surprises. On l'a vu inspectant méticuleusement chaque mur d'un château où il allait loger et faisant murer une porte secrète qu'il y avait découverte. Alors, si le château qu'il fait construire est modeste, la défense ne l'est pas. En 1466, visitant ce qui n'est encore que la maison des Montils, les ambassadeurs de Bohême sont frappés par la présence aux portes de quelque soixante portiers et gardes. En 1472, on creuse des fossés. Trois ans plus tard, on élève un mur d'enceinte. Plus tard, alors que la maladie aura rendu Louis XI encore plus méfiant, Commynes s'émerveillera du système défensif du Plessis.

> Tout à l'environ de la place du Plessis, il fit faire un treillis de gros barreaux de fer et planter dans la muraille des broches de fer ayant plusieurs pointes, comme à l'entrée où l'on eût pu entrer par les fossés. Il fit aussi faire quatre moineaux, tous de fer bien épais, au lieu par où l'on pouvait tirer à son aise. C'était une chose bien triomphante, qui coûta plus de vingt mille francs, et à la fin il y mit quarante arbalétriers qui, jour et nuit, étaient en ces fossés, ayant commission de tirer sur tout homme qui en approcherait de nuit, jusqu'à ce que la porte serait ouverte le matin.

Faut-il le préciser ? Les moineaux ne sont pas des oiseaux. Ce sont des bastions, autrement dit des tourelles de tir, garnies d'arbalétriers. Car le roi dispose en permanence d'une forte garde armée. À la fin du règne, on y compte cent soixante « gentilshommes de l'Hôtel », quarante arbalétriers, cent archers écossais et trois cents archers français. Il en coûte par an, on l'a dit, cent mille livres.

Le roi ne se méfie pas moins des visites, et nombreux sont les visiteurs qu'il tient pour des importuns. En juin 1462, il tient à l'écart la reine d'Angleterre Marguerite d'Anjou. Lorsque arrive à Tours, en février 1479, un émissaire de Marie de Bourgogne, il demande au chancelier Doriole d'empêcher le fâcheux de le rejoindre à Forges. « Il me ferait grand ennui. » En 1479, un envoyé du chapitre d'Angers se plaint de n'être pas reçu : « Facilement on ne dépêche pas les matières qu'on a à faire devers le roi. »

Nul ne saurait dire ce qu'a en tête le roi quand il fait construire le nouveau château de Langeais. Pense-t-il en faire, plus que d'Amboise déjà trop occupé, la résidence d'apparat dont un roi peut avoir besoin ? Si tel est le propos, il s'efface vite. Louis XI donne Langeais encore en construction. Décidément, il se sent mieux dans son petit manoir du Plessis.

Il n'aura qu'une occasion de regretter son choix : en mai 1481, huit bateaux évacueront d'urgence le roi et son entourage « à l'occasion de la grande crue de l'eau venue dedans le Plessis ». Il faudra même évacuer, de nuit, la garde.

Délaissé par les Bourbons, le Plessis sera en ruine quand, sous le Second Empire, on le reconstruira partiellement en s'inspirant d'une aquarelle et de gravures de la collection Gaignières (Bibl. nat. de France).

La résidence et la capitale

Dans son très petit château du Plessis, Louis XI garde ses proches, mais pas même sa famille : la reine est à Amboise. Louis XI a gardé mauvais souvenir du rôle politique tenu jadis par les reines. Quant à l'entourage gouvernemental, il est à Tours. C'est là que résident les officiers royaux, y compris le chancelier, et c'est là que se pressent les plaignants, les quémandeurs et les négociateurs. C'est là, aussi, que cantonne la garde écossaise jusqu'au moment où elle prend place, vers 1472, dans le Plessis pratiquement achevé. S'il le faut, le roi vient à Tours pour recevoir une ambassade ou traiter une affaire. Bien souvent, il se contente de donner ses instructions, de laisser faire ses gens et d'attendre qu'ils rendent compte. Le Plessis n'est pas seulement une résidence, c'est aussi un outil du pouvoir : le roi n'est pas en première ligne. Quelques expériences et en premier lieu celle de Péronne lui ont montré qu'à demeurer en retrait il gagne le temps de la réflexion et celui d'un véritable travail. Au roi voyageur qu'il a été succède au Plessis un roi qui, de son cabinet, tire les ficelles.

À la distinction facile d'une résidence et d'une capitale, succède donc un partage plus subtil des fonctions. L'énorme machine que forment les institutions centrales de la monarchie est à Paris, les rouages proches du pouvoir politique sont à Tours, le pouvoir personnel du roi est au Plessis. Même s'il s'agit alors d'un séjour à Orléans, l'ambassadeur milanais Panigarola résumera la chose : « Seigneur de la Loire, il s'y retrouve au centre de son royaume. »

Il arrivera que le roi ait besoin à Tours de ceux qui sont à Paris. Faire venir un officier est une chose, déplacer une institution en est une autre. Louis XI ne le fera que rarement, comme en ce printemps de 1479 où, « pour donner ordre et provision à aucunes grandes matières », il convoque à Tours son Grand

Conseil et trente-deux membres du Parlement nommément désignés, dont trois présidents – le premier président Jean Le Boulanger, Mahieu de Nanterre et Guillaume de Corbie – et pas moins de quatorze conseillers clercs et quinze conseillers lais, dont le prévôt des marchands Henri de Livres. Mais il enjoint au quatrième président Jean de Poupaincourt de demeurer à Paris et de s'arranger pour que le fonctionnement de la Cour n'en souffre pas.

À Tours même, certains se sont logés décemment. Le trésorier de France Jean Hardoin sera en mesure, en 1463, d'offrir dans son hôtel l'hospitalité à son roi. Rétabli en 1465 dans sa fonction de chancelier, Guillaume Juvénal des Ursins retrouve à Tours l'hôtel qu'il a acquis vingt ans plus tôt en réunissant plusieurs maisons. On l'appelle « la Chancellerie ». Chancelier en 1472, Pierre Doriole le convoite et, en janvier 1479, l'achète. Les officiers et les courtisans qui n'ont pas place au Plessis animent tous en ville le marché de l'immobilier et celui des chambres d'auberge. Ceux qui sont à demeure achètent ou louent des maisons. Il y a là des notaires, des secrétaires, des clercs de la Chancellerie ou du Trésor.

Ceux qui ont à séjourner sans faire résidence logent tout simplement à l'auberge. Ainsi font les officiers dont la fonction est à Paris mais qui ne peuvent éviter de se rendre de temps à autre à Tours, ceux qui viennent de tout le royaume pour leurs affaires, les délégués des villes venus négocier l'impôt ou solliciter des privilèges, les ambassadeurs étrangers. En 1466, on compte quarante-trois auberges capables d'accueillir décemment des notables. Les présidents et les conseillers du Parlement de Paris ont leurs habitudes aux Trois Rois. Il faudra la surcharge représentée en 1468 par la réunion des États généraux pour que la capacité hôtelière de la ville soit débordée. Par la grâce du roi, il fait bon être hôtelier à Tours.

Une telle clientèle assure évidemment la prospérité du commerce local. Comme à Paris, la présence des notables développe les métiers liés à l'opulence et au paraître. Des drapiers aux fourreurs, des merciers aux épiciers, tous font leur profit de ce milieu d'officiers et de courtisans prêts à quelque dépense pour « tenir leur état ». La ville en tirera un tel avantage que les bourgeois cesseront vite de protester contre la présence de gens riches qui ne paient point d'impôts. Elle ira même jusqu'à former, en 1476, le projet d'une extension de la ville, projet qu'approuvera le roi et auquel sera commis Hardouin de Maillé, mais que feront échouer les difficultés techniques et le manque de moyens financiers.

La reine

À une journée du Plessis, le château d'Amboise, où réside ordinairement la reine Charlotte, est encore de petites dimensions. C'est Charles VIII qui, en 1492, entreprendra la construction du château actuel. La demeure attribuée par Louis XI à son épouse est une bâtisse assez exiguë pour qu'on doive, en 1466, loger en ville, à l'auberge de l'Image Notre-Dame, une tante du roi qui s'en va en pèlerinage à Compostelle. On a cependant composé pour la reine une maison royale fort convenable : un médecin, deux chapelains, quatre maîtres d'hôtel, deux panetiers, sept sommeliers, quatre échansons, seize cuisiniers, trois fruitiers, ainsi que des fourriers, des charretiers, des huissiers, un tailleur, un libraire et un joueur de luth, toutes gens qui, à l'évidence, logent en ville plus qu'au château. N'oublions pas une quinzaine de dames et demoiselles d'honneur. Même si, en 1467, il fait agrandir « la petite maison et les galeries », le roi a donc, dans l'exiguïté des lieux, un bon prétexte pour ne pas s'établir à Amboise, et il n'en semble pas fâché.

On dira la reine peu dépensière. Son Hôtel coûte, par an, autour de 30 000 livres, soit le tiers de ce que coûte l'Hôtel du roi. L'inventaire que l'on dressera à son décès ne laisse cependant pas entrevoir un train de bourgeoise. La garde-robe est bien fournie. On y voit par dizaines des robes et des pièces de drap, de l'écarlate violette, du velours cramoisi, du « satin figuré », du taffetas rouge, du « taffetas changeant sur le vert et sur le jaune » ou « sur bleu et jaune », du blanchet, du tiercelin et du camelot de soie, des collets d'hermine, de martre et de zibeline. Nombreuses sont les agrafes et les boucles de ceinture d'or ou d'argent. Les bourses de soie complètent la parure.

Le logis n'est pas moins convenable. Pour réchauffer et

égayer les murs d'Amboise, la reine dispose de tapisseries à ses armes ou à celles du roi : l'une illustre la Fontaine de Jouvence, une autre l'histoire de « Troyanus », une autre un tournois. Les quatre chambres à coucher ont ciels de lit, dossiers, couvertures et rideaux de taffetas noir dans l'une, de serge noire dans une autre, de serge rose, vert et blanc dans la troisième et de tapisserie de verdure dans la quatrième. Tout cela n'a rien de médiocre, même s'il est normal que certaines pièces de vêtement et bien des tapis de sol soient usagés : ils ont servi.

Le décor et le mobilier sont à l'unisson : ils sont d'importance, sans être grandioses. On note quelques tableaux de la Trinité, de la Nativité, de la Pietà, des coffrets d'ivoire et un coffre d'ambre, un jeu de jacquet garni d'or. La reine a deux miroirs d'orfèvrerie. La vaisselle de table et les chandeliers sont d'argent, parfois doré. Un petit métier à tapisserie d'ivoire rappelle une occupation favorite de la reine. Il n'est pas inutile d'observer que le décor peint ne saurait figurer à l'inventaire.

La médiocrité des bijoux a souvent été soulignée, sans doute pour illustrer l'avarice du roi. L'inventaire permet de nuancer le propos. Bien sûr, un collier de l'ordre de Saint-Michel n'a rien pour étonner, sauf à observer que la reine n'étant pas membre de l'ordre, il faut bien que ce collier ait été, chez elle, par la courtoisie du roi. Les bijoux propres de Charlotte ne sont pas indignes d'une princesse, même si l'on peut penser qu'ils ne valent pas ceux qu'avait en son temps Agnès Sorel. Un collier à la façon d'un collier de lévrier – au « ras du cou » – est orné de dix saphirs balais et d'une garniture de perles. Un bracelet d'or est chargé de huit « pierres étranges ». Trois patenôtres d'or ont des grains de pierres noires.

Près d'une centaine d'anneaux d'or portent des diamants, des rubis, des jacinthes. Parmi les pierres non montées, on note un diamant « à faces » et un diamant « à table » ce qui signifie que, grande nouveauté à l'époque, ces pierres sont taillées : on sait les reflets que tirent de la taille les pierres, et en particulier le diamant, jusque-là tenu pour moins beau que les pierres de couleur.

Rien de tout cela, cependant, ne semble comparable aux joyaux de Charles le Téméraire ou à ceux de Francesco Sforza. Les bijoux de Charlotte sont nombreux. Aucun ne paraît être de grand prix. De tous les anneaux montés, celui qui est estimé le plus cher vaut, avec son rubis, entre 80 et 100 écus. On est très loin du saphir de 133 carats que le roi rachète en 1465 pour 5 000 livres. On l'est aussi des cadeaux faits par lui aux princes étrangers – comme la coupe d'or sertie de pierreries que le roi paie 2 000 livres pour l'offrir à Warwick – ou aux églises, pour lesquels le roi compte par centaines, voire par milliers d'écus. Les rédacteurs de l'inventaire ont noté que certaines pierres sont « de petite valeur ». Louis XI est assurément plus économe pour la parure de la reine qu'il ne l'est dans ses générosités aux églises. Rien ne permet de penser qu'elle en ait attendu davantage.

Le temps qu'elle ne consacre pas à la musique et à la poésie, Charlotte le voue à l'éducation de ses filles. Mais elle lit, ou se fait lire. Plus d'une centaine de livres composent une bonne librairie. On y voit surtout des livres de dévotion, des livres d'heures, des psautiers, des vies de saints, la *Légende dorée* de Jacques de Varazzo. Le célèbre *Psautier de saint Louis* (auj. Bibl. nat. de France) est du nombre. La bibliothèque de la reine comprend des ouvrages de spiritualité, comme le *Pèlerinage de vie humaine,* l'*Art de bien mourir* ou un traité *De la vie contemplative*. La morale politique n'est pas absente : on trouve là le traité *Du Gouvernement des princes*, composé au XIIIe siècle par Gilles Colonna pour l'éducation de Philippe le Bel, sans qu'on puisse dire que la reine l'a vraiment lu. Il y a aussi un livre de *L'Instruction du jeune prince,* qui répond certainement mieux au besoin d'une reine qui, à Amboise, gouverne la jeunesse du futur Charles VIII. L'histoire et la légende sont présentes avec les *Chroniques* de Froissart, une *Vie d'Alexandre* et un Boccace, *Des cas des nobles hommes malheureux.* La reine dispose même de cette vieille et indémodable compilation encyclopédique qu'est le livre du franciscain Barthélemy l'Anglais, *De la propriété des choses*.

CHAPITRE IX

Une reconstruction inachevée

La population

Ne confondons pas la France de 1460, et à plus forte raison celle de 1480, avec celle de 1440 ou de 1450. Le royaume de Louis XI n'est plus cette France qui voit s'achever la guerre sans savoir que c'en est fini des combats et des ruines. La Praguerie – comme plus tard les campagnes de Catalogne, le Bien public et les guerres de Bourgogne – n'a multiplié qu'en quelques régions les villes incendiées, les villages rasés, les récoltes dévastées. Les écorcheurs ont disparu, et les compagnies de l'ordonnance assurent une paix relative mais réelle. Dans les premiers temps de la reprise, à partir de 1420 dans certaines régions, de 1450 dans d'autres, et comme au siècle précédent après la Peste noire, un exode rural a commencé de repeupler les villes.

Les contemporains n'ont jamais cherché à chiffrer la population du royaume. Ils ont colporté l'idée d'une France comptant 1 700 000 paroisses, ce qui est aberrant. Le Parlement, plus sagement, comptait qu'il y avait « au moins cent mille paroisses habitées ». Vers 1460, la France a sans doute, dans ses limites actuelles, de douze à quatorze millions d'habitants : un tiers de moins qu'au début du XIVe siècle. Mais c'est précisément autour de 1460 que devient sensible le regain de naissances et le rétablissement d'un bilan démographique positif que permet une meilleure alimentation, facteur de moindre mortalité infantile et juvénile. La confiance revient. Un chroniqueur s'étonne, en

1466, de la soudaine multiplication des mariages. Dans les villages du Lyonnais où il était tombé à 1,4 dans la seconde moitié du XIVe siècle, le nombre d'enfants vivants par famille observée progresse à partir de 1430 et atteint cinq vers 1470. La France devient plus nombreuse et, pour le temps d'une génération, elle est jeune. Celui qui a atteint l'âge de vingt ans a encore, en moyenne, vingt-cinq années de vie devant lui. La longévité des adultes a augmenté de dix ans en un demi-siècle. Nombreux sont les sexagénaires.

La peste n'en finit cependant pas de resurgir. Elle sévit plusieurs fois pendant le règne de Louis XI : entre 1464 et 1468, en 1471, en 1475, entre 1478 et 1487. Particulièrement meurtrières sont la peste de 1466 et surtout celle qui en 1482-1483 frappe une population affaiblie par la disette. On est cependant loin de ce qu'a connu l'Occident au temps de la Peste noire. En fait, il semble bien que la France ne souffre plus de ces pestes générales qui ont endeuillé le siècle précédent. La mortalité qui affecte une ville ou plus largement une région n'a rien de négligeable, mais on ne saurait dire qu'elle dépeuple la France.

La migration vers les villes se poursuit, favorisée par le faible dynamisme démographique des populations urbaines, où les situations sociales ou économiques multiplient les célibataires, qu'il s'agisse des clercs comme de ces compagnons de l'artisanat ou de ces domestiques auxquels leur condition interdit en fait les dépenses du mariage. On voit donc toujours cet afflux de villageois qui viennent à la ville chercher une meilleure fortune et qui, la fortune étant rarement faite, ne sont guère les souches de lignages citadins. Si tant est qu'un pareil chiffre ait quelque signification, on peut dire qu'un Français sur vingt vit dans une véritable ville. Comme la ville est un monde en constant renouvellement, les campagnes proches en souffrent plus que les lointaines. Mais d'autres migrations portent les paysans des campagnes pauvres vers les campagnes au sol plus riche, où la reconstruction agraire commence plus tôt parce qu'elle est plus rentable. Il résulte de tout cela une aggravation du déséquilibre démographique entre les régions. Si la France a perdu un tiers de sa population, certaines contrées, telles la Haute-Normandie, riche mais proche de grands centres d'attraction urbains, ou les hauteurs arides de la Provence, ont en un siècle et demi perdu près des trois quarts de la leur.

La même disproportion se note entre les villes. Paris, qui comptait plus de deux cent mille habitants avant la guerre et avait vite compensé par l'apport rural et provincial les pertes de la Peste noire, semble n'avoir plus que quatre-vingts ou cent mille âmes vers 1420. On n'y voit que boutiques fermées, maisons délabrées et terrains vagues. Au phénomène général de crise démographique s'ajoutent ici les facteurs locaux que sont les crises politiques : c'est à Paris que l'on a compté le plus de massacres, de bannissements, d'exils souvent sans retour. La ville a cependant repris de son dynamisme depuis 1440 et, sans atteindre déjà le chiffre d'antan, la population de la capitale doit, sous Louis XI, avoisiner les cent cinquante mille habitants. Hors Paris et très loin derrière, quelques villes font figure de grands centres. S'il est trente mille habitants à Toulouse et à Rouen, de dix à quinze mille font de Lyon, de Perpignan, de Bordeaux, de Montpellier, de Metz ou de Lille des villes importantes. La plupart des villes atteignent difficilement les dix mille habitants.

On a voulu voir dans l'appel à des étrangers l'ébauche, par Louis XI, d'une politique démographique. On ne peut douter que le bilan d'un siècle de guerre et d'une série d'épidémies ait préoccupé les gouvernants. Mais, plus que le manque de bras, dramatique quelques années plus tôt, c'est le manque de capitaux qui retarde la reprise économique et particulièrement la remise en culture des terres : personne ne peut donner aux investisseurs l'assurance que le temps des ruines est bien fini. S'il manque encore des bras, on en souffre surtout dans les campagnes, souvent vidées de leurs hommes au temps du creux démographique. Sauf aux marges du royaume, ce n'est pas dans les campagnes que l'immigration peut procurer la main-d'œuvre de la reconstruction.

Quelques dizaines d'Écossais, de Flamands, d'Allemands, de Catalans, d'Italiens ou de Suisses ne sauraient s'inscrire dans une politique de repeuplement. Pour tout le règne de Louis XI, on compte dans les registres de la Chancellerie soixante-douze lettres de naturalisation. Ceux que l'on fait venir en France, et qui demeurent pour la plupart des étrangers, sont des soldats estimés pour leur efficacité – c'est le cas des Écossais, puis des Suisses – ou des gens de métier dont, comme pour des métallurgistes allemands ou des tisserands italiens, on attend le savoir-faire. Ajoutons les exilés qui, liégeois ou catalans, viennent chercher une sécurité menacée chez eux, et attendue d'un roi dont ils ont pris le parti contre leur propre prince. Ne parlons pas des hommes d'affaires italiens : au contraire des Lucquois du XIVe siècle, les Florentins et les Milanais du XVe ne rompent jamais leurs attaches, et c'est dans leur patrie qu'ils retournent en cours de carrière ou à la fin de leur vie. Là encore, on ne peut parler de démographie.

Une seule chose est assurée : Louis XI ne répugne jamais à utiliser les compétences venues d'ailleurs. S'il manie volontiers – dès 1451 pour le Dauphiné – l'appel constant et intéressé à des étrangers, un appel que souligne très souvent l'octroi de privilèges économiques et fiscaux, celui-ci participe d'une politique de développement économique, non d'une volonté de repeuplement. Au reste, on connaît des techniciens, des marchands et des banquiers venus s'installer en France, mais on ne voit pas que le roi ait cherché à attirer des paysans allemands, suisses ou italiens.

Les campagnes

Si les villes connaissent des crises, généralement consécutives à de mauvaises récoltes et à des difficultés de ravitaillement, c'est dans les campagnes que la misère est la plus constante. Avec une évidente mauvaise foi, car c'est la France de Charles VII qu'il peint ainsi pour la mettre au passif de Louis XI et il n'a guère fait l'apologie de la Bourgogne au temps de Charles VII, Thomas Basin imagine la stupéfaction de Louis XI découvrant au lendemain de son sacre un pays où « l'on n'aperçoit nulle part que ruines et destructions », où les gens sont maigres, pauvrement vêtus, cachant à peine leur nudité, semblant sortir de prison, alors que les villes et campagnes de l'état bourguignon, où il a ses habitudes depuis cinq ans, étaient « magnifiques et riches, regorgeant de tous les biens ». Il y a cependant du vrai dans cette opposition : de Reims à Tours en passant par Paris, le nouveau roi parcourt ce qui a été le champ de bataille des années 1420-1435. Vingt ans plus tard, cela se voit encore.

Même si l'on fait la part du lieu commun qu'est la lamentation économique et si l'on se méfie des récriminations des contribuables, il est certain que Louis XI hérite un pays dont les campagnes sont encore à reconstruire. Certes, le mouvement doit beaucoup à Charles VII. Mais c'est œuvre de longue durée, qui suppose la confiance dans les années qui viennent. La remise en état d'une forêt, l'élevage des chevaux ou la plantation d'un vignoble appellent une certitude sur dix ou vingt ans. Or la campagne a été longue à s'assurer que la guerre était finie. Certains reculs de la culture – dans les zones les moins fertiles – sont définitifs. La menace de disette est permanente en bien des régions. Lorsqu'il parcourt la France en 1465, l'Anglais John Fortescue ne peut que constater la misère.

La mémoire cadastrale s'est elle-même diluée. Où étaient les bornes ? Qui était propriétaire ? À quelles charges était tenu l'exploitant ? Autant de questions qui se posent quand le temps de trois ou cinq générations a passé depuis les dernières cultures. Rien ne peut, en ces matières, se faire sans que l'autorité royale tranche des situations que ne prévoient pas les coutumes. Louis XI poursuit là ce qu'a commencé Charles VII, faisant conduire par des officiers des enquêtes sur la nature des droits seigneuriaux, mettre en criée les héritages inhabités ou vacants, bailler de nouveau à cens ou à rente les terres de son domaine. En 1463, il ordonne un inventaire général des biens du clergé. Tantôt pour un établissement ecclésiastique, tantôt pour une région, il multiplie les privilèges et les exemptions fiscales pour qui viendra s'installer. Les facilités données aux bourgeois pour acquérir des biens nobles entrent dans une politique de reconstruction agricole et de développement : elles permettent les remembrements de propriété et l'injection de capitaux urbains dans l'économie rurale.

UNE CARTE

La carte des relations commerciales se trouve remodelée par la fin présumée de la guerre franco-anglaise et par la mise en ordre des forces armées qui, après élimination des compagnies sans embauche, rétablit sensiblement la sécurité sur les routes. La carte que l'on peut maintenant dessiner ne ressemble cependant pas à celle des temps antérieurs à la tourmente. À ce bouleversement il est diverses causes.

Depuis les années 1300, le prélèvement fiscal sur le produit économique s'est alourdi. Mais la redistribution financière est bouleversée par quelques phénomènes dont seule l'ampleur est nouvelle. Le développement des institutions centrales de la monarchie concentre sur la capitale et sur les résidences royales du Val de Loire le pouvoir d'achat que représentent les gages, les pensions, les largesses politiques et domestiques. Ce même développement conduit les notables des villes à de fréquentes venues vers les centres du pouvoir, et c'est là qu'ils font une part de leurs investissements d'opulence, qu'il s'agisse de l'orfèvrerie, du vêtement ou du décor.

Les dépenses consenties à l'immobilier ont, elles aussi, changé. À côté de quelques petites forteresses urbaines, le logement des grands n'était jadis fait que de la réunion de plusieurs maisons à pignon sur rue. Il est maintenant – et chacun s'y efforce pour tenir son rang – fait de résidences somptueuses, riches hôtels au décor ostensible et aux collections réputées. Au château fort succède à la campagne la résidence de plaisir, qu'il faut tenir au goût du jour. C'est autant d'argent qui change de destinataires en bout de course.

Le service du roi et celui des princes est devenu en soi un investissement. D'une manière ou d'une autre, un office de justice, de finance ou d'administration se paie. Bien avant que s'établisse la vénalité officielle, il est peu de fonctions publiques qui, avant de rapporter, ne coûtent. Le temps n'est plus où les universités formaient avant tout des clercs, et l'on doit rapporter le prix de l'entretien d'un étudiant au temps moyen d'amortissement des études : jusqu'à vingt ou vingt-cinq ans pour des écoliers dont certains seront morts à trente. S'il en est pour profiter pendant un demi-siècle de leur doctorat, il en est encore plus pour avoir perdu l'argent de leur famille.

La sécurité de l'emploi public est manifeste depuis le traité d'Arras et le maintien en fonction, exigé par Philippe le Bon, des officiers royaux ayant servi quelque roi que ce fût. Dans le même temps, les aléas du temps de guerre ont conduit à la perte de créances, irrecouvrables par la ruine, la disparition ou simplement le départ des débiteurs. Surtout perceptible à Paris, il en résulte une désaffection envers l'investissement économique. Le sens de l'aventure se perd, quand elle rapporte moins sûrement que le paraître.

Sur la carte des années 1300, les grands axes étaient dessinés par le réseau des grandes foires, et avant tout des foires de Champagne. Que Paris ait, au XIVe siècle, détrôné la Champagne en offrant une place stable au lieu d'une place tournante – six foires en quatre villes – n'aurait pas suffi à bouleverser les routes qui conduisent de l'Italie et des ports méditerranéens vers l'Europe du Nord. Mais, dans le même temps, se sont ouvertes d'autres routes, soit plus rapides pour les denrées de valeur comme les draps de luxe, les soieries et les épices, soit plus propres au trafic des pondéreux comme le sel, le vin, les grains ou le bois. Les grands cols des Alpes centrales mettent, dès la fin du XIIIe siècle, l'Italie du Nord – Venise et Milan – en communication directe avec le Rhin et le Danube, avec les grandes places du commerce allemand, avec la mer du Nord et la Baltique. Sporadique dans les mêmes années, la route maritime d'Italie en Angleterre et en Flandre devient régulière dès les premières années du XIVe siècle. La guerre l'a faite incertaine, mais la paix rend leur valeur commerciale aux grandes routes maritimes aussi bien qu'aux cabotages.

Les places situées à l'ouest des Alpes se doivent alors de réagir en profitant, elles aussi, du retour au calme. Longtemps, les opérateurs économiques se sont détournés des routes qui passaient par une France en proie aux guerres, aux embuscades, aux sièges. La confiance qui revient bénéficie maintenant aux routes de l'Est français, seules capables de concurrencer celles de la Suisse, du fossé rhénan et de l'Allemagne occidentale.

Ce qui reste, et qui peut légitimer les initiatives du roi de

France, c'est que tout demeure aux mains des Italiens. Des épices et du sucre à la soie et aux armes, ils sont fournisseurs de l'Occident. Ils sont à Genève et à Francfort, à Bruges et à Anvers, à Londres même. Ils dominent le marché bancaire organisé pour la fiscalité pontificale. Jacques Cœur a échoué à concurrencer efficacement Gênes et Florence, mais, le prestige de la Couronne étant établi par un Charles VII qui n'est pas seulement « le Victorieux » mais aussi le démiurge de la France moderne, Louis XI peut espérer réussir ce qu'au temps de la guerre n'a pu réaliser l'homme de confiance de son père.

C'est ici qu'il faut se rappeler les relations nouées, au temps de son premier exil, par le dauphin Louis avec les milieux d'affaires lyonnais. Carrefour naturel, Lyon l'est depuis l'Antiquité. Les nouvelles conditions de la circulation commerciale donnent toute sa valeur à l'étoile de routes qui permet la liaison avec Marseille et Barcelone, avec Gênes, avec Genève, Zurich, Ravensburg, Augsburg et Nuremberg, avec Dijon, Reims, Bruges et Anvers, avec Paris et Rouen. Charles VII y a créé en 1420 deux foires. Dès son avènement, Louis XI songe à faire de Lyon un pôle économique à l'échelle de l'Europe.

La succession de Jacques Cœur

Longtemps, la succession de Jacques Cœur va peser sur la politique économique de la France. Rappelons d'un mot de quoi est fait cet empire qui s'effondre subitement en 1451. La base, c'est l'Argenterie, autrement dit la boutique où l'argentier tient commerce de tout ce qui se vend à un certain prix. Les affaires se sont étendues à l'approvisionnement, donc aux routes commerciales vers l'Orient qu'il a tenté d'organiser à partir de Marseille, d'Aigues-Mortes et de Montpellier pour doubler l'onéreux intermédiaire des Italiens, à la boutique de soieries qu'il a ouverte à Florence pour se trouver à la source d'un commerce florissant sur l'ensemble de l'Europe, aux fabriques qu'il a créées et aux activités spéculatives comme l'exploitation des salines de Languedoc et la ferme des gabelles.

Le sel, il faut le rappeler, est une denrée de première nécessité, non seulement parce que n'importe quelle nourriture appelle le condiment, mais parce qu'il est, de loin, le premier moyen de conservation de la viande et du poisson. Pour tout ce qui ne peut être qu'un approvisionnement saisonnier – du porc au hareng – le saloir assure la consommation au long de l'année. Le sel de terre de Lorraine et de Franche-Comté échappe au roi de France, et les états bourguignons, la Suisse et la Savoie ont les clés de sa distribution. Les excellentes salines de Guérande et de Bourgneuf sont dans le duché de Bretagne. Le roi dispose des salines du bas Poitou, de l'Aunis et de la Saintonge, qui sont médiocres, mais il a surtout celles du Languedoc, dont la principale est à Peccais, près d'Aigues-Mortes. La production et le trafic du sel sont donc à la fois un enjeu politique et une source de profits garantie par le système de la gabelle et ouverte à toutes les spéculations sur les variations de prix consécutives aux accidents climatiques.

Compte tenu du temps qui s'écoule entre le début de la saison de production et la vente du sel au détail, il y faut des fonds de roulement importants, ce qui ne laisse prise qu'à ceux qui disposent de capitaux mobilisables. Quant à la fiscalité et aux privilèges qu'elle appelle, une forte position à la cour est indispensable pour toute spéculation. Puisque les officiers du roi distribuent aux marchands leur « tour de papier », c'est-à-dire la chronologie des ventes, le risque d'effondrement est léger, mais il y a intérêt à disposer du tour. Les seuls risques sont pour le petit marchand, qui peut se voir préférer au tour un marchand mieux introduit, et pour le consommateur, qui voit monter les prix en cas de mauvaise saison. Même pour qui est bien placé, le sel est un placement à long terme. Le procureur Dauvet le note à plusieurs reprises dans son journal, à propos de sel non encore vendu six ans après la chute de l'argentier. À Bourges, où une partie du sel a été gâté parce qu'il pleut dans le grenier, il reste 150 muids à vendre avant qu'on en vienne au sel de Cœur. À Montrichard, c'est même chose. « Le tour de la vente du sel n'est pas encore échu, et mêmement ne écherra ladite vente dudit sel de Montrichard jusques a deux ans et plus. »

Ne soyons pas dupes. Si le délai est cause de dépenses et s'il immobilise le capital, il permet aussi d'acheter le sel quand il est abondant, donc en année de bas prix, et de le revendre après une remontée des cours.

Jacques Cœur s'est donc entremis du sel de tout côté. Il est entré dans les sociétés fermières, les « grosses bourses » qui établissent en fait des monopoles sur le marché, et ces sociétés sont souvent faites de lui-même et de ses fidèles comme Guillaume de Varye et comme Raoulet Toustain, un Tourangeau que l'on trouvera, à l'apurement des comptes, propriétaire comme Varye d'une part du sel entreposé aux greniers de Rouen aussi bien que des Ponts de Cé ou des villes de la Loire et du Cher. Les temps sont favorables : à la fin de la guerre de Cent Ans et pendant quelques années encore, l'acheminement du sel vers la Normandie et vers tout le bassin parisien est plus sûr par la Loire et la route qu'il ne l'est par la voie maritime et par la basse Seine. Cœur ne veille pas moins à la fermeture des frontières au sel de Salins, chargeant là son fidèle Charles Astars, officiellement secrétaire du roi, d'une mission dont il s'acquittera avec succès. On a dit les liens déjà noués entre Astars et le dauphin Louis.

Cœur n'est pas moins présent sur le marché du sel de Languedoc, lequel comprend, jusqu'à Lyon et Mâcon, tout le sud-est du royaume que l'on appelle en ce cas le « tirage à la part du royaume », ainsi que dans une large mesure la Provence, le Dauphiné et la Savoie qui sont le « tirage à la part de l'Empire ». Il place de l'argent dans les salines. Il est visiteur général des gabelles et il réforme le système. Là encore avec Guillaume de Varye, il place dans l'administration du commerce du sel et de la fiscalité sur le sel des hommes sûrs, comme Jean Gaillard qui tient le grenier à sel de Frontignan.

Jacques Cœur s'en plaindra lors de son procès, il a eu « plus de perte que de gain au navigage du sel ». Peut-être faut-il seulement entendre qu'il n'y a pas eu tout le profit qu'il espérait.

Ayant tenté sa chance de tous les côtés et allant jusqu'à démarcher le marché intérieur anglais, Cœur a négligé ce qui, à la même époque, commençait à faire la fortune du Portugal, l'exploitation de l'Atlantique. Concurrent des hommes d'affaires italiens, il n'a su ni innover dans l'espace ni inventer dans les activités. Il a voulu faire comme les Italiens, sans les Italiens. Il ne lui est pas venu à l'esprit que l'aire géographique de la prospérité italienne allait se réduisant. Alors que les Turcs sont aux portes de Constantinople, il a rêvé des places de la mer Noire.

La fortune de Jacques Cœur était à cent facettes. Comme tout homme ayant réussi ses affaires, l'argentier avait constitué un patrimoine foncier, à la fois placement non spéculatif de sécurité et investissement du paraître. Il est normal, au XVe siècle, d'avoir des seigneuries, des terres, des vignobles. Cœur n'a pas hésité à y joindre des exploitations aussi diverses que des mines d'argent et un moulin à papier. Tout cela constitue l'actif de la succession que doivent mettre au clair le procureur Dauvet et le marchand tourangeau Raoulet Toustain. Commencés en 1453, l'inventaire et la liquidation s'achèvent en 1457. Quand Louis XI devient roi, l'épisode Jacques Cœur est terminé.

Ses idées et ses expériences sont toujours de mise. Les successeurs, anciens de l'équipe de l'argentier ou nouveaux venus du milieu tourangeau, vont s'efforcer d'en tirer parti. Car deux grandes directions demeurent, qui passent à leurs yeux comme elles l'étaient aux yeux de Cœur pour les voies de la fortune marchande : le sel et le « navigage ».

CHAPITRE X

Le roi au travail

Le cabinet du roi

Ce qui frappe tous les observateurs, c'est l'obstination de Louis XI à travailler, et à travailler lui-même. « C'est un homme qui aime et supporte les plus durs labeurs », écrit en 1465 Panigarola.

L'ambassadeur milanais Emmanuele di Jacopo nous a laissé d'une journée de travail du roi une description qui, certes, concerne un moment d'intense activité – la préparation de la reconquête de la Normandie en décembre 1465 – et ne fait place ni à la sieste ni à la chasse. Elle n'en est pas moins significative.

> Il se lève très tôt, dit ses prières, va à la messe, puis regagne ses appartements. Après quoi, il suit un programme soigneusement établi. Il préside son Conseil, qui se tient dans une maison contiguë à celle du roi et se prolonge aussi longtemps qu'il est nécessaire. Ensuite, il se rend dans la chambre où il mange et, tout en continuant à s'occuper de ses affaires, il reste généralement à table au moins jusqu'à deux heures de l'après-midi. Le dîner terminé, il disparaît dans une autre pièce et, sans s'accorder un instant de répit, il se remet au travail. En fin de journée, soit à pied soit à cheval, il prend un peu d'exercice en allant se promener dans les environs de la ville. Une fois de retour chez lui, il converse avec l'un ou l'autre de ses hommes jusqu'à l'heure du souper. Il soupe tôt et se couche tard.

Ce travail acharné, il est fait de la diversité des affaires. Il n'est aucun domaine que Louis XI laisse aux autres le soin de gouverner, et aucune affaire qu'il juge indigne de son attention personnelle. La haute conscience qu'il a de son métier de roi s'alimente ici, il faut bien le dire, d'une prudence qui confine à la méfiance généralisée. On lui présente les dossiers, on lui apporte les correspondances. On lui fait des notes, comme cet étonnant récit d'un entretien entre deux de ses agents, qui ne comporte ni adresse ni signature mais se clôt par les mots : « Nota que ce sont paroles pour couvrir. » Autrement dit, ce qu'on appelle aujourd'hui une note verbale.

Le roi lit, il dicte, il annote. Ceux de ses collaborateurs qui n'ont pas accès à son cabinet, ou ceux qui sont à Paris, auront droit à des apostilles sans recours : « Ne laissez pas les choses se gâter ! ». Certaines comprennent un reproche explicite : « Expédiez l'affaire sur-le-champ, sans créer de difficultés », ou : « Si vous voulez que j'aie confiance en vous ». Assez usuelle est la formule : « Gardez qu'il n'y ait faute ». Une menace est à peine voilée : « Donnez si bonne provision que nous en devions être content de vous. » Une autre est plus claire encore : « Si faute il y a, vous le connaîtrez par effet. »

L'image d'un roi qui travaille dans son cabinet ne doit pas laisser croire qu'il est un solitaire. Même s'il se protège des importuns, Louis XI aime être entouré. Dans le cabinet de travail comme dans sa chambre à coucher, où il reçoit volontiers assis sur son lit, c'est un incessant défilé de conseillers, d'officiers et d'ambassadeurs. Le roi écoute. Surtout, il parle. L'un des conseillers le dira sans ambages au Milanais Cristoforo da Bollate : « Avez-vous remarqué qu'il a toujours l'habitude de s'étourdir de paroles ? ». Son attitude est la même à table : il lui faut toujours sept ou huit personnes à sa table, parfois plus. La table du roi est une forme du Conseil.

Le roi sort volontiers de son cabinet, et pas seulement pour entendre la rumeur des villes comme le veut la légende. Si les promenades anonymes dans les rues sont inventées, les haltes du chasseur à l'auberge de village sont autant de moments où le roi rencontre réellement les plus modestes de ses sujets. En toute occasion, Louis XI est un homme qui écoute, qui questionne, qui forge lui-même son opinion sur les hommes et sur les situations. Commynes en a gardé le souvenir très vif.

> Il aimait à demander et entendre de toutes choses, et avait le sens naturel parfaitement bon...
>
> Nul homme ne prêta jamais tant l'oreille aux gens, ni ne s'enquit de tant de choses, comme il faisait, ni qui voulut jamais connaître tant de gens.
>
> Véritablement, il connaissait toutes gens d'autorité et de valeur qui étaient en Angleterre, en Espagne, en Portugal, en Italie et dans les seigneuries du duc de Bourgogne et en Bretagne, comme il connaissait ses sujets.

Une chose doit cependant être notée : Louis XI n'aime pas s'écarter à l'excès de son gouvernement. À partir de son avènement, il ne s'aventure guère. Il ne sera pas allé une seule fois sur le front, combien important à ses yeux, de Catalogne. Il n'aura pas été tenté par les déplacements diplomatiques. On ne l'a vu ni en Angleterre, ni dans l'Empire, ni en Espagne, et son goût prononcé pour les affaires d'Italie ne l'a pas conduit une fois dans la Péninsule où, pourtant, il compte des amis. Après les deux grands voyages de 1462 et 1463, il semble ignorer le Midi. Au-delà de la Touraine et du Poitou, ses horizons s'arrêtent désormais à l'Anjou, à la Normandie et à la Picardie. Il faut la mort de Charles de France pour qu'il fasse en 1472 un rapide tour en Guyenne. Cet homme qui ne tient pas en place n'est pas un voyageur. On doit ici se rappeler son caractère méfiant. L'absence est dangereuse. Et, pas plus que les champs de bataille, les entrées solennelles ne sont son fort. Il y perdrait son temps.

À côté des visites qu'il reçoit et des gens qu'il rencontre au fil de ses déplacements, Louis XI est donc largement débiteur de ceux qui lui disent ce qui se passe ailleurs. Il dispose pour cela des ambassadeurs permanents et de quelques correspondants habituels.

L'éloignement de la capitale a, entre autres inconvénients, celui de tenir loin du cabinet du roi cet outil de la mémoire gouvernementale que sont les archives. C'est Dreux Budé qui les conserve, mais à Paris, dans ce bâtiment annexe de la Sainte-Chapelle où elles sont depuis le XIIIe siècle. Gérard de Montaigu, sous Charles V, les a réorganisées. Fils d'un secrétaire de Charles VI et lui-même secrétaire de Charles VII, Dreux Budé était déjà sous Charles VII audiencier de la Chancellerie et trésorier des chartes. Ces fonctions ne l'ont pas empêché d'être, de 1452 à 1456, prévôt des marchands de Paris. Il est homme de confiance par excellence, mais c'est le roi qui décide de qui aura accès aux archives. Ainsi Louis XI ordonne-t-il en 1464 à Budé d'ouvrir le Trésor des chartes à Guillaume Cousinot, envoyé pour rechercher les pièces utiles à l'examen des griefs du duc de Bretagne, et d'aider ledit Cousinot dans sa besogne. Jean Budé succède à son père en 1474. Il est lui-même remplacé en 1482 par Jacques Louet, par ailleurs général des aides à Paris.

À bien des reprises, et notamment quand il fera juger à titre posthume le Téméraire, Louis XI saura faire chercher dans ses archives les pièces utiles pour justifier son action. Cousinot ira jusqu'à procurer, en août 1478, les généalogies qui attestent les droits de la Couronne sur le duché de Bourgogne et les comtés de Bourgogne et de Boulogne. En juillet 1482, il charge Jacques Louet de hâter l'inventaire des archives et de se faire pour cela aider par le correcteur des comptes Pierre Amer, l'auditeur des comptes Guillaume de Sailly et un notaire et secrétaire du roi, le greffier des Comptes Louis Le Blanc. Le choix de ces trois hommes le dit clairement, ces archives un peu lointaines sont pour le roi plus qu'un moyen de gouvernement, une mine de preuves pour l'établissement de ses droits.

Cet éloignement des archives a pour premier effet que les acteurs de la vie politique conservent chez eux bien des pièces. Lorsqu'en 1474 Louis XI demande à Bourré de rechercher le sauf-conduit de Péronne, c'est chez lui, à Tours, que le secrétaire doit aller le chercher. Il l'avoue au roi, il avait laissé cette pièce « avec d'autres lettres que j'ai de vous ». Plus tard, le roi prend l'habitude de faire conserver au plus près, à Saint-Laud d'Angers, les pièces dont il peut avoir besoin d'urgence « pour nous en aider et servir quand besoin sera ».

Une correspondance

La correspondance de Louis XI est proprement stupéfiante. C'est par centaines qu'on compte les lettres missives écrites ou dictées par lui, et cela alors que, n'ayant pas été enregistrée comme le sont à la Chancellerie les lettres patentes, cette correspondance ne nous est connue qu'au hasard d'une conservation en original ou en copie dans les archives des destinataires. L'édition qu'en ont procurée Vaesen et Charavay occupe dix volumes, et elle ne saurait passer pour exhaustive.

On l'a dit, pour rompre l'isolement dont il souffrait en Dauphiné et en Brabant, le dauphin a pris l'habitude de correspondre. Les exils de sa jeunesse ne sont pas pour rien dans la formation d'un roi qui travaille sur lettres et sur dossiers. On lui écrit beaucoup, et les princes comme les officiers. À son tour, le roi multiplie les lettres, envoyant parfois le même texte à quatre ou cinq correspondants. On mesure ici l'importance de la fonction de secrétaire, celle qu'assume longtemps et principalement Jean Bourré mais où nous trouvons trente autres personnages, parfois épisodiques.

Le plus souvent sous la dictée, le secrétaire rédige une minute et la soumet au roi qui ajoute un mot, change une formule ou fait biffer un paragraphe entier. Parce que le roi dicte vite, le secrétaire comprend parfois mal et laisse passer des fautes qu'on oublie de corriger : *des lettres que Un Tel* quand le roi a dicté *des lettres de Un Tel.* Une telle faute sur l'original envoyé laisse d'ailleurs penser que, lorsqu'il y a urgence, on passe outre au brouillon : on rédige tout de suite l'original. La suppression de phrases à peine commencées laisse penser qu'une partie de ces corrections interviennent pendant la dictée. Puis, lorsqu'un brouillon a été fait, on recopie la lettre, le secrétaire la signe lui-même et la fait enfin signer au roi.

Relit-il toutes les lettres qu'il signe ? Ce n'est pas certain. Et, comme il parle d'abondance en toute circonstance, il dicte vite. C'est ainsi que, ayant le 9 janvier 1477 qualifié l'assassinat de Galeazzo Maria Sforza de « cruel et exécrable cas », il mêle dans une lettre du 12 la mort du duc de Milan et celle du duc de Bourgogne en les traitant de « bonnes et agréables nouvelles ». Une relecture n'eût pas été inutile. Mais il arrive au roi d'ajouter un post-scriptum : « L'homme qui vient ne vous a pas dit ce qu'il vient faire, ou il vous a dit un mensonge. »

Il arrive cependant que Louis XI, jugeant opportun d'ajouter quelque chose, le précise : « écrit de ma main ». Après avoir dicté à Meurin, le 4 mai 1471, une lettre au grand maître Dammartin pour démentir le bruit selon lequel il serait prisonnier, il ajoute deux lignes avant de signer : « Ce n'a été qu'un ébattement qui a été fait par aucuns de mes gens qui retournaient de devers les gens de Bourgogne. »

Rares sont les lettres entièrement écrites par le roi lui-même. Même lorsque la lettre est signée « Loys », le secrétaire Étienne Petit l'avoue, ce peut être de la main d'un secrétaire de confiance comme Tilhart. Lorsqu'il prend la plume, comme au début de 1473 pour une lettre au duc de Milan, le roi l'indique à la fin : « Adieu mon frère. Écrit de ma main. » Encore convient-il de se méfier, comme y invite un bref billet adressé en juillet 1481 à Batarnay : « Écrivez la lettre de ma main, ainsi que avez accoutumé de faire, afin de l'envoyer incontinent. »

Les événements se précipitent parfois, et le roi change d'avis avant d'envoyer la lettre. Qu'à cela ne tienne, on ne la refait pas : on la complète. Le 9 février 1471, Louis XI convoque les habitants de Montpellier aux États de Languedoc qui doivent se réunir le 4 mai. La lettre est déjà datée quand il décide de différer la réunion. On enverra quand même la lettre, car les députés doivent se tenir prêts. Mais avant les signatures, et avant l'envoi, certain car l'original est conservé aux Archives de l'Hérault, on ajoute une phrase : « Depuis ces lettres dessus écrites, a été avisé pour le bien et conduite des matières que la journée des États par nous assignée au 4 mai sera continuée. »

Quand il demande en 1463 au bailli de Saint-Pierre-le-Moûtier de se taire au sujet de Charles de France, on croit entendre le roi, et le mot, pour être rare, dit bien ce qu'il veut dire. « Au regard de la pratique que deviez mener envers mon frère, n'en parlez point pour cette heure, car il s'en pourrait ésauvagir de nous. »

Le ton n'est pas moins vif quand Guillaume Juvénal des Ursins reçoit une algarade pour avoir négligé les instructions et laissé juger au Grand Conseil, contre les intérêts du roi, une affaire relative à une abbaye berrichonne que le roi avait renvoyée devant des commissaires.

> Chancelier, j'ai su le tour qui m'a été joué touchant le fait des moines de Loroy par mes officiers de Bourges, et comme, depuis

> que j'ai ordonné que vous renvoyiez la cause qui en a été introduite en mon Grand Conseil par devant maître Charles de la Vernade et autres commissaires que j'ai envoyés par-delà pour le procès du Tripet pour ce qu'il est question de la coutume de Paris, vous avez donné certaine sentence contre mon procureur, ce qui est chose bien étrange, et je n'en sais que penser. Et pour ce, une fois pour toutes, renvoyez la matière par devers lesdits commissaires, et que je n'en oye plus parler.

Visiblement, le vieux chancelier – il a soixante-neuf ans – n'est pas convaincu. Il avance des arguties pour différer. Le roi s'impatiente. La première lettre est du 16 décembre 1470. Le 24, le ton se durcit encore, avec une allusion des moins discrètes à la mansuétude dont a fait preuve le roi envers celui qu'il avait, à son avènement, froidement disgracié. Derrière la dictée, on entend la colère. « Vous n'avez rien fait. Quand on vous a présenté mes lettres, vous avez dissimulé. Je vous prie, beau sire, que en mes besognes vous ne soyez pas si rigoureux, car je ne l'ai pas été pour vous dans les vôtres... Faites que je ne vous en récrive plus. »

On n'entend pas moins la colère à la lecture d'une lettre à Tanguy III du Chastel, dictée dans le feu de l'indignation : le roi a reçu d'Yvon du Fou, qui conduit la campagne autour de Cognac, la nouvelle de la capitulation assez généreuse accordée à Jacques d'Archiac. Du Fou précise que son prisonnier va payer rançon et qu'il ira ensuite prêter serment de fidélité au roi. Alors que Charles de France se meurt, il n'est plus temps pour ses fidèles de feindre la soumission.

> Je vous envoie les lettres que messire Yvon m'a envoyées, et les lettres que je lui écris. Ouvrez-les puis les lui envoyez. Il m'a écrit des choses qui ne me sont guère plaisant, touchant cet Archiac, après le tour qu'il m'a joué de le sauver à l'appétit d'aucuns et contre ma volonté, moi qui l'ai nourri, et je crois qu'il se moque de moi de le vouloir maintenant envoyer faire le serment.

Lorsque Alain d'Albret se montre insuffisamment offensif devant Avesnes, le roi menace d'y aller lui-même, et de mettre la ville à la raison. « Je vous assure que, s'il attend que je m'en approche, je la lui chaufferai si bien d'un bout jusques à l'autre qu'il n'y faudra point retourner. »

Bien sûr, ce sont souvent des ordres. Ils sont parfois d'une réelle sécheresse. Au chancelier, il n'hésite pas à écrire « Qu'il ne soit plus nécessaire de revenir sur le sujet » ou « Que je n'en oye plus parler, autrement je ne serai pas content de vous », voire « Ne me rompez plus la tête ». Ce sont aussi des commentaires et des informations. On est frappé de voir un roi de France qui raconte à ses correspondants, à ses gens aussi bien qu'aux princes et aux autres souverains, et qui ne craint pas de déroger en se faisant le premier propagateur des nouvelles propres à éclairer. Les innombrables lettres au chancelier Pierre de Morvilliers, pendant la Ligue du Bien public, sont des modèles d'information sur l'évolution au jour le jour de la situation militaire. Et, au lendemain de la bataille de Montlhéry, alors qu'il a tant à faire, le roi trouve le temps de rédiger ou de faire rédiger à l'intention des corps municipaux de Lyon, de Beauvais, de Poitiers, de Troyes et d'Abbeville comme du sénéchal de Lyon un récit de la journée qui force quelque peu, comme on le verra, la réalité. « Grâces à Dieu, eûmes du meilleur, et fut la victoire à nous... Et en tant que touche le principal de la bataille, il en est mort dix contre un des nôtres. Et il y a eu de quatorze à quinze cents morts de leur part, et de deux à trois cents prisonniers, dont il y en a de gens bien beaucoup. »

Il va jusqu'à évoquer de graves blessures dont souffriraient Charolais et Saint-Pol, blessures dont on ne reparlera plus alors que, lui-même, Louis XI a bien failli se faire égorger. Bien plus, il annonce la mort du Grand Bâtard de Bourgogne, lequel ne quittera ce monde que quarante ans plus tard. Il écrit de même, à peine parvenu à Paris, aux habitants d'Amboise, se donnant évidemment un beau rôle que contredit singulièrement l'analyse de la situation. Et de leur donner une version améliorée de sa victoire : « Il y a eu plus de dix, voire plus de quinze des Bourguignons, que morts que pris, contre un de nos gens. »

Il ne mâche pas ses mots. Il dit clairement qu'il est « bien content » ou « mal content ». Informant en janvier 1463 ses lieutenants en Aragon, Gaston de Foix, le Bâtard d'Armagnac, Louis de Crussol et le sire de Montglat, des négociations en cours avec le roi de Castille, il manie l'ironie autant que la méfiance.

> Il me semble qu'on aura bon traité avec le roi de Castille car, ainsi que les nouvelles viennent ici, leurs paroles s'adoucissent...
>
> Le roi de Castille doit être à Fontarabie le dernier jour de ce mois et ce ne serait pas honnête chose que, pendant que nous serons ensemble, il advienne quelque fortune sur vous autres...
>
> J'envoie l'amiral au-devant du roi d'Espagne. Et, pour ce, envoyez devers lui à Bayonne pour l'avertir de l'état en quoi vous êtes par-delà, et de la volonté du roi d'Aragon et de vous autres, afin qu'il ne fasse pas une chose et vous une autre. Aussi, que j'ai des gens du roi d'Aragon qui m'avertissent de ce que j'aurai à faire...

Le ton n'est évidemment pas le même quand il écrit à Francesco Sforza ou à Philippe le Bon. Mais il arrive que le roi se fâche, comme lorsque le duc de Bretagne lui a fait part de la rumeur suivant laquelle il se prépare à céder aux Anglais rien de moins que la Normandie et la Guyenne. « Choses controuvées et à notre grande charge, foule [blessure] et déshonneur, à quoi ne pensâmes onques ni pour rien ne voudrions avoir pensé..., paroles fausses et séditieuses, et contre vérité. »

Quel que soit le correspondant, et même quand le message n'a rien d'agréable, la courtoisie du roi est extrême. Il est de rigueur que le roi écrive « *Beatissime Pater* » au pape et qu'il mesure avec précision les titres, « Mon cousin », voire « Mon frère », qu'il donne aux princes et aux grands féodaux comme le connétable de Saint-Pol. Le duc de Bretagne est « Mon neveu ». Ayant marié le Bâtard de Bourbon à l'une des filles que lui a données Marguerite de Sassenage, il lui écrit « Mon fils », ou « Mon fils l'Amiral ». On monte les degrés pour les souverains. Le duc de Milan est « Notre très illustre et très cher frère » ou plus simplement « Mon frère ». Au roi de Castille dont le comportement est soudain inamical, Louis XI ne ménage pas les titres : « Très haut et puissant prince, notre très cher et très aimé frère, cousin et allié, Henri, par la grâce de Dieu roi de Castille et de Léon ».

Le roi de France n'est en revanche nullement tenu par les

usages de donner du « Monseigneur le Grand Maître » à Dammartin, du « Monseigneur du Plessis » à Bourré, du « Monseigneur de Craon » à La Trémoille, du « Monseigneur le Général » à Pierre Doriole, du « Monseigneur le Gouverneur » au gouverneur de Roussillon Tanguy du Chastel ou à son ambassadeur à Rome, le gouverneur de Montpellier Guillaume Cousinot. Ces officiers qui ne sont que des serviteurs du roi ne peuvent qu'être sensibles à de tels égards. Certes, il arrive que Louis XI écrive « Président » à Dauvet et « Chancelier » à Morvilliers ou à Juvénal des Ursins, mais c'est dans la hâte d'une véritable note de service, car Jean de la Driesche, alors président des Comptes, a droit à « Monseigneur le Président ». Le roi mêle parfois les deux types d'adresse : « Cardinal d'Estouteville, très cher et très aimé féal cousin ». Il s'agit bien là de donner au cardinal son rang, mais de lui rappeler aussi qu'il est le féal du roi.

Quant aux corps de ville, donc aux bourgeois dont Louis XI a si souvent besoin, il y met quelque forme : les conseillers de Lyon, d'Amiens, de Saint-Quentin, d'Amboise ou de Troyes ont droit à « Chers et bien aimés » et, pour les capitouls de Toulouse, on va jusqu'à « Très chers et bien aimés ». Alors que le Téméraire manifeste en toute occasion son mépris pour les marchands de ses grandes villes des Pays-Bas, le roi de France, parlant des bourgeois qui gouvernent les États de Flandre, les appelle « Messeigneurs de Gand », tout comme il dit « Messieurs des Ligues » en parlant des Cantons suisses confédérés. Les bourgeois qui financent et gardent les villes fidèles au roi sont, il faut bien le dire, mieux traités que les conseillers au Parlement et les maîtres de la Chambre des comptes, dont on sait les relations parfois houleuses avec la Couronne et qui sont simplement « Nos aimés et féaux ».

La courtoisie ne se limite pas à l'adresse, voire à la forme du texte, car le roi ne manque pas, parlant à Dammartin du Bâtard de Bourbon, d'écrire « monseigneur l'amiral ». Louis XI est capable, quand il s'agit de ses fidèles, d'une délicatesse propre à les encourager dans leur fidélité. Le verbe vient ici en complément des pensions et des fiefs. Il faut rémunérer. Il faut aussi flatter. C'est ainsi que, Dammartin ayant rendu compte des opérations menées contre le comte d'Armagnac, le roi le remercie le 3 janvier 1470 en des termes qui ne sentent pas la relation d'un supérieur à un inférieur : « Monseigneur le Grand Maître, j'ai reçu vos lettres, et il ne faut pas que je vous mande mais que je vous remercie de tout mon pouvoir du grand aide et secours que vous m'avez fait à mon besoin, et je prie Dieu et Notre-Dame qu'ils me donnent grâce de vous le rendre. »

Au même, qui vient de diriger la préparation de la campagne de Picardie, le roi manifeste un an plus tard sa gratitude. « Je vous remercie tant que je puis de ce que vous avez fait, et j'ai l'intention de vous le desservir et de corps et de biens, et que Dieu me donne la grâce, et Notre-Dame, de le pouvoir desservir. » Et il ne ménage pas ses compliments à ceux qui négocient pour lui avec les gens de Maximilien : « Onques ne firent si bien que vous ».

La correspondance de Louis XI est un étonnant mélange de confiance et de méfiance. On trouve, notamment dans la correspondance avec Galeazzo Sforza, de longs passages chiffrés. Bien des missives ne sont que des lettres de créance pour des envoyés de tout rang, chargés de délivrer verbalement un message que le roi ne tient pas à écrire. Mais ce qu'il ose dicter dépasse souvent les limites d'une élémentaire prudence. Organisant tout un système de surveillance d'un capitaine qu'il envoie en mission mais dont il pense qu'il a rencontré ses adversaires, il met le secret de ce système à la merci des interceptions de courrier. Cette lettre à Dammartin, datée du 28 juin 1468 à Meaux, est un chef-d'œuvre d'imprudente duplicité, et l'imprudence paraît encore plus grande à qui se rappelle que Dammartin est un rallié de fraîche date.

> Monseigneur le Grand Maître, j'ai dépêché François de Badefol, et il a eu cent francs du trésorier des guerres. Je vous assure que je ne trouve pas si bon que je faisais quand je l'ai dépêché à Amboise, et je n'y ai point de confiance.
>
> Toutefois, laissez-le aller, mais mettez y en d'autres en besogne, dont il ne sache rien. Vous pouvez le faire par la main du sénéchal de Beaucaire. Et que le sénéchal de Beaucaire montre bien qu'il se fie à lui, mais qu'il y mette d'autres lévriers.
>
> Sur mon âme, Monseigneur le Grand Maître, je me doute, quand il a parlé à eux, qu'ils l'aient converti. Je vous prie, questionnez-le

un peu longuement, voir si vous serez de mon opinion. Toutefois, en mettant d'autres lévriers après la queue, dont il ne sache rien, il me semble que nous devrions avoir ce que nous demandons.

On peut dire la même chose quand, le 22 juin 1470, Louis XI développe pour Jean Bourré toute sa prospective politique : apaisement de la Bourgogne par le départ de Warwick, utilisation de Warwick pour entretenir l'agitation en Angleterre et mettre celle-ci hors d'état d'intervenir dans les affaires de France, retrait de tout prétexte au duc de Bourgogne pour le déclenchement dans l'instant de la guerre dont le roi doit garder l'initiative.

Louis XI, cependant, juge parfois que les nécessités d'une réaction immédiate et d'une adaptation à une conjoncture qui évolue rapidement, et loin de lui, justifient une étonnante confiance. Il prévoit qu'on rédige en son nom des lettres closes et qu'on lui rende compte après. À des serviteurs assurés, et notamment à Jean Bourré, il lui arrive d'adresser des « blancs ». L'un de ces ordres signés en blanc est en août 1468 envoyé à Bourré qui accompagne Jean de Calabre dans la négociation avec le duc de Bretagne.

> J'ai baillé à mondit seigneur de Calabre un pouvoir pour besogner es matières, avec un blanc pour faire un autre pouvoir s'il en est besoin, lequel blanc vous emplirez ainsi que par mondit seigneur de Calabre sera avisé. Et, s'ils ont à besogner de lettres closes de moi ou de blancs signés pour en faire, fournissez-les en, et me faites souvent savoir des nouvelles.

Naturellement, le roi entend savoir ce qu'on fait de son blanc-seing. À Jean Guérin, envoyé en octobre 1482 auprès de Maximilien, il prescrit de rapporter le blanc s'il n'a été rempli et d'en rapporter en cas contraire un double.

Certaines lettres sont de remarquables revues de l'actualité, Louis XI souhaitant informer son correspondant de la situation. Ainsi la longue lettre qu'en avril 465, au début de l'affaire du Bien public, il adresse au chancelier pour lui faire part des négociations engagées et des dispositions prises sur tous les fronts pour la défense de la royauté.

On comprend qu'il tienne le chancelier au courant de ce qui se passe ou qu'il précise pour le duc de Milan ses relations avec la Bourgogne. Le souci d'efficacité est évident. Qu'il agisse de même en écrivant aux bonnes villes, qu'il rapporte en détail aux corps municipaux de Lyon, de Poitiers, de Reims, d'Albi et de bien d'autres villes ses négociations avec l'Angleterre, c'est autre chose : le roi éprouve le besoin politique d'informer son royaume.

> Ainsi nous avons bien voulu vous écrire des choses dessus dites et vous avertir de notre vouloir et intention, comme ceux que nous tenons et réputons pour nos bons et loyaux sujets.

C'est à ce souci d'informer qu'il faut rapporter l'envoi de lettres à plusieurs destinataires et la transmission de documents, et en particulier de copies en nombre de lettres reçues ou envoyées. Au sénéchal de Poitou Louis de Crussol, au bailli de Tours Georges II de la Trémoille et à l'amiral, le Bâtard de Bourbon, le roi adresse en juillet 1468 la même lettre :

> Présentement, avons reçu lettres de..., et aussi beau frère le connétable a écrit à beau frère de Bourbon. Nous vous envoyons le double de tout, afin que connaissiez et soyez pourvus pour les choses qui pourront avenir.

De toute la correspondance envoyée, les secrétaires gardent des doubles, et ces archives suivent le roi dans ses déplacements. Cela peut être utile. Lorsque, dans l'été de 1468, les gens du duc de Savoie interceptent un messager du roi et saisissent une lettre destinée à Galeazzo Sforza, le courrier suivant part avec une nouvelle lettre et un double de la précédente.

S'il dicte lui-même bien des lettres d'importance politique et diplomatique, le roi ne dédaigne pas de se mêler des petites affaires de la vie courante de ses sujets et il ne craint pas d'entrer là dans le détail. Ainsi s'entremet-il du mariage de la fille d'un bourgeois de Saint-Quentin que ses parents veulent marier à un tailleur de la ville alors qu'elle en préfère un autre : si la fille et le tailleur ne sont pas contents, « que la dite fille se puisse marier ailleurs où bon lui semblera », écrit le roi. De même s'en mêle-t-il quand l'un de ses valets de chambre convoite la fille d'un bourgeois de Rouen qui ne veut point du garçon. Ayant donné ordre de faire une libéralité à la cathédrale d'Embrun, il écrit un an plus tard au chapitre pour savoir si l'on a bien exécuté l'ordre. Il prévient en juillet 1464 que les marchands fréquentant les foires de Lyon auront la possibilité d'étaler leurs marchandises où bon leur semblera, et non aux seuls lieux fixés par la ville. De même, aux gens de Metz qui ont reçu de fausses lettres patentes apportées par un héraut « qui s'est nommé Poitiers », donne-t-il l'assurance qu'il n'a « point de héraut qui ait nom Poitiers ». Imbroglio ou mauvaise foi ? Il y a bien un héraut, mais qui s'appelle Poitou.

En sens inverse, on écrit beaucoup au roi. D'abord, parce que ses lettres ne sauraient demeurer sans réponse. Ensuite parce que ses fidèles de tout rang ne manquent pas de l'informer, assurés qu'ils sont que le roi les lira. « On nous écrit en diverses manières », dit-il quand on le prévient en 1465 des préparatifs de guerre faits par le Téméraire. Et les corps municipaux ont de longtemps compris que le meilleur moyen d'obtenir la faveur du roi est de le tenir au courant de la situation économique.

Surtout, Louis XI exige qu'on l'informe, et il est impatient. Innombrables sont les rappels à l'ordre : le roi compte les jours depuis qu'il a demandé des nouvelles, ou depuis les dernières qu'il a reçues. Lors de l'offensive bourguignonne en Picardie, en février 1471, le roi est à la chasse aux informations. Il écrit le 12 au grand maître Dammartin, puis le 14 à l'amiral avec un double de la lettre à Dammartin dont il s'étonne, après deux jours, de n'avoir pas encore la réponse. Des formules comme « Me faites savoir de vos nouvelles » reviennent sans cesse dans sa correspondance. Le courrier qui lui parvient est la base des décisions qu'il entend prendre seul, mais non dans l'ignorance des situations. Il lui arrive donc de faire la leçon, comme en décembre 1471 à La Trémoille et Doriole, qui négocient pour lui avec le Téméraire.

> Mon cousin, et vous monseigneur le Général, je m'ébahis, quand vous avez vu que la chose allait mal, que vous ne m'en ayez pas averti afin que je remédiasse par deçà au mieux que j'eusse pu. Car,

quand les choses vont bien, je n'ai que faire d'être averti. Mais, quand elles vont mal, j'ai besoin d'en être averti pour y remédier.

La mauvaise foi est patente : rien ne fait plus plaisir au roi que d'apprendre que les choses vont comme il veut : « Je vous prie que les premières nouvelles que vous m'écrirez soient que tout est en sûreté, tant d'un côté comme de l'autre, et qu'il n'y ait plus rien à faire. » Mais son travail est de décider, et les bonnes nouvelles n'y suffisent pas, même s'il dit avoir « pris à très bon signe » de n'en pas avoir du tout.

Des secrétaires

Une telle correspondance signifie que les secrétaires tiennent auprès du roi une place à part. Comptés parmi les cinquante-neuf « notaires et secrétaires du roi » – le nombre en a été fixé en 1361 – qui sont les officiers, irrévocables, chargés à la Chancellerie de la rédaction des lettres patentes, ils sont les successeurs des « notaires suivant la cour » que Philippe le Bel, déjà, retenait à son service personnel. Les secrétaires attachés à la personne du roi sont, comme tels, appelés à sa discrétion pour la rédaction régulière ou occasionnelle des lettres missives qui échappent à l'activité de la Chancellerie.

Certains étaient déjà secrétaires du dauphin et demeurent au service du roi jusque fort avant dans son règne : Baude Meurin jusqu'en 1471, Jean Bourré jusqu'en 1476, Jean de la Loère jusqu'en 1477. Les uns et les autres ne servent plus qu'épisodiquement : Bourré et Meurin remplissent toutes sortes de missions diplomatiques et La Loère est, dès 1468, receveur général de Languedoc. Naguère secrétaire du dauphin, Jean Guérin reste comme maître d'hôtel dans le proche entourage du roi. Venu du secrétariat de Charles VII, Jean Le Gouz est encore secrétaire de Louis XI en 1475.

La plupart apparaissent dès les premières années du règne et demeurent. André Brinon contresigne des lettres de 1453 à 1469. Nommé en 1463 à l'âge de dix-huit ans, Guillaume Briçonnet signe jusqu'en 1482. Recrutés en 1464, Nicolas Tilhart signe jusqu'en 1476, Louis Toustain jusqu'en 1477, Jean de

Moulins et Michel de Villechartre jusqu'en 1483. Secrétaire en 1466, Olivier Le Roux le reste pendant neuf ans, jusqu'en 1475.

Les plus longues carrières sont celles de secrétaires nommés avant l'affaire du Bien public. Ceux qui lui ont alors été fidèles sont désormais assurés de la longévité. À partir de 1465, ceux que le roi nomme ne sont là que pour un temps. Étienne Petit, en service de 1472 à 1481, Jean Robineau, de 1475 à 1482, et Pierre de Doyat, de 1478 à 1483, sont des exceptions.

Le poète Jean Robertet, dont le père était secrétaire de Jean II de Bourbon, est au service de celui-ci quand en 1463 son maître lui confie une mission auprès de Louis XI. Le roi se l'attache vite et Robertet est déjà son secrétaire lorsqu'en 1469 il en fait le premier greffier de l'ordre de Saint-Michel. Il demeurera en fonction jusqu'à la fin du règne. Mais il est vite envoyé comme greffier du Parlement de Dauphiné. On ne le reverra qu'à la fin du règne parmi les proches du roi.

Beaucoup ne font au secrétariat qu'un séjour de trois ou quatre ans : Antoine Reynaut de 1461 à 1465, Jean de Reilhac de 1461 à 1465, Jean d'Orchères de 1465 à 1469, Jean Le Prévost de 1466 à 1469, Jean Le Clerc de 1469 à 1471, Gilles Le Flameng de 1469 à 1474, Jean Merlin de 1472 à 1475, Macé Bastard de 1472 à 1477, Jean Bernard de 1472 à 1478, Étienne Parent de 1476 à 1482, Guillaume de Sailly de 1476 à 1483, Macé Picot de 1476 à 1483, Jean Le Maréchal de 1477 à 1481, Ragot de 1478 à 1480, Thomas Berbisey de 1478 à 1482, Pierre Courtin de 1478 à 1482, Pierre de Doyat de 1478 à 1483, Jean Charpentier de 1479 à 1483, Guichard Bessonat de 1481 à 1483. Les derniers sont en 1482-1483 Jean Amys, Jean Tilhart, Antoine Robert, Jacques Erlant, Jean Le Fèvre et Richard Lemoyne. Quelques-uns semblent n'avoir servi qu'occasionnellement comme secrétaires pour viser une ou deux lettres : ainsi Thomas Tribole, Macé Bardois, Laurent Herbelot, Guillaume Lauvergnat, Nicolas Gilles, Bertrand Briçonnet, Antoine de Beaune, Pierre Briçonnet, Pierre Symart, Jean Tilhart, Jean Burdelot, Guillaume de Choisy, Jean Bertrand, Thomas Foulet, Antoine Calder.

Pour rédiger en latin ou en italien les lettres destinées à l'étranger et notamment à Sforza, on recourt parfois, dans les années 1468-1471, à un secrétaire qui signe Albertus et que le roi appelle Magalot : le Florentin Alberto Magalotti, un homme de confiance prêté à Louis XI par Galeazzo Sforza. Mais Meurin ou Tilhart le font volontiers, et c'est le secrétaire Pierre Palmier qui se voit chargé en 1479 d'aller en Italie organiser la négociation entre Laurent de Medici et Ferrante de Naples. En 1483, Antoine Calder rédige à son tour en italien. Les lettres en allemand, adressées notamment aux Suisses, ne suffisent pas à laisser penser qu'un secrétaire écrive l'allemand : connues par des copies, il s'agit en général de traductions.

Ce serait une erreur de tenir tous les secrétaires pour de simples rédacteurs. Ils suivent les affaires. Leur rôle est souvent celui de confident : Jean de Reilhac et Baude Meurin sont au côté du roi à Péronne, de même que Magalotti. Le roi leur confie des missions à travers la France et à l'étranger. Jean Bourré, Baude Meurin et Pierre de Doyat sont de ceux qui demeurent longtemps secrétaires même s'ils sont souvent chargés de missions qui les éloignent du roi. Le légiste Guillaume Le Franc est surtout un diplomate. De telles missions expliquent la brièveté de certains passages au secrétariat. Elle tient aussi aux offices que leur destine le roi. Ils gardent le titre, mais ils n'exercent plus qu'à l'occasion. En 1483, quatre d'entre eux sont conseillers clercs au Parlement, huit sont maîtres des comptes.

Ces missions, qui se traduisent par des absences, expliquent le nombre très variable de secrétaires auxquels fait appel le roi. Au fil des années, on en compte plusieurs dizaines, certains épisodiques, d'autres permanents dans la mesure où le roi ne les charge pas de missions en France ou à l'étranger. En majorité, les secrétaires du roi sont des laïcs : le temps n'est plus où la Chapelle tenait sa place dans les rouages du gouvernement. Certains sont de petite noblesse, mais la plupart sont d'origine bourgeoise, parfois modeste : on y voit un fils de cordonnier et un fils de tonnelier.

Certains – de deux à cinq selon les moments – ont la signature en matière de finances. À la Chambre des comptes, qui refuse d'entériner la création des foires de Caen, le roi explique que, si les lettres patentes ne portent pas la signature de l'un des « secrétaires de nos finances », c'est parce qu'il n'en a aucun sur l'instant auprès de lui. En un autre cas, voulant confirmer et élargir les privilèges d'Amiens alors qu'il n'a sous la main aucun secrétaire des finances, il envoie une lettre à la ville et une autre à Gilles Le Flameng pour lui demander de valider la concession royale par une autre lettre signée de lui. Et quand le roi signe une cédule pour faire payer les 6 000 livres de la pension du comte de Candale, il l'envoie à Bourré pour qu'il la signe à son tour. Bourré en vient à rédiger de véritables circulaires, mais aussi à doubler les lettres qu'il fait signer par le roi de lettres intitulées en son nom propre. On croit rêver quand on voit le secrétaire prier un trésorier de se « gouverner selon le contenu des lettres » du roi. C'est le même Bourré qui paraît le plus au fait du budget. Lorsqu'en février 1470 les gens de finance font pour le roi le tableau des recettes et des dépenses prévisibles, ils chargent Bourré de présenter au roi tous les éléments du décompte.

> Ainsi que pourrez voir, si votre bon plaisir est, par l'état et déclaration des parties particulières que avons baillées à Monseigneur du Plessis pour vous montrer.

La division du travail spécialisé va plus loin. En 1472, le roi mandate deux secrétaires des finances – dont Jacques Berziau, qui sera encore en fonction en 1495 – pour signer les lettres « sur le fait de la guerre », autrement dit celles qui touchent au recrutement, à la montre et au paiement des troupes.

Pour les gens de la Chambre des comptes, les secrétaires des finances sont bel et bien devenus une institution. On sait que leurs successeurs deviendront en 1547 les secrétaires d'État. Secrétaire du roi depuis 1478 et récemment nommé visiteur général des gabelles de Languedoc, Thomas Berbisey est, le 26 octobre 1481, « commis à la signature des matières et expéditions du fait de nos finances ». Le jour même, sa nomination est notifiée au général des finances pour la Bourgogne et aux gens des Comptes de Dijon.

La suite de leur carrière montre que les secrétaires des finances de Louis XI sont bien des techniciens. C'est à eux que vont naturellement les offices de finance : Bourré et Magalotti sont maîtres des comptes, Le Flameng et Tilhart sont généraux des aides, Reilhac est à la fois maître des comptes et général, La Loère est trésorier de Languedoc, Lauvergnat est contrôleur général de Languedoc et Amys receveur des amendes du Parlement. André Brinon sera en 1478 général des finances dans la Bourgogne conquise, et le roi le fera en 1481 maître des comptes. Nicolas Gilles devient en 1482 clerc des comptes. Le très riche homme d'affaires parisien Laurent Herbelot, qui trafique des armes et du salpêtre aussi bien que des vins, des grains, du sel et des harengs, n'est qu'épisodiquement qualifié de secrétaire. En 1476, il est contrôleur général de Normandie et d'Outre-Seine-et-Yonne. C'est Jean Le Clerc qui, devenu clerc des comptes, puis garde de l'Argenterie, négocie en 1477 les emprunts du roi. Guillaume Briçonnet, on le sait, finira cardinal et principal ministre de Louis XII. Macé Picot est de ceux qui dirigent en 1479 la collecte de vaisselle d'argent. L'un des derniers secrétaires des finances sera Guillaume Geuffroy, que le roi reçoit le 24 décembre 1481 « en l'état et office de notre secrétaire et l'avons commis à signer et expédier au fait de nos finances ». Et l'on doit signaler l'étrange cas de Jacques Erlant, dont on sait que la famille était fort attachée à Louis XI depuis les débuts : Jacques Erlant apparaît comme secrétaire du roi lors de sa nomination comme général des finances en Bourgogne à la place de Brinon, mais il contresigne six lettres, comme secrétaire, entre avril et juin 1483. Il est enfin un Guillaume Thoreau – peut-être fils du Guillaume Thoreau qui fut sous Charles VI receveur du roi et avocat à la Cour du Trésor – que ne signale le visa d'aucune des lettres conservées mais qui est explicitement donné pour secrétaire du roi lorsqu'en avril 1464 il prend part à la consultation de spécialistes du marché monétaire.

Les proches

Lorsqu'il lui faut se montrer, Louis XI ne lésine pas sur les apparences. Dans la vie courante, il en va bien autrement. Et le château de Plessis-lès-Tours n'est pas grand. C'est dire que ceux qui approchent le roi quotidiennement tiennent dans la vie politique une place qui ne serait pas la leur si toute la cour était là et si le Conseil était présent du matin au soir. Répétant ce qu'il entend dire, Maupoint note que Louis est « familier et affable pour les siens ». Au vrai, c'est un bavard. Il l'est en public, où ses interminables discours lassent parfois les auditeurs, mais il l'est aussi en privé. Commynes fera allusion à cette propension du roi à la confidence. « Notre roi parlait fort privément, et souvent à ceux qui étaient plus prochains de lui, comme j'étais alors, et d'autres depuis. Et aimait à parler en l'oreille. »

L'hôtel du roi est simplifié. La plupart de ceux qui portent le titre de chambellan ou de maître d'hôtel sont en réalité des baillis ou des sénéchaux, des capitaines ou des ambassadeurs. Le grand maître, on le sait, n'a rien d'un intendant : c'est plutôt un ministre. Il n'en va pas de même du service domestique que composent évidemment tous les serviteurs de la chambre, de la cuisine, de l'écurie, sans oublier la lavandière du roi que celui-ci soutiendra dans un procès. Ils n'apparaissent guère dans les documents que lorsqu'ils sortent de leur rôle normal, tel ce Hutin Lestendart qui convoie en 1477 l'artillerie de Normandie. Au contraire des chambellans, dont le titre est purement honorifique et signifie seulement la faveur royale envers des officiers et des capitaines, tout ce monde de l'Hôtel assume les charges domestiques de la vie quotidienne du roi. Quant aux écuyers, et même aux écuyers d'écurie, ils sont disponibles pour toutes sortes de missions politiques, militaires ou financières.

L'aumônier est le Tourangeau Guillaume Toustain, pourvu malgré son jeune âge de l'abbaye de Saint-Étienne de Caen. Son frère Louis est secrétaire du roi cependant que Raoulet Toustain s'occupe du commerce du sel. Un Poitevin lui succède : Jean Balue, que le roi appelle rapidement à son Conseil. Puis, c'est le Catalan Jayme Albert, un vieux prélat qui a siégé aux conciles de Constance et de Bâle et que Louis XI a connu quand les pères de Bâle l'ont, en vain, chargé d'argumenter auprès de lui contre le pape. Albert était prévôt de l'évêché d'Embrun. Le roi tentera vainement d'en faire un archevêque d'Embrun. Transfuge en 1476 de la cour du Téméraire qu'il a servi après avoir été l'homme des Angevins, l'aumônier italien Angelo Cato est plus heureux, qui sera en 1482, à la demande du roi, archevêque de Vienne. Le futur cardinal Georges d'Amboise est, lui aussi, un temps, aumônier du roi.

De son père, Louis XI a hérité un maître de chapelle, le musicien Johannes Ockeghem, originaire de Flandre orientale, dont nous reparlerons. Il demeurera à la Chapelle royale pendant tout le règne, restera au service de Charles VIII et mourra à Tours en 1497. On voit passer des chapelains qui sont aussi, comme en 1476 Jean Fresneau, des chantres à la chapelle du Plessis.

Il y a les médecins. Plusieurs se succèdent auprès d'un roi qui se montre dans sa jeunesse assez indifférent à sa santé mais s'en préoccupe de plus en plus au fil des années. Quoi que soigne le médecin, la fonction est de celles qui valent la faveur du roi, en sorte que le médecin est à tous égards homme de confiance. Il l'est d'autant plus que le roi est en bonne santé. Lors de sa première grave maladie, après l'attaque cérébrale de mars 1481, Commynes note que « naturellement il était enclin à ne vouloir croire le conseil des médecins ». Le roi a besoin de médecins parce qu'il a besoin de confidents. Pour sa santé, il se fie davantage aux pèlerinages.

Il n'en est pas moins sensible aux progrès de la médecine. Une curieuse affaire survient en janvier 1475, alors qu'on va pendre à Paris un larron. Or le larron dit souffrir de « coliques, passion et maladie du côté », autrement dit de la pierre. Plusieurs médecins et chirurgiens profitent de la présence du roi dans la capitale pour lui présenter une requête : « voir les lieux où lesdites maladies sont concrées dans les corps humains ». Or son ami Batarnay souffre de la pierre, et le roi ne peut exclure d'en souffrir un jour. Il autorise donc l'opération. Autant tuer le larron en l'ouvrant que le pendre. Le patient sera ouvert, dûment opéré de sa pierre et « recousu et ses entrailles remises dedans ». Le roi lui fera alors grâce, et lui donnera même de l'argent.

De cette confiance des temps de santé, les carrières se ressentent. Le Tourangeau Adam Fumée, qui a été médecin de Charles VII avant de l'être auprès de Louis XI, devient en 1464 maître des requêtes de l'Hôtel. Il se voit chargé de missions diplomatiques en Bretagne, à Rome et en Bourgogne. Il connaît en 1476 une disgrâce pour avoir servi les intérêts du duc de Bretagne, mais on le reverra en 1480 au chevet du roi malade. Il finira garde des sceaux sous Charles VIII.

Comme tous ses contemporains, Louis XI confond un peu

médecine et astrologie. Il est en cela un homme de son temps, et il ne peut ignorer qu'à sa naissance on a établi son horoscope. C'est ainsi qu'un astronome, Arnoul des Marets, apparaît au début du règne comme « astrologien du roi ». Il est l'auteur de quelques ouvrages où la magie a sa part. Par prudence, le roi demande l'avis de la Sorbonne qui, en 1466, les juge hérétiques. Des Marets meurt fort à propos lors d'une épidémie.

De Jacques Coictier, que Philippe de Bresse présente à Louis XI vers 1470, le roi fait en 1476 un conseiller-clerc à la Chambre des comptes, puis en septembre 1482 un président, mais il l'exempte explicitement de tout service aux Comptes, attendu que le médecin est occupé « jour et nuit » à le soigner. Sans doute un peu jaloux de l'influence de Coictier, Commynes rapporte que les relations de celui-ci avec son patient étaient rudes, que Coictier parlait durement au roi, Celui-ci n'était retenu de s'en séparer que par le propos selon lequel il mourrait le lendemain du jour où il aurait traité son médecin « comme il faisait des autres », allusion aux disgrâces et aux condamnations à mort. L'anecdote pourrait n'avoir été qu'une plaisanterie, mais il n'est pas certain qu'on osât plaisanter du roi comme il plaisantait de tout un chacun. Elle pourrait bien déceler l'inquiétude permanente d'un entourage toujours menacé du pire. Même si le chiffre donné par Commynes – il parle de dix mille écus par mois – est fortement exagéré par la jalousie, Coictier reste jusqu'au bout le médecin préféré du roi, et il en profite pour glaner des largesses qui scandalisent l'entourage. Ses fils sont légitimés. Il obtient même pour son neveu Pierre Versé l'évêché d'Amiens. Coictier sera encore au chevet de Louis XI dans les dernières heures. À ce moment, et l'on y reviendra, on aura vu au chevet du roi tous les médecins possible.

Un médecin italien, Pantaleone, semble avoir déjà soigné le roi dans sa jeunesse lorsque, ayant été entre-temps au service de Charles de France, puis de Galeazzo Maria Sforza, il revient vers 1476 dans l'entourage de l'ambassadeur Pietrasanta. Accablé par le mal qui ne le lâche pas – les hémorroïdes – et convaincu que Pantaleone est homme à savoir le guérir, Louis XI donne à « Messire Panthaleon » le titre de conseiller, ce qui ne veut pas dire que le médecin siège au Conseil.

Quant au médecin Claude de Molins, il semble bien avoir été, dans les dernières années du règne, plus au service du dauphin Charles que du roi lui-même.

L'entourage proche a fait l'objet de bien des critiques. À entendre certains, le roi ne serait entouré que d'âmes damnées, gens de bas étage et exécuteurs de mauvaises œuvres. Le brave Parisien qu'est Jean de Roye répète assurément ce qui se dit dans la rue quand il parle des « gens de bas état et condition auxquels, pour les exhausser, il ne se pouvait retenir de leur donner argent ». Michelet ne fait que reprendre l'opinion persiflante des contemporains de Louis XI quand, en donnant à ce comportement les allures d'une politique, il écrit : « Pour tant de choses nouvelles qu'il avait en tête, il voulait de tels hommes, tout neufs et sans passé. Il n'aimait que ceux qu'il créait, et qui autrement n'étaient point. »

Même s'il est difficile de ne voir autour du roi que des hommes sans passé, force est de souscrire au jugement de Michelet : Louis XI n'aime que ceux qui lui doivent tout. Nous verrons surgir d'étonnants comtes.

Le barbier Olivier Le Daim et le prévôt des maréchaux Tristan L'Hermite viennent en tête de cette litanie des gens de peu aux pouvoirs exorbitants. Daillon est réputé de longue date pour son manque de scrupules. Jean de Doyat, surtout présent près du roi à la fin du règne, n'est pas moins honni. La carrière de ce fils de greffier devenu écuyer, gouverneur d'Auvergne et conseiller du roi a tout pour heurter l'aristocratie, mais la sévérité de son administration lui vaut en plus l'hostilité des officiers locaux qu'il a tyrannisés et celle des populations qu'il a pressurées. On oubliera de le remercier pour le bien qu'il a fait en organisant la reprise économique. Le duc Jean II de Bourbon supporte fort mal qu'un homme de la sorte gouverne pour le roi sa principauté. Il se vengera. La critique, cependant, mêle là des personnages extrêmement différents, que réunit seulement la crainte que l'on a d'eux.

Il n'y a pas à s'étonner que les barons et les gens de robe imbus de leurs alliances familiales et de leurs très classiques carrières aient renâclé en voyant anoblir et titrer comte de Melun en 1477 un fils de valet, un barbier rencontré à Thielt au temps de l'exil, vingt ans plus tôt, et qui s'appelait en réalité Necker en Flandre et Le Mauvais en France, nom que le roi change en Le Daim quand en 1474 il anoblit le barbier avant de le faire trois ans plus tard comte de Meulan et de le combler de rentes et de seigneuries. Que Louis XI confie à Olivier Le Daim des missions diplomatiques ne peut que faire scandale, et l'on juge ces missions sordides parce que le roi les souhaite discrètes. Et c'est pourtant cet Olivier Le Daim que le roi charge, après la mort du Téméraire, de rencontrer pour lui Marie de Bourgogne. Le mépris de l'aristocrate Philippe de Commynes reflète bien l'opinion de ses semblables quand il fustige « la charge qui fut donnée à ce petit personnage, inutile à la conduite de si grande matière ». Il n'est pas besoin d'imagination pour comprendre la fureur des courtisans bien nés quand ils voient, à la fin du règne, les cardinaux demander audience à celui qu'on a connu barbier. À la mort de Louis XI, Le Daim sera poursuivi en justice sur plainte de gens qui se diront spoliés par lui et, le 21 mai 1484, il sera pendu à Montfaucon.

Quant à Tristan L'Hermite, qui aura la chance de mourir avant le roi, on oublie facilement qu'il n'a rien du parvenu. Issu d'une famille de petite mais bonne noblesse, c'est à la faveur de Charles VII, non à celle de Louis XI, qu'il devait d'avoir été en 1436 maître de l'artillerie et l'année suivante prévôt des maréchaux, c'est-à-dire chef de la police de la cour. Il servait honorablement dans l'armée du même Charles VII quand il avait été, pendant le siège de Fronsac en 1451, armé chevalier.

D'autres personnages, qui n'entreront pas au même point dans la légende noire de Louis XI, sont tout aussi méprisés, même si Ambroise de Cambrai est fils d'un premier président. Les grands de l'épée ou de la robe ne supportent pas mieux la fortune de l'ancien routier Jean de Montauban, devenu amiral de France, mais la légende solde ici les comptes des événements de 1456.

Ces gens ont bel et bien été une part de la garde rapprochée du roi. Ils ont souvent été en charge des vilaines besognes. C'est L'Hermite qui conduit en 1466 la punition des partisans de Charles de France et qui organise en 1468 le procès de Charles de Melun.

Bourré est à tous égards une exception. Nommé dès 1461 conseiller du roi et maître des comptes, Jean Bourré, petit bourgeois de Château-Gontier en Anjou, devenu seigneur de ce Plessis qui sera le Plessis-Bourré, est d'abord, et jusqu'en 1476, l'un des secrétaires qui rédigent les lettres. On le voit même signer une injonction à la Chambre des comptes qui n'a dû faire aucun plaisir à ses collègues, lesquels ne peuvent savoir qu'il sera dans ses dernières années, sous Charles VIII, leur président. Bourré est le seul secrétaire à rédiger les lettres de provision d'office, et Thomas Basin ne manque pas de l'accuser d'en faire un avantageux trafic. Mais il est aussi le diplomate auquel le roi, confiant en sa finesse autant qu'en sa capacité d'initiative, recourt en des circonstances appelant une grande connivence. Le roi le lui dit bien en 1470.

> Pour ce que vous connaissez mes affaires plus que autres et que j'ai toute ma confiance en vous, je n'écris à présent à nul que à vous de cette matière. Aussi je vous prie, Monseigneur du Plessis, que vous y besogniez en manière que je connaisse le vouloir que vous avez de me bien servir au grand besoin.

La naissance du dauphin Charles bouleverse la vie de Bourré. Finies les affaires du royaume. Bourré devient gouverneur du prince, et il est désormais rivé à Amboise, à la fois protecteur et gardien d'un enfant dont la santé appelle des ménagements et que Louis XI entend couper du monde pour être bien certain que nul ne se servira du futur roi de France. Lorsque Bourré demande un congé de huit jours pour aller à ses propres affaires, le roi le lui refuse.

Il est quelques autres hommes de confiance, qui apparaissent et parfois disparaissent, selon les temps. Au début du règne et jusqu'au Bien public, c'est le Gascon Antoine de Castelnau, seigneur du Lau, qui est le conseiller de tous les instants. À partir de son ralliement en 1472, c'est le Flamand Philippe de Commynes. L'ancien chambellan du duc de Bourgogne devenu chambellan du roi ne quitte guère son nouveau maître. Sénéchal de Poitou et capitaine de Poitiers en novembre 1476, Commynes ne paraît pas avoir joué un grand rôle dans les affaires poitevines, sinon dans le développement des infrastructures portuaires de sa seigneurie des Sables d'Olonne, et c'est sur le tard qu'il se retirera durablement dans le château d'Argenton, près de Thouars, qu'il tient de sa femme. À plusieurs reprises, on le voit chargé par Louis XI de missions diplomatiques, notamment à Florence en 1478, lorsqu'après la conjuration des Pazzi le roi l'envoie d'urgence en le disant « l'un des hommes en qui nous avons la plus grande confiance ». Mais ce sont là de brèves absences, et la place de Commynes est bien auprès du roi, qui lui confie peu de charges officielles comme il en confie à Bourré, mais en fait un confident de tous les instants. Commynes figure peu au premier rang, et les historiographes ses contemporains font peu de cas de son rôle. Le roi, lui, n'oublie pas de le noter, Commynes est toujours « à l'entour de sa personne ». Il lui arrive de coucher dans la chambre royale. Aucune affaire diplomatique ne lui échappe, que ce soient celles de Bourgogne, de Suisse, de Portugal ou de Savoie. L'ambassadeur milanais Francesco da Pietrasanta, qui découvre en 1476 les structures politiques de l'entourage royal, brosse à l'usage de Galeazzo Maria Sforza un tableau significatif.

> Pour ce qui se rapporte au bon succès de ces affaires, Monseigneur d'Argenton a été le principe, le milieu et la fin. Seul, il a été présent à toutes mes démarches. Seul, il participe aux entreprises du roi et dort dans sa chambre. C'est lui qui est tout, en tout et par tout. Personne n'est autant que lui un si grand maître et d'un si grand poids.

Sforza aura reconnu une allusion biblique, « l'Alpha et l'Oméga », et la doxologie finale du canon de la messe : *Per ipsum et cum ipso et in ipso*. Les jaloux parleront plus simplement de la « grande autorité » de Commynes et le diront « comme roi », ce qui, malgré l'exagération, est reconnaître à la fois son sens politique et son influence. Les méchants le diront « mignon du roi », le mot n'ayant pas encore la connotation homosexuelle du siècle suivant. Cela veut dire le favori, celui que le roi garde à son côté parce qu'il lui est agréable de conversation, parfois distrayant, et toujours utile.

On a remarqué que, contrairement à Brézé ou à Dammartin, Commynes n'avait plus jamais montré les qualités militaires qu'on lui connaissait quand – comme à Montlhéry – il servait la cause de Bourgogne. Même si son goût pour la négociation et la paix l'emporte très tôt sur l'amour des armes, il est peu vraisemblable que cet excellent chevalier se soit si brusquement lassé des coups d'épée qui étaient le métier normal d'un jeune homme de bonne famille noble. Si l'auteur des *Mémoires* s'abstient de toute grandiloquence dans le récit qu'il donne des faits d'armes, y compris de ceux auxquels, avant son passage chez le roi, il a personnellement pris part, il ne manque pas de les conter avec la froide sérénité de qui décrit les mouvements et les manœuvres avant de compter les morts. Commynes a fait la guerre parce que c'était son état, mais il l'a faite sans passion. Il en a noté les péripéties, ne négligeant ni ce qui alimente le pittoresque ni ce qui mérite l'ironie. Même acteur, il s'est voulu observateur.

Cela dit, il cesse brusquement d'y être participant. Il y a tout lieu de croire – et c'est sans doute la raison principale – qu'il sait fort bien le sort que lui réserverait le duc de Bourgogne s'il était fait prisonnier : parjure à la fidélité qu'il a jurée, Commynes est promis à la hache du bourreau. Le vassal félon qu'il est n'a pas à espérer un rachat par rançon. Mieux vaut ne pas se risquer sur les champs de bataille.

À part quelques absences à partir de sa relative disgrâce en 1477, Commynes demeure très présent jusqu'à la mort du roi. Il a cependant perdu son influence politique et son rôle d'intermédiaire dans les affaires les plus diverses. C'est alors Jean de Daillon qui prend ce rôle, mais de manière épisodique car il est, lui, présent sur le front des campagnes.

Il est un personnage hors du commun : Antoine de Chabannes, comte de Dammartin. Étonnante est la relation du roi et de cet homme de guerre, d'abord faite de confiance au temps où le dauphin rêvait du pouvoir, puis nourrie de haine et finalement bouleversée par un ralliement subit pendant l'affaire du Bien public. Dammartin est en février 1467 nommé grand maître de l'Hôtel. Très vite, il prend dans le gouvernement du roi une place de premier ministre. Il aide Louis XI à se sortir d'affaire à Péronne. Il est associé à toutes les décisions. Il exécute la volonté du roi dans tous les domaines. Bien plus, le roi s'en remet à lui de certaines décisions : l'amiral – alors le Bâtard de

Bourbon – ayant fait une composition avec un rebelle, Louis XI diffère l'envoi des lettres patentes de confirmation jusqu'à ce que Dammartin ait fait savoir ce qu'il en pense. À demeure à Tours quand le roi ne l'envoie pas diriger une opération militaire comme la campagne de 1469 en Armagnac, le grand maître entretient avec le roi une correspondance quasi quotidienne. Il devient en 1467 gouverneur de Champagne, en 1469 lieutenant général en Guyenne, Languedoc et Limousin. Chargé d'y faire toutes sortes de réformations, confiscations et jugements, il s'en fait accorder par le roi l'intégralité des profits. En 1472, Dammartin est gouverneur de Paris. Il aura ensuite plusieurs gouvernements.

Le nombre de lettres à lui adressées par Louis XI entre 1468 et sa demi-disgrâce en 1478 suffit à montrer que le grand maître est souvent loin de son roi, mais que rien ne se fait sans son intervention. En 1472, pour les négociations avec la Bretagne comme pour la conduite des opérations en Normandie, le roi s'en remet à lui.

> Mon ami, vous êtes plus sage que moi, et vous le saurez bien faire mieux que je ne vous saurais écrire. Mais, surtout, je vous prie que incontinent vous veniez, car sans vous nous ne pouvons faire nos ordonnances...

Louis XI tient à l'informer de tout, et il attend que Dammartin lui rende compte de tout. La lettre du 15 novembre 1469 n'est qu'un exemple de ce partage des bases de la décision que sont les informations rapides.

> Monseigneur le Grand Maître. J'ai vu ce que par le seigneur de la Choletière vous m'avez écrit. J'ai aussi ouï ce que m'a dit Georges, votre serviteur, et vu bien au long le mémoire que lui avez sur ce baillé, dont je vous remercie tant comme je puis. Et je vous prie que, en la plus grande diligence que vous pourrez, vous mettiez à fin la charge que je vous ai baillée.

Écarté de son commandement en 1478 parce qu'il vieillit, Dammartin n'en gardera pas moins une place dans le cœur du roi. Il se retire chez lui, mais on le revoit, toujours grand maître de l'Hôtel, en 1482, travaillant avec Pierre de Beaujeu au procès de René d'Alençon. Il sera encore, jusqu'à sa mort en 1488, parmi les fidèles des Beaujeu.

On ne saurait dire que les prélats occupent une place de choix dans le gouvernement de Louis XI. Balue en sera l'exemple, dont la faveur ne durera pas plus que la fidélité. Thomas Basin emportera dans son exil l'amertume d'avoir été écarté d'emblée. Là comme ailleurs, Commynes le dira clairement, le roi « était naturellement ami des gens de moyen état, et ennemi de tous les grands qui se pouvaient passer de lui ». Il aime ceux qu'il a obligés, mais il sait que les grands qu'il oblige ne se tiennent pas éternellement pour tels. Il n'aime pas les clercs. Encore moins les prélats.

Avec les années, l'entourage proche change. Crussol est mort en 1474. Bourré demeure à Amboise où il a charge de l'éducation du dauphin. Restent le Bâtard de Bourbon, Tanguy du Chastel et Batarnay, auxquels s'est joint en 1472 Commynes. Prennent également place dans ce cercle des fidèles le frère du duc de Bourbon, Pierre de Beaujeu, qui devient en 1474 le gendre du roi, et un capitaine originaire d'Amalfi venu de la cour du roi René, Boffile del Giudice, que l'on appelle en France Boffile de Juge, dont le roi fait en 1473 un lieutenant général en Roussillon mais que l'on revoit rapidement à la cour. Louis XI apprécie particulièrement sa conversation et sa forte culture historique. En 1477, Boffile sera comte de Castres. Il épousera la sœur d'Alain d'Albret.

La question reste posée : quelle influence exercent les proches sur la décision politique ? Il n'est pas douteux que le roi écoute, et qu'il soit sensible à l'information. Bien des épisodes laissent cependant entendre que, s'il prête attention aux conseils, Louis XI n'en fait qu'à sa tête. Lorsque Commynes lui dit que le valet choisi pour être le faux héraut qu'on enverra à Édouard IV en 1475 n'est pas l'homme de la situation, qu'il n'est « ni de taille ni de façon propice à une telle œuvre » et qu'il y en a d'autres qui rempliraient mieux une aussi délicate mission, Louis XI, qui n'a vu l'homme qu'une seule fois, maintient son choix. « Il n'en voulut point d'autre. »

Assurance de son propre jugement ou refus de se déjuger ? En d'autres cas, Commynes ne cache pas que, tenant tête à son entourage, c'est finalement le roi qui a eu raison. Dans la décision, Louis XI est un solitaire. Peut-être faut-il penser que sa célèbre méfiance s'exerce même à l'encontre de ceux à qui il manifeste pourtant sa confiance. Il n'est sûr que de lui-même.

Des ambassadeurs

On ne peut que compter parmi les proches ces ambassadeurs permanents qu'entretiennent auprès de Louis XI les cours italiennes, celle de Mantoue comme celle de Milan. Ils écoutent beaucoup un roi qui leur fait part de ses idées et de ses jugements sur les hommes et les situations. Même si, dans les rapports très circonstanciés qu'ils adressent à leur maître Sforza, les Milanais ne se targuent pas des conseils qu'ils donnent, il est certain que des hommes comme Maletta, Panigarola, Bettini et Bollate jouent un rôle important dans l'information du roi et dans l'évolution de sa pensée. Ils ont à coup sûr beaucoup entendu. Ils ont bavardé avec lui « devant le feu », comme le précise Maletta. « Je vous parle comme je me parlerais à moi-même », dit un jour à Bettini un Louis XI en plein désarroi après l'échec de ses entreprises anglaises. Et il ne craint pas d'inviter Bollate à une réunion très informelle du Conseil. L'un des conseillers met d'ailleurs les choses au clair à l'intention du Milanais : « Lorsque vous êtes ici, le roi vous considère comme l'un de ses serviteurs. Dans sa chambre comme au Conseil, il agit et parle franchement et familièrement avec vous. »

Le premier de ces « orateurs du duc de Milan » fut Alberico Maletta, un juriste qui avait eu charge de poursuivre avec le roi de France les bonnes relations qu'avait entretenues avec Francesco Sforza le dauphin de Viennois. Au printemps de 1465, il regagne Milan et choisit lui-même comme successeur un jeune patricien milanais venu en France pour ses affaires et dont il apprécie l'intelligence : Gianpietro Panigarola. Le « jeune Jean-Pierre », comme dit le roi, est pendant de longues années plus qu'un ambassadeur. C'est le confident et le témoin de tous les instants. On le voit sur la butte de Montlhéry pendant la bataille de 1465. Mais, en août 1468, alors que le roi pousse désormais Milan à la guerre contre la Savoie, Panigarola ne fait aucun zèle pour seconder ses vues, et Louis XI le tient désormais pour *persona non grata*, ce qu'il notifie à Galeazzo Sforza.

> Il y a déjà bien des années que Gianpietro Panigarola, porteur des présentes, a été en votre nom près de moi, et nous en avons eu bon service avec intégrité et fidélité, et nous demeurons bien content et satisfait de lui. Depuis, pour diverses raisons, comme il arrive parfois dans les affaires des états, nous lui avons fait dire qu'il s'en retourne à votre Seigneurie et que nous n'entendons plus faire affaire avec lui et qu'il soit nécessaire qu'il reste ici plus longtemps.

Si l'ambassadeur s'est montré « dur au départ », il n'en demeure pas moins digne d'être bien accueilli à Milan. Sforza demande alors au roi de le garder. S'ensuit, le 28 septembre, une deuxième lettre, plus sévère.

> Nous vous avons fait savoir que nous n'avons point agréable ledit Jean Pierre, et que ne voulons point qu'il demeure avec nous, et que lui avons donné congé pour certaines causes raisonnables. Et encore derechef vous signifions et faisons savoir que notre plaisir n'est pas qu'il demeure par deçà. Et, au regard des matières qui surviendront entre vous et nous, maître Albert Magalot, que nous avez envoyé par deçà, les pourra aussi bien traiter et conduire.

Le Florentin Magalotti cumulera donc ses fonctions de secrétaire du roi et de clerc des comptes avec celles que laisse vacantes le renvoi de l'ambassadeur milanais en titre. Pour compléter son information, le roi peut compter sur son propre ambassadeur à Milan, Jean Philippe, président de la Chambre des comptes du Dauphiné.

Panigarola sera remplacé, en novembre 1468, par Sforza de' Bettini, que Louis XI appelle Sforce ou Esforce. Cristoforo da Bollate, que l'on a déjà vu dans la chambre du roi en 1465 et que Sforza avait en 1467 dépêché en Savoie et en France, remplace Bettini à la fin de 1472. Mais, pour flagorneur qu'il soit sur commande, Bollate n'a guère de tendresse pour les Français et supporte mal le ton un peu raide que prend volontiers le roi pour lui parler. Ses dépêches reflètent une hostilité latente, et Louis XI s'avise rapidement que Bollate ne le sert pas. On retrouvera aussi auprès du roi, en 1473, Emmanuele di Jacopo, que l'on y a déjà vu à plusieurs reprises en 1466 et 1467, et que la maladie avait alors contraint à regagner rapidement Milan.

Un moment découragé de son alliance avec Louis XI, le duc de Milan jugera habile d'envoyer Panigarola, en 1475, comme ambassadeur auprès du duc de Bourgogne. On le verra au côté du Téméraire dans sa campagne de 1476 contre les Suisses. Il aidera, à Morat, le duc à s'armer. Le compte rendu qu'il en fera à son maître sera le meilleur récit que nous ayons de la bataille. « Je me trouvais en plein milieu de tout », écrira-t-il sans fausse modestie, mais à juste titre, sans se priver d'appeler « l'ennemi » le roi de France dont il a été le familier.

Les premiers échecs du Téméraire incitent Galeazzo Maria Sforza à revenir vers l'alliance française. À la nouvelle de la défaite de Morat, il renoue sur-le-champ les relations, envoie à Lyon un homme d'affaires, Giovanni Bianchi, qui commet l'erreur de proposer de l'argent pour prix de la réconciliation. Sforza dépêche alors un nouvel ambassadeur, Francesco da Pietrasanta. L'homme est intelligent et habile. Il tiendra rapidement auprès de Louis XI le rôle de confident qui fut, au temps de sa plus grande faveur, celui de Panigarola. Il procure même au roi les soins de son médecin personnel.

Les relations avec la France étant empreintes de la plus grande méfiance, Venise ne paraît pas entretenir un ambassadeur permanent. C'est pour répondre au besoin d'une négociation que la Sérénissime accrédite un diplomate auprès du roi de France : ainsi, d'août 1476 à février 1477, Francesco Donato, chargé d'obtenir une sûreté pour les galées vénitiennes en mer du Nord. Quant à la République de Florence, elle ne place que tardivement un ambassadeur auprès du roi de France. Donato Acciaiuoli en 1461 et Francesco Gaddi, dont la mission expire en janvier 1482, semblent n'avoir joué qu'un rôle effacé.

Plus indépendants de la cour sont les légats et les nonces qu'envoie le pape, parfois pour traiter une affaire particulière, souvent avec une mission étendue et que le prélat s'emploie sur place à élargir. Il faut faire naturellement une place particulière au cardinal d'Estouteville, véritablement en charge d'une affaire d'État, le statut des bénéfices ecclésiastiques. On y voit aussi des laïcs. Au début de 1469, c'est le Romain Falco Sinibaldi, auquel le roi, ne pouvant lui donner un titre ecclésiastique qu'il n'a pas, écrit « Monseigneur l'Ambassadeur ».

Un ambassadeur n'est à même d'assumer son rôle que s'il capte la bienveillance du roi. Pour cela, tous les moyens sont bons, et il faut flatter des passions dont la première est la chasse. Le malheureux Bollate est bien embarrassé quand en 1473 il offre au roi de la part de Galeazzo Maria Sforza deux lévriers, un mâle châtré et une femelle, alors que Louis XI n'aime que les mâles non châtrés. Bollate écrit sur-le-champ à son maître pour lui proposer de renvoyer les chiens à Milan et de les remplacer par ceux que souhaite le roi. Et d'assurer celui-ci que son maître serait enchanté de faire l'échange. Les ambassadeurs auront, chacun à son tour, à s'occuper de chiens, quand ce n'est pas de gerfauts, mais il convient aussi de s'informer de la santé du roi, et ils savent bien que, si Louis XI est sensible à ce qu'on se penche sur ses maux, leur maître n'est pas moins intéressé par les nouvelles qu'on leur en donne.

S'il apprécie les ambassadeurs qu'on lui laisse à demeure, Louis XI ne semble guère désireux d'en entretenir dans les cours étrangères. À ses yeux, une ambassade permanente est, en effet, plus qu'une véritable ambassade. Envoyer des ambassadeurs, certes. En maintenir, non. Le roi se méfie de ce qui pourrait passer pour une manifestation d'alliance et lui paraît n'être qu'un usage italien. En 1464, lorsque Francesco Sforza propose d'accréditer un résident à la cour de France, le roi rétorque fermement à Maletta. Pour lui, un ambassadeur est un informateur, non un représentant officiel.

> Je veux que vous écriviez à votre seigneur et que vous lui expliquiez qu'en France la coutume n'est pas la même qu'en Italie. Ici, le fait d'avoir un ambassadeur résident n'est pas une marque d'amitié mais un sujet de méfiance. En Italie, certes, c'est le contraire. Dites à votre seigneur qu'il est inutile qu'il dépêche maintenant un autre ambassadeur. Si quelque chose arrivait, qu'il envoie Manuel ou celui qu'il lui plaît, mais que ses ambassades aillent et viennent, et qu'elles ne restent pas ici en permanence.

Il n'est pas seul à penser de la sorte et, lorsqu'il propose de laisser à Milan Charles de Gaucourt, Sforza refuse en arguant du *casus belli* qu'une telle ambassade constituerait aux yeux du pape et des Vénitiens.

Aux longs séjours qu'affectionne cependant pour les siens le duc de Milan, Louis XI préfère donc les missions ponctuelles, qu'il confie à tel ou tel de ses proches. La mission peut cependant s'allonger, et le roi qualifie lui-même de « mes ambassadeurs de Bourgogne » Georges de la Trémoille et Pierre Doriole quand ceux-ci prolongent en 1472 leur séjour chez le Téméraire pour y négocier la paix. De même les missions de l'évêque d'Elne Charles Martigny à la cour d'Angleterre, de 1477 à 1480, sont-elles une exception, justifiée par le fait que l'envoyé doit capter la confiance d'Édouard IV et l'endormir pendant qu'en France on s'occupe de l'héritage de Bourgogne. Il ne s'agit pas de négocier un traité mais de maintenir le roi d'Angleterre dans les bonnes dispositions qui sont alors sincères mais que combattent nombre d'Anglais.

Pour des missions très formelles, Louis XI use parfois, comme tout prince, de ses hérauts d'armes. Montjoie, Normandie, Poitou vont ainsi en missions, toujours très officielles. Des instructions détaillées leur sont alors données, comme celles du héraut Normandie, envoyé en avril 1472 au duc de Bretagne : « Normandie dira de par le roi au duc que... ». Et on lui confie les preuves écrites de ses assertions, « lesquelles il montrera s'il en est requis ».

S'il n'est pas d'ambassadeurs permanents, il en est que l'on revoit souvent sur les chemins de la diplomatie royale. L'évêque Louis d'Amboise et son cousin Jean, le protonotaire dont le roi a fait un maître des requêtes, sont de ceux-là. On les voit aussi bien en Italie qu'en Aragon ou en Franche-Comté.

Plus normalement, Louis XI envoie les ambassadeurs les plus divers. En août 1469, il dépêche à Rome Guillaume Cousinot, alors gouverneur de Montpellier, et le secrétaire Guillaume Lefranc, avec entre autres missions la charge d'obtenir le chapeau de cardinal pour Thibaut de Luxembourg. Cousinot est encore à Rome quand, en avril 1470, le roi s'inquiète de ses relations avec les exilés florentins. En 1478, quand il faut négocier l'arrêt des hostilités contre Florence, on voit se succéder à

Milan et à Florence ou à Rome des hommes aussi différents que Philippe de Commynes, le vicomte de Lautrec, le conseiller Pierre Palmier, le sénéchal de Lauragais Jean de Voisins et le président du Parlement de Toulouse Antoine de Morlhon, cependant que le contrôleur général de Normandie Jean Pommier est envoyé chez le duc d'Autriche. Quand il lui faut envoyer un ambassadeur au roi de Portugal, c'est son secrétaire Olivier Le Roux, par ailleurs maître des comptes, que choisit en 1475 le roi.

Il arrive que Louis XI prenne ses ambassadeurs hors de son entourage normal. Ainsi envoie-t-il en 1477 auprès des princes allemands l'universitaire et maître général de l'ordre des trinitaires qu'est le grand humaniste Robert Gaguin. De même voit-on, en 1477, le greffier du Parlement Guillaume Cerisay et le bailli de Vitry Thierry de Lenoncourt partager avec Jean Bourré la délicate mission de faire croire aux Flamands que le roi d'Angleterre veut enlever Marie de Bourgogne. En juin 1478, c'est l'avocat du roi au Châtelet, Yves de la Tillaye, qui est envoyé à Londres pour négocier l'affaire du douaire de Marguerite d'York, sœur d'Édouard IV et veuve du Téméraire. Une fois n'est pas coutume, et le roi justifie son choix : c'est d'un juriste qu'il a besoin, non d'un diplomate. « Maître Yves, mon ami, j'ai su que vous êtes bon clerc et habile homme, et l'on m'a dit que vous le saurez bien faire. »

De ce refus évident d'entretenir des ambassades permanentes, Commynes a donné une explication qu'il applique aux interminables négociations avec l'Angleterre dans les années qui suivent le traité de Picquigny, mais il est à penser qu'elle a valeur générale, et qu'elle est un bon exemple de l'esprit retors du roi. « Le roi y envoyait personnages qui n'y avaient été le voyage précédent afin que, si ceux-là avaient fait quelque ouverture dont l'effet ne s'en fût point ensuivi, les derniers n'en sussent que répondre. »

La succession d'ambassadeurs couvrait donc la diplomatie française d'un voile opaque et permettait le désaveu, l'oubli des engagements, le silence du roi. Les échecs et les contradictions étaient à mettre au passif des envoyés, non du roi.

Des espions

Écouter, cela veut dire faire écouter. Le roi ne ménage pas son recours à des informateurs, voire à des espions. De grands personnages parlent et écrivent en trahissant plus ou moins. Des corps municipaux font du zèle, comme en octobre 1477 le Conseil de Lyon qui envoie au roi des « avertissements touchant Monseigneur de Bresse ». D'autres sont des « hommes » sans visage, comme ceux auxquels fait allusion une lettre de 1463.

> Dites à mon frère que j'ai fait prendre un homme qui a été en Angleterre, lequel accuse beaucoup de gens. Et m'en a averti un homme qui est au dit pays d'Angleterre, qui me fait savoir des nouvelles, devers lequel j'ai renvoyé un valet du sire de la Barde pour en savoir plus long, feignant d'envoyer quérir un lévrier devers le comte de Warwick.

S'il entretient des espions presque à demeure, comme cet Étienne de Loup, un Hollandais qui lui fait savoir ce qui se passe dans les Pays-Bas bourguignons, il profite aussi de l'information que véhiculent les marchands. En septembre 1464, ce sont des Génois regagnant leur pays qui lui disent ce qui se passe en Angleterre.

Il fait surtout grand cas de ceux qui expriment le mécontentement qui peut régner chez ses adversaires. Pendant la guerre du Bien public, Louis XI rassure le chancelier quant à l'imminence d'une attaque bourguignonne sur le front de la Somme. Il a été « averti du quartier de Bourgogne » que les comtes de Charolais et de Saint-Pol ne parviennent pas à lever une véritable armée.

Le réseau de Louis XI semble avoir été en tout temps assez efficace. Lors de la brève campagne d'Édouard IV en France, dans l'été de 1475, le roi de France est informé jour après jour des plans de campagne de l'ennemi et des mouvements de ses troupes. À partir de ce moment, il est également prévenu de tout ce qui se passe chez les Bourguignons, et Commynes ne se cachera pas, plus tard, d'avoir utilisé ses anciens réseaux de relations pour fournir le roi en espions de tout genre. Il y a les grands, qui trouvent intérêt à renseigner. Il y a les plus modestes agents, déguisés en moines ou en mendiants, qui ne font cela que parce qu'on les paie. « Il avait, écrira Commynes, maintes espies et messagers par pays, la plupart dépêchés par ma main. »

L'espionnage a cependant ses limites : en 1475, Louis XI attend l'Anglais en Normandie, alors même qu'Édouard IV concentre ses troupes à Douvres, ce qui aurait pu laisser penser qu'on les verrait arriver à Calais.

L'information circule vite. Galeazzo Maria Sforza est assassiné le 26 décembre 1476. Le 9 janvier, le roi est déjà occupé à diffuser la nouvelle en écrivant à ses bonnes villes.

Naturellement, les espions sont partout, et aucun prince ne s'en prive. En avril 1465, Louis XI donne avis aux habitants de Poitiers de se méfier des lépreux : les princes insurgés s'en servent « pour conduire les mauvaises et damnables entreprises et machinations qu'ils ont faites ». De même met-il à la porte le vicomte de Narbonne, fils du comte de Foix, qui l'espionnait au profit de son père. En avril 1478, comme les Français ont fait nombre de prisonniers, le roi recommande à Dammartin de se méfier des femmes qui viennent les voir : elles pourraient transmettre des correspondances.

L'interception de lettres est de pratique courante, et les sergents du roi montrent là leur efficacité, procurant ainsi à Louis XI la lecture de correspondances qui l'édifient. En 1466, le roi confie au chancelier une lettre du vicomte de Narbonne à Charles de France, naguère interceptée, pour qu'il en fasse « sûre garde ». Autrement dit, il garde les preuves des trahisons. Il va même jusqu'à les publier, comme lorsqu'il fait savoir aux Lyonnais en mars 1472 qu'on lui a « apporté » les lettres scellées de son frère, lettres par lesquelles celui-ci demandait au pape à être relevé de ses serments. Et, lorsqu'il apprend que le roi René a envoyé un messager à son neveu, Louis XI enjoint à Jacques de Beaumont de trouver l'homme et de « le happer afin de saisir toute la combine ».

Le plus souvent, ce sont des courriers que l'on arrête, car ils ne passent pas inaperçus. En juin 1475, le héraut Scales est arrêté alors qu'il porte des lettres d'Édouard IV à divers princes, « lesquelles lettres le roi vit ». Mais il est des messagers qui trahissent, comme le Normand François Ymbert, qui livre au roi en 1472 une lettre du duc de Bretagne qu'il était chargé de porter au duc de Bourgogne. En 1475, le roi achète, pour soixante marcs d'argent, d'un secrétaire du roi d'Angleterre deux lettres adressées à celui-ci et à son chambellan quelques semaines plus tôt par un fidèle du duc de Bretagne, Pierre d'Urfé, qui a beaucoup travaillé à renforcer les relations entre Bourgogne et Bretagne.

Les agents doubles pullulent, et Louis XI est expert dans l'art de retourner les hommes. Ainsi en va-t-il en 1469 de l'Anglais John Boon, qu'Édouard IV a chargé d'une lettre pour le comte d'Armagnac et qui a déjà trahi la confiance de son roi en prévenant Warwick. Sur instruction de celui-ci, l'homme va à Amboise rendre compte à Louis XI, qui substitue une fausse réponse à la véritable et enjoint au messager de conter une fable à son maître. Pour prix de la comédie, Boon aura une pension et sera même richement marié. Ainsi le roi tient-il à leur insu une preuve de la connivence entre le roi d'Angleterre et le comte d'Armagnac. Quant au Breton Maurice Gourmel, qui porte en 1477 au duc François II des lettres d'Édouard IV, il ne remet que des copies et vend les originaux à Louis XI pour cent écus la lettre. Dans le même temps, le roi achète de l'ambassadeur castillan en Angleterre les instructions que lui a données son maître : là encore, le destinataire ne recevra qu'une copie.

Une correspondance interceptée n'est pas, pour autant, toujours compréhensible. En 1466, après la rébellion de l'ancien chancelier Pierre de Morvilliers, on apporte au roi une lettre du président des Enquêtes du Parlement, Jean de la Reaulté, lettre qui paraît « soupçonneuse ». Le roi croit comprendre que le conseiller se propose de rejoindre Morvilliers. Il envoie copie de la lettre à Louis de Laval, au bailli de Caen Jean d'Estouteville et au prévôt de Paris Robert d'Estouteville, leur demandant de la faire voir et de se la faire « exposer » par un clerc « bien fiable ». En sens inverse, il arrive que le roi ne comprenne rien à une lettre qu'on lui adresse, tant l'auteur, craignant une interception, s'est ingénié à n'écrire qu'à mots couverts. « Vous écrivez si très au trouble que je n'y entends rien », rétorque-t-il en 1476 à Tanguy du Chastel.

On gagne parfois à faire savoir que l'on sait. Ainsi le roi charge-t-il, en janvier 1470, le grand maître Dammartin de dire ou faire dire au duc de Nemours qu'il est au courant de sa correspondance avec le duc de Bourgogne. Il ne sera pas content, fait-il dire à Nemours, si celui-ci ne lui mande ce que contenait une lettre du Téméraire. Dammartin ira voir Nemours, lequel ne pourra que reconnaître les faits, à savoir qu'il a manqué à son serment de ne plus trahir le roi.

La poste

C'est un flot de lettres qui circule en tous les sens, et le roi se soucie d'abord des siennes ou de celles qu'il attend. La logistique de la campagne de 1462 lui donne l'occasion d'une correspondance avec tous les responsables de l'opération. La lettre à Houaste s'accompagne de l'envoi du double de lettres adressées au duc de Nemours, au maréchal Jean de Lescun, au châtelain de Perpignan Charles d'Oms et au sénéchal de Beaucaire Bernard d'Oms, et d'une copie d'une lettre de l'amiral Jean de Montauban. Bref, le courrier du roi part pour le Roussillon avec au moins six papiers, sans compter ce que les gens du roi peuvent rédiger d'eux-mêmes.

Cette correspondance appelle le recours à de nombreux courriers, souvent occasionnels, parfois titulaires d'une véritable fonction, comme ce Bonnes Nouvelles que Louis XI dépêche en 1477 avec le courrier destiné à la Castille et qui ressemble plus à un héraut qu'à un simple porteur de messages. Il est des courriers professionnels, qui travaillent pour tout un chacun. Les princes, les villes et les grandes compagnies commerciales ont naturellement les leurs. Il est des chevaucheurs royaux, ce qui n'interdit pas le recours aux occasionnels. Tenant sa correspondance pour systématiquement urgente, le roi n'use pas, comme tant de particuliers et notamment les marchands, du service relativement lent qu'offrent les voyageurs.

Les lettres du roi semblent circuler à une vitesse modérée. En 1465, des lettres datées de Saumur parviennent à Abbeville en six ou neuf jours, donc à une vitesse moyenne de 45 à 50 km par jour. En février 1471, une lettre au gouverneur de Champagne parvient de Noyon à Troyes en huit jours, ce qui fait seulement quelque 30 km par jour, vitesse normale en plein hiver. En février 1473, la nouvelle de la chute de Perpignan parvient un peu plus rapidement en Touraine, là encore sur les routes d'hiver : deux semaines, soit un peu plus de 50 km par jour. Mais lorsqu'à Compiègne, en février 1471, il a un urgent besoin d'argent, le roi demande à Bourré, qui est alors à Paris, de lui envoyer la somme « à tue cheval... par homme qui soit ici en six heures », ce qui représente une moyenne de 15 km à l'heure. Et il arrive à Louis XI de promettre une récompense à qui arrivera le premier avec une information attendue. Pour avoir reçu le message et avoir transmis au roi la nouvelle de la défaite du Téméraire à Morat, Commynes et Batarnay reçurent chacun deux cents marcs d'argent. Le courrier, cette fois, avait couvert plus de 100 km par jour. Il ne fut pas oublié.

On est cependant étonné du retard que mettent certaines informations à parvenir. Le 17 juillet 1475, le roi s'inquiète de ce que font les Anglais. Certains, écrit-il, affirment que le roi Édouard IV devrait « descendre ». À cette heure, toute l'armée anglaise est réunie à Calais, et Édouard est à Calais depuis dix jours.

Ces délais de route sont cependant très rapides par rapport à ceux que connaissent les charretiers, même royaux. Dûment escorté, celui qui en août 1463, donc à la meilleure saison, transporte de Paris à Eu les écus du rachat des villes de la Somme met onze jours à parcourir 150 km.

C'est d'abord à sa propre utilité que pense le roi quand il crée en octobre 1479 la poste royale, ou plutôt « les postes », car il s'agit avant tout de relais capables de fournir à tout moment une remonte à un courrier. Commynes commet une erreur quand il rapporte à cette création la rapidité avec laquelle parvient à Tours la nouvelle de la mort du Téméraire devant Nancy. Mais il n'y a aucun doute sur le fait que, plusieurs années avant d'en faire un organisme constitué, Louis XI se préoccupe d'accélérer ses courriers et de contrôler les routes. Il ne fait là qu'imiter les cours et les compagnies italiennes, qui envoient leurs courriers *per postas*. Pour venir de Bruges à Milan, une lettre de Pigello Portinari met en 1461 deux semaines et un courrier du duc de Milan se voit intimer l'ordre de gagner Tours en onze jours : dans les deux cas, plus de cent kilomètres par jour.

L'innovation de 1479, que met en œuvre le contrôleur général des chevaucheurs Robert Paon, c'est autre chose que la mise en place des relais permanents qui dispensent les chevaucheurs de chercher eux-mêmes les montures fraîches pour poursuivre leur route. C'est un système organisant le relais des chevaucheurs eux-mêmes. Théoriquement toutes les sept lieues (environ 28 km), distance variable en réalité selon les villes qui se présentent sur la route, un chevaucheur est en « poste », prêt à se saisir du courrier qu'on lui remet et à le porter d'urgence au poste suivant. L'arrivant sonne du cor en approchant, ce qui permet de seller sans attendre. Chacun regagne, après une courte halte, son point de départ pour attendre un nouveau courrier. Une rémunération assez élevée – de 13 à 16 livres par mois – assure la fidélité des chevaucheurs ainsi postés.

Quelques routes stratégiques sont pourvues de la sorte. Partant de Tours, elles atteignent Dijon, Bordeaux et surtout Paris, d'où une autre route part pour Amiens et Arras. Sur chacune de ces destinations, une lettre urgente portée de jour comme de nuit arrivera désormais en une vingtaine d'heures. En fonction des besoins, on complétera le réseau : ainsi en 1481, au moment où le roi est préoccupé par la succession de Provence, organise-t-on jusqu'à Lyon des postes qui accélèrent l'information venant d'Aix.

La poste ainsi inventée par Louis XI n'a encore rien d'un service public. Même si les chevaucheurs acceptent déjà discrètement, moyennant pourboire, quelques lettres de particuliers, ils sont à la disposition du roi, et de lui seul. Les postes permettent de surcroît le contrôle de la circulation des nouvelles. Les agents ainsi postés peuvent voir qui passe. Pendant la négociation de la paix avec Maximilien, Louis XI fait bloquer systématiquement toute correspondance passant par Amiens.

CHAPITRE XI

Gouverner

Le Conseil

Jusqu'à Charles VII, le Conseil du roi était un. Il était la réunion autour du souverain des princes qui, de droit, l'assistaient dans ses décisions politiques – ce qui ne signifie pas qu'ils fussent tous et toujours d'accord – et des hommes de confiance que le roi y appelait à raison de leur compétence et de leurs offices. Mais la résidence du roi hors de Paris a conduit à un clivage de fait entre ceux qui suivent le roi et ceux qui, pour les affaires du royaume, sont retenus à Paris. Sous Louis XI, la scission est officielle. Il y a, près du roi, le Conseil, et à demeure dans la capitale le Grand Conseil. Le Conseil n'est pas une institution. Il est seulement fait de ceux que le roi convoque à tout moment, et qu'il réunit s'il le juge bon dans sa chambre. Le Grand Conseil est une véritable institution, dont les membres portent le titre de conseiller du roi et qui semble bien ne pas siéger normalement hors de Paris. Les fonctions se distinguent maintenant : au Grand Conseil les affaires judiciaires, autrement dit la justice réservée du roi, et au Conseil l'examen des affaires politiques et la préparation des décisions que, bien entendu, le roi prend seul. Une telle distinction, qui s'impose à l'historien, n'est pas toujours à l'esprit des contemporains, et les mots « Conseil » et « Grand Conseil » sont parfois employés indifféremment pour désigner l'un ou l'autre de ces rouages de la royauté.

La composition du Conseil est fondamentalement mouvante,

et il est à peu près impossible d'établir avec sûreté une liste de ceux qui y siègent de manière régulière. Elle tient à la faveur et à la confiance du roi, et à la nature des affaires. Lorsqu'il convoque d'urgence le Conseil pour aviser sur la rencontre du Téméraire et de l'empereur Frédéric III, le roi ordonne au grand maître Dammartin de le rejoindre « avec ceux du Conseil que nous avisâmes hier ».

Le Grand Conseil est moins sujet à variations, et la fonction de conseiller du roi tend à se constituer en office. Les conseillers en tirent d'ailleurs les moyens d'une relative indépendance, ce qui explique le mécontentement du roi quand une affaire dont il entendait dessaisir le Grand Conseil au profit de commissaires à ses ordres est quand même jugée par le Grand Conseil, et l'est contre l'avis du procureur du roi. Le conflit s'aggrave quand « la Chambre », comme elle se nomme elle-même, met en doute l'authenticité de la réprimande royale, au motif que la lettre signée Louis ne porte pas le contreseing d'un secrétaire. Elle « s'en informe fort soigneusement ». L'évolution sera achevée quand, en 1497, Charles VIII érigera le Grand Conseil en cour souveraine chargée des affaires judiciaires dont le roi juge nécessaire de les soustraire aux juridictions ordinaires.

La composition même des deux organes implique parfois leur coopération. Lorsqu'en janvier 1470 le roi invoque la félonie de son vassal le duc de Bourgogne, caractérisée par le refus d'hommage, il s'agit à la fois d'une affaire politique et d'une matière juridique. C'est un Conseil élargi que réunit Louis XI, et le Grand Conseil s'y trouve inclus : sa compétence juridique est évidente.

> Par le conseil des seigneurs de notre sang, gens de notre Grand Conseil et autres notables hommes pour ce convoqués en grand nombre, avons délibéré et conclu de procéder contre icelui Charles de Bourgogne par puissance et main armée.

Sauf à la fin du règne, quand son état de santé ne permet plus au roi d'y être à chaque fois, le Conseil ne se réunit qu'autour du roi. Il arrive cependant que les nécessités d'une campagne l'obligeant à changer sans cesse de résidence, il désigne un lieutenant pour présider à sa place : ainsi, laissant le Conseil à Paris pendant qu'il est sur la Somme, désigne-t-il en mai 1475 Gaston du Lion. C'est au contraire un officier, presque toujours le chancelier, qui préside normalement, en l'absence du roi, le Grand Conseil. Or le chancelier est plus souvent à Tours qu'à Paris. On voit donc s'établir à Tours une sorte de délégation du Grand Conseil, si l'on en juge par une lettre du 16 août 1470, à « nos aimés et féaux les chancelier et gens de notre Grand Conseil étant à Tours » et par une autre, non datée, qui, adressée « au Grand Conseil étant à Beaumont-lès-Tours » (auj. Beaumont-la-Ronce), est signée « Le chancelier et les gens du Grand Conseil du roi ».

En fait, la réunion du Grand Conseil n'est en général qu'une commodité, mais une commodité appréciée. Lorsqu'en 1470 il exige des capitouls que la ville prenne à sa charge les gages des conseillers au Parlement de Toulouse, le roi ne manque pas d'y faire référence. « Il a été avisé par les gens de notre Grand Conseil », écrit-il comme s'il n'avait personnellement aucune part à la décision. Il se contente d'entériner : « laquelle chose avons ordonné être ainsi faite ».

« Réponse a été faite en mon Conseil bien assemblé que autre provision ils n'auraient en cette partie », écrit à Dammartin en novembre 1469 un Louis XI que le comte d'Armagnac, cité devant le Parlement, a prié d'accepter une présentation par procureur. Il s'agit là d'une affaire de niveau juridique élevé, une affaire de haute trahison. Fort capable de prendre seul les décisions politiques les plus graves, Louis XI ne peut se fourvoyer dans un cas prévu par le droit féodal, celui de félonie, mais un cas dont la définition est toujours délicate. Il a entrepris de le régler par la force, mais il ne peut avoir contre lui le droit. Armagnac viendra en personne ou sera jugé par défaut. Non seulement le roi a réuni le Conseil, mais il le précise. Même si c'est lui qui le compose, le Conseil est ici une précaution. Il est ce qu'était aux temps féodaux la cour du seigneur entouré de ses vassaux.

Si Louis XI voyage beaucoup, c'est qu'il tient à juger par lui-même des situations, des nécessités et de l'exécution des ordres donnés. La confiance qu'il a en ses gens est sans cesse sujette à vérification. Ce que Georges Chastellain appellera « la multitude de son embrasier », c'est tout simplement la diversité de ses curiosités de roi. Il veut tout embrasser, « avoir connaissance de tout et de tous ».

Or le Conseil ne suit pas le roi dans tous ses déplacements. S'il délibère beaucoup et même en l'absence du roi, il ne décide réellement rien. Chastellain fera écho au reproche que l'on formule dans le dos du roi : « Voulait ouvrer tout et faire de sa tête, et présumer de son propre sens devant autrui conseil. » Regrettant que Louis XI n'ait pas donné suite au projet de mariage du dauphin Charles avec Marie de Bourgogne, Commynes dira la même chose en la fardant de flagornerie.

> S'agissant d'une si grande chose, on la doit bien consulter et débattre afin de pouvoir choisir le meilleur parti... Je n'entends point blâmer notre roi pour dire qu'il eût failli en cette matière, car par aventure autres qui savaient et qui connaissaient plus que moi seraient et étaient alors de l'avis qu'il était, bien que rien n'y fût débattu, ni là ni ailleurs, touchant ladite matière.

C'est dire que le Conseil joue surtout un rôle d'information. Encore le roi préfère-t-il entretenir lui-même les correspondances les plus diverses. Les lettres les plus sûres sont celles qui partent de son cabinet et celles qui y arrivent. Bien plus, ce que ses correspondants taisent, le roi va le chercher. Il le sait bien, princes ou hommes d'affaires, les grands ne lui disent que ce qu'ils veulent et les humbles serviteurs qui lui doivent tout n'oseront pas le désobliger. Son goût de la promenade incognito ne tient en rien à un besoin de s'encanailler : Louis XI écoute ce qui se dit sur les marchés et aux carrefours.

Il arrive cependant que ses fidèles lui tiennent tête. C'est parfois le cas dans cette sorte de conseil des finances très informel où le roi réunit au besoin quelques-uns de ses conseillers en titre avec les principaux responsables de l'administration financière. Les gens de finance sont plus portés que le roi à voir l'aspect technique des décisions et à en mesurer les conséquences possibles. Par principe, le roi décide de l'opportunité des dépenses, et les spécialistes ont une idée sur leur capacité à les assumer. Parfois, ils se montrent prudents : « Nous ne savons si vous serez content », écrivent-ils à leur maître après avoir proposé dans le détail quelques réductions. S'ils le contredisent sur l'essentiel, le roi se met en colère, quitte à se rendre ensuite à leurs raisons. En 1466, les conseillers financiers ont, en l'absence du roi, jugé inopportune la nouvelle distinction qu'il prépare pour imposer différemment les villes et les campagnes. Il refusera de les entendre et maintiendra son point de vue, mais il limitera finalement sa réforme. En tout cas, les conseillers ne tiennent pas leur présence pour une simple formalité. Alors qu'en novembre 1471 les Lyonnais interviennent contre le monopole du commerce des épices, Doriole écrit en urgence au roi, et ce n'est pas le propos d'un conseiller sachant qu'il parle en vain au Conseil.

> Il vous a plu, Sire, m'octroyer que sur ce je serai ouï en votre Conseil, et présent à ce que ceux de Lyon voudraient dire pour y répondre, et que l'on n'y toucherait pas sans que j'aie été ouï, ce qui ne se peut faire par mon partement [mon absence]. Aussi je vous supplie très humblement que en mon absence vous n'y souffriez quelque chose venir.

La vue qu'a entretenue de l'entourage du roi la postérité est largement faussée par la célébrité de quelques personnages comme Le Daim ou L'Hermite, dont le pouvoir était probablement plus redouté par l'entourage lui-même que par la France entière. De là à faire de ces exécutants les véritables conseillers du roi, il y a loin. Le Conseil, on l'a dit, s'est trouvé presque totalement renouvelé en 1461. Mais un homme comme Jean Bureau appartient à une très grande famille de la bourgeoisie parisienne, il a été l'organisateur de l'artillerie qui a donné la victoire à Charles VII, et il l'a commandée lui-même en Normandie comme en Guyenne. Il a été prévôt des marchands de Paris. Charles VII en fait un trésorier de France pour la Langue d'oïl et l'a nommé maître des comptes. Jean Bureau n'est ni un nouveau venu ni un médiocre.

Ceux qui vont désormais apparaître au Conseil ne sont pas davantage des gens de rien, ni de simples exécutants sans expérience. Là encore, nombreux sont ceux que, comme Guillaume de Varye, on a déjà vus, dans l'entourage de Jacques Cœur, bénéficiant de la faveur de Charles VII. Pierre Doriole, qui revient en 1468 et ne sera anobli que quatre ans plus tard en devenant chancelier, est quand même le fils d'un maire de La Rochelle, et les offices de finance qu'il a exercés tenaient à la confiance de Charles VII. Certains, enfin, sont des fidèles du temps d'exil, comme le Bâtard d'Armagnac ou Imbert de Batarnay.

Jean de Daillon, seigneur du Lude, est un homme à part. C'était un camarade d'enfance du dauphin. Il a pris part à la campagne contre les Suisses, mais a refusé de suivre dans son Dauphiné natal un dauphin brouillé avec son père. Mal vu de Louis XI à son avènement, il a participé à la Ligue du Bien public. Il a suivi Charles de France, mais s'est compromis en Normandie. C'est seulement vers 1468 qu'il rentre en grâce auprès du roi, et il le sert dans diverses campagnes, notamment dans la campagne contre le comte d'Armagnac en 1473 et dans l'affaire d'Arras en 1478. Peu porté sur les scrupules et surnommé pour cela « Jean des Habiletés », Daillon semble avoir été apprécié par Louis XI pour ce qu'il était : un ambitieux conscient de ses intérêts, un esprit retors et flagorneur qui, selon Commynes, « aimait fort son profit particulier et ne craignait jamais à abuser ni à tromper personne », mais utile pour toutes sortes de besognes. En 1470, il est bailli de Cotentin. En 1474, à la mort de Louis de Crussol, le roi le fait gouverneur du Dauphiné. Accumulant pensions et seigneuries, il y fera fortune. C'est un exécutant, non un conseiller.

La Ligue du Bien public provoque en 1465 un changement de têtes, non de niveau. Mais le roi a dû concéder, dans les négociations de Conflans, la création d'un Conseil dit des Trente-Six, sorte de commission de notables chargée d'entendre les plaintes et de proposer des réformes. L'une de ces fonctions semblait prise sur le Grand Conseil, l'autre sur le Conseil. Les Trente-Six ne furent guère qu'un alibi. Jean de Calabre se plaignant qu'on ne l'aidât pas à reconquérir Naples, le roi se fit un plaisir de le renvoyer devant les Trente-Six. Ceux-ci constatèrent que l'impôt était trop lourd et critiquèrent le nombre inutilement élevé des francs-archers, toutes constatations qui ne servaient à rien. Les Trente-Six ne jouèrent un véritable rôle que de manière très épisodique, pendant ces jours de novembre 1468 où, après le drame de Péronne et de Liège, circula la fausse nouvelle de la mort du roi : dans un Paris incertain où affluaient les capitaines désemparés, ils siégèrent matin et soir, tenant la place d'un véritable gouvernement de régence. Par la suite, on n'en parla plus.

Il y a donc le Conseil. Il y a aussi ceux qui, sans prétendre au titre de conseiller du roi, sont appelés à donner un avis sur telle ou telle des affaires du royaume. C'est le cas de ces marchands que réunit à plusieurs reprises le roi à la veille de décisions à caractère économique pour lesquelles le sentiment des professionnels et leur éventuel acquiescement ne sont pas superflus. À raison de deux marchands par ville et pour quelques villes jugées importantes et représentatives, c'est un petit conseil d'hommes d'affaires qui peut ainsi, loin des clercs et des barons, répondre aux préoccupations du roi dans un domaine dont il ne maîtrise pas tous les aspects techniques. En avril 1464, il joint ainsi à une réunion de ses maîtres généraux des monnaies neuf hommes d'affaires de Tournai, de Rouen, d'Angers, de Bourges et de Lyon, pour une consultation sur la situation monétaire et les mutations qui s'imposent. Le 20 octobre 1470, devant les représentants élus des grandes villes, il s'agit du commerce avec les Pays-Bas bourguignons, que Louis XI veut contrarier et empêcher, et des relations qu'il faut développer avec l'Angleterre. Le roi demande où l'on pourrait créer une foire proprement française – ce sera, on en reparlera, à Caen – pour supplanter celles d'Anvers et de Bergen op Zoom. La question est classique, mais elle appelle une vue réaliste de la carte et des objets des trafics du royaume. Il y faut des spécialistes.

En juin 1479, la question est exceptionnelle : le roi demande aux milieux d'affaires quels sont les moyens les plus appropriés pour rendre à Arras sa place dans la vie économique. On parle là de ce repeuplement sans lequel la ville, dont les habitants ont été bannis après l'insurrection de 1477 et qui vient d'être rebaptisée Franchise, ne saurait retrouver sa prospérité d'antan.

Une nouvelle assemblée de marchands suit en janvier 1482 la réunion de la Provence au domaine royal. Longtemps contraint par le fait que Marseille n'était ni dans le royaume ni dans le domaine, le commerce maritime de la France ne peut que profiter désormais d'un port prestigieux, mieux situé que Montpellier pour ses relations avec la France du Nord. Aigues-Mortes s'ensable, et c'est le Rhône qui demeure la grande voie vers une Bourgogne elle-même, désormais, réunie en fait et bientôt en droit.

Il en va des assemblées de marchands comme du Conseil et des États. Le roi expose ou fait exposer un projet, écoute les réactions, entend les objections... et décide à son gré, c'est-à-dire comme il en avait l'intention. On le voit bien quand, en 1470, les marchands proposent pour siège de la future foire la ville de Rouen, dont la tradition commerciale avec tous les pays de la Manche et de la mer du Nord est la mieux établie : le roi impose Caen, qui correspond mieux à son propos d'une nouvelle relation avec l'Angleterre mais aussi d'un port moins mal relié que Rouen au centre industriel qui se développe à Tours. Les représentants des forces économiques du royaume sont, là encore, chargés d'exécuter la volonté royale. Du moins, à défaut d'avoir fait prévaloir leurs vues, ont-ils entendu les raisons du roi et, celui-ci peut l'espérer, été convaincus par ces raisons. Ils n'auront qu'à obéir et à expliquer, mais en connaissance de cause.

Toutes ces consultations n'ont en réalité qu'un objet, fruit de l'éternelle méfiance du roi : couper court à la transmission indirecte des ordres dans des domaines où l'interprétation peut conduire au contresens. Louis XI dicte sa volonté, mais il entend qu'on comprenne bien.

Mettons à part le Conseil que réunit le roi à la veille de la bataille de Montlhéry. Il s'agit de savoir s'il est opportun d'engager sur-le-champ l'action ou s'il convient d'attendre. Le roi, qui piaffe, voudrait en découdre dès le lendemain. Charles du Maine pense que les troupes sont fatiguées par une route harassante. Il aimerait qu'on attende. Brézé opine d'abord qu'on doit attaquer sans plus attendre, puis, prenant à part le roi, il change d'avis. Louis XI, qui craint une trahison, n'écoute pas son fidèle grand sénéchal. En fait, le roi a écouté ses capitaines, mais sa détermination était déjà faite.

Les États

Il est des cas où, même élargi, le Conseil ne suffit ni à représenter suffisamment des sujets dont l'adhésion doit être négociée ni à expliquer au peuple les orientations de la politique royale. Le roi convoque alors une assemblée.

La France des siècles précédents a connu ces réunions des trois états – le clergé, la noblesse et la bourgeoisie – que l'on appelle globalement les États généraux. Ces mots couvrent cependant des réalités bien différentes. Passé le temps des premières assemblées, convoquées par Philippe le Bel pour faire approuver de gens spécialement choisis par lui sa politique à l'égard de la papauté et ses décisions dans l'affaire du Temple, est venu celui d'États formés de représentants véritablement élus. Certes, on y trouve toujours plus d'évêques que de curés, plus de grands barons que d'écuyers crottés et plus de grands bourgeois et d'officiers royaux que d'artisans et de boutiquiers. Les paysans et les compagnons sont naturellement ignorés. Mais, des lendemains de la défaite de Crécy au temps des Armagnacs et des Bourguignons, les États ont bel et bien constitué une force politique avec laquelle les gouvernements royaux ont dû compter et souvent composer.

Les États généraux du royaume ont été rares au XIVe siècle, et on ne les a pas réunis depuis 1413. Le plus souvent, on a réuni les États dans un cadre géographique large – États de Langue d'oïl, États de Languedoc – ou dans le cadre plus étroit que définissaient les anciens cadres féodaux et les particularismes juridiques et fiscaux reconnus par des chartes et des privilèges : États d'Auvergne, États de Normandie, États de Dauphiné et, dans les dernières années du règne, États des anciens pays bourguignons. Leur principale prérogative était de voter des subsides, d'en discuter le principe quand le rapport de forces le leur permettait, d'en négocier seulement le montant dans le cas contraire. La plus forte des contestations consistait en l'affirmation de crises économiques rarement inventées mais bien évidemment grossies à l'appui de demandes de réduction ou de dégrèvement d'impôts. Le roi ne méprisait pas ce moyen d'entendre, en n'en croyant qu'une partie, un rapport sur la situation économique et sociale de la région. Quand il n'y avait pas flanqué son père, le dauphin Louis avait présidé bien des assemblées de la sorte. Il savait ce qu'il en pouvait attendre. Dès son avènement, face à une députation des États de Normandie, il s'entendit à promettre sans intention de tenir.

L'institution n'avait cessé de décliner sous Charles VII. Celui-ci ne pouvait doter le royaume de finances stables et d'une armée permanente s'il demeurait lié par un octroi financier annuel. Pour ne pas heurter une France méridionale qu'il était trop heureux de n'avoir pas vu s'insurger, il avait gardé les États de Languedoc, réduits à un rôle de remontrances et de négociation formelle sur le montant de l'impôt. Pour ne pas s'exposer à des insurrections régionales pour la défense des libertés, il faisait de même pour les États provinciaux. Quant aux États de Langue d'oïl, les seuls qui avaient réellement mis en danger le pouvoir royal depuis le temps de Jean le Bon, Charles VII les avait convoqués pour la dernière fois à Orléans en 1439. La Praguerie avait empêché, en 1440, une réunion prévue à Bourges. En 1442, le roi prenait prétexte que le coût de la venue des députés était inutilement onéreux pour les contribuables.

> Il n'est pas besoin d'assembler les trois états pour mettre sus les tailles, car ce n'est que charge et dépense au pauvre peuple, qui a à payer les frais de ceux qui y viennent. Et ont requis plusieurs notables seigneurs du pays qu'on cessât de telle convocation faire. Pour cette cause, ils sont contents qu'on envoie la commission aux élus selon le bon plaisir du roi.

Il y avait longtemps que les élus n'étaient plus élus, et que le roi envoyait la commission, c'est-à-dire l'ordre de lever l'impôt. C'était dire la chose assez crûment. Au reste, barons et prélats avaient d'autres moyens de se faire entendre, et devoir s'entendre avec les bourgeois ne les satisfaisait guère. Ils s'inclinèrent. Les villes comprirent qu'en définitive elles ne pouvaient que voter l'impôt. Elles ne bronchèrent pas. La grande masse de la population, qui payait mais savait bien qu'elle était totalement absente du débat, ne fit pas grand cas de ce nouvel absolutisme.

Dans un moment de difficulté, Louis XI tenta de dialoguer avec sa noblesse. C'était à la veille de l'affaire du Bien public. Il réunit d'abord ses barons à Rouen. Il voulait savoir ce qu'était ce mécontentement suffisamment perceptible à travers ce qui lui parvenait. Il les écouta. Ce fut une cascade de doléances. Les barons protestèrent contre la politique ecclésiastique, contre l'alliance aragonaise, contre le rôle des gens de peu dans le gouvernement. Une autre réunion eut lieu à Tours en décembre 1464, mais il ne s'agissait plus cette fois d'écouter : c'est l'assemblée qui avait à entendre. Le roi n'assista pas à la séance d'ouverture, où le président du Parlement de Toulouse, Jean Dauvet, évoqua en parfait juriste les contentieux qui opposaient le roi au duc de Bretagne. En présence du roi, Dauvet réitéra et, cette fois, Louis XI intervint en personne, ce qu'il fit, semble-t-il, sans grande habileté. Thomas Basin, qui assistait à la séance, a laissé une description sévère de l'éloquence royale. « Il parlait beaucoup, mais sans dignité ni sérieux dans l'élocution. Il était prolixe au point que, le plus souvent, sa loquacité engendrait l'ennui. »

Le roi déclara ses bonnes intentions envers le duc et sa ferme volonté de respecter la seigneurie de son vassal. Il en profita pour justifier l'ensemble de sa politique, de l'affaire du Roussillon à celle des villes de la Somme. Il en vint à flatter l'assemblée. « Les seigneurs sont les piliers qui soutiennent la Couronne », osa-t-il affirmer sans en croire un mot. Par la bouche du roi René, l'assemblée approuva. Charles de France, le duc d'Orléans, le comte du Maine, le duc de Bourbon, le duc d'Alençon et les autres acquiescèrent. On était quitte. Le roi se le tint pour dit : il ne convoqua plus l'assemblée.

Le roi pouvait cependant se trouver bien d'une rencontre directe avec les représentants des villes, avec les officiers qui n'auraient jamais accès au Conseil, et surtout avec les marchands. En fait, il jouait là, contre la noblesse et éventuellement contre le haut clergé, la carte de la bourgeoisie. On était loin des États généraux. C'est ainsi qu'en 1463 des assemblées élues consentirent à une imposition extraordinaire dont la répartition était déjà faite et qu'en 1483 elles approuvèrent le traité d'Arras, déjà ratifié. Au moins le roi, qui avait eu besoin des villes, laissait-il entrevoir qu'il était capable de les entendre.

Il est parfois impossible de dire si le roi réunit des États ou s'il élargit simplement le Conseil. C'est le cas en 1465 quand, pour décider de la réponse à faire aux revendications de la Ligue du Bien public, il réunit en son hôtel à Paris « les ducs et comtes, plusieurs gens notables d'Église et plusieurs nobles chevaliers et gentilshommes et capitaines de guerre, avec l'Université et la Cour de Parlement ». Même cette énumération, que donne Jean Maupoint et qu'il complète plus loin en ajoutant « et de la bourgeoisie », laisse des doutes : l'hôtel des Tournelles ne permet certainement pas de faire venir l'Université et le Parlement en leur entier. Et le même Maupoint ne cherche pas la précision, qui nomme indifféremment la même réunion « les grands sages hommes de tous états », « lesdits états » et « le Conseil ».

En avril 1468, en revanche, les États généraux du royaume semblent renaître pour une fois à Tours. Convoqués par lettres patentes du 20 février, la noblesse et le clergé de tous les bailliages et toutes les sénéchaussées sont là. Cent trente grands seigneurs ont été invités personnellement. Le connétable de Saint-Pol est là. Le Parlement de Paris a été requis à part. Mais on voit aussi ce qui est censé représenter le peuple : soixante et onze villes ont délégué de deux à quatre députés, dont un clerc et le plus souvent un officier royal. Le roi préside sous un dais de velours bleu semé de fleurs de lis d'or. Il porte une longue robe de damas blanc broché d'or de Chypre, ornée de boutons d'or et fourrée de zibeline. Il porte un petit chapeau noir sommé d'une plume de Chypre. À son côté, le chancelier Guillaume Juvénal des Ursins a revêtu sa grande robe de satin cramoisi. Toutes les pompes de la monarchie sont déployées pour rappeler la majesté royale.

L'ordre du jour est d'ailleurs digne d'États généraux : on va parler de la réforme du royaume, et c'est bien à cela que s'attache d'abord, dans son discours d'ouverture, le chancelier. Ce qu'attendent les députés, c'est, bien entendu, une baisse des impôts. À entendre parler de réformes, certains pourraient croire que l'on est revenu en 1413, voire en 1356. Beaucoup s'y sont préparés : des députés sont arrivés à Tours porteurs de cahiers rédigés lors des assemblées électorales. Y remontrant « leurs doléances, oppressions, affaires et inconvénients », ceux qui disent parler au nom des « opprimés et blessés » demandent au moins que le roi les reçoive une fois, ou qu'il les fasse recevoir par « aucun notable personnage, prince ou autre ». Autant dire qu'ils ne se font guère d'illusions.

Le roi s'attendait aux doléances et, non sans hypocrisie, il avait écrit aux bonnes villes qu'il regrettait de ne pouvoir leur laisser plus de temps pour se préparer. Il fallait, disait-il, que la délibération fût achevée avant la « fin de l'abstinence de guerre », soit le terme de la trêve avec la Bourgogne qui expirait le 1er mai.

Au vrai, l'objet de la réunion est infiniment plus limité que ne le laissait croire le début du discours d'ouverture, mais la manœuvre est subtile. Le chancelier en vient en effet à ce qui est l'essentiel : le bien du royaume ne permet pas au roi de céder la Normandie à son frère Charles de France, alors que cette cession lui a été imposée en octobre 1465 au traité de Saint-Maur. Heureux d'en finir avec la Ligue du Bien public, Louis XI a accepté : c'était l'une des premières conditions de la paix. Il ne peut maintenant se parjurer. Mais le pays, qui n'était pas partie aux deux traités de Conflans et de Saint-Maur, peut déclarer inacceptable cette cession d'une partie, hautement nécessaire, du domaine royal. C'est, on le verra, ce que feront les députés.

Le roi ne pouvait berner brutalement les États. Il fallait laisser parler les députés. Le roi se garda de présider lui-même ces séances de doléance. Celle que rapporte l'archevêque Jean Juvénal des Ursins était présidée par le roi René et par le cardinal Jean Balue. On se souvient de la maladresse de l'archevêque à Avesnes, lors de l'avènement. Il ne fut pas plus brillant, s'excusant sur le fait qu'il était surpris d'avoir à parler, qu'il eût volontiers différé et, finalement, qu'il était « faible et débilité d'âge » : il est vrai qu'il était octogénaire. Il noya son propos dans un fatras moral, mais il donna le ton, tant sur l'apanage du frère du roi que sur les réformes nécessaires pour le bien du peuple.

Les États furent invités à nommer une commission qui formulerait les réformes nécessaires. Mais les députés n'étaient pas désireux de faire durer les choses. Le vieil argument de Charles VII n'était pas oublié : le séjour à Tours coûte cher à chacun, ou plutôt à ceux qui l'ont envoyé. La commission se contenta d'élire elle-même un comité restreint « pour besogner sur le fait de la justice », comité qui comprenait une vingtaine de hauts dignitaires tout acquis au roi : on y comptait le cardinal Jean Balue, Jean de Dunois, le chancelier Guillaume Juvénal des Ursins, l'archevêque de Reims Jean Juvénal des Ursins, le maréchal de Lohéac, Guillaume Cousinot, Jean Dauvet, Étienne Chevalier et Pierre Doriole. Ils se réunirent à Paris quelques jours plus tard, ne servirent à rien et certainement pas à réformer le gouvernement. On n'en parla plus guère. L'historien Neithard Bulst pourra justement parler, pour ces États généraux de 1468, d'un « organe d'acclamation ». Et l'on ne peut négliger l'opinion que reflète Commynes : « C'est crime de lèse-majesté que de parler d'assembler les États, et c'est pour diminuer l'autorité du roi. »

C'est encore de la dénonciation d'un traité juré qu'il s'agit quand en 1470 Louis XI prépare la guerre en violation du traité de Péronne. Cette fois, on ne s'embarrasse pas des États généraux. Une assemblée de quelques notables de Touraine suffit a cautionner la bonne foi du roi. Commynes le dit froidement : « Il n'y appela que gens nommés, et qu'il pensait qui ne contrediraient pas à son vouloir. »

Restait à répartir l'impôt, voire à accepter de l'anticiper. Pour organiser l'impôt comme pour emprunter, il faut un interlocuteur. Là encore, Louis XI se méfie des turbulences. Plutôt qu'à de véritables assemblées des bourgeois, il se fie à des réunions restreintes où l'on fait venir par une feinte cooptation ou par franche désignation ceux que souhaitent voir les commissaires et les officiers royaux. Quelques interlocuteurs feront donc l'affaire. Et le roi de composer, comme on le verra, à son gré les corps de ville, nommant ou faisant élire ses hommes. À Clermont, il remplace une assemblée de « soixante-quatre personnages » par un consulat à trois ou quatre consuls assistés de douze conseillers.

Un étrange cas de décentralisation doit être signalé, que rendait nécessaire l'urgence. Ayant à organiser le plus vite possible l'enrôlement des bourgeois de toute la France qui vont repeupler Arras, le roi décide le 2 juin 1477 de convoquer deux ou trois notables par ville. Mais on ne leur demandera que de se rendre à l'une des cinq assemblées tenues par des officiers royaux dès la mi-juin à Paris, Lyon, Tours, Rouen et Saint-Jean-d'Angély, chacune pour une très large région. Les instructions aux officiers sont rédigées le 8. Le 24, les assemblées se séparent, travail fait.

L'assemblée de l'été 1483 a ceci de particulier que le roi, qui se sait près de la fin, saisit une occasion pour formuler un programme qui est à la fois une comédie destinée à tromper sur son espérance de vie et, pour qui veut entendre, un avertissement à ceux qui vont gouverner au nom du très jeune roi du lendemain. L'occasion, c'est la fête des fiançailles du dauphin Charles et de Marguerite d'Autriche. Le dimanche 22 juin, on a célébré ces fiançailles devant la cour réunie à Amboise. Le roi a demandé à certaines villes d'envoyer chacune deux délégués. Notons bien le caractère faiblement représentatif de ces bourgeois. Même si les villes ont été choisies par le roi et si les délégués sont les notables du corps de ville, il n'empêche qu'ils sont là. Et c'est à eux que l'on ordonne de gagner Tours où, le vendredi 26, le nouveau chancelier Guillaume de Rochefort, qui vient de remplacer Doriole, leur expose le programme de réformes auquel songe le roi. Bien plus, le mercredi 1er juillet, les délégués sont conviés à Plessis-lès-Tours, où Louis XI en grande tenue royale préside une sorte d'assemblée, devant laquelle il développe lui-même ce programme.

Celui-ci tient en trois mots : commerce, justice, unité. Même s'il est un peu tard pour donner à ses projets une cohérence qu'ont interdite jusque-là les péripéties du combat militaire et diplomatique contre les principautés, et même si les circonstances rendent peu crédibles des projets dont chacun comprend bien qu'ils n'engagent qu'un mourant, c'est le tableau d'un peuple en paix que brosse désormais un Louis XI convaincu d'avoir, toute sa vie, lutté pour en arriver à léguer cette paix à son peuple.

La conclusion est conforme à l'usage : on va faire une commission. Comme jadis les États de 1413 constituant la commission qui allait élaborer l'ordonnance réformatrice dite à tort cabochienne, l'assemblée est invitée à se retrouver en formation restreinte. Dans six semaines, demande le roi, chaque ville députera un représentant qualifié pour mettre en forme les propositions du roi. À l'évidence, il songe à la rédaction d'une grande ordonnance réformatrice. Il n'en aura pas le temps.

La propagande

Louis XI est à l'affût de l'opinion publique, et c'est évidemment de celle de la population citadine, naturellement remuante, qu'il se préoccupe surtout. Il n'est pas moins sensible aux réactions du clergé devant les grandes directions de sa politique à l'égard du pape comme des églises et de leurs libertés. La révocation de la Pragmatique et les négociations qui s'en sont suivies ne pouvaient laisser le clergé, haut et bas, indifférent à ce qui touchait directement son statut et ses perspectives.

Il lui arrive de se fâcher. Ainsi incite-t-il sa police à sévir contre les graffiti qui couvrent les murs, contre ces gens qui font « écritures contre huis, parois et fenêtres ». Comme sous d'autres règnes, on envoie en prison celui qui a mal parlé en public du roi. On ne poursuit pas moins les malins qui annoncent périodiquement la mort du roi. Les baillis et sénéchaux sont priés d'y veiller. Naturellement, on s'en prend à qui dispose d'une certaine audience. Des poursuites sont engagées contre un poète toulousain, le marchand Jean Catel, qui a remporté le concours des Jeux floraux de 1474 avec des *sirventes* passablement critiques contre les gouvernants.

Dieu du Ciel ! Envoie-nous bonne aide :
Tous sommes abandonnés car nous voyons d'autre part
La cruelle mort qui nous frappe de son dard
D'autres lourdes charges : la monnaie qu'on remue,
La guerre toujours qui trouve la gent nue
Et tous les fruits ont déjà été vendus.
Les pauvres sont aujourd'hui misérables :
À beaucoup il faudra porter sac et bouteille.

La première précaution contre les malveillants, c'est l'information, une information fortement dirigée. Les agents du roi ont charge d'« avertir partout où il appartiendra », en présentant les événements et les décisions sous leur angle le plus favorable au roi. Dès qu'il remporte une victoire, ou un semblant de victoire, Louis XI écrit à ses bonnes villes pour les informer et leur dispenser sa vue de la situation. On est étonné de le voir prévenir avec un grand luxe de détails les gens d'Auxerre de la nouvelle soumission du duc de Bretagne et ceux de Lyon ou ceux d'Harfleur d'une victoire sur les Flamands. Sous la dictée du roi ou par la parole de ses envoyés, la propagande royale ne cesse de brosser les portraits noircis des différents adversaires, et en premier lieu de Charles le Téméraire.

De même Louis XI n'hésite-t-il pas à se procurer les services de prédicateurs à gages, comme ce frère Pierre Nicolas qui parcourt la Normandie pour « admonester le peuple de garder loyauté » envers le roi. Et les gens du roi favorisent, pourvu qu'ils dispensent la bonne parole, les chanteurs ambulants et leurs longues chansons qui sont autant de récits tendancieux.

De l'information à l'intimidation, il n'y a qu'un pas à franchir. À la moindre alerte, les officiers royaux s'emploient à terroriser le peuple en lui annonçant la ruine. Le meilleur moyen d'éviter celle-ci, on l'aura compris, c'est d'aider le roi, donc de payer l'impôt sans rechigner.

La propagande n'est pas moindre vers l'extérieur. Le roi glisse aux ambassadeurs – en particulier au Milanais Alberico Maletta – ce qu'il veut faire savoir aux cours. Quand Maletta le quitte, à l'automne de 1464, Louis XI le garde deux jours à son côté pour lui faire à sa façon un long tableau de la politique européenne et surtout des affaires italiennes. Devant Robert Neville, cousin de Warwick, il peint en 1464 avec une telle complaisance la soumission de la noblesse française que Neville rentrera en Angleterre sans avoir vu venir le Bien public.

Dès son avènement, Louis XI a compris qu'un roi ne reste pas enfermé dans sa résidence, quelle qu'elle soit. Qu'il ait le goût d'une certaine tranquillité dans son cabinet est certain. Cela ne signifie pas qu'il y demeure claquemuré. On ne donnera qu'un exemple d'une saison royale. Après avoir passé en Touraine le début de l'hiver, le roi part en février 1462 pour un périple en Guyenne, c'est-à-dire au plus près de cette frontière de Navarre et de Catalogne qui est son premier souci diplomatique. Il passe par Saintes. En mars, il est à Bordeaux. Il restera plus de deux mois entre Bordeaux et Bayonne avant de regagner Amboise où, de son propre aveu, il va se reposer. « Je m'en vais délibéré de faire bonne chère et de me récompenser de la peine que j'ai eue tout cet hiver en ce pays... Je m'en vais mardi et piquerai bien. »

Le repos sera bref : six jours. Parti de Bordeaux le 29 mai, le roi passe deux jours à Lusignan, un à Poitiers, deux à Châtellerault, deux semaines à Chinon. Il est de nouveau à Amboise le 21 juin, mais il en repart le 27. On le voit à Chinon, puis à Bonneval, à Meslay-le-Vidame et à Chartres avant de le trouver le 19 juillet à Évreux. Le 26 il est à Honfleur, le 30 à Vernon, le 4 août de retour à Honfleur et le voici le 10 août à Rouen. Et tout cela semble à Louis XI parfaitement normal. Lorsque, dans l'hiver 1472-1473, il s'établit en Poitou pour surveiller à la fois la Bretagne et les opérations contre Armagnac, il ne change pas moins de résidence quinze fois en deux mois.

Si ses goûts le portent vers la simplicité et s'il aime se promener seul et entendre ce qui se dit dans la rue, Louis XI sait le prix qu'ont en politique les apparences et combien le peuple est déjà à demi satisfait quand il voit le roi. Le 7 mai 1463, Toulouse subit un incendie dévastateur, né par accident dans le fournil d'un boulanger. La ville brûle pendant deux semaines. Elle est pour une grande part en ruine. Alors qu'il est à Saint-Jean-de-Luz, le roi apprend la catastrophe. Il marche sur Toulouse, où il arrive le 26 mai, et c'est un cortège de princes qui l'accompagne pour son entrée solennelle. Le faste ostentatoire du cortège royal et celui des festivités organisées par les capitouls pourraient être de nature à irriter une population sinistrée. Il n'en est rien. Le poète Pierre de la Roque n'aurait pas, l'année suivante, gagné le concours des Jeux floraux si l'on n'avait approuvé les vers dans lesquels il chante l'espoir que place dans le roi de France la ville en ruine.

Après qu'au très haut prince le roi de France
Fut dénoncé tel cas survenu,
Il vint sur le lieu pour y donner conclusion
Et plus d'un mois y fit sa demourance.
De tous côtés il vit l'épaisse perte
Et de ce feu la très grande fureur,
Et pour cela donc, vue la grande douleur
La Fleur de Lis y donnera bonne direction.

Se montrer, ce n'est pas seulement rencontrer les notables. Le roi ressent profondément le besoin de voir et d'entendre le pays réel, et il fait de cette écoute l'un des conseils que, dans un *Rosier des guerres* inspiré et certainement dicté en bonne partie par lui, il prodigue à l'intention du futur Charles VIII : « Le Prince doit songer à la condition de son peuple et se mêler à lui souvent, comme un bon jardinier cultive son jardin. »

CHAPITRE XII

Le droit du roi

Unifier les coutumes ?

Par une ordonnance publiée en 1454 aux Montils-lès-Tours alors qu'il n'y était que l'hôte de Hardouin de Maillé, Charles VII a prescrit aux baillis et sénéchaux de prendre le conseil de quelques juristes et l'avis de représentants des trois états pour procéder à une première rédaction officielle des coutumes. Tous les coutumiers déjà en usage étaient l'œuvre de juristes agissant à leur propre initiative et n'engageant qu'eux-mêmes. Cette fois, c'est le roi qui posait le principe suivant lequel la coutume, qui procède de la tradition orale des anciens, ne saurait plus être connue et interprétée au gré de chacun. Le souci de Charles VII n'était pas de réformer les coutumes, encore moins d'y ajouter, ce qui eût excédé ses droits. Le roi ne souhaitait, fort simplement, que donner cohérence aux versions que l'on en avait et procurer aux hommes de loi un texte irréfutable puisque pourvu de la sanction royale.

Le besoin était indéniable. Les princes imitèrent le roi. Les juristes se mirent au travail. Dès 1458, Philippe le Bon publiait la coutume de Bourgogne. Dans le domaine royal, les premiers fruits vinrent avec l'avènement de Louis XI. La coutume de Touraine fut rédigée en 1461 à Langeais.

Louis XI semble avoir souhaité aller plus loin. Évoquant les projets que le roi désirait mener à bien alors qu'après la chute du Téméraire il se sentait vieillir, Commynes cite celui d'une clarification de la justice royale et d'une unification des bases de la vie sociale et économique.

> Il désirait de tout son cœur de pouvoir mettre une grande police en son royaume, et principalement sur la longueur des procès, et en ce passage bien brider cette cour de Parlement. Non point diminuer leur nombre ni leur autorité, mais il avait contre cœur plusieurs choses, dont il la haïssait.
>
> Aussi désirait-il fort qu'en ce royaume l'on usât d'une coutume, et d'un poids et d'une mesure, et que toutes ces coutumes fussent mises en français en un beau livre, pour éviter la cautèle et pillerie des avocats, qui est si grande en ce royaume qu'en nul autre elle n'est semblable.

De la longueur des procès, Louis XI se soucie surtout quand l'un des justiciables le touche d'assez près pour pouvoir s'en plaindre. Il se fâche alors, comme lorsque Charles de Gaucourt, gouverneur d'Île-de-France, voit l'un de ses procès durer depuis quarante ans et que Marco Cenami attend depuis soixante ans qu'on « dépêche » le sien. L'idée d'une unification des coutumes, en revanche, fait plus qu'effleurer l'esprit du roi. S'il sait très bien qu'il n'a pas le droit de modifier la coutume, il ne se prive pas d'y songer. Lorsqu'en 1480 il ordonne à tous les baillis et sénéchaux d'envoyer à la Chancellerie les « coutumes et styles » afin qu'on puisse élaborer une unique « nouvelle coutume », c'est bien d'un bouleversement du droit qu'il rêve. Ce serait l'intérêt des justiciables. Ce serait aussi le moyen de l'unité du royaume. Sans ambiguïté est à cet égard une lettre du 5 août 1481, adressée à l'homme de confiance par excellence qu'est Batarnay. Nous ne savons malheureusement pas qui est le « petit Florentin » dont le roi attend les conseils.

> Vous savez bien le désir que j'ai de donner ordre aux coutumes, au fait de la justice et de la police du royaume. Et pour ce faire, il est besoin d'avoir la manière et la coutume des autres pays. Je vous prie que vous envoyez quérir devers vous le petit Florentin pour savoir les coutumes de Florence et de Venise, et le faites jurer de tenir la chose secrète, afin qu'il vous le dise mieux et qu'il le mette bien par écrit.

Encore faut-il tenir la chose secrète : Louis XI sait bien que le pouvoir royal ne s'étend pas à la modification du droit privé, et qu'il convient, comme l'a fait son père, d'y aller avec prudence, sous couleur d'une simple correction des textes et d'une harmonisation de forme.

En juillet 1483, en revanche, il n'hésite pas à placer l'unification du droit en tête d'un projet d'unité qui s'étend aussi aux poids et mesures et à la monnaie. Que la France, enfin, soit soumise « à une loi unique », voilà ce qu'au seuil de la mort il ose souhaiter à voix haute, mais en sachant bien qu'il ne lui reste plus le temps de réaliser un tel programme. Il n'ignore pas qu'une telle réforme exigerait, comme l'a fort bien écrit Bernard Guenée, « un bouleversement complet des structures mentales ».

Les juges du roi

Les parlements se sont multipliés depuis le temps où une unique juridiction souveraine, héritière de la *Curia Regis*, de la Cour du roi, exerçait à Paris la justice d'appel et la justice des cas réservés. À la fois pour satisfaire les justiciables en rapprochant la justice royale, pour lutter contre les justices seigneuriales en proposant à ces mêmes justiciables une meilleure justice et pour tenir compte des particularismes juridiques et linguistiques, cette multiplication semblait nécessaire. Les considérations politiques n'étaient pas absentes de telles créations. Celle du Parlement de Toulouse avait en 1303 cimenté l'union du Languedoc au domaine royal et satisfait les exigences des pays de droit romain. Celle de l'éphémère Parlement de Poitiers en 1418 et la résurrection de celui de Toulouse en 1420 tenaient à la division de la France. Le maintien en 1443 du Parlement de Toulouse était une nécessaire concession politique, prix de la fidélité du Languedoc. Le Parlement de Grenoble était l'affirmation par le dauphin Louis de l'autonomie du Dauphiné. La création du Parlement de Bordeaux en 1456 scellait l'union de la Guyenne des Plantagenêts et des Lancastres à la Couronne de France. Celle du Parlement de Dijon, en 1477, était la suite logique de l'annexion de la Bourgogne.

Le Parlement de Toulouse avait plusieurs fois changé de

siège. On l'avait vu, en 1425, à Béziers. En 1467, Louis XI le transféra à Montpellier. Cette décision n'était pas sans relation avec les variations de la politique commerciale et avec le rôle tenu par les milieux d'affaires de Montpellier comme chefs de file des représentants des intérêts en cause dans l'affaire des foires languedociennes. Les Toulousains poussèrent des cris. Le 23 décembre 1468, le Parlement était rétabli à Toulouse. Cette fois, c'est à Montpellier qu'on s'agita. Aux États de 1471, Toulousains et Montpelliérains s'affrontèrent durement. Louis XI tint bon, mais donna finalement une compensation à Montpellier : en mars 1478, après plusieurs hésitations entre les deux villes, c'est à Montpellier qu'il établit une Cour des aides. La compensation était maigre.

Mis à part l'épisode de Poitiers, qui n'était qu'un refuge des conseillers exilés de Paris, le Parlement de Paris vivait aussi mal la naissance de ces concurrents que l'Université celle des siens. Leur ressort amoindri, c'étaient leurs revenus diminués, et leur prestige entamé. Des nominations comme celle de l'ancien procureur général à Paris, Jean Dauvet, envoyé pour un temps comme président à Toulouse, étaient plutôt mal reçues en province et ne suffisaient pas à mettre un terme au harcèlement constant des Parisiens contre les prérogatives et la juridiction de leurs collègues. On n'en développait que plus ardemment à Paris les prérogatives politiques que l'on pensait tenir de l'ancienneté : les gens du Parlement de Paris se disaient, de pair avec ceux de la Chambre des comptes, les héritiers de la *Curia Regis*. Aucun ne se serait avisé que la Cour du roi était formée de ses grands vassaux, non de ses fonctionnaires.

Le Parlement de Paris tirait parti de ce qui n'avait été qu'un usage de commodité et s'était mué en prérogative politique. Depuis 1337, le roi soumettait à la lecture de la Cour le texte de ses ordonnances et de certaines lettres patentes, notamment celles qui touchaient à l'intégrité du domaine royal : les dons, les échanges, les inféodations. Philippe VI n'avait voulu que s'assurer de la conformité de telles décisions avec la coutume et la jurisprudence, et cette jurisprudence était dans les registres où les greffiers du Parlement consignaient les arrêts. Bref, il s'agissait de donner un avis de juriste. Si la volonté du roi était fondée en droit et correctement exprimée, le Parlement enregistrait parmi ses arrêts. Sinon, il faisait des observations et, en l'attente, refusait d'enregistrer.

La générosité royale pouvait être entachée : le Parlement avait à refuser les lettres obtenues de manière subreptice, autrement dit arrachées à un roi mal informé des conséquences de sa décision. Les crises du pouvoir royal avaient ainsi conduit le Parlement à juger en opportunité. Autant dire que le Parlement de Louis XI est un contre-pouvoir, qui s'arroge le droit de paralyser la politique royale. Car c'est bien de politique qu'il s'agit quand le Parlement s'interroge sur l'enregistrement d'un traité ou sur l'entérinement d'un don qui n'est autre chose que l'achat ou l'affermissement d'une fidélité.

Les juges du roi ont donc les moyens de faire durement sentir une opposition au pouvoir souverain du roi. Force est de leur donner ordre de juger, ou ordre d'enregistrer. À mesure que progresse la patrimonialité des offices, les conseillers oublient qu'ils doivent leur office au roi. Les présidents peuvent être changés, non les conseillers, et les présidents ont à faire preuve de diplomatie pour être suivis par les conseillers quand ils souhaitent ne pas déplaire au roi. Et le recrutement des conseillers, qui fait la part belle aux relations lignagères, se traduit par une solidarité du corps face aux injonctions royales.

Il est, à cette opposition souvent larvée, parfois publique, une autre raison : le poids croissant des gens du Grand Conseil et de l'Hôtel. Le roi dispose à son gré des fonctions de maître des requêtes de l'Hôtel, et il se sert de ses Requêtes de l'Hôtel comme d'une justice retenue qui échappe aux officiers dûment pourvus. Bien plus, il désigne des commissaires, comme lorsqu'il s'agit en 1468 de mener l'interrogatoire de Charles de Melun, confié à l'ancien lieutenant criminel au Châtelet Pierre de La Dehors, à un examinateur au Châtelet, Jean Mautaint, et au secrétaire du roi Thomas Tribole.

Le Parlement ne se prive donc pas de renâcler quand il le juge bon. En 1469, il refuse les lettres de privilège autorisant le roi René et ses successeurs ducs d'Anjou à sceller en cire jaune. La cire jaune est un signe de souveraineté : le roi scelle en vert les lettres patentes à valeur perpétuelle et en jaune les autres. Des princes jusqu'aux plus petits féodaux, les autres doivent se contenter de la cire vermeille. Les maîtres s'insurgent donc contre un abandon de souveraineté, et le roi doit y revenir par deux fois. « Duquel refus n'avons été ni ne sommes content, mêmement que par d'autres lettres nous vous avions très expressément mandé d'entériner icelles lettres. »

Le Parlement diffère pendant six ans l'entérinement des lettres patentes portant privilèges à l'Université que le roi avait fait créer par le pape à Bourges. Les privilèges accordés à celle-ci, juge la Cour, contreviennent à ceux que les rois ont précédemment accordés aux autres universités. Le Parlement ne cède en 1470 qu'après trois ordres formels d'enregistrement. L'année suivante, il n'enregistre le don d'Orbec au Bâtard de Bourgogne qu'après la venue d'un conseiller du roi, Louis de Marafin, chargé de leur dire le mécontentement du souverain. « Je veux que la chose se fasse », écrit celui-ci après avoir chargé le fidèle Bourré de veiller à l'exécution. Le chancelier doit se rendre lui-même devant la cour. Encore les conseillers trouvent-ils un ultime moyen de retarder la libéralité du roi : de refus en refus, on en est arrivé au temps des vacances de vendanges, et les présents ne peuvent s'engager pour les absents. En novembre 1479, le Parlement n'a pas encore entériné les lettres patentes érigeant la seigneurie de Cléry en baronnie.

La résistance devient incroyable quand, en 1482, le roi érige en comté la baronnie de Laval. Le 23 janvier, il faut un ordre d'entérinement pour que les lettres patentes soient enregistrées. Mais ce sont alors les gens du roi au Parlement qui, en commun avec l'évêque du Mans, font opposition, estimant que les droits du roi ne sont pas sauvegardés. Le 2 mars, il faut donner ordre aux avocats du roi et au procureur général de cesser cette opposition, et le roi doit écrire au premier président Jean de la Vacquerie pour qu'il les contraigne à céder.

Il en va de même dans les affaires judiciaires. Non seulement le roi juge le Parlement insuffisamment docile, mais il condamne la lenteur avec laquelle sont expédiées les affaires. Les lettres se multiplient, par lesquelles il ordonne d'accélérer une procédure, d'en finir avec un procès ou de le reporter, voire – en termes voilés – de juger en un sens qui lui convienne. Le roi doit commander par écrit, en 1468, l'entérinement de l'annulation de la sentence qui frappait Dammartin. Le Parlement hésite en 1477 avant de condamner le duc de Nemours et le roi se fâche. « Je pensais que, vu que vous êtes sujets de la Couronne et y devez votre loyauté, vous ne vouliez pas approuver que l'on dût faire si bon marché de ma peau. »

Bien que leurs présidents, toujours révocables et parfois révoqués, soient à peu près dociles, les maîtres des comptes font de même. Tous les arguments sont bons, de fond ou de pure forme. Souvent, la Chambre juge que le roi a donné plus qu'il n'entendait : ainsi voit-on en 1471 le bailli d'Évreux faire, sur la valeur réelle de la seigneurie d'Orbec, un rapport qui fonde le refus d'entériner le don. La Chambre s'oppose ainsi à bien des libéralités du roi, lequel s'obstine à ne voir que le profit politique qu'il en tire. Elle condamne en 1461 le don du comté de Comminges au Bâtard d'Armagnac. Elle juge abusif le don à Dammartin de tous les profits des réformations qu'il est chargé de faire en Aquitaine, au motif que le roi ne peut faire un don dont il ignore le montant. Louis XI est obligé d'insister. De ce refus, écrit-il, « nous donnons merveilles et n'en sommes pas content ». Les maîtres s'opposent même au don, pourtant modeste, d'un étang, comme à celui d'un moulin et de deux viviers : ces dons sont préjudiciables au domaine royal. Devant un don qui paraît réellement abusif, c'est le chancelier Doriole lui-même qui, en mars 1479, refuse de sceller, et le roi doit lui réitérer son ordre.

La Chambre s'oppose de même, tout au long du règne, à bien des anoblissements qui lui semblent indus. Le roi doit se fâcher quand, ayant anobli en 1469 trois bourgeois de Lyon dont le principal mérite est d'avoir été attentifs aux sollicitations financières, il faudra deux années et plusieurs injonctions par lettres closes pour faire céder les maîtres, mais aussi les élus qui voient ainsi fondre la masse des impôts exigibles dans leur ressort.

La résistance aux ordres royaux touche même le fonctionnement des services. En 1469, la Chambre refuse de laisser partir un vieux maître des comptes, ancien secrétaire de Charles VII puis trésorier de la reine mère Marie d'Anjou, que le roi veut envoyer en Languedoc pour y vérifier des comptes particuliers. Pour que la Chambre cède, il ne faut pas moins que des lettres patentes, des lettres closes et une lettre missive qui s'achève par « et qu'il ne nous convienne plus vous en écrire ». Des formules comme celle-là ou comme « sans plus y faire de difficultés », voire « toutes excusations cessant », reviennent souvent dans les ordres d'entériner adressés à la Chambre. Il y faut parfois la colère et des menaces. « Vous faites difficulté de vérifier les lettres..., ce dont nous ne sommes pas content. Vous en faites assez pour nous faire un très grand dommage, lequel, s'il advenait, ce que Dieu ne veuille, nous nous en prendrions à vous. »

Les deux cours parisiennes qui se recommandent de la *Curia Regis* font front ensemble quand il s'agit en 1468 d'enregistrer le traité de Péronne. Le roi doit les convoquer pour leur donner lui-même l'ordre. Lorsqu'il fonde ensuite un service religieux aux Augustins de Tournai, il écrit aux mêmes pour qu'ils entérinent, et il les met en garde : « Ne vous arrêtez à quelque ordonnance faite sur le fait de notre domaine. »

Ne soyons pas dupes. Si Louis XI se fâche quand on le contrarie, il n'est pas toujours aussi mécontent qu'il le dit. Faire comprendre à leurs bénéficiaires la valeur des concessions qui paient leur fidélité n'est pas pour lui déplaire. Ayant demandé au roi la raison d'une diminution de sa pension, Guillaume Cousinot s'entend répondre en 1467 que les officiers de finance ont dû en rabattre plusieurs parce qu'elles sont trop nombreuses, mais qu'il en a fait rétablir et qu'il fera de même pour lui. Cousinot ne peut qu'être sensible à une faveur double : la pension et le rétablissement du montant. La duplicité éclate quand le roi suscite lui-même les arguties juridiques et les rétentions procédurières. L'histoire du grenetier de Reims est à cet égard significative. En 1471, à la demande des gens de Charles de France, le roi accorde à cet officier de pouvoir résigner son office en faveur de son fils. Il commande les lettres patentes à la Chancellerie. Puis il se ravise. Il écrit d'urgence à Pierre Doriole, alors général des finances et plus capable de discrétion que ne serait la Chambre.

> Pour ce que je n'ai pu plus dissimuler, j'ai commandé lesdites lettres. Mais je veux que vous dissimuliez de les sceller le plus que vous pourrez, en disant qu'il faut qu'il baille caution ou quelque autre défaite ainsi que vous aviserez, en manière que lesdites lettres

> ne soient point scellées. Et en avertissez le chancelier et autres que vous aviserez en manière que lesdites lettres ne soient point scellées. Et ne montrez ces lettres à personne, et les jetez au feu.

Combien de lettres de ce genre ont-elles été jetées au feu ? Louis XI, c'est certain, se trouve bien si l'on ne juge pas invraisemblable que, pour des raisons de principe, une concession ou un don ne soit pas suivi d'effet. L'impopularité sera pour les officiers.

Même quand il ne s'agit pas d'une manœuvre, le roi doit parfois céder, du moins sur la forme. Significative est l'histoire de la charte créant les foires de Caen. Recevant une « institution en forme de charte », ce qui veut dire de lettres patentes scellées, la Chambre des comptes constate qu'on n'y voit ni la signature du roi ni celle d'un secrétaire des finances et refuse d'enregistrer. Le roi reconnaît par lettres closes qu'il a « su que icelles lettres doivent être signées de notre main et de l'un des secrétaires de nos finances » et qu'il « les conviendrait récrire et re-sceller ». S'excusant de n'avoir pas auprès de lui l'un desdits secrétaires, il signe lui-même la charte et donne à la Chambre l'ordre d'entériner les lettres patentes malgré l'absence de signature d'un secrétaire, mais il concède que c'est « pour cette fois seulement ».

En définitive et sur le fond, dans les grandes comme dans les petites affaires, c'est toujours le roi qui a le dernier mot. Il ne l'a pas moins quand la résistance à sa volonté vient du Grand Conseil, lequel n'a pas encore la qualité de cour souveraine et se devrait d'être plus docile. Lorsque Louis XI, désireux de quitter enfin Liège, prend argument de la nécessité d'aller faire enregistrer par le Parlement le traité de Péronne, il n'invente rien, mais Commynes note finement : « C'est la coutume de France d'y publier tous accords, ou autrement ne seraient de nulle valeur. Toutefois, les rois y peuvent toujours beaucoup. »

Si le roi a le dernier mot, c'est au prix d'un agacement, d'une réitération des ordres, d'un sentiment blessant du pouvoir bafoué. En définitive, la réaction du souverain est compréhensible : chaque fois qu'il le peut, il substitue aux cours des commissaires. Les maîtres des requêtes, eux, sont aux ordres.

Les cours ne se sont pas privées de protester contre le remuement permanent de leur personnel. Tout au long du règne, et non seulement à l'avènement, où les offices sont censés vacants, et dans les moments où, comme après le Bien public, il s'agit de sanctionner la révolte politique, on voit se succéder les révocations et les nominations contestées. En 1467, Louis XI reprend les dispositions de l'ordonnance de 1407 qui garantissait les conseillers et les maîtres contre toute révocation, hors le cas de « mauvaiseté » manifeste. Encore demeure-t-il seul juge de la mauvaiseté. Trois conseillers sont révoqués en 1477 pour avoir manifesté quelque indulgence envers le duc de Nemours. À leurs collègues qui, deux ans plus tard, tentent d'intercéder pour celui d'entre eux qui multiplie les appels et refusent encore d'entériner la nomination du successeur, le roi répond vertement.

> Je vous réponds que la cause pour quoi ils ont perdu leurs offices ce a été pour vouloir garder que le duc de Nemours ne fût pas puni de crime de lèse-majesté pour ce qu'il me voulait faire mourir et détruire la sainte Couronne de France, et en ont voulu faire cas civil et punition civile.

En fait, du premier président à l'huissier, nul n'était sûr du lendemain, et les justifications données à des mouvements parfois incohérents n'étaient guère convaincantes. On s'étonna de voir un premier président révoqué pour « plusieurs crimes et délits » et rétrogradé comme vice-président, ce qui ne laissait pas croire à de bien graves malversations. Au vrai, deux motivations interfèrent sans cesse, dont aucune n'est explicite : le roi fait de la place pour nommer dans les cours des fidèles qu'il entend récompenser de services parfois fort étrangers aux compétences de la juridiction, mais il sape aussi la capacité d'obstruction d'officiers auxquels il rappelle ainsi qu'ils sont à ses ordres.

On ne peut parler de la justice du roi sans évoquer les cages de fer où furent étroitement tenus quelques prisonniers célèbres, tels Balue, Haraucourt et le duc de Nemours. On en connaît l'architecture, grâce à Commynes, qui ne précise d'ailleurs pas s'il en a fait personnellement l'expérience lors de sa captivité. Ces cages étaient constituées les unes de barreaux de fer, les autres de pièces de bois renforcées de fer. On en connaît les dimensions : huit à neuf pieds de côté, soit une surface de quelque six mètres carrés, et « un homme plus un pied » de haut. On voit que, avec une hauteur de quelque deux mètres, le captif n'y était pas tenu accroupi comme on l'a souvent imaginé, peut-être en se fondant sur le dire de Commynes, lequel écrit que Haraucourt y a « couché » pendant quatorze ans : cela veut dire, tout simplement, qu'on l'y enfermait pour la nuit. Il faut bien s'en souvenir, c'est la nuit qu'avaient lieu la plupart des évasions. Un peu plus vaste que les autres, la cage de Balue lui permettait de travailler. Mais c'étaient bel et bien des cachots, auxquels on mit de « terribles serrures ». La cage de Haraucourt, fabriquée dans la cour de la Bastille, occupa dix-neuf charpentiers. Celle de Balue coûta 70 livres tournois.

D'autres prisonniers, ou les mêmes, eurent droit à des fers aux pieds, avec une grosse boule de fer au bout. D'après Commynes, c'est ce carcan que l'on appelait « les fillettes du roi », dont furent munis des prisonniers de haut rang, prisonniers de guerre ou non, qui furent ensuite promus à divers honneurs. Arrêté en 1477 pour avoir refusé de juger le duc de Nemours, le conseiller au Parlement Étienne Dubois passa quatorze mois les chaînes aux pieds.

Cela dit, les cages de fer ne sont pas l'instrument de la justice. Elles sont une mesure de police. La justice médiévale ignore la prison à temps comme châtiment. Elle ne connaît que des punitions immédiates, de la mort à la simple bastonnade, voire au bannissement. En prison, on ne purge pas sa peine : le chenapan attend son jugement et le prisonnier de guerre attend qu'on paie sa rançon.

Les prisonniers à long terme sont donc des gens qui attendent. Depuis Richard Cœur de Lion et Charles d'Orléans, l'histoire est fréquente de ces captifs qu'on ne peut ou que l'on ne veut pas racheter. Mais le prince ou le chevalier qui attend ne croupit pas dans une geôle : il est entretenu suivant son rang. À Londres, Jean le Bon tient sa cour. Maltraiter le captif, c'est déshonorer le vainqueur, et c'est amoindrir la valeur du vaincu qu'il s'agit de revendre aux siens.

Le misérable qui croupit dans la prison n'est pressé d'en sortir que s'il sait encourir une peine légère. C'est Villon appelant à l'aide depuis sa prison de Meung où l'a conduit un chapardage. Celui qui se sait pendu à la sortie n'est pas pressé. À son second emprisonnement, le même Villon fait appel pour prolonger sa chance d'échapper à la corde. Pour lui, la prison à vie n'existe pas. « Pendu serez ! » a-t-il entendu.

Alors, qu'en est-il de ces captifs passant de longues années dans les geôles de Louis XI ? Tous sont des prisonniers politiques qu'on ne peut ou qu'on ne veut pas juger. Cousinot, Dammartin, Estouteville, tous jetés en prison lors de l'avènement, sont des gens qu'il serait dangereux de laisser parler devant des juges et hasardeux de laisser juger par une cour qui pourrait bien les acquitter, donc leur donner raison contre le roi. Mieux vaut leur rappeler sur-le-champ, par un séjour en prison, que l'autorité royale s'exerce sur eux, et leur rendre la liberté après en avoir fait de fidèles serviteurs du pouvoir. On peut toujours en appeler d'une sentence, alors qu'il n'est aucune procédure d'appel contre un emprisonnement, sauf à obtenir la grâce du roi. Quant à l'évêque Haraucourt et au cardinal Balue, les deux seuls dont nous soyons certains qu'ils ont réellement couché dans une cage, le roi sait qu'il n'a pas le droit de les juger et, en ces temps de turbulences autour de la Pragmatique Sanction, il ne tient nullement à ce qu'un tribunal ecclésiastique le fasse à sa place.

Louis XI a beaucoup écouté la rumeur, et il sait de quoi se plaint le peuple, celui qui ne risque guère la prison politique mais qui souffre d'une justice mal dispensée. Devant les délégués des villes, il propose le 1er juillet 1483, donc à deux mois de sa mort, que la justice soit réformée « pour mettre fin aux atermoiements et à la corruption ». N'a-t-il pas, lui-même, passé son règne à tancer les magistrats pour que soient accélérées les procédures ? Mais il n'est jamais intervenu que cas par cas, et pour les affaires des grands ou de ses proches, les affaires portées devant le Parlement ou devant les Requêtes du Palais. C'est au niveau des tribunaux locaux que le justiciable le plus ordinaire souffre à la fois des lenteurs de la justice et de la vénalité des juges.

Une Église de France

À son avènement, Louis XI était porté à gommer l'œuvre de son père et, inspirée qu'elle était, sinon par l'assemblée du clergé qui n'avait fait qu'approuver, du moins par les prélats et les docteurs du Concile de Bâle dont elle reprenait pour l'essentiel les canons, la Pragmatique Sanction de 1438 lui semblait donner trop de libertés au clergé et aux universitaires. D'autre part, la Pragmatique était odieuse au pape : le Concile n'avait eu pour première préoccupation que de rogner ses prérogatives. Or Louis XI avait besoin du pape pour mener sa politique en Italie. Lors de l'arrivée du roi à Saint-Denis en août 1461, l'évêque d'Arras Jean Jouffroy avait plaidé pour le pape et obtenu une promesse. Pie II en avait pris acte, et avait relancé l'évêque. Le 27 novembre, par une lettre qu'il adressa de Tours à Pie II et qu'il fit enregistrer par les parlements, Louis XI abolissait la Pragmatique. Jouffroy eut son salaire : le 18 décembre, il était cardinal.

Nombreux étaient encore les prélats qui, à Bourges, avaient approuvé la Pragmatique. Ils avaient très mal pris en août la levée par le nonce Coppini d'une excommunication de Charles VII qui n'avait jamais été prononcée. Ils n'étaient pas portés à approuver l'abrogation. Présent à Saint-Denis, l'évêque de Lisieux Thomas Basin fait part de son indignation.

> Ce fut une grande présomption pour un nonce de ce genre de prendre une telle initiative, alors qu'il n'en avait reçu ni mandat ni pouvoir. Car, ce faisant, il n'insultait pas seulement, autant qu'il tenait à lui, aux cendres du défunt et à son tombeau, mais aussi à presque toute l'Église de France, qui n'était certes pas un membre vil et méprisable de toute l'Église catholique.

Les relations du nouveau roi avec le pape semblaient donc s'ouvrir avec les meilleures perspectives. Elles étaient notamment excellentes à propos d'Avignon. Le pape était depuis 1274 seigneur du Comtat Venaissin. La reine Jeanne de Naples avait en 1348 vendu à Clément VI la seigneurie d'Avignon. Le Siège apostolique avait été longuement établi en Avignon. Bref, même après le retour à Rome de la papauté, le pape était chez lui sur les bords du Rhône. Oncle du comte de Foix Gaston IV, le franciscain Pierre de Foix était, à soixante-quinze ans, le dernier des cardinaux créés par Jean XXIII, mais c'est plus tard qu'on l'appellera « le Vieux », quand son petit-neveu recevra à son tour le chapeau cardinalice. Cardinal depuis 1414, il était légat d'Avignon depuis 1431.

À peine Louis XI était-il roi que le légat et les consuls d'Avignon lui écrivirent. Le 26 octobre 1461, il leur répondit qu'il était disposé à intervenir en cas de besoin dans les affaires d'Avignon. L'année suivante, il cédait au pape le Valentinois, acquis dans les conditions que l'on sait. Mais le Parlement de Dauphiné s'y opposa, et l'affaire ne sera toujours pas terminée à la mort du roi. Elle ne le sera d'ailleurs jamais, et Louis XII fera compensation au pape en 1499 : il érigera le Valentinois et le Diois en duché-pairie pour en faire don à César Borgia. Pour le reste, Louis XI allait se mêler assez peu des affaires d'Avignon, sinon quand, le 10 octobre 1466, il intervint auprès des États du Comtat Venaissin pour leur demander d'appuyer la candidature, à la fonction de légat, de l'archevêque de Lyon Charles de Bourbon.

Pour l'essentiel, qui était la collation des bénéfices dans le royaume de France, le pape put croire que l'abolition de la Pragmatique rétablissait le système antérieur. Il se leurrait. Les clercs qui, si l'on en croit Maupoint, renâclaient contre le fait que l'on allait de nouveau subir les collations pontificales et la fiscalité en résultant ne se trompaient pas moins.

La Pragmatique avait mis à mal l'autorité pontificale. Comme les canons de Bâle, l'ordonnance de Charles VII rappelait la supériorité du Concile sur le pape, elle réduisait à peu de chose les appels en Cour de Rome, elle rétablissait l'élection des évêques et des abbés, elle rendait aux évêques la nomination des curés et aux chapitres celle des prieurs, elle supprimait ce revenu essentiel qu'étaient depuis le XIVe siècle pour le Saint-Siège les annates, c'est-à-dire le prélèvement d'une année de produit net à chaque collation nouvelle d'un bénéfice ecclésiastique. Bien plus, elle donnait au roi une partie de ce qu'elle retirait au pape : il pouvait intervenir « par bienveillantes prières » dans les élections, ce qui signifiait qu'il pouvait désigner ses candidats, à charge pour les électeurs de savoir s'ils se sentaient capables de passer outre.

Le retour au système antérieur, c'était en fait la nomination par le pape à tous les bénéfices majeurs et à tous les bénéfices mineurs dont la collation était frappée par l'une des innombrables « réserves » au Saint-Siège. Ces réserves touchaient depuis 1265 les bénéfices vacants par mort en Cour de Rome, depuis le XIVe siècle les bénéfices vacants en Cour de Rome par résignation ou par promotion à un autre bénéfice, et elles avaient même parfois, pour un temps, concerné tous les bénéfices vacants par quelque raison que ce fût. L'obtention d'un bénéfice passant par le jeu des « suppliques », tout clerc était le quémandeur ou l'obligé du pape. L'Université, en particulier, supportait mal le traitement variable réservé à ses suppliques.

Le Grand Schisme d'Occident avait bouleversé tout cela. Les princes, les prélats et les maîtres de l'Université étaient devenus les arbitres de fait de la compétition de deux, puis de trois papes pour le Siège apostolique. En prononçant par deux fois (1398-1403 et 1407-1409) la soustraction d'obédience, l'Église de France avait réaffirmé son droit à se gouverner elle-même, sinon au spirituel, et elle avait rétabli le principe de l'élection, non sans en profiter pour supprimer la fiscalité pontificale. Même si les prélats et des maîtres étaient rentrés dans l'obéissance, on gardait dans le clergé français le souvenir d'une fragilité du pouvoir pontifical, fragilité qu'avaient officialisée les assemblées du clergé de France, puis les conciles réformateurs de Constance et de Bâle. Les plus lucides avaient quand même compris que, en secouant une autorité, l'Église de France s'était en réalité donné un autre maître : le roi. Le gallicanisme qu'annonçaient à la fin du XIIIe siècle les combats de saint Louis et surtout de Philippe le Bel était sorti renforcé de cette longue sape du pouvoir pontifical.

Or plusieurs décrets, en 1463 et 1464, rétablirent en fait, au regard du pape, la situation créée par la Pragmatique Sanction, mais tout le monde comprit que le vrai maître de l'Église de France, c'était désormais le roi. En clair, il disposait désormais à sa guise de tous les bénéfices importants, à commencer par les évêchés. Tout au long du règne, sa correspondance fourmille de recommandations adressées à des électeurs qui savaient ce qu'il en coûtait de négliger la recommandation royale. Quant aux transferts de fonds qu'engendrait la fiscalité pontificale, ils furent proprement interdits en juin 1464 après une enquête que le roi confia au Parlement de Paris et qui conclut, non sans une forte exagération, que les prélèvements du pape ruinaient les églises de France, donc le royaume. On n'interdisait pas la fiscalité pontificale, ce que le roi ne pouvait faire, mais on interdisait d'envoyer l'argent au pape. Le résultat était le même, avec le cynisme en plus.

Les relations avec le pape ne pouvaient que s'en ressentir. Pape de 1458 à 1464, Pie II menaça plusieurs fois d'excommunier le roi. Celui-ci lui voua une solide haine. À l'ambassadeur milanais Alberico Maletta, il osa dire que, le pape étant malade, il ne mourrait pas « car c'est un mauvais pape ». La mort de Pie II désavoua le roi mais ne changea pas ses dispositions.

On négocia cependant. Après avoir demandé l'avis du Parlement qui, en 1465, exposa longuement les inconvénients d'un éventuel rétablissement de la Pragmatique, le roi envoya à Rome, en octobre 1466, l'archevêque de Lyon, Charles de Bourbon, dont on a vu qu'il tentait alors d'obtenir, avec l'appui du roi, la légation d'Avignon. L'évêque du Mans Thibaut de Luxembourg, frère du comte de Saint-Pol, l'accompagnait. Nul doute qu'on parla alors des collations.

Les relations avec le pape se combinaient désormais avec les interventions françaises en Italie. Désireux de ménager le pape, Louis XI décida en juillet 1467, de révoquer les ordonnances contraires à l'autorité du pape, autrement dit la Pragmatique. C'est l'archevêque de Milan, le juriste Stefano Nardino, que le pape envoya en septembre 1467 comme nonce en France, et Louis XI ne manqua pas de solliciter pour lui un chapeau de cardinal qu'alors il n'obtint pas. Au moins s'était-il acquis à la fois les bonnes grâces de son beau-frère le duc Galeazzo Sforza et, croyait-il, celles du nonce. Mais, en mai 1468, il se plaignait au pape et à Galeazzo : l'archevêque ne cessait de comploter. Il avait même écrit au pape que la France s'opposait à lui en Italie à cause de Milan et que la nomination de Bartolomeo Colleoni pour prendre la tête d'une croisade contre les Turcs était en fait dirigée contre le Saint-Siège. Panigarola n'en fait pas mystère dès octobre 1467 dans une lettre confidentielle à Galeazzo Sforza, l'archevêque s'employait à réconcilier les Liégeois et leur évêque, ce qui semblait presque acquis, et le duc de Bourgogne et les Liégeois, ce qui restait à faire. Naturellement, de tels accommodements ne pouvaient faire l'affaire du roi de France, toujours heureux d'attiser la rébellion liégeoise pour détourner la Bourgogne de ses entreprises contre la France. Bref, le roi demanda le rappel du nonce. Pour commencer, il le fit expulser de Lyon. Rentré peu glorieux en Italie, Nardino n'allait obtenir le chapeau que six ans plus tard. Un conseiller au Parlement de Dauphiné, le juriste Geoffroy de l'Église, fut chargé d'aller en ambassade à Milan, puis à Rome, et de travailler à la paix en Italie.

La paix était loin de se faire. Le 29 août 1469, l'armée de Jean de Calabre et de Tristan Sforza, demi-frère de Galeazzo, battait près de Rimini les troupes pontificales. Louis XI fit savoir à Milan qu'il se réjouissait. L'affaire n'était pas de nature à favoriser l'entente entre la France et le Saint-Siège.

Le roi ne cessait de s'occuper des élections épiscopales et abbatiales, soit pour pourvoir ses fidèles, soit pour mettre en place des prélats favorables à sa politique et notamment à sa conception des provisions de bénéfices. Il ne supprimait pas les élections, il les contrôlait, comme il contrôlait les élections des maires. « Ne soyez pas si dépourvus de sens que veuillez procéder à l'élection ou postulation d'autre », écrivait-il aux moines du Bec-Hellouin auxquels il imposait comme abbé son confesseur. Nul ne s'étonna de voir élire en 1473 au siège épiscopal de Paris Louis de Beaumont, le fils du fidèle conseiller Louis de la Forêt.

Il y fallait à la fois la bonne volonté des électeurs et celle du pape, ce qui supposait de nombreuses démarches devant lesquelles le roi ne renâclait pas. En septembre 1471, le siège de Tulle étant vacant par la mort de Louis d'Aubusson, le roi se décida pour son conseiller Denis de Bar, évêque de Saint-Papoul, que poussait naguère son beau-frère Guillaume de Varye et que soutenait maintenant Pïerre Doriole, nouvel époux de Charlotte de Bar. Denis de Bar le confessait à Doriole, il gagnerait beaucoup au change, Saint-Papoul étant un évêché crotté qui ne valait pas 900 écus. À y demeurer, Bar ne pouvait ni rembourser ce qu'il lui avait coûté, ni « faire aucun bien à ses parents ». Le roi écrivit donc au pape pour lui demander le transfert. Il écrivit aussi au Sacré Collège et en particulier au cardinal Guillaume d'Estouteville. Il envoya à Tulle un conseiller au Parlement de Bordeaux, Jean Yver, et son secrétaire Bertrand Briçonnet, munis de lettres patentes interdisant au chapitre de procéder à quelque élection que ce fût, sinon celle de l'évêque de Saint-Papoul. Puis il écrivit à l'archevêque de Bourges Jean Cœur pour lui interdire de confirmer toute autre élection. À Tulle, Yver et Briçonnet avaient trouvé un chapitre prêt à élire un évêque. Ils jouèrent des rivalités locales, gagnèrent du temps et finalement obtinrent que le chapitre se trouvât bien aise de s'en remettre au pape. Ils rendirent compte à Doriole, qui fut content. En décembre 1471, Denis de Bar était évêque de Tulle.

Quelques sièges furent en revanche l'objet de beaux conflits. Ainsi à Vienne, à Embrun, à Angers. Un exemple suffira à décrire ces interminables affaires. Élu en 1447 sur la recommandation de Charles VII, l'évêque d'Angers Jean de Beauvau était un fervent partisan de la Pragmatique Sanction. Son père, Bertrand de Beauvau, était l'un des fidèles de Louis XI. Mais Jean avait violé les privilèges du chapitre, et en 1465 l'archevêque de Tours l'avait excommunié. Il en appela au pape, lequel s'empressa de confirmer l'excommunication. Sur ce, Beauvau prit position, dans l'affaire du Bien public, contre le roi. Balue, qui devait jusque-là sa carrière à Jean de Beauvau et à Jacques Jouvenel des Ursins, avait été trésorier du chapitre d'Angers avant de devenir en février 1465 évêque d'Évreux. Convoitant le siège de son protecteur, il s'employa à la disgrâce de Beauvau. Déposé par le pape en 1467 pour « esclandre de l'état, vie et renommée », celui-ci fut relégué dans un monastère, cependant que le roi faisait faire le procès de ses serviteurs. Il fut remplacé à Angers par Balue.

La disgrâce de Balue ouvrit à Beauvau, en 1470, l'espoir de recouvrer son évêché, mais Sixte IV se fit tirer l'oreille et le roi lui demanda de désigner un administrateur en la personne du doyen d'Angers, Jean de Vignolle. Beauvau avait été jusqu'au bout l'un des fidèles de Charles de France et l'un de ses agents les plus dévoués. Il finit par se rallier au roi et, le 29 mars 1476, le pape le réintégra. Lorsqu'il mourut en avril 1479, le roi recommanda aux électeurs l'un des maîtres des requêtes de son Hôtel, Auger de Brie. Celui-ci fut élu, mais l'archevêque de Tours Hélie de Bourdeilles refusa de le confirmer, arguant de ce que Balue était toujours vivant. Le roi fit intervenir l'archevêque de Lyon Charles de Bourbon, en tant que primat des Gaules. Bourbon acquiesça devant le roi, puis refusa et gagna ainsi onze mois. En avril 1480, le roi en appela du primat au Parlement. Auger de Brie se contenta d'être finalement reconnu comme simple administrateur du diocèse.

Dans la plupart des cas, les électeurs ne sont pas aussi dociles que le voudrait le roi. Pour la plupart, ce sont de braves chanoines ou de braves moines qui n'attendent rien et ne craignent pas grand-chose. Lorsque Louis XI, en 1469, recommande Jean de Balodes aux moines de Talmont, ceux-ci n'en élisent pas moins pour abbé Guillaume Meschin. Le roi a pris ses précautions en prescrivant à l'évêque de Luçon de confirmer l'élection de Balodes ou de refuser de confirmer une autre élection. Rien n'y fera, et l'évêque, qui n'a aucune ambition et ne risque rien, confirmera. Quelques années plus tard, le roi dédommagera Balodes en le nommant sans élection abbé de l'abbaye, moins bien dotée, de Saint-Jean d'Orbestier.

Le roi ne se préoccupe pas moins des chapeaux de cardinal. En août 1469, il écrit aux deux cardinaux français, Estouteville et Longueil, pour qu'ils poussent la candidature de l'évêque du Mans Thibaut de Luxembourg, frère du connétable de Saint-Pol. Il envoie, pour la même mission, deux ambassadeurs au pape, auquel il adresse une lettre personnelle. Une lettre au Sacré Collège complète le dispositif d'intervention. Thibaut ne sera jamais cardinal.

Il faut bien en finir. Un nouveau pape est élu en 1471. C'est le franciscain Francesco della Rovere, qui devient Sixte IV. En 1472, les négociations conduisent enfin à la conclusion d'un concordat. Le pape ne peut ignorer le réseau de relations politiques qu'entretient Louis XI en Italie. Le roi a besoin du pape pour empêcher le mariage de son frère avec l'héritière Marie de Bourgogne, fille du Téméraire, et il lui faut, même si cela ne plaît guère aux évêques français, donner des gages. La mort de Charles de France lui rend le 24 mai de la même année sa liberté d'action. Le pape retrouve ainsi son droit de nomination, mais il s'engage à tenir compte des recommandations du roi. Ce « concordat d'Amboise » ne sera guère appliqué, la pratique sera fort éloignée des principes canoniques, et Sixte IV en concevra une légitime rancœur contre le roi et contre un clergé qui demeure complice du roi parce qu'il y trouve son intérêt.

Si l'on s'accommode mal des collations de bénéfices par le pape, on s'en accommode encore moins quand elles bénéficient à des clercs italiens. Sur ce point, le roi ne peut que soutenir son clergé. Dès septembre 1473, il écrivait au pape en des termes fort injurieux, l'accusant de simonie : « De grosses sommes furent payées pour la dernière promotion de cardinaux. » Le 8 janvier 1475, il frappe, et fort : tous les bénéficiers qui résident hors du royaume ont cinq jours, à dater de la publication de l'ordonnance, pour gagner l'un de leurs bénéfices français. Le bien des âmes et la désolation spirituelle et temporelle des paroisses fournissent ici un excellent prétexte, et le pape ne peut compter sur le clergé français ou sur le Parlement pour s'opposer à une telle décision. Notons que cette position de principe ne gêne pas le roi pour recommander au pape la nomination d'un fils de Laurent de Medici comme abbé de la petite abbaye saintongeaise de Fontdouce.

En 1478, alors qu'il accentue sa politique hostile à Florence, le pape juge opportun de se rapprocher de Maximilien de Habsbourg, lequel vient d'épouser Marie de Bourgogne. Dès lors, le roi passe à l'offensive et reprend la politique de son père : il s'appuie sur le vieux fond gallican de l'opinion cléricale.

Le conflit avec la papauté est désormais patent. Le 16 août, Louis XI interdit à tous les clercs du royaume de se rendre à Rome sous quelque prétexte que ce soit. Il fait même, pour cela, surveiller les routes d'Italie par ses châtelains du Dauphiné. Le 21 août, il frappe le pape à la bourse et en appelle à son clergé : l'occasion est belle de remettre une nouvelle fois en cause la Pragmatique Sanction et une fiscalité pontificale pourtant bien amoindrie depuis le concile de Bâle. Le roi convoque donc pour le 15 septembre à Orléans une assemblée du clergé français.

> Nous avons délibéré faire assembler tous les prélats et autres notables gens d'Église, des universités et chapitres de notre royaume pour aviser et donner ordre et provision, selon les saints canons, privilèges et libertés de l'Église de France, aux diversités et inconvénients qui viennent de cour de Rome et de l'argent qui s'y tire et vide de notre royaume.

Tenue en présence de Pierre de Beaujeu et du chancelier Pierre Doriole, puis du roi lui-même qui y emmène en octobre pour le temps d'une séance les ambassadeurs italiens qu'il a alors à sa cour, l'assemblée ne peut qu'aller dans le sens souhaité par le roi. « Il ne faut pas, précise celui-ci, qu'il y en ait nul qui recule en cette matière. » Quelques évêques s'étant abstenus de venir, le roi fait froidement saisir leur temporel.

Les orateurs des universités de Paris et de Montpellier, traditionnellement hostiles aux prérogatives pontificales, tiennent le haut du pavé. On parle naturellement de la collation des bénéfices et d'un éventuel rétablissement de la Pragmatique. On invoque les « libertés de l'Église de France » et on exige du pape qu'il réunisse en France un concile général. En attendant, on convient de se retrouver à Lyon en mai 1480. Sixte IV voit donc resurgir le spectre d'une reprise de la crise conciliaire ouverte jadis par le Grand Schisme d'Occident et par le Concile de Constance. L'autorité pontificale est de nouveau menacée.

Pendant tout ce temps, on n'a pas manqué une occasion de rappeler au pape qu'en France il est un souverain étranger. Très significative est à cet égard l'histoire de deux légations. La bulle de légation de Nardino, en 1467, avait été enregistrée au Châtelet. Au Parlement, quand Balue demanda l'enregistrement au nom du roi, le procureur du roi s'y opposa, disant même à Balue qu'il devrait avoir honte. Quant à l'Université, elle en appela au prochain concile. Les choses sont encore plus nettement dramatisées pour la légation dont en 1480 Sixte IV charge son neveu Giuliano della Rovere, le cardinal de Saint-Pierre aux Liens. Louis XI rappelle qu'il a le droit de « recevoir ou non recevoir » un légat et que celui-ci ne peut user de sa légation dans le royaume sans son « consentement exprès, sa volonté et sa permission ». Il commence donc par accepter la légation par lettres patentes. Puis, pour que le cardinal puisse « user de sa puissance », il ordonne au Parlement de lire publiquement et d'enregistrer les lettres de créance. Il est clair qu'un cardinal n'est légat en France qu'avec l'accord du roi. On précise d'ailleurs au neveu du pape qu'il ne pourra se faire précéder de la croix de procession que si le roi est absent. Le Parlement recevra le serment du légat : celui-ci respectera « les droits, libertés et privilèges de l'Église gallicane et des Universités ».

Moyennant quoi, l'accueil sera des plus solennels. Giuliano della Rovere commence par gagner Vendôme, où le roi le reçoit. Puis, accompagné du cardinal de Bourbon, il atteint Paris le 4 septembre 1480. De la porte Saint-Jacques au collège de Saint-Denis, près des Augustins, où va loger le légat, les rues de la capitale sont tendues de tapisseries. Le lendemain, un grand dîner est donné en l'honneur des deux cardinaux. Il n'est pas certain qu'ils aient apprécié que celui qui était chargé par le roi de les « festoyer le plus plantureusement que possible », comme l'écrit Jean de Roye, soit le barbier Olivier Le Daim. Peut-être a-t-on quelque peu daubé quand le barbier a emmené le légat au bois de Vincennes, dont il est capitaine, afin de distraire la compagnie et de chasser... les daims. Bref, on se moque du légat.

Celui-ci a pour mission de négocier la paix entre le roi et Maximilien. À huis clos, avant la lecture des lettres de créance, les avocats du roi au Parlement protestent contre les termes de la bulle : elle autorise le légat à user des peines canoniques, y compris l'excommunication, pour contraindre les parties à faire la paix. C'était dire que le pape se mêle de ce qui ne le regarde pas.

La mission sera un échec : Maximilien se méfie plus encore que le roi. Le légat perdra son temps à Péronne, ne pourra entrer en Flandre et s'en reviendra. Il sera à Paris le 21 décembre. Il ira ensuite passer l'hiver en Touraine. Le seul fruit de son voyage sera la libération de Balue, qu'il emmènera à Rome.

Certains prélats demeuraient hostiles à la Pragmatique et à ses séquelles, autrement dit aux incessantes interventions des gens du roi dans les affaires des églises. Voulant y voir clair dans leurs récriminations, Louis XI demanda à l'archevêque de Tours, Hélie de Bourdeilles, qui avait réputation de sagesse, de les lui faire connaître par écrit. Bourdeilles avait été confesseur du roi, mais il s'était séparé de celui-ci en défendant l'autorité pontificale et en pourfendant la Pragmatique Sanction. Naïveté ou provocation, il fit en août 1482 une liste des exactions reprochées aux gens du roi. Il cita tous les prélats victimes de l'arbitraire royal. Les noms de Balue et Haraucourt venaient naturellement en tête. Le roi se tint pour obligé de répondre en se justifiant, mais il en conçut une grande fureur contre l'archevêque, qu'il jugea « partial » et auquel il fit conseiller de se cantonner dans la prière. Doriole, qu'il avait pris à témoin, dut le calmer et se porter garant de la fidélité de l'archevêque. Bourdeilles n'avait été que naïf.

L'ancien avocat du roi au Parlement, François Hallé, qui était archevêque de Narbonne depuis le mois précédent, tenta d'apaiser les choses. Il conseilla à Bourdeilles d'écrire au roi une nouvelle lettre, « en toute révérence et humilité », et il ajourna devant le Parlement tous les prélats cités comme plaignants. Du moins saurait-on s'ils avaient réellement été victimes d'injustices. La plupart se gardèrent bien de venir. L'archevêque de Tours gagna à l'affaire un chapeau de cardinal qui ne devait rien à Louis XI.

Le résultat de toute cette histoire, c'est un grand empirisme dans la gestion des bénéfices ecclésiastiques. Il va durer jusqu'à la conclusion en 1516 du concordat de Bologne qui supprimera les élections et partagera entre le pape et le roi l'exercice du droit de collation.

CHAPITRE XIII

La guerre

L'armée royale

Le dauphin Louis a appris l'art de la guerre, et il a commandé. Il a été, dira-t-il à l'ambassadeur Panigarola, « élevé en pleine guerre ». En Guyenne comme en Suisse, on l'a vu au combat. Il a fait ses preuves devant Pontoise aussi bien qu'en Armagnac. On le tient pour un excellent capitaine. Il en va autrement quand il devient roi. Cette fois, il n'est plus un capitaine. Il est le chef de la France en guerre.

Il sait qu'une guerre se perd en une bataille, mais qu'elle se gagne en une constante et minutieuse préparation. Avant d'être à la tête de ses troupes, ce que l'on verra désormais rarement, il est l'organisateur de la guerre, et d'abord celui de son armée.

L'armée royale est maintenant formée de compagnies structurées et permanentes, avec un équilibre des lances de la cavalerie et de leur accompagnement de piétons, et de spécialistes sachant mettre en action une artillerie fortement réorganisée. Louis XI renforce la cavalerie lourde que forment les « compagnies de l'ordonnance » créées en 1445 par un Charles VII qui a compris qu'une armée régulière, soldée douze mois sur douze et non plus pour le seul temps des campagnes d'été, était indispensable à la Couronne. Charles VII lui avait laissé dix-sept compagnies de la « grande ordonnance », c'est-à-dire des compagnies prêtes à entrer en campagne à tout moment. La « petite ordonnance » était faite des garnisons non moins permanentes qui tenaient les places menacées. L'unité tactique de base de la grande ordonnance était la « lance », formée autour d'un homme d'armes, autrement dit un cavalier pourvu d'une lance, d'une épée et d'une armure complète, le harnais blanc. Deux pages, un coutilier et deux archers à cheval l'assistaient. La lance disposait de six chevaux. Avec des effectifs qui varient d'une compagnie à l'autre – huit atteignent cent lances – et d'une année à l'autre, l'armée permanente héritée de Charles VII comprend en 1461 près de 1 800 lances, soit en théorie plus de dix mille hommes.

Louis XI se tient à de tels effectifs jusque vers 1470. Il les a même réduits de trente-quatre compagnies à vingt-trois dans la période d'austérité budgétaire délibérée des premières années du règne. Ils n'ont au total que faiblement augmenté dans les dix premières années du règne : l'état de finance pour 1470 compte 1 990 lances. Louis XI éprouve ensuite le besoin de renforcer ses compagnies. Douze atteignent les cent lances. À la veille de l'affrontement avec Édouard IV, le roi ajoute mille lances aux trois mille qu'il avait déjà. Après Picquigny, l'effort se relâche, pour d'évidentes raisons financières. En 1476, on compte quarante compagnies, soit 2 800 lances. Deux ans plus tard, on atteint de nouveau le chiffre le plus élevé : 4 142 lances, soit quelque 25 000 hommes. La nécessité de payer ensuite l'infanterie suisse conduit le roi à ramener en 1479 sa cavalerie permanente à trente-cinq compagnies et un peu plus de 3 000 lances. À la fin du règne, on approche de nouveau, avec quarante-trois compagnies, les 4 000 lances : quelque 24 000 hommes, dont 16 000 combattants à cheval et à pied.

Cette armée est inégalement efficace. Louis XI se plaint à l'un de ses maréchaux d'être « mal servi ». Deux ordonnances, en janvier 1474 et août 1475, rappellent certaines règles de discipline. Le roi y condamne les chevaliers dont les lances ont dix ou quinze chevaux, qu'il faut entretenir aux dépens de la population : au plus le roi tolère-t-il un septième cheval, pour les bagages. Cette mesure s'insère dans les dispositions qui concernent le logement des compagnies : celui-ci ne doit pas troubler à l'excès la vie du pays, et il s'agit de bien payer vivres et fourrage, qui doivent être taxés à juste prix. Le séjour dans un village ne devra pas excéder une journée.

Plus grave, les capitaines passent leur temps à débaucher les hommes du voisin, quand ils ne se les prêtent pas pour le temps de la montre. Autrement dit, la même lance est comptée plusieurs fois et les capitaines sont payés pour des lances illusoires. Bien des lances sont loin de comprendre les six hommes réglementaires. Les archers ne sont parfois que des francs-archers empruntés, donc gratuits pour l'homme d'armes qui se fait cependant payer comme s'il avait tout son effectif. Commynes notera que le connétable de Saint-Pol se faisait payer pour 400 hommes d'armes et qu'il ne les avait pas. Et l'un des griefs qui conduisent en 1476 le maréchal Joachim Rouault en prison est d'avoir, dans ses montres, abusé des hommes d'armes fictifs.

La charge financière est considérable. Un homme d'armes est payé 15 livres par mois, douze mois sur douze. Un archer à cheval a la moitié. Naturellement cette charge croît à la mesure des effectifs. Esquissant un bilan comparatif, Commynes donne quelques chiffres qui ne peuvent être mis en doute. À la fin de son règne, on l'a dit, Charles VII levait 1 800 000 francs et tenait en ses compagnies 1 700 hommes d'armes. Louis XI à la fin, lève 4 700 000 francs et tient 4 à 5 000 hommes d'armes à cheval, non compris 25 000 gens de pied, coutiliers, piquiers et archers.

Charles VII n'a pas négligé l'infanterie. D'abord, il y a ceux des « mortes payes » de la petite ordonnance, ces garnisons qu'on établit dans les villes menacées. De la Normandie à la Guyenne et au Roussillon, cela signifie quelque neuf cents hommes à l'avènement de Louis XI, plus de six mille après la victoire sur la Bourgogne : le nombre des places à la fidélité incertaine a augmenté.

Dans l'armée de campagne, outre les piétons qui accompagnent les cavaliers des lances, les archers et arbalétriers constituent en soi une arme. Au contraire des lances, l'infanterie de campagne n'a, jusqu'en 1477, rien de permanent. On embauche pour une campagne des piquiers et des coutiliers.

Les francs archers ont été organisés en avril 1448 par Charles VII sur la base du service épisodique et soldé des habitants des paroisses, taxés d'un archer, habillé aux frais du roi, pour quatre-vingt feux. Ils ont encore pu jouer un rôle en 1462, où l'on en dénombre huit mille dans l'armée qui va assiéger Perpignan, et encore en 1465. Louis XI, à ses débuts, a placé des espoirs dans cette infanterie à bon marché. En 1462, il institue les francs-archers dans la sénéchaussée du Rouergue. Il en a vite vu les insuffisances. Après la bataille de Montlhéry, les Parisiens ont proposé de recenser tous les bourgeois en état de porter les armes et d'en armer dix dans chaque dizaine : « Il ne s'en fit rien », conclut Jean de Roye. En théorie, seize mille francs archers sont alors en état de servir, et les communautés d'habitants ne refusent pas de les équiper. Mais les trésoriers des guerres savent ce qu'il en coûte : 4 livres par mois. En 1467, le roi semble encore faire quelque cas de ces bourgeois transformés en archers, le plus souvent mariés et chargés de famille, mais les seuls qui soient vraiment efficaces sont ceux qui, plutôt que seulement capables de tirer à l'arc, le sont aussi de manier des armes plus redoutables, des arbalètes ou surtout des canons. Les autres sont de peu d'utilité, et se sentent fort peu hommes de guerre. Vers 1470 un monologue satirique, *Le Franc Archer de Bagnolet,* raconte complaisamment les terreurs d'un bourgeois ainsi déguisé en combattant et terrorisé à la vue d'un épouvantail. Les bourgeois aisés ont vite compris que, en s'inscrivant eux-mêmes pour un service qu'ils s'arrangeront ensuite pour esquiver, ils gagnent une appréciable exemption d'impôt. Dès 1462, les États de Languedoc protestaient contre cette diminution du nombre des contribuables.

En 1470 précisément, le roi tente une réforme. L'année suivante, il concentre à Amiens cinq mille francs archers. En 1475, ils sont encore vingt mille. Mais les déconvenues se multiplient. En 1478, il faut faire garder les portes de Saint-Quentin pour y arrêter – et pendre éventuellement – les déserteurs, bretons et autres, qui s'en retournent chez eux en pleine campagne. En octobre 1480, Louis XI met fin à l'expérience. En janvier 1481, il crée une infanterie permanente, à l'image des compagnies de l'ordonnance. Désormais, l'infanterie royale sera faite de quelque 14 000 combattants professionnels, parmi lesquels on retrouvera quelques anciens francs archers, mais la meilleure part sera donnée aux mercenaires suisses.

Dans cette infanterie, trois armes font l'essentiel. Les archers ont à rompre la charge de la cavalerie adverse en visant surtout les chevaux, dont la chute crée la bousculade. Les coutiliers assaillent la cavalerie lorsqu'elle est au contact. Ils coupent les jarrets des chevaux et dépêchent les cavaliers tombés qui ne vaudraient pas la rançon. Les piquiers ont un double rôle, qu'a défini Jean de Wavrin :

> Les piques sont bâtons moult convenables pour mettre une pique entre deux archers contre le foudroyeux effort des chevaux qui voudraient effondrer dedans eux, car il n'est cheval, s'il est atteint d'une pique en la poitrine, qui ne doive mourir sans remède. Et aussi servent ces piquenaires à démarcher et atteindre les chevaux de côté et iceux percer tout outre.

Après avoir longtemps enrôlé dans son infanterie des combattants suisses recrutés individuellement, et cela malgré la réprobation de certains cantons, Louis XI a négocié dès octobre 1474 avec les cantons suisses l'enrôlement de six mille hommes, puis en 1477 avec la Confédération des cantons le service permanent de six mille piquiers, payés chacun quatre florins du Rhin et demi par mois. Ce recrutement fait en janvier 1478 l'objet d'un accord en due forme : le roi alloue alors aux Suisses 52 500 livres pour « le venir servir à la guerre et abandonner ses ennemis ». Il en coûtera, jusqu'à la fin du règne, 432 000 livres par an. Comme le note avec réalisme Commynes, « un pauvre roi n'aurait su faire ce tour », et d'autant moins que Louis XI passe son temps à harceler ses gens de finance pour que les Suisses soient régulièrement payés. Mais cela donne des droits : en 1480, le roi demande à la ville de Lucerne de remplacer le capitaine en chef des Suisses servant à l'armée française, un certain Hans Muller, dont il dénonce le caractère « séditieux et querelleur ».

Soucieux du bon ordre de ses compagnies, le roi ne saurait tolérer, comme naguère, que chaque capitaine en use à son gré, se faisant à l'occasion vendeur d'armes à ses propres soldats, et que, parfois, chaque homme d'armes s'équipe à sa fantaisie. La belle unité organisée par l'ordonnance de 1445 appelle une cohérence de l'armement. En 1480, Crèvecœur, capitaine général de l'infanterie, arrête un modèle uniforme d'habillement et de protection : la jaque, la salade.

S'il réserve une place de choix aux « gens d'armes de son ordonnance » et aux Suisses, Louis XI ne renonce pas pour autant à sa prérogative de suzerain féodal. Elle peut, pour un temps limité et dans des conditions fixées par la coutume, comme la défense du royaume, lui procurer des troupes tenues à servir sans solde. L'arrière-ban, c'est la réserve, mais avec des capitaines soldés en permanence. Sans se faire d'illusions, le roi en use, quitte à indemniser ses vassaux en campagne. En 1467, il a levé l'arrière-ban, puis l'a démobilisé en laissant attendre une nouvelle convocation.

> Nous avons trêve jusqu'en mai, et avons donné congé aux nobles de notre arrière-ban pour eux en aller en leurs hôtels jusques audit temps, et leur avons ordonné qu'ils s'entretiennent en leurs états et habillements, sans vendre chevaux ni harnais, afin que, si nous les mandons, ils soient tout prêts.

En 1468, c'est l'arrière-ban de la moitié de la France, de la Normandie à l'Auvergne, qui est semoncé. Désormais confondus, le ban et l'arrière-ban complètent donc l'ordonnance, et cela veut dire, en gros, 2 500 hommes d'armes à cheval et au total 16 000 combattants. En janvier 1470, devant la menace d'une invasion anglaise, Louis XI annonce son intention : « Mettre sus en plusieurs et divers pays de grosses armées, tant des gens de notre arrière-ban que autres, outre les gens d'armes de notre ordonnance. » Jean de Roye a entendu publier la convocation aux carrefours de Paris.

> Ordonna son ban et arrière-ban être fait et que par ledit prévôt de Paris, toutes excusations cessant, il contraignît vigoureusement et sans aucun déport tous les nobles et non-nobles tenant en fief et arrière-fief, privilégiés et non privilégiés, à être tous en armes et habillements suffisants et en personne, sans y prendre ni recevoir aucuns au lieu d'eux, dedans le premier jour de mars suivant, et sur peine de confiscation de corps et de biens.

En 1472, le roi convoque « tous arrière-bans du royaume ». Nul ne s'y trompe : il ne s'agit que de l'arrière-ban des régions voisines du prochain théâtre d'opérations. En 1473 et 1474, alors qu'il s'attend à une reprise de la guerre, il ordonne la levée de l'arrière-ban dans le duché d'Anjou, non sans en dispenser les bourgeois d'Angers dont il s'assure ainsi la connivence contre le roi René. Il demande semblablement aux hommes de Guyenne de se tenir prêts pour une éventuelle convocation. En 1477, apprenant l'offensive bourguignonne en Flandre alors que ses compagnies sont occupées en Bourgogne, il recourt encore à l'arrière-ban, et Jean de Roye d'en détailler les prescriptions telles qu'annoncées à Paris le 18 mai. On notera la clause : « pour cette fois ». En avril 1478, pour la campagne de Bretagne, on crie dans les villes que « tous nobles et autres qui avaient accoutumé de porter armures et suivre les armées du roi fussent prêts et montés et habillés ». La formulation de cette convocation par Maupoint suffit à en dire les limites. Il est vrai que l'on solde l'arrière-ban quand il est en campagne – 10 livres par mois pour un homme d'armes, 5 livres pour un archer à cheval – mais non quand il est simplement requis de se tenir prêt.

Les milices urbaines que constituent à partir de 1467 tous les hommes de quelques villes exemptées de l'arrière-ban ne sont guère plus efficaces. À Paris, à Tours, à Troyes, la population forme une milice, mais celle-ci n'est affectée que sur place. Il ne s'agit pas de mobiliser des combattants pour une campagne mais de faire reposer la défense de la ville sur les habitants eux-mêmes. Encore les bourgeois rechignent-ils à s'armer à leurs frais, et Louis XI, devant une agitation insolite à Tours, n'ira guère plus loin dans son propos. Il en restera la parade. Lorsque, le 14 septembre 1467, le roi et la reine assistent à l'exercice de la milice parisienne, c'est un beau spectacle qui s'offre, mais nul n'est dupe. Bons Parisiens, Jean de Roye comme Maupoint en sont éblouis. Tous les hommes de seize à soixante ans sont là, « en armes et habillements de guerre », et ils occupent toute la plaine entre les portes Saint-Antoine et du Temple et le village de Conflans. On parle de soixante à quatre-vingt mille hommes, rangés derrière leurs bannières.

> Soixante-sept bannières des métiers, sans les étendards et guidons de la cour de Parlement, de la Chambre des comptes, du Trésor, des généraux des Aides, des Monnaies, du Châtelet et Hôtel de

Ville, sous lesquels il se trouva autant et plus de gens de guerre que sous lesdites bannières.

Tout cela fait « moult beau voir », mais Louis XI n'est pas homme à se laisser aveugler comme un bourgeois. De ces « hommes en armes », il n'y en a qu'un sur deux à porter « harnais blanc, jacque ou brigandine ». Autrement dit, ils n'ont pas même un vêtement rembourré. Jean de Roye observe sans sourciller que ceux qui n'ont pas de harnais ont « au moins en leur main un bâton défensable ». Nul ne s'attend à voir les juristes du Parlement ou les comptables du Trésor en découdre avec une armée ennemie. Et l'évêque Balue fait rire Maupoint quand, « sans révérence de l'habit épiscopal » et en usurpant l'office des maréchaux de France, il se met au premier rang des capitaines qui passent la montre des Parisiens en armes. Louis de Crussol, qui est l'un des meilleurs capitaines du roi, ironise à voix haute sur le fait que cette cavalerie ne saurait chevaucher dix lieues. Sur le mode grivois, le roi l'assure que les bourgeoises chevauchent mieux que leurs maris.

Lorsqu'en avril 1474 le roi fait faire derechef la montre des Parisiens, Jean de Roye continue de s'émerveiller. Il estime qu'il y a là, dans la plaine, de 80 000 à 100 000 hommes « tout d'une livrée de hoquetons rouges à belles croix blanches », mais le notaire ne dit mot des armes. Au vrai, la montre est celle d'une ville, non celle d'une armée, et elle a pour fin d'impressionner les ambassadeurs aragonais : on les occupe pendant qu'on retarde la discussion sur le fond de leur ambassade.

Louis XI sait qu'il a peu à attendre de l'arrière-ban ou des milices, c'est-à-dire d'hommes dont la guerre n'est pas le métier et dont les armes sont au mieux des haches et des couteaux. Dans le mémorandum de 1471 que nous citerons plus loin, il prend des dispositions pour « tout l'arrière-ban qui ne serait pas bien en habillements pour la guerre ». Quant aux archers et arbalétriers des villes, on les passe en revue, mais on sait bien qu'ils sont surtout voués à la défense des portes. Certes, les Parisiens ont, en juillet 1465, vaillamment défendu leur ville contre l'armée de Charles le Téméraire, mais on s'étonne peu d'apprendre que le capitaine du pont de Saint-Cloud s'est rendu au premier assaut : de son métier, Jaquet Le Maire est un riche épicier. Il n'en sera pas moins échevin huit ans plus tard.

Dans la plupart des villes, on ne parle même pas d'une milice. La principale contribution militaire qu'attend le roi est que la population finance, jusqu'à leur suppression, l'équipement des francs archers, et surtout qu'elle se charge de l'entretien des enceintes fortifiées. Il veille en toute occasion à rappeler cette dernière obligation, et à ranimer le zèle des corps de ville. D'autres charges sont éventuellement imposées à certaines villes, comme le transport de l'infanterie ou la réquisition des navires.

Le roi sait aussi qu'il a intérêt à ne pas abuser d'un arrière-ban qui désorganise toute la vie d'une région, car on ne songe évidemment pas à faire venir les hommes de tout le royaume. En une région, en pleine période des travaux agricoles, ce peut être la ruine. L'arrière-ban n'est plus invoqué que faute de mieux, et en attendant. « Le roi fit publier son arrière-ban, et que tout homme noble et non noble, privilégié et non privilégié, et pour cette fois, fût tout prêt et en armes pour le servir et résister à leur fureur. »

Bref, l'arrière-ban justifie quelques mobilisations limitées. Lorsqu'en 1472 le gouverneur de Paris Charles de Gaucourt fait faire une montre des Parisiens en armes, Jean de Roye note qu'il y manque ceux que l'on pourrait appeler les spécialistes : arbalétriers et couleuvriniers ont été envoyés pour renforcer la garnison de Beauvais. Il en va de même quand en 1483 il faut renforcer l'armée que le gouverneur de Bourgogne Jean de Baudricourt conduit en Savoie : le sénéchal de Beaucaire se voit enjoindre de lever son arrière-ban et de le joindre à l'armée.

Plus utile est la simple réquisition de main-d'œuvre. En 1471 sont à Paris « pris et contraints tous manouvriers de bras comme maçons, charpentiers de la grande cognée et autres plusieurs » pour aller travailler d'urgence aux « boulevards, fossés, tranchées et autres fortifications » des villes de la Somme. Mais le roi veillera à ce qu'ils soient payés.

En définitive, quelles sont les forces que met en campagne Louis XI ? Pour le Roussillon, en 1462, on peut compter onze mille combattants. Pour l'affaire du Bien public, le roi en a certainement vingt mille. En 1480, contre Maximilien il en aligne vingt-cinq mille. Compte tenu d'un nombre sensiblement égal de non-combattants, cela veut dire que l'armée royale comprend, à la fin du règne, quelque cinquante mille hommes. Les contemporains ont jugé ces effectifs excessifs. Ils représentent, en gros, un Français actif sur cinquante.

L'ARTILLERIE DU ROI

L'artillerie est à la fois arme de défense et arme de campagne, arme de siège et arme de bataille. La vieille artillerie mécanique n'a pas disparu, et l'on ne dédaigne pas les balistes à ressort et les trébuchets à balancier. Mais l'artillerie par excellence, c'est maintenant l'artillerie à feu, celle qui est apparue pour la première fois dans les rangs anglais en 1346 à Crécy et qui a fait merveille en 1414 à Arras, en 1450 à Formigny, en 1453 à Castillon.

Le roi veille donc tout particulièrement sur son artillerie. Gaspard Bureau en est le maître depuis 1441 et surtout depuis que son frère Jean, qui en avait auparavant la gouverne, est passé aux affaires financières. Jean meurt d'ailleurs dès 1463. Gaspard a naguère su former une « bande » d'artillerie formée de grosses bombardes – une bombarde pèse près d'une tonne – et de pièces plus mobiles comme les grosses couleuvrines, les veuglaires, les serpentines et les légères couleuvrines qu'on appelle des faucons, des armes qui pèsent de vingt à cent kilos. On use aussi d'armes individuelles comme la couleuvrine à crochets, une pièce portative qui pèse une dizaine de kilos et lance des plombs de quarante grammes. De tout cela, Gaspard Bureau a fait une arme décisive dans la dernière phase de la guerre de Cent Ans.

L'artillerie est à deux usages, tous deux limités par l'impossibilité de régler convenablement le tir courbe, le seul qui porte à plus de cent mètres. Contre une ville assiégée, elle est redoutable : lors du siège de Beauvais en juillet 1472, l'artillerie lourde du duc de Bourgogne fait en tir tendu des brèches dans l'enceinte pendant qu'en tir courbe son artillerie légère sème la panique en ville avec des boulets qui écrasent au hasard les toits des maisons proches de cette enceinte.

Contre une armée en bataille, elle fait des ravages en bousculant les premières lignes de l'ennemi, en renversant la cavalerie, en levant des nuages de poussière qui rompent les charges. Les premiers tirs sont décisifs, à condition que l'on ait le temps de pointer convenablement : à Grandson, les boulets bourguignons passeront par-dessus les têtes des fantassins suisses. Les tirs suivants sont moins assurés en bataille, car les temps de rechargement sont longs. Il faut nettoyer le canon et, avant d'approvisionner, le laisser refroidir. On le voit bien quand, aux essais devant Paris, une bombarde, que l'on a pourtant nettoyée de sa poudre mal brûlée avant de la recharger, part toute seule et tue l'artilleur. Contre une fortification, les temps comptent moins, et une bombarde qui tire au plus vingt boulets par jour est quand même une arme efficace.

Jusqu'à sa mort en 1470, Bureau, promu par Louis XI visiteur et réformateur des œuvres de maçonnerie et charpenterie, et toujours maître de l'artillerie, conduit cette modernisation de l'armée qui se traduit en particulier par la création d'ateliers royaux de fonderie. La fabrique de canons de Montargis est l'objet de tous les soins du roi, qui ne dédaigne pas de la visiter chaque fois qu'il le peut. L'artillerie gagne donc en puissance. Déjà en 1462, pour le siège de Perpignan, Louis XI envoie 24 canons et 115 ribaudequins En 1467, une deuxième bande est créée, aux ordres de Giraud de Samain. En 1475, à la veille de l'affrontement avec l'Anglais, il y en a une troisième. On en compte cinq à la fin du règne. Lorsqu'il va assister, de Lyon, à la phase finale du conflit entre les Suisses et le duc de Bourgogne, Louis XI est accompagné en 1476 de deux cents pièces d'artillerie. Pour servir les armes, l'effectif de l'artillerie est passé, en vingt ans, de quarante à deux cents canonniers et assistants en tout genre.

La perspective d'une guerre contre Maximilien provoque en 1477 une accélération de l'effort d'armement : le roi fait fabriquer douze grosses bombardes de fer et d'alliage, et il en charge, pour hâter la fabrication, quatre ateliers : trois seront fondues à Paris, trois à Orléans, trois à Tours et trois à Amiens. Dans le même temps, il commande des « boules de fer » à une fonderie établie dans la forêt de Creil et des boulets de pierre aux carrières de Péronne. Deux ans plus tard, l'artillerie qu'envoie Louis XI pour une éventuelle campagne en Luxembourg ne comprend pas moins de seize bombardes de fonte. Ce qui n'empêche pas de fabriquer en hâte des échelles de siège et de créer à Angers, en 1482, une forge des arbalètes.

Une artillerie, ce sont d'abord les pièces que livre l'industrie. Certaines sont encore faites, comme au XIVe siècle, de lames de fer forgé parallèles et strictement cerclées. De plus en plus, ce sont des tubes forgés, soit en fonte soit en un alliage proche du bronze que l'on appelle le métal. Ils sont parfois faits d'une seule pièce, mais souvent de boîtes encastrées, avec parfois, comme les veuglaires, une culasse mobile faite d'une boîte à poudre qu'on fixe à la base d'un tube long de trois mètres. Cette fabrication appelle évidemment des spécialistes. Mais il en faut aussi pour la fabrication de la poudre aux subtils dosages. Pour ses trois bandes d'artillerie, Louis XI crée de véritables arsenaux à Tours, à Rouen et à Orléans avec une annexe à Montargis. On y entrepose le métal brut, mais aussi les composants de la poudre, le soufre, le salpêtre et le charbon de bois. Pour les approvisionner, on prospecte tout le royaume, quand on n'achète pas à l'étranger, notamment le salpêtre que l'on fait venir de Naples à Narbonne et Aigues-Mortes, de l'Italie du Nord à Lyon, de l'Angleterre à Honfleur. On importe du soufre d'Italie, du cuivre d'Allemagne.

Il faut aussi des tailleurs de pierre pour procurer ces boulets de grès ou de calcaire dur parfaitement sphériques qui, bien avant l'apparition des boulets de fonte, remplacent, chaque fois qu'on le peut, ces munitions à bon marché que l'on trouvait ou que l'on taillait sur place, la pierraille et les quartiers de roc. Avec un boulet irrégulier comme il en est encore trop, on fait long feu.

Certes, le fauconneau ou la serpentine ne tirent que des boulets de 30 à 50 cm, pesant une livre au plus, mais le veuglaire tire des boulets de vingt livres et certaines bombardes, que l'on charge par la gueule, tirent – sans grande précision car les tubes sont courts – jusqu'à des boulets d'une soixantaine de centimètres, pesant une centaine de nos kilos. En tir courbe, une grosse bombarde toute neuve tire, rapporte-t-on avec sans doute quelque exagération, en 1478 à deux bons kilomètres des boulets de cinq cents livres. C'est dire la charge que représente leur fabrication et leur transport. On affine même : l'artillerie a lancé, en 1452 au siège de Bordeaux, des boulets creux – deux hémisphères de fer – à charge explosive faite de feu grégeois. L'artillerie est donc vite à court de munitions, et les Bourguignons en sauront quelque chose devant Beauvais, quand les boulets manqueront après deux coups tirés : « S'il eût eu pierres pour continuer, dira Commynes, il fût entré sans doute. »

Il n'en faut pas moins, suivant l'armée, tout un artisanat du bois pour fabriquer, réparer et mettre en place les caissons et les chariots en manière d'affûts. La précision des tirs tient à la stabilité des pièces, donc à la robustesse des affûts et à leur arrimage. Et il faut aussi des artisans pour assurer en d'autres caissons le transport de ces pièces, aussi lourdes que fragiles et donc sensibles aux cahots sur des routes mal entretenues. On fabrique de même les mantelets à bascule, gigantesques boucliers qui se relèvent le temps du tir et, avant comme après, protègent ainsi les artilleurs des carreaux d'arbalète. N'oublions par les charrons et les maréchaux-ferrants, sans lesquels on ne peut compter sur les chariots. La mise sur pied d'une artillerie efficace est au prix d'un nombre impressionnant de moyens en hommes, en chariots et en chevaux de trait. Pendant la dernière guerre de Bourgogne, l'armée royale emploie, pour le seul transport de son artillerie et de ses munitions, un millier de charretiers, deux mille chevaux et autant de manouvriers, toutes gens qui s'ajoutent aux canonniers chargés du tir.

Un organisateur

Plus qu'un chevalier à la tête de ses lances, Louis XI apparaît comme l'organisateur quotidien de la mise en œuvre de ces forces pour la défense du royaume et la destruction de ses ennemis. Il faut le répéter, il n'est pas de petites choses pour le roi. De son cabinet, il veille à tout. En campagne, il est partout. Un ambassadeur milanais l'écrira en 1477 pendant le siège d'Arras : « Le roi s'occupe des moindres détails. » Lors de la défense de Paris contre l'armée du Bien public, en 1465, il fait lui-même la tournée des portes pour vérifier qu'elles sont bien fermées. Pendant le siège de Pont-de-l'Arche, en janvier 1466, il commande sur place le tir des bombardes et le creusement des tranchées d'approche. Après les incidents entre la marine de Warwick et celle de Bourgogne, en 1470, il donne lui-même à l'amiral, le Bâtard de Bourbon, les instructions relatives à une hourque bourguignonne qui, coulée devant Harfleur, encombre l'estuaire de la Seine : qu'on essaie de la tirer de là sans trop la mettre en pièces, et qu'on mette en lieu sûr ce qu'on en sauvera pour le rendre plus tard aux Bourguignons, à moins qu'on ne leur en paie la valeur.

À Montlhéry, le roi a mesuré l'efficacité de cette sorte de camp retranché qu'avaient aménagé les Bourguignons, leur « champ de bataille ». Ils y avaient mis en sûreté l'artillerie et les réserves de munitions, ils s'étaient appuyés sur lui dans leur manœuvre, ils y avaient trouvé refuge pour la nuit. Pieux et chaînes, tentes et chariots en formaient l'essentiel. Dès l'année suivante, Louis XI ordonne la fabrication d'un tel champ. Les éléments en sont fabriqués à Montargis, puis présentés au roi à Blois. Même si la lecture de César n'y est probablement pour rien, cela ressemble singulièrement aux pieux que transportait le légionnaire romain. Le champ du roi apparaît donc, au fil des années, et notamment dans les campagnes de Normandie et de Picardie. Il semble bien qu'un second champ soit en service en 1480.

C'est le temps des grandes réformes, comme celle de l'infanterie, et c'est aussi celui des plus lourds effectifs. Sans doute à l'inspiration de Philippe de Crèvecœur, Louis XI décide alors de tester la fusion des deux champs pour le cas où il lui faudrait « tenir les champs contre ses ennemis ». Le nouveau champ de bataille sera monté, en 1481, près de Pont-de-l'Arche. Le site n'a évidemment rien à voir avec les affaires actuelles, qui sont celles des Pays-Bas. Le camp construit et les fossés creusés, le roi y envoie Philippe de Crèvecœur et le bailli de Rouen Guillaume Picart, avec nombre de gens de guerre, chevaliers aussi bien que piquiers et hallebardiers. On y met de l'artillerie. On y dresse des tentes et des pavillons. Jean de Roye ne cache pas son admiration.

> Dedans lequel camp il voulut que lesdits gens de guerre fussent par l'espace d'un mois pour savoir comment ils se conduiraient dedans, et pour savoir quels vivres il conviendrait d'avoir à ceux qui seraient dedans ledit camp durant le temps qu'ils y seraient.

Pour équiper le champ de Pont-de-l'Arche, le roi a passé d'un coup d'énormes commandes. dont l'ensemble est réparti entre les marchands d'une vingtaine de villes, chargés de procurer, en deux mois, aussi bien des produits de la métallurgie locale que ceux de l'importation. L'infrastructure est assurée par 700 tentes et 700 chariots. La réserve d'armes individuelles est impressionnante : 38 500 pièces dont 18 500 dagues, 14 500 hallebardes et 5 500 piques. Paris fournit 9 000 pièces, Tours et Angers 3 450. Il en coûte 45 000 livres. Bien plus, il faut payer les ouvriers, les charretiers, les pionniers.

C'est bien une répétition générale, en temps et en grandeur réels, qu'a voulue Louis XI. Elle n'est pas vaine. Au même moment, le nouveau roi d'Angleterre, Richard III, s'interroge sur une éventuelle reprise des hostilités et noue des relations avec le duc de Bretagne. Rien ne dit que la paix soit durable. De la concentration des troupes – quelque 31 000 hommes – à la régularité du ravitaillement pendant un mois, c'est donc tout le fonctionnement d'une nouvelle infrastructure qui est mis à l'épreuve. Le roi va lui-même, le 20 juin, faire l'inspection, et se déclare content. Puis il renvoie les compagnies vers leurs garnisons de Picardie. Le champ sera alors démonté et entreposé à Abbeville.

La prévoyance implique aussi le souci de ces fortifications dont l'entretien conditionne la capacité de résistance des villes. Lorsqu'en 1475 il craint de voir les Anglais à Reims, le roi se soucie du profil et de la profondeur des fossés.

> Faites faire les fossés à pied droit tout autour, au moins plus haut qu'un homme ne peut atteindre de la main, car le plus haut à pied droit est le meilleur... Et avisez que les plus puissants de la ville fassent faire chacun une couleuvrine à croc de 24 à 25 livres.

L'année suivante, c'est aux fortifications d'Amiens qu'il s'intéresse avec une étonnante précision, non sans gourmander pour leur négligence le maire et les échevins.

> Nous vous avons plusieurs fois écrit que fissiez démolir à toute diligence la muraille et combler les fossés de notre vieille ville d'Amiens, ce que n'avez fait et dont ne sommes content. Nous avons su que les fossés depuis la porte de Noyon jusqu'à la porte de la Haye n'ont été approfondis d'un pied si bas que nous avons ordonné, et qu'il reste bien de 16 à 18 toises à parfaire, et que la tour de brique est pilotée, prête à asseoir la maçonnerie.
>
> Aussi, voulons et vous mandons que à toute diligence vous faites démolir la vieille muraille et combler lesdits vieux fossés et autres choses commencées, et aussi ce qu'on verra être à faire aux fossés depuis la porte de Noyon jusqu'à la tour de Guyencourt.

Louis XI sait bien qu'il n'est pas de murailles qui résistent aux intempéries si elles ne sont couvertes. En juillet 1474, alors que les habitants de Beauvais ont remis en état leurs fortifications, il prescrit d'en faire couvrir de tuiles les tours, boulevards, écluses et autres édifices, « en manière qu'ils ne puissent tomber en ruine ».

Il va de soi que, si le roi se préoccupe des fortifications, il se montre attentif au recrutement des terrassiers et à leur outillage. Au vicomte de Conches, il prescrit le 4 janvier 1466 de se procurer les pioches et les bêches – cent « piquois et houettes » – nécessaires aux manouvriers et pionniers recrutés pour la conquête de la Normandie. En février 1471, se préparant à assiéger les places bourguignonnes de Picardie, il charge un de ses secrétaires d'aller en Bretagne acheter des pelles. En mars, il dépêche son canonnier et son « faiseur de longues lances » pour faire transporter en Picardie les 3 500 « longues lances ferrées » qu'il a fait fabriquer à Orléans. Doriole et Bourré auront à réquisitionner chariots et charretiers dont la dépense sera assumée par les Orléanais jusqu'à Paris et par les Parisiens jusqu'à Beauvais. En juin, il commande à Paris deux mille bêches, et il en sait le prix : 416 livres. En 1477, il fait renvoyer dans leurs foyers les pionniers bretons qui ne sont pas sûrs et il en fait recruter en Picardie, pourvu qu'ils viennent à l'armée avec pics, pelles et hoyaux. Trois ans plus tard, il se fâche.

> Ne souffrez pas à vos gens amener un seul cheval, mais les charrettes, et en chacune quinzaine quatre pelles, deux pics, deux tranches cognées et deux serpes. Et, si vous y faites faute, tenez-vous sûr que je ferai de votre compagnie comme d'iceux de Champagne, et les casserai et en ferai des archers, comme j'ai des autres.

Naturellement, il ne dédaigne pas de veiller à la logistique, et il n'est pas homme à laisser ses capitaines sans instructions. Dictée par lui-même, la lettre adressée à Houaste quand il organise la campagne de Roussillon en juillet 1462 montre bien le souci qu'a Louis XI, alors à Rouen, de ses troupes qui sont au pied des cols de Roussillon ou qui se préparent à rejoindre et sont en réserve dans toutes les villes du Languedoc. Après avoir demandé de quelle quantité d'archers a besoin son lieutenant, il organise le logement : « Envoyez... dans les logis que je vous envoie par écrit. » Dans une note à part, il précise qui doit loger qui. Une vingtaine de localités sont ainsi assignées, chacune pour un effectif connu. Il est évident que, pour une campagne en Roussillon, cantonner des troupes à Toulouse ou à Albi, à Castres ou à Gaillac n'est pas seulement une commodité, et Louis XI d'écrire au maréchal Jean de Lescun que les troupes envoyées à Toulouse sont « pour séjourner, et non pas pour embesogner ». Autant dire qu'il faut penser à la sécurité des arrières. Il ne faudrait pas que, dans l'émotion d'une entreprise contre la Catalogne, le Languedoc se prenne à bouger.

Mais le roi veille aussi à la discipline. À son secrétariat, il commande les instructions quant aux troupes dont il y a lieu de craindre les débordements : « Qu'ils n'emportent nuls lits ni autres ustensiles de la ville. » La guerre ne doit pas perturber l'ordre public, celui des non-combattants : le moyen, c'est que les troupes soient payées et n'aient pas à vivre sur le pays. Avant la campagne de 1465 en Berry, il fait verser une avance sur les gages des soldats, et ordonne qu'on réprime tout chapardage. Panigarola s'étonnera de ce que les soldats du roi n'osent pas voler. En 1470, le roi s'occupe encore du logis des gens d'armes, « afin qu'ils ne séjournent et foulent le pays ». Il n'est pas moins soucieux du ravitaillement, allant jusqu'à réquisitionner à Saint-Quentin, en mai 1478, les bennes et tonneaux nécessaires à l'acheminement du blé.

Le souci constant de Louis XI, c'est que son armée ne se rende pas impopulaire. Dès 1462, l'ordonnance sur le gouvernement des gens de guerre, après avoir stipulé que ceux-ci paieront leur logis et les ustensiles dont ils auront besoin, prévoit que les populations soient, s'il le faut, dédommagées aux frais du Trésor. « S'ils sont refusants de payer lesdits logis et ustensiles, ceux à qui ils appartiendront viendront devant le clerc du trésorier des guerres ou le commissaire à faire les montres, lequel leur fera faire ledit paiement des logis et ustensiles. »

Il ne faut pas s'y tromper : le roi ne reviendrait pas sans cesse sur ces exactions si la troupe ne vivait trop souvent sur l'habitant, et sans grand ménagement. Dammartin l'écrit en 1471, les troupes qu'on ne paie pas à temps « commencent déjà à faire tous les maux du monde ». Les malversations de ses garnisons le mettent en colère. Lorsqu'il apprend en novembre 1472 que les troupes cantonnées à Amiens se saisissent non seulement du bétail mais des laboureurs eux-mêmes, et que les lieutenants du prévôt des maréchaux taxent à leur profit de deux sous la pipe de vin, de douze deniers le bœuf et de quatre deniers le mouton, il se fâche. Et il enjoint au maréchal de Lohéac d'y mettre bon ordre.

> Les gens de guerre qui sont ou seront en notre dite ville vous faites vivre avec les habitants d'icelle si doucement et aimablement, et payer ce que raisonnablement ils devront, tant d'ustensiles que autrement, qu'ils n'aient cause d'eux douloir ne plus en retourner plaintifs devers nous.

Le souci du ravitaillement est un souci d'ordre public, non d'allégement des charges. Ce que le roi entend empêcher, c'est que le soldat se serve lui-même. Mais le coût du ravitaillement n'est pas pris en charge par le Trésor. C'est en général aux villes qu'il appartient de fournir les vivres. La réquisition plutôt que le pillage, telle est la règle. Chaque ville est taxée à tant de froment, de seigle, d'avoine et de vin, et cela dans un espace géographique relativement large en arrière des fronts militaires. En 1480, l'armée du Nord est ainsi approvisionnée par la Normandie, la Picardie et la Champagne, pendant que la Guyenne, le Centre et le Dauphiné ont charge de l'armée qui opère en Bourgogne et que le Languedoc comme le Lyonnais fournissent à l'armée du Roussillon.

Le roi ne pense pas moins aux marchands ravitaillant l'armée. Ainsi s'occupe-t-il personnellement, en 1467, de l'achat à Lyon de 243 harnois complets et 53 brigandines : les généraux des finances chargés de l'acquisition n'ont pu les payer qu'en partie, et le roi demande à la ville de Lyon de payer les 2 900 écus encore dus aux marchands. La ville protestera, mais finira par payer. Il en va de même des munitionnaires qui fournissent l'armée de Picardie en 1472 : « Ils ont été très mal traités pour le commencement, à quoi est besoin donner prompte provision. » Les marchands seront dédommagés. Ainsi n'auront-ils pas à regretter d'avoir fourni à l'armée royale. La même année, le roi ne cache pas ce qui le menace si l'on ne paie pas les fournisseurs de l'armée envoyée en Bretagne : « Cela serait cause de rompre les vivres et de mettre en aventure tout mon fait. »

La prudence commande aussi une régulation des livraisons. À la veille de nouvelles opérations, il confirme l'opinion du grand maître Dammartin, qui est de différer la distribution des longues lances aux troupes : qu'on les achemine plutôt dans les chariots, comme on fait pour les maillets de plomb « et autres choses de l'artillerie ». Autant dire qu'il juge prudent de ne pas armer prématurément ses fantassins.

Le roi le sait, la victoire est souvent au prix de canons soigneusement entretenus, d'une bonne réserve de boulets et d'arbalètes bien pourvues de cordes de rechange. Il donne ses instructions pour la fabrication des pièces d'artillerie, précisant les types et les poids, se souciant même du métal et des « étoffes » ainsi que des armatures de bois. Il ne dédaigne ni de commander les chats, les manteaux et les pavois à potence dont se couvrent les artilleurs pendant le tir, ni de chercher vingt maçons pour faire des « pierres de bombardes et de canons » et d'envoyer chercher de la poudre et du salpêtre, voire de dicter à cet égard un aide-mémoire.

> Au maître de l'artillerie, qu'il fournisse deux canonniers et deux valets, qui seront payés de son ordonnance, et qu'il demeure avec messire Charles d'Oms. L'artilleur, un homme de Tours nommé Havart. Item, un faiseur d'arbalètes et deux serviteurs pour tenir le

> trait en état. Et mander à Guillaume de Varye qu'il fournisse le trait, et de fil, et de vivres pour un an pour le château. Et écrire audit Guillaume que l'homme de Tours y aille.

Les instructions à Houaste gardent leur ton réaliste quand on prépare un siège. Le roi n'est pas à l'armée, et il ne sait pas encore s'il ira, mais il y est déjà terriblement présent.

> Faites que Charles des Marais fasse toujours faire des habillements de charpenterie et autres, qui soient tout prêts quand je viendrai pour mettre le siège au Perthus, ou pour servir à ceux que j'y enverrai pour mettre le dit siège.
>
> Entre deux, faites besogner à la réparation du château, à la plus grande diligence qu'il sera possible, et aussi faites mettre la bombarde dedans le château, et aussi toute l'artillerie. Et dites bien au maître de l'artillerie que je ne suis pas content qu'il n'en ait fait autre diligence. Et, s'il dit qu'il n'y a aucun droit, j'aime les lui payer, et que toute l'artillerie soit mise dedans le dit château.

Non seulement il ordonne, mais il suit l'affaire. Le même Houaste se fait réprimander en mars 1463, alors qu'il ne s'agit plus de prendre Perpignan mais de s'y tenir prêt à un éventuel soulèvement contre les Français. Louis XI a en tête le détail de son artillerie, et pense à la mettre en sécurité. Les deux bombardes doivent être transférées à Narbonne « sans attendre ni jour ni heure ».

> Je ne suis pas content qu'autre diligence n'ait été faite de mettre toute l'artillerie dans le château. Tout n'y est pas, spécialement la neuve artillerie, que vous y faites mettre. Au regard des deux bombardes, si elles ne sont dans le château, gardez que, incontinent ces lettres vues, vous les faites mener à Narbonne. Et qu'il n'y ait point de faute.

Il faut admirer la connaissance exacte qu'a Louis XI, à l'unité près, de l'état de son artillerie et de ce qu'il peut se procurer en fait d'artillerie. Il est vrai qu'à l'échelle du royaume l'artillerie royale n'est pas nombreuse, qu'elle est fort dispersée et qu'il faut sans cesse en déplacer telle ou telle pièce pour répondre aux besoins. « J'envoie l'artillerie » revient sans cesse dans la correspondance du roi. En janvier 1471, étant au Plessis-lès-Tours, il écrit au maréchal, le Bâtard d'Armagnac. L'ordre est de rassembler l'artillerie disponible à Lyon, mais le roi sait que les pièces ne sont pas celles qui peuvent lui être utiles dans la guerre qui s'annonce. Il prescrit donc qu'on les fonde pour en fabriquer d'autres, plus lourdes. En 1472, Jean de Roye s'émerveille de la « bien belle artillerie » prise aux Bourguignons devant Beauvais par Jean de Salazar : « deux chambres des bombardes », deux serpentines et un gros canon. Quatre pièces font une forte artillerie.

Tout au long des conflits, on voit un Louis XI préoccupé de la position de ses pièces. Maître de sa stratégie, qu'il soit sur place ou éloigné du théâtre des opérations, c'est lui qui décide, en 1472, de mouvoir l'artillerie sur le front de Guyenne, puis de la faire revenir sur celui de Bretagne et enfin de l'envoyer, aux ordres de l'amiral, renforcer l'armée de Picardie. En juin 1475, il ne dédaigne pas de dicter une longue lettre pour qu'on achemine un canon d'Amboise à Dieppe. En mars 1479, il fait transporter de Tours à Orléans six couleuvrines faucons.

Le rôle du maître de l'artillerie est de mettre des canons à la disposition du roi. L'amiral, en quelques circonstances, est chargé de mettre l'artillerie en place et d'en commander l'usage. « Elle me servira plus que mille hommes », écrit en février 1471 le Bâtard de Bourbon. Mais toute la stratégie fondée sur les armes à feu appartient au roi, et pièce par pièce. Il n'est pas moins attentif à la tactique : dès qu'il est sur place, il vérifie la mise en place des pièces et il corrige lui-même leur orientation tout comme leur angle de tir.

La mer

On est étonné que le roi soit aussi peu attentif aux choses de la mer quand il s'agit de la guerre, alors qu'il en fait si grand cas quand on parle de commerce. Inattentif à l'activité de la marine marchande, Commynes observe avec sévérité que le roi « n'entendait point... le fait de la mer ». Devant les risques militaires venus du large, il ne connaît que la défense : la fortification des ports et la mise en place de barrages. L'amiral commande surtout sur terre, et aucun amiral n'est un marin. Et Commynes d'insister : « Ceux à qui il donnait autorité ... y entendaient encore moins. » Le propos est abusivement sévère pour les organisateurs des Galées de France, pour Guillaume de Varye comme pour Jean de Villages. Il est assez juste si l'on pense à la guerre sur mer. Celui qui porte le titre de capitaine des navires du roi, Briand de Quénelet, puis Raoul Péan, n'est qu'un capitaine chargé de veiller au bon avitaillement des navires réquisitionnés.

Louis XI ne dispose habituellement que de deux ou trois navires armés pour la guerre, c'est-à-dire portant des archers, des arbalétriers et éventuellement une pièce d'artillerie. En 1467, la marine de guerre coûte 6 000 livres par an. La comparaison avec le coût des compagnies et celui de l'artillerie est éclairante. En cas de besoin, on arme, fort mal et aux frais de leurs ports, des navires marchands que l'on réquisitionne à Rouen, à Honfleur ou à Bordeaux. Même la *Nef de l'amiral* n'est qu'un bateau armé par les gens de Honfleur. Avec la *Nef du roi*, la *Jeannette*, la *Magdalène*, la *Brunette*, la *Bourbonnaise* et la *Trésorière*, et en y comprenant la *Barquette* du capitaine général Raoul Péan, la grande flotte de 1470 comprend huit navires. La *Nef du roi* et la *Grande nef du roi* que l'on voit naviguer à la fin du règne sont armées aux frais du roi mais les navires n'en sont pas moins propriété de leurs capitaines. Or cette réquisition paralyse le trafic commercial tout autant que la guerre elle-même et, si les villes ainsi sollicitées ont le « gain qui se fera », autrement dit le profit des prises, ce gain est des plus aléatoires. Aussi est-ce vers ses alliés italiens que se tourne parfois le roi, et avant tout vers le duc de Milan. Pour interdire en octobre 1474 l'accès de tout ravitaillement à Perpignan, il est assez tributaire des galées de Sforza pour devoir implorer celui-ci.

> Si à cette heure lesdites galées s'en retournaient, vu que mon armée est prête pour entrer en Roussillon, vous savez l'inconvénient et dommage qui m'en pourrait advenir, vu que, à votre promesse et confiance en vos galées, je n'ai mis nuls navires sur la mer.

Le propos cache une réalité : le roi n'a pas de galées armées à mettre devant Perpignan. S'il a quelques bateaux dans le golfe de Galice, il n'a que fort peu de navires en Manche et en mer du Nord, et y placer un canon est toute une affaire. Une flotte d'interception n'entre pas dans la vue qu'a Louis XI de la guerre. Il en fait les frais en 1475, quand plusieurs centaines de bateaux acheminent l'armée anglaise de Douvres à Calais sans rencontrer la moindre opposition. Au vrai, il s'en est préoccupé, mais trop tard. Alors que la trêve expire le 1er mai, c'est le 13 avril qu'il annonce son projet : il a « délibéré... d'envoyer grosse armée sur la mer ». Il fera pour cela « armer et équiper tous les grands navires de Normandie ». Il fait appel à tous les ports de l'Atlantique et de la Manche. Armer la *Magdalène* coûtera 600 livres aux habitants de Harfleur. À cette date, la flotte anglaise est prête à appareiller. Lorsque le 20 juin, visitant son dispositif de défense de la côte normande, Louis XI s'attend à y voir débarquer les Anglais, il s'étonne de voir sa propre flotte désarmée : « Je trouve que l'armée de mer, le jour devant que j'arrivasse, s'était retraite et descendue en terre et abandonné la mer. »

Pour tout dire, Louis XI paie cher son manque d'intérêt pour la marine. À ce moment où une défense sur mer serait indispensable, il a nommé des lieutenants généraux partout, sauf sur mer. Commynes le dira sévèrement.

> Quand le roi notre maître eût entendu le fait de la mer aussi bien qu'il entendait le fait de la terre, jamais le roi Édouard ne fût passé, au moins en cette saison, mais il ne l'entendait point, et ceux à qui il donnait autorité sur le fait de sa guerre y entendaient encore moins.

On ne peut cependant écarter l'idée selon laquelle Louis XI, se sachant inexpert au gouvernement d'une flotte, aurait préféré ne pas se doter d'une force qui ne pouvait que lui échapper. Pour rester maître de sa stratégie, il lui fallait peut-être se préserver d'une guerre sur mer. À y regarder de près, une flotte lui aurait servi deux fois contre les Anglais, en 1470 et en 1475, et une fois contre les Aragonais, en 1474. Une armée sur terre lui était d'une plus constante utilité.

C'est seulement en 1477 qu'il commencera, pour les besoins du blocus économique des Pays-Bas, de s'intéresser aux services qu'il peut attendre de sa flotte. Il se contentera souvent des corsaires, et il y trouvera son intérêt : il peut laisser faire et désavouer ensuite officiellement. La course, qui est affaire privée, ne rompt pas les trêves, et c'est un gros avantage. Alors qu'on ne négocie pas pendant la guerre, sinon pendant une trêve, on peut négocier sans interrompre la course et en laissant celle-ci affaiblir l'adversaire ou intimider le partenaire. Il y a les Normands, ceux que Jean de Roye appelle, avec lucidité, « les écumeurs de mer en Normandie pour le roi » et que l'on voit mettre à mal jusqu'en mer du Nord les navires marchands d'Angleterre ou des Pays-Bas bourguignons. Il y a Guillaume de Casenove, que l'on appelle Coulon, un marin d'occasion que le roi nomme en 1465 amiral, mais non amiral de France. Et un étonnant marin sillonne, théoriquement pour son propre compte, la Manche aussi bien que la Méditerranée occidentale : à la fois corsaire et marchand, Georges le Grec, qui se dit parfois Paléologue, que l'on connaît à Bordeaux comme « Messire George Patiologot du Vissipat » et que l'on appelle le plus souvent Bissipat, est sur mer l'homme à tout faire de Louis XI.

Diviser le commandement

S'il est l'organisateur du royaume en armes, Louis XI ne laisse pas commander à sa place en campagne. L'armée royale n'a qu'un chef incontestable, le roi, et cela même lorsqu'il est éloigné du front, comme en 1472 où, tout occupé qu'il soit en Anjou face à la Bretagne, il donne quotidiennement ses instructions à Dammartin qui est en Picardie face aux Bourguignons. C'est le nombre des fronts qui s'ouvrent ou qu'il entretient dans le même temps qui justifie les absences du roi, des absences auxquelles une abondante correspondance remédie largement.

Quelques dignités toujours prestigieuses et souvent rémunératrices ne doivent pas tromper. Même si Thomas Basin le définit comme « suprême tribun des armées du royaume », le connétable est un personnage politique, dont la nomination relève plus de la diplomatie que de l'estimation des capacités. Charles VII a pu se réjouir de l'arrivée à Formigny du connétable de Richemont, mais c'est son contingent qui était apprécié, non le commandement. Devenu duc de Bretagne en 1457, Richemont demeure connétable de France. Lorsqu'il meurt l'année suivante, il n'est pas remplacé, et c'est seulement en 1465 qu'est nommé Louis de Luxembourg, comte de Saint-Pol. Après l'exécution de Saint-Pol en 1475, le roi ne nomme pas de nouveau connétable. Jean II, duc de Bourbon, deviendra connétable en 1483 par la grâce des régents, son frère Pierre de Beaujeu et sa belle-sœur, la fille de Louis XI. Cette longue disparition du « porteur de l'épée royale » laisse penser que Louis XI se passe fort bien d'un grand officier auquel son titre pourrait donner l'idée qu'il est le chef suprême de l'armée.

Les maréchaux et l'amiral n'apparaissent guère que comme des capitaines pourvus d'un grand office et promis pour cela à des commandements importants, mais à l'instar de quelques autres grands féodaux. Au contraire du connétable, ils sont révocables dans leur office comme ils sont nommés jusqu'au bon plaisir du roi dans leur commandement. Les maréchaux, Lohéac, Rouault, le Bâtard d'Armagnac, se succèdent auprès du roi comme sur les théâtres d'opérations, mais c'est toujours avec une commission propre du roi. S'il ménage la dignité de ses maréchaux, Louis XI confie son armée à qui il veut. Ainsi écrit-il en août 1468 au grand maître Dammartin, qui semble avoir échangé quelques piques avec Lohéac.

> En ce qui touche ce que monseigneur le maréchal de Lohéac vous a écrit, je lui écris présentement, et aussi à monseigneur le maréchal Joachim [Rouault], comme à cause de votre office vous appartient la principale charge de l'armée qui est avec ma personne, et qu'ils s'assemblent avec vous à Mantes ou autre lieu qui semblera être le mieux, aviser entre vous ensemble à la conduite des choses qui sont à faire. Ainsi je vous prie, Monseigneur le Grand Maître, que, en besognant avec eux, leur teniez les meilleurs et honorables termes que pourrez, en gardant l'honneur et prééminence qui leur appartient à cause de leurs offices qui, comme savez, sont de grande autorité.

Amiraux de France, le Bâtard d'Armagnac, Lohéac, Montauban, le Bâtard de Bourbon, ne semblent avoir mis les pieds sur aucun navire armé en guerre, exception faite pour les courtes navigations du Bâtard de Bourbon en septembre et décembre 1470 sur la *Nef de l'amiral*. Ce sont de grands personnages. Tous siègent au Conseil. Ayant épousé une fille naturelle du roi, Louis, Bâtard de Bourbon, a droit à un traitement particulier. Le roi l'appelle « mon fils » et lui confie des responsabilités qui dépassent largement les attributions normales de l'amiral. C'est sur désignation précise du roi, pour une campagne, voire pour une manœuvre, que les amiraux commandent souvent des corps d'armée. Ne seraient-ils pas amiraux qu'ils recevraient les mêmes marques de confiance. Leur dignité fait partie, comme les commandements épisodiques, de ces marques de confiance.

On notera que cet affaiblissement de la fonction des grands officiers militaires n'est pas propre à ceux-ci. Dans le même temps, aidé en cela par le Parlement qui ne demande que cela et par la connivence des villes, Louis XI s'emploie à rogner les prérogatives de ces officiers hérités des temps anciens et dont il ne sent plus la nécessité dans son entourage politique. Pour nommer les maîtres des métiers, il passe outre à l'autorité du chambrier de France. Celle du maréchal de la forge sur les maréchaux-ferrants est réduite à néant. Quant à la juridiction du premier barbier sur les barbiers et chirurgiens, elle est battue en brèche par les baillis royaux. Les amendes dues par les artisans pour violation des statuts vont désormais au Trésor royal, non aux grands officiers qui étaient traditionnellement les protecteurs des différents métiers. Le connétable et les maréchaux ne sont pas seuls : comme le premier barbier Olivier Le Daim, ils ne doivent leur rôle qu'à la confiance du roi, et leur titre n'est plus guère qu'une décoration.

Lorsqu'il n'est pas lui-même dans la campagne, le roi s'entend surtout à diviser le commandement, et cela n'est pas seulement le cas quand il lui faut entretenir simultanément une armée face à la Bretagne, une autre en Picardie et une troisième en Roussillon. Même sur un seul front, il préfère le risque de quelques mésententes, qu'il arbitre par lettres, à celui d'une armée qui deviendrait le bien propre d'un chef de guerre unique. Confier la responsabilité à deux chefs lui paraît une élémentaire prudence. Pour la campagne de Roussillon de 1473, le roi va jusqu'à susciter la concurrence entre Antoine du Lau, qui part sur-le-champ, et le connétable de Saint-Pol, dont le départ est annoncé. La lettre à Antoine du Lau est explicite. « Je vous prie que cependant vous faites du mieux que vous pourrez, et si vous le faites ainsi, il me semble que vous aurez votre part de l'honneur sans le laisser du tout audit Monseigneur le Connétable. »

Lors de la campagne de Bourgogne de 1477, alors qu'il est lui-même sur le front des Pays-Bas où l'amiral occupe les villes de la Somme pendant que Dammartin aborde le Hainaut, le roi divise le commandement aux limites de l'incohérence : Georges de la Trémoille est lieutenant général en Bourgogne mais ordonne le mouvement de l'armée, Charles d'Amboise est gouverneur de Champagne mais commande ses propres troupes, Jean de Chalon est à la tête des forces nouvelles qui marchent sur la Bourgogne. Si l'on sent une unité, elle ne vient que des courriers royaux.

Le caractère délibérément informel du haut commandement se traduit par l'appel à des chefs de guerre extrêmement différents. Il faut ici faire place à tant de baillis et de sénéchaux que l'on a vus plus souvent à l'armée que dans leur administration. Tous sont, pour un temps, les intermédiaires entre le roi et ses capitaines, ces chefs de compagnies parmi lesquels on trouve aussi bien des princes comme Dunois que d'anciens écorcheurs à peine assagis comme Capdorat ou Dammartin.

Le roi se soucie de ses capitaines, de leur recrutement comme de leur discipline. Il n'entend pas laisser son armée à des chefs incapables. C'est ce qu'en 1466 il écrit en clair au maréchal qu'est le Bâtard d'Armagnac quand les princes du Midi recommencent à bouger.

> Mettez la provision par effet, tellement que je n'ai à me garder d'eux. Si vous ne le pouvez ne le savez mettre, faites-le-moi savoir, et j'enverrai un homme assez puissant pour le faire. J'ai toujours différé d'y envoyer parce que vous y étiez. Mais il vaudrait mieux, si vous ne le pouvez faire, vous en décharger, plutôt qu'il n'en vienne dommage et à vous foulle [dommage].

Au même, il précise sa pensée : il a besoin dans le Midi d'un homme de confiance, mais d'un homme efficace.

> Je ne puis être partout. J'ai besoin d'un homme qui fasse pour moi audit pays comme si j'y étais. Ainsi est que, si vous ne le pouviez faire, déchargez-vous de la charge que vous y avez, et j'y mettrai aucun de mes parents qui y mettra le remède et m'en gardera de peine.

C'est peut-être Dammartin, grand maître de l'Hôtel et non maréchal, qui a le plus régulièrement les allures d'un commandant en chef. Pendant la campagne de 1471, il prend des initiatives. Les unes, comme le franchissement de la Somme, sont désavouées par le roi. D'autres, comme l'arasement des faubourgs d'Amiens, lui valent des félicitations, mais aussi une mise en garde doublée d'une pique : que le grand maître soit digne de son passé ! Antoine de Chabannes, comte de Dammartin a alors soixante-trois ans...

La disgrâce de Dammartin viendra d'un assoupissement du grand maître. Il va sur ses soixante-dix ans lorsqu'en 1477 le roi tente de lui faire comprendre que l'âge du retrait est venu. Il lui rappelle qu'il jouit assez de la confiance royale pour aller s'occuper de ses propres affaires. Dammartin n'entend pas qu'il devrait se retirer sur ses terres. Sans trop de délicatesse, Louis XI lui rappelle son âge. « Je suis bien joyeux de ce que vous avez si bien pourvu de votre fait au Quesnoy. Sinon, on eût dit que vous autres, vieilles gens, ne vous connaissez plus au fait de la guerre, et nous autres, jeunes, en eussions pris l'honneur devers nous. »

Il est vrai que l'ancien routier est né au temps des premiers affrontements des Armagnacs et des Bourguignons. Mais il n'entend que les félicitations. Pourtant, les lettres à lui adressées par le roi se font rares. Dammartin comprend qu'il n'est plus en faveur. « Je ne suis pas au compte des gens de bien pour le présent », écrit-il à Gié. Mais il a trop connu de retours en faveur pour ne pas s'illusionner. Il ne voit pas que ce n'est pas « pour le présent ». Le 28 avril 1478 encore, Louis XI manifeste l'intention d'aller « au gîte en personne » le remercier de son action, mais c'est le début de la fin. Les protestations de confiance disparaissent. Le grand maître se montre hésitant. Le 8 mai, le roi se plaint de son attitude au siège de Condé : « Je ne vis onques si peu de diligence que vous y avez fait. » Le 8 juin, c'est le désaveu. Jean de Daillon est envoyé pour prendre le commandement au Quesnoy. Cette fois, Dammartin est écarté des affaires. À la fin de 1478, le roi lui redit qu'il n'oubliera jamais les services rendus et qu'il lui maintient « état et pension », mais il lui signifie le retrait de son commandement : « J'ai avisé, pour vous soulager, de ne vous faire plus homme de guerre, nonobstant que j'entends bien que je n'ai homme en mon royaume qui entende mieux le fait de la guerre que vous. » Dammartin quitte la scène.

La relève est assurée. Philippe de Crèvecœur a été le meilleur lieutenant de Charles le Téméraire. Rallié au roi dès le mois de mars 1477, il prend très vite, avec le titre de capitaine de l'infanterie, la place de choix que tenait Dammartin dans le commandement de l'armée. Il est le principal auteur des réformes de 1479-1480 qui procurent enfin une véritable infanterie permanente, formée de soldats professionnels. Avant de mourir, Louis XI lui promettra la première charge de maréchal de France qui viendra à vaquer. Il sera maréchal en 1486.

S'il est soucieux de la qualité de ses capitaines, Louis XI ne l'est pas moins de priver l'ennemi des siens. D'étonnantes instructions sont, en septembre 1479, pendant la campagne de Picardie, données au grand sénéchal de Normandie Jean Blosset. Les premières visent les prisonniers que Guichard d'Albon, seigneur de Saint-André, relâche trop rapidement après en avoir tiré pour lui-même une rançon au lieu de les mettre « à butin », c'est-à-dire à la masse commune, où le roi a sa part.

> Je vous prie que vous remontriez à Monseigneur de Saint-André que je veux être servi à mon profit et non à l'avarice, tant que la guerre dure. Et s'il ne le veut faire de beau, faites-lui faire par force, et empoignez les prisonniers et les mettez au butin comme les autres.
>
> Et de ceux que vous verrez qui me pourraient nuire, je vous prie qu'ils ne soient point délivrés et que vous trouviez un expédient que les capitaines les achètent sur le butin, dont ils auront bon marché, et qu'ils s'obligent à moi de ne les délivrer d'un long temps

que vous aviserez, et qu'ils les envoient en leurs hôtels, et prenez-en les obligations et me les envoyez.

Il s'agit d'empêcher les meilleurs capitaines ennemis, ceux qui « pourraient nuire », de reprendre trop vite le combat après paiement d'une rançon. Mais le roi va plus loin : seuls les morts ne reprennent pas le combat.

> Je suis bien ébahi que les capitaines, ni Monseigneur de Saint-André ni les autres, ne trouvent bonne l'ordonnance que je fais que tout soit à butin, car par ce moyen ils auront tous les prisonniers les plus gros pour un rien. Et, si les gens d'armes en sont fraudés et n'en ont rien qui vaille, c'est ce que je demande afin qu'une autre fois ils tuent tout et qu'ils n'en prennent plus prisonniers, ni chevaux, ni pillage, et jamais nous ne perdrions bataille...

Résumons la doctrine. Les gros prisonniers doivent être écartés de la guerre, et payer ensuite rançon au roi. Les autres vaincus doivent rester morts sur le champ.

Un chef de guerre

C'est le roi, et lui seul, qui détermine la stratégie. Apprenant le départ d'une flotte anglaise qui, en août 1462, cingle vers l'ouest, il juge que le débarquement pourrait se produire à Bordeaux ou à Bayonne. Mais il fait lui-même les estimations. Ayant envoyé en observation deux caravelles de Honfleur, il apprend que trente-cinq navires sont déjà partis de Sandwich, « dont il y en a quatorze grands », ce qui signifie des nefs « à château devant et château d'arrière ». Selon certains, note Louis XI, il y en aura bientôt cent soixante ou deux cents, mais « nous ne le croyons pas ». Il a ses informations sur la force mobilisable par Édouard IV.

Lors de la guerre du Bien public, on voit le roi convoquer son Conseil en sachant fort bien ce qu'il veut : attaquer l'armée de Bourgogne sans désemparer. Il comprend que le temps joue contre lui, que les coalisés finiront par se réunir, et qu'il sera alors trop tard. Le Conseil n'a rien à dire.

Après l'expédition de 1469 contre l'Armagnac, c'est lui-même qui, d'Amboise, fait connaître à Dammartin les nouvelles affectations des troupes désormais sans emploi dans le Midi : Lohéac et Du Lion en Normandie, Salazar en Marche, les autres chez eux.

La préparation d'une campagne exige un examen préalable de toutes les éventualités. C'est ce que fait le roi quand en février 1471 on s'attend à la guerre sur la Somme. Dicté à l'intention du grand maître Dammartin sans souci de forme – le pronom « il » signifie d'abord le duc de Bourgogne, puis Dammartin – et sans doute au fil d'un conseil de guerre, un étonnant mémorandum mêle avec précision les considérations de stratégie et de logistique.

> Si le duc de Bourgogne va droit à Amiens, que Monseigneur le Grand Maître garde bien la ville et qu'il se garde de combattre tant que le roi ne soit point avec lui : il ne mettra guère à y être. Qu'il fasse toujours donner sur les fourrageurs du duc de Bourgogne du mieux qu'il pourra, et sur leurs gardes.
>
> S'il passe la Somme pour venir à Montdidier et à Roye, Monseigneur le Grand Maître pourra laisser tout l'arrière-ban qui ne serait pas bien en habillements pour la guerre et les francs archers pour garder Amiens avec les gens de l'ordonnance...
>
> S'il venait au Mont-Saint-Quentin, il pourrait aller remparer Rue et la ville de Crotoy, et avec l'artillerie qu'ils ont prendre le château et peut-être pourrait bien prendre Montreuil sur la mer et, ce fait, laisser les gens de l'arrière-ban et les francs archers à Rue, au Crotoy et à Montreuil s'ils le pouvaient, et abattre la fortification de Saint-Riquier et s'en revenir avec les cinq cents lances de l'ordonnance à Amiens et à Picquigny pour garder le pays d'illec environ.

Si l'on tarde à obéir, le roi « s'ébahit ». Il se fâche, en revanche, si l'on fait semblant de ne pas comprendre les ordres. « S'il fait semblant de désobéir, mettez-lui vous-même la main sur la tête..., et je vous assure que je lui ôterai bientôt la tête de dessus les épaules. » Il ne s'irrite pas moins quand on outrepasse ses ordres. Lorsqu'en février 1471, sur le front de la Somme, on lui rapporte que Dammartin a, sans ordres et sans rendre compte, envoyé un détachement sur la rive droite, il laisse éclater inquiétude et colère dans une lettre au Bâtard de Bourbon.

D'abord, il entend qu'on lui rende compte. Ensuite, il réprouve une stratégie qui n'est pas la sienne. Les mots sont durs.

> Aux lettres que j'ai écrites au comte de Dammartin, il n'a point fait de réponse, et pourtant il les a depuis lundi ou mardi au matin, et je n'ai eu onques nouvelles de lui. Je ne sais s'il a mis le siège à Corbie ou s'il veut attendre la puissance du duc de Bourgogne.
>
> Je ne vis onques si haute folie que d'avoir fait passer la rivière aux gens qu'il a, ni mieux quérir grand déshonneur ou grand dommage.
>
> Je vous prie, envoyez-y quelques gens pour savoir comment il se gouverne, et m'en faites savoir des nouvelles deux ou trois fois par jour, car je suis en grand malaise, doutant que le grand maître ait fait du hardi merdoux.

Ces critiques n'empêchent pas le roi de consulter Dammartin en 1472 sur la meilleure façon de se débarrasser des Bourguignons en Normandie. Ils tomberont d'accord : « Je suis bien aise de ce qu'un si sage homme comme vous êtes est de mon opinion. »

Le souci qu'a Louis XI de la stratégie s'étend à la mise en défense des places fortes, car il ne se laisse pas prendre au piège des trêves et des paix qu'il sait provisoires. Alors que le calme règne sur les frontières de Bourgogne mais que l'arrivée de Warwick et de sa flotte pourrait bien déterminer le Téméraire à rompre la paix, il convoque à Amboise en mai 1470 le Grand Conseil. Une ordonnance portant des mesures générales de défense et de « gouvernement des gens de guerre » est adressée aux villes, et des commissaires royaux sont chargés d'aller en surveiller l'exécution. Les cas particuliers ne sont pas indignes de l'attention royale : le roi se soucie de la capacité de la ville de Laon à résister à une offensive et prescrit donc qu'on y organise le guet et la garde des portes, et que tous les habitants prêtent serment de fidélité entre les mains du capitaine.

L'année suivante, c'est la stratégie défensive du connétable de Saint-Pol qui fait l'objet d'âpres critiques quand le Téméraire parvient à prendre en quelques jours des villes insuffisamment pourvues de garnison. Saint-Pol se plaint de ses effectifs, mais le roi lui reproche de les gaspiller.

Mon opinion a toujours été que vous ne deviez tenir ni Roye ni Montdidier, ni mettre les gens d'armes en nulle place qui ne fût tenable, et n'est pas merveille si le gain que le duc de Bourgogne a fait à Nesles et à Roye l'enorgueillit et épouvante nos gens... Je m'ébahis bien que nous n'ayez mis la plupart des gens d'armes de Saint-Quentin et d'Amiens dehors pour chevaucher leur ost...

Au regard des méchantes places, il ne gagne rien quand il les gagne, et il s'affaiblit car il faut qu'il y laisse des gens de sa compagnie...

Mettez aux champs le plus que vous pourrez, afin de chevaucher son ost et de lui rompre son armée. Et pourvoyez bien Compiègne, car la première place qui lui pourra résister, ce sera assez pour le défaire.

L'ordre de désemparer les « méchantes places » et de bien garder Compiègne sera réitéré à Dammartin quelques jours plus tard. L'échec du duc de Bourgogne devant Beauvais sera décisif, et donnera raison au roi qui, d'Angers, ordonne ainsi le dispositif de défense en Picardie.

Le souci stratégique comporte une vue à long terme. Apprenant en 1473 qu'on fortifie la place de Montivilliers, sur l'estuaire de la Seine, il réagit vivement contre une initiative stupide, dont l'Anglais tirerait profit à la première invasion. L'évêque de Bayeux Louis d'Harcourt est à l'origine de cette décision, et le roi a tout lieu de se méfier d'un prélat qu'on a vu dans bien des complots avec Charles de France. Il reçoit donc un billet assez sec. « J'ai su qu'on fortifie Montivilliers. Il me semble que c'est chose perdue, car c'est un beau logis pour les Anglais s'ils y venaient. Et pour ce faites cesser les réparations qu'on y fait. »

Cette destruction des forteresses qui coûteraient à garnir de troupes et pourraient être utiles à l'ennemi s'il s'en emparait est une pratique ancienne. Du Guesclin en faisait, un siècle plus tôt, un véritable système. Louis XI le rappelle à Louis d'Amboise pendant la campagne de l'été 1479, en lui enjoignant d'abattre la petite place bourguignonne de Château-Vilain. « Le faites incontinent, puisque vous dites qu'il ne sert de rien, car vous me ferez grand plaisir que toutes les places qui ne me servent de rien fussent abattues. »

Naturellement, la colère monte quand le roi apprend que l'on n'a pas exécuté ses ordres. Chargé en 1472 de mettre Ancenis en état de défense, le sénéchal de Poitou Yvon du Fou a déclaré que ce n'était point là son affaire, et il a fort honnêtement renvoyé les 800 francs qu'il avait reçus pour cela. Il lui en coûte une algarade qui, d'ailleurs, ne dissuadera pas Louis XI de le maintenir comme sénéchal et d'en faire bientôt son lieutenant général en Roussillon. Mais, sur-le-champ, Du Fou doit sentir le mécontentement royal.

> Je n'entends point ceci, ni pourquoi vous me jouez cette finesse. Et tenez-vous sûr que je connais bien que les manières n'en valent rien, ni je n'en suis pas content avec. Et, si je perds cette place, il est bien clair que ce sera par vous, et au moins vous en serai-je de tant tenu.

On ne peut qu'être frappé de la connaissance – mémoire ou information soigneusement exigée – qu'il a de la topographie des régions dont il est pour l'heure éloigné et dont, il faut le rappeler, il n'a pas de cartes. Gouvernant à distance la défense de Beauvais, il donne aux habitants des instructions d'une précision stupéfiante. « Nous avons été averti que le duc de Bourgogne se vante de passer la rivière et loger en une abbaye qui est près de votre ville, du côté de la porte de Paris. »

Capable d'un réel courage au combat, blessé à Dambach, à Montlhéry, à Arras, Louis XI n'a rien d'un guerrier sanguinaire et l'ardeur belliqueuse de ses gens peut à l'occasion l'agacer. S'il paie de sa personne, c'est pour l'idée qu'il se fait d'un roi de France. Pour dire le vrai, il n'aime pas cela, mais il n'aime pas davantage qu'on le taxe de couardise, comme l'a fait le duc de Bretagne. Il imputera à celui-ci sa blessure devant Arras : il a voulu montrer sa bravoure. Lorsqu'il se trouve face aux cinq mille soldats du duc, le propos lui revient : « Avant qu'il soit quatre jours, nous verrons s'il dira que je sois couard. »

Grand amateur de stratagèmes, il lui arrive de prendre seul des initiatives dont ses lieutenants font les frais. Ainsi en est-il en mai 1471 pendant que Lohéac et La Trémoille négocient un accommodement avec les Bourguignons. Sachant ses délégués au repos en l'attente de leurs interlocuteurs qui sont allés chercher des consignes auprès du Téméraire, il fait exécuter à l'improviste un coup de main par des Français accoutrés en Bourguignons. Ses hommes se contentent de piller les chariots, mais la nouvelle d'une attaque bourguignonne contre des plénipotentiaires fait rapidement le tour de l'Europe. Les négociateurs feront savoir qu'on les a attaqués au cri de « Bourgogne ! » et l'opinion s'enflammera. On a cru Louis XI prisonnier. Il a fallu démentir. On n'osera pas avouer que le roi de France a tout simplement voulu créer la panique chez ses propres gens. Mais les auteurs du coup de main simulé sont plusieurs dizaines. On ne peut garder l'affaire confidentielle. L'ambassadeur milanais Sforza de' Bettini semoncera le roi : ce ne sont pas des façons. On écrit à Milan, à Paris, aux bonnes villes. « C'était un ébattement fait par aucuns de mes gens », plaide le roi. Les négociateurs ont eu très peur. Ils seront moins ardents pour souhaiter la reprise de la guerre.

Louis XI a lu César, et il sait le prix d'une harangue à l'armée. À la veille de la bataille de Montlhéry, il exhorte ses troupes, leur annonce l'inévitable défaite des Bourguignons et critique la position basse qu'ils ont adoptée. « Ils se sont mis en prison », dit-il de ses adversaires. Au fort de la bataille, alors que rien n'est gagné et que les Français sont accablés par leur infériorité numérique, il crie à ses hommes qu'il est sûr de la victoire, « n'y en eût-il que six comme nous contre les Bourguignons ».

Sur le terrain, Louis XI se montre un remarquable tacticien, mais aussi un entraîneur d'hommes. À Montlhéry, tout le dispositif d'assaut est son œuvre. Et il ne cesse, avant l'assaut, de parcourir son armée, de vérifier l'armement, de préciser ses ordres aux capitaines. Il prendra ensuite la tête du corps d'armée disposé au centre. Il tient à garder en tout le commandement. Commynes le dira, qui est alors dans l'armée ennemie, supérieure en nombre, la présence du roi au milieu de ses troupes et au fort de la bataille a été décisive. « Notre bande était plus grosse que celle du roi. Toutefois, sa présence était grande chose, et la bonne parole qu'il tenait aux gens d'armes. Et je crois véritablement, à ce que j'ai su, que s'il n'eût été, lui seul, tout s'en fût fui. »

La bravoure n'interdit pas au roi d'oublier toute chevalerie quand il fait à l'occasion pratiquer la terreur et la terre brûlée. Le Roussillon encore tenu par les Aragonais en sait quelque chose au printemps de 1474. Plus que de stratégie, il s'agit ici de punition : les habitants ont trop vite pris le parti de Jean II. « Faites le gast ainsi que je vous ai écrit, et en manière qu'il n'y faille plus retourner et qu'il n'y demeure un seul arbre portant fruit sur bout, ni vigne qui ne soit coupée et estropiée, et que tous les blés soient brûlés. »

Comme il apprend que les Aragonais s'attachent à faire semblant de négocier pour retarder toute action tant que les blés ne sont pas moissonnés, le roi ordonne à Tanguy du Chastel de brûler la récolte en herbe. Ainsi l'adversaire cessera-t-il ses atermoiements. « Par cela, il leur sera force de dire le mot... Vous serez assez de gens pour brûler et faire le gast par tout leur pays, et pour prendre méchantes places et les abattre. »

La stratégie du pauvre qu'est la terre brûlée est naturellement mise en œuvre à titre préventif. Le 30 juin 1475, alors qu'on attend l'invasion anglaise, le roi ordonne de ravager les campagnes entre la Normandie et l'Artois. Ainsi l'Anglais manquera-t-il de vivres frais.

Louis XI sait bien, cependant, le poids des délais de transmission de l'information comme des ordres. Au début de 1473, on est étonné de le voir si mal informé de ce qui se passe en Roussillon : en plein hiver, les courriers sont ralentis. En plusieurs circonstances, une locution revient dans sa correspondance : « Vous êtes sur le lieu et le saurez bien faire » – qui justifie la part de liberté qu'il laisse à ceux de ses gens auxquels il demande de réagir aux événements ou aux situations locales. Il s'en remet ainsi au maréchal Rouault du logement des gens d'armes. « Il est homme qui se connaît en telles matières, et saura bien aviser lesquels logis seront les plus convenables pour lui et ses gens. »

Il délègue même en 1467 à l'un de ses capitaines, Guillaume de la Roche, la décision d'attaquer ou non les Bretons qui quittent Caen. « Essayez de faire quelque échec sur eux, selon ce que vous verrez, et logez-vous à Carentan ou ailleurs, ainsi que vous verrez à l'œil que les matières seront disposées, car de si loin je ne vous saurais donner conseil à tout ce qui peut survenir. »

Avec sagesse, il se méfie des faux bruits qui pourraient, à distance, conduire à de fâcheuses décisions. Lorsqu'en 1470 on lui rapporte les mauvais comportements du duc de Calabre en Catalogne, il ordonne des représailles, mais il s'en remet finalement à son gouverneur. « En toutes façons, faites tant que notre honneur soit gardé. Aussi, s'il n'a rien fait de ce qui est dit, n'en faites rien, et soyez-en bien informé avant que d'y procéder. »

De même délègue-t-il en novembre 1472 à Dammartin et Saint-Pol la décision d'observer ou de rompre la trêve sur le front de Picardie. Il est à Amboise, d'où il gère les négociations avec la Bretagne. Le souci qu'il a de tout gouverner lui-même fait ici place au réalisme : le grand maître et le connétable, eux, sont sur place : « Tenez-y les termes ainsi que vous verrez être à faire, et selon que verrez les affaires de par-delà. » À Blosset, en 1479, il ne dit pas autre chose : « Je ne vous saurais enseigner de si loin. Faites ainsi que vous verrez pour le mieux. »

CHAPITRE XIV

Le prix d'une politique

Le coût de la guerre et celui de la paix

Les dépenses de la guerre, c'est-à-dire le paiement des lances de l'ordonnance et celui des mercenaires – français, écossais, suisses ou italiens – de l'infanterie, sont l'argument le plus souvent utilisé pour justifier les appels à la contribution des États provinciaux et des corps de ville. Le vieux raisonnement qui sous-tend depuis deux siècles le droit à l'impôt demeure le même : celui qui ne se bat pas paie. L'un et l'autre concourent au bien public.

Sans oublier la récrimination bien naturelle des contribuables, il faut cependant, pour apprécier les raisons de la forte augmentation des recettes fiscales pendant le règne de Louis XI, noter les transferts de charges, et notamment de ceux qui ne sont pas comptabilisables. Le remplacement des francs archers et la rareté du recours à l'arrière-ban ont pour corollaire la solde des mercenaires, suisses et autres, qui forment la nouvelle infanterie. Les villes qui échappaient jusque-là à la taille en fournissant à l'infanterie royale leurs francs archers perdent là leur privilège : au lieu d'archers qui coûtaient peu, elles paient la taille. Il faut bien en convenir, l'infanterie soldée payée par le contribuable ne fait, en apparence, que se substituer aux francs archers payés par les paroissiens, mais le coût global a plus que doublé. On ne peut parler d'un simple transfert. Une infanterie permanente et professionnelle a son prix. Quant au renforcement de l'artillerie, il appelle de nouvelles impositions.

L'armée coûte au roi, en 1483, quelque 2 700 000 livres, moitié pour la cavalerie des compagnies de l'ordonnance, moitié pour l'infanterie française (944 000 livres) et celle des mercenaires suisses (432 000 livres). C'est le prix d'une armée plus efficace, mais c'est aussi celui du temps que ne perdent plus bien des sujets du roi et celui des risques physiques auxquels ils échappent désormais.

On évoque moins devant les contribuables cet instrument politique et diplomatique que sont les pensions. Car Louis XI inverse le principe habituel : mieux vaut payer que se battre. Certes, à la veille du Bien public, pour se les concilier contre les ligueurs, il a rappelé aux bonnes villes ce que coûtent au contribuable ces pensions dont les princes sont assez friands pour en avoir fait leur plus évidente revendication. Or, plus qu'aucun roi jusqu'à lui, Louis XI en a fait un moyen normal de la consolidation des fidélités, des ralliements, des paroles données et même des traités. Il a, en payant, évité ou conclu bien des conflits. Largement alimentée par la soif de pensions que manifestent les grands, l'affaire du Bien public s'achève par de nombreuses concessions de la sorte. Elles feront taire, par la suite, les réticences devant l'alourdissement des charges fiscales.

Ceux qui servent le roi ont donc leur pension, des plus modestes officiers aux conseillers et aux grands officiers. On en sert une à de grands seigneurs comme Louis de Laval ou Jean de Rohan, à des conseillers comme Blosset ou Commynes, à des utilités comme Odet d'Aydie. La pension est gage de connivence, lorsqu'elle est versée aux proches d'un souverain étranger qui se révèlent utiles au roi de France : ainsi à des Anglais comme Howard, Rotherham, Montgomery et Hastings, ou à un Autrichien comme le comte d'Eberstein. Elle entre dans les clauses des traités, comme pour le roi d'Angleterre Édouard IV, le roi René ou le comte d'Armagnac, sans oublier Charles de France. Maximilien de Habsbourg est pensionné comme le duc Sigismond d'Autriche. Marguerite d'Anjou a sa pension parce qu'on ne la soutient guère, et Marguerite d'York en a une pour compenser ses illusions. On paie d'une pension à nombre de leurs gouvernants l'alliance des cantons suisses.

On a compris depuis longtemps que la rémunération en espèces l'emporte en avantages sur l'octroi de terres. Dès le XIIIe siècle, le fief-rente fait concurrence au fief constitué par une seigneurie foncière. En cas de félonie, le seigneur peut reprendre le fief, mais encore faut-il le pouvoir. Pour que soit prononcée la « commise », la félonie doit être prouvée devant la Cour, et il convient qu'elle soit grave et durable. Encore faut-il, si le fief est de quelque importance, se lancer dans une action en armes pour le reprendre. Le fief-rente, lui, peut être repris par simple arrêt du paiement. Il y suffit d'un ordre à un trésorier.

La pension, elle, n'est même pas un fief. Elle ne tient pas à un hommage, mais à une fidélité constatée et à l'exécution d'engagements dont le roi, et lui seul, demeure juge. Y mettre fin ou simplement en retarder le paiement est acte d'administration, non de justice. Charles de Charolais, René d'Anjou, Maximilien d'Autriche perdent ainsi, durablement ou non mais du jour au lendemain, une rétribution que le roi devrait conquérir si elle était assignée en terres. Et l'on verra comment le retard délibéré des paiements suffit à tenir Édouard IV en haleine après 1475 et à ramener Sigismond vers de meilleurs sentiments en 1477. Louis XI ne s'en cache pas.

> Très cher et très aimé frère, nous avons reçu vos lettres, par lesquelles vous dites que votre pension n'a nullement été versée, ce à quoi nous ne nous sommes pas résolu sans cause.

Aux pensions proprement dites, qui se présentent comme viagères mais sont en réalité révocables, il convient de joindre les dons purs et simples, qu'ils soient octroyés à l'occasion d'un service, d'un ralliement ou d'un mariage. Aucun bénéficiaire de don, en numéraire ou en objets précieux, n'est assuré que la générosité du roi se renouvellera. C'est en particulier le cas lorsque, en raison de leur montant, ces dons sont objets de paiements échelonnés. Le don de 40 000 écus fait au début du règne à Pierre de Brézé est apparemment payable en dix annuités. Les 60 000 livres données à Jean de Foix, comte de Candale, en 1462, le sont en six ans. Les 29 000 écus donnés en 1463 à Olivier de Coëtivy le sont en quatre ans. Ces dons à termes sont parfois des dots, à caractère souvent politique et diplomatique, et l'on sait que Louis XI est un marieur fort actif. Les 100 000 écus qu'offre le roi à sa sœur Madeleine quand elle épouse le prince de Viana Gaston de Foix, fils aîné du comte Gaston IV, sont payés à raison de 10 000 écus par an. Sa demi-sœur Jeanne – l'une des filles d'Agnès Sorel – n'aura reçu, dix-sept ans après son mariage avec Antoine de Bueil, qu'une partie des 40 000 écus de sa dot. Sa politique des mariages arrangés n'en coûta pas moins au roi, au fil des années, plusieurs centaines de milliers de livres.

La pension entre dans une stratégie politique qui est celle des termes échelonnés. Tant que l'on n'a pas fini de payer, le créancier se tient tranquille. C'est bien ce qui se passe avec le duc Jean II de Bourbon, auquel Louis XI promet en 1467 de solder par annuités la dot promise par Charles VII en 1446 à sa fille Jeanne. Bourbon ne sera intégralement payé qu'en 1475. Pendant ce temps, on n'entendra plus parler de lui.

On a quelque peine à calculer ce qu'a coûté au roi, en dons et pensions, la fin de l'affaire du Bien public. Les paiements sont échelonnés, et bien des termes n'ont pas été respectés. Nombre de concessions, d'ailleurs, n'ont été suivies d'aucun effet. Il n'est cependant pas excessif de penser que la paix de 1465 a coûté de deux à trois cent mille livres. Ce n'était pas plus cher qu'une guerre. C'est encore le même raisonnement qui justifie en 1475 les sommes accordées au roi d'Angleterre : soixante-quinze mille écus sur-le-champ, cinquante mille par an pendant neuf ans. Là encore, les délais de paiement, obstinément allongés, feront merveille. Certes, Louis XI oublie ces chiffres avec une évidente mauvaise foi quand il se targue d'avoir réduit l'Anglais par de la venaison, des pâtés et du bon vin, alors que son père a dû payer une guerre onéreuse pour les chasser provisoirement. Il ne fait cependant pas de doute qu'à ses yeux la fin de la guerre de Cent Ans valait bien un demi-million d'écus. Un siècle plus tôt, la rançon de Jean le Bon avait coûté six fois plus. Même s'ils rechignent et négocient âprement le montant des subsides et des prêts, les sujets du roi n'ignorent pas qu'il en coûterait encore plus de voir le pays ravagé par l'ennemi. Il faut bien mettre les pillages et massacres épargnés à la population en balance des sacs d'écus remis ou promis à Édouard IV et à ses conseillers – après l'affaire de Picquigny.

Les pensions occupent donc une place de premier rang dans le budget royal. En 1468, les États généraux de Tours protestent contre leur poids. Bien que Louis XI ait, dans les dernières années du règne, systématiquement recouru aux retranchements de pensions comme à un moyen d'emprunter sans le dire, on en estimera la charge, lors des États généraux de 1484, à 607 812 livres, soit la moitié du montant de l'ordinaire des guerres. Le gouvernement des Beaujeu jugera indispensable de ramener les pensions au chiffre, plus raisonnable, de 264 071 livres. Ils se fourvoieront en cela et devront, devant les impératifs politiques qui ne changent pas, affecter au paiement des pensions la même somme que Louis XI.

Les choix du roi

Le jeune roi a multiplié les promesses, et la première est la suppression de l'impôt. Il l'annonçait déjà quand, dauphin, il cautionnait la Praguerie. En 1461, il en a parlé à Reims, puis à Paris. Tous les délégués des villes qui sont venus le complimenter entre la fin de juillet et septembre ont placé l'allégement de la charge fiscale en tête de leurs revendications. On ne leur a parlé que de « soulager le peuple ». Jean Juvénal des Ursins et Thomas Basin ont, à Reims, fait écho.

Même si, à seule fin d'aggraver le dédit du roi, Thomas Basin, qui revient sans cesse sur ces propos, ajoute évidemment aux promesses réellement faites, il est certain que, comme avant lui Charles V, Louis XI s'est interrogé sur le droit qu'il avait d'imposer hors le temps de guerre, et que le désir de prendre à tout coup le contre-pied de son père le pousse à revenir sur cette perpétuation de l'impôt qui demeure l'un des acquis très forts du règne de Charles VII. Cette interrogation mise à part, il ne peut nier la nécessité dans laquelle il se trouve de financer à la fois le fonctionnement d'un État et les charges de l'armée. Ajoutons, une fois pour toutes, qu'il ne songera jamais à modifier les structures administratives mises en place par Charles VII, structures qui reprennent largement celles des temps antérieurs à la guerre civile.

Une chose est sûre : s'il est prêt à écouter ses sujets, le nouveau roi n'a aucune envie de retrouver, sur le trône, les embarras d'argent qu'il a connus en exil. Il refuse également de demeurer l'obligé du duc de Bourgogne, lequel lui a proposé un crédit de 400 000 écus dont Louis XI comprend qu'il serait le moyen d'une mainmise bourguignonne sur les affaires du royaume. Et il n'entend pas renoncer pour autant aux grandes ambitions politiques qu'il a eu le temps de remâcher pendant sa longue attente. Ses propos de la première heure ne tendent pas à la suppression de l'impôt, mais à une réforme du système et à une recherche d'équité. Il n'est pas moins certain que d'aucuns ont cru au retour d'un âge d'or imaginé. Quelques émeutes, à la publication, dans les derniers jours d'août 1461, des premiers ordres de perception suffisent à laisser entrevoir la déconvenue du bon peuple. Certaines villes députèrent à la cour pour savoir s'il ne s'agissait pas d'une erreur. À Reims, ce fut une insurrection. La population alla brûler les registres du receveur. Seize ans plus tard, Louis XI y fera encore allusion en parlant, dans une lettre aux Rémois, de « la mutemaque que vous fîtes quand nous vînmes à la Couronne ».

Les premières réformes que, généralité après généralité, met en œuvre Louis XI après l'annulation de quelques dépenses civiles et militaires déjà ordonnées par Charles VII, et après la réduction du nombre des compagnies de l'ordonnance et celle des sergents royaux, se veulent d'ailleurs une démarche rationnelle : taxer les campagnes par l'impôt direct qui, seul, tient compte à la fois du capital et des revenus, réserver les aides indirectes aux villes où le capital est aussi flottant que les revenus mais où l'indirect peut se calquer sur la manifestation de richesse qu'est la consommation. Il y a du réalisme dans la décision du roi : lever les aides indirectes dans les campagnes était une gageure. Il y a aussi de la prospective : en faisant échapper les villes à l'impôt sur les fortunes, on rassure les porteurs de capitaux, et l'on garde ceux-ci intacts pour d'éventuels emprunts. Louis XI y reviendra en 1466, quand il voudra généraliser la distinction entre les villes, soumises à l'impôt indirect, et les campagnes, sujettes à la taille. Ses conseillers lui remontreront que ce serait tripler la charge des populations rurales, et qu'il « y perdrait son peuple ». Le nouveau système ne sera établi que dans quelques généralités.

Ce beau rationalisme financier, qui tient compte d'une enquête menée par les officiers royaux et se limite pour ses débuts aux pays de Langue d'oïl, ne résistera pas à la croissance des besoins nés de la guerre et de la diplomatie, et le roi éprouvera vite la nécessité de revenir aux errements antérieurs : taxer globalement et laisser aux communautés territoriales le choix des moyens pour répondre aux pressantes sollicitations, voire y répondre avant toute levée sur les contribuables.

Le résultat est une perpétuelle négociation, avec les États des différentes régions où il en existe comme en Normandie et en Languedoc, et ailleurs avec les corps de ville. En Languedoc, où l'on tente de mettre en place un impôt unique à la place des anciennes aides, l'échec est vite patent face à l'hostilité manifeste des contribuables.

Ce serait donc une vue bien théorique que celle qui opposerait la France qui négocie son impôt à celle où le roi imposerait sans réserve. La distinction classique entre pays d'États et pays d'élections est institutionnelle, elle n'est pas financière. Tout se négocie, et cela ne permet pas au roi d'ignorer les réactions liées aux évolutions de la conjoncture économique. On le voit bien quand en 1481 les conséquences des catastrophes climatiques obligent à une modération de la pression fiscale.

Les réformes du système militaire ont également leur prix, qui va croissant à la fin du règne. Ce qui se révèle efficace pour l'armée ne peut qu'être coûteux pour le Trésor. Quand le roi augmente le nombre des compagnies de l'ordonnance, quand il développe son artillerie, quand il renonce aux francs archers et les remplace par des mercenaires suisses, quand il abandonne le recours normal à l'arrière-ban, il dote la monarchie d'une véritable armée, mais il sait devoir la financer.

Les contribuables ne voulaient plus entendre parler de la taille royale. Il a fallu manœuvrer neuf réunions d'États, à la fin de 1463, pour obtenir leur adhésion à une crue sur la taille, autrement dit à une augmentation de cet impôt direct, indispensable pour rembourser les emprunts qui ont permis le rachat des villes de la Somme. Mais en cette même année, Louis XI échoue – pour des difficultés de perception – à réunir durablement en Languedoc les deux impôts distincts qu'étaient la taille directe et cet équivalent aux aides qu'on avait mis en 1443 à la place des impôts indirects.

Le retour aux impôts antérieurs s'accompagne, en 1464, d'une mesure de clarification : à l'instar de ces « estimes » que l'on rédige depuis longtemps dans bien des villes, le roi ordonne la confection en Languedoc d'un cadastre descriptif des biens fonciers, que l'on échouera en 1480 à étendre à toutes les fortunes. Dans le même temps, comme l'a déjà fait Charles VII, Louis XI prescrit des révisions de l'état des « feux » qui servent de base comptable à la répartition d'impôts dont on ne négocie que le montant global, celui que le roi peut escompter. Si, au sein des communautés, cette répartition se fait plus ou moins « le fort portant le faible », elle se fait entre les communautés à tant par feu, donc par une simple division de la somme globale. Mais le total des feux ne résulte plus, comme au XIVe siècle, du décompte des familles faisant feu. Il est fixé par une négociation d'ensemble où entre en compte la prospérité ou la pauvreté de la ville ou du district. Le feu est devenu purement fictif : ce n'est plus qu'un coefficient. La révision s'impose donc, et Louis XI l'ordonne pour le Languedoc en 1462, en 1472, en 1474. Dans le même temps, il fait réviser en 1464 la liste des contribuables de Normandie, ce qui permet de débusquer plus de trois cents faux nobles.

Parce qu'elles pèsent sur l'alimentation quotidienne et sont cause de mainte tracasserie, les aides indirectes sont honnies de la population, et tout particulièrement des citadins qui consomment plus rarement que le paysan le produit de leur propre jardin ou de leur basse-cour. Levées par des fermiers qui ont naturellement intérêt à percevoir plus que le montant de la ferme obtenue par adjudication, elles le sont avec une âpreté qui conduit aux querelles, aux contentieux, voire aux rixes. Les fermes se multiplient : les élus ont compris que la modicité de chaque ferme favorise l'adjudication et que la réduction de l'objet propre d'une ferme permet au fermier de passer le plus souvent possible chez les marchands et sur les marchés. Avant la suppression politique des aides à Paris en 1465, on comptait dans la capitale soixante-six fermes différentes. On mesure le harcèlement dont se plaignent pour cette raison les marchands et leurs clients.

Frappant les consommateurs de tout niveau économique, les aides indirectes ont, dans le passé, causé bien des insurrections urbaines. On se rappelle qu'en 1382 la flambée des Maillotins a été déclenchée par la perception d'une taxe sur une botte de cresson. Sous Louis XI, les insurrections de la sorte sont rares, encore que les receveurs soient parfois malmenés, comme en 1473 à Casteljaloux. Celle de Bourges, en avril 1474, fait exception par sa violence. La ville n'a guère manifesté jusque-là son attachement au roi, et celui-ci a trouvé portes closes pendant l'affaire du Bien public. Pour financer la réfection de l'enceinte, le roi frappe maintenant toutes les entrées en ville d'un droit de barrage, et nomme des commissaires royaux. Les habitants comprennent alors qu'ils n'auront pas leur part. Des officiers royaux sont tués ou molestés. Gié et Batarnay iront diriger la répression, qui sera sévère : des exécutions, des confiscations. On changera la municipalité. Le roi monnaiera son pardon : dix mille livres. Une nouvelle « émotion » sera évitée de justesse quatre ans plus tard. Les autres villes se le tiendront pour dit.

Si les sujets ont en haine les aides indirectes, ceux qui gouvernent les finances royales préfèrent de toute manière l'impôt direct. D'une part, il frappe plus sûrement les milieux habitués à l'autoconsommation et capables d'échapper ainsi à une bonne part de la fiscalité indirecte. D'autre part, plus que les aides, dont le revenu est lié à une conjoncture souvent imprévisible, l'impôt direct procure un revenu prévisible, sinon certain, qui peut être escompté par voie d'emprunt. Certes, l'affermage de l'indirect présente en théorie le même avantage. En fait, on ne révise pas la ferme si l'économie se porte bien, car rares sont les candidats à la ferme qui s'aventureraient à surenchérir, au risque de se brouiller avec le milieu marchand. Il faut, en revanche, la réviser en baisse si les affaires vont mal. Sans l'acceptation de telles révisions, on ne trouverait plus de fermiers pour prendre à eux seuls les périls de la spéculation. Le roi ne manque donc pas de donner satisfaction aux plaignants en supprimant bien des aides, mais il les remplace par un équivalent qui sera levé comme une taille.

Il en va différemment de la gabelle. On sait que, créée au début du XIVe siècle pour assurer une régulation du marché du sel et lutter contre une spéculation préjudiciable à la population, la gabelle est rapidement devenue un impôt sur la consommation d'un produit de première nécessité, moyen de conservation des viandes et poissons plus encore que condiment. Les greniers à sel, qui assurent la régulation et perçoivent, outre le droit du marchand propriétaire de son sel, ce « droit du roi » qui constitue l'impôt, sont des centres autonomes de gestion financière dont les responsables, les grenetiers, prennent la charge à ferme pour un temps variable selon les baux. Or Louis XI comprend vite que ces greniers sont de bons moyens de rémunération des services. Beaucoup de greniers sont ainsi concédés, le revenu en étant de la sorte perdu à temps pour le fisc royal. Même sans être favorisés d'un grenier, les membres de l'entourage royal, du chancelier Doriole au secrétaire Toustain et du maréchal de Gié au barbier Le Daim, trafiquent volontiers du sel et s'entendent à le faire dans les meilleures conditions jusqu'à ce que, le 1er juillet 1480, le roi concède à son apothicaire Jean Moreau le monopole pour dix ans de la fourniture de sel à tous les greniers de Langue d'oïl et de Normandie.

Comme le roi se montre délibérément favorable aux villes et comme la fidélité de celles-ci est une nécessité politique, les exemptions se multiplient, au détriment des contribuables ruraux. En cas de guerre, on n'a pas à craindre que les paysans ouvrent les portes d'une ville, et ils sont absents des assemblées où se discute l'impôt. Paris en tête, les villes échappent largement à l'impôt. On verra qu'elles n'échappent pas aux emprunts : mieux vaut réserver leur faculté contributive pour les moments où le besoin d'argent se fait urgent. Elles seules peuvent y répondre sur-le-champ. C'est ce qui vaudra, dans les dernières années du règne, aux villes théoriquement exemptes de taille d'être victimes de ponctions, parfois qualifiées d'emprunt mais rarement remboursées, hors du cadre normal et des échéances annuelles. La misère du monde rural tient, à la fin du règne, à de détestables accidents climatiques, mais elle doit, aussi, beaucoup au fisc.

Aux États de 1484, dans l'enthousiasme d'un nouvel avènement, on ne parlera plus que de don au roi et d'octroi. Même s'il reconnaît qu'il y a « des saisons où il ne faut pas attendre l'assemblée », Commynes en fera hommage à Charles VIII : « Notre roi est le seigneur du monde qui le moins a cause d'user de ce mot : "J'ai privilège de lever sur mes sujets ce qui me plaît." Car ni lui ni autre ne l'a, et ne lui font nul honneur ceux qui ainsi le disent pour le faire estimer plus grand. »

Globalement, Louis XI n'aime ni le clergé ni la noblesse. Il ne les aime pas parce qu'ils échappent ou cherchent à échapper à l'autorité royale, mais une raison matérielle s'ajoute : de grosses fortunes sont ainsi exemptes de l'impôt. Ne nous y trompons pas : si les inimitiés politiques du roi sont une chose, l'objet financier l'emporte, et le roi sait qu'il peut demander plus à une communauté dont les membres les plus riches ne sont pas exempts. La politique fiscale de Louis XI est donc faite, en bonne partie, d'une lutte contre les privilèges acquis, et il a tenté, au début du règne, de mettre à contribution les fortunes de la noblesse et du clergé. Il le fait de nouveau, sans pour autant les imposer, en les soumettant parfois à des emprunts quasi forcés. Cela ne l'empêche pas, par ailleurs, d'user des privilèges portant exemption comme d'un levier pour acquérir ou consolider des fidélités politiques ou des dynamismes économiques. Toutefois, il ne parviendra jamais vraiment à faire contribuer les nobles à la taille royale, même s'il a sur ce point l'alliance des communautés d'habitants, qui préféreraient partager la charge. De même ne peut-il durablement soumettre les privilégiés, nobles et clercs, au paiement des droits sur les productions de leurs terres et de leurs vignes.

La guerre, cependant, lui est d'un précieux secours : les clercs ont, comme les bourgeois, besoin qu'on les protège. Les corps de ville ne manquent donc jamais de l'appui royal quand, jusque devant le Parlement, ils prétendent contraindre les privilégiés à payer leur part. Lyon parviendra même à faire payer certains étrangers ayant domicile en ville. Les seuls qui échappent le plus souvent sont les nobles « vivant noblement », autrement dit ceux qui servent en armes : on ne peut tout leur demander. Le roi n'en sera que plus à l'aise pour débusquer les « gros marchands et puissants grands bourgeois malins » qui, même s'ils sont hors d'état de servir réellement en armes, s'inscrivent parmi les archers et arbalétriers de la ville afin d'échapper à l'impôt. Charles VII a déjà disposé, en 1460, qu'ils ne seront exempts que pour « certaine et raisonnable petite portion, selon ce que doit communément avoir un homme de l'état ou industrie pour quoi ils prétendent l'exemption » : la petite somme qui correspond à la fortune des moins riches.

Dans la chasse aux revenus imposables, il est alors un gibier digne d'attention : les biens réputés nobles dont se défont des nobles d'ancien lignage désargentés par une crise des revenus fonciers qui dure depuis bientôt deux siècles et qu'ont acquis ou souhaitent acquérir les bourgeois les plus aisés, donc les contribuables les plus capables. Le roi n'attend pas d'eux qu'ils accomplissent le service en armes normalement dû pour des fiefs, et il ne souhaite pas que de riches marchands échappent aux tailles et aux aides par le seul fait qu'ils ont acquis une seigneurie et accepté un service qu'ils ne sont pas en état d'assumer réellement. On limite donc l'exemption fiscale aux seuls anoblis vivant noblement, à l'exclusion de ceux qui pratiquent encore marchandise ou « métier mécanique », et cela même si ces gens qui « font fait de pratique » se prévalent de leurs fiefs et se présentent d'eux-mêmes en armes aux revues annuelles de la noblesse. Faute de pouvoir taxer les fiefs, le roi taxe les possesseurs de fiefs.

Les anciens bourgeois n'en sont pas moins avides de cette consécration de leur promotion que sont la possession de seigneuries et le titre de seigneur. Ils ne peuvent se dérober. En 1480, l'exigence fiscale portant sur les détenteurs de « toutes choses nobles et féodales » sera de la moitié du revenu, ce qui est beaucoup, même si l'on interprète qu'il ne s'agit que du revenu net, charges déduites.

Il en résulte d'innombrables contestations, car il est plus aisé de définir dans l'absolu la « vie noble » que de la prouver ou la mettre en doute dans la pratique et pour chacun. Faire du commerce, c'est déroger, mais est-ce déroger qu'avoir des parts dans une société ? Les élus sur le fait des aides n'en sortent plus, et la Cour des aides est encombrée de contentieux. Louis XI en vient donc à une méthode qui a depuis longtemps fait ses preuves pour l'assiette de l'impôt direct : la responsabilité collective, largement mise en œuvre pour les impositions extraordinaires de la fin du règne. Au lieu de discuter avec chacun du montant de sa quote-part, on discute avec la communauté d'un chiffre global, lequel résulte d'un nombre de feux qui, lui-même, se discute et n'a plus rien à voir avec le nombre réel des familles « faisant feu ». Ensuite, c'est la communauté, corps municipal ou assemblée de village, qui répartit l'impôt, « le fort portant le faible », ce qui veut dire que les officiers royaux ne se tracassent plus pour savoir qui paiera à la place des pauvres.

On va donc en user de même avec les anoblis, qui sont les riches. Bien des villes où il apparaît que sont nombreux ces gens « qui ne sont pas nobles extraits de noble lignée mais seulement nobles » se voient en leur totalité exemptées des tailles. Bénéficient donc de la largesse royale les autres bourgeois, les moins aisés. Mais en revanche, le roi ne se prive pas de demander à de telles villes des prêts substantiels, dont il est évident que la communauté ne saurait s'acquitter sans faire appel à toutes les fortunes qui s'y trouvent. Le roi ne remboursera que s'il peut, et souvent en empruntant à nouveau.

Budgets

De son budget possible le roi n'a qu'une idée préconçue, et la navigation qui en résulte est empreinte du plus grand pragmatisme. Il faudra, année après année, compenser en cours d'exercice le déficit prévisible à moyen terme par des « crues » sur la taille. Un texte authentique mais d'origine incertaine malgré la formule « par grand conseil », livre les rêves d'un conseiller ou d'un officier de finance. Comptant sur une contribution de 30 francs par mois pour chacune des villes imposables, il estime à vingt millions de francs ce que peut espérer le roi, sans y compter les aides indirectes. Une telle moyenne, on le pense bien, est parfaitement fallacieuse, tout comme est faux le total. Ce qui est intéressant, c'est la répartition en dépenses : huit millions pour les gages de l'armée, deux pour « l'état de France », nous dirions les dépenses civiles, deux pour les frais de perception, deux pour les fortifications et l'artillerie. Ce qui laisserait six millions pour une réserve de trésorerie. Le décompte et la vue sont idylliques. La charge des clochers contribuables est sous-estimée, le total surestimé.

À plus forte raison le flou règne-t-il dans l'esprit des contribuables, fussent-ils des bourgeois habitués à calculer. Tous les chiffres qui circulent sont au moins doublés par la rumeur, celui du nombre de paroisses comme celui du revenu domanial ou du produit des aides. Bien des récriminations contre le fisc et bien des assauts contre le principe même de la taille tiennent à cette surestimation du revenu royal, réel ou possible.

Archives et correspondances nous livrent bien des chiffres, mais ce sont toujours ceux d'une affaire précise, d'une levée ou d'un emprunt, d'un paiement ou d'une revendication. De même les gens de finance sont-ils plus attentifs à chiffrer l'augmentation des charges, à laquelle ils vont devoir faire face, qu'à évaluer l'ensemble de la dépense. Leur terreur, c'est la « crue ». Ce qu'ils cherchent, ce sont les économies possibles, et ce sont aussi les arguments pour faire entendre au roi la nécessité de ces économies. Ainsi en est-il quand, en 1466, ils soulignent la croissance des « mariages » – notamment des dots – et celle des pensions et dons. Sur 348 000 livres d'augmentation, ils estiment qu'on pourrait retrancher 71 000 livres, et d'abord 22 000 sur les mariages. Encore faut-il que le roi acquiesce.

La prudence s'impose donc quand on cherche à dresser un bilan. Peut-on cependant répondre à la question : quelle est la puissance financière du roi de France ?

À défaut de chiffres précis, les contemporains nous ont laissé des jugements et des comparaisons. Les ambassadeurs vénitiens estiment à un million de ducats les revenus du roi lors de son avènement, et Thomas Basin compte pour 400 000 francs le revenu fiscal, hors domaine, de la dernière année de Charles VII. Louis XI affirme lui-même, en 1476, qu'il dispose de revenus trois fois supérieurs à ceux du duc de Milan, que Commynes chiffre à quelque 650 000 ou 700 000 ducats. Cela ferait pour le roi de France un revenu d'environ deux millions de ducats, soit quelque quatre millions de livres tournois. En comptant le marc d'or de 244,75 grammes à 112 livres, taux légal moyen, cela signifie près de 9 tonnes d'or fin. Revenant sur le sujet dans une grande digression sur le droit à imposer, Commynes estime à

1 800 000 francs ce que leva au plus en une année Charles VII, et à 4 700 000 francs, « sans l'artillerie et autres choses semblables », ce que levait Louis XI dans les années 1480. Il faut le rappeler, ce que Commynes appelle « lever », c'est imposer, donc en sus des revenus « ordinaires », ceux du domaine royal, qui sont largement obérés par les frais de gestion et par les générosités sous forme de biens fonciers, de rentes ou de pensions assignées sur un revenu précis.

Pour autant que l'on puisse avancer une estimation, les recettes du roi sont bien, en 1461, d'environ 1 890 000 livres tournois. Le domaine procure 50 000 livres (2,8 %), la gabelle 160 000 livres (8,9 %), les aides 535 000 livres (29,7 %) et la taille 1 055 000 livres (58,6 %).

Les chiffres qu'avancent en février 1470 les officiers de finance corroborent, pour les dépenses, une telle vue. Ils font apparaître une recette globale de 1 854 465 livres après déduction du revenu domanial et des revenus donnés par le roi, ainsi que de la réduction de la matière imposable consécutive à la constitution de l'apanage de Guyenne. Avec le domaine, cela représente un revenu d'environ 1 900 000 livres. La dépense prévisible est chiffrée à 2 001 090 livres, dont 46 % pour les charges militaires (les compagnies, les mortes payes et l'artillerie), 27 % pour les pensions, 16 % pour les hôtels du roi et de la reine, l'Argenterie et les constructions d'Amboise et de Cléry, et 5 % pour les gages d'officiers de justice et de finance. La conclusion est : « à laquelle somme toute votre recette ne peut fournir ». Bref, on demande au roi de choisir les dépenses qui « demeureront derrière ». Louis XI fera le choix d'un déficit chronique.

L'important, c'est de doter le royaume de la force armée qui assurera l'indépendance. La guerre en Roussillon alourdit la charge financière. La perspective de l'affrontement avec la Bourgogne et avec l'Angleterre ne fait qu'amplifier le besoin. À la veille de l'invasion anglaise de 1475, le trésorier des guerres gère plus d'un million de livres tournois. Le budget ne va donc cesser de grossir. Appréhendée en Normandie entre 1466 et 1477, la croissance de l'impôt direct passe de 2,7 % à 5,2 % par an. Sur dix ans, elle est au total de 41 %. En Languedoc, entre

1470 et 1475, le poids de l'impôt s'est aggravé de 80 %. La liquidation, face à Maximilien, de l'affaire de Bourgogne n'est pas moins onéreuse. Pour dire les choses en bref, ce n'était pas la peine de ruiner la puissance du Téméraire si cela doit la transférer au Habsbourg. L'enjeu est de taille. Autant que de vaincre Maximilien, il importe de l'intimider. Louis XI sait bien qu'il ne pourra conquérir, jusqu'en Zélande et en Gueldre, ce qui fut l'état du Téméraire. Mais Maximilien sait, pour sa part, que son autorité politique sur cet état est des plus fragiles et qu'elle ne résisterait pas à la charge d'une guerre perpétuelle. Autant que le ruiner par une guerre économique, lui faire voir la force armée du roi de France, c'est l'amener à composition.

Les générosités aux églises vont alors se multipliant. On a dit ce qu'était le marchandage constant de Louis XI à l'égard de Dieu et des saints. La succession de Bourgogne vaut bien, à ses yeux, les dons en numéraire et en orfèvrerie, les concessions aux dépens du domaine royal, les rentes et les fondations d'office par lesquels le roi pense l'acheter. La dégradation de sa santé le poussera ensuite à d'autres générosités. L'entourage sera parfois consterné d'une telle prodigalité.

Tout cela se traduit dans les chiffres : la pression fiscale n'a jamais été aussi forte qu'après 1477. Les gens de finance ne cherchent même pas à le cacher, qui calculent le montant de la taille exigible pour l'année qui commence en reconduisant, non le chiffre initial de l'année précédente, mais le chiffre global qui intègre l'initial et les crues. D'un exercice sur l'autre, les crues sont donc tenues pour définitivement acquises, ce qui n'interdit pas d'en décréter ensuite quelques autres. Dès 1478, l'impôt direct augmente brutalement de 11 % en Languedoc et de 27 % en Normandie. Il ne cesse ensuite de progresser jusqu'en 1481 : depuis 1477, la croissance en Languedoc est de 25 %. Sans doute la disette consécutive aux mauvaises récoltes de 1481 et 1482 est-elle la première cause du léger coup d'arrêt mis en 1482 à cette progression, de moins en moins compatible avec les capacités contributives du peuple. L'avancement des négociations pour un règlement diplomatique de la succession de Bourgogne a certainement facilité cette modération des derniers mois. Il n'y a plus de guerre en perspective. Les retranchements opérés alors sur les pensions servies aux régnicoles et les retenues sur les gages des officiers sont parmi les expédients trouvés pour répondre à ce ralentissement de la pression fiscale.

On s'attendrait à ce que le règlement de la succession de Bourgogne, qui met la France à l'abri de nouveaux conflits, soit suivi d'une décrue de la charge fiscale. Il n'en est rien. Les exigences royales pour 1483 sont à l'échelle de ce qu'elles étaient avant. Plusieurs raisons ont été invoquées, qui s'entrelacent certainement : la crainte liée à la fragilité de la paix avec l'Angleterre toujours présente à Calais comme avec les Pays-Bas de Maximilien ou avec la Bretagne, l'incertitude quant à l'attitude du nouveau duc Charles Ier de Savoie, l'émergence de nouvelles ambitions pour la France même, le désir de conserver en temps de paix les moyens du temps de guerre, donc la marge de manœuvre politique qu'est une forte armée permanente et une aptitude à assurer fidélités et connivences par des pensions. Louis XI sait qu'une armée ne se construit pas en un jour, et il a trop éprouvé l'inconvénient d'avoir parfois affronté des forces supérieures aux siennes. Sans doute faut-il y ajouter l'entêtement d'un roi âgé qui n'entend pas voir diminué le symbole chiffré d'un pouvoir difficilement construit.

Les chiffres cités aux États généraux de 1484 valident le dire de Commynes, si tant est que celui-ci n'ait pas fondé son estimation sur celle des États généraux : le revenu du roi pour l'année précédente aurait atteint 4 700 000 livres, la somme se décomposant en 100 000 livres seulement de revenu domanial, 700 000 livres de produit fiscal des aides indirectes et des gabelles, et 3 900 000 livres de produit de la taille. On le voit, l'effort constant du roi pour diminuer les impôts indirects et reporter l'essentiel de la pression fiscale sur la taille semble avoir porté ses fruits. Sur ce total, c'est la Normandie qui porte le plus lourd fardeau : près de 1 200 000 livres. Le Languedoc ne paie que 490 000 livres. En bref, les finances royales ont, en vingt ans, été multipliées par deux et demi.

Il est juste de noter qu'entre 1461 et 1484 la base imposable s'est largement accrue. S'y sont adjoints les contribuables du Berry, ceux d'Anjou et du Maine, ceux de Provence, ceux de Bourgogne, ceux de Picardie. Y sont revenus ceux du Dauphiné et ceux de Guyenne. Dans une note destinée au roi d'Angleterre, les gens du roi de France estiment en 1477 à 13 millions les impôts indûment levés par le Téméraire et sa fille depuis onze ans dans la partie française de leurs états. Certes, le chiffre est délibérément grossi. D'autre part, le ralliement de la population sera au prix d'annulation d'arriérés et de réductions d'impôt. Devenu prudent, le roi fera passer la fidélité de ses récentes conquêtes avant leur exploitation financière. Dans la répartition de la taille sur l'ensemble du royaume, les anciens sujets bourguignons ne comptent en 1483 que pour 100 000 livres sur quatre millions, soit 2,7 %. Le chiffre de l'estimation de 1477, qui suggérerait dix fois plus, est cependant significatif de l'élargissement espéré de la base globale de la fiscalité. Et la modération nécessaire dans les anciens territoires bourguignons ne s'imposait pas dans l'héritage des Angevins. Si l'on ajoute les fruits de la reprise démographique, qui n'est pas douteuse, et ceux de la chasse aux faux privilégiés, notamment aux bourgeois détenteurs de biens nobles, l'incontestable alourdissement de l'impôt n'est pas, par contribuable, proportionnel à l'accroissement global.

Il n'est pas, non plus, disproportionné avec ce que l'on constate ailleurs. De la Bourgogne et la Picardie, le Téméraire obtient un million de livres tournois. Pour une principauté dix fois moindre que le royaume de France, les revenus du duc de Bretagne approchent le demi-million.

On notera la modicité du revenu domanial, encore qu'il faille lui ajouter le prix de tous les services qui, rémunérés par des concessions temporaires, des aliénations définitives ou des assignations de rentes, ne pèsent pas de ce fait sur la trésorerie. Le domaine rapporte plus en fruits politiques qu'en revenu financier. Le fait qu'il ait doublé en vingt ans ne doit pas tromper : si le roi a réuni une bonne partie ce qui lui est venu par héritage ou par saisie, le profit domanial reste souvent aliéné. Si la Provence ou la Bourgogne entre dans le domaine royal, les barons provençaux ou bourguignons ne sont pas pour autant dépossédés. Le roi n'ajoute à son revenu « ordinaire » que le revenu ordinaire de princes qui ne pouvaient « vivre du leur ».

Malgré quelques efforts de gestion plus rationnelle et de lutte contre les dilapidations locales et les prodigalités royales que dénonce souvent, en vain, la Chambre des comptes, on n'a guère la possibilité de faire rendre davantage à cet ensemble de terres et de droits seigneuriaux qu'est le domaine. À la fin du règne, il compte pour 2,5 % dans le revenu global du roi. On voit donc à quel point Louis XI, conscient de ce que l'adage selon lequel le roi devait « vivre du sien », c'est-à-dire comme n'importe quel seigneur, est largement, et depuis longtemps, obsolète, ne peut éviter de recourir à l'impôt, et à celui qui échappe le plus aisément aux conséquences de la conjoncture, c'est-à-dire à l'impôt direct. Quand on emprunte sur le revenu à venir, on ne peut emprunter sur l'incertain qu'est l'impôt indirect. C'est donc bien l'impôt direct qui représente l'essentiel des finances royales, et ces 3 900 000 livres de 1483 doivent être comparées aux 1 200 000 livres de 1461 si l'on veut mesurer l'alourdissement de la pression fiscale au cours du règne. Ces chiffres, qui reflètent la croissance de l'énorme machine administrative et militaire de la monarchie, expliquent l'hostilité des sujets de Louis XI à la taille royale.

Les générosités du roi et le financement des actions diplomatiques ne contredisent pas de tels chiffres. On sait qu'à bien des reprises, Louis XI a pratiqué l'intimidation financière, laissant entendre à ses adversaires, par les concessions dont il se montre capable, que ses ressources sont inépuisables. Il est vrai que le Trésor est le plus souvent à l'étiage. Commynes en fait même le compliment au roi : « il ne mettait rien en trésor, il prenait tout et dépensait tout ». Devant chaque nécessité urgente, il faut donc emprunter, ce qui est souvent anticiper une perception toujours lente. Lorsqu'en janvier 1477 il décide d'envahir les comtés laissés vacants par la mort du Téméraire, Louis XI envoie ses gens dans une dizaine de villes choisies pour leur proximité – on n'a pas le temps d'aller loin – afin de leur emprunter près de dix mille écus. Le moindre crédit est alors appréciable : on taxe Chartres à trois cents écus, Compiègne à cinq cents, que vont chercher le garde de l'Argenterie Jean Le Clerc et le receveur général Pierre de Lailly. Deux ans plus tard, obligé qu'il est de payer ses mercenaires suisses, à peine de ne pas les voir rejoindre, le roi s'alarme de n'avoir pas les 52 500 livres qu'il leur doit et il en est réduit à emprunter, pour attendre, deux mille livres au fidèle Jean Bourré.

Tel est, il faut le rappeler, le lot de toutes les trésoreries médiévales, et on ne voit pas de circonstance où Louis XI ait été empêché dans sa politique par une faiblesse financière sur le moyen terme. S'il se montre souvent gêné pour des dépenses immédiates, c'est qu'il ne vient au Trésor que le revenant-bon du revenu royal, une fois payées sur place toutes les assignations et les dépenses locales. Autrement dit, on fait circuler le moins souvent possible le numéraire. C'est une commodité, qui procure une réelle souplesse dans la gestion des finances, mais c'est aussi une mesure de prudence. On voit mal un roi qui change sans cesse de résidence quotidienne se faire suivre de son encaisse, et le transport expose à bien des périls. En 1463, cinquante-cinq archers accompagnent de Paris à Abbeville deux chariots à quatre chevaux chacun portant 224 905 écus qui sont la moitié de la somme due au duc de Bourgogne pour le rachat des villes de la Somme. Un envoi de 30 000 écus de Tours à Saumur appelle, en 1465, une escorte de dix archers. Les sacs d'écus de la pension d'Édouard IV poseront plus tard le même problème de sécurité : en 1479, cinquante hommes les escortent de Rouen à Dieppe, et on préférera, l'année suivante, les charger sur trois navires armés plutôt que sur un seul. Il faut dire que, n'ayant aucun revenu en Angleterre et aucune créance sur Florence, Louis XI aurait été bien empêché de recourir au change bancaire ou à l'assignation sur une recette locale. À l'intérieur du royaume, l'assignation était plus sûre que les chariots.

Mais il est une autre raison : si le roi manque parfois de dix écus pour les « petites choses », c'est qu'il épargne pour les grandes entreprises. Prospero da Camogli l'écrit sans fard, « il ne tend à autre chose qu'à mettre de côté des deniers », expliquant ce comportement « soit par une avarice extrême, soit par volonté de faire de grandes choses ». Lorsqu'en 1468 il offre de payer au duc de Bourgogne 120 000 écus, le roi peut en verser sur-le-champ la moitié. Tout au long de leur conflit, le Téméraire en saura quelque chose, qui ne saura ni retenir les fidélités que le roi peut payer comptant, ni répliquer aux initiatives du roi en levant les troupes nécessaires.

Les chiffres que l'on vient de citer suffisent à éclairer les étapes de cette progression du revenu fiscal. Après les générosités envers les contribuables qui caractérisent le début et sont synonymes d'une certaine austérité, le Bien public conduit à un alourdissement de la pression, alourdissement qu'aggrave la nécessité faite au roi de se contenter, après 1465, d'un domaine largement amputé par les concessions territoriales qu'il a dû faire à Conflans et à Saint-Maur. Est ensuite venu le temps du réalisme. La base d'imposition est, sur l'ensemble du royaume, au plus bas à la fin de 1465. La cession de la Normandie a été pour les finances un coup très dur. Celle de la Guyenne, en 1469, n'en est pas un moindre. Comme les menaces extérieures n'ont pas cessé et que l'armée est un besoin incompressible, le roi va se battre pour son impôt. C'est le temps où, non seulement on maintient la taille, mais on l'alourdit de crues qui valent souvent autant que le principal. Il en résultera quelques émeutes, vite réprimées.

Lorsqu'en février 1475 se précise la menace d'invasion anglaise, le roi sait bien qu'il aura quelque peine à convaincre les États de Languedoc de voter une crue de 152 000 livres, et il ne se hasarde pas à une nouvelle négociation pour le supplément de 90 000 livres qui paraît nécessaire. Il se joue donc des États. Il prescrit à ses représentants d'attendre qu'à la fin de la session les délégués se soient dispersés. Ils auront alors à imposer, très vite et d'autorité, les 90 000 livres. Les gens du roi verront venir le scandale et attendront quand même trois mois.

L'énormité des sommes mises en jeu pour la guerre et la diplomatie ne doit pas laisser penser que le roi dépense sans compter. Un sou est un sou, et ses hommes de confiance en savent quelque chose, qui doivent rendre compte du prix d'un lévrier ou du coût d'une construction. Une pièce d'orfèvrerie se définit pour Louis XI par son prix, ou par son poids en métal précieux. En toute occasion, il se soucie de ce que coûtera l'exécution de ses ordres. Significative est à cet égard l'algarade qu'il adresse en août 1481 à Daillon, chargé d'organiser la garde de René d'Alençon après son arrestation. « Vous ne mettez point combien il faudrait de gens à le garder, ni ce qu'ils coûteraient.

Ainsi on ne saurait combien appointer sur cela car, puisqu'il n'y a point de nombre de gens pour le garder, on n'en saurait faire la somme. »

EMPRUNTER

Dès qu'il a devant lui une dépense imprévue, le roi se voit forcé d'emprunter. Les aides indirectes ne rentrent qu'aux termes stipulés par les contrats des fermiers, et la levée de la taille – à plus forte raison des crues sur la taille – est une affaire de longue patience pour les receveurs, le contribuable ne s'exécutant guère à la première injonction.

Louis XI a, très tôt, pris l'habitude de vivre à crédit. En 1442 pour sa campagne de Guyenne, en 1445 pour celle de Suisse, le dauphin a dû trouver des prêteurs. À Genappe, il n'a cessé d'emprunter. Roi, il continue de dépenser avant d'avoir le revenu. Comme les villes, les gens de finance sont alors en première ligne. En 1472, le roi demande à Daillon d'emprunter à la ville de Laval cent écus dont il a « bien à besogner », et il avoue deux ans plus tard à Bourré qu'il ne saurait « où recouvrer ailleurs » les cent écus qu'il doit à son médecin. Lorsqu'il veut donner la pièce à des serviteurs, il emprunte à son entourage. Quand il offre à Saint-Martin de Tours une lourde pièce d'orfèvrerie, il lui faut se faire avancer la somme. « Que Briçonnet prenne l'argent sur ce qu'il pourrait devoir sur cette dite année, ou qu'il me le prête, et qu'il le prenne des premiers deniers de l'année qui vient. »

Les gens de finance ne sont pas les seuls créanciers obligés. Tous les officiers savent que leurs gages ne leur seront payés que si l'état de la trésorerie le permet. On épargne les capitaines, dont la fidélité est fragile. On n'hésite pas devant les juges, les administrateurs et les receveurs, qui n'ont pas d'autre maître possible que le roi. Un conseiller au Parlement attendra dix ans le paiement de gages provisoirement « retenus ».

Le système des assignations est cependant, pour les officiers de finance, une charge accablante : le roi assigne une dépense sur la recette de tel ou tel de ses receveurs sans se préoccuper de savoir si celui-ci a le numéraire disponible. Il « décharge » son officier comptable de l'obligation de verser plus tard au Trésor la somme qu'il aura en fait payée au créancier du roi. Dans le plus grand nombre de cas, cela signifie que, fournisseur ou pensionné, ce créancier attend son paiement. Si le roi tient à un paiement rapide, c'est l'officier qui fait l'avance. Un candidat à la recette générale se voit écarté pour ce motif qu'il n'est pas capable d'avancer ce qu'on attend d'un tel officier. Sans le moindre doute, c'est une condition, et une condition difficile à accepter, de l'accès aux grands postes de la finance royale. Ses conseillers, après avoir auditionné un grand marchand d'Orléans qui ambitionne un office de receveur général, l'écrivent sans gêne au roi.

> Il faut qu'il entre dès maintenant en l'office et paie ce mois, car autrement votre fait ne se pourrait conduire. Et, quelque chose que lui ayons su dire, il ne l'a voulu accepter, sinon qu'il ne payât rien de ce mois et qu'il commençât payer à la fin de l'autre mois qui vient. Et à ce que nous avons pu connaître de lui, il n'est pas décidé à y mettre du sien plus de quatre à cinq mille francs, ce qui n'est pas le tiers de ce qu'il y faut avancer.

La plupart ne bronchent pas, quitte à emprunter eux-mêmes chez un banquier. Il en va de même pour les agents diplomatiques, parfois choisis pour leur capacité à avancer les frais de leur mission. Il arrive cependant que, sachant qu'il n'arrivera pas à payer, l'officier comptable refuse tout simplement. En janvier 1480, le roi adresse une algarade au général des finances pour le Languedoc : il a « fait difficulté » pour s'obliger envers le roi René. Il est pourtant vrai que le général n'a pas le premier sou des dix mille livres que le roi lui a enjoint de payer. Un greffier qui refuse de prêter quelques écus se voit révoqué. Naturellement, ce système conduit à de douloureux arbitrages. Quel paiement retarder ? Quel titulaire de pension se plaindra le moins ? Quel report le roi tolérera-t-il ? Lorsque Louis XI décide d'offrir la pièce d'orfèvrerie à Saint-Martin de Tours, il est bien conscient du choix que devra faire Bourré. Ce sera à lui de s'arranger pour faire face à toutes les demandes. Surtout, que l'affaire du luminaire ne soit pas retardée. « Avant que la chose ne demeurât, j'aimerais mieux que la dite somme fût prise sur l'argent de la guerre, mais, comme vous le savez, j'en ai bien besoin à cette heure. »

La pratique place parfois les agents du roi dans une situation cruelle. Recevant une assignation pour les gages du sénéchal d'Anjou, le receveur observe que, s'il les paie, il ne lui restera plus rien de ce que, sur sa propre recette, le roi lui a donné pour le récompenser. Sur ordre réitéré, le receveur devra payer le sénéchal, « sans avoir regard audit don ». Une telle pratique rejoint celle du retard systématique des gages et des pensions. Là, les officiers qui ont une recette ne sont pas seuls en cause. De Bourré et La Loère au plus modeste agent local, tous sont créanciers du roi. On connaît un bailli qui ne perçoit qu'en 1481 ses gages de 1471.

C'est pour payer des hommes d'armes – les siens ou ceux qu'il fait combattre à son avantage – que le roi se résout le plus souvent à emprunter, et on ne peut, pour ce type de dépense, attendre les rentrées d'argent pour recruter. Même si l'on établit un impôt pour faire face à la dépense militaire, la levée de l'aide ou de la contribution est affaire de temps, car il faut faire l'assiette de l'impôt, désigner des receveurs et fixer des termes de paiement, que les contribuables ne respectent guère. Or il est d'élémentaire prudence de payer les soldats. Louis XI tient, comme son père, à ce que les troupes ne se débandent pas, faute de solde. Il emprunte donc, fait payer les compagnies, et assigne le remboursement sur l'impôt à venir. En 1463, il lève en Dauphiné une troupe – cinquante hommes d'armes et cent piétons – qu'il veut envoyer à Dunois, alors chargé de secourir Savone. Il en coûtera 3 750 livres, que paieront les contribuables du Dauphiné. Mais Dunois ne peut attendre. Le 19 août, le roi demande donc aux bourgeois de Lyon de faire l'avance. Tout cela n'empêche pas que les hommes d'armes des compagnies ne seront, pour cette année, payés qu'avec plusieurs mois de retard, la crue sur la taille destinée à payer le rachat des villes de la Somme ayant épuisé les facultés des contribuables. Après quelques déconvenues, le roi s'arrangera pour que semblable retard ne vienne plus mettre en péril son armée.

Le 31 mars 1466, c'est aux troupes de Galeazzo Sforza qu'il fait servir leur solde en chargeant le trésorier du Dauphiné

Claude Cot d'emprunter, « au change, à Lyon ou ailleurs », les 4 000 écus nécessaires. L'histoire mérite d'être retracée, car on y voit l'attention qu'apporte personnellement Louis XI au détail de l'affaire. « D'argent comptant n'en ai point à cette heure », écrit-il à Cot. Celui-ci remboursera sur l'aide votée par les États du Dauphiné, mais le premier terme de l'aide est à la Madeleine, le 22 juillet. Or le roi n'oublie pas le secours que lui a apporté le fils de Francesco Sforza en venant avec une armée milanaise contre le Bien public, et il vient d'apprendre la mort de Francesco Sforza le 8 mars. Galeazzo devient duc de Milan et regagne l'Italie avec ses hommes. Ce n'est pas le moment d'avoir avec lui quelque différend sur la solde. Mieux vaut emprunter en attendant la Madeleine, « quelque perte ou dommage que j'y puisse avoir ». Les banquiers de Lyon ne font pas crédit gratis.

Cot n'ayant pas trouvé la somme, en réfère au roi, lui suggérant d'en parler lui-même à l'agent lyonnais des Medici, Franceschino Nori, qui est auprès du roi à Orléans. Le 17 avril, le roi donne à Cot, par lettres patentes, pouvoir d'emprunter à intérêt les 6 000 écus à quoi Louis de Crussol estime la dette du roi. Mais on doit négocier dans le même temps ou prévoir de négocier avec les gens de Galeazzo, car le même jour la somme est ramenée à 4 000 écus. Entre-temps, Cot a trouvé 2 000 écus qu'il prêtera au roi « sans aucune perte ». Il se remboursera sur l'aide. Le reste sera emprunté avec un intérêt de cent écus, auxquels il faut joindre quarante écus pour les frais de voyage et autres dépenses afférant à l'affaire. Le lendemain 18 avril, le roi annonce à Cot, par lettre missive, que l'affaire est conclue : « Francequin Norry » fait l'avance. Par une lettre personnelle dont il double la lettre du roi, Bourré précise au trésorier qu'il devra s'obliger devant notaire à rendre les écus au Florentin en deux termes, à la mi-août et à la Toussaint.

Dès le 19 avril, 2 000 écus sont payés à Lyon au chancelier et trésorier du duc, Giovanni Bianchi. Le 28, à Suse, Pietro di Francesco Visconti et Giovanni di Scipione Pallavicini, tous deux lieutenants de Galeazzo, constituent Bianchi comme procureur pour recevoir le solde et donner quittance du tout. Le 17 mai, Bianchi donne quittance du tout. On l'aura noté, cent écus d'intérêt pour 2 000 sur au moins trois mois – avant la recette du terme de la Madeleine – font un intérêt annuel qui avoisine les vingt pour cent.

L'affaire des villes de la Somme n'appelle pas moins le recours aux prêteurs. Racheter les places engagées au duc de Bourgogne par Charles VII en 1435 coûtera 400 000 écus, ce qui, même après que Philippe le Bon a accepté de prendre des écus neufs pour des écus vieux, représente encore 1,35 tonne d'or fin. Pour convoyer la somme il faudra par deux fois un canonnier avec son chariot, escorté de cinquante lances.

De « sa propre épargne », le roi dispose de la moitié de la somme. Reste à emprunter l'autre de quelques villes et de plusieurs évêques. En mai 1463, Jean de Montauban, Étienne Chevalier et Jean Bourré sont déjà chargés de trouver ces 200 000 écus et de les remettre au duc de Bourgogne. En août, c'est Pierre Doriole qui part à son tour. On le voit à Tournai, où il demande 30 000 écus et en obtient 20 000. À Paris, le roi lui-même se fait remettre les dépôts financiers en garde à Notre-Dame, notamment ceux du Parlement et de la Chambre des comptes. Un lourd impôt est établi pour rembourser les sommes ainsi empruntées. Les villes de la Somme, et plus généralement la Picardie, n'en sont pas exceptées, même si par la suite, soucieux en 1465 de ménager leur fidélité, le roi fait remise aux villes picardes des 20 000 écus qu'elles devaient. Il le soulignera en refusant de financer la mise en défense des villes, une telle remise n'a été accordée nulle part ailleurs.

L'emprunt des consignations au Parlement est réitéré en 1475 quand il faut procurer d'urgence au roi les 75 000 écus qui sont le prix immédiat de la paix de Picquigny. Le Parlement faisait la sourde oreille. Les deux généraux des aides envoyés avec le chancelier pour négocier l'affaire durent donner leur garantie personnelle. Ce n'était cependant pas la fin de leurs difficultés. On pouvait emprunter les consignations, non les saisir : le Parlement devait pouvoir les restituer. Or il avait accepté, outre des sommes en écus royaux, bien des espèces étrangères qu'il fallut changer et des objets de valeur très diverse – de la vaisselle aussi bien qu'un diamant – qu'il ne pouvait être question de vendre puisqu'on devait un jour les rendre à leurs propriétaires.

Les représentants du roi se virent donc dans le cas de les engager eux-mêmes chez des banquiers, naturellement à leurs frais.

En ces deux affaires comme en bien d'autres, officiers et banquiers ne sont donc pas les seuls sollicités, et le roi sait ce que lui coûtent des prêteurs qui exigent des gages et se font réellement payer un intérêt. On quémande surtout du crédit auprès des corps de ville, et les municipalités, qui voient en jeu leurs privilèges, ne sauraient se dérober : elles se tournent vers les contribuables les plus aisés, capables de dégager sur-le-champ les sommes demandées, mais c'est en définitive la communauté des habitants qui paie si le roi ne rembourse pas. Les Lyonnais ne manquent pas d'exploiter l'idée quand il s'agit de défendre leurs foires : la prospérité de la ville permet au roi d'y pouvoir « finer promptement et par emprunt cent ou deux cent mille francs ». Si le Conseil de Lyon est très sollicité, soit sur ses fonds propres soit sur le crédit qu'il peut obtenir des banquiers italiens et français, voire des établissements ecclésiastiques, de petites municipalités n'y échappent pas plus. En janvier 1477, quand il s'agit de financer d'urgence la conquête de l'état bourguignon, le roi obtient 6 000 écus de Paris, 3 000 de Lyon et 2 000 de Tours, d'Orléans, de Poitiers et de La Rochelle, mais Pont-Audemer, Louviers ou Meaux sont de ces villes qui prêtent seulement 400 écus.

Les villes manifestent parfois leur hostilité à des taxations qui prennent les allures d'une imposition. Responsables du succès de l'opération, les officiers royaux se montrent peu enclins à entendre les protestations. On manie la menace. Aux habitants de Poitiers, qui rechignent à prêter 2 000 écus, on annonce qu'on va « détruire la ville et en faire un village ».

Abbayes et chapitres sont également taxés pour des emprunts qui peuvent aller de 100 à 2 000 écus. On s'adresse aussi aux particuliers, aux proches – Varye, Doriole, Jouffroy – ou à d'autres, et les conseillers du roi ont souvent charge de faire le tour de leurs relations. Bourré voyage ainsi, à bien des reprises, pour trouver de l'argent. Plus simplement, le roi se tourne parfois vers ses fidèles sans s'embarrasser de savoir où ils le trouveront et même s'ils ne manient pas les deniers de l'impôt ou du domaine. Pour financer l'armée de 1477, pendant que les généraux des finances et les contrôleurs généraux avancent 8 000 écus, le maréchal de Gié et le grand maître Dammartin prêtent chacun 2 000 livres, et le chancelier Pierre Doriole doit aller jusqu'à 6 000.

L'imbrication des anciens emprunts, des impôts qui doivent permettre leur remboursement et des nouveaux emprunts qui se succèdent rend assez vaine la question : ces emprunts sont-ils remboursés ? Il semble bien que les emprunts de 1463 ont été remboursés, que ceux de 1468 le soient moins et que, conséquence logique, il soit difficile d'emprunter en 1471. Varye l'a bien dit, c'est le remboursement qui permet l'emprunt.

Disons d'un mot qu'il dépend du roi que l'emprunt soit fait « par don » et non « par prêt », ce qui dit clairement qu'on ne le remboursera pas. Il n'est pas de ville qui n'ait prêté ainsi, à fonds perdus, quelques centaines, voire quelques milliers de livres. Et que signifie un remboursement s'il est suivi d'un autre emprunt ? Il en va de même pour l'intérêt : quand il est stipulé, est-il payé ? D'une année sur l'autre et d'une urgence à une autre, la dette du roi reste flottante. Les banquiers tiennent leurs comptes, se font rembourser, et prêtent de nouveau. Les villes, elles, prêtent et supportent l'impôt qui rembourse. C'est au niveau le moins élevé de la société contribuable qu'il faut chercher les transferts de charges. Les notables font l'avance, quitte à emprunter aux banquiers. Ainsi fait, très souvent, le Conseil de Lyon, qui sait se tourner en ces cas-là vers les Medici. Mais, quand il s'agit de répartir l'impôt, c'est toute la ville qui est mise à contribution. La pratique est ancienne : on s'en plaignait déjà au XIIIe siècle dans les grandes villes drapantes de Flandre.

Une affaire montre bien la complexité des financements. En 1471, il a fallu, pour le siège de Mâcon, acheter du bois et payer les charpentiers. Les gens du roi se sont tournés vers le Conseil de Lyon, qui a payé 600 livres. Ils ont, pour le roi, signé une obligation. Mais, dans la chasse aux finances qui préludait au même moment à la reprise de la guerre contre la Bourgogne, la ville de Lyon était taxée pour un prêt de 3 000 écus. Elle n'en avait pu verser que 2 000. Les gens du roi ont alors demandé à Louis XI de déduire les 600 livres – soit 436 écus – des 1 000 écus restant à payer. Mais, le 20 mai, les gens du roi n'ont pas encore la réponse de Louis XI, et ils donnent simplement instruction de ne pas exiger des Lyonnais les 600 livres, « car il n'est pas raison qu'ils les paient deux fois ». En fait, par lettre du 28 avril 1472, le roi avait déjà fait remise à Lyon desdits 1 000 écus. La formule qui qualifie le prêt est, dans son ambiguïté, des plus claires : « Nous vous avons quitté la somme de mille écus que vous nous deviez du reste des 3 000 écus à quoi vous aviez été imposés pour votre portion de l'emprunt. »

Il a fallu combler le trou. Ce qui devait rembourser la fortification est passé ailleurs. Le roi l'a « employée en ses affaires ». Et de donner ordre aux Lyonnais de rendre sans délai l'obligation de 600 livres, « comme cassée et nulle ». Autrement dit, le roi s'est privé de la différence, mais il n'entend pas devoir rendre le premier emprunt. Faisons les comptes : le roi a reçu une fois 436 écus, puis 2 000 écus, et renoncé à 564 écus, mais il n'en doit finalement que 2 000, et les Lyonnais, au lieu des 3 436 écus qu'il aurait pu leur en coûter, n'en ont versé que 2 436, et ils ont espoir d'être remboursés de 2 000. La véritable rémunération du crédit n'est mentionnée qu'à la fin de cette étonnante lettre où un « emprunt » est dit « imposé » et où un autre ne sera pas remboursé, mais elle est évidente pour les prêteurs : « En vos affaires, nous vous aurons toujours pour recommandés. » Privilèges et foires se paient.

La nécessité des emprunts a une conséquence qui se mesure assez bien dans le temps : la naissance d'une fiscalité à deux dimensions, l'une pour les villes normalement sollicitées pour des prêts gagés sur l'impôt, l'autre pour les villes de moindre capacité et pour les campagnes où, même si elle se fait avec quelque retard dû à la temporisation des contribuables, la perception en temps réel demeure la norme.

La mainmise sur les villes

Les campagnes ne se reconstruisent que très lentement, et l'on ne saurait faire appel à leur contribution alors même que le gouvernement royal et les seigneurs fonciers multiplient les exemptions, les privilèges et les dégrèvements pour que se présentent des exploitants décidés à tenter une remise en culture dont le profit réel attendra souvent plusieurs années. La reprise économique est plus rapide dans les villes, et le roi soutient suffisamment cet essor des profits urbains pour pouvoir négocier en échange une contribution substantielle au financement de sa politique. Donc, on taxe les villes, soit à fonds perdus, et c'est l'impôt, soit sous forme d'emprunts au remboursement incertain, ce qui revient au même.

Naturellement, c'est vers les villes débitrices de quelque avantage que l'on se tourne en premier. Les exigences fiscales sont indissociables de la politique économique, non seulement parce qu'il n'y a pas de contribution sans base financière – on attend peu des villes pauvres – mais aussi parce que le bourgeois accepte mieux de payer quand il voit mettre en balance les moyens de sa prospérité. Autant dire que Lyon, qui se bat pour avoir et garder ses foires, est la victime préférée des sollicitations royales. De même les villes menacées par la guerre savent-elles ce qu'il leur en coûterait de n'être pas protégées.

On voit d'autres marchandages, tel celui que subissent en mars 1470 les Toulousains. Pour la campagne de 1469 contre l'Armagnac, on a dépensé les 6 000 francs levés pour le paiement des gages du Parlement de Toulouse. Pour les gages, maintenant, il faut retrouver 6 000 francs. Sur injonction du roi, la ville, à elle seule, les paiera.

> Chers et bien aimés. Vous savez que naguère, à votre très grand requête et poursuite, et pour vous complaire, nous avons ôté notre cour de Parlement de notre ville de Montpellier et l'avons remise en notre ville de Toulouse, ce dont depuis nous avons eu plusieurs plaintes et doléances. Mais, ce nonobstant, nous n'avons, en faveur de vous, voulu faire aucune mutation.

Après le passé, l'avenir. Louis XI le rappelle durement : « Plusieurs grands biens et profits viennent au long de l'an entre vous, et vous ne contribuez à autre chose. » Les Toulousains répliquent en vain qu'ils n'ont pas les moyens. Le 14 mai, le roi conclut qu'il « ne peut pas faire autrement ». De l'installation du Parlement à Toulouse, « il y vient beaucoup de profit et utilité ». Les capitouls ont compris. À un refus, ils ont tout à perdre, y compris leurs relations avec le Parlement.

La faveur du roi n'est pas gratuite, les bourgeois doivent le savoir. Après leur avoir donné toutes sortes de privilèges pour les remercier d'avoir pris sa cause dans la guerre de 1471, le roi compte bien sur les habitants d'Amiens pour financer la réparation des fortifications et indemniser à « prix raisonnable » les propriétaires dont on détruira les maisons pour aménager l'enceinte.

Encore faut-il savoir qui représente les villes, et notamment qui est l'interlocuteur dans les négociations pour l'impôt ou pour les emprunts. Or, on le sait, Louis XI se méfie des assemblées, à quelque niveau qu'elles se situent. On retrouve donc ici les mêmes arguments qu'a mis en avant Charles VII pour cesser de convoquer les États généraux : il est difficile et onéreux de réunir tant de monde. En fait, on s'en méfie, et la chose est clairement dite en 1481 quand on stipule que les échevins d'Arras ne pourront convoquer l'assemblée qu'en présence des gens du roi. « Toutes assemblées générales de grandes communautés sont aucunes fois de dangereuse conséquence, et aucunes gens de mauvais esprit peuvent, par grand malice, séduire plusieurs simples gens. »

Sauf en quelques rares cas comme à Tours qui est maintenant sa ville ou à Toulouse dont il ménage les capitouls, Louis XI tient donc les assemblées des bourgeois pour négligeables, et il s'emploie à leur retirer en pratique toute initiative et toute capacité de représentation. Mais, si l'assemblée générale peut être incommode quand il s'agit de discuter de la contribution, elle se révèle utile quand le roi entend ne pas se mêler des affaires internes de la ville. Lorsqu'à Langres, en 1468, les bourgeois et le clergé se disputent pour savoir si les clercs assumeront le service de garde et de guet, le roi charge le gouverneur de Champagne de réunir tout le monde et de laisser l'assemblée fixer le nombre de services à exiger du clergé. Autant dire que l'ordre est de s'arranger entre eux.

Ce qui compte pour le roi, c'est le conseil de la ville, autrement dit l'émanation d'une très petite oligarchie dont il est relativement aisé de s'attacher le dévouement. L'organe majeur de la vie municipale, ce n'est plus l'assemblée des habitants, pas même celle des bourgeois, c'est le corps de ville que constituent, selon les constitutions, le maire et les échevins ou les consuls. Encore le roi ne manque-t-il pas une occasion de réduire en nombre cet étroit collège dont le renouvellement le plus souvent annuel assure la fragilité, donc l'obéissance. La concentration des pouvoirs qui restent au corps de ville dans les mains d'un petit nombre de décideurs va parfois jusqu'à inverser les procédures : les conseillers sont élus par les consuls. À Toulouse, les huit capitouls – ils étaient naguère douze – sont choisis par le viguier royal sur une liste proposée par les capitouls sortants. À Paris, le prévôt des marchands et les échevins choisissent les notables qui assistent les conseillers sortants et les quarteniers pour l'élection du nouveau corps de ville.

Louis XI s'entremet personnellement des élections. En mai 1464, il écrit froidement aux bourgeois de Poitiers que, son secrétaire Jean de Moulins étant à la veille d'épouser la fille de l'un des Cent de la ville, il souhaite que ledit secrétaire succède à son beau-père. L'idéal du roi, c'est d'ailleurs un unique interlocuteur. Bien des corps de ville sont tout simplement remplacés par un maire, et souvent un maire nommé, dont on attend la soumission. Louis XI ne se gêne pas pour l'écrire en 1463 aux habitants de Poitiers.

> Nous avons entendu que, l'année passée, à notre requête, vous avez élu en votre nombre de vingt-cinq nobles de notre ville de Poitiers notre cher et bien aimé valet de chambre et receveur en Poitou, Michau Dauron. Et, pour ce que nous avons son fait très à cœur, nous voulons et vous mandons derechef que, pour cette prochaine année à venir, vous l'élisiez et constituiez en l'ordre et degré de maire de notre ville de Poitiers... Et que notre dit receveur connaisse ce que nos prières lui ont valu.

L'année suivante, c'est Jean de Moulins que le roi veut voir élire maire de Poitiers, même si celui-ci, à peine élu au Conseil, n'a pas eu le temps d'aller à Poitiers prêter serment. Il s'acquittera de cette formalité par procureur. On ne saurait mieux dire que celui qui représentera la ville devant le roi ne représentera que le roi. « Nous voulons que à faire ledit serment vous le receviez par procureur et que pour ce vous ne vous excusiez de l'élire et faire maire de notre dite ville pour cette fois. »

L'élection du maire de Poitiers continue de se révéler difficile. En 1466, les électeurs ont manifesté leur indépendance. Le maire Adrien de Conzay a fini son temps. Le Grand Conseil du roi a fait savoir que le roi souhaitait son remplacement par son prédécesseur. Conzay a exhibé des lettres du roi que nul n'a pu vérifier et s'est fait réélire. Le roi ne discute pas la teneur de ces lettres : elles ont peut-être été obtenues « par inadvertance, par la subtilité, cautèle et malice d'un nommé Michelet Croizet ». Il précise seulement que ces lettres ne traduisent pas sa volonté. Il ordonne simplement aux bourgeois de retirer les clés de la ville à Conzay, de les donner « à celui qui était l'année dernière passée », et d'obéir en tout à celui-ci. On ne saurait mieux ignorer l'élection. Il est à noter que le roi ignore aussi le nom de l'ancien maire, qui est pourtant son candidat. Autant dire qu'il agit à l'instigation d'un de ses conseillers, qu'il a écouté d'une oreille distraite mais dont il n'a pas négligé l'intervention.

L'année suivante, le roi enverra aux vingt-cinq échevins un procureur chargé de leur remettre la lettre de recommandation en faveur de Colas Mouraut et de veiller à l'élection.

Pour Amiens, le roi ne s'embarrasse pas plus d'élection. Il écrit simplement aux échevins qu'il a nommé maire Philippe de Morvilliers, cousin germain du chancelier Pierre de Morvilliers. La mairie devient, aux termes de la lettre du 13 septembre 1464, un véritable office.

> Icelui Philippe avons commis et ordonné maire de notre ville et cité d'Amiens pour trois ans commençant au jour Saint Simon et Saint Jude prochain venant, à tenir et exercer le dit office ainsi et pareillement que autrefois l'a exercé es années qu'il a été maire de notre dite ville.

En 1471, Amiens élit réellement son maire. Mais les échevins sont gens prudents. Ils ont écrit au roi pour connaître sa volonté, et le roi a répondu : il lui « semble que maître Jean du Cauroy est pour ce faire bien convenable ». Simple clause de style, d'ailleurs, car la suite est sans ambiguïté : « Nous voulons que pour ledit temps il exerce ladite mairie. » Survient l'incident : Du Cauroy est déjà lieutenant du bailli, il a de grandes charges. Bref, il s'excuse devant les échevins, et il va le dire à Dammartin. Le grand maître vient à l'hôtel de ville et dit publiquement que l'on ne se refuse pas au choix du roi. Du Cauroy aura beau plaider qu'il a trop de travail, il devra accepter.

La procédure change de ville à ville, et elle évolue avec les années. Souvent, le roi concède que soient librement élus les échevins, prévôts, argentiers, receveurs et maîtres des ouvrages. Les exécutants sont élus, le chef de la ville est l'homme du roi. Parfois, on compose, et notamment quand il faut assurer la fidélité de bourgeoisies fragiles, comme c'est le cas en des régions récemment soumises. En août 1479, Abbeville élit trois noms, et Louis XI envoie la liste au général des finances Guillaume Picart en le chargeant de choisir pour maire « le plus homme de bien et le meilleur Français des trois ». Mais au fil des années Louis XI se fait plus autoritaire, et pour bien des villes il ne fait plus aucun cas de l'élection, même pour de simples échevins. Les bourgeois de Bourges le comprennent en juin 1479.

> Chers et bien aimés. Nous avons vu vos lettres, avec le rôle de l'élection que vous avez faite des maire et échevins de notre ville de Bourges pour cette présente année. Nous voulons et avons ordonné et ordonnons que Monseigneur Pierre Tuillier soit maire, et échevins maîtres Philippe Bouer, Jean de l'Hôpital, Savary du Puy, Jean Salat, Girard Foucher et Colin Jean. Ainsi le veuillez ainsi faire, car tel est notre plaisir.

Mais, deux ans plus tard, le roi dit avoir « élu » le maire et les échevins de Bourges « entre ceux dont nous avez envoyé les noms et surnoms par écrit ». Sans doute les bourgeois ont-ils devancé le bon plaisir du roi.

Pour certaines villes, on ne s'embarrasse pas d'un renouvellement. L'homme à tout faire qu'est Guillaume de Cerisay est, sur ordre du roi et bien que l'Anjou soit encore au roi René, élu maire d'Angers en 1474. Il y sera jusqu'à la fin du règne, et fort impopulaire.

La même méfiance pousse le roi à mettre en tutelle la Prévôté des marchands de Paris. On y compte encore deux marchands parmi les échevins de 1461. À partir de 1463, il n'y en aura plus jamais qu'un seul. Les prévôts des marchands qui se succèdent pendant le règne de Louis XI sont tous des gens du roi, conseiller au Parlement, maître de la Chambre aux deniers, maître des comptes, panetier du roi, grenetier du grenier à sel de Paris. Sur vingt-huit échevins au métier identifiable, on compte dix marchands, quinze officiers, deux avocats dont celui du roi et de la ville, et un procureur. Et nul ne s'étonne que soient échevins par deux fois et pour cinq années le chevalier du guet Jean de Harlay et pendant six ans l'élu de Paris Jean des Vignes, autrement dit le chef de la police et le chef de l'administration fiscale. En 1482, le roi n'hésite pas à imposer de force ses candidats. Le plus souvent, cela se passe en douceur.

Quand meurt Louis XI, siègent à la maison aux Piliers de la place de Grève, autour d'un prévôt des marchands qui est conseiller au Parlement, quatre échevins qui sont respectivement le receveur royal de Paris, un clerc de la Chambre des comptes, un examinateur au Châtelet et un mercier qui vient de succéder à l'élu de Paris. On n'a aucune peine à deviner la faible capacité de ces gens à résister aux demandes d'argent formulées par le roi. Il n'y a personne pour croire que la Prévôté des marchands représente la Marchandise.

La mainmise aura une conséquence bénéfique pour les villes, qui tient à la considération marquée par le roi. Lorsqu'il faudra convoquer en 1484 les États généraux, on s'apercevra que les notables des bonnes villes sont, à eux seuls, les représentants de la nation.

La monnaie

Instrument de la vie économique, la monnaie est aussi, depuis l'Antiquité, un signe d'autorité politique. L'idéal serait, pour le roi, que sa monnaie soit la seule émise dans le royaume, la seule qui circule, et qu'elle soit, par sa qualité intrinsèque et son appréciation sur les marchés, digne de la souveraineté dont elle est un attribut essentiel. Depuis le XIVe siècle, les rois n'ont cessé de lutter contre les monnayages seigneuriaux, laïques et ecclésiastiques, qui sont nés de la nécessité au temps où éclataient les structures politiques du royaume carolingien. Au siècle de Louis XI, les petits monnayages ont sombré. Aux marges du royaume, il n'en va pas de même, et on s'y hasarde à frapper la monnaie d'or qui demeure le symbole par excellence de la souveraineté. Le duc de Bourgogne ne se contente pas de frapper monnaie dans ses terres d'Empire, le comte de Foix copie la monnaie royale et le duc de Bretagne fait reconnaître par le roi, en 1465, son droit à la monnaie d'or. Le prince d'Orange Guillaume de Chalon obtient en 1475 semblable reconnaissance. Et, parce que la valeur intrinsèque des monnaies étrangères l'emporte là sur l'autorité de leur effigie, elles ne manquent pas de circuler dans le royaume. Bref, le roi a fort à faire pour maintenir son monopole. Au mieux peut-il profiter de circonstances politiques pour réduire les monnayages concurrents : ainsi Charles d'Armagnac, alors en prison pour haute trahison, est-il accusé, en 1470, de faux-monnayage pour avoir battu monnaie sans autorisation.

Émettre la monnaie est une chose, la garder dans le royaume en est une autre. Louis XI ne cessera pas de lutter contre l'évasion, dont les effets sont dramatiques en une Europe où se raréfient les métaux précieux disponibles. Si l'on analyse l'évolution des espèces monétaires, on voit à chaque instant la préoccupation mercantiliste du roi. L'héritage de Charles VII était sain, et Louis XI, que les difficultés financières en Dauphiné et la détresse financière en Brabant ont rendu sensible au mal d'argent, ne peut que se montrer attentif et prudent.

Ce mercantilisme monétaire se traduit d'abord par un interdit : le roi prohibe l'exportation de sa monnaie. Il se double d'une affirmation de souveraineté : est interdite la circulation en France des espèces étrangères, lesquelles ne sauraient que prendre sur le marché la place des espèces royales. C'était déjà à la fin du XIIIe siècle la politique de Philippe le Bel. Si toutes les monnaies se valaient, la circulation d'espèces étrangères porterait tort à la dignité du souverain, non au marché, qui aurait de toute manière ses moyens de paiement. Comme ce n'est pas le cas, l'une ne remplace pas l'autre, et le marché souffre à la fois de la confusion et de la disparition de ses meilleurs moyens de paiement.

Louis XI est cependant, en matière de circulation monétaire, tout aussi réaliste qu'en diplomatie. En 1463 déjà, quand il paie le rachat des villes de la Somme, il se voit compter par les gens du duc de Bourgogne une perte de change pour un envoi qui comprend, parmi les 200 000 écus annoncés, les espèces les plus diverses : 1 402 saluts, 61 vieux écus et moutons, 2 500 écus de Toulouse et quelques écus de Savoie.

Alors qu'il a interdit les monnaies étrangères dans tout le royaume, il comprend, quand en janvier 1471 commence la guerre de Picardie, que le temps n'est plus d'interdire : tout or est bon. Les trésoriers paient donc les soldes avec ce qu'ils ont dans leurs coffres, et même avec des monnaies décriées. Comme plusieurs capitaines refusent de telles espèces, craignant qu'à l'usage elles soient refusées ou prises pour moindre valeur, le roi précise en février sa volonté : malgré l'ordonnance récente de décri, « pour cette guerre, que toutes les monnaies se prennent ». En mars, il généralise la tolérance et en informe la place de Lyon.

Les ordonnances sont une chose, leur application en est une autre, et Louis XI se montre sensible à la réalité des marchés monétaires locaux. Pour tout dire, il constate le désordre et doit s'en accommoder. Dès avril 1466, « par manière de tolérance », il accepte de laisser circuler dix espèces qui ne viennent pas de ses ateliers. Le 23 mars 1473, puis le 28 mars 1474, il fixe pour les monnaies étrangères – cela comprend les espèces de Bretagne, de Lorraine, de Catalogne et de Foix – un cours légal qui ne saurait être en effet qu'une tolérance, mais une tolérance nécessaire. À Bordeaux, on se demande alors si ces mesures sont adéquates pour la Guyenne. Le maire et les jurats diffèrent la publication de l'ordonnance. Assisté d'un clerc et d'un écuyer bordelais, le comte de Candale Jean de Foix est chargé de demander au roi des instructions précises. Loin de s'en froisser, Louis XI va laisser aux techniciens le soin de décider. Germain Braque, maître général des Monnaies, part pour Bordeaux afin d'établir sur place la liste des monnaies acceptées et leur cours « selon leur bonté et valeur ».

C'est là un réalisme ambigu. Quand les contribuables ne trouvent, pour acquitter leur part de l'impôt, que des espèces étrangères, le receveur doit bien s'en accommoder. Mais les capitaines hésitent à les accepter des trésoriers des guerres, craignant toujours un décri. Et les autres créanciers du roi – les bénéficiaires de pensions en particulier – ne sont pas moins réservés devant des espèces à l'avenir incertain.

Le roi se fâche, cependant, en mars 1479 quand il apprend que l'on accepte sur la place de Poitiers les « monnaies étranges et autres » qu'il a décriées le 17 novembre 1478, notamment les deniers bordelais. Il consulte alors les experts : en juin 1479, alors que sa diplomatie italienne lui coûte de plus en plus cher, il fait venir à Paris deux bourgeois de chacune des grandes villes afin qu'ils délibèrent avec les généraux des Monnaies sur les mesures à prendre pour « le bien de la chose publique », entendons pour éviter que les monnaies royales « ne soient tirées hors du royaume » et que l'on continue de voir courir les monnaies étrangères. Devant le peu d'empressement des villes, il lui faut durcir le ton : aux marchands de Compiègne il ordonne de venir tous à Paris le 12 juin. Une autre assemblée est convoquée le 24 juin à Lyon pour « tous les officiers et tous les marchands » de la France méridionale.

Il ne s'agit pas seulement de monopole. Le roi voit ses propres espèces dépréciées quand leur cours commercial dépasse le cours légal, et c'est une manœuvre sans espoir que fixer par ordonnance le cours en France des monnaies étrangères. En haussant le cours des espèces anglaises, il espère cependant en avril 1466 les attirer, à la fois pour approvisionner en or ses ateliers monétaires et pour asphyxier l'économie anglaise. En le baissant, en 1471, il veut en revanche contrarier la circulation des espèces venues de l'état bourguignon. Il contrarie surtout les affaires sur la place de Lyon, et il lui faudra revenir sur sa décision.

Reste que l'inflation est irrécusable et que le cours légal de l'écu neuf frappé depuis 1436 par Charles VII – un écu que l'on appelle parfois écu couronne – ne correspond plus à son appréciation sur le marché. En avril 1464, Louis XI consulte des experts, les maîtres généraux des Monnaies et quelques hommes d'affaires qu'il fait venir des principales places monétaires : de Tournai, de Rouen, d'Angers, de Bourges et de Lyon. Paris est assez représenté parmi les maîtres généraux : on y voit les Parisiens de vieille souche que sont Germain Braque et Jean Clerbout, des notables qui ont été échevins de la capitale. La séance se tient à Paris en la Chambre des monnaies et c'est le président des Comptes, Bertrand de Beauvau, qui représente le roi. L'objet premier, c'est de remédier à la circulation des « écus légers et monnaies étranges, tant d'or comme d'argent » que l'on trouve dans le royaume. Mais le propos est plus subtil que celui d'une pure interdiction, si souvent réitérée en vain depuis plus de deux siècles. L'accord se fait sur une sérieuse dévaluation de la livre tournois, autrement dit de la monnaie de compte.

> Par le moyen dessus dit semble que ce sera assez pourvu auxdites monnaies étranges sans icelles pour le présent faire décrier ou défendre, pour ce que par ce moyen partie d'icelles monnaies étranges, tant d'or comme d'argent, ne pourrait-on fondre et convertir en l'usage dessus dit, qui sera aussi bonne monnaie qui de présent a cours. Et avec ce, se pourra apporter et attraire desdits pays étranges plusieurs matières, tant d'or que d'argent, pour être converties et ouvrées es Monnaies dudit seigneur.

Bref, la réitération de l'interdit n'augmenterait pas la masse de métal précieux disponible pour les ateliers monétaires. Et les cinq ou six cents marcs d'or en paillettes que procurent l'exploitation de quelques mines et l'orpaillage dans quelques rivières ne fournissent qu'un peu de métal supplémentaire au monnayage royal. Les experts le disent : on peut laisser courir les bonnes monnaies étrangères, celles que l'on peut refondre à moindre coût, mais non celles dont le mauvais aloi condamnerait les ateliers à trop de travail et de dépense pour extraire le métal précieux. Il ne s'agit pas ici des monnaies d'or : si l'on excepte les très mauvais postulats de Liège et d'Utrecht, parfois frappés avec un alliage à 12 carats (le fin étant à 24), l'aloi descend rarement en dessous de 16 carats. Le propos ne vise que les exécrables pièces « noires » qui sont au fond de toutes les bourses : les experts fixent à 2 deniers 16 grains d'aloi (le fin étant à 12 deniers) la limite inférieure des monnaies étrangères acceptables en France. En d'autres termes, on n'acceptera pas les pièces comportant moins de 22 % d'argent.

Pour les experts, seule une dévaluation empêcherait l'exportation des monnaies du roi et ferait venir des monnaies bonnes à fondre. Thomas Gresham ne se risquera qu'un demi-siècle plus tard à formuler sa loi, et tout le monde n'a pas compris que la mauvaise monnaie chasse la bonne. Implicitement, on l'admet quand même : on voit bien que les mauvaises pièces envahissent le marché. Lorsqu'il autorise le prince d'Orange à émettre de la monnaie d'or, le roi n'y met qu'une condition : qu'elle soit du poids et de l'aloi des monnaies royales. Ce qui fait peur, c'est une mauvaise monnaie aux portes du royaume.

Le mercantilisme monétaire bute malheureusement sur la politique générale. Beauvau le dit clairement, il faut « faire un nouveau pied sans aucunement toucher à celui de présent ». Autrement dit de nouvelles espèces qui ne changent rien. C'est le prestige du roi qui est en cause. La dévaluation proposée par les hommes de l'art est pourtant habile : ils suggèrent un nouveau type d'écu plus lourd que l'écu neuf de Charles VII (52 pièces au marc au lieu de 71) mais de moindre aloi (23 carats et demi au lieu de 24) et valant 40 sous au lieu de 27 sous 6 deniers. Seuls les sujets du roi qui sont capables d'un calcul à deux règles de trois pourront mesurer que, dans ce nouveau rapport de la valeur au poids, le marc d'or serait passé de 97 à 104 livres : la dévaluation serait de 5 %.

Dévaluer passe pour un aveu d'échec. S'ils ont compris le mécanisme de cette évasion, les contemporains de Louis XI saisissent mal les raisons de la lente dévaluation de la livre. Ils ignorent que, depuis le rétablissement du bimétallisme au XIIIe siècle, le marc d'or est passé de 29 à 97 livres, le marc d'argent de 3 livres à 8 livres et demie. Ils ne savent pas que – si l'on excepte quelques crises passagères comme celle des années 1350 et celle des années 1420 – l'histoire de la monnaie est faite, depuis l'Empire romain, d'un lent affaiblissement qui ne tient qu'à la rareté des métaux monétaires dans l'Europe occidentale. Et ils ne voient pas que la reconstruction de l'économie après la guerre de Cent Ans, la reprise de la consommation, la renaissance des dynamismes marchands et la nouvelle expansion industrielle, toutes évolutions voulues et soutenues par le roi, ne sauraient se traduire que par une inflation. Au moins autant qu'un fruit de l'exportation frauduleuse du numéraire contre laquelle se bat le roi, la raréfaction des métaux précieux est, paradoxalement, un phénomène relatif qui tient à la santé de l'économie. Dans un monde où la masse globale des métaux disponibles ne croît guère, tout développement des productions et des échanges achoppe sur l'insuffisance des moyens de paiement. La croissance du marché monétaire ne suit pas celle du marché des biens.

On voit en revanche fort bien ce qui résulte du rapport de l'or à l'argent. Plus il est élevé, c'est-à-dire plus il faut d'argent pour acheter l'or, et moins les spéculateurs sont tentés d'exporter l'or, ainsi surévalué. En septembre 1464, le gouvernement d'Édouard IV remédie à la fuite de la monnaie d'or anglaise en portant, lors de l'émission du noble à la rose, ce rapport de 11,1 à 11,3.

Mais Louis XI ne croit qu'à la bonne monnaie. La suggestion des experts de 1464 ne sera pas retenue et, pendant dix ans encore, l'écu neuf continuera sa carrière. Avec un rapport légal de 11,2, et un rapport réel qui dépassera parfois 12 sur les marchés, l'évasion de la monnaie d'or continuera. Mais en 1474 force est de constater que le cours officiel des monnaies n'est plus compatible avec les réalités du marché monétaire. Quiconque dispose d'espèces royales a tout intérêt à les exporter puisque, la monnaie de compte – la livre – étant surestimée, les pièces d'or et d'argent sont en France sous-estimées. On les revend mieux hors du royaume.

Le roi et ses conseillers – au premier rang desquels Germain Braque – tirent enfin les leçons qui s'imposent : le 4 janvier 1474, on ordonne la frappe d'un nouvel écu couronne, plus léger que l'écu neuf – 72 pièces au marc – et au cours de 30 sous 4 deniers, ce qui signifie un affaiblissement réel de la monnaie de compte : le marc passe à 109 livres. Le grand blanc étant compté pour 11 deniers au lieu de 12, cette forte élévation du prix du marc d'argent ramène brutalement le rapport de 11,6 à 10,8. Le roi a besoin d'argent.

La mesure n'est cependant pas suffisante, et à bien des égards elle est fâcheuse. L'évasion de l'or s'amplifie, et la dévaluation de la monnaie bourguignonne, en octobre 1474, n'arrange pas les choses pour le roi. Il faut trouver des responsables : ce seront les changeurs qui, comme maîtres généraux, formaient la Cour des monnaies, et en tête Germain Braque et Jean Erlant. Le 2 novembre 1475, à l'exception de l'ancien collaborateur de

Jacques Cœur qu'est Simon Anjorrant, ils sont révoqués et le roi les remplace par des hommes d'affaires, des marchands jusque-là portés vers le trafic du sel : Germain de Marle, Denis Le Breton et Nicolas Potier.

Le traité de Picquigny vient de provoquer, en août, une brutale exportation d'or. Si l'on additionne l'indemnité versée à Édouard IV, les libéralités à ses conseillers, le roi de France a déboursé en quelques semaines près de 100 000 écus, qui ont pris le chemin de l'Angleterre. Pour les pensions promises, il devra en payer chaque année quelque 60 000 autres, qui iront aussi en Angleterre.

Si l'on compare le coût du traité de Picquigny à l'ensemble du revenu royal à ce moment, sans doute compris entre trois et quatre millions de livres, la ponction n'a rien d'excessif par rapport à ses avantages. Mais ce qui est vrai du point de vue comptable ne l'est pas quant au marché monétaire. Si l'on peut additionner les livres tournois de la recette ou celles de la dépense, on ne saurait additionner les marcs de métal. Le roi ne thésaurisant guère, le métal qui vient de l'impôt retourne au marché par la dépense. Un écu sert là plusieurs fois. Il n'en va pas de même quand, fruit d'une ponction fiscale en France, il part durablement pour l'Angleterre. Dans l'immédiat comme à terme, c'est le marché de l'or qui subit les conséquences du traité de Picquigny : il en coûtera, en sept ans, deux tonnes de métal fin.

Ce même 2 novembre, une nouvelle dévaluation est donc opérée : c'est l'écu au soleil, ainsi dénommé parce qu'un petit soleil figure au-dessus de la couronne. À 70 pièces au marc, mais officiellement coté 33 sous, il représente la plus mauvaise monnaie d'or depuis les temps noirs de l'écu vieux de 1429. Le marc d'or avoisine ainsi les 120 livres tournois : la monnaie royale a empiré d'un cinquième depuis l'avènement. Mais les nouveaux conseillers monétaires du roi connaissent leur métier. Avec l'émission d'une nouvelle espèce d'argent, le blanc au soleil, plus lourd (78 au marc au lieu de 86) pour un cours de 12 deniers, le rapport de l'or à l'argent est rétabli au niveau raisonnable de 11,4. Depuis le début du règne, la monnaie d'argent a donc perdu 11 %. Mais le marché est assaini. Il l'est d'autant plus que la plupart des espèces étrangères – les plus mauvaises – sont de nouveau interdites.

Le 23 décembre 1475, on crie aux carrefours le nouveau cours des anciennes espèces françaises : l'écu couronne passe de 24 sous 3 deniers à 25 sous 6 deniers. L'homme de la rue comprend quand une pièce qu'il connaît change de valeur ce qu'il mesure mal quand il s'agit d'une nouvelle espèce, et il voit l'évolution plus distinctement sur le court terme que sur le long. C'est donc de manière plus évidente pour tous que l'ajustement du 23 décembre traduit une dévaluation de 6 % en deux ans. Encore faut-il noter que ce mouvement n'est pas propre à la monnaie de Louis XI, et que la hausse des cours sur les marchés des Pays-Bas traduit la bonne appréciation qu'on y a des espèces du roi de France.

Le décri des espèces étrangères est, lui, très mal accueilli : il vide le marché de la plus grande partie des moyens de paiement. À Grenoble, on n'osera pas le publier. Craignant pour leurs foires, les Lyonnais se fâcheront. Sur les instances des Medici et même de Commynes, le roi cédera : les espèces étrangères seront tolérées pendant deux foires, à condition qu'on ne les réexporte pas et qu'on les envoie pour refonte aux ateliers royaux.

Le métal continue cependant de manquer, et le roi ne se prive pas d'y contribuer par ses générosités. Lorsqu'en 1478 il fait forger pour Saint-Martin de Tours une grille en argent, on réquisitionne dans les villes la vaisselle d'argent des bourgeois. Jean de Roye, qui rapporte l'affaire, note que cette vaisselle « était payée raisonnablement », ce qui laisse entendre que le roi ne fait pas son offrande aux frais de ses sujets. Comme on ne saurait payer de la vaisselle d'argent en piécettes de cuivre, il est évident qu'on paie en or. C'est donc encore l'argent qui manque, cet argent des petites monnaies utiles au peuple dans la vie quotidienne : pour un sou, on a trois pintes de vin. Que la thésaurisation par la vaisselle soit remplacée par une thésaurisation par une grille d'église ne change rien : c'est toujours autant d'argent monnayable qui manque pour les paiements. Jean de Roye ne manque pas de noter que cela bouleverse le train de vie des bourgeois : on ne voit plus d'argenterie. « À cette cause, de là en avant, quand on allait aux noces franches et autres où on avait accoutumé d'en voir largement, n'y étaient trouvés que beaux verres et aiguières de verre. »

Le marché n'anticipe pas moins sur la dévaluation de la livre par rapport à l'or, autrement dit sur une nouvelle appréciation des espèces d'or en monnaie de compte. Lorsqu'en 1479 le trésorier de Lyon doit verser des écus qu'il est tenu de compter au cours légal de 32 livres 6 deniers qui représente déjà une singulière dégradation depuis 1475, il lui faut les acheter 33 sous 4 deniers, soit avec une perte de 10 deniers. Au début de 1483, les changeurs lyonnais vendent 35 sous l'écu au soleil, toujours coté 33 sous selon les ordonnances.

La médiocrité de la monnaie d'argent rend difficiles les paiements de niveau intermédiaire. Il n'y a plus de pièces pour les valeurs comprises entre 34 deniers et 33 sous (396 deniers). On a refusé d'entendre les experts qui conseillaient en 1464 de frapper des demi-écus à 20 sous. Pour payer 15 sous, il faut, à la fin du règne, compter huit pièces. C'est dans ces moments, semble-t-il, que se généralise la circulation de pièces d'or délibérément coupées en deux, voire en trois ou quatre. Chacun se fabrique sa propre monnaie au niveau de 6, de 9 ou de 12 sous. Et comme on ne se hasarde pas à espérer un bon cours pour un fragment de mauvaise pièce, les victimes de la cisaille sont les meilleures, celles dont un morceau est honorablement acceptable à raison de son aloi : les espèces du roi d'Angleterre, du roi de France et du duc de Bourgogne. Là encore, on anticipe sur la formulation de Gresham : ce n'est pas la mauvaise monnaie qui est cisaillée.

En ses derniers jours, formulant un vain programme de réformes, Louis XI ne craint pas d'énoncer le souhait d'une monnaie unique. Il aura passé son règne à n'y pas réussir. Le marché commande, non le roi.

Ce marché, on en devine la lourdeur quand on lit les ordonnances qui fixent un cours aux espèces d'or étrangères qu'il faut bien tolérer. Leur nombre ne cesse de croître. En 1466, on y trouve le salut et le noble de Henri VI d'Angleterre, le philippus, le riddre et le lion de Flandre, le guillelmus de Hollande, la piètre de Brabant, le florin du Rhin, la maille au chat de Liège et d'Utrecht, l'écu de Savoie et le florin d'Aragon. En 1471 s'y ajoutent les nobles d'Édouard IV, le florin de saint André de Flandre, le florin d'Utrecht, les écus de Bretagne, de Béarn et de Provence, la bande et le henrique de Castille. En 1473 entrent dans la liste le klinkaert de Flandre et l'écu de Foix.

Grâce à l'inventaire – très précis pour l'or – des offrandes faites en cinquante-cinq villes de l'état de Marie de Bourgogne et de Maximilien pour l'obtention de l'indulgence du jubilé, on voit ce qui circule aux portes du royaume de 1476 à 1478. Sur une masse globale valant près de 30 000 ducats, on peut identifier plus de 18 000 pièces d'or. En chaque ville, ce sont dix ou quinze espèces différentes, mais on en compte trente-trois à Anvers, trente et une à Lille et Auxonne, vingt-sept à Deventer. Ce n'est pas là le propre de grands centres commerciaux. Les 128 pièces identifiées à Semur-en-Auxois appartiennent à huit espèces différentes. Les espèces anciennes sont encore nombreuses : selon les villes, huit ou neuf pièces sur dix ont plus de dix ans et on trouve même des pièces vieilles de quarante ou cinquante ans, comme le florin de Jean sans Peur et le salut émis en France par Henri VI. Si les monnaies émises par l'état bourguignon sont la majorité (de 60 à 70 %), on voit circuler des espèces royales (7 %), des anglaises (3 %), des savoyardes, des italiennes, des aragonaises.

La réunion d'une partie des états bourguignons ne va pas sans poser, après 1477, quelque problème monétaire. La logique royale voudrait que soient retirées de la circulation toutes les espèces autres que celles du roi. La sagesse politique l'interdit : ce serait créer une disette temporaire des moyens de paiement, désorganiser la vie économique et attenter à des particularismes bien établis, donc pousser à l'insurrection. On laissera au temps le soin de nettoyer le marché d'espèces désormais tenues pour anciennes.

Lorsqu'en 1487 les États de Languedoc dresseront la liste des monnaies auxquelles on doit donner un cours officiel puisqu'elles circulent, ils citeront vingt-sept espèces d'or et vingt-cinq d'argent, dont seulement quatre d'or – le mouton, l'écu vieux, l'écu soleil et l'écu couronne – et six d'argent pour la monnaie royale. On trouvera dans cette liste des pièces vieilles de trente ans comme le lion d'or flamand ou le gros d'argent de Jacques Cœur, voire de plus d'un demi-siècle comme le salut de Henri VI, le riddre de Philippe le Bon, le mouton et l'écu vieux de Charles VII. La nomenclature s'étend naturellement aux ducats et florins italiens, mais aussi à l'alphonsin d'Aragon, au florin du Rhin et au florin d'Utrecht. Et l'on use en Languedoc de ces petites pièces d'argent italiennes que sont le testard de Milan, le gros de Venise et celui de Gênes, le double denier de Milan et celui de Florence.

CHAPITRE XV

Au-delà des frontières

Une nouvelle génération

Pendant que Louis rongeait son frein à Genappe, bien des protagonistes du jeu politique européen quittaient la scène. Certes, quelques personnages survivent à l'ancienne génération. Élu roi des Romains en 1440, l'empereur Frédéric III ne mourra qu'en 1493. En Savoie, le duc Louis, le beau-père de Louis XI, vivra jusqu'en 1465 mais il lui faut compter avec l'impatience de ses enfants. Véritable arbitre de la vie politique en Italie, le duc de Milan Francesco Sforza ne s'éteindra qu'en 1465. Maître incontesté de Florence depuis 1434, Côme de Medici vieillit doucement : il mourra en 1464 à l'âge de soixante-quinze ans. René d'Anjou, duc d'Anjou et comte de Provence, profite de son échec politique en cultivant les lettres et les arts : le roi René mourra en 1480. Charles d'Orléans disparaîtra en 1465, et son demi-frère Jean de Dunois trois ans plus tard. N'oublions pas un personnage de premier rang pendant plus de quarante ans dans le jeu diplomatique : le cardinal d'Estouteville ne mourra, septuagénaire, que six mois avant Louis XI.

Une nouvelle génération apparaît cependant, qui va faire l'histoire, et d'abord en France. Le duc Charles de Bourbon est mort le 4 décembre 1456. Le duc, c'est maintenant son fils Jean II. En Bretagne, Arthur de Richemont, qui n'a jamais cessé d'être connétable de France, est mort le 26 décembre 1458. Son neveu François II règne sur une Bretagne où il se tient pour un prince indépendant. En Bourgogne, le duc Philippe le Bon va régner jusqu'en 1467, mais il vieillit, et c'est son fils Charles de Charolais qui assume de plus en plus le gouvernement.

Dans l'Église, la crise est terminée. Le concile de Bâle devenu concile de Lausanne s'est soumis et séparé en 1449. Félix V – le duc de Savoie Amédée VIII – a abdiqué. L'unité est rétablie. À la mort de Calixte III, en 1458, les cardinaux ont élu Eneo Silvio Piccolomini, que son goût pour les lettres classiques porte à se faire appeler Aeneas Silvius. Il devient Pie II. Ayant changé d'avis depuis le temps où il tenait sa place dans le concert conciliaire, il conduit avec fermeté la restauration de l'autorité pontificale. La croisade est sa grande préoccupation.

Il y a alors dix ans qu'a éclaté en Angleterre ce conflit civil qu'on appelle la guerre des Deux Roses, la rose rouge de Lancastre et la rose blanche d'York. L'homme fort du royaume, c'est maintenant le fils du comte de Salisbury, Richard Neville, que l'héritage de sa femme a fait comte de Warwick. En 1460, Warwick a d'abord forcé le Lancastre Henri VI – celui qu'on a sacré roi de France à Paris en 1431 – à reconnaître son cousin le duc Richard d'York comme son héritier. Mais Richard d'York a été tué à Wakefield le 30 décembre 1460 et, soutenu par Warwick, son fils est proclamé roi, le 4 mars 1461, sous le nom d'Édouard IV. Warwick est bien le « faiseur de rois », même si l'on ignore que, dans cinq ans, cet « expert en fourberies », comme l'écrira Thomas Basin, rétablira Henri VI.

Frédéric III de Habsbourg règne toujours sur le Saint Empire et il sera encore là au temps de Louis XII. Mais la puissance des Habsbourgs n'est plus ce qu'elle était. Le roi de Bohême et de Hongrie, le Habsbourg Ladislas – qu'à Paris Jean Maupoint appelle « le roi Lancelot » – est mort le 23 novembre 1457, et c'en est fait de l'union des deux royaumes. Les électeurs de Bohême lui ont donné pour successeur l'un d'entre eux, un simple hobereau, Georges Podiébrad, auquel son attachement, pourtant modéré, à la cause hussite vaut la haine du pape et la rébellion de bien des grands du royaume. Les électeurs hongrois ont, pour leur part, fait choix de Mathias Corvin, le fils de ce Jean Hunyade, le héros de la défense contre les Turcs, qui a si longtemps tenu les rênes du pouvoir comme régent pendant la minorité de Ladislas et qui vient de mourir de la peste. La guerre gronde sans cesse, maintenant, entre Bohême et Hongrie. L'aristocratie hongroise n'est pas plus docile que celle de Bohême. Mathias et Georges ont donc assez à faire en Europe centrale pour ne pas chercher à intervenir dans les affaires des états occidentaux. La France a bien oublié qu'en 1301, ayant épousé l'héritière de la Couronne de saint Étienne, un petit-neveu de saint Louis avait créé en Hongrie une dynastie angevine.

L'Aragon connaît des jours difficiles. Le roi Alphonse V, dit le Grand ou le Magnanime, est mort à Naples le 28 juin 1458 après un règne de quarante-deux ans qui a fait de la maison d'Aragon l'une des premières puissances européennes. Avec la Couronne d'Aragon, il avait hérité de son père une Sicile conquise en 1282 par les Aragonais après la révolte des Vêpres siciliennes qui avait sonné le glas de la domination angevine sur l'île. La partie continentale du royaume qui avait été celui de Charles d'Anjou était restée à ses descendants, puis était passée à la deuxième maison d'Anjou, issue du frère de Charles V. Les palinodies de Jeanne II avaient engendré une confusion et une compétition, puis, à la mort de Jeanne en 1435, une véritable guerre dont l'Aragonais sortit définitivement vainqueur en 1442. L'Angevin, le roi René, s'était retiré dans ses principautés d'Anjou et de Provence.

Celui qui était Alphonse V en Aragon et Alphonse Ier en Sicile et à Naples avait organisé sa succession. Jugeant qu'il pouvait disposer à son gré de ce qui était une conquête, il léguait Naples à son fils naturel Ferrante. Pour l'Aragon et la Sicile, les choses semblaient simples : le demi-frère d'Alphonse, Jean II, prit la Couronne. Elles étaient moins simples en ce qui concerne la Navarre.

Par son mariage avec Blanche de Navarre, fille du dernier roi de la maison d'Évreux, le futur Jean II d'Aragon avait été roi de Navarre depuis 1425, mais la reine Blanche avait à sa mort, en 1441, laissé son royaume à leur fils Carlos, prince de Viana. Jean ne l'entendait pas ainsi. Il déclara que, ayant reçu à Pampelune la couronne et l'onction royale, il restait roi de Navarre jusqu'à sa propre mort. Carlos demeura prince de Viana et, pour la Navarre, lieutenant général de son père le futur roi d'Aragon. Au vrai, Jean II n'aimait pas son fils et avait même, quinze ans plus tôt, suggéré aux *Cortes* de Navarre de reconnaître pour héritière, non son fils, mais sa plus jeune fille, l'infante Leonor. Il tolérait que son fils fût héritier, mais qu'il attendît. Or, dès 1450, le prince de Viana s'était insurgé. Peu désireuse de n'être plus qu'une annexe de l'Aragon, la Navarre lui était en grande partie favorable. Carlos fut quand même vaincu en 1451 et jeté en prison. Il ne recouvra la liberté que deux ans plus tard. Jean reprit alors son vieux projet : il tenta de faire reconnaître Leonor pour reine de Navarre.

Leonor avait épousé en 1441 un prince français parmi les plus grands et les plus ambitieux, Gaston IV de Foix. Gaston de Grailly, descendant de ce captal de Buch qui avait été l'un des plus efficaces capitaines du Prince Noir en Guyenne aux premiers temps de la guerre de Cent Ans, était comte de Foix par le mariage de son grand-père avec l'héritière du comté. Pour tout dire, Gaston de Foix se voyait déjà roi de Navarre. Charles VII le savait fidèle. Il l'assura de son soutien. En 1457, Jean réunit des *Cortes* à Estella et fit reconnaître Gaston et Leonor comme rois de Navarre. D'autres *Cortes*, à Pampelune, se déclarèrent pour Carlos. La reprise de la guerre était inévitable. Cette fois, la France y serait impliquée.

En 1458, Jean II devenait roi d'Aragon. Carlos s'était réfugié à Naples. Jean II se prépara : en 1459, il obtint de Charles VII la promesse d'un soutien contre son fils. Ce qui se passait en France portait Charles VII à prendre position contre un fils rebelle.

Le règne de Jean II commença mal. Le trône s'est trouvé ébranlé par les rébellions de Carlos et les Catalans n'ont pas manqué d'en profiter : ils ont, en juin 1461, obtenu une éphémère autonomie.

Le nouveau roi tenta de rétablir la paix : il promit le pardon à son fils et le fit ainsi revenir en Aragon. Cela ne réglait pas le différend pour la Couronne de Navarre. L'entente ne dura pas. En 1460, Jean fit arrêter le prince de Viana, puis le relâcha devant l'indignation qui se manifestait en Catalogne comme en Navarre. Quand, l'année suivante, Carlos mourut, au moment même où Louis XI faisait sa première entrée dans Paris, la rumeur accusa la reine Juana Henriquez, une fille de l'amiral de

Castille que Jean II avait épousée en secondes noces. Il est vrai que les Aragonais avaient mal pris le rapprochement avec la Castille, scellé par ce mariage et par celui du roi de Castille Henri IV avec Blanca, fille de Jean II. Juana Henriquez avait évidemment craint que Carlos devînt un jour roi d'Aragon et qu'il évinçât alors le fils qu'elle avait eu du roi Jean, un enfant de neuf ans qui sera un jour Ferdinand le Catholique. La mort de Carlos clarifiait la situation dynastique, mais non la situation politique : ceux qui avaient soutenu Carlos ne baissaient pas les bras et le roi devait faire face à une insurrection des villes et notamment de Barcelone.

Les affaires de Navarre et de Catalogne n'ont guère qu'un lien : la concomitance. La Catalogne était fortement attachée à son autonomie politique, très fière de son identité culturelle, héritière de la Marche d'Espagne carolingienne, et très consciente de sa richesse : Barcelone était devenue l'un des principaux ports de la Méditerranée. Or Jean II y multipliait les maladresses. Ayant dû accepter une sérieuse réduction de ses droits, il commit l'erreur d'y envoyer la reine et son jeune fils. L'arrivée de la Castillane mit le feu aux poudres.

Troubles en Espagne

Comme on pouvait s'y attendre, Louis XI n'allait pas s'inscrire à la suite de son père. Les orientations de la politique que, comme dauphin, il a menée en Italie ne le portent pas à plaindre la faiblesse momentanée du roi d'Aragon. Dans les affaires de Milan et de Gênes comme dans celles de Naples, les Français – le dauphin comme les Angevins – et leurs alliés n'ont cessé de trouver celui-ci contre eux. Il a contrarié leurs initiatives, menacé leurs positions, perturbé leurs alliances. La mort du prince de Viana fournit un bon prétexte pour intervenir cette fois en Aragon même. Par sa mère, Carlos était du sang de France. De surcroît, la mort de Carlos faisait héritière de Navarre sa jeune sœur Blanca, et Jean II avait jugé prudent de la tenir en captivité pour qu'elle n'allât pas ranimer à Pampelune les velléités d'indépendance. Mais Leonor, la sœur cadette, veillait, et les intérêts de son mari Gaston IV de Foix n'étaient pas indifférents au roi de France. Toucher au cœur la puissante maison d'Aragon qui tenait une telle place sur l'échiquier politique italien avait tout pour le séduire. Jean II ne s'y trompa pas, qui dépêcha un ambassadeur au roi de France : c'était le châtelain de Perpignan, Charles d'Oms.

Par principe, Louis XI préfère les villes aux princes. Lorsque, à peine roi, il apprend la mort de Carlos, c'est aux États de Catalogne réunis à Barcelone en octobre 1461 qu'il envoie en ambassade Aymar de Puisieu, autrement dit Capdorat, et son secrétaire Jean de Reilhac, porteurs d'une lettre, ce qui est une très mauvaise manière faite au roi d'Aragon.

> Nous avons depuis naguère été averti du décès de feu notre très cher et très haut cousin le prince primogénit d'Aragon, duquel décès avons été et sommes très courroucé et déplaisant, tant pour le lignage dont il nous attenait comme pour la bonne, grande et ferme amour qui était entre nous et lui.

Une deuxième lettre suit, plus lourde de signification : le prince de Viana lui a, avant de mourir, recommandé les Catalans et les a mis sous sa protection. Une allusion à « tous ceux qui voudraient les opprimer ou grever » est des plus claires.

Louis XI s'entremet alors dans l'affaire de Navarre. En novembre 1461, il dépêche à Barcelone un excellent juriste, le maître des requêtes Henri de Marle, pour négocier avec le roi Jean II la libération de Blanca. Les arguments dont il fait part aux États de Catalogne peuvent étonner, tout autant que le fait même d'aviser Barcelone d'une affaire qui ne touche pas la Catalogne. Mais le plus stupéfiant est l'affirmation selon laquelle la Navarre appartient à la Couronne de France alors que, Louis XI ne peut l'ignorer, elle n'a jamais été liée à la France que par une union personnelle : Louis X ayant été roi de Navarre du chef de sa mère, puis roi de France et de Navarre, les deux couronnes étaient demeurées distinctes au point que nul n'avait discuté le fait que sa fille Jeanne héritât la Navarre. La mauvaise foi de Louis XI commence par une supercherie historique et éclate dans l'hypocrisie finale.

> La longue détention de la personne et de l'héritage de notre très chère et très aimée cousine la princesse de Navarre, faite par suggestion d'autrui par notre cousin le roi d'Aragon, père de notre dite cousine, au moyen de laquelle détention notre dite cousine est demeurée à marier, par quoi est aventure que le royaume de Navarre, qui est partie de la Couronne de France, vienne en mains étrangères par les termes que le dit roi d'Aragon a tenus à notre dite cousine.
>
> À cette cause, mû de pitié, voulant secourir notre cousine qui est de notre sang et lignage, comme tenu lui sommes, laquelle n'a d'autre que nous qui poursuive son fait, et afin que le dit royaume ne vienne hors de notre sang et lignage, envoyons présentement par devers le dit roi d'Aragon notre aimé et féal conseiller et maître des requêtes de notre hôtel Henri de Marle.

Henri II de Marle est un rejeton de l'un des plus grands lignages du Parlement, de ces familles dont les liens font la cohésion sociale et politique de la haute robe. Son grand-père Henri Ier était en 1413 le premier président qui garda à Charles VI la fidélité de la plus grande partie du Parlement. Il est mort chancelier de France, égorgé par les émeutiers bourguignons de 1418. Le père de Henri II, le président Arnaud de Marle, a été lui aussi l'un des fidèles du parti armagnac et a suivi Charles VII au Parlement de Poitiers. Son beau-père, Adam de Cambrai, a été à Poitiers l'une des têtes du Parlement fidèle à Charles VII et le retour du Parlement à Paris en a fait un premier président. Henri II a lui-même siégé au Parlement sous Charles VII. C'est donc un notable qu'envoie Louis XI, non un prince ou un grand officier.

Marle est un fin diplomate. Si le roi le charge de passer par Barcelone, c'est afin d'expliquer l'affaire aux États de Catalogne : ceux-ci ont toujours « favorisé » le frère de Blanca, le prince de Viana. Traduisons : Louis XI mêle délibérément les questions de Navarre et de Catalogne et tente de fédérer les ennemis du roi Jean II. Celui-ci ne s'y trompe pas, qui propose sur-le-champ à Édouard IV d'Angleterre et à Warwick une alliance offensive contre le roi de France. Un débarquement anglais sur les côtes de la Manche dissuaderait évidemment Louis XI de toute intervention en Catalogne ou en Navarre.

Finissons-en avec Blanca. Le roi Jean la libérera, mais pour la remettre à Gaston de Foix et Leonor, lesquels s'empresseront de la mettre au cachot. Elle y mourra. Gaston et Leonor pourront se croire rois de Navarre.

Les Catalans n'étaient soucieux que de leur indépendance. Le zèle de Louis XI leur sembla suspect, et l'idée d'un protectorat français ne leur convenait nullement. Marle eut beau, le 10 décembre, leur expliquer que le roi de France avait refusé une alliance avec l'Aragon contre la Catalogne et qu'ils n'avaient rien à craindre d'un rapprochement entre la France et la Castille, l'envoyé se fit éconduire.

Le roi de France aurait pu s'en tenir là. Le désir d'intervenir en l'affaire fut le plus fort. Il retourna sa position. Comme l'en avait prié Charles d'Oms, il offrit à Jean II de l'aider à reconquérir la Catalogne. Il ne s'agissait plus de ruiner la puissance de l'Aragonais, mais de faire de celui-ci un obligé.

Le royaume de Navarre s'étendait sur le versant nord des Pyrénées. Louis XI chargea de la mission un prince qui n'attendait que cela : ce fut le comte de Foix Gaston IV, le propre gendre de Jean II. Ce dernier était conscient de la force des insurgés, plus riches que lui, donc plus capables de se procurer des troupes. Louis XI chargea Gaston de Foix de lui montrer quelques lettres prouvant la vanité du secours qu'il pouvait attendre des Anglais. Jean accepta l'alliance française.

Pendant que l'on négociait le traité, Louis XI jugea utile de garder le contact avec la Castille. Il envoya à Madrid le comte d'Armagnac, Pierre Doriole et Nicolas du Breuil. Henri IV avait mandaté l'archevêque de Tolède et le marquis de Vilane, mais les Français demandèrent à voir le roi en particulier. Ils évoquèrent l'Aragon, la Catalogne, mais aussi l'Angleterre. Le roi fit observer que Louis XI ne l'avait pas averti du mariage de sa sœur Madeleine et du fils de Gaston IV de Foix. Les ambassadeurs esquivèrent : ils ne savaient pas si le mariage était fait ou non. L'alliance castillane progressait. Le 29 avril 1462, Louis XI et Henri IV se rencontraient entre Fontarabie et Saint-Jean-de-Luz.

Le 3 mars, Louis XI avait ratifié le traité avec l'Aragon. Après avoir passé un accord – le traité d'Olite – avec le comte de Foix le 12 avril, Jean II avait gagné le Béarn et rencontré Louis XI à Sauveterre le 3 mai. Le traité était rédigé le 9 mai.

L'acte final sera confirmé par Louis XI et par Jean II les 21 et 23 mai.

Gaston de Foix allait demeurer fidèle à Louis XI, seul capable de seconder ses ambitions. À ne pas participer à la Ligue du Bien public il gagnera d'être nommé, en 1465, lieutenant général du roi en Languedoc.

Les Catalans commençaient de voir tourner la fortune. Des galères françaises avaient capturé un navire marchand de Barcelone. Il fallut négocier sa restitution. Pour tout dire, la Catalogne supportait difficilement le retournement du roi de France.

Jean II n'avait pas de quoi payer les 200 000 florins d'Aragon et les 1 000 marcs d'or, soit quelque 300 000 écus, qu'il avait promis au roi de France pour financer dans les trois mois la guerre de Catalogne. Or c'était une condition absolue de l'accord, et Louis XI l'évoquait avec satisfaction : « Je n'ai pas perdu mon écot. » Pour le paiement, Jean lui assigna les revenus des deux comtés de Roussillon et de Cerdagne et remit en gage trois forteresses, Perpignan, Collioure et Bellegarde. Il ne pensait pas les perdre pour si longtemps.

La conquête du Roussillon

Il fallait s'assurer de ces gages. Oubliant qu'il avait, le 30 juin, démenti par lettre adressée aux consuls le bruit qui courait à Perpignan d'une prochaine intervention armée, Louis XI jugea plus simple d'occuper tout le Roussillon, voire toute la Catalogne. En réalité, il avait ratifié le 15 juin une convention par laquelle Jean II l'autorisait à occuper le Roussillon et la Cerdagne. Avec l'accord du roi d'Aragon, le Bâtard d'Armagnac avait nommé gouverneurs pour le roi de France ceux qui étaient déjà en place : Charles d'Oms à Perpignan, Bérenger d'Oms à Collioure. Louis XI en fut médiocrement content. En juillet, il envoya Gaston de Foix avec une forte armée où l'on notait la présence de compagnies de l'ordonnance et de compagnies de francs archers, ainsi que celle des contingents du comte de Boulogne Bertrand de la Tour et du duc de Nemours Jacques d'Armagnac, le fils de ce Bernard d'Armagnac qui avait été le gouverneur du dauphin Louis.

Gaston prit à partir du 9 juillet les places au nord des Pyrénées. Il évita de perdre du temps à assiéger Perpignan où Charles d'Oms tenait la citadelle – pour Jean II mais en fait pour Louis XI – mais y était à son tour assiégé par les habitants. Culbutant l'armée catalane de Joffre de Rocaberti, il passa difficilement – alourdi qu'il était par son artillerie et un grand fourniment de machines de siège – le 21 juillet le col du Perthus et le lendemain celui de Paniçars. Il occupa Figueras, débloqua Gérone, où les Catalans assiégeaient la reine Juana, mais se fourvoya quand, en septembre, il voulut prendre Barcelone : les Catalans avaient appelé à l'aide le roi de Castille Henri IV, et celui-ci envoyait une armée. Les Français levèrent le siège de Barcelone le 3 octobre et marchèrent sur Tarragone, qu'ils occupèrent le 2 novembre. Ils ne pouvaient cependant se faire d'illusions : partout, les Catalans les accueillaient en ennemis. Le ravitaillement vint à manquer. Le fourrage et les munitions aussi. L'appui promis par le roi d'Aragon se révélait dérisoire. Il fallut se replier.

Dirigée par le duc de Nemours, une deuxième campagne, à l'automne, fut nécessaire pour prendre définitivement Perpignan. Les habitants avaient construit une bastille par laquelle ils tenaient la ville. Nemours et Rouault l'enlevèrent le 7 janvier 1463, puis ils eurent l'intelligence de ne pas poursuivre en ville et d'empêcher pillage et massacre. La décision était heureuse : les consuls de Perpignan firent leur soumission le 9 janvier. Collioure se rendit le 14. Assurées de l'impunité, les places encore réticentes se livrèrent d'elles-mêmes. Puycerda fut, en juin, la dernière.

Le bilan est donc favorable aux Français, mais fort peu au roi d'Aragon, qui perd ses gages du Roussillon sans voir pour autant réduire l'indépendantisme catalan. Il a payé le prix sans avoir le profit. Et il doit maintenant compter avec la Castille. Louis XI, lui, a bien gagné le Roussillon. Il le fait savoir sans ambages dès le mois de mars : il n'entend pas rendre sa conquête. Tous les habitants, nobles ou non, sont contraints de prêter au roi de France un hommage que n'a pas prévu le traité. Celui-ci ne prévoyait que trois forteresses, à titre de gage provisoire. Louis XI l'a oublié. « Ce ne fut point agréable, écrit Thomas Basin, au roi d'Aragon ». La domination française s'étend bel et bien à l'ensemble des deux comtés. En juin 1463, soucieux de se faire des alliés avec les marchands de Roussillon et de Cerdagne, dont on se rappelle qu'il a déjà eu les intérêts en main dans l'affaire de la « marque » en Dauphiné, Louis XI demande à Côme de Medici de traiter ces marchands comme de « bons et loyaux sujets » du roi de France. Dans le même temps, il rappelle aux délégués catalans venus négocier des privilèges commerciaux qu'il a quelques raisons de se sentir chez lui en Catalogne : sa mère, Marie d'Anjou, n'était-elle pas fille d'une Catalane, Yolande d'Aragon ?

Le roi a également oublié ce pour quoi le roi d'Aragon lui a confié ses intérêts : ayant conquis la Catalogne au nord des Pyrénées, il ne se préoccupe plus de la Catalogne méridionale, autrement dit de Barcelone, où l'insurrection n'a pas faibli. Au mieux peut-il espérer que, désormais abandonnés par la Castille et toujours menacés par l'Aragon, les Catalans du Sud trouveront quelque charme à la France. Toujours critique envers Louis XI, Thomas Basin le souligne durement, Jean II a tout perdu. « Il trouva comme compagnon de chasse un homme qui, selon l'antique fable d'Ésope, se tailla la part du lion. Il éprouva combien était exacte cette maxime du droit civil : "Nous ne pouvons être égaux avec plus puissants que nous". »

Louis XI plaça dans sa conquête ses hommes. Jean de Foix, le fils cadet de Gaston, devint gouverneur du Roussillon et Cerdagne. Cela ne suffisait pas : le roi lui conféra un titre inusité en France, celui de vice-roi. On allait ensuite trouver dans la fonction le fils du roi René, Jean de Calabre, puis Tanguy III du Chastel, le neveu de ce Tanguy qui avait joué le rôle que l'on sait à Montereau. Un sénéchal de Roussillon fut nommé. Général des finances en Languedoc, Guillaume de Varye vit sa juridiction étendue au Roussillon. Le roi mit naturellement ses châtelains dans les forteresses.

L'affaire avait fait un malheureux : le roi de Castille Henri IV. Il avait jugé fâcheuse cette alliance de la France, traditionnellement son alliée, avec son vieil ennemi d'Aragon. Que les Catalans fussent insurgés contre leur roi n'était pas pour lui déplaire. Que les Français leur fissent la guerre le décontenançait. Il avait même, on vient de le voir, envoyé une armée pour secourir Barcelone. Louis XI vit le danger d'un faux renversement des alliances. Il ne pouvait s'imaginer que le roi d'Aragon était content. Il ne fallait pas encourir de surcroît la réaction hostile de la Castille.

Dans l'hiver, Louis XI envoya cependant Capdorat et le Bâtard d'Armagnac occuper la Navarre, opération qui était soigneusement préparée depuis six mois. Puis il dépêcha Jean de Montauban en ambassade auprès du roi de Castille : il s'agissait de lui faire savoir que, s'il ne délogeait pas de Catalogne, les Français demeureraient en Navarre. Grâce à l'entregent du Bâtard d'Armagnac, une trêve fut négociée en janvier 1463 entre France et Aragon d'une part, Castille et Catalogne d'autre part. Rendez-vous fut ensuite pris avec le roi d'Aragon. Le 28 avril, à Urtubie, en deçà de la Bidassoa, les deux rois se rencontrèrent et eurent un entretien sans témoins. Louis XI dut trouver les arguments qui convenaient, et il ne manqua pas de reconnaître l'autorité de Jean pour légitime en Catalogne : chacun rentra chez soi en paix, mais n'en pensant pas moins.

Vers une politique italienne

Les puissances italiennes savent l'intérêt que, dauphin de Viennois, Louis a marqué pour les affaires de la Péninsule. Son oncle René d'Anjou et son cousin Charles d'Orléans y ont des droits. Lui-même a eu partie liée avec Milan, et son beau-père le duc de Savoie règne sur le Piémont. À peine Louis XI est-il roi que les ambassadeurs se pressent à Tours. On y voit en décembre 1461 le légat du pape et les envoyés de Florence, de Gênes, de Venise, de Milan, de Rimini. On veut savoir quel appui le roi de France a l'intention d'apporter aux revendications de son oncle René sur Naples.

Désireux de souligner « l'arrogance et l'orgueil » du nouveau roi, Thomas Basin rapporte que les ambassades qui sont venues le saluer s'en sont retournées dépitées, faute d'avoir été traitées avec considération. Un tel récit ne concorde pas avec les faits. Dès le 29 août 1461, alors qu'à Saint-Denis il attend d'entrer dans Paris, Louis XI écrit à Francesco Sforza pour y voir clair dans la situation en Italie, et notamment dans les relations nouées entre Milan et Naples. Puis il lui envoie une ambassade, menée par Jean de Croy et son fils Michel. Il intervient en faveur du roi René, aussi bien auprès de Sforza qu'auprès de Sigismondo Malatesta, seigneur de Rimini. En juin 1462, c'est une ambassade lourde qui part pour Milan, composée de Charles d'Amboise, du président lai de la Chambre des comptes Bertrand de Beauvau et du sénéchal de Lyon François Royer.

Les choses vont mal avec les Vénitiens. Ceux-ci n'ont qu'une chose en tête : la croisade contre les Turcs, qui menacent leurs positions économiques en Méditerranée. Or la croisade n'est plus pour Louis XI la première des priorités, et Venise n'a rien à offrir en échange. Le roi le dit assez sèchement. De toute manière, Louis XI est au fait des hostilités entre Venise et Milan, et son amitié pour Sforza le porte nécessairement à les écouter sans complaisance. Les ambassadeurs de la Sérénissime rompront vite. De ce premier contact date une solide prévention du roi envers Venise. Elle n'empêchera pas de parler par la suite d'une coalition chrétienne contre les Turcs. Au printemps de 1463, la France et Venise se mettent d'accord pour aller au secours de la Pologne et de la Bohême. Le propos demeura sans lendemain. Une nouvelle mission diplomatique, confiée à Niccolo Canale à la fin de 1463, ne fait qu'aggraver le dissentiment. Devant la prétention affichée par Canale, c'est le roi qui met fin aux entretiens. Le fait que Canale s'attarde en France en y multipliant les rencontres ne peut d'ailleurs qu'attiser la méfiance d'un Louis XI naturellement porté à voir partout des complots. Lorsqu'on évoque devant lui le risque d'une nouvelle attaque ottomane contre Venise, il ose répliquer : « Serait-ce une catastrophe ? »

Les Florentins et les Milanais sont plus habiles. Les envoyés de Sforza ont, certes, la tâche facile : le dauphin était l'ami de leur maître. Quant aux Florentins, ils jouent sur l'excellence des relations entre Francesco Sforza et Côme de Medici. Certes, le nouveau roi attend du duc de Milan autre chose que des protestations d'amitié, et les entretiens sont parfois orageux quand les Milanais refusent de s'engager dans la voie d'un appui militaire aux entreprises angevines. Survenant peu après, l'ambassadeur

Alberico Maletta saura se faire entendre du roi, et il deviendra rapidement l'un de ses confidents. Les relations de la France et de Milan ne s'en porteront que mieux.

Le 30 décembre 1461, Louis XI rappelle à leur devoir de soumission les Génois qui se sont révoltés et ont, le 17 juillet précédent, défait une armée envoyée par Charles VII. Il met le marché en main à Sforza : si celui-ci n'aide pas le roi aragonais de Naples, Ferrante, et s'il laisse le roi de France rétablir sa souveraineté sur Gênes, on pourra lui laisser le gouvernement effectif de la ville. Sforza tient bon et maintient son alliance avec Ferrante, mais il laisse les mains libres au Français dans l'affaire de Gênes. Louis XI montre là que Gênes lui importe plus que Naples : il n'a pas l'intention de bouleverser son système d'alliances pour le compte du roi René.

Le 14 avril 1462, il charge Dunois d'aller avec une armée secourir Savone, ville toujours fidèle au roi de France mais où Louis de Laval est assiégé par les Génois. La banque lyonnaise avance 10 200 francs pour financer l'expédition. Là encore, Basin force la réalité quand il voit un Dunois partir « contre son gré et sensible à l'injure », rester en Italie sans rien faire et revenir en ayant sauvé la situation par la conclusion du traité du 22 décembre 1463 avec Milan. Pendant tout ce temps, Louis XI et Francesco Sforza n'ont cessé d'échanger des correspondances.

La première préoccupation du roi, c'était cependant, comme naguère, la Savoie et, comme en Catalogne, il bénéficiait d'une crise intérieure au duché. À quarante-huit ans, le duc Louis vieillissait avant l'âge. Sa femme gouvernait en fait, et Anne de Lusignan s'était entourée de tout un groupe de conseillers chypriotes dont la noblesse savoyarde supportait mal l'influence. Dans un premier temps, Louis XI pensa donc à remettre de l'ordre chez son beau-père. Le 11 octobre 1461, souhaitant une action commune avec Milan, il en écrivait à son ami Francesco Sforza.

> Vous savez assez le très petit et mauvais gouvernement qui de long temps a été et est encore de présent en la maison de Savoie... et les mauvaises et iniques inductions et séductions qui y ont couru par long temps et que font à présent les infidèles et déloyaux envers Dieu notre créateur et la chrétienté, les Cypriens et leurs alliés et

complices. Mais, quelque ordre et provision qu'on ait pu mettre et donner, les choses y ont été depuis et vont de jour en jour de mal en pis, à notre très grande déplaisance.

Les choses étaient moins simples que ne le pensait Louis XI. Entre Charlotte de Savoie, désormais reine de France, et sa mère la duchesse Anne de Lusignan les relations étaient excellentes. Dans la pénible affaire de sa dot, Charlotte n'avait cessé de jouer les bons offices, intervenant auprès de son père pour éviter la rupture. Un parti s'était formé à Chambéry, qui ne cachait pas ses sympathies pour la France. C'était la fin de la politique résolument indépendante qui avait été celle du duc Louis : on se rappelle à quel point il jugeait sévèrement son gendre le dauphin.

Une opposition se dessinait en Savoie, que cimentait l'hostilité envers les Chypriotes. La tête en était le fils cadet du duc, Philippe de Bresse, qui ne détestait pas moins les Français, même s'il avait fait bonne figure lors de l'entrée solennelle à Paris. Il alla persuader les Genevois de se tenir prêts à un conflit avec la France. À Genève, on sentait déjà la menace que faisait peser sur la prospérité de la ville et la renommée de ses foires la faveur accrue dont bénéficiaient auprès du roi les milieux d'affaires de Lyon qui l'avaient, dauphin, fidèlement servi. Alors que, le 20 octobre 1462, Louis XI interdisait aux marchands français d'aller y faire leur commerce, il était aisé d'annoncer à Genève que le roi de France voulait mettre la main sur la Savoie.

Nul n'avait oublié les relations, ambiguës mais suivies, du dauphin et du duc de Milan. Le nouveau roi continuait de mener avec Sforza les pourparlers qui allaient aboutir un an plus tard (22 décembre 1463) à un traité d'alliance. Or Sforza représentait toujours pour la Savoie la première des menaces. On s'y inquiéta d'autant plus que l'on parlait d'un prochain voyage de Philippe de Bresse en Piémont. Le duc Louis prit peur. En octobre 1462, il fit appel à Louis XI, lequel n'attendait que cela. Yolande de France, épouse du fils aîné et héritier du duc, chargea Pierre Doriole d'un message pour le roi son frère. Il pourrait, écrivait Yolande, « y avoir danger ». La présence de Doriole dans les parages avait bien quelque rapport avec l'affaire des foires.

Louis XI n'était pas le solliciteur : en janvier 1463, il écrivit à sa sœur qu'il avait l'intention d'aller à Lyon, sitôt passée son entrevue avec Henri IV de Castille. Si le duc voulait le voir, il devait déjà se rapprocher : qu'il s'établisse à Chambéry « afin d'être plus prêt à venir au-devant de moi ». Le roi n'entendait pas attendre. C'était bel et bien convoquer son beau-père. En attendant, Louis XI ramenait à de justes proportions la menace de Philippe de Bresse. Il n'y avait pas danger, pensait-il, ce qu'il confirma au maréchal de Savoie Jean de Seyssel.

> On m'a dit que Philippe de Savoie veut aller en Piémont. Mais qu'il aille là où il voudra car, s'il ne s'en va hors du pays et qu'il voyage, ou qu'il donne congé à ses gens ou qu'il se tienne à petit état au pays avec son frère le prince, je le pense trouver où qu'il aille.

L'entrevue avec le roi de Castille fut plusieurs fois reportée. Le duc Louis attendit en vain. Jacques de Canlers fut chargé de le bien traiter à Lyon. Mais le duc avait su persuader son gendre que Philippe de Bresse en voulait aux intérêts français. Ledit Philippe commit, l'année suivante, une erreur : il fit assassiner le chancelier de Savoie, Jacques de Valpergue, qui était très lié avec le roi dont il avait été le chambellan au temps du séjour en Dauphiné. Louis XI n'hésita pas : il tendit un piège. Il fit assurer Philippe de ses bonnes intentions, en sorte que, muni d'un sauf-conduit, le comte de Bresse s'en vint rencontrer son beau-frère le roi. À Vierzon, il fut fait prisonnier. On l'envoya passer quelques années dans le donjon de Loches. La Savoie prit alors les allures d'une sorte de protectorat français.

Gênes devenait un fardeau fort encombrant et assez inutile sur la carte des relations économiques. En octobre 1463, Louis XI fit savoir au duc de Milan qu'il était disposé à lui céder la seigneurie de Gênes où, il faut le rappeler, Prospero Adorno gouvernait sans le moindre scrupule à l'égard du roi de France. Le 22 décembre, Louis XI cédait donc une ville où il n'était plus maître, à charge pour Sforza de la conquérir. Il ne cédait pas moins Savone, où la domination française demeurait fragile. Sforza trouvait en l'affaire des droits à faire valoir. Le roi de France ne négligeait pas les intérêts de la maison d'Orléans : il suggéra à Sforza d'acheter pour 200 000 ducats le comté d'Asti, donc ce qui restait aux Orléans de l'héritage de Valentine Visconti, mais il lui précisa qu'il ne pouvait lui-même céder une possession patrimoniale d'Orléans. Ainsi le roi de France pensait-il renflouer les finances de son cousin d'Orléans, tout en amoindrissant la capacité qu'avait celui-ci d'être un jour, face à la Couronne de France, un souverain étranger.

Dans le même temps, se négociait le mariage du fils aîné de Francesco Sforza, Galeazzo Maria, et de Bonne de Savoie, sœur de la reine de France. En octobre 1464, Louis XI écrivit à Francesco pour l'encourager. En février suivant, après la mort de son beau-père le duc Louis de Savoie, il se considéra comme « en charge totalement de ses belles-sœurs » et se soucia de les marier, Bonne au Milanais et Marie au futur connétable de Saint-Pol. Lorsqu'il vit que les choses traînaient, il jura aux ambassadeurs milanais que Bonne était une pure jeune fille et proposa même de la faire examiner. Le mariage ne se fera qu'en 1468, et c'est à Amboise que, le 9 mai, sera signé le contrat mûrement négocié, à Tours puis à Milan. Présent l'indispensable Panigarola, l'accord sera conclu entre Tristan Sforza, un bâtard de Francesco délégué par son demi-frère, et le jurisconsulte André de Bessets, un docteur en droit civil et en droit canonique que Louis XI faisait parfois venir à son Conseil.

Les villes de la Somme

Les bonnes relations qui ont permis l'exil à Genappe sont rapidement oubliées : Louis XI sait inéluctable le conflit avec la Bourgogne. Pendant son séjour forcé en Brabant, il a pris avec une prudence maladroite le parti du comte de Charolais quand celui-ci s'est trouvé affronté à son père Philippe le Bon à propos des Croy. Si le duc Philippe s'est ostensiblement posé en protecteur lors de l'avènement de 1461, c'est avec son fils Charles que le roi entretient les meilleures relations. À peine Louis XI est-il à Tours qu'en octobre 1461 il suggère et reçoit la visite de Charolais. Marque d'une confiance insigne, il aurait, selon Thomas Basin, nommé le fils du duc de Bourgogne lieutenant du gouverneur de Normandie, précisant que cela impliquait le droit de gouverner et pas seulement une pension, d'ailleurs largement mesurée à trois mille francs par mois. L'information doit être prise avec précaution : outre que la nomination n'est mentionnée dans aucun document, on voit mal le roi plaçant le futur duc de Bourgogne sous les ordres du gouverneur Louis d'Estouteville qui est, certes, bouteiller de France mais n'a pas le sang royal d'un membre de la maison de Bourgogne. Peut-être ne s'agit-il que de la pension.

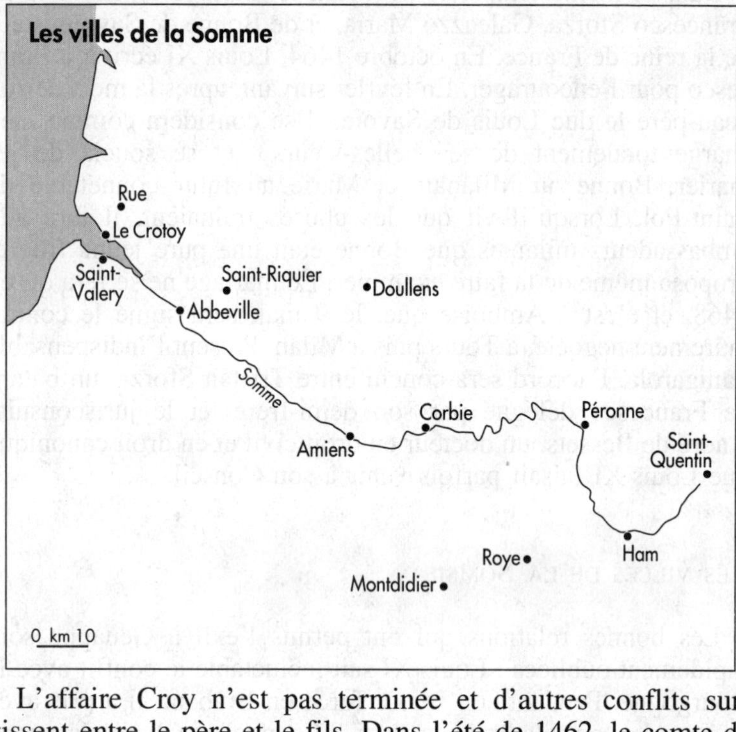

L'affaire Croy n'est pas terminée et d'autres conflits surgissent entre le père et le fils. Dans l'été de 1462, le comte de Charolais se brouille de nouveau avec le duc Philippe et se voit exilé en Hollande. Installé avec discrétion à Gorkum, sur le Rhin, il y tue le temps en chassant et en pêchant. Louis XI marque alors son amitié envers son ancien protecteur, le duc de Bourgogne : il retire au comte de Charolais ce qu'il lui a accordé. Le futur Téméraire n'oubliera pas.

L'essentiel n'est pas dans les querelles de personnes. Le traité d'Arras a, en 1435, stipulé la cession au duc de Bourgogne des « villes de la Somme », soit Saint-Quentin, Corbie, Amiens,

Doullens, Abbeville, Montreuil, Rue, Saint-Valery, Le Crotoy, Saint-Riquier, Crèvecœur-en-Cambrésis et Mortagne, avec les châtellenies de Roye, Péronne et Montdidier : bref, tout le pays entre la Somme et l'Artois. Le tout était rachetable par le roi pour 400 000 écus. Charles VII semble n'avoir pas songé à un tel rachat. Dès son avènement, Louis XI en forme le projet, et c'est pour cela qu'en 1463 il entre en conflit avec le duc de Bourgogne. Pour réaliser son projet, le plus onéreux du règne, le roi ne dispose que de 200 000 écus. En mai 1463 commence la course aux emprunts. Les attendus de leur négociation sont durs pour la mémoire de Charles VII.

> Pour le bien et utilité de la chose publique de notre royaume et pour accroître et augmenter notre domaine et y réunir et remettre le plus que pourrons les choses aliénées par nos prédécesseurs, ainsi qu'à notre sacre et couronnement l'avons juré et promis...

On ne saurait mieux dire que Charles VII a failli au serment du sacre. En tout cas, l'opération réussit. Le 8 octobre 1463, alors que le comte de Charolais manifeste sa réprobation, Philippe le Bon donne quittance. Guillaume Juvénal des Ursins et Géraud de Crussol vont prendre possession et l'on convoque à Abbeville les États des villes de la Somme. Le duc a demandé au roi de maintenir les officiers en place. Louis XI s'empresse de révoquer le bailli d'Amiens Philippe de Crèvecœur. Celui-ci n'oubliera pas. L'affaire fera d'autres victimes : Charolais profitera de la sénilité de son père pour révoquer les frères de Croy qui ont mené la négociation.

Restent quelques points litigieux. Ils touchent notamment aux seigneuries assises sur la frontière du royaume et de l'Empire. Le 1er mai 1464, Philippe le Bon propose au roi de venir à Paris le rencontrer. Rien ne sera réglé quand éclatera l'affaire du Bien public.

L'Angleterre incertaine

Quand Louis XI devient roi, il n'y a que huit ans que Charles le Victorieux a bouté les Anglais hors de France. Encore leur reste-t-il Calais. Rien ne dit que la guerre de Cens Ans est finie, et l'on sait que la campagne de 1453 a abouti au rembarquement des Anglais, non à un traité de paix. Tout laisse en revanche à penser qu'en Angleterre la guerre des Deux Roses est terminée. Édouard IV paraît solide sur son trône, et il n'a pas de raisons de ménager la France. La reprise des hostilités entre France et Angleterre paraît donc imminente. La seule question que l'on peut alors se poser est de savoir qui commencera : l'ex-reine Marguerite d'Anjou et son allié français, ou le roi d'Angleterre et son fidèle Warwick ?

Édouard IV écoute alors avec attention l'appel au secours de Jean II d'Aragon : une alliance de revers lui serait bien utile. Mais Louis XI a un allié dans la place anglaise : Jean de Foix, comte de Candale, un cousin germain de Gaston IV de Foix. Il a d'abord été l'allié des Anglais. Il commence de se retourner. Il fait parvenir au roi de France quelques correspondances qui lui seront utiles. Or c'est Gaston qui, en avril, négocie en Aragon, avec des pouvoirs très étendus.

> Vous êtes sur le lieu et pour ce, s'il vous semble bon, dites-lui les paroles dessus écrites et faites les alliances à coup. Si le fait de Navarre se porte bien et s'il vous semble que ce ne soit pas le meilleur, ne lui en dites rien et besognez-en par en-dessus. Car vous connaissez mieux comme il y faut besogner que nous ne faisons ici.

Édouard IV et Warwick ne tiennent pas à s'engager sans savoir où ils vont. Ils envoient donc une ambassade à Louis XI, lequel prévient le roi d'Aragon : les Anglais « ne font que se moquer de lui ». Et d'ajouter qu'il est certain de la neutralité de l'Angleterre. D'ailleurs, précise le roi de France, l'Anglais se ferait « châtier » s'il lui venait idée de débarquer en France. Mais on s'attend à le voir venir en mai. Dans le même temps, Warwick écrit à Jean II qu'il lui faut s'assurer de la paix dans le Nord de l'Angleterre avant de songer à autre chose.

Marguerite d'Anjou a débarqué en France en avril 1462 et,

très vite, elle fatigue le roi par ses demandes d'aide. Il faut cependant l'entendre et la soutenir : Marguerite constitue « le boulevard contre le roi Édouard ». Au moins empêche-t-on qu'elle n'aille voir à Amboise la reine de France. Louis XI se méfie à l'évidence d'une collusion entre les deux reines, et il charge Capdorat de veiller à ce que leurs parcours ne se croisent pas. Pour plus de sûreté, la reine Charlotte est envoyée sous un prétexte à Melun.

Le 24 juin 1462, à Chinon, Marguerite obtient de Louis XI une subvention de 24 000 livres, en échange d'une promesse : nommer le comte de Candale Jean de Foix gouverneur de Calais, autrement dit soumettre au roi de France la seule place qui reste à l'Anglais sur le continent, mais dont on sous-estime alors le fait qu'elle est aux mains des gens d'Édouard IV. Autrement dit, Louis XI paie une chimère. Comme il l'a bien compris, il en fait ensuite le moins possible. Le marché fera cependant s'échauffer les esprits à travers toute l'Europe. À la cour de Bourgogne, on parlera de 200 000 écus.

En octobre, Marguerite tente le débarquement en Angleterre et, comme il faut bien lui envoyer un secours, c'est une petite armée de 800 hommes, conduite par Pierre de Brézé. Le duc de Bretagne fournit pour sa part 1 200 hommes. De cette tentative, il ne sortira rien. Un nouvel échec, en mai 1463, sonne la fin de l'entreprise. En août 1463, la reine abandonne la partie : elle aborde à L'Écluse (auj. Sluys), en Flandre. Louis XI le comprend alors, son intérêt est de reconnaître Édouard IV.

Pendant ce temps, la France se prépare à une nouvelle invasion en Normandie. Le roi n'est pas pour rien à Rouen, et c'est de Rouen que, apprenant en août 1463 que trente-cinq navires anglais cinglent vers l'ouest, il s'attend à une attaque sur Bordeaux ou Bayonne. Il donne ordre de mettre en défense Bordeaux. Quelques jours plus tard, il mobilise tout ce qu'il a de forces dans le Sud-Ouest. Il se prépare à y aller lui-même et, en attendant, il envoie Pierre de Beaujeu. Finalement, on ne verra pas débarquer les Anglais et la flotte rentrera au port. Philippe le Bon écrira au roi, en septembre, pour l'assurer qu'il n'a pas été, comme le veut la rumeur, à l'origine de cette tentative ennemie.

Il est vrai que le duc de Bourgogne s'entremet finalement

pour éviter la guerre. Philippe le Bon n'a pas renoncé à son idée de croisade contre les Turcs. En septembre 1463 il organise à cette fin à Saint-Omer une conférence des ambassadeurs d'Angleterre et de France. On y parle, on ne décide rien de durable, sinon que la Bretagne sera comprise dans la trêve conclue pour un an le 8 octobre. Ce n'est pas la paix mais, comme l'écrit joliment Louis XI, « en ce temps pendant, sont aucunement les hostilités assoupies ». Philippe le Bon parvient même, le 3 octobre, à faire se rencontrer Louis XI et le chancelier d'Angleterre, qui n'est autre que George Neville, le propre frère de Warwick.

Une chose est sûre : la France a abandonné la cause de Marguerite d'Anjou, laquelle a trouvé moyen – en se déguisant – de rejoindre Philippe le Bon pour tenter d'empêcher la conférence et n'a réussi qu'à l'importuner à son tour. Elle n'agace pas moins Charles de Charolais quand elle va faire son siège à Bruges. À ce moment, la Bourgogne n'est nullement prête à compromettre la paix pour les beaux yeux d'une reine détrônée.

En février 1464, à Lille, le roi de France et le duc de Bourgogne parlent de la croisade. Il est évident que rien ne sera possible avant la réconciliation définitive de la France et de l'Angleterre, et Philippe comprend qu'il peut jouer là un rôle. Une entrevue des deux rois est alors prévue pour avril 1464, puis reportée à juillet. Elle n'aura pas lieu. Mais les « abstinences de guerre » sont prolongées jusqu'au 1er octobre 1465.

On craint encore l'invasion anglaise quand, dans l'été de 1464, le duc de Bretagne François II fait à Édouard IV des ouvertures pour une alliance contre Louis XI. Ce vieil homme d'expérience qu'est Pierre de Brézé dit clairement à son maître que tout arrangement avec l'Anglais est à repousser : « Si vous souhaitez être aimé des Français..., ne recherchez pas l'amitié des Anglais. »

En Angleterre, cependant, Warwick pousse à l'entente avec la France, et celle-ci est l'étalon auquel on mesure alors son influence. Un mariage du roi Édouard avec Bonne de Savoie, sœur de la reine Charlotte, serait le bienvenu. Louis XI se montre intéressé, et il accepte l'idée d'abonder la dot. Ne doutant pas de Warwick, il va jusqu'à lui promettre une récompense en France. Il souhaite à ce point une entente avec l'Angleterre d'Édouard IV, juge l'ambassadeur milanais Alberico Maletta qui ne lâche pas le roi d'une semelle et observe le jeu pour le compte de Sforza, que Warwick n'aurait qu'à se montrer pour obtenir ce qu'il veut. Mais on ne voit pas Warwick. Le roi prend son mal en patience : Warwick est occupé par une négociation avec l'Écosse.

Malheureusement, il y a autre chose : le roi d'Angleterre est tombé amoureux d'une jolie veuve, Élisabeth Woodville, et celle-ci refuse de n'être que sa maîtresse. Il l'épouse donc secrètement en mai 1464, puis prévient en septembre son Conseil. Ce mariage signifie la rupture avec la politique de Warwick, et la fin des espoirs de paix durable avec la France. Louis XI apprendra bientôt que son fidèle allié a perdu la faveur d'Édouard IV et que le moyen essentiel de la négociation avec l'Anglais est définitivement écarté : en écartant un mariage avec Bonne de Savoie pour épouser une fille d'assez petite noblesse, le roi d'Angleterre insulte la maison de France.

CHAPITRE XVI

Le Bien public

DES PRINCES MÉCONTENTS

Habitués dans le temps de la guerre à choisir leur camp, les princes ont supporté la lente et forte remontée en puissance du pouvoir royal sous Charles VII. L'avènement d'un roi qui a donné l'exemple de la rébellion leur ouvre de nouvelles perspectives. La France de Louis XI est encore, à ses débuts, un royaume cerné de principautés qui, telles la Bourgogne ou la Bretagne, se tiennent pour indépendantes, et formé de principautés qui, comme le duché de Bourbon ou celui d'Anjou, estiment ne rien devoir au roi.

Louis XI a pris l'habitude de l'individualisme politique. Dauphin, il a tenu tête à l'adversité. Premier des princes des fleurs de lis, il a souffert de la puissance des clans, des partis, des favoris. Devenu roi, il n'écoute personne, sinon ceux qui le servent fidèlement en simples exécutants d'une politique qu'il détermine seul. Son ami Côme de Medici le dit sans fard : il ne gouverne que pour satisfaire ses propres idées. Les habitués d'une cour où s'entremêlaient les intrigues sont bien entendu déçus d'un entourage politique qui n'est plus une cour, d'un gouvernement où ont part des robins et des gens de peu et d'un roi dont l'autorité personnelle et la rigueur découragent les complots d'antichambre. Quatre ans après l'avènement, on n'a encore digéré ni la disgrâce brutale de ceux qui, par fidélité ou par intérêt, avaient servi Charles VII, ni l'arrivée en masse de ces gens dont le principal titre est d'avoir partagé l'exil du dauphin. Commynes l'écrit sans ambages.

> Les ducs de Berry et de Bretagne avaient en leur compagnie de sages et notables chevaliers que le roi Louis avait tous désappointés à l'heure qu'il vint à la Couronne, nonobstant qu'ils eussent bien servi son père au recouvrement et pacification du royaume.

Si les officiers issus de la petite noblesse ou en train de parvenir à celle-ci ont payé le plus lourd tribut à la prise en main du gouvernement par le nouveau roi, on ne peut négliger les réseaux d'amitié, d'affaires ou de clientélisme que les disgrâces de 1461 ont brisés. Beaucoup en savent mauvais gré au roi.

Les premières préoccupations de Louis XI sont d'ailleurs extérieures : la Catalogne, les villes de la Somme, l'Angleterre. Il compte sur l'amitié de Francesco Sforza comme sur celle de Warwick, et les ambassadeurs Alberico Maletta puis Gianpietro Panigarola sont longtemps ses principaux confidents. Autrement dit, l'esprit tourné dans tous les sens, il fait peu de cas de l'intérieur, c'est-à-dire des mouvements qui se dénotent en France et pourraient lui causer un jour des désagréments. Trop sûr de son pouvoir, il n'y prête pas attention. Familier de l'échiquier européen, il entretient une vision moderne de l'État qui néglige ce qui demeure de la féodalité : non un système social, de longtemps dépassé, mais une peau de panthère politique où les princes, eux aussi, luttent pour garder leur rôle. Juge-t-il n'en avoir rien à craindre ? C'est possible. Une dure jeunesse l'a habitué à devoir être sûr de lui, sous peine de n'être rien.

Jusque-là, les relations avec le duc de Bourgogne étaient en apparence bonnes. Le roi comptait sur Philippe le Bon pour favoriser l'entente avec l'Angleterre. En juin 1464, sur la nouvelle qu'arrivait une ambassade anglaise, Louis XI gagna la Picardie. Le duc de Bourgogne arrangea une entrevue avec les Anglais. Elle devait avoir lieu à Hesdin. La déception fut grande quand on ne vit arriver que John Wenlock et Richard Whetehill, chargés par Warwick de renouveler pour un an la trêve, qui expirait le 25 octobre. Le roi et le duc firent preuve de patience : ils attendirent l'incertaine venue de Warwick. Le duc demeura à Hesdin. Le roi attendit du 2 au 9 juillet, puis alla en Picardie et poussa jusqu'à Rouen. À la fin d'août, il s'établit en Ponthieu. Il pouvait rejoindre en quelques heures.

Le risque était réel que le duc de Bourgogne se lassât d'attendre. Louis XI lui fit une bonne manière : il envoya la reine Charlotte passer deux jours à Hesdin. Toutes les dames de la cour de Savoie l'accompagnaient, ses sœurs Bonne et Marie, et la sœur du roi, épouse du prince de Piémont, le futur duc Amédée IX. On dansa. Les dames trouvèrent le séjour fort agréable. Louis XI avait dit : deux jours. Lorsque vint le moment de partir, Philippe le Bon retint les dames deux jours de plus, pour le seul plaisir de montrer qu'il n'était pas aux ordres du roi.

Celui-ci continua de faire étalage d'une amitié avec la Savoie qu'il savait pourtant fragile. À la fin d'août, on vit arriver, dans son étrange chaise à porteurs de velours bleu couronnée d'un dais de soie, le duc Louis lui-même, qui se singularisa en ne faisant qu'une chose : pendant vingt-cinq jours, il mangea.

Les Anglais faisaient durer l'attente quand, en septembre, un incident troubla le jeu. On avait arrêté en Hollande un certain Bâtard de Rubempré, une sorte de pirate qui écumait la mer du Nord. Fils illégitime d'Antoine de Rubempré, le personnage était connu comme le neveu des Croy, donc des ennemis du comte de Charolais. Il sembla évident que le Bâtard de Rubempré se préparait à enlever, voire assassiner, le futur Téméraire. Dans les Pays-Bas, l'opinion fit rapidement l'amalgame, que fera encore vingt ans plus tard Thomas Basin : l'entreprise ne pouvait qu'être commanditée par le roi de France. Philippe le Bon pensa qu'il courait grand danger à Hesdin. Les gens de Louis XI et ceux de Philippe le Bon commencèrent par n'en pas parler, mais l'incident assombrissait la perspective de rencontre. Louis XI finit par faire dire qu'il avait chargé Rubempré d'arrêter en Hollande et de faire parler Jean de Rouville, le vice-chancelier de Bretagne, qui revenait d'Angleterre.

S'il faut en croire Thomas Basin, Philippe le Bon se vit pris dans un piège. Certes, il était chez lui à Hesdin, et on ne pouvait penser que le roi prît le risque de déclencher une guerre alors qu'il avait tant intérêt à négocier la paix. Le fils de Jean sans Peur ne pouvait cependant s'empêcher de penser au pont de

Montereau. Bref, il quitta brusquement Hesdin la veille du jour où le roi devait y revenir. On allait à la rupture avec la Bourgogne, alors que se précisait la menace anglaise. Le roi était à Abbeville. Il gagna Rouen et convoqua son Conseil. C'en était fini de la rencontre.

Aucun des trois protagonistes n'était vraiment responsable de la rupture. Aussi entretint-on quelque temps la fiction d'une entente. Pour assurer le roi de son amitié, Philippe le Bon envoya en ambassade l'évêque de Tournai Guillaume Fillâtre et Jean de Créquy. On convint de s'informer mutuellement de ce qui pouvait survenir chez l'un ou chez l'autre. La confiance n'y était pas, et Georges Havart, envoyé en octobre auprès du duc, se fit sévèrement rabrouer. Philippe vieillissait, et son fils Charolais, le futur Téméraire, entretenait déjà sa propre diplomatie. Or Philippe le Bon, en quittant Hesdin, avait rejoint son fils. Louis XI tenta vainement de faire bonne figure en invoquant la dérobade de l'Anglais et l'âge du duc de Bourgogne : le duc ne sait plus ce qu'il fait, pensait le roi. Ce qui n'empêchait pas celui-ci d'envoyer au duc, en novembre, le chancelier Pierre de Morvilliers, le comte d'Eu Charles d'Artois et l'archevêque de Narbonne, Antoine du Bec-Crespin.

Reçue le 5 novembre devant toute la cour de Bourgogne, cette ambassade ne venait pas pour négocier mais pour notifier au père et au fils des reproches. Le principal touchait l'alliance entre Charolais et le duc de Bretagne, alliance à l'évidence dirigée contre le roi. Comme il fallait bien évoquer la mission de Rubempré, on la mit au compte d'une précaution : il n'était chargé que d'intercepter les Anglais envoyés au comte de Charolais. Commynes, qui faisait alors ses débuts à la cour de Bourgogne, jugera que le chancelier avait parlé « fort arrogamment ». Il semble que Morvilliers n'ait surtout pas laissé au futur Téméraire le droit de placer une parole. « Monseigneur de Charolais, je ne suis pas venu pour parler à vous, mais à monseigneur votre père. »

À soixante-huit ans et alors que le jeune Commynes le voyait « venant à l'extrême vieillesse dont jà était près », Philippe le Bon tenait à ce qu'on ne le comptât pas pour négligeable. Il fit taire son fils, mais lui laissa le droit de garder l'affaire sur le cœur. « J'ai répondu pour toi comme il me semble que père doit répondre pour fils. Toutefois, si tu en as si grande envie, penses-y aujourd'hui, et demain dis ce que tu voudras. »

Le 22 novembre l'ambassade rendit compte à Louis XI : le duc avait tout réfuté. Il avait même précisé que son départ de Hesdin n'était en rien précipité : il s'en était allé en plein jour, pour s'occuper d'une autre affaire, alors qu'il devenait évident que Warwick ne viendrait pas. Bien pis, Morvilliers rapportait une menace. Comme le roi le lui rappellera en septembre suivant à Conflans, le comte de Charolais, qui n'aimait guère qu'on lui rappelât qu'il n'était pas encore duc de Bourgogne, n'avait pas craint de gronder : « Dites au roi qu'il m'a fait laver ici par ce chancelier, mais que, avant qu'il soit un an, il s'en repentira. »

Au cœur de l'hiver, les querelles semblent terminées. Si Charles de Charolais paraît à bien des égards conduire les affaires, Philippe le Bon est encore bien vivant. Même s'il vieillit prématurément, il contrôle encore les capacités d'intervention politique de son fils. Or Philippe le Bon ne gagnerait pas grand-chose à se mêler d'un complot : affaiblir le pouvoir souverain du roi de France en soutenant l'insurrection des princes est une chose, mais qui pourrait se retourner contre un prince porté à jouer au souverain. Or Philippe est souverain en fait, et il l'est même en droit, depuis la paix d'Arras de 1435, pour ses possessions françaises puisqu'il a été délié de son hommage au roi de France. C'est donc avec une conviction mitigée que le duc de Bourgogne s'engagera dans une insurrection. Laissant faire son fils, il se gardera de se compromettre outre mesure.

Une ambassade bourguignonne trouve alors le roi fort bien disposé, laissant même entendre qu'il rétablira la pension qu'il servait à Charles de Charolais. La paix semble assurée. Mais le futur Téméraire écrit, en février 1465, au duc de Bretagne qu'il désavoue les démarches de son père. En fait, il n'a pas accepté le rachat par le roi de ces villes de la Somme qui mettaient l'état bourguignon au cœur de la France. Secondé par le comte de Saint-Pol, il a commencé d'organiser son armée. Louis XI, qui voit venir le péril, se prend à flatter le vieux duc : « Après Dieu, je tiens la Couronne de vous. » Rappeler sa propre dette ne suffira pas à le mettre hors d'atteinte des manœuvres bourguignonnes.

Avec la Bretagne, les relations sont assombries de longue date par des querelles canoniques. Le roi entend exercer sa juridiction sur les bénéfices bretons et faire nommer ses candidats aux évêchés et aux abbayes. L'évêque de Nantes, Amaury d'Acigné, n'a pas manqué en 1462 d'en appeler au roi contre la prétention du duc à lui faire prêter hommage pour son temporel. Mais ce ne sont là que des incidents révélateurs d'un affrontement sur le principe : le duc de Bretagne se dit duc par la grâce de Dieu, et tout ce qui relève de la suzeraineté royale est mal venu, alors que c'est essentiel dans le jeu du roi. Réfugiés en Bretagne à son avènement, quelques anciens ennemis du dauphin Louis y entretiennent un climat d'hostilité auquel est sensible le jeune François II, duc depuis la mort de Richemont en 1458. Il a vingt-six ans à l'avènement de Louis XI. Il a besoin de s'affirmer. Et il s'est pris – les mots sont de Thomas Basin – d'une « amitié particulière et fraternelle » pour le comte de Charolais. Il n'aura aucune peine à entrer dans une révolte contre le roi.

François II se cherche un allié de bonne taille : dès l'automne de 1463, il fait des ouvertures à l'Anglais. En juillet 1464, son vice-chancelier Jean de Rouville se rend en Angleterre sous un déguisement de moine et propose à Édouard IV une alliance offensive pour le cas où l'Anglais se lancerait dans une reconquête de la Normandie. Warwick, que le jeu tortueux n'embarrasse pas, prévient son ami le roi de France.

L'affaire se corse quand François II tente de ruiner la réputation de Louis XI en faisant savoir que, moyennant une aide contre les princes, il se prépare à céder au roi d'Angleterre la Guyenne et la Normandie. C'est évidemment provoquer Charles de France, qui convoite pour son apanage l'un ou l'autre de ces deux duchés. Louis XI réagit violemment à de telles allégations. Le 1er septembre, après en avoir écrit à tous les princes, il nomme un grand sénéchal et capitaine de Rouen connu pour sa vigueur : étonnant retour de l'histoire, l'homme providentiel n'est autre que Pierre de Brézé, le vieux favori d'Agnès Sorel, ainsi rétabli dans la fonction qu'en 1461 lui avait avec éclat retirée le roi.

Les choses ont failli s'envenimer à l'automne de 1464. Le roi a ménagé le duc de Bretagne autant qu'il l'a pu, feignant d'ignorer ses préparatifs de guerre et veillant notamment à ce qu'il soit bien compris dans les trêves avec l'Angleterre. Mais François II reprend la politique indépendante de son grand-père Jean IV. Bien plus, il se montre ombrageux. Arguant d'un conflit pour la régale sur l'évêché de Nantes, il fait courir le bruit que le roi convoite le duché. Les contentieux se multiplient. Présidée par le comte du Maine, une commission réunie à Tours en novembre 1463 et à Chinon en septembre 1464 a tenté d'en dresser la liste et de les examiner. Guillaume Cousinot a même fait des recherches dans le Trésor des chartes. À la fin de 1464, le duc s'en prend à Arthur de Montauban, frère de l'amiral et maintenant abbé de Saint-Sauveur de Redon, et à plusieurs de ses amis.

Louis XI s'attend donc à une attaque bretonne sur la Normandie, attaque qui pourrait être concertée avec l'Anglais. Par précaution politique, il convoque en décembre 1464 à Tours une assemblée de barons à caractère presque judiciaire et lui fait part de ses accusations contre le duc. Il en obtient des déclarations de fidélité suffisantes pour apaiser ses inquiétudes. Il ignore qu'à Noël, une réunion assez peu discrète s'est tenue à Notre-Dame de Paris : on y a parlé de rébellion, dira plus tard Olivier de la Marche. Puis, en février 1465, le roi part pour Poitiers. C'est là que Guillaume Chauvin, chancelier de Bretagne, et Odet d'Aydie, cet écuyer gascon que Louis XI a révoqué de son office de bailli de Cotentin et qui est devenu le principal conseiller du duc François, viennent poursuivre la négociation ouverte sans succès en Bretagne par un Jean de Dunois en qui le roi s'est maladroitement fié parce qu'il est l'oncle de François II et qui hésite même à revenir, craignant d'être tenu pour responsable de l'échec.

Les autres princes ont chacun leur mécontentement. Pour les Orléans, le vieux duc Charles comme son demi-frère Dunois, la cause est en Italie. L'amitié déjà ancienne du roi avec le duc de Milan Francesco Sforza s'est entretenue aux dépens des prétentions des Orléans à leurs droits, pourtant bien ténus, sur l'héritage de Valentine Visconti. S'il joue de ses relations avec

Sforza, Louis XI n'a aucune intention de s'engager alors dans les affaires de la Péninsule, et il ne s'est pas privé de le dire. Mais Charles d'Orléans meurt dans la nuit du 4 au 5 janvier 1465. Son fils Louis, qui sera Louis XII, est un enfant de deux ans, et Louis XI a grassement ironisé quand le vieillard – à soixante-douze ans – est parvenu, après plus de vingt ans de mariage, à engrosser sa troisième femme. De ce côté, le roi est tranquille pour un temps.

C'est également hors de France que sont les motifs d'amertume des Angevins. Louis XI n'a pas fait grand-chose pour le royaume de Naples, où Jean de Calabre, le fils du roi René, a dû se contenter de quelques lettres envoyées par Louis XI à ses amis italiens. Louis XI le dit franchement à Jean de Calabre en 1465 : Sforza lui a été en tout plus fidèle que la maison d'Anjou. Bref, le manque de solidarité lignagère du roi de France et son amitié ouvertement affichée pour le duc de Milan n'ont rien pour satisfaire les Angevins. L'ambassadeur Panigarola en souffre, qui se sent en danger lorsque le roi l'emmène chez le roi René : « Quand les Angevins me voient, ils se comportent comme s'ils avaient sous les yeux l'ennemi de la race humaine. »

Peut-être les Angevins se rendent-ils compte que le roi de France ne souhaite pas renforcer, par un royaume italien fait d'autre chose que d'un vain titre, la puissance d'un lignage déjà fort bien possessionné dans le royaume – l'Anjou, le Maine, une partie du Barrois – et aux frontières avec la Provence et la Lorraine. En d'autres termes, Louis XI sait ce qu'il en a coûté à la Couronne de France d'avoir un vassal, le Plantagenêt, coiffé hors de France d'une couronne royale. Encore les droits du Plantagenêt sur le trône de France étaient-ils tardifs et surtout légers, alors que la maison d'Anjou est, en droite ligne masculine, aussitôt après les Orléans, héritière potentielle du royaume.

Il en résulte une prudence qui ne faiblira pas. Le roi de France n'a guère soutenu la cause de Marguerite d'Anjou, la fille du roi René. Il s'est toujours méfié des Angevins, et il n'a guère eu à se féliciter du Lancastre. La malheureuse épouse de Henri VI, réfugiée dans le duché de Bar chez son père, n'a été traitée par

Louis XI qu'en visiteuse presque indésirable, à qui il fallait faire fête dans les villes à défaut de lui donner une aide militaire. René, lui, est un peu las des conflits. Il a perdu son royaume napolitain et sa tentative sur la Lorraine lui a valu de passer cinq ans en prison. Depuis dix ans, il a abandonné la Lorraine à son fils. René aspire à vivre tranquille dans ce monde de chevalerie reconstituée et de courtoisie ressuscitée qu'il a édifié en Anjou comme en Provence pour le plus grand bonheur des dames, des poètes et des artistes. Dire qu'il est content serait forcer la réalité. Il est amer, mais il s'en tient là. Il hésitera à prendre parti. Louis XI le tient pour un « homme grossier » mais il ne le lui a pas dit en face.

Au fort de la guerre, le roi entrera en relations avec le roi Ferrante de Naples pour inciter celui-ci à une attaque contre le port de Marseille, attaque qui eût constitué la plus dure des diversions et contraint René et Jean à se désintéresser de ce qui se passait autour de Paris. On ne pourrait mieux dire le peu de cas que fait Louis XI des droits angevins sur Naples.

Le duc Jean II de Bourbon cultive de son côté l'amertume de n'être pas parmi les personnages du jeu politique français. Le roi le tient pour stupide et le dit. Il ne l'a même pas appelé à son Conseil. Gouverneur de Guyenne sous Charles VII depuis 1452, il a été remplacé dès 1461 par le Bâtard d'Armagnac. Or, par sa mère Agnès de Bourgogne, Jean II est le neveu de Philippe le Bon. Par sa femme, Jeanne de France, il était le gendre de Charles VII. Il se prend pour l'un des premiers, et le roi le tient pour pas grand-chose. Pour jouer l'important, il a, sous couleur de courtoisie familiale, rendu visite à la cour de Bourgogne. Il a même, à cette occasion, inventé sinon le nom du moins la notion de Bien public : il faudrait « remontrer au roi le mauvais ordre et injustice qu'il fait en son royaume ». Et d'annoncer qu'il va faire abattre toutes impositions. La fin de l'impôt, c'est évidemment un thème propre à rallier bien des mécontents, et pas seulement parmi les princes.

Reste un prince dont Louis XI ne se méfie pas assez : son jeune frère. Charles de France est duc de Berry, et ce qui n'était sous Charles VII qu'un titre est devenu un véritable apanage quand, en novembre 1461, Louis XI a dû délivrer à son frère des lettres patentes de constitution. Mais c'est un petit apanage pour l'héritier immédiat de la Couronne. Ses revenus ne permettent guère à Charles de tenir « son état ». Il vit dans la dépendance du roi. Il ne joue aucun rôle et ne compte pas dans la vie politique. Le Bâtard d'Armagnac s'en fait l'écho auprès de Louis XI : Charles n'est pas heureux.

Voilà pour les princes. La petite noblesse ne ronge pas moins son frein. Les barons et autres seigneurs sont liés aux princes, les uns par un fief, les autres par une pension, beaucoup par le profond mécontentement que suscite toujours dans la féodalité le renforcement de l'appareil royal et qui s'exprime en force dès que faiblit le roi. Devant les hommes à poigne que leur envoie le roi, tous sont dans la situation du comte d'Armagnac dont Louis XI lui-même affirmait devant un envoyé anglais qu'il ne pouvait « pas même pisser » sans l'accord du lieutenant général Jean de Lescun, ce Bâtard d'Armagnac qui est quand même son proche parent par la main gauche.

À l'assemblée de Rouen comme à celle de Tours, le roi a entendu un concert de plaintes et de critiques. Il ne s'attend pas à ce que cela conduise à une déflagration. Au nom de la noblesse, le roi René a, lors de l'assemblée de Tours, donné tort au duc de Bretagne. Les prélats eux-mêmes ont quelque raison de se plaindre. Le conflit avec le pape trouble l'Église de France. Cela n'est pas nouveau. Tout semble dans l'ordre, y compris les récriminations, qui sont habituelles. Quand Charles de France, pour se faire une clientèle dans son duché de Berry, fait écho au duc de Bourbon et dénonce « l'excessive exaction des pécunes » qui écrase le peuple, le roi n'est pas dupe : ce n'est pas le peuple qui bouge.

Louis XI a eu le tort de casser bien des pensions et de révoquer en bloc la plupart des fidèles de son père. Il en touche maintenant le dividende. Il le comprendra trop tard, à temps cependant pour changer d'attitude après l'affaire du Bien public, et surtout pour mettre, à son lit de mort, son fils en garde.

> Il recommanda monseigneur le dauphin son fils à aucuns serviteurs et lui commanda expressément ne changer aucuns officiers, lui alléguant que, quand le roi Charles septième son père alla à Dieu et que lui vint à la Couronne, il désappointa tous les bons et

notables chevaliers du royaume et qui avaient aidé et servi son dit père à conquérir Normandie et Guyenne et chasser les Anglais hors du royaume et à le remettre en paix et bon ordre, car ainsi le trouva-t-il et bien riche, dont il lui en était bien mal pris, car il en eut la guerre appelée le Bien public, qui cuida être cause de lui ôter la Couronne.

Louis XI sait les princes mécontents. Il ne s'attend pas à ce que cela débouche sur une nouvelle Praguerie. Il a surtout peur d'un débarquement de l'Anglais. Il n'en est pas moins lucide. Il le confie à Maletta qui le rapporte à Sforza : si la paix ne se fait avec Édouard IV, lui, Louis XI, aura à faire face aux barons français. C'est dire combien il compte sur Warwick, dont en septembre 1464 on lui annonce la venue pour le mois suivant. Mais Philippe le Bon, dont le réseau d'information vaut celui du roi de France, est assuré que Warwick ne songe nullement à venir.

Bien des princes ont d'ailleurs à remercier le roi. Gaston IV de Foix le sert fidèlement, mais il a l'appui de la France dans l'affaire de Navarre. Jean V d'Armagnac a bénéficié de la grâce royale et retrouvé ses fiefs. Jacques d'Armagnac a été en Roussillon l'un des hommes de confiance du roi, qui l'a fait duc de Nemours. En 1463, le roi accède à sa demande et fait rechercher dans les archives de la Chambre des comptes ce qui peut y concerner la succession du duc Jean de Berry, dont Nemours se dit, par sa grand-mère, l'héritier : on y cherchera le testament et surtout l'inventaire des joyaux.

Sans doute Louis XI ne prend-il pas la mesure de ce que ses comportements peuvent avoir de choquant pour une aristocratie habituée à la vie de cour. Ce n'est pas sa longue rébellion contre son père qui peut étonner : l'histoire est pleine de fils insurgés contre leur père. C'est plutôt son caractère qui est en cause. Louis XI est un homme méfiant, ombrageux même. Ceux dont il se méfie à juste titre le lui reprochent. Plutôt que des princes, il affectionne la conversation des hommes d'affaires, des ambassadeurs italiens, des officiers. Parmi ses chefs de guerre préférés, on voit d'anciens routiers qui ont été d'authentiques bandits. Ses goûts modestes, son accoutrement de bourgeois, sa réticence devant les fêtes, sa résidence isolée, tout cela détonne de la part d'un roi. S'il n'y avait que cela, ce serait peu de chose, mais cela vient en sus. Qui n'a pas l'air d'un roi est-il digne de l'être ? On se le demande dans les cours fastueuses qu'entretiennent à Angers le roi René ou à Blois le duc Charles d'Orléans.

Si encore le roi se contentait de tenir les grands à l'écart, mais il manifeste trop souvent son mépris à leur égard. Les victimes des sarcasmes et des jugements péremptoires que répète l'entourage se taisent, mais elles ne manqueront pas leur heure.

En fait, on endort le roi. Il guette les nouvelles d'Angleterre, non sans penser que le roi Édouard IV a perdu la partie en se séparant de Warwick et qu'il n'est plus vraiment dangereux. Au vrai, l'Angleterre vient d'essuyer un camouflet qui pourrait la pousser vers la France : en octobre 1464, pour satisfaire les milieux économiques flamands qui voient d'un mauvais œil le développement de la jeune draperie anglaise, Philippe le Bon a interdit dans ses états les importations de draperies insulaires. Louis XI s'attend à ce que les Communes demandent une ouverture vers le marché français.

Il se veut à ce point sûr de lui qu'il pense se rendre à Bordeaux et gagner éventuellement le Roussillon. Il est vrai qu'il se rend odieux à son entourage à force d'impatience et qu'il se comporte cependant comme si la situation était en ses mains. En fait, il n'est sûr de rien, mais s'arrange pour que cela ne se remarque pas trop. Panigarola, qui vient de prendre le relais de Maletta, note que le roi est de très bonne humeur et qu'il mange bien. Au vrai, il y a de la propagande dans cette assurance que montre le roi, mais c'est de l'Angleterre qu'il s'inquiète surtout, non de la France.

D'ailleurs, on lui annonce que la négociation avec la Bretagne va se conclure au plus haut niveau : l'accord semble fait et le duc François II va venir à Tours. Cette excellente nouvelle a tout pour rasséréner le roi, même s'il prend connaissance de la lettre, interceptée par ses gens, de Charles de Charolais à François II de Bretagne. Louis XI, qui ironise si facilement sur la sénilité du duc de Bourgogne, continue de sous-estimer son fils, un fils qu'il connaît pourtant bien. Le maréchal Jean de Lescun et l'amiral Jean de Montauban partent sur-le-champ au-devant du duc de Bretagne. À la cour, cependant, la paix semble régner :

Louis XI décide d'augmenter de 6 000 écus la pension servie à son frère Charles et lui promet même un accroissement de son apanage. Chauvin et Aydie quittent Poitiers.

Le lendemain, 4 mars 1465, avec une très petite escorte, le roi part en pèlerinage. Il a eu la fâcheuse idée de le faire savoir quelques jours plus tôt. Son frère renonce au pèlerinage : il déclare qu'il va chasser. Louis XI ne s'étonne pas.

La Ligue

Deux heures plus tard, Charles de France quitte la cour. Dans un premier temps, le roi est informé que son frère s'est « départi de sa compagnie ». Peu après il apprend la vérité : Odet d'Aydie attendait Charles à quatre lieues de Poitiers, et il le conduit en Bretagne. L'affaire était soigneusement organisée en fonction de l'absence programmée du roi. Louis XI voit enfin le complot, mais il en sous-estime encore l'ampleur. Rentré d'urgence à Poitiers, il multiplie les correspondances pour mettre en garde ses sujets, et en premier lieu les villes : que nul n'accueille le fugitif et « ceux qui tiennent sa bande ». Il en écrit aux princes, comme au duc de Bourgogne Philippe le Bon et à son beau-frère Jean II de Bourbon, auquel il commande de monter sur-le-champ à cheval et de venir à la cour avec cent lances. Bref, il ne comprend pas que les princes l'ont tout simplement dupé. À moins qu'il ne se juge assez fort pour désamorcer la bombe par quelques lettres un peu fermes.

En quelques jours, tout devient clair. Un messager ayant été intercepté, le roi a la preuve des menées du comte de Charolais. Il envoie la pièce à Philippe le Bon et, non sans quelque naïveté, le charge de ramener son fils à l'obéissance. Louis XI n'a pas encore une vue claire de la situation en Bourgogne : Charles de Charolais ne sera duc de Bourgogne que dans trois ans, mais il est déjà le maître de l'état bourguignon. Dans le même temps, le roi apprend que Jean II de Bourbon se prépare à la guerre et que des hommes d'armes du duc de Nemours Jacques d'Armagnac viennent d'occuper Montmorillon, à deux heures de Poitiers. Et on lui rapporte que Dunois a rejoint le duc de Bretagne. Pour le punir, le roi fait, le 29 mars, occuper Beaugency, l'une des places de l'apanage d'Orléans que le duc Charles a laissées à son demi-frère.

Louis XI va s'établir à Thouars, où est sérieusement gardé le trésor royal. Le 26 mars, il s'installe dans le château du roi René à Saumur, position forte qui contrôle la route de la Loire au plus près de la frontière de Bretagne. Il ne regagnera Tours qu'après le 16 avril. Il multiplie déjà les correspondances pour ranimer la fidélité des villes. Il prend alors quelques dispositions qui sont autant de précautions. Jugeant insuffisante l'armée que constituent les compagnies de l'ordonnance, dont plusieurs sont cantonnées à Poitiers, il lève des hommes d'armes en Dauphiné et en Lyonnais, demande à sa sœur la duchesse de Savoie de lui envoyer du renfort et aux financiers de Lyon de l'aider, c'est-à-dire de financer cette levée de troupes. Ces appels ne resteront pas vains.

Un homme devient le pivot du jeu politique : le roi René, aussi mécontent du roi que soucieux d'éviter le pire. Ses troupes n'ont pas bougé. Le roi s'en méfie et ne fait pas grand cas de son sens politique, mais l'humaniste épris de tranquillité qu'est René voit bien qu'il a tout à gagner s'il s'engage le moins possible. Il y va même de la cohésion familiale, car le duc d'Anjou, comte de Provence, doit compter avec son frère comme avec son fils : Charles du Maine est aussi désireux d'aider le roi qui l'a confirmé dans sa lieutenance générale en Guyenne et Languedoc que Jean de Calabre l'est de reprendre l'avantage contre un Louis XI qui ne le soutient guère en Italie. Mais la cour d'Anjou est onéreuse, les fêtes et les tournois coûtent cher. Louis XI connaît le bon argument : il accorde à René 12 000 écus et la promesse de 18 000.

Il devient évident que le roi ne saurait en appeler des princes à d'autres princes, à plus forte raison aux simples barons. Il a presque toute la haute féodalité contre lui, et il sait que René d'Anjou n'est avec lui que, dit-il à Maletta, « à la manière italienne » : on ne peut faire fond sur lui. Dans le Midi, Louis XI s'assure de la fidélité de Jean V d'Armagnac et de Gaston IV de Foix. Après l'affaire de Montmorillon, le duc de Nemours se montre hésitant. Ce pourraient être là des alliances précieuses, mais elles sont incertaines. Elles ne sauraient suffire contre Bourgogne ou Bretagne. En tout cas, Louis XI se leurre.

Il va donc jouer une autre carte, celle des villes. Son registre est tout trouvé : la paix, la tranquillité, la prospérité. Jadis, on a surtout reproché à l'occupation anglaise de paralyser les affaires. Alors que, pour les princes, le temps des intrigues de cour représente un âge d'or perdu, les villes ont une autre vue de l'histoire récente. C'est cette tranquillité soudainement menacée que le roi rappelle à ses bourgeois. « Partout, le commerce se développait librement, et chacun vivait en paix dans sa propre maison. »

Tant qu'il y est, il ne se prive pas d'évoquer une menace dont nul ne pourrait dire qu'elle est vaine : les Anglais pourraient bien, comme voici un demi-siècle, profiter de la guerre civile. L'argument n'a rien de simpliste. Très vite, le roi apprend que ses bonnes villes lui sont fidèles. Bordeaux offre la solde de deux cents arbalétriers pour trois mois.

Fondamentale est la fidélité des villes de la Somme : une réduction d'impôts semble y pourvoir. Mais le roi dépêche en Picardie le chancelier Pierre de Morvilliers. Le choix est judicieux : son père, le premier président du Parlement bourguignon de Paris, était originaire d'Amiens et Philippe de Morvilliers, cousin du chancelier, est maire d'Amiens. Les comtes Charles d'Eu – le gouverneur de Paris – et Jean de Nevers y vont aussi, afin d'organiser une défense rendue incertaine par le mauvais état des fortifications et l'insuffisance de l'artillerie. Il faut notamment mettre en défense Picquigny, « clé du pays, qu'il fait bien à garder ». Les villes aimeraient cependant ne pas supporter seules la charge : elles demandent chacune de 200 à 300 francs par an à prendre pendant deux ou trois ans sur le revenu des aides. Louis XI répliquera que la chose n'est pas possible : il a assez fait pour elles.

Il importe de s'assurer de Paris. Pour n'être plus qu'une capitale administrative et judiciaire, Paris demeure un symbole, et Louis XI n'a pas oublié ce qu'a représenté pour Charles VII la rentrée dans un Paris reconquis. Le 8 mars, Charles de Melun est nommé lieutenant général « à Paris et es marches de France », parce que, écrit le roi, « nous ne pouvons encore bonnement y faire notre résidence ». Melun était bailli de Sens mais, depuis deux ans, il partageait avec Bertrand de Beauvau la lieutenance générale de Paris. Il est maintenant seul en charge de la capitale. Son père, Philippe de Melun, est depuis deux ans capitaine de la Bastille. De surcroît, Charles devient grand maître de l'Hôtel à la place d'Antoine de Croy.

Le duc de Bourbon a tout intérêt à se presser pour occuper le premier rôle : il engage les hostilités. Il fait occuper plusieurs villes d'Auvergne. Puis il publie un programme de gouvernement qui se résume en un souci du « Bien public » et comporte naturellement la fin des abus et la suppression des tailles et des aides. Bourbon joue de la démagogie : il parle au nom des princes, mais plaide pour les pauvres... Ses troupes sillonnent le Lyonnais. On arrête les officiers du roi. On se saisit de la recette des gens de finance.

Rencontrant l'épouse du sénéchal de Poitou, Jeanne de Lévis, qui s'en va tout simplement dans ses terres de Languedoc, les hommes de Bourbon la détroussent et la laissent en « petite cotte » sur le bord de la route. Les mêmes arrêtent le sénéchal de Beaucaire Bernard d'Oms. Le roi devra, en juin, le remplacer par Ruffec de Balsac.

Le complot se précise. On voit maintenant qui en est : aux côtés de Bourbon et du roi René, et avec Charles de France, duc de Berry, que les autres mettent en avant mais qui ne joue au vrai qu'un rôle effacé, il y a les ducs de Bretagne et de Nemours, les grands capitaines que sont les comtes d'Armagnac, le comte de Saint-Pol et le Grand Bâtard Antoine de Bourgogne, et deux héritiers de premier plan, Jean de Calabre et Charles de Charolais. Le meilleur représentant de la maison d'Orléans, Dunois, en est aussi. Survient dans la « bande » un brigand que l'on n'attendait pas : Antoine de Chabannes, comte de Dammartin, le vieil ennemi du dauphin Charles, s'est évadé le 12 mars de la Bastille et a trouvé asile chez Bourbon à Moulins. La diplomatie du complot est conduite avec habileté par Odet d'Aydie.

On ne peut que s'étonner de l'absence d'un véritable programme politique. Le Bien public est la somme de mécontentements personnels, mais les princes seraient bien embarrassés de dire ce qu'ils veulent faire. Commynes ne s'y trompera pas, notant que « tous se coloraient sur le Bien public du royaume ».

On a, aux débuts, parlé de supprimer les impôts, mais nul n'a pensé qu'il faudrait bien trouver de l'argent pour faire vivre l'État. Au plus envisage-t-on de garder quand même « la taille des gens de guerre ». Résumant trente ans plus tard un programme non formulé sur le moment, Thomas Basin rapporte qu'on voulait d'abord chapitrer le roi, et exiger, s'il n'entendait pas raison, la convocation des États généraux pour « établir les lois et les ordonnances qui restaureraient le royaume ». Naturellement, on aurait parlé de justice et d'impôt. Pour favorable qu'il soit aux princes et au « bien de la *Res publica* », Basin n'a cependant guère d'illusions, et ne se lasse pas de le répéter.

> L'intention de tous les princes était-elle bien celle-là ? Était-elle aussi désintéressée qu'ils le proclamaient partout ? Nous n'oserions l'affirmer...
>
> Quant au Bien public, alors que toute cette faction en avait pris le prétexte et l'étiquette, on ne prononça à son sujet que des paroles stériles et vaines...
>
> Beaucoup, certainement, recherchèrent leurs avantages particuliers plutôt que la réforme de la *Res publica* et le bien public.

Ce dont on parle, c'est donc de faire pression sur le roi et de réformer le gouvernement. L'étonnant pouvoir que, le 13 mars, à Nantes, Charles de France donne au duc de Bourbon habilite simplement celui-ci à donner ordre aux gens du fisc de ne plus percevoir les aides. Rien de plus. Alors que, un siècle plus tôt, on a vu Charles le Mauvais comploter pour faire du futur Charles V un régent du royaume à la place de Jean le Bon, alors que le futur Charles VII s'est réellement posé en concurrent de son père Charles VI et de l'héritier désigné Henri V, alors que la Praguerie ne cachait pas un projet de mise à l'écart de Charles VII, nul ne parle en mars 1465 de déposer le roi, ou simplement de le mettre sous tutelle. Y a-t-on pensé ?

L'histoire alors récente montre cependant fort bien que des couronnes peuvent être à l'encan, c'est-à-dire au plus fort. L'exemple de Naples et celui de la Navarre suffiraient à le rappeler. Mais il faut surtout évoquer ici ce qui vient de se passer en Angleterre. Si l'on peut « faire » un roi en Angleterre, ne le peut-on en France ? Si personne, chez les princes du Bien public, n'affiche une telle détermination, il serait étonnant que nul n'y ait songé.

Avec une réforme de l'État qui n'est pas même esquissée, sinon dans ce qu'elle aurait d'avantageux pour les contribuables et les pauvres, les revendications manifestées à Moulins comme à Nantes se ramènent aux appétits de Charles de France : que le roi lui donne un meilleur apanage ! Celui-ci ne pourrait être que la Guyenne ou la Normandie. C'est seulement en mai que les princes, dans une négociation avec le roi René, se diront prêts à laisser au roi sa couronne à la condition qu'il leur abandonne le gouvernement. Ce dont ils rêvent, c'est le retour à la minorité de Charles VI...

Fin mars, le duc de Bretagne, Dunois et naturellement Charles de France sont à la Roche au Duc, près d'Angers, chez le roi René, lequel se charge de faire connaître au roi les conditions posées par les princes. Ils veulent avoir leur part au gouvernement du royaume, lequel se ramène à une chose : le gouvernement des finances. De Saumur, Louis XI répond le 1er avril en invoquant ce qu'il a déjà fait pour maintenir le royaume en paix. Il élude naturellement la question fiscale. Puis il écrit dans le même sens aux villes et, cette fois, il aborde ce qui touche de plus près le peuple : les promesses de suppression des impôts sont « fictions et abusions », et c'est la révolte des princes qui va ruiner le royaume. Ils ne cherchent, précise habilement le roi, que des pensions. Il est vrai que le duc de Nemours vient de déclarer à ses proches que le roi doit donner aux princes « bonnes et grosses pensions ». On ne saurait être plus clair, et le roi n'invente rien.

Le souvenir d'une guerre civile déclenchée voilà soixante ans par les convoitises et les rivalités des princes n'est pas perdu. Les villes manifesteront vite qu'elles n'entendent pas recommencer. En accordant quelques réductions d'impôt, le roi fera pendant plusieurs mois d'excellents placements politiques.

Louis XI ne craint pas d'employer alors de grands mots. Puisque les princes se réclament du Bien public, autant se placer comme eux sur le plan des principes. Il se proclame « chef et père de la Chose publique de son royaume ». Mais la menace n'est pas loin : les ligueurs entreprennent « contre la majesté et souveraineté du roi ». Au cours de ces semaines difficiles, le roi usera à plusieurs reprises de cette affirmation de la « majesté royale ». Il n'est pas besoin d'être juriste pour savoir le prix du crime de lèse-majesté.

Très vite le roi René, que l'on a vu dûment acheté, s'est désolidarisé de la conjuration. Au vrai, il tient le roi informé de ce qui se trame, puis, le 10 avril, le rejoint à Saumur dans le temps où l'on y voit aussi arriver Gaston de Foix. Le duc Jean de Nevers refuse de se joindre aux conjurés et à son cousin de Bourgogne. Le duc de Nemours fait de même.

La guerre des princes

Le roi forme son armée. À la mi-avril, il a déjà mille lances « de son ordonnance » et en prévoit six cents autres. Il dispose donc de quatre à cinq mille hommes, auxquels vont s'ajouter un millier de lances envoyées de Dauphiné, de Savoie et de Lyon. Louis XI retrouve ce goût de l'action militaire et ce sens de la stratégie qu'il a déjà manifestés en Guyenne comme en Suisse quand il était dauphin et que la suite de son histoire fera oublier.

Il a mis en défense les frontières sur lesquelles une offensive du duc de Bourgogne ou du duc de Bretagne est prévisible. Pour ce qui est de la Picardie, il y a envoyé le maréchal Joachim Rouault à la tête de cent lances, que renforceront les francs archers du Pays de Caux, du Vexin et de Beauvaisis. Aux ordres du comte du Maine, il a massé treize mille hommes sur la frontière de Bretagne : ainsi le duc François II et son hôte Charles de France sont-ils isolés de leurs alliés de Bourgogne et de Bourbon.

Maintenant, il passe à l'offensive, et c'est contre l'apanage de son frère qu'il dirige sa force : il n'a pas à compter en Berry avec une résistance de la population, plus attachée à la royauté qu'à son jeune duc. À travers le Berry, c'est le duché de Bourbon qu'il peut atteindre, non sans surveiller l'Auvergne où les gens de Bourbon sont particulièrement actifs. Louis XI a l'intelligence de n'attaquer que les princes de l'intérieur, en retardant une action possible contre ces ducs qui, comme Bourgogne et

Bretagne, se tiennent pour indépendants et pourraient faire jouer les sentiments nationalistes de leurs sujets.

Les compagnies de Jean de Salazar et de Louis de Crussol, soit deux cents lances fort aguerries qui ont fait leurs preuves en Catalogne, sont envoyées en Berry aux ordres du capitaine de la Bastille Philippe de Melun et du bailli de Rouen, l'irremplaçable Houaste. Le 28 avril, le roi prend en personne la tête de l'opération. Il dispose maintenant de quelque dix mille hommes et d'une forte artillerie.

Comme lorsque, dauphin en pleine rébellion, il affichait sa déférence envers le roi son père, il garde cependant la fiction : le duc de Berry a été « séduit par aucuns ». Le roi ne peut oublier que Charles est son héritier. Mieux vaut le dire naïf que traître.

En mai, on s'attend à une attaque du comte de Charolais et du comte de Saint-Pol sur la frontière de la Somme, mais le roi ironise sur la capacité financière qu'aurait le duc de Bourgogne de lever des troupes à travers tous ses états. C'est l'époque où, rapporte Commynes, l'armée des coalisés est mal en point et contrainte de vivre sur le pays, les soldes n'étant pas payées. On apprendra à la fin du mois que ses États généraux ont accordé au Téméraire le financement d'une armée. Duc de Lorraine depuis le renoncement de son père le roi René en 1453, Jean de Calabre recrute en Allemagne et en Suisse. À Moulins, le duc de Bourbon et son complice Dammartin sont prêts à intervenir sans attendre les autres, et en Berry les combats ont commencé.

Louis XI s'établit à Lignières, au sud de Bourges. Pour le compte du duc de Bourbon, le Bâtard de Bourbon occupe Bourges avec une centaine de lances. Couvert de l'autorité du duc de Berry, il n'a commis aucun crime, mais Houaste, Crussol et Salazar répliquent sur-le-champ en prenant Saint-Amand-Montrond cependant que le roi obtient rapidement la capitulation de Montluçon. Dans le même temps, arrivent par le sud les troupes levées en Dauphiné et que commande un Robin Malortie auquel le roi a rendu sa confiance après un écart en 1456. Quelques échauffourées ne les empêchent pas de rejoindre le Bourbonnais. Le duc est pris dans une tenaille. Et Sforza écrit qu'il envoie, aux ordres de son fils Galeazzo Maria, cinq mille hommes à son ami le roi de France. La promesse est sérieuse :

l'armée milanaise arrivera en août. Il en coûtera 4 000 livres au roi. Sans attendre, celui-ci nomme Galeazzo, le 27 juin, lieutenant général en Dauphiné et Lyonnais.

L'entrée en scène du Téméraire allait changer la donne. L'objectif premier n'était plus Moulins. Arleux tombait, puis Saint-Quentin. Charles le Téméraire, que flanquait le comte de Saint-Pol, n'était pas homme à s'arrêter sur la Somme. Il atteignait Crèvecœur. Les troupes de Rouault ne pouvaient suffire à le contenir en Picardie. Louis XI risquait l'encerclement. Il lui fallait à tout prix défendre Paris. Persévérer en Bourbonnais était prendre l'accessoire pour l'essentiel. Il se souvint de la manœuvre qui avait réussi à Charles VII contre la Praguerie : dissocier l'adversaire. Le duc de Bourbon lui avait fait des avances. Il accepta de négocier.

Le premier qui se rallia fut le duc de Nemours. Il vint rencontrer le roi à Montluçon, jura qu'il avait été dupé : on lui avait dit que le roi allait donner Guyenne et Normandie à l'Anglais. Bref, il s'offrit comme intermédiaire. Il négocia une trêve. Les deux ennemis se rapprochèrent, le roi à Saint-Pourçain, le duc de Bourbon à Varennes-sur-Allier. Bourbon ne cessait de retarder une rencontre qu'il ne souhaitait pas, persuadé que le temps jouait pour lui : on attendait l'entrée en guerre du Téméraire. Pour gagner du temps, il envoya à Louis XI sa mère, la duchesse Agnès, qui était la sœur de Philippe le Bon. Le roi chargea Bertrand de Beauvau de faire en sorte qu'elle ne l'atteigne pas.

En juin, c'en était fait. L'armée de Bourgogne dépassait largement la Somme et envoyait deux cents lances en Bourbonnais. Sur ordre du roi, Pierre de Brézé dépêcha de Normandie en Picardie trois cents lances, ce qui était dégarnir la défense contre la Bretagne. Louis XI était aux abois. Il appela ses dernières réserves : on massa dans la capitale tous les archers d'Île-de-France. Le 6 juin, l'armée de Bourgogne franchissait la Somme.

Paris était menacé, le roi était trahi. N'ayant pas réussi à procurer l'accord entre Bourbon et le roi, Nemours jugea qu'il avait assez fait. Il s'aboucha avec le patriarche de Jérusalem, Louis d'Harcourt, et avec Antoine de Lau, en qui Louis XI pensait avoir des conseillers de toute confiance. Les trois hommes échafaudèrent un plan démoniaque : faire sauter à Saint-Pourçain le magasin de poudres de l'artillerie royale et livrer au duc de Bourbon la personne du roi.

Louis XI subodora quelque chose. Il doubla sa garde. Quand, au matin du 14 juin, il apprit que Bourbon avait quitté Varennes pour Moulins, où arrivaient les troupes envoyées par le Téméraire, il comprit qu'il avait été dupé. Il avait bel et bien perdu trois semaines, que ses ennemis avaient mises à profit. Mais Bourbon feignait de vouloir reprendre la négociation. Le roi n'avait pas le choix, empêtré qu'il était en Bourbonnais et persuadé qu'il pouvait encore dissocier la coalition. Il s'occuperait ensuite des Bourguignons.

En fait, Bourbon n'avait que trois mille hommes et il attendait l'armée – cinq ou six mille hommes – que lui amenaient de Gascogne Jean V d'Armagnac et Charles II d'Albret. Celle-ci atteignait l'Auvergne. Le 19 juin, flanqués de Nemours, qui croyait encore donner le change en assurant qu'il cherchait la paix, Bourbon, Armagnac et Albret entraient dans Riom. Dans le même temps, à la tête de vingt-cinq mille hommes, le Téméraire bousculait l'armée de Rouault et marchait sur Paris.

Le roi n'avait plus le temps de gagner Paris. Avec ce qu'il avait de troupes que venaient de renforcer les Dauphinois de Malortie, il marcha sur Gannat, canonna la ville, la prit au matin du 21, avala un œuf et prit avec ses bombardes la route de Riom. L'homme de guerre qu'avait été le dauphin Louis prenait le dessus sur le négociateur. Les princes lui ayant proposé un accord qui était sa soumission, il ne s'y attarda même pas. Le 22, il était devant Riom, que le duc de Bourbon parvint à quitter sous un déguisement. Thomas Basin allait le décrire, « fuyant de château en château sans opposer de résistance ». Il revenait au duc de Nemours de reprendre les discussions. Le roi reçut celui qui se posait toujours en conciliateur et, la mort dans l'âme, accepta une trêve de deux mois et les conditions d'une ébauche de paix.

C'était se moquer. Nemours ne représentait que son cousin Jean V d'Armagnac. Il disait répondre de Bourbon, mais celui-ci, revenu à Moulins, ne cautionnait rien et le fit rapidement savoir. Quant au contenu de l'accord, que l'on signa enfin le 30 juin, il était significatif du « Bien public » vu par les princes : c'était la promesse de pensions et d'offices. Du moins le roi espérait-il avoir ainsi dissocié les princes. Il lui restait à compter avec son frère, avec Bourgogne et avec Bretagne ! Il n'en décida pas moins de quitter ce Bourbonnais où il s'était enlisé. Le 23 juin, il marchait sur Paris. Le 3 juillet, il était à Montluçon. Il écrasa un assaut des troupes de Bourbon qui occupaient Bourges. Le 11, il entendit la messe à Cléry. Le 13, à la tête d'une armée qui comptait maintenant près de vingt-cinq mille hommes, il était à Orléans.

Les ennemis n'étaient pas tous au loin. Pendant que l'on faisait semblant de négocier, quelques proches du roi complotaient tout simplement de l'enlever. Nemours était naturellement du complot, mais on y trouve un personnage inattendu, Louis d'Harcourt, le patriarche de Jérusalem plus connu en France comme l'évêque de Bayeux. Avec le sénéchal de Guyenne Antoine du Lau, autre familier du roi et naguère son compagnon en exil, Harcourt et Nemours se préparaient à capturer le roi et à établir un gouvernement qui, avec les princes et sous la direction du patriarche, accomplirait le programme du Bien public : en fait, ils se partageraient le pouvoir et le revenu des impôts. Une intervention fortuite de Jean Bourré fit avorter le projet.

À mesure qu'il progressait à marche forcée vers le nord, laissant en arrière une partie de ses troupes et surtout son artillerie, Louis XI se trouvait pris dans une tenaille. Commandée par le duc en personne mais aussi par les vieux ennemis du roi qu'étaient Lohéac et Bueil, l'armée de Bretagne s'était grossie de nombreux soldats bretons, déserteurs des compagnies de l'ordonnance du roi. Elle avait forcé le passage sans que le roi René s'y opposât. Envoyé pour la contenir, le comte du Maine faisait si peu de zèle, « délogeant toujours » devant elle, selon le mot de Commynes, que certains allaient se demander s'il n'était pas en intelligence avec l'ennemi. François II atteignit ainsi sans peine, le 10 juillet, Vendôme. De là, il gagna Châteaudun. L'armée de Bourbon et d'Armagnac s'était formée au sud et talonnait l'armée royale. Quant au duc de Lorraine Jean de Calabre, il conduisait sa propre armée au sud-est.

Conduisant une très forte armée et une puissante artillerie, le comte de Charolais passait l'Oise à Pont-Sainte-Maxence, dont le capitaine, rapporte Jean de Roye, ouvrit les portes « par composition et argent ». Le 3 juillet, les Bourguignons cantonnaient avec de l'artillerie dans la plaine du Lendit, au sud de Saint-Denis. Ils arrivèrent sous les murs de Paris et quatre hérauts allèrent sommer les gardiens de la porte Saint-Denis de laisser l'armée traverser Paris et s'y ravitailler. Les bourgeois firent à grand bruit une réponse que Jean de Roye rapporte avec ironie.

> Ils se mirent en bataille devant la ville. Et lors y eut beau hurte-billis de canons, vuglaires, serpentines, couleuvrines et autres traits qui leur furent envoyés de ladite ville, et dont il y en eut aucuns tués et navrés.
>
> Durant ladite escarmouche, il y eut un paillard sergent à verge du Châtelet de Paris, nommé Casin Cholet, qui, en courant fort échauffé par plusieurs des rues de Paris, criait à haute voix tels mots : « Boutez-vous tous en vos maisons et fermez vos huis, car les Bourguignons sont entrés dedans Paris. » Et, à cause de l'effroi qu'il fit, il y eut plusieurs femmes grosses qui en accouchèrent avant terme, et d'autres en moururent et perdirent leur entendement.

Quelques paniques de ce genre, qu'évoque aussi Commynes, ne suffirent pas à faire ouvrir les portes. Cholet était connu : avant d'être sergent, il avait été tonnelier, et il passait pour un bon client des tavernes. Un ivrogne pouvait créer un émoi, non changer l'opinion. Les bourgeois assumèrent la défense de leur enceinte. Après trois démonstrations en armes, les 7 et 8 juillet, devant des portes closes et sous le tir de l'artillerie parisienne, Charolais compta ses morts et comprit que la capitale n'allait pas se livrer. Il isola la ville vers l'ouest et trouva enfin le moyen de passer la Seine en occupant, le 11 juillet, le pont de Saint-Cloud. Puis il prit la route d'Orléans. Il allait donc délibérément au-devant du roi. On hésite à croire Thomas Basin quand il affirme que Charolais, à ce moment-là, faisait « montre d'intentions pacifiques, dénuées de toute hostilité envers le roi et le royaume ». Peut-être ne voulait-il cependant que contraindre le roi à négocier et à réunir les États généraux.

Basin n'invente pas tout. Les conseillers du Téméraire étaient divisés. L'armée de Bourgogne connaissait des difficultés de ravitaillement, les nouvelles de Liège étaient mauvaises et on ne voyait toujours pas arriver les Bretons. La fermeté des Parisiens ne laissait pas d'étonner : aux hérauts bourguignons venus en solliciteurs, ils acceptèrent de vendre du parchemin, du papier et de l'encre – ce pouvait être pour mettre au clair des propositions de trêve – mais ils refusèrent « du sucre et autres drogueries » que les Bourguignons demandaient pour leurs malades. Certains suggéraient donc à Charolais d'arrêter là l'entreprise. Le comte Charles, dont Commynes dira plus tard l'incapacité à écouter les avis, ne renonça en définitive qu'à une chose : perdre son temps devant Paris. Mais il ne songeait nullement à abandonner : le 14 juillet, il écrivit de Saint-Cloud au duc son père qu'il s'avançait jusqu'à Étampes, où il pensait regrouper ses forces avec celles de Bretagne. Il ignorait qu'à la même heure Louis XI arrivait à Étampes.

Le roi n'en démordait pas et il le répétera, son propos n'était pas de faire la guerre aux princes : c'était d'aller dans sa capitale. Il se donnait ainsi, à peu de frais mais sans beaucoup de vraisemblance, le beau rôle de qui préférerait négocier mais entend bien aller chez lui. Surtout, il savait que, si les princes entraient dans Paris, la nouvelle suffirait à faire basculer bien des villes. Le Téméraire le savait aussi.

Ces considérations expliquent le choix que fit Louis XI et que Thomas Basin prend pour une erreur : attaquer les Bourguignons plutôt que les Bretons. Pour l'évêque, le roi aurait pu défaire les Bretons et prendre son frère, alors qu'il n'était pas en état de vaincre Charolais. Mêlant l'irréel à une réalité qu'il connaît aisément après coup, Basin compare une victoire assurée sur des troupes qu'il juge mal armées à une bataille indécise contre une armée qu'il tient pour invincible. Il oublie l'enjeu : Paris. François II n'était pas capable de prendre la capitale. Charolais pouvait le tenter. Ajoutons un propos tactique : tenir Paris, c'était gêner la jonction des armées coalisées. Et une déroute – incertaine – des Bretons aurait précipité les fuyards vers une armée de Bourgogne qui s'en serait trouvée renforcée. Bref, le roi entendait gagner Paris. Le 4 juillet, par une lettre qu'apporta le chevalier du guet Jean de Harlay, il fit savoir aux Parisiens qu'il serait là dans les quinze jours. Le 14 au matin, Philippe de Melun et Guillaume Cousinot apportaient à l'Hôtel de Ville une nouvelle lettre : le roi serait là dans les deux jours. Encore fallait-il passer.

Pendant ce temps, rappelé de Normandie avec ses cent dix lances, Rouault était arrivé à Paris où, au côté du lieutenant général Charles de Melun, il prenait en main la défense. Le roi avait délibérément dégarni la frontière normande contre la Bretagne : elle ne servait plus de rien puisque le duc François II était passé par le Maine. Outre la défense de la capitale, Rouault avait une mission stratégique : attaquer en cas de besoin les Bourguignons à revers.

Les princes continuaient de jouer chacun pour soi. Les douze mille hommes de l'armée de Bretagne étaient toujours cantonnés à Châteaudun. Le duc de Bourgogne et Saint-Pol s'établirent à Longjumeau, à huit lieues au sud de Paris, sur la route qu'ils entendaient couper au roi. Rien, et pas même l'énervement de Charles de France, ne put décider François II à rejoindre d'urgence son allié. Le fait était d'autant plus grave que le duc de Bretagne avait avec lui des personnages – Charles de France et Dunois – dont Bourgogne aurait eu un besoin politique, et que l'accompagnaient Lohéac, Bueil et Dammartin, dont il pouvait avoir besoin sur un champ de bataille. François II, visiblement, n'avait pas l'intention d'en découdre avec le roi.

Louis XI recevait du renfort. L'armée du comte du Maine rejoignit le 16 juillet à Arpajon. Le roi y gagna des troupes, mais surtout deux capitaines de valeur : le vieux routier qu'était l'amiral Jean de Montauban et le grand sénéchal de Normandie Pierre de Brézé. Ils allaient être précieux. Mais le gros de l'armée royale n'en finissait pas d'arriver. Brézé aurait volontiers attendu que toute l'armée fût enfin rassemblée. Le roi refusa : il fallait passer avant que les coalisés se réunissent. Il l'avait compris, l'intérêt de Charles de Charolais était d'attendre François II.

CHAPITRE XVII

La route de Paris

MONTLHÉRY

C'est Louis XI qui, au petit matin de ce mardi 16 juillet, ordonna la tactique. Avec une très forte armée – sans doute plus de vingt mille hommes, peut-être trente mille – et toute sa logistique, le Téméraire occupait la plaine au nord de Montlhéry. Il y avait creusé des tranchées et placé sa redoutable artillerie. L'armée royale était inférieure en nombre : de douze à quatorze mille hommes, avec une très petite artillerie – cinq grosses couleuvrines et un gros canon – car la plus grande part était encore en route. Le roi tira parti de la hauteur que dominait la vieille forteresse que les Bourguignons avaient la veille renoncé à prendre. Il y plaça Brézé avec un fort corps de cavalerie, renforcé dans l'après-midi par prélèvement sur le centre. Ce corps devait être à la fois l'aile droite et l'avant-garde de cavalerie lourde chargée de l'assaut. Dans l'esprit du roi, cette avant-garde devait suffire à ouvrir la route de Paris. Brézé trouvait en face de lui le corps d'armée le plus fort, celui du comte de Saint-Pol, lequel avait pour consigne de se replier sur Longjumeau si le roi avançait, une consigne à laquelle il n'entendait pas se tenir afin de ne pas donner l'impression qu'il craignait l'armée royale. Le Grand Bâtard Antoine le rejoignit. À ce moment, les deux chefs qui se faisaient face à l'est étaient animés du même désir de combattre. Brézé entendait faire tourner le combat d'avant-garde à la bataille générale. Saint-Pol n'avait pas l'intention d'obtempérer à l'ordre de repli éventuel : sûr de la victoire, il cultivait l'envie d'en partager la gloire, voire de la garder pour lui.

À l'ouest, le gros de l'armée royale était au centre du dispositif, aux ordres du roi lui-même : entre la butte du château et le village de Montlhéry, il y avait là le contingent venu du Dauphiné, la garde écossaise et plusieurs compagnies de l'ordonnance qui avaient déjà servi dans la campagne du Bourbonnais et dont le roi avait apprécié l'efficacité. Face aux troupes du Grand Bâtard de Bourgogne, ce corps central devait se mettre en mouvement quand Brézé aurait enfoncé l'armée de Saint-Pol. À l'aile gauche, le comte du Maine n'interviendrait avec ses cavaliers angevins qu'en arrière-garde, mais de manière décisive : il avait en face de lui le comte de Charolais. Louis XI se méfiait fort de son oncle du Maine, qu'il avait connu très proche de Charles VII et qui demeurait lié à son frère le roi René. Il convenait de ne pas lui laisser l'initiative. Le roi décida de demeurer lui-même sur la butte, devant le château, pendant l'assaut de Brézé, et de rejoindre ensuite son propre corps pour la charge au centre.

Trois messagers furent dépêchés à Paris. Ordre était donné au maréchal Joachim Rouault d'attaquer sur ses arrières l'armée de Bourgogne. Il pouvait être là en quelques heures.

Rien qu'à voir les armées, on comprenait que la Ligue du Bien public avait volé en éclats. Alors que sa présence était un enjeu fondamental, Charles de France n'était pas là. Et l'on ne voyait pas davantage ceux qui avaient mené toute la campagne précédente, Bourbon et Armagnac. La bataille de Montlhéry, c'était un épisode d'une guerre franco-bourguignonne. À cet égard, Louis XI avait eu, contre Brézé, quelque raison de ne pas attendre. L'arrivée des ducs de Berry, de Bretagne, de Bourbon et de Lorraine eût tout changé, et pas seulement quant au rapport des forces engagées.

Occupant une position que l'on pouvait juger défensive, la butte, le roi entendait attaquer. C'était prendre en défaut Charolais et Saint-Pol, qui le croyaient disposé à attendre. Saint-Pol avait fait descendre de cheval sa cavalerie, ce qui impliquait un allégement de l'armement. Défendre la tour de Montlhéry ne servait de rien : pour Louis XI, il fallait avant tout ouvrir la route de Paris. D'ailleurs, le roi disposait surtout de sa cavalerie, l'infanterie cheminant encore, étirée sur la route d'Orléans à Montlhéry. À progresser à marche forcée, il ne disposait ni de ses rares archers ni de son artillerie, réduite à quelques pièces que gouvernait Giraud de Samain.

Charolais le comprit : il allait devoir affronter une charge de la cavalerie lourde. Il fit remonter en selle et réarmer les cavaliers de Saint-Pol, ce qui prit du temps. Il mit en avant son artillerie, qui devait désorganiser dès les premiers galops l'attaque rangée des Français : par son bruit et par la poussière qu'elle soulevait plus que par ses boulets eux-mêmes, l'artillerie avait fait merveille, douze ans plus tôt, à Castillon, contre la cavalerie de Talbot. Charolais plaça ses archers derrière, comptant sur eux pour rompre la charge après le tir des couleuvrines : on n'aurait évidemment pas le temps de recharger celles-ci avant de voir arriver les cavaliers. C'étaient à l'aile gauche les archers de Saint-Pol, mais surtout, au centre, cinq cents archers anglais particulièrement experts. Pour leur donner du courage, on leur distribua du vin. Laissant là leur cheval, des chevaliers se mirent dans leurs rangs. Pour achever les cavaliers désarçonnés, des coutiliers furent également mis en avant.

Le temps passait. La cavalerie bourguignonne avait perdu plusieurs quarts d'heure à descendre et remonter. Quelques tirs d'artillerie firent des morts dans les rangs français. Charolais tint un conseil de guerre tumultueux, où il s'entendit dire qu'il prenait des risques à attendre : l'armée royale grossissait d'heure en heure. Sans décider encore, il fit avancer tout le monde. Quelques lignes des deux armées étaient maintenant proches. On s'insultait par gestes.

Il faisait très chaud. Dans toute bataille rangée par temps ensoleillé, ceux qui font face au soleil et le reçoivent dans l'étroite visière de leur heaume en sont terriblement gênés. Ici, c'étaient les Bourguignons. Midi était venu. Les Bourguignons attendaient toujours l'assaut. Louis XI prenait soudain son temps : les troupes venant d'Orléans ne cessaient de rejoindre, et Rouault ne pouvait être là avant le milieu de l'après-midi. Charolais se demanda ce qu'attendait son adversaire, mais les dispositions qu'il avait prises étaient défensives : il n'avait pas rangé

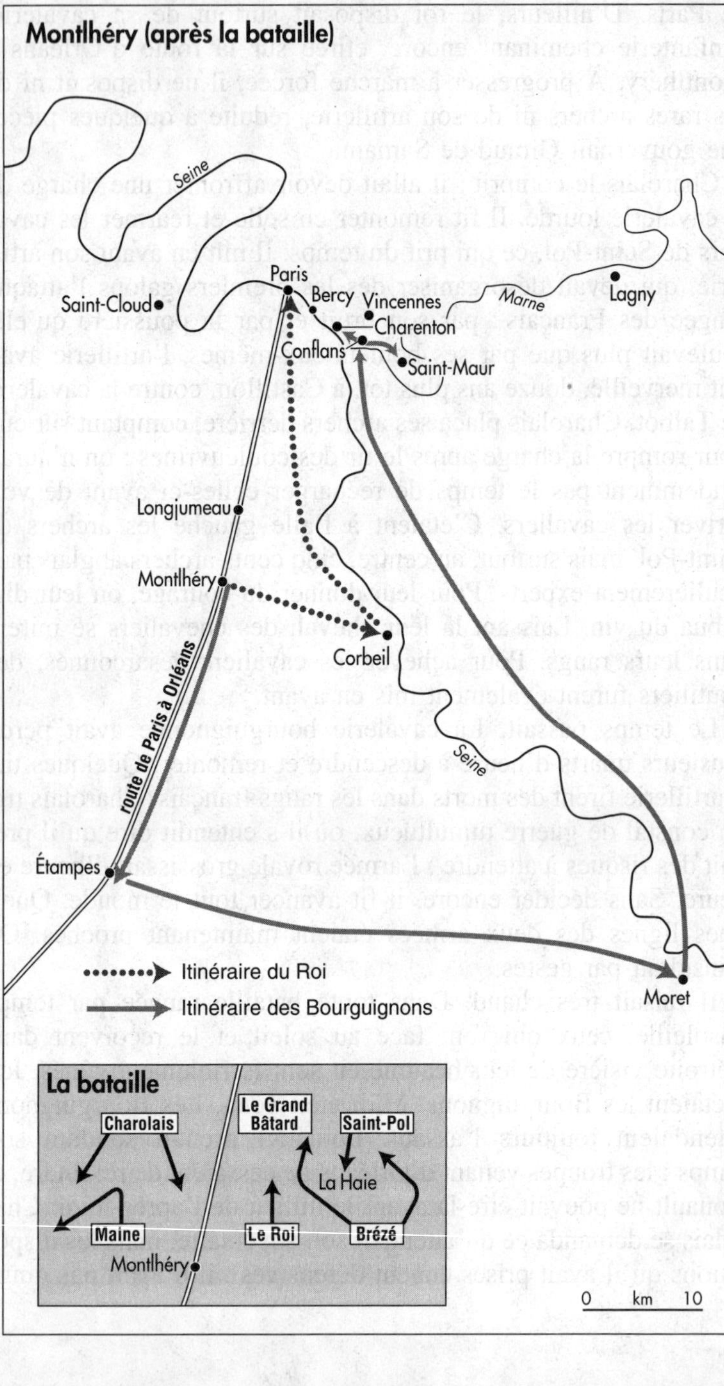
Montlhéry (après la bataille)
Seine
Paris
Saint-Cloud
Bercy
Vincennes
Charenton
Conflans
Saint-Maur
Marne
Lagny
Longjumeau
Montlhéry
Corbeil
route de Paris à Orléans
Seine
Étampes
Moret
Itinéraire du Roi
Itinéraire des Bourguignons
La bataille
Charolais
Le Grand Bâtard
Saint-Pol
La Haie
Maine
Le Roi
Brézé
Montlhéry
0 km 10

son armée – l'artillerie et les archers devant la cavalerie – pour prendre l'initiative. Ses troupes, toutefois, s'impatientaient. Désorganisant la première ligne, quelques lances firent d'elles-mêmes mouvement. Des Bourguignons atteignirent le village de Montlhéry et brûlèrent quelques maisons. Charolais se décida alors à l'attaque qui avait commencé sans lui. Saint-Pol fit marcher ses troupes en direction de la haie et du fossé derrière lesquels s'abritaient les cavaliers de Brézé. Il lança d'abord ses arbalétriers à cheval fortement groupés, puis ses archers à pied, en ligne, et enfin sa cavalerie.

Commynes note que la plaine était fertile et que « les fruits de la terre étaient longs et forts ». Dans les champs de blé et de fèves qu'on n'avait pas encore moissonnés, la progression des piétons se révélait difficile. Charolais donna l'ordre de « marcher à trois fois », autrement dit de marquer deux haltes pour que les hommes puissent se reposer. « Tout le contraire se fit, comme si on eût voulu perdre à son escient », écrira, désabusé, un Commynes qui appartenait à ce moment à l'armée de Bourgogne. Dans l'excitation de la bataille qui commençait, Saint-Pol fit marcher les archers « tout d'une boutée, sans donner haleine aux archers et gens de pied ». Ceux-ci arrivèrent en désordre et exténués. Le chroniqueur se montre là fataliste : les archers sont une foule, et il est plus aisé de faire un plan de bataille que de le tenir. « Il ne m'est pas avis que le sens d'un homme sût porter et donner ordre à un si grand nombre de gens, ni que les choses tinssent aux champs comme elles sont ordonnées en chambre. »

Voyant avancer les Bourguignons, Brézé replia ses lances et abandonna le couvert de la haie. Saint-Pol en déduisit que l'adversaire s'enfuyait et se hâta d'envoyer un message à Charolais pour annoncer sa victoire. La différence de nombre rendait la chose vraisemblable. Les cavaliers bourguignons qui devaient former le corps central se précipitèrent vers leur gauche pour participer à la curée. Dans leur précipitation, ils renversèrent les archers anglais. Après tout, puisque la victoire était au bout d'une simple charge, on n'avait plus à ménager ceux dont l'unique fonction était de faire face à un assaut ennemi.

C'était aller trop vite. Brézé avait regroupé sa cavalerie sur la hauteur. Il la divisa en deux corps, qui contournèrent la haie et enveloppèrent les Bourguignons par les ailes. Le grand sénéchal de Normandie était un parfait tacticien : il savait qu'un corps ordonné en ligne ne se retourne pas aisément. Saint-Pol ne put tirer parti de sa cavalerie.

Brézé était des premiers à charger. Il le paya de sa vie. Mais son armée taillait en pièces la cavalerie désorganisée de Saint-Pol. L'armée de Bourgogne se débanda, se réfugia sur les arrières où étaient les chariots, puis, avec Saint-Pol lui-même, se replia sur la forêt voisine. Une partie des cavaliers de Brézé se lança à la poursuite des fuyards. Il ne fallait pas les laisser se reformer.

Louis XI avait gagné son corps central. Il ordonna l'attaque contre un centre bourguignon que le Grand Bâtard de Bourgogne avait laissé se dégarnir par des mouvements intempestifs vers sa gauche. Ce fut une indescriptible mêlée. Sévèrement bousculé, le centre bourguignon se débanda. Les lances du roi se replièrent alors, cependant que les Dauphinois perdaient leur temps à piller les chariots. Trop sûrs de la victoire, des chevaliers de l'armée royale se préoccupaient surtout de faire quelques prisonniers dont ils entendaient tirer bonne rançon. Le roi regroupa ses cavaliers sur la butte et rejoignit le comte du Maine.

Il revenait à celui-ci d'attaquer à son tour l'aile droite bourguignonne, autrement dit le corps que commandait en personne le comte de Charolais. Ce fut le coup de théâtre que redoutait Louis XI. Les cavaliers angevins de Charles du Maine galopèrent vers l'ennemi, puis s'arrêtèrent, relevèrent leurs lances, firent demi-tour et prirent au galop la route du sud. Bref, ils trahissaient, et de la manière la moins glorieuse : en quittant le champ de bataille. Louis XI n'avait plus d'aile gauche.

Charolais n'était, à l'évidence, pas prévenu. Il perdit le contrôle de l'action et, au lieu de profiter de l'occasion contre un centre de l'armée royale devenu vulnérable, il se lança avec une partie de son aile droite dans une joyeuse poursuite des Angevins, laissant seulement une partie de ses hommes attaquer le roi par le côté. À vrai dire, il ne pouvait se laisser à son tour duper : rien ne le garantissait contre un retour de cette aile gauche du roi, qui était partie en bon ordre et pouvait tout aussi bien amorcer un mouvement tournant. À trahir le roi, Charles du Maine n'avait pas réussi à passer pour un allié aux yeux du Bourguignon. Charles le Téméraire n'écouta pas ses capitaines qui auraient préféré ne pas affaiblir l'armée par cette division de leur aile droite. Le départ des Angevins l'avait rendu optimiste. Il était à ce point sûr de la victoire qu'il ne s'inquiéta pas de ce qui se passerait en son absence.

Le combat se trouvait simplifié. Les deux ennemis avaient perdu leur aile gauche, et leur aile droite était amoindrie par la poursuite des fuyards. Il y avait d'un côté le Grand Bâtard, avec son corps central, ce qui lui venait du corps de Charolais et les quelques cavaliers de Saint-Pol qui n'avaient pas fui. De l'autre, il y avait le roi avec son corps central et surtout ses Écossais, et avec ce qui restait des troupes de Brézé. Louis XI avait avec lui son fidèle maréchal, le Bâtard d'Armagnac. En nombre, l'armée du roi demeurait inférieure à celle du Bourguignon. Le Grand Bâtard de Bourgogne chargea le roi de face pendant que les cavaliers de Charolais demeurés sur le champ de bataille l'attaquaient sur sa gauche.

Ce fut alors une dure bataille. De part et d'autre, on fit donner l'artillerie contre la cavalerie. À coups de lance ou à coups d'épée, on se massacrait. Le roi et le Grand Bâtard s'affrontèrent en personne. Naturellement, le Bâtard n'avait cure de tuer le roi : on ne rançonne pas un mort. Mieux valait avoir Louis XI prisonnier et le rançonner – comme jadis Jean le Bon à Poitiers – que l'enterrer et s'être battu pour le compte de Charles de France. Le Bâtard parvint à transpercer de sa lance le cheval du roi. Louis XI roula à terre. On le crut mort, ou à tout le moins hors de combat. Les Bourguignons poussèrent des cris de triomphe. Les fidèles du roi commencèrent de reculer. Se faire tuer ne servait plus à rien.

Les Écossais n'avaient pas faibli. Ils protégèrent le roi, l'aidèrent à se relever, le remirent en selle sur un nouveau cheval. Louis XI se montra, parcourut ses troupes, ranima l'ardeur des fidèles un temps défaillants. La bataille n'avait pas cessé. Elle continua de plus belle. « Ils se battaient comme des chiens enragés », allait écrire l'ambassadeur milanais Panigarola, qui regardait le combat depuis le pied de la tour.

Une victoire indécise

Les Bourguignons se lassèrent les premiers. Ils se replièrent. Le Bâtard n'était fier ni de son enseigne déchirée ni des cadavres bourguignons qui jonchaient la campagne. Le roi se refusa à la poursuite : Charolais et son aile droite allaient revenir, et nul ne savait si Charles du Maine était bien en fuite : il pouvait avoir rallié Charolais. Louis XI regroupa donc ses forces sur la butte, non sans envoyer quelques lances couper la route du sud derrière Charolais : ainsi serait-on informé s'il revenait en force, et on le ferait peut-être prisonnier s'il était peu accompagné.

C'est en effet un Téméraire à petite escorte – quarante hommes – qui reparut en fin d'après-midi : assuré que les Angevins rentraient chez eux, le comte de Charolais revenait profiter de sa victoire. Il eut la surprise de voir les Écossais camper fièrement au pied d'un château qu'il croyait désormais à lui et de se trouver sur-le-champ entouré de Français qui ne lui voulaient aucun bien. Le chevalier qui portait son enseigne fut tué, lui même se trouva désarçonné, puis blessé à la gorge qu'il avait découverte parce qu'une pièce de son armure était mal attachée. Peu s'en fallut qu'on lui coupât la gorge. Perdant son sang, ayant par deux fois manqué d'être pris, il parvint à s'enfuir avec les survivants. Il retrouva le Grand Bâtard, et aussi Saint-Pol qui était revenu, au pas, avec quelques cavaliers peu pressés de reprendre le combat. Avec une barrière de chariots et quelques couleuvrines, ils fortifièrent leur camp pour la nuit.

Les Bourguignons n'avaient plus le moral. Les cavaliers avaient perdu leurs lances. Ils ramassèrent celles des morts. Les cadavres jonchaient les blés et la poussière était telle qu'on ne pouvait les identifier. Les piétons qu'avait bousculés la cavalerie en voulaient autant à leur camp qu'à l'ennemi. Au moindre mouvement de celui-ci, ils étaient prêts à s'en aller. On ne parlait plus de bataille.

> Je vis telle demi-heure que nous, qui étions demeurés là, n'avions l'œil que à fuir s'il fût marché cent hommes...
>
> Qui eût pu trouver des archers au nombre de cent pour tirer à travers cette haie, tout fût marché de notre côté.

Le dauphin Louis. Vitrail, 1438.
Cathédrale Saint-Étienne de Toulouse.

Louis XI. Vitrail, vers 1466.
Cathédrale Notre-Dame d'Évreux.

Francesco Laurana. Le roi René d'Anjou et Jeanne de Laval. Paris, BNF, Médailles.

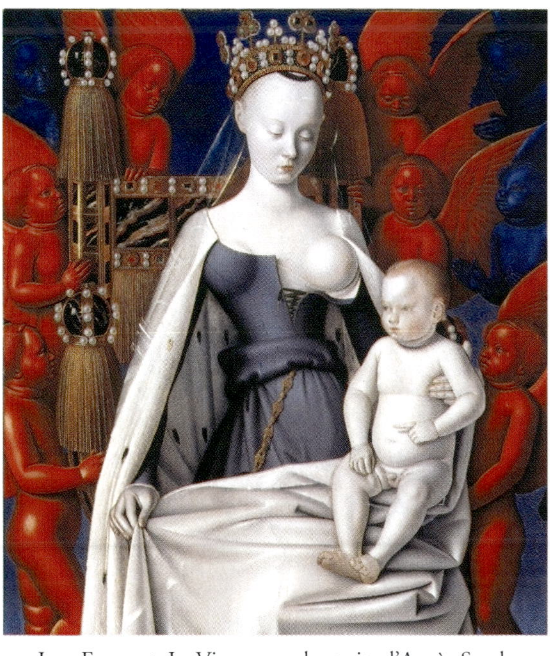

Jean Fouquet. La Vierge avec les traits d'Agnès Sorel.
Panneau, vers 1450. Anvers, Musée royal des beaux-arts.

Jean Fouquet. Le chancelier Guillaume Juvénal des Ursins. Panneau, vers 1460.
Paris, musée du Louvre.

Jean Fouquet. Étienne Chevalier et saint Étienne. Panneau, vers 1456.
Berlin, Gemälde Galerie.

Photo © E. Lessing-AKG Paris.

Rogier van der Weyden.
Charles le Téméraire.
Panneau, vers 1454-1460.
Berlin, Gemälde Galerie.

Rogier van der Weyden.
Nicolas Rolin, chancelier de Bourgogne.
Panneau, vers 1450. Beaune, Hôtel-Dieu.

Gian Cristoforo Romano.
Francesco Sforza, duc de Milan.
Marbre, fin du XVe siècle.
Florence, Museo Nazionale
del Bargello.

Hans Burgkmair.
L'empereur Frédéric III.
Panneau, début du XVIe siècle,
d'après un original de 1468.
Innsbruck, Sammlungen
Schloss Ambras.

Plessis-lès-Tours. Aquarelle de la collection Gaignières. 1699.
Paris, BNF, Estampes.

Langeais. Aquarelle de la collection Gaignières. 1699.
Paris, BNF, Estampes.

Photo © Giraudon.

Le Plessis-Bourré. Vue actuelle.

Écu à la couronne. Or. Monnayage de Toulouse. Entre 1461 et 1475.
Coll. la Monnaie de Paris.

Écu au soleil. Or. Monnayage de Bordeaux. Entre 1475 et 1483.
Coll. la Monnaie de Paris.

On fit les comptes. Celui des morts était accablant : quelque deux mille hommes de chaque côté. Les Bourguignons avaient perdu beaucoup de gens à pied, le roi beaucoup de cavaliers. On y ajoutait quelques prisonniers, surtout faits par l'armée royale aux dépens des fuyards. Dénombrer ces fuyards était en revanche impossible : les uns revenaient et les autres non.

Ils n'étaient pas tous chez le Bourguignon. Chez le roi, les cavaliers du comte du Maine étaient partis en ordre, mais d'autres s'étaient proprement débandés. Dix jours après la bataille, le roi demandera aux habitants d'Amboise de recevoir ces hommes d'armes « qui sont partis de la dite journée » et de leur dire de se joindre... aux hommes du comte du Maine. Commynes, qui avait participé avec Charolais à la poursuite des Angevins de Charles du Maine, fit par la suite de l'ironie.

> Jamais plus grande fuite ne fut des deux côtés, mais par espécial demeurèrent les deux princes aux champs. Du côté du roi, fut un homme d'état [un noble] qui s'enfuit jusqu'à Lusignan sans repaître, et du côté du comte un autre homme de bien jusqu'au Quesnoy-le-Comte. Ces deux n'avaient garde de se mordre l'un l'autre !
>
> Il se trouva des deux côtés des gens de bien et bien lâches... Tel perdit ses offices et états pour s'en être fui, et furent donnés à d'autres, qui avaient fui dix lieues plus loin.

Poussé par sa garde écossaise, Louis XI se retrancha dans le château. Il fit allumer des feux pour tromper les Bourguignons, puis donna le signal du départ. L'armée royale atteignit Corbeil en pleine nuit. Craignant une feinte du roi et l'arrivée de Rouault, le Téméraire fit dormir ses hommes dans l'enclos formé par les chariots. Pour qu'il puisse se faire panser et manger un morceau, on écarta quelques morts qui traînaient dans les blés foulés. On lui trouva une botte de paille. Ses lieutenants le rejoignirent. On tint conseil.

Le bilan n'était brillant pour personne. Le roi n'avait pu ouvrir la route de Paris, il avait perdu son cher Brézé, et Rouault ne s'était pas montré. On devait l'apprendre le lendemain, ni Joachim Rouault ni Charles de Melun n'avaient fait mouvement. Charolais, lui, n'avait pu mettre le roi en déroute, et son armée amoindrie n'était pas en état de poursuivre. Les vivres manquaient. Saint-Pol ne voyait que deux choses à faire : brûler les chariots et regagner la Bourgogne avec pour seul bagage l'artillerie. Charolais suivit l'avis du vieux gouverneur d'Arras Guillaume de Contay : sitôt que le bruit serait du départ, ce serait la débandade, et le roi en profiterait pour les assaillir avant qu'ils aient fait vingt lieues. Vers minuit, le Téméraire prit sa décision : on dormirait deux heures, et on attaquerait le roi à l'aube. Au lever du jour, un charretier apporta la nouvelle : les feux étaient un leurre. L'armée royale n'était plus là.

L'indécision était à son comble. Pour ranimer ses troupes, Charolais chargea un cordelier de répandre le bruit que l'armée de Bretagne arrivait. Mais celle-ci était toujours à Châteaudun. Chacun s'occupait comme il pouvait. Le cheval de Commynes s'enivra. Son maître ne s'en émut guère. « J'avais un cheval extrêmement las. Un vieux cheval. Il but un seau plein de vin. Par aucun cas d'aventure, il y mit le museau. Je le laissai achever. Jamais je ne l'avais trouvé si bon ni si frais. »

Le comte de Charolais se sentait vainqueur : « il garda ce jour le champ de la bataille », selon la formule d'Olivier de la Marche. Le canon pris sept ans plus tard aux Bourguignons devant Beauvais, portait, fondu dans la masse, le nom « Montlhéry ». Mais c'était quand même le roi qui gagnait la partie, car le temps jouait pour lui. Le gros de l'armée royale, qui avait tant manqué à Montlhéry, allait finir par rejoindre. De Corbeil, Louis XI avait jusqu'à Paris la route ouverte. N'ayant plus rien à faire sur la route d'Orléans, le Téméraire ne pouvait que se retirer. Il attendit un jour et deux nuits, à seule fin, dirent certains, de bien faire voir que, restant maître des lieux, il n'était point vaincu. Il conduisit ensuite son armée à Étampes où, le 19 juillet, on vit enfin arriver l'armée bretonne. Il y avait là, avec François II, Charles de France, Dunois, Lohéac, Dammartin et Bueil, six mille cavaliers dont huit cents hommes d'armes, et un grand nombre d'archers. On leur fit fête, mais ils avaient terriblement manqué à Montlhéry quelques jours plus tôt. Les arrivants essuyèrent quelques quolibets.

Au bivouac, les Bretons parlaient. Par les fuyards qu'ils avaient faits prisonniers, ils avaient tout su de la bataille, mais aussi une fausse nouvelle : la mort du roi. Et cela avait pour eux une signification très précise : Charles de France était roi. Or Charles était avec eux. Un propos avait alors germé chez beaucoup : chasser les Bourguignons et se réserver les profits du nouvel avènement. Bref, dans la rencontre d'Étampes, il y avait quelques arrière-pensées. Un facétieux ayant allumé une fusée qui passa près des princes, on frôla l'incident grave entre Bretons et Bourguignons. Quant à Charles de France, qui n'avait jamais vu la guerre d'aussi près et n'avait eu aucun rôle en l'affaire, il commençait à larmoyer et à se désoler du nombre de morts et de blessés. Il agaça ceux qui avaient combattu. Charles le Téméraire ne se priva pas de le dire en plein conseil, avec autant de mépris que de cynisme.

> Avez-vous ouï parler cet homme ? Il se trouve ébahi pour sept ou huit cents hommes qu'il voit blessés, allant par la ville, qui ne lui sont rien. Il s'ébahirait bientôt si le cas le touchait de quelque chose. Il serait homme pour appointer bien légèrement, et nous laisser en la fange.

Pendant que les coalisés se disputaient à Étampes, le roi ne pouvait barguigner : entrer dans sa capitale n'était plus, pour lui, qu'une question de jours. À Paris, on parlait de l'échec des Bourguignons. « D'icelle déconfiture vint incontinent le bruit à Paris », note sans trop s'interroger Jean de Roye.

L'enjeu

Même s'il s'interdit de récrire l'histoire, l'historien ne peut négliger le fait que ce qui est aujourd'hui l'irréel du passé a parfois été un irréel du futur. Autrement dit, on peut s'interroger sur ce qui se serait passé si le sort des armes avait été autre. Commynes le dit lui-même, « mainte œuvre se fait en ce monde par imagination ». Qu'avait-on imaginé ?

Au niveau tactique, cette bataille meurtrière s'achève dans l'indécision. Personne n'a remporté la victoire. Au niveau stratégique, c'est Louis XI qui gagne : la route de Paris est libre. Le profit politique est encore plus net. À son entrée dans Paris, ses troupes vont raconter à l'envi que « le roi a sauvé la Couronne ». Et l'ambassadeur Panigarola, témoin de la bataille, le compare maintenant à Alexandre et à César.

On peut quand même s'étonner. Voilà une coalition organisée contre le roi, et qui est incapable d'unir ses forces. Charles de France et François II de Bretagne, qu'accompagne l'ancien maréchal de Lohéac, restent l'arme au pied à Châteaudun pendant que Charolais joue seul la partie décisive. Jean II de Bourbon et Jean V d'Armagnac sont sur la route derrière l'armée royale et ne font aucun effort pour intervenir. Il y a plus : Charolais n'est pas un grand stratège, mais ce n'est pas un imbécile. Au lieu de concentrer ce qui lui reste de forces après la débandade de Saint-Pol, il laisse disperser son armée, perdant l'avantage du nombre qu'il a encore puisque Charles du Maine a, lui aussi, quitté le terrain. Et lui-même, chef incontesté de l'armée de Bourgogne, disparaît au fort de l'action, pour une poursuite dont on ne voit pas l'objet. On ne se comporterait pas autrement si l'on hésitait devant le succès de l'entreprise.

Le Bien public est une formule, mais ce n'est pas un programme. Chacun suit son idée. Commynes le dira sans fard en rapportant l'entretien de Conflans, « le Bien public était converti en bien particulier ». Bourgogne et Bretagne veulent leur indépendance. Le comte de Charolais sait qu'il sera bientôt duc de Bourgogne, et que la dispense d'hommage au roi stipulée par le traité d'Arras était personnelle : Philippe le Bon n'a pas prêté hommage pour ses terres du royaume, mais son fils y sera tenu. Nul doute que Charolais ait en tête une véritable indépendance. Cela ne l'empêche pas de penser aux villes de la Somme. Charles de France ne rêve que d'un apanage plus important et plus rémunérateur que le Berry. Bourbon et Armagnac, eux, revendiquent tout simplement un allégement de la puissance royale. Et les Angevins n'ont qu'une chose en tête : ne pas s'engager trop avant. Le retour rapide vers Louis XI de bien des soldats du comte du Maine qui semblaient l'avoir trahi, et finalement de Charles du Maine lui-même, ne laisse pas d'étonner. Le bon accueil que lui réserve alors le roi est proprement stupéfiant.

On peut donc se poser la question essentielle. Que voulait la

Ligue du Bien public et que voulait le Téméraire ? Qu'auraient-ils fait en cas de victoire ? Même si, dans l'entourage des princes, il en est pour rêver de faire roi Charles de France, deux cas seulement pouvaient être envisagés, qui tous deux se sont presque présentés au cours de la bataille : le roi mort, le roi prisonnier.

S'insurger contre le roi n'a rien que d'assez commun en ces siècles. Depuis les insurrections contre le jeune Louis IX, les ligues féodales de 1315, les combats menés contre Jean le Bon, le temps du « gentil dauphin » Charles, les innombrables complots contre Charles VII et cette Praguerie où l'on a vu le dauphin Louis, on ne se scandalise pas d'une entreprise de la sorte. Tuer le roi serait autre chose. Charolais ne peut oublier l'onction du sacre. Le peuple pardonnerait-il le régicide ?

Certes, le roi mort, c'était immédiatement Charles de France roi. Mais le frère du roi est un fantoche. Il a dix-neuf ans. Nul ne sait ce qu'il serait, une fois devenu roi. Une chose est sûre : il ne paierait pas les dettes de son frère. Ses alliés peuvent-ils escompter de sa part, avec quelque reconnaissance, les avantages qu'ils attendent d'un roi déstabilisé par l'insurrection ? Le nouveau roi serait du côté des vainqueurs.

Le roi prisonnier, c'était le roi rançonné. Or, les princes ne peuvent l'ignorer, un roi prisonnier rentre chez lui dès qu'il a fourni caution. Jean le Bon n'est mort à Londres que pour avoir été reprendre en Angleterre la place du fils, Louis d'Anjou, qui était sa caution et avait jugé bon de s'évader. François Ier, plus tard, sera également libéré moyennant caution. Faute d'un fils, la caution de Louis XI ne pourrait être que son frère, lequel eût manqué à l'honneur s'il s'y était dérobé. Autrement dit, la capture du roi n'aurait qu'un effet paradoxal : faire de Charles de France un captif de ses anciens alliés. Et le roi ne se serait pas dépêché de payer la rançon. On comprend que Charles de France n'ait pas poussé son allié François II à se joindre au Téméraire pour une bataille.

D'ailleurs, la rançon est un cas de l'aide due par tous les vassaux, et non par le seul domaine royal. Si nul n'avait discuté le principe d'une rançon payée par tout le royaume de Jean le Bon au roi d'Angleterre, les princes n'ont aucun intérêt à voir leurs principautés obérées par cette obligation, elle aussi paradoxale à tous égards en une telle situation.

Une conclusion semble s'esquisser, au-delà de laquelle l'historien ne peut aller. Les coalisés ne savent plus très bien comment s'en sortir. Barrer la route du roi, certes, mais peut-être plus pour l'intimider que pour le vaincre. L'empêcher de gagner Paris, mais rien de plus...

Paris

Dans la capitale, tout le monde s'attend à un assaut des coalisés. Le lieutenant général Charles de Melun et le maréchal Joachim Rouault organisent la défense. Autant que sur la garnison amenée par Rouault, celle-ci repose sur les Parisiens, qui ne gardent pas le meilleur souvenir de la domination bourguignonne. Le prévôt des marchands Henri de Livres est un conseiller au Parlement. Sa fidélité est acquise au roi qui a fermement recommandé, l'année précédente, sa réélection. Cet homme énergique est à la tête de la municipalité depuis cinq ans. Il y sera de nouveau en 1476, et jusqu'en 1484. Il dispose de quelque trente mille bourgeois armés. Il a fait fermer les portes de la ville et organisé aux portes un guet de jour et de nuit. Chacun met une lanterne à son huis. Les chaînes sont prêtes pour barrer les rues. La divagation des chiens est interdite. On organise des processions.

Lorsque Rouault reçoit, le 16 juillet, vers midi, l'ordre de marche vers Montlhéry, il hésite. Dégarnir la capitale lui paraît hasardeux. Melun le décide à ne pas bouger. Ce qu'ils ignorent, c'est que le roi n'a pas toute son armée, et ils n'apprendront que plus tard la défection du comte du Maine. Livres appuie la position du lieutenant général : le roi peut se tirer d'affaire à Montlhéry, et laisser les Bourguignons ou les Bretons prendre Paris serait catastrophique. D'ailleurs, on signale déjà des Bourguignons à Saint-Cloud. Seul dans le conseil réuni sur-le-champ par Melun, Jean Balue se prononce pour le départ de Rouault, mais on écoute peu un ancien aumônier quand il s'agit d'aller à la bataille ou de défendre la capitale. Balue n'a pourtant pas lésiné sur les moyens de se faire prendre au sérieux : on l'a vu de nuit faire le guet, non sans avoir mené avec lui des clairons et des trompettes afin que nul n'en ignorât. Jean de Roye ne sera pas le seul à s'en étonner.

Les Bourguignons vus à Saint-Cloud ne sont que des fuyards en route vers l'Oise. La rumeur en fait une avant-garde. Avec cinq cents bourgeois fournis par Livres, Rouault juge nécessaire d'aller occuper le pont de Saint-Cloud, clé du ravitaillement de la capitale. Arrivent encore, en ordre dispersé, quelques fuyards, qui sont faits prisonniers. On poursuit les autres, vers le nord comme vers l'est : Lagny et Pont-Sainte-Maixence sont repris. Au soir du 16 juillet, les bourgeois se sentent sacrés hommes d'armes, et la perspective des rançons qu'ils tireront de leurs prisonniers les met de bonne humeur. De surcroît, on a jeté à la Seine les prisonniers qui ne pouvaient offrir une rançon : le Parisien commence de s'amuser à la guerre.

Le 18 juillet, ayant enfin quitté Corbeil, Louis XI fait, en fin d'après-midi, une entrée remarquée dans sa capitale. Les Parisiens l'acclament. Le théologien allemand Johann Penschier, que les Parisiens appellent « maître Pain et Chair », prononce une harangue. Le roi va souper chez Charles de Melun et fait là tout au long le récit de la chaude journée de Montlhéry. Il ajoute qu'il lui faut faire reposer son armée : « Que nos gens soient un peu rafraîchis. » Mais il dit bien qu'il n'en restera pas là. Puis il va loger aux Tournelles. Ses troupes cantonnent où elles peuvent et se ravitaillent dans les villages alentour sans penser à payer. Elles n'y gagnent aucune popularité.

Même débandée, l'armée du Téméraire est encore, à Étampes, trop près de Paris. En Beauce, elle a fait sa jonction avec celle de Bretagne, laquelle est intacte. Celle de Bourbon et d'Armagnac approche. On annonce, aux ordres du duc Jean de Calabre, le fils du roi René, l'arrivée d'une armée de Lorraine que le roi fait suivre par ses espions. Elle devra passer par la Bourgogne, mais elle atteindra quand même les abords de Paris. Pour protéger sa frontière de l'est, Louis XI nomme un nouveau gouverneur de Champagne : Louis de Laval, naguère gouverneur du Dauphiné.

Le roi croit savoir que, avec Charles de France, certaines troupes ennemies – sans doute des Bretons – gagnent la

Loire : il écrit aux habitants d'Amboise pour leur demander de ne pas livrer aux insurgés le passage du pont, et il leur envoie trois cents hommes d'armes aux ordres du comte de Penthièvre et de Jean de Vendôme, le gendre du fidèle Pierre de Brézé.

On a appris que le greffier du Châtelet a multiplié les voyages pour rencontrer Charles de France et qu'il a formé une conjuration pour livrer Paris aux princes. Arrêté et interrogé par Tristan L'Hermite, il avoue ce qu'on veut. Le 30 juillet, il est condamné à mort et, « pour esquiver plus grand esclandre », jeté à la Seine.

L'attitude de Charles de Melun a été ambiguë. Il n'a pas trahi, mais il n'a pas obéi. Peut-être a-t-il, à certains moments, eu des contacts avec les émissaires des princes. Le roi n'a plus en lui qu'une confiance limitée. Lors d'une réunion à l'Hôtel de Ville, à la fin de juillet, les échevins demandent ouvertement son remplacement. Pour le plus grand étonnement de ceux qui, le lendemain, apprennent la nouvelle aux carrefours, le roi commence par le confirmer dans sa fonction. Mais, le 12 août, il le nomme bailli d'Évreux, ce qui est le rétrograder. Comme il est parti pour Rouen afin de lever des renforts, Louis XI a nommé « en son absence » un lieutenant général pour l'Île-de-France, la Brie, le bailliage de Senlis et le duché de Normandie, autrement dit pour toutes les régions menacées. Ce lieutenant général aux pouvoirs considérables, c'est Charles d'Artois, comte d'Eu, un vieux prince dont Charles VII a fait un pair de France. Il est à Paris le 13.

Le plus fidèle a été Jean Balue. Depuis février, l'ancien aumônier du roi est évêque d'Évreux. Deux ans plus tard, il sera évêque d'Angers et cardinal. Le véritable homme fort à Paris, c'est toujours le maréchal Joachim Rouault, lequel se comporte en gouverneur tout-puissant, s'appuyant fort habilement sur le prévôt des marchands et la bourgeoisie.

Reste à poursuivre réellement. Or le roi n'a qu'une confiance limitée dans son armée. Le retour de Charles du Maine est des plus suspects. Compter sur lui serait folie. Le risque d'attaque bourguignonne contre la capitale conduit Louis XI à la même décision qu'a prise quelques jours plus tôt Rouault : on ne dégarnira pas la ville. Cette fois avec l'accord du roi, Rouault ne sera donc pas plus de la campagne qui s'annonce qu'il n'a été à

Montlhéry. Encore faut-il renforcer les troupes : il met en alerte l'arrière-ban et les francs-archers. Il en viendra de Champagne comme de Normandie.

Paris est tout sauf sûr. Henri de Livres a montré sa fidélité, mais il n'a rien d'un chef de guerre, et on ne sait à quel point il tient sa bourgeoisie. Celle-ci flotte quelque peu. Très fiers de leur facile victoire de Saint-Cloud, les bourgeois sont cependant réalistes : ils ne souhaitent pas que l'on prenne le risque d'un siège. Ils trouvent d'ailleurs pesante la présence des hommes d'armes. Le Parlement pense de même. Quant à l'Université, elle entretient sa traditionnelle opposition réformatrice contre la monarchie : elle n'a rien à reprocher aux princes coalisés. Quand, malgré les gémissements des Parisiens qui se voient abandonnés, le roi décide d'aller en province lever des troupes, il prend la précaution de faire d'abord proclamer à tous les carrefours, le 3 août, l'abrogation de divers impôts sur la capitale, ne laissant percevoir qu'une partie de ce qui était déjà affermé, à savoir les impôts sur le bois de chauffage, sur le vin en gros, sur le drap en gros et sur le poisson de mer. Des feux de joie disent, le soir même, la satisfaction des Parisiens. C'est de bonne guerre. Devant une telle incertitude, l'indécision règne au Conseil. Panigarola l'écrit à Sforza :

> Les larmes aux yeux, mon devoir m'oblige à vous informer que les affaires de Sa Majesté tournent mal et vont chaque jour de pis en pis. Le roi se trouve sans conseil parce que la plupart de ses conseillers meurent de peur, et tout particulièrement l'amiral. En outre, le Bâtard d'Armagnac est très malade. Sa Majesté n'a personne en qui placer sa confiance.

Il est vrai que l'amiral Jean de Montauban n'est pas pressé de se battre, et que le Bâtard d'Armagnac, à savoir Jean de Lescun, est au lit. C'étaient deux fidèles. Les hommes d'armes de Rouault, enfin, attendent en vain le paiement de leur solde, et on ne compte plus les déserteurs. Mais le roi espère encore l'envoi d'un renfort par Francesco Sforza. Le 6 août, il dresse le plan de campagne de Galeazzo Maria :

> Pour ce qui est des pays de Bourgogne, Beaujolais, Roannais, Bourbonnais et autres pays sujets et appartenant à notre oncle de Bourgogne et au comte de Charolais, qu'il fasse là la plus forte guerre possible, en pillant les villes, les terres, les châteaux, les personnes et les biens.

Pour la plupart, les villes se tiennent à l'écart de l'agitation des grands et se montrent fidèles. À Poitiers, les habitants ont réduit l'insurrection des soldats capturés par le roi en Bourbonnais et parqués dans le château. Louis XI les félicite. Mais c'est vers la Normandie qu'il se dirige maintenant. Il quitte la capitale le 10 août avec Montauban. Il est le 13 à Rouen, le 21 à Évreux, le 24 à Chartres. Partout, il recrute des compagnies entières et les envoie rapidement vers Paris. Il réunit au Neubourg, près de Louviers, tous les francs-archers de Normandie. Deux cents cavaliers arrivent dans la capitale le 14 août. L'arrivée, le même jour, d'archers, arbalétriers et artilleurs qui ont fait campagne en Bourbonnais défraie la chronique. Le Parisien note avec intérêt que la troupe est organisée : suivent, à cheval, un moine noir à titre de confesseur et huit ribaudes pour le délassement des hommes. D'autres renforts suivront et notamment, aux ordres de l'amiral, une forte troupe levée à Évreux.

En l'absence du roi, la situation stratégique n'a fait qu'empirer. Les armées coalisées ont enfin fait leur jonction. À la fin du mois, l'armée des princes avance jusqu'à la Seine, alors à l'étiage, et cantonne près de Moret. On passe l'eau sur un pont léger rapidement édifié sur des tonneaux vides. Les troupes du maréchal de Bourgogne Thibaut de Neufchâtel – cinq mille hommes – ont fini par arriver devant Paris, le 6 août, et l'on y voit enfin le contingent du duc de Calabre. « Toutes enseignes réunies », écrit Thomas Basin, le roi ne saurait les affronter, et Commynes de préciser que les coalisés ont cent mille chevaux. Même si le chiffre est excessif, il signifie que le roi doit compter avec une formidable force ennemie.

Charolais a pris sa décision : on marche sur Paris. Saint-Pol, Aydie et Lohéac prennent le commandement de l'avant-garde. Progressant par la rive droite, l'armée franchit la Marne le 19 août, au pont de Charenton. Les princes prennent leurs quartiers. Charles de France occupe en bordure du bois de Vincennes le château de Beauté qui fut celui d'Agnès Sorel et lui a valu son surnom. François II de Bretagne s'installe dans le méandre de la Marne au médiocre manoir des abbés de Saint-Maur. Jean de Calabre est à Charenton. Charles de Charolais se loge, au plus près de la capitale, dans le château des ducs de Bourgogne à Conflans. Cela fait autant de cours, où l'on commence d'escompter et de se partager les profits de la victoire, et en premier les offices. Les armées cantonnent alentour, à une petite heure de Paris. Les Bretons s'établissent à Saint-Denis.

Le 22, les princes dépêchent aux Parisiens six hérauts chargés de proposer une rencontre : ils veulent exposer aux défenseurs de la capitale les raisons de leur action. Le Conseil de la Ville et les notables se réunissent et acceptent à tout le moins de négocier. Conduite par l'évêque Guillaume Chartier, une délégation de quatorze « ambassadeurs » du clergé, de l'Université, du Parlement, du Châtelet et de la Ville se rend le lendemain, vendredi 23 août, à Beauté. Tous s'y retrouvent. Charolais, qui n'avait pas grande confiance pour la traversée du bois de Vincennes, est venu en armure et fortement accompagné. Il a quand même, sur sa cuirasse, passé une manteline de tissu précieux. Il faut impressionner les bourgeois.

Devant Charles de France, seul assis en un grand siège, et devant les princes qui, debout, l'entourent avec le respect quelque peu forcé de ceux qui voient en lui un roi possible, c'est Jean de Dunois qui parle au nom de tous et formule, plus précisément que jamais, à l'intention des Parisiens les revendications du Bien public, qui sont autant de critiques acerbes contre le roi. Bref, « le royaume est mal conduit ». Les princes coalisés veulent le contrôle des finances royales, la disposition de tous les offices et le commandement des compagnies de l'ordonnance. Naturellement, ils exigent des pensions. Les bourgeois de Paris sont assez bons calculateurs pour comprendre que tout cela ne s'accommode pas d'une suppression des impôts. Vouloir priver le roi de ses impôts était une chose, mais vouloir gouverner à sa place sans les impôts en serait une autre. Bien plus, les princes entendent mettre en tutelle « la personne et le gouvernement du roi ». Les Parisiens savent encore ce qu'a été le temps de Charles VI.

À entendre Dunois, Paris n'a qu'à accepter. Les princes entreront en ville avec peu de troupes, ce qui écartera ce risque de pillage et de tuerie qui demeure à l'esprit des Parisiens. Si la ville ne s'ouvre pas, l'assaut sera donné le lundi 26, avec toutes ses conséquences pour la ville et ses habitants. Bref, c'est la soumission ou le massacre.

Par la voix du lieutenant civil au Châtelet Jean Chouart, les délégués font, le 24 au petit matin, leur rapport à une assemblée réunie à l'Hôtel de Ville. Plus ou moins achetés, certains sont d'avis d'accepter. Louis XI en voudra beaucoup à l'évêque Guillaume Chartier d'avoir un peu vite tenu que la ville était perdue. C'est le prévôt des marchands qui réagit : Henri de Livres interrompt la délibération, annonce la reprise pour l'après-midi et profite de la pause pour appeler le comte d'Eu.

Livres a bien joué. Quand l'assemblée se retrouve l'après-midi, beaucoup, écrit Maupoint, « demeurèrent en perplexité ». Certains opinent que l'on peut ouvrir la ville aux coalisés sous certaines conditions dont la première est l'engagement de ne rien piller. L'évêque vient alors à la rescousse du prévôt des marchands : on s'avise qu'il faudrait prendre l'avis du comte d'Eu, lequel décide qu'on ne fera rien sans l'accord du roi. C'est répondre aux princes par la négative. Pour retourner l'opinion, Livres fait circuler en ville le bruit que les délégués ont en réalité formé, à Beauté, le projet de favoriser l'entrée en ville des coalisés. Pendant ce temps, le comte d'Eu fait sillonner Paris par ses soldats.

Le soir, arrive un message du roi : celui-ci regagne d'urgence Paris avec une armée. Et le comte du Maine l'accompagne. En fin de journée, arrive l'amiral avec ses hommes d'armes.

Il y a là de quoi renforcer la détermination des Parisiens. Personne ne se souvient plus d'avoir été favorable à l'entrée des princes. La réponse que, le dimanche 25, portent à Beauté les ambassadeurs est un refus pur et simple : on ne décidera rien sans le roi. Dunois réplique en rappelant l'ultimatum : le lendemain, cent mille Parisiens seront morts et les survivants n'auront même plus une chemise.

Les Parisiens sont d'autant moins décidés à céder que les grandes voies de leur ravitaillement ne sont pas coupées. Les coalisés ne parviennent pas à bloquer la Marne et la haute

Seine, et l'accès à la ville demeure libre par le sud et par l'ouest. La grande route vivrière qu'est la Seine jusqu'à Rouen demeure aux mains du roi. La relation de la capitale étant assurée avec les campagnes céréalières de Beauce et de Valois, comme avec les vallées maraîchères du sud et avec les ports de pêche normands, Paris n'est nullement menacé de famine. Le bourgeois note avec satisfaction que le prix du pain, du vin ou du hareng n'a pas augmenté. On est en plein été : Paris n'a guère besoin de bûches. Seuls les boulangers et les cuisinières se plaignent que le bois est cher.

Le lundi 26, on attend en vain l'assaut. Charolais et ses alliés font une démonstration fort inutile en ordonnant leurs troupes dans la plaine entre le bois et la Seine. Les Parisiens ne les aperçoivent même pas. Dans l'après-midi, Charles de Melun envoie quelques cavaliers jusqu'au camp des princes. Ils raflent quelques chevaux. Le lendemain, on recommence. Les Parisiens se divertissent.

Une drôle de guerre

De part et d'autre, des capitaines impatients profitaient des intervalles entre les trêves de deux jours pour multiplier les opérations ponctuelles. À la tête d'un petit détachement, Antoine du Lau, dont le roi ignorait encore le complot de naguère, s'en alla jeter la panique dans l'artillerie bourguignonne et tua un canonnier.

Pour amuser le peuple, on retrouva dans sa prison Casin Cholet, cet ivrogne qui avait naguère semé la panique en annonçant l'entrée des Bourguignons. Il fut d'abord révoqué, puis mis au pain et à l'eau, et de surcroît promené, en un tombereau d'éboueur, de carrefour en carrefour pour y être copieusement battu. Le bon peuple s'amusa, en demandant qu'on le battît plus fort.

Le risque était grand de voir l'artillerie bourguignonne bombarder la ville. Les monceaux d'immondices accumulés par les Parisiens hors de l'enceinte formaient autant de points d'appui pour des canons à tir courbe. Les habitants prirent des pics et des pelles et allèrent « ruer et épandre icelle voierie », autrement dit rompre les monticules. Il était temps, Bretons et Bourguignons canonnaient déjà le pont de Charenton. Les soldats des princes s'aventuraient de plus en plus près des murs. Il y eut quelques morts.

Les nerfs lâchaient parfois. On entendit un homme qui, de l'autre rive de la Marne, criait aux sentinelles bourguignonnes que le roi allait attaquer le lendemain matin. Des chevaucheurs bourguignons partis au petit jour chercher quelque information revinrent à bride abattue quand ils crurent voir au bout d'un champ « grand quantité de lances debout ». Et d'annoncer que l'armée royale sortait pour livrer bataille. Les voyant décamper, les chevaucheurs royaux qui, eux aussi en quête de nouvelles, rôdaient dans le voisinage les poursuivirent. Cette fois, Charolais ordonna son armée pour le combat. Son guidon flottait déjà au vent, et on se préparait à déployer la bannière. Les cavaliers du roi s'étant repliés, les chevaucheurs bourguignons repartirent et virent au même endroit les lances dressées. Avant d'aller confirmer l'imminence de l'assaut, ils s'approchèrent un peu plus de cette armée étonnamment immobile. Il faisait maintenant grand jour. Les « lances debout » n'étaient qu'un champ de chardons ! Charolais et les princes s'en allèrent à la messe, puis dînèrent en daubant sur leurs cavaliers.

Des Parisiens ne s'y seraient pas laissé prendre, sachant bien que la plaine à l'est de la porte Saint-Antoine s'ornait de champs entiers de chardons, récoltés chaque année pour la fabrication des cardes, ces planches épineuses qui servaient à carder la laine. Les Bourguignons ne s'attendaient pas aux chardons.

À chaque alarme, les Parisiens montaient au rempart cependant que les Bourguignons s'équipaient pour la bataille qu'ils croyaient imminente. Jean de Calabre se fit remarquer en étant toujours le premier armé. On vit même, une fois, François II et Charles de France en armure, ce qu'observèrent avec ironie ceux qui n'avaient pas grande opinion du frère du roi.

C'est par la route de Chartres que, le mercredi 28 août, Louis XI et Charles du Maine firent leur entrée à la tête de douze mille hommes. Soixante chariots suivaient. On l'avait fait savoir au roi, il était grand temps de revenir. Avec les couleuvrines et la poudre, les chariots portaient sept cents muids de farine : treize mille hectolitres, qui firent leur entrée le 30 et que l'on distribua sur-le-champ aux boulangers. Le pain était assuré pour une semaine. Il y avait aussi quelques sacs d'écus, que l'on avait glanés en Haute-Normandie chez tous les agents du fisc. Le roi traversa toute la ville pour aller loger aux Tournelles. Sur le chemin, il se fit applaudir. On fit même la fête à deux chevaux chargés d'anguilles que l'on vendit devant le Châtelet pendant que, à Sainte-Catherine-du-Val-des-Écoliers, le roi se faisait présenter l'oriflamme.

Car il fallait faire sentir aux Parisiens quel était l'enjeu politique du conflit, et c'est à cette fin que le roi avait envoyé chercher à Saint-Denis l'oriflamme. Le geste était de haute valeur symbolique. Depuis trois siècles, l'oriflamme était l'enseigne solennelle des rois de France, la flamme de soie rouge qui passait pour l'oriflamme de Charlemagne. Elle était le symbole des combats légendaires pour la foi et on l'avait vue flotter pendant les croisades. Portée par les bourgeois des communes, elle était à Bouvines le symbole de l'unité sacrée du peuple autour du Capétien. Déchirée et perdue dans la mêlée de Mons-en-Pévèle en 1304, elle avait été reconstituée. Elle était à Cassel en 1328. Surtout, on se rappelait qu'elle flottait en 1382 sur l'armée royale en campagne contre les Gantois révoltés : il y avait de quoi faire réfléchir en 1465 ceux qui avaient souvenir qu'un duc de Bourgogne s'était trouvé bien qu'alors on fît flotter l'oriflamme des rois de France pour sauver sa seigneurie.

Le vendredi 30, on la plaça devant l'autel de l'église Sainte-Catherine-du-Val. Le roi se prosterna. Jean Jouffroy, le « cardinal d'Albi », qui était aussi abbé de Saint-Denis, lui remit solennellement la prestigieuse enseigne. Le roi fit oraison. Un chapelain porta ensuite l'oriflamme tout au long de la grand rue Saint-Antoine par laquelle le roi regagnait les Tournelles. Nul n'en ignora. Déployer l'oriflamme, c'était dire la France en danger.

On suspectait les frères Luillier – l'avocat Eustache, le changeur Arnaud, qui avait été échevin dix ans plus tôt, et le théologien Jean – d'avoir, lors de l'ambassade à Beauté, été de connivence avec les princes. Priés de quitter la ville, ils allèrent attendre à Orléans.

Les princes se trouvaient dans l'embarras. « Nul jour sans perte et gagne ne se passa, écrira Commynes, mais de choses grosses n'y advint-il rien. » Les escarmouches quotidiennes en bordure du bois n'étaient que routine. Le roi se gardait bien d'offrir la bataille. Thomas Basin attribue cette temporisation aux conseils que, par d'innombrables lettres, dispensait à son ami le duc de Milan Francesco Sforza. Louis XI souhaitait la paix, mais une paix honorable. Et il lui fallait le temps de diviser les conjurés en jouant de toute la gamme des promesses possibles. Leur offrir le combat eût été suicidaire.

Les coalisés perdaient leur temps : camper au-delà du bois de Vincennes ne leur servait de rien. Tous les matins, ils tenaient conseil chez le comte de Charolais, puis ils dînaient ensemble, Charles de France et François II assis au banc le long du mur, Charolais et Jean de Calabre en face. C'était tout juste tuer le temps.

Si son armée de Montlhéry avait souffert de la bataille, le roi disposait, avec l'armée demeurée à Paris et celle qu'il venait de recruter en Normandie, de troupes fraîches. On ne pouvait en dire autant de l'armée des coalisés, forte de son artillerie mais disparate et se refusant à un commandement unifié. Les troupes que conduisaient Nemours, Armagnac et Albret ne l'avaient guère renforcée : elles arrivaient sur le tard et les autres les prièrent de demeurer à distance, au motif que, n'étant pas payées, elles allaient vivre sur le pays, donc épuiser le peu de ravitaillement sur lequel on comptait. Les soldats s'occupèrent en sillonnant la Brie et la Champagne, en tronçonnant les vignes et les cerisiers, en brûlant quelques maisons et en violant quelques villageoises. On répéta dans Paris qu'ils menaçaient la ville d'y « faire pis ». Cela suffit à encourager la résistance. Charolais préféra se débarrasser d'eux en leur donnant six mille francs.

L'affaire n'avançait pas. Pour menacée qu'elle fût, la capitale n'était en rien une ville assiégée, et les princes voyaient approcher le temps de sérieuses difficultés de ravitaillement, voire, avec les pluies d'automne, de viabilité. Pour l'heure, on trouvait du fourrage, mais il fallait déjà aller le chercher fort loin. Bientôt, il serait trop tard.

La sécurité de Paris était fortement assurée par l'enceinte

entreprise un siècle plus tôt par Étienne Marcel, continuée sous Charles V et achevée sous Charles VI. Elle était faite d'une faible levée de terre surmontée d'un muret et précédée d'un dispositif – large double fossé en eau et deux lignes de fossés secs – propre à empêcher l'avancée de toute artillerie ou de tout engin de siège. Autant dire que, tenues à quatre-vingts mètres du muret, les bouches à feu les plus maniables ne pouvaient atteindre ni celui-ci ni à plus forte raison la ville. Louis XI n'en ajouta pas moins quelques défenses sur la rive droite, entre l'enceinte et les berges.

Bref, on ne pouvait aborder la ville en force qu'au droit des portes, ou plutôt des quelques portes qui n'avaient pas été maçonnées. L'armée cantonnée dans le méandre de la Marne ne pouvait donc attaquer que par la porte Saint-Antoine, et celle-ci était depuis un siècle fortement dominée par la Bastille. Se déployer au long de l'enceinte et gagner une autre porte était pratiquement impossible, les zones marécageuses de l'ancien méandre de la Seine interdisant de passer commodément d'une route à l'autre. De bons arbalétriers placés aux portes suffisaient donc à repousser l'assaut. Jeanne d'Arc en avait su quelque chose devant la porte Saint-Honoré. L'armée de Richemont n'avait pu entrer, en 1436, qu'avec la complicité des Parisiens. On avait donc renforcé le guet aux portes.

Pour aggraver le désarroi des princes, arrivaient de mauvaises nouvelles du Bourbonnais. Galeazzo Maria Sforza venait d'y arriver avec l'armée milanaise. Il allait demeurer en France jusqu'à la mort du duc Francesco, en mars 1466. Pendant qu'on perdait son temps à une heure de Paris, le duc Jean II de Bourbon savait donc ses villes de nouveau en danger.

Louis XI tenta de retourner la manœuvre des coalisés. Non sans renforcer l'enceinte sur son côté sud-est, entre la Bastille et la Seine, il passa à l'offensive. Prenant en personne la tête des détachements qu'il envoyait à travers la campagne, passant la Seine en barque, plaçant des bombardes sur la rive gauche face à Conflans, il multiplia les canonnades et les escarmouches. Les troupes de Jean de Calabre décampèrent de Charenton et se replièrent sur Conflans. Deux boulets pénétrèrent à Conflans dans la chambre du Téméraire durant qu'il dînait. L'un d'eux tua le trompette qui servait à table. Ce n'est pas cela qui fit avancer les choses. Commynes notera qu'il n'a « jamais vu tant tirer pour si peu de jours ». Mais la peur fut plus grande que le résultat : de part et d'autre, on ne tua que de la piétaille et « il ne se perdit nul homme de nom ».

Les princes, toutefois, s'avisaient que leur position était intenable. À demeurer là sur la Marne, ils n'avaient rien à espérer. Le 3 septembre, ils proposèrent une négociation. On conclut une trêve de deux jours qui allait être plusieurs fois reconduite. Jean de Calabre, Saint-Pol et Dunois s'offrirent à conduire les pourparlers. Le roi désigna son oncle le comte du Maine, choix non dénué d'ironie si l'on pense que Charles du Maine avait en six semaines trahi successivement tout le monde et que Louis XI le tenait pour « un homme étrange, à manier avec prudence ». Du moins les princes ne pouvaient-ils accuser Charles du Maine d'ignorer leurs revendications. On se rencontra à la Grange aux Merciers, à égale distance de Paris et de Conflans, à l'emplacement du futur entrepôt de Bercy. C'était, sur la rive droite de la Seine, une maison de campagne discrète.

L'ironie marqua également, le 9, le choix que fit le roi d'un otage avant d'aller lui-même rencontrer Saint-Pol, lequel ne tenait pas à être tout simplement arrêté : Charles du Maine fut désigné. L'entretien avec Saint-Pol, qui dura deux heures, fut en apparence cordial. Mais le roi s'attendait à ce que son oncle trahît une nouvelle fois. Il dira plus tard avoir appris que le comte du Maine avait profité de l'occasion pour proposer aux Bourguignons de leur faire ouvrir une porte de la ville. De moins notables tiraient tout simplement parti de la trêve pour changer de camp. C'est ce que résume Commynes : « Chacun jour se menaient de petits marchés pour fortraire gens l'un à l'autre. » Doriole était de ceux qui avaient changé de camp.

Le roi voyait, lui aussi, passer le temps. On jasait dans son dos. Pour tout dire, les coalisés n'arrivaient à rien, mais ils narguaient le roi de France, et cela sous le nez des bourgeois. Ceux-ci profitèrent de l'accalmie pour aller aux nouvelles. Comme les chevaliers de Bourgogne et de Bretagne se promenaient dans leurs plus beaux atours sous les murs de la capitale, les badauds sortirent en foule pour aller les voir. On bavardait.

Le roi s'inquiéta de ces ébauches de fraternisation. Il fit prendre en note les noms de quelques notables qui s'étaient ainsi aventurés à rencontrer ses ennemis.

Un incident ridicule aggrava les choses : une troupe de Bourguignons alla vendanger des raisins qui n'étaient pas mûrs. Ceux qui avaient de ce côté-là leur vigne le prirent mal, et ils en voulurent au roi. Certains le lui dirent. Louis XI ne trouva à répondre qu'en réduisant l'affaire à ses justes proportions : mieux valait perdre un peu de la future récolte que de voir piller la ville. La réponse mécontenta les bourgeois. Tout cela manifestait une lassitude qui n'échappait pas au roi. Il lui fallait traiter.

Ayant convoqué aux Tournelles un conseil élargi qui prit les allures d'une petite assemblée d'États, il examina les demandes des princes. Ceux-ci parlaient toujours de contrôler l'armée, et chiffraient les pensions que leur devrait le roi pour dédommagement de la guerre. Charles de France voulait, pour apanage normal d'un héritier de la Couronne, un bon tiers du royaume : Normandie, Guyenne et Gascogne. Charolais, qui ne manquait pas de rappeler que le dauphin Louis avait été naguère heureux de trouver gîte et pitance à la cour de Bourgogne, entendait reprendre les villes de la Somme et garder les 400 000 écus qu'il avait reçus pour leur rachat. Le roi devait s'interdire de les racheter du vivant du futur duc de Bourgogne. Jean de Calabre exigeait l'appui du roi contre l'Aragonais de Naples, ce qui impliquait la rupture de l'alliance avec Sforza. Louis XI répondit le 13 septembre par un refus, accepta une nouvelle trêve jusqu'au 17 et fit savoir que c'était la dernière.

Sans doute poussé par François II de Bretagne, Charles de France diminua ses prétentions : il ne demandait plus que la Normandie. Le 17, alors que la guerre reprenait en théorie, le roi répliqua qu'il ne céderait jamais la Normandie. Il voyait bien que, celle-ci donnée à son frère dont le duc de Bretagne avait fait un client, ce serait François II établi sur la Seine. Le 19, arrivait à Paris un substantiel convoi de numéraire en provenance du Languedoc. Il rendait plausible la reprise de la guerre qu'annonçaient aux carrefours les crieurs de la ville. Louis XI offrit alors à son frère la Champagne et la Brie, qui étaient tout aussi fâcheusement proches de Paris mais ne pouvaient être un prolongement de la Bretagne. Les fils de Philippe le Bel, jadis, avaient tout fait pour priver leur nièce Jeanne de France de l'héritage qu'était naturellement pour elle la Champagne. Louis XI n'avait plus le choix : entre deux maux, il choisissait le moindre.

Comme jadis Charles VII devant la Praguerie, Louis XI commençait de dissocier les princes en négociant un par un les dédommagements possibles. Chacun fit connaître ses demandes : Charolais, en particulier, voulait la Picardie. Le roi s'arrangea pour que les convoitises fussent publiques : il fit assembler en la Grand-Chambre le Grand Conseil, le Parlement, la Chambre des comptes, les représentants de l'Université et quantité de clercs et de bourgeois. On leur lut les demandes des princes et les offres du roi. Ainsi sapait-on la référence au Bien public : on pouvait mesurer ce qu'en valait l'aune. Dans le même temps, les princes devaient compter avec le mécontentement de leurs troupes, de plus en plus mal ravitaillées et assez irrégulièrement payées.

Tout sembla basculer le 20 quand un lieutenant de Rouault – un Berrichon fidèle de Charles de France – livra Pontoise aux Bretons. Gisors s'ouvrit de même. Dans Paris, la nouvelle se répandit comme une traînée de poudre. Une étoile filante que l'on baptisa ensuite comète n'arrangea rien en venant choir dans le fossé de l'enceinte. L'opinion, selon Jean de Roye qui s'émut comme tout le monde, fut que c'était « une fusée ardant illec jetée et envoyée par les Bourguignons ». Chacun crut la ville en feu. En pleine nuit, on alla chercher le roi aux Tournelles, et il dut venir sur la muraille pour constater que Paris ne brûlait pas. Au moins comprit-il que les Parisiens, dont la fidélité n'était pas vraiment en cause, ne tenaient plus leurs nerfs. Il savait bien que Charles du Maine le trahissait de nouveau. C'était maintenant le tour des villes.

Entre les soldats et les bourgeois, les querelles étaient quotidiennes. On tendit les chaînes dans les rues et on alluma des feux aux carrefours, mais c'était maintenant par méfiance envers la soldatesque du roi. Le 25, Louis XI découvrit en faisant sa ronde qu'on avait, peut-être par mégarde, laissée ouverte la porte Saint-Antoine, précisément celle qui était d'intérêt tactique. L'incident l'impressionna assez pour que, plus tard, il le rapportât lui-même à Commynes. Sur le moment, il en conçut « grand suspection » de Charles de Melun : son père, Philippe de Melun, comme capitaine de la Bastille, était particulièrement responsable de la porte.

Le Parisien meublait son temps comme il pouvait. Il comptait les escarmouches. On s'émerveilla d'un coup de serpentine qui, tiré de la tour de Billy vers le camp bourguignon, avait, d'un seul boulet, tué pas moins de sept hommes. On parla de quelques soirées intimes, comme celle d'où sortait Balue quand, le 23 septembre il se fit rosser, non loin de Saint-Merry, par des hommes de main dont on pensa tout de suite qu'ils étaient à la solde de Charles de Melun : les deux hommes courtisaient la même dame, et Melun avait quelque peu nargué l'évêque.

Le comte du Maine, Bertrand de Beauvau et Jean Dauvet négociaient à peu près chaque jour avec les représentants des princes en vue d'une paix à laquelle on ne parvenait pas. Mais les troupes des princes continuaient de faire du dégât. Les villages du pourtour sud-est de Paris brûlaient l'un après l'autre. Comprenant qu'il lui fallait lâcher du lest, Louis XI changea une nouvelle fois de tactique. Mais il eut l'habileté d'offrir à chacun des satisfactions inégales, ce qui allait avoir pour premier effet d'attiser les jalousies.

Il prit d'abord pour cible le comte de Charolais, qu'il connaissait mieux que les autres depuis son séjour en Brabant, et qui nourrissait une certaine amertume pour s'être trouvé seul à Montlhéry. Nul ne se faisait d'illusions sur le rôle de Charles de France : le vrai chef de la coalition, c'était maintenant Charolais. Louis XI lui proposa une entrevue.

Le traité de Conflans

La première rencontre eut lieu près de Conflans. Le roi ne put éviter de faire lui-même le chemin. Il arriva en bateau avec pour toute escorte six hommes, dont l'amiral Jean de Montauban et Antoine du Lau. Ayant vu l'armée de Bourgogne rangée en parade derrière Charolais et Saint-Pol, il ne débarqua qu'après avoir entendu Charolais lui dire qu'il « l'assurait » comme frère, autrement dit qu'il garantissait à son beau-frère la vie et la liberté. On se salua. Le roi voulut faire de l'esprit. Il déclara à Charolais qu'il le reconnaissait bien comme gentilhomme et membre de la maison de France. Charles le Téméraire s'étonna. Le roi avait préparé son exorde, qui était un désaveu diplomatique du fidèle chancelier.

> Quand j'envoyai mes ambassades à Lille, naguère, devers mon oncle votre père et vous, et que ce fol Morvilliers parla si bien à vous, vous me mandates... que je me repentirais des paroles que vous avait dites le dit Morvilliers, et avant qu'il fût le bout de l'an. Vous m'avez tenu promesse, et encore beaucoup plus tôt que le bout de l'an... Avec telles gens, je veux avoir à besogner, qui tiennent ce qu'ils promettent.

La discussion se poursuivit sur la rive. Très loquace, « en bon visage et riant », comme le rapportera Commynes, le roi allait de long en large entre Charolais et Saint-Pol. À l'évidence, le Téméraire ne s'était encombré ni de Charles de France ni de François II de Bretagne. Il rappela les exigences des coalisés. Les demandes les plus lourdes étaient la Picardie pour la Bourgogne et la Normandie pour Charles de France. Le roi refusa la Normandie, laissa en suspens la question de la Picardie, et offrit au comte de Saint-Pol, sous condition qu'il fût raisonnable, la charge de connétable qui demeurait vacante depuis la mort de Richemont.

Pour Charolais, le moment était venu d'une paix à laquelle il voyait maintenant son intérêt. En clair, il avait envie d'en finir. Revenu vers ses alliés, il leur rappela qu'il avait porté le plus lourd de la guerre, que « la plus grande force de cet ost était sienne ». Ils lui en voulurent. Après deux conseils tenus en sa présence, ils se réunirent une troisième fois dans la même chambre, mais cette fois sans lui. Charolais le prit très mal et le dit. « Comme il était le plus fort, il fallait qu'il fût le plus sage. » Traités de petits personnages, les autres renâclèrent. C'était bien ce qu'espérait le roi.

Charles le Téméraire offrit un bon dîner pour détendre l'atmosphère. Charles de France se faisait à l'idée de n'avoir que la Champagne et la Brie. Il se fit apporter les comptes pour savoir ce que valait l'apanage que lui proposait son frère. Il y fallut, le 27, une charrette entière. On discuta de la valeur de l'apanage. Étienne Chevalier était là pour le roi, Pierre Doriole pour son frère.

La manœuvre se brisa sur un faux bruit. Les princes avaient fait le siège de la veuve de Pierre de Brézé, qui était la marraine de Charles de France. On lui fit croire que son mari était mort à Montlhéry d'avoir été abandonné par le roi. Le bruit avait même atteint la cour de Bourgogne : « son mari avait été tué par les soldats du roi dès les débuts du combat », allait écrire Thomas Basin. À Rouen, la veuve du Grand Sénéchal gardait une grande influence. Elle décida de se venger. L'évêque de Bayeux et patriarche de Jérusalem Louis d'Harcourt était lui aussi à Rouen, et il avait compté parmi les meilleurs amis de Brézé. Il ne dissuada pas la dame. Le 28 septembre, ils firent ouvrir les portes à une troupe opportunément conduite là par Jean de Bourbon. La ville se rallia sans peine, suivie par quelques autres. Bourbon convoqua les habitants et se fit prêter serment au nom de Charles de France. Bien peu résistèrent. Le bailli, Houaste, qui n'était pas homme à se soumettre, quitta la Normandie.

Au petit matin du 29, Louis XI reçut la nouvelle comme un coup de masse. Il reprit vite ses esprits et se dit prêt à donner la Normandie à son frère « avant qu'elle ne fût tout entière conquise ». Pontoise prise, c'était la porte ouverte. Mieux valait céder rapidement. Escorté de sa garde écossaise, il alla rencontrer une nouvelle fois le Téméraire et le lui dit. Charolais s'entendit proposer pour lui-même, outre les villes de la Somme, tout ce qui appartenait encore au domaine royal au nord de la Somme.

Louis XI se forçait toujours à faire bonne figure. Comme, lors d'une nouvelle rencontre, le roi et Charolais arpentaient l'espace entre Conflans et Paris, ils s'étaient rapprochés de la capitale à une distance qui pouvait être dangereuse pour Charolais. Sans que le Téméraire s'en fût aperçu, ils étaient parvenus sur un boulevard aménagé par les troupes du roi au large de l'enceinte, et le Téméraire était venu là sans autre escorte que cinq ou six personnes. On apporta du vin. Louis XI but, et pensa que son adversaire allait craindre qu'on l'empoisonnât. « Ne donnez point de vin à mon beau-frère, dit-il, il ne boit pas entre les repas. » Quand on prévint Saint-Pol et le maréchal de Bourgogne Thibaut de Neufchâtel que le comte de Charolais était pratiquement à la merci du roi, il y eut un mouvement de colère dans le camp de Bourgogne. On évoqua le pont de Montereau. Ordre fut donné de se tenir prêt à la retraite. Si l'on perdait le futur duc, mieux valait ne pas tout perdre. « Si ce jeune prince, fol et enragé, s'est allé perdre, ne perdons pas sa maison, ni le fait de son père, ni le nôtre ! »

Plus retors qu'à l'accoutumée, Louis XI faisait pendant ce temps rêver le Téméraire. C'était facile : à bout de vivres pour son armée, lassé de l'affaire et pressé par le duc son père de revenir d'urgence pour châtier la rébellion des Liégeois, le comte de Charolais songeait à lever le camp au moment où, apportée par le roi lui-même, la nouvelle des événements de Rouen vint changer les perspectives. Le roi ajouta donc à ses propositions. Il évoqua un possible mariage du futur duc de Bourgogne avec Anne de France, une enfant de quatre ans qui devait être plus tard, devenue en 1473 la dame de Beaujeu, la régente du royaume. Le roi n'avait pas de fils, et l'on savait le peu de cas qu'il faisait de son frère. Charolais put donc, un temps, se voir gendre du roi et, pourquoi pas, roi de France. Le traité de Troyes n'était pas si loin, et on n'avait guère entendu en Bourgogne les arguments des juristes de Charles VII à l'encontre de ce traité qui faisait de la Couronne un bien transmissible par les femmes.

Quand Charolais regagna son camp, il lui fallut affronter le mécontentement. On le fêta, mais on le tança. Il baissait la tête. Le maréchal avait mauvais caractère : il se devait au duc de Bourgogne, mais non nécessairement à son fils. Il le lui dit. Bien plus, les Bourguignons étaient obligés de reconnaître que le roi n'avait pas profité de l'occasion : Louis XI y gagna pour quelques jours et chez quelques-uns une réputation de droiture qui dépassait la réalité.

Au vrai, le roi n'avait aucun intérêt à faire un mauvais parti à son interlocuteur. C'eût été aggraver un conflit dont il souhaitait avant tout sortir. La négociation avait porté ses fruits. Non seulement le Téméraire se déclara partisan de la paix, mais il se porta garant pour les autres. Le 1er octobre, on proclama une trêve perpétuelle. Dans Paris, on fit des processions.

Le roi envoya des vivres à l'armée de Conflans : c'était montrer que la capitale n'en était pas à la dernière extrémité. Chez les coalisés, c'était en revanche la disette, et l'on vit les soldats suisses de Jean de Calabre se précipiter pour manger le fromage avec sa croûte. Les fûts de vin avaient surtout pour mission de saouler l'armée des princes. Puis on se mit d'accord pour laisser les Bretons et les Bourguignons entrer en ville, pourvu qu'ils fussent sans armes. Le prévôt des maréchaux Tristan L'Hermite organisa le contrôle à la porte Saint-Antoine. La manœuvre était politique. Les soldats des princes purent acheter des vivres à prix raisonnable. Est-il vrai que, comme le dit Maupoint, ils s'émerveillaient de la chose « et se repentaient de la mal conseillée entreprise qu'ils avaient faite contre le roi » ? En tout cas, le Parisien en eut le sentiment.

On préparait le traité. L'accord se fit le 2 octobre entre les plénipotentiaires. On en fit deux versions. Charolais accepta ce qui le concernait le 5 octobre à Conflans. Le roi ratifia le 27 octobre un traité général relatif aux réformes et à l'amnistie. Les princes l'acceptèrent le 29 à Saint-Maur. Le 10, le duc de Bretagne avait lui aussi fait sa paix.

Charles de France recevait la Normandie, ainsi que la suzeraineté de la Bretagne et des comtés d'Eu et d'Alençon. Apparemment, c'était un succès pour les coalisés : le domaine royal était bel et bien encerclé. Mais la concession du roi était perfide : il donnait à son frère un duché des plus riches, mais des vassaux fort incommodes, et il lui confiait en particulier le soin de rabattre les prétentions de François II à l'indépendance. Dans l'affaire, le domaine royal récupérait le Berry. Charolais avait la Somme, avec Abbeville, Amiens et Saint-Quentin. Il avait en plus le comté de Guines. La remise fut effective en novembre. L'histoire se répétant, le roi gardait une faculté de rachat, mais à la mort du Téméraire, lequel n'était même pas encore duc de Bourgogne. On notera que rien n'était prévu pour le duc en titre, Philippe le Bon. Son fils le tenait déjà pour négligeable.

Bourbon n'était pas oublié : il eut en don 36 000 livres. Les autres n'étaient que médiocrement satisfaits. François II se voyait reconnaître la juridiction ecclésiastique dans son duché et s'en tenait là, espérant établir son pouvoir sur le duché de Normandie de son ancien protégé. Pour maigre consolation, Charles du Maine avait Taillebourg, en Saintonge, ce qui était peu, Jean V d'Armagnac s'entendait offrir une pension et cent lances, Nemours était nommé lieutenant général en Dauphiné, ce qui n'était pas grand-chose, sinon qu'il recevait lui aussi une compagnie de cent lances. Dunois et Dammartin n'eurent que la restitution de leurs seigneuries naguère saisies par le roi.

Jean de Calabre vécut un temps un rêve. Outre qu'il recevait Mouzon et Sainte-Menehould, le roi lui promettait 60 000 écus pour le défrayer de sa campagne de Gênes et 360 000 écus sur trois ans pour l'aider dans son entreprise napolitaine. Cela faisait 420 000 écus, une somme considérable. Mais Louis XI n'avait aucune intention de payer. Jean de Calabre ne put se faire payer que 15 000 écus.

La discorde éclatait maintenant parmi les coalisés. Tous s'en prenaient au comte de Charolais, et Louis XI n'était pas mécontent de renvoyer les plaignants à leur ancien allié. Armagnac se souvint avec amertume des propos relatifs au Bien public. « Sous prétexte de s'unir pour le salut public du royaume, chacun n'est venu que pour défendre son propre intérêt. »

Charolais et Saint-Pol lui dirent que, s'il n'était pas content, il n'avait qu'à « rentrer chez lui par le plus court chemin ». Quant à Jean de Calabre, qui n'était pas parvenu à placer ses affaires au cœur de la négociation, Charolais le lâchait en affirmant sa neutralité dans les affaires d'Italie. Louis XI, lui, s'en tenait à son alliance avec Milan : recevant le duc de Calabre en présence de Panigarola et de Bollate, les deux ambassadeurs milanais alors présents à la cour, il fit l'éloge de l'attitude milanaise dans les affaires d'Italie. Rappeler que le roi René avait, dix ans plus tôt, abandonné Sforza en pleine campagne contre Venise était de bonne guerre. Jean de Calabre le prit mal. Il accusa Louis XI de soutenir Ferrante à Naples et d'avoir poussé le pape à l'alliance avec Ferrante. C'était faux. Les assistants appuyèrent lourdement le propos du roi.

Louis XI s'amusa en rappelant le « Bien public » : le traité prévoyait la création d'un Conseil des Trente-Six, chargé de formuler des réformes. On y nomma des notables : douze nobles, dont le Bâtard de Bourbon et Dunois, douze clercs, dont l'archevêque de Reims Jean Juvénal des Ursins et l'évêque de Lisieux Thomas Basin, et douze représentants du « commun » parmi lesquels quelques solides fidèles du roi comme le premier président Jean Le Boulanger et le procureur du roi François Hallé, des ralliés comme Pierre Doriole et un fidèle du duc de Bourgogne comme Guillaume Hugonet. On le voit, les représentants du commun étaient en fait de grands notables. Dunois présida.

Dès la première réunion, à Paris le 15 juillet 1466, les « réformateurs du Bien public » n'étaient plus que vingt et un. Ils décidèrent que toute décision serait prise à la majorité de treize. En fait de décision, ils commencèrent par faire chanter une messe du Saint-Esprit en la Sainte-Chapelle. Puis ils se séparèrent. Ils se retrouvèrent en septembre à Étampes et se séparèrent de nouveau. On y avait quelque peu parlé des revendications des villes. Celles-ci protestaient contre les exactions des gens de guerre, mais surtout contre l'impôt, et la compétence des Trente-Six, affirmée pour les abus et exactions dans la levée, n'était pas fondée quant au principe même de l'impôt. On évoqua aussi l'évasion de numéraire que provoquait la fiscalité pontificale. Le Conseil des Trente-Six s'en tint là. On l'oublia ensuite. Basin, qui n'y avait jamais siégé, devait plus tard prononcer un jugement sévère.

> Quel que fût le zèle de ceux qui avaient jugé bon de seconder les princes dans leurs louables initiatives, ne cherchant et ne demandant rien pour eux-mêmes, on leur reprochait comme la plus grande injure possible d'avoir appartenu au Bien public. C'est pourquoi ces trente-six hommes ne purent aboutir à rien. Il n'y en eut même pas un seul qui, les princes une fois séparés, osât proposer qu'on se réunît pour traiter ces affaires ou même y faire seulement allusion, sinon au péril de sa vie.

Tout cela ne servit qu'à Louis XI, lequel s'amusa en suggérant au duc de Calabre de soumettre l'affaire de Naples au jugement de ces Trente-Six, présumés n'avoir en tête que « le bien du royaume ». Il fit incidemment observer que les Trente-Six pourraient bien s'intéresser à ceux qui avaient semé le désordre.

Charles le Téméraire fit, le 11 octobre, une montre générale de son armée. Le propos était pratique : il fallait dénombrer les pertes. Le roi y vint sans s'annoncer. C'était la réplique de la scène du boulevard : la confiance régnait. Les témoins notèrent que Louis XI était venu sans armure. On passa ensemble la revue, Saint-Pol flanquant le roi. Celui-ci en profita pour récupérer quelques chevaliers qui l'avaient abandonné et qui, voyant venir la paix, jugeaient opportun de se rallier. Il les convoqua à Vincennes, afin d'y recevoir leur hommage. Pour lever toute méfiance, il autorisa Charolais à mettre ses gardes à la porte du château.

Le lendemain, devant la table de marbre du Parlement, Saint-Pol fit hommage au roi et reçut de lui l'épée de connétable de France. Puis il alla dans la Grand-Salle prêter serment. Maupoint a noté ce qu'il en coûtait au roi pour acheter le comte de Saint-Pol.

> Lui jura et promit payer par chacun an 24 000 livres tournois pour ses gages, outre et par-dessus tous les autres profits de la connétablie, et sans en ce comprendre les gages et profits que le roi lui avait accordés pour l'état et gouvernement des pays de France [l'Île-de-France], de Brie, de Champagne, de Valois et de Picardie que le roi lui avait baillés.

Le duc Jean de Bourbon était absent de l'affaire de Conflans. En Normandie, il menait campagne pour le compte de Charles de France. Il nomma Odet d'Aydie son lieutenant et revint. Le 24 octobre, il rencontra Louis XI sous les murs de Paris. Le roi lui fit remarquer qu'il n'avait à s'en prendre qu'à lui-même s'il avait obligé des ingrats. Bourbon s'était, un temps, pris pour le chef de la coalition. Il reçut la leçon et offrit ses services. Il fut sur-le-champ nommé lieutenant général du roi en diverses provinces, Lyonnais, Velay, Vivarais, Gévaudan, Languedoc, et même en sa propre principauté.

On fit modérément la fête. Le 30 octobre, le roi et les princes se retrouvaient à Vincennes pour voir Charles de France faire hommage au roi pour la Normandie. Deux cents cavaliers, trois cents archers et douze mille bourgeois en armes avaient cette fois accompagné leur souverain. Les princes étaient bien chez le roi, et celui-ci maître chez lui. Il s'abstint de les retenir à souper. Pendant que Louis XI soupait, on servit les princes de leur côté. Les hommes d'armes allèrent cantonner à Montreuil, à Charonne, à Bagnolet et à Nogent, mais les Parisiens restèrent à monter la garde autour du château. À midi, on avait en grande pompe de hérauts et trompettes crié la paix aux carrefours de la capitale. Au soir, sous une pluie battante, chacun rentra chez soi, et le roi à Paris.

Il fallait maintenant séparer les anciens coalisés, déjà dressés les uns contre les autres. Le 31, Louis XI alla avec de grandes démonstrations d'affection chercher Charolais à Conflans. Tous deux gagnèrent ensuite Villiers-le-Bel où l'on célébra la Toussaint. On précisa là les clauses du contrat de mariage d'Anne de France. Le 3 novembre, le Téméraire fit au roi ses adieux. Il prit la route de Compiègne et gagna Amiens pour y prendre possession de cette Picardie qui lui revenait enfin. Puis il alla s'occuper des Liégeois. Louis et Charles n'allaient se retrouver qu'à Péronne.

Bourbon, Nemours, Calabre et Armagnac avaient été laissés à Saint-Maur. Cependant que s'en allaient leurs troupes, ils eurent le droit d'entrer dans Paris pour y attendre trois jours le retour du roi. Celui-ci leur fit la grâce de les convier à son Conseil. Charles de France et François de Bretagne, eux, étaient restés à Saint-Maur avec Dunois. Le 2 novembre, ils prenaient ensemble la route de Pontoise, qui était celle de la Normandie. Leurs fidèles avaient pris les devants. Odet d'Aydie avait, dès le 8 octobre, fait reconnaître le nouveau duc par la ville de Lisieux. Il avait ensuite, pour 600 livres, acheté la soumission de Granville.

Louis XI offrit quelques banquets aux Parisiens, confirma les exemptions d'impôts accordées en août, et prit le 13 le chemin d'Orléans, où il demeura un bon mois, assez près du Berry et du Bourbonnais qui lui avaient donné tant de fil à retordre. Il en profita pour aller remercier la Vierge à Cléry.

Pour la plupart, les bourgeois constatèrent que l'affaire se soldait par des accroissements des principautés et par l'alourdissement de la charge qu'étaient les pensions aux grands. Ceux qui avaient cru à l'abaissement des impôts étaient définitivement des naïfs.

Une nouvelle comète, qui « chut en resplendisseur de feu et dura longuement », créa moins d'émotion à Paris que la première. Un homme qui s'en allait à la messe « en perdit son sens et entendement ». Ce fut tout. On en avait vu d'autres.

CHAPITRE XVIII

Reprise en main

Les leçons d'une crise

En cet été de 1465, Louis XI a beaucoup appris. Il a surtout trouvé par lui-même la sortie d'une situation qui semblait désespérée. Les témoins, à commencer par le Milanais Panigarola, n'ont rien compris à la manœuvre, et n'en ont vu que le résultat. Car tout s'est joué en quelques jours.

Le premier acquis du roi, c'est qu'il a su comprendre les ambitions réelles de ses ennemis et mesurer leur détermination. Chacun n'ayant en tête que son intérêt propre, il a joué de leur égoïsme. Il en a conçu un immense mépris pour ces princes qui se couvrent de l'intérêt général et qu'on peut acheter de quelques terres. Il a en revanche fortifié son cynisme : céder au plus fort, ne pas entendre le plus faible. Dans la négociation d'octobre 1465, il a bien vu qu'en désintéressant de l'affaire le futur duc de Bourgogne, il achetait à bon prix le retrait des autres princes. Commynes l'écrira sans fard : « Le roi Louis notre maître a mieux su entendre cet art de séparer les gens que nul autre prince que j'ai jamais vu ni connu, et il n'épargnait ni l'argent ni ses biens ni sa peine, non point seulement envers les maîtres mais aussi bien envers les serviteurs. »

Le deuxième, c'est un parti de réalisme. Avec le Louis XI d'après Montlhéry, on est très loin de la chevalerie et de son code d'honneur. L'humiliation peut être plus payante que le sursaut en armes. Trop souvent victime de la trahison, le roi se juge en droit de trahir, et la restriction mentale n'est pas le moins significatif de ses comportements. La parole donnée ne vaut qu'autant qu'elle sert. À Péronne comme à Liège, il mettra en œuvre la leçon qu'il a tirée du Bien public.

Le réalisme, c'est l'art de sacrifier l'immédiat au long terme. S'il sort piteux de l'affaire, il a sauvé l'essentiel : le roi de France n'est pas en tutelle. Son domaine est amoindri, non la Couronne. Le préjudice immédiat se répare, non la brisure de la souveraineté. On peut sourire, en voyant les concessions territoriales d'octobre 1465, quand on sait que, quelques années plus tard, Louis XI aura mis la main sur la Normandie, la Bourgogne, l'Anjou, la Provence, le Maine. Une prise de pouvoir de la haute féodalité eût été autrement durable que quelques concessions territoriales. Alors même qu'il paraît ballotté par les événements, Louis XI se montre capable de voir loin. Sur le moment, personne n'a compris. Certains en ont quand même été fascinés. C'est après son récit des premières négociations de Conflans que Commynes place son célèbre portrait de Louis XI.

> Je me suis mis en ce propos pour ce que j'ai vu beaucoup de tromperies en ce monde, et à beaucoup de serviteurs envers leurs maîtres, et plus souvent tromper les princes et les seigneurs orgueilleux, qui peu veulent ouïr parler les gens, que les humbles, qui volontiers écoutent.
>
> Et, entre tous ceux que j'ai jamais connus, le plus sage pour se tirer d'un mauvais pas en temps d'adversité était le roi Louis onzième, notre maître, et le plus humble en paroles et en habits, qui plus travaillait à gagner un homme qui le pouvait servir ou qui lui pouvait nuire. Et ne s'ennuyait point à être refusé une fois d'un homme qu'il pratiquait à gagner, mais y continuait en lui promettant largement et donnant par effet argent et état qu'il connaissait qui lui plaisaient.
>
> Et ceux qu'il avait chassés et déboutés en temps de paix et de prospérité, il les rachetait bien cher quand il en avait besoin, et s'en servait, et ne les avait en nulle haine pour les choses passées.

Pendant tout l'été, le roi a vu se dresser contre lui ou l'abandonner sa famille, ses proches, quelques-uns de ses hommes de confiance. Les liens du lignage et les alliances matrimoniales n'ont guère protégé Louis XI. Philippe le Bon, René d'Anjou et Charles du Maine sont ses oncles. Charles de Charolais et Jean de Calabre sont ses cousins. Jean de Bourbon et Louis de Saint-Pol sont ses beaux-frères. Le roi qui se replie à Corbeil au soir de Montlhéry est un homme seul. Charles du Maine est parti, Brézé est mort, Galeazzo Sforza se fait attendre. Le duc de Savoie n'a pas bougé. Charles de Melun s'est montré hésitant. De ses grands officiers, le maréchal Jean de Lescun, alias le Bâtard d'Armagnac, a été le seul à montrer une réelle efficacité. Jean de Montauban a tergiversé, et Joachim Rouault a mené une stratégie personnelle. Cette solitude n'a fait que fortifier chez le roi ce qui était déjà un trait de son caractère : la méfiance. Il va passer le reste de son règne à multiplier les révocations. Pendant plusieurs mois, le roi « ne put trouver de repos », comme l'écrira Commynes. L'épreuve l'a marqué.

Un homme ne l'a pas abandonné, le prévôt des marchands Henri de Livres. Le roi n'oubliera pas qu'en ce moment de détresse, la bourgeoisie a suivi le chef qu'il lui avait donné. Son intérêt pour le petit peuple et son goût pour un entourage fait de petites gens devront beaucoup à ces Parisiens qui n'ont pas ouvert leurs portes aux princes insurgés.

On ne saurait négliger une autre évolution, celle du Téméraire. Dans cette bataille indécise qu'il a bien mal livrée devant Montlhéry, il est resté maître du terrain. Il a oublié qu'il devait de n'avoir pas été vaincu à la défection du comte du Maine. Même si le roi a finalement tiré les avantages politiques de l'indécision, le comte de Charolais croit s'être prouvé à lui-même qu'il était un chef de guerre. Un légat le dira désormais « belliqueux, porté à la guerre ». Il n'en montrera à l'avenir que plus d'audace. Il commence de rêver au destin des grands conquérants de l'histoire, à la gloire d'un Alexandre, d'un César ou d'un Hannibal. Commynes a très finement conté ce rapide changement dans les attitudes du futur duc de Bourgogne, un changement qui ne sera pas étranger au revirement dudit Commynes.

> Demeura encore monseigneur de Charolais sur le champ, fort joyeux, estimant la gloire être sienne. Ce qui, depuis, lui a coûté bien cher, car onques puis il n'usa de conseil d'homme, mais du sien propre. Au lieu qu'il était très inutile pour la guerre avant ce

> jour, et qu'il n'aimait nulle chose qui y appartînt, depuis furent muées et changées ses pensées, car il y a continué jusqu'à sa mort.

Se prendre pour César poussera même le Téméraire à adopter en bataille – jusqu'à l'ultime bataille, celle de Nancy – une stratégie en lignes inspirée de la phalange romaine. Mais il paiera cher son refus d'écouter les conseils, notamment ceux des capitaines aguerris qui, à la veille de la bataille de Grandson, jugeront le site inadapté au déclenchement d'une bataille en règle.

Même après son passage dans le camp du roi, Commynes ne manquera cependant pas d'évoquer avec admiration celui qu'il a accompagné sept années durant à la guerre. Il loue son courage, son endurance, sa ténacité. Il le dit hardi. Il ne l'a jamais vu avoir peur. Mais la conclusion est sans appel, et c'est bien à l'issue de son récit de la bataille de Montlhéry que Commynes la place : « Nul ne doit trop estimer de soi, par espécial un grand prince. »

La discorde organisée

La nature même de la coalition appelle la division. Chacun, déjà, tire de son côté. Commynes fera le commentaire : « Des choses qui sont à démêler et accorder entre eux, la moitié du temps se perd avant qu'il n'y ait rien conclu ni accordé. »

Il faut d'abord réduire l'effet des concessions faites à Conflans. Le maillon faible de l'ancienne coalition, c'est Charles de France. Les princes n'ont soutenu le frère du roi que pour s'en servir. Or, avec celui d'une Picardie qu'il ne peut être question de reprendre sur-le-champ à une Bourgogne renforcée par l'affaire, c'est l'abandon de la Normandie qui pèse le plus sur l'esprit du roi. Charles en Normandie, c'est le duc de Bretagne aux portes de l'Île-de-France. Or le meilleur moyen d'isoler Charles, c'est évidemment de faire en sorte que le Téméraire s'estime content de son succès et ne souhaite pas le remettre en cause. Détacher Bourgogne et Bretagne va donc être le grand objectif de la politique royale, et cela jusqu'à Péronne. Ainsi le roi pourra-t-il sans trop de risque tenter de reprendre ce qu'il a donné à son frère.

Un éventuel mariage d'Anne de France – elle a alors quatre ans – et de Charles de Charolais entre dans la stratégie du roi. Faire du futur duc de Bourgogne le gendre du roi, ce serait mettre un sérieux bâton dans les roues de Charles de France. Pour commencer, Louis XI propose de mettre dans le contrat d'Anne de France une clause propre à allécher Charolais et à ruiner les espoirs mis par François II dans l'installation à Rouen de son protégé. La dot – 1,2 million d'écus – ne saurait à l'évidence être payée en une seule fois. Le roi se rappelle les difficultés qu'il a rencontrées pour se faire payer la dot de Charlotte de Savoie. Pour être crédible, il doit garantir la dot : la caution, ce sera la Champagne. Mais celle-ci sera définitivement acquise au Téméraire si, « par mort ou autrement », la Normandie revient au roi. C'est intéresser le Bourguignon à une reprise de la Normandie. Champagne contre Normandie, Charolais voit de toute manière le domaine royal amoindri, mais à son profit et non au profit du fantoche Charles de France.

Louis XI connaît bien l'histoire politique de la Normandie, terre de féodalité où l'autorité ducale s'impose mal, qu'elle soit exercée par le roi ou par un duc. Les barons normands ont été des plus ardents dans les ligues qui, en 1315, ont réduit les prérogatives royales. Ils ont, aux premiers temps de la guerre de Cent Ans, joué de leur implantation sur les deux rives de la Manche pour se poser en alliés de l'un ou l'autre des rois, non en vassaux inconditionnels. Harcourt et les autres ont toujours pensé qu'ils étaient en droit de choisir leur roi. Comte d'Évreux, le roi de Navarre Charles le Mauvais n'a rien arrangé. Louis XI peut s'amuser de voir son frère et son protecteur François II affronter un baronnage aussi traditionnellement porté à l'indiscipline. Et pourtant, il n'y a pas si longtemps qu'il est allé en Normandie recruter des troupes. Les Normands préfèrent encore un roi sur la Loire à un duc à Rouen, dès lors qu'un protectorat breton signifie que les fonctions rémunératrices du duché vont échoir à des Bretons. Car nul ne s'y trompe : à côté du falot Charles de France, le maître de la Normandie va être François II. « Peu ou rien faisait de lui, écrira Commynes du frère du roi, mais en toutes choses était mené et conduit par autrui. » Louis XI allait jouer de ces craintes.

Pour la première fois, le roi met en application ce qui sera par la suite une politique habilement calculée : laisser faire les autres. Il attend les premiers soubresauts de la Normandie. Familier de Charles de France au service duquel il est passé à la mi-août, Pierre Doriole prépare son retour en grâce : il renseigne le roi. Et Louis XI s'amuse d'apprendre que son frère trouve déjà pesante la tutelle du duc de Bretagne : Charles de France oublierait volontiers qu'il ne serait pas duc de Normandie sans François II. Le roi ne s'étonne pas de savoir que le nouveau duc de Normandie est assailli par les quémandeurs. Tous ceux qui l'ont plus ou moins servi attendent « leur part du butin », autrement dit une récompense, et le total des demandes dépasse ses possibilités. François II n'est pas celui qui a les dents le moins longues. Commynes le dira aussi sans ambages : certains « avaient accoutumé d'avoir de grands états et de grands honneurs ». Bref, le duc Charles commence de décevoir les siens.

Un fait est suffisamment significatif : Charles et François II n'osent pas encore entrer dans Rouen. Officiellement, on prépare une entrée solennelle. En fait, ils savent que l'on discute beaucoup en ville de ce que l'on exigera du nouveau duc, et ils ont peur d'une insurrection. Ils logent donc en vue de la ville, au monastère de Mont-Sainte-Catherine. Les jours passant, cela tourne au scandale. Les Rouennais s'interrogent : quel mauvais coup s'annonce ainsi ?

Charles de France se voit entouré d'intrigues et d'exigences qu'il n'a pas su prévoir et que les agents du roi ne cessent d'attiser. Trouvant vides les caisses que le roi est venu vider en août et nul son crédit auprès de financiers locaux déjà sollicités par le duc de Bourbon, il découvre qu'il n'a pas les moyens d'une politique, sauf à escompter les revenus encore à venir de son nouvel apanage. Il comprend enfin que François II le prend pour un figurant, méprisé des barons et détesté des bourgeois. Le nouveau duc de Normandie ressent maintenant son manque d'expérience. Certes, ses fidèles éprouvent pour lui une réelle sympathie, Thomas Basin parle de son « excellent naturel » et le secrétaire du roi Jean Le Clerc affirme qu'il « tenait tous les cœurs des plus grands du royaume en sa main ». On loue son charme, non son intelligence politique.

Le nouveau duc de Normandie en vient donc très vite à ce qu'attendait Louis XI. On devine avec quel plaisir celui-ci, revenant le 25 novembre d'un pèlerinage à Notre-Dame de Cléry, ouvre la lettre que vient d'apporter un officier de la cour de Normandie : son frère l'appelle au secours. Le duc de Bourbon est au côté du roi. Celui-ci lui tend la lettre.

Ce même 25 novembre, la situation est, à Rouen, devenue dramatique. Le bruit court en ville que François II a l'intention d'emmener le duc Charles en Bretagne. Selon une autre rumeur, dont l'invraisemblance n'empêche pas qu'elle alimente le trouble, François II voudrait livrer son protégé au roi. « On croit que la rumeur était fondée », écrira Basin, qui accuse le Breton de semer « défiances et zizanie ». Bref, tout Rouen accuse François II de retarder l'entrée du duc Charles pour mieux le manœuvrer. Avec quelques nobles, Jean de Lorraine, comte d'Harcourt, est entré de force à Mont-Sainte-Catherine. Charles de France est prié de faire enfin son entrée dans Rouen. François II devra suivre. Naturellement, conseillé, dira Basin, par des disciples du démon Bélial, le duc de Bretagne refuse. Au vrai, les Bretons ont peur d'être massacrés s'ils se fourvoient en ville. Devant cette résistance, les barons normands se saisissent du duc de Normandie, le juchent sur un mauvais cheval et le conduisent de force à Rouen.

On organise sur-le-champ l'avènement. L'archevêque commendataire, le cardinal d'Estouteville, est naturellement absent, et le chapitre a désigné l'évêque de Bayeux Louis d'Harcourt pour le suppléer. On se rappelle qu'il a jadis, comme patriarche de Jérusalem, présidé aux obsèques de Charles VII et qu'il a naguère joué un rôle décisif lors du passage de Rouen dans le camp des coalisés. Il ne se fait pas prier. Le dimanche 1er décembre, le chapitre accueille en la cathédrale de Rouen le jeune duc de Normandie, qui a pour la circonstance revêtu une robe de velours noir. Harcourt célèbre la messe. Avant l'évangile, le duc prête serment : il respectera les libertés de la Normandie. On lui lit un passage d'une chronique de Normandie qui fait – bien à tort – de la création du duché au xe siècle une véritable constitution d'apanage. L'évêque de Lisieux Thomas Basin lui donne alors l'investiture de son nouveau duché en passant à son doigt l'anneau nuptial de la Normandie et de son duc.

Le hasard a fait les choses. Les deux familles d'Harcourt et de Tancarville ont été, des siècles durant, rivales et parfois ennemies. Mais on est maintenant bien loin des deux grands lignages du XIIIe siècle. La dernière héritière du comté d'Harcourt, la comtesse Jeanne, l'a apporté à son mari, le fils du maréchal Jean de Rieux, et leur fille Marie a épousé Antoine de Vaudémont, le compétiteur du roi René pour la Lorraine. Pendant que le fils aîné d'Antoine et de Marie, Ferry, recevait Vaudémont et ses droits sur la Lorraine, le cadet, Jean de Lorraine, devenait ainsi comte d'Harcourt. C'est lui qui porte maintenant le titre de maréchal héréditaire de Normandie, un titre qui n'a en réalité rien d'héréditaire. Mais le chef de la branche cadette d'Harcourt, Jacques d'Harcourt, a épousé Marguerite de Tancarville, héritière de la baronnie rivale. Leur fils, Guillaume d'Harcourt, maintenant comte de Tancarville, porte le titre, hérité des Tancarville, de connétable héréditaire de Normandie, un titre qui a succédé à celui, moins imposant, de chambellan héréditaire que portait jadis la famille mais qui n'est pas plus héréditaire que celui du maréchal. Ajoutons que la sœur de Guillaume, Marie d'Harcourt, a épousé Jean de Dunois, lequel est en Normandie comte de Longueville.

C'est donc le connétable Guillaume d'Harcourt qui présente maintenant l'épée ducale au duc Charles pendant que son cousin le maréchal Jean de Lorraine, ici comte d'Harcourt, lui présente la bannière des ducs. Avec le patriarche Louis, grand-oncle du maréchal, pourvu depuis un quart de siècle de l'évêché de Bayeux, cela fait trois Harcourt pour bien faire comprendre au duc Charles qu'il devra compter avec ses barons.

Incapable de s'interposer lors de l'enlèvement de son protégé, François II a pris le large. Remontant par la rive droite de la Seine, il s'arrête d'abord à Port-Saint-Ouen, où Dunois le rejoint pour tenter une médiation. Le comte de Longueville a compris que Charles ne sera qu'un pantin : seul, le duc de Bretagne lui paraît capable de mettre un frein à la mainmise du roi sur la

Normandie. Le 2 décembre, Charles est à Port-Saint-Ouen. Mais François II ne se laisse pas fléchir. Pour lui, la cause est entendue. Il lui faut se dégager d'une entreprise où il n'a plus rien à gagner. Bien décidé à négocier avec le roi, il annonce qu'il rentre en Bretagne. Pour l'heure, il gagne la seule place dont il soit vraiment sûr, Caen.

Reconquête de la Normandie

Pendant ce temps, Charles fait le difficile apprentissage de son apanage. Il convoque les États de Normandie. Personne ne se dérange. Une nouvelle convocation est nécessaire, et les États votent à contrecœur un subside de 6 800 livres que chacun s'ingéniera à ne pas payer. Taxée à 1 850 livres, la ville de Rouen n'en paiera que 200. Le 25 novembre, pendant son pèlerinage à Cléry, Louis XI savoure les lettres par lesquelles, absolument désemparé, son frère l'appelle à l'aide.

Transmises à Orléans, les nouvelles sont améliorées pour les besoins de la cause : le roi s'entend dire, le 29, que l'on a voulu assassiner le duc de Bretagne. On n'en a d'ailleurs pas été fort loin. Louis XI relit surtout la lettre par laquelle François II lui offre, pour faciliter l'indispensable campagne en armes, la disposition des places de la Normandie occidentale, et d'abord celle de Caen. Et le roi, qui fait lire le courrier au duc de Bourbon, de laisser tomber sa sentence : « Je dois aller secourir mon frère. Je crois qu'il me faudra reprendre mon duché de Normandie. » Le roi n'oublie pas que le duché de Normandie était gros contribuable, et qu'il ne rapporte plus rien au Trésor royal. « Reprendre » doit être pris au sens strict. Ironie suprême, c'est Bourbon qui commandera l'armée royale, avec pleins pouvoirs pour « parler, communiquer et besogner » avec Charles de France. La Ligue du Bien public a bel et bien volé en éclats.

Le roi ne se souciera que plus tard de fournir à l'opinion publique une justification complète. Sans doute parle-t-on dans son dos et le sait-il. À Panigarola il déclare : « Tout cela vaut tout juste l'encre et le papier. » Le 5 janvier 1466, il l'écrira aux Lyonnais : il n'a transporté la Normandie à Charles que contraint et forcé.

> Ce que autrement jamais n'eussions accordé ou consenti, tant pour les défenses et prohibitions faites par les ordonnances et constitutions des rois de France nos prédécesseurs de non aliéner ni démembrer le duché de Normandie hors de la Couronne de France... comme pour ce que ledit duché est de très grande valeur, ainsi trop plus grand apanage qui jamais n'a été fait à frère de roi.

La mauvaise foi est évidente, notamment quand le roi invoque le serment du sacre. La Normandie a souvent été donnée à l'héritier de la Couronne, et Charles est encore héritier de la Couronne. Mais Louis XI n'a pas tout à fait tort : les précédents ducs de Normandie étaient fils aînés du roi et, s'ils ne mouraient avant, la Normandie revenait à la Couronne au moment de leur avènement. Charles n'est, au contraire, héritier qu'en l'attente d'un dauphin. Autrement dit, le traité de Conflans n'a pas créé un apanage de dauphin mais une possible lignée de ducs de Normandie. C'est en tout cas l'argument qui sera repris, devant les États généraux de Tours, en 1468 pour justifier la reprise du duché. D'ailleurs, le roi annonce qu'il donnera à Charles un autre apanage, « aussi grand que jamais fut fait à seul frère du roi ». Charles est ramené à sa vraie dimension.

Une chose est à noter dans la lettre aux Lyonnais : le roi n'évoque plus la nécessité d'aller secourir son frère. Il écrit clairement qu'il va reprendre ce qu'il a indûment donné. C'est bien la rupture du traité de Conflans.

Si les ligueurs d'hier sont pris au dépourvu, Louis XI ne l'est pas. Il lui faut moins d'une semaine pour mettre en marche ses compagnies. Quelques-unes partent en avant-garde dès le 1er décembre 1465. Avec la garnison de Paris, Charles de Melun fait déjà mouvement vers Rouen par la rive droite. Flanqué du Bâtard de Bourbon, que l'on a connu menant les opérations contre le roi en Berry, le duc de Bourbon est à la tête du corps principal, qui quitte Orléans le 3 et marche droit sur Évreux. Le roi part enfin, le 11, avec un corps qu'il dirige d'abord vers Chartres. En route, il trouve Dammartin, jadis confident et naguère honni, qui lui fait allégeance et met sa troupe à sa disposition. Dammartin touchera largement le loyer de ce ralliement aussi subit que providentiel.

L'amiral Jean de Montauban a été dépêché à Caen pour négocier avec François II. Le temps est passé, où le roi devait aller lui-même, à Conflans, à la rencontre des princes. Il n'ira qu'à la tête de son armée. Le 17, il est à Argentan, d'où il adresse des lettres de rémission aux gens de Lisieux, naguère prompts à se soumettre au duc Charles. Le 19, le roi arrive à Caen. L'entrevue avec François II relève du conte de fées. On bavarde, on joue aux cartes. Le duc se soumet en tout.

La reconquête a commencé. Les barons et les bourgeois ont compris qu'ils ont tout à gagner s'ils gardent leur nouveau duc sans son encombrant protecteur et tout à perdre si la situation est reprise en main par le roi de France. Alors que Dunois n'a d'espoir qu'en la garantie du duc de Bretagne, la petite féodalité et les villes ne voient qu'une chose à faire : résister au roi. C'est donc, dans la droite ligne de l'appel au secours du duc Charles, une guerre contre l'indépendance normande qu'entreprend Louis XI. Mais les barons n'ont pas la force de l'armée royale, et la bourgeoisie des villes ne tient pas à se trouver ruinée au terme d'une lutte pour les libertés féodales. Une à une, les places se livrent. Les garnisons bretonnes n'opposent aucune résistance. Évreux s'ouvre, et en aura la récompense. Bourbon prend Vernon, puis assiège Louviers, qui se rendra dans la nuit du 31 décembre. Louis XI a gagné Honfleur. Il va diriger le siège de Pont-de-l'Arche, et il y organise lui-même le tir de l'artillerie. La ville se rend le 11 janvier 1466. Le roi y prend pour deux semaines ses quartiers.

Charles a appelé à l'aide les princes, ses anciens alliés. Il n'en a reçu que de bonnes paroles. Certains font savoir au roi que l'on devrait, s'il mérite d'être privé de son duché, déférer Charles de France devant la Cour des pairs. C'est espérer, sans illusion, que le roi accepte un arbitrage. Louis XI ne répondra pas.

Le 28 décembre, on signe un traité de non-agression. Moyennant 120 000 écus payables en deux ans, le duc de Bretagne promet d'aider le roi en tout, sauf contre Charolais et Calabre. Charles de France n'est pas oublié, qui apparaît désormais comme le fidèle du roi puisqu'il l'a appelé. Il perdra la Normandie, mais il aura un autre apanage, que choisiront les ducs de Bretagne et de Bourbon. Charles de France a vainement demandé que Charles de Charolais et Jean de Calabre soient parmi les arbitres : le roi a sèchement refusé. La Normandie est maintenant hors de cause, et le mariage d'Anne de France n'est toujours pas célébré, qui scellerait le sort de la Champagne. Le nouvel apanage ne saurait donc être que la Guyenne. Mais le roi songe plutôt à quelque chose de modeste : le Roussillon, ou – puisqu'il n'y a toujours pas de dauphin – un morceau de Dauphiné, mais certes pas le Dauphiné entier, auquel a pensé Charles. François II en est conscient : il n'aura aucun rôle à y jouer. Dans ces semaines-là, on ne sait plus très bien quelle est la position de Charles de France : il a appelé le roi au secours, mais il demande au même roi un sauf-conduit pour venir le voir.

François II a plaidé pour ses anciens fidèles : Louis XI promet bon accueil à Dunois, à Odet d'Aydie, à Lohéac. Sont exclus du pardon ceux qui ont fomenté la brouille entre François II et Charles de France. Cela ne coûte rien. Louis XI, d'ailleurs, en fera à sa convenance. De plus modestes paient plus cher : le général des finances de Normandie, qui a pris le parti du duc, est arrêté alors qu'il s'enfuit, déguisé en cordelier. Il est jeté dans l'Eure. On le repêchera quelques jours plus tard, et le roi paiera les obsèques.

Charles de France ressent durement l'humiliation. En janvier 1466, il se livre à un plaidoyer aussi pathétique que ridicule sur la procédure dont il a été victime, et c'est à l'ensemble des pairs de France qu'il s'en prend : ils ne l'ont pas défendu. Or il est pair de France comme fils de roi et il l'a été de plus comme duc de Berry. Donc il l'est toujours. Les autres devraient prendre garde.

> Si le plaisir du roi était de aucunes choses me demander, il me le devait notifier, et en gardant l'ancienne loi et coutume du royaume, laquelle quant à ce ne se doit ni ne se peut violer, me devait premièrement faire appeler et ouïr en justice devant les autres pairs de France. Et, attendu que sans connaissance de cause et contre tous termes de justice j'ai été violemment débouté de ma seigneurie et suis demeuré tout dénué et dépourvu comme dit est, j'ai juste cause de requérir et poursuivre que je sois préalablement restitué es choses dont j'ai été violemment dépouillé...

> Quand lesdits pairs de France laisseront ainsi corrompre et abattre leur dignité et privilège, on le voudra pareillement faire aux autres au temps à venir.

Reste à en finir avec Rouen, dont le roi n'est pas près d'oublier le passage à l'ennemi le 28 septembre. Les bourgeois envoient une ambassade à Pont-de-l'Arche le 14 janvier. Louis XI leur donne deux jours de délai pour une reddition complète, qui sera assortie d'une amnistie et d'une confirmation des privilèges de la ville. Les Rouennais ne discutent pas. Le 16, à genoux devant un roi siégeant, dans une salle qu'on a tendue de soieries, sur un trône érigé sous un dais de drap d'or, ils acceptent. Le 17, le roi fait occuper la ville.

Honni des Rouennais et mal vu du roi, abandonné de Bourbon et protégé du bout du doigt par François II, Charles de France n'en mène pas large. Le 18 janvier, il quitte définitivement Rouen. François II lui a fait parvenir un sauf-conduit pour Honfleur, où il va lui-même l'attendre. Le duc de Normandie chevauche donc en Normandie avec un sauf-conduit du duc de Bretagne, et cela pour « besogner et prendre conclusion » quant à son apanage : l'incohérence continue, preuve que les illusions du duc Charles se sont évanouies.

À Honfleur, Charles fait part à François II de son intention d'aller se réfugier en Flandre chez le comte de Charolais. François II voit bien qu'une telle solution est propre à rallumer une guerre dont il s'avoue las. Il refuse. Charles maintient son propos et fait armer un navire. François II s'entête : le navire ira en Bretagne. Pendant qu'on discute, la marée se retire, et le navire est échoué quand on apprend que le roi a quitté Pont-de-l'Arche et que, par la route de la rive gauche, il marche sur Honfleur avec son armée. Le 25, il atteint Pont-Audemer, à deux heures de route de Honfleur. Avec l'ironie qu'on lui connaît, il dit venir à seule fin de négocier quelque bon accord avec son frère. À Honfleur, on a compris que l'accord ne saurait être qu'une soumission. Le duc de Bretagne et le duc de Normandie ne se le font pas dire deux fois : ils laissent le navire échoué devant le cap de la Hève et, à bride abattue, le 27, ils gagnent Caen.

Charles ignore que Charolais, par un message que les gens du roi ont intercepté, l'invitait en Flandre : bien que fort occupé avec les affaires de Liège, le Téméraire n'oublie pas la Picardie, et il s'accommoderait d'avoir chez lui celui qu'il tient toujours pour le duc de Normandie. Mais, le 9 février, on annonce au roi que son frère est en Bretagne. Au vrai, Charles n'arrivera en Bretagne que le 18. Quoi qu'il en soit de l'anticipation, on est toujours en pleine incohérence.

Sans doute y a-t-il quelque malice dans le propos du Bourguignon, alors que Charles note, non sans candeur : « Monseigneur de Charolais désire savoir la cause qui peut ainsi avoir mû le roi de venir ainsi contre moi. Véritablement, il n'y a quelconque cause raisonnable, car de ma part j'ai désiré et désire servir et obéir le roi très humblement. »

Le duc de Normandie est parti presque seul. Toujours fidèle par intérêt et par hostilité au roi, Odet d'Aydie fait exception. Il ne peut rien espérer dans une Normandie soumise à Louis XI. La plupart des chevaliers normands ont jugé que leur intérêt est du côté du roi. Commynes le dira fort bien, Charles de France est maintenant un jouet aux mains de François II.

> Ainsi se retira le duc de Normandie en Bretagne, pauvre et défait et abandonné de tous ses chevaliers qui avaient été au roi Charles son père et qui avaient fait leur appointement avec le roi, mieux appointés de lui qu'ils n'avaient jamais été du roi son père.

Les troupes bretonnes sont toujours à Caen et à Bayeux. Elles regagneront même au début de 1467 quelques positions dans l'Avranchin. Elles demeureront ainsi en Normandie un an et demi, et leur départ sera étroitement surveillé par les gens que le roi a établis à Falaise, notamment par Gaston du Lion, l'homme de toutes les besognes. C'est eux qui feront savoir en novembre 1467 que les Bretons sont partis, avec leur artillerie, mais qu'on ne sait où ils vont. En janvier 1468, Odet d'Aydie parle encore de faire effectuer des travaux au château de Caen et aux ponts. L'été suivant, après six mois de trêve, Louis XI enverra sur les arrières des Bretons le Bâtard de Bourbon avec quelques lances. En septembre 1468, la paix d'Ancenis mettra fin à toute hostilité entre le roi et le duc de Bretagne. Odet d'Aydie quittera enfin Caen. C'en sera fini de l'affaire de Normandie.

L'ALLIANCE DU ROI ET DES VILLES

Pendant l'affaire du Bien public, Louis XI a su se servir du goût des bourgeois pour la paix. Plus qu'à un camp politique, les villes sont attachées à leur prospérité. On a vu les Parisiens changer de parti, à partir de 1430, parce que l'alliance anglo-bourguignonne signifiait la continuation de la guerre. En 1465, les villes normandes ont abandonné un combat pour l'indépendance qui ne pouvait rapporter qu'à la féodalité. Les portes de ville murées, les routes incertaines, les créances insolvables, les pillages, tout cela composait un tableau propre à faire préférer n'importe quelle forme de paix à la meilleure des guerres. Toutes les villes ont organisé des processions chaque fois qu'a couru le bruit de la paix. Après tant d'années de guerres, l'économie est à reconstruire, et chaque soubresaut politique remet en question la reconstruction, aussi bien celle des infrastructures matérielles que celle des financements et des réseaux commerciaux.

Les villes n'apportent au roi qu'une force militaire des plus médiocres. Le temps n'est plus des milices qui formaient une infanterie capable, comme à Bouvines, de donner la victoire. Louis XI sait cependant ce que rapporte la fidélité de bourgeois qui lui ouvrent leurs portes sans résistance ou qui refusent de les ouvrir à l'ennemi. Il a mesuré ce qu'il devait aux Parisiens pour lui avoir gardé la ville en 1465, et il saura gré de même en 1470 aux habitants de Saint-Quentin.

On a dit la méfiance du roi envers les assemblées. Aussi entretient-il de préférence des liens directs avec chaque ville, et au sein de la ville avec le corps de ville. D'abord, c'est une par une que les villes manifestent en cas de guerre une fidélité qui se traduit par des portes fermées à l'ennemi, par des travaux de fortification, par des avances de trésorerie. Ensuite, il est aisé de manifester une confiance proportionnelle à ce qu'on attend de chacune. Les correspondances avec les villes sont donc abondantes, et le roi ne manque pas de les informer, parfois au jour le jour, de ce qui se passe dans le royaume. En courtisant ainsi les villes, il atteint deux objectifs politiques : leur laisser croire qu'elles ont part aux préoccupations du roi, contrarier la rumeur en imposant sa version des faits.

La rémunération de la fidélité, ce sont, avec un soutien constant apporté aux corps de ville contre leurs adversaires et notamment contre leur seigneur, les privilèges qui font la fortune de la ville et celle de chaque bourgeois. On a dit de quelles exemptions fiscales Louis XI, en août 1465, récompense les bourgeois de Paris qui ne l'ont pas abandonné. Mais dans le même temps, il récupère un saphir de 133 carats jadis engagé à la ville par Charles V pour un prêt de 5 000 livres et qui, à l'évidence, n'avait jamais été racheté. À dire vrai, la ville n'avait fait aucun usage du saphir, et se trouvait bien des exemptions. Aux gens de Saint-Quentin, outre l'amnistie pour tout ce qu'ils ont pu faire naguère au service du duc de Bourgogne et le rétablissement d'une prévôté qu'avait supprimée le gouvernement bourguignon, il accordera l'exemption de toute imposition foraine et, pour trente ans, le droit, pour les étrangers qui viendraient s'établir, d'acquérir des biens et d'en disposer librement. Quand on sait ce que peut apporter au développement d'une ville la venue de marchands et d'artisans étrangers, on voit de quelle monnaie dispose le roi pour payer l'attachement des bourgeois.

Louis XI est cependant pris dans une contradiction : son intérêt politique le porte, on l'a dit, vers une entente avec les oligarchies municipales, cependant que son goût personnel lui fait préférer les citadins de modeste condition. Sa colère éclate quand il se croit trahi par les premiers, ainsi qu'il l'est lors de l'émeute de 1474 à Bourges. Bien que l'on ait vu se révolter contre le nouvel impôt tout le menu peuple et que les notables aient tenté d'enrayer l'affaire, le roi n'en veut rien croire : « Les pauvres, écrit-il, ne l'ont pas fait d'eux-mêmes. »

C'est par faveur royale que les élites municipales accèdent parfois à la noblesse. Certes, la fidélité d'une ville n'est pas au prix de l'anoblissement du maire, encore qu'en bien des cas cette fidélité tienne à l'influence personnelle de celui-ci. Au plus peut-on noter que le roi dispose là d'un moyen de rémunération ou d'anticipation de l'attachement d'une élite bourgeoise.

Il ne peut en revanche ignorer une montée vers la noblesse qui n'est pas son fait et lui apporte peu : les progrès sociaux de la bourgeoisie marchande la placent souvent dans cette nouvelle noblesse qui n'en finit pas de se constituer et qui, des gens de robe aux gens de la marchandise, fait échapper à l'impôt bien des fortunes. Sont ainsi écartés de la masse contribuable les biens nobles acquis par des bourgeois enrichis, autrement dit les fiefs ou les membres de fief qui, tenus naguère au service militaire, étaient de ce fait exemptés des impositions pesant sur les biens fonciers. Le problème est déjà ancien mais son acuité ne fait que croître. Le roi ne peut en effet refuser l'anoblissement de ceux qui forment l'une des forces vives du royaume, mais il ne souhaite pas diminuer d'autant le revenu de sa fiscalité, et il ne peut alourdir en proportion la charge pesant sur les biens non nobles. Nous avons vu les mesures prises par Louis XI pour donner satisfaction à un milieu d'affaires qui attend de son activité économique une place nouvelle dans la société sans constituer pour autant un privilège que ne justifierait aucune obligation d'intérêt général.

Ce n'est plus à la seule élite que pense le roi quand, comme avant lui bien des gouvernants, il se préoccupe de l'approvisionnement en grains des villes. Rien ne conduit à l'insurrection comme la famine, et toute crise climatique porte en germe un dangereux déficit céréalier. Inquiet de la disette à Paris, François Hallé l'écrit en 1482 à Batarnay.

> Aujourd'hui ont été attachés écriteaux en plusieurs lieux en cette ville, qui portent que les écoliers de Paris et la commune s'assembleront en bref temps et menacent de fureur de peuple et de voies de fait à l'occasion de la faute et cherté de blés.

Louis XI va donc se montrer soucieux des disettes. Attentif au prix du pain, il va jusqu'à peser sur le cours du blé, ordonnant ainsi aux boulangers de Tours de cuire de plus gros pains pour le même prix. Deux soucis analogues se rejoignent en temps de guerre, la prévention des insurrections urbaines et l'approvisionnement des troupes. À Montlhéry, devant Liège ou sur les bords du lac de Neuchâtel, le duc de Bourgogne ne paiera que trop cher le mécontentement de ses soldats. Autant dire que la politique royale doit être, en ce domaine, particulièrement équilibrée.

Elle doit même intégrer les objectifs militaires et diplomatiques. La liberté ou l'interdiction des exportations sont, à partir de 1470, de véritables armes. L'interdiction en est une, et des plus efficaces, à l'égard de contrées aussi vulnérables que les Pays-Bas, dont l'agriculture ne suffit pas aux besoins des villes industrielles. Au contraire, pour remercier Sixte IV d'avoir réprimandé le Téméraire, Louis XI laisse partir pour Rome, où sévit une disette, le blé acheté en Languedoc par un banquier génois. Il se concilie de même les Angevins de Provence en laissant Jean de Calabre s'approvisionner à Lyon en blé et en foin, et en autorisant Jeanne de Laval, deuxième épouse du roi René dont il guigne la succession, à acheter de l'avoine en Dauphiné.

Le règne, on le sait, s'achève sur une grave crise frumentaire. En janvier 1482, Louis XI interdit donc la constitution de stocks spéculatifs, détaxe les importations et, mesure quasi révolutionnaire, autorise la libre circulation des grains à travers tout le royaume. Les populations affamées apprécieront ces gestes. Le roi va même jusqu'à interdire la fabrication de cervoise et de bière : en temps de disette, c'est un gaspillage de céréales.

La faveur redistribuée

L'affaire du Bien public et sa séquelle normande conduisent à une nouvelle redistribution de la faveur royale et des fonctions. Le traité de Saint-Maur stipulait que nul ne serait inquiété pour sa participation à la Ligue. Les princes, qui avaient tous gagné quelque chose, s'abstinrent de plaider ensuite pour ceux qui les avaient suivis. Certains, que Louis XI a écartés en 1461, ont refusé de prendre le parti de la Ligue. Beaucoup savent rentrer dans la faveur d'un roi assez réaliste pour considérer que la fidélité récente éclipse l'infidélité passée et qu'il ne peut se priver de toutes les compétences auxquelles son père faisait naguère appel. On voit reparaître des gens dont Charles VII avait éprouvé le talent et qui, relégués depuis l'avènement, sont restés fidèles à Louis XI. Ainsi l'ancien amiral Jean de Bueil reçoit-il une compagnie. Quant à Louis de Beaumont, seigneur de la Forêt, que l'on a vu soutenant le parti de Charles VII face à la Praguerie, Louis XI lui donne plusieurs occasions de faire valoir ses capacités de diplomate. Tous deux seront en 1469 de la première promotion de l'ordre de Saint-Michel.

Le roi va plus loin. Le temps n'est plus où il ne prenait en compte que la fidélité. Il y demeure sensible, encore que celle-ci ne soit pas éternelle. Il se fait plus attentif aux talents de qui pourrait le servir après l'avoir affronté. Il ne peut se passer de gens dont il a éprouvé, bien malgré lui, l'habileté. Autrement dit, il pardonne par calcul, il débauche, il achète les revirements. Commynes, qui sera des ralliés tardifs, fait de ce pardon raisonné l'une des qualités du roi. « Comme il se trouva grand et roi couronné, d'entrée ne pensa qu'aux vengeances, mais tôt lui en vint le dommage, et quand et quand la repentance. Et répara cette folie et cette erreur en regagnant ceux auxquels il tenait tort. »

On a vu qu'aux premiers moments de la menace et malgré tout ce qu'il pouvait avoir de griefs anciens à son encontre, il avait rétabli Pierre de Brézé comme grand sénéchal de Normandie. Il s'en était trouvé bien. Mort à la bataille de Montlhéry, Brézé n'avait pu profiter de sa nouvelle faveur, mais son fils aîné Jacques en eut le profit : il allait être grand sénéchal de Normandie et capitaine de Rouen jusqu'au drame qui, en 1476, interrompit sa carrière : il assassina sa femme, qui était la fille de Charles VII et d'Agnès Sorel. Mais il retrouva son office lorsque, en 1483, il fut réhabilité. Jacques de Brézé allait demeurer grand sénéchal jusqu'à sa mort en 1490.

Louis XI ne laissa pas sans emploi un homme qui, à défaut de le suivre fidèlement en 1456, avait prouvé sa compétence et son savoir-faire en 1465 : Louis de Laval. Bien qu'il ait été accusé d'avoir puisé dans la caisse des Monnaies du Dauphiné et qu'il ait été révoqué de son gouvernement par le dauphin, celui que le roi ne manquait pas d'appeler « notre cousin » était à ses yeux « un homme de grande conduite, sage et expert en fait de guerre et autre part ». Laval allait donc, dès 1465, recevoir les responsabilités les plus diverses – lieutenant général et gouverneur en Champagne, et en même temps grand maître des Eaux et Forêts – avant de reprendre de manière très théorique, à la mort de Louis XI, un gouvernement du Dauphiné qu'il n'exercera pas et dont Charles VIII le dédommagera par une pension de 4 000 ducats.

Lohéac avait abandonné la cause de Charles de France. Il

redevint maréchal et fut de surcroît amiral de France, à la place du Bâtard de Bourbon, comme il l'avait été avant 1439. Il remplaça le comte d'Eu comme lieutenant du roi à Paris.

Le retour le plus étonnant est certainement celui d'Antoine de Chabannes. Le comte de Dammartin n'avait pourtant rien fait pour acquérir les grâces du nouveau roi. Évadé de la Bastille, il avait participé contre Louis XI à la Ligue du Bien public. On n'en est que plus étonné de le voir se rallier au fort de l'affaire, puis offrir, lors de l'apaisement, ses services contre la Normandie, et retrouver, avec ses biens saisis, des fonctions qui signifiaient la confiance royale. Le roi Louis n'avait pas oublié le confident du jeune dauphin Louis. En février 1467, Dammartin devint grand maître de l'Hôtel à la place de Charles de Melun. Il fut vite l'homme indispensable de la machine gouvernementale.

Pierre de Morvilliers avait remplacé en 1461 Guillaume Juvénal des Ursins à la Chancellerie et on se rappelle qu'il avait fait du zèle en traitant sans aménité le comte de Charolais. Il fit les frais de l'apaisement, sa mise à l'écart étant sans doute une condition non écrite de la paix. Furieux d'être disgracié pour avoir trop bien servi et peut-être pour avoir à certains moments joué contre le roi, Morvilliers alla s'agiter dans l'entourage de Charles de France. Ayant eu vent d'un complot mené par l'ancien chancelier au sein du Parlement, le roi fit arrêter ceux qu'il appela « la séquelle de Morvilliers », autrement dit sa belle-famille. Mais nous retrouvons Morvilliers au Conseil royal dès 1468. Il n'était pas de ces hommes dont on pouvait se priver. Il ne se gêna cependant pas pour diriger en 1471 un complot en faveur de Charles de France.

Guillaume Juvénal des Ursins avait rapidement repris le chemin du Conseil, et c'est lui qui, en octobre 1463, conduisit la prise de possession des villes de la Somme rachetées à Philippe le Bon. Il était de nouveau chancelier en novembre 1465. Son jeune frère Michel, qui était bailli de Troyes – la ville natale de Jean Jouvenel – avant 1461, ne fut pas moins rétabli. Louis XI avait compris qu'on ne se fâche pas durablement avec une famille qui comprend deux archevêques et qui, par les fonctions qu'elle occupe comme par les alliances qu'ont ménagées d'habiles mariages, passe à juste titre pour un modèle de la promotion sociale au service du roi. On connaît le retable de la chapelle familiale à Notre-Dame (auj. Musée de Cluny, Paris) où, derrière les fondateurs Jean Jouvenel et Michèle de Vitry dont le tombeau est en face, les onze enfants alors survivants se sont fait représenter en 1445, rangés par ordre de naissance, alors que le premier est évêque, le dernier déjà archevêque et le futur chancelier encore bailli de Sens. Vingt ans plus tard, Guillaume fera faire son portrait par Jean Fouquet (Louvre).

Le 7 novembre 1465, le roi convoqua les présidents du Parlement et leur notifia ses décisions. Premier président depuis 1461, Mahieu de Nanterre avait eu le tort de prêter l'oreille aux princes quand ils dénonçaient « plusieurs grandes injustices » : il alla un temps présider le Parlement de Toulouse, puis revint à Paris, mais comme troisième président. C'est l'ancien procureur général Jean Dauvet, d'abord éloigné comme premier président à Toulouse, qui revint en 1465 comme premier président du Parlement de Paris. Il obtint même une prébende pour son fils Robert.

Robert d'Estouteville avait prouvé sa fidélité pendant la bataille de Montlhéry. Le 30 octobre 1465, il était de nouveau prévôt de Paris. Il en alla de même du chevalier du guet Jean de Harlay, qui n'avait pas faibli pendant les jours difficiles de l'été. Nommé par Charles VII, il sera encore en fonction sous Charles VIII.

Un personnage apparaît alors dans l'entourage du roi, qui l'avait lui-même trouvé parmi les gens du connétable. Jean de la Driesche – traduction française de Van den Driessche – était un clerc gantois connu de ses compatriotes pour son caractère incommode. Dans ses conflits avec Gand, Philippe le Bon avait su s'en servir et l'avait richement marié à Bruges. Il n'avait pas la même faveur auprès du Téméraire, avait suivi Saint-Pol et s'était fait remarquer par un Louis XI porté à faire quelque cas d'un homme à l'esprit vif et qui avait jadis, au nom du duc de Bourgogne, eu de sévères paroles contre Charles VII. La Driesche fut nommé concierge du Palais, puis maître des comptes et, en 1467, président clerc de la Chambre des comptes.

Le Bâtard de Bourbon, c'est-à-dire Louis, fils illégitime du duc Charles, légitimé par le roi dès 1463, avait été en 1465, avec son demi-frère le duc Jean, l'un des premiers parmi les princes à abandonner le parti de la Ligue, et les premiers ralliements en avaient entraîné d'autres. Il avait servi le roi dans la reconquête de la Normandie. Il fallait montrer que choisir le camp du roi comportait des avantages : le Bâtard fut fait amiral de Guyenne et lieutenant du roi en Normandie. L'année suivante, il redevenait amiral de France. Louis XI lui donna pour femme l'aînée des filles qu'il avait eues de Marguerite de Sassenage, Jeanne. Pour cela, il l'appela dorénavant « Mon fils ».

On ne peut négliger l'étonnant destin d'un personnage qui semble avoir été l'âme de la conspiration et son propagandiste le plus efficace. Odet d'Aydie n'était pas breton : il était issu de la petite noblesse gasconne. L'affaire de 1465 avait fait de lui un fidèle de Charles de France, qu'il suivit sans peine en Guyenne et qui le fit amiral de Guyenne en 1469. Charles de France mort, c'est au roi que s'attacha Odet d'Aydie. Louis XI lui maintint sa charge d'amiral et, dès 1470, le prit à son Conseil. La fidélité d'Aydie se paya au prix fort : 6 000 livres « pour son état », 2 000 pour ses gages d'amiral et une pension de 10 000 écus. Même s'il avait gagné la Bretagne et ne s'était pas privé, à certains moments de 1472, de comploter à nouveau contre lui, le roi le maintint comme amiral de la Guyenne redevenue royale.

On pourrait multiplier les exemples. Robin Malortie, qui avait largement racheté sa maladroite défection de 1456, reçut le comté normand de Conches et plusieurs seigneuries dauphinoises, dont La Tour-du-Pin. Nicolas Erlant avait trop le sens des affaires pour abandonner le maître qui l'avait évincé en 1461. Il fut nommé en 1465 receveur général de Languedoc. Son fils Jacques sera en 1482 receveur général en Bourgogne. Pierre Doriole avait pris en août 1465 le parti de Charles de France. Il sut se rendre utile dans les négociations relatives à la Normandie. En 1468, il redevint général des finances. Le 26 juin 1472, il était chancelier de France. Il en va de même de Pierre du Refuge, vieux serviteur de Charles VII, qui redevint général des finances en 1469, se vit chargé de surveiller le jeune duc Louis d'Orléans et demeura en fonction jusqu'en 1473.

Charles de Melun manqua de peu son retour dans la faveur du roi. Celui-ci s'était montré mécontent de lui et l'avait en suspicion. Depuis l'avènement de 1461, Melun était bailli de Sens, et son frère Antoine avait assuré l'intérim pendant que Charles gouvernait Paris. Remplacé à Paris, Charles reprit sa fonction à Sens. Malheureusement pour lui, Louis XI lui confia la garde de l'ancien favori Antoine du Lau, coupable d'avoir conspiré dans le temps de la campagne en Berry – ce que le roi avait fini par savoir – et arrêté par hasard en mai 1466 alors qu'il se cachait sous un déguisement. À la fin de 1467, Melun décida de transférer son prisonnier de Sully-sur-Loire à Usson, en Auvergne, transfert dont furent chargés le prévôt des maréchaux Tristan L'Hermite et le greffier civil Guillaume de Cerisay. Le bruit courut qu'ils avaient charge de le noyer. En fait, les geôliers se succédèrent jusqu'à un nommé René des Nobles, lequel préférait chasser et n'accordait à sa garde qu'une attention fort légère. Du Lau trouva alors le moyen de s'évader, et le roi se persuada facilement que Des Nobles était complice et qu'une fois de plus Charles de Melun avait trahi sa confiance. Dammartin et Balue s'entendirent à le conforter dans cette idée. Le bailli fut destitué le 23 février 1468. Une enquête s'ouvrit, où témoigna Pierre de Morvilliers. Jugé et condamné pour haute trahison, Melun paya pour bien plus que la seule affaire de l'évasion. Il eut la tête tranchée le 20 août.

Antoine du Lau s'en tira mieux. Louis XI n'oubliait pas sa fidélité dans le temps de l'exil. Il passa l'éponge sur le complot de 1465 et l'hostilité de 1468. Du Lau fut en 1471 gouverneur de Roussillon, puis en 1473, et jusqu'à sa mort en 1484, sénéchal de Beaucaire et Nîmes. Le roi en fit un grand bouteiller de France. Il eut une pension de 4 000 livres.

En Normandie, l'épuration ne toucha que peu de têtes. Si les petits féodaux avaient été, au dire de Commynes, plus ou moins achetés par le roi qui savait très bien ne pouvoir les spolier, il était aisé de changer le gouvernement ducal. Un nouveau lieutenant général fut nommé : Louis de Luxembourg, le comte de Saint-Pol que l'on a vu à Montlhéry à la tête de l'aile droite bourguignonne. Il était flanqué du Bâtard de Bourbon. Mais, tout connétable qu'il fût maintenant, Saint-Pol jouait au prince, et il se tenait pour capable de n'appartenir définitivement à aucun parti. Le fait que Richemont fût demeuré connétable de France en devenant duc de Bretagne favorisait cette vue des choses : on avait un peu oublié que le connétable n'était qu'un officier du roi. Sans déguiser l'ambiguïté de sa position, Saint-Pol se montra surtout désireux de ne pas voir Bourgogne l'emporter trop nettement. Il était de surcroît nommé capitaine de Rouen. Pour faire bonne mesure, le roi arrangea le mariage du nouveau connétable avec Marie de Savoie, sœur de la reine de France. Louis d'Estouteville, qui avait un temps remplacé Pierre de Brézé comme grand sénéchal, fut lui-même remplacé par Jacques de Brézé, le fils de Pierre. Jacques de Brézé allait être aussi maréchal de Normandie et capitaine de Mantes.

Dans les bailliages, si l'on excepte le lieutenant du bailli de Rouen, qui fut décapité et jeté en Seine, le mouvement fut de principe. À Caen, le bailli Thomas Stuyer n'était remplacé que pour devenir capitaine de la garde royale, et il avait pour successeur Jean de la Mollière. Le fidèle Houaste avait été révoqué par Charles de France : il fut rétabli comme bailli de Rouen et le resta jusqu'à sa mort, mais le roi n'avait rien à reprocher au Normand Jean Blosset, que l'on appelait le seigneur de Saint-Pierre et qui avait pendant quelques mois remplacé Houaste pour le compte du duc Charles. Blosset était un homme solide : on lui confia une compagnie, puis le commandement de la garde française et Louis XI, en 1476, en fit son grand sénéchal de Normandie, non sans lui laisser sa compagnie de la grande ordonnance, avec 3 000 livres de pension. On retrouvera Saint-Pierre dans des missions délicates. Seul, Jacques Rouault perdit réellement son bailliage de Caux.

L'épuration toucha peu le clergé, mais il y eut une exception, lourde de conséquences pour l'historiographie. L'évêque Thomas Basin s'était cru habile en présidant à l'investiture du duc Charles, et il n'avait pas dédaigné d'aller, en décembre 1465, quémander du duc de Bourgogne une aide militaire qui lui avait été refusée au motif que l'armée de Bourgogne avait alors assez à faire avec Liège. Il jugea prudent de s'absenter durablement. Comme il avait été en mission à Utrecht pour le compte du duc de Normandie et qu'il comptait y bénéficier d'un accueil chaleureux du duc de Bourgogne, il choisit de se retirer dans cette ville. Non sans précipitation, il y expédia ses meubles et sa bibliothèque. Naturellement, il ne siégea jamais à l'inutile Conseil des Trente-Six. Contrairement à ce qu'il espérait, Philippe le Bon ne fit pas grand cas de lui. Basin tenta alors une réconciliation avec Louis XI et alla le voir à Orléans. Le roi le reçut froidement mais lui offrit ce qu'il présenta comme une chance et n'était au vrai qu'une mesure d'éloignement : il le nomma, en avril 1467, chancelier de Roussillon et Cerdagne. Le Normand Basin ne supportait pas la chaleur. Il y alla en gémissant. En février 1468, il tenta un retour et alla se montrer à la cour. Le roi l'écarta de nouveau en le chargeant d'une mission à Barcelone auprès de Jean de Calabre. L'évêque ne fut pas dupe : la mission était « de peu d'intérêt, d'utilité mineure et même nulle ». Il fut fixé quand il reçut ordre de demeurer à Perpignan. Sur l'intercession de Charles de France, Louis XI s'amusa à proposer un évêché, mais en Languedoc. C'était bel et bien l'exil.

L'orgueilleux évêque échappait au pire : ses frères furent jetés en prison comme complices présumés. Basin gagna dans l'été de 1468 le Brabant et sollicita l'intervention du Téméraire qui lui semblait pouvoir, lors de l'entrevue de Péronne, plaider sa cause. On dira ce qu'il en fut en octobre à Péronne. La disgrâce était définitive. En France, les biens de l'évêque étaient saisis. Il s'installa en 1471 à Trèves, où il ne craignit pas de se comparer à l'apôtre saint Jean exilé à Patmos. Il se rendit en 1474 à Rome, où le pape le força à se démettre de son évêché de Lisieux et à accepter, en échange, l'archevêché de Césarée : un titre sans contenu, que le pape améliora d'une pension. L'affaire eut pour conséquence d'irriter encore plus le roi, qui n'aimait pas qu'on fît appel de ses décisions.

L'archevêque de Césarée était docteur en droit canonique : il enseigna quelque temps à Louvain, puis à Anvers. Il se retira finalement en 1476 à Utrecht. Il y mourut en 1490, ayant occupé les vingt dernières années de sa vie à la composition d'une œuvre qui est à la fois un précieux témoignage et un remarquable règlement de comptes. Le jugement qu'il porte sur l'affaire du Bien public, dont il note que les initiateurs furent « voués à l'abomination, dès son début et après coup », est un modèle d'oubli. L'évêque de Lisieux semble bien être de ceux qui n'ont ressenti cette abomination qu'après coup. Il est juste de dire que Basin, plus que sectateur des princes insurgés, avait été le fidèle de Charles de France – « cet excellent jeune prince », dit-il – et un défenseur convaincu des libertés normandes. Lors des réconciliations, ceux dont il avait épousé la cause ne s'étaient guère souciés de lui. Dans son *Apologie ou plaidoyer pour moi-même,* il attribuera une bonne part de son malheur à celui qu'il tient pour « le plus grand des amis du roi » et qui est sans nul doute son rival, l'évêque Jean Balue, au sommet de son influence entre 1465 et 1468.

> Ce prélat n'avait acquis les honneurs où il avait été élevé par le roi son maître ni par la noblesse de ses origines ni par ses connaissances de lettré ni par les mérites d'une vie recommandable, mais à la vérité par des moyens peu avouables et par l'intermédiaire d'infâmes entremetteurs.

Dans cette liquidation de la Normandie ducale, l'évêque d'Évreux Jean Balue touchait en effet le loyer de sa fidélité. Non seulement il avait tenu sa place dans le gouvernement de Paris au temps de la menace, mais il avait secondé les efforts du roi à l'encontre de la Pragmatique Sanction. En 1467, il était successivement transféré à l'évêché, plus rémunérateur, d'Angers, et promu cardinal du titre de Sainte-Suzanne, promotion qu'il fêta par un grandiose banquet. Il sera au côté du roi à Péronne.

Survint alors en Normandie une nomination paradoxale. Le 9 janvier 1466, Antoine d'Aubusson, l'ancien favori de Charles VII, évincé en 1461 de son bailliage de Tours, reçut la récompense de sa fidélité pendant le Bien public : il fut nommé bailli de Caux, ce qui était un poste hautement stratégique puisque chargé à la fois d'une partie de la Normandie et de la frontière de Picardie. Il resta en fonction jusqu'en 1477.

François II ne se tenait pas pour définitivement écarté de la Normandie. Il fit en 1467 une ultime tentative de reconquête. Elle lui aliéna durablement des Normands qui commençaient d'apprécier la paix. Une démonstration de la flotte anglaise devant les côtes normandes fit basculer dans le camp du roi les derniers indécis.

Jusqu'aux lendemains du traité de Conflans, le roi a plutôt passé son temps à se défendre. C'est après cette première humiliation, et ce sera plus net encore après la seconde, celle de Péronne et Liège, que se manifeste la froide détermination d'un souverain pressé d'en finir avec les principautés qui encombrent le royaume. Louis XI est las de n'être trop souvent qu'un suzerain obligé de négocier avec ses vassaux. Il entend être le souverain d'un royaume et n'avoir plus que des sujets. C'est en 1468 qu'il use lui-même d'une formule jusque-là confinée dans le langage diplomatique et notamment dans celui des Italiens : la « majesté royale ». Vaste ambition, que servira le hasard.

Approuvé comme on l'a vu par les États généraux de Tours en 1468, il a réglé le sort de la Normandie et évité ainsi l'enclavement du domaine royal. La principauté de Bourbon n'est plus un danger. Restent cependant, sur le pourtour, quelques douloureuses échardes : l'état bourguignon, la Bretagne, les principautés angevines (Anjou, Maine, Provence), la Guyenne, l'Armagnac et la Savoie. N'oublions pas le Dauphiné, dont Louis XI s'est assez servi contre son père pour savoir que son statut peut en faire une menace pour la Couronne.

Le temps des symboles

Le moment était venu de s'attaquer aux symboles. Le 26 avril 1468, tirant argument du détournement des émoluments du sceau, des lettres « par le roi dauphin » interdisaient à tous les officiers royaux du Dauphiné d'avoir un sceau particulier et de sceller un peu partout : on ne scellera plus que sur le bureau du Parlement, et du sceau royal. Le 5 juin, c'est à la vassalité du duc de Bretagne que s'attachait le roi en faisant rechercher par Dreux Budé dans les registres et actes du Trésor des chartes tous les procès-verbaux de prestation d'hommage des ducs : le garde des chartes devait en faire des *vidimus* – des copies authentifiées – et les envoyer d'urgence par le chancelier. Le 9 novembre 1469, en la grande salle de l'Échiquier de Rouen, l'anneau des ducs de Normandie, que Charles avait reçu de Thomas Basin le 1er décembre 1465, fut, sur un ordre écrit du roi dont le connétable de Saint-Pol fit donner lecture, placé sur une enclume et publiquement brisé d'un coup de masse. Il était l'anneau nuptial qui symbolisait les épousailles du duc Charles et de la Normandie. Il n'y avait plus de duché de Normandie.

Louis XI garda comme une commodité diplomatique le héraut d'armes Normandie qui n'avait guère eu le temps de servir le duc Charles. Ce n'est pas par hasard que Normandie devait être, en avril 1472, chargé de porter une très sévère admonestation au duc de Bretagne. Le choix du héraut était là, en soi, un rappel, une provocation et une menace.

Sans grand rapport avec les ordres de chevalerie créés en Terre sainte après la première croisade, les ordres s'étaient, depuis un siècle, multipliés en Occident. Tous n'avaient que les mêmes deux objets : ranimer le culte des vertus chevaleresques en traduisant dans la réalité la fiction des romans de la Table ronde, et souder autour d'un prince, par un engagement personnel, sa chevalerie. Bien sûr, demeurait le lien vassalique, mais celui-ci était englué dans les complexités du système féodal. On n'était plus, comme à l'origine, pourvu d'un fief parce qu'on était vassal. On faisait hommage parce qu'on avait un fief, parfois donné par le prince à un fidèle, plus souvent hérité ou acquis. L'hommage relevait donc de la formalité indispensable plus que du libre engagement. Comme on avait des fiefs divers, on faisait hommage à des seigneurs divers et parfois opposés. Bref, la fidélité vassalique était depuis longtemps relative. À ce défaut dans les structures politiques de la société aristocratique, les ordres de chevalerie devaient remédier. Ils faisaient renaître l'ancien lien d'homme à homme qui était l'essence même de la vassalité. On ne pouvait appartenir qu'à un seul ordre, et l'on était le féal du prince qui vous y avait admis.

Avaient donc été créés en Castille l'ordre de l'Écharpe (1330), en Dauphiné celui de Sainte-Catherine (1335), en Angleterre celui de la Jarretière (1348), en Bourbonnais celui de l'Écu d'Or (1364) et bien d'autres. Inventé par Jean le Bon en 1354, l'ordre de l'Étoile n'avait pas survécu à la défaite de Poitiers : les chevaliers de l'ordre avaient alors payé fort cher leur serment de ne jamais reculer, un serment qui interdisait toute manœuvre. Depuis, la France n'avait pas d'ordre, mais celui de la Toison d'Or, fondé en 1429 par le duc de Bourgogne Philippe le Bon, ne pouvait que donner des idées. Les fêtes que l'on donnait à son propos contribuaient à son prestige. L'expansion des états bourguignons justifiait sa réputation. Le roi René avait suivi, fondant en 1448 l'ordre du Croissant.

Louis XI se prit à y penser. En juin 1469, le chancelier Guillaume Juvénal des Ursins approvisionnait le roi en documents sur la Toison d'Or. Le 5 juillet, ordre lui fut donné de retrouver d'urgence l'exemplaire des statuts de cet ordre que le roi avait entendu lire un an plus tôt dans la chambre de Dunois.

Le 1er août 1469, « pour la défense de notre mère la Sainte Église et pour la prospérité de la chose publique », au cours d'une assemblée solennelle tenue à Amboise, Louis XI fondait son ordre. Il le plaça sous le patronage de saint Michel. Le Mont-Saint-Michel était l'un des pèlerinages favoris des Français, et sa résistance à l'Anglais en 1425 en faisait un symbole national. L'Archange terrassant le dragon passait pour le saint patron de la France. Son effigie allait orner le collier de coquilles d'or que porteraient les membres de l'ordre, qui allaient être trente-six mais dont quatorze seulement furent nommés dès la fondation. Autant dire qu'il s'agissait d'une élite fort étroite, parmi la chevalerie, que Louis XI voulait ainsi distinguer.

Le roi eut l'élégance, mais aussi l'habileté, de placer en tête son frère Charles. Suivaient, dans la première promotion, le duc de Bourbon, le connétable de Saint-Pol, le maréchal de Lohéac et quelques autres parmi lesquels le Bâtard de Bourbon – amiral et comte de Roussillon – et le Bâtard d'Armagnac, maréchal et devenu Jean d'Armagnac, comte de Comminges, depuis qu'il était légitimé. En étaient aussi les deux Chabannes, à savoir Dammartin et Curton. On y trouva rapidement d'autres princes, comme le roi René que Louis XI autorisa à porter quand même à certains jours son propre ordre du Croissant. Il y avait les grands barons, les grands capitaines. Louis de Beaumont et Jean de Bueil en furent.

L'ordre de Saint-Michel allait avoir la vie longue. Supplanté au premier rang des distinctions royales par le Saint-Esprit en 1579, il ne sera supprimé pour cause de double emploi qu'en 1830.

CHAPITRE XIX

La coalition dissociée

Les princes

Au début de l'été 1468, Louis XI était pour un temps à l'abri de la menace anglaise que laissaient prévoir le retournement politique en Angleterre, l'éviction de Warwick, l'alliance anglo-bourguignonne et les déclarations hostiles d'Édouard IV. Le moment lui paraissait venu de dissocier durablement de la coalition ennemie un François II de Bretagne qui jouait toujours au protecteur de Charles de France et n'attendait qu'une occasion pour se servir de lui. Charles le Téméraire, enfin duc de Bourgogne, était, on le verra, tout aux fêtes de son mariage.

Le roi pouvait donc s'occuper d'abord de la Bretagne. Il serait temps ensuite de se tourner vers la Bourgogne, qui était un plus gros gibier. Or la trêve avec la Bourgogne et ses alliés, qui avait permis en avril de précipiter les États généraux, avait été une nouvelle fois prolongée, du 15 juillet jusqu'au 1er août. Le duc de Bourgogne avait promis de faire ratifier la prolongation par François II, mais l'affaire en demeurait là. Autrement dit, s'il avait une trêve avec la Bourgogne, le roi n'en avait plus avec la Bretagne, ce à quoi il semble que François II ait été inattentif.

Il faut dire que les deux ennemis jurés de Louis XI avaient quelque peine à s'entendre, ne fût-ce qu'en raison des difficultés matérielles de communication. Auditeur quotidien des plaintes du Téméraire, Commynes a brossé le tableau de ces relations, qui est celui des cheminements du courrier. Il en dit long sur les limites du dialogue et sur les délais de réaction. Les oublier condamnerait à ne pas comprendre les difficultés de coopération. Et Louis XI les connaissait parfaitement, qui savait en jouer.

> Avaient lesdits ducs grand peine pour avoir nouvelles les uns des autres. Car, souvent, leurs messagers avaient empêchement. Et en temps de guerre fallait qu'ils vinssent par mer, et pour le moins fallait que de Bretagne ils passassent en Angleterre, et puis par terre jusques à Douvres, et passer à Calais. Ou, s'ils venaient par terre le droit chemin, ils venaient en grand péril.

Le 16 juillet, trois armées royales marchaient sur la Bretagne. Le 14 août, le roi interdisait aux gens de Harfleur d'empêcher les marchands bretons de vaquer à leurs affaires : c'était clairement dissocier les milieux marchands de leur duc. Au début de septembre, les deux places qui fermaient sur la Loire l'accès à Nantes, Ancenis sur la rive droite et Champtoceaux sur la rive gauche, tombaient aux mains des Français. François II ne jugea pas nécessaire d'attendre l'invasion du duché. Il offrit de traiter. Le 10 septembre, François II et Charles de France signaient le traité d'Ancenis. Charles renonçait à la Normandie. Le duc de Bretagne désavouait ses alliances avec l'Angleterre et la Bourgogne. La paix d'Ancenis interrompait pour quelques années des hostilités nées de la volonté d'indépendance de François II. Le nouveau duc de Bourgogne apprit sans plaisir cet accord, que vint lui annoncer, assez penaud, le héraut Bretagne.

Déjà, le duc Jean II de Bourbon s'était réconcilié avec son roi, qui l'avait nommé gouverneur de Languedoc et, en fait, l'avait gardé près de lui. On avait même vu le roi intervenir en mars pour que Bourbon fût présent aux États généraux de Tours, ayant « grande espérance qu'il le servira bien ». Or l'alliance de Jean II avait été l'un des éléments très forts de la Ligue du Bien public. Entre les deux maisons, les liens matrimoniaux étaient étroits : le duc Charles de Bourbon, père de Jean II, était le mari d'Agnès de Bourgogne, fille de Jean sans Peur et donc tante de Charles le Téméraire. Celui-ci avait eu pour deuxième femme Isabelle de Bourbon, sœur du duc Jean II. Voir Bourbon au côté du roi ne pouvait être agréable au duc de Bourgogne.

Il y avait plus. Malgré le mécontentement, facile à deviner, d'un Charles de France qui n'avait jamais été qu'un fantoche, le duc de Bretagne, qui avait échoué à mettre la main sur la Normandie, se tenait pour satisfait de ne pas voir son propre duché envahi outre mesure. Autrement dit, Charles le Téméraire perdait son principal allié. Quant à la rente, elle montrait que le roi ne manquait pas de ressources, donc qu'il avait les moyens d'une nouvelle guerre. Commynes le note avec justesse : « Bien fort ébahi fut le duc de Bourgogne de ces nouvelles. » Louis XI pensait n'avoir plus grand-chose à faire pour que, abandonné par son allié de Bretagne, le nouveau duc de Bourgogne abandonnât en retour, et explicitement, la cause des princes.

Charles le Téméraire prenait donc très mal la nouvelle tournure des choses. N'eût été son mariage qui l'occupait et les allées et venues du comte de Saint-Pol qui, devenu connétable, faisait figure de principal diplomate du roi tout en demeurant un fidèle du duc de Bourgogne, il serait peut-être intervenu dès le début de l'affaire. Il avait d'ailleurs massé quelques troupes en Picardie. Passé le temps de la noce, il avait établi son camp près de Péronne. Que son allié ait traité tout seul le mit en colère. Il fallut l'arrivée du comte de Saint-Pol pour que le Téméraire comprît que François II n'avait pu faire autrement. Chacun, maintenant, se renvoyait la balle. Le duc de Bourgogne s'estimait trahi. Le duc de Bretagne disait tout haut qu'il n'avait été battu que parce que son allié l'avait abandonné. Quant à Charles de France, qui ne se posait plus en duc de Normandie et savait qu'il allait falloir négocier son apanage, il fit savoir à son frère le roi que tout le drame tenait aux ambitions du Téméraire. La colère de celui-ci n'était pas tombée quand le roi l'informa qu'il était toujours prêt à le rencontrer pour parler d'un traité.

Dans la toile d'araignée que tissait Louis XI et qui se tissait autour de lui, l'entrevue de Péronne allait donc être à la conjonction de toutes les affaires qui préoccupaient le roi aux lendemains de la Ligue du Bien public. Outre ceux qui seront à Péronne, le roi et le duc Charles de Bourgogne, le duc Jean II de Bourbon et les frères du duc de Savoie, il y aura l'ombre de bien des absents, très présents dans les nœuds politiques de l'instant : Charles de France et son allié le duc François II, le duc de Savoie Amédée IX, beau-frère du roi dont il a épousé la jeune sœur mais qui est l'allié du duc de Bourgogne, et de surcroît tous les acteurs du drame qui se joue depuis quelques années à Liège et autour de Liège, le prince-évêque, la noblesse locale, la ville et ses bourgeois.

Il en était un pour n'être content ni de la concession de la Normandie ni de sa reconquête. En mai 1466, le roi reçut une protestation du duc d'Alençon : on ne l'avait dédommagé ni de ce qui avait été donné à ses dépens ni de ce qui avait été repris. Et de rappeler, comme il le fera longtemps, les services rendus.

C'est encore en les divisant que Louis XI parvenait à écarter durablement deux des princes qui s'étaient montrés les plus agités. Dans le temps de la Ligue, Charles du Maine avait confié son sceau à son neveu Jean de Calabre en garantie de sa fidélité à la maison d'Anjou. Le roi apprit la chose, et négocia avec Jean de Calabre qui, attiré par les Catalans en mal d'un champion, avait besoin de troupes. Le roi lui fournit quelques troupes, exigea de lui le sceau du comte du Maine. Puis, pendant que le duc Jean gagnait le Roussillon, Louis XI convoqua Charles du Maine et lui montra le sceau, preuve irréfutable de connivence avec les ligueurs, donc de trahison. Puis il le révoqua de sa lieutenance générale de Languedoc et lui enjoignit de se retirer définitivement chez lui. Charles du Maine allait mourir en 1472 sans avoir reparu dans le jeu politique.

Neutralisation de la Savoie

En mars 1466 mourait Francesco Sforza. Galeazzo Maria devenait duc de Milan. Il était en France, où il conduisait au service de Louis XI une armée engagée dans la dernière campagne de Berry. Apprenant que Francesco était mourant, le roi l'autorisa à regagner l'Italie et fit payer à ses troupes 6 000 livres au lieu des 4 000 dont on était convenu. Le retour, cependant, se passa mal : Galeazzo fut arrêté par les hommes d'un abbé piémontais. À la nouvelle de la mort, Louis XI manifesta sa tristesse, certainement sincère, et assura le nouveau duc de son alliance.

Cette alliance était une pièce essentielle dans le rétablissement en France de l'autorité royale. D'abord, elle maintenait les perspectives d'une aide financière ou militaire. Surtout, elle mettait la Savoie à l'abri de toute tentation d'hostilité ouverte. Le roi de France ne pouvait être à la fois sur tous les fronts. Sforza le garantissait.

Louis XI commença par notifier aux marquis de Ferrare, de Montferrat et de Mantoue, au doge de Venise et aux gouvernements de Gênes, Florence, Bologne et Sienne qu'il prenait Galeazzo sous sa protection. Il parlait toujours du duc son oncle. Il parla désormais du duc son frère. Puis il envoya un héraut préciser à travers toute l'Italie les termes de son alliance. Enfin, il fit savoir qu'il allait délivrer Galeazzo. Il en chargeait Louis de Crussol et ses troupes quand le nouveau duc de Milan fut libéré. L'ancien ambassadeur en France Gianpietro Panigarola et le juriste Antonio da Romagnano semblent avoir en l'affaire fait preuve de leur entregent. Gaston du Lion, alors sénéchal de Saintonge, eut mission d'aller complimenter Galeazzo.

La Savoie ne renonçait pas pour autant à sa guerre contre Milan. En avril 1466, Louis XI écrivit à la duchesse sa sœur qu'il tiendrait pour offense toute agression contre Milan, et que cela serait préjudiciable à la Savoie. En juillet, il demandait au pape Paul II de protéger Sforza des entreprises de Napoleone Orsini, que soutenaient Venise et le pape. En septembre, il écrivit dans le même sens au cardinal d'Estouteville. Et il dépêcha chez le pape l'archevêque de Lyon, Charles de Bourbon, et l'évêque du Mans Thibaut de Luxembourg, frère du comte de Saint-Pol. Naturellement, le soutien français se payait au prix fort : on comptait sur Milan pour appuyer les entreprises angevines sur Naples.

Toutes les affaires étaient, comme d'habitude, étroitement liées. En mars 1467, Galeazzo Maria Sforza prit à part l'ambassadeur de Mantoue Marsilio Andreasi et dressa pour lui le tableau lucide de la situation : le roi de France est « refroidi de sa parenté de Savoie », Philippe de Bresse pousse la Savoie dans le camp bourguignon et, entre le roi et le duc de Bourgogne, « les choses n'iront pas longtemps sans venir à la rupture ».

À Milan, l'inquiétude allait croissant. Andreasi notait en juin que Philippe de Bresse était allé à Venise et que les gens de

Savoie en étaient « engaillardis ». Sforza dépêcha Bollate en Savoie, puis en France, pour obtenir du roi qu'il se mît en travers des projets belliqueux de la Savoie. Le roi fit savoir au duc de Savoie et à Philippe de Bresse qu'ils avaient à s'abstenir de « prendre ligue » contre Milan avec les Vénitiens, mais il s'excusa sur les besoins rencontrés en France pour refuser d'envoyer à Sforza les cent lances que demandait avec obstination Panigarola. Le mois suivant, Gaston du Lion était de nouveau dépêché en Savoie pour empêcher les hostilités avec Milan.

Il ne suffisait pas de calmer les ardeurs belliqueuses de la Savoie. Milan manifestait également ses ambitions, qui avaient nom le Piémont. Dans plusieurs lettres confidentielles à Galeazzo Sforza, l'ambassadeur Panigarola suggéra en septembre et octobre 1467 quelques alliances indispensables, avec un marquis de Montferrat jusque-là allié de Venise, avec un marquis de Saluces dont le fils était pour l'heure à la cour du roi de France, avec des Valpergue déjà brouillés à divers titres avec la maison de Savoie, et même avec le parti gibelin. Ainsi, assura Panigarola, pouvait-on conquérir le Piémont, quitte à se le partager ensuite.

Après avoir prêché la paix à la Savoie, le roi poussait soudain Milan à la guerre. Les circonstances changeaient, et ces changements ne furent pas étrangers au renvoi de l'ambassadeur Panigarola comme à la disgrâce du banquier florentin Franceschino Nori, si souvent mêlé aux négociations avec Milan. En juillet 1468, pour isoler la Bretagne et la réduire, Louis XI cherchait la trêve, sinon la paix, avec la Bourgogne. Mais il ne faisait pas mystère de ses intentions : attaquer la Bourgogne dès qu'il en aurait fini avec la Bretagne. Déclencher les hostilités de Milan contre la Savoie, c'était briser chez le Téméraire tout espoir d'un soutien savoyard. Le roi fit savoir au pape qu'il réprouvait son comportement et celui des Vénitiens à l'égard de Milan. Puis, en application de leurs conventions, il demanda à son beau-frère Galeazzo Sforza d'entrer en guerre. Sforza et Montferrat n'attendirent pas : ils prirent quelques places savoyardes.

Louis XI obtenait le résultat recherché. Le duc de Savoie avait assez à faire face à Milan pour ne plus être tenté de jouer un rôle dans un éventuel mouvement politique en France. Et Sforza gagnait assez à son alliance avec la France pour n'être pas sensible aux charmes d'un accord avec le duc de Bourgogne. À commencer par le Dauphiné, le roi avait durablement dégagé l'une de ses frontières.

L'ANGLETERRE ENTRE DEUX CAMPS

Encore poussé par Warwick, Édouard IV avait cependant eu la sagesse de ne pas se mêler de la Ligue du Bien public. Si Louis XI, tout au long de l'épreuve, ne cessait de craindre son intervention, l'Anglais ne se sentait pas assez sûr de son trône pour courir l'aventure sur le continent. Mais Édouard IV ne prenait pas pour autant le parti du roi de France, et il entretenait des pourparlers avec la Bretagne comme avec le futur duc de Bourgogne. Un peu d'anarchie en France ne le gênait pas, mais il n'entendait pas contribuer à établir sur le continent, où l'autorité royale était bafouée, une hégémonie bourguignonne. Toujours prêt à revendiquer la Normandie qu'il tenait pour son héritage perdu, l'Anglais n'avait pas oublié qu'en 1435 le duc de Bourgogne, en faisant avec Charles VII une paix séparée, avait facilité la reconquête française.

Depuis l'expiration de la trêve en 1465, la guerre était, en théorie, reprise, mais nul ne prenait l'initiative des opérations. On s'observait. On alla même, dans l'été de 1466, jusqu'à rouvrir les négociations, ce dont se plaignit le Téméraire. Le roi calma les appréhensions du Bourguignon en lui écrivant qu'il ne s'agissait que de proroger les trêves.

Les choses se gâtèrent quand à Londres on parla sérieusement d'un mariage entre la sœur d'Édouard IV, Marguerite d'York, et le comte de Charolais, alors veuf de la seule femme qu'il eût vraiment aimée, Isabelle de Bourbon. Dès les lendemains de Montlhéry, le Téméraire avait commencé de négocier ce mariage, non sans donner à son envoyé Guillaume de Cluny mission d'entretenir « le marché », mais surtout pas de conclure : entretenir voulait dire atermoyer. Sa mère Isabelle de Portugal était, par sa mère, une Lancastre, et le comte de Charolais ne portait pas la maison d'York dans son cœur, mais il devait se faire une raison : l'alliance anglaise lui était nécessaire. Elle fut conclue en octobre 1466, et sera renouvelée en juillet 1467.

L'affaire se précisa quand arriva à la cour de Bourgogne une ambassade anglaise, conduite par l'évêque de Salisbury Richard Beauchamp. Louis XI vit poindre une nouvelle coalition à laquelle appartiendrait l'Angleterre. Il tenta donc de répliquer : il poussa, en mai 1467, à une rencontre avec un Warwick dont il ne voyait pas que la faveur était en régression. Après tout, disait-il quelques mois plus tôt à un Jean de Calabre peu enclin à une alliance avec celui qui avait fait évincer sa sœur Marguerite d'Anjou, Warwick a refusé d'engager l'Angleterre contre la France au moment du Bien public, alors que la maison de Lancastre n'a cessé d'agresser les fleurs de lis.

En juin 1467, Warwick arrivait en France pour négocier un traité d'amitié qui devait être le traité final de la guerre de Cent Ans. Il conduisait une imposante délégation : deux cents personnes, dont une garde princière avec ses trompettes. Louis XI avait descendu la Seine en aval de Rouen et gagné le petit port de La Bouille. Il y accueillit Warwick qui, le 7 juin, y débarquait à son tour. Après quelques amabilités, Warwick rembarqua et gagna Rouen. On lui fit à la cathédrale un magnifique accueil. Il alla loger chez les franciscains. Le roi et la reine de France arrivèrent peu après par la route.

Louis XI avait intimé aux Rouennais l'ordre de réserver à leur hôte un accueil princier. Il s'agissait avant tout de stupéfier l'Anglais par la puissance économique de la France et de le convaincre d'envoyer sur le continent les marchands anglais. On échangea des présents. Le roi offrit une « coupe d'or toute garnie de pierreries » qu'on paya deux mille livres à un orfèvre de Rouen. Le duc de Bourbon y joignit un « moult beau riche diamant ». Les banquets se succédèrent. Sur ordre du roi, la suite de Warwick fut habillée de damas et de velours. Warwick put admirer les soieries françaises dont l'exportation vers l'Angleterre était l'un des enjeux de la négociation. Louis XI fit préciser à la suite de Warwick que chacun pouvait choisir ce qu'il voulait dans les magasins de tissus précieux de la ville, et cela aux frais de la Couronne de France. C'était assurer la publicité des produits français. Les Anglais ne se firent pas prier.

Pendant une semaine, les conversations furent empreintes d'une amitié qui n'avait pas à se forcer. Louis XI proposa pour les Anglais des privilèges commerciaux, et s'offrit à payer cela d'une contribution annuelle de treize mille écus. Ce n'était pas payer cher le développement des relations économiques entre les deux pays. Naturellement, les Pays-Bas bourguignons faisaient les frais de l'entente. Non seulement on faisait la paix avec l'Angleterre, mais on la faisait contre la Bourgogne. Warwick crut entendre que, pour prix d'une alliance offensive, il aurait un jour le gouvernement de la Hollande. Le 16 juin, Warwick repartait, flanqué d'une ambassade française menée par l'amiral, c'est-à-dire le Bâtard de Bourbon, par l'archevêque de Narbonne Antoine du Bec-Crespin et par le premier président de la Chambre des comptes Jean de Popincourt. L'ambassade devait négocier à Londres la rédaction définitive du traité avant sa ratification par Édouard IV. Le 24, avec Warwick, elle débarquait à Sandwich.

Édouard regrettait d'avoir donné tant de pouvoir, non seulement à Richard Neville, comte de Warwick, mais à ses frères. John Neville était comte de Northumberland et gouvernait ainsi le nord de l'Angleterre. George Neville, récemment nommé archevêque d'York, était chancelier. Comme Louis XI avait, pendant les entretiens de Rouen, flatté le « faiseur de rois » en évoquant la possibilité de remettre le Lancastre Henri VI – et naturellement la reine Marguerite d'Anjou – sur le trône d'Angleterre, Warwick lui avait expliqué qu'il avait fort bien dans sa main le jeune Édouard, puisque celui-ci lui devait sa couronne. On pouvait laisser Henri VI à la Tour de Londres et Marguerite dans son exil de Bar-le-Duc. Warwick ne voyait pas qu'il faisait des jaloux, et que le frère de la reine, Anthony Woodville, développait son influence sur le roi. Le Grand Bâtard de Bourgogne était à Londres. Warwick avait été trop longtemps absent.

Louis XI croyait que tout allait pour le mieux quand on apprit brutalement, en août, que le roi Édouard avait révoqué Warwick, opté pour l'alliance bourguignonne et décidé le mariage de sa sœur avec un comte de Charolais que la mort du duc Philippe le Bon avait, le 15 juin, fait duc de Bourgogne. Warwick s'était évanoui dans ses terres du Yorkshire. Les ambassadeurs français rentrèrent bredouilles. Jean de Roye nota que les cadeaux faits par les Anglais ne valaient pas ceux qu'avaient emportés Warwick et sa suite : Édouard IV envoyait à Louis XI « des trompes de chasse et des bouteilles de cuir ». C'était peut-être une attention envers un chasseur, mais c'était se moquer.

En fait de paix, on allait à la guerre. En mai 1468, Édouard IV faisait voter par le Parlement une forte contribution financière et annonçait son intention d'aller en France « renverser celui qui en avait usurpé la couronne ». Il se targuait pour cela de l'alliance de la Bourgogne et de la Bretagne. Le 18 juin, Marguerite d'York quittait l'Angleterre. Le 25, elle était à L'Écluse. Le 3 juillet, à Bruges, on célébrait son mariage avec le nouveau duc de Bourgogne. Bien que Philippe le Bon ne fût mort que depuis quelques jours, on fit grande fête. Dix jours durant, on banqueta, on dansa, on joua, on jouta.

L'Anglais faisait la même erreur que les coalisés du Bien public incapables d'unifier leurs objectifs. Quand il parle d'usurpation, le roi d'Angleterre prête d'abord à rire, puisqu'il a lui-même détrôné son prédécesseur. Il ne voit pas, surtout, que les deux ducs ne sont pas prêts à renverser Louis XI pour donner à la France un maître plus puissant encore. Édouard pense à ce qu'il appelle son héritage. Or Bourgogne et Bretagne ne pourraient renverser Louis XI que pour mettre à sa place le fantoche Charles de France. Pendant que le roi Édouard prépare sa campagne, ses alliés de Bourgogne et de Bretagne attendent et observent. Ils ont renouvelé leurs trêves avec le roi de France jusqu'au 15 juillet 1468, puis jusqu'au 1er août.

Édouard IV se croyait au bord de l'offensive. C'était ignorer la capacité de Louis XI à lui susciter des ennuis en Angleterre même. Dans le temps où il travaillait à dissocier Bourgogne et Bretagne et pensait pour cela à rencontrer le nouveau duc de Bourgogne, le roi de France parvint à détourner du continent les convoitises d'Édouard IV. En bref, celui-ci dut s'aviser qu'il n'était pas aussi sûr de sa couronne qu'il le croyait. En juin et juillet 1468, ces craintes n'avaient rien de vain. Édouard devait faire face aux menées des partisans de Lancastre : financées par le roi de France et dirigées du continent par la reine Marguerite d'Anjou et son Conseil, leurs menées agitaient l'Angleterre et suscitaient l'émoi dans Londres. Quelques arrestations ne firent que rendre la menace lancastrienne plus visible. Non moins financé par Louis XI, un débarquement de Jasper Tudor, demi-frère de Henri VI, mit le désordre dans le pays de Galles. Quant au rassemblement à Chef-de-Caux, autrement dit à Sainte-Adresse, de tous les navires disponibles en Normandie, à La Rochelle, en Saintonge et à Bayonne, attendu que le roi « n'attend point d'avoir prolongement de la trêve », il est difficile de dire s'il préparait vraiment une opération navale contre l'Angleterre. Le fait qu'aucune armée ne fût alors mobilisée en Normandie laisse plutôt penser à une manœuvre d'intimidation.

Édouard IV, enfin, devait ouvrir les hostilités contre le roi de Danemark qui venait de faire arraisonner quatre navires marchands anglais : cette guerre qui n'était pas prévue était le prix de la fidélité de la société marchande de Londres, habilement prise en main par les partisans de Warwick. Mais le Danois était allié à la Hanse des villes allemandes, et le roi d'Angleterre ne pouvait ignorer que les affaires de la Hanse avec l'Europe occidentale se nouaient à Bruges autant qu'à Londres. Or c'est à Bruges qu'au même moment Charles le Téméraire épousait Marguerite d'York.

Pour tout dire, l'Anglais était pris dans une tempête qui l'engageait à ne rien entreprendre pour l'instant contre la France. Face à la Bretagne et à la Bourgogne, Louis XI avait les mains libres. Bien plus, le mariage anglais indisposait bien des Français contre le duc de Bourgogne. Les capitaines de Louis XI ne se privaient pas de parler de lui comme d'un « maudit traître anglais ». Les souvenirs de la guerre de Cent Ans n'étaient pas effacés et l'on oubliait volontiers, quand il le fallait, que l'on avait formé le projet d'un mariage franco-anglais.

C'est ainsi que, lors de l'affaire de Péronne, la menace anglaise n'allait jouer aucun rôle. Charles le Téméraire, qui venait de sceller son alliance par un mariage, savait qu'il ne pouvait compter sur son allié. Même s'il entendait parler de la concentration d'une flotte anglaise capable de venir contre la Guyenne, le roi était assuré de n'avoir pour l'instant rien à craindre.

CHAPITRE XX

Péronne

L'indépendance de Liège

Liège doit son origine au pèlerinage de saint Lambert, l'évêque assassiné au VIIIe siècle, et au siège épiscopal transféré là de Tongres vers 720 par le successeur du martyr. La ville a pris de l'importance politique au temps des Pippinides qui étaient fortement possessionnés dans la région, et encore plus avec la dilatation vers l'est du royaume franc sous Pépin le Bref et Charlemagne. Ses écoles ont assuré son rayonnement intellectuel. La ville tient son importance économique de son port, sur un fleuve navigable de la mer du Nord jusqu'au cœur de la Lorraine, mais c'est aussi une ville industrielle. Quant à Dinant, qui n'est siège d'aucune puissance politique ou religieuse, son industrie en fait, depuis deux siècles, une ville prospère, ce que note Commynes : « Ville très forte de sa grandeur et très riche à cause d'une marchandise qui s'y faisait de ces ouvrages de cuivre qu'on appelle dinanderie, qui sont en effet pots en poêles et choses semblables. »

Avec quelque vingt-cinq mille habitants, Liège est une grande ville : elle est de la taille de Rouen. Alors que partout en Europe la reprise démographique est patente et que la carte des relations économiques est en pleine évolution, Gand n'a pas retrouvé les 60 000 habitants d'avant la crise économique et Bruges ne retrouvera pas les 40 000 du temps de sa splendeur. Anvers n'atteint encore que 25 000 habitants et Nuremberg dépasse à peine les vingt mille. Il y en a un peu plus de 8 000 à Francfort, de 5 000 à Nancy. Liège apparaît donc dans sa région comme une ville au-dessus de la moyenne. C'est aussi une ville orgueilleuse. Sur la place du Marché, une colonne de bronze montée sur des degrés, le Perron, est le symbole des franchises et des libertés de Liège. Se posant en puissance politique, la ville contrarie à l'évidence la construction de l'État bourguignon.

Liège, c'est à la fois une ville et une principauté d'Empire, Le pays de Liège, c'est bien plus que la ville. Au début, il ne s'agit que du diocèse de l'évêque de Liège. Depuis le temps des Carolingiens, il est seigneur de son diocèse. Avec le Saint Empire, il est devenu au XIe siècle prince d'Empire, et il n'a pas manqué d'agrandir sa seigneurie, notamment par l'impudente acquisition en 1095, aux portes du royaume de France, d'un duché de Bouillon que Godefroy de Bouillon était obligé de vendre pour financer son départ en croisade. La principauté s'étend donc largement entre le Hainaut, le Brabant et le comté de Namur à l'ouest, le Luxembourg, le Limbourg et la principauté de Juliers à l'est. Elle contrôle la Meuse moyenne, qu'elle enserre, puis qu'elle côtoie sur sa rive gauche. Si ses ports fluviaux sur la Meuse en font une force économique, de petites villes dressées au milieu d'une campagne fertile complètent cette force : Huy sur la Meuse, Thuin sur la Sambre, Bouillon sur la rive droite, Hasselt, Saint-Trond et Tongres sur la rive gauche.

Le prince-évêque est élu par le chapitre cathédral, le chapitre de Saint-Lambert. À l'investiture donnée par l'empereur a succédé l'investiture par le pape, mais c'est l'empereur qui a transféré à l'évêque les droits régaliens. Pendant que l'évêque tend à l'indépendance, il voit cependant s'opposer à son pouvoir celui de la bourgeoisie, puissance économique montante, forte depuis 1198 d'une charte communale et représentée depuis le XIVe siècle par les « métiers » qui composent le conseil de la ville et élisent le bourgmestre. Ce sont eux qui, en particulier, dirigent la résistance au développement de cette fiscalité devenue nécessaire au prince-évêque comme d'ailleurs à tous les rois et princes européens, désormais incapables de vivre et d'entretenir gouvernement et administration avec les seules ressources de leur domaine.

En 1406, les bourgeois ont, pour un temps, chassé l'évêque

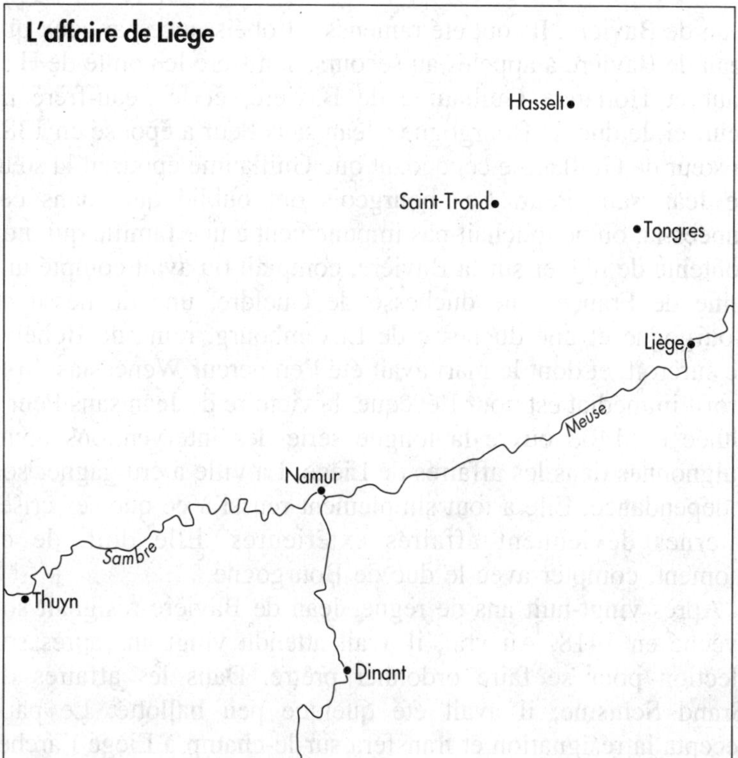
L'affaire de Liège
Hasselt
Saint-Trond
Tongres
Liège
Meuse
Namur
Sambre
Thuyn
Dinant
Bouillon
Meuse
0 km 10

Jean de Bavière. Ils ont été ramenés à l'obéissance par ceux que Jean de Bavière a appelés au secours, son frère le comte de Hainaut et Hollande Guillaume de Bavière, et le beau-frère de celui-ci, le duc de Bourgogne : Jean sans Peur a épousé en 1385 la sœur de Guillaume cependant que Guillaume épousait la sœur de Jean sans Peur. Les bourgeois ont oublié que, dans ces années-là, on ne touchait pas impunément à une famille qui, non contente de régner sur la Bavière, comptait ou avait compté une reine de France, une duchesse de Gueldre, une duchesse de Bourgogne et une duchesse de Luxembourg, reine de Bohême de surcroît, et dont le mari avait été l'empereur Wenceslas. Si le profit immédiat est pour l'évêque, la victoire de Jean sans Peur à Othée en 1408 ouvre la longue série des interventions bourguignonnes dans les affaires de Liège. La ville a cru gagner son indépendance. Elle a tout simplement réussi à ce que ses crises internes deviennent affaires extérieures. Elle doit, de ce moment, compter avec le duc de Bourgogne.

Après vingt-huit ans de règne, Jean de Bavière résignait son évêché en 1418. Au vrai, il avait attendu vingt ans après son élection pour se faire ordonner prêtre. Dans les affaires du Grand Schisme, il avait été quelque peu ballotté. Le pape accepta la résignation et transféra sur-le-champ à Liège l'archevêque de Riga Jean de Walenrode, que les chanoines de Saint-Lambert avaient choisi pour sa capacité à défendre l'indépendance liégeoise. Hélas, le nouveau prince-évêque mourut au bout d'un an. En 1419, les chanoines élisaient donc un nouvel évêque, Jean de Heinsberg, un clerc du cru, déjà archidiacre dans le diocèse de Liège. Il avait vingt-six ans. C'est avec lui que Philippe le Bon conclut, en 1421, un traité d'alliance. L'indépendance de Liège parut encore plus menacée quand Philippe le Bon acheta un comté de Namur qu'il occupa réellement en 1429. La ville déclencha les hostilités alors que le duc était occupé en France par l'équipée de Jeanne d'Arc. Mal lui en prit. Elle fut réduite de force.

Si le prince-évêque était prêt à une alliance qui pouvait ressembler à un protectorat, ses sujets ne l'étaient pas, et Heinsberg ne put éviter, en 1430, une guerre contre le comté de Namur, donc contre le duc de Bourgogne. Conclue en décembre 1431, la paix fut lourde : Liège dut payer au duc de Bourgogne une indemnité de 100 000 nobles d'Angleterre.

Le prince-évêque Heinsberg parvint à rétablir de bonnes relations avec Philippe le Bon, non sans en entretenir d'excellentes avec Charles VII. Mais le duc de Bourgogne finit par s'émouvoir d'une autonomie qui demeurait réelle et qui lui apparut de plus en plus comme une trop longue enclave étendue du nord au sud sur la carte de ses états. En 1430, il mettait la main sur le duché de Brabant, en 1433 sur l'ensemble territorial formé par les comtés de Hainaut, Hollande et Zélande, en 1443 sur le duché de Luxembourg. Liège était désormais enserrée par l'État bourguignon, et Liège représentait pour le duc un sérieux obstacle à l'unité territoriale de son État. En 1456, il poussa Heinsberg à la démission et fit élire son propre neveu Louis de Bourbon, fils cadet de sa sœur Agnès de Bourgogne et du duc Charles de Bourbon. Le chapitre de Saint-Lambert n'avait élu le Bourbon qu'avec bien des réticences, et cette intervention directe de la Bourgogne dans les affaires intérieures de Liège passa mal dans les esprits. À dix-huit ans, le nouvel évêque n'était qu'un homme de paille.

Philippe le Bon avait déjà placé son demi-frère Jean de Bourgogne, un bâtard de Jean sans Peur, sur le siège épiscopal de Cambrai. Un frère de Louis de Bourbon, Charles, était depuis 1446 archevêque de Lyon. Un autre, Pierre, était déjà sire de Beaujeu. On sait qu'il devait épouser en 1474 Anne de France, la fille de Louis XI. Or Beaujeu était aux portes de la Bourgogne, et bien proche du Charolais. Une alliance à multiples facettes avec les Bourbon était des plus utiles. Après les conquêtes et les héritages, l'État bourguignon s'affermissait donc par la colonisation familiale autant que par des alliances habilement calculées.

Le nouveau prince-évêque manifesta son autorité de la manière la plus brutale. Pourtant fort hostile à Louis XI dont il ne manque jamais de souligner la fausseté, comme aux Liégeois qu'il traite volontiers d'imbéciles, et de surcroît prêt à vanter l'âme « généreuse et magnanime » de Louis de Bourbon, Thomas Basin le reconnaît, Louis de Bourbon donna aux Liégeois toutes raisons de le détester.

> Porté en raison de sa jeunesse à suivre plus souvent les avis d'hommes de son âge que ceux d'hommes mûrs et pondérés, leur évêque avait, soit par négligence soit autrement, toléré de la part de ses officiers et de ses serviteurs beaucoup de choses très éloignées des sentiers de la justice et de l'équité.

Les combats des Liégeois

Liège commença de gronder. Une première révolte, en 1457, aggrava les choses. L'évêque s'enfuit avec ses quelques fidèles, et on brûla leurs maisons. Les insurgés entrèrent en relations avec Charles VII. Philippe le Bon n'avait pas intérêt à une guerre contre Liège alors qu'il ne sortait pas de sa guerre avec Gand. Or les Gantois étaient bel et bien ses sujets, non les Liégeois. Après une médiation du roi de France et une autre du pape, on s'en tint là pour le moment, et Louis de Bourbon put reprendre sa place. Mais le roi, pendant son séjour à Reims à l'occasion du sacre, avait envoyé dans la région de Liège quelques troupes. Il ne s'agissait alors, disait-on, que de maintenir l'ordre, et le duc pouvait y trouver son compte. Les Liégois s'arrangèrent pour le circonvenir. De nouveaux troubles, en octobre 1461, conduisirent le prince-évêque à lancer l'interdit contre la ville : l'interdit, c'était la cessation de tout culte. Les Liégeois en appelèrent au pape. Pie II commença par confirmer la sentence, puis envoya un légat, le cardinal Pierre Ferreri. Celui-ci vint, entendit à Aix-la-Chapelle les parties et leva l'interdit. Puis il gagna Trèves et, là, confirma ledit interdit.

L'élection, en 1463, d'un nouveau bourgmestre, Raes de Lintre, seigneur de Heers, manifesta la volonté des Liégeois de préserver leur indépendance. Heers était l'un des plus actifs au sein de la petite noblesse citadine, toujours hostile à la Bourgogne comme à l'évêque bourguignon. Autour de lui, Liège se dota d'un véritable gouvernement, qui battit en brèche les prérogatives du prince-évêque et prit fort mal les propos conciliateurs du futur Charles le Téméraire, lequel conseillait aux Liégeois de ménager leur évêque. Le 25 mars 1465, Liège proclamait la déchéance de l'évêque en tant que prince et élisait pour le remplacer un « mambour », autrement un dit un garde et administrateur. Marc de Bade, un frère du margrave Jacques Ier, accepta la fonction. Il s'agissait bel et bien de changer, plus que le système, la tête. C'en était fait, sembla-t-il, du protectorat bourguignon.

L'archevêque de Trèves et l'évêque de Metz vinrent cautionner le mambour. Leur présence ne pouvait faire illusion : l'un était Jean de Bade, l'autre Georges de Bade, tous deux frères du margrave Jacques et de Catherine de Lorraine. Bade serait le dernier obstacle à un large franchissement du Rhin par une Bourgogne qui allait bientôt soumettre le Sundgau alsacien et le Brisgau allemand. Les deux prélats s'étaient distingués par leur capacité à établir chez eux une certaine concorde. Aux yeux des Liégeois, leur caution était valable.

Louis XI avait déjà compris que Liège lui était un pion utile sur l'échiquier politique et militaire. Commynes le vit bien, le roi s'employa à en jouer, tout en finesse et en non-dit, pour détourner le duc de Bourgogne des affaires de France.

> Quand le roi voyait le duc de Bourgogne empêché, il essayait à faire quelque nouvelleté contre les Bretons, en faisant quelque peu de confort aux Liégeois. Tantôt le duc de Bourgogne se tournait contre lui pour secourir ses alliés, ou eux-mêmes faisaient quelque traité ou quelque trêve.

La Ligue du Bien public arriva à point au printemps de 1465 pour compliquer le jeu. Le roi de France avait été jusque-là fort prudent au regard des affaires de Liège. L'alliance du duc de Bourgogne et des ligueurs du Bien public changeait la donne. Louis XI sentait vaciller son trône, face à une coalition de princes français dans laquelle il trouvait à la fois Bourgogne et Bourbon, deux noms qui pouvaient faire penser à Liège. Il envoya à Liège ses ambassadeurs. La ville promit d'entrer en guerre contre Bourgogne et Bourbon, et d'attaquer pour commencer le Brabant. Pour tout dire, si l'on en croit Thomas Basin, les bourgeois étaient convaincus que le comte de Charolais était occupé pour longtemps en France et que l'on ne reverrait pas de si tôt son armée sur les rives de la Moselle. Or le roi offrait d'attaquer le Hainaut et de protéger Liège en lui envoyant un maître de l'artillerie, des pièces d'artillerie et de la poudre, non moins que deux cents lances, autrement dit six ou sept cents hommes. Il se faisait fort, de surcroît, d'obtenir du pape un acquiescement au remplacement du prince-évêque par le mambour laïc élu par la commune. Le traité fut conclu le 17 juin.

Dès la fin de juin, l'offensive était lancée. Dinant avait toujours eu des relations conflictuelles avec Namur, et plus spécialement avec la petite ville de Bouvignes, située sur la rive gauche de la Meuse, à quelques portées de canon. Laissant Liège à son hostilité, les gens de Dinant firent avec le duc de Bourgogne une paix séparée qui leur coûta de l'argent et irrita fort les Liégeois. Puis ils se ravisèrent et ouvrirent une véritable guerre. Ils allèrent jusqu'à pendre en effigie le comte de Charolais sur la place du Marché, puis firent des prières publiques pour l'âme de leur ennemi en prévision du temps où celui-ci serait pendu au gibet de Montfaucon. C'était prendre leurs désirs pour des réalités. Pendant que la milice de Dinant attaquait le comté de Namur, Liège en profita pour envahir le duché de Limbourg.

Philippe le Bon, atteint par l'âge et par la maladie qui allait l'emporter, ne faisait plus que de la présence. Le comte de Charolais prit l'affaire en main, mais il comprit qu'il ne pouvait faire face sur tous les fronts. Il envoya une armée pour écraser Dinant, laissant raser la ville et égorger ou noyer une bonne partie des habitants, mais il prit son temps avant de se tourner franchement contre Liège où la population n'attendait que le moment d'en découdre. Suivant en cela leur mambour Marc de Bade, les Liégeois les plus modérés sentirent qu'au moindre retournement de la situation le roi se désintéresserait d'eux et qu'ils pouvaient craindre une répression sévère. Marc de Bade était un aristocrate, et l'idée d'une guerre de bourgeois contre un prince ne l'avait guère séduit. En septembre, il rentra chez lui. Quant à ses frères, ils demeuraient appréciés pour leurs qualités diplomatiques. On les retrouvera à Gand, au lendemain de la mort du Téméraire, dans l'ambassade chargée de négocier le mariage de l'héritière Marie de Bourgogne avec Maximilien de Habsbourg.

On apprenait dans le même temps à Liège que Louis XI, obligé de composer avec le mécontentement des princes ligueurs, avait mis fin, le 5 octobre 1465, aux hostilités en France par le traité de Conflans : la paix avec la Ligue englobait évidemment la Bourgogne, et Charles de Charolais recevait la plus grande partie de la Picardie, avec Abbeville, Amiens et Saint-Quentin. Liège ne pouvait plus compter sur l'intervention armée du roi de France.

Liège ainsi isolée, Charolais, qui était encore à Conflans mais retrouvait sa liberté d'action, répondit à l'appel du duc son père et décida de châtier enfin les rebelles. Le 20 octobre, il écrasa leur armée à Montenaken. Le prince-évêque avait lancé l'interdit sur Liège. Un nonce apostolique, le juriste italien Onofrio da Santa Croce, évêque de Tricarico, confirma la sentence sur la base d'un acte accusatoire de vingt-quatre articles qu'avaient préparé les gens du prince-évêque. Santa Croce était un fidèle du pape. Paul II allait confirmer à son tour, le 23 décembre, l'arbitrage de son nonce.

Les amis du roi

Louis XI suivait avec attention les événements. Au début d'octobre 1465, il reçut de Liège une ambassade. Le 21 octobre, il fit savoir aux Liégeois qu'ils étaient, « comme bons et spéciaux amis », compris dans la paix « entre nous et ceux qui s'étaient élevés à l'encontre de nous ». En fait, il leur demandait de se « déporter et désister de la guerre » contre le duc de Bourgogne. C'était les abuser. Le traité ne concernait que les « villes et communautés qui avaient obéi à l'un des partis », et nul ne pouvait assurer que la ville de Liège, hors du royaume, avait bien été mêlée à cette affaire de « partis ». Louis XI démobilisait les Liégeois sans être vraiment capable de les assurer. À Liège, on ne fut pas dupe. La population se tint pour abandonnée.

Puis, on discuta. Le traité de Saint-Trond, le 22 décembre, mettait un terme provisoire à l'affaire de Liège, le prix étant surtout payé par Dinant. Pour un temps, Liège connut la paix. Le pape avait confirmé les droits du prince-évêque Louis de Bourbon mais les Liégeois, menés par Heers, s'arrangèrent pour qu'il ne pût rentrer en ville. On s'en tint là. Quant aux bourgeois de Dinant, ils continuaient de manifester hautement leur résistance.

Ils chantèrent en ville que le comte de Charolais était né des amours d'Isabelle de Portugal et de l'évêque Jean de Heinsberg. Le futur Téméraire n'apprécia pas qu'on taxât sa mère d'adultère. Bref, l'agitation ne cessait pas et, pendant que les Liégeois en voulaient à Louis XI de les avoir leurrés, Charolais sentait bien que les hostilités recommenceraient à la première occasion. Il laissa passer l'hiver, mais en juillet 1466 il prit l'initiative des opérations. Comme Dinant était plus ardente que Liège dans le combat contre le protectorat bourguignon, il alla assiéger Dinant. Liège ne bougea pas. Sous le feu de l'artillerie bourguignonne, Dinant ne pouvait tenir longtemps. Le 25 août, les Bourguignons entraient dans la ville. Ils en firent un brasier. Charles le Téméraire y gagna une réputation d'inflexibilité, voire de cruauté, qui devait, pensait-il, conforter son autorité.

Les Liégeois comprirent la leçon. Au premier mouvement de l'armée bourguignonne, ils traitèrent. Le 10 septembre 1466, par le traité d'Oleye, ils reconnaissaient le duc de Bourgogne comme avoué héréditaire de Liège. Un avoué, c'était depuis les temps carolingiens un seigneur laïc chargé de défendre le temporel d'une église. Autant dire que le prince-évêque n'était plus qu'évêque. Le protectorat devenait une véritable seigneurie bourguignonne étendue sur Liège et l'ensemble des territoires jusque-là soumis au prince-évêque. Le duc-avoué nomma gouverneur Guy de Brimeu, seigneur de Humbercourt, un Picard que Commynes tenait pour un sage chevalier « et des plus entendus ». Liège accepta de payer une indemnité, et fournit trois cents otages.

Charolais avait trop espéré de l'intimidation. Les esprits demeuraient échauffés. Louis de Bourbon était toujours empêché d'entrer dans sa cité épiscopale. Non sans impatience, il attendait à Huy. En fait d'avoué, le véritable maître de la ville, c'était toujours le bourgmestre Heers. La mort de Philippe le Bon, le 15 juin 1467, donna lieu à des manifestations de joie inconsidérées, qui ne trompèrent pas le nouveau duc de Bourgogne. Mais celui qui allait être Charles le Téméraire n'était pas porté à la temporisation. À peine le deuil était-il terminé qu'il rappela ses prérogatives d'avoué et se fit à ce titre charger par l'évêque Louis de Bourbon de défendre les droits épiscopaux face aux assauts des bourgeois.

Négligeant les otages qu'ils avaient fournis au duc et qui risquaient leur vie en l'affaire, les Liégeois prirent une nouvelle fois l'initiative. Dans la nuit du 16 au 17 septembre 1467, ils allèrent enlever par surprise la ville de Huy. Louis de Bourbon parvint de justesse à se sauver. La réplique fut immédiate. Le duc Charles entra en campagne.

Louis XI dépêcha des ambassadeurs. Il fit partir pour Liège le sénéchal de Lyon, François Royer, un Lombard devenu capitaine en Dauphiné et qui avait déjà rempli quelques missions diplomatiques, en Cour de Rome comme auprès du duc de Milan Francesco Sforza. Jean Balue et le connétable de Saint-Pol furent d'autre part envoyés au Téméraire. Ce n'étaient pas de minces ambassadeurs : Balue venait d'être fait cardinal et Louis de Luxembourg, comte de Saint-Pol, appartenait à l'une des plus illustres familles de la féodalité européenne. Le duc ne pouvait les récuser. Ils lui proposèrent devant témoins, rapporte Commynes, un marchandage qui résumait des années de conflit.

> Ils signifièrent au duc de Bourgogne que les Liégeois étaient alliés du roi et compris dans sa trêve, l'avertissant qu'il les secourrait au cas où le duc de Bourgogne les assaillirait. Toutefois ils offrirent que, s'il voulait consentir que le roi pût faire la guerre en Bretagne, ledit seigneur le laisserait faire avec les Liégeois.

Charles tenta de gagner sur tous les terrains : il ne renonçait pas à sa vengeance contre les Liégeois, mais il suppliait le roi de ne rien entreprendre contre la Bretagne. Le connétable haussa le ton.

> Monseigneur, vous ne choisissez point. Car vous prenez tout, et voulez faire la guerre à votre plaisir à nos amis et nous tenir en repos sans oser courre sus à nos ennemis comme vous faites aux vôtres. Il ne se peut faire, ni le roi ne le souffrirait point.

Le discours de Saint-Pol ne put fléchir le duc. Sur une intervention de Humbercourt qui jugeait inutile de se montrer « cruel et vindicatif », le Téméraire accepta de libérer les otages, lesquels durent jurer au préalable qu'on ne les trouverait plus jamais en guerre. Si on les y reprenait, il leur en coûterait la tête.

L'armée bourguignonne, que renforçait un fort contingent anglais, commença par mettre le siège devant Saint-Trond. À Liège, on vit le danger : on envoya une armée pour dégager Saint-Trond. François Royer, qui restait accrédité auprès des Liégeois, les accompagnait sans grande discrétion. C'est cette armée que, à grand-peine, car les marais interdisaient de faire charger la cavalerie, les Bourguignons défirent le 28 octobre 1467 à Brustern. Saint-Trond se rendit. Dix otages furent livrés par la ville, que le duc fit décapiter : six d'entre eux étaient de ceux qui avaient, quelques jours plus tôt, juré de ne plus se mêler de la guerre. Fomentée par les partisans du duc, une émeute chassa Heers de Liège. Les principaux acteurs des mouvements insurrectionnels prirent le large. Pendant ce temps, le duc Charles avait pris Tongres. Là encore, on lui remit dix otages, dont cinq ou six avaient juré : les dix furent exécutés.

À Liège, beaucoup avaient compris, et l'ambassadeur de Louis XI s'employait à ménager la paix. On discuta beaucoup. Menés par un Heers qui demeurait influent malgré son absence, la petite noblesse et bien des bourgeois voulaient résister. À l'exception de ceux qui s'étaient aventurés à Saint-Trond et à Tongres, les otages libérés animaient le débat. Quelques-uns plaidaient pour la soumission. Ils l'emportèrent un moment. Six bourgeois allèrent en délégation offrir au duc de Bourgogne les clés de la ville. Cela ne suffisait pas à ouvrir le chemin devant Humbercourt, qui avait mission d'entrer le premier, avec une avant-garde, et de s'assurer des portes. Bien des Liégeois tenaient pour la résistance et, avec deux cents hommes dont cinquante cavaliers, Humbercourt n'était sûr de rien. Charles le Téméraire lui faisait savoir que l'état de la route ne permettait pas d'aller le dégager, et son cantonnement dans une abbaye « à deux jets d'arc » de la ville était difficilement défendable. En entendant sonner le tocsin en ville, Humbercourt s'attendit à devoir affronter une sortie des Liégeois. « Si nous pouvons les amuser jusqu'à minuit, dit-il à Commynes, nous sommes échappés, car ils seront las, et leur prendra envie de dormir. »

Pour gagner du temps, il chargea deux des bourgeois qui avaient apporté les clés de transmettre ses propositions. La nuit se passa en négociations. Il fallut promettre que la ville ne serait ni pillée ni incendiée. Humbercourt rappela aux Liégeois qu'il avait été des leurs. Ce fut d'abord en vain, et les bourgeois s'assemblèrent sur la muraille pour insulter les Bourguignons. Au palais épiscopal, où se tenait l'assemblée, c'était le tumulte. L'accord ne se fit que vers deux heures du matin. En fin de compte, on démonta une porte de la ville pour l'apporter à Humbercourt. Au petit matin du 17 novembre, le gouverneur entrait dans Liège.

Il est difficile de retenir ici la thèse que développe Commynes, selon laquelle le duc Charles aurait alors gagné bien plus qu'il n'espérait. Il est vrai que Liège avait assez de vivres pour soutenir un long siège, alors que, « toute rompue » par plusieurs engagements, embarrassée par des pluies diluviennes et incertaine de son ravitaillement, l'armée de Bourgogne pouvait appréhender avec angoisse un long siège « en fin cœur d'hiver ». Commynes n'invente pas davantage le problème financier : le duc allait, jusqu'à son échec final, souffrir de la plaie d'argent : elle touchait beaucoup plus celui qui devait solder ses hommes d'armes que ceux qui défendaient gratis leur ville, leur liberté et leurs vies. Peut-on, cependant, suivre Commynes quand il assure que le duc n'avait ni l'envie ni les moyens d'assiéger Liège ? Passe encore pour les moyens, mais l'envie ? Charles n'aurait « pas osé demander le bien qui lui advint » ? La conclusion trop morale de la démonstration laisse douter : la victoire du duc de Bourgogne « lui procéda de la grâce de Dieu, contre toute raison... pour la grâce et bonté dont il avait usé envers les otages ».

Le 18 novembre 1467, Charles faisait en grand arroi son entrée à Liège. Il alla prier à la cathédrale. On conclut la paix. Il n'y eut que quelques exécutions : les anciens otages qui s'étaient parjurés. Le prince-évêque demeurait, mais la ville passait en réalité sous la coupe du duc de Bourgogne, proclamé « gardien et avoué souverain et héréditaire » aux appointements annuels de 2 000 florins du Rhin. Guy de Humbercourt devint son lieutenant général. Les franchises des bourgeois étaient abolies, le Perron était démonté et transporté à Bruges, le siège épiscopal était transféré à Maastricht et rien ne subsistait de ce qui, dans les institutions judiciaires des Pays-Bas, avait assuré l'influence des tribunaux liégeois et de leur droit. Pour gouverner Liège, dont la seigneurie se trouvait ainsi réduite, un Conseil aux ordres du duc était mis en place. Un impôt très lourd fut établi, comme dédommagement de ce qu'il en avait coûté au duc. Naturellement, on démantela la ville : tours et murailles furent abattues. On saisit même les armes que les Liégeois gardaient chez eux. Charles le Téméraire pouvait rentrer chez lui. Il fit à Bruxelles une entrée triomphale.

Alors, et alors seulement, Louis XI se mêla de nouveau des affaires liégeoises. À toute cette affaire de 1467, déclenchée par l'épisode de Huy où il n'avait eu aucune part, il avait gagné la paix dans son royaume. Bourgogne n'avait ni le temps ni la capacité d'intervenir au bénéfice du duc de Bretagne et de Charles de France, et l'affaire de Liège maintenait un élément de fragilité dans l'ensemble territorial qui constituait l'État bourguignon. Le roi n'en demandait pas plus. Comme en 1465, il ne cherchait qu'à dériver vers Liège les velléités bourguignonnes d'intervention dans les affaires françaises.

Mais une reprise de la révolte des princes couvait depuis que le roi avait quelque peu remis en cause le traité de Conflans. Le duc Charles sentait qu'il allait lui falloir mener de nouveau des opérations en France. Il lui était donc nécessaire de pacifier Liège. La venue du légat Onofrio da Santa Croce sembla annoncer derechef une bonne volonté réciproque. Le pape et le légat avaient déjà été impliqués dans les affaires de Liège. Pour avoir chassé leur évêque, les Liégeois étaient excommuniés depuis le 23 décembre 1465, et il fallait en finir. Le légat entendit le prince-évêque et les bourgeois de Liège, puis à Bruxelles le duc de Bourgogne. Le 8 mai 1468, il levait l'excommunication. On put croire à la paix.

C'était compter sans l'obstination des Liégeois, qui voyaient avec intérêt le duc de Bourgogne se préparer à une nouvelle guerre contre le roi de France. La situation de 1465 semblait se reproduire : le roi aurait tout intérêt à une alliance avec Liège, fort propre à détourner le duc d'une aventure dans le royaume. Bref, on pouvait compter sur Louis XI. Les adversaires les plus résolus du duc s'étaient enfuis, mais ils étaient capables de se regrouper. Ils voulurent ignorer une médiation pontificale qui n'avait fait aucun cas des exilés. Les nobliaux liégeois, qui ne prisaient guère une autorité ducale sensiblement plus proche que l'autorité royale, prirent pour un temps la tête de ce mouvement. Le 9 septembre 1468, avec une petite troupe, ces hérauts de l'indépendance liégeoise entraient en force dans la ville. Au cri de « Vive le roi de France et Liège ! » on massacra allègrement les partisans de Bourgogne. Le prince-évêque Louis de Bourbon se réfugia à Tongres. En ville, on releva quelque peu les fortifications, on cura les fossés, on fondit les cloches pour en faire des canons et on fit provision de munitions.

Chargé d'organiser la reconquête, Humbercourt prit, le 17 septembre, la tête des forces armées que pouvait réunir le duc dans toutes les principautés voisines, Brabant, Hainaut, Luxembourg et Limbourg. Quinze jours plus tard, il s'établissait à Tongres avec le prince-évêque.

C'est là qu'un audacieux coup de main des Liégeois les surprit dans la soirée du dimanche 9 octobre, alors que la garde s'était relâchée. Guy de Humbercourt et Louis de Bourbon regagnèrent Liège en prisonniers. L'évêque profita du transfert pour s'échapper. Les Liégeois relâchèrent le gouverneur quelques jours plus tard, n'ayant finalement exécuté que son archidiacre, qui était aussi son chancelier.

Charles le Téméraire n'était pas tombé dans le piège que lui tendait l'irrédentisme liégeois. Prête à mener campagne contre le roi de France pour le dissuader de poursuivre ses hostilités contre la Bretagne, son armée, aux ordres du maréchal de Bourgogne Thibaut de Neufchâtel, était déjà rassemblée sur la rive droite de la Somme. Lui-même, on l'a vu, vint s'établir à Péronne avec son demi-frère Antoine, le Grand Bâtard de Bourgogne. Mais il restait ouvert à un accommodement avec Louis XI, accommodement qui ne le privait de rien, alors que le séparatisme liégeois ne cessait d'affaiblir l'État bourguignon. Avant même d'apprendre les mésaventures de son lieutenant général, il avait accepté une trêve avec le roi, trêve négociée à la hâte à Ham en Vermandois et conclue le 1er octobre 1468. Dans toutes les villes, on chanta des *Te Deum*. On but gratis aux carrefours.

Négocier à Péronne

À l'arrière-plan de tous les projets politiques, il y avait toujours l'Anglais. Quinze ans après Castillon, nul ne pouvait jurer que le conflit trois fois séculaire était bien fini. Depuis le mariage du Téméraire et de Marguerite d'York, Louis XI savait que, si la guerre reprenait à ce moment avec la Bretagne, il aurait affaire à une coalition autrement forte que celle du Bien public : l'Angleterre et la Bourgogne en seraient ensemble. Le temps n'était plus aux marchandages de l'année précédente, et le roi de France ne demandait plus qu'on lui laissât le champ libre pour attaquer la Bretagne, fût-ce au prix d'une réduction de l'irrédentisme liégeois. Il avait besoin de la paix sur le front de Bourgogne, c'est-à-dire de Picardie. François II et son protégé Charles de France y voyaient clair. En août 1468, alors que l'armée royale marchait sur la Bretagne, ils firent des ouvertures. Assisté de Jean de Bueil, de Georges II de la Trémoille, de Louis de Beaumont et de Louis de Crussol, et flanqué d'un Jean Bourré chargé de rendre au roi un compte fidèle, le duc de Calabre fut chargé d'aller négocier.

De là à croire vraiment à la paix, il y avait loin. Louis XI préparait la guerre sur la frontière de Picardie et organisait l'attaque de la Savoie. Le 3 juillet, il ordonna l'envoi de munitions de Montargis à Mantes. Écrivant le 26 juillet de son quartier général de Compiègne à son ami Galeazzo Maria Sforza, il lui demanda d'honorer ses obligations en attaquant la Savoie dès que le Bâtard d'Armagnac l'aurait avisé du début des opérations contre la Bourgogne. Le propos est sans ambiguïté : « Dès que vous entendrez que nous nous serons mus contre les Bourguignons, nos ennemis ». Au Bâtard d'Armagnac, le roi ordonna de se tenir prêt, avec les nobles et les francs-archers de Dauphiné. Même instruction fut donnée à l'amiral, c'est-à-dire au Bâtard de Bourbon.

La lettre à Sforza est un terrible aveu : alors qu'il propose au Téméraire une entrevue de paix, le roi tient pour imminente une guerre à sa propre initiative. Au comte de Foix, il écrit que « le temps est bref qu'il faut que la déclaration soit faite de la trêve ou de la guerre », mais il y a, ajoute-t-il, « plus apparence de guerre qu'autre chose ». D'ailleurs, ordonnant dans le même temps au Bâtard de Bourbon de ne pas entreprendre « chose qui fût de long exploit » avant de savoir ce que Guyot Pot rapporte de Bruges comme informations quant à la trêve et à une éventuelle entrevue, il lui donne en réalité, avec une effrayante duplicité, carte blanche pour toute opération offensive que, naturellement, il pourrait désavouer en jouant de ce que le Bâtard ignorerait la prolongation des trêves.

> Mais, quand vous pourriez faire exploit qui fût fait et bien exécuté avant le temps où raisonnablement vous pourrez être assuré de ce que ledit Guyot m'apporte, je le prendrai bien en gré. Toutefois, tenez ceci secret, car quand on saurait que vous auriez fait quelque chose après que je vous en aurais averti, il serait contre moi.

La trêve expirait le 1er août. Le 10, le roi écrivait à Sforza pour organiser l'offensive. En cas de guerre avec la Bourgogne, les Milanais attaqueraient Philippe de Bresse en Piémont. L'armée du marquis de Montferrat devait se joindre à eux. Dans le même temps, le Bâtard d'Armagnac marcherait sur la Savoie. Aux gens du duché de Bar, le roi rappela qu'il avait fourni son aide à Jean de Calabre en Catalogne et qu'il comptait sur eux contre l'Anglais. Et il ne se priva pas d'évoquer un mariage possible entre sa fille Anne – naguère proposée au Téméraire – et le fils du duc Jean.

En septembre, on en était toujours à espérer une négociation, et à préparer la guerre. Le connétable de Saint-Pol proposa qu'une rencontre entre le roi et le Téméraire eût lieu sur ses terres. Le roi refusa. Mais on ignorait les dispositions de Philippe de Bresse : attaquerait-il la France en partant de la Bresse ou irait-il se joindre à l'armée du duc de Bourgogne ? La nouvelle de la paix d'Ancenis vint alors renouveler le jeu. Assuré du côté de la Bretagne, le roi pouvait attaquer la Bourgogne et se débarrasser de Philippe de Bresse, les deux affaires étant étroitement liées. Entre Louis XI et Sforza, la correspondance était incessante. Les Vénitiens furent avertis qu'ils prendraient des risques à aider la Savoie contre Milan.

Mais, le 28 septembre 1468, le roi demanda à Sforza de tout arrêter : les choses tournaient « au pacifique ». Le 6 octobre, le duc de Bourgogne recevait un ambassadeur bien connu de lui, le cardinal Jean Balue. Porteur d'une proposition d'alliance, harcelé par le roi qui y tenait d'autant plus qu'il était seul de son avis, le cardinal fit de son mieux. On échangea « de douces paroles », écrit Commynes, ce qui veut dire qu'on ne s'engagea sur rien. Après quelques heures, le cardinal se retira.

Beaucoup, autour du roi, souhaitaient encore éviter l'entrevue, et Balue ne s'était rallié à ce projet qu'à contrecœur. Le duc de Bourbon et le connétable de Saint-Pol craignaient de perdre leur influence si le roi s'accommodait avec le duc de Bourgogne. Charles le Téméraire ne leur savait évidemment aucun gré d'avoir tourné casaque, et ils appréhendaient la rencontre avec leur ancien allié. Saint-Pol était désormais connétable, note Commynes, il était devenu prétentieux. « Il ne s'était en rien mêlé de cette vue, mais il lui en déplaisait car, pour lors, le cœur lui était cru, et il ne se trouvait pas humble envers le duc comme autrefois. »

Louis XI s'en tenait à son propos : négocier plutôt que risquer une guerre contre une alliance anglo-bourguignonne qui eût sans doute rallié, malgré la paix d'Ancenis, un duc de Bretagne assez avisé pour traiter quand il s'était trouvé seul mais pour rompre la paix si la coalition se reformait. Sûr de ses qualités de négociateur depuis les pourparlers de Conflans, le roi ne se privait pas de penser qu'il ferait mieux que toutes les ambassades possibles. À Montlhéry, il avait été au fort de la bataille. Laisser faire ses gens ne pouvait le satisfaire. S'il avait déjà compris qu'il gagnerait beaucoup à laisser aux autres le premier rang dans les affrontements, il avait également compris que, dans les négociations par princes et grands officiers interposés, il risquait surtout de découvrir trop tard qu'on l'avait trahi. Rencontrer en personne le duc de Bourgogne, c'était éliminer les intermédiaires. Le méfiant Louis XI n'avait plus confiance en personne.

La perspective de cette rencontre ne faisait pas davantage l'unanimité chez le duc. Compte tenu de la situation à Liège, où les agents du roi poussaient à la révolte, une entrevue semblait au Téméraire bien inutile, et son entourage ne l'y portait certainement pas, si l'on en juge par ce qu'en écrira plus tard un Commynes qui en était.

> Grand folie est à deux grands princes, qui sont comme égaux en puissance, de s'entrevoir, sinon qu'ils fussent en grande jeunesse, qui est le temps qu'ils n'ont d'autres pensées qu'à leurs plaisirs. Mais, depuis le temps que l'envie leur est venue d'accroître les uns sur les autres, encore qu'il n'y eût nul péril de personnes, ce qui est quasi impossible, s'accroît leur malveillance et leur envie. Par quoi vaudrait mieux qu'ils pacifiassent leurs différends par sages et bons serviteurs.

Les négociations continuaient cependant, et l'on échangeait par des agents discrets toutes sortes de propositions. Comme le duc manifestait de l'humeur en pensant qu'il avait beaucoup dépensé pour deux princes – François II et Charles de France – qui l'abandonnaient, Louis XI proposa, sans la moindre ironie, de le dédommager : il offrit 120 000 écus et en fit compter sur-le-champ la moitié. Venant après l'affaire de la rente offerte par le roi à son frère, c'était laisser croire que les finances royales étaient inépuisables.

Balue revint, flanqué d'un personnage dont le nom était à lui seul, soit une maladresse, soit une provocation : Tanguy du Chastel. Certes, il était le troisième du nom, gouverneur de Cerdagne et du Roussillon, et l'un des conseillers fort écoutés du roi. Mais il était le neveu de ce Tanguy du Chastel qui, après avoir été prévôt de Paris en 1415 et l'un des chefs du parti armagnac, passait pour avoir organisé à Montereau l'assassinat du duc de Bourgogne Jean sans Peur.

Deux personnages demeuraient dans l'ombre, dont on ne sait quel rôle ils jouèrent mais dont les carrières futures laissent penser qu'ils ne furent pas inactifs : les Pot. Petit-fils d'un Berrichon venu en Bourgogne dans l'entourage du duc Philippe le Hardi, Philippe Pot, seigneur de La Roche-Nolay (auj. La Roche-Pot), était l'un des diplomates préférés du duc de Bourgogne et nul ne s'étonna qu'il l'accompagnât à Péronne. Ce n'est qu'en 1477, après l'effondrement du Téméraire, qu'il passera au service du roi. Il sera alors grand sénéchal de Bourgogne. Son cousin Guyot avait quitté le service du duc de Bourgogne depuis longtemps. Diplomate habile, il était passé chez le duc d'Orléans, puis chez le roi, dont il était conseiller et chambellan dès 1466. C'est lui que Louis XI chargea dans l'été de 1468 d'aller rencontrer à Bruges le duc de Bourgogne. À l'évidence, Guyot Pot jouait de ses relations, et peut-être de ses liens avec Philippe, pour préparer l'entrevue et à coup sûr pour obtenir la prolongation de la trêve. Il allait en être récompensé, d'abord en 1469 par sa nomination comme bailli de Vermandois, ensuite en 1477 par le don du prestigieux comté de Saint-Pol, confisqué sur le connétable. Tout cela semble indiquer que les Pot jouaient à l'occasion les intermédiaires entre Louis XI et la cour de Bourgogne.

Fort âpre fut la discussion. Le duc avait pour premier grief la présence des agents du roi à Liège. Balue répliqua que le roi n'était pas assez sot pour pousser à la rébellion des bourgeois privés de défense depuis qu'on avait détruit leur enceinte. Le duc céda finalement, et se dit prêt à recevoir le roi, lequel était à Noyon et ne demandait qu'un sauf-conduit pour gagner Péronne. Écrit de la main même du duc, le sauf-conduit fut scellé le 8 octobre 1468. Louis XI quitta Noyon et s'en vint loger à Ham chez le connétable de Saint-Pol. Le 9, il était à Péronne.

Le roi pris au piège

Louis XI avait annoncé qu'il viendrait sans son armée. Il n'avait pas moins ramené celle-ci de la frontière de Bretagne vers la frontière de Picardie. Il la laissa à Compiègne et Noyon, prête à intervenir s'il le fallait, comme le souhaitaient les maréchaux qui auraient volontiers profité des erreurs tactiques du duc de Bourgogne : dispersée par les pluies qui rendaient impraticables certains cheminements et cantonnée dans des dizaines de petites places picardes, l'armée de Bourgogne était difficilement mobilisable dans l'instant. Et il est vrai que Louis XI prenait des risques en s'aventurant au-delà de la Somme autrement qu'à la tête d'une armée. Il nomma le grand maître Dammartin lieutenant du roi pour les marches de Picardie, lui confiant ainsi la situation si elle se dégradait en son absence. En clair, l'homme de confiance et le vieux routier qu'était Dammartin aurait à secourir le roi s'il était en danger.

Seule, une petite troupe accompagna donc le roi jusqu'à la Somme, où elle campa sur la rive gauche : trois cents lances, un millier d'hommes, dont une centaine de la garde écossaise. C'était une forte escorte, non l'armée d'une invasion imminente. Pour gagner Péronne, le 9 octobre, Louis XI ne garda d'ailleurs que le duc de Bourbon, l'archevêque de Lyon son frère, le connétable de Saint-Pol et, naturellement, le cardinal Balue et Tanguy du Chastel. Il chevauchait en petite tenue de chasse. Quatre-vingts archers de la garde écossaise l'accompagnaient. Cela ne formait pas une armée.

Le duc de Bourgogne avait envoyé au-devant de lui les archers de sa propre garde. Accompagné du Grand Bâtard, il l'accueillit à un mille de la ville. On pouvait s'y attendre : le duc de Bourgogne et son demi-frère étaient somptueusement vêtus et leurs chevaux caparaçonnés de drap d'or. Le duc Charles fit une profonde révérence. On s'embrassa, on plaisanta. Le duc conduisit le roi à sa résidence, qui était la riche maison du receveur, le château – l'ancien château royal – étant aménagé pour tout sauf pour loger un roi. Mais c'est dans la vieille forteresse que commença la négociation. Ce soir-là, les Liégeois entraient dans Tongres. On ne le sut à Péronne que deux jours plus tard.

Si le roi laissait voir sa nouvelle amitié avec les Bourbon, le duc de Bourgogne faisait montre de son alliance, combien dangereuse pour le roi, avec la maison de Savoie. Charles le Téméraire avait en effet amené à Péronne les frères du duc Amédée IX. On voyait donc là Philippe de Bresse, la victime du guet-apens de Vierzon. L'homme était falot, et Louis XI avait tout lieu de regretter de l'avoir libéré, puis nommé gouverneur de Guyenne. Philippe était fasciné par la cour de Bourgogne. Sa présence à Péronne se révélait lourde de signification. On savait sa haine contre Louis XI. Il y avait aussi l'autre frère, Jacques de Romont, qui passait à juste titre pour une tête politique. Les accompagnait l'autre frère, l'évêque de Genève Jean-Louis de Savoie. Faut-il rappeler que le roi avait épousé leur sœur, Charlotte de Savoie, et qu'Amédée avait épousé la sœur du roi, Yolande de France ? Voir la maison de Savoie à Péronne au côté du duc de Bourgogne ne pouvait que mettre Louis XI mal à l'aise. Au vrai, il ne pouvait s'étonner. À la même époque, il poussait le duc de Milan à la guerre contre la Savoie. La cour de Chambéry le savait.

Charles le Téméraire avait verrouillé la position. Le roi s'en avisa trop tard, quand il entendit entrer en ville derrière lui une troupe où il se serait bien passé de reconnaître quelques-uns de ses plus solides ennemis, ceux qu'il avait naguère tenus en prison, comme Antoine du Lau, ou ceux qu'il avait spoliés, comme le maréchal de Bourgogne Thibaut de Neufchâtel auquel il avait retiré sa seigneurie d'Épinal pour la donner à Jean de Calabre. Le duc de Bourgogne avait bel et bien prévu une garnison. Au vrai, son armée était déjà ordonnée pour intervenir quand on avait parlé de négocier, et il ne l'avait pas décommandée. Son arrivée « troubla la fête, dit Commynes, avec les suspicions qui advinrent après ». Charles le Téméraire s'en excusa : il lui fallait garantir la sécurité de son roi. Celui-ci ne fut pas dupe de l'ironie. Se sentant en danger, il demanda à loger au château, comme le duc. Son vœu fut exaucé. Les murs étaient solides, mais c'étaient ceux du duc de Bourgogne. Le roi était dans la nasse. Peut-être se rappela-t-il alors le mot du duc Philippe le Bon – que rapporte Georges Chastellain – quand l'exilé de Genappe défendait devant lui le comte de Charolais. Le duc Philippe annonçait au futur roi de France des jours difficiles pour le temps où Charolais serait duc de Bourgogne. « Si la matière de Charles vous est tant à cœur et que vous voulez que je lui pardonne, j'en suis content, et le gardez bien et le nourrissez. Mais, le jour où vous vivrez après, ni moi aussi, vous ne me verrez de vos yeux. »

Philippe le Bon n'était plus là et, pour une fois, les calculs de Louis XI étaient hasardeux. À dire le vrai, la situation à Liège lui échappait, et ce n'était pas à Liège qu'il pensait alors en premier. Il ne s'y était d'ailleurs jamais beaucoup impliqué : quelques vagues promesses, et une évidente sympathie pour un mouvement qui minait son adversaire. Le roi pensait maintenant que s'accorder avec le duc Charles, c'était réduire à néant les chances d'une nouvelle insurrection des princes, ainsi privés des ressources diplomatiques, financières et militaires de l'État bourguignon. Venant à Péronne, Louis XI ne pensait qu'à éviter la résurrection du Bien public, la reprise de l'affrontement avec la Bretagne et l'arrivée d'une armée anglaise.

Ce qu'il savait des affaires de Liège, à l'instant où il prenait la décision d'aller à Péronne chez le duc, laissait penser que le duc était dans les mêmes dispositions envers la France : avoir la paix pour être tranquille chez lui. Et Liège semblait durablement soumise. Le roi ne laissait pas d'encourager une agitation qui retenait le duc, mais il ne songeait nullement à favoriser une révolte. Nul, en ce 9 octobre 1468, ne pouvait imaginer ce qui allait se passer la nuit suivante à Tongres. D'ailleurs, le roi s'était fait accompagner des deux Bourbon, le duc Jean II et l'archevêque Charles. Le prince-évêque était leur frère.

La négociation fut serrée. Les conseillers du roi et ceux du duc parlaient entre eux. Le duc et le roi se rencontraient parfois. Balue jouait les utilités. À plusieurs reprises, le duc s'offrit le luxe de provoquer le roi, comme lorsqu'il fit mine de vouloir lui présenter Philippe de Bresse : le roi déclara n'avoir pas reconnu son beau-frère, car il avait « beaucoup changé ».

De part et d'autre, on voulait la paix, mais on en discutait durement les conditions. Louis XI exigeait la rupture de l'alliance avec l'Angleterre. Charles le Téméraire entendait n'être en rien le vassal du roi. Pour le seul plaisir de mettre celui-ci en difficulté, il demanda la Champagne pour Charles de France. Le 10 octobre, Louis XI et Charles le Téméraire étaient enfin d'accord. C'étaient la fin du Bien public d'un côté, les mains libres à Liège de l'autre.

Par des voies différentes et passablement discordantes, on apprit alors l'affaire de Tongres. En soi, elle était déjà grave. La nouvelle qui en parvint à Péronne dans la journée du 11 octobre n'était pas faite pour la rendre moins dramatique : alors que le lieutenant général du duc et le prince-évêque avaient été réellement captifs, on les crut massacrés. On parla d'un chanoine dépecé. La rumeur rapporta au duc que l'on avait vu dans la ville insurgée deux envoyés du roi de France. C'était vrai, et c'était folie au moment où il allait rencontrer son adversaire, mais Louis XI l'avait oublié.

La rencontre tourna alors à l'affrontement. Louis XI était dans une nasse : le duc pouvait l'empêcher de quitter Péronne. Par précaution, Charles le Téméraire fit fermer les portes du château et celles de la ville. On doubla la garde. Les archers qui tenaient la porte du petit château ne feignaient plus d'être là pour la sécurité de l'hôte, ils le tenaient bel et bien prisonnier. De sa fenêtre, le roi voyait s'agiter dans la cour bien des hommes qui l'avaient naguère trahi et qui avaient trouvé refuge chez le Bourguignon. L'apercevant précisément à sa fenêtre, Philippe de Bresse esquissa une révérence. Louis XI était homme à percevoir l'ironie. Il ne voyait en revanche aucune ironie dans la déambulation, sous la même fenêtre, de l'ancien ami Antoine du Lau, l'homme qui voulait naguère le capturer et dont l'évasion avait coûté la vie à Charles de Melun. Le roi de France était à la merci de ses ennemis.

Il en profita cependant pour faire connaissance de l'entourage du duc de Bourgogne et pour commencer à séduire quelques-uns de ceux qui, bientôt, allaient changer de maître et rejoindre la cour de France. Pour acheter des complaisances, Balue se vit confier quinze mille écus dont il jugea bon de garder pour lui la moitié, ce qu'on ne manqua pas de rapporter au roi. Même le Grand Bâtard de Bourgogne en eut sa part : deux mille écus, qui l'encouragèrent à dire à son demi-frère qu'il se déshonorait s'il violait le sauf-conduit donné par lui au roi de France. Certains semblent avoir dès ce moment donné au roi quelques conseils avisés. Louis XI reconnaîtra plus tard sa dette envers un Commynes qui lui fit alors « aucuns singuliers services », le conseillant discrètement tout au long de l'affaire et intervenant auprès de son maître le duc pour éviter le pire.

> Sans crainte du danger qui lui en pouvait alors venir, il nous avertit de tout ce qu'il pouvait pour notre bien, et tellement s'employa que, par son moyen et aide, nous saillîmes hors des mains de nos rebelles...
>
> Par les bons avertissements et autres services qu'il nous fit, il fut cause et moyen principal de la salvation de notre personne.

Le pacifique Commynes n'était pas moins actif auprès de son maître, et la suite de son histoire personnelle montre bien que ses qualités de diplomate furent souvent mises au service de la conciliation et de la paix. Comme le duc songeait à « faire au roi une très mauvaise compagnie », autrement dit à le faire exécuter, son chambellan passa la nuit à l'en dissuader. « Nous n'aigrîmes rien, mais adoucîmes à notre pouvoir », écrira-t-il plus tard. Un moment, Louis XI songea à s'évader et se déguisa. Il y renonça.

Trois jours passèrent, pendant lesquels les deux adversaires ne se rencontrèrent pas. Louis XI rongeait son frein et le duc Charles écumait de colère. Du roi, il ne savait à l'évidence que faire. Ses conseillers parlaient en tous les sens. Les uns voulaient qu'on exécutât le roi ou à tout le moins qu'on l'enfermât dans le donjon. Les autres proposaient qu'on allât chercher Charles de France avec qui, rapporte Commynes qui assistait aux débats, on ferait « une paix bien avantageuse pour tous les princes ». C'était à la fois chercher l'humiliation du roi et la reprise du Bien public. L'emportèrent ceux qui, arguant du sauf-conduit que l'on ne pouvait violer sans manquer à l'honneur, préféraient profiter de la circonstance pour forcer le roi à un bon traité. Commynes se targuera plus tard d'avoir « bien servi à cette pacification ».

De la part du duc, on fit connaître à Louis XI les conditions de la paix. Qu'il s'engageât à cesser toute guerre contre la Bourgogne allait de soi. Le duc exigeait de son captif la promesse de la Champagne pour Charles de France. Antoine du Lau retrouverait les terres saisies pendant le Bien public. Pour lui-même, le Téméraire entendait que le roi renonçât à l'acceptation par le Parlement de Paris des appels venus de la Flandre française. Dans l'immédiat, on allait châtier les rebelles : Charles répétait qu'il allait incendier Liège et y massacrer tout le monde, même les coqs et les poules. Malgré l'avis de la plupart de ses conseillers, qui trouvaient qu'on pouvait se contenter du traité et que le sauf-conduit donné au roi interdisait qu'on puisse le contraindre comme on fait d'un prisonnier, le duc exigea de Louis XI qu'il l'accompagnât dans l'expédition punitive contre Liège.

Louis XI songea un moment à éviter l'humiliation en trompant l'adversaire. Il s'avisa qu'il ne pouvait aller à Liège sans son armée. Il lui fallait donc regagner d'abord Compiègne pour prendre ses dispositions. Naturellement, il laisserait à Péronne des otages, notamment le connétable de Saint-Pol, le duc de Bourbon et son frère l'archevêque de Lyon, lesquels acceptèrent du bout des lèvres. Le duc de Bourgogne comprit qu'il ne reverrait pas le roi, ou qu'il le reverrait avec une armée. « Il ne fût pas revenu », dira plus tard Commynes. Le roi dut renoncer.

Au soir du 13, le duc se coucha sans se déshabiller et ne trouva pas le sommeil. Au petit matin du 14 octobre, Commynes fit passer à Louis XI un billet confidentiel qui valait avertissement : « le roi eut quelque ami qui l'en avertit, écrira-t-il sobrement, l'assurant de n'avoir nul mal s'il accordait ces deux points ». S'il refusait les deux conditions mises par le duc, à savoir le traité et l'expédition à Liège, « il se mettrait en si grand péril que nul plus grand ne pourrait lui advenir ». La menace était claire. N'ayant, lui non plus, pas dormi de la nuit, le roi alla au petit matin entendre la messe, puis fit savoir qu'il était prêt à gagner Liège. Les témoins notèrent qu'il tremblait.

Charles le Téméraire ne tremblait pas moins, mais de colère, quand il se présenta dans la matinée devant le roi. L'entretien tourna tout de suite à l'orage. Le duc accusa le roi de l'avoir trompé et d'avoir voulu l'occuper pendant qu'il organisait l'insurrection de Liège. La tromperie continuait : dès qu'on aurait pris la route de Liège, l'armée royale attaquerait la Picardie. C'était faux, mais c'était vraisemblable. Louis répliqua qu'il n'était pour rien dans l'affaire de Liège, et qu'une telle manœuvre eût été stupide : le roi y eût mis sa sécurité en danger. Charles le Téméraire ne pouvait récuser l'argument. Il se calma. Louis XI assura qu'il irait à Liège, et avec une armée dont le duc fixerait lui-même l'effectif, à l'évidence restreint. Il n'acceptait pas moins les autres demandes. Il y était préparé.

La paix était faite. Comme l'exigeait le Téméraire, des ordres furent donnés pour envoyer fort loin les compagnies de l'ordonnance – Dammartin en envoya jusqu'en Armagnac – ainsi que pour congédier l'arrière-ban et les francs-archers.

Le roi fit sortir d'un coffre la Vraie Croix de saint Charlemagne, ce joyau d'orfèvrerie formant reliquaire d'un morceau de la Vraie Croix que la légende disait rapporté de Terre sainte par l'empereur en qui les rois de France voyaient la source historique de leur légitimité. On l'appelait aussi la Croix de la Victoire. Louis XI, dont la dévotion pour Charlemagne était aussi politique que religieuse, ne s'en séparait guère. C'est le cardinal Jean Balue qui la tenait maintenant. Sur la Croix, Louis et Charles jurèrent le traité, qui n'était en bonne partie qu'une confirmation du traité d'Arras de 1435 dont, deux ans plus tôt,

Louis XI demandait déjà copie au chancelier : il y était dit que le duc de Bourgogne ne pouvait s'allier aux Anglais. Charles le Téméraire jura, mais on l'entendit murmurer : « Je jurerai, mais ce qui m'a été promis, il vaudra mieux le tenir. »

Le roi passa à table. Le duc alla à la messe. Les cloches de Péronne sonnaient. On chanta un *Te Deum*. Restait à s'occuper de Liège.

Le drame de Liège

On a épilogué sur les motifs du duc : humilier le roi, suspect d'avoir encouragé le coup de main, ou s'assurer que l'armée royale n'entreprendrait rien contre lui sur la Somme tant que le roi serait en son pouvoir. Louis XI, de surcroît, était tiraillé : Louis de Bourbon n'était pas seulement petit-fils d'un duc de Bourgogne, il était aussi un prince des fleurs de lis, descendant de saint Louis par les Bourbon comme par la lignée du duc Jean de Berry. Se gardant de lui dire qu'en définitive le prince-évêque était vivant, le Téméraire avait rappelé au roi, dans la dramatique entrevue du 14, que l'assassinat d'un membre de la maison de Bourbon, son « prochain parent », ne pouvait le laisser indifférent.

Dans la journée du 14, on apprit que la nouvelle de l'assassinat était fausse. Il était trop tard pour annuler l'opération. Au reste, le prince-évêque était prisonnier, et menacé de mort. Il fallait, de toute manière, le libérer. Rien ne changea avec l'arrivée de Louis de Bourbon, qui s'était fait charger par ses geôliers de négocier une paix honorable, et avec celle de Guy de Humbercourt, que son gardien avait finalement relâché pour n'être pas responsable s'il était massacré. C'est en vain que le lieutenant général tenta de calmer le jeu. Le duc de Bourgogne voulait sa vengeance. Quant au prince-évêque, qui avait trop longtemps subi les avanies des Liégeois, il oublia qu'il avait juré, pour prix de sa liberté, de tout faire pour éviter l'affrontement. Il fut ravi de se joindre à l'armée du duc Charles.

Louis XI alla donc, quelque peu penaud, assister à la punition de gens qui avaient crié « Vive le roi de France ! ». Les trois cents lances qui, avec la garde écossaise, formaient son escorte dans son voyage vers Péronne se joignirent à la forte armée de Bourgogne. C'était, on l'a dit, une faible partie de l'armée qui serait entrée en guerre s'il avait fallu. Tout ce monde prit, le 15 octobre, la route de Cambrai pour gagner Namur et, de là, attaquer les rebelles liégeois. L'avant-garde de l'armée bourguignonne était aux ordres du maréchal de Bourgogne Thibaut de Neufchâtel et du gouverneur Guy de Humbercourt, qu'accompagnaient les princes de Savoie et leur contingent. Venant quelques heures derrière le maréchal, le Téméraire commandait le gros de l'armée, qui comprenait les troupes du roi. Les trois frères de Bourbon étaient là, le duc Jean II, l'archevêque Charles et le prince-évêque Louis. On y voyait aussi le prince d'Orange Guillaume de Chalon. Face à une telle armée, les Liégeois étaient perdus d'avance. Le duc s'entendit proposer par ses conseillers de renvoyer une partie de l'armée, assuré qu'il était de sa victoire contre une ville démantelée. Le propos avait à coup sûr un arrière-plan matériel et financier : une telle armée coûtait fort cher et les vivres commençaient à manquer. Le duc eut la sagesse de garder toutes ses forces.

À Lantin, le 22 octobre, l'armée de Liège se faisait battre. Le 26, l'armée du maréchal était devant la ville et l'on plaçait des postes sur toutes les routes. Une sortie des Liégeois fut repoussée, mais les portes de la ville avaient été, tant bien que mal, réparées, et les Bourguignons comprirent qu'ils n'entreraient pas comme ils l'espéraient. Le siège allait durer quatre jours, qui parurent une éternité aux soldats de Bourgogne : certains restèrent deux jours et une nuit sans manger ni boire. Ceux qui avaient « porté quelque bouteille » passèrent pour fortunés. On ne pouvait soigner les blessés. Et il pleuvait. On ne comptait plus les déserteurs.

Le roi et le duc arrivèrent le 27. Naturellement, la confiance ne régnait guère : le duc, qui se logea dans le faubourg en laissant d'abord le roi occuper une métairie à un quart de lieue de là, organisa le rapprochement. Le roi, note Commynes, vint loger « dans une petite maisonnette rasibus de celle où était logé le duc ». Charles était en effet « en grande suspicion » : le roi en faisait trop. Le duc connaissait la rouerie de son invité forcé et s'attendait à quelque tour. Louis XI pouvait être tenté de fausser compagnie, de rentrer chez lui ou d'entrer dans la ville, voire de perpétrer un mauvais coup contre son nouvel allié. Un coup de main liégeois pouvait venir le libérer. On plaça trois cents hommes dans la grange qui les séparait. Ils « avaient l'œil sur la maison du roi ». Charles le Téméraire fit coucher dans sa chambre trois gentilshommes, dont Commynes, et logea douze archers dans la chambre haute.

Le 29 au soir, le duc décida l'assaut pour le lendemain à l'aube. Les hommes comme les chefs n'avaient pas quitté leurs cuirasses depuis plusieurs jours. Ils se déshabillèrent « pour se rafraîchir ». C'est alors qu'à la nuit tombée les Liégeois tentèrent une nouvelle sortie. Mal préparée, mal coordonnée, elle échoua lamentablement. Guidés, dira-t-on, par les propriétaires des deux logis, quatre cents hommes parvinrent cependant au cantonnement du roi et du duc, mais sans être rejoints par le gros de la troupe : les uns se trompèrent de chemin, les autres étaient demeurés chez eux en attendant de voir comment tournait l'engagement. Ils approchèrent les deux maisons, tuèrent quelques sentinelles, pénétrèrent dans la grange où étaient les gardes. Les uns dormaient, les autres jouaient aux dés. L'objectif des Liégeois était simple : tuer le duc et sans doute le roi. Les gardes enfilèrent d'urgence leurs cuirasses. Le vacarme fit accourir du renfort. On se battait sous la fenêtre du duc. Celui-ci coiffa sa salade et tenta de sortir dans la rue : la bousculade était telle qu'il en fut empêché.

Les gardes étaient des hommes d'armes, les Liégeois n'étaient que des bourgeois, et ils se firent massacrer, mais l'incident avait été sérieux. Pendant un long moment, le duc se demanda si le roi était vivant ou mort. Il avait vu l'inexpérience des Liégeois, mais aussi la confusion parmi ses propres troupes. Le seul résultat de l'affaire fut de le convaincre que le siège était inefficace et qu'il n'y avait pas de temps à perdre : il fallait donner l'assaut. Furieux d'avoir été surpris, ses hommes ne demandaient qu'à en découdre. Quant à Louis XI, il s'interrogeait avec angoisse : si le duc manquait de prendre la ville, il se vengerait sur lui. S'ils se séparaient sans avoir réprimé la rébellion, le risque était en effet grand pour le Téméraire que le roi ne retourne à son ancienne alliance avec Liège. Avec lucidité, Louis XI craignait que le duc ne prît les devants.

Le dimanche 30, vers huit heures du matin, un coup de bombarde et deux de serpentine donnèrent le signal. L'armée pénétra dans la ville par trois côtés à la fois. Les bourgeois n'avaient guère eu, en un mois, le temps de relever utilement les murailles démantelées onze mois plus tôt. En cette matinée de dimanche, ils ne s'attendaient pas à l'assaut. Les plus braves étaient morts dans les sorties manquées, et les survivants étaient fatigués. Ils n'opposèrent aucune résistance. Beaucoup s'enfuirent par le pont et allèrent se cacher dans les Ardennes. D'autres se réfugièrent dans les églises.

C'est alors que le roi de France arbora l'écharpe rouge en sautoir, cette croix de Saint-André qui avait été un demi-siècle plus tôt l'insigne du parti de Bourgogne dans un Paris ravagé par les affrontements quotidiens entre Armagnacs et Bourguignons. Elle demeurait le symbole de la fidélité au duc de Bourgogne. En la portant pour son entrée dans Liège, Louis XI fit sensation.

De ce geste qu'on lui imposa, deux explications sont possibles, et sans doute faut-il les retenir l'une et l'autre. Celle que donne Thomas Basin n'a rien d'invraisemblable. Le duc aurait appris que, dans la ville, nombreux étaient encore les partisans du roi, ceux qui criaient naguère « Vive le roi de France et Liège ! » mais ne l'avaient jamais vu et pouvaient bien ne pas croire que Louis XI était vraiment là, au côté de leur ennemi. On risquait, lors de l'assaut, une singulière confusion entre les Français menés par le duc de Bourgogne et les Liégeois fidèles au roi et que l'on avait souvent vus portant la croix blanche de France. Pour que l'armée franco-bourguignonne ne se massacrât pas elle-même, il fallait donc que tous fussent bien identifiables. Le seul moyen d'en persuader les hommes du roi, c'était que celui-ci donnât l'exemple. C'est l'explication par la tactique.

Mais on ne peut s'empêcher de voir dans le port de la croix de Saint-André le désir d'aggraver l'humiliation du roi et de rendre sa personne odieuse à ses partisans de la veille, qu'une telle vue ne pouvait manquer de bouleverser. À tous égards, le geste s'inscrit dans la longue histoire de la soumission symbolique : elle rappelle le chaperon imposé au dauphin Charles par Étienne Marcel et les émeutiers parisiens en 1356, et elle annonce la cocarde tendue à Louis XVI par La Fayette et Bailly en 1789.

Louis XI ne pouvait qu'être confronté à ses palinodies. Il fit du zèle. Des Liégeois qui se trouvèrent sur son passage crurent obtenir sa protection en l'acclamant. Il répondit en criant « Vive Bourgogne ! ». C'est du moins ce que conte Thomas Basin, non sans concéder que « beaucoup le croiront difficilement ». Peut-être ajoute-t-il l'anecdote à ce qui était l'évidence même : le roi accompagnait le duc. Basin, qui veut oublier à ce moment l'affaire de Péronne et les conditions de l'engagement du roi, ne cherche qu'à souligner la duplicité de celui-ci. « Quoi de plus bête, ou de plus méchant, ou de plus perfide ? » demande-t-il, pour tout commentaire du retournement royal.

À midi, ce dimanche 30 octobre 1468, tout est terminé. Louis XI dîne dans le palais du prince-évêque. Le duc le rejoint et se fait féliciter. Dehors, le sang coule.

S'il y a eu peu de morts, parce que peu de résistance, pendant l'assaut, les Liégeois trouvés ensuite en armes ont été massacrés. On a même égorgé des femmes, suspectes de s'être armées. La Meuse charria des cadavres. Des gens ont trouvé leur salut dans les caves ou dans les églises. Les fuyards ont été rattrapés et occis à leur tour. L'affaire fera sans doute quelque cinq mille morts. Le duc et ses fidèles se sont partagé les quartiers à piller, et chacun a emporté ce qui l'intéressait, les hommes d'armes du roi n'étant pas les derniers à se servir. Si les églises ne sont ni détruites ni incendiées, elles sont rapidement vidées de leurs œuvres d'art. Il faudra une intervention personnelle du duc et une menace d'excommunication fulminée plus tard par le pape pour que les pillards restituent ce qu'ils ont pris de tableaux religieux et de statues, et naturellement d'orfèvrerie liturgique. Les maisons, elles, n'ont pas été épargnées : on les a mises à sac. Elles seront, les jours suivants, systématiquement incendiées. On va jusqu'à démolir les fours des potiers. Malgré le respect dû aux édifices saints et une vague tentative du roi pour qu'on n'incendie pas tout, le propos du Téméraire est bien de détruire la ville. Il restera une maison sur trois, et les trois quarts de la population.

Louis de Bourbon et Guy de Humbercourt reprennent le gouvernement au nom du duc, mais Liège n'est plus qu'une seigneurie de l'état bourguignon. C'en est durablement fini de l'état libre qu'a été la principauté des évêques. Louis de Bourbon n'en demeure pas moins un farouche adversaire du roi de France. Treize ans plus tard, il le payera de sa vie.

LE ROI HUMILIÉ

Témoin plus qu'acteur, mais témoin montré comme consentant, Louis XI a assisté au drame sans broncher. Il a dû accepter, suprême humiliation, de porter l'écharpe bourguignonne. Il est entré dans Liège au côté du duc de Bourgogne, comme un allié, certes pas comme un souverain flanqué de son vassal. Il n'est finalement que trop heureux de s'entendre, le 2 novembre, signifier qu'il peut repartir libre et rentrer chez lui. Arguant de ce qu'il lui faut aller à Paris pour faire enregistrer le traité par le Parlement, il n'a sans doute convaincu personne : tout le monde sait bien qu'il suffit d'en écrire au Parlement et que le roi n'a pas coutume d'y aller lui-même. En fait, maintenant que l'affaire est terminée, le Téméraire n'est pas fâché de se débarrasser d'un hôte devenu encombrant. Il va jusqu'à s'excuser de l'avoir entraîné là, et à proposer une relecture du traité. Le roi, qui tient à en finir vite, refuse et confirme son accord.

C'est alors que Louis XI reprend la main. Fort habilement, il pose la question qui le tracasse depuis sa capitulation de Péronne : que ferait le duc de Bourgogne si Charles de France ne se contentait pas de la Champagne ? C'est jouer sur les mots, mais c'est mettre le Téméraire dans l'embarras : il ne peut camper sur ses positions de Péronne et interdire qu'on donne à son allié plus que promis. Il assure que, si le roi et son frère s'accordent sur autre chose que la Champagne, il s'en réjouira. En une phrase, Louis XI vient de duper ses ennemis : il s'ouvre la possibilité de proposer à Charles de France un apanage moins dangereux pour la Couronne qu'une Champagne mitoyenne de la Bourgogne.

Après quelques passes verbales autour de la restitution de terres naguère confisquées sur des partisans de l'un et de l'autre, le roi et le duc se mettent d'accord : l'un comme l'autre n'ont plus rien à faire à Liège.

Le départ du roi n'a rien de glorieux : passé le temps des massacres, il se trouve assez de Liégeois pour y assister du haut de ce qui reste de rempart, et pour invectiver celui dont ils ont enfin compris qu'il les a trahis. Le duc accompagne le roi jusqu'à Namur, l'un et l'autre multipliant les civilités. Le 4 novembre au soir, ils se séparent enfin, pour toujours.

À marche forcée, Louis XI regagne la France. Le 12 il est à Noyon, le 14 à Compiègne. C'est Balue qui se voit chargé d'aller à Paris faire enregistrer le traité. Le roi n'a, bien sûr, aucune envie d'affronter le Parlement, les Comptes et même l'inexistant Conseil des Trente-Six.

À certains moments de cette affaire qui, de Péronne à Liège, a duré trois semaines, Louis XI a eu peur pour sa vie. Il n'a cessé de craindre pour sa liberté. Après tout, il n'y a guère plus d'un siècle qu'un roi de France, vaincu à Poitiers, s'est trouvé rançonné par son vassal le Plantagenêt. Et le château de Péronne est celui où, au xe siècle, le comte Herbert II de Vermandois a tenu et laissé mourir dans sa geôle le roi carolingien Charles le Simple. Ce sont des souvenirs qui ne cessent de planer. Louis XI, on le sait, a appris l'histoire de son royaume. Et celle, récente, d'un Henri VI gardé en prison à la Tour de Londres et remplacé sur le trône ne peut avoir échappé au captif de Péronne.

Le duc de Nemours n'est sans doute pas le seul à avoir escompté une autre issue que le retour du roi. Pendant l'affaire, il a fait savoir qu'il attendait sa part du butin. Après, il s'emporte : « Le diable l'a conservé en vie ! »

Louis XI sort de l'affaire sain et sauf, mais ridicule aux yeux des vainqueurs bourguignons et odieux pour les Liégeois vaincus. Il a fait passer la raison d'État avant les exigences élémentaires de la loyauté, c'est-à-dire des vertus personnelles de la chevalerie. Il a évité le pire, qui eût été une libération moyennant concessions territoriales. Il n'en voit pas moins Charles le Téméraire consolidé par la liquidation de ce coin enfoncé dans ses états qu'était la principauté de Liège.

Le roi qui, en novembre, regagne son royaume ne sait pas comment présenter la chose. Une seule nouvelle le réconforte : il apprend que ses sujets ont eu peur pour lui. Mais souhaiter longue vie au roi est une chose, le trouver ridicule en est une autre. Au pire moment de l'affaire, à Péronne le 13 octobre, il croyait encore faire bonne figure. « Nous sommes sur le point de conclure ici une bonne paix », écrivait-il à Sforza en lui demandant d'attendre celle-ci pour entreprendre contre la Savoie. Le 14, après la conclusion du traité, il écrivait au grand maître Antoine de Dammartin que le duc l'avait « supplié et requis » de secourir son parent l'évêque. Son « plaisir », précisait-il, était d'y aller. Aux bonnes villes, il annonçait avec joie la paix.

Après le départ pour Liège, il en va autrement. Le roi sait que l'on jase, et que l'on ne présente pas les événements sous le meilleur jour. Le malveillant Basin laisse tomber : « Toute la France les connaît. » Le roi tient donc à consolider la thèse d'un déplacement librement accepté. La lettre que, de Namur, il adresse le 23 à Dammartin est celle d'un roi qui, même s'il se vante de « la bonne chère que nous faisons », craint maintenant pour sa réputation.

> Tenez-vous sûr que je ne vais en ce voyage de Liège par contrainte nulle, et que je n'allai onques de si bon cœur en voyage comme je fais en cestui-ci. Et, puisque Dieu m'a fait grâce, et Notre Dame, que je me suis armé avec Monseigneur de Bourgogne, tenez-vous sûr que jamais nos brouilleurs de par-delà ne le sauraient faire armer contre moi.
>
> Monseigneur le Grand Maître, mon ami, vous m'avez bien montré que m'aimez et m'avez fait le plus grand plaisir et service que vous pourriez faire. Car les gens de Monseigneur de Bourgogne eussent cuidé que je les eusse voulu tromper, et ceux de par-delà eussent cuidé que j'eusse été prisonnier, ainsi, par défiance les uns des autres, que j'étais perdu.

Il ne se fait pas beaucoup d'illusions. Au bailli de Senlis Gilles de Rouvroy, il écrit, toujours de Namur, qu'il a été « averti d'aucuns bruits que l'on fait ». La population, craint-il, connaîtra « le contraire de ce qui peut avoir été publié autrement que bien ». Et il ne cache pas que l'histoire de Liège pourrait bien alimenter les complots.

L'affaire terminée, c'est bien pis. Faisant venir à Compiègne le Parlement et la Chambre des comptes pour leur intimer l'ordre d'enregistrer le traité de Péronne, il contourne ensuite Paris pour ne pas devoir répondre aux propos prévisibles de ses officiers et surtout à l'hostilité d'une population toujours frondeuse, où l'on jase sur le fait que, parti avec une armée dont les bourgeois savent ce qu'elle leur a coûté d'impôt, il a rapidement courbé l'échine. Louis XI sait bien ce que l'on pense, même dans cette capitale dont il a, trois ans plus tôt, éprouvé la fidélité : le 19 novembre, il interdit aux Parisiens de discuter – du moins en public – de ce qui s'est passé à Liège. Jean de Roye fait semblant de prendre la chose au sérieux.

> Fut crié et publié à son de trompe et cri public par les carrefours de Paris ledit accord et union fait entre le roi et Monseigneur de Bourgogne, et que pour raison du temps passé personne vivant ne fût si osé ou hardi d'en rien dire à l'opprobre dudit seigneur, fût de bouche, par écrit, signes, peintures, rondeaux, ballades, virelais, libelles diffamatoires, chansons de geste ou autrement.

On ne chansonne pas moins. Il se dit en ville que les oiseaux volettent en caquetant : « Péronne ! Péronne ! ». Un greffier du Châtelet fait saisir les oiseaux parleurs – « pies, geais, chouettes étant en cages ou autrement » – que les Parisiens tiennent en cage, pour savoir ce qu'on leur a appris. On obtient ainsi une belle collection d'injures, du genre « Larron ! Paillard ! Fils de putain ! » et, comme le note malicieusement Jean de Roye, « plusieurs autres beaux mots », mais, fort heureusement pour les propriétaires, car on note leurs noms, aucun propos blessant pour le roi. On ne s'avise pas qu'une telle discrétion ne signifie rien : on n'apprend pas de nouveaux mots à un oiseau en quelques jours. Thomas Basin, qui traite pourtant les Liégeois de parjures – mais parjures au duc – et estime qu'un châtiment leur était « dû », ironise durement sur la relation du roi et de l'opinion.

> Il eut beau prescrire le silence absolu, il ne put enchaîner les langues. Il fut au contraire maudit de tous, surtout à cause de la ruine de la ville de Liège et des Liégeois qui avaient toujours servi avec dévouement les rois de France. Aussi, plus il était interdit de parler sur ce sujet, plus les Parisiens s'entretenaient sous le manteau, et avec d'autant plus de véhémence, de la honte qui s'attachait aux pactes conclus avec le duc de Bourgogne de l'incroyable conduite du roi qui, à Liège, avait porté la croix de Saint-André sur

ses vêtements et avait crié « Vive Bourgogne ! » comme s'il avait été à la solde du duc.

Le duc Charles ne fait naturellement rien pour atténuer la douleur du roi. Il envoie copie du traité à travers tout le royaume. Il s'offre le luxe de le notifier au Parlement, qui vient d'y perdre une partie de sa juridiction. Édouard IV saute sur l'occasion : il accorde au duc de Bourgogne l'ordre de la Jarretière. Apprenant que Charles porte la Jarretière à une jambe et la croix rouge d'Angleterre sur son vêtement, le Parisien Jean de Roye juge qu'il « se démontrait et déclarait ennemi capital du roi et du royaume, et comme Anglais tenu et réputé ».

Hors de France, les amis du roi sont dans l'embarras. On en jugera par les précautions que prend, le 23 novembre, dans une lettre à Ludovico Gonzaga, marquis de Mantoue, son ambassadeur à Milan Marsilio Andreasi.

> Par un ami qui ne veut pas être nommé et qui supplie Votre Seigneurie que, par Dieu, on ne fasse aucune mention de l'avoir eue ici, j'ai eu copie d'une lettre qui dit le vrai pour ce qui est de la France, et elle vient d'une personne en qui l'on peut avoir totalement confiance, bien que cet illustrissime seigneur fasse tenir la chose très secrète et dise le contraire en faveur de la Majesté du roi.

On notera que la nouvelle est rapidement parvenue à Milan et que l'homme discret qui tient un double langage ne peut être qu'un ambassadeur français.

Parvenu en Touraine, le roi se ressaisit. Il sauve, tant bien que mal, la face. Lorsque, le 24 mars 1469, il publie à Amboise le traité passé avec le duc Charles, il va jusqu'à le présenter comme un acte délibéré de paix. Et il obtient de son frère qu'il accepte finalement pour apanage une Guyenne infiniment plus éloignée de Paris que la Champagne vaguement promise à Péronne en l'absence de l'intéressé. Louis XI s'est humilié, mais le royaume a gagné. Le roi n'oubliera jamais l'humiliation. Charles le Téméraire paiera cher son triomphe d'un instant.

La France aura à la défaite de Liège un profit qui n'était pas attendu. Bien des Liégeois ont quitté la ville pour échapper à la répression et trouvé refuge dans le royaume. C'est en particulier le cas d'ouvriers de la métallurgie, florissante à Dinant comme à Liège. Fondeurs de cloches ou fabricants de canons seront les bienvenus. Une cinquantaine de « forgerons de fer » liégeois s'établiront en Champagne. Il en viendra à Paris. Louis XI en attirera quelques-uns pour développer l'industrie canonnière de Tours.

CHAPITRE XXI

La fin de la Guyenne

L'APANAGE DÛ À CHARLES

Depuis longtemps, Louis XI ne peut qu'avoir le souci de l'apanage dû à son frère. Leur père l'avait, à sa naissance, titré duc de Berry. Après le Bien public, Charles de France est duc de Normandie, mais on sait ce qu'il est advenu de son duché dès la fin de 1465. Après la conquête de la Normandie, le souci du roi s'aggrave de l'insoumission d'un frère spolié mais toujours duc et que soutient un duc de Bretagne trop heureux d'avoir sous la main un pareil pion. Louis XI le sait bien, il a contre lui deux mouvements d'opinion croisés. L'un, dont les têtes sont en Bretagne et en Bourgogne, exige l'accomplissement des promesses faites à Conflans. L'autre, plus diffus dans la féodalité française, souhaite le maintien de ce contrepoids à l'absolutisme royal qu'est un frère du roi pourvu de quelques moyens et capable d'en faire apport. C'est ce que résume l'ambassadeur milanais Sforza de' Bettini : « Le roi est d'une nature telle que, s'il n'avait plus rien à redouter et pouvait gouverner le royaume à sa guise, il réglerait toutes ses affaires en un jour et ôterait le goût de vivre à ses seigneurs. »

Un apanage est chose bien définie depuis le début du XIVe siècle. C'est un fief tenu du roi par l'un de ses frères ou fils, comme compensation au fait qu'il n'attend pas la Couronne et pour lui permettre de vivre du sien, sous condition de retour au domaine royal en cas de défaut d'hoir mâle. Cette condition mise à part, qui est essentielle depuis le XIVe siècle, la dotation des princes du sang est aussi ancienne que la monarchie féodale. Elle a pris la place de l'ancien usage, issu de la conception patrimoniale du royaume franc, qui obligeait les Mérovingiens et les Carolingiens au partage du royaume, donc à la multiplication des rois des Francs dans le royaume franc. Depuis le fils de Robert le Pieux recevant la Bourgogne et jusqu'au frère de Charles VI recevant le duché d'Orléans, on n'a pas dérogé à cette pratique. De tous les apanages constitués au XIVe siècle, ne subsistent que l'Orléanais, l'Anjou et le Maine. Ni la Bretagne, ni le Bourbonnais, ni la Bourgogne, la Flandre et le Hainaut, qui sont des héritages, n'ont été constitués en apanages. Lorraine et Provence sont hors du royaume.

Ce qui dérange, dans le cas de Charles de France, c'est qu'il est seul frère du roi, et que celui-ci n'a pas de fils. Rappelons-le, Louis XI a quarante-cinq ans quand son frère en a vingt-deux. C'est aussi l'inconsistance du caractère, qui fait de Charles un jouet. Ni Charles d'Anjou, ni Robert d'Artois, ni Jean de Berry n'étaient des jouets. Mais le roi ne peut nier le droit de son frère à un apanage de quelque importance. Au moins faut-il que celui-ci ne constitue pas un danger. Or c'est précisément ce danger qui, vu par les princes, est nécessaire à l'équilibre des forces politiques.

Faut-il, pour autant, que ce nécessaire apanage soit le duché de Normandie ? Depuis la conquête par Philippe Auguste, on n'a connu d'autres ducs de Normandie que les héritiers successifs de la Couronne. À la mort du roi, le duc de Normandie devenait roi. La Normandie ne pouvait en aucun cas se trouver durablement disjointe du domaine royal. Or Charles de France, s'il est encore l'héritier de la Couronne, ne l'est qu'à titre provisoire. La naissance d'un dauphin – qui surviendra le 30 juin 1470 – priverait Charles de sa position de premier héritier, mais non de son duché de Normandie. Le maintien de l'apanage de Normandie pouvait donc donner naissance à une branche de la dynastie royale, à une lignée de ducs de Normandie. Cette principauté autonome aux portes de l'Île-de-France et si proche de la Touraine, cette Normandie que les armées de Charles VII avaient mis quinze ans à reconquérir sur l'Anglais, c'était donc un danger à court comme à long terme.

Évincé de fait mais non en droit, Charles de France était réfugié à Vannes chez François II de Bretagne. Tous deux se rapprochèrent de nouveau de Charles le Téméraire et du duc Jean II d'Alençon. On pouvait craindre la reconstitution de la Ligue du Bien public. En octobre 1466, Édouard IV rompait son accord provisoire avec la France et se tournait vers le Téméraire. À la fin de 1467, la possession de la Normandie était donc, plus que jamais, un enjeu stratégique, et le droit de Charles sur celle-ci serait un argument de poids dans toute nouvelle négociation.

Il fallait faire admettre que Charles ne fût plus duc de Normandie. En avril 1468, le roi convoqua à Tours les États généraux pour leur faire partager la responsabilité de la rupture. Il ne pouvait nier qu'un traité juré par lui avait fait son frère duc de Normandie. Charles de France était juridiquement un prince spolié. Pour révoquer la concession de Saint-Maur, il importait que le pays la réprouvât comme contraire, sinon aux lois fondamentales, du moins à l'intérêt général du royaume. Le peuple devait le dire, le roi n'avait pas le droit de constituer la Normandie en apanage. Selon les termes de la lettre adressée aux villes, il y allait de « la majesté royale, l'honneur et les droits de la Couronne ». On jouait même sur les mots : c'était affaire de « bien public ». Passant outre au sentiment des princes, le roi s'appuyait sur ce qu'on appellera le Tiers État : en fait sur les villes.

Devant les États, l'archevêque de Reims Jean Juvénal des Ursins fut fort clair. Abandonner la Normandie était impossible.

> Ni les os ni les membres ne se séparent du chef. Les princes sont réputés les membres, et la chose publique les os. Nous avons vu que plusieurs se sont séparés du roi, qui est le chef...
>
> Même si l'on dit qu'il y eut une paix devant Paris, ce serait une paix fourrée, et non tenable. Il y a toujours eu des différences entre le roi et Monseigneur Charles, son frère, qui demande le duché de Normandie pour son apanage, ce qui ne serait pas chose à conseiller au roi car, par ses prédécesseurs, elle a été annexée à la Couronne, et ne la doit point laisser aller.
>
> Mais aussi, c'est raison que le roi apanage Monseigneur Charles tellement qu'il doive en être content.

Suivait une démonstration historique : après avoir entendu les États et son Conseil, le sage Charles V, qui avait beaucoup de fils et pensait que son fils en aurait autant, avait mesuré les apanages à raison d'une valeur de douze mille livres de rente pour chacun de ses frères. Ce que Louis XI proposait de donner à son frère en échange de la Normandie vaudrait plus que cela. Charles devait être satisfait. Les députés donnèrent sans réserve leur assentiment. Jean Juvénal donna le ton. La reprise de la Normandie était légitimée.

Lorsque, le 10 septembre 1468, Louis XI et François II firent leur paix par le traité d'Ancenis, Charles dut accepter, bon gré mal gré, de renoncer à ce duché dont il n'avait jamais été le maître. Le roi lui fit la vague promesse d'un autre apanage et surtout de soixante mille livres de rentes. Appliqué à un apanage, c'était le système des fiefs-rentes inventé au XIe siècle et développé au XIIIe, avec l'essor de l'économie monétaire, pour remplacer l'octroi d'une terre à un vassal – sur lequel il fallait la reconquérir s'il manquait à ses engagements et à sa fidélité – par une rente dont il suffisait, en cas de conflit, de cesser le paiement. On s'était gardé de préciser ce que serait l'autre apanage : le choix serait fait par le roi en accord avec le duc de Bretagne et le connétable de Saint-Pol. Rien ne pressait.

Survint l'affaire de Péronne. Le Téméraire obtint pour son allié la Champagne. On a vu que le roi, fort habilement, se fit reconnaître le droit de négocier autre chose. À peine revenu sur les bords de la Loire, Louis XI proposa la Guyenne. Certes, c'était mieux que le Berry d'antan, l'illusoire Normandie ou la Champagne évoquée à Péronne, et Charles y gagnait financièrement, mais l'avantage était réel pour le roi : la Guyenne n'avait de frontière commune ni avec la Bretagne ni avec les états bourguignons. En bref, le roi n'était plus environné de ses ennemis et, par là même, il les dissociait.

Les négociations entre Louis XI et son frère occupèrent tout l'hiver 1468-1469. Charles hésitait. Le duc de Bretagne voyait clair dans le jeu du roi et poussait son hôte à refuser. Garder sous la main l'héritier de la Couronne lui semblait plus précieux que le voir en Guyenne. Mais Charles prenait des années. À vingt-deux ans, il commençait à rêver d'indépendance. Bien plus, ses conseillers s'ennuyaient de ne plus jouer aucun rôle, et en premier lieu Odet d'Aydie, qui était gascon et auquel le roi s'arrangea pour faire voir quel était son intérêt. En Guyenne, pensaient-ils, ils auraient leur place mieux qu'en Bretagne. Le roi ajouta à la Guyenne proprement dite le Périgord, le Quercy et l'Agenais, ainsi que la Saintonge et l'Aunis avec, concession notable, La Rochelle. Il refusa au contraire d'y adjoindre le Poitou, qui eût assuré le passage entre la Guyenne et la Bretagne. Sans doute achetés par le roi, les conseillers de Charles lui firent entendre qu'à s'entêter sur le Poitou il risquait de n'avoir rien. En avril 1469, Charles acceptait les propositions de son frère. Non sans malice, celui-ci fit quérir l'assentiment du duc de Bourgogne, lequel feignit d'être content. À la fin d'avril, Charles était duc de Guyenne. François II en prit son parti.

Le nouveau duc de Guyenne tarda à gagner son duché. En juin 1469, enfin, il quittait la Bretagne. Début juillet, il était à La Rochelle. En août, il s'établit à Saintes. Le roi, qui l'avait nommé en tête de ses chevaliers de l'ordre de Saint-Michel, jugea qu'une rencontre fraternelle s'imposait. À vrai dire, il détestait toujours son frère, mais il voyait avantage à faire comprendre à celui-ci que la paix était faite et qu'on allait s'y tenir. Il proposa une entrevue sur la frontière de Guyenne, précisément à Port-Braud, sur la Sèvre niortaise.

Charles n'avait pas vu son frère depuis plus de quatre ans. Il savait avec quelle joie le roi s'emparerait de lui, et rien ne l'assurait que l'octroi du duché était irrévocable. Louis XI avait si souvent changé l'apanage que la méfiance était compréhensible. Charles exigea la construction d'un pont de bateaux sur la rivière. Se souvenait-on du pont de Montereau ? En tout cas, on édifia au milieu du pont une forte palissade, avec en son centre une fenêtre assez étroite pour qu'on n'y passât pas un bras armé. On mit des barreaux de fer à la fenêtre. Il fut convenu qu'on se parlerait à travers celle-ci. Douze personnes seraient de chaque côté du pont.

Le 7 septembre 1469 au soir, Louis XI montait sur le pont. Charles attendit un instant, fléchit le genou, avança à son tour et s'agenouilla de nouveau. Le roi le salua et tendit la main par la fenêtre. Charles la prit et jura au roi qu'il serait dorénavant « un bon fils ». On fit reculer les témoins. Le reste de la conversation leur échappa.

Le duc de Guyenne se rendit compte qu'il donnait l'image d'un poltron. Il demanda qu'on ouvrît la palissade. Des deux rives, on vit le roi et son frère s'embrasser. On cria « Noël ! ». La réconciliation était scellée. Louis et Charles passèrent ensemble deux journées. C'était l'idylle. L'océan s'en mêla : la grande marée de septembre fut la plus faible qu'on eût jamais vue, et elle recula quatre heures plus tôt que prévu. Le roi se crut obligé de remercier Dieu et la Vierge, et d'annoncer au chancelier ce que « les mariniers et autres à ce connaissant disent être merveilleux ». Le 18 septembre, à Coulonges-les-Royaux, on signait le traité de réconciliation. On ajouta quelques terres à l'apanage déjà constitué. Le roi écrivit aux bonnes villes qu'il avait tout pardonné à son frère. Sur le plan purement financier, il y avait beaucoup perdu, et il fallut compenser par une crue sur la taille du reste du royaume. Politiquement, il y gagnait la paix.

Charles regagna l'Aunis et la Saintonge, prit le plus souvent ses quartiers à Saint-Jean-d'Angély et se garda bien d'aller plus loin. Le 18 décembre, il arrivait avec sa cour aux Montils, où l'on venait de commencer les travaux du nouveau château. Il fêta Noël avec le roi. Puis on alla à Amboise faire visite à la reine. Louis XI et son frère ne cessaient de se promener la main dans la main. Ils couchèrent dans la même chambre.

C'est seulement à la fin de janvier 1470 que Charles se hasarda au cœur de son duché. Il cantonna quelques heures au château du Hâ, au sud de Bordeaux. Il parcourut le Périgord et le Quercy, poussa jusqu'en Auvergne, puis se rendit en Rouergue où il réunit, le 18 février, les États de Guyenne auxquels il demanda 120 000 francs pour rembourser le duc de Bretagne de ce qu'il lui en avait coûté de l'héberger. Il atteignit Montauban à la fin de mars. Il se décida alors à gagner Bordeaux, où il fit le 9 avril une entrée solennelle. Il y passa deux mois, puis retrouva le calme de Saint-Jean-d'Angély.

La faute de Balue

L'affaire fit deux victimes imprévues. L'opinion, comme toujours, commençait d'exonérer le roi de son échec de Péronne, et de charger les « mauvais conseillers ». Jean Balue, le cardinal d'Angers, avait poussé à l'entrevue après l'avoir déconseillée, et on l'avait trop vu négocier à Péronne pour n'être pas, après le drame, suspect de l'avoir manigancée. Thomas Basin, qui le hait, en vient à regretter qu'on reproche à Balue son rôle à Péronne plutôt que son orgueil et ses mœurs, lesquelles sont au contraire soulignées par Maupoint : l'évêque d'Angers était « peu lettré et peu composé en bonnes mœurs ». La munificence qu'il avait montrée en recevant, le 27 novembre, à Notre-Dame de Paris, le chapeau de cardinal ne lui avait procuré que des jaloux : le banquet avait été fastueux et le nouveau cardinal n'avait cessé de réciter ses propres louanges. Les propos que lui prête Maupoint – « Je fais feu, je fais rage, je fais bruit, je fais tout, il n'est nouvelle que de moi ! » – sont peut-être controuvés, mais le fait qu'on puisse les lui avoir prêtés dit assez le contentement de soi qui émanait de celui qui, après la catastrophe de Péronne et quel qu'y eût été son véritable rôle, aurait dû se montrer discret.

Comme nul ne l'accusait en face, le cardinal ne pouvait se défendre d'avoir poussé à l'acceptation du traité de Péronne. Un peu tard, il comprit quand même qu'on le soupçonnait d'avoir trahi le roi. Il en eut la preuve : Louis XI cessa de l'appeler au Conseil. À la fin de 1468, Balue inventa donc un stratagème : il allait prouver sa fidélité en aidant le roi à sortir d'un imbroglio créé à cette fin. Il prit donc langue avec un ami d'enfance, ancien conseiller et chancelier de Charles de France, l'évêque de Verdun Guillaume de Haraucourt, qui avait joué un certain rôle, en 1465, dans la négociation entre Louis XI et le roi René. Haraucourt avait alors reçu 4 000 écus. Toutes les ambitions lui semblaient permises, et l'espoir d'obtenir, comme naguère Balue, le chapeau de cardinal l'avait conduit à se rallier au roi. L'ambassadeur Bettini informa son maître le duc de Milan qu'on parlait sérieusement de ce chapeau. Haraucourt ne refusa pas de hâter les choses.

En avril 1469, Balue mettait la dernière main à sa machination : il écrivit au duc de Bourgogne pour lui conseiller de refuser l'arrangement relatif à la Guyenne et de pousser Charles de France à la rébellion armée. Les gens du roi interceptèrent le messager. Le 23 avril 1469, Balue et Haraucourt étaient arrêtés.

Leurs biens furent confisqués. L'opinion apprécia. Thomas Basin laisse éclater sa mauvaise foi quand il écrit que la chute de Haraucourt était « le salaire qu'il avait mérité » pour avoir abandonné Charles de France au profit du roi. Les deux prélats étaient bel et bien accusés de trahison. Mais Louis XI y gagnait beaucoup : on tenait enfin les responsables du drame de Péronne.

On parla de les juger. Le pape s'y opposa : lui seul pouvait juger un cardinal et un évêque. Le roi se le tint pour dit et ne parla plus ni de juger les traîtres ni de les libérer. Le pape avait assez de contentieux avec le roi : il se désintéressa de l'affaire. Balue allait rester onze ans en étroite prison à Montbazon, puis à Onzain près de Blois, et enfin à Loches. Il y était enfermé la nuit dans cette cage appelée à devenir célèbre et qui était au juste une cellule de sécurité pour la nuit, commandée dès février 1470. Comme le chancelier Doriole évoquait en 1475 l'idée d'un procès devant une assemblée d'évêques, le roi lui répondit qu'il avait « assez de gens de bien pour y besogner ». Non sans hypocrisie, il ajouta : « Besognez à leur procès et qu'on y procède en justice, le plus tôt que faire se pourra. »

Le cardinal ne fut relâché qu'en décembre 1480, sur l'intervention du cardinal-légat Giuliano della Rovere – le futur pape Jules II – et contre promesse de se retirer à Rome. Quant à Haraucourt, il demeura en prison à la Bastille pendant treize ans et ne fut enfin libéré qu'en 1482, sous condition de ne pas regagner la Lorraine. Il ne retrouva son siège, après un exil à Vintimille, qu'au temps de Charles VIII. La leçon fut entendue par les autres conseillers du roi : en fait de rouerie, on ne pouvait battre Louis XI.

Marier Charles

Qu'on fût en trêve ne changeait rien : c'était toujours le temps des complots, et Charles de France s'y entendait. Le duc de Guyenne pactisait avec le comte d'Armagnac et entretenait l'humeur de Gaston de Foix, toujours insatisfait du très faible soutien du roi dans l'affaire de Navarre. À l'instigation d'Odet d'Aydie, il renouait avec la Bretagne. Il correspondait avec l'Angleterre comme avec la Bourgogne. L'occasion s'offrait donc au roi de saper la réputation et le crédit de son frère. Charles de France avait juré la paix sur la croix de Saint-Laud. Le roi écrivit aux Lyonnais pour dénoncer le parjure et se dire scandalisé. Comme cela, toute la France le saurait et, grâce aux Medici de Lyon comme à ceux de Florence, l'Italie aussi.

Charles allait jusqu'à négocier avec les vieux ennemis de la maison de France, avec Jean II d'Aragon comme avec Ferrante de Naples, une alliance qui eût évidemment frappé de plein fouet les Angevins. Odet d'Aydie tenta de persuader le duc de Bretagne que sa place était à Saintes. Olivier Le Roux, que le roi avait envoyé à son tour sonder Charles de France et son entourage, avait fait un rapport alarmant : on préparait bel et bien une coalition et une campagne contre le roi de France. Odet d'Aydie et Gaston de Foix y poussaient, et le connétable de Saint-Pol semblait en être. Le duc de Guyenne convoqua son ban. On pensait que le roi n'oserait rien entreprendre contre son frère. « S'il le faisait, on lui baillerait tant de lévriers à la queue qu'il ne saurait quelle part fuir, car Bretons, Anglais, Bourguignons et plusieurs autres lui courraient sus. »

Naturellement, Louis XI était tenu au courant par ses agents. Le 11 octobre 1471, il prévenait son lieutenant en Poitou, Jacques de Beaumont, d'avoir à se tenir prêt. À la fin de l'année, il massa trois cents lances sur la frontière de Guyenne.

Alors qu'il se soucie de marier ou de ne pas marier les princes selon les intérêts de la dynastie, le premier dont Louis XI entend se garder, c'est Charles de France. Celui-ci ne s'y trompe pas, qui aimerait bien régler cette affaire tout seul. En 1469, il a vingt-trois ans, et le roi ne saurait interdire à son frère de se marier. Encore faut-il savoir avec qui. Il convient que Charles soit marié selon son rang, qui est encore celui du premier héritier de la Couronne, mais que ce mariage l'écarte autant que faire se peut des affaires intérieures du royaume. Louis XI pense alors à la Castille. Or il y a deux princesses de Castille à marier. Isabelle, fille du roi Jean II, est sœur et héritière possible du roi actuel, Henri IV. Elle a dix-huit ans. Celle qui sera dans cinq ans la reine Isabelle la Catholique est à l'évidence un parti superbe, et son mari aurait assez à faire dans la Péninsule pour ne plus se mêler des complots des princes français. Mais Louis XI a appris que l'on songe plutôt à marier Isabelle avec le fils du roi Jean II d'Aragon, celui qui sera bientôt Ferdinand le Catholique. À l'automne de 1469, il envoie le cardinal d'Albi, Jean Jouffroy, pour tenter de faire obstacle à une union qui, en faisant l'unité de l'Espagne, mettrait un terme au jeu de bascule que pratique depuis longtemps la France entre les deux principaux royaumes ibériques.

Le cardinal d'Albi ne peut empêcher le mariage aragonais. Alors que, le 11 novembre, Louis XI écrit à son frère qu'il n'y croit guère, la cérémonie a déjà eu lieu. Le 25 octobre, on a marié Isabelle et Ferdinand, ceux qui seront « les Rois ». Mais Henri ne souhaite pas rompre avec Louis XI. Il lui envoie sur-le-champ à Amboise un de ses conseillers porteur d'une proposition de rechange : marier Charles de France à l'infante Juana, celle que l'on appelle Juana la Beltrandeja parce que la fille que le roi Henri a eue de la reine sa femme est tenue pour illégitime par tous ceux qui pensent que le roi est impuissant et que Beltran de la Cueva en est le vrai père. Juana sera comme telle écartée de la succession au profit de l'infante Isabelle, et elle mourra au couvent. Pour l'instant, le roi Henri la déclare son héritière, et c'est bien ce qu'il fait savoir au roi de France. La proposition a donc tout pour séduire celui-ci. Vers le 20 novembre, le mariage de son frère et de l'infante lui paraît à ce point assuré que, écrivant au roi de Castille la joie qu'il en a, il qualifie déjà Charles de France de « duc de Guyenne, prince de Castille ».

Un terrible danger s'annonce en revanche quand on parle d'un mariage entre le frère du roi et Marie de Bourgogne, fille et unique héritière du Téméraire. Charles de France se porte délibérément candidat à sa main quand, au printemps de 1471, il songe à trahir de nouveau son frère le roi et renoue des relations avec le duc de Bretagne, avec le connétable de Saint-Pol et, naturellement, avec le duc de Bourgogne. Malheureusement pour lui, le Téméraire s'est fait une opinion peu favorable du duc de Guyenne et, au lieu de saisir la perche d'une alliance avec un prince qui n'a guère de consistance politique, il s'arrange pour prévenir Louis XI. L'idée de voir un jour son frère à la tête des états bourguignons sans perdre pour autant son duché de Guyenne a tout pour rappeler au roi de France ce qu'il en a coûté pendant trois siècles d'avoir laissé Henri II Plantagenêt épouser l'héritière Aliénor d'Aquitaine.

Charles a sollicité du pape Paul II la dispense nécessaire. Une réunion se tient à Paris, aux Célestins, où Pierre de Morvilliers, toujours inconsolable d'avoir perdu la Chancellerie, organise la démarche. L'évêque de Montauban, Jean de Batut, et le confesseur du duc Charles, l'abbé de Saint-Jean-d'Angély Jourdain Faure, iront à Rome, où l'évêque d'Angers, Jean de Beauvau, a déjà envoyé un chapelain, le curé de Sainte-Geneviève-la-Petite, autrement dit Sainte-Geneviève-des-Ardents, dans la Cité. Morvilliers finance le voyage. Pendant ce temps, Jean de Beauvau ira en Espagne. Par le prieur des Célestins, la nouvelle en parvient à Louis XI.

Édouard IV n'est pas plus favorable au mariage de Charles de France et de Marie de Bourgogne : l'idée qu'un même prince puisse un jour disposer du royaume de France et des états bourguignons lui laisse entrevoir la ruine de toute politique anglaise sur le continent. Persuadé que le mariage est près de se faire, il ne contribuera pas peu à dissuader le duc de Bourgogne.

C'est Imbert de Batarnay qui se voit chargé, le 10 août 1471, d'aller faire savoir à Charles que ses manœuvres sont connues et de mettre les choses au point. Charles de France dit maintenant qu'il n'a jamais demandé au pape à être relevé de son serment. Batarnay lui met le marché en main : ou il déclare solennellement qu'il n'a pas envoyé à Rome pour cela l'évêque de Montauban et qu'il renonce à toute dispense accordée ou à accorder « au contraire du serment fait », ce qui « ôterait toute imagination que le roi y pourrait avoir », ou il refuse de le déclarer. En ce dernier cas, il prouverait ainsi qu'il a bien demandé la dispense.

Deux précautions valant mieux qu'une, le roi n'attend pas le retour de Batarnay et tente d'entreprendre le pape. Comme il ignore encore la mort de Paul II, il écrit le 20 août à Laurent de Medici, lui-même au pouvoir depuis huit mois seulement, en lui demandant d'intervenir auprès de son ami le pape pour que celui-ci ne relève pas Charles de France de ses engagements envers la Beltrandeja. Il ne peut deviner qu'un nouveau pape sera élu le 25, et que Laurent de Medici sera rapidement l'ennemi juré de Sixte IV. L'intermédiaire est mauvais.

Soutenu par Galeazzo Sforza, mais aussi par Laurent de Medici, il en appelle maintenant à Sixte IV. Peu soucieux de voir le roi remettre en cause le projet de concordat, celui-ci se prête à la manœuvre : pour une consanguinité qui n'est pas pire que toutes celles pour lesquelles le Saint-Siège ne cesse d'accorder aux princes des dispenses, il déclare le mariage impossible et menace d'excommunication un duc de Bourgogne qui, on l'a dit, n'est pas du tout décidé. L'évêque de Viterbe, Pietro Franceschi, vient exprès à Cléry publier la bulle. On ne parlera plus du mariage bourguignon.

La mort de Charles

Une bonne nouvelle parvint à Louis XI en décembre 1471. Charles de France allait fort mal. Il ne se déplaçait plus qu'en litière. L'entourage du duc de Guyenne se lassait de le voir gouverné par ses maîtresses et commençait de se défaire. Le roi salua l'une de ces défections par un mot : « Je pense qu'il est instruit. » Les nobles de Guyenne avaient négligé de répondre à la convocation du ban ducal. La coalition s'effondrait. Saint-Pol manifestait sa fidélité, et se portait garant des intentions pacifiques du duc de Bourgogne, lequel traitait fort bien La Trémoille et Doriole, toujours chargés de négocier la paix définitive. Le roi n'avait plus qu'à attendre la mort de son frère. Une rémission du duc de Guyenne, au début de 1472, prolongea l'attente.

Par précaution, le roi ordonna à Tanguy du Chastel d'en finir avec Odet d'Aydie auquel il faisait face en Angoumois et de venir prendre position à Niort. Le 6 mai, il lui assigna ses objectifs : La Rochelle, Saintes, Saint-Jean-d'Angély et Pons, mais il lui enjoignait le surlendemain de ne rien faire, en l'attente des résultats de la négociation avec le duc de Bourgogne. Les deux affaires étaient toujours enchevêtrées, et le roi craignait « honte et moquerie » si la paix avec la Bourgogne se faisait sous condition que les places prises en Guyenne soient rendues à Charles de France.

Louis XI était tenu au courant, au jour le jour, de la maladie de son frère. Le 9 mai 1472, il s'attendait à des nouvelles dans les deux ou trois jours. Cette fois, il autorisait Tanguy du Chastel à « ne pas refuser » les places qui se mettraient d'elles-mêmes en ses mains. Du Chastel s'établit sur la frontière de Guyenne, à quelques heures de La Rochelle. Il pensait que la ville se livrerait d'elle-même : on savait les intelligences qu'y entretenait Pierre Doriole, qui en avait été, après son père, le maire, et le duc de Guyenne lui-même s'en méfiait depuis longtemps. Le roi donna ordre à Du Chastel de reculer, puis, le 14 mai, revint sur sa décision : l'armée devait rester devant La Rochelle, mais n'y pas entrer. Dans le même temps, il concentrait à Niort son artillerie, envoyait d'urgence le grand maître Dammartin et se préparait à gagner lui-même La Rochelle au premier signal.

Le 18 mai 1472, un courrier de Jourdain Faure, « le moine qui dit ses heures » et qui était certainement depuis quelque temps son informateur, apprit au roi que son frère Charles se mourait au château du Hâ et qu'il n'y avait « point de remède en son fait ». Délaissant pour un temps les affaires de Picardie, Louis XI avait déjà quitté Plessis-lès-Tours pour se rapprocher. Il s'était arrêté à Montreuil-Bellay pour attendre les nouvelles et faire ses dévotions au Puy-Notre-Dame. Au reçu du courrier, il décida d'anticiper. Ce même 18 mai où il annonçait au grand maître que son frère était mourant, il écrivit à la ville de Bayonne que le duc de Guyenne était mort et il envoya l'un de ses capitaines pour prendre possession de la ville. Lui-même rejoignit son armée face à la Guyenne et, sans ses troupes, prit la liberté d'entrer enfin dans le duché. Toujours à petite escorte, il passa par La Rochelle, traversa Saintes et apprit là, le 27 mai, que Charles était mort trois jours plus tôt. Sans aller plus loin, il organisa la reprise en main de la Guyenne.

Cela changeait la donne. La Guyenne revenait au roi, les deux filles que son frère avait eues de sa maîtresse Colette de Chambes n'ayant aucun droit à faire valoir. Le marchandage des villes de la Somme contre la renonciation à la coalition perdait tout son sens. Le roi ignorait encore la proposition faite par le Téméraire au duc de Bretagne, mais il voyait bien que céder maintenant la Picardie était faire un marché de dupes. Quand, juste avant la mort de son frère, il avait reçu le traité déjà scellé par le duc de Bourgogne, il avait différé de le valider. Le messager du duc s'en était retourné sans illusions. Il n'avait pas à en nourrir : le roi faisait revenir son artillerie vers la frontière de Bretagne. Il restait quinze jours de trêve.

En Guyenne, le roi se gardait sagement de toute épuration. Après tout, les officiers n'avaient plus de maître à servir dans ses complots, et on ne voyait personne qui pût maintenant demander le duché. Leur intérêt était donc de servir loyalement le roi. Celui-ci compta sur cet intérêt pour assurer cette loyauté. Il confirma la plupart des titulaires d'offices ducaux. D'autres retrouvèrent des fonctions jadis perdues. Thierry de Lenoncourt avait été bailli de Vitry pendant dix-sept ans sous Charles VII et avait été évincé en 1461. Il était passé au service de Charles de France, qui en avait fait un gouverneur de La Rochelle. À la mort du duc de Guyenne, il fut derechef nommé bailli de Vitry, et le roi lui donna même diverses seigneuries d'Armagnac, confisquées sur le duc de Nemours. Il remplit quelques missions diplomatiques, mourut en fonction peu après le roi et eut pour successeur son petit-fils, cependant que son fils était maître d'hôtel de Charles VIII.

Louis XI alla même jusqu'à prendre à son service domestique quelques-uns de ceux qui avaient servi son frère. Cela manqua de lui coûter la vie. Un ancien fidèle de Charles de Guyenne entreprit de faire empoisonner le roi et s'acoquina pour cela avec des cuisiniers qui avaient comme lui servi Charles de France. L'un d'eux, en novembre 1473, dénonça le tout. Tout ce monde avait des liens avec l'hôtel de Bourgogne. Beaucoup, et notamment le roi, crurent que l'affaire était commanditée par le Téméraire, alors que le cuisinier pensait tout simplement que le duc le récompenserait de son initiative. En fait de récompense, il fut exécuté.

Restait une formalité : enterrer le défunt duc de Guyenne. Louis XI manifesta qu'il s'en souciait fort peu. Un an après la mort de Charles, le cercueil était toujours sur des tréteaux. Bien embarrassé, le clerc de la ville fit demander des instructions. Le roi répondit qu'il suffisait de dire « une messe honorable » et d'enterrer le corps. Le 15 avril 1473, on célébra la messe en petit comité : il avait été jugé inutile d'inviter le Parlement et les notables. Quatre torches firent toute la solennité. Puis on laissa le corps dans son catafalque. Le roi fit savoir qu'on verrait plus tard à élever un tombeau et qu'il en prendrait sur lui la dépense. Mais il oublia de s'exécuter. Pendant un an, on dit une messe chaque jour devant le catafalque. Puis on mit le cercueil en terre, sous une dalle de la cathédrale. Un médaillon semble avoir rappelé, sur le mur, le souvenir de Charles de France. La Guyenne, elle, l'avait déjà oublié.

L'Armagnac

Il fallait également en finir avec l'Armagnac. La vie dissolue du comte Jean V lui valait une fâcheuse réputation, et l'on pouvait compter que les grands barons ne se mettraient pas en peine de soutenir un homme qui affichait sa liaison avec sa sœur et avait eu de celle-ci trois enfants. Même Gaston de Foix ne semblait pas prêt à le défendre. Seule, sa collusion avec Charles de France pouvait le rendre dangereux. La prudence s'imposait.

En juin 1469, le roi envoyait une armée pour mettre François d'Orléans, comte de Dunois depuis la mort de son père le Bâtard d'Orléans, en possession de ses terres du Poitou. Il précisait alors qu'il convenait de ne toucher ni aux seigneuries de Charles de France, nouveau duc de Guyenne, ni à celles de Jean V. Celui-ci se crut sauvé et continua de conspirer avec l'Angleterre. Il ignorait que le roi avait spécifié, écrivant au grand maître Dammartin : « N'y touchez point pour cette heure. » Autrement dit, l'heure viendrait.

En avril 1469, elle sembla venue. Dammartin et Tanguy du Chastel furent chargés de conduire l'opération. Le Bâtard de Bourbon, Nicolas d'Anjou et Ruffec de Balsac allèrent les renforcer. Ils occupèrent les principales places. La capitale de l'Armagnac, Lectoure, tomba en décembre. Jean V était parvenu à quitter la ville. Il se réfugia à Fontarabie, puis à Saint-Sébastien. Cité devant le Parlement, il fit défaut. Il offrit d'envoyer un procureur, que le roi récusa. Le 7 septembre 1470, pour haute trahison, Jean V était condamné par contumace. Son comté fut donné à son frère Charles, largement amputé de ce que le roi jugea bon de donner à ses fidèles. Même Charles de France eut sa part. On paya ensuite les ralliements. « J'ai ici un grand tas de Gascons et n'ai pas un blanc pour leur donner », écrivait le roi, dès avril 1470, à Bourré en le chargeant de trouver quelque argent.

L'avènement de Charles de France en Guyenne sonna pour Jean V l'heure du retour. En décembre 1471, Charles de France lui rendait ce qu'il avait reçu de ses terres, à l'exception de la ville de Lectoure qu'il aima mieux garder et sur laquelle le roi aurait volontiers mis la main.

La mort du duc de Guyenne mit fin à l'illusion. Pierre de Beaujeu fut dépêché pour assiéger une nouvelle fois Lectoure. Jean V capitula, avec d'honorables conditions. Il se crut à nouveau sauvé et reprit par ruse sa capitale, le 18 octobre 1472. Il s'y enferma et garda Beaujeu prisonnier. Cette fois, c'en était trop. Louis XI se prit à craindre que Jean V ne fût qu'un jouet aux mains des Anglais et des Bretons : en d'autres termes, cette agitation en Gascogne pouvait n'avoir pour but que d'occuper les esprits en attendant l'arrivée sur le continent du roi d'Angleterre. Mieux valait en finir rapidement.

Le roi avait une armée en Guyenne. Il alla, en novembre 1472, s'établir en Poitou. Puis il envoya les sénéchaux de Toulouse et d'Agen, Gaston du Lion et Robert de Balsac, occuper l'Armagnac. L'artillerie fit merveille. Fidèle du comte, l'évêque de Lombez Jean de Bilhères de Lagraulas – souvent appelé à tort Villiers de la Groslée – négocia une nouvelle capitulation avec le cardinal d'Albi Jean Jouffroy, qui représentait le roi. Le 5 mars 1473, Lectoure se rendait pour la troisième fois. Le lendemain, Jean V tombait dans une escarmouche, tué par un simple archer. Nul ne put jurer qu'il s'agissait d'une erreur. Le roi assigna une pension à la veuve. Charles d'Armagnac étant alors en prison, le comté fut démembré.

CHAPITRE XXII

Trêves et passes d'armes

Le voyage de Warwick

Édouard IV se reprenait à rêver d'une expédition en France. En janvier 1470, Louis XI se tenait prêt à la défense. Il convoqua l'arrière-ban pour le 1er mars. Warwick, lui, ne cherchait qu'une chose : reprendre le pouvoir. Ayant alternativement joué du Lancastre Henri VI, de la reine Marguerite d'Anjou et du duc d'York devenu Édouard IV, le « faiseur de rois » se dressait maintenant contre celui-ci, qui l'avait écarté du gouvernement, et mettait ses espoirs dans le frère d'Édouard IV, George, duc de Clarence. Il en faisait son gendre. Il se préparait à en faire un roi d'Angleterre. Clarence et Warwick voulurent gagner Calais, se virent interdire le port et demandèrent à Louis XI l'autorisation de mouiller à Honfleur. Le 1er mars 1470, ils touchaient la Normandie. L'amiral, c'est-à-dire le Bâtard de Bourbon, et l'archevêque de Narbonne Antoine du Bec-Crespin, qui avaient été les interlocuteurs de Warwick trois ans plus tôt, furent dépêchés à Honfleur pour leur faire honneur.

Warwick s'était aventuré. Les chances de Clarence étant faibles, il se disait prêt à restaurer Henri VI. Louis XI se montra d'abord réservé. Comme il ne pouvait se désintéresser d'une éventuelle restauration de Henri VI et de Marguerite d'Anjou, il lui fallait faire bon accueil à Warwick, mais il voyait bien que celui-ci commençait à faire figure d'agitateur et de comploteur maladroit plus que d'homme d'État.

Les maladresses n'avaient pas attendu le débarquement. La

flotte de Warwick avait fâcheusement capturé quelques nefs marchandes bourguignonnes et bretonnes, et une grosse hourque bourguignonne avait été coulée en plein estuaire devant Harfleur : ranimer une alliance avec Warwick conduisait inévitablement à rouvrir la crise avec le Téméraire et avec François II, lesquels n'avaient nullement renié leur vieille alliance avec Édouard IV. Déjà, renforcée de navires pris aux Espagnols et aux Portugais, le duc de Bourgogne envoyait sa flotte croiser au large des côtes normandes. Le bénéfice de cinq ans de diplomatie royale pouvait être perdu. Le gouverneur de Normandie, c'était le connétable de Saint-Pol : l'incident pouvait mettre mal à l'aise ce bourguignon de cœur, qui n'était rallié au roi que par les nécessités de la paix. Il n'y avait aucune illusion à se faire : le connétable avait immédiatement prévenu le duc de Bourgogne.

Louis XI prit les devants. Il s'excusa auprès du duc : il avait autorisé la venue de Warwick en Normandie avant de connaître l'affaire des bateaux bourguignons, et il allait faire libérer ceux-ci sur-le-champ. Jean Bourré et l'Écossais William Menypenny, devenu en France le seigneur de Concressault, furent dépêchés pour expliquer la chose à l'amiral et à l'archevêque. Il fallait surtout que Warwick allât relâcher ailleurs qu'en cette baie de Seine où il y avait trop de marchands des Pays-Bas pour que le duc de Bourgogne ne fût pas immédiatement informé de tout. Le 19 mai, ordre était donné à Bourré et Menypenny de lui mettre le marché en main.

> Avant de conclure leur venue, faites que tout leur navire soit parti. Je ne les verrai point tant qu'ils auront leurs navires par-delà. Et, s'ils voulaient laisser les navires pour leurs personnes à Honfleur, ne le souffrez pas. Jamais je ne serai à mon aise avant que je sache au certain que tous leurs navires sont partis, et qu'il n'en est pas demeuré un tout seul. Et dites-leur qu'ils pourront mettre lesdits navires de leurs corps dedans les havres de Barfleur, Granville, Cherbourg ou ailleurs au bas pays, et qu'ils y soient menés de manière que les Bourguignons ne puissent savoir ce qu'ils sont devenus.

Comme les Anglais demandaient avant tout à voir le roi, on leur fit remarquer qu'ils n'en regagneraient que plus aisément leurs navires après une entrevue que l'on pouvait organiser non loin de Tours : la Basse-Normandie était plus près de la Touraine que la baie de Seine. C'était se moquer : ce qui eût été vrai pour Granville ne l'était certainement pas pour Cherbourg et Barfleur, à la pointe du Cotentin. Chacun pouvait comprendre que ces trois ports seraient surtout des plus discrets. D'ailleurs, avant de les voir, le roi se souciait de leur départ : si les Anglais avaient quelque difficulté pour repartir en Angleterre, on leur prêterait la grande nef de l'amiral. Pour atténuer l'effet de sa tiédeur, Louis XI proposait cependant de la manière la plus courtoise d'héberger à Amboise, chez la reine, les dames qu'indisposait une navigation dont on ne savait le terme. Les dames préférèrent l'abri de quelques abbayes proches de Honfleur.

Warwick déclara qu'il ne bougerait pas tant que le roi n'aurait pas accepté de le recevoir lui-même. L'exigence mit Louis XI en colère : il ne recevrait Warwick qu'une fois sa flotte partie et il attendrait que les cargaisons pillées soient rendues à leurs propriétaires, en majorité anversois. C'était bloquer la négociation : les marins anglais avaient depuis longtemps fait argent sur le port de tout ce qu'ils avaient dérobé, et Bourré ne récupérait rien. Quant aux dames, le roi les voulait dans une place forte, n'ayant aucune envie de porter la responsabilité si elles étaient victimes d'un coup de main contre des abbayes mal protégées : on pourrait y « faire d'une nuit déplaisir ».

L'Anglais le prit de haut. Il envoya quelques navires en haute mer, qui prirent d'autres bateaux bourguignons. La provocation était évidente, l'autorité du roi était bafouée, et l'indignation montait dans les milieux d'affaires de Bruges, donc sur toutes les places de la Hanse. Louis XI crut pouvoir manœuvrer Warwick et Clarence : il les invita à Amboise. C'était exactement ce qu'ils attendaient. Le 8 juin, le roi de France accueillait ses hôtes au pied du château. La flotte était toujours à Honfleur. Personnage incontournable de l'affaire anglaise, la reine Marguerite d'Anjou était à Bar-le-Duc. On la pria de venir.

Charles le Téméraire prenait très mal la chose. Il cria à la rupture du traité de Péronne, annonça qu'il allait mener la guerre contre la Normandie, arma sa flotte à Bruges et demanda au duc de Bretagne de mettre en campagne ses corsaires. Un navire normand n'arrangea rien en allant dans le port de L'Écluse faire quelques dégâts.

On était en plein imbroglio, et Louis XI en voyait les risques. Son propos fut vite établi, dès lors qu'il avait mesuré la détermination de Warwick contre son ancienne créature, Édouard IV. Aux frais du roi de France, Warwick entendait mener à bonne fin la restauration du Lancastre, avec pour garant de sa légitimité, jusqu'à la libération de Henri VI, la reine Marguerite, enfin réconciliée avec celui qui avait détrôné son mari. Pour sceller cette réconciliation, le prince Édouard, fils de Henri VI et de Marguerite, épouserait Anne Neville, la fille de Warwick. Déjà beau-père de Clarence, le « faiseur de rois » le serait aussi du futur roi. Naturellement, on ferait un traité de paix entre la France et l'Angleterre.

Louis XI n'était pas naïf : même si le traité de paix était présenté comme une trêve de trente ans, ainsi qu'il l'écrivait dès le 23 juin 1470 au roi de Castille, le projet avait tout pour irriter encore plus le duc de Bourgogne, dont un renversement des alliances avec l'Angleterre allait rétrécir l'horizon politique. Mais ce rétrécissement lui-même devait décourager le duc d'entreprendre sérieusement contre la France. Il avait envoyé quelques navires en baie de Seine et bombardé la côte avant de bloquer les ports où relâchaient les navires de Warwick. Il avait fait arrêter quelques marchands français aventurés à la foire d'Anvers et ne s'était pas privé d'insulter les ambassadeurs français venus demander réparation. On pouvait espérer qu'il s'en tiendrait là, surtout quand le succès aurait récompensé la maison de Lancastre et son allié français. Pour l'heure, le Téméraire se soulageait surtout par des menaces. Pour dramatiser celles-ci devant les émissaires de Louis XI, il alla jusqu'à invoquer la vivacité de son sang portugais. Le duc avait bien compris que l'alliance de la France et d'une Angleterre revenue au Lancastre, c'était la Bourgogne seule face à une redoutable coalition. Il devenait évident que le roi cherchait maintenant la guerre contre la puissance bourguignonne.

Louis XI se fiait à la fois à son instinct et à sa rancune : il avait à venger Péronne. Même si personne n'osait en parler devant lui, il sentait qu'il lui fallait redorer son blason aux yeux de ses sujets. Mais il lui fallait voir loin : dans l'immédiat, l'alliance d'un Warwick n'avait rien de glorieux, et le roi ne pouvait ignorer qu'on le chansonnait de nouveau. C'est à long terme que l'opération apparemment montée au bénéfice du Lancastre pouvait se révéler fructueuse.

Après quelques jours de fête et de conciliabules, Warwick regagna Honfleur pour laisser le roi seul face à la reine Marguerite. Louis XI n'avait plus qu'une chose en tête : que Warwick rembarque. Bourré eut à y veiller, à charge pour lui de se faire aider par Menypenny et par l'amiral. Comme l'Anglais craignait une attaque des Bretons ou des Bourguignons, Bourré n'avait qu'à fournir une escorte faite des navires du roi.

> Vous savez assez le désir que j'ai et dois avoir du retour de Monseigneur de Warwick en Angleterre, tant pour le bien que ce me serait de le voir au-dessus de ses querelles, ou à tout le moins que, par son moyen, le royaume d'Angleterre fût en brouillis, comme pour éviter les questions qui pour sa demeure par-deçà pourraient advenir, dont vous en avez connu des commencements.

On aura noté le propos sur le « brouillis ». L'agitation de Warwick était plus utile en Angleterre qu'en France. Il fallait donc manœuvrer avec finesse. Bourré, qui ne quittait plus Honfleur, en était chargé : « J'entends que ce soit par toutes les plus douces voies que vous pourrez et en manière qu'il n'aperçoive que ce soit pour autres fins que pour son avantage. »

Bourré avait du savoir-faire. Il s'abstint de rencontrer Warwick, sachant bien que celui-ci allait lui demander de l'argent et le dépenser pour son seul séjour en Normandie. Le roi avait envoyé Yvon du Fou pour veiller à ce que « les gens dudit Warwick n'aient aucune disette ni nécessité, et qu'ils ne se malcontentent ». Mais Bourré disposait du trésor de guerre, ce qui était bien autre chose. Il entendait payer pour la guerre contre Édouard IV, non pour un embarras en Normandie. Il l'écrivit au roi le 29 juin 1470. « Je ne suis pas délibéré d'en rien bailler, sinon quand je verrai qu'ils seront pour monter en leur navire. Ainsi vous me l'avez commandé. »

Il fallait préparer Marguerite d'Anjou au renversement des

alliances. L'ancien héros de la « Rose blanche » d'York qu'était Warwick eût été de trop dans les premiers temps. Arrivée à Amboise à la fin de juin, Marguerite d'Anjou, comme on s'y attendait, se récria. Que la France secourût Henri VI, toujours prisonnier à la Tour de Londres, certes. Que l'on fît une paix durable entre la France et l'Angleterre, certes. Mais la reine déchue se refusait à tout compromis avec Warwick : ni alliance ni mariage. Louis XI usa de toute sa rhétorique pour tenter de la convaincre. Que la fille d'un Neville pût être un jour reine d'Angleterre aurait suffi à irriter l'orgueilleuse fille du roi de Jérusalem et de Sicile qu'était aussi le duc d'Anjou, comte de Provence. Que la promise fût la fille de celui qui avait renversé son mari rendait l'union encore moins acceptable.

Le futur Charles VIII étant né pendant ce temps (30 juin 1470), le roi eut l'habileté de choisir le prince Édouard comme parrain du futur roi de France. Marguerite accepta que Neville travaillât pour elle, mais rien de plus pour l'instant. Une fois l'Angleterre reconquise, on pourrait reparler du mariage. Jusque-là, elle n'entendait pas confier le jeune Édouard – il avait dix-sept ans – à un aventurier qui avait si souvent trahi.

Warwick ne devait être accompagné, dans son entreprise, que de Jasper Tudor. Le choix était habile. Ce fils d'Owen Tudor et de Catherine de France, veuve depuis un demi-siècle du Lancastre Henri V, n'était que comte de Pembrocke et ne pouvait être un otage de prix dans une compétition pour la Couronne d'Angleterre. Mais l'hostilité des Tudor à Édouard IV était bien connue, Jasper était le demi-frère de Henri VI, on l'avait vu deux ans plus tôt à la tête de ses troupes débarquées au pays de Galles, et son neveu Henri Tudor, comte de Richmond, héritier des Plantagenêts par sa mère, n'était pas sans droits au trône. On sait que Henri Tudor mettra fin en 1485 à la guerre des Deux Roses et sera le roi Henri VII. À lui seul, en 1470, Jasper garantissait par sa présence la sincérité de Warwick.

Pour cimenter l'échafaudage politique, il fallait la caution de la maison d'Anjou. La reine Marguerite respectait son oncle, et le roi René était sensible aux égards. Louis XI décida d'aller tenir chez lui, à Angers, une grande réunion de famille à laquelle il convia son frère le duc de Guyenne. Il s'y fit accompagner de

Daillon, le plus retors de ses proches, ce qui suffit à dire l'ambiguïté de la « journée ». Le seul qu'on avait laissé hors de l'invitation était Clarence : il s'était un peu vite vu roi d'Angleterre et devenait gênant pour un Warwick qui lui avait naguère proposé la Couronne. Le 22 juillet 1470, Warwick se prosternait devant Marguerite, qui le laissa à genoux un quart d'heure, puis prononça les paroles de pardon qu'on attendait.

Le 25, on solennisa l'alliance. Dans la cathédrale, on commença par signer les fiançailles du prince Édouard et d'Anne Neville, des fiançailles qui étonnaient bien des contemporains. Puis ce fut le grand pardon : Marguerite jura de ne jamais reprocher à Warwick son passé. Warwick jura de rétablir Henri VI. Louis XI et le duc de Guyenne jurèrent qu'ils étaient garants de la fidélité de Warwick. Dans une lettre du même jour, le roi fit de l'ironie : il avait « fait le mariage » de la reine Angleterre et de Warwick.

Louis XI venait de mettre au point une machination particulièrement subtile. D'abord, il poussait à une guerre interne en Angleterre, une guerre qu'il allait financer sans s'y engager lui-même. Ce ne serait qu'une guerre entre Warwick et Édouard IV. Mais le roi de France se trouvait bien de la présence active de Warwick en l'affaire : Marguerite en voulait à son cousin Louis XI de n'avoir jusque-là pas fait grand-chose pour elle, alors que Warwick était désormais lié à la France, sinon par reconnaissance, du moins par intérêt.

Ensuite, il faisait trembler le Téméraire. Les milieux d'affaires de l'état bourguignon, les grands marchands de Bruges et leurs relations hanséatiques n'étaient soucieux que de la paix avec leurs semblables anglais : ils ne broncheraient pas si Henri VI l'emportait. Faute de pouvoir intervenir en Angleterre, le duc de Bourgogne n'avait qu'à attendre la suite. Louis XI savait que l'irritation du Téméraire contre l'alliance pouvait conduire à une guerre contre la France, mais le fait que le conflit se transportât en Angleterre ne pouvait que la différer. Or, si le roi pensait déjà à cette guerre contre la Bourgogne et constituait déjà une « épargne de guerre » largement alimentée par le droit sur les francs-fiefs et nouveaux acquêts de Normandie, il entendait en prendre l'initiative à son heure, non laisser le duc maître de l'heure. Il donna des preuves de bonne volonté envers la Bourgogne. Comme, pour répliquer à l'arrestation des marchands français, on avait arrêté à Troyes les marchands bourguignons, il donna, le 1er juillet, ordre de les relâcher. Il l'écrivit sans fard à Bourré : « Ces Bretons et Bourguignons ne tendent à autres fins que de trouver moyen de rompre la paix sur couleur de la demeure dudit Warwick par-deçà et, par tant, commencer la guerre, laquelle je ne voudrais point voir commencer sur cette couleur. »

Une hourque marchande ayant été coulée dans l'estuaire de la Seine, il se préoccupait surtout, à la demande des gens de Harfleur, de dégager le chenal. Il annonça qu'on rendrait la hourque ou ses morceaux aux Bourguignons, ou qu'on les indemniserait, mais seulement quand le moment serait venu. La bonne volonté s'arrêtait là : on attendait. Pour l'instant, les troupes embarquées du duc de Bourgogne étaient toujours en baie de Seine, qui ravageaient les alentours, faisaient prisonniers de braves pêcheurs et rançonnaient un navire rouennais qui n'avait rien à voir avec l'affaire. Louis XI ne se faisait pas d'illusions et l'écrivait à Dammartin.

> Il semble que, vu les manières que font les Bourguignons, ils attendent une plus grande puissance, soit d'Angleterre ou d'ailleurs, pour descendre et venir par mer et par terre combattre mes gens et Monseigneur de Warwick. Vous savez quelle honte ce me serait s'ils ne trouvaient bonne résistance.

Charles le Téméraire, lui, préparait ouvertement la guerre. Les bonnes gens de Picardie étaient semoncés, dès juillet 1470, de « se mettre en armes, avec tels bâtons et harnais dont ils se voudraient défendre », ainsi que l'écrivait au roi le comte d'Eu Charles d'Artois. Le roi comprit que le duc de Bourgogne voulait « tenir termes de roi au royaume de France comme moi ».

Pour l'heure, Louis XI se dégageait d'une situation qui tournait à l'incommode. Il cessait d'être celui qui ne faisait rien pour le captif de la Tour de Londres. Il cédait aux exigences de la solidarité du lignage et consolidait ainsi sa paix avec les Angevins. Il réexpédiait en Angleterre un Warwick particulièrement encombrant. Enfin, il préparait la guerre contre la Bourgogne, mais laissait croire qu'elle serait le fait du duc. Régler l'affaire anglaise était la condition nécessaire de l'alliance contre le Téméraire.

On passa aux actes. Warwick établit son poste de commandement à Valognes. Le roi alla à Avranches inspecter les préparatifs de l'expédition, mais aussi les défenses, car les troupes embarquées d'Édouard IV faisaient déjà quelques incursions à travers la campagne normande. Le 31 août, il se préparait à gagner Harfleur pour y diriger en personne l'expulsion des Bourguignons qui poursuivaient leurs ravages. Il y convoqua les troupes qu'il savait capables d'arriver rapidement, celles de Dammartin, de Tanguy du Chastel, de Georges de la Trémoille et de Jean de Salazar. Il fit venir les francs-archers de Capdorat.

La mobilisation était inutile. Le 6 septembre, une tempête dispersa la flotte bourguignonne qui ne se regroupa qu'en mer du Nord. L'amiral – le Bâtard de Bourbon – et Warwick en profitèrent pour faire sortir leurs navires. Jasper Tudor se joignit à eux. Le 9, ils mettaient à la voile vers l'Angleterre. Ils débarquèrent leurs troupes à Plymouth et Dartmouth. Les navires de l'amiral regagnèrent la Normandie.

Le succès sembla couronner rapidement l'entreprise. Warwick se proclama lieutenant général de Henri VI. Le 6 octobre, il entrait dans Londres et allait délivrer à la Tour celui qu'il y avait mis en prison cinq ans plus tôt. Avec trois petits bateaux, Édouard IV avait pris la fuite, sans grande escorte et sans argent. On le retrouvera en Frise, puis en Hollande, chez le Téméraire, lequel ne sut que faire de son nouvel hôte.

Louis XI ne perdit pas de temps : il dépêcha en Angleterre pour qu'on n'oubliât pas ce qui demeurait pour lui la fin de l'affaire, le déclenchement rapide d'une offensive franco-anglaise contre la Bourgogne. Le 28 septembre, il interdisait toute exportation vers les états du duc de Bourgogne. Le 14 octobre, on publia le traité passé avec Warwick. C'était faire savoir que le duc de Bourgogne n'avait plus d'allié. Le roi, écrira Chastellain, « se baignait en roses ». Il pouvait alors remercier Dieu : il fit un pèlerinage à Celles et prescrivit trois jours d'actions de grâces.

Saint-Pol

La trêve était devenue pure fiction. Depuis que les villes de la Somme avaient été rendues au duc de Bourgogne, les agents du roi les poussaient à une insurrection contre leur nouveau maître, insurrection qui eût fourni à Louis XI l'occasion d'intervenir. En novembre 1470, on rapporta que le duc de Bourgogne avait l'intention de mettre garnison à Saint-Quentin. Il en avait le droit, mais la décision était empreinte d'une évidente hostilité. Louis XI jugea que la chose lui déplaisait. Il enjoignit aux bourgeois de refuser la garnison et envoya le connétable de Saint-Pol avec une troupe qui, le 10 décembre, occupa sans peine la ville. Puis, pour être prêt à toute éventualité, il fit venir de Tours à Paris son artillerie. On l'entreposa au Louvre.

Saint-Pol ne s'était pas fait prier. Certes, c'est à sa fidélité au duc de Bourgogne qu'il devait l'épée de connétable exigée de Louis XI dans la négociation de Conflans. Tout gouverneur de Normandie qu'il fût, il n'en demeurait pas moins proche de la cour de Bourgogne. Son frère Jacques de Luxembourg était chevalier de la Toison d'Or et son fils Antoine demeurait au service du Téméraire qui allait en faire en 1472 son lieutenant général en Bourgogne. N'oublions pas la position stratégique des assises territoriales du connétable : il tenait Saint-Quentin, Ham et Bohain, trois places fortes du Vermandois qui jalonnaient la route vers le Hainaut. Et il levait un écu par pipe de vin que l'on conduisait par là en Flandre et en Hainaut. Il ne pouvait donc que se situer, au mieux de ses intérêts du moment, entre le roi de France et le duc de Bourgogne. Commynes en fera la remarque, Saint-Pol était « situé aux confins de ces deux princes ennemis ».

On pourrait croire que, pareillement lié à la Bourgogne et ayant l'essentiel de son énorme fortune « sous le duc de Bourgogne », ce grand officier du royaume de France trouvait dans la paix l'équilibre de ses fidélités. Ce serait oublier que Louis de Luxembourg, comte de Saint-Pol et de Brienne, se tenait pour l'un des grands princes européens, et qu'il pensait ses relations en termes d'alliances plus que de fidélités. La maison de Luxembourg avait compté des empereurs et des cardinaux, et elle était alliée à toutes les familles souveraines. On y trouvait même un saint. Les trois demi-sœurs du connétable de Saint-Pol avaient épousé respectivement le régent Bedford, le comte Charles du Maine et le connétable de Richemont, futur duc de Bretagne. Dans l'immédiat, ayant épousé en secondes noces Marie de Savoie, sœur de la reine Charlotte, le connétable était le beau-frère du roi de France.

Commynes a très finement analysé les raisons profondes des réticences du connétable envers la paix. L'une tient au risque de diminution du revenu que lui valait sa condition de chef de guerre, car le roi le payait pour quatre cents lances et Saint-Pol était loin de les entretenir réellement. L'autre est que le roi se montrait incapable de se tenir en repos : s'il n'était occupé contre ses ennemis, il serait tenté de chercher querelle à ses barons. On pouvait craindre que « le roi ne brouillât parmi eux s'il était en repos ». Le chroniqueur expliquera plus tard la chute du connétable. « Ce qui raisonnablement devrait avoir été cause de sa punition était que toujours avait travaillé de toute sa puissance que la guerre durât entre le roi et le duc de Bourgogne, car là était fondé sa grande autorité et son grand état. »

Bref, le connétable s'était offert à prendre Saint-Quentin, et il se faisait fort de pousser plusieurs villes à la rébellion contre le duc de Bourgogne, mais il faisait savoir à celui-ci, dans le même temps, qu'il « voyait son fait en grand péril » et qu'il n'y connaissait qu'un remède pour en échapper : donner la main de sa fille au duc de Guyenne. Si l'on s'accordait sur le mariage, le connétable rendrait volontiers Saint-Quentin. Saint-Pol ne tenait pas à ce que le roi fût trop facilement vainqueur. Mais il tenait aussi à ce que le duc sût ce qu'il devait à Charles de France et à lui-même : quand le Téméraire apprit qu'Odet d'Aydie venait avec un contingent breton à l'armée du roi, il comprit que les protestations d'amitié du connétable n'étaient pas sincères, mais qu'il ne pouvait mépriser la proposition de Charles de France. Saint-Pol dupait tout le monde. D'un tel double jeu où il pensait trouver son indépendance, il allait bientôt payer le prix.

La Hanse

C'est alors que la Hanse des villes germaniques entre soudainement dans l'horizon politique de Louis XI. La Hanse, c'est une communauté politique et commerciale des villes marchandes de l'Allemagne du Nord dont la tête est à Lübeck et qui organise et contrôle l'ensemble des trafics maritimes de la mer du Nord et de la Baltique, non sans étendre son rayonnement sur les routes continentales qui alimentent et prolongent ce trafic. Brunswick et Magdeburg en sont membres, comme Münster et Cologne. Les points extrêmes de ce complexe sont de simples comptoirs, à Londres et à Bruges comme à Novgorod et à Bergen. On y commerce à la fois du blé et du vin, du sel et du bois, des fourrures et de l'ambre.

Depuis longtemps, la Hanse est, pour son commerce, solidaire de l'Angleterre comme de la Flandre. De nouveaux relais apparaissent au XVe siècle, comme Amsterdam, Utrecht et Anvers, qui se posent de plus en plus en places rivales de Bruges. Il en résulte d'incessants marchandages et des relations politiques souvent tumultueuses avec les ducs de Bourgogne, mais aussi avec les milieux d'affaires anglais qui supportent mal les privilèges dont jouissent en Allemagne comme en Angleterre leurs concurrents allemands. La Hanse a dû faire face, à partir de l'avènement de Charles le Téméraire, à une véritable alliance anglo-bourguignonne, cependant que la course en mer n'a cessé d'alimenter des conflits avec les marins français.

Louis XI n'en a pas moins tenté, au début de son règne, de mettre la Hanse dans son jeu pour le développement des relations commerciales de la France vers le Nord. À peine sorti de son exil brabançon, le jeune Louis XI envoyait aux « marchands de la Hanse d'Allemagne étant en Flandre » un émissaire, un échevin de La Rochelle évidemment avide de prendre sur le marché la place de Doriole, afin de leur proposer des conditions avantageuses pour leurs affaires en France. En 1464, un accord était conclu, aux termes duquel les Hanséates pouvaient commercer dans le royaume, sous réserve que les marchandises ne vinssent pas d'Angleterre et que les navires ne fussent pas anglais.

Une affaire qui aurait pu demeurer épisodique vint embarrasser les relations. En 1462, une caravelle de La Rochelle, la *Saint-Pierre,* endommagée par la foudre, n'avait pu quitter Gdansk avec son chargement de sel. La ville de Gdansk avait avancé les frais de réparation et entendait en être remboursée. L'armateur français était mort pendant ce temps et, faute d'héritier, le navire était devenu propriété de la Couronne. La négociation sur le remboursement opposait donc maintenant le roi de France à la ville, et il fut impossible de s'accorder sur le montant de la dette. Gdansk en appela à la solidarité de la Hanse.

La tension entre la Hanse et l'Angleterre ne faisait que croître. Elle dégénéra, en 1468, en une guerre ouverte. Les Hanséates de Londres furent arrêtés et leurs biens saisis. Le Téméraire prit le parti des Hanséates. Bruges et Gdansk se lancèrent dans la guerre de course contre les navires anglais. Bien plus, le gouvernement de la Hanse se mêla des affaires internes de l'Angleterre, soutenant les Lancastres contre Édouard IV, puis abritant celui-ci lors de son exil et l'aidant à reconquérir son trône.

Louis XI tenta d'abord de rester hors du conflit. L'alliance des villes hanséatiques avec le Danemark, lui-même allié de l'Écosse, le poussait cependant dans le camp hostile à l'Angleterre. Alors qu'il craignait une invasion anglaise, il avait marqué en 1470 son amitié envers la Hanse en prescrivant que la flotte allemande reçût bon accueil dans les ports normands s'il lui arrivait de venir s'y ravitailler. Il ne pouvait plus s'en tenir là quand Gdansk arma la *Saint-Pierre* pour faire la course et envoya celle que l'on appelait « la Grande Caravelle » se montrer au large de la Bretagne. Le roi ne pouvait que se ranger du côté de l'Angleterre et, dans l'été de 1472, une flotte française infligea une sévère défaite aux Hanséates. Puis on échangea des ambassadeurs avec la Hanse et une trêve fut signée le 25 août 1473. L'Angleterre conclut enfin en 1474 la paix d'Utrecht qui ramenait la paix sur mer. Le duc de Bourgogne fit lui aussi sa paix. Mais, pour Louis XI, il s'agissait désormais de ruiner la Flandre.

La trêve, plusieurs fois renouvelée, allait durer jusqu'à ce que Louis XI, tranquillisé sur le continent par la paix d'Arras et durablement en paix avec l'Angleterre, pousse à la conclusion d'une paix définitive avec la Hanse. C'est à son lit de mort qu'il approuvera, en août 1483, un traité qui élargira considérablement les privilèges des marchands hanséates en France.

Guerre sur la Somme

Avant d'engager la guerre, Louis XI avait entendu respecter les apparences du droit. Il avait juré le traité de Péronne, et il était important que le parjure fût le duc. Il fallait donc que l'on déclarât le roi attaqué et le royaume en péril : ainsi pouvait-on convoquer l'arrière-ban au lieu de se contenter des compagnies soldées. Une assemblée de princes et de notables vite recrutés en Touraine en manière de Conseil élargi, renforcée de quelques juristes du Grand Conseil et du Parlement, ainsi que du président des Comptes Jean de la Driesche, l'ancien fidèle du duc de Bourgogne, constata que le roi avait accepté le traité sous la contrainte et que le duc l'avait violé en attaquant les côtes normandes. L'assemblée de Tours décida, comme le souhaitait le roi, d'ajourner le duc de Bourgogne devant le Parlement. Un huissier fut dépêché à Gand pour notifier la citation. Il passa quelques jours aux arrêts. Naturellement, le duc s'abstint de comparaître. Il y avait félonie. Le 3 décembre 1470, le roi déclarait Charles de Bourgogne déchu de son duché pour trahison et parjure. On pouvait agir.

Pour ranimer le zèle de Warwick, une ambassade lui rappela, en décembre, ce comté de Hollande et Zélande qui lui avait été vaguement promis trois ans plus tôt. Le roi en profita pour faire en Angleterre la publicité des nouvelles productions de l'industrie textile française.

On n'avait pas oublié la reine Marguerite. Maintenant qu'elle remontait sur le trône, Louis XI en faisait le plus grand cas. Accompagnée de la comtesse de Warwick, elle quitta Amboise le 14 décembre. Comme la route de l'Angleterre passait par Paris, le roi prescrivit aux Parisiens de lui faire fête.

La chasse aux finances s'ouvrait. Bourré fut dépêché pour « trouver de l'argent dans la boîte à l'enchanteur », ce qui voulait dire de se débrouiller. On fit le tour des prêteurs : le roi s'adressa, comme d'habitude, aux Lyonnais, et notamment aux

Medici, mais aussi à l'église de Narbonne et à l'abbaye du Bec-Hellouin, voire à des marchands de Limoges. Il fallait aussi veiller à l'artillerie : l'un des maréchaux, le Bâtard d'Armagnac, fut chargé de voir ce qu'il y avait comme artillerie disponible à Lyon et de la faire fondre pour fabriquer les pièces lourdes adéquates à la campagne qui s'annonçait.

Un incident en baie de Seine vint, vers la fin de 1470, compliquer la situation. Un navire écossais était au mouillage devant Harfleur au moment où appareillait un bateau léger, probablement anglais, sur lequel avait pris passage le héraut Poitou, chargé d'une lettre pour Henri VI, en fait pour Warwick. Les Écossais le prirent en chasse. Incapable de gagner le large, le bateau du héraut finit par toucher terre. Les Écossais le suivirent, pourchassèrent à travers la campagne le héraut du roi de France et ses mariniers anglais, les blessèrent grièvement. Louis XI prit l'affaire à cœur. Il dépêcha Lohéac pour infliger une correction aux Écossais, un chirurgien pour soigner les blessés et un trésorier pour organiser une fête en leur honneur. Puis il rendit compte à Henri VI. « Je suis plus courroucé que de chose qui m'advint depuis deux ans, et encore plus de ce que lesdits mariniers ont été blessés que de ce qui a été fait audit Poitou, car je crois que ce a été chose faite à poste par gens favorisant le duc de Bourgogne. »

Pour tout dire, le roi dramatisait un simple incident. On n'en faisait pas autant, d'ordinaire, pour deux blessés. Mais ceux-ci étaient anglais, et l'affaire était une bonne propagande. Car le roi avait là-dessus son idée et l'écrivit d'urgence à Henri VI. Sur la traditionnelle hostilité entre Angleterre et Écosse qu'il pouvait être bon de ranimer en pleine trêve pour améliorer le « brouillis », il brochait une manœuvre du Téméraire contre un navire anglais. Il importait que Warwick sût bien où étaient ses ennemis. Pour une fois, l'Écossais n'était pas l'ami.

Les deux camps se formaient. Charles de France et le connétable de Saint-Pol, qui quittèrent Amboise en même temps que Marguerite, ne se privaient pas d'entretenir de discrètes relations avec le Téméraire, mais ils se rangeaient ouvertement du côté de Louis XI. Le duc de Bretagne ne s'engageait pas. Warwick réarmait sa flotte. Le roi profita, le 22 janvier 1471, de son passage à

Paris pour organiser le financement et l'approvisionnement de son armée. Il s'apprêtait à attaquer, comme toujours, la frontière de la Somme. Il alla s'établir à Compiègne. L'artillerie fut répartie entre Compiègne et Noyon.

Charles le Téméraire prit tout cela fort mal. Le déclenchement de la guerre le surprenait alors qu'il ne s'y attendait plus : il avait démobilisé son armée de réserve, celle dont les combattants restaient chez eux quand on ne les appelait pas, et il s'en était allé en Hollande. Au lieu de s'attendre à une attaque de l'extérieur, il avait « envoyé ses serviteurs pour mettre sur les gens de son pays », écrira Commynes. Il revint d'urgence vers sa frontière et s'établit à Hesdin. En janvier, il dépêchait à son tour une petite armée. Cette fois, le roi battit le rappel et envoya Dammartin flanqué de Houaste vers Roye et Montdidier, avec pour mission de couper en deux l'armée de Bourgogne.

Le Téméraire semble avoir tenté d'intimider alors Dammartin par quelques menaces. Le grand maître répliqua vertement, sans se priver de faire allusion à son ancienne et longue hostilité au roi. On se rappelle qu'Antoine de Chabannes ne s'était rallié à Louis XI qu'en décembre 1465. Il prit fort mal que le duc lui reprochât quelque écart de langage. À bon entendeur, le vieux brigand rappela que, s'il n'était pas subtil quand il écrivait, il savait le métier des armes. La crainte qu'il éprouvait face à la Bourgogne était petite.

> Je n'ai point vécu du métier de la plume... Vous connaîtrez la petite crainte que j'ai de vous, étant accompagné de la puissance qu'il a plu au roi de me donner, qui n'est pas petite... Si j'eusse été avec le roi lorsque vous commençâtes le Mal public que vous dites le Bien public, vous n'en eussiez pas échappé à si bon marché que vous avez fait.

C'est à cette occasion que le roi dicta sans façon le mémorandum, que nous avons déjà cité, où il prévoyait les manœuvres possibles en fonction des initiatives du duc de Bourgogne. La guerre était commencée. Saint-Pol avait précipité les choses en occupant Saint-Quentin. Le roi ne pouvait que passer à l'action, sans attendre Warwick. On se battit devant Saint-Quentin. Pendant ce temps, le duc répliquait à l'envoi de commissaires royaux à Auxerre en plaçant une forte garnison dans la ville.

À la fin de janvier 1471, Dammartin lança ses troupes sur Amiens. L'indécision et la faiblesse du Téméraire étaient perceptibles. Les gens d'Amiens comprirent que, s'ils se ralliaient au duc, celui-ci ne les protégerait pas du roi. Le grand maître entra en ville sous les applaudissements des bourgeois dont beaucoup eussent applaudi le duc de Bourgogne s'il s'était risqué jusque-là. Il y plaça l'artillerie royale, venue avec l'amiral, et alla occuper les fortifications de la rive droite.

L'armée de Bourgogne, cependant, s'était mise en mouvement et le roi s'interrogeait, à la mi-février, sur les objectifs de son adversaire. Contournant Amiens au lieu d'attaquer de front le grand maître, le Téméraire passa la Somme en aval à Picquigny et prit Amiens à revers en établissant son armée au sud-ouest. Le roi envoya Saint-Pol et le Bâtard de Bourbon renforcer Dammartin, et il prescrivit à celui-ci de mobiliser les francs-archers. Ce fut, pendant quelques jours, une suite d'embuscades et de canonnades. L'amiral fit quelques sorties de nuit, qui n'avaient que l'avantage d'énerver les Bourguignons. Entre l'armée du roi et le corps de Dammartin, le Téméraire était en grand danger. « Il me semble, écrivait Louis XI, que le duc de Bourgogne est défait. » Il décida qu'il était souhaitable de donner l'assaut, mais qu'il valait mieux attendre pour cela l'arrivée de Warwick.

Celui-ci n'avait pas gagné à Londres tout ce qu'il avait promis à Amboise et à Angers, et encore moins ce qu'on avait cru qu'il promettait. Le Parlement anglais se disait prêt à conclure une trêve de dix ans avec la France, ce qui était bien le moins, et acceptait l'idée d'un traité de commerce. Mais nul n'avançait vers cette alliance contre la Bourgogne que Louis XI croyait acquise sur la foi de ses ambassadeurs : on ne se décidait pas à dire au roi de France qu'à Londres on piétinait, ou plutôt que l'on avait autre chose à faire. Warwick lui-même, qui annonçait l'arrivée à Calais de sa flotte et d'une armée de dix mille hommes, se gardait bien de fixer la date. « Je vous verrai bientôt, écrivait-il au roi, s'il plaît à Dieu. » Louis XI ne comprenait pas que « s'il plaît à Dieu » était une forme de l'irréel du futur.

Prête à l'ouverture d'un trafic commercial avec la France, mais non à la submersion du marché anglais par les produits de l'industrie française, l'Angleterre n'entendait pas que cela lui coûtât ses exportations de laine vers les grandes villes industrielles de Flandre et de Brabant. Une guerre avec la Bourgogne ferait perdre à l'élevage anglais son principal débouché.

Chacun se méfiait. Marguerite d'Anjou n'osait pas quitter Honfleur, incertaine de l'accueil qu'on lui ménagerait à Londres. Warwick n'avait aucune confiance en Henri VI, qui n'avait pardonné que du bout des lèvres. Sans être vraiment plus sûr d'elle, il attendait, pour quitter l'Angleterre, la venue de la reine Marguerite. Quant à la délégation venue vendre à perte les soieries françaises, elle avait été mal reçue par les marchands londoniens, rendus méfiants par cette concurrence déloyale, et Warwick s'était vu obligé de la renvoyer sans grand ménagement, non sans avoir confisqué et vendu pour financer son armée les marchandises qui devaient faire la propagande de l'industrie française. Le traité de commerce avait été conclu le 16 février 1471 mais les Anglais ne songeaient nullement à l'appliquer, sinon pour venir en France. Il était même prévu qu'ils viennent simplement pour « voir et visiter le pays pour leur plaisance ».

Louis XI avait un peu oublié Édouard IV, mais Charles le Téméraire, qui affichait une indifférence aux « royales querelles d'Angleterre », ne négligeait pas le pion que pouvait être dans son jeu l'ancien roi. À la mi-mars, celui-ci débarquait dans le Yorkshire avec une armée financée par le duc de Bourgogne et par les banquiers de Bruges. Le 14 avril 1471, Warwick trouvait la mort à la bataille de Barnet. Marguerite s'était enfin décidée à passer en Angleterre. Elle prit avec courage la tête d'une armée lancastrienne qui se fit écraser le 4 mai à Tewkesbury. Son fils le prince Édouard avait tenté de fuir, mais avait été rattrapé, et il comptait parmi les morts. Le 21 mai, Henri VI mourait assassiné dans sa prison de Londres. Personne ne le pleura vraiment. En guise d'oraison funèbre, Commynes le traita de « fort ignorant et presque insensé », et on rapporta qu'en ses derniers jours il était devenu incontinent. Prisonnière, Marguerite allait passer trois ans à la Tour de Londres avant que Louis XI se décidât à payer sa rançon. Elle devait finir ses jours à la cour de son père le roi René. Elle mourut le 25 août 1482.

La fin des rêves

Force était de changer de politique. On chansonnait en Bourgogne sur l'effondrement des illusions royales. L'alliance avec Warwick en avait été une, l'arrière-ban en était une autre : c'est en vain qu'on relança en mars 1471 les capitaines chargés de le conduire. Le connétable de Saint-Pol était toujours aussi incertain, et marchandait son retour dans le camp bourguignon. Charles de France, qui rallia enfin son frère le 27 mars, n'apportait évidemment aucun secours. Il ne cessait de songer au seul moyen de tenir de nouveau un rôle sur l'échiquier politique, obtenir la main de Marie de Bourgogne, mais il ne rencontrait guère d'écho à la cour de Bourgogne où l'on ne voyait pas très bien ce que, n'étant plus héritier de la Couronne, il apportait. Le duc de Bourgogne n'avait que faire de la Guyenne. Il continuait de tergiverser. « Toujours y voulait entendre, mais jamais n'en eut le vouloir », dira Commynes.

Même si le parti offert à Marie avait été plus prometteur, le duc n'aurait sans doute pas cédé. Commynes, qui l'a beaucoup fréquenté jusqu'en 1472, nous a laissé la clé de cette temporisation : « En voulait entretenir chacun », autrement dit gagner du temps. Charles le Téméraire n'avait eu qu'un enfant d'Isabelle de Bourbon, et il n'en avait pas de Marguerite d'York. Il en tirait parti. Il faut ici se rappeler qu'il avait eu deux exemples de mésentente entre père et fils : sa propre jeunesse et celle de Louis XI. Avec une fille pour unique héritière, il restait maître de sa succession, et il pouvait retarder le moment où celle-ci était attendue, voire anticipée. Les prétendants sont naturellement mieux disposés qu'un héritier avéré. « Je crois qu'il n'a point voulu avoir de fils, ni que jamais il eût marié sa fille tant qu'il eût vécu, mais toujours l'eût gardée pour entretenir gens pour s'en servir et aider. »

Alors que sa situation militaire était, devant Amiens, des plus précaires, le Téméraire eut l'intelligence de prévenir Louis XI que, du fait des événements, la sienne n'était pas meilleure : on ne sortirait pas indemne de cette guerre. Il se dégagea du siège d'Amiens, franchit de nouveau la Somme et retira son armée au nord-est de la ville. Puis il proposa une trêve. Lohéac et Georges II de la Trémoille furent chargés par le roi de la négociation. L'un et l'autre eussent préféré un ordre d'attaquer le camp des Bourguignons.

On se mit d'accord le 4 avril. La trêve fut publiée pour trois mois le 10. Le roi ne manqua pas de dire qu'il « octroyait » la trêve. Mais un observateur aussi hostile à Louis XI que Thomas Basin ne contredit pas cette vue des choses. « Le roi donna et bailla trêve pour certain temps avec le duc de Bourgogne, lequel était assiégé par les gens du roi en son parc, qu'il tenait entre Bapaume et la ville d'Amiens. »

Une nouvelle fois, on négocia la paix. Charles le Téméraire voyait bien qu'il s'était fort aventuré en allant au sud de la Somme, et il ne disposait encore que d'une armée inférieure en nombre à celle du roi : s'il voulait préparer sa revanche, il avait tout avantage à ce que la trêve fût prolongée sans qu'on en arrivât à la paix. Elle fut prolongée jusqu'au 1er mai 1472. Pendant ce temps, on restait sur les positions acquises. Le 11 avril 1471, le duc de Bourgogne prenait d'abord ses quartiers à Corbie, puis à Péronne. Le roi, après être allé flatter la récente fidélité de Saint-Quentin, passa à la mi-avril à Amiens et, à la fin du mois, flanqué de Charles de France, alla cantonner à Ham chez Saint-Pol. Il garda ses compagnies de l'ordonnance, renvoyant ce qui était venu de l'arrière-ban.

Ces compagnies de l'ordonnance, que Louis XI devait à la sagacité de son père et que Thomas Basin allait traiter d'armée « mercenaire », ne cessaient de faire rêver le duc de Bourgogne. Au reste, Basin oublie là qu'il en a fait l'éloge en écrivant celui de Charles VII. Devant ses États généraux de Flandre, le Téméraire tenta en juillet 1471 d'obtenir le financement d'une armée permanente. Il leur remontra « le dommage qu'il avait eu de n'avoir des gens d'armes prêts comme avait le roi ». S'il avait eu 500 hommes d'armes immédiatement disponibles, il n'aurait, assura-t-il, jamais vu le roi entreprendre cette guerre. Bref, il demanda 1 250 lances fortement composées de huit combattants, soit le double de ce que comptait la lance française. Les

États votèrent avec beaucoup de réticence une contribution de 120 000 écus. Ils savaient bien que le duc ne s'arrêterait pas là. Commynes résume fort bien l'histoire. « Quand il se trouva cinq ou six cents hommes d'armes, la volonté lui vint d'en avoir plus, et de plus hardiment entreprendre contre tous ses voisins. Et les six vingt mille écus, les fit monter jusqu'à six cent mille. »

En écrivant ces lignes, Commynes connaissait la suite de l'histoire : en 1475, le Téméraire aura 2 200 lances, qu'il gaspillera à Neuss et perdra pour une grande partie à Grandson.

Le résultat de cette campagne de 1471 était ambigu. Toute une construction politique s'était écroulée. Le roi le reconnut devant l'ambassadeur milanais Sforza de' Bettini. « Il lui semblait étrange qu'au même moment des affaires sans rapport les unes avec les autres aient toutes pris un tour si contraire à ses intérêts. »

Certes, Louis XI avait repris Amiens et Saint-Quentin, et il avait fait comprendre au duc de Bourgogne que la cession de la Picardie n'avait rien de définitif. Il avait pu se passer des Anglais. Il avait en revanche ranimé le mécontentement de ceux qui craignaient tout progrès de l'autorité royale : François II de Bretagne avait été agacé de ce que le Parlement de Paris eût décrété « mal jugées » les sentences de ce qu'il appelait le Parlement de Bretagne – le roi le considérait comme des Grands Jours – et l'ait pour cela condamné à une forte amende. Il se rapprocha du Téméraire. Surtout, le roi de France n'avait plus aucun espoir à nourrir du côté de l'Angleterre. « Je ne peux lutter contre le destin », dit-il à Bettini, comme celui-ci évoquait le renversement de la situation. Ses agents l'informèrent en août des démarches faites par Édouard IV pour s'assurer de l'alliance bourguignonne : l'Anglais jugeait que la conquête de la Normandie ou de la Guyenne lui procurerait la paix en Angleterre.

Quant à la confiance, elle avait subi quelques accrocs : le bruit courut au début de mai que le duc avait fait arrêter les négociateurs de la trêve, puis que le roi lui-même était prisonnier. Il fallut démentir. Plus tard, on colporta une autre nouvelle à Amiens : le roi se préparait à rendre la ville au duc de Bourgogne et celui-ci promettait aux Amiénois le sort qu'il avait réservé aux habitants de Dinant, la ville que, disaient les notables envoyés chez le roi pour avoir quelque assurance, les Bourguignons avaient « arse en feu et en plombe ». Il fallut les rassurer. Même si le Téméraire faisait savoir qu'il avait, aux propositions du roi d'Angleterre, répondu qu'il « était mauvais Anglais, et aimait mieux la Couronne et le royaume », tout cela était mauvais signe. L'épreuve, toutefois, allait être salutaire : Louis XI avait compris que le temps des rêves était passé.

À la fin de 1471, il était évident que la Bourgogne se préparait pour une campagne de printemps qui ne serait pas, comme la précédente, improvisée. Louis XI n'avait pas de temps à perdre pour casser l'alliance qui pouvait lui ménager une guerre sur deux fronts, celui de Picardie et celui de Guyenne. Il proposa d'abord au Téméraire de lui rendre Amiens et Saint-Quentin s'il renonçait à cette alliance. Comme il était prévisible, le duc accepta : une fois les villes reprises, pensa-t-il, on verrait bien. De toute façon, on savait le duc de Guyenne fort mal en point – aggravant sans doute la tuberculose, une maladie vénérienne venait d'emporter en décembre 1471 sa maîtresse Colette de Chambes – et, malgré quelques rémissions, nul n'aurait parié sur sa longévité. Renoncer à un tel allié ne privait plus vraiment le duc de Bourgogne.

Apprenant ce qu'il pouvait prendre pour de bonnes dispositions de son adversaire, le roi tenta d'aller plus loin : il suggéra de fiancer Marie de Bourgogne au dauphin Charles. C'était pour elle un meilleur parti que Charles de France : mieux valait être un jour reine de France qu'à jamais duchesse de Guyenne et peut-être bientôt douairière. On avait souvent parlé au duc de la main de sa fille, mais il en connaissait trop la valeur pour la brader contre une trêve. Il pouvait attendre pour marier son héritière. Marie avait quatorze ans, le dauphin avait un an et Louis XI était apparemment en bonne santé. Charles le Téméraire éluda.

Il refusa en revanche tout net quand Louis XI proposa, pour sceller l'entente, d'admettre le duc de Bourgogne dans l'ordre de Saint-Michel et d'entrer lui-même dans celui de la Toison d'Or. C'était un piège. Le serment de fidélité mutuelle que prêtaient les chevaliers était de ceux qu'on ne pouvait violer sans faillir à l'honneur. On violait à l'occasion un traité juré, pourvu que l'on trouvât des raisons : la situation avait changé, ou la partie adverse avait elle-même violé son serment. Violer le serment de la Toison d'Or, c'était mettre à bas tout le système politique qui présidait à sa création, autrement dit toute la structure de fidélité destinée à remplacer le lien vassalique. Le propos du roi était clair : il n'était plus homme à souhaiter la guerre. En refusant, le Téméraire avouait qu'il entendait bien, à son heure et après avoir récupéré les villes de la Somme, reprendre cette guerre.

On prolongea la trêve jusqu'au 10 juin 1472. Les choses restaient en l'état. Rien n'était réglé. Charles le Téméraire proposa secrètement au duc de Bretagne de se préparer à relever la tête : en bref, il acceptait les villes de la Somme, puis se joindrait aux Bretons contre le roi.

Les Suisses et l'Alsace

Les Suisses commençaient de se méfier de la Bourgogne. Les ambitions du Téméraire semblaient sans limites, et l'on commençait, dans les cantons confédérés, à craindre un état méridien qui, ressuscitant l'ancienne Lotharingie, finirait bien par englober les Alpes occidentales. C'était la mort de la route commerciale qui, du Rhin au Rhône, faisait, depuis le déclin de la route des foires de Champagne, la fortune du plateau suisse et en particulier de Berne. En Alsace, la mainmise bourguignonne avait été officialisée le 9 mai 1469 par le traité de Saint-Omer : contre une finance dont il avait grand besoin, Sigismond de Habsbourg, duc d'Autriche et cousin germain de l'empereur Frédéric III, engageait au Téméraire une bonne partie de ses possessions patrimoniales en Sundgau, Brisgau et Forêt-Noire. À Bâle et à Strasbourg comme à Berne, on s'inquiétait fortement.

Le destin de la Confédération semblait donc menacé par la volonté d'hégémonie du Bourguignon. L'alliance du Habsbourg et du Téméraire, c'était la fin programmée de l'indépendance des cantons, une indépendance que n'avaient pas vraiment acceptée les Habsbourgs. On avait en souvenir l'affaire de Liège et celle de Gand, et on n'ignorait pas l'hostilité fondamentale du duc Charles à l'égard des villes libres et des aristocraties urbaines. Les Suisses n'étaient pas prêts à attaquer la Bourgogne, et ils n'en avaient pas à eux seuls les moyens. Ils étaient prêts à saisir une occasion. En attendant, ils avaient en 1468 infligé une défaite à Sigismond.

Louis XI avait compris qu'il gagnerait à faire aux Suisses quelques avances. En août 1468, il leur proposa, à ses frais, deux à trois mille chevaux ou quatre mille francs-archers pour le cas de besoin. La proposition n'eut pas de suite, mais l'avoyer de Berne, Nicolas de Diesbach, n'oublia pas que les finances royales pouvaient entrer en jeu. Sur ce, le comte d'Eberstein était venu à Amboise au printemps de 1469 pour proposer l'alliance de son maître le duc d'Autriche, tout prêt à engager au roi de France ses possessions rhénanes pour peu qu'on l'aidât contre les Suisses. Le roi jugea opportun de refuser et la proposition et la visite éventuelle de Sigismond, sachant bien qu'une acceptation serait prise par le duc de Bourgogne pour une menace et que l'on rouvrirait ainsi trop tôt les hostilités entre la France et la Bourgogne. Mais c'était aussi faire une bonne manière à la Confédération. Le roi informa Berne sur-le-champ. C'était, naturellement, à charge de revanche.

> Comme nous sommes bien instruit des guerres et dissensions qui sont entre ledit d'Autriche et vous, et que nous avons en mémoire votre bon vouloir pour nous, nous vous informons que notre volonté est de ne conclure avec lui ni avec aucun autre nul traité ou autre chose qui vous soit contraire ou en aucune manière hostile.

La Confédération envoya, en mai 1469, une ambassade pour remercier le roi et lui annoncer qu'elle renforçait son alliance de 1467 avec Milan. Le roi la félicita et l'assura en août qu'elle était comprise dans sa paix avec la Bourgogne. Au vrai, Louis XI venait de pousser Sigismond dans le camp du duc de Bourgogne. Il ne procurait ainsi à celui-ci qu'un allié assez pauvre pour n'être d'aucune utilité mais il ancrait les Suisses dans leur hostilité à la Bourgogne. En refusant de recevoir Sigismond, le roi de France faisait un très habile placement.

Dans l'immédiat, le Téméraire s'employa à tirer parti de cette nouvelle alliance. Le 9 mai 1469, par le traité de Saint-Omer, il

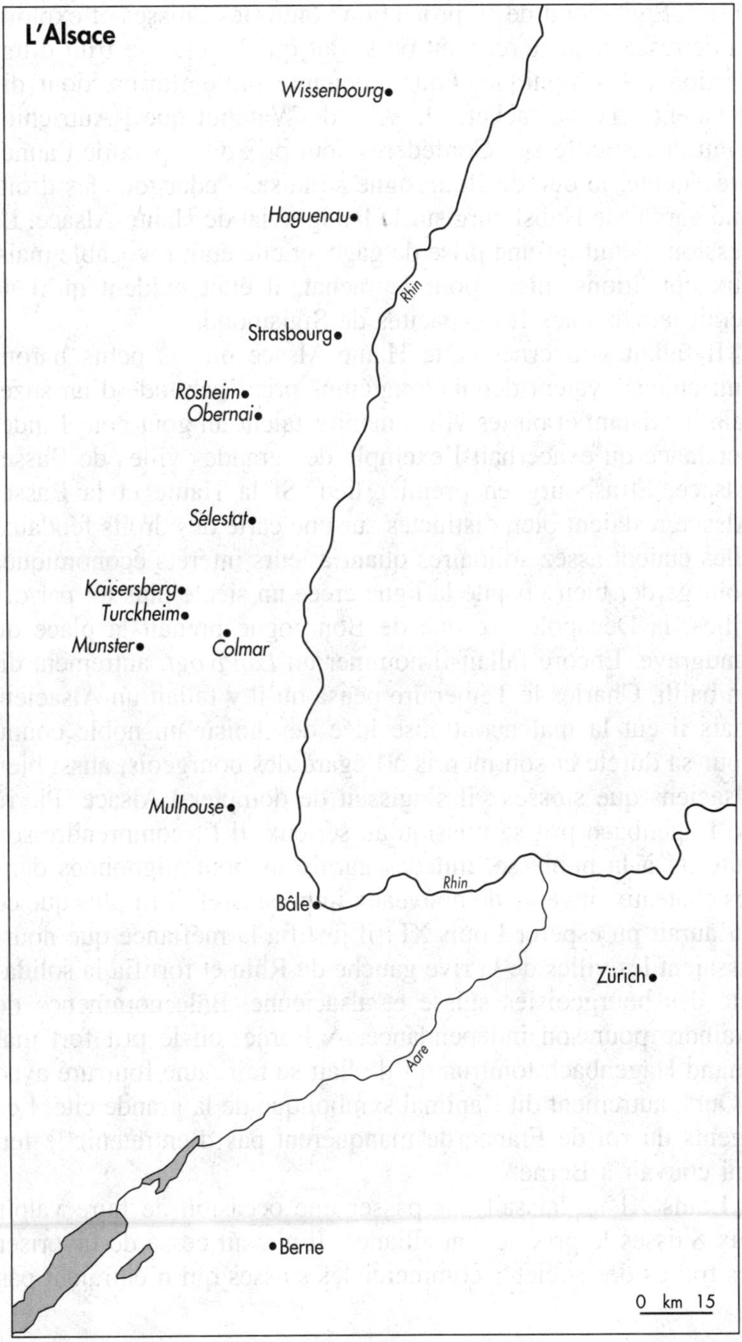
L'Alsace
Wissenbourg
Haguenau
Rhin
Strasbourg
Rosheim
Obernai
Sélestat
Kaisersberg
Turckheim
Munster
Colmar
Mulhouse
Rhin
Bâle
Zürich
Aare
Berne
0 km 15

assura Sigismond de sa protection contre les Suisses et exploita sa détresse financière, dont on savait qu'elle était le fruit d'une gestion catastrophique. Pour cinquante mille florins, dont dix devaient servir à racheter la ville de Waldhut que l'Autrichien avait dû remettre aux Confédérés pour prix de la paix de l'année précédente, le duc de Bourgogne se faisait céder tous les droits que gardait le Habsbourg sur le landgraviat de Haute-Alsace. La cession n'était qu'une prise de gage, et elle était révocable mais, aux conditions mises pour le rachat, il était évident qu'il ne serait jamais dans les capacités de Sigismond.

Il fallait gouverner cette Haute-Alsace où les petits barons autrichiens avaient depuis longtemps pris l'habitude d'un suzerain inexistant et où les villes manifestaient un goût pour l'indépendance qu'exacerbait l'exemple des grandes villes de Basse-Alsace, Strasbourg en premier lieu. Si la Haute et la Basse-Alsace restaient bien distinctes sur une carte des droits féodaux, elles étaient assez solidaires quant à leurs intérêts économiques pour garder bien vivante la ligue créée un siècle plus tôt par dix villes, la Décapole. Le duc de Bourgogne prenait la place du landgrave. Encore fallait-il nommer un *Landvogt*, autrement dit un bailli. Charles le Téméraire pensa qu'il y fallait un Alsacien, mais il eut la malencontreuse idée de choisir un noble connu pour sa dureté et son mépris à l'égard des bourgeois, aussi bien alsaciens que suisses : il s'agissait de dompter l'Alsace. Pierre de Hagenbach prit sa mission au sérieux. Il fit comprendre son autorité à la noblesse, mit des garnisons bourguignonnes dans les châteaux, inventa de nouveaux impôts. Bref, il fit plus que ce qu'aurait pu espérer Louis XI : il justifia la méfiance que nourrissaient les villes de la rive gauche du Rhin et fortifia la solidarité des bourgeoisies suisse et alsacienne. Bâle commença de craindre pour son indépendance. À Berne, on le prit fort mal quand Hagenbach tonitrua qu'il allait se faire une fourrure avec l'Ours, autrement dit l'animal symbolique de la grande cité. Les agents du roi de France ne manquèrent pas d'entretenir le feu qui couvait à Berne.

Louis XI ne laissait pas passer une occasion de faire valoir aux Suisses le prix de son alliance. Il n'avait cessé de favoriser les trafics des sociétés commerciales suisses qui n'entraient pas en concurrence avec les affaires des Français. C'était notamment le cas pour le commerce, à l'échelle de l'Europe, du safran produit entre le Lyonnais et le Lauragais. Des privilèges fiscaux avaient complété le dispositif diplomatique. Maintenant, le roi passait à l'alliance politique. Le 3 avril 1470, il prévenait Diesbach de l'imminence d'une attaque bourguignonne contre le comté de Ferrette, autrement dit contre la Haute-Alsace. « Pour ce que j'ai raison de croire que cette entreprise est dirigée contre les alliés et amis de la seigneurie de Berne et contre les Confédérés, je vous la fais connaître. Et si je l'avais sue plus tôt, je vous en aurais instruit en toute hâte. »

Les Suisses ne furent pas ingrats. Ils interdirent au Téméraire de recruter chez eux des mercenaires. Le traité du 26 octobre 1474 scella leur alliance avec la France contre le duc de Bourgogne. Les choses étaient enfin dans l'ordre.

La Savoie

En favorisant, comme on le verra, les foires de Lyon, Louis XI portait un coup très dur à Genève et à la Savoie. En 1465, les marchands italiens établis à Genève se transportaient définitivement à Lyon, où ils savaient désormais rencontrer leurs partenaires français et allemands. Les places commerciales dont la prospérité était directement liée à Genève subirent le contrecoup. C'étaient en Suisse Fribourg et Berne, en Rhénanie Bâle, Strasbourg, Colmar et Sélestat. L'activité des villes était en cause, tout autant que le revenu des péages.

Bien que le duc de Savoie Amédée IX fût le beau-frère du roi, il ne se priva pas de répliquer. Il interdit à tout marchand étranger qui se rendrait à Lyon de passer par la Savoie. Les Français n'ayant nul besoin de traverser la Savoie pour aller à Lyon, l'interdit touchait les Allemands et les Italiens. Le résultat fut catastrophique pour la Savoie : les Allemands passèrent par la Franche-Comté, les Italiens contournèrent le Piémont savoyard par le sud et passèrent par le Dauphiné.

Les Suisses comprirent que les marchands allemands allaient emprunter plus qu'avant la route du Jura et de la Saône. Mieux valait accepter le déclin de Genève et sauver la route par Berne et Fribourg, ce qui préservait les débouchés de la draperie fribourgeoise. L'intérêt de la Suisse passait avant celui de la Savoie. Depuis longtemps, les marchands de Fribourg se pressaient à Lyon. Ils firent pression sur le duc de Savoie. Dès 1467, Amédée IX leva son interdit.

Entre France et Savoie, les relations devenaient détestables. Louis XI n'avait jamais oublié la trop longue affaire de la dot de Charlotte. Amédée IX tentait d'entraver la politique royale à l'égard de Lyon. Les frères d'Amédée et de Charlotte, Philippe de Bresse et Jacques de Romont, étaient dès 1467 les clients du duc de Bourgogne. On les avait vus à Péronne au côté du Téméraire.

Dans l'été 1469, Philippe de Bresse assembla une armée « pour aller au service du pape », ce qui ne trompa personne : c'était bien pour en découdre avec Milan. À l'automne, le même Philippe était, pour des droits sur la Bresse, en conflit avec le duc de Bourbon, désormais très proche du roi. L'affaire prit des proportions singulières quand le duc de Bourgogne proposa une médiation immédiatement acceptée par Bourbon, lequel assura qu'il n'avait « jamais pensé » à entrer en guerre contre Philippe de Bresse. Charles le Téméraire proposa d'organiser une rencontre. Le roi accepta d'y envoyer et démentit, lui aussi, le projet de guerre. Il lui fallait faire comprendre à la Savoie que le roi soutenait Bourbon et que Philippe de Bresse ne pouvait compter sur le duc de Bourgogne.

La force du roi tenait là à son alliance avec Sforza. Lorsque Venise demanda, à la fin de 1469, pour les marchands vénitiens la sûreté royale sur mer et dans le royaume, Louis XI répliqua qu'il n'avait rien contre les Vénitiens, sinon qu'il était l'allié de Milan et que Venise et Milan étaient en conflit. Et d'en référer sur-le-champ à Galeazzo. Le traité de Rome, l'année précédente, avait procuré une paix fragile, et Milan avait fait une réserve : on ne pourrait rien lui demander contre le roi de France. Les Vénitiens voulurent connaître la portée de cet engagement. Là encore, Louis XI attendit de Sforza quelques précisions avant de répondre à Venise.

Cette précieuse alliance est naturellement renforcée par les bonnes relations qu'entretient le roi avec Florence, relations qui ne facilitent pas les rapports avec le pape. Ceux-ci ont, on le sait, comme premier objet le statut de l'Église de France. La Pragmatique Sanction, le concordat et la collation des bénéfices sont au cœur de cette négociation qui n'en finit pas. Les questions de personne s'y joignent, et en particulier l'octroi des chapeaux de cardinal. Mais Rome est aussi le lieu où peuvent se tirer les fils de la politique italienne. Les ambassadeurs français savent y prendre les contacts que permet la fréquentation de leurs semblables : toute l'Italie est présente à Rome, et c'est là que Louis XI doit se montrer attentif. Guillaume Cousinot, qui est à Rome en 1469-1470, s'y brûle quelque peu les ailes en prêtant une oreille sympathique aux exilés florentins qui ont trouvé refuge près du Saint-Siège. Le roi, qui tient avant tout à son alliance milanaise et à de bonnes relations avec la Seigneurie de Florence, se voit obligé, en avril 1470, d'écrire à celle-ci pour la rassurer.

Les choses se compliquent quand, le 13 juillet 1471, Galeazzo Sforza fait sa paix avec ses vieux ennemis Amédée IX et la duchesse Yolande, laquelle gouverne en fait le duché. Or Louis XI juge celle-ci trop liée à son frère Charles de France. Sforza s'inquiète maintenant à l'idée que le roi de France puisse se trouver en conflit avec la Savoie et veuille le brouiller de nouveau avec Yolande. En bref, on se demande à Milan si Louis XI ne change pas d'attitude. Certes, les ambassadeurs dépêchés à Milan, dont le très utile Albert Magalotti, se font rassurants, mais les instructions données à Tanguy du Chastel, alors à la tête des troupes françaises en Savoie, n'en demeurent pas moins ambiguës. À ce moment, Louis XI ne sait plus de quel côté pencher. De Philippe de Bresse et de Yolande, il ne sait lequel est le plus dangereux. « Ce que Philippe gagnera sera pour le duc de Bourgogne, et ce que ma sœur gagnera sera pour mon frère. »

Les Suisses, eux, poursuivent leur vindicte contre le duc de Savoie, et l'on s'attend à ce qu'ils prennent l'offensive. Sforza tente en vain d'entraîner le roi de France dans une éventuelle défense de la Savoie, allant jusqu'à lui proposer à son choix 800 lances et 2 500 « enfants de pied » ou un prêt de 20 000 ducats. Le roi, dont on sait qu'au même moment il emprunte de tous les côtés, s'offre le luxe de répondre, le 22 septembre 1471, qu'il n'en a que faire pour l'instant, mais qu'en cas de besoin il se souviendra de la proposition. Autant dire qu'il n'a aucune intention de défendre la Savoie contre les Suisses. Avec la maladie, puis la mort en mai 1472, de son frère Charles, il a assez de souci du côté de la Guyenne.

Beauvais

Pendant que le roi s'occupait d'urgence de la Guyenne, la trêve avec la Bourgogne avait expiré et Louis XI s'attendait à devoir faire face sur le front de Picardie ; Il lui fallait cependant neutraliser d'abord le duc de Bretagne dont l'émotion était à son comble : Odet d'Aydie s'était emparé d'un écuyer de cuisine de Charles de France et surtout de son confesseur Jourdain Faure, leur avait fait avouer qu'ils avaient empoisonné le duc de Guyenne et les avait emmenés en Bretagne pour qu'ils racontassent l'affaire. Il n'en fallait pas plus pour émouvoir François II.

Une mission comminatoire du héraut Normandie, en avril 1472, avait déjà semoncé le duc de Bretagne pour avoir mis une garnison à Clisson, qui était une place du duc mais dont Normandie était chargé de dire qu'elle était « sur le pays du roi ». Le vrai était que le duc avait ainsi concentré quelques forces sur la frontière, et que le roi prenait cela pour une rupture de la paix. François II avait rétorqué en parlant des exactions des marins normands et écossais sur les côtes de Bretagne et des entreprises du roi contre le duc de Guyenne. Feignant d'ignorer que Charles de France était mourant, le duc de Bretagne affirmait hautement son intention de secourir son allié. En bref, le héraut du roi avait déjà mis François II en garde contre toute idée de reprendre la guerre.

À peine Louis XI était-il sûr de la Guyenne qu'en juin 1472 il amorçait une négociation avec Odet d'Aydie par l'intermédiaire de son frère, également nommé Odet, qui n'avait pas rejoint Dammartin par hasard. Le roi suggéra au grand maître de faire parler ce frère qui survenait à propos. « Languez-le en chemin, et sentez s'il voudra point faire le traité de son frère, et faire que le duc laissât les Bourguignons de tous points pour toujours, et faire un bon traité. »

Une brève expédition sur la Loire suffit à calmer François II. Le roi s'établit à Angers comme s'il était chez lui, fit venir son artillerie – deux bombardes, quatre grosses couleuvrines et deux grosses serpentines – et confisqua la réserve de boulets du roi René. Il emprunta même les « pavillons » de René, autrement dit ses tentes de campagne, promettant de les rendre à la première occasion. Il prit Champtocé et s'offrit le luxe d'y convier le duc de Bourbon à dîner en lui précisant qu'il n'avait « rien à amener ». Le 7 juillet, il occupait Ancenis. Il annonça alors que c'était « une grande entrée en Bretagne » et qu'il avait l'intention de « tirer en avant ». Puis il montra son armée sur la frontière. Le 21 juillet, il était à Pouancé, à mi-chemin d'Angers et de Rennes, à trois lieues de l'armée bretonne. Ruffec de Balsac et Tanguy du Chastel, les sénéchaux de Beaucaire et de Roussillon, rejoignirent avec en renfort des troupes catalanes et établirent leur quartier général à Ancenis. Le roi s'installa en septembre aux Ponts-de-Cé dans la vieille forteresse qui commandait le passage de la Loire.

En Savoie, la mort du duc Amédée IX avait, le 28 mars, changé la position du roi. La duchesse Yolande avait depuis longtemps la réalité du pouvoir, mais c'était pour le compte de son mari. Celui-ci mort, elle devenait régente pour son fils aîné Philibert, un enfant de six ans. Yolande avait désormais le temps pour elle. Pour Louis XI, son beau-frère le duc Amédée IX était un prince étranger. Avec le duc Philibert, le roi de France pouvait invoquer le lien du sang. Le droit féodal le faisait protecteur de son jeune neveu. Il le fit savoir, dès le 13 avril, à Galeazzo Sforza.

> Pour ce que j'ai toujours désiré que la maison s'entretînt en bonne prospérité, pour la sûreté de mes neveux, et en manière que nuls étrangers n'y entreprennent chose qui fût à leur dommage, j'envoie le président des Comptes du Dauphiné par-devers vous pour vous dire bien au long sur ce mon intention... Par lui me faites savoir ce que vous semblera que j'aurai à faire pour le bien et sûreté de ladite maison.

Autant dire que le roi de France entendait établir sa tutelle sur la Savoie. Alors que le duc de Guyenne se mourait, le temps n'était plus où Louis XI accusait sa sœur de travailler pour Charles. Yolande sembla d'abord donner dans le jeu du roi : en mai, elle lui demanda sa protection. Pour « la visiter, secourir et conforter », il dépêcha à Chambéry l'un de ses maréchaux, le Bâtard d'Armagnac, et il le fit savoir à Sforza. Il lui fallut vite déchanter : la duchesse avait compris que son indépendance passait maintenant par une alliance avec la Bourgogne. Le comte de Romont, Jacques de Savoie, gagna la Bourgogne avec ses troupes. Pour le Téméraire, l'apport était précieux.

La nouvelle du prétendu empoisonnement de Charles de France avait atteint la cour de Bourgogne. Alors exilé en Brabant, Thomas Basin s'en fait avec virulence l'écho et la tiendra toujours pour véridique. Elle fournit un prétexte à la rupture. Le 4 juin, proclamant que le frère du roi avait été tué « par poisons, maléfices, sorcelleries et invocations diaboliques », le duc de Bourgogne déclarait rompue la trêve. On s'avisa assez vite, d'ailleurs, que point n'était besoin de penser à tant de maléfices, le long déclin du duc de Guyenne ne laissant aucun doute sur les causes de sa mort. Nul n'invoqua plus le prétexte.

Le duc de Bourgogne et Philippe de Crèvecœur attaquèrent donc en Picardie où le connétable de Saint-Pol n'avait pas les moyens d'une défense efficace. Le 11 juin 1472, les Bourguignons prirent Nesles, où ils massacrèrent la garnison jusque dans l'église. On pendit. On coupa des poings. Le 16, ils occupaient Roye. Le carnage de Nesles avait servi de leçon : les autres villes se préparaient à n'opposer aucune résistance. Saint-Pol, qui se plaignait de ses troupes et notamment de ses francs-archers, lança un appel au secours. « Vous devriez, écrivit-il au roi le 17, tout laisser par-delà pour venir par-deçà. » Louis XI ne l'entendit pas ainsi : il demeura en Anjou, mais veilla jour après jour à ce qui se passait sur le front de Picardie. Le 15 juin, avant d'avoir des nouvelles de l'affaire de Nesles, il y envoyait d'urgence le grand maître Dammartin. Le 19, étant informé du massacre, il annonça qu'il allait se venger. Dammartin reçut ordre de faire au duc « le cas pareil en son pays ». Le roi rappelait qu'il avait ordonné de raser la ville à l'avance et de n'y mettre aucune garnison, non plus que « mettre les gens d'armes en aucune place qui ne fût tenable », comme Roye et Montdidier. On n'en avait rien fait. Dammartin se fit tancer et reçut l'ordre de « désemparer » Noyon et de renforcer la défense de Compiègne.

Le 27, l'armée de Crèvecœur était devant Beauvais, où Saint-Pol n'avait pas mis de garnison. Les bourgeois refusèrent de se rendre. Les Bourguignons incendièrent une porte. Ce fut un combat de rue acharné, où les flèches et les pierres volaient en tous les sens, les femmes faisant la chaîne pour approvisionner les hommes en munitions. Les bourgeois lançaient des brûlots contre les assaillants. Tout cela fut en vain. Quand, le 28 en fin d'après-midi, le Téméraire fit son entrée, il lui parut que l'affaire était terminée.

Elle ne l'était pas. Les Bourguignons n'avaient pas osé passer la nuit dans une ville que l'obscurité pouvait transformer en coupe-gorge. Saint-Pol, de son côté, n'avait pas tardé à organiser le renfort. Arrivèrent à la nuit tombante deux cents lances qu'il envoyait de Noyon, suivies le lendemain des cent lances du maréchal Rouault, puis le surlendemain des deux cents lances du grand maître Dammartin et de Jean de Salazar. Charles le Téméraire était maintenant devant une ville fortement tenue, et dont la volonté de résistance était accrue par la certitude d'une évidente punition si les Bourguignons revenaient. De son quartier général encore établi en Anjou, le roi, on le savait, envoyait de nouveaux renforts. Il commanda au grand maître et au connétable de faire sortir les garnisons de Saint-Quentin et d'Amiens et de harceler l'armée bourguignonne : qu'on « les mette aux champs pour rompre les vivres des Bourguignons ». Devant Beauvais, on mourait de faim à l'armée du duc : les soldats de Bourgogne payaient trois sous dans les villages un pain qui valait deux deniers en ville, soit dix-huit fois le prix.

Pendant deux semaines, le duc fit donner en vain son artillerie, aussi bien contre les murailles que contre les maisons. Beauvais tenait bon, et les renforts se succédaient, conduits par Louis de Crussol, Gaston du Lion, Gilbert de Chabannes et Robert de Balsac. Le prévôt de Paris Robert d'Estouteville arriva avec soixante arbalétriers levés à Paris. Il avait organisé des convois de vivres et de munitions qui passèrent en se jouant de l'armée bourguignonne. Le prévôt des marchands, Denis Hesselin, fit à son tour parvenir des carreaux d'arbalète, des cordes et de la poudre, et envoya des chirurgiens pour panser les blessés.

Le duc de Bourgogne se désespérait. Il voyait tous ses assauts repoussés, et il comptait à chaque fois ses hommes tués devant la muraille. Le 22 juillet, il leva le siège en pleine nuit et se vengea de sa déconvenue en incendiant les villages alentour.

Tout cela était, pour le Téméraire, une suite de pas de clerc. Il avait gagné le ridicule. Malgré tant de troupes envoyées par le roi et ses fidèles, on ne parlait que des bourgeois capables de mettre en déroute l'armée bourguignonne. La résistance de Beauvais prit les allures d'une chanson de geste. On chanta le courage de cette Jeanne Laisné qui avait fait preuve d'héroïsme, une hache en main, et s'était même emparé d'une bannière bourguignonne. Elle devint, pour la légende, Jeanne Hachette. Louis XI s'employa à en tirer un singulier bénéfice politique : on avait vu des bourgeois se faire tuer pour garder une ville au roi. Celui-ci ne cessa de faire l'éloge de sa bonne ville, lui accorda des privilèges municipaux et une exemption d'impôts. La part prise par les femmes à la défense de la ville leur valut de marcher dorénavant devant les hommes lors de la procession annuelle qui célébrait l'anniversaire de leur victoire. Parce que les femmes et filles de ladite ville « ne se montrèrent aucunement désolées et déconfortées », le roi ajouta par lettres patentes du 9 août une singulière franchise : elles furent autorisées, de quelque condition qu'elles fussent, à s'habiller à leur guise le jour de leurs noces et autrement, avec « tels vêtements, parures, joyaux et ornements que bon leur semblera ». C'était permettre aux bourgeoises de porter les fourrures et les ceintures d'orfèvrerie que les ordonnances réservaient aux femmes nobles.

Charles le Téméraire tenta de prendre sa revanche. Il songea à gagner Paris. Mais il avait maintenant contre lui toutes les forces royales. Dammartin et Saint-Pol organisaient la mise en défense des villes, plaçaient des garnisons, approvisionnaient les réserves de vivres en prévision d'un siège et le faisaient savoir. Bref, ils précédaient les manœuvres du duc de Bourgogne, non sans harceler son armée sur les flancs, intercepter ses convois de ravitaillement et faire devant lui la terre brûlée. Saint-Pol commença de renâcler : on ruinait ses terres et celles sur lesquelles il avait des vues. En grande colère, il l'écrivit sans fard à Dammartin.

> Je suis averti du désordre qui est à Saint-Quentin et au pays environ par les gens d'armes, et mêmement depuis que y faites tuition... Je ne pourrais bonnement tolérer que ladite ville et le pays fût ainsi rompu par vos gens et ceux de vos neveux, attendu que je sais et connais assez que, si nous tombions en quelque trêve de guerre, vous n'êtes pas, ni eux, délibéré d'y demeurer pour la garder, et faudrait que moi et ceux qui le voudraient entreprendre à garder entreprennent cette charge après que l'auriez ainsi foulée et gâtée.

En définitive, le Téméraire se tourna vers la Normandie, espérant y faire sa jonction avec le duc de Bretagne. Le propos était des plus hasardeux. François II ne prêtait pas l'oreille, démobilisé qu'il était par la mort de Charles de France. Le Téméraire ne s'y était pas attendu.

Il prit Saint-Valery-sur-Somme et Eu, mais Saint-Pol et Dammartin lui coupèrent la route cependant que le roi expédiait à Dieppe douze couleuvrines et deux canons, puis une centaine d'arbalétriers. Il dut renoncer à assiéger la ville que tenait fermement le bailli de Caux Antoine d'Aubusson. Il n'essaya même pas de se montrer devant Rouen. Il parla de marcher sur Noyon, puis abandonna l'idée quand il apprit que Louis de Crussol y avait pris position avec des troupes fraîches. Il se contenta de ravager les campagnes du pays de Caux, ce qui lui attira la haine des Normands. Le roi comprit qu'il n'aurait raison de l'envahisseur qu'en lui rendant la pareille. « Il n'y a meilleur remède de faire partir le duc de Bourgogne du pays de Caux et s'en retourner que de aller en ses pays faire bonne guerre et mettre le feu partout et brûler tout, comme il fait en mes pays. »

La dévastation du pays de Caux interdisait au duc de concentrer son armée. Il ne pouvait plus passer la revue de ses effectifs. Ses hommes souffraient cruellement du manque de ravitaillement, et l'hiver venait. Même dans son camp, et Thomas Basin s'en fera l'écho, cette guerre où l'on ne faisait que brûler des villages était impopulaire. Dès le mois d'octobre, Dammartin sentit que la pression se relâchait. Finalement, le Téméraire regagna la Picardie et se résolut, le 3 novembre, à accepter une trêve pour cinq mois. Le roi se montra circonspect : Dammartin et Saint-Pol reçurent instruction de juger par eux-mêmes s'il fallait respecter la trêve. En cette campagne de l'été 1472 qu'il avait si longuement mûrie et qu'à force de trêves il avait pu déclencher à son heure, le Téméraire avait fait beaucoup de bruit pour rien.

Ralliements

Le roi avait gagné autre chose. On ne l'avait vu ni en Picardie ni en Normandie. Il s'occupait de la Bretagne, alternant les menaces évidentes et les offres de négociation. François II voyait son allié de Bourgogne empêtré dans son entreprise de Picardie. L'alliance qu'il avait conclue le 11 septembre avec le roi d'Angleterre ne lui servait de rien. Le 15 octobre 1472, une trêve était conclue pour un an entre France et Bretagne, ce qui excédait le temps normal des trêves : c'était dire qu'il n'y aurait pas de guerre pendant l'été de 1473. L'armée royale évacua les places qu'elle avait occupées en Bretagne, exception faite d'Ancenis : le roi gardait le contrôle de la route de la Loire. Les Bretons rentrèrent ostensiblement chez eux. On parla de paix.

Le grand maître et le connétable avaient mené l'affaire de Picardie et de Normandie, mais le roi n'avait jamais cessé, par d'incessants courriers, d'être informé et de donner ses instructions. Il avait montré qu'il pouvait être présent sans être là. Et le duc de Bourgogne avait pu sentir que le roi de France n'était plus celui que les grands de son royaume osaient trahir. En cet été de 1472, Louis XI avait mérité le surnom que l'on donnait jadis à son père : il était « le bien servi ». Pour le Téméraire, ce pouvait être une leçon. Il en reçut une autre quand Montfort, l'un des poursuivants d'armes du duc de Bretagne, alla lui signifier la trêve de Bretagne.

Louis XI s'était déjà servi des ambitions qui se faisaient jour et qui avaient si souvent multiplié les complots. Ces ambitions, la diplomatie occulte du roi de France n'avait cessé de les alimenter. Charles le Téméraire avait pu compter sur la fidélité de son demi-frère Antoine, le Grand Bâtard, mais Philippe le Bon avait eu plusieurs maîtresses et son fils devait supporter un autre demi-frère, Baudouin, celui qu'on appelait le Bâtard de Bourgogne et qui supportait mieux d'être un bâtard que de ne pas être le Grand. En 1470, Louis XI acheta tout simplement ses services. Accusé en Bourgogne d'avoir voulu faire assassiner le duc Charles, le Bâtard Baudouin se retrouva à la cour du roi, lequel lui fit don de la vicomté d'Orbec.

Dans le même temps, le roi retournait un ancien fidèle de Philippe le Bon devenu le maître d'hôtel du Grand Bâtard et qui était aussi le « panetier servant la bouche » du duc. C'était donc un proche du Téméraire que ce Jean d'Arson. Baudouin et Arson ont-ils réellement formé le projet d'assassiner le duc de Bourgogne « par glaive ou par venin » ? Celui-ci, en tout cas, s'en plaindra amèrement. Mais il est certain qu'Arson avait attiré l'attention du roi quand le duc avait eu en novembre 1469 la fâcheuse idée de l'envoyer, avec le président du Parlement de Bourgogne, en mission à Plessis-lès-Tours. La défection du Bâtard Baudouin et celle de Jean d'Arson mirent quelques doutes dans l'esprit du duc. Pour tout dire, il s'inquiéta – à tort – de la fidélité du Grand Bâtard Antoine.

De la nouvelle conjoncture politique, des observateurs attentifs tiraient les conclusions pour eux-mêmes. Deux ralliements marquèrent la confiance nouvelle que l'on pouvait placer en Louis XI. Le premier toucha durement le duc de Bourgogne. Dans la nuit du 7 au 8 août 1472, pendant la vaine chevauchée du Téméraire à travers le pays de Caux, le seigneur Philippe de Commynes quittait doucement le camp de celui qu'il avait si longtemps suivi partout. Bien avant d'être le grand historien que l'on sait, Commynes était, à vingt-cinq ans, l'un des personnages influents de la cour de Bourgogne. Né dans une famille de la noblesse flamande, chambellan du duc, il en était devenu le conseiller politique et l'un des diplomates les plus avisés. À Péronne, où il avait commencé de prendre à cœur les intérêts du roi, il avait surtout cherché à éviter le pire. Chevalier courageux, comme il l'avait montré à Montlhéry et ailleurs, il était profondément désireux de la paix. L'acharnement guerrier de Charles le Téméraire, brochant sur un esprit brouillon, décida le chambellan à changer de camp. Par nature, Commynes se sentait porté vers le négociateur que voulait être Louis XI.

Il n'en était pas moins pétri d'admiration devant les capacités intellectuelles qui faisaient du roi un redoutable manœuvrier sur l'échiquier politique. Nul doute qu'il ait même été fasciné par l'esprit retors de celui qu'il allait désormais servir. Commynes se prenait pour une tête politique et il se serait bien vu dans le rôle d'un maître à penser. Charles le Téméraire ne faisant pas grand cas de ses avis, son chambellan pouvait espérer une plus grande considération de la part du roi. Depuis un an, il hésitait, et le roi avait déjà répondu à ses avances par d'avantageuses propositions. En 1471, une mission en Bretagne et un pèlerinage à Compostelle avaient permis à Commynes de revoir le roi et de lui laisser entendre ses intentions. Il avait même pris ses précautions : sachant que sa trahison lui vaudrait en Bourgogne la confiscation de ses biens, le roi lui avait alloué un crédit de 6 000 livres chez Jean de Beaune. Lorsqu'il le vit arriver aux Ponts-de-Cé, au début de septembre 1472, Louis XI ne fut guère étonné.

Le ralliement d'un familier du Téméraire n'avait pas de prix. Louis XI lui donna sur-le-champ 2 000 livres, lui assura une pension de 6 000, lui donna la principauté de Talmont et le maria à Hélène de Chambes, la sœur de la défunte maîtresse de Charles de France. Le père d'Hélène reçut 3 000 écus et donna à son gendre la seigneurie d'Argenton. Avec le titre de chambellan, Commynes entra au Conseil du roi. Il y fut, pendant cinq ans au moins, très écouté. Pour le Téméraire, le coup était cinglant.

François II recevait semblable leçon : nombre de ceux qui l'avaient jusque-là servi passaient dans le camp du roi. Fatigué des indécisions de son maître et voyant où se trouvait son intérêt, Odet d'Aydie ralliait à son tour Louis XI, en novembre. Le roi affecta, malgré quelques conseils en sens inverse, de tenir ce ralliement pour sérieux : il offrit à Odet 80 000 écus et le fit chevalier de l'ordre de Saint-Michel. C'était le début d'une grande carrière. Odet devint grand sénéchal de Guyenne. En 1473, le roi lui donna le comté de Comminges, qu'il avait à son avènement donné au Bâtard d'Armagnac, et il y joignit la vicomté de Fronsac. L'année suivante, Odet était gouverneur de Caen et de Rouen. Il joua alors de nouveau un rôle de conseiller politique auprès du duc de Bretagne, mais Louis XI se l'attacha, toujours avec une pension. Cette fidélité allait durer jusqu'à la mort du roi.

À trop parler, un homme avait beaucoup perdu. C'était Jourdain Faure. Le moine qui avait informé le roi de la maladie de son frère, puis avait dénoncé l'empoisonnement de celui-ci, était toujours aux mains du duc de Bretagne. Le roi décida d'en finir avec cet encombrant personnage. Voulant montrer qu'il n'était pour rien dans le prétendu empoisonnement, il demanda à l'archevêque de Bordeaux de se dessaisir de la cause et envoya en Bretagne une forte mission pour « besogner au procès du moine ». En étaient deux clercs, l'archevêque de Tours Hélie de Bourdeilles – « un prélat si vertueux, bien renommé et de si sainte vie que chacun sait » – et l'évêque de Lombez Jean de Bilhères de Lagraulas. Le roi leur adjoignait trois juristes, les présidents aux parlements de Paris, de Toulouse et de Dauphiné, Jean de Poupaincourt, Bernard Lauret et Pierre Gruel. Le duc de Bretagne y joignit ses gens. Le tribunal s'en remit au pape, lequel se contenta de priver Faure de son abbaye de Saint-Jean-d'Angély. Quant à François II, il se désintéressa vite d'un empoisonnement auquel il avait rapidement cessé de croire. Il laissa Jourdain Faure et Henri de la Roche finir leurs jours dans un cachot.

Ce qui est pris d'un côté pour ralliement l'est d'un autre pour trahison. Le duc de Bourgogne le ressentit bien ainsi, qui n'attendit pas une journée pour confisquer tous les biens de Commynes. Jusqu'à ce moment, c'était le roi que les uns ou les autres trahissaient. Maintenant, c'étaient les princes qui souffraient de la trahison. Les contemporains ne manquèrent pas de noter ce changement. Implicitement, ils le portèrent à l'actif du roi.

CHAPITRE XXIII

Les ambitions du Téméraire

PRÉLUDES DIPLOMATIQUES

La double trêve d'octobre et novembre 1472 avait un avantage indirect : elle mettait pour un temps la France à l'abri d'une entreprise anglaise. Édouard IV n'allait certainement pas mener campagne sur le continent sans l'appui de la Bourgogne et de la Bretagne.

Le duc de Bourgogne avait appris à ses dépens que le temps n'était plus où, avec pour alliés les plus grands parmi les princes, il pouvait combattre le roi et menacer sa capitale. Dans l'affaire de 1472, il s'était trouvé singulièrement seul. Renouvelée pour un an en avril 1473, la trêve avait même provoqué un sérieux imbroglio diplomatique, chacune des deux parties ayant compté Galeazzo Sforza parmi ses alliés. En juin 1473, le roi obtint de Sforza un démenti fort officiel, fait devant notaire et par acte dûment scellé. Louis XI remercia et se rengorgea. Il avait toujours l'alliance de Milan et, même si celle-ci se refroidissait et ne lui était d'aucun secours en Picardie, elle le garantissait du côté de la Savoie.

Le Téméraire avait toutefois assez de connivences en Lombardie pour envoyer Campobasso y recruter les mercenaires qu'il ne trouvait plus en Suisse, ce que Louis XI tenta vainement de faire contrarier. Il comptait encore parmi ses amis l'empereur et le duc d'Autriche, le roi d'Angleterre, les Aragonais d'Aragon et de Naples, le duc de Savoie et quelques autres. Il n'avait pas de mauvaises relations avec la Castille et il était fils d'une princesse portugaise. Le duc de Lorraine ne lui était pas hostile. Venise entretenait avec lui une amitié qui tenait à une commune hostilité pour Milan, et Louis XI suspecta la Sérénissime d'avoir fait subrepticement inscrire Milan parmi ses alliés par le duc de Bourgogne. Au printemps de 1473, celui-ci apprit avec satisfaction qu'Édouard IV s'était fait voter par le Parlement anglais un important subside de guerre. Dans le temps où il renouvelait la trêve, il renoua avec le duc de Bretagne. Charles le Téméraire n'était donc pas sans amis. Le tout était de savoir laquelle, de toutes ces puissances, se battrait pour lui.

Le roi de France ne pouvait plus compter sur sa sœur Yolande. Devenue régente à la mort d'Amédée IX en mars 1472, la duchesse douairière suivait les conseils de Romont et se rangeait dans le camp du duc de Bourgogne. Après tout, son mariage avait été arrangé par Charles VII dans le temps où le dauphin Louis ne jouait plus aucun rôle à la cour de France : elle ne devait rien à son frère.

Toujours amicales, voire affectueuses quand on échangeait des cadeaux et qu'on faisait des confidences aux ambassadeurs, les relations du roi avec Milan se détérioraient. Certes, au début de 1473, Sforza lui prêtait encore cinquante mille ducats pour payer son armée, mais le duc Galeazzo Maria n'était plus le Sforza mal assuré d'antan, et il oubliait volontiers ce qu'il devait au roi de France. Il avait été jusqu'à exiger la promesse que l'argent prêté ne servirait pas à payer des troupes envoyées contre le roi de Naples. Le cardinal Guillaume d'Estouteville eut charge de démentir à Rome le bruit selon lequel les relations entre la France et Milan se distendaient. Le roi en écrivit même au pape. Les rapports de l'ambassadeur Bollate ne sont pas exempts de réserves. Louis XI le chapitrait, lui rappelait que la France avait, dix ans plus tôt, cédé à Milan la seigneurie de Gênes et de Savone, et surtout lui reprochait de n'être d'aucune aide à son allié français dans les nouveaux développements de sa politique. Bref, le bavard qu'était Louis XI faisait savoir au Milanais qu'il ne s'abuserait pas de paroles.

Louis XI, cependant, commençait à tisser cette toile d'araignée qu'allait immortaliser le talent littéraire de Commynes. Il l'avait compris, son adversaire principal n'était ni l'Anglais qui n'avait pas les moyens de l'être ni le duc de Bretagne qui aspirait à la paix. C'était le duc de Bourgogne. Il avait aussi appris que Charles le Téméraire n'était plus le jeune homme jadis connu à Genappe, et qu'il ne se refusait plus aucune ambition. Ce pouvait être là sa perte : il commençait à inquiéter tout le monde, et le roi pouvait en tirer parti.

Lorsqu'en juillet Dammartin, Doriole et les autres plénipotentiaires français attendirent en vain à Senlis l'ambassade bourguignonne avec laquelle on devait tenter d'en finir avec les causes de conflit, le roi manifesta sa patience : un nouveau rendez-vous fut pris à Compiègne. Là encore, en août, les Bourguignons firent défaut. On reporta à janvier 1474 l'entrevue. Si le roi avait eu des illusions, elles tombaient.

En juin 1473, Charles le Téméraire avait occupé sans trop de peine le duché de Gueldre que venait de lui léguer le vieux duc Arnold pour ne pas le laisser à un fils qui l'avait un temps jeté en prison. Comme le fils, Adolphe, avait prétendu s'opposer à la cession, le duc de Bourgogne l'avait, par précaution, mis à son tour en prison. Il devait y demeurer, à Namur, jusqu'à la mort du Téméraire. Pour colorer l'affaire d'une fiction juridique, le chapitre de l'ordre de la Toison d'Or avait, en mai, déshérité Adolphe. Certains se demandaient de quel droit. À cette annexion un peu brutale, le duc de Bourgogne avait donc gagné un duché mais aussi bien des ennemis.

En Bourgogne même, les mécontents étaient nombreux. Malgré le singulier effort de centralisation qu'il devait à la volonté et au savoir-faire de Philippe le Bon, l'état bourguignon demeurait disparate. L'ordre de la Toison d'Or ne soudait qu'une aristocratie dans l'aristocratie. La recette générale de toutes les finances n'assurait qu'une centralisation des comptabilités et des mouvements de fonds. Mais les États demeuraient en chaque principauté, qui votaient séparément l'impôt et contraignaient souvent le duc à une négociation avec les trois ordres de Bourgogne ou avec ceux des Pays-Bas.

Restait une ambiguïté : de quel côté penchait le connétable ? Saint-Pol avait mis ses propres troupes à Saint-Quentin, prétextant qu'il n'avait cherché là qu'à loger ses soldats. Depuis, il ne cessait de protester de sa fidélité au roi, mais il ne lâchait pas sa prise. Vainement Louis XI multipliait-il les avances. En décembre 1473, il fit savoir qu'il était prêt à tout pardonner au connétable si celui-ci livrait Saint-Quentin. Saint-Pol fit la sourde oreille. Il négociait toujours avec les deux camps, et ne s'engageait dans aucun.

Le connétable comprit cependant qu'il ne pouvait rester claquemuré à Saint-Quentin. Il proposa au roi une entrevue. Elle eut lieu le 14 mai 1474, à Fargniers, au nord-est de Noyon, au milieu d'un gué dont la chaussée fut surélevée et pourvue d'une petite barrière. Escorté de trois cents cavaliers en armes, portant sans s'en cacher une armure sous sa robe de soie, Saint-Pol y attendit le roi. Louis XI arriva à son tour, accompagné de sa garde écossaise et de six cents hommes d'armes, que commandait Dammartin. Le connétable ne pouvait s'y tromper : il savait l'hostilité du grand maître. Le roi avait pris des témoins : Commynes et l'ambassadeur milanais Bollate. Saint-Pol affecta de ne pas descendre de cheval. On n'en afficha pas moins la cordialité. Le connétable jura qu'il n'était pas Bourguignon. On se promit d'oublier le passé. Le roi prêcha le pardon à Dammartin. Saint-Pol fit ouvrir la barrière et rejoignit le roi. Ni l'un ni l'autre n'était descendu de cheval. Tout semblait cependant s'être passé le moins mal possible. Ils se « départirent d'ensemble bons amis ».

Ce n'avait été que comédie de part et d'autre. Quand le connétable fut reparti pour Saint-Quentin, Louis XI s'avisa qu'il avait dû supporter la barrière et les hommes d'armes, que tous ces gens-là étaient ses sujets et qu'ils étaient de surcroît payés par lui. Bref, le résultat de l'entrevue fut d'augmenter la prétention du connétable et la fureur du roi. Mais Saint-Pol n'avait pas compris que le Bien public appartenait au passé : en croyant qu'il représentait le haut baronnage français face au roi, il se leurrait. Il ne se trompait pas moins en croyant qu'il pouvait encore négocier avec le duc de Bourgogne : le 14 novembre 1474, il se crut autorisé devant lui à un propos hors de saison : « Ne fait nul doute que n'ayez souvenance des promesses que m'avez faites et fait faire, ensemble du service que je vous ai fait en la journée de Montlhéry. »

Ni le roi ni le duc n'allaient oublier de telles offenses, et

Dammartin était là pour les rappeler. Les palinodies du connétable pendant le bref affrontement franco-bourguignon de 1475 n'allaient pas arranger ses affaires.

Visées impériales

On se rappelle qu'en 1469 le duc de Bourgogne était parvenu à fiancer sa fille et héritière, Marie, au fils de l'empereur Frédéric III, le jeune Maximilien de Habsbourg. Dès ce moment, on pouvait percer à jour les ambitions du Téméraire : il attendait de l'empereur que celui-ci le fît élire roi des Romains, ce qui signifiait la succession assurée au Saint Empire. Mais l'empereur n'était nullement pressé de se donner un successeur, et le propos semblait oublié. Le duc de Bourgogne attendait donc l'occasion. Venant après son installation en Alsace, sa mainmise sur le duché de Gueldre raviva l'idée : la relative facilité avec laquelle il avait mené la négociation avec le vieux duc et occupé le duché lui donna, observera Commynes, de nouvelles idées.

> Il avait le cœur très élevé pour ce duché qu'il avait joint à sa crosse, et trouva goût en ces choses d'Allemagne pour ce que l'empereur était de très petit cœur et endurait toutes choses pour ne dépenser rien; et aussi, de soi, sans l'aide des autres seigneurs d'Allemagne, ne pouvait-il pas grand-chose.

Bien plus que l'alliance avec le duc d'Autriche Sigismond, une entente avec son frère aîné l'empereur semblait propre à consolider les positions bourguignonnes en Alsace et face aux Suisses aussi bien qu'à l'égard du roi de France. L'empereur et le duc de Bourgogne convinrent d'une rencontre. On parla de Metz, qu'écarta l'empereur en alléguant qu'on ne pouvait loger là les dix mille cavaliers dont le Téméraire entendait se faire accompagner. L'empereur n'en avait que mille huit cents, et il fit rabattre la prétention du duc à six mille hommes, que l'on pouvait accueillir à Trèves, à condition qu'ils logeassent hors la ville. Le choix de la vieille cité romaine avait tout pour satisfaire le Bourguignon. Rendez-vous fut pris pour le 30 septembre 1473.

Frédéric III arriva à Trèves le 29 et occupa le palais impérial, qui était devenu celui de l'archevêque. Il était, note Basin, « en assez simple appareil, eu égard à sa dignité ». Plusieurs princes électeurs l'accompagnaient. Le 30 au soir, à la porte de la ville, il accueillait à la lumière des torches son visiteur.

Charles le Téméraire avait décidé d'éblouir l'empereur. C'était, vingt-deux ans après, le même faste que pour l'entrée du duc Philippe le Bon à Paris au côté du nouveau roi Louis XI. Cent pages précédaient le duc, six mille cavaliers le suivaient, précédant les archers et l'artillerie. Quatorze hérauts portaient les armes des états bourguignons. Les dignitaires de la Toison d'Or étaient vêtus de drap d'or. Le duc, en armure et portant manteau constellé de diamants, chevauchait un destrier caparaçonné d'or. Le duc s'agenouilla et baisa la main de l'empereur. Le geste était, sans qu'on le dise, celui d'un vassal, et le duc se posait ainsi en prince d'Empire, ce qu'il était en effet pour nombre de ses états mais qu'il avait jusque-là fort peu manifesté dans ses comportements politiques.

Le cortège traversa la ville. Le duc s'établit, au milieu du camp dressé pour ses troupes, à l'abbaye de Saint-Maximin dont il était depuis peu l'avoué. Chacun était donc chez soi. On déballa de somptueuses tapisseries de Bruxelles qui allaient illustrer sur tous les murs de l'abbaye la grandeur du duc, mais aussi ses ambitions : une suite figurait l'histoire d'Alexandre. Le conquérant...

On échangea les cadeaux d'orfèvrerie qu'appelait l'usage. Chacun donna des fêtes. Les deux cours s'étourdissaient. Au banquet offert par le duc, le vaisselier haut de dix pieds était garni de vaisselle d'or et de coupes d'orfèvrerie rehaussées de perles et de pierreries.

Les politiques, eux, négociaient. Et là, les choses allaient plus difficilement. Elles n'allèrent pas mieux quand les deux princes passèrent eux-mêmes aux affaires. Le duc de Bourgogne avait montré sa splendeur, donc sa puissance. Il ne se retint plus. D'abord, il demanda à l'empereur de lui accorder l'investiture de ce duché de Gueldre qu'il avait conquis. Le 6 novembre, Charles faisait, sur la grande place devant Saint-Gengoux, son hommage à un empereur en grande tenue. Il arriva en armure, fit le tour de la place à cheval, puis s'agenouilla devant son seigneur l'empereur pour l'hommage et le serment. Les précédents ducs de Gueldre avaient oublié de faire hommage à l'empereur. Frédéric III ne pouvait qu'apprécier le geste du duc. Tout allait bien. La main de Marie de Bourgogne était déjà promise, et elle devait apporter aux Habsbourgs, outre une dot, tout l'héritage bourguignon. Tout cela permettait des exigences.

La principale était tout simplement, avec l'élection de Charles comme roi des Romains, la création d'un royaume qui devait, à peu de chose près, reconstituer la Lotharingie carolingienne, sinon l'ancien royaume de Bourgogne dont Thomas Basin atteste que le souvenir n'était pas perdu. Naturellement, les états déjà sous domination bourguignonne en seraient, de la Franche-Comté à la Zélande et à la Gueldre, mais on y ajouterait grandement. La Lorraine et la Savoie garderaient leur duc, mais Charles de Bourgogne y serait roi. Les évêchés d'Utrecht, de Tournai, de Liège et de Cambrai entreraient eux aussi dans le royaume. Comble d'audace, le futur roi exigeait la souveraineté sur les cantons suisses !

Frédéric III n'était pas dupe. Marie était héritière, mais Charles n'avait que quarante ans, et il jouissait d'une bonne santé. En attendant, le Habsbourg devrait se contenter de la dot, et il n'était pas dans les intentions de Charles de doter sa fille aux dépens de sa construction territoriale. Frédéric avait dix-huit ans de plus que le Téméraire : il ne verrait pas l'héritage. Nul ne pouvait penser que le duc de Bourgogne n'avait plus quatre ans à vivre. L'empereur jugea sage de ne rien promettre.

Non seulement les exigences du Téméraire exaspéraient l'empereur, mais elles plongeaient dans l'inquiétude les princes qui l'accompagnaient, et qui n'étaient pas des moindres. Il y avait là l'archevêque de Mayence, le prince-évêque de Liège, les trois ducs de Bavière, le margrave de Bade et les ambassadeurs de celui de Brandebourg et du duc d'Autriche. Le faste déployé par le duc de Bourgogne était fait pour les éblouir. Il les humiliait. Les prétentions territoriales, elles, leur laissaient entrevoir l'émergence dans l'Empire d'une nouvelle puissance.

Si elle avait fortifié les ambitions du Téméraire, l'affaire de Gueldre avait servi de leçon aux autres princes : leur tour pouvait venir. Les agents de Louis XI s'entendaient d'ailleurs à le leur faire comprendre. De pourparlers dont Louis XI allait faire état dans une lettre aux Bernois le 26 octobre, il apparaissait que plusieurs princes allemands se tenaient prêts à s'allier à la France en cas de conflit. Le 25 août, déjà, le roi avait conclu une trêve avec la Hanse. Un grand baron autrichien, le comte d'Eberstein, n'avait cessé depuis quatre ans d'aller et venir entre le roi de France et le duc Sigismond d'Autriche, et c'est lui qui, instruisant Louis XI du sort réservé par le Téméraire au duc Adolphe, avait conduit le roi à appeler en juin une intervention de l'empereur. Adolphe s'était fort mal conduit envers son père, et il était en prison depuis deux ans : l'argument pouvait sembler réchauffé. Il n'en était pas moins efficace. À Trèves, tout l'entourage de Frédéric III ne pouvait que l'avoir en tête.

Six semaines durant, pendant que l'on fabriquait une couronne, un sceptre et des étendards, on discuta. Toute l'Europe avait les yeux fixés sur Trèves. Le duc de Bourgogne avait des alliés parmi les princes, et il ne relâchait pas la pression. Marie fit parvenir à Maximilien un diamant, en gage des accordailles. Frédéric III sembla se laisser convaincre. À la mi-novembre, il céda pour ne pas perdre la seule chose qui l'intéressait en l'affaire : la main de Marie de Bourgogne. On prépara donc l'élection du roi des Romains et son couronnement. Deux trônes furent dressés dans la cathédrale. Une date fut choisie : le 25 novembre. Il ne manquait plus que l'accord des princes, ou au moins d'une majorité d'entre eux. Charles le Téméraire avait sous-estimé l'obstacle que représentait le caractère électif de l'Empire.

Il faut le rappeler, c'est en 1273 qu'avec Rodolphe Ier un Habsbourg a accédé pour la première fois à l'Empire mais, après le bref règne – dix ans – de son fils Albert Ier, la Couronne est passée à la maison de Luxembourg. Un Habsbourg, Albert II, n'a été de nouveau élu qu'en 1438. Son cousin Frédéric III lui a succédé en 1440. Encore celui-ci n'a-t-il rien d'un héritier fortuné. Il ne garde qu'une partie des seigneuries jadis assemblées par Rodolphe Ier. Il n'a pas davantage pu mettre la main sur la Bohême et la Hongrie qu'un habile mariage avait apportées à Albert II et qu'avait héritées de leur mère son frère Ladislas. Les électeurs de ces deux royaumes ont su préserver leur prérogative, faisant appel à de tout autres lignages. En Hongrie, c'est Mathias Corvin qui ne cesse d'étendre ses états. En 1485, il prendra Vienne. En Bohême règne depuis 1471 le Jagellon Ladislas II. Bref, tout empereur qu'il soit, Frédéric III est faible, et rien ne peut, en 1473, laisser penser aux princes électeurs de l'Empire qu'ils ont définitivement perdu leur liberté de choix. Frédéric III le sait.

Charles le Téméraire raisonnait comme si l'Empire était une principauté à l'instar de la Bourgogne ou de la Flandre et comme si les princes allemands étaient prêts à accepter un étranger. Depuis Philippe le Bel, les rois de France avaient renoncé à prétendre, pour eux ou pour un prince des fleurs de lis, à la Couronne impériale. Le duc de Bourgogne se croyait autre qu'il n'était aux yeux des Allemands. Bref, Frédéric III comprit qu'il s'était empêtré. Le 23 novembre, il fit savoir à son hôte que l'affaire était renvoyée à plus tard : il y avait désaccord entre les princes. On suspendit les préparatifs du couronnement. Une grande fête de l'au-revoir fut commandée à la place pour le 25.

Au matin du 25 novembre 1473, le duc de Bourgogne reçut l'affront en plein visage. L'empereur avait quitté Trèves pendant la nuit, sans faire de bruit, en bateau. À l'heure qui était, l'avant-veille encore, celle du couronnement, le Habsbourg descendait paisiblement la Moselle. Un messager dépêché à cheval par le duc rattrapa le bateau à sa première halte. L'empereur n'accepta même pas le principe d'un nouvel entretien.

L'entrevue avait fait trembler tout le monde, à commencer par Louis XI : adossé à l'Empire, le duc de Bourgogne pouvait être inexpugnable, et le roi avait passé son été de 1473 à craindre une attaque contre la Champagne, voire contre le Barrois. Les Suisses n'étaient pas moins inquiets. Quant aux princes allemands, ils s'accommodaient assez bien d'un empereur d'autant moins encombrant qu'il était aussi impécunieux que son cousin Sigismond d'Autriche, celui que les Italiens surnommaient le *Pochi Denari*, « le Peu de Deniers ». Commynes définira l'empereur comme « le plus parfaitement chiche homme que prince ni autre qui ait été de notre temps ». D'ailleurs, Frédéric III ne se faisait aucune illusion, et il devait le dire lui-même au futur Pie II, Eneo Silvio Piccolomini : « Sans argent, je ne peux rien faire. À quoi bon l'Empire si les sujets n'obéissent pas ? ». Le Habsbourg n'était encore qu'un prince sans grande fortune personnelle, rêveur et peu porté aux actions violentes, même s'il cultivait déjà l'ambition qui lui ferait inventer plus tard, au terme d'une opiniâtre et efficace politique de consolidation de ses droits, la célèbre devise AEIOU (*Austriae est imperare orbi universo*), « Il appartient à l'Autriche de commander au monde entier ».

Les princes l'avaient élu parce que sans force propre, et ce n'était pas pour lui donner un successeur infiniment plus redoutable. Bref, ils ne voyaient pas sans inquiétude l'amorce d'une entente qui s'annonçait financièrement profitable au Saint Empire et pouvait donner dans celui-ci le pouvoir à un homme notoirement autoritaire et fort capable de l'être. Bien des conciliabules et bien des correspondances avaient eu, dans l'été, pour objet la détermination des politiques à modifier si une alliance se nouait entre le duc et l'empereur. C'est dire que l'échec de Trèves fut accueilli par beaucoup avec un immense soulagement.

La colère du Téméraire fut spectaculaire mais, pour avoir un fondement, elle n'en était pas moins sans objet. Voulant intimider tout le monde à la fois, il fit savoir qu'il se passerait de l'empereur pour constituer son royaume et établir son autorité sur les principautés qui lui échappaient encore. Il promit d'aller à Cologne réinstaller son cousin l'archevêque Robert de Bavière, un prélat issu de la famille des comtes palatins du Rhin, qu'avait chassé la population. Le 25 novembre au soir, il quittait les lieux de son humiliation. Le lendemain, il couchait à Thionville. Il alla montrer sa force armée au cours d'une entrée solennelle à Nancy, le 16 décembre, entrée à laquelle le duc René II ne put éviter de se prêter de mauvais gré bien qu'elle prît les allures d'un triomphe plus que d'une visite. Laissant des garnisons en Lorraine, le duc de Bourgogne alla ensuite fêter Noël à Brisach, puis sillonna l'Alsace pour conduire à Ensisheim une grandiose revue de ses troupes. Il en profita pour confirmer les mesures de rigueur prises contre les villes alsaciennes par le *Landvogt* Hagenbach. Parvenu le 23 janvier 1474 à Dijon, il assembla la noblesse et le clergé pour leur annoncer la prochaine résurrection de la Lotharingie.

Les décisions se succédaient, qui assuraient de manière unilatérale la transformation de l'état de fait que constituaient les principautés du duc de Bourgogne en un état souverain. Arguant de la dénonciation par Louis XI du traité de Péronne, le Téméraire avait en novembre 1471 érigé le Conseil de Dijon en une cour souveraine dont les sentences n'étaient plus susceptibles d'appel devant le Parlement de Paris, donc devant la Cour du roi. Les seuls appels possibles étaient dès lors ceux que l'on pouvait porter devant la Cour récemment créée à Malines et dont le ressort couvrait l'ensemble de l'état bourguignon. En janvier 1474, le duc créait un Parlement, siégeant alternativement à Beaune pour le duché et à Dole pour la comté. À cette occasion, le duché et la comté de Bourgogne étaient délibérément confondus, en sorte que disparût une frontière qui matérialisait l'appartenance du duché à la France. Autant dire que le duché de Bourgogne n'était plus un fief tenu du roi de France et que les justiciables n'étaient plus sujets du roi. Le duc jouera ce jeu jusqu'au bout, et ce n'est pas sans intention de symbole politique qu'au lendemain de sa défaite de Grandson il réunira à Salins, donc en Franche-Comté, les États généraux du duché et ceux de la comté, forçant ainsi les représentants d'un ancien fief français à siéger en terre d'Empire. Dans le même temps, le Téméraire instituait des compagnies d'ordonnance à l'image de celles que le roi de France fondait sur le service de l'État, non sur l'aide féodale.

C'est donc en narguant le roi de France que le duc de Bourgogne se vengeait de l'humiliation qu'il avait subie dans l'Empire. Son échec de Trèves l'avait rendu furieux, mais non moins ridicule. Il lui fallait maintenant faire peur et assurer ainsi les soumissions. Il fit en effet peur, mais le résultat fut de fortifier déterminations et résistances. Il forgeait ainsi la coalition qui allait s'opposer à son ambition. Lorrains, Alsaciens et Suisses avaient compris. Louis XI n'avait au total pas fait grand-chose. Le temps de la patiente araignée était venu. L'impétueux duc de Bourgogne ne s'en avisa pas.

L'Union de Constance

Devant les prétentions affichées et les alliances évidentes du Téméraire, les Bernois se sentent doublement en danger : le Bourguignon tient maintenant la Haute-Alsace et le Brisgau, le Savoyard tient Genève cependant que Jacques de Romont est baron de Vaud et seigneur de Morat. Leur alliance paraît sonner le glas des illusions suisses. Le temps n'est plus où les bourgeoisies s'accommodaient de quelques seigneuries tenues par des barons autrichiens.

Longtemps, Louis XI a repoussé l'idée d'une intervention militaire. Aux Suisses, il fait conseiller la patience. À la même époque, Charles le Téméraire suggère la même patience à son allié autrichien. Trop occupés à tenir le front de la Somme où, depuis qu'a été conclue la trêve de novembre 1472, chacun garde fermement ses positions, l'un et l'autre n'entendent pas s'engager dans une affaire suisse où le risque de s'enliser est grand. Et le renversement politique survenu en Angleterre est suffisant pour que, jusqu'en 1475, le roi de France doive se tenir prêt à repousser une invasion anglaise en Normandie ou en Bretagne. Le nouveau roi d'Angleterre n'est-il pas le beau-frère et l'allié du Téméraire ?

Dire que Louis ne regarde pas avec intérêt la crise qui couve en Alsace et en Suisse serait nier l'évidence. Il laisse pourrir la situation. Il lui suffit que le Téméraire se fasse des ennemis. Point n'est même besoin, pour l'instant, de financer le mécontentement des Suisses. Il suffit qu'ils regardent autour d'eux. Quant à la Basse-Union qui commence de se nouer en 1473 entre les villes d'Alsace menées par Strasbourg, elle n'appelle aucune aide extérieure. Mulhouse, Bâle et Colmar se sont unies à l'évêque de Strasbourg et au margrave de Bade – on se souvient de son rôle dans l'affaire de Liège – pour secouer le joug bourguignon.

Charles le Téméraire, lui aussi, laisse mûrir le fruit. Il sait très bien que Sigismond n'a cédé ses droits en Alsace que par impécuniosité, et que les difficultés rencontrées par les Bourguignons lui laissent entrevoir un possible retournement. Le duc de Bourgogne ne peut compter sur un appui sincère du Habsbourg contre ses anciens sujets.

Dans l'instant, Charles a bien autre chose en tête. À travers toute l'Europe, il développe une diplomatie dont les fins sont claires : il veut apparaître comme un souverain. Non content de son alliance avec l'Angleterre et de ses relations avec une Hongrie toujours prête à accepter des secours contre les Turcs, il négocie avec l'Aragon et avec Naples. Ayant mené à bien l'affaire du duché de Gueldre, il intervient à Cologne. S'il veut une couronne au moins royale et peut-être impériale, il lui faudra au moins la connivence du Habsbourg. Ce n'est pas le moment de se mettre sur les bras une affaire en Alsace.

Sigismond, de son côté, se prend à déchanter. De son alliance avec le Téméraire, il attendait une aide efficace contre les cantons suisses qui n'ont cessé de grignoter ses possessions au sud du Rhin. Et, sans qu'il y ait contradiction, il aimerait bien reprendre ces domaines alsaciens qu'il n'a qu'engagés au duc de Bourgogne mais que, le temps passant, celui-ci commence de considérer comme définitivement siens. Ce n'est pas sans satisfaction qu'il voit croître en Alsace l'impopularité d'une administration bourguignonne trop pesante. Au cours de l'année 1473, l'idée fait son chemin chez l'Autrichien d'un accommodement avec les Suisses. Ceux-ci y sont prêts, et plus encore après que le duc de Bourgogne a abattu ses cartes. C'est donc à la demande du chef du gouvernement de Berne, l'avoyer Nicolas de Diesbach qu'il a, cinq ans plus tôt, nommé son chambellan et même son conseiller, que Louis XI entreprend de convaincre Sigismond.

Dès ce moment-là, les finances du roi de France entrent ouvertement dans le jeu diplomatique. Diesbach est un homme d'affaires, et il sait que Louis XI fera tout pour entraver l'expansion bourguignonne. Or on discerne bien, dans l'entourage du roi, l'idée que se fait le Téméraire de ces cantons qui semblent prolonger l'Alsace vers le sud. Retrouvant la vue des choses qu'il avait quand il était au duc de Bourgogne, Commynes laissera plus tard échapper une définition qui en dit long : « ces vieilles ligues d'Allemagne qu'on appelle Suisses ». De même, écrira-t-il « les Allemands » pour qualifier les vainqueurs de Grandson qu'il a appelés Suisses quelques lignes plus haut. Louis XI lui-même, négociant avec les Suisses en 1477, s'adresse aux « seigneurs bourgmestres, écoutêtes et consuls des cités et communautés de la grande ligue d'Allemagne supérieure ». En 1481, à propos de ses mercenaires suisses, il écrira « des gens de guerre de la nation d'Allemagne appelés Suisses ». Une telle confusion explique bien des erreurs du duc de Bourgogne comme du duc d'Autriche. Mais elle fonde aussi bien des orientations de la diplomatie française.

Sigismond a déjà dépensé l'argent qu'il a emprunté en engageant la Haute-Alsace. Il comprend qu'il ne pourra jamais rembourser le Téméraire. Il a trop besoin de subsides pour négliger les avis du roi de France. Le cadet des Habsbourg ne se refuse donc pas à un échange avec les Suisses : il renoncerait à ses possessions au sud du Rhin, mais les Suisses et les Alsaciens l'aideraient à racheter les seigneuries alsaciennes hypothéquées au Téméraire. Le roi, pense l'Autrichien, pourrait faire l'appoint.

Nul ne se fait là-dessus d'illusions : si le Téméraire a payé pour l'Alsace, ce n'est pas pour la rendre. S'il refuse, a-t-on compris à Berne comme à Tours, il faudra la reprendre de force. En bref, Sigismond achèterait aux Suisses les moyens de reprendre au Bourguignon son gage sans le rembourser pour autant. Et les Suisses voient bien que la présence du duc de Bourgogne sur le Rhin est, pour eux, autrement dangereuse que celle du faible et impécunieux Sigismond d'Autriche.

En mars 1474, l'affaire est conclue. La Paix perpétuelle entre Sigismond et les confédérés, c'est une cession territoriale. Des barons autrichiens d'Alsace acquis à la cause bourguignonne ayant arrêté sur le Rhin quelques marchands suisses, c'est maintenant contre le duc de Bourgogne que s'organise la vindicte des cantons confédérés. La Paix perpétuelle est alors complétée par une alliance militaire entre les confédérés et les villes de la Basse-Union : c'est l'Union de Constance. Il est prévu que d'autres parties pourront rejoindre l'Union. On a compris que l'entrée de Sigismond dans l'alliance offensive se fera en deux temps. Les Suisses y gagnent l'indépendance. Le Habsbourg y voit la perspective de remédier à cet abandon auquel l'a conduit la disette d'argent.

En théorie, tout se noue entre Sigismond et les Suisses. Ceux-ci offrent à l'Autrichien les 80 000 florins avec lesquels il rachètera au duc de Bourgogne la Haute-Alsace. Le 6 avril, Sigismond dépose la somme chez un banquier de Bâle. En revanche, le Habsbourg reconnaît enfin l'indépendance des cantons suisses et renonce à toute prétention au sud du Rhin. En fait, il est au jeu un quatrième partenaire : pendant qu'il négocie la prolongation de sa trêve avec la Bourgogne, le roi de France promet aux nouveaux alliés des soldats et de l'argent.

Comme il était prévisible, le Téméraire ne s'attarde pas à discuter l'affaire. Il refuse en bloc toute restitution et dépêche des renforts à son lieutenant Pierre de Hagenbach. Dès lors, les choses s'accélèrent. Les troupes de Sigismond se présentent en Alsace où les villes s'ouvrent à elles. Une insurrection éclate. Arrêté à Brisach et sommairement jugé à Bâle, l'impopulaire Hagenbach est exécuté le 9 mai. La Basse-Union déclare la guerre à la Bourgogne.

Prolongée depuis le 1er avril, la trêve avec la Bourgogne prend fin le 15 juin, et Louis XI hésite à la renouveler. Il négocie avec tout le monde, reçoit une ambassade de Bretagne, puis une de l'empereur. Pendant qu'il s'interroge, il n'en prépare pas moins la reprise de la guerre. Le 5 juin, il prescrit à Charles d'Amboise, gouverneur de Champagne, de tenir toutes ses compagnies de l'ordonnance sous les armes aux frontières, « pour marcher le lendemain que la trêve sera faillie ». Ceux qui n'y seraient pas seront cassés à vie.

Plusieurs de ses conseillers sont convaincus qu'il ne convient pas de laisser le duc de Bourgogne renforcer encore sa position. L'opinion prévaut cependant au Conseil – Commynes ne laisse pas ignorer que pensaient ainsi ceux qui, comme lui, connaissaient « les lieux » – que l'on a avantage à laisser du temps au Téméraire, voire à lui faire « un petit d'aide ». Le roi est de cet avis.

> Ils dirent au roi que hardiment prît cette trêve et qu'il souffrît audit duc de s'aller heurter contre les Allemagnes... À la grandeur de l'Allemagne et à la puissance qui y est, il n'était pas possible que tôt ne se consommât et ne se perdît de tout point, car les princes de l'Empire, encore que l'empereur fût homme de peu de vertu, y donneraient ordre... Le roi sollicitait fort d'allonger la trêve, et qu'il fît à son aise en Allemagne.

Le 13 juin, à son extrême limite, la trêve est renouvelée jusqu'au 1er mai 1475. Charles le Téméraire n'a pas refusé : il est fort embarrassé de devoir mener deux combats dans le même temps. Les finances de Bourgogne s'y usent, et le duc se fait des ennemis à l'est. Comme il a promis d'aller à Cologne, il a mis en marche une très forte armée – 22 000 hommes et une lourde artillerie – qui entreprend, le 30 juillet 1474, le siège de Neuss, une petite place forte qui verrouille la route de Cologne. Mais Neuss résiste, malgré les tirs d'artillerie et les sapes dont les galeries souterraines sont l'occasion de féroces combats au corps à corps. Par bateaux entiers, Cologne envoie des vivres et des renforts aux assiégés. Le duc perd là son temps, et il se contente d'envoyer dans l'été quelques troupes dans le Sundgau, en attendant l'offensive d'envergure qu'il lui faut bien différer.

À la cour de France, Diesbach négocie l'alliance militaire sans laquelle les Suisses ne sauraient entreprendre une guerre contre la Bourgogne avec le seul appui des villes alsaciennes. Louis XI ne s'engage cependant qu'avec la plus grande prudence. Il n'oublie pas qu'il a juré une trêve qui lui interdit toute entrée en guerre immédiate contre la Bourgogne. Et il ne peut négliger la menace d'un débarquement anglais. Il promet donc le moins possible.

En premier lieu, il n'est prêt à fournir qu'une aide financière, à l'exclusion de compagnies armées. Ensuite, alors que les Suisses souhaitent une alliance sans conditions, donc implicitement une alliance offensive et une coopération automatique, le roi s'y refuse. Les Suisses passent outre dans la rédaction définitive, ce qui conduit Louis XI a compléter le traité, au moment de le ratifier, par une clause de réserve : il ne fournira une aide militaire qu'au cas où les Suisses seraient en danger évident : l'alliance n'est plus que défensive. Elle est à terme : le 1er mai 1475. Et elle est chiffrée : 20 000 livres par an.

Lors de sa ratification, le 4 janvier 1475, le traité avec la France sera antidaté par les Suisses au 2 octobre précédent pour faire croire que la guerre a été déclarée avec l'accord du roi. À l'automne de 1474, Louis XI ne se prive pas de souffler sur le feu, mais Diesbach et ses conseillers ont bien entendu qu'il ne leur faut pas compter sur lui dans l'immédiat. La prudence du roi sera justifiée par l'histoire des mois suivants. Lorsque, le 21 octobre 1474, devant la probable imminence d'une intervention armée des Bourguignons en Alsace, les partenaires de l'Union de Constance prennent les devants et déclarent la guerre au duc de Bourgogne, ils ne peuvent ignorer qu'ils sont seuls. Ils ne le seront pas moins quand la régente de Savoie, la duchesse Yolande, totalement subjuguée par le Téméraire, aura refusé de se joindre à eux. Comble de malchance, l'empereur se réconcilie avec le duc de Bourgogne : le 13 septembre, une trêve de neuf ans est conclue, qui entérine la mainmise bourguignonne sur l'Alsace.

Préparée de longue date, cette guerre commence mal pour l'Union, et cela parce que les objectifs sont trop divers pour permettre une stratégie cohérente. Entre les Alsaciens et les Suisses, entre Berne et les autres cantons, entre les républiques urbaines et les cantons ruraux, ce ne sont que dissensions. Mais l'Union dispose d'une excellente armée, et Louis XI sait ce qu'il fait en laissant les cantons ouvrir les hostilités : il n'a pas oublié sa propre guerre contre les Suisses. À l'automne, le duc de Bourgogne forme une armée – 15 000 hommes – aux ordres de Henri de Neufchâtel, le fils du maréchal Thibaut de Neufchâtel, mort en 1469. Nommé « lieutenant du duc sur la frontière d'Allemagne », Neufchâtel va tenter de dégager Héricourt, une petite forteresse qu'assiègent les Suisses sur la frontière de la Franche-Comté. Il essuie là une singulière déconvenue : le dimanche 13 novembre 1474, dans la forêt entre Belfort et Montbéliard, son armée se fait durement repousser par les Suisses.

Entre alors en scène l'empereur Frédéric III : l'offensive bourguignonne contre Cologne le fait passer des palinodies de Trèves à une ferme réaction contre les prétentions territoriales du Téméraire. La diplomatie de Louis XI le convainc sans peine qu'il a tout à gagner à l'alliance française. Le 31 décembre 1474, le traité d'Andernach scelle officiellement l'alliance de la France et de l'Empire. Frédéric III a promis d'engager 30 000 hommes contre la Bourgogne. Avec une armée de même force, Louis XI promet d'envahir le Luxembourg. Le 17 avril

1475, un nouvel accord sur les échéances se fait entre le roi et l'empereur : l'offensive est prévue pour le début de mai. En fait, dès avril, l'empereur envoie une forte armée pour dégager Neuss : il s'agit d'une ville allemande, et il n'est pas tenu d'attendre la fin d'une trêve qui n'est que franco-bourguignonne. Louis XI refuse alors, précisément pour ne pas rompre la trêve, d'envoyer une armée seconder l'empereur. Plus téméraire que jamais, le duc de Bourgogne décide cependant de poursuivre le siège, alors même que l'Anglais lui rappelle en vain ses obligations. Elles ne sont pas à Cologne, mais sur la Somme.

CHAPITRE XXIV

La fin de la guerre de Cent Ans

Trêve en Catalogne

Louis XI en était bien conscient, il ne pouvait mener à la fois la guerre sur deux fronts aussi éloignés que celui de Catalogne et celui que déterminerait la probable initiative de l'Anglais. La paix avait semblé faite en 1463 sur le front de Catalogne. Mais, si Louis XI s'était incliné devant les droits de Jean II, les Catalans ne se soumettaient pas pour autant. Ils firent roi en 1464 un prince portugais, le connétable Don Pedro, que Louis XI récusa en disant que le prétendant arrivait un peu tard et non sans désinvolture, et qu'on l'eût pris plus au sérieux quand la France était affrontée à l'Aragon. Ils firent par la suite, en août 1466, choix du roi René, toujours riche de couronnes théoriques mais bien en peine de trouver un véritable royaume. Le roi de France vit là une aubaine à ne pas manquer : il encouragea René et fournit quelques troupes à son fils. Il éloignait ainsi de sa cour un prince qui cherchait à tenir dans la vie politique du royaume, au lendemain du Bien public, un rôle que Louis n'avait nullement l'intention de lui laisser. Dans l'été de 1468, il suscita l'envoi en Catalogne d'une flotte financée par Milan et intervint pour que les Génois cessassent leurs préparatifs de guerre navale contre Barcelone. En février 1469, il demanda à Sforza de faire rappeler la flotte génoise déjà en route pour soutenir Jean II, puis de hâter l'envoi d'une armée milanaise afin de profiter rapidement de la détresse des Aragonais dont les places assiégées commençaient à manquer de vivres.

Entre Louis XI et le duc de Calabre, les relations restaient tendues. Le roi de France n'avait pas renoncé à l'idée de s'approprier la Catalogne entière et Tanguy du Chastel y menait la guerre sans se soucier grandement de l'Angevin. À la fin de 1470, alors que Tanguy du Chastel assiégeait Besalu, près de Gérone, Jean de Calabre fit interrompre ses approvisionnements et arrêter quelques-uns de ses soldats. Louis XI se fâcha et prit des mesures de réciprocité : il coupa les vivres à l'armée du duc Jean et ordonna qu'on fît quelques prisonniers.

Les Catalans ne se soumirent à Jean que deux ans plus tard. Malgré l'envoi d'une armée formée de Suisses et paradoxalement confiée par Louis XI à l'incertain Philippe de Bresse, les troupes de Jean II ne cessaient de progresser. Dans Perpignan, on conspirait pour l'Aragon. On arrêta quelques suspects. La tête de la conspiration était un bonnetier, qui se troubla vite et donna les noms de ses complices, des nobles et des bourgeois.

Louis XI savait fort bien que Jean II avait « quelque pratique avec aucuns de Perpignan », autrement dit qu'il avait en ville des complices capables de lui ouvrir la ville. Cela justifiait l'envoi d'une armée. En mars 1472, on renforça celle de Philippe de Bresse avec trois cents lances et deux mille francs-archers que la trêve avec la Bourgogne rendait disponibles, trois cents lances levées en Dauphiné et quelques contingents envoyés d'Armagnac et de Languedoc. Le roi voyait grand, escomptant la réunion de quelque douze ou quinze cents lances, et sept ou huit mille francs-archers. Il ordonna la levée de l'arrière-ban en Anjou. En attendant d'envoyer en Roussillon le connétable, il dépêcha Antoine du Lau pour prendre le commandement du tout.

Il y avait tout lieu de se méfier du sénéchal de Roussillon, Bernard d'Oms, qui avait été, depuis 1461, en charge de plusieurs sénéchaussées mais que l'on soupçonnait depuis quelque temps de collusion avec l'Aragon. Au vrai, Bernard d'Oms appartenait à une vieille famille catalane fort bien implantée en Roussillon où, on l'a vu, ses frères Charles et Bérenger étaient châtelains bien avant l'arrivée des Français. Plus soucieux de sa province que du roi de France, Bernard d'Oms se tournait maintenant du côté du vainqueur. D'aucuns l'accusaient même d'avoir plus ou moins livré Perpignan à Jean II. Afin de lui « parler plus à plain », le roi le convoqua à Tours. Oms comprit ce qui l'attendait s'il se rendait à Tours : il se déroba. Le roi s'impatienta. Antoine du Lau se vit chargé de se saisir du sénéchal. « De toutes façons, ne le laissez point derrière quand vous en viendrez, et l'amenez pied à pied avec vous. »

La situation en Roussillon ne laissait guère aux responsables le loisir d'aller en Touraine. En novembre 1473, Tanguy du Chastel allait lui-même se faire gourmander. « Vous ne daignez venir me voir », lui reprochait le roi. Pour Bernard d'Oms, il ne s'agissait pas de temps libre. Il se dénonça de lui-même en passant à l'Aragon. En mai 1474, on arrêta son frère.

Malgré les ordres du roi et le renfort, le gouverneur Antoine du Lau n'avait pas les moyens de résister. Le 6 octobre 1472, le roi Jean avait reçu la capitulation de Barcelone et sagement accordé aux habitants des lettres de rémission. Puis il franchit les Pyrénées et passa en Roussillon. Le 24 janvier 1473, il entrait dans Perpignan. Devant la résistance des habitants, il lui fallut quitter la place, mais il revint avec de nouvelles forces et suscita une insurrection de ses partisans. Le 1er février, il était de nouveau dans la ville. Antoine du Lau et sa garnison française ne purent que se réfugier dans la citadelle. Après avoir occupé Narbonne, Philippe de Bresse vint mettre le siège devant Perpignan.

Le duc de Bourgogne crut devoir se mêler de l'affaire : il dépêcha à Amboise deux hérauts de Bourgogne, conduits par Brest, le héraut du duc de Bretagne. Le héraut Toison d'Or avait à sommer le roi de France de respecter la trêve avec l'Aragon. Louis XI répliqua sèchement que la trêve avait été rompue par l'Aragon, non par la France. Le héraut Luxembourg, lui, était chargé de faire savoir au roi Jean II que la sommation avait été faite. Brest, pour sa part, laissa tomber que le duc de Bourgogne aimerait bien récupérer Amiens et Saint-Quentin. C'était tout mêler, et c'en était trop. Louis XI fit arrêter Luxembourg, le fit garder par Louis de Crussol et s'amusa en pensant que le Téméraire croirait son héraut en train d'accomplir sa mission.

Bresse ne put cependant débloquer la citadelle de Perpignan avant l'arrivée d'une armée de secours commandée par l'infant d'Aragon, le futur Ferdinand le Catholique. Le 24 juin 1473, il levait le siège. Antoine du Lau capitula en juillet. Le 17 septembre, par le traité de Perpignan, Louis XI fit semblant de renoncer au Roussillon. Mais, au printemps de 1474, il se savait à l'abri d'une attaque bourguignonne jusqu'au 1er mai 1475. Il décida d'en profiter. Confiée à Boffile de Juge, qui était depuis l'année précédente lieutenant général et « vice-roi » de Roussillon et de Cerdagne, une nouvelle armée vint bloquer la ville de Perpignan. Le peu de ravitaillement qui y parvint fut ce qu'envoyait par mer le roi de Naples.

À ce moment, Louis XI devait éviter à tout prix une trêve, alors que les Français reprenaient l'initiative et que toute interruption des opérations leur serait défavorable. Une trêve lui eût interdit d'affamer Perpignan et de dévaster les campagnes voisines avant la moisson. Il fit donc durer la négociation que Jean II tenta d'ouvrir en mars-avril 1474 : les ambassadeurs aragonais perdirent leur temps entre Senlis et Paris. De grandes fêtes en leur honneur les retinrent à Paris. On interrompit tout pendant la Semaine sainte. Après Pâques, le roi arriva enfin, mais ce fut pour inviter les Aragonais à la montre annuelle de la milice parisienne, puis à un grand souper à Vincennes. Les ambassadeurs finirent par comprendre qu'on les lanternait. Ils décidèrent de rentrer chez eux. Encore les gens du roi affectèrent-ils, à Lyon comme à Montpellier, de les traiter si somptueusement que l'ambassade ne rejoignit son roi qu'en août. Les blés avaient, pendant ce temps, été ravagés, et le siège de Perpignan se poursuivait.

L'affaire se présentait toutefois fort mal, et cette nouvelle campagne allait gagner un surnom dont se serait passé le roi : « le cimetière des Français ». Des troupes furent prélevées sur la frontière de Picardie. Certains ne s'y attendaient pas : obligé de quitter sa garnison de Noyon pour gagner la Catalogne, un capitaine de l'ordonnance, Guérin Le Groing, s'avisera sur le tard que la guerre durait et que le vin qu'il avait commandé et entreposé à Paris dans le palais des Thermes devait être « fort empiré et gâté ». Il obtiendra en mars 1475 le droit de le faire vendre à taverne, c'est-à-dire au détail.

À Elne, la garnison napolitaine se mutina. Son chef, Giulio da

Pisa, négocia une capitulation. Le 5 décembre, la ville s'ouvrait aux Français. Le gouverneur en était Bernard d'Oms. La trahison étant avérée, Oms fut décapité sans procès. Giulio da Pisa accusa Boffile d'avoir manqué à l'honneur : il avait promis la vie sauve à tous les défenseurs, autorisés à se retirer à Barcelone. Boffile le taxa de mensonge. Giulio lui adressa un défi. Armé de pied en cap et la hache au poing, accompagné de son enseigne et de trois trompettes, Boffile attendit en vain son adversaire au milieu de la place de Grève, puis fit constater le défaut.

La diversion créée en février 1473 par l'initiative de Jean II avait un temps semblé faire l'affaire de l'Anglais. Louis XI ne s'y trompa pas, jugeant que le Roussillon ne devait pas accaparer ses forces quand viendrait l'inévitable affrontement avec l'Angleterre. Cette guerre se révélait plus longue, et plus dure, qu'il n'avait pensé. Il fallait en finir et, cette fois, penser à la trêve avec l'Aragon. Ordre fut donné à Daillon de concentrer tous les efforts sur Perpignan. Bien que le siège s'éternisât, on ouvrit la négociation. Menée par les évêques Louis d'Amboise et Jean de Bilhères de Lagraulas assistés du maître des requêtes Jean d'Amboise, une ambassade partit en février pour l'Aragon. Le 10 mars 1475, les Français entraient dans Perpignan. Jean II accepta une trêve. Elle allait être reconduite. Pour Louis XI, l'affaire était terminée.

Ce 10 mars 1475, Perpignan était donc aux mains des Français. Vainement, en 1480, le nouveau roi d'Aragon, Ferdinand II qu'on appellera le Catholique, montra-t-il sa flotte et son armée. Le seul effet fut de décider Louis XI à faire renforcer la citadelle de Perpignan. Encore fallait-il en finir aussi avec la population, dont une bonne partie s'était montrée plus favorable à l'Aragon qu'à la France. Boffile de Juge penchait pour la modération : que l'on punît les meneurs, et eux seuls. Le roi nomma cependant Imbert de Batarnay gouverneur de Roussillon par-dessus Boffile, avec pleins pouvoirs pour exiler les suspects et révoquer les officiers qui lui sembleraient insuffisamment sûrs. Pour Batarnay, toute la population devait quitter Perpignan. Le roi l'encouragea à faire piller les maisons des principaux partisans de l'Aragon, ce qui devait dissuader les autres de persévérer dans leur parti. Il alla jusqu'à écrire, le 20 avril, à Batarnay que, si Boffile n'était pas d'accord, il convenait de n'en pas tenir compte.

Restait que la menace anglaise était précise, et qu'elle avait une date : le 1er mai. Le roi chargea Batarnay de ramener vers le nord l'armée royale. L'affaire était close, et le roi se sentait tranquille de ce côté. Boffile de Juge reprit donc son gouvernement. Approuvé cette fois par le roi, il usa de plus de mansuétude, ne bannissant que les ennemis avérés. Promu comte de Castres en 1477, il allait garder ses fonctions jusqu'en 1491. Il fit habilement oublier la reprise en main de 1475. Le Roussillon allait demeurer au roi de France jusqu'à ce qu'en 1493, par le traité de Barcelone, Charles VIII le cède à l'Aragon pour prix de l'engagement que prenaient « les Rois » Ferdinand et Isabelle de ne pas accorder la main de leur fille Jeanne à un prince anglais ou à un Habsbourg. C'était là un marché de dupes. Jeanne la Folle épousera Philippe le Beau, fils de Maximilien et de Marie de Bourgogne.

Gaston de Foix n'eut pas l'occasion de profiter de son royaume de Navarre. Jean II demeurait roi de Navarre. Gaston et Leonor devaient lui succéder. Gaston mourut en 1472. Après la mort de Jean II en 1479, Leonor régna quelques mois avant de mourir en 1480. C'est leur petit-fils François Phébus qui sera roi de Navarre jusqu'en 1483.

La menace anglaise

Au printemps de 1474, le duc de Bourgogne a repris les négociations avec Édouard IV. Prêt à ouvrir un front à l'ouest alors qu'il n'en a pas fini en Allemagne, le Téméraire souhaite qu'une intervention anglaise sur le continent mette le roi dans une semblable nécessité : faire face sur deux fronts. Mais ses propositions sont maintenant celles de celui qui se voit déjà roi. À l'Anglais, il propose froidement un royaume de France dont seraient naturellement disjoints les territoires appelés à former le nouveau royaume lotharingien.

Quoi qu'il leur en coûte, l'intérêt des Anglais est dans le maintien de bonnes relations avec les états bourguignons. L'économie anglaise est avant tout fondée sur les exportations de laine brute, une laine dont la qualité assure la réputation. Autant l'industrie drapante de Flandre et de Brabant a besoin de laine anglaise pour maintenir sa production de luxe, autant les éleveurs et les marchands anglais ont besoin de garder leur clientèle. Les tissages des Pays-Bas seraient fort ennuyés de devoir se contenter de la médiocre laine des moutons mérinos d'Espagne, qui fait le bonheur d'industries moins réputées. Mais la rupture des exportations serait un drame pour les Anglais, incapables de trouver, au prix habituellement pratiqué, d'autres clients pour leur laine. Le roi d'Angleterre est donc tenu par la fragilité de son économie rurale, et les Communes le sont encore plus. Par le traité de Londres, Édouard IV promet donc, le 25 juin 1474, au duc de Bourgogne de débarquer l'année suivante. La trêve entre France et Bourgogne expirera le 1er mai 1475. L'Anglais a le temps de se préparer et l'armée bourguignonne en aura fini avec l'affaire de Cologne. L'offensive est prévisible pour cette date.

Édouard IV ne cache pas ses intentions. Il envoie ses hérauts sommer le roi de France de lui rendre son héritage, la Guyenne et la Normandie. Comme il convient, les hérauts apportent un cadeau : un superbe cheval. Louis XI les renverra avec des présents dont Paris fera des gorges chaudes : un âne, un loup et un sanglier.

Commynes analysera finement les motifs d'intervention que peut avoir Édouard IV. L'un est politique. Sa popularité en Angleterre ne peut que gagner à la reprise d'une guerre où ses sujets voient son devoir, et son alliance avec la Bourgogne est à ce prix. L'autre est financier. Le roi d'Angleterre doit normalement vivre des revenus de son domaine et il ne peut obtenir des Communes un quelconque subside, si ce n'est pour cause d'une guerre qui préserve le commerce avec les Pays-Bas. Or le roi sait qu'il s'arrangera fort bien pour ne dépenser à la guerre qu'une partie des sommes octroyées : il aura le reste à des fins intérieures. Une autre perspective peut n'avoir pas été étrangère à sa détermination : négocier en position de force un mariage qui ferait une reine de France de sa fille Élisabeth. La suite de l'affaire montre bien que le roi Édouard a en tête aussi bien une rentrée d'argent qu'une alliance matrimoniale.

En attendant l'assaut anglais, les hostilités ont commencé sur mer où Louis XI laisse faire la course, quitte à la désavouer. Lorsque les marins de Honfleur arraisonnent des navires napolitains, on dédommage en argent pour les navires et on rend les marchandises prises, que l'on porte même, en deux ou trois navires français, jusqu'à La Hague en Cotentin où attendent les capitaines naufragés : ainsi les Hanséates, propriétaires des cargaisons, ne demanderont-ils pas de comptes. Mais on fait jurer aux capitaines qu'ils n'iront pas en Angleterre. Les relations, désormais bonnes, avec le roi Ferrante n'interdisent donc pas de faire comprendre à ses capitaines qu'ils ont intérêt à se détacher du marché anglais. Lorsque le corsaire Bissipat arraisonne, le 1er octobre 1474, deux galées qui appartiennent à Ferrante et qui se rendaient en Flandre, nul ne pense qu'il ait agi à la légère. Comme il est d'usage, Louis XI dédommagera Ferrante, mais l'avertissement sera entendu. Les capitaines napolitains jurent qu'ils n'iront plus en Angleterre.

Il y a au plan d'invasion un obstacle de taille : Neuss ne s'est pas rendue. Or Louis XI sait à quoi s'en tenir : il attend de pied ferme l'offensive anglaise pendant que le duc de Bourgogne n'est pas en état de servir les intérêts de son allié anglais. Bref, on espère maintenant avec impatience le débarquement.

Un autre obstacle tient à François II de Bretagne. L'allié jusque-là indéfectible de l'Anglais a payé trop cher des engagements qui ne lui ont rien rapporté. Il gardera là sa neutralité, se réservant pour un rôle de conciliateur qui ne fera évidemment pas l'affaire de l'Anglais.

Louis XI s'attend donc à devoir combattre deux adversaires à la fois, et ce sont les plus redoutables : la Bourgogne et l'Angleterre. Il a renforcé son armée, faisant passer ses compagnies de trois mille à quatre mille lances et se dotant de nouvelles pièces d'artillerie. Maintenant, le temps presse : à la fin d'avril 1475, le roi va prendre position en Picardie avec sept cents lances, renforcées de ses gardes écossais et des archers d'Île-de-France et de Normandie. Il y joint son artillerie. Il établit son poste de commandement près de Senlis, à l'abbaye de la Victoire, ainsi nommée par Philippe Auguste en mémoire de Bouvines. Surtout, il regroupe son armée. Batarnay conduit les hommes d'armes qui étaient en Roussillon, Daillon ceux qui cantonnaient en Guyenne. Il convient cependant de se garder de la Bretagne : pour Dunois, nommé lieutenant général en Poitou, Anjou, Touraine et Maine, on improvise une petite armée.

À la veille de l'invasion anglaise, Louis XI ne compte plus que sur l'alliance d'un empereur porté à défendre Cologne mais non à intervenir vraiment en France et sur une prolongation de la résistance de Neuss, qui retient le duc de Bourgogne de toute initiative vers la France. Il ne fait donc pas le fier. Il le sait bien, une bataille perdue, et les féodaux s'insurgeront de nouveau. Saint-Pol s'agite pour convaincre le duc de Bourbon de reconstituer la coalition d'antan. Si Bourbon flanche, les autres suivront. Autour du roi, le moral est en baisse. On se voit reparti pour la guerre de Cent Ans, éventuellement combinée avec la Praguerie et le Bien public. Tout ce que Louis XI trouve à faire, quand il constate le 30 juin que sa flotte s'est retranchée dans les ports, c'est d'ordonner une dévastation des campagnes jusqu'à Arras et Hesdin, afin que l'Anglais, s'il débarque, ne trouve pas de vivres. C'est, pour dire le vrai, la défense du pauvre.

Galeazzo Maria Sforza lui-même ne donne pas cher de la victoire française. Dès septembre 1474, Louis XI était prévenu : le duc de Milan avait reçu avis de se méfier de la loyauté du roi. Il a tenté de contrer la manœuvre du Téméraire.

> Celui qui vous a écrit est hors de propos car il dit qu'espérance vous décevra. Vous savez bien, mon frère, que je ne vous ai rien promis pour reconfirmer nos alliances, mais vous trouverez en moi moins de fautes que vous n'eussiez fait en celui qui vous a écrit.

Pour sa guerre en Roussillon, le roi de France a bénéficié de la trêve avec la Bourgogne, mais cette trêve complique les relations avec Milan. Pour éviter que, après avoir laissé partir pour la Catalogne une troupe de mercenaires, le roi de Naples Ferrante d'Aragon vienne apporter un secours maritime au roi Jean II, Louis XI multiplie à son égard, à la fin de 1474, les démonstrations d'amitié. Son conseiller Thomas Taquin est à Naples pour des négociations dont l'objet est évidemment de gagner du temps, et dont la principale victime est naturellement la maison d'Anjou. On s'offre des chevaux. Le roi de France, on l'a dit, désavoue les corsaires qui ont attaqué deux galées napolitaines. Bien entendu, ces démarches ne sont pas pour plaire au duc de Milan, et Louis XI se voit obligé de feindre : s'il a envoyé son maître d'hôtel à Naples, c'est uniquement pour remercier Ferrante de deux beaux chevaux. Sforza n'est pas dupe : le roi de France, lui aussi, a changé, et il est temps pour Milan d'en tirer les conséquences. Il ne peut rester passif quand Louis XI lui écrit que Ferrante est son frère et son ami. Il retire les forces qu'il avait envoyées pour aider les Français en Roussillon.

Pour ne pas se trouver entraîné dans une méchante affaire, Sforza propose donc maintenant une trêve au duc de Bourgogne. Autant dire qu'il abandonne son vieil ami le roi de France. Gianpietro Panigarola, l'ancien ambassadeur auprès de Louis XI, est envoyé auprès du Téméraire. La faute de goût est caractérisée, mais elle souligne bien les nouvelles orientations de la diplomatie milanaise. Prévenu de la venue à Milan d'une ambassade bourguignonne que conduit Guillaume de Rochefort, le futur chancelier de Louis XI et de Charles VIII, Louis XI proteste en vain : le 30 janvier 1475, le traité d'alliance est signé entre Milan et la Bourgogne.

Le roi l'a compris, le temps joue, cette fois, contre lui. Il lui faut gagner de vitesse l'offensive conjointe qui s'annonce. Le 1er mai, jour où expire la trêve, il déclenche la guerre à laquelle sont prêts ceux qui ont souffert des prétentions bourguignonnes. Lui-même attaque en Picardie. Le 3 mai, il enlève le petit château du Tronquoy, au sud de Montdidier. Le 5, il met le siège devant Montdidier, qui tombe le 10 et est immédiatement incendiée. Roye s'est rendu le 6, Corbie le 11. Se livrent à leur tour Hesdin, Doullens, Arras, Avesnes et Valenciennes. Le roi fait démanteler toutes les places qu'il prend, afin de les rendre inutilisables au cas où le Téméraire tenterait de les reprendre.

Le Bâtard de Bourbon – l'amiral – était d'abord chargé de dévaster les campagnes entre Abbeville et Arras pour que l'armée de Bourgogne n'y trouve plus les moindres vivres. Dans le même temps, on envoyait de Paris à l'armée du roi, par l'Oise, du foin, de l'avoine et du vin. L'amiral se porte maintenant sur les côtes normandes pour y attendre le débarquement anglais que laisse attendre un courrier de l'incertain comte de

Saint-Pol. Le duc de Bourgogne pousse en effet l'Anglais à débarquer en Normandie, soit à l'estuaire de la Seine soit à La Hague, afin, lui écrivait-il, d'être « à la droite main de mon frère de Bretagne et de moi ». Encouragés par le roi de France, des pirates coulent plusieurs bateaux de pêche hollandais et zélandais.

Les choses pourraient se présenter plus mal pour le roi. Peu désireux de faire alliance avec l'Anglais, le duc de Bourbon a rallié le roi, lui a remis les lettres reçues du connétable et s'est mis à son service. Nommé lieutenant général sur la frontière de Bourgogne, il bat une armée bourguignonne le 20 juin à Guipy près de Château-Chinon. Parmi ses prisonniers, il compte le propre fils du connétable de Saint-Pol, Antoine de Luxembourg, comte de Roussy, dont le duc de Bourgogne avait fait son lieutenant général pour le duché. Une semaine plus tard, c'est l'amiral qui anéantit une sortie en force de la garnison bourguignonne d'Arras : dans l'embuscade, il a même failli prendre le lieutenant général du Téméraire dans les Pays-Bas, le comte de Romont, Jacques de Savoie. Celui-ci s'est échappé, mais son cheval a été tué sous lui. Les Français ont fait là des prisonniers de choix : le gouverneur d'Arras Louis de Contay – le fils de Guillaume – mais surtout le frère du connétable, Jacques de Saint-Pol, comte de Richebourg, qui a perdu sa salade dans la bousculade et a reçu un fort coup d'épée par le travers du visage. Pendant ce temps, Frédéric III approche de Neuss, René II de Lorraine envahit le Luxembourg et La Trémoille prend Jussey en Franche-Comté. Les Suisses s'en mêlent, qui entrent de nouveau en Franche-Comté.

Deux nouvelles pour le roi de France. Les Anglais tiennent maintenant le duc de Bretagne pour un traître. Plusieurs bateaux bretons ont été arraisonnés. Et, Louis XI en est assuré, le duc François II ne marchera pas avec l'envahisseur.

En revanche, les choses vont plutôt mal du côté de Cologne. Frédéric III a approché Neuss, s'est fait bousculer le 24 mai par les Bourguignons et a conclu sur-le-champ une trêve avec le Téméraire. Neuss ne se rend pas pour autant, mais on ne peut plus parler d'une réelle fixation de l'armée bourguignonne sur la Moselle. Un mois plus tard, l'affaire sera terminée là où elle aurait pu commencer : les deux parties s'en remettent au pape pour dire ce qu'il doit advenir de l'archevêque de Cologne. On cesse donc de parler de Neuss : le duc de Bourgogne lève le siège le 13 juin, assez peu glorieusement pour qu'on puisse rapporter au roi de France que son vieil ennemi s'est enfui en abandonnant sa vaisselle et son artillerie. Quant à l'empereur, il parle d'intervenir dans le duché de Gueldre, puis se résout à regagner Cologne. Le bruit court alors d'une trêve entre lui et le duc de Bourgogne, bruit qui inquiète le roi jusqu'à ce qu'on sache qu'il ne s'agit que de la trêve conclue le mois précédent pour trois jours. Louis XI a cependant toutes les raisons de comprendre que Frédéric III, ayant débloqué Neuss, ne s'engagera pas plus avant dans une alliance française.

Au vrai, le Téméraire peut enfin tourner vers l'ouest son armée, ou ce qu'il en reste, car les pertes ont été lourdes devant Neuss où, selon Commynes, le duc s'est « amusé obstinément » : il y a perdu quatre mille hommes, et les survivants sont épuisés. Afin de rendre à Louis XI et à ses alliés leurs mauvaises manières de Picardie, et pour donner une leçon au duc de Lorraine René II qui s'est permis de le défier, le Téméraire commence par envoyer ses soldats piller la Lorraine et le Barrois.

Les Anglais en France

On attendait toujours les Anglais, visiblement peu pressés d'arriver sur le continent alors que leur allié était occupé à Neuss. On en avait vu débarquer quatre à cinq mille à Calais, mais le roi Édouard n'en était pas et, observa Louis XI dans une lettre à Dammartin, on ne les voyait pas bouger. Commynes le notera, l'armée anglaise a bien « mis un an à être prête ». À tout hasard, le roi de France avait gagné le pays de Caux, prêt à intervenir soit en Normandie soit en Artois. À la mi-juin le héraut d'armes d'Angleterre, Jarretière, vint lui signifier le défi d'Édouard IV. La lettre était superbement rédigée dans le meilleur français. « Je crois qu'aucun Anglais n'y avait mis la main », ironisera Commynes. Et Louis XI de tenter l'impossible. Non sans lui donner en privé trois cents écus et en public trente aunes de velours cramoisi, il entreprit de convaincre Jarretière que le duc de Bourgogne ferait défaut à son allié et que le connétable de Saint-Pol trahirait tout le monde.

> Le roi d'Angleterre ne vient point à sa requête, mais il y est contraint tant par le duc de Bourgogne que par les Communes d'Angleterre. Il peut bien voir que déjà la saison est presque passée. Le duc de Bourgogne s'en revient de Neuss comme homme déconfit et pauvre en toutes choses.

Quand les Anglais auront passé la Manche, glissa Jarretière, le roi de France serait bien inspiré de prendre contact avec deux des conseillers d'Édouard IV, John Howard et Thomas Stanley. C'étaient deux grands seigneurs qui allaient être plus tard, l'un duc de Norfolk et maréchal d'Angleterre, l'autre comte de Derby et grand connétable. Sur le moment, Louis XI n'attacha pas grande importance à cet avis. Il devait rapidement s'en souvenir.

En juillet, le gros des forces anglaises débarquait enfin à Calais. Louis XI fut surpris : il aurait pu prévoir qu'une armée concentrée à Douvres n'allait pas en Normandie. Il n'avait pas fallu moins de trois semaines pour que, sans être inquiétée par une marine française inexistante, une flotte de cinq cents bateaux plats affrétée en Hollande et Zélande par le duc de Bourgogne transportât quelque trente mille hommes d'armes, archers à cheval et hommes à pied, sans parler de l'artillerie et du matériel. Accompagné de son frère le duc de Gloucester, le futur Richard III, dont la victoire de Tewkesbury avait assuré la renommée, le roi Édouard arriva le 4. À la mi-juillet, alors que Louis XI ignorait encore cette venue et plaisantait sur les Anglais « qui n'ont fait jusqu'ici que danser à Saint-Omer », Édouard avait réuni toutes ses forces, sauf trois mille hommes envoyés en Bretagne. Le duc de Bourgogne le rejoignit le 14 juillet à Calais. Il amenait, pour toute force armée, sa garde personnelle.

On tira des plans. Charles le Téméraire fit le vantard : les Bourguignons qui se reposaient pour l'heure en Lorraine entreraient en Champagne pendant qu'Édouard et ses Anglais attaqueraient depuis Calais, et tout le monde se retrouverait à Reims, où Édouard recevrait l'onction des rois de France. C'était oublier que l'archevêque de Reims ne sacrait pas le premier venu, et qu'il ne suffisait pas de se présenter en armes à la porte de la cathédrale. Il y fallait le consentement, au moins implicite, des grands et même celui du peuple. Le duc de Bourgogne l'oubliait, les circonstances n'étaient en 1475 ni celles de 1420 ni celles de 1431. Pour dire les choses en clair, la France n'était pas, comme naguère, un pays divisé dont un parti appelait l'Anglais à l'aide. Charles le Téméraire avait lu l'histoire des grands conquérants de l'Antiquité, mais assez peu celle de la France. Il négligeait le fait que le Lancastre n'avait été accepté, et fort mal, que pour une raison : on voyait en lui le seul prince capable de mettre un terme à la guerre civile. En 1475, il n'y avait pas de guerre civile.

Édouard IV accepta la proposition, mais il n'en pensait pas moins. De l'armée bourguignonne et des deux mille cinq cents hommes d'armes annoncés par le Téméraire, il n'avait pas vu un cheval. Il attendait mieux. Mais il ne pouvait avoir conduit une pareille armée et renoncer finalement à mener sa campagne. Après tout, le roi d'Angleterre était un chef de guerre expérimenté, et son frère ne l'était pas moins. Leurs soldats étaient excellents, frais et bien armés. Édouard était beaucoup plus sûr de sa propre armée que de son allié. Il prit le pari.

On passa rapidement aux actes. Le 20 juillet, l'armée anglaise marchait vers la Somme. Elle suivit la côte jusqu'à Boulogne, puis piqua dans les terres. Le 23, Édouard la passait en revue à Fauquembergues. Elle cantonna à Azincourt. Le 28, elle franchissait l'Authie à Doullens où l'ordre de brûler la ville après l'avoir fait évacuer parvint trop tard à Jean de Salazar. Le 5 août, elle atteignait Péronne, où le Téméraire ne laissa entrer que le roi Édouard et une petite escorte.

Louis XI savait par ses espions que l'objectif des Anglais n'était pas Paris, mais Reims, et qu'ils pouvaient y être avant la fin du mois. Il entreprit à marche forcée de leur couper la route. Il quitta Beauvais. Le 5 août, il était à Compiègne, son quartier général habituel face à la Picardie. Il disposa son armée. L'amiral commanderait à gauche la défense éventuelle de la Normandie. Dammartin aurait la responsabilité du centre, entre Beauvais et Noyon, et garderait les routes de Paris. Robert d'Estouteville dirigerait la défense de Laon, ville symbolique et clé de la route de Reims. Dans le même temps, l'armée de René II rejoindrait en Champagne. Le roi prescrivit aux habitants de Reims de fortifier d'urgence la ville : il serait obligé de l'incendier si elle n'était pas « en sûreté ». « Si le fossé n'est achevé, nous ne sommes pas délibéré d'y mettre des gens d'armes, par quoi faudrait par nécessité que la ville fût démolie, dont il nous déplairait. »

La menace fit merveille : à Reims, où l'on avait déjà beaucoup fait l'année précédente, on se remit au travail, malgré le peu d'empressement de l'archevêque Pierre de Laval qui craignait de trop s'engager dans un parti ou dans l'autre. C'était maintenant à l'envahisseur d'attaquer. Louis XI l'envelopperait au premier mouvement. Les deux armées n'étaient plus séparées que par quatre lieues : une demi-journée de marche.

Le 11 août, sur l'assurance, donnée par le duc de Bourgogne, que Saint-Pol lui ouvrirait Saint-Quentin et Beauvais, l'Anglais y envoya ses troupes. L'illusion tomba devant Saint-Quentin.

> Ils s'attendaient qu'on sonnât les cloches à leur venue, et qu'on portât la croix et l'eau bénite au-devant d'eux. Comme ils approchèrent près de la ville, l'artillerie commença à tirer, et saillirent des escarmoucheurs à pied et à cheval, et il y eut deux ou trois Anglais tués et quelques-uns pris.

Ces quelques boulets ruinèrent la crédibilité du connétable. Comme il pleuvait à verse, les soldats anglais ainsi canonnés regagnèrent leur camp de fort méchante humeur. Sur ce, le Téméraire quitta son allié, disant qu'il lui fallait rejoindre son invisible armée et préparer l'entrée à Reims. L'armée de Bourgogne était en Barrois et en Lorraine. Le duc prit la route du Brabant. Son départ acheva de déconcerter les Anglais. Beaucoup pensèrent qu'ils n'étaient pourtant venus qu'à sa demande.

Le découragement d'Édouard IV

En chevauchant, Édouard IV remâchait sa désillusion. Il avait à se plaindre du duc de Bourgogne, mais aussi du connétable de Saint-Pol, qui s'était excusé de sa défaillance à Saint-Quentin en disant qu'il eût perdu son crédit en France s'il avait livré la ville. Saint-Pol se donnait pour prêt à s'exécuter, maintenant qu'il voyait l'Anglais en France. Et le Téméraire, se rappelait Édouard IV, s'était porté fort pour Saint-Pol. Le roi d'Angleterre n'était pas moins furieux contre le duc de Bretagne, qui ne bougeait pas.

Le 12 août, Édouard relâcha un valet de la maison de Louis XI que ses troupes venaient de capturer et le renvoya à Compiègne, chargé d'un message confidentiel. Louis XI se méfia : le frère du valet était en Bretagne. Il entendit le message, n'en crut pas un mot, fit mettre l'homme aux fers, se ravisa toutefois sur l'avis de ses conseillers. Le messager répéta ce que lui avait dit Édouard IV, et ajouta que John Howard et Thomas Stanley « se recommandaient à la bonne grâce du roi de France ». C'était presque un mot de passe.

Le message était simple : à condition que la sortie fût honorable, Édouard IV ne demandait qu'à se dégager d'une aventure où il se voyait fourvoyé. La désinvolture du Téméraire, la résistance des villes françaises, la force d'une armée adverse dont, ayant lui aussi ses espions, il était fort bien informé, tout poussait Édouard à ne pas s'enliser dans une reprise de la guerre de Cent Ans que, sur le long terme, n'aurait pas appréciée le contribuable anglais. Il savait l'opinion française peu portée à le reconnaître comme roi de France. Trois quarts de siècle étaient passés depuis le temps où le Lancastre pouvait débarquer en revendiquant « son héritage ». Les seuls appuis que pensait avoir en France Édouard IV, et sur lesquels il avait sérieusement compté, Bourgogne et Saint-Pol, se révélaient illusoires. Le roi d'Angleterre était un réaliste : il pensait ne pas revoir le duc de Bourgogne, et ne jamais voir son armée. Et, tout comme Louis XI, Édouard IV savait qu'une défaite sur le continent pouvait lui coûter sa couronne.

Louis XI décida d'y voir plus clair. Il envoya à l'Anglais un héraut d'armes que, Montjoie n'étant pas là, on improvisa : on affubla l'homme d'une bannière de trompette qui pouvait faire figure de cotte d'armes et on lui confia un « émail », un écu aux armes de France emprunté au « petit héraut » du grand écuyer. C'était un brave valet de l'échansonnerie qui, quand il entendit ce qu'on attendait de lui, crut mourir de peur, justement convaincu qu'il y risquait sa vie et à peine rassuré par Commynes qui, sur ordre du roi, l'invita à déjeuner. Tout en le traitant à table, on l'instruisit de ce qu'il avait à dire, et on lui promit une récompense. Le valet partit en catimini, sans escorte, la bannière et l'émail dans un sac. Il fallut le jucher sur son cheval.

La réponse qu'il répéta à Édouard IV le 13 août à la mi-journée, quand les Anglais l'eurent convenablement nourri, tenait en trois mots : ses alliés ne l'avaient fait venir que pour servir leurs intérêts, l'hiver venait, on pouvait s'arranger en sorte que les Anglais applaudissent leur roi. Bref, Louis XI proposait une rencontre d'ambassadeurs. Accessoirement, il avait chargé le héraut malgré lui de préciser qu'il n'avait eu partie liée avec Warwick que contre le duc de Bourgogne.

Le faux héraut était de retour avant la nuit. Un vrai héraut du roi d'Angleterre et quatre gentilshommes l'accompagnaient, avec les sauf-conduits permettant l'envoi d'ambassadeurs. Le 14, le Bâtard de Bourbon et Blosset rencontraient Howard et le futur chancelier d'Angleterre, John Morton.

Les bases de la discussion étaient claires. Louis XI était prêt à tout, sauf à abandonner un pouce carré de son royaume. En bref, si l'Anglais voulait des terres, il aurait la guerre. De lui donner la Guyenne et la Normandie, qu'il réclama pour commencer en invoquant l'héritage plantagenêt, il ne pouvait être question. Le roi préférait, il le dit d'emblée à son Conseil, « mettre toutes choses en péril et hasard », autrement dit se faire tuer en bataille. La négociation repartit sur de nouvelles bases. Howard avait à l'évidence pour instructions de mettre fin à la guerre. Il réduisit la demande immédiate à une indemnité de guerre et à un mariage. La Bretagne serait comprise dans la paix. Quelques clauses commerciales compléteraient le traité. On n'évoqua guère le cas de la Bourgogne. En revanche, s'il faut en croire Commynes, l'Anglais offrait de donner au roi de France la liste de ses vassaux qui l'avaient trahi.

Le Bâtard revint à Compiègne. On se disputa au Conseil : le roi était d'avis d'accepter, quelques-uns dirent que l'Anglais ne cherchait qu'à gagner du temps. Le roi avait raison : aux approches de l'automne et n'ayant encore pris aucune ville d'importance, l'envahisseur n'avait pas intérêt à gagner du temps. Le 15 au matin, l'ambassade repartit, avec pour mission de préparer le traité. Il allait falloir se procurer d'urgence l'argent de l'indemnité, donc emprunter. Louis XI se rapprocha de Paris et s'établit à Senlis. C'est là que Howard vint le voir le 18 août.

Charles le Téméraire n'avait guère chevauché quand, par un message laconique du roi d'Angleterre, il apprit la nouvelle tournure des affaires. Que l'Anglais tirât de l'entreprise un avantage financier et l'abandonnât à la vindicte de Louis XI n'était pas pour le satisfaire. Conscient ou non d'avoir lui-même manqué à ses obligations, le duc de Bourgogne se sentit à son tour dupé. Il rebroussa chemin en petit équipage et, le 19, surgit dans la tente d'un Édouard IV qui ne l'attendait pas. Deux jours durant, le ton monta. Afin que l'entourage du roi l'entendît bien, le duc l'apostropha en anglais. Édouard fit observer au duc qu'il ne tenait qu'à lui d'être compris dans la paix. Charles le Téméraire voyait bien que l'on avait totalement oublié ses propres intérêts. Il se crut permis d'évoquer les services rendus. Il osa dire qu'il n'avait pris les armes contre le roi de France que pour permettre à l'héritier des Plantagenêts de recouvrer son bien. Non sans ironie, il compara l'attitude des Anglais avec les prouesses de leurs prédécesseurs. Édouard haussa les épaules. Charles le Téméraire passa aux outrages : il ne signerait une paix avec le roi de France qu'une fois les Anglais repartis depuis trois mois. Après tout, il n'avait nul besoin d'eux.

La paix de Picquigny

Quand le Téméraire quitta son ancien allié, la lanterne de celui-ci était éclairée. Son désir d'en finir avec le continent n'en était que renforcé. Le duc de Bourgogne ne devrait plus compter sur l'alliance anglaise.

Pendant ce temps, on mettait au point les modalités de l'accord. Une trêve serait conclue pour neuf ans, pendant lesquels la France verserait chaque année cinquante mille écus, moitié à Pâques et moitié à la Saint-Michel. Une indemnité de soixante-quinze mille écus serait versée sur-le-champ pour dédommager l'Anglais de ce que lui avait coûté l'entreprise et de ce qu'allait lui coûter le retour de l'armée. Seraient fiancés le dauphin Charles et la fille aînée d'Édouard, Élisabeth d'York, la fille qu'il avait eue d'Élisabeth Woodville et qui allait être plus tard l'épouse de Henri VII Tudor. Comme le fiancé avait cinq ans et la promise dix ans, on attendrait pour le mariage : Louis XI ne cacha pas à ses proches qu'il espérait attendre longtemps. À la charge du roi de France, le douaire ne serait pas constitué de seigneuries mais d'un revenu, assis sur les recettes de la Guyenne. Encore ce douaire ne serait-il versé, à raison de soixante mille écus, qu'à compter de la célébration, sinon du mariage, du moins de fiançailles officielles. En cas de défaillance, on pourrait toujours suspendre les paiements. L'Anglais rendrait la liberté à Marguerite d'Anjou, moyennant une rançon de cinquante mille écus. La liberté de commerce serait garantie aux Anglais en France et aux Français en Angleterre, la seule limitation étant qu'on ne trouvât pas en France plus de cent Anglais ensemble en armes. Pour l'Angleterre, c'était un pactole. Mais une clause secrète n'était pas sans importance politique pour les deux rois : ils se promettaient assistance contre toute rébellion de leurs vassaux.

Le 25 août, Louis XI arrivait à Amiens, ses chariots garnis des sacs d'or que le chancelier Pierre Doriole avait procurés en quarante-huit heures en empruntant à des banquiers. Le roi allait ensuite dépêcher ses gens dans les villes pour leur demander une contribution. On taxa Harfleur à 400 livres, Poitiers à 2 000, Lyon à 3 000. Quoi qu'il en fût, le roi avait maintenant sous la main cinquante-cinq mille écus pour le roi d'Angleterre, celui-ci ayant accordé un délai pour les autres vingt mille. Il y avait aussi cinq ou six mille écus pour « donner aux particuliers... qui se sont mêlés des appointements ». De ces libéralités immédiates et de quelques promesses de pension les principaux conseillers d'Édouard IV, dont Howard, eurent chacun leur part.

Édouard IV s'était approché. Ses troupes cantonnaient à une demi-lieue d'Amiens. Louis XI était sur le chemin de ronde de la porte, observant l'arrivée de l'armée dont il lui fallait se débarrasser. Il fit envoyer à Édouard trois cents chariots de vin de Bourgogne. Quant à la troupe anglaise, invitée à entrer dans la ville, elle trouva de part et d'autre de la porte des gentilshommes choisis parmi les plus gros et les plus gras, qui festoyaient dans la rue devant des tables garnies de viandes et de vins. Il fallait faire envie à des soldats que la campagne avait affamés. On avait ouvert une dizaine de tavernes gratuites. Les Anglais burent aux frais du roi de France. « D'eau, dit Commynes, n'était nouvelles. » Les Anglais vinrent en foule et en grand désordre, au point que Jean d'Estouteville s'en inquiéta. Commynes et le maréchal de Gié firent une tournée, virent que les soldats étaient ivres, et que leurs chansons n'avaient rien de guerrier. Ils firent savoir au roi qu'il n'y avait aucun péril. Louis XI invita quelques capitaines anglais à dîner, mais renforça la garde.

Le 29 août, les deux rois se retrouvaient à Picquigny, lieu qu'avaient choisi ensemble Commynes et Batarnay pour le roi de France, Howard et Chalenger pour l'Anglais. Chaque armée était rangée sur une rive de la Somme, huit cents hommes pour la France, toute l'armée pour l'Angleterre. On avait construit un pont sur la Somme, avec un toit de bois contre la pluie, et édifié entre les deux appentis une cloison de bois dont, rapporte Jean de Roye, « la moitié par le haut était treillisée » : un treillis de bois « comme on fait aux cages des lions », précise Commynes. Une nouvelle fois, on se souvenait du pont de Montereau. Toutes les précautions étaient prises : chaque roi allait être accompagné sur le pont de douze de ses fidèles et de quatre observateurs désignés par l'autre.

Vêtu sans façon, Louis XI s'engagea le premier sur le pont, assisté de Commynes, du duc Jean II de Bourbon et de son frère Charles, archevêque de Lyon, du Bâtard de Bourbon, du grand maître Dammartin, du maréchal de Lohéac, de Tanguy du Chastel et d'une demi-douzaine d'autres familiers. On prévint Édouard IV, qui affectait d'attendre dans son camp. Il arriva en grand arroi, vêtu de drap d'or et de satin rouge. Comme coiffure, il avait une barrette de velours noir qu'il avait ornée – délicatesse et ostentation, ou provocation – d'une fleur de lis étincelante de pierreries. L'accompagnaient quelques grands d'Angleterre, dont son frère Georges, duc de Clarence, le chancelier Thomas Rotherham et, naturellement, John Howard, qui devait, avec quelques autres, demeurer en France comme otage jusqu'à l'évacuation pacifique de l'armée anglaise. Gloucester, qui s'opposait déjà à la politique de son frère le roi, s'était décommandé.

L'Anglais était décidé à y mettre les formes. Louis XI était accoudé à la barrière. Édouard ôta sa barrette et fit deux génuflexions avant d'atteindre le milieu du pont. À travers la barrière, les deux hommes se touchèrent le bras. La conversation se tint en français. Louis XI avait apporté le parchemin du traité : Édouard le lut et se déclara satisfait : c'était bien ce dont on était convenu. Chacun fit apporter un reliquaire de la Vraie Croix. On jura le traité. On le scella. Louis XI avait demandé au chancelier de lui envoyer d'urgence le grand sceau : les Anglais « à autre sceau n'ajouteraient point de foi ». Les deux rois plaisantèrent un instant. Comme toujours quand il se sortait d'une situation difficile, Louis XI mettait les rieurs de son côté : il offrit à son cousin d'Angleterre de venir à Paris pour y apprécier les petites femmes, l'assurant que l'archevêque de Lyon serait fort propre à l'absoudre ensuite : naguère archevêque à l'âge de onze ans, Charles de Bourbon, qui allait être cardinal l'année suivante, passait pour « bon compagnon ».

Ayant, au bout d'un quart d'heure, écarté leur suite, les deux rois parlèrent de leur nouvelle alliance. Ils évoquèrent les éventuelles rébellions, celle du Téméraire contre le roi de France et celle, toujours latente, de Clarence et de Gloucester contre leur frère. Édouard commença de se venger : il promit de remettre le lendemain quelques lettres, fort compromettantes, du connétable de Saint-Pol. Quant à inclure le Téméraire dans la paix, le roi d'Angleterre précisa que la chose lui était indifférente. On n'alla pas très loin au sujet du duc de Bretagne : le Français souhaitait être libre pour défaire le Breton, et l'Anglais désirait fermement qu'on laissât celui-ci en paix. Louis XI ravala son désir. Le lendemain, sollicité de nouveau par des émissaires de Louis XI, Édouard IV maintint sa position : si l'on attaquait la Bretagne, il reviendrait sur le continent. Il fallait se le tenir pour dit.

En regagnant Amiens, Louis XI ne regrettait qu'une chose :

avoir invité l'autre à venir à Paris. On pouvait espérer qu'il n'en profiterait pas : le risque était qu'il y prît goût et revînt trop souvent. Lorsqu'au cours du dîner du lendemain, à Amiens, Howard se fit fort de convaincre son maître de venir à Paris, Louis XI se montra très absorbé à se laver les mains. Puis on laissa entendre à Howard que le roi avait autre chose à faire que de recevoir à Paris un hôte de marque. Cette autre chose, c'était le duc de Bourgogne. Tout le monde comprit.

Louis XI saisissait fort bien qu'Édouard IV risquait de se voir désavoué en Angleterre. Le peuple avait financé une guerre et voyait en définitive le roi revenir avec des sacs d'or, mais les soldats et leurs capitaines étaient privés des profits qu'ils attendaient d'une campagne victorieuse : des rançons, du butin. Le bavard impénitent qu'était Louis XI se surveillait : il ne fallait rien dire qui pût laisser croire aux Anglais qu'on se moquait d'eux. Gloucester, déjà, critiquait le traité et opinait tout haut que le duc de Bourgogne n'avait dit que la vérité. Un conseiller gascon du roi d'Angleterre laissait entendre que son maître allait être ridicule. Dans l'entourage, les Anglais tenaient leur roi pour vaincu, quelque argent que lui rapportât son revirement, et l'on savait ce qu'avaient reçu comme cadeaux, en argent monnayé ou en orfèvrerie, les artisans de l'accord. Le moindre propos pouvait tourner à la provocation et remettre en cause la paix. Le vicomte de Narbonne Jean de Foix, le fils cadet de Gaston IV de Foix, ayant évoqué devant un otage anglais les six cents pipes de vin et la « pension » données par le roi de France, l'Anglais répliqua sèchement qu'il ne s'agissait pas d'une pension mais d'un tribut. Informé de l'incident, Louis XI gourmanda le vicomte. Il n'en continua pas moins à parler de pension.

Édouard IV avait honte de ses hommes qui venaient se saouler à Amiens aux frais du roi de France, et il était gêné par les hérauts et trompettes d'Angleterre qui avaient eu leur part des écus et ne rendaient pas service à leur maître en criant partout : « Largesse au très noble roi de France ! ». Le 31 août, il leur enjoignit de quitter la ville. Les soldats avaient trouvé du charme à l'hospitalité de celui qu'ils devaient combattre. C'était ce qu'avait voulu Louis XI. Le 4 septembre, l'armée anglaise commençait de rembarquer. Le 10, c'était fini. Les soldats regrettèrent ce qu'ils avaient, un temps, pris pour une victoire. Le duc de Bourgogne n'était pas moins ridicule, qui avait payé les navires pour rien.

En l'affaire, Louis XI avait beaucoup gagné. Nul ne pouvait penser que cette trêve de sept ans mettait un terme définitif à ces trois siècles d'hostilité qu'on appelle, pour son siècle terminal, la guerre de Cent Ans. Depuis le temps des Plantagenêts, France et Angleterre s'affrontaient sur le continent, et les ruines s'étaient accumulées. Il en avait coûté la richesse du royaume de France, et parfois un drame national. Sept ans, cependant, c'était toujours cela de gagné, et le peuple ne pouvait que se réjouir d'avoir échappé à ces randonnées militaires qui semaient la dévastation et laissaient des morts sur les champs. En achetant le départ de l'Anglais, Louis XI venait de gagner la réputation d'un roi qui, s'il dépense leur argent, ménage le sang des Français. Il avait de surcroît les mains libres face au duc de Bourgogne. Ce n'était pas le moindre gain.

Le traité de Soleuvre

On pouvait s'attendre à une offensive française contre le Téméraire. À la fin de septembre, Louis XI gagna Vervins. Certes, il souhaitait toujours détruire l'état bourguignon mais, à une guerre immédiate dont l'issue était incertaine, il préférait une trêve qui laisserait au duc de Bourgogne toute liberté de s'enferrer dans les affaires d'Alsace et d'Allemagne. Le roi le sentait à juste titre, ses ambitions affaibliraient rapidement la position du duc. Or les Anglais n'avaient pas encore rembarqué que, flanqué d'Imbert de Batarnay, du Bâtard de Bourbon et de Commynes, Louis XI recevait à Senlis une ambassade qui, de la part du duc, proposait une nouvelle trêve. On s'était mis d'accord pour sept ans, comme avec l'Anglais.

Chacune des parties avait intérêt à précipiter les choses. Le 13 septembre, le duc de Bourgogne, à son camp de Soleuvre, au Luxembourg, ratifiait l'accord. On ne publia pas les clauses secrètes, qui concernaient les alliés de chacun : ils auraient jusqu'au 1er janvier 1476 pour adhérer ou non au traité, à la condition qu'ils cessent toute hostilité dès qu'ils auraient connaissance de celui-ci. Les alliés du roi de France, c'étaient le duc de Lorraine et les cantons suisses, mais aucune mention n'était faite de la Basse-Union. Le roi ne tenait pas à neutraliser les villes d'Alsace, dont l'hostilité à la Bourgogne lui était précieuse. Et le duc se réservait le droit de faire la guerre aux Suisses s'ils soutenaient les Alsaciens. En attendant, comme René II n'avait pas eu le temps de ratifier le traité, le Téméraire profita du répit pour attaquer la Lorraine.

Quand la nouvelle lui parvint d'un tel traité, Édouard IV se sentit outragé. Le duc de Bourgogne avait méprisé la paix de Picquigny, mais il ne pouvait s'en prendre qu'à lui-même. L'Anglais avait été berné, et il entendit se venger. Il envoya l'un de ses plus proches conseillers, Thomas Montgomery, proposer à Louis XI de faire campagne commune contre la Bourgogne. Louis XI, qui le reçut à Vervins, combla Montgomery de cadeaux et refusa l'offre. On précisa cependant au roi d'Angleterre que la paix de Soleuvre n'était pas faite contre lui.

Louis XI était lucide. Si l'Anglais revenait sur le continent, il pouvait bien se retourner un jour contre la France. Sa vindicte contre Saint-Pol et contre le Téméraire pouvait s'apaiser. Et puis, on ne pouvait oublier la Bretagne. Un retour de l'Anglais ferait peut-être sortir de sa relative neutralité un François II toujours très lié avec le duc de Bourgogne, et on notait déjà le peu d'empressement qu'il mettait à adhérer à la paix : le traité conclu à Senlis par ses ambassadeurs le 29 septembre restait à ratifier.

D'ailleurs, les conditions mises par Édouard à une intervention en armes contre la Bourgogne étaient fort onéreuses : la France paierait la moitié de la dépense et indemniserait l'Angleterre pour l'inévitable rupture des exportations de laines vers les tissages de Flandre et de Brabant. On en resta là. Mais on continua de négocier les clauses d'un accord commercial qui fut ratifié le 8 janvier 1476 : il reconnaissait une totale liberté et des conditions fiscales avantageuses aux marchands anglais sur la place de Bordeaux. Il y avait à ce trafic une restriction de taille : les navires devaient être français ou anglais.

La fin d'un connétable

La première victime de la trêve, c'était évidemment celui qui avait tant voulu la guerre. Au cours des entretiens entre France et Bourgogne, on parla du connétable. Parmi les ambassadeurs qui travaillaient à la paix, il y avait Gilbert de Chabannes, comte de Curton. Il était cousin du grand maître Dammartin. Or celui-ci, rappelle Commynes, demeurait « ennemi capital du connétable » et, cantonné près de Saint-Quentin, il surveillait de près la négociation. Gilbert avait été sénéchal de Guyenne pour Charles de France avant d'être pour le roi gouverneur du Limousin. Il en savait long sur les manigances de Saint-Pol. En face de lui, le chancelier de Bourgogne Guillaume Hugonet en savait autant. Chacun s'avisa que Saint-Pol avait dupé tout le monde en feignant de servir les deux camps. Commynes analysera avec justesse les sentiments qu'il commençait d'inspirer.

> En menant ce traité, on murmurait des deux côtés contre le comte de Saint-Pol, connétable de France. L'avait le roi pris en grande haine, et les plus prochains de lui semblablement. Le duc de Bourgogne le haïssait encore plus, et en avait meilleure cause... Et lui semblait qu'il était cause et vraie nourrice de cette guerre qui était entre le roi et lui.

Charles le Téméraire n'avait oublié ni Amiens ni Saint-Quentin, ni les bonnes paroles du connétable en temps de paix, ni sa présence dans l'armée royale en temps de guerre. De plus, Saint-Pol avait mené ses propres affaires à l'encontre du Hainaut et, pour faire bonne mesure, il avait insulté Humbercourt, lequel, depuis l'affaire de Liège, avait toujours l'oreille du duc. Quant au roi, il voyait bien que Saint-Pol cherchait son indépendance dans la duplicité : il entretenait des relations avec le roi comme avec le duc, et il rapportait à l'un ce qu'il tirait de l'autre, non sans arranger la matière.

Saint-Pol avait envoyé au roi deux de ses fidèles, avec l'espoir de ranimer le semblant de paix naguère conclu sur le pont de Fargniers. C'étaient un bourgeois de La Rochelle nommé Jean Richer, qui faisait office de secrétaire du connétable, et un simple chevalier de son hôtel, Louis de Sainville.

Louis XI leur tendit un piège. Il appela Contay. Naguère pris devant Arras par le Bâtard de Bourbon, puis libéré sur parole en attendant le paiement de sa rançon, Louis de Contay était devenu une sorte d'intermédiaire diplomatique.

> Le seigneur de Contay... allait et venait sur sa foi devers le duc de Bourgogne, qui lui avait promis donner sa finance et rançon et une très grande somme d'argent s'il pouvait traiter la paix.

Ayant ainsi un intérêt très personnel à la paix, Contay était assidu auprès du roi. Celui-ci le fit dissimuler avec Commynes derrière un paravent. Puis, assisté de Batarnay, il reçut les envoyés du connétable et les fit parler. Ils ne se firent pas prier : ils racontèrent que le duc de Bourgogne haïssait les Anglais et qu'il avait songé à les attaquer durant leur retraite. Ce qu'ils proposaient au roi, c'était de faire une trêve et de laisser aux Anglais deux petites villes – Commynes crut comprendre qu'il s'agissait d'Eu et de Saint-Valery – afin qu'ils y passassent l'hiver tranquilles. C'était prendre le roi pour un imbécile. Si Édouard IV demeurait en France, nul ne pouvait savoir dans quel sens il reprendrait les hostilités au printemps.

Le roi affectait de rire. L'un des envoyés se prit au jeu et, pour bien montrer la nouvelle haine du connétable pour le duc de Bourgogne, il se mit à imiter celui-ci, tapant du pied, jurant contre les Anglais, appelant le roi Édouard « Blanc Borgne » et le traitant de bâtard d'un archer. Le roi riait de plus belle, et les priait de parler plus fort, disant qu'il devenait sourd. Derrière leur paravent, Commynes et Contay n'en perdaient pas un mot.

L'audience achevée, Contay quitta, fort indigné, son « ôte-vent ». Il ne pouvait admettre que les gens du connétable traitassent ainsi son seigneur le duc de Bourgogne. C'est bien ce qu'avait espéré le roi. Contay s'en alla sur-le-champ rapporter la scène au Téméraire. Pour aggraver l'offense, le roi avait feint de trouver l'incident amusant. En réalité, tout le monde était furieux, le duc qu'on le tînt pour ridicule, le roi qu'on osât lui proposer de laisser les Anglais en France.

> Ainsi se commença à pratiquer la manière de défaire le connétable... Chacun le disait occasion de la guerre, et se commencèrent

à découvrir toutes paroles et tous traités menés par lui tant d'un côté que de l'autre. Et mettaient en avant sa destruction.

« Pratiquer », c'était négocier. Louis XI et son entourage avaient emprunté le mot à la langue italienne, où il était souvent synonyme de « gagner du temps ». La négociation entre les ambassadeurs n'avait pas cessé. À force de rencontres, des liens d'amitié se tissaient. L'accord se fit assez vite : le premier qui mettrait la main sur le connétable l'occirait dans les huit jours. C'était chose facile à dire : les clauses secrètes du traité de Soleuvre excluaient de la paix ceux que le Téméraire tenait pour des félons. Le premier était son demi-frère Baudouin, le Bâtard de Bourgogne, que Louis XI avait acheté cinq ans plus tôt. Commynes n'était pas moins écarté du pardon. Le connétable, lui, était exclu à la demande des deux parties. Chacun des deux contractants promit, s'il parvenait à le saisir, de « faire la justice » du comte de Saint-Pol dans les huit jours ou de le remettre à l'autre. Le roi donna à l'avance au duc les places du connétable, à savoir Saint-Quentin, Ham et Bohain. À force de palinodies, de complots et de trahisons, Louis de Luxembourg, comte de Saint-Pol, n'avait plus que des ennemis. Même Jacques de Saint-Pol, qui avait été pris en juin à Arras, déclara au roi qu'il se sentait dupé par son frère.

Dès ce moment, le connétable était perdu. Une dernière clause scellait son sort : s'il le livrait au roi, le duc de Bourgogne pourrait attaquer la Lorraine sans qu'on considérât cela comme violation de la trêve. La vengeance de Louis XI n'avait pas de prix.

Le connétable comprit qu'il avait « offensé de tous côtés ». Il tenta l'impossible : se réconcilier avec tout le monde. Familier de la duplicité, il crut pouvoir profiter de la trêve franco-bourguignonne : il envoya ses agents au duc de Bourgogne, puis au roi. À entendre ses gens, il était « dépourvu de toute espérance ». Il demanda un sauf-conduit juré par le roi sur la croix de Saint-Laud. Le roi répondit qu'il n'en était pas question.

Saint-Pol s'avisait de son isolement. Plusieurs de ses fidèles l'abandonnaient. Ayant fait au roi de France des propositions qui ne rencontraient pas d'écho, il fit les mêmes au roi d'Angleterre, lui offrant de le laisser passer l'hiver à Saint-Valery et à Eu, et d'y joindre un prêt de cinquante mille écus. Entre Édouard IV et Louis, l'information circulait maintenant très vite. L'Anglais n'ignorait pas que les deux places ne valaient rien : Louis XI les avait fait incendier. Les deux rois avaient bien la preuve que Saint-Pol trahissait des deux côtés. Édouard fit répondre que, si le connétable avait voulu l'aider, il lui eût fallu le faire le mois précédent. Et il envoya au roi de France les lettres de Saint-Pol. Devant ses conseillers, Louis XI ne cachait plus qu'il voulait non le connétable mais « sa tête ». Édouard IV et le Téméraire la voulaient aussi.

Un moment, Saint-Pol songea à gagner l'Allemagne en emportant de quoi acheter une seigneurie, mais il comprit qu'il n'atteindrait pas le Rhin. Il parla de s'enfermer chez lui à Ham mais s'avisa qu'il n'en pourrait plus sortir. D'ailleurs, personne ne se portait volontaire pour s'enfermer avec lui. En désespoir de cause, se méfiant du roi plus que du duc de Bourgogne, il se tourna vers celui-ci et négocia un sauf-conduit grâce auquel il se réfugia à Mons, ville dont le bailli était de ses derniers amis. Le roi songea à une expédition, réunit une petite armée qui entra dans Saint-Quentin. C'était fermer la porte à toute négociation entre le duc de Bourgogne et Saint-Pol. Ce dernier ne pouvait plus promettre de livrer Saint-Quentin. Il n'y avait plus de marché possible.

Le connétable ignorait encore que ses envoyés venaient de ruiner, par une grotesque mimique, tous les espoirs qu'il pouvait mettre en son vieil allié de Bourgogne. Le Téméraire n'avait aucune envie de voir remise en cause par le roi la clause du traité qui l'autorisait à envahir la Lorraine. Nonobstant la sûreté donnée, il se décida à faire arrêter Saint-Pol. Le bailli de Mons s'exécuta. Le prisonnier fut conduit à Péronne.

Le connétable devint alors une pièce essentielle sur un échiquier dont l'enjeu était la Lorraine. Le duc de Bourgogne était entré en Lorraine et il avait mis le siège devant Nancy. Il ne l'oubliait pas, la France ne lui laissait les mains libres en Lorraine que sous deux conditions : livrer le connétable et renoncer à s'approprier les biens de celui-ci. Peut-être Commynes a-t-il raison quand il opine que le Téméraire n'aurait pas livré son prisonnier si Nancy avait capitulé plus tôt : le roi serait peut-être venu au secours du duc de Lorraine s'il avait déjà tenu sa vengeance à l'encontre du connétable. Mais Nancy tenait bon, et le délai de huit jours prévu pour la remise du connétable était largement dépassé.

Charles le Téméraire ne pouvait prendre le risque de voir apparaître une armée française. Il se résolut donc à remplir sa condition. Jean Blosset – le seigneur de Saint-Pierre – alla prendre livraison au nom du roi. Le 26 novembre 1475, sous bonne escorte et caché dans un grand manteau noir, le connétable arrivait à Paris. On le mit à la Bastille. Les Parisiens firent des bons mots : il y avait guerre au Paradis puisque saint Pierre avait arrêté saint Paul.

À vrai dire, le connétable n'avait ni gagné ni perdu à changer de geôlier. Louis XI voulait sa tête, mais le duc de Bourgogne ne l'avait certainement pas gardé en prison pour le libérer. Saint-Pol passait d'une vengeance à l'autre. Celle du roi, en tout cas, fut sans pitié.

Le procès s'ouvrit immédiatement devant le Parlement. Le dossier était prêt. Les félonies du comte étaient notoires, et le roi en avait assez de preuves. Saint-Pol tenta de se défendre, essaya de compromettre ses amis et notamment le duc de Nemours, s'embrouilla comme il était prévisible. Le 19 décembre, le Parlement le condamnait à mort. Le jour même, en place de Grève, il avait la tête tranchée. Les témoins notèrent qu'il pleurnichait.

L'affaire n'avait pas fini d'alimenter les conversations. À Paris, on daubait. On chanta dans les rues une *Complainte du connétable* qui était une moralité populaire sur la triste fin d'un traître : « Mirez-vous ci, perturbateurs de paix... ». On ne riait pas moins à la cour de Bourgogne, et le duc tira à sa manière la leçon de l'histoire : « Bel exemple de la confiance que l'on peut accorder au roi et de la façon dont il traite ceux qui veulent être ses amis ! ».

La morale était paradoxale : le roi aurait pu rappeler la confiance qu'avait faite sur le tard le comte de Saint-Pol au duc de Bourgogne en lui demandant un sauf-conduit. Louis XI exécuta le traité : le Téméraire reçut Saint-Quentin, Ham et Bohain, et il eut même « le meuble du connétable ».

CHAPITRE XXV

L'effondrement du Téméraire

LA GUERRE ÉCONOMIQUE

Charles le Téméraire a dilapidé le trésor laissé par la sage gestion de Philippe le Bon. Depuis 1470, il vit d'emprunts, mais les prêteurs se font rares. Le duc ne peut à la fois manifester son mépris pour les bourgeois et compter sur leur argent. La grande place financière de Bruges n'est qu'un relais dans un réseau dont les têtes sont en Italie, et ce relais n'est plus ce qu'il a été au siècle précédent : Lyon et Genève prennent la relève. Or les Medici, qui dominent à la fois Florence et les places financières de Bruges et de Lyon, sont fort liés à Louis XI, dont dépend leur fortune en France et auquel les attache de surcroît l'alliance du roi et du duc de Milan : Florence ne peut faire face aux concurrences de Venise et de Gênes qu'avec l'appui du Sforza. Laurent de Medici sait donc où est son intérêt. En 1469, lors du renouvellement de la société brugeoise, il recommande à son agent Tommaso Portinari la plus grande prudence envers le duc de Bourgogne. En 1471, puis en 1473, il limite les ouvertures de crédit à celui-ci. C'est en vain qu'en 1473 le Téméraire envoie son conseiller Antoine de Montjeu faire le tour des banquiers de Florence, de Venise et de Naples. En 1475, alors que le Grand Bâtard de Bourgogne se voit éconduire à Naples par le roi Ferrante parce qu'il ne parle « que d'emprunter argent », Laurent de Medici coupe tout crédit. Dans le temps même où les Medici garantissent le paiement par Louis XI de la pension due à Édouard IV après le traité de Picquigny, la mesure contre le duc de Bourgogne n'est pas seulement gênante au plan financier : elle est humiliante, et de lourde portée politique.

La réconciliation franco-bourguignonne de Soleuvre ne change rien à la situation : pour le banquier, le duc de Bourgogne est insolvable, et même les hommes d'affaires d'Anvers, de Malines et de Bruxelles font la sourde oreille. Alors que le roi d'Angleterre a rembarqué avec des sacs d'or, Charles le Téméraire n'a gagné que la perspective de nouvelles entreprises, aussi onéreuses que les précédentes.

Maintenant, c'est Louis XI qui frappe le Téméraire à la bourse. Il s'en prend en premier lieu au commerce qui répond normalement à l'activité industrielle des villes drapantes. D'abord, il laisse se développer la course. Il est aisé de la désavouer en temps de trêve. Elle n'en permet pas moins de contrôler le trafic. Elle gêne la navigation commerciale, qu'il s'agisse des trafics avec l'Angleterre ou de l'aboutissement des lignes maritimes de Venise et de Gênes. La Sérénissime ne cesse de se plaindre, et Louis XI, qui refuse de désavouer son corsaire Coulon, de répondre que les galées vénitiennes subiront les rigueurs du blocus tant que Venise soutiendra le duc de Bourgogne. Quant aux navires flamands basés à Bruges, ils hésitent, dès 1470 et encore plus après 1475, à sortir du Zwin.

Ensuite, le roi cherche à ruiner les foires d'Anvers. En 1467, il proposait déjà aux Anglais d'établir des foires en France dans les villes qui pouvaient leur convenir, et de transférer à Rouen l'étape des laines qui était à Calais depuis un siècle. En 1470, le roi a fait part à l'assemblée de Tours de son désir de « situer les foires d'Anvers en son royaume », et il a interdit à ses sujets de commercer avec les états du duc. Certes, l'interdit nuit aux hommes d'affaires du royaume, et il en est pour passer outre. En janvier 1474, la prévôté des marchands de Paris se fait, pour cela, rappeler à l'ordre. Mais c'est évidemment l'adversaire qui souffre le plus. La France, et particulièrement Paris, est – qu'il s'agisse du vin de Bourgogne ou des draps de Malines et de Bruxelles – un marché de consommation dont l'économie des états bourguignons ne peut se passer. De surcroît, l'industrie drapière des Pays-Bas est tributaire de ses marchés de redistribution. Si les grandes places continentales que sont les foires françaises se ferment et si les lignes maritimes sont hors de prix parce que trop dangereuses, c'est la ruine. Le duc connaîtra le mécontentement des villes et la résistance des contribuables.

Louis XI se montre explicite quand la Sérénissime se soucie de protéger les intérêts vénitiens. Dans l'été de 1476, elle envoie à Louis XI un ambassadeur chargé de négocier une sûreté pour les galées qui vont de Venise à Bruges. Le roi accède à la demande, ce qui n'oblige guère les corsaires, mais il y met une condition : que Venise n'en profite pas pour aider le duc de Bourgogne. Cela vise très directement le ravitaillement et les exportations de la Flandre.

> Quand vous et ceux de votre Seigneurie de Venise nous promettront et assureront de ne donner aucune aide, faveur ni confort au duc de Bourgogne et autres de nos adversaires à l'encontre de nous et de nos sujets, nous les tiendrons et réputerons comme nos amis et les ferons tenir en toute bonne sûreté en leurs biens et marchandises.

Frapper l'approvisionnement en vivres est autre chose. Il ne s'agit plus de ruiner le duc, mais de dresser contre lui la population, principalement celle des régions fortement urbanisées et industrialisées jusque dans les campagnes : la production céréalière ne suffit pas aux besoins alimentaires. Interdire les exportations de grains vers les Pays-Bas, c'est entretenir un mécontentement qui aura ses conséquences politiques quand le duc se tournera vers les États de Flandre pour leur demander des subsides de guerre. Dès 1470, à l'assemblée de Tours, le roi répondait à ses marchands que, si les sujets du duc de Bourgogne mouraient de faim, ils n'avaient qu'à s'en prendre à celui-ci.

> Le roi ne veut point que ses sujets vendent ni mènent pour vendre aux pays de Monseigneur de Bourgogne blés ni vins, considérant que ceux des pays de Hollande, Zélande et Flandre ont très grande nécessité de blés, par quoi ceux desdits pays auraient mieux cause de eux émouvoir contre Monseigneur de Bourgogne.

On voit plus loin. À Tours, on suggère d'attaquer l'industrie flamande dans sa main-d'œuvre : en affamant la Flandre, on pousserait les ouvriers à venir peupler la France et particulièrement la Normandie. L'idée ne sera pas perdue.

Un autre approvisionnement est vulnérable : il suffit de quelques navires armés en course pour dissuader les pêcheurs de partir en mer avec des petits bateaux incapables de résister aux abordages. Le hareng devient denrée de luxe dans les ports flamands et hollandais.

Une telle guerre économique porte ses fruits. Les États généraux de Bourgogne et ceux de Flandre se font de plus en plus prier pour accorder les subsides que, à court d'argent pour lever des troupes, ne cesse de leur demander le duc. En 1470, ils ont voté une aide de 120 000 couronnes, mais en 1473, devant une demande de 500 000 couronnes, ils n'acceptent qu'en la répartissant sur six années et en précisant que ce sera la dernière fois. Le duc tente alors de négocier séparément avec chacun de ses états : quelques subsides complémentaires sont ainsi accordés en Artois, en Hainaut ou dans les deux Bourgognes, lors des assemblées de 1474 et 1475. Lorsqu'une nouvelle exigence est formulée devant les États généraux en avril 1476, c'est le refus. Le duc, qui a toujours manifesté le plus grand mépris pour ses bourgeois, perd parfois patience et les traite de couards. La réponse est, en 1475, sans fard : « Nous sommes tous marchands, négociants, artisans, pêcheurs et ouvriers... La guerre est incompatible avec le commerce. »

Le duc de Bourgogne va payer très cher, dans sa campagne de Suisse de 1476, le fait que ses mercenaires italiens manifestent de l'humeur pour le retard avec lequel ils sont payés.

Le duc de Lorraine

Délivré de toute inquiétude du côté de la France et confiant dans la clause du traité de Soleuvre qui lui laissait les mains libres dès lors qu'il avait livré Saint-Pol, le Téméraire se tourna vers la Lorraine, chaînon manquant de l'unité territoriale des états bourguignons.

Depuis le temps des comtes carolingiens, le duché de Lorraine avait toujours été transmis sans grandes difficultés, en ligne directe et masculine, dans la lignée du premier duc, Adalbert. Les choses ne s'étaient trouvées compliquées qu'au XVe siècle.

Avant d'être duc d'Anjou, comte de Provence et roi de

Naples, René d'Anjou était, par l'héritage de sa mère Yolande de Bar, duc de Bar depuis la mort de son grand-oncle en 1430. Il avait de surcroît épousé en premières noces Isabelle de Lorraine, fille et héritière du duc Charles II. À la mort de Charles II, en 1431, René et Isabelle avaient régné sur la Lorraine. Les deux duchés de Bar et de Lorraine semblaient donc bien ancrés dans le patrimoine de la maison d'Anjou, et leur union formait une principauté à la forte cohérence territoriale.

René avait cependant rencontré dès son avènement la revendication de la branche cadette que représentait le neveu de Charles II, Antoine de Vaudémont. L'argument que développait celui-ci était simple : la Lorraine n'avait jamais été transmise par une femme. Vaudémont avait trouvé l'alliance du duc de Bourgogne Philippe le Bon, trop heureux d'entretenir le trouble dans un duché qu'il convoitait et de faire pièce à la mainmise d'un prince français sur des terres d'Empire. Battu et fait prisonnier en juillet 1431 par Vaudémont à la bataille de Bulgnéville, René fut livré au duc de Bourgogne

En 1434, la mort de son frère Louis III avait fait René duc d'Anjou et comte de Provence. L'année suivante, celle de la reine Jeanne II l'avait fait roi de Naples. Encore fallait-il le libérer. René n'avait été sauvé que par l'intervention de Charles VII. La rançon avait été chère, fixée par Philippe le Bon à 400 000 écus et plusieurs places fortes. La Meuse, ici frontière du royaume autant que voie commerciale de premier ordre, était passée sous contrôle bourguignon. Cela ne pouvait satisfaire durablement le roi de France.

Le roi René avait désormais d'autres préoccupations que la Lorraine. Libéré en 1437, il était allé guerroyer en Italie pour défendre son royaume de Naples et n'était parvenu qu'à se faire définitivement évincer. Lorsqu'il rentra en France en 1442, il était ruiné. Charles VII lui offrit alors une aide fort intéressée. Pour remédier à divers désordres – prétexte invoqué – et surtout pour tenter de placer dans le royaume de France une Lorraine qui n'y avait jamais été, il entra dans le duché à la tête d'une armée. Dans l'hiver 1444-1445 et pendant que le futur Louis XI faisait campagne en Suisse, son père assura en Lorraine et dans les trois évêchés de Metz, Toul et Verdun une durable influence française. Pendant sept mois, la cour de France se tint à Nancy, et de la manière la plus brillante. On sait que, l'affaire suisse terminée, le dauphin Louis y rejoignit le roi. Cet hiver-là, les affaires de l'Europe se traitèrent à Nancy. C'est alors que l'on maria la fille de René, Yolande, au fils d'Antoine de Vaudémont, Ferry.

René voyait bien qu'il était incapable de gouverner des états aussi dispersés. Le 1er juillet 1445, il fit de son fils Jean, titré duc de Calabre, son lieutenant général en Lorraine. En fait, les ambitions du « duc Jean » étaient tout aussi dispersées entre l'Italie et la Catalogne. Le gouvernement de la Lorraine, dont son père lui abandonna finalement le titre à la mort, en 1453, de la duchesse Isabelle, fut largement délaissé.

Jean de Calabre tenta, en une circonstance, de se servir de son titre de duc de Lorraine. Après la Ligue du Bien public, comprenant que Louis XI ne ferait rien pour l'aider à Naples, il rappela en termes assez violents qu'il ne tenait son duché de Lorraine ni du pape ni du roi ni de l'empereur. Mal lui en prenait : c'était conforter le roi dans l'idée qu'il n'avait pas à intervenir pour défendre son cousin d'Anjou.

Après Jean de Calabre, mort en 1470, son fils Nicolas avait régné sur le duché. À la mort de Nicolas, peut-être empoisonné à l'âge de vingt-cinq ans le 24 juillet 1473, les États décidèrent que le duché allait naturellement à sa tante Yolande, mais la veuve de Ferry de Vaudémont se désista vite en faveur de son fils, René II. Celui-ci était plus fortement attaché à la Lorraine que les princes angevins. Aux yeux de ses sujets, c'était un Vaudémont.

En France, on s'attendit sur-le-champ à une intervention du duc de Bourgogne. Le moment semblait en effet venu. Pour régner sur un état assez cohérent, de la mer du Nord au Jura, pour prétendre à un titre royal, il ne lui manquait que la Lorraine. Le bruit courut à Paris qu'il avait fait enlever le jeune René II. Initiative saugrenue, le prévôt prit un otage, le seul qu'il pût trouver : un écolier allemand qui était neveu de l'empereur Frédéric III. À Nancy, on incrimina les gens de Metz dans cet enlèvement qui, de toute manière, n'avait pas eu lieu.

Pour n'être nullement aux mains du Téméraire, le nouveau duc de Lorraine n'était pas moins inquiet de la mainmise française qui menaçait de s'alourdir. En 1474, Louis XI envoya des troupes dans le « Barrois mouvant », autrement dit dans la partie du duché de Bar qui, depuis 1301, « mouvait » de la Couronne de France. En Lorraine, René II n'avait pas tort de voir poindre une invasion française. Le 16 août, Louis XI abattait ses cartes : il se méfiait de son « très cher et très aimé cousin le duc de Lorraine », et il le lui écrivait sans mâcher ses mots.

> Attendu le train que vous avez tenu, nous avons bien eu cause de nous tenir sûr de vos places comme des autres de notre royaume. Et sommes bien délibéré de encore y avoir, tenir et laisser, pour la garde d'icelles, des gens qui nous soient sûrs et fiables, car, comme vous pouvez considérer, nous y avons intérêt.
>
> Et est bien notre intention, vue la disposition du temps, de pourvoir aux places situées en notre royaume en façon que dommage ou inconvénient ne nous en advienne.
>
> Et, bien que nous ne pensions pas que vous y vouliez mettre gens qui nous fussent contraires, néanmoins ne sommes pas présentement conseillé de faire mutation en ce que nous avons ordonné, jusqu'à ce que nous voyons comment le temps se portera.

Outre un ton qui n'a rien de diplomatique, on aura noté des mots que le roi ne pouvait employer par simple mégarde : « les autres de notre royaume ». Il feignait d'ignorer que le duché de Lorraine était principauté d'Empire. René II était placé devant le fait accompli, et les places stratégiques voyaient déjà arriver les garnisons françaises : par un traité que les envoyés du duc n'avaient pu éviter de signer à Chartres le 15 août, le roi les occupait comme garantie d'une alliance dont on n'avait guère parlé les semaines précédentes. René II ne pouvait laisser passer tout cela : il se tourna vers la Bourgogne.

Le 15 octobre 1474, il concluait donc avec Charles le Téméraire le traité de Trèves. C'était un pacte de non-agression et de soutien mutuel contre toute invasion, donc contre une menace française. Chacun accordait à l'autre le libre passage de ses troupes. Vainement Louis XI tenta-t-il de faire convaincre René II par son grand-père. Le vieux roi René, dira Commynes, « à grand peine écoutait ses messagers et envoyait tout au duc de Bourgogne ». Lorsqu'il apprit qu'en juillet 1474 le roi René avait fait un testament qui le déshéritait de l'Anjou, Louis XI prit les mesures qui s'imposaient : il fit occuper l'Anjou, et La Trémoille plaça cent lances à Bar. Le roi assura, le 12 octobre, les autorités de la ville qu'il ne fallait voir là aucune défiance et que cette occupation n'avait pour objet que de protéger Bar d'une agression bourguignonne. Il aggrava la brouille en chargeant, au début de 1476, La Trémoille de mettre une garnison dans la ville de Saint-Mihiel, l'une des places stratégiques du duché de Bar. Pour faire bonne mesure, La Trémoille expédia en prison à Sainte-Menehould les officiers de René qu'il trouva sur son chemin. Le roi René avait mal supporté l'affaire d'Anjou, mais l'Anjou était dans le royaume de France. Le Barrois n'y était pas en entier. René se fâcha et écrivit à Louis XI.

> Les gens d'armes de la compagnie du seigneur de Craon (La Trémoille) veulent eux loger et mettre en garnison en ma ville de Saint Michel, étant du tout hors de votre royaume et en ma souveraineté, dont j'ai été et suis fort émerveillé, et ne puis croire qu'il procède de votre su et commandement.

Le roi René se faisait des illusions sur le poids de sa protestation. Au reste, le ton même de la lettre en disait long sur son impuissance : il appelait le roi de France son « très redouté seigneur », lui donnait du « Monseigneur » et s'en disait le « très humble et très obéissant », formules qui n'étaient pas d'usage entre deux souverains. Naguère, le roi de France donnait au roi de Sicile du « Mon oncle », voire « Monseigneur mon Père ». Le ton avait changé. La Trémoille laissa sa garnison.

Charles le Téméraire interpréta à sa façon la clause de libre passage : il plaça ses garnisons dans les villes lorraines. Dans l'été de 1475, renforcée de mercenaires italiens, l'armée bourguignonne occupait tout le duché. Vaudémont et Épinal tombèrent d'abord. Le 24 octobre, le duc mettait le siège devant Nancy. Pour justifier une entreprise que semblait lui interdire le traité de Soleuvre, il écrivit à Louis XI que l'affaire s'était faite par hasard : il ne faisait qu'user du libre passage et ses troupes, qui ne cherchaient querelle à personne, avaient été lâchement attaquées par une sortie de la garnison de Nancy. La ville était mal défendue par un simple mur flanqué de fossés inégalement entretenus. Elle ne disposait que de médiocres réserves de vivres. Louis XI ne pouvait espérer qu'elle résistât longtemps. Il retourna donc la manœuvre du duc de Bourgogne : il ferma les yeux sur la violation du traité en échange d'une renonciation du Téméraire à tous les biens du connétable de Saint-Pol. Après un mois de siège et sans espoir d'intervention extérieure, la ville se rendit.

On voit qui avait payé le prix pour l'absence d'intervention française : le 27 novembre, le connétable de Saint-Pol arrivait à la Bastille. Le duc de Bourgogne fit son entrée dans Nancy le 30 novembre et se proclama duc de Lorraine. Il nomma gouverneur Jean de Rubempré. Aux États de Lorraine, qu'il eut l'habileté de réunir dès le 18 décembre, il annonça que Nancy serait la capitale de son futur royaume. Les Lorrains se tinrent pour contents. René II rejoignit le roi.

De Grandson à Morat

Le duc de Bourgogne avait quelque peine à digérer l'humiliation subie devant Héricourt, en novembre 1474, par son armée. Il décida d'en finir avec les Suisses qui ne cessaient de harceler la Franche-Comté. Le 11 janvier 1476, il quitta Nancy. Il gagna Besançon, passa le col de Jougne en pleine tempête de neige le 8 février et pointa vers le pays de Vaud. Le 12, il s'installait à Orbe, au sud-ouest du lac de Neuchâtel, prêt à attaquer les deux places qui défendaient l'accès méridional du lac : Grandson et Yverdon. Sûr de son fait, il avait pris les grands moyens pour manifester son succès : il avait emporté ses tapisseries, sa vaisselle d'or et les joyaux dont il entendait se parer dans les festivités de la victoire. La couronne ducale incrustée de pierreries était du voyage, comme le Sancy, ce diamant importé de l'Inde par Venise qui, retaillé au XVIe siècle à 55 carats, demeure l'un des plus beaux du monde (auj. Louvre), et comme ces saphirs balais, les plus gros alors connus, que l'on appelait Les Trois Frères, la Hotte et la Balle de Flandre. Le nouveau César se préparait un triomphe à la romaine.

À Yverdon, on prit peur. Les défenseurs abandonnèrent les lieux après avoir incendié la ville. Ils se réfugièrent à Grandson, dont les fortifications semblaient plus sûres mais dont la garni-

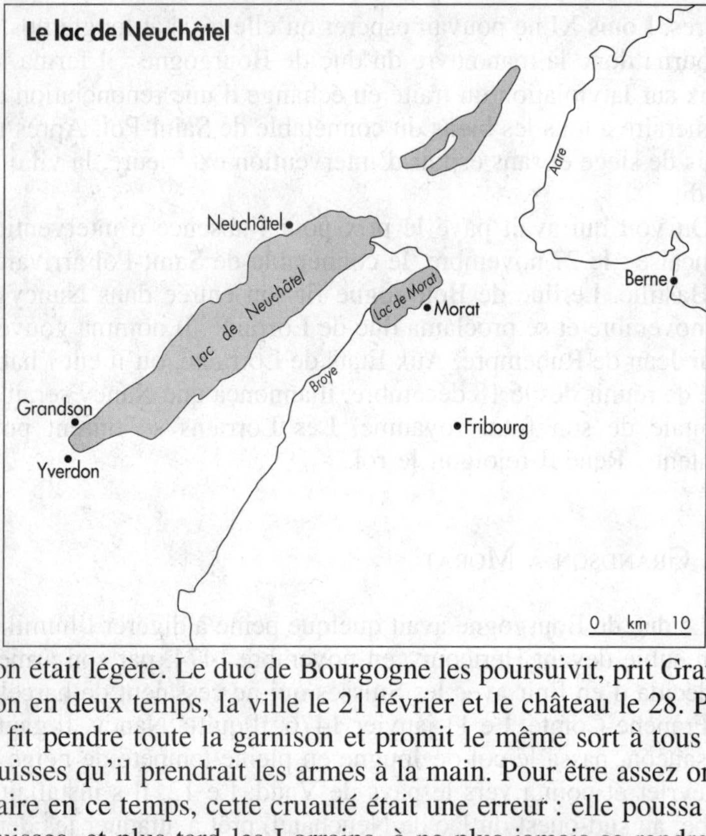

son était légère. Le duc de Bourgogne les poursuivit, prit Grandson en deux temps, la ville le 21 février et le château le 28. Puis il fit pendre toute la garnison et promit le même sort à tous les Suisses qu'il prendrait les armes à la main. Pour être assez ordinaire en ce temps, cette cruauté était une erreur : elle poussa les Suisses, et plus tard les Lorrains, à ne plus jamais se rendre.

À la même époque, le roi René se reprenait à comploter, et il inquiétait Louis XI. Son neveu Charles II du Maine, qui avait repris le titre assez fictif de duc de Calabre quand le roi René s'était trouvé sans descendant mâle, n'était pas le dernier à entretenir des relations contre la Couronne. Le 21 février, Louis XI chargea le sénéchal Jacques de Beaumont de lui mettre « la main sur la tête ». Puis on négocia. Le duc de Calabre jugea prudent de se tenir tranquille.

Les Confédérés avaient appris le massacre de Grandson. Ils assemblèrent leur armée autour de Neuchâtel, au nord du lac. Le duc de Bourgogne jugea qu'il lui fallait attaquer sans attendre. Toujours aussi sûr de lui, il lança, le 2 mars 1476, son armée en formation de marche sur la rive du lac. Elle se heurta subitement à l'infanterie suisse qui barrait la route en vue de Grandson, à la sortie d'un étroit passage. Le choix du site était habile : il interdisait tout déploiement de la cavalerie bourguignonne. Gênée de surcroît par l'infanterie suisse et désorganisée par des ordres contradictoires, la cavalerie du Téméraire ne put manœuvrer et se fit étriller. Dans la mêlée, l'artillerie était inopérante. L'infanterie bourguignonne se débanda à son tour. Le duc ne put que prendre la fuite. Il se fit même rattraper alors qu'il tentait de regrouper ses forces au camp de base et se retrouva avec ses hommes sur la route de la Franche-Comté. Les Suisses n'avaient pas tardé à piller le camp bourguignon. Chacun prit sa part de l'argenterie, des joyaux, des fourrures, et en fit quelque menue monnaie. Le Sancy fut vendu par un paysan, pour un florin, à un prêtre qui le revendit trois francs. Le superbe pavillon du duc fut découpé.

Charles le Téméraire avait trop perdu pour qu'on pût croire à un simple épisode. C'était son premier échec personnel. Son prestige était entamé, autant que sa force armée. Il n'avait eu que sept morts parmi ses troupes, mais celles-ci s'étaient débandées. Il n'avait plus d'artillerie. Ses étendards étaient aux mains des Suisses. Sa vaisselle d'or et ses joyaux s'étaient volatilisés. Son crédit était amoindri, et nombre de ceux qui l'avaient assuré de leur amitié commençaient à changer de camp. On pouvait, comme le fera Commynes avant de conclure que « changea le monde après cette bataille », tourner en dérision les ambitions du duc de Bourgogne.

> Et pour quelle querelle commença cette guerre ? Ce fut pour un chariot de peaux de mouton que Monseigneur de Romont prit à un Suisse en passant par sa terre ! Si Dieu n'eût délaissé le duc, il n'est pas apparent qu'il se fût mis en péril pour si peu de chose !

La nouvelle parvint à Louis XI alors qu'il faisait, comme si souvent, ses dévotions en Anjou au Puy-Notre-Dame. Le retour des Bourguignons en Franche-Comté laissait attendre des initiatives du côté de la Savoie. Le roi décida d'y aller voir. À la tête d'une armée de deux mille lances et huit mille archers, accompagné de toute son artillerie, il gagna Lyon. De là, il écrivit le 24 mars une belle lettre aux conseillers de Berne, insistant surtout sur le fait que Dieu avait « mis en leur main l'armée du duc de Bourgogne ». Il y manquait un mot de félicitations. Le Conseil suggéra au roi de se montrer plus actif en l'affaire. Louis XI fit quelques promesses et multiplia les libéralités en or trébuchant, en pensions et en soieries. Les villes eurent leur part, comme à titre personnel leurs gouvernants. S'il faut en croire Commynes, qui semble avoir conseillé son maître point par point et mené lui-même bien des négociations, il en coûta au roi de France, de Grandson à sa mort, un million de florins du Rhin pour avoir engagé les Suisses – qu'il appelait maintenant « Messieurs des Ligues » – à continuer la lutte sans se compromettre pour autant à leur côté.

Le duc de Bourgogne tenta de sauver la face. Il envoya au roi son héraut Toison d'Or, porteur d'une lettre dans laquelle, comme si de rien n'était, il demandait un sursis pour une broutille : l'exécution d'un arrêt du Parlement concernant l'un de ses vassaux. Le roi répondit que l'affaire durait depuis quatre ans et qu'il ne pouvait accorder un nouveau sursis. On vit aussi venir Louis de Contay, dont les « humbles et gracieuses paroles » ne laissèrent pas d'étonner : son maître se disait prêt à une rencontre avec le roi, rencontre qui avait été prévue pour la prolongation de leur trêve et que l'affaire de Suisse avait retardée. Contay fut bien traité, mais on s'arrangea pour qu'il entendît quelques quolibets au sujet de Grandson.

Les nouveaux alliés se pressaient à Lyon, où le roi « faisait grand chère ». Personne ne misait plus sur le duc de Bourgogne. Le plus embarrassé était le roi René. Il dépêcha son sénéchal de Provence pour jurer qu'il n'avait jamais eu vraiment l'intention de léguer ses principautés au duc de Bourgogne. Or l'affaire n'avait rien d'imaginaire et, au moins pour la Provence et le duché de Bar qui n'étaient pas, comme l'Anjou, des apanages de France, il avait bien fallu la prendre au sérieux. On avait vu en Provence Louis de Chalon, l'un des fidèles du Téméraire, envoyé pour prendre possession. Le sénéchal fit observer au roi que cela ne serait pas arrivé si le roi n'avait saisi Angers et Bar.

Le projet avait de quoi faire trembler tout le monde, car il signifiait que les visées territoriales du duc de Bourgogne pouvaient s'étendre jusqu'à la Méditerranée. Autant dire que l'on parlerait un jour de ce qui, comme pour l'instant la Lorraine, gênerait l'unité territoriale de l'état bourguignon : la Savoie et le Dauphiné. René comprit que son neveu Louis XI ne laisserait jamais se faire une telle union. Il en fut quitte pour se déranger : il vint en personne à Lyon négocier son ralliement contre une pension de soixante mille francs et s'arrangea avec le roi quant à sa future succession de Provence.

Craignant de se trouver seule si le Téméraire ne lui procurait plus l'alliance nécessaire, Yolande de Savoie venait à résipiscence et prodiguait de bonnes paroles aux envoyés du roi. Elle n'abandonnait pas franchement le duc de Bourgogne : comme l'écrivit Commynes, « elle marchandait à se départir de lui ».

Galeazzo Maria Sforza regrettait tout autant d'avoir, quelques semaines plus tôt, envoyé au duc de Bourgogne une ambassade solennelle. Le trafic génois souffrait de la guerre économique menée par la France contre les Pays-Bas. Déjà, les Génois avaient négocié seuls le dédommagement des cargaisons prises au large des côtes normandes par des marins français, et ces marchandises étaient sur des navires napolitains. Louis XI, en leur promettant bonne justice, ne manqua pas de leur rappeler que leur seigneur le duc de Milan s'était déclaré contre lui. Il ne mettait donc qu'une condition : la fidélité de Gênes.

Que Charles le Téméraire devînt un jour son voisin avait tout pour alarmer le duc de Milan. Il apprécia que la défaite de Grandson lui offrît l'occasion de voir contenues de telles ambitions. Il envoya à Louis XI un ambassadeur bien plus discret, qui suggéra au roi de ne garder sous aucun prétexte la trêve avec la Bourgogne. Il importait maintenant à Sforza que le Téméraire fût définitivement vaincu. Pour prix d'une réconciliation, l'ambassadeur milanais offrait cent mille ducats afin de financer la guerre. Oublieux des services financiers que lui rendait quelques années plus tôt son allié, Louis XI refusa poliment, disant qu'il levait en un an trois fois plus que le duc de Milan. Il précisa que, pour la trêve, il ferait « à son vouloir ». On décida de reprendre les relations comme avant et de le faire savoir.

D'autres se déclaraient hostiles au duc de Bourgogne sans pour autant s'allier au roi de France. C'était le cas de quelques grandes villes impériales qu'avait inquiétées le goût du Téméraire pour une couronne royale. Nuremberg et Francfort passèrent des accords avec la Basse-Union. Pour certains, ce n'était pas hostilité mais prudence : le prince Federigo de Tarente, fils du roi de Naples Ferrante, qui songeait naguère à la main de Marie de Bourgogne, prit rapidement du champ et demanda à Louis XI un sauf-conduit pour regagner l'Italie.

Charles le Téméraire n'avait maintenant cure de la Savoie. Il lui fallait venger Grandson. Il revenait donc à la charge en Suisse. Il alla s'établir à Lausanne et y regroupa ses troupes. Il disposait peut-être là de dix-huit ou vingt mille hommes en y comptant le contingent que conduisait le comte de Romont Jacques de Savoie, les archers anglais du comte de Somerset et les mercenaires du Piémont et de Lombardie recrutés par un *condottiere* napolitain issu de l'entourage des Angevins, Nicolas de Montfort, qu'on appelait le comte de Campobasso. Puis, il envoya à Lyon Louis de Contay pour savoir les intentions du roi. Contay ne rapporta que de bonnes paroles : le roi ne s'engageait pas. Le 27 mai, le duc prit la route de Berne en empruntant la rive orientale du lac de Neuchâtel. Le 9 juin, il était devant Morat, une petite place que défendait une forte garnison. Il lui parut nécessaire de s'assurer de la ville.

À assiéger ainsi Morat, il perdait son temps. Certes, ses bombardes faisaient des dégâts. Le 18 juin, elles ouvrirent dans la muraille une brèche qu'un assaut bourguignon ne put exploiter : les Suisses défendaient leur enceinte avec l'ardeur de qui se sait mort s'il capitule. Mais, pendant que le temps passait, les Confédérés réunissaient une véritable armée : on parla de trente mille hommes, dont deux à quatre mille cavaliers et dix-huit mille fantassins, renforcés de quelques milliers de couleuvrines avec leurs servants. Sigismond d'Autriche envoya un contingent. Le duc René II, qui ne songeait qu'à recouvrer son duché de Lorraine, rejoignit à la dernière minute cette armée avec quelques troupes discrètement fournies par un Louis XI que la présence de René II à sa cour commençait d'importuner. La Lorraine étant occupée par les Bourguignons et le Barrois l'étant par les Français, leur duc n'avait plus rien à perdre.

À cette heure, le Téméraire pouvait pleurer les morts de

Grandson. Son armée avait fondu. Il ne disposait plus que de six mille combattants à cheval. Il n'avait guère plus d'infanterie.

Le 21 juin, les Suisses prenaient position dans un bois, à l'est de Morat. Sans lever le siège, où il laissa une grande partie de son infanterie et toute celle de Romont, le Téméraire dégarnit son dispositif pour placer quelques troupes sur le plateau qui domine Morat. Mal informé de l'importance réelle des forces suisses qui se contentaient de tirer quelques coups de feu pour faire du bruit, il croyait à une diversion. Une rapide reconnaissance l'avait persuadé que ses ennemis, nullement décidés à livrer une bataille, cherchaient seulement à l'intimider pour le forcer à lever le siège de Morat. Il laissa donc au camp l'essentiel de son armée. On tint conseil. Quelques-uns, dont Panigarola, opinèrent que les Suisses étaient trop évidemment décidés à ne pas attaquer pour que ce ne fût pas une feinte : on allait à la bataille. Le duc ne voulut pas en démordre : il maintiendrait le siège, n'ayant rien à craindre du côté du bois. Pour plus grande sûreté, il fit aménager une haie sur la pente du plateau de Cressier, face au bois, et il y plaça les archers anglais. Le prince de Tarente Federigo, que son père le roi Ferrante avait envoyé pour négocier mais non pour se battre, jugea les temps malsains : comme il avait déjà décidé de s'en retourner à Naples, il gagna d'urgence la Savoie.

Le 22, sous une pluie battante, le duc se décida quand même à faire monter le gros de l'armée de Bourgogne sur le plateau, puis, la pluie ne cessant pas et les hommes étant exténués, il les renvoya au camp. On l'informa que l'ennemi déchargeait ses canons. Sûr de lui, il affirma de nouveau que les Suisses n'attaqueraient pas. Au vrai, les Suisses mettaient simplement la poudre au sec.

La surprise vint peu avant midi. La pluie cessa brusquement. Suivant les arbalétriers, les piquiers de l'infanterie suisse attaquèrent en rangs serrés, face à la haie. Toujours très sûr de lui et affectant de l'être encore plus, le Téméraire mit longtemps à comprendre qu'il n'avait pas affaire à une simple diversion. Il prit son temps pour s'armer puis donna des ordres contradictoires et proprement décourageants pour des soldats déjà fatigués.

Le chef de l'avant-garde suisse, Hans de Hallwyl, comprit

qu'il ne franchirait pas la haie. Il fit passer sa cavalerie par un ravin qui débouchait sur le flanc nord du plateau. René II de Lorraine vint le renforcer. Désorienté par la tournure que prenait le combat, le Téméraire fit soudain remonter ses troupes sur le plateau et commença de les regrouper, abandonnant la haie où la présence des archers pouvait gêner maintenant sa propre cavalerie. Mais la cavalerie suisse entrait alors en scène et c'est elle qui chargea, en descendant du plateau, l'armée bourguignonne qui y revenait. La cavalerie bourguignonne n'eut pas le temps de se regrouper derrière les fantassins, et ceux-ci, se voyant à découvert, ne songèrent qu'à s'enfuir. Le duc ne put enrayer la confusion, puis la débandade d'une armée où les relais de commandement n'étaient plus assurés. Romont et ses hommes abandonnèrent le siège, mais ce fut pour se dégager de l'affaire. Panigarola vit la déroute.

> L'armée bourguignonne entière se trouva démembrée en moins de temps qu'il n'en faut pour dire un *Miserere*, et cela sans que la plupart des Bourguignons se fussent battus ou même montrés à l'ennemi.

Ce qui restait de l'armée bourguignonne se retrouvait en bas sur la route du lac. Elle se fit massacrer par l'arrivée d'une nouvelle force d'infanterie suisse, habilement tenue jusque-là en réserve. La catastrophe se trouva aggravée par l'entrée en scène de la garnison de Morat, qui n'avait plus aucune raison de demeurer dans son enceinte. Si les Bourguignons avaient eu sept morts à Grandson, on compta cette fois, dit-on, quelque dix mille victimes.

Charles le Téméraire isolé

Charles de Bourgogne avait perdu la moitié de son armée et deux cents pièces d'artillerie. Il avait surtout, deux fois de suite, perdu la face. « Bien désolé, comme raison était », ainsi que l'écrira Commynes, il s'enfuit jusqu'au Léman, passa quelques heures à Gex chez la duchesse Yolande et gagna la Franche-Comté. Il lui fallait, chez lui, reprendre ses esprits et refaire ses forces. Il avait aussi à faire le compte de ce qu'il lui restait d'amis.

À l'heure où le duc parvenait dans ses terres, Louis XI, à Lyon, apprenait la nouvelle victoire de ses amis suisses. En route, le nombre de morts bourguignons n'avait cessé de grossir, et l'on parlait de 22 700 victimes. Le roi ironisa sur la « détrousse » du duc de Bourgogne et sur le fait que celui-ci s'en était « fui jusqu'à Jougne à tout six chevaux », mais il affecta d'annoncer, avec une parfaite hypocrisie, que rien n'entamait la trêve avec la Bourgogne. Il était « tout dévoué à la paix », écrivit l'ambassadeur milanais Pietrasanta. Le 4 juin, le roi avait enjoint à Dammartin de se tenir prêt à toute éventualité, mais de ne rien entreprendre qui pût être interprété comme rupture de la trêve. Toutefois, le 16 juillet, il adressait cette fois de véritables félicitations au Conseil de Berne, qualifiant les Suisses de « très invincibles » et évoquant leur « gloire inestimable » : il fallait maintenant « se débarrasser de notre dit ennemi commun ». Il envoya le Bâtard de Bourbon et l'archevêque Guy de Poisieu le représenter à la diète des cantons suisses qui se tint à Fribourg à partir du 25 juillet.

Les Suisses pratiquaient la litote. En juin, ils écrivirent à Louis XI pour lui dire que le mouvement des troupes bourguignonnes qu'ils avaient d'abord cru dirigé contre eux avait réellement pour objectif celui auquel ils donnaient du « Votre Majesté royale ». Ils s'en disaient bien désolés. Le roi avait promis de les aider s'ils étaient en danger. Dans le cas contraire, ils lui rappelaient qu'ils étaient prêts à le servir.

La duchesse de Savoie ne se tenait pas pour liée avec son frère le roi, mais elle crut bon de renier ses sympathies pour la Bourgogne. Elle alla voir le Téméraire. L'entrevue fut dramatique. Charles le Téméraire était à ce point humilié par sa double défaite qu'il cherchait ailleurs la responsabilité : il en était là, dit-il, pour avoir défendu les intérêts de la maison de Savoie. Il reprocha à la duchesse une alliance secrète avec la France, alliance qu'elle n'avait jamais envisagée. Yolande tenta de se défendre. Au comble de la colère, le duc l'insulta, la traita de putain et lui promit de lui faire « expier ses péchés ». Puis, comme elle avait repris le chemin de Genève, il la fit rattraper et arrêter par le capitaine de la garde, Olivier de la Marche, et par un capitaine calabrais nommé Troïle. La Marche rapportera plus tard dans ses *Mémoires* la violente colère de son maître quand il dut lui avouer qu'il avait bien arrêté la duchesse et trois de ses enfants, mais qu'il avait laissé échapper l'héritier de la Savoie, le jeune duc Philibert, un enfant de onze ans dont il ne se méfiait pas et que les fidèles de la duchesse avaient caché dans un champ de blé non encore moissonné. Yolande et ses trois enfants furent emprisonnés à Rouvres, près de Dijon, pendant que Philibert était en sûreté à Chambéry.

Le roi envoya quelques troupes sur la frontière de Savoie : replié sur la Franche-Comté, le Téméraire pouvait avoir de mauvaises idées. Prétextant de l'hostilité de Philippe de Bresse et de la nécessité de secourir la duchesse Yolande, Galeazzo Maria Sforza fit entrer ses troupes en Piémont.

Le duc de Bourgogne ne quittait pas la Franche-Comté, allant seulement de Gex à Salins, et de là, en août, à La Rivière où il passa six semaines. La rage de se venger était plus forte que la constatation de sa faiblesse. Le désespoir l'entretenait. Il remplaça la tisane du matin par du vin bien fort, laissa pousser sa barbe et ses ongles. Sa santé s'altérait, et il perdait ses dents. Ses médecins le firent raser, pour limiter « sa mélancolie », et lui posèrent des ventouses. Mais le duc cherchait désespérément de l'argent et recrutait de nouvelles troupes. Au fidèle Panigarola qui, se sachant désormais haï par Louis XI, n'avait plus d'autre issue que de demeurer à son côté, il annonça qu'il allait former une armée de cent cinquante mille hommes. Même Panigarola se montra sceptique. Les États généraux n'étaient guère disposés à financer de nouvelles folies.

Cela faisait trois mois que le roi était à Lyon, et il n'avait plus aucune raison d'y demeurer. Maintenant que le duc de Bourgogne avait perdu en Suisse toute raison d'espérer, ses entreprises allaient se déplacer. Tout laissait attendre un règlement de comptes contre René II : on avait vu le duc de Lorraine parmi les vainqueurs de Morat et, s'il n'avait pas tenu le premier rôle, il avait reçu des Suisses l'artillerie prise sur les Bourguignons. Mieux valait pour Louis XI regagner Plessis-lès-Tours et se tenir prêt pour d'autres manœuvres diplomatiques. À la fin de juillet, il annonça qu'il allait derechef prier au Puy-Notre-Dame. Il eut l'habileté de ne pas dire qu'il allait remercier la Vierge d'une victoire à laquelle, officiellement, il n'avait point eu part.

Lorsque Louis de Contay vint à Tours pour s'assurer que le roi ne changeait pas d'attitude, Louis XI ne lui ménagea pas les compliments. Il ne romprait pas la trêve. Mais Contay se savait en position de faiblesse. Il lui fallut supporter sous ses fenêtres les sonneries de trompette qui annonçaient le renouvellement de l'alliance milanaise. Il ressentit durement l'ironie du roi quand celui-ci lui fit une farce, le faisant réveiller en pleine nuit par des tambours et des gens qui hurlaient : « Les Suisses ! ». La mission de Contay tourna au cauchemar. Il alla rendre compte à son maître, qui le renvoya à Tours, chargé d'une proposition dont tout homme de bon sens aurait vu qu'elle était vouée à l'échec : le partage de la Savoie entre Bourgogne et France.

Cette fois, le roi s'amusa. Il conta au conseiller du Téméraire une fable de son invention, celle du lièvre qui va à la chasse avec le lion et s'entend promettre, non la viande qu'il espérait, mais la fourrure des bêtes qu'il prendrait. « Ma fourrure à moi me suffit », répondait le lièvre. Autant dire au duc de Bourgogne que son intérêt serait de s'en tenir là.

Au vrai, Louis XI prenait maintenant le duc pour un insensé. Devant Francesco da Pietrasanta, il en brossa un portrait sans complaisance.

> Le duc de Bourgogne est si instable qu'il change constamment d'idées. Tantôt il m'annonce une chose, tantôt une autre. Il hésite tant que je ne sais au juste ce qu'il veut me dire. Par ma foi, il est fou.

Le roi voulut montrer à Contay que le duc n'était pas maître de la situation et qu'il ferait bien d'en rabattre sur ses ambitions. Il lui dévoila qu'il était mal servi : Campobasso se faisait fort de livrer à qui en voudrait le duc de Bourgogne si l'on payait ses quatre cents lances et si on lui donnait, avec 20 000 écus, un bon comté. Cela prouvait que les mercenaires étaient las d'attendre la solde et que le duc ne pouvait compter sur leur fidélité. Contay alla répéter la confidence au Téméraire qui haussa les épaules, pensant que, si le roi lui rapportait la chose, c'était pour le leurrer : si Campobasso avait vraiment fait des offres de services au roi de France, celui-ci ne préviendrait pas son adversaire. Il ne comprit pas que la confidence n'était pas faite pour le préserver d'une trahison, mais pour ébranler son assurance.

Bien qu'elle l'en fît prier, le roi n'entendait pas négocier la libération de sa sœur, une libération qui devait être une humiliation de plus pour le duc de Bourgogne, et non le résultat d'un marchandage. De surcroît, il pouvait s'amuser de voir sa sœur punie par où elle avait péché : n'était-elle pas naguère l'alliée du duc de Bourgogne? Yolande, qui mesurait l'inconfort de sa situation diplomatique, trouva un noble piémontais qui gagna la cour de France et négocia, non la libération, mais la réconciliation. Louis XI s'y déclara prêt : c'était son intérêt.

En Savoie, la nouvelle de l'arrestation de la duchesse avait soulevé l'indignation. Les soldats bourguignons et italiens qui cantonnaient en ville étaient pris à partie par la population. Il fallait exploiter cela. Que Yolande fût punie de s'être alliée au Téméraire semblait au roi une bonne chose. Laisser sa sœur captive n'était pas honorable. En septembre, Louis XI décida de libérer de force la duchesse de Savoie. Charles d'Amboise, gouverneur de Champagne, dont on connaissait à la fois l'esprit de décision et les qualités de diplomate, partit pour Rouvres à marche forcée, avec deux cents lances. La garde de Rouvres ne pouvait opposer de résistance. Le 2 octobre, Yolande était libre. Amboise l'emmena à Tours.

Il fallait que cette libération ne fût pas considérée comme rupture de la trêve : le roi fit savoir que la duchesse avait demandé à Charles d'Amboise d'envoyer ses gens, et que le gouverneur avait pris sur lui d'y aller lui-même. La fiction était sauve. Mais le 2 novembre, contrainte par les circonstances et pendant que Commynes distribuait de l'or et des draps de soie à son entourage, la régente de Savoie renonçait à son alliance bourguignonne. La confiance était cependant limitée : le roi « avait grande envie d'en être dépêché » et ne cacha pas son contentement quand, après une semaine passée au Plessis, sa sœur regagna la Savoie.

Il fallait calmer le duc de Milan. Son intervention en Piémont ne servait à rien, lui écrivit Louis XI, sinon à jeter le trouble en

Savoie : « J'en ai pris le gouvernement et Madame est ici. » Mais il ne manquait pas de remercier Sforza de ses offres de service. Pietrasanta fit le nécessaire. Il fit valoir que Milan n'avait pas envoyé de troupes contre les Suisses. Non sans que le roi manifestât quelque ironie au sujet de la versatilité de Sforza, on s'accorda vite pour renouveler l'alliance de la France et de Milan. L'assassinat de Galeazzo Maria, le 26 décembre 1476, bouleversa la donne, et le rancunier Louis XI ne se priva pas d'en manifester quelque satisfaction.

Le roi continuait de se soucier de la Bretagne. Il multipliait les démarches amicales envers François II. Certains indices le troublaient cependant, comme le risque de retournement de Jean de Rohan. Comte de Porhoët et de Léon, le vicomte Jean II de Rohan était fils de Marie de Lorraine et époux de Marie de Bretagne, la propre sœur du duc François II. C'était donc l'un des personnages les plus considérables du duché. Moyennant une substantielle pension, il avait été de ces barons qui, en 1470, s'étaient ralliés au roi. En 1472, arguant de ce qu'il avait, pour servir le roi, abandonné en Bretagne tous ses biens, il avait sollicité son entrée dans l'ordre de Saint-Michel, ce sur quoi le roi avait pris l'avis de plusieurs chevaliers et en premier lieu du grand maître Dammartin : on risquait de blesser la susceptibilité de François II si l'on acceptait dans l'ordre un de ses sujets avant lui. Or, en 1476, Jean de Rohan projetait de regagner la Bretagne. Le sénéchal de Poitou Jacques de Beaumont fut chargé de le dissuader, ce qu'il fit avec succès. Surtout, le roi se faisait un nouvel allié : en octobre 1476, toujours après avis favorable du grand maître Dammartin, le cousin de Jean II, Pierre de Rohan, auquel le roi avait déjà donné l'année précédente la seigneurie champenoise de Gié dont il allait porter le nom, devenait maréchal de France et chevalier de Saint-Michel. Le maréchal de Gié serait bientôt comte de Porcien et de Marle.

Le traité conclu à Senlis le 29 septembre 1475 avec la Bretagne n'était toujours pas ratifié. Le roi se disait prêt à le sceller lors de son passage à Angers, sur le retour de son prochain pèlerinage à Béhuard. Il ne cessait, à cette fin, de collecter les cautions signées de tous les princes qui garantissaient la paix. Mais sa patience était à bout, et il le fit savoir par Odet d'Aydie.

Afin que vous soyez averti, avant de partir de là, de mon intention, c'est que, si le duc veut faire cet appointement, je ne bougerai d'Angers jusqu'à ce que ce soit fait, et je ferai le serment et tout ce qu'il faudra... Si le duc veut dissimuler, je ne m'y arrêterai qu'une nuit et m'en retournerai.

Aydie était chargé d'y voir clair dans les intentions d'un François II qui ne cessait de temporiser. Ratifiait-il le traité, ou non ? Le roi brandissait la menace. S'il voulait dissimuler, qu'Aydie le sache et le fasse savoir. « Je me suis délibéré, écrivait le roi, de faire ce plaisir à ceux qui mal me veulent de ne plus me laisser abuser. »

Capable de brasser dix affaires à la fois et n'oubliant naturellement ni la Bretagne ni la Savoie, le roi entendait maintenant n'avoir plus qu'un objectif. Au roi Alphonse V de Portugal, qui avait épousé Juana la Beltrandeja – jadis fiancée à Charles de France – et entendait défendre contre Isabelle la Catholique les droits de Juana à la Couronne de Castille, il ménagea en novembre 1476 une réception somptueuse à Paris mais il ne lui avait prodigué à Tours que de bonnes paroles. L'année précédente, il avait déjà fait observer que le roi Alphonse ne pouvait valablement être l'allié de la France en Castille, royaume traditionnellement et solidement allié de la France, et l'allié de l'Angleterre au Portugal. Les réticences de Louis XI n'avaient pas diminué, et le moment n'était pas à s'engager dans quelque affaire que ce fût, autre que celle de Bourgogne. « Me suffit de celle-là, disait-il, sans en avoir une autre en Bretagne. » Il fallait d'abord en finir avec la Bourgogne.

Sur la place de Bruges, le Téméraire ne trouvait plus un banquier pour lui prêter un écu. Portinari avait là-dessus des instructions formelles de Laurent le Magnifique en personne. Le duc de Bourgogne était définitivement seul. Ses amis, écrit Commynes, s'étaient « refroidis ».

Devant Nancy

En Lorraine, on avait été sensible au faste déployé par le Téméraire lors de sa prise de possession de 1474, et tout autant à l'habileté avec laquelle le duc avait confirmé les privilèges de la noblesse et des villes, se constituant habilement une clientèle dans une vieille aristocratie lorraine quelque peu amère de la promotion des anoblis qui se multipliaient là comme dans le royaume de France. Dans l'ensemble, les Lorrains avaient une médiocre opinion des ducs angevins qu'on avait si rarement vus et dont les entreprises lointaines coûtaient plus qu'elles ne rapportaient. Du nouveau régime, ils attendaient une meilleure place du duché sur l'échiquier politique et sur la carte économique de l'Europe. Ils avaient vite déchanté. Les privilèges avaient été fort peu respectés. La fiscalité s'était alourdie à la mesure des besoins d'argent du nouveau duc. Les défaites de Grandson et de Morat faisaient s'assombrir les perspectives de grandeur. René II retrouvait sa popularité. Les soldats du Téméraire étaient harcelés sur les routes de Lorraine où ses courriers étaient interceptés. René II le faisait observer, il n'était pas compris dans la trêve de la France et de la Bourgogne.

Il fallait lever des troupes. Revenu de Suisse, René II se démena pour trouver l'argent, soit à Strasbourg, soit en Normandie, et même à Tours, où il perçut 200 000 livres sur l'héritage de sa grand-mère et sans doute quelque subside du roi lui-même. Encore que celui-ci ait surtout promis d'aider René après sa reconquête du duché, il lui servait une pension de 12 000 livres. Avec sa nouvelle armée, le duc René reprit quelques places fortes. Après Grandson, en avril, il avait occupé Vaudémont. Après Morat, il mit le siège devant Nancy. Les défenseurs de la capitale lorraine constatèrent vite que le duc de Bourgogne ne se souciait pas de les secourir. Leur capitaine, un nommé Colpin, ayant été tué d'un boulet, les Anglais, qui n'étaient pas la moindre force de la garnison, menacèrent de traiter avec René II. Quelque effort que fissent ses conseillers pour le remettre en mouvement, le duc de Bourgogne était toujours à La Rivière. Le gouverneur Rubempré finit par céder. Le 6 octobre 1476, la garnison capitulait sans avoir combattu. Rubempré ne manqua pas de dire à René II ce qu'il pensait de l'affaire. « Ne me sachez point mauvais gré de cette guerre. J'aurais mieux aimé que Monseigneur de Bourgogne ne l'eût point commencée. »

René II se posa en pacificateur : il fit une entrée solennelle et amnistia tout le monde. Les nobles qui avaient juré fidélité au duc de Bourgogne estimèrent qu'ils s'en tiraient à bon compte. Une telle attitude allait valoir au duc de Lorraine le dévouement d'une population qui n'avait pas eu le temps d'oublier sa déception de l'année précédente.

Charles le Téméraire crut à un soubresaut d'un duc de Lorraine qu'il jugeait toujours trop faible pour résister longtemps à la force de l'état bourguignon. Il secoua sa torpeur et décida d'en finir avec René II. Constatant que le roi de France se tenait hors de l'affaire, il assembla son armée, fit venir des renforts du Luxembourg et pénétra sans plus attendre en Lorraine. Le 11 octobre, il était à Toul. Le 20, ayant établi au château de Condé son quartier général, il se présentait en personne devant Nancy. Le surlendemain, le troisième siège de Nancy commençait. On put croire que l'affaire serait facile.

Laissant dans sa capitale une garnison de Lorrains confortée de Gascons et d'Alsaciens, René II avait regagné la Suisse. Charles le Téméraire se méprit : le duc de Lorraine n'était pas en fuite. Il était tout simplement allé négocier avec les Suisses. Or ceux-ci, comme leurs alliés d'Alsace, savaient fort bien qu'une mainmise définitive du duc de Bourgogne sur la Lorraine sonnerait le glas de leur indépendance.

Le Téméraire s'était trop précipité. Il avait à cela deux raisons, l'une de vanité, l'autre de réalisme : châtier des gens qui avaient bafoué son prestige, ne pas attendre que se manifestât le roi de France. Il avait négligé un problème, celui du ravitaillement de son armée, crucial dans un conflit qui s'ouvrait à l'entrée de l'hiver. Et, soucieux d'une opération spectaculaire, il s'était jeté sur la capitale en laissant le plus clair de la Lorraine aux mains des partisans de René II. En 1474, il tenait la Lorraine grâce à son épisodique entente avec le duc René, et prendre Nancy n'était que le couronnement de cette occupation commencée dans la douceur. En 1476, il s'attaquait à Nancy dans un duché hostile où il n'avait pas assuré ses arrières.

C'est alors que survint un fâcheux. Alphonse V de Portugal

avait compris que le roi de France ne s'occuperait de lui qu'après en avoir fini avec la Bourgogne. Connaissant assez mal les affaires de France et encore plus mal la profondeur de l'hostilité qui opposait le roi de France et le duc de Bourgogne, il s'imagina qu'il allait les réconcilier et que Louis XI pourrait enfin intervenir dans les affaires de la péninsule Ibérique. Après tout, pensait Alphonse, il était le cousin germain d'Isabelle de Portugal, la mère du Téméraire. C'était se leurrer que penser à ce moment que le duc de Bourgogne allait se montrer sensible à l'argument familial. On vit donc arriver devant Nancy le roi de Portugal, venant parler au duc de Bourgogne de tout autre chose que de ce qui occupait son esprit. Il fut proprement éconduit en deux jours. Le Téméraire s'amusa même à lui demander s'il irait à Pont-à-Mousson garder le passage contre les Suisses. Alphonse V n'avait pas un homme d'armes. Il s'excusa.

Le siège s'éternisait et l'hiver se faisait rigoureux. Les assiégeants souffraient. Trois cents hommes eurent les mains et les pieds gelés, quatre cents autres moururent de froid. Tous criaient famine. Beaucoup désertèrent. On pendit ceux qui vociféraient contre le duc de Bourgogne. Cela fit taire les autres, mais ne convainquit personne. Campobasso continuait de trahir : il cherchait à négocier son ralliement au roi de France. Le duc refusa d'entendre un dénonciateur qui voulait sauver sa tête : il ne sut rien de cette nouvelle trahison du Napolitain. Commynes commentera la chose : le duc « avait l'ouïe bouchée et l'entendement troublé ».

En ville, les assiégés ne souffraient pas moins, et de la faim et du froid. Après les chevaux, on mangea les chiens et les chats, puis les rats. On arracha les poutres du château pour faire du feu. Nul, cependant, ne parlait de se rendre : on se souvenait du sort réservé naguère par le Téméraire aux défenseurs de Liège ou à ceux de Grandson, et les agents du roi de France s'entendaient à le rappeler. La détermination des habitants les poussait à narguer les assiégeants : on suspendit à des perches, sur l'enceinte, quelques poulardes pour faire croire aux gens de Bourgogne que la ville regorgeait de nourriture.

René II fut informé de la situation par deux hommes, un capitaine gascon et un drapier, qui avaient réussi à passer les lignes bourguignonnes et l'avaient rejoint en Alsace. Le roi de France avait fourni quarante mille francs, et les Suisses procuraient à leurs frais des hommes d'armes. Bref, René II avait maintenant une bonne armée de Suisses et d'Alsaciens, quelque quinze mille hommes avec lesquels il passa les Vosges peu après Noël, descendit à marche forcée vers Saint-Dié et atteignit Lunéville le 3 janvier 1477. Le 4, il établissait son camp à Saint-Nicolas-de-Port, le gros bourg commercial sur la Meurthe, à trois lieues au sud-est de Nancy.

C'est alors que Campobasso et ses Italiens passèrent dans le camp de René II. Les Suisses le rejetèrent, disant qu'ils n'avaient que faire d'un traître. Campobasso avait en effet une assez solide réputation et lui faire confiance semblait déraisonnable. Le Napolitain alla se poster à Condé, escomptant de bonnes prises si l'armée de Bourgogne était déconfite et s'enfuyait par là. Contrairement à ses habitudes, le Téméraire réunit ses conseillers. On lui donna avis de se retirer : qu'il aille à Pont-à-Mousson, sur la route de son Luxembourg, et qu'il laisse René II entrer dans Nancy. Les conseillers pensaient que, leur victoire acquise, c'est-à-dire la ville délivrée, les Suisses rentreraient chez eux, et que le duc de Lorraine n'aurait plus les moyens, ni en argent ni en hommes, de résister à une pression de la Bourgogne qui se renforcerait si l'on prenait le temps de reconstituer une armée qui ne soit pas faite pour l'essentiel des fugitifs de Morat. Le duc n'écouta pas le conseil et, pour une fois, contrairement à ce que pensa plus tard Commynes pour expliquer l'échec, il n'avait pas tort en tout. Les Suisses se moquaient bien de Nancy : ce qui leur importait, c'était que la Lorraine ne passât pas dans l'état bourguignon. Et s'ils étaient payés, c'était en partie par un Louis XI qui, à ce point de l'affaire, n'avait nullement l'intention de s'en tenir à la levée du siège de Nancy. Il était cependant vrai que l'armée de Bourgogne avait beaucoup souffert en Suisse, et que gagner du temps eût été sage.

Il fallait faire face : le duc de Bourgogne laissa quelques troupes au siège et, à une demi-lieue de la ville sur la rive gauche de la Meurthe, affronta, le dimanche 5 janvier, avec le gros de ses forces, l'armée du duc René, une armée dont il sous-estimait le fait qu'elle était composée pour moitié de ces Suisses dont les Bourguignons avaient, à Grandson comme à Morat, durement éprouvé les capacités militaires. Pour envelopper l'attaquant, le Téméraire rangea l'infanterie au centre, les archers et la cavalerie aux ailes. En avant du centre, en bordure de la route de Nancy, l'artillerie fermait le passage. C'était le contraire de la tactique adoptée naguère à Grandson. Mais le lieu était mal choisi et le dispositif malheureux. La disposition des corps en quatre ou cinq lignes face à l'ennemi eût été judicieuse si le terrain avait permis le retournement vers le flanc. Face à un marécage, elle ne constituait qu'un très mince front latéral. À gauche, la Meurthe empêchait tout mouvement. À droite, le bois de Saurupt interdisait de prévenir les opérations légères de surprise. Quant à l'éventuel enveloppement de l'assaillant par la cavalerie lourde, il était contrarié par des ruisseaux et le marécage assez gelé pour être glissant mais pas assez pour éviter l'effondrement dans la boue.

Alors que le Téméraire avait méprisé l'avis de ceux qui lui conseillaient de se replier sur le Luxembourg pour y refaire ses forces, le duc René eut la sagesse d'écouter ses capitaines, qui proposèrent le plus difficile mais le plus surprenant des plans de bataille : laissant un petit corps attaquer de front le centre bourguignon afin de laisser croire que le gros de l'assaut suivrait, on fit avancer le plus fort de l'armée à travers le bois pour assaillir le dispositif du Téméraire par le côté. Ainsi contournait-on la zone marécageuse et profitait-on du rangement de l'armée de Bourgogne en lignes parallèles, peu propice à un retournement rapide vers le côté. Lorsque les Suisses sortirent du bois au son d'une corne d'Uri « qui mugissait comme un taureau », ce fut la panique chez les Bourguignons. Rangée pour charger vers le centre, la lourde cavalerie de l'aile droite bourguignonne ne put se retourner à temps. Au centre, le Téméraire tenta de faire pivoter son infanterie, ne réussissant qu'à l'embourber dans le marécage où il avait pensé voir s'embourber l'assaillant.

Le duc de Bourgogne était gravement blessé. Il voulut se replier. Il approchait de Nancy quand, sur la rive de l'étang Saint-Jean, son cheval s'enlisa. Un chevalier lorrain qui le poursuivait acheva le blessé sans savoir qui il était. On ne retrouva que le surlendemain, dans la boue glacée, le crâne fendu d'un coup de hallebarde et le corps percé de plusieurs coups de pique, piétiné par les chevaux, dénudé par les pillards et déchiqueté par les loups. Son médecin portugais, Olivier de la Marche et un jeune page l'identifièrent en voyant sa mâchoire supérieure sans dents, sa cicatrice de Montlhéry à la gorge, son orteil sans ongle et ses mains aux ongles démesurément longs.

L'armée de Bourgogne ne valait pas mieux. « Largement se sauvèrent, écrit Commynes, le demeurant fut mort ou pris. » Franchissant la Meurthe au pont de Bouxières, les survivants du carnage furent eux aussi massacrés. Louis de Contay était parmi les morts. On voyait parmi les prisonniers le Grand Bâtard Antoine de Bourgogne. Louis XI s'empressa de l'acheter à René II, à un prix dépassant la rançon que celui-ci en pouvait attendre. Un an plus tard, le roi donnait au Grand Bâtard les comtés de Guines et d'Ostrevant, ainsi que les seigneuries de Bouchain et de Bapaume. Il constitua ensuite pour lui, en juillet 1478, un comté de Sainte-Menehould.

Au soir du 5 janvier 1477, le duc René II faisait son entrée dans sa capitale. Nul ne lui disputerait plus la Lorraine. Vêtu de noir, il alla saluer la dépouille du Téméraire. « Vous nous avez fait maints maux et douleurs », dit-il au cadavre avant de l'asperger d'eau bénite. Le roi allait lui allouer 30 000 livres pour les « insupportables charges, frais et dépenses » de l'année passée.

Il faut le souligner, Louis XI n'avait pas bougé. Il n'avait, en l'affaire, que mis « un petit d'argent ». Il dormait paisiblement au Plessis quand, au petit matin du 9, Jean de Daillon le réveilla brusquement, une lettre de La Trémoille à la main. Elle annonçait la déconfiture des Bourguignons. Le roi alla à la messe, puis invita à déjeuner tout son entourage, mais aussi tous ceux qui arrivaient de Tours, car la nouvelle s'était vite répandue. On fêta la défaite de l'ennemi. Rien n'assurait cependant que le Téméraire n'allait pas reparaître, et Louis XI préféra modérer une joie qui pouvait être prématurée : s'il était prisonnier des Suisses, le duc était encore capable de les retourner en payant, car il avait à Luxembourg un trésor encore garni. Toute la journée, le roi médita sur ce qu'il convenait de faire : au soir, il était décidé à profiter de l'affaiblissement du duc pour envahir la Bourgogne.

Autour de lui, beaucoup étaient inquiets : le pouvoir royal allait s'en trouver renforcé, et bien des gens haut placés qui, après le Bien public ou après la mort de Charles de France, avaient tiré leur épingle du jeu se demandaient légitimement si le roi n'allait pas régler définitivement des comptes dont on pensait ne plus entendre parler. Il y avait à peine plus d'un an que l'on avait vu tomber la tête du connétable. Pour tout dire, certains auraient préféré ne pas apprendre que le duc de Bourgogne était à terre. De ceux que le roi retint à sa table, beaucoup eussent en un autre temps rêvé d'une pareille invitation. Et pourtant, Commynes en fit l'observation, on mangea de mauvais appétit.

Le 9 janvier, Louis XI anticipa. Il chargea La Trémoille et Charles d'Amboise de se tenir prêts à entrer en Bourgogne. L'un commandait en Barrois, l'autre en Champagne. « Si ainsi est que le duc de Bourgogne soit mort », précisait le roi, recommandant à La Trémoille de ne faire mouvement que sur la nouvelle certaine de la mort du Téméraire : « Ne faites mention de ce que dessus est, sinon que le duc de Bourgogne soit mort. » Dans le même temps, il ordonnait à l'amiral – le Bâtard de Bourbon – et à Commynes de gagner au plus vite les Pays-Bas pour y recevoir la soumission des nobles, des villes et des officiers.

Commynes et l'amiral partirent sur-le-champ. Ils n'avaient pas chevauché une demi-journée qu'ils arrêtèrent un messager : La Trémoille annonçait que l'on avait retrouvé le corps. À bride abattue, ils rebroussèrent chemin. Le 10, ils étaient chez le roi. Le 12, Louis XI prescrivait dans toutes les villes des processions « pour les bonnes et agréables nouvelles » qu'il venait de recevoir : la mort du Téméraire et celle de Galeazzo Maria Sforza, qu'il confondait en une même appellation : « nos anciens ennemis ». Ce 10 janvier 1477, Louis XI ne se connaissait plus d'ennemi.

Les erreurs du Téméraire

Charles le Téméraire est-il mort victime de la diabolique habileté de Louis XI ? À n'en pas douter, le roi a su le jouer, et se jouer des antagonismes que suscitait l'ambition du duc de

Bourgogne. Mais il serait abusif de surestimer le talent du roi. La chance a beaucoup joué pour lui. Certes, la politique du roi est claire sur le long terme et on ne saurait oublier l'habileté quotidienne, la capacité à saisir les occasions, l'art de réviser à chaque instant, sinon les objectifs, du moins les voies et les moyens. Il faut bien le dire, l'état bourguignon disparaît cependant sous les coups qu'il se porte à lui-même. Commynes a parfaitement analysé la stratégie politique du roi : « À bien connaître la condition du duc, le roi lui faisait beaucoup plus de guerre en le laissant faire et lui sollicitant ennemis en secret que s'il se fût déclaré contre lui. »

Il y a les villes de l'état bourguignon, qui n'ont pas pardonné les répressions, les avanies, les impôts. Elles ont mené contre ces exigences financières un combat que Louis XI savait éviter avec les bourgeoisies du royaume. L'histoire eût été autre si les États de Flandre avaient accepté de financer une politique dont la dynastie de Bourgogne était bénéficiaire à moyen terme mais dont les populations contribuables ne voyaient pas le profit. Les États n'étaient pas sans savoir ce qu'il était advenu de leurs semblables de France. Ils ne tenaient pas à connaître la même infortune. Cela dit, le duc disposait encore d'un trésor, et il eût été bien avisé de l'employer à recruter, après la défaite de Morat, au lieu de le laisser dormir à Luxembourg.

Charles le Téméraire n'a pas su voir les changements de la société, dont Louis XI savait tenir compte en son royaume. Imbu de chevalerie, Charles le Hardi n'a pas compris l'avènement d'une bourgeoisie d'affaires qui ne l'a pas soutenu parce qu'il ne lui accordait aucune considération. En déclarant aux bourgeois des grandes villes de Flandre que leur haine lui était indifférente, il avait scellé son malheur.

Tel était le mépris du duc et de son entourage pour la bourgeoisie que, les habitudes étant longues à perdre, un Commynes ne s'en départ pas, alors même qu'il est passé au service du roi. Très significative est à cet égard sa condamnation de l'attitude des Gantois quand, au lendemain de la mort du Téméraire, ceux-ci ne se soucient pas de secourir Arras : « C'étaient gens qui n'avaient point été nourris en grandes matières, et gens de ville la plupart. » Rappelant l'hostilité des Gantois contre leur duc, le même Commynes fait observer de manière laconique : « De son côté, ne les aima point. »

Observateur à Anvers de l'opinion publique, Thomas Basin énumère longuement les causes du « murmure général et renouvelé des états de tous les domaines bourguignons contre leur duc ». Les nobles ont servi devant Neuss en plein hiver, sans vivres et à leurs propres frais, « sans recevoir de lui la moindre marque d'humanité », et beaucoup en ont été ruinés. Accablés par des exactions fiscales sans précédent, les clercs ont vu le duc confisquer les biens des églises et même des hôpitaux. Les bourgeois renâclent devant les exigences financières qui se succèdent. Bref, à la fin, « quoi qu'il leur demandât, les populations lui refusaient leur aide ». Même si l'on fait dans ces propos la part du dépit d'un homme, ce dépit entre dans la rumeur.

Le duc de Bourgogne n'a pas, non plus, compris que l'unité de l'État, si fortement avancée par Philippe le Bon dans la mise en place de quelques institutions centralisées, appelait une prise de conscience par des populations infiniment diverses qui ne voyaient dans l'autorité ducale qu'un pouvoir personnel. Même la guerre, qui avait si puissamment contribué à faire progresser dans la France de Charles VII le sentiment national, ne pouvait cimenter l'unité des états bourguignons où le duc lui-même se méfiait de ses soldats au point de leur préférer ouvertement les mercenaires italiens et les archers anglais : devant Neuss, ils formaient la moitié de ses forces. Se prenant, depuis Montlhéry, pour un grand chef de guerre, le Téméraire manifestait trop le mépris qu'il nourrissait pour ceux qu'il prenait pour des paysans armés.

S'ajouta la prétention du duc de Bourgogne à se croire un grand tacticien. Une bravoure que nul ne discuta jamais ne pouvait tenir lieu d'entendement, et ses proches sont là-dessus unanimes : le Téméraire n'écoutait plus les conseils. Devant Morat, il tint tête à tout son entourage qui voulait le dissuader de maintenir ses forces devant la ville. Panigarola l'écrivit à son maître Sforza.

> Plus il recevait de rapports touchant les mouvements de l'ennemi, moins il les croyait. Il était prêt à parier qu'ils ne viendraient pas, disant que ces rapports étaient destinés à le convaincre

de lever le siège, ce qu'il ne ferait jamais, et que leurs auteurs étaient des traîtres français.

Thomas Basin se montre encore plus sévère. Il note que, dans la plupart de ses campagnes, le duc « est rentré chez lui, soit en s'enfuyant soit en battant en retraite, non sans grand dommage pour lui et les siens ». Et, par deux fois sous la plume de l'évêque en exil, vient un mot promis à la fortune : témérité. « Dans toutes ces entreprises, il agit avec témérité et inconséquence », écrit-il avant de citer Suétone : « Rien, chez un chef, n'est plus répréhensible que la témérité. » Et d'introduire une distinction : « On a pu dire qu'il avait été hardi et impitoyable à l'égard des humbles, mais non pas vaillant et courageux. »

Jean de Roye ne s'y trompe pas, qui fait dès 1472 une comparaison à l'avantage du duc de Bretagne. Donnant ses instructions à l'armée chargée de montrer sa force face à la Bretagne, le roi a souhaité s'en tenir à impressionner le duc, car, contrairement au Téméraire, François II a toujours craint de faire tuer ses hommes, « sans comparaison avec ledit de Bourgogne, qui est trop cruel ».

Le duc Charles ne s'est pas montré meilleur stratège dans la diplomatie que dans la manœuvre militaire. Il a cru trop simplement que le retrait de l'Angleterre, sur laquelle il avait tant compté, n'était que le fruit d'une manœuvre d'un instant et du paiement, une fois pour toutes, d'un rembarquement. Il n'a pas vu que le royaume d'Édouard IV avait désormais d'autres préoccupations que la trop ancienne et trop longue revendication de l'héritage plantagenêt. Encore mal assuré d'une couronne qui avait déjà chancelé sur sa tête, Édouard avait assez à faire avec les forces internes de l'Angleterre rurale et marchande. Par les manifestations brouillonnes d'une trop rapide ambition, Charles le Téméraire se fâchait avec ses proches voisins de l'ancienne Lotharingie qui semblait être son champ naturel d'expansion, sans comprendre qu'il ne pouvait plus compter sur l'appui de puissances lointaines, la Bretagne ou l'Angleterre : celles-ci n'avaient plus rien à gagner avec lui. Il lui a échappé que, Louis XI vivant, le temps du Bien public ne reviendrait pas.

Même si son surnom français de Téméraire n'est qu'en partie justifié, Charles de Bourgogne n'a pas su composer avec le temps. Philippe le Bon était devenu le Grand Duc d'Occident en près d'un demi-siècle, construisant avec obstination et rigueur l'édifice complexe d'un état aux éléments patiemment unis. Il était devenu duc dans l'instant d'une immense détresse, et il avait vite mesuré les limites qu'à chaque pas la nature des choses mettait à son ambition. Philippe le Bon savait qu'il ne bâtirait sa principauté qu'en renonçant à un rôle politique au sein du royaume de France. Il avait fait son choix avec lucidité, et gagné au traité d'Arras autant que Charles VII.

Lorsque, dans la dramatique entrevue du 9 novembre 1464, le chancelier Pierre de Morvilliers a cru intelligent de rappeler au duc Philippe que, si bien pourvu qu'il fût de territoires et de seigneuries, il n'était pas roi, le Grand Duc d'Occident avait sèchement relevé le propos : « Je veux que chacun sache que, si je l'avais désiré, j'aurais été roi. » Nul ne peut dire s'il y serait parvenu. Ce qui est certain, c'est qu'il ne l'avait pas tenté. Il s'était contenté de timbrer ses armes d'une couronne, audace qui avait déjà, en 1463, suscité le courroux de Louis XI : il aurait dû se contenter d'un « chapeau de duc ». Philippe le Bon avait le goût du faste, et sa cour était celle d'un souverain, mais en politique il savait se contenter des réalités du pouvoir.

Le fils, lui, était né dans la facilité. Le comparant à Louis XI, Commynes l'écrira : « En sa jeunesse, il eut moins de souci. » Le jeune duc Charles n'entendait pas se contenter de poursuivre l'œuvre du père. Il aurait pu s'en tenir au programme, déjà ambitieux mais raisonnable, d'un Philippe le Bon qui n'avait qu'une idée en tête : donner à son état une configuration cohérente. Les vues sur le duché de Gueldre ou sur la Lorraine entraient à coup sûr dans cette continuation. Mais le duc Charles ne pouvait s'en tenir là, et rêver de couronnes lui paraissait naturel. Après avoir fait l'éloge du jeune prince, de ses mœurs comme de sa piété, de sa modération et de sa volonté de justice, Basin souligne la rupture dans les comportements.

> S'il avait continué comme il avait commencé, on aurait pu à bon droit lui faire une place à part parmi les meilleurs princes. Mais, comme le dit Virgile, l'homme ne connaît pas son destin. Il ne sait pas, dans la prospérité, conserver la mesure. Il lui prit un tel orgueil qu'il en vint à ne ménager, estimer ou craindre personne.

La grandeur de l'état bourguignon lui semblait acquise, alors qu'elle demeurait fragile. En voulant tout à la fois, et en dix ans, il avait multiplié les craintes et les inimitiés. C'était voir trop large, et agir trop vite, que viser en même temps la France et l'Empire. On a beaucoup parlé de la toile tissée par Louis XI. À bien des égards, le roi s'était contenté de regarder son adversaire tisser celle qui allait l'enfermer. Commynes l'a fort justement écrit : « Il était opposite au roi, car plus il était embrouillé et plus il s'embrouillait... Il mit tant de choses en son imagination, et si grandes, qu'il demeura sous le faix. »

Au vrai, le Téméraire, qui n'a pas laissé faire le temps, n'a pas pris le temps de réfléchir. Chastellain note qu'il était « actif et laborieux par trop » et que « même soi se travaillait par outrage ». Olivier de la Marche fait écho à Chastellain, donnant à son maître le surnom de « le Travaillant ». Commynes complète le tableau : « Il tâchait à tant de choses grandes qu'il n'avait point le temps à vivre pour les mettre à fin, et étaient choses presque impossibles, car la moitié de l'Europe ne l'eût su contenter. »

Et d'ajouter que « la gloire lui monta au cœur ». En trompant, puis en insultant le roi d'Angleterre, comme en faisant peur à l'Empire et en se faisant ainsi des ennemis à l'est comme à l'ouest, le duc de Bourgogne avait été imprudent. Ce que Louis XI avait, au fil des ans, gagné en habileté, le duc de Bourgogne l'avait gagné en impétuosité. L'autre surnom du Téméraire était, lui aussi, justifié. Il était le Hardi. Trop hardi.

CHAPITRE XXVI

L'héritage de Bourgogne

LES PAYS-BAS

Du vivant du Téméraire, Louis XI s'était à plusieurs reprises interrogé sur ce qu'il ferait si le duc de Bourgogne décédait avant lui. L'hypothèse qu'à contrecœur il retenait le plus volontiers, et encore une semaine avant le drame de Nancy, était de marier en ce cas Marie de Bourgogne au dauphin. Encore était-il conscient de la violence prévisible des réactions anglaises à la dénonciation du projet de mariage avec Élisabeth d'York, clause non oubliée du traité de Picquigny. Louis XI évoquait aussi la possibilité d'un refus de la future duchesse de Bourgogne : elle pouvait ne pas vouloir épouser un enfant. Après tout, lui-même rechignait à l'idée de marier le même dauphin à Élisabeth, qui avait dix ans de plus. Marie allait sur ses vingt ans, Charles sur ses neuf ans. Si Marie ne voulait pas être dauphine, on pourrait la marier à un homme de paille dont on escompterait la complaisance. « Il essaierait de lui faire épouser quelque jeune seigneur du royaume, pour tenir elle et ses sujets en amitié et recouvrer sans débat ce qu'il prétendait être sien. »

C'était attendre une mort, mais non une mort dans la défaite. Nancy changea les dispositions du roi. La patience n'était plus de mise, et le temps n'était plus à laisser faire les autres : il fallait maintenant engranger les fruits de la victoire. À peine le Téméraire était-il mort que Louis XI décida d'occuper les terres dont il jugeait maintenant que Marie de Bourgogne n'était pas héritière. Toutes les manœuvres des uns et des autres autour de

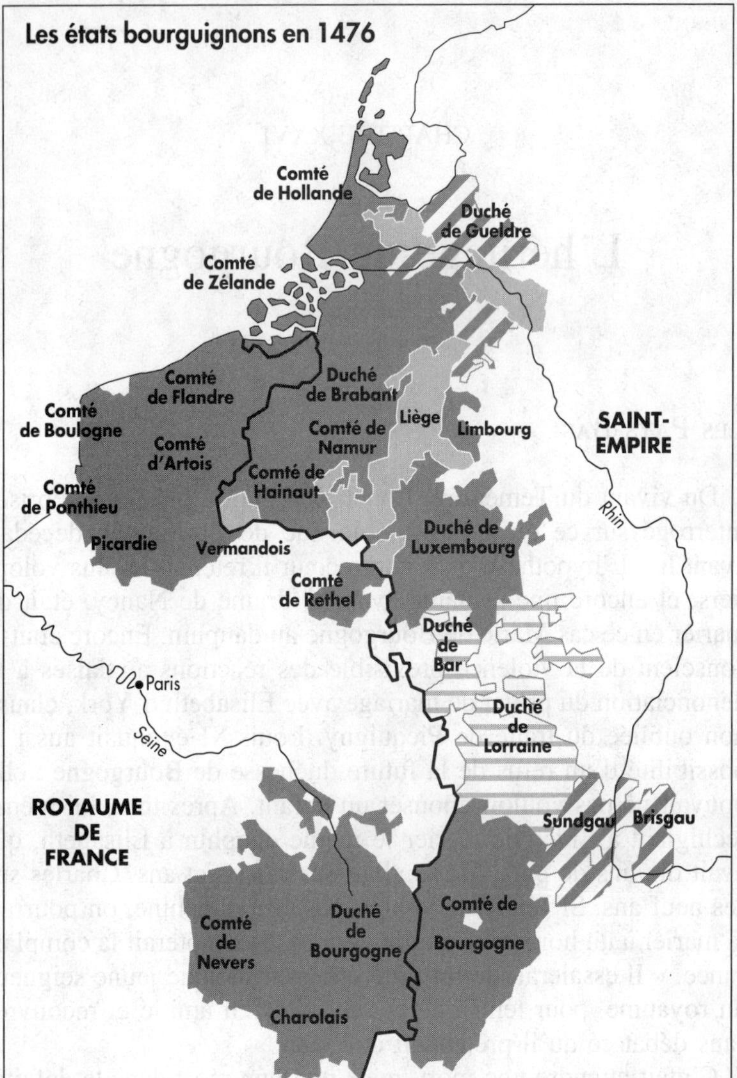
Les états bourguignons en 1476
Comté de Hollande
Duché de Gueldre
Comté de Zélande
Comté de Flandre
Duché de Brabant
Comté de Boulogne
Comté d'Artois
Comté de Namur
Liège
Limbourg
SAINT-EMPIRE
Comté de Hainaut
Comté de Ponthieu
Rhin
Picardie
Vermandois
Duché de Luxembourg
Comté de Rethel
Duché de Bar
Paris
Duché de Lorraine
Seine
ROYAUME DE FRANCE
Sundgau
Brisgau
Comté de Bourgogne
Duché de Bourgogne
Comté de Nevers
Charolais
États bourguignons en 1467
Conquêtes du Téméraire
États sous influence bourguignonne
Zone contrôlée à partir de 1473
Limite entre le royaume de France et le Saint-Empire
0 km 100

la main de Marie ne pouvaient, certes, faire oublier que le duché de Bourgogne n'était jamais allé à une femme.

L'Artois, la Flandre, le Hainaut et le reste, en revanche, étaient déjà passés par les femmes, et le traité d'Arras n'avait établi une clause de masculinité que pour la cession de Péronne, Montdidier et Roye, dont on sait qu'elle était rachetable. Et Commynes, pour admirateur qu'il soit de Louis XI, d'écrire que celui-ci « voulait joindre à sa Couronne toutes ces grandes seigneuries, où il ne pouvait prétendre nul bon droit » : c'était une « confiscation ». Il n'était plus question de la main de Marie de Bourgogne : pour le roi, elle ne représentait plus rien. Une épreuve de force s'annonçait. Un autre Louis XI entrait en scène.

Huit jours après le message de La Trémoille, le roi quittait le Plessis. À la fin de janvier 1477, il était sur la Somme, où Commynes et le Bâtard de Bourbon l'avaient précédé. Ils lui annoncèrent que Ham et Saint-Quentin s'étaient rendues sans discuter. Il s'établit le 3 février à Péronne, fit venir l'artillerie disponible à Compiègne et partir pour l'armée de Hainaut ce qu'on avait de pièces à Reims.

Vainement Commynes plaida-t-il que ces débuts étaient trop faciles, que l'épreuve de force s'annonçait et qu'elle était mal venue. Il gardait à l'évidence une certaine tendresse pour Marie de Bourgogne, qu'il avait quittée quand elle avait quinze ans, et il aurait préféré le mariage à la conquête. Il soulignera fortement que « de ce peu de gens de guerre qui lui étaient demeurés après la mort de son père, plusieurs s'étaient tournés du parti du roi », et que menaçait l'insurrection, « par espécial à Gand ». Autrement dit, à quoi bon attaquer une aussi faible princesse ?

Louis XI prit fort mal que son fidèle chambellan le contrariât. Il lui rappela qu'il était sénéchal de Poitou depuis trois mois, le nomma de surcroît capitaine de Poitiers et le fit partir sur-le-champ pour le Poitou, avec la mission, fort inutile en ce moment-là, de surveiller la Bretagne. Bref, Commynes était quelque peu disgracié. Le roi voulait sa conquête, et il la voulait tout de suite. Par la suite, Commynes jugera plus honorable d'écrire qu'il fut disgracié pour avoir ménagé les bourgeois de Dijon. Au vrai, le roi comprit vite qu'il pouvait faire de son chambellan autre chose qu'un sénéchal : il l'envoya en ambassade à Venise pour y négocier le rétablissement des relations amicales un temps égratignées par la diplomatie du Téméraire, puis dans l'été 1478 à Florence pour y nouer une ligue contre le pape. Commynes retrouvera ensuite sa place dans l'entourage royal. Il sera fait chevalier de Saint-Michel. Des missions lui seront confiées. À la fin de 1481, le roi résidera chez lui à Argenton. Il restera, jusqu'à la mort du roi, l'un de ses proches.

En ce mois de février 1477, alors que la mort du duc Charles prenait tout le monde au dépourvu, Marie de Bourgogne était « en grande tribulation », comme le note Jean Molinet, et son entourage était désemparé. La duchesse douairière Marguerite d'York – la veuve du Téméraire – tentait de prendre au nom de sa belle-fille Marie un pouvoir qu'elle n'avait naturellement jamais eu du temps de son mari, le chancelier Hugonet voyait poindre l'heure de son rôle politique, Guy de Humbercourt croyait venue la sienne et le prince-évêque Louis de Bourbon avait quelques comptes à régler depuis ses mécomptes de Liège. Bref, on se querellait à la cour de Bourgogne. Le roi jugea qu'il lui fallait agir avant que tout ce monde-là, qui n'était pas mort à Nancy, reprît ses esprits.

Il envoya alors des ambassadeurs dans les Pays-Bas et, les voulant discrets, il les choisit parmi les plus modestes de son entourage. Olivier Le Daim fut ainsi dépêché, non sans quelque naïveté, à Gand, et ce pour le motif qu'il était originaire de Thielt. On l'accompagna d'un officier en qui les Flamands ne pouvaient voir qu'un petit personnage, Colart de Mouÿ, bailli de Cotentin.

Les Gantois avaient toujours été fort indociles et Louis XI s'imagina naïvement que leur traditionnelle revendication d'indépendance n'était qu'une hostilité envers le pouvoir de leurs comtes jadis et de leur duc naguère. Mal informé et ayant quelque peine à concevoir cette fierté municipale dont on ne voyait plus depuis longtemps l'équivalent en France, le roi s'attendait à passer pour celui qui libérerait Gand du joug ducal. Il se trompait gravement. Il est vrai que les Gantois tenaient pratiquement Marie de Bourgogne captive dans son château, qu'ils avaient obtenu d'elle la convocation des États généraux, qu'ils lui avaient fait accepter la restauration de leurs privilèges supprimés par Philippe le Bon et qu'ils se posaient en autorité politique de la Flandre. Ce n'était pas pour faire choix d'un nouveau maître.

Le choix du barbier, comme d'ailleurs celui du bailli, était évidemment une erreur : les Gantois n'allaient pas la pardonner. Certains, au Conseil, firent au roi la remarque qu'il n'était pas judicieux d'envoyer à des bourgeois réputés pour leur fierté d'aussi médiocres messagers. Ils se firent rembarrer. Au vrai, Louis XI pensait que, le duc défait et tué, tout l'état bourguignon allait se soumettre. Autour de lui, on cultivait la même illusion. Daillon se voyait déjà gouverneur de Flandre et espérait « s'y faire tout d'or ».

Louis XI commit une autre erreur. Non seulement Olivier Le Daim avait à obtenir la soumission de la ville de Gand, mais il portait des lettres de créance adressées à Marie de Bourgogne. Le barbier fit sourire la cour de Bourgogne par un accoutrement qui dépassait sa condition mais qu'il croyait justifié par son nouveau titre de comte de Meulan. Il parvint à voir la princesse, demanda à lui parler en privé et s'entendit répondre qu'on ne parlait pas en privé à une jeune fille à marier. De plus, quand on lui demanda ce qu'il avait à délivrer comme message, il bafouilla. Maître Olivier quitta la cour au moment où certains parlaient de le jeter dans la rivière. Sur ordre du roi, Colart de Mouÿ et Olivier Le Daim gagnèrent Tournai, avec pour mission d'encourager les fidélités au roi en montrant qu'il était dans son bon droit et de rassurer les bourgeois quant aux conséquences économiques du nouvel état des choses. Mouÿ fit un discours. On le laissa parler.

La cour de Bourgogne affecta d'envoyer en réplique une ambassade composée de grands seigneurs. On y voyait le chancelier Guillaume Hugonet et Guy de Humbercourt, qui avait toujours été, à Liège comme ailleurs, l'un des hommes forts de l'état bourguignon et s'était montré un politique prudent et avisé. Le roi n'ayant, selon les apparences, aucune responsabilité directe dans la mort du Téméraire, la négociation n'était pas celle du vainqueur et du vaincu. Bien sûr, nul n'était ignorant des dispositions du roi à l'égard du défunt duc, mais les convenances étaient respectées. On parla de nouveau d'un mariage de Marie et du dauphin Charles.

Jean d'Estouteville s'était installé sans difficulté à Abbeville. Il s'y ménagea les bonnes grâces de la bourgeoisie par diverses décisions dont la plus appréciée fut le maintien de l'étape des vins. La négociation se révéla plus difficile avec Arras. La ville avait délégué son avocat, Jean de la Vacquerie, lequel défendit l'héritage de Marie de Bourgogne. Mais les Arrageois n'avaient ni moyen de résister ni espoir de secours. « En huit jours, ils n'eussent pu finer huit hommes d'armes », estima Commynes avec justesse. Hugonet et Humbercourt laissèrent carte blanche au roi. Le gouverneur d'Arras, Philippe de Crèvecœur, ne demandait que cela : ne recevant plus d'instructions, il était prêt à livrer la ville pour éviter le massacre. Les bourgeois ouvrirent leurs portes. Faisant cantonner son armée aux portes, le roi entra le 4 mars. Il décréta une amnistie générale. Les officiers ducaux qui souhaitaient rester furent confirmés, les autres purent quitter librement la ville.

Quelques pensions habilement annoncées laissèrent attendre des fidélités. Certaines ne manquèrent pas. La Vacquerie allait être deux ans plus tard conseiller au Parlement, et finir premier président. Oudard de Bussy se vit promettre un siège au même Parlement. Quant à Philippe de Crèvecœur, qui avait été fidèle au Téméraire jusqu'au bout et avait vaillamment combattu à Grandson et à Morat, il fut confirmé par Louis XI comme gouverneur de l'Artois. Il deviendra capitaine de l'infanterie du roi. Son demi-frère Antoine sera nommé, dès novembre 1477, sénéchal de la sénéchaussée d'Artois ressuscitée.

Cette rapide mainmise du roi sur l'Artois fit des victimes imprévues. Les Gantois attendaient de Marie de Bourgogne qu'elle gouvernât par le conseil des États généraux. Pour tout dire, ils croyaient que la mort du Téméraire leur permettrait de secouer le joug de l'autorité ducale, toujours mal supporté par le menu peuple et encore plus par la bourgeoisie d'affaires. Les États généraux envoyèrent à Louis XI une ambassade qui, accessoirement, fit allusion à ces nouvelles perspectives. Le roi s'amusa à leur dire qu'ils étaient mal informés et à leur montrer une lettre disant le contraire. C'était, rédigée par Marie elle-même, par sa belle-mère Marguerite d'York et par le gouverneur des Pays-Bas Philippe de Clèves, la lettre de créance apportée naguère par Hugonet et Humbercourt. Marie n'y cachait pas qu'elle entendait ne suivre que les avis de quatre conseillers : sa mère, Clèves, Hugonet et Humbercourt. Le 9 mars, la négociation avec les États était rompue.

Revenus à Gand, les envoyés traitèrent publiquement la duchesse de menteuse. Les Gantois fomentèrent une nouvelle insurrection et s'assurèrent du pouvoir en Flandre. Le duc Adolphe de Gueldre fut tiré de sa prison : il pouvait être utile, mais il était surtout le symbole de l'arbitraire du défunt duc de Bourgogne. Puis les gens des États se saisirent de Hugonet et Humbercourt, auxquels ils reprochèrent d'avoir accepté les dons du roi et livré l'Artois. Finalement, ils les firent décapiter sur la place du Marché. En condamnant cette exécution et en prenant sous sa protection les familles des deux hommes, Louis XI ne fit que renforcer l'idée que les Flamands avaient été trahis.

Le roi s'était persuadé qu'il lui fallait mettre le droit de son côté. Or vaincre son ennemi, si tant est qu'il ait été vaincu par lui, ne donnait pas le droit de s'approprier ses biens. On entama une procédure pour lèse-majesté, qui conduisait naturellement à la confiscation, la « commise » qui était en droit féodal la sanction de la félonie. L'avocat et le procureur du roi au Parlement furent chargés de conduire le procès à titre posthume. Parmi les crimes imputés au défunt duc, on retint en premier la violation par le duc de Bourgogne du sauf-conduit qu'il avait donné à Louis XI avant l'entrevue de Péronne. Bourré fut prié, le 11 mai, de le retrouver dans les archives. Le fidèle secrétaire devenu maître des comptes l'avait déjà cherché en 1474. Il le retrouva vite et l'envoya le 22 mai, mais il fit observer que la cédule n'était pas scellée, qu'elle ne portait qu'une signature, et que le Parlement pourrait s'interroger sur son authenticité, toutes observations qu'il n'avait pas faites la fois précédente. Bourré suggéra donc au roi de produire des témoins, et en particulier le Grand Bâtard de Bourgogne. Bref, le Parlement déclara Charles, duc de Bourgogne, félon et comme tel déchu de ses fiefs.

La conquête de l'Artois s'acheva rapidement. Il fallut, en avril, quelques coups de bombarde à Hesdin, à Boulogne, à

Fiennes. À Douai, on prit l'initiative de la résistance : avec les soldats rescapés de Nancy et d'autres que fournit Lille, Guillaume de Vergy forma une troupe qui s'en alla pour délivrer Arras. Elle ne parvint qu'à se faire tailler en pièces par Daillon et Lohéac. Vergy passa quelque temps en prison, puis se soumit. Il sera conseiller du roi.

Au sud de Calais qui demeurait aux Anglais, Boulogne était, « située et assise ès limites et extrémités du royaume », une place stratégique en cas d'invasion. Malgré l'inquiétude que cela ne pouvait que créer en Angleterre, le roi avait pris la ville dès avril 1477. Il écrivit à William Hastings pour rassurer les Anglais : il ne touchera « à aucun village de la terre de Calais ». Il décida cependant de garder pour lui le comté et la ville de Boulogne, qui appartenaient à Bertrand de la Tour, comte d'Auvergne. Il y mit comme gouverneur Antoine de Crèvecœur et notifia au comte Bertrand qu'il était « bien empêché » de les lui rendre, vu qu'ils étaient « de grande garde ». La Tour accepta de négocier et reçut en échange, en janvier 1478, le Lauragais, érigé pour la circonstance en comté. La suite mérite qu'on s'y arrête : le Lauragais passera par mariage à Laurent II de Medici, et Catherine de Medici l'apportera à la Couronne en épousant Henri II. Quant à Boulogne, on en fit en avril 1478 le siège d'une sénéchaussée, jointe à celle d'Artois qui avait été entretemps confiée à Crèvecœur.

Pendant ce temps, le roi envoyait une armée en Hainaut. Elle était aux ordres d'Alain d'Albret, du comte de Dreux, de Dammartin et de Jean d'Estouteville. Elle marcha sur Valenciennes. Derrière le Hainaut, il y avait le Brabant, avec la capitale de l'état bourguignon, Bruxelles.

On n'avait pas assez compté avec l'hostilité viscérale d'une partie des notables d'Arras, qui ne se faisaient pas d'illusions quant à la bienveillance royale. Rien n'assurait qu'elle durât. Un complot se forma, qui commença par l'envoi de dix-huit députés à Marie de Bourgogne. Oudard de Bussy était de la délégation. Les députés se firent arrêter par les gens du roi alors qu'ils atteignaient Lens. Ils furent conduits à Hesdin où on leur donna à souper. Puis on les décapita comme parjures : ils avaient juré leur soumission. Lorsque le roi arriva, il fit déterrer la tête d'Oudard de Bussy et la fit exposer au bout d'une pique, coiffée d'un chaperon d'écarlate doublé de fourrure blanche à la façon d'un conseiller. Louis XI ne manqua pas de rapporter lui-même la chose : « Il y en avait un entre les autres, maître Oudard de Bussy, à qui j'avais donné une seigneurie au Parlement. Afin qu'on connût bien sa tête, je l'ai fait atourner d'un beau chaperon fourré, et il est sur le Marché d'Hesdin, là où il préside. »

À la nouvelle de ces exécutions, une insurrection éclata à Arras. Les bourgeois dressèrent sur l'enceinte des gibets et y pendirent des croix blanches, symbole de l'armée royale. On chansonna.

Quand les rats mangeront les chats
Le roi sera seigneur d'Arras.

L'indépendance d'Arras fit long feu. Louis XI dépêcha des troupes, qui assiégèrent la ville. Le 25 avril, il était lui-même sur place. Il fit donner les bombardes. Les habitants se rendirent. Le 4 mai 1477, le roi faisait son entrée dans une ville en ruine. Le 6, Jean de Daillon était nommé gouverneur. Le pardon royal fut lourdement taxé : cinquante mille écus. Ceux qui avaient organisé la révolte s'exilèrent. Le démantèlement de la ville fut mené rondement. Des soldats furent logés chez les habitants. On put croire l'affaire terminée.

Dans le même temps, Marie de Bourgogne cherchait des alliances. Au mépris du bon sens, c'est chez les Suisses qu'elle espéra en trouver. Sa correspondance avec les cantons confédérés fut interceptée par les agents de Louis XI.

La conquête se poursuivait. Le 22 mai, après un siège de quelques heures et une courte échauffourée où Tanguy du Chastel trouva la mort au côté du roi, Bouchain capitulait. Le lendemain, c'était Le Quesnoy. Le 29, le roi entrait dans Cambrai. Malgré une tentative d'Albret en avril, tentative que le roi jugea trop timide, Avesnes refusa de s'ouvrir et demanda des instructions à la duchesse Marie. Il fallut, le 12 juin, donner l'assaut. Les habitants furent massacrés et la ville fut rasée « pour donner exemple aux autres ». Deux villes résistèrent : Douai et Valenciennes. Le roi s'obstina et décida de « faire le gast » : il « convertit les lances en faux » et, en juillet, pour reprendre la formule de Molinet, « livra guerre aux blés et aux avoines » des campagnes avoisinantes avec trois ou quatre mille faucheurs envoyés de Picardie et dûment enivrés par les soins de Dammartin. Douai et Valenciennes ne cédèrent pas.

Avec dix ou douze mille hommes recrutés par les États, le duc Adolphe de Gueldre attaqua, le 28 juin, Tournai que défendait Colart de Mouÿ. Il se fit battre et trouva la mort dans l'engagement. Les survivants s'enfuirent. Louis XI remercia la Vierge et saint Martin. Deux mois plus tard, il enjoignait aux habitants de Tournai de payer cinq mille écus pour la solde des hommes d'armes de Colart de Mouÿ en avril, mai et juin. Lohéac prit à Tournai le relais de Colart de Mouÿ, qui alla tenir la place, infiniment plus difficile à maîtriser, d'Arras.

Les Flamands concentraient une armée à l'ouest entre Aire-sur-la-Lys et Saint-Omer. Louis XI interrompit sa campagne en Hainaut et prit le commandement en Flandre. À la Gorgue, sur la Lys, il infligea une défaite aux Flamands et les chassa de Cassel. Il alla s'installer à Béthune.

La main de Marie

On avait beaucoup parlé, avant 1477, de la main de Marie de Bourgogne. C'était le plus beau parti d'Europe, et la princesse avait l'âge auquel beaucoup d'autres avaient déjà un mari. On sait que le duc de Bourgogne n'était pas pressé de se donner un gendre. Le Téméraire mort, il en allait autrement, et on ne pouvait laisser l'héritage aux mains de celle que l'on appelait fort officiellement Mademoiselle. Les conseillers politiques, en particulier, n'étaient pas prêts à laisser se perpétuer une situation qui, en cas de nouveau conflit armé, donnerait un pouvoir démesuré aux chefs militaires. Il fallait un duc.

Pendant que Louis XI hésitait, tiraillé entre son désir de pure et simple conquête et l'avis de conseillers qui, comme Commynes, cherchaient dans un mariage la voie d'une annexion pacifique, on s'agitait à la cour de Bourgogne. La duchesse douairière Marguerite d'York pensa naturellement à se trouver un gendre anglais. Édouard IV et elle-même songèrent à leur frère, George, auquel son duché de Clarence ne suffisait pas et qui était veuf. Mais le roi Édouard se refusait à donner à son frère plus d'influence politique et plus de revenus. Certes, Clarence n'était pas le premier héritier de la Couronne. Édouard IV avait deux fils. Et l'on n'oubliait pas le prince Édouard de Lancastre, le fils de Henri VI et Marguerite d'Anjou, un garçon au tempérament belliqueux dont on pouvait seulement espérer qu'il mourrait sans enfant de son mariage avec Anne Neville, la fille de Warwick. Mais la compétition pour le trône n'avait guère, tout au long de la guerre des Deux Roses, respecté scrupuleusement l'ordre de l'arbre généalogique.

George avait été, un temps, le candidat de Warwick. Il demeurait le rival de son frère le roi, et on le trouvait dans toutes les conspirations. Bref, Édouard IV le tenait à l'écart. Si Marie de Bourgogne était un beau parti assuré pour l'ambitieux George, George n'en était pas un pour Marie. Elle manifesta ses réticences. Bien sûr, Louis XI s'arrangea pour éclairer, s'il en était encore besoin, son compère anglais sur le risque qu'il prendrait en faisant de Clarence l'héritier du Téméraire. En février 1478, Édouard IV jugea prudent de faire condamner son frère pour trahison, puis de le faire assassiner discrètement.

Entre-temps, le roi d'Angleterre avait imaginé un autre candidat : son beau-frère, Anthony Woodville, qui ne risquait pas d'être encombrant. Malheureusement, Anthony s'était fait connaître des Bourguignons en quittant l'armée du Téméraire après Grandson, et Marie savait que son père avait parlé de lui comme d'un poltron. Elle n'en voulait pas comme mari. Naturellement, les Communes prêchaient pour qu'on aidât Marie de Bourgogne, mais en s'abstenant de toute guerre : le commerce des laines était en cause.

Hugonet, Humbercourt et le prince-évêque Louis de Bourbon voyaient les avantages d'un mariage avec le dauphin : le roi vieillissait et, quand Charles serait roi, leur influence politique s'étendrait sur le gouvernement de la France. Louis XI n'avait cessé de balancer. Lorsque les Gantois vinrent lui exposer leurs revendications, il parla de nouveau de marier l'héritière au dauphin. Il précisa que la duchesse serait sous sa protection. Les envoyés de Gand se récrièrent. La Flandre n'était pas prête à accepter la tutelle royale. En exécutant Hugonet et Humbercourt, les Gantois décapitèrent le parti du mariage français. Dans le même temps, Marguerite d'York écartait de la cour le prince-évêque, qui prêchait ouvertement pour le mariage avec le dauphin. Il se retira à Liège.

Le duc Jean de Clèves était à Gand, qui songeait à la main de la princesse pour son propre fils, que l'on appellera plus tard Jean le Clément. Il pouvait compter sur l'appui de son cousin Philippe, gouverneur des Pays-Bas. Seigneur de Ravenstein, Philippe de Clèves était, par sa grand-mère, le cousin du Téméraire. Il ne pouvait qu'appuyer la candidature de Jean, et il comptait bien des amis à la cour. C'est Marie qui refusa. Le jeune Clèves avait un peu vite posé ses conditions.

Restait un prétendant auquel le Téméraire avait souvent pensé et auquel il avait, à Trèves, officiellement offert la main de sa fille : Maximilien de Habsbourg, fils de l'empereur Frédéric III. Le duc de Bourgogne ne lui avait fait quelques avances qu'avec l'espoir de s'en faire un allié dans sa revendication d'une couronne royale. Après le fiasco de Trèves, on n'en avait plus beaucoup parlé. La duchesse douairière ranima le projet. Il présentait à ses yeux deux avantages : donner à sa belle-fille un vrai mari – Maximilien avait dix-neuf ans – et donc un défenseur, faire échapper l'héritage à la mainmise française. Anglaise et veuve d'un duc de Bourgogne contre qui, elle ne l'ignorait pas, le roi de France avait beaucoup manœuvré, Marguerite d'York savait qu'en cas de mariage avec le dauphin son influence serait remplacée par celle des gens du roi.

Louis XI tenta de convaincre les princes allemands, naguère hostiles à l'intrusion du duc de Bourgogne dans les affaires de l'Empire, que leur intérêt n'était pas de renforcer maintenant les Habsbourgs. Il leur envoya Robert Gaguin, lequel fit un discours public dont on admira la rhétorique mais qui ne servit à rien. S'il fallait l'accord des princes pour faire roi des Romains le duc de Bourgogne, il n'était aucun besoin de leur assentiment pour marier Maximilien.

Dûment prévenu, Maximilien renvoya, avec le diamant que lui avait naguère offert Marie, la lettre par laquelle celle-ci s'était, du vivant de son père, dite prête à épouser le fils de l'empereur : c'était signe qu'on allait donner suite à la promesse de Trèves. Ses ambassadeurs, d'abord, se fourvoyèrent à Bruxelles, où Jean de Clèves s'arrangea pour les retenir. Marguerite d'York leur fit savoir qu'ils pouvaient gagner Gand, où les attendait la princesse à marier. Le 19 avril 1477, l'ambassade impériale arrivait à Gand. Le 21, on mariait les deux jeunes gens par procuration. Clèves regagna son duché.

Maximilien vint s'établir à Cologne. La cour de Bourgogne lui envoya des messagers, mais surtout de l'argent. On prépara la cérémonie. Le 18 août, l'Autrichien arrivait à Gand en grand arroi. Le 20, on célébrait la noce. Très vite, on annonça que la duchesse de Bourgogne attendait un enfant. Le 22 juillet 1478, naissait à Bruges un fils qui, connu comme Philippe le Beau, allait régner sur la Castille comme sur les Pays-Bas. Son fils sera Charles Quint.

Hésitations anglaises

Le 8 septembre 1477 Louis XI concluait une trêve avec Maximilien, qu'il nommait toujours « le duc d'Autriche » en appelant ses gens « ceux d'Autriche » comme si le besogneux Sigismond n'existait pas. C'était un répit, pour « voir et connaître leur volonté ». L'automne venait. À la Toussaint, le roi était au Plessis. Sans doute ne s'y sentait-il pas en sécurité : il fit renforcer la défense du petit château.

Édouard IV n'avait pas bronché. Année après année, il encaissait, avec un retard de trois à six mois que les gens de Louis XI ménageaient à chaque terme afin qu'il en ressentît plus durement le besoin, les cinquante mille écus du traité de Picquigny, qu'il appelait tribut et qu'en France on qualifiait de pension. Howard recevait sa propre pension, agrémentée de dons en vaisselle précieuse. Le chancelier Thomas Rotherham n'était pas oublié. Beau-frère de Warwick, le grand chambellan William Hastings eut une pension double de celle que lui servait naguère le Téméraire et s'arrangea, en refusant d'en donner quittance, pour ne laisser aucune trace de sa compromission. Même Marguerite d'York, la veuve du Téméraire, dont Édouard rappelait qu'elle avait des droits, se vit proposer une pension. Pour compléter ses bienfaits, Louis XI fit envoyer à Édouard IV quelques fûts de vin. Cela suffisait. L'Anglais avait assez de préoccupations dans son île.

Il n'en était pas moins inquiet. Le duc de Bourgogne avait été un allié incertain, incommode même, mais leurs intérêts étaient les mêmes. Édouard ne pouvait voir avec plaisir le roi de France augmenter sa puissance territoriale et, précisément, s'établir dans ces pays avec lesquels l'Angleterre avait des relations vitales. Il sut vite que Louis XI était en négociations avec les Danois. L'hostilité de ceux-ci pour les Anglais était proverbiale.

Plus retors qu'à l'accoutumée, Louis XI tira parti de la venue à Calais de Hastings. Il chargea Bourré, Cerisay et Lenoncourt de faire savoir aux Flamands que, si le chambellan du roi d'Angleterre était là avec un millier d'Anglais, c'était pour s'accorder avec la duchesse douairière Marguerite d'York et « embler mademoiselle de Bourgogne ». Ni Édouard IV ni sa sœur n'avaient jamais pensé faire enlever la princesse. La fausse nouvelle pouvait troubler les Flamands.

Louis XI ne tenait pas du tout au mariage du dauphin et d'Élisabeth d'York dont on était convenu à Picquigny. Il temporisait, et l'on sait qu'il avait même, pendant ce temps, nourri d'autres projets. Édouard IV, lui, y tenait. On ne manquait pas de dauber dans son dos : le roi de France ne se pressait pas pour accomplir sa promesse. Mais Édouard souhaitait maintenant vivre tranquille. Lorsque Louis XI lui rappela que le traité de Picquigny prévoyait une assistance mutuelle en cas de félonie d'un vassal, ce qui pouvait viser Marie de Bourgogne, il comprit qu'on le manœuvrait. Lorsque, pour s'assurer de sa connivence et occuper de son côté les Bourgognes et l'Artois, Louis XI lui proposa, en décembre 1477, de le laisser conquérir la Hollande, la Zélande et le Brabant, l'Anglais se souvint qu'il s'agissait de terres d'Empire et que l'affaire le mettrait dans l'embarras face à l'empereur et à son fils Maximilien. Il avait surtout souvenir des insurrections des villes de Flandre contre leur seigneur le duc de Bourgogne, et ne doutait pas, écrivit Commynes, de rencontrer les mêmes difficultés. « Ces villes de Flandre étaient fortes et grandes, et c'était un pays malaisé à garder quand il l'aurait conquis, et semblablement celui de Brabant. »

L'Anglais hésita quelque temps. Puis il jugea l'entreprise incertaine et refusa. Louis XI ne pouvait se plaindre : il avait les mains libres sans qu'il lui en coûtât autre chose que les pensions. Il en avait pris son parti à Picquigny, mieux valait payer la paix avec l'Angleterre que perpétuer l'affrontement. L'ambassadeur français Martigny fut chargé de gagner du temps quant à la célébration des fiançailles du dauphin et d'Élisabeth d'York. L'âge fournissait un argument, mais la véritable raison était financière : ne pas ajouter à la pension servie au roi d'Angleterre les annuités du douaire qu'il faudrait payer, après les fiançailles selon l'Anglais, après le mariage selon le Français. En tout cas, il n'était plus question de marier le dauphin à Marie de Bourgogne.

Occupation de la Bourgogne

Dès qu'il avait appris ce qu'il osait appeler « l'inconvénient advenu à beau frère de Bourgogne », Louis XI avait affiché son intention de saisir la Bourgogne à deux titres : comme parrain de Marie de Bourgogne et pour assurer la préservation des droits de sa filleule, comme roi de France et pour garantir l'ordre public dans un fief tenu de la Couronne : le droit féodal l'autorisait à ne reconnaître un nouveau duc qu'après l'hommage dû par celui-ci à son suzerain. Certes, il y avait quelque contradiction entre la défense de l'héritage de Marie et l'affirmation, justifiée, de la masculinité du titre ducal. En ces jours-là, Louis n'en était pas à cela près. Il s'arrangea pour demeurer évasif : il défendait les droits de Marie sans dire ce qu'ils étaient. Il demanda à Pierre Doriole de faire rechercher dans le Trésor des chartes les généalogies qui pouvaient être utiles.

Il ne pouvait être partout à la fois. L'urgence était en Artois. En février, on avait fait venir sur la Somme l'artillerie disponible en Champagne. La Bourgogne ne pouvait pour autant attendre. Le roi nomma Georges de la Trémoille lieutenant général en Bourgogne. Mais le gouverneur de Champagne, Charles d'Amboise, était déjà avec une bonne partie de son armée sur la frontière du duché. C'est lui qui entra le premier. Le 12 janvier, il était à Dijon et y publiait les lettres du roi. Datées du 9, celles-ci mettaient les choses au clair : « Vous êtes de la Couronne et du royaume. » La Trémoille fit connaître aux Bourguignons l'ultimatum : douze jours pour se mettre dans la main du roi. Mais Louis XI se méfiait quelque peu. La Trémoille était fidèle, et ce depuis Genappe, mais il était cupide et fort capable de susciter, par son avidité, de fâcheuses réactions parmi les nobles bourguignons comme dans les villes. Évoquant ses « pilleries », Commynes les jugera « trop excessives ». Charles d'Amboise ne valait pas mieux. Leurs comportements agacèrent vite le roi qui, le 9 février, fit de l'ironie : ses lieutenants étaient bien bons quand ils lui gardaient une part du butin.

> Messeigneurs les comtes, j'ai reçu vos lettres et je vous mercie de l'honneur que voulez me faire de me mettre à butin entre vous. Je veux bien que vous ayez la moitié de l'argent de reste que vous avez trouvé, mais je vous prie que le surplus vous me fassiez mettre ensemble et vous en aidez à faire réparer les places qui sont sur les frontières... Et, s'il ne vous sert de rien, je vous prie, envoyez-le-moi. Touchant les vins du duc de Bourgogne qui sont en ses celliers, je suis content que vous les ayez.

Suivant ses habitudes et comme il le faisait au même moment en Hainaut, le roi divisait le commandement. C'est à Jean de Chalon que, pendant qu'il était lui-même sur la Somme, il confia le commandement de l'armée envoyée pour occuper le duché.

Le prince d'Orange

Jean de Chalon était l'un des plus grands seigneurs de Franche-Comté, donc un vassal du duc de Bourgogne, et il était prince d'Orange. Même si, aux temps carolingiens, le comte Guillaume de Gellone n'avait été « Guillaume d'Orange » que pour les chansons de geste et si la principauté érigée au XIIe siècle n'était venue aux Chalon que par le mariage de son arrière-grand-père, Jean de Chalon tirait une part de son prestige de ce titre d'Empire qui ne couvrait qu'une médiocre réalité territoriale. Aux yeux de tous, cependant, il était un grand baron de la Comté, où ses ancêtres avaient longtemps partagé le pouvoir avec les comtes de Bourgogne, et on le savait bien possessionné dans le duché.

C'est donc un grand seigneur bourguignon que Louis XI chargeait de faire revenir à la Couronne cette Bourgogne qu'en avait détachée une première fois Robert le Pieux, la donnant à son fils le duc Robert, et une deuxième fois Jean le Bon, la donnant en 1363 à son fils Philippe le Hardi. Toujours fief tenu du roi, le duché de Bourgogne n'avait été, en cinq siècles, que très épisodiquement intégré dans le domaine royal, trente ans au XIe siècle, deux ans au XIVe. On doit avoir cela à l'esprit pour comprendre que la saisie du duché, en déshérence par la mort du Téméraire, n'allait pas nécessairement de soi.

Louis XI se croyait sûr du prince d'Orange. Jean de Chalon avait succédé à son père, Guillaume, en 1475, et ce père devait tout au roi. En 1475, Guillaume de Chalon était encore un fidèle du duc de Bourgogne et c'est comme tel qu'il avait été fait prisonnier en 1473 par un Français. En mai 1475, en échange d'une reconnaissance de la souveraineté royale sur Orange, le roi l'avait libéré en lui prêtant à fonds perdus les quarante mille écus de sa rançon et l'avait comblé de privilèges. Mais Jean, qui avait succédé à son père en octobre 1475, était un personnage fort incommode. À deux reprises, il s'était brouillé avec son seigneur le duc, qu'il accusait de l'avoir défavorisé, au profit de ses oncles, dans le règlement de la succession de son grand-père. Il ne s'était rallié au roi, en posant ses conditions, que pour se venger du Téméraire et mettre la main sur l'héritage des Chalon. Il prit possession à Dijon sans grande peine et commença à revendiquer ses terres. La Trémoille, qui se méfiait de lui, n'entendait les lui délivrer que sur ordre exprès du roi.

C'est La Trémoille qui avait raison : Chalon ne s'était lié au roi que par intérêt immédiat. Dès la mi-mars, Jean de Chalon traitait avec les partisans de Marie de Bourgogne et s'agitait pour fomenter des troubles dans le duché. Il leva des troupes et occupa la petite place comtoise de Gy, où La Trémoille alla en juin l'assiéger. La ville fut prise, mais le prince d'Orange était parvenu à s'enfuir. Il ne cessa dès lors de s'agiter, tentant un coup de main contre Dijon et faisant parvenir des menaces aux Lyonnais. Il fallut déférer le cas au Parlement, auquel le roi commanda de donner lecture de l'acte d'accusation « la salle ouverte devant tout le monde ».

Venait en tête l'accusation, peu vraisemblable, d'avoir voulu faire empoisonner le roi. Un témoin s'était cependant présenté en mai 1478, un apothicaire auvergnat qui racontait que, lui promettant deux cents écus, le prince d'Orange avait tenté de le circonvenir pour qu'il empoisonnât la nappe d'un autel que devait baiser le roi. Pour prévoir le cas où le parement d'autel serait brodé de couleurs, cinq boîtes de plomb contenaient des poisons de diverses couleurs. Terrorisé, l'homme avait dû jurer d'accomplir le geste, faute de quoi il « prenait chambre en enfer », mais il assurait qu'il n'avait nulle intention d'obéir. Comme il n'avait pas donné signe de bonne volonté, on l'avait mis aux fers. Il s'était évadé et s'en était venu à Bourges et y avait tout dénoncé à Imbert de Batarnay.

Le roi manifesta son intention envers les traîtres : qu'on leur fît « voler les têtes ». Pour Orange, il s'agissait bien de le faire exécuter, ainsi qu'en reçut l'ordre La Trémoille : « Qu'il trouve façon de l'avoir, de le brûler, ou sinon qu'il lui fasse trancher la tête et puis brûler le corps. »

La Cour atténua les effets de la haine royale, et d'autant plus qu'elle jugeait par contumace. Elle prononça une peine de bannissement perpétuel. Louis XI en fut quitte pour confisquer les terres du condamné, et en particulier la principauté d'Orange, qui était d'Empire mais y relevait du Dauphiné. Elle fut donnée à un grand baron, Philippe de Hohberg, seigneur de Badenweiler, dit de Baudeville, marié à Marie de Savoie et à ce titre neveu du roi. Il avait été un fidèle du Téméraire. Louis XI le fit maréchal de Bourgogne. Divers fidèles du roi, comme Daillon, se partagèrent les autres dépouilles du prince d'Orange. Charles VIII devait rendre la principauté au prince Jean.

La Bourgogne soumise

La cour de Gand reçut sans surprise la nouvelle de l'occupation du duché par les Français. Marie répliqua en écrivant, le 23 janvier 1477, aux habitants de Dijon : elle n'avait nul besoin de protection et le duché n'était pas un apanage, ce qui était douteux aux yeux du roi de France mais que les gens de la duchesse ne parvenaient pas à prouver. Quant aux acquisitions de ses prédécesseurs, comme l'Auxerrois, le Charolais et le

Mâconnais, elles n'avaient pas été à charge de succession masculine. Le gouverneur pour la duchesse, Claude de Toulongeon, esquissait déjà une résistance : il convoqua les États du duché à Chalon.

Il était trop tard. L'argent manquait aux Bourguignons, et le roi avait de solides arguments : il annonçait une amnistie pour qui se rallierait à lui, il décrétait l'abolition des impôts créés par le Téméraire et de notables exemptions fiscales pour les marchands, et il confirmait les officiers. À Auxerre, Jean Regnier, en place comme lieutenant du bailli depuis vingt ans et comme bailli depuis huit ans, accueillit chaleureusement à la mi-janvier les envoyés de Louis XI. Il allait demeurer bailli jusqu'en 1483 et, remplacé à l'avènement de Charles VIII, rester cependant à Auxerre jusqu'en 1502 comme lieutenant de son successeur. Son oncle avait été jadis bailli. La continuité était évidente. Elle rassura.

Une telle politique visait à dissuader les notables d'une résistance dont chacun sentait, après l'écrasement du Téméraire, qu'elle serait vouée à l'échec et que la seule conséquence serait de mettre Louis XI en colère. Autant profiter de ses bonnes dispositions : les Bourguignons se déclarèrent fidèles sujets du roi. Le Conseil ducal et le maire de Dijon convoquèrent bien les États, mais à Dijon et pour organiser la capitulation. En abrogeant les dernières dispositions fiscales du Téméraire et s'engageant à ne lever aucun impôt sans leur consentement, le roi emporta la décision des États, auxquels le Conseil avait négligé de communiquer la trop fameuse lettre de Marie. Le président du Conseil, Jean Jouard, fut maintenu en fonction. Louis XI eut la grande habileté d'ajouter à ce qu'il avait promis : le 18 mars 1477, il créait un Parlement de Bourgogne. Trois ans plus tard, il allait créer à Dijon un atelier monétaire royal.

Ces bonnes manières étaient vaines. Le patriotisme bourguignon n'était pas mort. À la fin de février 1477, une émeute éclatait à Dole, puis à Auxonne. Elle se propagea vite. En mars, le duc Jean de Clèves assurait Marie de Bourgogne qu'il n'y avait plus un Français en Bourgogne. C'était anticiper, mais la vérité n'était pas loin : la Bourgogne était agitée de toutes parts et bien des places prises au nom du roi dans l'hiver s'insurgeaient contre les garnisons royales. Ce fut, le 25 juin, à Dijon une véritable révolution : une « mutemaque ». Ceux qui s'étaient empressés de servir la cause du roi furent massacrés, à commencer par Jouard. Le lendemain, la ville de Chalon s'insurgeait.

La Trémoille avait les moyens de la répression. Elle fut rapide et brutale. On pendit, on bannit, on confisqua, on taxa. Mais l'instabilité demeura. La Trémoille multipliait les maladresses : le roi déclara qu'il avait besoin de lui ailleurs et, le 12 octobre, ne lui laissant que six hommes d'armes et douze archers pour sa garde, le remplaça comme lieutenant général dans les deux Bourgognes par le plus habile Charles d'Amboise. Le fils de celui-ci, l'évêque d'Albi Louis d'Amboise, fut dépêché en Franche-Comté pour y mettre en œuvre ses qualités de diplomate et d'organisateur. Cela permit de mener à bien la conquête, mais les esprits n'étaient calmés que pour un temps. Les habitants d'Auxerre avaient été les premiers à se rallier et ils en eurent la récompense : jusque-là subordonné à celui de Sens, leur bailliage devint autonome. Mais en décembre l'armée royale ne put reprendre en Franche-Comté les places de Dole et Gray, d'où Salazar s'était laissé jeter dehors d'une façon qui laissa le roi fort étonné, et en 1478 elle dut assiéger Beaune et Semur-en-Auxois. Des troupes commandées par Commynes reprirent Auxonne en 1479. Un ultime mouvement, à Dole, s'acheva en 1480 dans la ruine et le sang des insurgés.

On en usa ensuite avec plus de tact. Le seigneur d'Arbent, Louis Allemand, avait trempé dans l'histoire du prince d'Orange et de l'apothicaire. Bref, il était suspect d'avoir voulu empoisonner le roi, et Louis XI avait même offert une prime énorme, 20 000 écus, à qui le livrerait. On comprend qu'il se fît prier pour livrer aux troupes royales les deux places de Joux et Jougne qui contrôlaient en Franche-Comté la grande route commerciale de Pontarlier à Lausanne. Batarnay fut dépêché pour négocier. Allemand fit monter les enchères. On lui paya 13 000 livres, en avril 1481, les clés des deux villes. Cela valait mieux que deux sièges.

ARRAS DEVIENT FRANCHISE

L'affaire d'Arras n'était en rien terminée. D'une part, l'indemnité était trop lourde. Même ramenée à 43 000 écus et même en taxant les établissements ecclésiastiques, elle accablait l'échevinage, obligé d'emprunter en constituant des rentes. C'était ruiner durablement la ville. Le 14 juillet 1477, elle obtint des délais, non pour le versement au roi mais pour le paiement des rentes. En d'autres termes, les riches bourgeois qui avaient prêté se virent floués. Les mêmes subissaient le logement des gens de guerre. Destinée à rétablir les finances de la ville ainsi mises à mal, une autre mesure ne fut pas plus populaire : le roi autorisa Arras à taxer le trafic du vin sur la Somme. La population vit surtout que le prix du vin augmentait. Les églises n'étaient pas plus capables de financer d'un coup leur part de l'indemnité. Taxée à huit mille écus, l'abbaye de Saint-Vaast refusa de payer. Les compagnies du roi ravageaient la campagne voisine : le ravitaillement se fit difficile. Bref, le mécontentement grondait et c'est au prieur des Carmes, violant le secret de la confession, que l'on dut d'éventer un complot. Le roi ne se faisait pas d'illusions : il n'avait pas laissé moins que le chancelier Doriole, Daillon et Blosset pour tenir la ville, et il leur avait même adjoint Colart de Mouÿ.

D'autre part, Louis XI avait la vindicte longue et une méfiance innée. Il avait, jusque-là, beaucoup compté sur l'alliance ou du moins la neutralité des villes. Habitué des complots de la noblesse, il n'avait pas vu venir celui des bourgeois. Il lui fallait faire un exemple.

Daillon commença par Saint-Vaast. Le doyen fut arrêté et envoyé en prison à Beauvais, puis à Tours. On expulsa le prieur et les moines qui s'étaient montrés les plus ardents à manifester leurs sentiments contre le roi. Bien des bourgeois comprirent et quittèrent la ville. Marie de Bourgogne venait d'être fiancée à Maximilien d'Autriche – le mariage sera célébré le 20 août 1477 – et les fugitifs trouvèrent simple d'aller en Flandre chercher un refuge qui paraissait garanti par le Habsbourg. Lille et Roubaix en accueillirent volontiers.

Voyant que l'hostilité était générale et qu'une autre insurrection s'annonçait, le roi opta très vite pour la rigueur extrême.

Comme il l'avait fait deux ans plus tôt à Perpignan et comme il allait le faire quelques semaines plus tard à Dijon, il multiplia les expulsions. On commença, le 15 mai 1477, par les valets célibataires. Le 29, ce fut le tour de tous les bourgeois qui avaient figuré parmi les archers et arbalétriers de la ville : autrement dit une bonne part des hommes valides. On y joignit ceux qui avaient ouvert la bouche contre le roi. Dans un premier temps, on tenta de contrôler les exils en tenant compte du métier que chacun savait exercer, donc d'une éventuelle utilité en d'autres lieux : on assigna à résidence les bannis, qui à Paris, qui à Rouen, qui à Tours. Quelques villes y gagnèrent le renfort d'artisans confirmés : des tisserands à Amiens, des potiers d'étain à Paris. Des liciers s'installèrent à Aubusson, où ils importèrent le métier de la tapisserie. Mais c'était compter sans les municipalités : le maire de Tours donna de l'argent aux bannis pour qu'ils allassent ailleurs. Ce fut la dispersion. Les plus pauvres et les moins spécialisés furent rejetés d'un peu partout.

Ceux que le roi n'expulsait pas prirent peur. La ville se vida. On ne pouvait attendre que se formât spontanément une population nouvelle. Même si les fugitifs et les exilés avaient abandonné maisons et boutiques, on ne pouvait laisser n'importe qui s'installer et s'approprier au hasard des biens qui n'étaient nullement en déshérence. Alors que la reprise démographique commençait à peine de porter ses fruits, les bourgeois compétents connaissaient chez eux le plein emploi, et bien peu étaient tentés de s'expatrier à Arras. La ville ne pouvait retrouver vie avec le seul apport de chômeurs sans métier. Or la position stratégique d'Arras et son histoire prestigieuse ne permettaient pas qu'on la laissât tomber en ruine. On commença par rebaptiser la ville : le 4 juillet 1479, Arras devenait Franchise.

On verra quel échec fut la tentative faite par le roi pour créer arbitrairement, grâce à une immigration forcée, un centre d'industrie drapière à Arras. Tout achoppa finalement sur la liquidation de la succession de Bourgogne. Le 23 décembre 1482, par un traité qui allait rester le traité d'Arras et non de Franchise, Louis XI et Maximilien de Habsbourg se partageaient l'héritage de Marie de Bourgogne. L'Artois entrait dans la dot de Marguerite d'Autriche, promise au futur Charles VIII. Le 25, un autre traité stipulait la fin des mesures d'exception relatives à Arras. Les anciens habitants revinrent, moines en tête. Les affaires reprirent leur cours normal. Plus ou moins contraints, les artisans qui étaient venus s'en allèrent. Le mariage de Charles VIII et d'Anne de Bretagne mit en 1491 un point final à l'histoire. Marguerite d'Autriche répudiée avant d'être mariée, l'Artois resta au Habsbourg. Le traité de Senlis régularisa en 1493 cette dévolution.

Maximilien et l'héritage

Restait à en finir avec l'héritage. Malgré une nouvelle campagne au printemps de 1478, Louis XI se rendait bien compte qu'il n'arriverait pas à conquérir ce qui avait été le grand état de Philippe le Bon. Quelles que fussent ses ambitions, elles ne pouvaient s'étendre jusqu'à la Zélande. La prise de Condé et celle de Montreuil furent difficiles. Maximilien, de son côté, connaissait bien les difficultés rencontrées dans l'Empire par son père l'empereur Frédéric III et son cousin Sigismond d'Autriche. Il savait les limites financières du pouvoir politique des Habsbourgs, et il était lui-même le prince le plus endetté d'Europe, au point de devoir mettre en gage à Bruges chez le banquier Tommaso Portinari le plus beau joyau qui restât à sa femme après les pertes subies par le Téméraire à Morat, la *Fleur de lis de Bourgogne*. Il avait épousé une héritière, mais l'héritage était celui d'un vaincu. Avec sagesse, il proposa une nouvelle trêve.

Louis XI accepta donc de négocier et, pour montrer sa bonne volonté, il évacua une partie – Cambrai, Le Quesnoy, Bouchain – de ce qu'il avait conquis du Hainaut hors des frontières du royaume. C'était afficher un respect du droit qui lui donnait plus de force pour invoquer les prérogatives de la Couronne. En se retirant des terres impériales, il poussait Maximilien à ne pas empiéter sur le royaume. Maximilien, lui, ne refusait pas de céder ce qu'il disait avoir de droits sur la Bourgogne, l'Artois, Boulogne, Lille, Douai, Orchies et Saint-Omer. La trêve fut conclue pour un an à compter du 11 juillet 1478.

Dans le même temps, on négociait avec l'Angleterre le renouvellement de la trêve de Picquigny : d'abord faite pour sept ans,

Édouard IV voulait désormais qu'elle durât jusqu'à la mort de l'un des rois. En février 1479, Louis XI fit proposer par l'ambassadeur Martigny une trêve de cent ans. En juillet, il tenait la chose pour faite et l'annonçait aux Suisses : la trêve avec l'Angleterre était conclue pour cent ans à compter de la mort du premier qui mourrait. C'était peut-être beaucoup. On s'en tint à un simple renouvellement. Édouard IV y gagnait, avec la pérennité de sa pension, une paix dont il avait bien besoin alors que la révolte grondait au pays de Galles. Commynes ne fardera pas les choses : « L'avarice de ses cinquante mille écus, rendus tous les ans en son château de Londres, lui amollissait le cœur. »

Louis XI, lui, s'en trouvait tranquille pour s'occuper de l'héritage bourguignon. Martigny avait dû accepter que Maximilien fût inclus dans la trêve en tant que duc de Bourgogne et que le douaire d'Élisabeth d'York fût versé sans attendre le mariage. Louis XI s'en tint à la trêve et proposa une nouvelle négociation pour le reste. En mars 1479, le chancelier Pierre Doriole, le gouverneur de Roussillon Boffile de Juge et le grand sénéchal de Normandie Jean Blosset s'en allèrent rencontrer les ambassadeurs d'Édouard IV, John Howard et Thomas Langton. Ni l'un ni l'autre n'étaient de minces personnages : Howard sera maréchal d'Angleterre et Langton archevêque de Cantorbéry. De part et d'autre, on multiplia les déclarations d'amitié. Boffile de Juge rendit compte au roi des entretiens qu'il eut à Vendôme avec Langton, qu'il appelle « le docteur ».

> Ledit docteur dit que le roi d'Angleterre sait bien la venue de l'ambassade de Flandre, et qu'il sait de vrai que ceux de ladite ambassade parleront humblement pour ce que le roi d'Angleterre n'a pas voulu accorder aux Flamands ce qu'ils demandaient...
>
> Ledit docteur a dit merveilles audit comte de la bonne volonté que le grand chambellan, monseigneur de Hastings, a envers le roi, et que ledit chambellan lui en a dit tout son courage, et que ledit roi d'Angleterre veut mal à tous ceux qui lui disent mal du roi et qui ont mauvaise volonté que la paix ne se fasse.

Langton avait une autre mission : exiger les arrérages de l'indemnité prévue à Picquigny. Mais l'essentiel, c'était la paix, et l'Anglais en parlait « en mettant ses mains sacrées sur la poitrine ». Si Édouard IV assemblait une armée, c'était, il le jurait, pour aller en Écosse, non en France. La trêve à vie qui résulta de la négociation passa à juste titre pour un traité de paix. Encore tout cela était-il fragile : l'Anglais harcelait le roi de France au sujet du douaire de Marguerite d'York.

Il en allait différemment pour la Bourgogne et pour les Pays-Bas. Louis XI ne pouvait s'y satisfaire du statu quo, même si le « parler humblement » des Flamands était « par le moyen du roi d'Angleterre ». Les hostilités reprenaient de manière sporadique. À l'expiration de la trêve, en juillet 1479, Louis XI refusa de la renouveler. La guerre reprit en Artois. Maximilien assiégea Thérouanne. Avec une armée forte de quelque 1 800 lances et 8 000 archers, Philippe de Crèvecœur, dont la fidélité au roi, pour récente qu'elle fût, ne faiblissait pas, attaqua l'armée bourguignonne le 29 juillet à Guinegatte, près d'Aire-sur-la-Lys, et écrasa la cavalerie. Philippe de Clèves s'enfuit avec sa cavalerie, et Crèvecœur perdit son temps à poursuivre les fuyards. L'infanterie du roi s'égailla pour piller les chariots bourguignons. Jacques de Savoie, le seigneur de Romont, donna alors l'assaut avec l'infanterie bourguignonne. Les Français se firent tailler en pièces. Le fidèle Houaste était parmi les morts.

Louis XI ne s'y trompa pas, qui prit l'affaire pour une défaite avant que son entourage lui fasse admettre qu'il restait en définitive maître de l'Artois. Maximilien n'était pas plus heureux : son invasion avait fait long feu, et il lui fallait composer. De part et d'autre, on songeait à en finir. Louis XI se sentait vieillir, et il ne pouvait plus laisser jouer le temps.

Le roi d'Angleterre ne désespérait pas d'avoir un rôle dans la négociation qui s'annonçait. Ses sujets murmuraient fort contre la patience dont il faisait preuve envers le roi de France. La main de celui-ci était même visible dans la reprise de la guerre sur la frontière d'Écosse, et les troupes de Jacques III attaquaient dans le Northumberland. Lorsque, révolté contre Jacques III, son frère Alexander Stuart vint en 1479 demander l'aide de la France pour une affaire où l'Anglais eût trouvé son avantage, Louis XI le fit proprement recevoir à Paris mais refusa d'intervenir. Si l'on excepte les notables que pensionnait le Trésor français, peu d'Anglais s'accommodaient des perspectives de présence française sur la mer du Nord.

Édouard IV proposa sa médiation entre Louis XI et Maximilien. Louis XI ne pouvait accepter : la défense de ses droits ne passait pas par une médiation. L'Anglais se vexa et, dûment relancé par sa sœur Marguerite d'York, menaça de s'allier à Maximilien pour défendre les droits de Marie de Bourgogne.

Pour mettre les choses au clair, Louis XI désavoua l'évêque Martigny qui avait accepté d'étendre la trêve franco-anglaise à un Maximilien reconnu comme duc de Bourgogne. Martigny se fit chapitrer en public, et on annonça son procès devant le Parlement. L'ancien ambassadeur à Londres fit état des menaces qu'il avait subies de la part des Anglais : la concession lui avait été arrachée par la terreur. Bref, chacun sut à quoi s'en tenir sur le refus de ratification qu'avait opposé le roi. Puis on n'en parla plus, et Martigny s'en alla gouverner quelque temps son diocèse d'Elne. La comédie avait été une proclamation : l'Anglais n'avait rien à faire dans la succession de Bourgogne.

La guerre économique s'était révélée efficace contre le Téméraire. Louis XI la reprit pour rendre Maximilien impopulaire dans ces villes de Flandre que l'on savait indomptables. Pour une fois, le roi fit entrer en jeu, au premier rang, sa flotte. L'approvisionnement de la Flandre en grains et en harengs fut de nouveau perturbé, tant par la destruction de navires – la flotte de pêche des ports flamands fut pratiquement anéantie – que par une efficace dissuasion à l'encontre des fournisseurs hanséatiques et italiens qui ne tenaient pas à voir couler leurs navires, comme des producteurs français qui savaient encourir la prison s'ils exportaient vers la Flandre. La Hanse germanique décida d'éviter l'étape de Bruges.

Le blocus tournait à la guerre maritime, et celle-ci était parfois aveugle. En bref, les marins manquaient de discernement, et toute prise leur semblait bonne. En mai 1478, il fallut enjoindre à l'amiral et aux patrons des navires français de ne pas faire obstacle au commerce maritime des Génois, dont Louis XI ne manqua pas de rappeler qu'ils étaient ses sujets. Encore la tolérance ne touchait-elle que les navires se rendant en Angleterre, à l'exclusion de toute relation directe avec les Pays-Bas. En août, une ambassade alla négocier en Castille le rétablissement de la paix sur mer. Une conférence réunit ensuite les ambassadeurs de France et de Castille, qui discutèrent de l'indemnisation des pertes éprouvées de part et d'autre : les marins de Castille avaient pris ou coulé autant de navires français que ceux de Harfleur et d'ailleurs avaient malmené de navires espagnols. L'accord fut signé le 9 octobre à Saint-Jean-de-Luz. En avril 1479, Louis XI garantissait aux marchands de Castille et d'Aragon la liberté de commercer en Languedoc et plus généralement dans tous les lieux et ports du royaume, « tout ainsi que font les galères de France » dans les royaumes du roi Ferdinand.

Frappant durement les tissages des villes de Flandre et de Brabant, privées des laines anglaises et de l'alun italien, le blocus ne touchait pas moins les grandes foires des Pays-Bas, notamment celles d'Anvers. Les Français se virent, en janvier 1479, interdire d'y d'aller, « marchandement ou autrement » : la mévente des draps s'ajouta à la menace de disette. Dans l'hiver 1479-1480, note Jean de Roye, les corsaires bretons prirent au moins quatre-vingts navires « qui étaient allés quérir des seigles en Prusse pour avitailler le pays, et tout le hareng de la pêche d'icelle année ». Le pain et le poisson furent, cette année-là, hors de prix en Flandre.

Les populations commencèrent de s'agiter. Mais, s'il se méfiait de l'importation des productions flamandes ou brabançonnes, le roi n'entendait pas contrarier l'exportation des produits français : le mois suivant, alors que les Normands se vengeaient de ce que les Hollandais leur avaient coulé une barque, il interdisait aux gens de Harfleur et à l'amiral de mettre quelque obstacle que ce fût à l'exportation de garance et autres marchandises par des navires flamands et hollandais.

Louis XI avait de longue date l'amitié des Medici. Dès 1477, Laurent le Magnifique fermait sa succursale de Bruges et sa dépendance de Londres. Cette décision était avant tout inspirée par des considérations financières : l'interdiction faite au directeur de la succursale de Bruges, Tommaso Portinari, de continuer à prêter à Maximilien relevait avant tout d'une élémentaire prudence bancaire. Maximilien n'en comprit pas moins qu'il n'avait plus de crédit. Quand Portinari, en pleine déconfiture parce qu'il ne pouvait recouvrer ses créances, dut engager à son tour la *Fleur de lis de Bourgogne* auprès de ses propres créanciers florentins, le monde des banquiers se déroba devant celui qui se disait duc de Bourgogne. La liquidation définitive de la succursale de Bruges, le 7 août 1480, sonna le glas des espérances autrichiennes. Même si la situation financière justifiait la décision, on a pu se demander si Louis XI n'y avait pas poussé. Portinari demeura à Bruges, mais il n'avait plus à lui seul les moyens d'aider quiconque.

Maximilien crut un moment qu'il pouvait compter sur les finances anglaises. La duchesse douairière avait pris en main les intérêts de sa belle-fille et était à Londres auprès de son frère le roi d'Angleterre. Marguerite d'York ne pensait qu'à une chose : venger la mort de son époux, ce qui passait, à l'évidence, par un nouvel engagement de l'Angleterre sur le continent. À la fin d'août 1480, Maximilien traita avec un Édouard IV désormais incapable de résister à la pression de l'opinion publique.

L'Autrichien se fourvoyait. Édouard attendait de ce prince désargenté qu'il lui servît une pension équivalente à celle que, depuis Picquigny, versait le roi de France. Maximilien n'en avait pas les moyens. C'est lui qui emprunta dix mille écus à l'Anglais, mais la somme était remboursable à trois mois. Édouard procurait mille cinq cents archers, mais laissait à Maximilien le soin de les solder. De toutes parts, c'était un marché de dupes. En juin 1480, Louis XI était à Paris pour accueillir Howard et les autres ambassadeurs anglais qui venaient renouveler la trêve. On leur offrit de la vaisselle d'argent. Ils emportèrent les écus du terme échu de l'indemnité stipulée à Picquigny. L'année suivante, l'ambassade alla jusqu'en Touraine où le roi la reçut à Château-Renault. Tout le monde comprit que la trêve était, comme l'écrit Jean de Roye, « continuée pour bien longtemps ».

Marguerite avait tort de croire que les Anglais, hostiles à la politique d'apaisement conduite par Édouard IV, étaient pour autant prêts à financer une reprise de la guerre. Ce que voulaient les milieux d'affaires anglais, c'était forcer la France au respect de leurs intérêts, non se mettre eux-mêmes à contribution pour la fortune du Habsbourg. Celui-ci comprit vite qu'il se leurrait.

Le temps des négociations

Louis XI fit alors des ouvertures. Il caressait un nouveau rêve : marier le dauphin, non plus à Marie de Bourgogne, mais à la fille que celle-ci venait de donner à Maximilien, Marguerite, née le 10 janvier 1480. Maximilien s'engouffra dans l'affaire sans prendre l'avis d'Édouard IV. Encore fallait-il endormir l'Anglais. En février, Martigny repartait pour l'Angleterre avec pour mission de distribuer de bonnes paroles. On parla à nouveau du mariage du dauphin avec Élisabeth d'York. On en rajouta en évoquant un mariage du prince de Galles, le jeune prince Édouard, avec Anne Sforza, fille du défunt Galeazzo Maria et nièce, par sa mère, de la reine de France.

L'Anglais ayant réitéré son offre de médiation, Louis XI fit remarquer que, si Édouard se montrait en la circonstance favorable à la Couronne de France, il lui en coûterait avec ses propres sujets. L'hypothèse contraire n'était même pas envisagée.

> De la matière dont il est question entre moi et ledit d'Autriche, je crois que, tout bien entendu, ne voudriez prendre la charge d'en décider arbitrairement, et pour le bien de vous et de moi ne le devrions ni l'un ni l'autre vouloir car elle ne se pourrait par vous décider en gardant ma raison sans choir en murmure de votre peuple, dont il me déplairait de tout mon cœur.

En bref, le retour à la Couronne de ce qu'il tenait pour un apanage ne souffrait pas contestation et il n'y avait pas lieu à arbitrage. Louis XI ironisait : le duc d'Autriche s'était moqué du roi d'Angleterre en faisant appel à lui. « Et me donne merveilles, écrivait-il, comment le duc d'Autriche vous a voulu employer en cette matière sans vous faire quelque offre raisonnable. » Oubliant les Écossais, le roi de France assurait le roi d'Angleterre qu'il n'aurait jamais le front de vouloir se poser en arbitre entre lui et des sujets en rébellion. L'Anglais répondit qu'il était heureux si l'on prolongeait la trêve de Picquigny, mais qu'il convenait d'y comprendre Maximilien et François II. Louis XI se montra « très joyeux », mais fit observer que comprendre « le duc de Bourgogne » était une erreur d'écriture. Les instructions à Martigny étaient sans faille : « Il n'y a duc de Bourgogne que le roi notre seigneur. »

Louis XI précisa sa pensée : si l'Anglais voulait « comprendre pour sa part le duc de Bourgogne », donc étendre la trêve à Maximilien, « ce serait y comprendre mon ennemi, rebelle et désobéissant », et s'il voulait mettre en l'affaire le duc de Bretagne « ce serait y comprendre mon sujet ». Bref, l'Anglais était prié de ne pas s'occuper des affaires intérieures du royaume de France. Tout cela ne pouvait être que « plus par inadvertance que autrement ».

Pendant qu'on discutait avec Maximilien, on continua d'amuser un Édouard IV qui ne voyait pas que les affaires avançaient sans lui. En juillet 1480, les ambassadeurs français rencontraient à Nemours Howard et Langton. C'étaient l'évêque Louis d'Amboise, le chancelier Doriole, Boffile de Juge, le chambellan Gilbert de Grassay et le président au Parlement Jean de la Vacquerie. Ils relancèrent l'affaire du mariage du dauphin avec Élisabeth d'York. Ils ergotèrent sur le montant de la rente – l'Anglais demandait maintenant quinze mille écus, et non plus dix mille – qui devait tenir lieu de douaire.

Le 21 août 1480, Jacques de Savoie, comte de Romont, pour Marie et Maximilien et Jean de Daillon pour le roi de France conclurent à Esquerchin une trêve de trois mois, renouvelable jusqu'en mars 1481. François II y était compris. La trêve n'avait qu'un objet : permettre des négociations sereines sur le fond de l'affaire, autrement dit la liquidation de la succession. Louis XI la jura à Tours quelques jours plus tard, et on prépara la suite, qui ne pouvait que commencer par une trêve « pour un long temps ». Celle-ci dura en fait jusqu'en juin 1482.

Louis XI s'amusa à informer lui-même les ambassadeurs anglais d'une trêve négociée dans leur dos. Il ajouta que les pensions du roi d'Angleterre et de ses conseillers étaient supprimées pour cause d'alliance contre la France. Les archers anglais promis à Maximilien ne lui serviraient de rien, mais ils étaient sévèrement comptés à Édouard IV. Les ambassadeurs avaient pour consigne de tout nier. Le roi leur montra les originaux des lettres d'Édouard à Maximilien. Puis il les chargea d'un cadeau pour leur maître : une superbe défense de sanglier. C'était lui dire : « Gare ! »

On comprend la fureur d'Édouard IV quand il apprit tout cela. Il dépêcha à Tours Thomas Langton. Celui-ci, auquel le receveur général de Normandie servit 980 livres, s'entendit rappeler que le roi de France souhaitait une trêve jusqu'à la mort de l'un des rois. On savait Louis XI malade : la proposition avait tout pour tenter l'Anglais et Langton la soutint. Quand Maximilien le pressa d'envahir la France, Édouard fit la plus dilatoire des réponses. Il avait perdu sa pension de France et n'avait pas vu la couleur de la compensation par la Bourgogne. Les Écossais le harcelaient. Et puis, Édouard avait l'âge de Louis XI. Né le 28 avril 1422, quinze mois avant Louis XI, il allait mourir le 9 avril 1483, quatre mois avant lui. Apprendre que Louis XI se fatiguait n'avait rien pour le réconforter vraiment. Il accepta la prolongation de trêve sans mention du duc de Bourgogne et cessa de proposer son arbitrage. Avec réalisme, il ne chercha plus querelle au sujet du douaire d'Élisabeth d'York.

Le pape tenta à son tour de se poser en médiateur. C'était en vain. Le roi voulait bien que Sixte IV incitât Maximilien au compromis, non qu'il arbitrât l'affaire. Or le pape avait désigné comme légat son neveu le cardinal Giuliano della Rovere. On le reçut en France avec d'autant plus de chaleur qu'il fallait faire entendre au pape que son légat était mal venu en Flandre. Puis on avertit sournoisement l'oncle que le neveu risquait d'être fraîchement accueilli à Gand : l'évêque de Tournai Ferry de Cluny n'avait aucune intention de laisser le pape se mêler des affaires flamandes et s'était abouché avec le Conseil de Gand, mais aussi avec le légat déjà présent en Flandre, l'évêque de Sebenico Luca de' Tollenti, qui sentait menacée sa position. Tout ce monde-là s'entendait à irriter les Flamands contre le roi de France, laissant entendre que celui-ci allait déchaîner les foudres pontificales contre les Gantois pour l'exécution du chancelier Guillaume Hugonet. Louis XI écrivit d'urgence, le 25 octobre 1480, au cardinal della Rovere : « Vous êtes trahi dès l'heure que vous partîtes de Rome. » Et le légat était averti que l'hostilité venait de Maximilien, non des Gantois. On le voit, Louis XI ne reculait pas devant l'incohérence.

Le cardinal était déjà à Péronne. Le 29 octobre il répondait à Louis XI pour lui confirmer le caractère impossible de sa mission : il se sentait berné. Il n'en tenta pas moins de flatter les Gantois : il organisa à Lille une grande assemblée, à laquelle il proposa d'inviter les gens du roi de France. Louis XI se méfiait des grandes assemblées et refusa tout net. Ses ambassadeurs eurent instruction de ne faire aucun cas de l'assemblée de Lille, laquelle se séparerait d'elle-même : « Vous n'avez sinon à laisser départir cette assemblée de Lille, non pas d'assaut mais de mine. » Autrement dit, laisser le cardinal et les Gantois se lasser. Et le roi de conclure : « N'ayez point de regret s'ils ne font rien. » Mais le roi n'écartait pas une négociation avec les Gantois. Ce qu'il entendait écarter, c'était la médiation pontificale.

Il n'acceptait donc qu'une conférence d'ambassadeurs, au plus deux par partie. Et il fit savoir qu'il attendait les plénipotentiaires : « Je n'enverrai pas le premier. » C'était marquer le fait que l'Autrichien était demandeur. Il fallait surtout savoir ce que l'autre proposait : « Ils ont cette coutume de vouloir qu'on parle le premier, et nous le perdrions tout content. »

Les Français trouvèrent un expert : Guy de Rochefort avait, comme son frère Guillaume, été des proches de Charles le Téméraire. L'un et l'autre étaient passés au service de Louis XI. Guillaume allait être, en 1483, chancelier de France. Guy siégeait au Parlement de Bourgogne. Charles VIII en ferait, à son tour, un chancelier. Pour l'heure, il était homme commode.

On discuta du lieu. Le roi proposa Guise ou Chauny. Maximilien parla de Thérouanne, mais la sécurité n'y était pas assurée et Louis XI écarta l'idée en prétextant d'une épidémie qui n'était encore que très locale : « On s'y meurt le plus fort du monde. » Et d'insister : « Dites bien qu'il vous déplaît tant de cette mortalité qui est à Thérouanne que merveilles. » Au vrai, le roi craignait que le choix de Thérouanne ne fût qu'un prétexte pour faire évacuer la garnison et mettre ensuite la main sur la ville. L'Autrichien suggéra Aire, que le roi jugea trop proche des Anglais de Calais : on les verrait arriver, « à l'appétit de la douairière ». Si l'on pouvait écarter les Anglais de la négociation, on ne pouvait éviter que Marguerite d'York imposât sa présence. De la veuve du Téméraire Louis XI n'attendait rien de bon et l'écrivit à ses ambassadeurs. « Vous êtes bien bêtes si vous croyez qu'à cette grande assemblée ils entendent chose raisonnable, car la douairière y est, qui n'y est pour autre chose que pour destourber. »

Il imaginait même le coup fourré que pouvaient préparer les Anglais : si les Flamands cantonnaient à Aire et les Français à Thérouanne, il faudrait bien sortir de la ville. Ce serait alors chose aisée pour une troupe d'Anglais que de se saisir des plénipotentiaires français. Les Anglais avaient encore quelques prisonniers à faire libérer !

Guines fut à son tour refusée, en novembre, au motif que la douairière y était chez elle et que les gens du roi y seraient les otages de l'ancien maréchal de Bourgogne Antoine de Luxembourg, comte de Roussy. Ce fils du connétable de Saint-Pol avait été, en 1475, lourdement rançonné par le roi : la liberté lui avait coûté 40 000 écus, et il en gardait rancune.

Le blocus commercial n'était pas levé. Les Flamands demandèrent qu'on anticipât sur la paix : le pays manquait cruellement de blé. Louis XI refusa : s'ils étaient pressés, ils n'avaient qu'à conclure. On se mit enfin d'accord sur Arras, d'où l'on délogea cent lances en octobre pour faire de la place.

Le fidèle Imbert de Batarnay et le gouverneur de Provence Palamède de Forbin gagnèrent Arras. Le gouverneur de Bourgogne Jean de Baudricourt, Antoine de Chourses et l'avocat du roi au Parlement, François Hallé, les rejoignirent. Mais le roi souhaitait des entretiens deux à deux, et prévoyait même le cas où Maximilien n'enverrait qu'un ambassadeur. Ce serait alors à Forbin d'y aller : il n'était pas homme dont la vue fît « déplaisir » aux Bourguignons. Il est vrai que le gouverneur de Provence n'avait pas été mêlé aux conflits passés. On vit arriver en face le comte de Romont, Jacques de Savoie : l'ancien lieutenant général du Téméraire ne passait pas pour un ami du roi.

Les ambassadeurs ne cessaient d'adresser des comptes rendus à Tours, où le roi s'était établi à demeure, et ils recevaient de jour en jour leurs instructions. « À chacune lettre nouveau propos », notait Louis XI à la mi-novembre. Les gens de Maximilien variaient sans cesse dans leurs propositions, et le roi interdit aux siens de prendre ce jeu au sérieux. « Je m'ébahis, écrivait-il, comme ils sont si forts menteurs. » Il n'y avait pas à hésiter : « Ils vous mentent bien, mentez bien aussi ! »

Louis XI leur rappelait sans cesse de ne mêler en rien les Anglais à l'affaire : « Gardez que, en quelque lieu qu'ils soient, vous vous en tenez loin. » Ils devront entendre tous ceux qui veulent les voir, « excepté les Anglais, car ceux-là ont bien montré qu'ils voulaient bien la guerre ».

Le 1er décembre 1480, le roi adressait à ses ambassadeurs des instructions sur le fond : obtenir des représentants de Maximilien qu'ils reconnaissent n'avoir aucun droit sur le duché de Bourgogne et sur le comté d'Auxonne, non plus que sur Lille, Douai et Orchies. Pour l'Artois, on pourrait le laisser à l'Autrichien, mais « sous la main du roi ». On lui laisserait aussi la comté de Bourgogne : elle n'était pas du royaume. Pour faciliter la négociation, on donnerait dix mille livres aux plénipotentiaires bourguignons, et on laisserait à Maximilien les sommes levées par lui en Bourgogne sans avoir préalablement fait hommage. S'ils ne voulaient entendre raison, on exigerait le paiement de tout ce qui avait été levé par le Téméraire depuis la confiscation. Le Parlement serait juge, et, si Maximilien refusait, l'affaire irait devant les États généraux. « Par ces offres, ils ne se peuvent sauver », concluait le roi.

Louis XI raisonnait comme à l'accoutumée : tout pouvait s'acheter. Il le précisa à Batarnay : « Ne plaignez rien à promettre. » Et de prêcher quelques jours plus tard la patience : « Je vous mercie de la patience que vous avez d'attendre le bon coup. » Quatre mois plus tard, c'est encore la temporisation qu'il recommande : « Ce n'est pas raison qu'on les presse de besogner. » Tous les prétextes sont bons : les coups de main des Ottomans sur Rhodes et sur Otrante, dont nous reparlerons, pouvaient aussi servir à gagner du temps. Dans l'été 1480, la Chrétienté semblait en danger. Le roi suggéra que, si l'on ne parvenait pas à s'entendre, la trêve fût prolongée d'un an, ce qui le laisserait libre d'aller « servir Dieu et Notre Dame contre le Turc ». En mai 1481, il ne pouvait que se dire prêt aux trois années de trêve prescrites par le pape pour laisser les princes chrétiens libres de combattre l'Infidèle. Le 27 août, on renouvela pour sept mois une trêve entre la France et la Bourgogne qui incluait la Bretagne.

L'Angleterre s'inquiétait d'une possible entreprise française contre Calais. Louis XI écrivit, en juin 1481, à Hastings pour démentir la rumeur. Celle-ci, d'ailleurs, était sans fondement. Édouard IV s'en tint pour satisfait. On lui versa de nouveau sa pension, et toujours en retard : en août 1481, il perçut le terme échu à Pâques, et il en alla de même en 1482. À Maximilien qui continuait d'appeler au secours, le roi d'Angleterre opposa une fin de non-recevoir. Vainement Maximilien souhaitait-il une descente anglaise en France. Non sans multiplier les requêtes pour que sa pension fût versée à Édouard IV en temps utile, Thomas Langton rassura Boffile de Juge : au plus les quelques soldats anglais passés sur le continent aideraient-ils Maximilien en Gueldre. S'il s'en était trouvé contre le roi de France, ce n'était qu'à l'initiative intempestive de quelques capitaines. Quand, en août 1481, on renouvela entre la France et la Bourgogne la trêve qui incluait la Bretagne, l'Anglais ne se fit pas prier pour démobiliser ses troupes.

Louis XI ne pouvait oublier ce qu'il devait aux Suisses. Ceux-ci avaient des droits sur la comté de Bourgogne. Ils en furent convenablement indemnisés, et dans les meilleurs délais. Antoine de Beaune fut chargé de trouver la somme chez divers prêteurs : Lyon fournit cinq mille livres. Le roi le savait : faute dudit paiement, dont le premier terme était en janvier 1482, « se pourrait ensuivre grand inconvénient à nous et à la chose publique de notre royaume ».

Le partage

Marie de Bourgogne était morte le 27 mars 1482, d'une chute de cheval. Elle laissait deux enfants. Le futur Philippe le Beau avait trois ans, Marguerite d'Autriche deux. Le roi de France apprit l'événement alors que, sur la route de Saint-Claude, il logeait à Beaujeu chez son gendre. Il ne cacha pas sa joie : les deux enfants étaient en la garde des Gantois, et l'on savait la maison de Bourgogne mal supportée par les bourgeois de la grande ville industrielle. Maximilien n'en avait que plus d'intérêt à conclure : il se savait moins populaire dans ses états que ne l'était la duchesse « à cause qu'elle était dame du pays ». Veuf, il ne pouvait prendre le risque d'un nouveau conflit. Il était

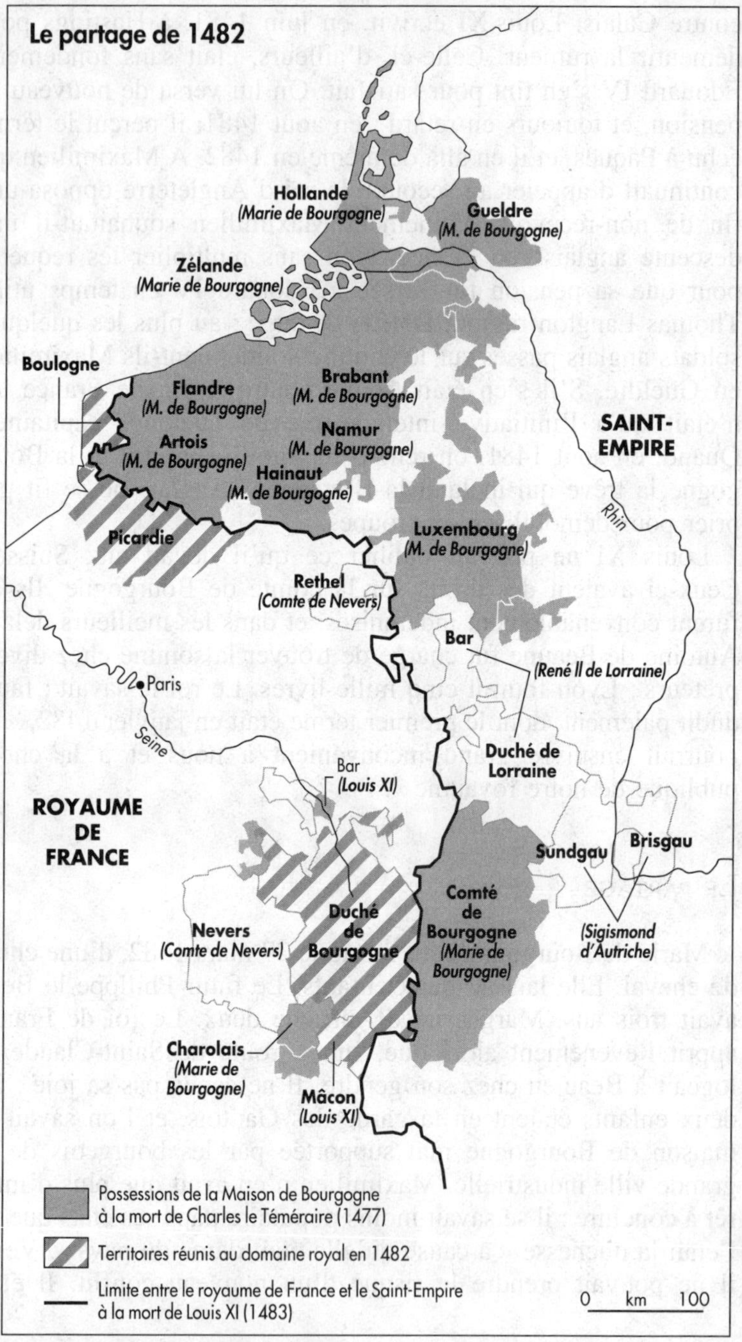

Le partage de 1482

étranger, et il le savait. Il ne cessait de subir la volonté des États, au point de les voir régenter les nominations d'officiers. En avril, les États de Flandre, Hainaut, Brabant, Hollande et Zélande le sommèrent de traiter avec le roi de France. Ce fin politique comprit la menace : s'il ne traitait pas, les États le feraient à sa place.

Le gouvernement de Gand poussa soudain à ce mariage de Marguerite avec le dauphin Charles que Louis XI avait déjà fait discrètement proposer. Avant tout soucieux de rogner l'autorité de Maximilien, les États de Flandre étaient prêts pour cela à laisser le roi de France mettre la main sur l'Artois. Commynes crédite même les États d'avoir été prêts à céder au roi « tous les sujets de cette maison qui sont de la langue française », ce qui signifiait évidemment le Hainaut et Namur. Le 18 mai, le roi remercia les Gantois du « grand et bon vouloir que avez envers nous et la Couronne de France ». À Hallotz, en Flandre, les députés des États rencontrèrent Maximilien. Dignes représentants des milieux d'affaires, ils lui signifièrent que c'était là le seul moyen d'avoir la paix.

Dans cette affaire, notons-le, la maison de Bourgogne a pratiquement disparu. Tout se joue entre les Autrichiens et les Flamands. Marie était duchesse de Bourgogne, bien qu'au pouvoir des Flamands. Marguerite n'est pas moins au pouvoir des gens de Gand, mais elle n'est plus de Bourgogne. Elle est désormais Marguerite d'Autriche. Philippe le Beau n'apparaîtra plus comme un prince des fleurs de lis. Il faudra son fils Charles Quint pour se prévaloir fortement de son héritage bourguignon.

La trêve avait été reconduite jusqu'au 30 juin 1482. Le 1er juillet, l'armée royale de Philippe de Crèvecœur et du maréchal de Gié alla mettre le siège devant Aire. Il s'agissait surtout d'intimider Maximilien : une armée de six mille hommes n'était pas nécessaire pour prendre Aire, mais elle fit comprendre à l'Autrichien que le roi avait mis à profit la trêve pour se renforcer. En fait, on ne cessait de négocier. Crèvecœur acheta pour 30 000 écus et une pension la trahison du capitaine d'Aire. Dans le même temps, il faisait savoir au roi que l'on allait vers le mariage souhaité. Louis XI comprit que cet accord allait lui laisser l'Artois. Il acquiesça. Une délégation des États vint en juillet

1482 à Cléry confirmer le dire. Le 28 juillet, après une salve d'artillerie tirée pour le principe, Aire se rendait. L'Artois était à la France.

Si l'on s'en était tenu à une campagne symbolique sur le front d'Artois, il n'en allait pas de même sur la frontière du Luxembourg. Avec trois mille hommes de sac et de corde, le mercenaire Guillaume de la Marck gagnait là son sinistre surnom de « Sanglier des Ardennes ». Au su du roi, La Marck avait recruté ses troupes parmi les brigands de la région parisienne. Nul ne pouvait douter qu'il fût aux ordres de Louis XI : il était capitaine de cent lances de l'ordonnance. La chose se vérifia quand, le prince-évêque de Liège Louis de Bourbon – l'un des protagonistes, naguère, des affaires de Péronne et de Liège – ayant interdit à l'armée française de passer par Dinant pour attaquer le Brabant par Namur, le Sanglier se chargea, le 30 août 1482, de l'occire.

Même miné par la maladie, le roi n'avait nullement perdu la mémoire. En ces moments, il ne pouvait avoir oublié la promesse de mariage faite à Picquigny, le mariage du dauphin avec Élisabeth d'York. Au moment où se concluait le mariage avec Marguerite d'Autriche, Louis XI n'évoquait même pas l'Anglais. L'entourage n'était pas moins amnésique. Avait-on jamais pris l'affaire au sérieux ?

Édouard IV piaffait depuis sept ans. Cet espoir sans cesse déçu mais toujours vif n'était pas pour rien dans le fait qu'il eût supporté la conquête de l'Artois par Louis XI. Les ambassadeurs bourguignons lui avaient vainement remontré qu'après l'Artois le roi de France ne se priverait pas de convoiter Calais, c'est-à-dire ce qui restait à l'Angleterre de ses anciens territoires continentaux. Même son Conseil jugerait avec sévérité sa patience face aux atermoiements de Louis XI. Édouard avait assez à faire sur le front d'Écosse pour ne pas s'engager de nouveau sur le continent. Quand Maximilien lui demanda d'intervenir, il éluda. Le roi d'Angleterre n'avait pas oublié la trahison du Téméraire en 1475. Il avait laissé le duc de Bourgogne se faire écraser en 1476. Ce n'était pas pour défendre les intérêts autrichiens aux Pays-Bas. En septembre 1482, il acceptait de prolonger la trêve avec la France. Il percevait sa pension sur le Trésor français, et il attendait que sa fille fût un jour reine de France. La nouvelle du futur mariage autrichien lui tomba sur la tête comme la foudre.

Les négociations traînaient cependant en longueur et Louis XI se sentait vieillir. Il dépêcha à Maximilien un homme discret, Jean Guérin, le fidèle qui, après avoir été le secrétaire et maître d'hôtel de ses jeunes années, le servait depuis plus de trente ans. Guérin partait avec des lettres de créance signées en blanc, à charge pour lui de les remplir selon l'attitude de l'Autrichien. « Je désire fort qu'on besogne pour parfaire tout, le plus diligemment qui sera possible », précisait le roi à son envoyé. En novembre, Maximilien comprit qu'il n'avait plus aucun recours. Il accepta de traiter.

La pierre d'achoppement, c'était naturellement le duché de Bourgogne. Était-il ou non un apanage ? Si le premier duc Valois de Bourgogne, Philippe le Hardi, l'avait directement reçu du dernier duc capétien, Philippe de Rouvre, la question ne se serait pas posée. Mais Philippe de Rouvre était mort en 1361 sans prendre la moindre disposition, ne laissant aucun enfant de sa femme Marguerite de Flandre. Comté d'origine carolingienne, la Flandre n'avait rien d'un apanage, Marguerite était comtesse de Flandre de son propre chef, et Philippe le Hardi avait dû épouser la veuve pour se l'approprier. Le duché de Bourgogne, au contraire, était un héritage à capter, et le roi Jean le Bon l'avait pris pour lui, en vertu de la coutume de Bourgogne et non des droits de la Couronne. Son seul argument avait été qu'il restait le plus proche parent du défunt duc. Par sa mère, Jeanne de Bourgogne, le roi était son cousin, et le fait que le droit à cet héritage lui vînt par une femme n'avait aucune importance : tous les fiefs pouvaient passer par une femme.

Mais, puisqu'il s'agissait d'un héritage, la Bourgogne était bien, à ce moment, entrée dans le domaine royal. En concédant deux ans plus tard le duché à son fils Philippe, le roi de France prenait bien sur le domaine royal pour constituer un apanage. La Bourgogne, semblait-il, devait donc retourner à la Couronne en cas de défaut d'hoir mâle.

Lors de la concession de 1363, on n'avait pas mentionné la clause de masculinité. Louis XI le savait très bien : alors qu'en d'autres occasions il ne se privait pas de charger Bourré ou Budé de mener des recherches dans les archives, il n'en parla même pas. Les archives ne lui eussent pas été favorables. Au vrai, les Bourguignons de 1363 souhaitaient un duc et non un simple lieutenant du roi. Et l'ordonnance du 6 septembre 1363 n'avait stipulé qu'une chose : le don était fait à perpétuité à Philippe « et à ses héritiers issus de son propre corps et procréés en légitime mariage ». Le retour au domaine royal n'était donc prévu que pour le cas où la descendance du duc Philippe s'éteindrait.

Louis XI n'en démordait pas. La lettre du 9 octobre 1480 donnait à Batarnay et Forbin, chargés des premières négociations sur le fond, des instructions très fermes et un argumentaire à usage interne : il était prêt à renoncer à la Flandre française pour garder la Bourgogne. Les conséquences prévisibles étaient bien différentes. Elles touchaient la Couronne.

> Si nous consentions que les filles héritassent, je perdrais la Couronne et viendrait au royaume de Navarre et puis à un autre, que dit en votre livre que eut l'autre fille, et puis au roi d'Angleterre.

Le roi de France savait son histoire. La descendance de la fille de Louis X n'était pas éteinte, et elle régnait toujours sur la Navarre. L'autre fille, c'était sans doute Jeanne, fille de Philippe V. Mais planait enfin la grande menace : la descendance d'Isabelle de France, fille de Philippe le Bel et reine d'Angleterre. Bref, si l'on admettait que la Bourgogne n'était pas un apanage, la liste des ayants droit allait s'allonger. Il était bon de le rappeler aux Bourguignons.

L'ultime argument était particulièrement retors. Pour effrayer Maximilien, Louis XI jouait le pire. C'étaient les droits de Marie qu'il mettait en doute si l'on admettait que les filles héritassent : en ce cas, ni Jean le Bon ni Charles V n'étaient rois de France et, faite par l'un et confirmée par l'autre, la concession de la Bourgogne à Philippe le Hardi était nulle. Les concessions d'apanage avaient, à partir de 1314 et tout au long du XIVe siècle, été faites sans qu'on tînt compte des filles.

> Si les filles héritaient, ils perdraient tout ce qu'ils ont eu de la Couronne, car le roi Jean et le roi Charles, qui le leur baillèrent,

> n'eussent pas été rois. Ainsi leur partage n'eût rien valu, et irait premier aux autres filles. Et leur remontrez que les Anglais le leur font débattre afin de leur ôter, car ils savent bien qu'ils n'y ont nul droit.

Si l'on excepte l'autre fille dont l'héritage fût revenu aux descendants de son mari le duc de Bourgogne, le propos du roi avait de quoi faire réfléchir les négociateurs bourguignons. Il était d'une simplicité telle que Louis XI n'avait pas, si l'on excepte le seul François Hallé, encombré de juristes la négociation : ils lui eussent embrouillé l'affaire. Dès le début, en 1480, le roi marquait sa méfiance, et même lorsqu'il était heureux que ses ambassadeurs pussent compter sur la connaissance qu'avait Guy de Rochefort des réalités de l'ancien état bourguignon. Donnant à Batarnay et Forbin des conseils de pure tactique, il notait : « Le moyen que je vous écris n'est pas celui que maître Guy vous enseignera ». Pour duper, on n'écoute pas l'homme de loi. Parvenu à la négociation sur le fond, Louis XI n'est pas moins lucide : si l'on discute du droit, on n'en sortira pas.

Que l'on n'en sorte pas est une éventualité que Maximilien peut de moins en moins accepter. À cette date, il n'est en rien assuré de devenir un jour empereur : il ne sera élu roi des Romains qu'en 1486, ce qui fera de lui un empereur en 1493 à la mort de son père Frédéric III. Mais en 1482, Frédéric III a déjà soixante-sept ans, et l'échéance pourrait être proche. Or Maximilien se rappelle certainement que, dix ans plus tôt, à Trèves, on n'a pas écarté d'un revers de main l'idée d'une élection hors de la maison de Habsbourg. Celle-ci n'est pas propriétaire de l'Empire, et le Téméraire n'a pas été loin de réussir dans son entreprise.

Si la succession impériale s'ouvrait, Maximilien perdrait beaucoup à se trouver empêtré dans une interminable guerre hors de l'Empire. De plus, il sait bien – cela a coûté au Téméraire ses ambitions impériales – que les électeurs rechigneraient devant un candidat au diadème qui serait trop abondamment pourvu hors de l'Empire et qui, aux yeux de certains, passerait pour un prince français. Qu'il parvienne ou non à ne pas faire hommage au roi de France pour la Bourgogne, il ne pourrait empêcher que le duché de Bourgogne soit l'un des grands fiefs du royaume de France. Rappelons-le, Maximilien n'est duc que d'une partie de l'Autriche. C'est une situation propre à rassurer les électeurs.

À regarder la carte, on voit aussi ce qu'a perdu Charles le Téméraire en ne parvenant pas à soumettre la Lorraine. Faute de la Lorraine, la Bourgogne est isolée. Et Maximilien en est conscient, son Autriche intérieure – la Styrie – n'est pas proche du Rhône. Depuis 1477, le cousin Sigismond est devenu archiduc d'Autriche. Il n'a pas l'intention de laisser la place.

Céder sur le duché de Bourgogne pouvait donc être un bon placement dans la démarche vers une élection comme roi des Romains, une élection dont la date demeurait incertaine mais qui peuplait assurément les rêves d'un prince de vingt-trois ans capable de mesurer ce qui était essentiel pour ses ambitions. La perspective de cet ensemble territorial lotharingien avait poussé bien des princes allemands à refuser d'élire le Téméraire. Le construire au profit de l'Autrichien était aller au-devant de singulières difficultés pour le temps où l'on parlerait de l'Empire.

Si le Habsbourg hésitait encore, il en était autour de lui pour avoir déjà pris leur décision. Dès l'été de 1480, des princes s'abouchaient avec les gens du roi de France, et il se trouva un intermédiaire, « l'homme de Tournai », pour avertir celui-ci de leur détermination à en finir. Louis XI prévint ses négociateurs : « Ceux à qui il a parlé, qui sont des plus grands, feront le traité si le duc ne le veut faire. » En 1482, l'opinion publique était faite : le traité, c'était la levée du blocus contre la foire d'Anvers et le retour du hareng sur les tables.

Maximilien accepta finalement que, du duché de Bourgogne au comté de Boulogne en passant par les villes de la Somme, les territoires compris dans le royaume de France ne fussent même pas mentionnés. Louis XI avait refusé qu'on pût même discuter du droit des femmes. On ne discutait pas du retour à la Couronne de ce qui avait été des apanages ou que, du moins, les gens du roi tenaient pour tels. Mais les négociateurs français avaient une consigne : éviter à tout prix la rupture. Louis XI piaffait : le 3 décembre, il tenait déjà le traité pour conclu, et il lançait la procédure de convocation des trois États qui devaient, dans chaque bailliage et sénéchaussée comme dans chaque bonne ville, le ratifier puisque Maximilien n'avait pu se passer de l'accord des États de Flandre. Les assemblées obtempérèrent à la mi-décembre. Il fallut préciser à certains qu'on ne leur demandait pas de modifier le texte. Le roi demanda aussi l'accord de quelques princes, parmi lesquels le duc de Bourbon.

Le 4 décembre, Philippe de Crèvecœur et Jean de la Vacquerie recevaient mandat pour la négociation finale. Le 22 décembre, l'affaire semblait à ce point achevée qu'on donna ordre aux bonnes villes de publier la paix « en grande solennité et réjouissance », de chanter le *Te Deum* et de faire des processions et des feux de joie. Enfin, le 23 décembre 1482, à Arras, on signa. Trois jours plus tard, le roi faisait parvenir copie du traité à toutes les villes. Les ambassadeurs de Flandre étaient en route pour Tours. Le 3 janvier, Paris leur fit fête.

Le traité d'Arras fut juré au Plessis en janvier 1483. Le roi était en partie paralysé. Il discuta les termes du serment, et c'est Pierre de Beaujeu qui mit fin aux ratiocinations de son beau-père. On limita le nombre des témoins. Le bras droit en écharpe, Louis XI jura de la main gauche. Les ambassadeurs allèrent ensuite à Amboise faire jurer le dauphin.

Il fallait que l'on sût bien que l'anéantissement de la maison de Bourgogne était parachevé. Le texte du traité fut imprimé et distribué en France et à l'étranger. Le Parlement se fit plaisir en soulevant quelques points de procédure : on écrivit que le procureur du roi était « présent et non contredisant », au lieu d'écrire, comme prévu, qu'il était « consentant ». Le 5 février, la Cour enregistra les lettres de ratification. Dans tout le royaume, on alluma des feux de joie, et on chanta derechef le *Te Deum*. Seule, l'Université de Paris manifesta sa mauvaise humeur en attendant le 22 mars pour publier la paix.

Le dauphin épouserait Marguerite, et celle-ci serait élevée en France. Elle apportait une dot qui dépassait de loin les usages : la Flandre, l'Artois, la Franche-Comté, la seigneurie de Salins, les comtés d'Auxerre et de Mâcon, la châtellenie de Bar-sur-Seine. Le tout passait immédiatement sous administration française.

On n'avait pas de temps à perdre. En mai, Marguerite était à Hesdin. C'est là qu'elle fut remise à Crèvecœur par les délégués des États. Ceux-ci l'avaient fortement accompagnée, de peur que Maximilien ne cherchât à reprendre sa fille. Avec son mari Pierre de Beaujeu et Alain d'Albret, Anne de France vint chercher la promise avec un cortège de dames, dont la sœur de la reine, Agnès de Savoie, l'épouse de François de Dunois. La dame de Beaujeu se comportait déjà en régente. Jean de Roye le nota quand elle traversa Paris : « Et fit la dame de Beaujeu son entrée à Paris comme fille de roi, et y fit des métiers nouveaux. »

Le 2 juin, Marguerite était reçue en grande pompe à Paris. On avait tendu les tapisseries au long des maisons. À la porte Saint-Denis, quatre personnages représentant le labour, la clergie, la marchandise et la noblesse lui dirent un couplet. Le dimanche 22 juin, elle était à Amboise, chez le dauphin. Vêtu de la grande robe de satin cramoisi qu'il avait si rarement consenti à endosser, Louis XI mourant se fit porter à la fête que l'on donna le jour même en plein air, dans l'enclos aménagé d'urgence pour accueillir les invités. On y remarquait les bourgeois, deux par ville, que le roi avait spécialement conviés. On gagna la chapelle du château. Séance tenante, les fiançailles furent célébrées. La future dauphine avait trois ans.

On le sait, Marguerite ne sera jamais reine de France. Sacrifiée sur l'autel de la raison d'État, la fiancée sera en 1491 renvoyée à son père : c'est Anne de Bretagne qu'épousera discrètement à Langeais, au petit matin du 6 décembre, le roi Charles VIII. Ironie de l'histoire, le mariage de 1491 ne sera possible qu'en faisant casser le mariage, célébré par procuration, de la duchesse de Bretagne et... du veuf Maximilien. La conséquence était prévisible : après quelques opérations militaires, le Habsbourg récupéra en 1493, par le traité de Senlis, l'essentiel de la dot.

Au printemps de 1483, la défaite de l'Anglais n'était pas moins flagrante que celle de l'Autrichien. Édouard IV avait tout perdu, ses alliés et ses illusions. Il comprit même qu'il avait perdu sa pension. Louis XI n'avait continué de la verser que pour l'empêcher de se mêler des affaires continentales. Elle n'avait plus de raison d'être. Huit années de suite, Louis XI l'avait berné. Ses gens avaient été tenus à l'écart des négociations. Aux yeux de ses sujets, il était ridicule. On parlait de lui « à grand honte et moquerie ». Les Écossais se rengorgeaient. Louis XI se prit à penser qu'on pouvait reprendre Calais. Une attaque cérébrale emporta Édouard IV le 9 avril 1483. On conta en France qu'il était mort de dépit. Les mauvaises langues dirent qu'il avait abusé du vin de Chaillot que lui avait offert Louis XI.

Son frère le duc de Gloucester fit sur-le-champ hommage à son neveu le jeune Édouard V, puis le séquestra avec son frère à la Tour de Londres. En juin, Gloucester se faisait proclamer roi sous le nom de Richard III, et il s'empressa d'envoyer à Louis XI, qui le reçut à son lit de mort, le héraut Blanc Sanglier porteur de protestations d'amitié. Les deux « Enfants d'Édouard » moururent en prison, sans doute assassinés sur ordre du nouveau roi. Deux ans plus tard, Henri Tudor, le neveu de cet Owen Tudor que nous avons vu se poser en irréductible adversaire de la maison d'York, écrasait et tuait Richard III à Bosworth. « Dieu a payé comptant », jugea Commynes. Tudor devenait le roi Henri VII. Ainsi s'éteignait la descendance masculine de Henri II Plantagenêt et d'Aliénor d'Aquitaine.

Ainsi que l'a finement noté Kendall, Édouard IV mourait cent quarante-trois jours avant Louis XI. Il avait été roi cent quarante jours avant lui. En ce printemps de 1483 prenait fin un affrontement aux racines plusieurs fois séculaires. Vingt-deux ans de négociations et de duperies, de guerres et de trêves. Après vingt-deux ans, l'Universelle Araignée avait gagné.

CHAPITRE XXVII

La fin des principautés

La famille royale

Louis XI est roi depuis près de dix ans qu'il attend toujours de voir grandir un fils. Les « douze enfants tous mâles » que lui souhaitait Villon ne sont pas là. Le petit Joachim, on le sait, est mort à quatre mois. Un autre garçon, prénommé François en l'honneur de Francesco Sforza qui vient de mourir, ne vit que quatre heures en décembre 1466. En vingt ans de mariage – et quinze ans de mariage consommé – trois filles lui ont été données par la reine, et le roi ne saurait en tenir rigueur à sa femme : ses maîtresses ne lui ont également donné que des filles. La reine a maintenant la trentaine. Le roi en a quarante-sept. À vingt-quatre ans, Charles de France se tient pour l'héritier définitif du royaume. Cela, qui semble assuré, donne leur couleur à bien des engagements politiques.

Et voici que, le 30 juin 1470, la reine Charlotte accouche en fin de nuit, à Amboise, d'un fils, qui sera Charles VIII. L'archevêque de Lyon Charles de Bourbon le baptise sur-le-champ. Marguerite d'Anjou assiste au baptême à côté du roi, et c'est son fils le prince Édouard qui est parrain. Plus que d'une pieuse pensée pour feu Charles VII ou d'une élégance à l'égard de Charles de France, le choix du nom doit sans doute être attribué au culte que nourrit Louis XI pour le plus illustre de ses prédécesseurs, Charlemagne.

La première victime de cette naissance qu'on n'espérait plus, ce fut évidemment Charles de France : pour lui, l'espoir de la

Couronne s'éloignait. Le duc de Guyenne n'était plus le premier héritier. Cet enfant qui venait de naître ne diminuait cependant pas le poids politique du frère du roi : ce poids était déjà faible. Le roi eut la sagesse de ne pas souligner le fait, et il continua d'entretenir son frère des affaires du royaume comme s'il avait besoin de son avis ou de son assentiment. Lors des négociations avec la reine Marguerite d'Anjou, en juillet 1470, Louis XI sembla faire le plus grand cas de son frère et il l'invita à la rencontre d'Angers. Mais en 1472, c'en était fini de Charles de France.

Le roi s'inquiétait déjà de sa succession. Le futur Charles VIII était de santé délicate. En septembre 1472, la reine accoucha encore d'un fils, qu'on nomma François comme celui qui avait vécu quatre heures en 1466. En juillet 1473, il mourut subitement. Le roi en fut accablé. De toute la journée, nul n'osa lui adresser la parole : il ne gardait que le seul Charles, héritier de la Couronne, et deux filles, Anne et Jeanne. On sait que Jeanne était infirme. Ne tenant qu'à un garçon malingre et trop souvent malade, le lignage royal était fragile. Le mariage d'Anne avec le cadet de la maison de Bourbon, Pierre de Beaujeu, en novembre 1473, n'y changea rien.

Louis XI a l'esprit trop vif pour ne pas souffrir quand il s'aperçoit que le dauphin n'est pas des plus intelligents. On n'en soigne pas moins l'éducation de celui qui sera roi de France. À Amboise, où l'enfant grandit dans la maison de la reine, une gouvernante, Madame de Tournel, est en charge du nécessaire, souvent houspillée par le roi que son naturel porte à s'occuper des moindres détails de la vie matérielle. Elle sera remerciée en juillet 1481 pour n'avoir pas fait attention à ce que le dauphin toussait. Mais c'est Jean Bourré qui est responsable de tout, et il ne cesse de faire rapport au roi, ce qui consiste surtout à le rassurer : le dauphin dort bien, il se repose, il s'amuse, il s'occupe de ses oiseaux, « sans se fatiguer ». Le moindre rhume inquiète le père, qui interdit à Bourré de laisser Charles courir les champs en hiver.

Au vrai, Louis XI craint deux choses : que le dauphin vienne à mourir, qu'il devienne un jouet aux mains d'un clan ou d'une faction. Le souvenir de la Praguerie plane sur l'idée que se fait le roi d'un prince héritier : nul ne doit accéder au futur roi. Le château d'Amboise est strictement gardé par des archers, et les villageois d'alentour gagnent une exemption d'impôt à assurer le contrôle des abords. Naturellement, on n'approche le dauphin que sur une autorisation personnelle du roi, et Bourré se doit d'assister à l'entretien, non sans veiller à ce qu'il ne dure pas trop longtemps. Pour l'éducation du prince, on fait venir quelques maîtres, aussi complémentaires que possible : l'humaniste Robert Gaguin, dont Louis XI fait à l'occasion un diplomate, le juriste Guillaume Cousinot, qui n'a pas moins l'expérience des affaires, l'administrateur Guyot Pot, dont on connaît le sens politique.

Lorsqu'en 1477 on parle sérieusement de marier le dauphin à Marie de Bourgogne, c'est d'héritage qu'il s'agit, non de lignée : le dauphin n'a encore que sept ans. Les incertitudes, voire les réticences du roi à l'égard de ce projet de mariage se comprennent quand on pense aux conséquences de cette différence d'âge. Dans l'immédiat, c'est l'époux qui serait incapable de procréer, et à moyen terme c'est l'éventuelle dauphine qui pourrait l'être : Louis XI est bien placé pour savoir qu'un fils peut se faire attendre, et Marie de Bourgogne aura trente-trois ans quand Charles en aura vingt.

Son jeune âge préserve au moins le futur Charles VIII de ce qui eût été inévitable si son père avait assez vécu pour le voir grandir. Le dauphin n'aura pas le temps de nourrir lui-même l'ambition politique et le goût du pouvoir. Louis XI n'aura pas celui d'être jaloux de son fils.

Restent les autres princes. Il faut à tout prix les empêcher de fonder ces branches parallèles qui ont si souvent au cours des siècles compliqué la vie des rois de France, comme de tous les souverains. Le poids politique d'un prince se mesure, c'est évident, à sa richesse et à ses alliances, mais aussi à ses droits sur la Couronne. Tout complot qui vise à renverser le roi a besoin d'une légitimité et, Louis XI l'a bien su quand la Praguerie se servait de lui et quand le Bien public se servait de son frère, les rebelles cherchent alors une tête promise à la couronne. Dans l'Empire comme en Espagne, les exemples sont nombreux et pas tous lointains. Louis XI voit aussi ce qui se passe en Angleterre, où la guerre des Deux Roses bat son plein et où un roi, Henri VI, meurt captif, le 21 mai 1471, dans la prison de son cousin d'York devenu Édouard IV. Il est inutile de rappeler longuement qu'en France Henri III devra faire face au Bourbon roi de Navarre qui sera Henri IV, et que « Monsieur » ou « Monsieur le Prince » seront plus tard des fardeaux pour les Bourbons, obligés de supporter les complots et les rébellions des Condé ou ceux de la dernière famille d'Orléans. L'histoire ne prendra fin qu'avec Philippe-Égalité et avec Louis-Philippe.

On doit ici distinguer deux cas : les princes apanagés et les autres. Depuis la fondation de la dynastie capétienne, les rois ont dédommagé les fils que la dévolution de la Couronne à l'aîné eût, sans cela, laissé sans revenu. Jusqu'au XIIIe siècle, ces dons étaient transmissibles sans conditions. À partir de la formation d'un nouveau comté de Poitiers pour son fils Philippe, le roi Philippe le Bel a introduit en 1314 une clause essentielle qui devient alors caractéristique de l'apanage, celle de retour au domaine royal en cas de « défaut d'hoir mâle ». Donnés à un frère de Louis IX, le comté d'Artois est passé à une femme, la comtesse Mahaut, tout comme pouvait passer la seigneurie de Clermont du dernier fils de Louis IX. Sont naturellement passés par des femmes les fiefs qui ne doivent rien à une concession royale, comme l'Aquitaine, la Flandre ou la Bretagne. Il en va de même pour les terres d'Empire comme la Provence. Sont en revanche touchés par la règle de la dévolution masculine les apanages issus d'un frère de Charles V, l'Anjou, et du frère de Charles VI, Orléans et Angoulême, sans oublier l'apanage du frère de Louis XI. De ces distinctions aisément perceptibles dans la plupart des cas, sinon dans celui de la Bourgogne pour laquelle la concession de 1363 n'a pas stipulé la masculinité, vient une singulière différence dans les perspectives que peuvent ouvrir les successions prévisibles.

Les Angevins n'étant proches du roi que par des mariages, les plus proches de la Couronne en ligne masculine sont les Orléans. La naissance du dauphin Charles les écarte encore plus de la branche aînée. Le duc Charles, l'ancien prisonnier des Anglais, le poète, est mort le 4 janvier 1465, et le nouveau duc d'Orléans, son fils Louis, qui sera Louis XII, n'est guère, à trois ans, en état de jouer un rôle. Le roi s'en occupe cependant, et il va s'employer inlassablement à casser la branche d'Orléans.

Profitant de la sénilité du duc Charles, Louis XI lui fait miroiter une alliance des plus brillantes et lui arrache, en mai 1464, les fiançailles de son fils, le futur duc Louis d'Orléans, avec la fille dont vient d'accoucher le 23 avril la reine Charlotte. Charles d'Orléans n'apprendra que trop tard la vérité : ce nourrisson, la petite Jeanne, est gravement infirme. « Il me semble que les enfants qu'ils auront ensemble ne leur coûteront guère à nourrir », ironise le roi en 1473 dans une lettre à Dammartin. Il ne laissera pas les Orléans revenir sur l'engagement. Allant jusqu'à la convoquer en 1468 pour la menacer de faire du jeune Louis un moine et de la renvoyer elle-même à Clèves, il imposera finalement ses vues à la duchesse douairière Marie de Clèves. Il complète le dispositif en plaçant aux côtés de Louis des conseillers à sa dévotion, l'administrateur et diplomate Guyot Pot, l'homme d'affaires Michel Gaillard, et le général des finances Pierre de Refuge. En 1473, Marie de Clèves ne peut éviter de donner un accord que récompense la promesse d'une dot de cent mille écus. Trois ans plus tard, le roi marie donc de force celui qu'il appelle le « petit duc », et qui a tout juste quatorze ans, à la pauvre Jeanne, qui vient d'en avoir douze. Jeanne a deux bosses, les jambes torses et un pied bot. Ayant été élevée dans un quasi-isolement, elle est de surcroît d'une timidité maladive.

L'arrivée de la fiancée boiteuse à la cour d'Orléans tourne vite au drame. Marie de Clèves a un haut-le-corps en voyant enfin cette bru dont on lui a pourtant fait le portrait : « Faut-il que mon fils ait cette femme ainsi difforme ! ». Et d'annoncer qu'elle préférerait perdre sa chemise plutôt que de voir le mariage. Le futur époux s'enfuit quelques jours en hurlant : « Je voudrais être mort ! ». Pierre Doriole, qui représente Louis XI, devra hausser le ton. Le contrat de mariage est enfin signé en août 1476 et, le 8 septembre, en l'absence du roi, l'évêque d'Orléans François de Brilhac reçoit à Montrichard les consentements. Celui du marié est sec : « Je ne saurais résister... Vous connaissez assez à qui j'ai affaire. » Et d'ajouter, pour l'évêque : « Il m'est fait violence, et il n'y a remède. »

Bravant toute décence, le roi a même exigé que le mariage soit consommé : il importe qu'aucune cause ne puisse être invoquée pour une éventuelle annulation. Il ne peut savoir que c'est son propre fils, Charles VIII, qui mourra sans héritier survivant. Devenu le roi Louis XII, le « petit duc » fâcheusement marié fera quand même casser le mariage pour épouser Anne de Bretagne.

Il est à l'affaire une conséquence imprévue : Louis d'Orléans ne pardonnera pas à sa mère d'avoir cédé, et il lui en voudra durablement. La famille d'Orléans est bel et bien brisée.

Une lignée n'a guère d'ambitions dynastiques : les Alençon descendent directement de Charles de Valois et d'un frère du roi Philippe VI, et ils sont donc plus éloignés de la Couronne que les ducs d'Orléans, de Bourgogne et d'Anjou. Mais Jean II, duc d'Alençon depuis la mort de son père à Azincourt en 1415, est une figure de légende. Pris à Verneuil et dûment rançonné, il a participé aux campagnes de Jeanne d'Arc. Après avoir commandé le vain assaut contre Paris en 1429, il a mené la guerre contre l'Anglais en Normandie. C'est, paradoxalement, le succès de Charles VII qui lui donne de l'amertume. À servir le roi, il a beaucoup perdu, de son argent – une rançon – comme de ses seigneuries. Attendant en vain dédommagement et récompense, il se jette dès 1435 dans l'opposition à Charles VII. On le voit dans la Praguerie. Bien que tenant sa place dans la reconquête de la Normandie, il ne perd pas l'espoir d'obtenir du roi d'Angleterre ce qu'il n'a pas eu du roi de France. Arrêté pour trahison en 1456, il est jugé et condamné à mort par un lit de justice tenu à Vendôme en août 1458, lit de justice auquel le duc de Bourgogne Philippe le Bon, membre de droit, refuse d'assister. Mais le roi le gracie. Jean d'Alençon est gardé en prison à Melun et à Loches, puis enfin libéré à l'avènement de Louis XI en 1461. En 1467, il recouvre son duché. Il ne s'en tient pas pour tranquille. Mécontent permanent, il conspire contre Louis XI avec Charles de France d'abord, avec le Téméraire ensuite, sans oublier Jean V d'Armagnac.

Louis XI a montré sa longanimité envers celui qui a été son parrain. Il se souvient aussi de la connivence ancienne entre le mécontent qu'était le duc d'Alençon et l'exilé de Genappe. Pour tout dire, il tient longtemps Alençon, comme lui-même, pour une victime des favoris de Charles VII. Mais Jean II d'Alençon ne complote pas moins contre Louis XI que contre Charles VII.

Ses rancœurs demeurent. À la longue, le roi perd patience. Arrêté en février 1473 et emprisonné à Rochecorbon, près de Tours, puis à Loches, le duc Jean est conduit sous forte escorte, en juin, à Paris où on lui donne à souper à l'auberge du Lion d'Argent avant de l'incarcérer au Louvre. Une commission où l'on voit François de Dunois, Guillaume Cousinot et le premier président Jean Le Boulanger instruit alors le procès. On a trouvé des témoins. Les accusations sont diverses, et pour une part fondées. On reproche au duc ses négociations avec l'Anglais, qui lui aurait promis le duché de Gloucester en échange de ses places normandes. On met au compte de ses menées l'échec de plusieurs pourparlers diplomatiques. Surtout, on l'incrimine de trahison au profit du duc de Bourgogne. On le traite même de faux-monnayeur. Le 4 janvier 1474, Alençon est renvoyé devant le Parlement. On le transfère alors au Louvre. Le 18 juillet, il est condamné à mort, « sauf sur ce le plaisir du roi ». Il demeure en prison, où son fils René le rejoint. Ses biens sont confisqués au profit de la Couronne. Une nouvelle fois, la grâce royale l'a sauvé. Libéré en décembre 1475 alors qu'il est déjà malade, il est assigné à résidence en maison bourgeoise et y mourra en 1476.

Jusque-là comte du Perche, René d'Alençon a été libéré et a finalement obtenu le duché et les terres de son père. Il ne croit pas devoir s'en satisfaire. Pour dire le vrai, Louis XI n'en a pas enlevé ses garnisons. À son tour, René conspire, tente de gagner l'Angleterre. Mais Louis XI n'a pas, pour se montrer patient, les mêmes raisons qui ont donné du temps au duc Jean. René est arrêté par Daillon en août 1481, avec son demi-frère Jean, le Bâtard d'Alençon. On parle de mettre ses terres dans la main du roi quand celui-ci s'avise que la chose est inutile puisqu'elles le sont déjà. L'enquête contre celui que le roi n'appelle que « le comte du Perche » est confiée à des hommes de confiance : Doriole, Daillon, Blosset et Boffile de Juge entre autres. En mars 1482, c'est Pierre de Beaujeu qui prend l'affaire en main, secondé par Dammartin. Faute de véritables preuves, la sentence se fera attendre. Le 22 mars 1483, le Parlement relaxera le duc René en l'obligeant simplement à demander pardon.

La fin des Angevins

Le roi René d'Anjou a soixante et un ans quand naît le dauphin Charles, et il ne s'occupe plus que de tournois, d'art et de poésie. Veuf d'Isabelle de Lorraine en 1453, il s'est remarié avec Jeanne de Laval, mais celle-ci ne lui a pas donné d'enfants. Il a vu mourir en 1470 son fils Jean, celui qui a si longtemps porté le titre fictif de duc de Calabre, que l'on a connu duc de Lorraine et qui s'est vu roi à Barcelone. Jean laisse deux fils qui meurent à leur tour, Jean en 1471, Nicolas en 1473. Le 12 juillet 1474, le roi René fait un testament. La Lorraine passe à son petit-fils René II, fils du duc Ferry III de Vaudémont, l'Anjou et la Provence iront à son neveu le comte Charles du Maine. René II est petit-fils du roi René par sa mère Yolande d'Anjou, et il tient ses droits de sa grand-mère Isabelle de Lorraine. Il aura par la suite le duché de Bar, d'abord tenu par sa mère. Dès maintenant, il le gouverne.

La première cause de conflit, c'est l'Anjou. On a naguère parlé de fiancer Nicolas d'Anjou à Marie de Bourgogne, et cela n'a pas laissé d'inquiéter le roi de France. Maintenant, le bruit court que René va céder, moyennant finance immédiate, son héritage au duc de Bourgogne lui-même. Louis XI n'a pas cassé l'alliance de la Bourgogne et de la Bretagne pour voir le royaume enserré, grâce à l'Anjou, par la puissance bourguignonne. Dans la recherche d'un équilibre qui comprend la Bretagne comme la Bourgogne, l'Anjou est une pièce maîtresse. Fin juillet 1474, le roi fait occuper le duché.

L'Anjou est un apanage, qui ne peut être transmis que par les mâles. Cela exclut René II. Quant à voir la dynastie se reconstituer à partir du comte du Maine, il ne peut en être question. Le roi René est cité, en mars 1476, devant le Parlement pour « lèse-majesté contre le roi et la chose publique du royaume ». Puis, René vient à Lyon et on négocie. Le 25 mai, l'accord est conclu. Pour recouvrer son duché, René promet à son neveu le roi de France de lui laisser sa succession. En attendant, le duché d'Anjou est occupé par les garnisons royales et administré par les gens du roi. Le château d'Angers reste au roi, lequel nomme le capitaine, tout comme il continue de disposer en fait de la mairie d'Angers. La levée de la mainmise royale sur l'Anjou est donc une concession de pure forme. Au vrai, le roi René est devenu plus provençal qu'angevin. On l'avait déjà vu résider en son comté de Provence : de 1447 à 1449 et de 1457 à 1462. En 1471, il s'y est installé définitivement.

Il n'était pas moins nécessaire de mettre en ordre la succession de Provence. Le 7 mars 1476, le roi dédommageait Marguerite d'Anjou qui, pour n'être plus reine d'Angleterre, n'en était pas moins fille du roi René et comme telle son héritière pour une Provence qui était à plusieurs reprises passée par les femmes. Comme elle était captive d'Édouard IV, Louis XI paya cinquante mille écus pour sa rançon. Moyennant quoi, elle renonçait à ses droits sur le comté. Quant à René, il obtint que la Provence passât après lui à son neveu Charles II du Maine, et qu'à la mort de celui-ci elle fût réunie à la Couronne.

Dans l'été de 1478, il y eut une alerte : enfin conforté dans son duché de Lorraine, René II songeait à revendiquer l'ensemble de la succession de son grand-père le roi René, à savoir l'Anjou, la Provence et le Barrois. Le roi René était prêt à signer la cession. Louis XI affecta de confondre des successions de nature pourtant différente. Ce que pouvait invoquer le roi de France à propos de l'Anjou était inopérant pour la Provence et le Barrois, deux principautés qui étaient toutes deux déjà passées par les femmes. Il fallait négocier l'ensemble, et avec le roi René. En attendant, le roi raya René II de la liste de ses générosités.

D'urgence, Louis XI proposa vingt mille écus à son oncle, lequel se rendit à l'argument. On lui promit ensuite soixante mille livres, à raison de dix mille par an, dont on ne versa la première année que cinq mille : le reste devait être payé, avec la pension de l'année suivante, en juin 1479, mais on parlait encore en janvier 1480 de payer cette première année à la Trinité prochaine et pour ne pas s'obliger envers René, le général des finances en Languedoc arguait qu'il n'avait pas de quoi payer. Comme naguère avec le roi d'Angleterre, Louis XI s'entendait à promettre et à faire attendre, autant pour tenir l'autre en haleine que parce que l'argent se faisait rare. C'était cependant là un excellent placement. « Me faut entretenir le roi de Sicile », écrivait le roi à son trésorier de Languedoc, ce qui voulait dire le faire attendre. Le 24 juin 1480, à propos des cinquante mille livres – on ne parlait plus de soixante – dont l'essentiel restait dû au roi de Sicile, Louis XI observait qu'il suffisait de gagner du temps « afin de ne le malcontenter ». Il n'y avait plus qu'à attendre la mort du roi René. Au général des finances de Languedoc, François de Genas, Louis XI écrivit plus franchement :

> Il me le faut entretenir encore, vu l'état en quoi il est, et ne point faillir de lui user de douces paroles, car à ce que j'entends je vois qu'à peine verra-t-il jamais échoir le premier terme.

Dans le même temps, le roi multipliait les procédures pour faire reconnaître comme évêque d'Angers son fidèle maître des requêtes Auger de Brie. Au Parlement, il donna enfin la vraie raison, qui n'avait rien à voir avec les affaires de l'Église.

> Vous savez que Angers est une ville qui est fort désirée et en pays de frontière, et nous est bien besoin pour cette heure y avoir un tel personnage que ledit évêque, lequel nous avons nourri et est du pays, et avons en lui notre entière et parfaite fiance.

La mort du roi René allait survenir à Aix-en-Provence le 10 juillet. Louis XI avait fait l'économie de ses cinquante mille livres. Il prit à sa charge les frais d'un service funèbre à Paris. C'était moins cher. Quand on transféra le corps à Angers, ce qui fut fait avec la plus grande discrétion pour éviter les protestations des Provençaux, le roi de France ordonna un autre service, mais il le paya sur les revenus de l'Anjou.

Charles du Maine avait cinq ans de moins que son frère René. Depuis la fin du Bien public, où l'on se rappelle qu'il avait sérieusement indisposé Louis XI, il avait vécu en exil sur ses terres. Il n'était plus dangereux. À sa mort en 1472, son fils Charles II reçut le Maine, et en 1480, de l'héritage de son oncle, la Provence. Manigancé par le roi lors de la réconciliation de 1476, le passage de la Provence par Charles II du Maine était une excellente opération : Charles II n'avait d'enfants qu'illégitimes et, sans lui, la succession provençale du roi René, qui n'était pas soumise à la condition de masculinité, pouvait être revendiquée par René II. Louis XI mit les Angevins sous étroite surveillance. L'un des conseillers du roi René, le Dauphinois

Palamède de Forbin, faisait sans cesse le siège de son maître pour le compte du roi de France. Mais la promesse faite en 1476 par René pour se réconcilier avec Louis XI n'engageait que celui qui la faisait. Il ne se trouva heureusement que quelques barons provençaux pour prendre le parti du duc de Lorraine. En juin 1481, René II tira prétexte de la menace turque qui planait sur l'Italie pour envoyer une petite armée en Provence. Elle se fit tailler en pièces par les Provençaux du comte Charles II.

Charles II étant mort le 11 décembre 1481, le roi hérita donc à la fois le Maine et la Provence. Le 19, Palamède de Forbin, déjà gouverneur du Dauphiné, était nommé gouverneur de Provence et son gendre Raymond de Glandèves devenait grand sénéchal du comté. Il convenait cependant de surveiller ce Provençal : Guillaume Briçonnet fut dépêché comme général des finances ordinaires et extraordinaires. Déjà en place, François de Dunois demeura lieutenant général pour le Maine. Louis XI était enfin maître de toute la frontière de Bretagne et, pour l'essentiel, de sa frontière méditerranéenne. Le même 19 décembre, le président de la Chambre des comptes Antoine de Beauvau se voyait chargé de rechercher à Angers dans les archives les preuves des droits de la Couronne et des Angevins sur la Provence. On croit rêver.

La maison d'Anjou s'éteignait. Le 25 août 1482, mourait Marguerite d'Anjou. La pension que lui servait le roi payait sa discrétion finale. Nul ne songea à la pleurer.

Restait le duc de Lorraine René II, qui se sentait Vaudémont vis-à-vis de ses sujets mais ne manquait pas de rappeler en France qu'il était le petit-fils du roi René. Il n'avait pu s'assurer du duché d'Anjou, mais il gardait celui de Bar. Comme il pouvait bien se prendre un jour à revendiquer tout l'héritage angevin, Louis XI s'arrangea pour lui faire peur. Il diligenta une enquête dans les archives de la Chambre des comptes sur ce qu'avaient jadis reçu de la France le fils de René, Jean de Calabre, et son fils Nicolas, et sur ce qu'avait légué au roi de France la reine Marguerite d'Anjou. René II entendit le propos. Comme il n'avait pas les moyens de rembourser, il se le tint pour dit.

La Bretagne

François II était duc de Bretagne depuis la mort en 1458 de son oncle l'épisodique duc Arthur III, qui n'avait régné qu'un an après son neveu Pierre et allait rester pour la France le connétable de Richemont. François avait été élevé à la cour de Charles VII. Il avait accompagné le dauphin Louis dans la campagne de Guyenne de 1453. Il avait la réputation d'être de caractère faible. On pouvait penser qu'il serait fidèle au roi de France. On sait à quel point cet espoir fut déçu, et par la faute des deux, le roi traitant le duc en simple sujet et ne manquant pas une occasion de le lui rappeler, le duc réagissant à l'opposé et affirmant son indépendance en participant à toutes les coalitions nouées contre le roi.

Veuf de sa cousine Marguerite de Bretagne, la fille du duc Pierre, morte en 1469 sans lui avoir donné d'enfant, François II avait une sœur, Marie, qui, en épousant le vicomte Jean II de Rohan, avait renoncé à tous ses droits sur le duché.

Le duc de Bretagne était donc de nouveau, à trente-quatre ans, un prince à marier lorsqu'en 1469 la duchesse de Savoie, Yolande de France, imagina de lui proposer sa fille Anne. Le duc Amédée IX était déjà malade, et Yolande tenait les rênes du pouvoir. Elle demanda à son frère le roi ce qu'il pensait d'un tel mariage pour sa nièce. Louis XI n'eut pas le temps de répondre que le duc de Bretagne lui faisait savoir qu'il ne voulait pas d'Anne de Savoie. Piqué au vif, le roi répliqua durement en faisant observer au duc qu'il ne l'avait « présentée ni à lui ni à autre ». C'est de son remariage avec Marguerite de Foix que François II eut, le 26 janvier 1477, une fille qui devait être un jour duchesse de Bretagne et, deux fois, reine de France. La naissance d'Anne de Bretagne donnait à la Bretagne une héritière, et celle-ci n'était pas encore à marier quand mourut Louis XI. Rien ne permettait de penser que, après bien des péripéties, Charles VIII et ensuite Louis XII seraient en définitive les maris.

Autant dire que, si la Bretagne a été un constant sujet de préoccupation pour le roi, l'idée que le duché puisse un jour proche revenir à la Couronne ne l'a pas effleuré. Même si, depuis le XIIIe siècle, les ducs ont un peu de sang capétien, la Bretagne n'a jamais été un apanage. Comme tous les fiefs qui n'ont pas été constitués en apanage après l'introduction de la clause de masculinité, le duché peut être transmis par une femme. La question de la succession ne se pose donc pas. Si elle se posait, ce ne serait pas nécessairement en faveur du roi de France.

Ce qui avait toujours empoisonné les relations entre le roi et le duc de Bretagne, c'étaient la perspective d'une alliance de la Bretagne avec la Bourgogne et celle d'une intervention armée de l'Anglais sur le continent. Dès lors que la Bourgogne n'était plus redoutable, que l'Anglais était calmé et que les soldats français tenaient l'Anjou, le duc de Bretagne n'avait aucun avantage à persévérer dans son hostilité envers le roi de France. Édouard IV ayant, au printemps de 1477, tenté de renouer avec la Bretagne, le roi fit savoir à François II qu'il était au courant. Le duc se le tint pour dit : en juillet, il envoya en ambassade son chancelier, Guillaume Chauvin, chargé d'offrir son amitié. Le roi fit prendre à Angers la croix de Saint-Laud et la fit porter à Nantes. Le duc jura dessus de n'être « ni consentant ni participant ... de prendre la personne du roi... ni de le tuer », et de dénoncer toute entreprise de la sorte dont il aurait connaissance. Deux précautions valant mieux qu'une, de fortes troupes françaises demeurèrent sur la frontière de Bretagne.

Les choses se gâtèrent en 1479. François II manifesta son amitié pour Maximilien d'Autriche. Louis XI fit célébrer à Angers une messe devant la croix de Saint-Laud : le duc avait violé le serment fait sur la croix. Mais, en septembre 1480, le duc se trouva heureux d'être compris dans la trêve entre le roi et Maximilien. Un instrument notarié fut dressé de son acceptation, instrument que l'on garda à Saint-Laud.

NEMOURS

Le duc de Nemours Jacques d'Armagnac avait trempé dans bien des complots, mais il avait été longtemps protégé par le fait qu'il était le fils de l'ancien gouverneur du dauphin Louis et d'une Bourbon. Lors de son procès, le connétable de Saint-Pol le mit en cause : Nemours aurait projeté, avec Saint-Pol, de tuer le roi et de faire régent le duc de Bourgogne, voire le duc de

Bourbon. Nemours se réfugia dans sa forteresse de Carlat où le sénéchal de Rouergue alla, le 9 février 1476, le prendre. Vainement sa femme avait-elle, avant de mourir en couches, brûlé les papiers les plus compromettants. Le duc fut emmené à Lyon, où on l'incarcéra à la forteresse de Pierre-Scize, puis à Paris, où il connut la Bastille. Son fils Louis fut de même embastillé, et il ne devait sortir de prison qu'à l'avènement de Charles VIII. On renforça la garnison de la Bastille.

Emprisonner Nemours ne suffisait pas. Il fallait le condamner. Le 7 août, Doriole, Gaucourt et Blosset commencèrent de recueillir témoignages et preuves de trahison. En vain le duc en appela-t-il à la Cour des pairs. Le roi fit la sourde oreille. Au Parlement, on hésitait. Le chancelier Doriole lui-même s'interrogeait. Le roi reprocha à Blosset de ménager au prisonnier une captivité insuffisamment dure. Ordre fut donné de le laisser, les fers aux jambes, dans sa cage et de le « gehenier ». Trois conseillers particulièrement rétifs se virent révoqués : ils avaient voulu transformer l'affaire en un cas civil, donc faire échapper le duc à toute punition physique. L'un d'eux, Étienne Dubois, se retrouva aux fers. Le roi récusa finalement le Parlement, suspecté de « trouver façon de le faire échapper ». Le 22 septembre, il désigna une commission où l'on trouvait quelques conseillers au Parlement plus obéissants, des maîtres des requêtes de l'Hôtel et quelques barons. En novembre, elle entendit le duc. Le 13 janvier 1477, l'enquête était close.

Restait à juger, et il y fallait quelque solennité. Le 20 mai 1477, le roi convoquait tout le Parlement et la commission à Noyon pour n'avoir pas à regagner Paris. Les juges y furent le 3 juin et attendirent. Mais la campagne de Hainaut occupait tout le temps du roi. On l'aperçut à Noyon quelques heures le 17. Il repartit aussitôt pour Saint-Quentin. C'est alors qu'il chargea Pierre de Beaujeu de présider en son nom au procès. Celui-ci commença le 20. On ne trouva pas nécessaire de faire venir Nemours : les juges se prononcèrent sur le vu des interrogatoires menés à Paris par Doriole et sur les réponses de l'accusé, dont on produisit les procès-verbaux. Toujours à la Bastille, le duc fut condamné à mort le 9 juillet. La condamnation fut publiée le 10. Le 22 juillet, ayant pris le temps de la réflexion, le roi refusa la grâce qu'implorait le condamné.

> Vue sa longue obstination et persévérance, la quantité des fois qu'il est rechu dans lesdits crimes, et après tant de pardons et grâces que lui avons faits, ayant regard à la fréquence des délits et à ce que, à l'exemple de lui, autres se gardent de mal faire...

Le 4 août 1477, le premier président alla à la Bastille notifier l'arrêt pendant que Beaujeu et Doriole se rendaient au Palais, où la sentence fut lue, portes ouvertes. Nemours fut décapité dans l'après-midi sur le marché au poisson des Halles. On l'enterra aux Cordeliers.

L'affaire avait duré un an et demi. Le procès laissa planer bien des doutes sur les comportements des grands barons : le duc avait tenté de se tirer d'affaire en compromettant tout le monde. Le duc de Bourbon, en particulier, s'était senti, en mai, tenu de rassurer par écrit le roi sur sa fidélité. Le duché de Nemours et le comté de la Marche étaient confisqués. La Marche fut immédiatement donnée à Pierre de Beaujeu. Le comté de Castres alla à Boffile de Juge. Le duché de Nemours resta à la Couronne. Charles VIII le rendra à Jean d'Armagnac, fils du duc Jacques.

Que reste-t-il ?

Dans la digression passablement verbeuse et moralisatrice qui précède le récit du Bien public mais n'a été écrite que trente ans plus tard, Thomas Basin a fort bien résumé la préoccupation constante du roi.

> Détruire toutes les plus grandes maisons et principautés du royaume, ou tout au moins les affaiblir au point qu'il ne restât plus assez de vigueur, soit à l'une d'elles soit à toutes ensemble, pour pouvoir se révolter contre lui ou seulement avoir l'audace de s'opposer à sa volonté.

Et de rapporter le propos très vraisemblable qu'aurait tenu devant des clercs de Louvain le dauphin Louis au temps de son exil à Genappe : « Jamais le roi de France ne sera maître en son

Le domaine royal en 1461 et en 1483

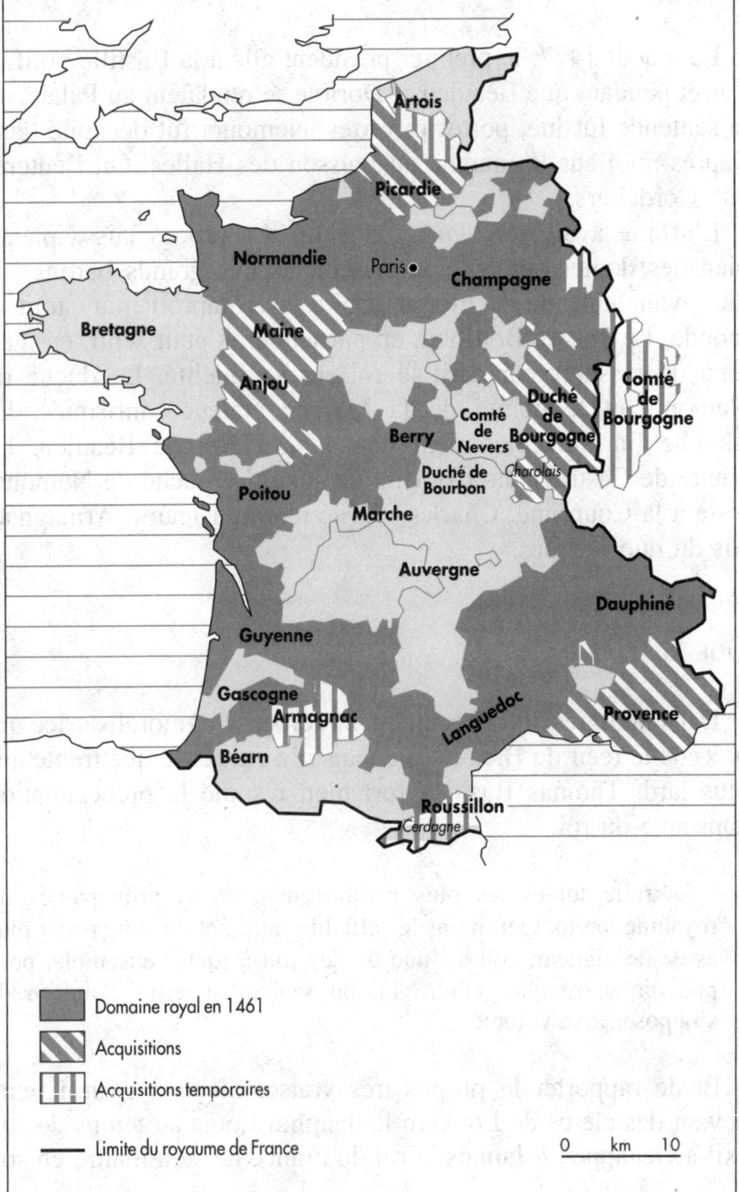

royaume tant qu'il aura pour sujets des princes aussi puissants qu'ils le sont maintenant. »

Lorsqu'en 1475 il s'attend à la reprise de la guerre de Cent Ans, il ne cache pas sa crainte d'une nouvelle insurrection féodale. Il estime, dira Commynes, « n'être pas bien aimé de tous ses sujets, et par espécial des grands ». Édouard IV, lors de l'entrevue de Picquigny, ne manque pas de conforter cette méfiance : jamais le roi ne sera en sécurité dans son royaume tant qu'il n'aura pas fait couper la tête à quelques seigneurs.

Dans l'entretien qu'il a en septembre 1482 avec le dauphin Charles, c'est la même idée qu'il développe en manière de testament politique : tous les maux de la France viennent des princes, et cela recommencera si « aucune bonne provision » n'est donnée. Le remède, c'est la fin des principautés.

Au terme de vingt années de luttes, que reste-t-il en France de la haute féodalité qui faisait du royaume de Louis XI à son avènement une peau de panthère politique ? La Bourgogne de Marie et de Maximilien, rappelons-le, est maintenant, pour l'essentiel, hors du royaume. La Lorraine ne l'est pas moins. Il y a des garnisons françaises dans le duché de Bar. Quant au comté d'Étampes, qui appartenait au Téméraire, il est donné au vicomte de Narbonne, le fidèle Jean de Foix.

La maison d'Orléans fait assez peu d'ombre au roi. Deux jeunes gens représentent maintenant la descendance du frère de Charles VI assassiné en 1407 : le duc Louis d'Orléans, qui aura vingt et un ans à la mort du roi, et son cousin le comte Charles d'Angoulême. On a vu comment Louis XI s'y est pris pour neutraliser le duc d'Orléans qui sera cependant le principal opposant au gouvernement des Beaujeu, avant d'être le roi Louis XII. Son père a renoncé à faire valoir ses droits sur l'héritage milanais de Valentine Visconti, Louis se contente de son comté d'Asti et ne songe plus guère à Milan. Les vues sur l'Italie lui viendront plus tard, à la suite de Charles VIII. Quant à Charles d'Angoulême, il n'est pas en état de mettre la Couronne en danger. Il est encore célibataire et nul ne pourra deviner, quand en 1488 il épousera Louise de Savoie, que leur fils sera le roi François Ier.

Le duché d'Alençon est désormais dans la main du roi, qui l'a rendu au duc René mais y a placé ses garnisons. Alençon demeure un titre prestigieux, mais c'est, même en comptant le Perche, une petite principauté.

Le duché de Bourbon et le dauphiné d'Auvergne – qui est aux Bourbon depuis 1425 – demeurent un ensemble territorial d'une réelle importance, même après qu'en 1477 le roi a forcé le duc Jean II à céder à son frère Pierre le Beaujolais et la Dombes, remplacée peu après par le comté de Clermont en Beauvaisis. Pierre de Beaujeu est, rappelons-le, depuis 1473, le gendre du roi. À cinquante ans passés, le duc Jean s'est lassé des complots. Après avoir été « aux côtés du roi comme un chien à la chaîne », selon la formule d'un ambassadeur milanais, il vit maintenant dans ses châteaux, cependant qu'un homme du roi, Jean de Doyat, gouverne depuis 1478 la principauté avec le titre de lieutenant et gouverneur en Auvergne et bailli de Montferrand. Le roi a même donné à Doyat les revenus de tout ce qui appartient au domaine royal dans le bailliage.

Doyat dénonce durement – et semble-t-il avec exagération – les abus du duc Jean et les empiétements de son administration sur les droits du roi. Au vrai, le duc de Nemours a trop parlé de Bourbon pendant son procès pour que Louis XI n'ait pas quelque suspicion. Aussi a-t-il dépêché des conseillers au Parlement sous la houlette du vieux conseiller Jean Avyn, et cette commission, menée en fait par Doyat, a conclu son information en janvier 1480 en ajournant tout simplement devant le Parlement les principaux officiers du duc de Bourbon : son chancelier, ses procureurs, son sénéchal et même le capitaine de sa garde. Ils ont, plaide François Hallé, attenté aux droits de la Couronne et notamment empiété sur la justice royale. Un temps détenus, obligés de se justifier point par point, les accusés reçoivent l'appui de Jean II, qui refuse de les désavouer. Il ne les a pas moins livrés à la justice royale. Jean de Roye, qui n'a rien d'un critique systématique, se montre sévère envers le roi : « François Hallé, avocat du roi en la cour de Parlement, soutint lesdits ajournements et arrêts pour le roi et pour son plaisir faire, contre Dieu et raison, en lui faisant le service de corps et d'âme. »

Finalement, siégeant sous la houlette du premier président Mahieu de Nanterre, le Parlement prononcera la relaxe, mais le roi ne lâchera pas prise. Il organisera à Montferrand des Grands Jours pour juger toutes les causes en appel. On voit en cette affaire ce qu'il peut rester d'autonomie au duc de Bourbon.

Quant au comté d'Auvergne, il est depuis 1424 à la famille de La Tour, laquelle ne représente aucun danger pour le roi.

Un personnage doit être considéré à part. Pierre de Beaujeu, qui sera duc de Bourbon en 1488 à la mort de son frère, a toujours été le féal du roi. Il perçoit la rémunération de cette fidélité quand, en lui donnant pour femme sa fille Anne, le roi assure en novembre 1473 sa fortune. Encore le mariage a-t-il donné lieu à quelques péripéties burlesques. Le contrat ayant été signé à Jargeau le 3 novembre avec pour principale clause une dot de cent mille écus, le mariage avait été célébré en grande pompe à Montrichard quand, quelques jours plus tard, on s'avisa que les époux étaient cousins. On écrivit d'urgence au pape. Le cardinal Charles de Bourbon fit les choses en règle : il excommunia les Beaujeu pour leur union illégitime, exigea qu'ils fussent séparés quatre jours – Beaujeu à Plessis-lès-Tours et Anne chez sa mère à Amboise – et les remaria ensuite, dispense pontificale en main, au cours d'une cérémonie plus intime à Plessis-lès-Tours. À défaut d'un fils déjà capable de tenir un rôle, Louis XI avait du moins un fidèle assuré parmi les hommes de la famille.

Une dynastie a su s'imposer dans le Midi, profitant de la débâcle d'Armagnac. Sire d'Albret en 1471 à trente et un ans, celui qu'on appellera Alain le Grand a su tirer parti de sa longue fidélité à Louis XI. Un mariage habilement négocié l'a fait en 1454 comte de Périgord. Un autre, avec Catherine de Foix, promet à son fils Jean l'héritage de Foix : le royaume de Navarre, le comté de Foix, le Béarn et la Bigorre, héritage qu'il reçoit en 1483 à la mort du comte de Foix François Phébus. En 1477, il marie sa sœur Marie à Boffile de Juge. Par touches successives, ce prince aussi agité que prudent et aussi avisé que discret sera, le cas de la Bretagne mis à part, devenu sous Charles VIII le chef de la plus importante maison féodale qui subsiste dans le royaume. Son arrière-petite-fille épousera Antoine de Bourbon. Leur fils sera Henri IV, roi de France et de Navarre.

Plus généralement, c'est la féodalité qui s'est effondrée. La royauté comptait jusque-là ses vassaux, fidèles ou rebelles. Elle ne compte plus que ses sujets, titrés ou non. Jean Meschinot, le poète attitré du duc de Bretagne, l'a bien exprimé en un simple dialogue.

Sire !
  Que veux ?
Entendez !
  Quoi ?
Mon cas.
  Or, dis...
Je suis...
  Qui ?
La détruite France...
  Roi suis, de grande puissance.
Bien.
  Tu me dois...
Que dois-je ?
  Obéissance !
Et vous à moi ?
  Rien !

En lui laissant la responsabilité du jugement de valeur par lequel s'ouvre le propos, on ne peut que citer, en guise de bilan politique, l'observation d'un Michelet porté par ses sentiments personnels à ne pas regretter la monarchie mais à regretter encore moins la féodalité.

> Un autre mal, très grave, et qui fausse l'histoire, c'est que la féodalité, périssant sous une telle main, eut l'air de périr victime d'un guet-apens. Le dernier de chaque maison resta le *bon* duc, le *bon* comte. La féodalité, ce vieux tyran caduc, gagna fort à mourir de la main d'un tyran.

CHAPITRE XXVIII

Arbitrages en Italie

UN NOUVEL HORIZON

L'Italie a toujours été présente à l'esprit de Louis XI. Les raisons, qu'on rappellera brièvement, en sont diverses, mais s'additionnent. Le dauphin Louis a épousé une princesse de Savoie, et la Savoie s'étend, sur les deux versants des Alpes, du Rhône à la mer Ligure, enveloppant ainsi le Dauphiné. La maison d'Anjou a perdu son royaume de Naples, mais elle en garde le titre et elle n'a jamais renoncé à une reconquête armée que, seul, pourrait permettre un financement par le royaume de France. Le duc d'Orléans n'oublie pas les droits de sa grand-mère Valentine Visconti sur le Milanais, droits qu'il ne saurait faire valoir contre Sforza mais qu'il ne se prive pas de rappeler. Gênes s'est à plusieurs reprises donnée au roi de France et la seigneurie de Gênes gouverne tout le littoral de Vintimille à La Spezia, avec quelques points forts comme Savone. L'extension territoriale de l'état pontifical, enfin, ne permet pas au roi de France de traiter des questions de juridiction sur l'Église de France hors de toute relation avec les conflits italiens dans lesquels se trouve impliquée la maison de France.

On a dit le rôle d'informateurs et parfois de conseillers que Louis XI a laissé tenir par les ambassadeurs milanais, et Milan est une plaque tournante de l'information européenne grâce aux ambassadeurs des autres puissances italiennes qui s'y succèdent. Y sont à demeure les « orateurs » de Naples, de Ferrare, de Mantoue, et l'on y voit souvent ceux de Montferrat et d'Urbino.

Autant dire que l'ambassadeur de Milan auprès du roi de France a beaucoup à dire. Tous ces relais ont tenu le dauphin – les Génois que l'on a vus se rendre à Genappe dès 1459 n'ont certainement pas été les seuls – puis le roi instruit presque quotidiennement des choses italiennes. Peut-être faut-il faire place aussi à ce qu'il a pu en savoir par l'intermédiaire de la Savoie. Charlotte de Savoie est reine de France, Yolande de France est duchesse de Savoie, Bonne de Savoie est duchesse de Milan et Agnès de Savoie est l'épouse du fidèle François de Dunois. Ce réseau dynastique est lourd de conséquences : ce sont des correspondances, des voyages, des brouilles, des connivences. Le roi est donc parfaitement au fait de la situation en Italie, mais aussi de la personnalité des protagonistes. Maletta l'écrit sobrement à son maître : « Il semble qu'il ait toujours vécu en Italie et qu'il y ait été élevé. » Rappelons-le, il n'y est jamais allé.

Jusqu'à la chute du Téméraire, cependant, l'Italie n'a été qu'un champ d'action secondaire pour Louis XI. Jamais il n'a perdu de vue les affaires de la Péninsule, mais il a toujours veillé à ne pas s'y engager, craignant à juste titre de s'y enliser et d'y user ses forces. Soucieux de ne pas alourdir le poids de ses cousins d'Anjou dans la vie politique du royaume de France, il ne les a que modérément aidés, ce qui lui a permis de ne pas se brouiller gravement avec le roi Ferrante. Allié fidèle du duc de Milan, il a surtout vu en lui un utile contrepoids à l'influence de la maison de Savoie et un frein aux velléités que pourrait avoir celle-ci de se mêler trop étroitement des affaires françaises. Avec une patience qui peut étonner, il a feint de ne pas prendre pour hostilité l'aide assez naturellement fournie par Ferrante à son oncle Jean II d'Aragon dans les affaires de Catalogne et celle, moins naturellement explicable, qu'il a procurée au Téméraire dans les derniers mois de son combat.

L'effondrement de l'état bourguignon changeait la donne. Certains risques disparaissaient, à commencer par celui de voir les conflits italiens contribuer aux difficultés internes de la France. Certes, Philippe de Bresse continuait de s'agiter, non sans d'étroites relations avec le duc de Bourbon, mais c'était sans conséquences. En décembre 1477, le roi conseillait simplement aux Lyonnais de « se tenir sur leurs gardes ». Un secrétaire du roi ayant envoyé à Philippe les insignes de l'ordre de Saint-Michel, cela provoqua un incident, le roi désavouant son secrétaire et Philippe présentant des exigences « fondées en menaces ».

Venise avait beaucoup misé sur le Téméraire, voyant en lui un chef possible pour une croisade qui eût rétabli les réseaux de relations commerciales en Méditerranée mis à mal par l'avance des Turcs. En 1477, la Sérénissime jugea opportun de se réconcilier avec Louis XI. Domenico Gradanigo vint le voir, alors qu'il se trouvait en Picardie. On parla. Le 9 janvier 1478, à Tours, on signa un traité d'amitié. Le roi fit de Gradanigo un chevalier de Saint-Michel et annonça son intention d'entretenir avec la Sérénissime une correspondance suivie.

À ce moment, la paix demeurait fragile en Italie. Y subsistait l'hostilité des deux grands camps formés, depuis la paix de Lodi, l'un par la Ligue italienne de 1455 et l'autre par l'alliance de Naples et du Saint-Siège. Ne fût-ce que pour n'avoir pas à s'engager dans d'interminables conflits, Louis XI allait faire de la paix dans la Péninsule le dernier de ses grands objectifs politiques.

La conjuration des Pazzi

La conjuration des Pazzi prend, en 1478, le roi au dépourvu. Rivaux des Medici en affaires comme pour le gouvernement de la Seigneurie, les Pazzi sont une vieille famille toscane fortement implantée dans le milieu bancaire de Florence. Avec leurs alliés du patriciat florentin, notamment les Salviati, ils n'ont cessé de se poser en défenseurs des institutions et des libertés publiques, les unes bafouées et les autres menacées par le pouvoir quasi monarchique de Laurent le Magnifique et par le soutien traditionnel du menu peuple aux Medici. Les grandes familles qui gouvernaient naguère sont mises à l'écart par la clientèle des Medici. Laurent s'est rendu maître de Florence, mais il connaît en Italie de singuliers déboires, et une guerre, certes victorieuse, contre Volterra, a mis à mal les finances de la Seigneurie. Même si l'opposition est loin de former un front uni, le moment semble favorable aux adversaires de Laurent, parmi lesquels, pour des raisons souvent personnelles où se combinent les ambitions déçues et les héritages manqués, Jacopo de' Pazzi occupe le premier rang.

L'alliance qui se scelle au printemps de 1478 entre Florence, Milan et Venise, deux villes de longtemps alliées du roi de France et une ville récemment venue à cette alliance, a tout pour paraître offensive à Ferrante de Naples, qui redoute les ambitions territoriales du Medici, et à son plus ferme soutien, le pape Sixte IV.

De surcroît, les Medici s'emploient à empêcher la constitution de cette principauté en Romagne que le pape Sixte IV destine à son neveu Girolamo Riario. Celui que les Français appellent le « comte Jérôme » est déjà pourvu en 1473 d'un comté d'Imola qu'a acheté, pour le lui donner, son frère le cardinal Pietro Riario et qui s'étendra en 1480 à Forli. Le tout ne deviendra le duché de Romagne que par la grâce d'Alexandre VI et pour son fils César Borgia.

Le pape tente donc de tourner, sinon Florence, du moins la Seigneurie, en dressant contre elle son éternelle rivale, Pise : en 1474, il nomme archevêque de Pise un prélat issu d'une famille traditionnellement hostile aux Medici, Francesco Salviati. Salviati se serait bien vu archevêque de Florence, mais Laurent de Medici s'y est opposé. Le Medici a même fait en sorte que Salviati attende trois ans son archevêché de Pise. Le prélat garde de tout cela une sérieuse rancœur. Dans le même temps, le neveu de Jacopo de' Pazzi, Francesco, que l'on appelle Franceschino, devient « dépositaire de la Chambre apostolique », autrement dit trésorier du pape, et cela à la place des Medici. La signification de ces deux nominations n'échappe à personne. Dans un marché financier qui est européen, le pape joue contre les Medici. Malgré les splendeurs de la Florence de Laurent le Magnifique, les affaires ne cesseront de se dégrader jusqu'à la faillite finale des compagnies Medici en 1494.

La Commune de Sienne est depuis toujours en concurrence avec Florence pour ses affaires sur les places financières, et elle souffre de plus en plus de la fortune grandissante des Florentins, et en premier lieu des Medici. Elle est prête à soutenir une action contre la Seigneurie. Face à la ligue que forment maintenant Florence, Milan et Venise, se dresse donc un système d'alliances organisé par le pape avec la promesse d'un appui militaire de Naples.

Les opposants de l'intérieur jugent le moment propice pour se débarrasser des Medici. Non sans souhaiter que l'affaire ne tourne pas au drame, Jacopo de' Pazzi organise une conspiration, que soutiennent discrètement le pape, l'archevêque de Pise et le roi de Naples. Mais il est vite débordé par ses partisans les plus violents. Le comte Girolamo Riario prend en main les opérations. Le dimanche 26 avril 1478, dans la cathédrale de Florence, les deux frères Medici sont attaqués par des hommes de main. Giuliano est tué. Laurent a le temps de dégainer son épée et, blessé, se réfugie à la sacristie. L'archevêque Francesco Salviati, pendant ce temps, tente d'occuper le palais de la Seigneurie.

Les Medici ont le soutien du peuple. Laurent ne perd pas un instant et les Florentins prennent immédiatement son parti. Francesco de' Pazzi, qui a mené l'affaire dans la cathédrale, est massacré. L'archevêque de Pise et un de ses frères sont pendus à une fenêtre de la Seigneurie. Leurs hommes sont jetés par la fenêtre dans l'Arno. Rattrapé, Jacopo de' Pazzi est à son tour pendu, et même deux fois. La société des Pazzi est dissoute et ses membres sont bannis à vie. On ira jusqu'à marteler leur blason sur leur palais et à déterrer les premières victimes pour les jeter elles aussi dans l'Arno. Notons-le, en tuant son frère Giuliano, les Pazzi n'ont fait que renforcer durablement le pouvoir autoritaire de Laurent le Magnifique.

Louis XI apprend l'attentat à Arras vers le 10 mai. L'affaire a tout pour l'émouvoir. Depuis que Jean Petit a, pour justifier l'assassinat de Louis d'Orléans, développé en 1407 devant le Parlement la thèse de *l'Apologie du tyrannicide*, la tranquillité des souverains n'est plus assurée. Le souvenir du meurtre de Montereau et celui, plus récent, de l'assassinat de Galeazzo Maria Sforza ne peuvent qu'aviver les inquiétudes de Louis XI. On le voit bien lorsque, pour tant d'entrevues, on échafaude un grillage au milieu du pont sur lequel se rencontrent les princes qui protestent de leur désir de paix. Un Louis XI qui ne cesse de penser à la mort est évidemment affecté, et de plus il s'agit d'un ami. Le 12 il dépêche à Florence Philippe de Commynes, porteur d'une lettre à la Seigneurie, un message de condoléances qui est aussi une affirmation d'alliance. Giuliano est qualifié de « notre très cher et très aimé cousin », les Pazzi sont traités de criminels. Sur la route, Commynes s'arrête quelques jours chez la duchesse de Savoie. Pendant qu'il sera en Italie, il passera par Milan où il obtiendra de Sforza quelques troupes pour renforcer Medici.

C'est alors que le pape s'en mêle ouvertement. Le fait que l'archevêque de Pise ait été sommairement exécuté fournit le prétexte. Le 1er juin, Sixte IV excommunie Laurent de Medici et frappe Florence d'interdit. Le roi de Naples envoie une armée qui, commandée par le duc d'Urbino Federico de Montefeltre, se joint à celle des Siennois. Florence, pour sa part, mobilise, mais une longue période de paix a privé la Seigneurie d'une véritable armée. Commynes jugera celle-ci « très petite ».

L'intervention française

Pour Louis XI, c'en est trop. En août, il se mue en champion de l'indépendance florentine et passe à l'action. Il est juste de dire que le roi a trop besoin de la banque Medici de Lyon pour se désintéresser de ce qui se passe à Florence. Il commence, le 10 août, par écrire au pape pour qu'il « veuille désister de son entreprise ». La lettre est des plus sévères. Sixte IV y est accusé de ne pas faire son devoir et de refuser de défendre la Chrétienté contre les Turcs : il ne peut ignorer les scandales que cela cause dans l'Église, « scandales annoncés par l'Apocalypse ». Le roi de France ne se contente pas de condamner, il menace à la fois le pape et le roi de Naples. Les auteurs de ces scandales « connaîtront la plus terrible fin », écrit-il à Sixte IV. Et il le fait savoir : « Je ne suis pas d'opinion de tolérer leurs erreurs. J'ai délibéré d'envoyer quatre ou cinq cents lances de mon ordonnance pour accompagner Monseigneur de Calabre par-delà. »

« Monseigneur de Calabre », ce n'est plus le fils du roi René, le duc Jean, mort en 1470, non plus que le fils de celui-ci, le duc Nicolas, mort en 1473. C'est leur cousin Charles II du Maine, le neveu de René. Le choix n'est pas innocent : alors que le premier duc de Calabre s'est si souvent plaint de voir le roi de France sacrifier les intérêts des Angevins à Naples, c'est un

Angevin qui va commander l'armée française en Italie. Il y a de quoi faire réfléchir Ferrante.

Le conflit avec la papauté est désormais patent. Le 16 août, Louis XI interdit à tous les clercs du royaume de se rendre à Rome sous quelque prétexte que ce soit. Et il fait surveiller les routes d'Italie par ses châtelains du Dauphiné. Le 21 août, il frappe le pape à la bourse et en appelle au clergé : l'occasion est belle de remettre une nouvelle fois en cause la Pragmatique Sanction et une fiscalité pontificale pourtant bien amoindrie depuis le concile de Bâle. Le roi convoque donc pour le 15 septembre à Orléans un concile du clergé français capable de faire planer une véritable menace sur l'autorité pontificale.

Puis il multiplie les démarches et les envois d'ambassades. Il cherche d'abord à mettre dans son jeu ses alliances de Savoie. Il demande à sa sœur la duchesse Yolande le libre passage pour son armée, finalement portée à 550 lances. Il n'en fait par moins appel à son allié de Milan. Giangaleazzo Sforza, qui a succédé deux ans plus tôt à son père Galeazzo Maria, n'a que neuf ans, et sa mère gouverne pour lui. Or, sa mère, c'est Bonne de Savoie, la sœur de la reine de France. En septembre, Louis XI lui demande d'intervenir auprès des puissances italiennes pour qu'elles fassent pression sur Sixte IV et sur Ferrante afin que ceux-ci laissent les Florentins en paix. Il en écrit lui-même à Venise, dont l'hostilité contre Florence est notoire.

Sixte IV ne peut plus ignorer le roi de France. En septembre, il lui envoie deux de ses diplomates les plus expérimentés, le cardinal Francesco da Siena – Francesco Todeschini Piccolomini, ce neveu de Pie II qui sera en 1503 le pape Pie III – et le gouverneur de Romagne Giovanni Andrea de' Grimaldi, frère du seigneur de Monaco. Ils sont rejoints par l'évêque de Fréjus, le Génois Urbano Fieschi, qui est à ses heures conseiller du roi.

Devant leurs protestations de bonne volonté, le roi se montre méfiant : il enverra une ambassade pour voir sur place ce qu'il en est, et il le fait savoir au Sacré Collège. Il cultive alors les relations qu'il a toujours entretenues parmi les cardinaux, en particulier avec le neveu du pape, le cardinal Domenico della Rovere. De même appelle-t-il à l'aide le comte Girolamo Riario, lui aussi neveu du pape. Jusque-là fort hostile, comme on l'a vu, aux Florentins et l'un des protagonistes du complot de 1478 contre les Medici, le « comte Jérôme » finira par prendre leur parti. Il ira même, en avril 1479, jusqu'à adresser une lettre solennelle à l'empereur Frédéric III et à plaider le bon droit des Florentins auprès du duc Philippe de Bavière.

La mission de Commynes s'achève. On le traite bien, « mieux le dernier jour que le premier », ce qui en dit long sur les difficultés rencontrées à son arrivée. Le roi le rappelle. Le chambellan passe par Milan, où il reçoit l'hommage dû au roi de France par Giangaleazzo Sforza pour la seigneurie de Gênes et Savone, un hommage que le jeune duc ne trouve pas le temps de faire lui-même et que sa mère fait pour lui.

La méfiance du roi envers Sixte IV semble toujours aussi fondée. Louis XI apprend que Fieschi n'est venu que pour « dissimuler et le cuider abuser ». Les envoyés du pape, écrit-il au Sacré Collège, n'ont fait que « tendre par semblant au bien de paix et union ». Le 17 octobre 1478, il rappelle ses ambassadeurs à Rome et notifie au pape son mécontentement.

Louis XI agite alors devant le pape et devant les cardinaux l'épouvantail turc. Celui qui dans l'exil de sa jeunesse parlait de partir en croisade mêle fort habilement deux propos : la nécessité de faire la paix entre les princes chrétiens pour résister ensemble au Turc, la levée des opérations canoniques et militaires contre Florence. Sixte IV ne se montre pas sourd : en septembre 1478, il a accepté de remettre les différends entre les principautés italiennes à un étonnant arbitrage : celui des deux rois de France et d'Angleterre. On mesure ici à quel point ceux-ci, par leur accord de Picquigny, ont gagné une réputation de princes ennemis de la guerre que, ni l'un ni l'autre n'ayant ouvertement trempé dans l'effondrement du Téméraire, les affaires de Suisse et de Lorraine n'ont pas entamée. Le 9 octobre 1478, on signe à Saint-Jean-de-Luz le traité qui, aux dépens d'Alphonse V de Portugal, scelle l'alliance, donc la paix, du roi de France avec les Rois Catholiques Ferdinand et Isabelle : cela ne fait que renforcer l'image d'un Louis XI soucieux de la paix. Écrivant aux Suisses, le roi se vante que les Rois Catholiques soient même partie prenante à la trêve conclue avec l'Angleterre. Sans doute faut-il observer ici que ce traité facilite grandement la poursuite intensive d'une Reconquête qui s'achèvera douze ans plus tard par la prise de Grenade. Paix et croisade sont, une nouvelle fois, intimement liées.

En novembre 1478, toute l'Italie se presse à Tours. On y voit les envoyés de Milan, de Venise, de Florence et de Ferrare. En décembre, près de Thouars, ils rencontrent à nouveau le roi qui, malade, cherchait à leur échapper, et ils lui demandent d'intervenir avec une armée. Louis XI refuse alors de s'engager plus avant, mais il n'en est que plus violent quand Sixte IV lui adresse, par un légat, une sévère réprimande. Il n'hésite pas alors à mettre en cause la « mauvaise nature » et les mœurs du pape. On se serait cru revenu à l'époque de Philippe le Bel et de la réplique du chancelier Pierre Flote aux prétentions théocratiques formulées par la bulle *Unam Sanctam*. Louis XI se dit meilleur chrétien que Sixte IV et proteste qu'il est le dévoué serviteur de l'Église romaine, mais non du pontife.

Dans la chasse aux soutiens, Ferrante n'est pas en reste. À la duchesse de Savoie il a depuis plusieurs mois proposé de marier son fils Federigo, prince de Tarente, à Anne de Savoie, fille de Yolande. La jeune princesse étant nièce du roi de France, il y faut le consentement de celui-ci. Or Louis XI se doit de veiller aux conséquences diplomatiques d'un rapprochement qui pourrait passer pour l'abandon de son alliance avec Milan et Florence, et plus généralement avec les villes de la Ligue italienne. De Naples comme de Chambéry, les ambassadeurs vinrent trouver à Arras un roi de France qui leur met le marché en main : le mariage contre la paix. Il offre de surcroît une dot de 12 000 livres. Le 1er septembre 1478, le contrat de mariage est signé. Mais Yolande est morte entre-temps, le 29 août. Le mariage d'Anne ne pouvant se faire sans son accord, Louis XI se trouve là en position d'arbitre. Il en profite, insulte les ambassadeurs de Ferrante en rappelant que le roi de Naples n'est qu'un bâtard légitimé, les laisse repartir sans s'être aucunement engagé. Il charge en revanche Batarnay de conduire Anne en France, où l'on l'accueille chez la reine. Anne mourra en 1480. Ce sera l'occasion de nouvelles tractations. Louis XI maintiendra au prince de Tarente la rente promise.

C'est avec Milan que les choses se compliquent alors. Depuis l'assassinat de Galeazzo Maria Sforza, Bonne de Savoie gouverne au nom de son fils Giangaleazzo, mais avec l'aide d'un de ses conseillers, Cicco Simonetta, que le roi de France tient pour principal responsable de l'éphémère alliance de Milan et de la Bourgogne et qui passe pour avoir soutenu contre la France l'hostilité de Venise. De surcroît, Giangaleazzo a une demi-sœur, Catarina Sforza, que l'on a mariée en 1477 au comte d'Imola Girolamo Riario, le « comte Jérôme » protégé de son oncle Sixte IV. Un tel mariage n'arrange évidemment pas les relations entre Florence et Milan. Là encore, Louis XI doit faire très attention s'il veut jouer les arbitres.

Entre alors en scène un étonnant personnage, le frère de Galeazzo Maria : Lodovico Sforza, que son teint basané a fait surnommer le More. Acceptant mal la régence de sa belle-sœur Bonne, il se résigne encore moins à voir gouverner pour son neveu un Simonetta qui l'a tout simplement expulsé de Milan. Le pouvoir, estime Lodovico, lui revenait de droit. Poussé par sa vieille hostilité contre Milan, donc contre la veuve de Galeazzo Maria, le roi de Naples ne se prive pas de soutenir les prétentions du More. Pour tout dire, Ferrante est prêt à aider ce dernier à conquérir de force le Milanais.

Pour Louis XI, l'occasion est belle. Alors que les chances de la maison d'Anjou sont désespérément nulles à Naples, nouer de bonnes relations avec Ferrante aurait de notables avantages. Ne faisant aucun cas de sa belle-sœur Bonne, il voit surtout que l'on pourrait se débarrasser de Simonetta et isoler Riario, donc faire pièce au pape et renforcer Laurent de Medici, non sans donner à réfléchir aux Vénitiens. Le jeu est complexe, mais il passe par une manœuvre simple : soutenir Ferrante et Lodovico. Le roi les fait prévenir dans l'été de 1479, en même temps qu'il donne son accord au mariage de Federigo et d'Anne de Savoie. Federigo est même invité en France, et le roi prévoit de l'envoyer « voir et visiter Paris ». Dans le même temps, il rassure les Suisses, qu'inquiète un aussi brusque renversement des alliances, et il s'entremet pour les réconcilier avec la Savoie. Il ne faut pas moins calmer le roi René : quinze mille livres font l'affaire. On fait ensuite savoir à la duchesse de Milan que le roi de France a accepté d'être, avec Édouard IV et un légat, arbitre du conflit entre le pape et Florence. Et Louis XI de poser ses conditions : la levée des censures par le pape, le retrait des armées et l'abandon par chacun des places prises pendant la guerre.

Il faut également s'assurer de la Savoie. En juin 1479, Louis XI charge François de Dunois d'une mission délicate. On se dispute à Chambéry la tutelle du jeune duc Philibert, qui n'a encore que treize ans. Les États de Savoie doivent trancher. Les oncles se sont manifestés. Or Louis XI est oncle, et François de Dunois, qui a épousé une fille du duc Louis, l'est aussi. Le temps n'est pas à tergiverser. Dunois conduit tout simplement Philibert en Dauphiné et l'installe à Grenoble. En septembre, on le fait venir à Tours et on le chapitre avant de le renvoyer, dûment accompagné, à Chambéry.

Comme naguère face au Téméraire, Louis XI s'est bien gardé d'envoyer une armée française. Ferrante gagne cependant beaucoup à cette alliance de fait : il sait que son intervention ne serait pas contrariée. Le 8 septembre 1479, Lodovico Sforza entre dans Milan. Le 11, Simonetta est en prison à Pavie, où on le gardera un an jusqu'à ce que le More le fasse exécuter. Bonne de Savoie est bannie. Giangaleazzo se voit assigné à résidence dans le château de Pavie. Lorsqu'il mourra, peut-être empoisonné, en 1494, le More prendra le titre de duc.

La paix en Italie

Si ces événements ont contrarié le projet de voyage de Federigo, ils n'ont fait qu'accélérer les choses. On n'avait pas vu l'armée de Louis XI, mais on avait beaucoup entendu ses diplomates. À la mi-octobre, Commynes repartait pour l'Italie. Il s'agissait de consolider l'équilibre des forces et d'assurer la paix dans la Péninsule. Le secrétaire Pierre Palmier mena l'affaire. Il rappela à Ferrante la condition de la connivence française : la paix avec Florence. Ferrante obtempéra. L'armée du pape se retira de la frontière toscane. Une trêve fut conclue le 24 novembre. Laurent de Medici était en décembre à Naples. Il y demeura trois mois, plongeant à la fois le roi de France et les Florentins dans la plus vive inquiétude : alors qu'il était ainsi isolé chez son vieil ennemi, tout pouvait lui arriver. On respira enfin quand, le 6 mars 1480, Ferrante et le Medici signèrent la paix. C'était le retour à la situation de 1454, à la paix de Lodi. L'Italie était en paix.

Le pape faisait exception. Même s'il demeurait seul et s'il ne pouvait plus tenter d'imposer son autorité par la force, il maintint les sanctions canoniques dont il avait frappé les Florentins. Il entendait que Laurent de Medici vînt en personne à Rome demander pardon, et le Magnifique n'avait nullement l'intention de s'humilier. Mais le pape n'avait pas que des amis, et Louis XI disposait d'un contrepoids : il soutint les efforts de Sixte IV en vue de la paix avec Maximilien. La légation du cardinal della Rovere devenait une « charge que vous avez de notre Saint Père pour le bien de la Chrétienté ». C'était flagorner le pape.

Le roi d'Angleterre jugea alors le moment venu d'une intervention dans la Péninsule. En octobre 1480, Jean Blosset rentrait de Londres porteur de nouvelles que Louis XI s'empressa de communiquer à la duchesse Bonne. Édouard IV se proposait de demander pour son fils Édouard la main d'Anne Sforza, fille de Bonne et de Galeazzo Maria. Tenant compte de la trêve de cent ans – il écrivait cent un – avec l'Angleterre, Louis XI déclara se réjouir d'une telle idée. Il l'avait lui-même lancée en février. La concorde entre Milan et l'Angleterre serait une bonne chose pour le commerce génois et pousserait donc Gênes à accepter le protectorat milanais.

La menace ottomane n'avait, en ces moments où Louis XI l'agitait devant le pape, rien d'imaginaire, et elle touchait bien l'Italie. Les Turcs avaient débarqué à Rhodes le 23 mai 1480, et fait le siège de la ville, défendue par les chevaliers de l'Ordre que gouvernait fermement le grand maître Pierre d'Aubusson. Malgré les canonnades et trois assauts, Rhodes avait résisté et, à la mi-août, les Turcs avaient rembarqué. Mais ils s'en étaient pris dans le même temps au continent et ils avaient lancé, en juillet, avec une flotte de cent vaisseaux, un coup de main contre le royaume de Naples, en qui ils voyaient à juste titre le plus efficace soutien de l'ordre de l'Hôpital devenu l'ordre de Rhodes. Le 11 août ils avaient pris et saccagé la ville d'Otrante. Tout cela laissait craindre le pire aux Italiens, assez informés de la poussée turque dans les Balkans et sur le Danube pour voir que l'objectif de la Porte était bien d'établir par la force la domination ottomane sur l'Europe. Devant une telle menace, le pape ne pouvait que se décider à la paix. Ferrante le lui fit savoir : si le Turc envahissait l'Italie, le responsable serait celui qui aurait affaibli celle-ci en ne sachant pas mettre un terme aux conflits internes de la Péninsule. Force était de composer : il suffirait que les ambassadeurs florentins vinssent se prosterner devant le pontife romain. Le 25 novembre, les ambassadeurs de Laurent étaient à Rome. Le 3 décembre, au cours d'une cérémonie publique à Saint-Pierre, Sixte IV leva enfin l'excommunication. « Ne retournez pas, comme les chiens, à vos vomissements », leur dit brutalement le pape, qui tint à les humilier jusqu'au bout.

Louis XI pouvait bien prescrire en France des feux de joie, des processions et des sonneries de cloches, le salut de la Chrétienté n'était pas son seul motif de satisfaction. La poussée ottomane l'avait bien aidé dans sa politique italienne, comme d'ailleurs face à Maximilien.

À Florence, on oublia l'insulte, qui ne cachait pas le fait que le terrible Sixte IV avait cédé. Le pape allait être trop content que la Seigneurie accepte d'armer quinze galères contre les Turcs. La vie reprenait. L'allié de Louis XI l'emportait, et nul ne s'y trompa : la diplomatie du roi de France avait tenu sa place dans le dénouement. Louis XI n'en fut que plus étonné quand, en janvier 1482, Florence rappela son ambassadeur. « Nous sommes bien déplaisant de son partement », écrit le roi à la République. La paix était fragile, il le savait, et l'une de ses dernières démarches devait être, en mai 1483, d'envoyer en Italie trois ambassadeurs pour convaincre, au bénéfice de ses amis Lodovico Sforza et Hercule d'Este, le pape et les Vénitiens de renoncer à une coalition contre Milan et Ferrare dont le premier effet eût été d'affaiblir la Chrétienté face à la menace turque.

Laurent le Magnifique, on le sait, régnera sans partage sur Florence jusqu'à sa mort en 1492. Son fils Giovanni sera en 1513 le pape Léon X et son neveu Giulio sera en 1523 le pape Clément VII. Hercule d'Este et ses descendants régneront sur Ferrare jusqu'en 1598 et sur Modène jusqu'en 1797. Lodovico

Sforza sera duc en titre à la mort de Giangaleazzo en 1494. D'abord allié de Charles VIII dans sa première expédition en Italie, il se retournera contre la France quand le duc d'Orléans, le futur Louis XII, reparlera des droits de son aïeule Valentine Visconti sur Milan. « Ludovic le More » finira ses jours dans un cachot du château de Loches.

Les Turcs laisseront désormais l'Italie tranquille, mais Soliman le Magnifique sera maître de Rhodes en 1522. Les Turcs seront en 1529 devant Vienne. Ils y seront à nouveau en 1683.

CHAPITRE XXIX

À la recherche d'une nouvelle économie

Les malheurs du paysan

Louis XI parcourt suffisamment les campagnes pour savoir le paysan fragile. Mais la reconstruction de l'économie rurale échappe pour l'essentiel au pouvoir royal. Au plus peut-il prendre quelques dispositions. Certes, reprenant une disposition de Charles V tombée en désuétude, il déclare insaisissable l'outillage agricole, ce que bien des créanciers s'empresseront d'ailleurs d'oublier. Face à des crises imprévues, il réagit surtout par des mesures d'exception. Lors de la disette de 1482, alors que de pauvres cultivateurs ont hypothéqué leurs terres pour survivre, le roi prend appui sur le manquement à l'obligation de juste prix pour casser les contrats des rentes perpétuelles constituées à la faveur de la crise et permettre aux endettés de racheter ces rentes dès que la conjoncture redeviendra favorable. Il interdit de même la vente du blé en herbe, qui permet aux détenteurs de capitaux de spéculer sur la misère en achetant dès le printemps et à bas prix un blé qu'ils pourront revendre fort cher après une mauvaise récolte.

Le chasseur qu'est le roi ne néglige pas les forêts. Les officiers et les tribunaux poursuivent les pratiques dévastatrices comme l'écorçage ou, tout simplement, la divagation des animaux sauvages et celle des troupeaux. Une mesure prise en août 1463 sera vivement reprochée à Louis XI, notamment par Thomas Basin qui feint de croire qu'elle vise tous les sujets du roi : l'interdiction de chasser. Sachant le goût du roi, Basin imagine qu'il a voulu, par pur caprice, se réserver le monopole de la chasse. En fait, les roturiers et les clercs sont seuls visés. Le roi charge ses capitaines de veiller à ce que les soldats ne s'approvisionnent pas à bon compte en braconnant. Il fait saisir par les baillis tout ce qu'on peut trouver d'instruments de la chasse roturière, comme lacs et filets, même s'ils sont détenus par des seigneurs, et il les fait brûler.

La guerre laisse ses traces. Elles sont le fruit des débordements de la soldatesque qui brûle les villages ou celui d'une tactique délibérée comme celle du « gast », qui consiste à anéantir les récoltes, parfois en herbe, pour affamer la population et faire ainsi pression sur les comportements politiques. Les campagnes en armes plongent dans la misère bien des régions comme le Roussillon, la Normandie ou la Picardie, voire l'Île-de-France. Les ravages y sont épisodiques, mais les séquelles s'en étendent sur plusieurs années, à la fois parce qu'ils ont ruiné les moyens de production et parce qu'ils découragent l'investissement en argent et en travail.

La nature, hélas, s'en mêle. D'année en année, les habitants renouvellent les processions. Ils demandent à Dieu le beau temps et au roi des allégements d'impôt. Certes, la demande est habituelle, mais Commynes n'a pas inventé pour l'anecdote l'hiver qui suit l'affaire de Péronne.

> J'y vis choses incroyables du froid. Il y eut un gentilhomme qui perdit un pied, dont onques puis ne s'aida. Et y eut un page à qui il tomba deux doigts de la main. J'y vis une femme morte, et son enfant dont elle était accouchée de nouveau. Par trois jours, le vin qu'on donnait chez le duc pour les gens qui en demandaient fut départi à coups de cognée, car il était gelé dans les pipes. Et fallait rompre le glaçon qui était entier et en faire des pièces que les gens mettaient en un chapeau ou en un panier.

Parfois, les catastrophes s'enchaînent. Les dernières années du règne sont à cet égard une crise permanente. De 1478 à 1483, ce ne sont qu'inondations, gels et récoltes gâtées L'été de 1480 a été marqué par de nombreux orages, qui ont anéanti une partie du produit agricole. Le gel, l'hiver suivant, a sévèrement frappé les blés d'hiver et surtout perturbé la circulation fluviale. Le dégel et la débâcle ont en outre transformé les routes en fondrières. De l'été de 1481 au printemps de 1482, la pluie n'a cessé que pour faire place à la neige. Récoltes noyées et rivières en crue sont alors le lot commun de toutes les régions. Autant dire qu'en de telles conditions la disette s'installe, mais aussi le découragement.

Rien, dans tout cela, ne dénote chez le roi une préoccupation essentielle pour le monde rural. La reconstruction agraire s'effectue surtout dans le cadre seigneurial, à l'initiative des barons comme à celle des abbayes, et Louis XI, s'il l'encourage par quelques mesures appropriées, ne fait que poursuivre la judicieuse politique de son père. Surtout sensible aux risques de mouvements sociaux qui naissent dans les villes de la misère endémique ou de la disette épisodique, le roi ne porte à la campagne qu'une attention faite du souci de savoir les villes ravitaillées. Il ne craint aucune révolte paysanne, et ce ne sont pas les villages qui coûtent à prendre en temps de guerre. Cela ne doit pas cacher le souci qu'il a de son revenu fiscal : les campagnes ne jouissent pas des mêmes faveurs que les villes. Des campagnes pauvres, ce sont des impôts qui ne rentrent pas.

Des hommes d'affaires

Jacques Cœur n'était pas seul. Ses associés jouaient un faible rôle dans les orientations générales de sa politique, mais ils partageaient souvent avec lui le financement des affaires et assumaient, de manière ponctuelle, les responsabilités de la gestion. Le premier, c'était Guillaume de Varye, dont on a déjà cité la carrière dans les finances publiques. Le Tourangeau Raoulet Toustain en était un autre. Ceux qui étaient dans les affaires de Cœur se sont naturellement pressés pour la succession. On vendit mal les meubles, moins mal les joyaux, mieux les actifs qui entraient dans le circuit des affaires. La succession l'emportait sur l'héritage.

Plus ou moins issus de l'entourage de Jacques Cœur, les Berrichons ont leur heure de fortune en 1461, mais ils sont gênés par le fait que Charles de France, duc de Berry depuis sa naissance, a enfin été mis en possession de son apanage. Les solidarités berrichonnes jouent donc en sa faveur. Certains se mettent à son service, anticipant le parti qu'ils peuvent espérer de la fortune politique de leur prince. D'autres ne seront que suspectés par Louis XI, mais ils n'en perdront pas moins sa confiance. La crise du Bien public passée, à la fin de 1465, le roi règle une deuxième fois les comptes. Un Berrichon de l'équipe de Jacques Cœur, Martin Anjorrant, que l'on a souvent vu à Tours avant le Bien public, a financé pendant celui-ci les dépenses militaires des coalisés, et il lui faut maintenant chercher un asile chez Charles de France, qui en fait un receveur général de Normandie. Même Guillaume de Varye, pourtant prudent en l'affaire, perd l'Argenterie. Jean de Bar est remplacé. D'autres connaissent la prison, comme Drouet Broissart, l'un des proches collaborateurs de Dauron.

Parmi ceux qui profitent de la défaveur des Berrichons, viennent en tête les Briçonnet. Tourangeaux d'adoption et peut-être berrichons d'origine, ils ont plus que leur part dans cette redistribution de fonctions qui sont autant des moyens de fortune que des postes de confiance. Fils d'un tabellion qui fut procureur du roi à la Chambre des comptes de Bourges, puis élu des aides à Tours, celui qu'on appelle Jean l'Aîné a été notaire. Il a épousé la fille d'un changeur, maître de la Chambre aux deniers de la reine Marie d'Anjou. On lui a confié l'administration des biens séquestrés de Jacques Cœur et la liquidation de l'Argenterie. C'est chez Jean Briçonnet qu'en 1453 le procureur Dauvet a commencé les adjudications des biens de l'argentier, et c'est précisément chez lui, « commis par le roi à la recette des condamnations dudit Cœur », que l'on a entreposé les meubles meublants. En 1462, ayant passé la quarantaine, Jean l'Aîné est un notable. Il devient le premier maire de Tours.

Il se lie d'amitié avec le meilleur des introducteurs, Jean Bourré. Capitaine de Langeais, Bourré avait charge d'y construire un château royal. Lorsqu'il laisse sa capitainerie, c'est Briçonnet qui lui succède. L'amitié de Bourré lui facilite désormais les choses. Après le Bien public, Jean Briçonnet est receveur général de Langue d'oïl et son frère André est argentier, puis notaire et secrétaire du roi, mais on le voit aussi à Montpellier où, de 1465 à 1471, il gère la recette de Maguelonne. Des missions politiques sont confiées à Jean l'Aîné, comme lorsqu'en 1469 il a charge de surveiller de près les comportements de Charles de France.

Toute sa famille aura le bénéfice de la rapide faveur de Jean Briçonnet l'Aîné. Son frère cadet, Jean le Jeune, lui succédera en 1469 à la mairie, par la volonté du roi, et il sera receveur général. Le fils aîné de Jean l'Aîné, Guillaume, entrera à la Chambre des comptes, puis siégera au Parlement. Son fils cadet, également nommé Guillaume, sera général des finances, et Charles VIII trouvera en lui l'un de ses meilleurs diplomates. Il finira cardinal. Le dernier fils, Pierre, commence par bourlinguer sur les Galées de France, devient patron d'une galée, fait des affaires autour de la Méditerranée. Il entre ensuite dans les offices royaux, devient secrétaire et notaire du roi, prend en 1478 la charge de l'Argenterie, gouverne la Chambre aux deniers du futur Charles VIII. Il se fait anoblir. Il sera en 1495 général des finances en Langue d'oïl et c'est lui qui signera une circulaire fameuse sur la façon d'asseoir et de lever la taille.

On l'a dit, Jean de Beaune a été évincé en 1462 des affaires royales au profit de Michau Dauron. Il reconstruit vite sa position en s'appuyant sur l'extraordinaire réseau de relations familiales que Briçonnet et lui s'entendent à organiser par de subtiles alliances matrimoniales. Deux de ses filles, Raoulette et Catherine, ont épousé l'une le futur cardinal Guillaume Briçonnet, l'autre Jean Briçonnet le Jeune. Après Jean Briçonnet l'Aîné et Jean le Jeune, Jean de Beaune est lui-même maire de Tours en 1471.

Pour ses affaires, il constitue une société où sont associés parmi les premiers, sous sa direction, ses deux gendres. Très vite, il élimine Dauron du marché qu'est l'approvisionnement d'une Argenterie dont le chef nominal, Alexandre Sextre, n'est qu'un exécutant, éventuellement chargé de missions diplomatiques. Comme jadis l'Argenterie de Jacques Cœur, la « boutique » de Jean de Beaune est un immense entrepôt disponible pour satisfaire dans l'heure aux demandes du roi et de la cour, mais aussi pour fournir au public les produits de luxe qui concourent à l'ostentation du pouvoir ou simplement de l'opulence. On y trouve les pierres précieuses et les perles, les pièces d'orfèvrerie, les beaux lainages de Bruxelles ou de Malines, les soieries d'Orient, les velours et les taffetas de Florence, les draps d'or de Lucques, les toiles fines de Hollande, les tapisseries historiées d'Arras et les fourrures rares, agneaux noirs de Lombardie, martres de Prusse ou zibelines de Russie.

Pour approvisionner, Beaune et ses associés vont aux grandes foires, à Lyon, au Lendit de Saint-Denis, à Anvers, où ils entretiennent des correspondants. Ils sont à Tours les correspondants de la compagnie des Galées de France. L'un ou l'autre des associés suit la cour quand elle quitte Tours, et ce sont autant d'occasions de toucher d'autres clientèles. Jean de Beaune ne néglige pas l'avenir. Son fils Jacques sera baron et comptera parmi ses enfants un général des finances, un archevêque de Tours et un évêque de Vannes.

Raoulet Toustain s'est rendu utile lors de la liquidation des affaires de Jacques Cœur. Il a joué les experts pour la valeur des bijoux et de l'orfèvrerie, et il a apporté et commenté ce qu'il avait de comptes. Il reste intéressé par le sel. Même si le grenetier de Bourges impute à sa négligence le mauvais état du grenier où il pleut, Toustain se porte en 1457 acquéreur, pour 625 livres, de trente muids de sel entreposé dans les greniers de Loches, Montrichard et Buzançais, un sel pour lequel « les louages des greniers ont déjà beaucoup coûté » : de cinq à huit francs par an.

Toustain va demeurer un homme du sel. Fermier, dès 1451, de l'impôt sur tout sel passant sur la Loire aux Ponts-de-Cé, il garde là une forte position. Dans les années 1460, il monopolise en fait bien des greniers de la Loire, du Cher et de la Seine. Retenant la leçon d'intégration verticale donnée par son maître Cœur, il se dote des moyens de transport nécessaires : il a ses bateaux sur mer et sur le fleuve, ses convois de charrettes. Lui aussi, maintenant, place ses gens : c'est son frère qui gère le grenier d'Évreux. Au temps du Bien public, il est assez avisé pour ne pas trahir le roi. Il gardera donc la faveur, soigneusement entretenue par un rôle politique qui n'est évident que dans les rares cas où le roi le charge d'une mission à l'étranger mais que l'opinion perce à jour en le prenant pour l'espion du roi.

Sur le marché du sel, Toustain n'est pas seul. Certainement

parent de Jean Gaillard, que l'on a vu grenetier de Frontignan, Michel Gaillard, un marchand de Blois naguère lié à Jacques Cœur et devenu le beau-frère de Jean Briçonnet l'Aîné, prend en 1463 la ferme du quart du sel, c'est-à-dire de la gabelle dans ces pays de saunerie que sont le Poitou, l'Aunis et la Saintonge. Lui aussi a vu les avantages de l'intégration. Nous allons le retrouver.

La fortune de Toustain ne prendra fin que quand en 1479 il ira trop loin, participant avec Briçonnet à une fraude sur les importations et à une friponnerie sur une ferme. C'est alors un apothicaire de Tours, un nommé Jean Moreau, qui prend la relève et se fait accorder en 1480 des monopoles pour dix ans, et même un prix de vente garanti. Les mauvaises saisons de 1480 à 1482 auront raison de son système : le prix d'achat dépassera le prix de vente garanti par le roi.

Au cours du règne, d'autres figures émergent dans le monde des affaires, presque toujours issues de l'entourage royal dont les liens sont consolidés par d'opportuns mariages. Avec tous les trafics d'influence que cela représente, l'activité économique se mêle donc au service politique ou domestique du roi. Alors que des gens comme Beaune, Varye, Gaillard ou les Briçonnet n'arrivaient aux fonctions officielles que comme consécration de la fortune acquise dans les affaires, le phénomène s'inverse. C'est parce qu'ils sont au pouvoir ou proches de celui-ci que l'on voit s'introduire dans les trafics un Doriole, un Commynes, un Moreau.

Marchandise et noblesse

Louis XI a beaucoup anobli et certains ont voulu faire de cela l'un des caractères distinctifs de sa politique intérieure. Bien des familles de la bourgeoisie enrichie ont ainsi accédé à la noblesse et elles ont acquis sans encombre des fiefs réputés nobles. La robe n'en a pas moins profité. Faut-il pour autant faire de ces anoblissements le signe d'une faveur accordée par le roi aux gens sans ancêtres ? Pour se concilier les milieux d'affaires, Louis XI fait-il délibérément une mauvaise manière à la vieille noblesse d'épée, à la noblesse que l'on dit féodale puisqu'elle vit de ses fiefs ?

Là encore, la légende noire du roi porté à s'encanailler bute sur les réalités de l'histoire et sur la simple chronologie. Lorsque les nouveaux riches de Louis XI accèdent à la noblesse par lettres patentes, il y a plus de cent ans que le service du roi et la fortune conduisent à une noblesse que nul ne confond avec la vieille aristocratie féodale et chevaleresque mais qui sait se mêler à elle par son type de vie comme par de judicieux mariages. Tous les nouveaux riches des premiers Valois, fils de marchands devenus trésoriers, maîtres des comptes ou conseillers au Parlement, ont fondé des lignages nobles. Pierre des Essarts est anobli en 1320 par Philippe V. Bucy en 1335 et Braque en 1339 doivent leur noblesse à Philippe VI, Lorris à Jean le Bon. Malet, La Rivière, Sanguin et Le Mercier sont anoblis sous un Charles V qui, écrit un chroniqueur, « moult aimait ses officiers et moult les accroissait ». Les Budé et les Jouvenel le sont sous Charles VI. Les deux frères Bureau le sont en 1447 par Charles VII.

Voir, sous Louis XI, accéder à la noblesse de hauts serviteurs de la politique royale comme Doriole, Beaune ou Varye ne saurait donc étonner les contemporains. Loin du pouvoir, dans les provinces qui ignorent la cour et la capitale, les familles de la petite robe et de la marchandise locale doivent acquérir patiemment, au fil des générations, ces seigneuries qui permettent d'abord un style de vie noble avant de justifier un anoblissement. On y est d'abord aisé, puis châtelain, puis seigneur, puis noble. Près du pouvoir, cela va plus vite, et les seigneuries ne viennent qu'après, n'étant plus que la manifestation de ce qui est déjà acquis comme fortune et comme rang social.

Ajoutés aux anoblissements automatiques de maires et d'échevins qui résultent de quelques statuts municipaux devant lesquels renâcle la Chambre des comptes, les cent quatre-vingts anoblissements par lettres patentes enregistrés à la Chancellerie en vingt-deux ans de règne n'en font guère que huit par an : une moyenne normale dans une société en pleine mutation dont un siècle de crises a mis à mal bien des lignages anciens. Cela ne saurait caractériser une politique sociale, encore moins dénoncer une quelconque démagogie. Louis XI ne flatte pas le commun et il n'avilit pas la noblesse. Il n'a pas fait consul son cheval. Il consacre ce qui lui semble être des mérites. Dans le renouvellement des élites sociales, il tient assez sagement son rôle.

Que le roi en profite pour récompenser quelques fidélités, et notamment celle des maires de villes fidèles, n'est ni un phénomène nouveau ni un comportement propre à Louis XI. Accorder cette récompense que demeure la noblesse aux maires de Tours, de Poitiers ou de La Rochelle n'est pas gaspiller la noblesse. C'est adapter l'institution à l'état de la société, même s'il se trouve que les maires en question s'appellent éventuellement Jean de Beaune, Michau Dauron ou Pierre Doriole. Cela n'empêche pas le bon peuple de dauber sur quelques ambitions : François Villon ne manque pas de léguer la taverne du *Heaume* – le nom est riche de sens – au chevalier du guet Jean de Harlay, dont les Parisiens savent que la noblesse a été mise en cause par le Parlement.

Quelques services financiers peuvent bien justifier un anoblissement. Lorsqu'il anoblit trois notables de Lyon, dont le « courier », c'est-à-dire l'homme de confiance de l'archevêque, le roi ne cache pas qu'ils l'ont grandement aidé, tant pendant le séjour en Dauphiné que depuis l'avènement, et notamment pendant le Bien public. On sait à quel point la ville de Lyon est appelée à secourir les finances royales dans les moments d'urgence.

Avec le temps, Louis XI comprend qu'il ne peut ni exclure de la récompense ceux qui font la prospérité du royaume, ni mettre à l'écart du mouvement économique les capitaux dont disposent les nobles, et surtout les anoblis. La noblesse ne vient pas pendant que l'on va vers la fortune. Elle vient quand la fortune est acquise. Ce serait une catastrophe si cette fortune acquise venait à sommeiller pour cause de noblesse.

Le roi établit donc une distinction, qui ne lui coûte rien, entre l'état de noblesse et les privilèges fiscaux qui lui sont normalement liés. On pourra être parfaitement noble et payer cependant les impôts roturiers si l'on ne vit pas noblement. Une autre distinction est évidente : le noble peut marchander, mais la tolérance ne s'étend pas aux métiers mécaniques. En 1463 déjà, Louis XI observe que « les nobles et officiers royaux sont communément plus aisés et pourraient mieux faire le fait de marchandise que autres de moindre état ». Il autorise donc les nobles de Languedoc à commercer « sans qu'il leur tourne à préjudice, charge, blâme ou déshonneur ». Comme l'écrit Chastellain, ils pourront « user de marchandise sans préjudice de leur nom et de leur état ». Le roi fait de même quand en 1481 il veut redonner vie à Arras, rebaptisée Franchise. Deux mois avant sa mort, le 26 juin 1483, il annonce qu'il étend à toutes les villes la tolérance dont, Commynes le note, le chancelier Pierre Doriole ne cache plus que le roi la calque sur ce qui se pratique à Venise, à Florence ou à Londres. « Le plaisir du roi était que chacun qui voulait user de marchandise le puisse faire en son royaume sans déroger à la noblesse ni autre privilège, comme on faisait en Italie ou au royaume d'Angleterre. »

C'est la proclamation de l'éminente dignité des affaires, et il ne peut déplaire à Doriole de faire semblable déclaration. Le roi n'y perd qu'un service militaire devenu sans grand intérêt depuis que les compagnies d'ordonnance sont soldées à longueur d'année, mais il y gagne que la fortune des anoblis continue de s'investir en des affaires dont les bénéfices sont imposables au lieu de se stériliser en des acquisitions de fiefs dont les revenus ne le sont pas. Les seuls qui perdent en la circonstance, ce sont les « nobles extraits de noble lignée », autrement dit les nobles ayant des fiefs à vendre : ils voient diminuer la demande d'investissements fonciers et la hausse des cours qui leur permettait de renflouer leur trésorerie. Louis XI n'est pas mécontent de freiner ainsi le renforcement de cette féodalité dont il n'a, à juste titre, cessé de se méfier.

Il est trop tard. La mort du roi, le 30 août, l'empêchera, semble-t-il, de publier l'ordonnance qui donnerait force de loi à sa volonté. Ni les Beaujeu ni Charles VIII ni Louis XII ne donneront corps à cet aboutissement de la politique sociale de Louis XI. Sans doute celui-ci n'a-t-il convaincu que son fidèle entourage. Les grands demeurent réticents. On continuera de déroger par mesures individuelles. Chaque anobli demeurera débiteur du pouvoir royal. Ce sera peut-être plus prudent.

À la mort de Louis XI, Doriole est mis à l'écart, mais il est déjà premier président de la Chambre des comptes. Les Briçonnet sont au faîte de leur grandeur, mais que sont-ils maintenant ? Jean l'Aîné et son fils Guillaume sont généraux des finances, Bertrand est maître des requêtes et diplomate, Jean le Jeune est diplomate, et receveur général. Si la fortune familiale est assurée, la position n'est plus celle de marchands. On ne saurait jurer que des gens comme ceux-là se préoccupent de ceux qui sont encore en train de gravir les échelons de la société.

Les voies de communication

Dans une France où, dès les lendemains de la guerre, Charles VII a pris les dispositions nécessaires pour rétablir les infrastructures de communication, c'est la route qui demeure le premier moyen de tout déplacement, commercial ou non. Sur certaines liaisons, on n'a guère le choix. Les ruptures de charge et le recours au roulage sont inévitables d'un bassin fluvial à l'autre : entre la Loire et le Loing, donc la Seine, entre la Loire et la Saône, entre la Loire et le Rhône, entre la Garonne et l'Aude, donc la Méditerranée. Il en va de même entre l'Oise ou la Marne et la Lorraine ou les Pays-Bas. La route est, d'autre part, la voie normale des déplacements rapides. Pour les chevaucheurs de la poste royale comme pour les voituriers qui transportent à la saison les « harengs nouvelets » – le poisson frais par excellence – il n'y a que la route. Elle règne enfin sur les trafics non pondéreux : les épices, les tissus de luxe, les objets d'art.

Si les petites liaisons sont à la merci de mauvais chemins souvent en fondrières, les grandes routes sont passablement entretenues. De Lille à Montpellier par Paris, Orléans et Clermont-Ferrand, de Paris à Bordeaux par Tours, d'Orléans à Nantes, de Nantes à La Rochelle, de Lyon à Marseille, les chariots circulent sans rencontrer, en temps de paix, de difficulté majeure. La France de Louis XI n'est plus celle où les brigands attaquaient les convois marchands au coin des bois. L'amélioration des structures se poursuit : on répare les chaussées et les ponts. Même si cet entretien des routes relève de la responsabilité des seigneurs, le domaine royal est assez étendu pour que le roi soit amené à prendre des initiatives qui débordent souvent l'extension précise de ce domaine. On voit ainsi le bailli de

Chartres faire empierrer la chaussée de Chartres à Blois et Louis XI veiller en personne au percement du tunnel du Mont-Viso qui doit relier le Dauphiné au marquisat de Saluces.

Pour le grand commerce et surtout pour les pondéreux, la route est trop chère. Le chariot ou l'animal bâté portent peu. Le vin, le sel, le bois d'œuvre et le bois de chauffage, les fruits et le foin circulent en bateau, de même que, hors les cas d'urgence, les blés. Même pour de courtes distances, on recourt à la voie d'eau. C'est par la Seine qu'arrivent à Paris le vin de Vitry, de Chaillot ou de Clamart, les bûches et les fagots de Sèvres et les pavés de Jouarre. La main-d'œuvre de manutention étant à bas prix, mieux vaut payer les ruptures de charge qui consistent à « rachier » d'un bateau en un chariot et d'un chariot en un bateau qu'allonger l'amortissement financier des chevaux et des chariots. Ajoutons que les cahots sont redoutables dans les ornières, et que la futaille la plus solide y est en grand danger de dislocation. C'est en empruntant le plus possible la voie d'eau – Saône, Yonne, Seine et Oise – que le vin de Beaune parvient à Compiègne, où il reprend la route vers Amiens ou Lille. Le roi lui-même, quand le temps ne presse pas, préfère le fleuve pour ses déplacements : on y est moins secoué.

La France est assez bien pourvue de réseaux navigables. Même s'il y a des périodes de gel ou d'étiage dont l'usage s'est depuis longtemps accommodé, on peut user de la Seine jusqu'à Nogent, de l'Oise jusqu'à Chauny, de l'Aisne et de la Vesle jusqu'à Reims, de l'Yonne jusqu'à Auxerre et même Cravant, de la Loire jusqu'à La Charité, voire à Roanne, du Cher jusqu'à Saint-Aignan, du Rhône et de la Saône jusqu'à Chalon, de la Garonne jusqu'à Toulouse. Hors du royaume, la Moselle se remonte jusqu'à Metz et la Meuse jusqu'à Verdun.

Malheureusement, chaque conflit est générateur d'embarras durables. Après la reprise de la guerre de Cent Ans dans les années 1410, on a cessé d'entretenir le chenal qui s'ensable et le chemin de halage qui s'effondre, on n'a pas faucardé les berges, on a laissé dans le cours de la rivière des barques coulées ou des arbres arrachés. Il n'en faut pas plus pour paralyser le trafic. Et, comme la navigation a cessé, les riverains ont accaparé l'eau : moulins et pêcheries se sont multipliés sous les arches des ponts.

Louis XI poursuit donc l'œuvre de Charles VII, qui a fait nettoyer bien des chenaux et même creuser celui de l'Eure jusqu'à Chartres.

Il faut d'abord s'occuper des voies anciennement pratiquées. Tous les fleuves et leurs affluents navigables sont l'objet de l'attention royale. Louis XI fait réparer les ponts, débroussailler les halages, dégager et draguer les lits encombrés. On régularise le cours de la Loire près de Tours. Mais des voies jusque-là non navigables sont ouvertes à la circulation par des travaux de creusement : ainsi l'Auron jusqu'à Bourges, le Clain jusqu'à Poitiers et le Loir jusqu'à Château-du-Loir, la Sèvre jusqu'à Niort. On drague le canal de Luçon à la mer. On lutte à Harfleur contre l'envasement.

Le souci de la circulation fluviale se traduit dans la stratégie. On le voit bien quand, au temps du Bien public, les ponts de Charenton et de Saint-Cloud sont un enjeu de prix : s'ils permettent le franchissement de la Seine à qui ne dispose pas des ponts de Paris, ils sont aussi les terribles verrous qui conditionnent le ravitaillement de la capitale, que peut intercepter celui qui tient le pont. N'importe quelle route commerciale ou stratégique est à la merci de ses ponts, que ce soient les Ponts-de-Cé sur la Loire ou le pont de Péronne sur la Somme.

Le « navigage » à l'échelle de l'Europe

Dans la succession de Jacques Cœur qu'inventorie le procureur général Jean Dauvet, il est un lot plus audacieux que les autres : les galées. Louis XI adopte à leur égard l'attitude même de l'argentier : ces galées doivent approvisionner la France en produits de l'Orient, voire en fournir au reste de l'Occident, et cela sans passer par l'intermédiaire italien. C'est donc, partant surtout de Montpellier, tout un trafic de denrées précieuses qu'a organisé Cœur, un trafic qui atteint Tours, Lyon et Genève, mais aussi Orléans, Paris et Rouen, voire Bruges. On ne peut, Cœur disparu, laisser les galées en déshérence. En novembre 1463, et malgré l'hostilité de Marseille, Louis XI a renouvelé le monopole des ports du Languedoc et du Roussillon pour l'importation de « toute l'épicerie et droguerie », mais il se plaint de ce que les étrangers qui apportent leur marchandise se contentent de la vendre pour remporter du numéraire : ils n'exportent pas de produits français. « Le navigage du pays de Languedoc, écrit-il, est tout discontinué et perdu. » Les galées sont donc, dès 1465, l'objet d'une compagnie à l'objet dépourvu d'ambiguïté : l'exploitation de ce monopole aux fins d'un équilibre des échanges. Jacques Cœur voulait se passer des Italiens pour importer, et ne pensait donc qu'au commerce. Louis XI veut toujours un accès direct aux pays du Levant, et il le dit sans fard en 1464 à Maletta, mais il pense à l'économie dans son ensemble non moins qu'en particulier à sa monnaie. Il se soucie donc d'exporter.

Aux galées de Jacques Cœur, le roi ajoute deux galées, puis deux autres, que l'on construit à Beaucaire. Basées à Aigues-Mortes, les « Galées de France » dépendent en fait des magasins établis en 1465 à Marseille. Deux personnages en sont en charge, Guillaume de Varye, qui gouverne les affaires plus que la navigation et contrôle le réseau des correspondants, et Jean de Villages, qui est sur place capitaine général. D'autres interviennent dans le financement et la conduite de la compagnie, comme Bernard de Vaux et Pierre Doriole. À la mort de Varye en 1469, Doriole reprend l'affaire, sur ordre du roi, quitte à devoir épouser la veuve, Charlotte de Bar, et à se charger du paiement des dettes et du recouvrement des créances du défunt.

Les Galées de France, c'est la succession de Jacques Cœur, et c'est le trafic en Méditerranée, le trafic avec l'Orient. Dans le même temps, il est une marine du Ponant. Elle a servi lors de la reconquête de la Normandie et de la Guyenne : il fallait assurer la liaison entre Bayonne, Bordeaux et La Rochelle d'une part, Rouen d'autre part, et cela sans dépendre de la marine bretonne ou de la marine anglaise. Louis XI en confie donc la direction à deux personnages qui s'adonnent normalement à la course. Le Gascon Coulon est un administrateur. Le Grec Bissipat est un navigateur. Leurs entreprises maritimes seront courtes.

Vers 1470, alors que Jean de Beaune a fortifié sa position reconquise et que Pierre Doriole vient de reprendre les Galées de France, Louis XI forme avec eux et en s'appuyant sur eux un projet de grande ampleur, à l'image de ce qu'a tenté jadis

Jacques Cœur : faire du royaume de France une puissance économique à l'échelle de l'Europe.

Entre l'affaire de Péronne, qui date de 1468 et qu'il faut faire oublier, et l'ultime tentative anglaise à laquelle mettra fin en 1475 le traité de Picquigny, le roi se sent les coudées plus franches. En France même, il ne craint plus guère les princes, auxquels l'échec du Bien public a fait mesurer les limites de leur solidarité face au roi. En Bretagne, le fils d'un marchand drapier de Vitré, Pierre Landais, gouverne les finances du duc et en profite pour faire sa fortune propre. Faisant naviguer sur l'Atlantique, il commerce avec l'Espagne, le Portugal et l'Angleterre. Pour ses malversations, il sera pendu en 1485. Quinze ans plus tôt, receveur général et trésorier des guerres du duc, il est à l'apogée de sa puissance. Parce qu'il tient à ses affaires commerciales, il se garde de pousser le duc à l'hostilité envers la France. Pour Louis XI, la grande préoccupation qu'était le risque d'une guerre avec la Bretagne s'est largement estompée.

Le seul souci demeure la Bourgogne. Les campagnes sur la Somme n'interdisent pas de concevoir un projet économique et, le risque principal étant celui d'une collusion entre le Téméraire et l'Anglais Édouard IV, Louis XI trouve un avantage politique à placer ses pions en Angleterre. Ayant refait ses forces en France, Warwick va en octobre 1470 replacer sur le trône d'Angleterre un Henri VI qui feint d'oublier qu'il a été jadis sacré roi de France et qui est à la fois le cousin de Louis XI et le gendre du roi René. Comme le Téméraire est lui-même le beau-frère d'Édouard IV, le roi naguère « fait » par Warwick et maintenant écarté par celui-ci, la victoire de Henri VI passe sur l'instant pour une victoire française en Angleterre, donc pour un échec bourguignon. On peut en attendre un relâchement des relations commerciales entre l'Angleterre et le Brabant. Les marchands anglais devraient se faire rares à Anvers. Il convient d'en profiter.

L'occasion s'offre ainsi de constituer enfin cette aire maritime française que Jacques Cœur n'a pas su imaginer. Il y a, en Languedoc, les fortes positions des Galées de France. Limité par le succès de Lyon et des routes alpines dans les débouchés que semblerait lui offrir la voie rhodanienne, le trafic maritime de l'Orient, qui a ses têtes à Montpellier chez le roi et à Marseille chez le roi René, trouverait tout son sens s'il se poursuivait vers l'océan et vers l'Angleterre. On ne peut oublier la forte implantation de Pierre Doriole à La Rochelle, ville dont il a été maire comme avant lui son père. Mais La Rochelle, comme Bordeaux, est à Charles de France. Quant à Nantes, dont la géographie ferait tout naturellement le port de la Touraine, Louis XI n'y peut pas compter. Nantes est la capitale du duc de Bretagne, et celui-ci est tout sauf sûr. Négligeant en la circonstance ses ports méditerranéens, Louis XI le dira clairement : « Le roi n'a point autre pays que le pays de Normandie pour port de mer, pour quoi il faut que les foires soient au pays de Normandie. »

Il faut que l'affaire soit menée rondement. On dira avec quelle rapidité il a, dans l'été de 1470, mis au travail les soyeux appelés à Tours. Il s'agit, à l'évidence, d'approvisionner un nouveau trafic. Les choses semblent s'arranger quand, en 1472, la mort de Charles de France rend à Louis XI Bordeaux et La Rochelle. Bordeaux commerce avec l'Angleterre, qui achète du vin gascon et du fer espagnol et qui vend des draps, mais aussi, quand la situation politique le permet, avec les ports bretons, avec Bayonne et avec les ports de Castille et du Portugal.

De longue date, Rouen et Dieppe étendent leurs relations maritimes jusqu'à l'Angleterre, voire à l'Écosse, à la Bretagne, à la Guyenne et aux places de la mer du Nord, voire de la Baltique. Rouen profite à la fois de son ouverture sur la mer et de sa position d'avant-port de Paris pour la redistribution de ses importations et des produits de la pêche vers tout le bassin de la Seine et de ses affluents. En aval, Harfleur est le grand entrepôt de transit pour le sel poitevin et breton, et le retour de la paix lui rend tout son avantage pour la desserte de Paris dont l'approvisionnement en sel par la Loire et le roulage n'était, en temps de guerre sur la basse Seine, qu'un onéreux pis-aller. En 1478, 283 navires auront fait passer par Rouen du sel de Bourgneuf et de Guérande. La même année, 160 navires relâchent à Dieppe.

De toute cette navigation sur l'Atlantique et la Manche, Louis XI ne semble guère s'être vraiment occupé. Quelques privilèges aux ports, quelques exemptions fiscales ne font pas une politique. Alors qu'il ne cesse de favoriser la construction navale et l'exploitation des marchés maritimes en Méditerranée, et alors que son souci des infrastructures fluviales et routières est constant, le roi ne fait rien pour les marines de Bordeaux, de La Rochelle ou de Rouen. Il n'y prête attention que pour s'en servir aux fins de ses affrontements avec l'Angleterre, les Pays-Bas ou même la Bretagne. Autrement dit, il encourage la guerre de course, il réquisitionne des navires pour les armer et il organise par deux fois le blocus des Pays-Bas qui comprend un semblant de monopole pour les navires du royaume. Mais le développement du grand commerce sur les plus longues côtes de France ne lui doit presque rien. Là encore, Louis XI est bien le successeur de Jacques Cœur.

Des industries

Dès les premiers temps du règne, Louis XI s'attache, en les organisant et en les contrôlant, à faire passer de l'artisanat à l'industrie les activités de fabrication. Là encore, il s'agit de limiter les importations et le roi n'hésite pas, à cette fin, devant les grands moyens. Il va recruter des ouvriers spécialisés à l'étranger et leur octroyer des conditions extraordinairement favorables, tant matérielles – salaire, logement – que fiscales. Il organise en même temps un véritable protectionnisme contre les importations capables de concurrencer les nouvelles productions du royaume.

S'il pousse au développement de l'industrie, Louis XI n'est pas sans savoir que la concentration d'ouvriers peut conduire à des mouvements sociaux. L'exemple des villes drapantes de Flandre ou celui de Florence suffit à l'éclairer. Il lui faut encadrer et réglementer, en s'appuyant sur la bourgeoisie et en favorisant l'autorité locale que représentent les corps de ville auxquels, sauf à Paris, il délègue toute la juridiction du travail. Il prend des mesures préventives. Il force plus ou moins les métiers à s'organiser en métiers jurés, donc contrôlés. Il réduit cependant les prérogatives de cette aristocratie artisanale que sont les métiers jurés et il se constitue une clientèle en usant, plus que ses prédécesseurs, du droit qu'il a de créer, dans certains métiers, des maîtres sans les soumettre à l'obligation du chef-d'œuvre. Dans les rares villes où existent des milices, il oblige aussi les métiers à se former en bannières pour répondre à l'occasion aux convocations. Les rassemblements de « gens mécaniques » sont interdits s'ils dépassent l'effectif de neuf personnes. Louis XI souhaite une industrie française. Il ne veut pas reproduire en France le modèle de ces grandes villes industrielles qui, comme en Flandre Gand, sont en perpétuelle insurrection.

Soucieux de l'économie dans l'ensemble du royaume, le roi ne peut négliger ce qui lui est le plus proche : il y va de la paix dans ce qui commence de ressembler à une capitale, Tours. Prospérité des notables et plein emploi des salariés sont les bases de l'ordre social, garant de la tranquillité politique. Il faut tenir compte d'un marché de consommation dont le niveau s'est élevé, et toutes les activités qui gravitent autour d'une cour royale, même si celle-ci n'est pas fréquentée par les princes et les archevêques comme l'était le Paris du siècle précédent, s'accroissent de manière très naturelle. Des orfèvres aux pourpointiers et des fournisseurs d'épices précieuses aux vendeurs de poissons rares, certains commerces profitent plus ostensiblement que d'autres de ce nouveau marché, mais les métiers de moindre prestige – ceux de la construction, par exemple – trouvent également leur compte à la concentration d'hommes et de capitaux que signifie la présence du roi et de ses officiers. Le roi ne manque pas d'y aider, mettant par exemple 2 000 livres dans une étrange association avec Michau Dauron, chargé des approvisionnements de la cour en draps de laine.

L'essor a commencé dans les années 1450, quand Charles VII a cessé de tenir sa résidence de Tours pour provisoire. Il n'est fait, à ces débuts, que de l'expansion naturelle des activités artisanales et commerciales d'une métropole régionale. Louis XI, au contraire, s'emploie à faire de Tours l'un des pôles d'une nouvelle France économique, donc à y créer une véritable industrie et à y organiser le nœud d'un réseau commercial et bancaire à l'échelle de l'Occident.

De la draperie à la soierie

On commence par ce qui semble le plus normal et le plus facile : la fabrication des tissus de laine. La draperie a fait la fortune des grandes villes flamandes du XIIIe siècle, et elle demeure, en Flandre comme en Italie, l'industrie par excellence. On tisse dans les villes normandes et d'abord à Rouen, mais aussi en Orléanais, en Anjou, en Bretagne, en Berry, en Bourbonnais, en Languedoc. Il y faut des capitaux, des ouvriers et des infrastructures, sans oublier un approvisionnement en laine, en alun et en colorants, et des relations commerciales propres à la conquête d'un marché. Certes, aucune de ces productions n'atteint à la renommée des tissages flamands et brabançons, mais il y a un marché : les villes françaises pour les draps finis, mais aussi l'industrie transformatrice italienne, qui achète des draps bruts en Languedoc pour en faire des produits de luxe. La laine, c'est celle des élevages régionaux, que complètent pour une petite part celle des élevages anglais et pour une grande part celle, de moindre qualité mais moins chère, des moutons mérinos de Castille.

L'un des problèmes majeurs de la draperie, en ces années-là, est l'approvisionnement en alun, ce minéral qui constitue le meilleur mordant pour la teinture des pièces tissées. Jusque-là, on a vécu avec l'alun de Phocée, en Asie Mineure : depuis l'entrepôt de Chio, les Génois le vendaient à toute l'Europe. L'avancée des Ottomans vient, en 1455, de tarir le commerce de l'alun. Chacun en a cherché chez soi et en a trouvé un peu, les Aragonais à Ischia, les Castillans à Carthagène et les Florentins en Toscane. On en trouve à vendre en Algérie et au Maroc, mais il y est rare et cher. L'Europe est sauvée quand, en 1462, on trouve un important gisement à Tolfa, près de Civitavecchia, lequel fera à la fois la fortune du pape qui en est propriétaire et celle des Medici qui en obtiennent la concession. Le roi de France refuse d'abord de s'incliner devant ce qui lui apparaît comme une nouvelle importation. Il se lance dans la prospection. Même si l'on trouve un peu d'alun en Bourbonnais, il faut bien acheter celui du pape. Ce trafic ne fera l'affaire du roi qu'en une occasion : quand, faisant le blocus maritime des Pays-Bas bourguignons et fermant la route aux navires vénitiens, il gênera l'approvisionnement en alun des villes drapantes de Flandre et de Brabant.

Le roi et ses conseillers semblent avoir surestimé la capacité de décréter la naissance d'une industrie. La draperie fait travailler sur le même produit une dizaine de corps de métiers différents, et ce pour une vingtaine d'opérations successives. Il y faut un financement d'ensemble, une coordination de la chaîne technique et une direction capable d'orienter la production à raison de l'évolution de la demande. Tout cela s'improvise mal.

Le roi portait surtout son attention sur le maintien de la qualité et l'action menée par les métiers pour limiter la fraude. Autant dire qu'il s'employa à normaliser, de ville à ville, les règlements qui régissaient la production. Comme en d'autres matières, il fit là montre du plus grand pragmatisme, interdisant en bien des villes le moulin à fouler qui casse les fibres en même temps que les prix de revient, mais l'autorisant à Arras pour les draps de qualité inférieure afin de ne pas multiplier le chômage qui résulte de cette modernisation. Le développement du tissage supposa parfois la venue de techniciens compétents, capables de former des ouvriers pris parmi les chômeurs. Pendant qu'un tisserand nommé Robin Coquin allait à Rouen chercher des modèles de tissage, tout était mis en œuvre pour faire venir à Tours les spécialistes que l'on pensait trouver dans les grandes régions de draperie qu'étaient la Normandie, l'Anjou et la Bretagne. On annonça des franchises et deux ans de logement gratuit pour qui se présenterait. Quelques désœuvrés et une quinzaine de curieux vinrent voir, s'informèrent des salaires proposés et constatèrent que, à l'exception d'une teinturerie, aucun équipement n'était en place. Devant un échec patent, le roi se lassa.

L'idée d'une grande industrie drapière revint à la faveur d'un incident fortuit : la rébellion d'Arras. En 1479, Louis XI se prit à nouveau du désir de créer de toutes pièces un centre industriel voué à la draperie de laine. Celle-ci était dans les traditions d'Arras, mais il n'y avait plus d'Arras. Après avoir puni la ville et expulsé les Arrageois, force était donc d'organiser une immigration. Le 2 juin, le roi décida qu'on prélèverait en chaque ville des marchands et gens de métier. Il fallait trois mille artisans et trois cents marchands riches d'au moins mille écus et prêts à les investir sur-le-champ.

On commença par les artisans. Les corps de ville durent envoyer des députés à cinq assemblées régionales qui se tinrent à la mi-juin. Rentrés chez eux, les députés dûment instruits de ce qu'attendait le roi firent leur travail, quand ils ne s'en déchargèrent pas sur les maîtres des métiers organisés : il fallait désigner les trois mille gens de métier, capables de partir d'urgence avec leur outillage, en veillant à la diversité des compétences. Les exigences allaient de trois cents artisans pour Paris à cinq pour Nîmes. On trouva quelques volontaires, on désigna d'autorité les autres, quitte à leur promettre une prime. Les agents du roi eurent parfois, dans cette désignation, la main lourde. À Paris, l'ambassadeur milanais vit partir les artisans en pleurs. En Auvergne, le gouverneur Jean de Doyat garda de l'exercice une impopularité qui devait lui coûter cher. Quant aux Lyonnais, qui n'avaient pas chez eux une main-d'œuvre propre à l'industrie drapière, ils se virent obligés d'acheter des artisans en Normandie. Des hommes d'affaires firent fortune en procurant aux villes qui n'en trouvaient pas les spécialistes exigés par le roi.

Il s'agissait bien de peupler une colonie : le roi attendait des hommes mariés, chacun avec sa femme et ses enfants. Les femmes enceintes étaient les bienvenues. Comme on se méfiait des disparitions en cours de route, on fit convoyer les artisans par des soldats. À la mi-août, tous étaient arrivés. Les officiers royaux leur firent passer un examen et en renvoyèrent quelques-uns, car bien des villes avaient jugé bon de se débarrasser ainsi d'indésirables, parfois en payant la complaisance des commissaires royaux. Il fallut aussi refuser des femmes sans grand métier, qui s'étaient désignées elles-mêmes pour fuir leur mari. On attribua les maisons, on paya les primes.

Les choses furent moins aisées pour les marchands. Personne ne voulait partir, et surtout pas les riches. Ceux-ci ne rechignaient pas, en revanche, à investir dans l'affaire : il y avait à Arras des occasions à ne pas laisser passer. Les gros marchands s'associèrent donc, firent des bourses communes, constituèrent des sociétés. Puis ils désignèrent l'un ou l'autre de leurs facteurs ou de leurs associés de rang modeste. Chacun se mit en route avec du numéraire, mais aussi avec des marchandises : on vit ainsi converger vers Arras des chariots encombrés de vin et de cidre, de harengs saurs et de viande salée, de beurre et de graisse d'oie. D'autres emportaient du drap de laine, de la bonneterie, de l'outillage.

Les faire venir était difficile, les garder dans une ville préalablement ruinée l'était plus encore. Ils se plaignirent de la misère, du ravitaillement, des affaires qui tardaient à se nouer. Les villes durent envoyer des commissaires pour effectuer, comme on le faisait pour les compagnies de soldats, une revue des effectifs et une vérification des présences. Il fallut remplacer ceux qui avaient disparu. Pour les villes, la préoccupation ne cessait pas.

La Normandie voisine avait envoyé plus de gens que nécessaire. Cent vingt familles se plaignaient d'être en trop et de manquer de tout. On risquait de les voir repartir. « Obstant que en icelles n'y a aucuns ouvriers de draperie », les villes du Languedoc en avait fort peu envoyé. En juin 1482, le roi tenta une péréquation. Les villes défaillantes eurent à subvenir aux besoins des Normands en surnombre.

Le manque de femmes se faisait cruellement sentir, non seulement dans la vie courante, où ce monde de célibataires ne cessait de gémir, mais dans l'activité artisanale, où l'on manquait des compétences propres aux femmes. Les nouvelles demandèrent la permission de faire appel aux anciennes, notamment pour enseigner la fabrication des sayettes. Le roi rétorqua brutalement qu'il n'était pas question de garder à Franchise « homme ou femme du pays ». En gros, les nouvelles Arrageoises n'avaient qu'à se débrouiller pour apprendre toutes seules.

Le dirigisme économique suivit le peuplement autoritaire. Chargé d'organiser le développement de la ville, Jean Briçonnet opta pour une unique activité, la draperie, avec ses deux industries dérivées, la sayetterie et la tapisserie. Bien des villes déclarèrent ne pas trouver les spécialistes exigés. D'autres trouvèrent là le moyen de donner de l'emploi à des ouvriers sous-employés. Pour le financement, on créa des compagnies au capital de cinq mille écus. Tout était en place au printemps de 1482.

Le succès fut limité. Les travailleurs forcés ne firent montre d'aucun zèle. Les produits de la draperie arrageoise étaient chers, et de qualité variable. Vainement Louis XI, toujours soucieux du détail, fit-il nettoyer le cours de la Scarpe pour que les ateliers soient alimentés en eau propre. C'est également en vain qu'il tenta d'obliger les villes de son royaume à acheter les draps de Franchise, que l'on crut valoriser en les scellant d'un plomb marqué de l'initiale F. Malgré tous les efforts de Briçonnet, la résistance fut générale. Il en résulta des procès.

Le développement de la soierie est une tout autre affaire. Jusque-là, les tissus de luxe que sont les soieries, souvent mêlées de fils d'or ou d'argent, étaient importés, ce qui faisait avant tout la fortune des compagnies commerciales italiennes. Il en venait d'Orient, d'Égypte comme des villes de la mer Noire, mais l'essentiel de la production européenne sortait des ateliers toscans, ceux de Lucques en premier lieu. Comme naguère Jacques Cœur cherchant à se passer des intermédiaires italiens, Louis XI entend faire de la France un pays producteur. Il suffit, pense-t-il, de taxer les importations et de créer à la fois des élevages de ver à soie et des ateliers de filature et de tissage.

À ses débuts la politique industrielle du roi ne va pas plus loin : « obvier à la grande vidange d'or et d'argent ». Au contraire de tant d'autres qui, au fil des siècles, ont développé des productions aux fins de leur train de vie, Louis XI n'a aucun intérêt personnel à la soierie. Il ne pense ni à son vêtement ni à celui de ses proches, mais à son commerce extérieur. Le développement de la soierie française n'est qu'un moyen de lutte contre les exportations de numéraire. Dès son avènement, il a taxé toutes les importations de velours, de satins, de damas et de taffetas, et il y a ajouté en 1463 les épices et les drogueries. Constatant qu'il est vain de taxer des produits de luxe que, de toute manière, la clientèle aisée achètera en payant la taxe, il en vient rapidement à l'idée qu'il convient de les fabriquer en France.

On connaît l'attachement du roi à Lyon : c'est le fruit des collaborations qu'il a trouvées dans la ville des deux fleuves au temps de sa retraite en Dauphiné. Autant dire que Louis XI ne se force pas pour encourager et faire aider par le lieutenant du sénéchal, Jean Grand, les fondateurs d'un tissage de soieries qui entre parfaitement dans sa vue protectionniste de l'économie française. N'a-t-il pas déjà taxé les importations ? Mieux vaut, écrit-il en décembre 1466 aux Lyonnais, produire qu'acheter aux Italiens. « À l'occasion de ce qu'il convient aller quérir et faire venir hors de notre royaume les draps d'or et de soie, est chacun an tiré hors d'icelui la somme de quatre à cinq mille écus d'or ou environ. »

Mais on ne peut souffler le froid et le chaud en même temps. Lorsqu'à partir de 1463 il a mis en œuvre toute la force royale pour développer les foires de Lyon, le roi n'a pu interdire qu'on y fasse venir les denrées du plus haut prix. On ne peut créer des foires et les priver de tout objet. Dorénavant, on y vendra donc les produits de l'industrie lyonnaise, non ceux de l'italienne. Avec quelque hypocrisie, Louis XI ajoute à son propos un objet social : donner du travail à quelque dix mille « oiseux », parmi lesquels il cite pêle-mêle les gens d'église, les nobles et les « femmes de religion », comme si tout ce monde allait se muer en soyeux.

C'est en 1466 qu'est créée à Lyon une manufacture. La ville se trouve tout naturellement sur la route commerciale des soieries italiennes. Si la route existe, le marché semble assuré. À l'initiative d'entrepreneurs lyonnais, des ouvriers lombards et vénitiens s'y sont déjà établis pour y travailler la soie grège, cette matière première brute que peuvent fournir les magnaneries de Provence et de la vallée du Rhône. Leur entreprise connaissant des difficultés, ils se tournent vers le roi. Jean Grand plaide leur cause.

L'appel des entrepreneurs lyonnais est une occasion à ne pas manquer. Le roi charge de l'affaire Guillaume Cousinot. Celui-ci n'a pas la tâche facile. Grand dispose de sept ouvriers. Un soyeux de Gênes connu sous le nom de Pierre Perroquet est embauché comme maître d'œuvre, à la fois chargé de former les ouvriers et de commander en connaisseur la soie grège. L'équipement est rudimentaire : une chaudière, un moulin. À juste titre, nul ne croit le roi quand il prophétise que dix mille Lyonnais y trouveront rapidement à s'activer.

Une contribution – 2 000 livres pour l'année 1467 – imposée à Lyon fournira le salaire des ouvriers qui viendront du dehors et de ceux qui construiront les moulins, les chaudières et tout l'outillage. En mars 1469, le roi demande aux Lyonnais de prêter à Grand et Perroquet l'argent dont ils ont besoin, les assurant que le prêt sera remboursé. Les Lyonnais, semble-t-il, mettront quelque mauvaise volonté à porter le poids financier de l'affaire : ce qui leur importe, ce sont les foires, non l'industrie. Le roi est obligé de manier la menace.

> Autrement, nous prendrons tel parti aux foires dont naguère avons eu requête, que nous fournirons audit ouvrage sans aucun coût ni dépense... Faites-y telle diligence que les dessusdits maître Jean et Perroquet n'aient cause de retourner ou envoyer par-devers nous.

On ne saurait mieux dire que les responsables de la soierie se plaignent des Lyonnais. Les marchands italiens de Lyon sont naturellement hostiles. Les importateurs français de soieries italiennes ne le sont pas moins, et ils tentent de « pratiquer » les ouvriers, autrement dit d'acheter leur départ.

Mais ces mesures demeureront économiquement vaines : les importations continueront tant bien que mal, et la soierie lyonnaise végétera. Les Lyonnais sauront enrayer le courroux royal : lorsque Louis XI les remercie du « présent » qu'ils lui ont envoyé et de la diligence qu'ils ont faite pour obéir à ses volontés, non sans les assurer de l'intérêt qu'il continue de porter à leurs foires, c'est que les envoyés lyonnais chargés de ranimer cet intérêt ont offert au roi 600 écus.

Tout Lyon change d'avis quand, le 1er février 1470, Macé Picot, trésorier de la sénéchaussée de Nîmes mais surtout homme à tout faire de Pierre Doriole, vient prélever au nom du roi dix-sept d'entre les soyeux qui se sont tant soit peu multipliés. Il s'agit de les établir à Tours. Les Lyonnais comprennent qu'ils vont perdre l'industrie naissante sans rétablir pour autant leurs importations.

À Tours, la draperie a échoué et l'artillerie est, on le verra, prospère, mais rien de tout cela n'est novateur. C'est au contraire une grande nouveauté que l'introduction, en 1470, de la soierie. Comme toute innovation, la chose n'ira pas de soi, mais rien n'est improvisé. Alors même que Tours n'a encore aucune fabrique de soierie, Jean de Beaune a, comme par hasard, en magasin pour mille écus de soie grège : exactement ce que le roi lui demande de fournir sur-le-champ aux nouveaux ouvriers.

Deux maîtres tisserands et quinze ouvriers filatiers, pour la plupart des Génois et des Florentins, arrivent à Tours au printemps. Ils y ouvrent deux ateliers. Un maître teinturier organise une unique teinturerie. Ils ont emporté moulins à dévider, métiers à tisser et chaudières, dont le transfert de Lyon à Tours est mis à la charge des Lyonnais, lesquels ne peuvent refuser de payer ainsi les privilèges de leurs foires. Lyon a renâclé contre l'implantation de la soierie. On lui fait payer son départ. Il restera à Lyon trois ouvriers. L'épisode est clos.

À cette nouvelle industrie tourangelle, dont Pierre Doriole pilote les débuts, le roi donne des privilèges qui suscitent bien des jalousies. Comme naguère à Lyon, il exige que la ville finance l'installation par une subvention de 1 200 écus, ce qui met le maire Jean Briçonnet en mauvaise humeur et crée l'effervescence chez des bourgeois : pas plus que naguère les Lyonnais, ceux-ci ne voient l'intérêt de cette nouveauté. Il faut faire donner la force pour que les ouvriers puissent s'installer dans la maison qu'on leur a allouée et qu'occupaient des drapiers. La résistance cessera quand le roi annoncera qu'il prend à sa charge les pertes éventuelles. Les débuts sont donc modestes, mais le schéma semble efficace.

En un an, on fabriquera neuf pièces de velours, trois de satin, une de damas. On les vendra 728 livres : le tiers du prix de revient. Mais il ne s'agit que d'un commencement. Louis XI voit grand. Il parle même quelque temps de créer une compagnie au capital de 6 000 écus. Il y renonce mais fait payer 2 000 écus par la ville. En 1472, on produit 215 aunes de soierie, qu'on a encore quelque peine à vendre. Bref, l'affaire reste déficitaire, et les bourgeois demandent à haute voix pourquoi on loge aux frais du roi des gens qui ne servent à rien et sont, de surcroît, exemptés de toutes les charges pesant normalement sur les habitants.

Le roi s'entête. Il fait venir de nouveaux ouvriers. Ils sont exemptés du droit d'aubaine, ce qui leur laisse la possibilité de disposer de leurs biens au lieu de les savoir menacés de confiscation à leur mort. En 1480, ils sont vingt-sept, dont un Grec et deux Français. Les Italiens forment toujours le gros bataillon. On forme aussi sur place quelques ouvriers français, que l'on paie sur le revenu d'une taxe levée sur les importations de draps d'or et de soie, autrement dit sur la concurrence. Un secrétaire du roi en ses finances, Guillaume Briçonnet, le fils cadet de Jean l'Aîné, est chargé de diriger l'activité des ateliers. Celle-ci se poursuit, sans atteindre pour autant l'ampleur dont à l'évidence a rêvé le roi. Lorsqu'en décembre 1478 il délivre un sauf-conduit à son « teinturier de soie » pour qu'il aille en Italie recueillir une succession, on peut se demander si le soyeux a vraiment l'intention de revenir.

L'idée du roi est rapidement empruntée. En 1474, on trouve des soyeux à Marseille. En 1482, il en est à Rennes. Le succès sera, partout, aussi limité.

Des canons

Pour tout un chacun, la métallurgie, c'est d'abord la fabrication des outils et ustensiles. Des charrons aux couteliers, on trouve tous les artisanats de transformation dans chaque ville de quelque importance. Le roi, lui, pense à l'armurerie. Ses artisanats sont de tradition dans quelques villes, à Paris, à Lyon, à Rouen. Ils commencent de prospérer à Tours au temps de la guerre, largement favorisés par la présence d'une clientèle aristocratique, d'une garnison et de la garde écossaise, auxquelles il convient d'ajouter les compagnies de l'ordonnance, armées aux frais du roi et donc par les artisans qu'il choisit. Autre atout, qu'on ne peut négliger : la modernisation de l'armement, et en premier lieu l'essor d'une artillerie à feu qui a suffisamment fait ses preuves dans la dernière phase de la guerre contre l'Angleterre. Pour ne l'avoir pas compris, le vieux Talbot a, en 1453, au sens propre, mangé la poussière à Castillon. Il n'est plus, dans les années 1450, une expédition en armes qui se fasse sans quelques légères couleuvrines, voire quelques bombardes et canons de gros calibre. En 1471, force est encore de s'approvisionner chez les fondeurs de Lyon.

Au voisinage de Tours, des cours d'eau relativement réguliers peuvent animer les soufflets et les moulins à marteler des ateliers de métallurgie que les forêts d'alentour approvisionnent en bois. Le minerai normand ne fait pas défaut. Mais créer une industrie ne se peut sans des techniciens. Un modeste boutiquier peut, en quelques années, se muer en négociant. Un ouvrier chaudronnier ne devient pas armurier ou typographe. Des Allemands et surtout des Lombards s'étaient déjà installés à Tours au temps de Charles VII. À Tours, les artisanats de finition satisfont donc la demande en armes individuelles et armures. Pour la cavalerie lourde, on fabrique des harnois, des armures de guerre complètes et des cuirasses légères comme les haubergeons et les brigandines. Louis XI n'a donc qu'à profiter de la réputation de la place. Il s'y emploie dès son arrivée, faisant recruter en France et en Lombardie armuriers et brigandiniers, fourbisseurs et haubergeonniers. Le roi lui-même s'inscrit parmi les employeurs : il nomme dans son hôtel quatre armuriers et douze brigandiniers.

Profitant parfois des circonstances, Louis XI intensifie le recrutement d'ouvriers déjà formés. Les circonstances, ce sont très simplement les répercussions des visées territoriales du Téméraire sur les pays du Rhin et de la Moselle. Bien des Alsaciens, bien des Rhénans, bien des Liégeois se laissent volontiers attirer par les perspectives de promotion qu'offrent les vues du roi. Un compagnon devient plus aisément maître en s'expatriant. Les immigrants reçoivent des privilèges fiscaux et des exemptions. Si toute l'expansion industrielle de la France de Louis XI ne tient pas à ces circonstances, elle en profite largement. Un strict contrôle de la qualité assure la notoriété des produits. Le tout récent maire de Tours – Jean Briçonnet l'Aîné a été nommé en 1462 – en est rendu responsable.

Le succès sera, là, à la mesure de l'effort. Chaque année, il sort des ateliers de Tours plusieurs centaines d'armures complètes et autant de brigandines. Très loin devant ceux de Rouen ou de Clermont-Ferrand, le poinçon de Tours vaut sur le marché celui de Milan. À Paris, pendant ce temps, ne subsistent guère que quelques « artilleurs » qui fabriquent arcs et arbalètes, et quelques « fourbisseurs » qui suffisent à l'entretien et à l'affûtage routinier des épées et des couteaux. En 1467, le roi décide de renforcer l'artisanat de la capitale : il envoie quatre brigandiniers de Tours s'installer à Paris.

La production de Tours répond en partie aux demandes d'une clientèle aristocratique liée à la présence de la cour : les belles épées et les dagues se vendent bien. Le point faible de l'affaire, c'est que cette production ne peut équiper toute l'armée en épées et en couteaux, en piques à la française et en hallebardes à l'allemande, en armures et en brigandines. Les armuriers de Tours ne sauraient fournir à dix-huit compagnies de cent lances, soit à plus de cinq mille combattants. Plus de vingt villes seront requises pour la fourniture, en 1480, de la forte commande nécessaire à l'équipement du « champ » de Pont-de-l'Arche.

On se trouve donc bien des importations de Lombardie, voire d'Allemagne, et les marchands – ceux de Lyon en particulier – ont leur intérêt au trafic des armures milanaises. Celles-ci se vendent sur toutes les grandes foires, et les marchands de Paris ou même de Tours ne dédaignent pas d'en importer par centaines. À Paris même, on vend aussi par dizaines les excellentes épées de Solingen.

Les mêmes raisons et la même politique font la fortune de l'artillerie, c'est-à-dire de la fabrication des tubes de l'artillerie nouvelle. Il y a déjà des canonniers – on appelle ainsi les fondeurs de canons – et même des canonniers du roi à Tours dès les premières années du règne de Charles VII, et ils ont joué un rôle décisif pour les campagnes de la reconquête. Louis XI développe ainsi en plusieurs villes la production de canons et en particulier de grosses bombardes, mais aussi d'arbalètes de siège. Il fait venir ou accueille – à Tours, mais aussi à Reims – des fondeurs étrangers comme ces métallurgistes de Liège et de Dinant qui, on l'a vu, fuient le Téméraire après 1468.

Là encore, la capacité de production de Tours excède le marché local mais ne suffit pas à satisfaire au réarmement permanent de l'armée, dont il faut penser qu'à côté des armes nouvelles – des bombardes plus grosses, des couleuvrines plus légères, des chariots et caissons plus maniables – elle doit pourvoir au remplacement de pièces toujours fragiles, qui se brisent dans les transports ou explosent lors des tirs. Tours partage donc le marché avec d'autres centres de métallurgie différenciée. Lorsqu'en décembre 1477 le roi commande en une seule fois douze grosses bombardes, les villes de Tours, Paris, Orléans et Amiens en fournissent chacune trois.

Il n'est pas besoin de mesurer les besoins de la métallurgie tourangelle pour se soucier de l'approvisionnement en métal. Jacques Cœur, déjà, avait mis la main sur bien des sites miniers. Alors que, avec ceux de Normandie, les principaux gisements de fer sont ceux des Alpes, son intérêt pour Lyon et son expérience du Dauphiné concourent pour que Louis XI y porte attention. Mais son désir d'organiser lui-même la vie économique conduit le roi à une véritable étatisation de l'exploitation minière. En novembre 1471, il charge le maître général des mines, qui n'est jusque-là préposé qu'à percevoir le droit du roi, d'organiser le contrôle sur les exploitations et de se substituer aux seigneurs qui ne prospecteraient pas eux-mêmes. Autant dire que, si les seigneurs demeurent maîtres du sol, ils ne le sont plus tout à fait du sous-sol. Promu maître général, Guillaume Cousinot activera la prospection. Ce sera en vain : la France se révélera pauvre en gisements.

On sait que l'imprimerie est, pour une large part, fille des améliorations apportées à l'affinage des métaux. Faut-il donc la tenir pour l'une de ces industries qui tendent à faire de la France de Louis XI une puissance économique ? C'est douteux. L'innovation qui résulte des expériences menées à Mayence par Gutenberg et ses compagnons n'apparaît en France que comme un petit artisanat, on pourrait dire une curiosité. L'imprimerie apparaît à Mayence en 1450, à Strasbourg en 1460. En France, elle est l'un des fruits de la reconstitution des sociétés urbaines et de la restauration des économies locales après la tourmente de la guerre. On ne saurait dire qu'elle n'a pas quelque chose de commun avec cet essor de l'armurerie que l'on doit, dans les mêmes années, à l'arrivée d'artisans allemands. Car l'imprimerie, c'est évidemment l'invention de génie qui fait des caractères mobiles le moyen d'une purification de l'art des copistes, et c'est bien ce que voient ceux qui, en 1470, installent en Sorbonne les premières presses, mais c'est aussi le triomphe d'une métallurgie capable de réaliser de nombreux exemplaires du même poinçon sans les dénaturer. Si elle est prise au sérieux, c'est cependant par les milieux qui n'ont rien à voir avec la politique économique. L'invention de Gutemberg ne saurait apparaître à Louis XI comme un moyen de limiter quelque importation que ce soit. Or c'est cela qui l'intéresse.

Affrontements pour des foires

Les grandes foires, les « foires générales », sont encore nombreuses dans la France des années 1460. Mais bien des petites ont disparu pendant la guerre de Cent Ans, et les hommes d'affaires marquent leur préférence pour les places stables comme Paris, Montpellier ou Rouen. Déjà chancelantes au début du XIVe siècle, les six foires de Champagne sont mortes : malgré un illusoire rétablissement par Charles VII en 1445, elles ne peuvent lutter contre la concurrence de Paris, les marchands étrangers ayant compris dès le XIVe siècle qu'ils trouvaient meilleur compte à une place unique qui est, de surcroît, le lieu où circulent les hommes, les capitaux et l'information. C'est en ville et à longueur d'année – aux Halles pour les draps et les toiles, en place de Grève et sur les ports en Grève pour le vin, le poisson et le bois, dans les boutiques pour les produits de luxe de la mercerie et de l'épicerie – que se nouent et se dénouent les affaires et que se font les trafics. La foire du Lendit, qui se tenait en juin dans la plaine voisine de Saint-Denis, ne retrouve pas son rayonnement du XIVe siècle : si elle est encore fréquentée par les marchands de Normandie, de Picardie, de Flandre française et de Champagne, on n'y voit plus ceux de la France du Midi, et encore moins les étrangers. Aux portes de Paris, la foire Saint-Germain-des-Prés devient une attraction plus qu'un lieu de transactions.

En Languedoc, les foires de Beaucaire, de Pézenas et de Montagnac sont encore fort actives, mais les grandes places commerciales sont Montpellier et Marseille. On ne vient plus à Chalon, comme au début du siècle, du Brabant comme d'Auvergne et de Normandie pour profiter d'un carrefour fluvial et routier entre la Méditerranée, les routes du Jura et des Alpes, et celles de Champagne, de Paris et du Nord. À Bordeaux, à Angers, à Bourges, à

Clermont, à Lille, les foires ne dépassent que peu le niveau régional. Hors du royaume, en revanche, on ne peut négliger quelques grandes foires de rayonnement international, comme celles de Genève et, dans les Pays-Bas bourguignons, celles de Bergen op Zoom en Hollande et d'Anvers en Brabant. De nouvelles foires apparaissent même, à l'initiative des princes : ainsi celles que crée à Pau en 1464 Gaston IV de Foix.

Tout au long de son règne, Louis XI poursuit la politique de son père, qui consiste en des créations que sollicitent les villes et en des privilèges qui rémunèrent les fidélités et les subsides. Le geste est délibérément politique comme lorsque, après l'affaire du Bien public où Bourges lui a fermé ses portes pendant qu'Issoudun lui demeurait fidèle, le roi crée des foires à Issoudun pour aider cette ville dans sa concurrence avec Bourges. La motivation politique n'est pas moindre quand, en 1471, il crée une foire à Amiens. En 1472, le roi accorde aux Parisiens le rétablissement de la foire Saint-Denis, mais il en limite la durée à une semaine en octobre, alors qu'au siècle précédent elle en durait quatre. En mars 1483, il ressuscite la foire de Saint-Germain-des-Prés, mais il la place au début d'octobre, en concurrence avec la foire Saint-Denis, mais surtout avec la foire rouennaise de Saint-Romain dont la réputation n'est plus à faire. Charles VIII devra la transférer en novembre, puis en février.

Ce qui est nouveau, c'est que quelques foires redeviennent ce qu'ont été les grandes foires des XIIe et XIIIe siècles, un outil essentiel de la politique économique et un enjeu majeur sur la carte des relations commerciales à longue distance. La fonction périodique de la foire se combine maintenant avec la fonction permanente de la place : les grandes villes entrent en jeu.

Dès ses débuts, Charles VII a montré son intérêt pour un développement de la place commerciale de Lyon. En 1420, alors que, encore dauphin, il est déjà maître de la moitié sud de la France, il crée à Lyon deux foires franches, l'une à Pâques, l'autre en novembre. Il ne s'agit pas de remodeler une carte mais seulement de récompenser les Lyonnais de leur fidélité. En 1444, Charles VII augmente la durée de ces foires et en crée une troisième, en été. Louis XI fait montre d'un intérêt encore plus vif. Il n'a pas oublié les services financiers que lui ont rendus, au temps de son séjour en Dauphiné, les milieux d'affaires lyonnais. Ceux-ci ont, de surcroît, trouvé d'excellents interprètes auprès du nouveau roi. Quelques libéralités à Jean Bourré, à Louis de Crussol, à Imbert de Batarnay, à Macé Picot et à Jean de Bourbon ouvrent les oreilles du roi aux ambitions lyonnaises. Moyennant 500 écus, le roi confirme en octobre 1461 les trois foires de Lyon.

Le 25 octobre 1462, le moteur politique prend une autre couleur, alors que Genève soutient la rébellion de Philippe de Bresse. Une guerre économique s'ouvre : Louis XI interdit à ses sujets de fréquenter les foires de Genève. Or Genève est la plaque tournante des trafics entre l'Allemagne, l'Italie, la Savoie et la Bourgogne. Le roi interdit même aux marchands étrangers de faire passer par la France des marchandises destinées à Genève, ce qui le conduira à indemniser le financier lyonnais qui a malencontreusement pris à ferme pour six ans la perception des droits établis sur le trafic vers Genève. Louis XI en profite pour autoriser le cours à Lyon de toutes les monnaies étrangères. Et, pendant qu'il y est, il crée, le 8 mars 1463, une quatrième foire.

L'hostilité est délibérée : les foires de Lyon se tiendront aux mêmes dates que les foires de Genève. Et, dans une lettre aux Lyonnais, le roi précise qu'il s'agit bien d'un transfert. À le lire, on croirait qu'il a autorité pour supprimer les foires de Genève : il a ordonné que « les foires qui se tenaient jusque-là à Genève soient tenues à Lyon ». Il va jusqu'à envoyer ses gens pour publier la chose en Bourgogne et en Savoie.

Même s'il faut accepter à partir de 1466 un rétablissement partiel de la libre circulation, l'interdit ne pouvant être maintenu alors que le roi a déjà besoin de ses alliés suisses contre le Téméraire et que le duc de Savoie soutient maintenant Genève, le succès des foires de Lyon est rapide. Les banquiers italiens se pressent à Lyon dès 1464. En 1466, les grandes compagnies italiennes transfèrent à Lyon les succursales ouvertes à Genève et les Lyonnais interviennent auprès du roi pour le faire revenir sur sa décision quand il accepte le transfert à Genève de deux des quatre foires précédemment tenues à Lyon. En mai 1467, Guillaume de Varye reçoit l'ordre de surseoir à ce transfert. Et le roi assure les Lyonnais, en mars 1468, qu'il « entretiendra » leurs privilèges, tout particulièrement en ce qui concerne les foires.

Conséquence de ce succès, ce qui passe par terre ne passe plus par mer. La route de l'Orient par l'Italie se trouve valorisée par la fortune de Lyon, et ce au détriment du Languedoc, du bas Rhône et de Marseille. Les foires de Pézenas, de Montagnac et de Beaucaire souffrent de la concurrence des routes alpines. Les Galées de France perdent une partie de leur raison d'être. Le roi va donc devoir arbitrer entre Lyon et les villes languedociennes.

La principale victime de la politique royale, c'est Venise. Alliée du pape, hostile à Milan comme à Florence, la Sérénissime n'a guère à espérer des faveurs de Louis XI. Les privilèges qui autorisent en 1463 et 1464 les Italiens à importer en France les épices d'Orient, pourvu qu'ils usent des ports languedociens ou de la voie terrestre, ne bénéficient qu'à Florence, Milan et naturellement Gênes. Principale concurrente, Venise en est exclue en fait, sinon en droit. Quand les Galées de France s'en vont à Alexandrie, c'est directement Venise qu'elles narguent. Quand les Vénitiens tentent, en 1466, de ruiner le commerce des galées françaises en comprimant leurs coûts pour casser les prix de la compagnie de Varye, Louis XI réplique en interdisant aux navires italiens de décharger en Languedoc avant l'arrivée des galées françaises. Puis, comme il lui faut bien faire accepter par le Languedoc le soutien donné à Lyon, il favorise la navigation commerciale des ports méditerranéens du royaume en fermant ceux-ci à tout navire étranger.

Le privilège est cependant une arme à deux tranchants, car les navires français ne sont pas en nombre suffisant pour qu'on puisse se passer des navires italiens ou catalans. Les États de Languedoc font écho, en 1471, au mécontentement des marchands qui ne peuvent exporter, faute de navires. Force est de s'en remettre finalement aux États de Languedoc, et cela d'autant plus que le roi a besoin de leurs subsides. Lorsqu'en 1473 son ami Laurent de Medici demande à Louis XI l'autorisation de faire aborder à Aigues-Mortes une galée florentine, le roi doit demander leur consentement.

Du trafic italien, il ne subsiste jusqu'en 1471 que ce qui échappe aux Vénitiens, la voie terrestre qui, à travers les Alpes, relie la Lombardie à Lyon. À cette date, Doriole obtient pour les galées qu'il a héritées de Varye ce que celui-ci n'avait pu réaliser : l'interdiction pure et simple à tous les étrangers de tout trafic des produits de l'Orient. Aux Lyonnais qui protestent, le chancelier répond vertement qu'il les voit avec peine défendre les intérêts des Vénitiens contre ceux des Français. En clair, il les accuse d'avoir été achetés. La cause des étrangers est d'autant plus difficile à défendre que le commerce ne souffre pas du monopole : la masse d'épices mises en vente à Lyon demeure constante.

Y a-t-il lieu de créer de nouvelles foires ? Le 20 octobre 1470, le roi pose la question aux représentants des villes. Le débat semble avoir été orageux. Sur le principe, il n'y a aucun désaccord, mais on ne peut que se disputer quant au choix des lieux. Cependant que les Parisiens demandent la résurrection de leurs foires, d'autres, comme les gens de Poitiers et d'Orléans, souhaitent qu'on en crée de nouvelles chez eux. Habilement, les Normands proposent Dieppe ou Harfleur, villes fort propres à accueillir les navires italiens ou espagnols au détriment d'Anvers.

Les Lyonnais, qui risquent de perdre les avantages acquis au cours des dernières années, voient là une idée de leurs principaux concurrents. Ils se fâchent contre Montpellier, dont le succès porte un préjudice direct au trafic transalpin, et contre Paris, dont on peut penser que certains veulent y faire renaître une place d'affaires mise à mal pendant la guerre civile mais toujours appelée par l'existence d'un fort marché de consommation. Ils soupçonnent même Tours, dont le maire, Jean Briçonnet le Jeune, et le représentant des marchands, Jean de Beaune lui-même, souhaitent faire, avec le soutien du roi, le centre économique du royaume. Finalement, ce sera la déroute de Lyon. Solidaires contre le monopole lyonnais et satisfaites qu'en définitive on ne parle pas d'une foire à Tours dont, au vrai, la nécessité ne se fait pas sentir et qui concurrencerait la boutique de Jean de Beaune, les villes opinent que deux foires en Normandie seraient justifiées par le besoin. Oubliant ici le Languedoc, le roi l'a dit d'entrée de jeu, il n'a « point autre pays que le pays de Normandie pour port de mer ». On lui suggère Rouen, pour cause de notoriété.

> Semble pour l'assiette desdites foires, le plus convenable lieu être singulièrement es villes de Rouen ou de Caen. Et parce que aucuns desdits marchands n'ont pas été audit lieu de Caen, il leur semble convenable lieu à Rouen pour aucunes raisons par eux alléguées. Néanmoins, l'opinion de tous est de eux remettre du tout au bon plaisir du roi.

Le propos royal est clairement de trafiquer avec l'Angleterre, d'ouvrir un débouché à l'industrie tourangelle et, sans doute, de ne pas devoir tenir compte de la grande bourgeoisie d'affaires de Rouen. Le roi et ses gens préfèrent donc Caen. Comme, pour la plupart, ces braves gens ignorent tout de la Normandie, mal représentée à l'assemblée, on invoque n'importe quelle raison. « La ville de Caen est plus convenable que celle de Rouen pour marchander, car ils sont plus près de la mer que ceux de Rouen, et aussi plusieurs causes alléguées par le roi. »

Pour « mieux faire valoir » les nouvelles foires normandes et ne pas nuire aux autres places, ces deux créations devraient être compensées par deux suppressions... à Lyon.

> La grande multitude des foires est préjudiciable et dommageable aux marchands fréquentant lesdites foires, tant à cause du grand travail des marchands lointains, tant vendeurs que acheteurs, lesquels souventes fois n'ont pas loisir de retourner en leurs maisons et distribuer les marchandises achetées esdites foires pour retourner aux prochaines, par quoi très souvent advient que lesdites foires sont ci très mal assorties de marchandises à cause de la brièveté du temps, comme souventes fois advient à Lyon. Pour quoi leur semble expédient réduire les quatre foires de Lyon en deux, bien fournies et ordonnées, pour mieux faire valoir lesdites foires de Normandie et le Lendit à Paris.

Les intérêts du groupe tourangeau – Beaune, Briçonnet, Doriole – vont dans le sens d'une réduction du rayonnement commercial de Lyon auquel Varye a déjà, de longue date, manifesté son hostilité. Le roi ne l'entend pas ainsi : les clientèles sont différentes, et réduire Lyon ne favoriserait en rien l'implantation des affaires françaises en Angleterre. Il se montre en revanche favorable aux foires normandes : alors que l'évolution politique de l'Angleterre porte un coup très dur aux foires d'Anvers et de Bergen op Zoom, c'est bien là l'objet réel de la réunion de Tours. Pour commencer, il interdit aux marchands de France, de Guyenne et de Bretagne, ainsi qu'aux étrangers qui fréquentent le royaume, d'aller commercer dans les pays de Bourgogne. On applique à la Bourgogne, donc au Brabant, la mesure déjà prise à l'encontre de Genève.

Les marchands tentent alors de fléchir le roi : on pourrait, sans rien acheter, vendre blés et vins de France chez les Bourguignons, et précisément dans ces pays de Flandre, Hollande et Zélande où l'on manque des uns et des autres. Le roi réplique : si les gens des pays bourguignons meurent de faim et de soif, ils n'ont qu'à « s'émouvoir » contre leur duc. Il accepte seulement que les denrées alimentaires soient transportées de l'un des pays du duc en un autre. Il va de soi que le duc ne lui demande pas son autorisation.

Pour ce qui est des foires de Lyon, Louis XI refuse de les pénaliser. Il répond donc qu'il se décidera après avoir entendu le point de vue des marchands étrangers qui s'y pressent : il a tout mis en œuvre pour les y faire venir.

> Le roi n'en veut point délibérer si ce n'est du consentement des marchands étrangers, vendeurs fréquentant icelles. Si lesdits marchands se consentent qu'il n'y eût que deux foires, très volontiers s'y accorderait et ne favoriserait en rien ceux dudit Lyon.

Au début de 1471, une consultation a lieu, à Lyon même. En l'absence du sénéchal François Royer, occupé à des missions diplomatiques, c'est son lieutenant Jean Grand qui préside. Grand est un homme d'esprit ouvert. Il encourage, à la même époque, l'installation à Lyon d'un premier atelier d'imprimerie. Il écoute avec attention des orateurs qui ne manquent pas de le féliciter de son influence, mais aussi de le menacer « afin que, pour faute d'avertissement, ne s'ensuivent les inconvénients dessus dits, autrement lesdits marchands protestent à l'encontre de vous ».

Les étrangers ne prennent pas le change : ils dénoncent les « marchands en gros, puissants et riches » qui ne tendent qu'à « leur propre et singulier profit, en délaissant le bien commun de la chose publique ». Ils nomment les coupables : Paris, Tours,

Orléans, Montpellier. L'argumentation développée contre Lyon est, disent-ils, contraire à la vérité. Et de toucher le roi au point le plus sensible : ils n'ont abandonné Genève que parce qu'on tient quatre foires à Lyon.

> Quand les marchands étrangers n'auront si grande occupation dans le royaume qu'ils avaient dehors, ils seront contraints de fréquenter les foires qui sont hors de ce royaume, ce qui sera en très grande diminution du fait de la marchandise de ce royaume, et avec ce, ce sera la restauration des foires de Genève.

S'ajoutent des arguments techniques. Les petits marchands peuvent commercer en quatre foires, ce qui leur permet d'acheter pour trois mois. Ils n'auraient pas assez d'argent pour « se fournir pour six mois ». On veut donc les obliger à en passer par les marchands en gros, qui « ne cherchent autre chose, fors que manger sur lesdits petits marchands ». Les étrangers rappellent au roi son intérêt, tel qu'ils le voient.

> Mieux est audit seigneur [le roi] avoir en chacune des bonnes villes de son royaume plusieurs marchands communs et de moyen état que d'avoir en une chacune desdites villes trois ou quatre gros marchands et plusieurs petits pauvres et méchants, car il est advenu souventes fois que pour raison de trop grande inégalité étant esdites bonnes villes, s'en est ensuivi et finalement division et discorde...
>
> Il y a plus de petits marchands vendeurs que de riches, lesquels petits marchands vendeurs, s'ils ont puissance de conduire leurs marchandises jusques en cette ville [de Lyon], ils n'auront pas puissance de la conduire jusqu'à Caen. Ainsi seront contraints les petits marchands étrangers à délaisser le train de la marchandise, car ils ne pourront supporter le fait de garder leur marchandise de six mois en six mois et, si besoin est, de la bailler en créance.

On croit rêver quand on entend les acteurs du grand trafic international faire ainsi l'éloge des « méchants », autrement dit des médiocres. On peut même s'amuser en apprenant que Caen est loin de Lyon. Pour les « petits marchands » des bords de Loire ou de Normandie, c'est Lyon qui est loin. Mais on comprend que l'hostilité des étrangers va aux monopoles de fait de quelques grosses compagnies françaises, leurs concurrentes sur les marchés européens. Jean de Beaune et ses semblables sont les premiers visés. Habilement, alors que Louis XI vient d'interroger la marchandise française sur une éventuelle multiplication des foires, les étrangers font l'éloge des foires. C'est flatter le roi.

> Tant que les foires ont été hors de ce royaume, tant à Genève qu'à Anvers, auxquelles les petits marchands de ce royaume ne pouvaient aller, jamais [les grands marchands] ne se sont plaint de la multiplication desdites foires, ni qu'elles n'étaient fournies et assorties, ni qu'ils ne pouvaient y faire leurs paiements. Mais maintenant, quand ils voient que les petits marchands peuvent aisément fréquenter en ce royaume lesdites foires, ils tâchent de tout leur pouvoir à faire ôter deux desdites quatre foires de Lyon.

Le procès d'intention va plus loin. Les étrangers accusent les grands marchands de se satisfaire si Genève reprend de l'activité. Genève est plus loin de Caen que Lyon. Et Genève ruinerait Lyon. « Ils ne se plaindraient pas si audit lieu de Genève il y en avait six. » La cause est entendue. Malgré Beaune et Doriole, le roi maintiendra les quatre foires de Lyon.

Le choix de Caen, que fait Louis XI dès novembre 1470, suffit à manifester l'objectif, qui n'est pas à Lyon mais en Angleterre. Qu'il y ait deux ou quatre foires sur le Rhône n'affecte guère le projet. À peine le principe de la création des foires normandes est-il acquis que s'esquisse l'idée, extraordinairement nouvelle pour l'époque, d'une présentation en Angleterre des produits du commerce et de l'industrie français. Au sens propre, Louis XI veut faire la publicité du nouveau marché que représentent à la fois la production française et la confluence attendue des marchands européens à Caen et Rouen. Alors que l'on négocie avec le gouvernement de Henri VI – et en fait de Warwick – une alliance politique, le roi envisage en décembre 1470 d'adjoindre à son ambassade une mission dirigée par Jean de Beaune et Jean Briçonnet le Jeune. Ceux-ci emporteront en Angleterre pour 25 000 écus de draps d'or, de soieries, de toiles fines et d'épices. Bien sûr, il ne leur sera pas interdit de vendre cette cargaison, mais leur première tâche est de la présenter, de la montrer, de la faire valoir. Secondaire est la vente, essentielle la démonstration. Ce qu'on vendra le sera à bas prix. Il s'agit de convaincre les Anglais, non de faire un profit à court terme. « Ledit seigneur [le roi] les fit évertuer à ce que les sujets d'Angleterre connussent par effet que les marchands de France étaient puissants pour les fournir, comme [pour fournir] les autres nations. »

On a pu parler, sans abuser des mots, d'un projet d'exposition internationale (R. de Maulde) ou d'étude de marché (B. Chevalier). Beaune et Briçonnet ne voient pas aussi loin. Gens prudents, ils remontrent le risque – tempête, mévente – d'un tel convoi. Puis ils partent.

Au printemps, il n'est plus question du marché anglais. Les hommes d'affaires londoniens ont vu le spectre d'une concurrence privilégiée. D'ailleurs, ils se tiennent pour capables de faire venir à leur gré les soieries d'Italie ou d'ailleurs. Menacé de perdre leur appui au Parlement et de les voir soulever contre lui la population, Warwick prend leur parti. Il prie les Français de décamper. Il fera vendre pour 17 000 écus la plupart des produits apportés par les Français et gardera l'argent pour payer ses troupes.

La guerre des Deux Roses aura finalement raison des ambitions commerciales de Louis XI. En mars 1471, Édouard IV reprend le combat avec une armée qui doit tout au duc de Bourgogne et à ses alliés de la Hanse germanique. Le 14 avril, Warwick est tué. Le 4 mai, l'armée de Lancastre est écrasée.

Jean de Beaune a quitté l'Angleterre en catastrophe. Ce qu'il prévoyait est arrivé, mais pour des raisons qu'il n'a pas vu venir. En tout cas, il a perdu en l'affaire 17 000 écus. Sur le retour, des Hanséates prennent à l'abordage le navire sur lequel Guillaume de Beaune, le fils aîné de Jean, rapporte ce qu'on a sauvé du désastre. Le roi se sentira obligé de payer la cargaison perdue et la rançon du malheureux Guillaume. Trois ans plus tard, Jean de Beaune n'aura pas fini de percevoir ce qu'on lui doit. Dire qu'il est mécontent serait un euphémisme.

Les Anglais ont retrouvé leur position à Anvers. En France, l'espoir de concurrencer, voire de ruiner Anvers s'effondre. Privées du marché anglais et gênées par une mauvaise relation naturelle avec le reste du royaume, les foires de Caen végéteront, et leur transfert à Rouen en 1477 n'y changera rien. En plein essor de son grand commerce maritime, Rouen n'en a guère besoin, et ce n'est pas la meilleure place pour exporter les produits de l'industrie tourangelle.

Sans doute poussé par les Languedociens qui ont vu se dérouler sans eux le combat entre les Tourangeaux et les Lyonnais, Louis XI n'en persévère pas moins. Le marché anglais étant durablement compromis et aucun espoir n'étant alors permis du côté des Pays-Bas bourguignons, le trafic méditerranéen reprend de l'intérêt en lui-même. L'échec du parti de Lancastre ne signifie pas nécessairement la fin du « navigage de France ». C'est donc pour ce trafic avec l'Orient qu'est édicté, le 10 avril 1471, le monopole des navires français pour toute importation d'épicerie et de droguerie et pour toute exportation de produits du royaume. À peu de chose près, c'est la reprise de la politique de Cœur et de Varye. Alors que l'expédition en Angleterre vient de tourner au désastre, le roi doit à la compagnie de Beaune une compensation. Elle est de taille.

Le coup est dur pour Lyon. On peut penser que Beaune et ses associés n'ont pas pardonné l'opposition de la cité rhodanienne et de ses familiers étrangers à leur défunt projet. L'essor du commerce maritime, c'est la fortune de Marseille et de Montpellier. Il ne reste à Lyon que le trafic transalpin avec la Lombardie et la redistribution sur l'Est de la France d'une petite part des importations maritimes de produits orientaux. Encore le conflit avec la Bourgogne réduit-il singulièrement l'aire de cette redistribution. Lyon rencontre donc deux concurrences : celle du Languedoc et celle du Brabant.

Les Lyonnais se doivent d'attaquer directement le monopole. Ils députent auprès du roi, mais ils ont la malencontreuse idée d'aller d'abord voir Doriole, qui se trouve alors près de Chartres. Doriole n'aura guère de peine à convaincre Louis XI.

> Se conduit tout ceci couvertement par les Vénitiens et autres étrangers qui sont fort déplaisants qu'ils ne peuvent par ce moyen tirer et sucer chacun an deux ou trois cent mille écus de l'argent et de la substance de votre royaume...
>
> Je me merveille que ceux de Lyon veuillent mieux que les étrangers viennent vendre l'épicerie en les foires que ceux de votre

> royaume, vu que par les étrangers l'argent de la vente de ladite épicerie se tire tout hors votre puissance et par vos sujets il demeure au royaume et sous votre main. Et est tout clair, Sire, que ceci se conduit sous main en faveur de certains étrangers italiens qui sont contents de dépenser de l'argent pour venir à leurs fins et faire ce dommage à votre navigage et aux marchands vos sujets.
>
> Sire, s'il plaît à Dieu que votre navigage s'entretienne, vos sujets fourniront d'épicerie la plupart de la foire de mars, voire grande partie d'Angleterre par sauf-conduit, et tireront en votre royaume et sous votre pouvoir le profit que les Italiens tirent en leur pays, qui est un grand moyen d'entretenir l'amitié et d'Angleterre et des autres pays avec vous et vos sujets...

Que la prospérité de Lyon soit liée aux routes alpines, donc à Venise, n'est pas douteux. Mais le conflit reste entre deux principes : la venue de marchands étrangers aux foires, et le navigage des marchands français. L'habile Doriole le tire vers ce qui touche le plus sensiblement le roi : l'évasion du numéraire, l'hostilité de Venise, l'accès au marché anglais. La cause est entendue.

Le Languedoc a sauvé ses foires, mais elles ne seront jamais que de gros marchés régionaux. Quant aux Parisiens, leur hostilité à Lyon ne désarme pas. Aux États généraux de 1484, on les entendra dénoncer, sans les démontrer vraiment, les méfaits qu'ils imputent aux foires de Lyon : « l'enrichissement des banquiers et nations étrangers et l'empauvrissement de ce royaume ».

Du monopole à la liberté

Les Galées de France ne pouvaient rivaliser avec les flottes italiennes. Leur apport à l'économie du royaume restait assez mince pour que le roi n'hésitât pas, en 1474, à les réquisitionner afin d'approvisionner son armée de Roussillon et de lutter contre les corsaires turcs. À maintenir le monopole sans disposer de galées en nombre suffisant, on risquait d'asphyxier un marché des épices qui tenait surtout au trafic italien, en sorte que les routes alpines et la place de Lyon en bénéficiaient bien plus que les ports du Languedoc. Pour ne rien arranger, Aigues-Mortes souffrait d'un ensablement qui, perceptible dès le XIVe siècle, devenait dramatique au XVe. Le 17 avril 1476, le monopole était supprimé. Pierre Doriole et ses associés vendirent pour 25 000 livres leurs trois galées à Michel Gaillard. Ce fermier d'impôts et de gabelles que l'on avait d'abord connu au service de Marie d'Anjou, puis de la duchesse d'Orléans, et qui était devenu en 1473 général des finances pour la Langue d'oïl, allait se faire transférer dès 1477 en Languedoc pour gérer plus commodément la flotte qu'il prévoyait alors de doter d'une base à Saint-Michel-de-Collioure. En attendant, il se fit donner, en plusieurs échéances, 21 000 livres par le roi. L'affaire était bonne.

Gaillard avait payé ses galées avec l'argent du roi, mais c'est son argent qu'il allait risquer dans ses navigations. Il décida de ne s'occuper que des galées, se fit remplacer comme général, devint « capitaine et grand patron des galéasses de France ».

Tout le système se trouva bouleversé en 1481. La réconciliation avec Venise, en 1475, avait ouvert la voie à un remodèlement des relations commerciales. Le roi René était mort en 1480, et on attendait la mort de Charles II du Maine, donc l'annexion de la Provence par le roi de France. Celui-ci allait disposer de Marseille. Il se mit en tête de développer la flotte marchande française au-delà des Galées de France, ce qui n'était réalisable qu'en donnant aux milieux d'affaires une réelle capacité d'initiative. Le temps revenait de la liberté. Le 27 juillet 1481, arguant de ce que le privilège ne faisait qu'appauvrir le Languedoc, Louis XI révoquait le monopole des Galées de France. La mort de Charles II du Maine, le 11 décembre 1481, permit d'établir dans la cité phocéenne l'unique tête de ligne des Galées de France, cependant qu'on incitait les marchands languedociens à se doter de leurs propres navires. Le roi crut un temps que la Méditerranée était à lui. Gaillard fit construire un navire de plus. Louis XI écrivit au « soudan » d'Égypte pour lui recommander ses galées.

Les grandes villes marchandes furent priées d'envoyer chacune deux experts à « Marseille la Renommée » pour aider Gaillard. À son tour, celui-ci se rapprocha de Jean Briçonnet le Jeune. À Tours, en janvier 1482, une assemblée de marchands de onze grandes villes s'entendit proposer la création d'une compagnie au capital de 100 000 livres « pour marchander sur la mer de Levant et ailleurs et faire grand nombre de galées, naves et autres navires ». Le projet était mirifique, on ne verrait plus les marchands étrangers dans le royaume sans les avoir pour autant interdits, et Marseille allait être la porte méditerranéenne de la France, mais aussi celle de l'Angleterre, de l'Écosse, de la Hollande, de la Zélande, de l'Allemagne et « autres pays du Ponant ». Louis XI ne convainquit que peu de gens. Prudents, les Lyonnais avaient enjoint à leurs envoyés de « ne rien accorder sans avertir » les conseillers de la ville, et plus généralement de remontrer que celle-ci était accablée par la famine et la pauvreté. Bref, la plupart des marchands étaient venus à Tours avec la ferme résolution de ne rien faire. Il s'en trouva cependant pour financer avec Gaillard la construction de deux nouvelles galées.

Le monopole était mort. Gaillard comprit que son affaire ne s'accommodait pas de la liberté. Il s'acoquina avec l'apothicaire du roi, Jean Moreau, qui avait le monopole du sel pour la moitié du royaume et semblait disposer de quelques capitaux. Gaillard obtint en février 1483 le rétablissement du monopole pour toutes les navigations françaises en Méditerranée. Malheureusement, les capitaux de Moreau étaient hypothéqués. Compte tenu de ce qu'il lui en avait coûté pour l'obtenir, son affaire des Ponts-de-Cé se révélait déficitaire. Commynes, qui avait mis de l'argent dans l'entreprise, se trouva dans le cas de faire saisir à Marseille une galée. Ayant entendu les doléances des États de Languedoc, Louis XI annula, le 10 juillet, le privilège accordé à Moreau et rétablit la liberté du commerce maritime. La mort du roi changea la donne. Charles VIII avait d'autres projets. Commynes se trouva finalement le seul propriétaire de la dernière galée qui avait fait rêver quelques spéculateurs.

Louis XI n'a, à aucun moment, songé à développer un autre navigage : sur l'Océan, mais en direction du sud. Les soucis en France et en Europe ne permettaient pas à la France de Charles VII et de Louis XI de tenir quelque place dans la découverte des côtes de l'Afrique et des îles atlantiques. L'idée fixe qu'avait été le développement d'une marine concurrente de l'italienne avait drainé ailleurs les capitaux et les dynamismes. Pendant ce temps, alors que l'Espagne était, elle aussi, écartée des grandes ambitions maritimes par l'effort nécessaire à l'achèvement de la Reconquête, le Portugal se taillait la part du lion. Le golfe de Guinée était atteint au milieu du siècle, les îles du Cap-Vert l'étaient en 1458. L'équateur était franchi en 1472. En 1483, l'année même de la mort de Louis XI, Diogo Cão explorait l'estuaire du Congo.

De rares initiatives privées n'avaient eu que des conséquences limitées. Le royaume des Canaries n'avait pas survécu à Jean de Béthencourt et Gadifer de la Salle, deux seigneurs, l'un normand et l'autre gascon, dont le rêve, de 1402 à 1405, n'avait duré que trois ans. Vers 1450, des pêcheurs bretons atteignirent Terre-Neuve. Cela ne rapporta que quelques morues de plus. La rupture ente l'Angleterre et la Gascogne ramena rapidement vers leur terre natale les Gascons qui avaient cru faire fortune en allant s'installer à Londres, et on ne vit que rarement à Bordeaux les navires flamands ou hanséatiques. Seul continuaient les trafics traditionnels, celui du vin de Gascogne ou celui du sel de Bourgneuf vers la Flandre ou l'Angleterre. C'étaient des flottes marchandes, sur des routes connues, mais cela ne constituait pas une ouverture. En 1479, un marchand de Tournai, Eustache de la Fosse, affréta une caravelle espagnole et tenta de prendre place dans les trafics du golfe de Guinée. Les Portugais n'entendaient pas laisser entamer leur monopole de fait. Dûment canonné, La Fosse fut ramené à fond de cale au Portugal et condamné à mort. Il s'évada de justesse. Rien de cela n'entrait dans une politique royale.

Louis XI a-t-il, sur le tard, perçu l'inconvénient d'une telle absence de la France ? Il ne semble pas. Quand, dans l'affaire des foires normandes, en 1470, il invoque l'accès à la mer, Louis XI ne pense qu'au marché anglais. L'envoi du Poitevin Pierre Simonneau à Tunis n'est, en 1482, qu'un épisode anecdotique. La grande compagnie esquissée cette même année vise le commerce sur « la mer de Levant et ailleurs », formule qui dit bien que l'Atlantique et les mers du Nord ne sont que les prolongements de la Méditerranée. Lorsqu'en 1483 il dépêche Bissipat avec deux navires et une barque aux îles du Cap-Vert, ce n'est pas, on le verra, pour commercer mais pour rapporter les tortues qui guérissent. Le propos, malheureusement, n'a rien d'une politique. Dans la grande aventure qui se joue depuis un siècle entre Génois, Portugais et Espagnols sur les routes de l'Atlantique africain, la France n'a guère été présente. Y arrivant trop tard, elle n'y aura plus sa place. Attaché à l'héritage de Jacques Cœur, Louis XI n'y a, sur ce point, rien changé.

La banque

La grande place financière du royaume, ce n'est plus, depuis longtemps, Paris. La guerre civile y a ruiné le jeu des créances, trop souvent irrécupérables du fait des exils, des bannissements et des départs en tout genre. On ne sait plus où sont allés débiteurs et locataires. Le fisc lui-même y a perdu ses droits : de bien des contribuables, le receveur note « Fuitif », ou « On ne sait ce qu'il est devenu ». Les hommes d'affaires ne sont pas mieux lotis. Paris est devenu une place incertaine, et l'investissement s'est découragé. L'absence de la cour prolonge le marasme parisien. Gros marché de consommation, mais de consommation bourgeoise, la capitale n'est plus un centre d'impulsion économique. Le Paris financier du XIVe siècle était à bien des égards un relais de la place de Bruges, et les relations commerciales de la capitale étaient et demeurent plus intenses avec Lille, Amiens ou Arras qu'avec le centre et le sud du royaume : autant dire que la difficulté des relations avec les places financières et marchandes de l'état bourguignon s'y ressent durement. Lyon, pendant ce temps, se développe à l'écart de Paris. Dès lors que le roi n'est plus là, s'amenuise la confluence des flux financiers qui traduisait la dépense à Paris, par le roi et la cour, d'une forte partie des finances collectées par le fisc à travers tout le royaume. Enfin, et peut-être surtout, le développement du service administratif et judiciaire de la royauté fait de ce service le plus sûr des investissements. Mieux vaut acheter des offices qu'investir dans la banque ou la marchandise.

Quelques symptômes de ce déclin du Paris financier sont suffisamment parlants. Les manuels de commerce italiens cessent de compter la capitale française parmi les places de change européennes. Nombreux à l'Hôtel de Ville après le rétablissement de la prévôté des marchands en 1411, les changeurs ont à peu près disparu de cet organe représentatif du monde des affaires. Il y en avait toujours eu un ou deux parmi les échevins. Après 1444, il n'y en a plus jamais deux. Après 1447, il n'y en a plus qu'occasionnellement. En 1423, ils représentaient 8,5 % des Parisiens les plus imposés : ils n'en sont plus que 4,5 % en 1438.

Les plus hardis ont un temps escompté une reprise et se sont placés. Alors que dix-huit changes sur cinquante étaient vacants et que le prix était des plus bas, Jacques Cœur avait acquis en 1441 une loge sur le pont au Change, afin de la faire gérer le moment venu. Il renonça à l'ouvrir et s'en défit en 1447. En 1451, il y avait toujours dix-huit changes vacants. Certes, le commerce a repris avec la fin de la guerre franco-anglaise. On a vu de nouveau des changeurs prêter serment, mais à peu près un par an. C'est peu. Louis XI comprend qu'il lui faut faire sans la capitale. Comme il ne l'aime guère, il n'a pas à se forcer. Paris devient une ville de merciers, non de banquiers.

Grâce à la présence des compagnies italiennes qu'y a déménagées le roi, la nouvelle place bancaire du royaume, c'est Lyon. Les Medici y tiennent le haut du pavé, et ne se privent pas de jouer un rôle politique. Leur agent « au banc de Medici à Lyon », Franceschino Nori, dit Francequin Norry, s'entremet à plusieurs reprises avec Francesco et Galeazzo Maria Sforza, en 1463 pour le mariage de Bonne de Savoie, en 1465 pour un appui contre le Bien public, en 1466 pour la solde des troupes milanaises en France, en 1468 pour le paiement des 1 000 écus dont se paie la complaisance de René des Nobles dans l'évasion d'Antoine du Lau. En 1471, les Medici financent pour 2 800 écus l'armée levée contre la Bourgogne, mais ils exigent une caution, que donne le comte dauphin d'Auvergne. Le dauphin paiera finalement les Medici, et le roi le remboursera sur le Languedoc.

Successivement représentés par Nori et par Lionetto de' Rossi, les Medici ne sont pas seuls. Ils sont associés aux Sassetti. Leurs rivaux de toujours, les Pazzi, sont également là, comme le Florentin Neri Capponi, qui représente la compagnie de Francesco Nasi. Et on rencontre aussi une société génoise, celle des Grimaldi.

Louis XI s'accommode mal d'un système bancaire aux mains des Italiens et d'une place financière, Lyon, que la géographie favorise sur les routes commerciales mais place à la frontière du royaume, alors même que les autres grands centres financiers de l'Europe au nord des Alpes, Bruges et Anvers, lui échappent complètement. Il lui faut en France une place centrale.

À peine est-il roi que l'idée lui vient d'une sorte de banque d'État. Il ne s'agit au vrai que de concurrencer Pazzi et Medici pour le transfert vers Rome des fonds collectés, depuis la révocation de la Pragmatique Sanction, par la fiscalité pontificale. Guillaume de Varye est, en mars 1462, chargé d'y réfléchir. Le 18 octobre, trois commis sont ordonnés, à Paris, Lyon et Montpellier, avec charge – et monopole – de tirer à cette fin les changes nécessaires sur leurs correspondants de Rome, Genève ou Avignon. Même si le roi évoque d'éventuels transferts en sens inverse « pour tous ceux qui en auraient besoin pour faire rendre par-deçà », le propos est, en réalité, de contrôler ces sorties d'argent : « Ainsi le roi aura plus claire connaissance de l'or et de l'argent qui se tirera de son royaume et mêmement de celui qui se tirera en Italie. »

La suppression en France de la fiscalité pontificale, en 1464, rend ces dispositions sans objet. Pour tout ce qui n'est pas transfert vers l'Italie, les banquiers italiens ont gardé leur liberté d'action. Mais Beaune et Briçonnet sont les correspondants à Tours des Pazzi et des Medici. Lorsque, en 1469, il faudra transférer à Rome les fonds de la décime levée sur le clergé français pour financer la guerre contre les Turcs, Beaune centralisera la recette et en fera passer la moitié par les Medici et l'autre moitié par les Pazzi. La réciproque n'est pas vraie, et les Medici préfèrent traiter directement avec le gouvernement du roi : un nommé Jamet Ballarin les représente à Tours comme il représente tous les financiers de Lyon, cependant que son frère Raphaël joue les intermédiaires entre le roi et le pape.

La compagnie fondée à Tours n'a pas besoin d'autre chose que de sa position commerciale pour s'entremettre du trafic de l'argent. Partout, et dès le XIIIe siècle en Toscane, les compagnies commerciales se sont muées en compagnies bancaires par le fait même que la plupart des opérations commerciales ne sont résolues que par un paiement à terme, et qu'il y a donc là constitution de créances. Le développement des systèmes associatifs, de la commende à la société par actions, fait naturellement appel à des capitaux propres aux associés ou déposés par des tiers, capitaux qui forment autant de créances sur la compagnie. La notion d'intérêt servi est corollaire de celle de bénéfice dégagé.

Beaune et Briçonnet vont donc greffer sur la « boutique » une activité multiforme qui va du prêt sur gages à la ferme des revenus royaux en passant par le dépôt en compte courant et l'investissement dans les spéculations commerciales et industrielles. Le change des espèces – le « change manuel » – et le prêt sur gages ne paraissent pas avoir tenu une grande place dans cette activité. C'est le trafic du crédit qui l'emporte. Ils sont négociants et banquiers, non changeurs et encore moins usuriers. Encore doit-on préciser que les techniques des Français ne valent pas celles des Italiens, et que ce trafic ne va pas jusqu'au commerce des lettres de change. On en est encore à des techniques plus rudimentaires. Lorsqu'il lui faut procéder à un transfert de fonds, le roi n'a qu'un moyen : l'envoi de numéraire. On sait combien de transports de la sorte sont épargnés par la pratique de l'assignation sur les recettes locales. Les cambistes italiens de Lyon, dans les mêmes temps, trafiquent normalement de ce que les Tourangeaux, qui ne s'y risquent pas, appellent les « cédules ou polices ».

Les affaires de la boutique ont, on le voit, leurs limites. Manque de capitaux propres, absence de relations directes avec Florence et donc dépendance par rapport à l'intermédiaire lyonnais, médiocrité des techniques, tout concourt à créer une rivalité dommageable au royaume. S'interroger sur les causes, c'est voir à quelle clientèle s'adresse la banque française. Si Laurent le Magnifique est né dans une compagnie financière déjà ancienne et réputée, ni Louis XI ni sa cour ne sont familiers des pratiques du marché des changes. Tout se ramène pour eux à deux problèmes : trouver des fonds, transférer de l'or. Ils jouent des escomptes de revenus fiscaux comme d'une influence qui favorise la fonction des intermédiaires. Faire circuler les moyens de paiement pour animer la vie économique n'est pas pour eux une préoccupation futile, mais ni le roi ni ses financiers n'en maîtrisent les moyens. Quant à la clientèle des notables qui ont recours à la banque, elle est fort étrangère à ce monde de la finance qui est en train de créer un outillage intellectuel dont on usera pendant cinq siècles. Ils savent que les Italiens usent d'autres procédures, et avec d'autres ambitions, et ils en connaissent l'existence. Cela leur semble bon pour les Italiens, non pour les Français. L'argent est pour eux une marchandise comme les autres, et ils sont marchands, c'est-à-dire fournisseurs.

Ne nous étonnons pas des réticences que, dans ces conditions, manifestent bien des proches du roi à l'égard des compagnies toscanes, et cela même si, comme Commynes ou Batarnay, ils y placent de l'argent. Toute la politique économique de Jacques Cœur était, déjà, fondée sur l'imitation des Italiens. Un ambassadeur florentin jugera, plus tard, le cardinal Briçonnet « pas très ami de notre nation ». Les Français ne peuvent surmonter les complexes qui les font souffrir.

Ne croyons pas que le roi se tienne à l'écart. La banque lui offre une souplesse que ne procurerait pas le Trésor. On le voit bien quand elle prend en dépôt une partie d'une amende due par un fermier de la gabelle, à charge de recouvrer le solde sur les gabelous s'il est condamné et de rendre les arrhes si le roi accepte une composition. Il en va de même quand, en juin 1469, Louis XI se préoccupe de l'argent comptant qui dort au Trésor à Orléans et ordonne à Pierre Doriole de le mettre en dépôt, mais chez quatre ou cinq marchands, « à chacun 20 000 ou 30 000 livres ».

On le voit aussi dans une curieuse affaire de subversion politique. Dans l'été de 1471, Philippe de Commynes avait proposé à Louis XI de passer à son service. Ayant mesuré à Péronne le savoir-faire du conseiller de Charles le Téméraire, le roi promit une substantielle pension. Pour la gager, il fit ouvrir chez Beaune un crédit de 6 000 livres au nom de Commynes. Le procédé était plein d'astuce : le futur transfuge ne pouvait tirer sur son compte qu'une fois rallié au roi, ce qui garantissait mieux celui-ci qu'un don immédiat ou le versement non moins immédiat de la pension promise. Commynes tardant, le roi n'eut qu'à bloquer le crédit.

Plus aisément que le Trésor, mais agissant en tant que banque centrale, la banque de Beaune s'entremet lorsque, pour faire face à un besoin pressant d'argent, le roi doit en appeler au crédit d'autres banquiers. Ainsi lorsque l'on cherche 30 000 livres pour financer la campagne de Roussillon en 1473 et que, Beaune et Briçonnet n'ayant pas le nécessaire en fonds propres, ils accompagnent Gaucourt et Bourré dans une tournée des places bancaires du royaume. Centralisation des fonds et garantie vont ici de pair : la banque se fera payer par les receveurs généraux sur le produit de l'impôt et elle remboursera à leur tour les véritables prêteurs.

Peut-être faut-il rappeler ici que les juifs, si présents jadis dans le trafic de l'argent, n'ont plus leur place dans le royaume depuis leur expulsion en 1394. Beaucoup ont trouvé refuge dans les principautés encore tolérantes, en Lorraine, en Dauphiné, en Savoie, en Provence, en Avignon et dans le Comtat Venaissin. Ils n'y sont qu'en position fragile. La Savoie les rançonne en 1461, la Lorraine les expulse en 1470. Même si l'on voit en 1462 le Savoyard juif Melchior Socha prêter au roi à Tours 3 000 écus, le fait que les juifs ne puissent plus disposer de réseaux en France limite leur action économique. Louis XI, qui n'est pas porté à l'antisémitisme, les protège quelque peu en Dauphiné, mais il ne les favorise pas comme le fait généreusement en Avignon le pape et comme le fait, par intérêt, en Provence le roi René.

Une politique économique ?

Peut-on parler de politique économique ? L'économie est-elle pour Louis XI une fin en soi, ou n'est-elle qu'un des éléments d'une action purement politique ? Le débat reste ouvert. L'hostilité, manifeste jusqu'en 1475 au moins, contre Venise est surtout un fruit de l'alliance avec Milan. Que la lutte contre la Bourgogne ait sous-tendu la politique royale à partir de 1470, y compris dans le domaine économique, c'est indubitable. Et il est évident que l'annexion de la Provence et notamment de Marseille au domaine royal fait apparaître, à partir de 1482, une nouvelle vue de la carte des relations commerciales, un nouvel intérêt pour le Maghreb et un relatif désintérêt pour les ports languedociens de Montpellier et Aigues-Mortes.

Que le roi ait eu de la politique économique une idée limitée, et qu'il ait traité chaque problème, au coup par coup, sans une réelle vue d'ensemble des besoins du royaume, c'est probable. Fâcheusement, le coup par coup consistait à favoriser l'ouverture des marchés européens à Lyon où la prospérité dépendait d'un libéralisme clairement affiché, et leur fermeture à Tours où le développement de l'industrie, voire de la banque, tenait à des monopoles. La politique du roi en ce qui concerne les échanges internationaux est proprement incohérente. Les mesures les plus libérales ont été prises pour favoriser les grands rendez-vous et les échanges à long rayon. Les foires sont un succès, et elles sont à la mode.

Certaines contraintes fiscales sont allégées, voire supprimées. À côté des privilèges qu'il est de tradition d'accorder aux marchands étrangers, il faut souligner la modernité de la décision que prend le roi quand, en 1462 pour les marchands de Bruges, en 1464 pour les Hanséates et en 1475 pour tous les étrangers, il abolit le droit d'aubaine, ce droit qui attribuait au fisc les biens de tout étranger mourant dans le royaume et dissuadait ainsi bien des hommes d'affaires de venir avec des marchandises de valeur ou des capitaux. Les grandes compagnies italiennes y échappaient, les biens n'appartenant pas à la personne physique du marchand. Ceux qui pouvaient craindre le pire pour leurs héritiers, c'étaient les plus modestes, les marchands sans société. Très simplement, Louis XI sacrifie là un revenu casuel, donc aléatoire, qui n'a jamais été considérable, pour favoriser la confiance, donc le développement des affaires.

Que le propos du roi soit en tout de privilégier les intérêts politiques et moraux de la Couronne et du royaume dans un contexte qui demeure celui de la préservation de l'identité française, ce n'est pas douteux. Faire de la France une puissance économique, ce n'est pas ignorer les impératifs de l'économie, mais il est certain que, pour Louis XI, la fin justifie les moyens. La fin, c'est l'autonomie industrielle et bancaire de la France, et la réduction de l'évasion monétaire à laquelle s'attachaient ses prédécesseurs depuis les débuts du bimétallisme, deux siècles plus tôt. Avant la lettre, Louis XI fait du mercantilisme : que l'or entre, et qu'il ne sorte pas. Cela ne signifie pas que le roi et ses conseillers, qui sont parfois des hommes d'affaires mais non des théoriciens de l'économie, aient une vision d'ensemble de la répercussion à moyen terme des décisions à court terme qui doivent assurer l'autonomie du royaume.

Les premières démarches économiques de Louis XI sont dominées par la pensée de Jacques Cœur : la France doit pouvoir se passer des intermédiaires pour ses importations de produits orientaux et italiens, et les premiers de ces intermédiaires sont les Italiens. Mais, dans le même temps, le roi cherche à attirer les étrangers à ses foires, non parce qu'ils apportent des produits mais parce qu'ils induisent des mouvements de capitaux. On compte sur eux pour acheter, ou pour faire acheter en vendant. Les incohérences commencent.

La pensée nouvelle, c'est celle qui sous-tend le développement d'une véritable industrie : produire pour ne pas importer, et produire pour exporter. Mais nul n'a la naïveté de croire que l'on exportera les produits de l'industrie française vers l'Italie et l'Orient. L'horizon économique s'élargit alors, avec une nouvelle cible, l'Angleterre.

Sans doute faut-il distinguer les pratiques économiques des temps de combat, où commerce et industrie entrent dans un complexe politique dominé par les conflits, et les vues économiques que développe en ses dernières semaines de vie un Louis XI persuadé d'avoir assuré la paix du royaume et la solidité du pouvoir souverain : un roi qui se sent enfin capable de concevoir l'économie comme un objectif en soi, et non plus comme un levier diplomatique et une arme politique. Lorsque Louis XI place en tête du programme qu'il développe devant l'assemblée de juillet 1483 sa volonté de faire « que chacun puisse commercer sans entrave, selon son bon plaisir », on peut se demander s'il est sincère en sa volonté. On ne peut nier que, sur le tard, il appréhende le problème.

Au moins à partir de 1475, l'économie française récolte les premiers fruits des efforts de reconstruction menés depuis trente ans. Elle n'en connaît pas moins, surtout dans les années 1480, des crises de conjoncture qui frappent sévèrement la production agricole. Rien ne laisse penser que Louis XI en ait été conscient. Il est sensible aux difficultés d'approvisionnement et à la hausse des prix alimentaires qui en résulte, mais seulement parce que tout cela trouble l'ordre et pourrait conduire à des mouvements populaires. Il bénéficie des progrès économiques dans la mesure où ils permettent la croissance de son exigence fiscale et il ressent les effets premiers des crises parce qu'il lui faut en tenir compte dans cette exigence, mais on ne voit pas qu'il ait mesuré la disproportion des deux croissances. On ne peut mettre au compte d'une vue politique que la constante préoccupation monétariste, elle-même sous-tendue par une ambition politique. La prospérité n'est pas pour Louis XI un objet en soi. Elle est base et symbole de puissance, et elle est garante de l'indépendance du royaume.

CHAPITRE XXX

Un roi aux approches de la Renaissance

L'héritage des grands mécènes

La France du XIVe siècle avait bénéficié de deux grands foyers de vie intellectuelle et d'incitation artistique : la cour du roi et la cour pontificale. De Philippe le Bel à Charles V, les rois n'avaient cessé de s'entourer de philosophes et de juristes, de construire palais et châteaux, de commander et de collectionner manuscrits et objets d'art. Le mécénat royal avait connu son plus haut point sous Charles V, et les frères du roi n'étaient pas en reste. Dans leurs hôtels parisiens comme dans les châteaux de leurs principautés, les ducs de Bourgogne, d'Anjou, de Berry ne cessaient de renouveler le décor et d'enrichir librairies et collections. À Avignon, à partir du pontificat de Clément VI, le pape et ses cardinaux avaient attiré les peintres et les musiciens. Le palais pontifical était une œuvre d'art en soi, et les dignitaires de l'Église rivalisaient pour le luxe de leurs hôtels, que l'on appelait les « livrées ».

La mort de Charles V et le Grand Schisme d'Occident ont sonné le glas du mécénat royal et pontifical. La cour d'Avignon s'est dispersée. Ses frères se sont partagé les collections du roi, démembrant notamment une librairie royale qui ne sera ressuscitée que par François Ier. Jean de Berry en a eu la plus grande part. À la cour de Charles VI, la reine Isabeau fait passer les fêtes avant les œuvres d'art. Ce n'est pas le Charles VII du royaume de Bourges qui peut reprendre le flambeau. Lorsqu'il devient le Victorieux, tout est à reconstruire.

L'activité artistique s'est déplacée. Les princes se soucient maintenant de leur propre cour. C'est le duc de Bourgogne Philippe le Bon qui attire les artistes. Après avoir perdu Naples, le roi René entretient en Anjou comme en Provence une cour brillante où se pressent les poètes et les peintres. Le duc de Bourbon constitue à Moulins un foyer artistique qui, à ses débuts, emprunte à la Bourgogne mais prend vite son autonomie.

Dans la mesure de moyens financiers qu'obère sérieusement jusqu'en 1453 la reconquête de son royaume, Charles VII n'est pas ennemi du faste. Son premier souci demeure cependant l'efficacité politique, et c'est sans doute l'une des leçons que, sans jamais l'avouer, retiendra Louis XI. Charles VII ne construit guère. Il entretient, comme il se doit, un peintre de la cour pris parmi les favoris de Jacques Cœur, un nommé Jacques de Littemont, dont on ne sait pas grand-chose, sinon que le roi l'a préféré à Jean Fouquet. C'est cependant au Tourangeau Fouquet que le roi fait appel pour réaliser son portrait (Louvre) et pour illustrer une copie des *Grandes Chroniques* (Chantilly). Mais, avant de réunir joyaux, manuscrits et tapisseries, le roi doit payer les lances de ses compagnies et financer le ralliement des féodaux, voire l'amitié des princes étrangers. Les vrais mécènes du temps de Charles VII, ce sont les princes et les nouveaux riches.

Les princes ont plus d'intérêt à tenir chez eux leur rang qu'à contribuer au rayonnement d'une cour royale qui, de Bourges à Loches ou à Chinon, apparaît surtout comme un nid d'intrigues. Les poètes et les peintres le savent bien. Lorsque, dans les années 1457-1459, François Villon va de cour en cour dans le Val de Loire, c'est à Angers chez le roi René, à Blois chez le duc Charles d'Orléans, à Moulins chez le duc Jean II de Bourbon qu'il cherche protection, audience et gagne-pain. Ce que nous savons du poète, nous pouvons l'imaginer des artistes : on va de cour en cour, jusqu'à ce qu'on s'attache à un prince ou à un autre.

Il faut mettre à part le duc de Bourgogne. Le « Grand Duc d'Occident » ne se voit pas et n'est pas vu comme un féodal de France mais comme un prince indépendant. Sa cour s'en ressent, dont le faste ne se réduit pas au « Banquet du Faisan ». Philippe le Bon anime à Dijon, à Bruges, à Bruxelles des foyers de vie intellectuelle et artistique. C'est l'époque de Jan Van Eyck et du Maître de Flémalle, et déjà celui de Rogier Van der Weyden et de Petrus Christus.

À la cour de Bretagne, Jean Meschinot, écuyer des ducs, joue dans les années 1450 le rôle d'un poète officiel aux accents désespérés bien avant d'être sous François II dans une demi-disgrâce.

D'autres princes ne dédaignent pas d'œuvrer. Charles d'Orléans écrit de délicats poèmes et le roi René un roman, prenant peut-être lui-même le pinceau pour un *Livre d'Heures* réalisé vers 1435 pendant sa captivité à Dijon (Londres, British Library). Avant tout, les ducs passent des commandes. En Anjou, René fait illustrer – en donnant ses directives – son *Traité des tournois* et son roman, *Le Cœur d'Amour épris* (Vienne, Nationalbibliothek). Il commande en 1445 pour la Madeleine d'Aix-en-Provence une *Annonciation.* Charles d'Orléans entretient à Blois un milieu littéraire, et c'est là que Villon s'illustre vers 1458 dans une compétition poétique – on l'a surnommée le « concours de Blois » – dont le duc-poète a fourni à ses visiteurs le thème : l'amoureux éconduit. Villon en fera : « Je meurs de soif auprès de la fontaine... »

À côté des princes, voici les nouveaux riches. Comme à Florence les palais des banquiers, leur train de vie est à la fois signe de réussite et garantie de solidité. Les officiers, ces gens qui font fortune au service du roi mais entendent bien qu'on ne les prenne plus pour des bourgeois, se prennent à cultiver l'art à travers des commandes de prestige. Jacques Cœur orne à Bourges son monumental hôtel, comme il orne à la cathédrale sa chapelle. Mais un vitrail de l'hôtel montre une galée : on affiche l'origine de la fortune. Au sommet de leur destinée, les Juvénal des Ursins se font représenter en famille sur un retable. Le chancelier Guillaume Juvénal des Ursins commande à Jean Fouquet un diptyque dont subsiste son portrait. Étienne Chevalier confie au même Fouquet l'illustration d'un superbe *Livre d'Heures* (Chantilly) où se notent bien des souvenirs d'Italie, mais aussi un diptyque, destiné à l'église de Melun, dont subsistent deux figures, celle de Chevalier lui-même (Berlin, Kaiser Friedrich

Museum) et celle, sous prétexte d'une *Vierge à l'Enfant,* d'Agnès Sorel dont il est l'exécuteur testamentaire (Anvers, Musée des Beaux-Arts). Le Parlement fait, en corps, œuvre de mécène quand il commande pour la Grand-Chambre à Philippe de Mazerolles le *Retable du Parlement de Paris* (Louvre), cette vaste composition où Charlemagne et Charles VII encadrent la scène de la Passion sur fond d'une vue de la capitale.

Les dignitaires de la cour de Bourgogne ne sont pas en reste. On doit au grand mécène qu'est Nicolas Rolin, chancelier de Bourgogne pendant quarante ans et fondateur de l'Hôtel-Dieu de Beaune, la commande à Van Eyck d'une *Vierge à l'Enfant* dite *Vierge du chancelier Rolin* (Louvre) où il ne manque pas de se faire représenter et à Van der Weyden celle d'un *Jugement dernier* (Beaune). Les milieux d'affaires n'en appellent pas moins à l'art : Van Eyck peint à Bruges le portrait du banquier Giovanni Arnolfini et de son épouse (Londres, National Gallery).

De tout côté, la petite bourgeoisie imite la haute. Si les marguilliers des fabriques ne parviennent encore que rarement à financer la construction de nouvelles églises, les confréries et les familles sont capables d'offrir à leur paroisse, voire pour leur chapelle, des tableaux, des vitraux ou des pièces d'orfèvrerie liturgique. C'est la confrérie parisienne des orfèvres qui, en 1449, présente pour la première fois à Notre-Dame un « mai ». Dès le milieu du siècle le nouveau développement de l'art du vitrail, marqué par un retour à la couleur en quoi on a vu un signe d'optimisme, doit beaucoup à cette émulation entre donateurs. À la cathédrale de Bourges, le superbe vitrail de l'*Annonciation* (vers 1448) est un don de Jacques Cœur.

Des princes et des nouveaux riches

Le Louis XI qui préfère le confort au luxe, qui se vêt sans recherche et qui place les petites gens avant les princes va-t-il se montrer sensible à la vie de l'esprit ? Rien n'est moins sûr. C'est encore dans les cours princières que nous trouvons en son temps les écrivains et les artistes capables d'assurer une renommée.

Le moment n'est pas encore venu du grand bouleversement qu'apportera à l'architecture ou aux arts plastiques le regard des

Français sur la Renaissance italienne. C'est encore dans le cadre souvent austère des châteaux hérités du passé que se déroule la vie de cour. Avec le Plessis-lès-Tours, Louis XI fait exception. Mais le rôle défensif des châteaux a été mis à mal par l'artillerie à feu, et nul ne se fait plus d'illusions : même fortifié, un château ne saurait plus résister qu'à une petite bande de routiers. Ainsi voit-on Bourré donner à Langeais vers 1465 une façade de forteresse d'un côté, et une façade largement ouverte sur les jardins de l'autre. Dans son propre château du Plessis-Bourré à partir de 1468, il combine encore les deux partis, tout comme au Verger le maréchal de Gié. À Ussé, vers 1475, le formidable appareil de fortifications n'est plus qu'un décor, en concurrence avec un toit habilement percé de lucarnes. Pour la plupart, les princes se contentent encore de châteaux forts construits au XIVe siècle : le Louvre, Vincennes, Mehun-sur-Yèvre, Angers, Saumur, Blois, Nantes, Moulins, Chambéry, Tarascon, Bordeaux (le Hâ) et bien d'autres ne portent pas encore, sinon parfois dans quelque décor ajouté, la marque d'un renouveau qui s'annonce plus nettement dans les hôtels urbains où s'affichent les nouvelles fortunes. Mais on sait qu'au Plessis-lès-Tours, dès 1463, Louis XI combine la défense, qui est extérieure, avec la légèreté architecturale du logis royal, et quelques résidences campagnardes, comme celles du roi René en Anjou et surtout en Provence où il est habité par ses souvenirs des villas italiennes, montrent le désir qu'ont désormais les princes de vivre dans un univers moins militaire.

Une vie de cour fort brillante occupe, au temps de Louis XI, nombre de ces résidences encore austères. Comme dans un passé récent, on y fait grand cas de ces écrivains souvent rémunérés comme secrétaires ou comme conseillers, ou de ces artistes auxquels il arrive de porter le titre envié de valet de chambre, étant entendu qu'un valet de chambre n'est pas plus un domestique qu'un valet d'écurie n'est un palefrenier. Aucun de ces princes ne manquerait à commander, une ou plusieurs fois, son portrait et celui de ses proches.

Il y a d'abord la cour et les états du Grand Duc d'Occident. À Dijon, à Bruges, à Lille, à Bruxelles, Philippe le Bon retient à sa cour écrivains et artistes. Les poètes chantent sa gloire. Il entretient un historiographe et encourage les historiens. Il commande des traductions. On a déjà cité, pour l'importance de leurs œuvres historiographiques, Georges Chastellain et Jean Molinet. L'un et l'autre ont un rang à la cour. Illustre de son vivant pour la qualité de sa rhétorique en prose comme en vers, informé de tout ce qui se passe en Europe, apprécié pour l'équilibre et la largeur de ses vues, Chastellain est fait chevalier de la Toison d'Or. Molinet, qui lui succède, mêle habilement dans ses écrits le lyrisme et la politique. Le chanoine Jean Miélot traduit pour le duc et remanie parfois des ouvrages religieux et des textes politiques dont il se fait aussi le copiste et l'enlumineur. Plusieurs ateliers, comme ceux que dirigent à Mons Jean Wauquelin ou à Bruges et Bruxelles David Aubert, fournissent la cour ducale en manuscrits parmi lesquels l'histoire fait bon ménage avec les chansons de geste. Quant aux peintres, on n'en trouve pas moins de cent soixante-seize dans les comptes de Philippe le Bon et de Charles le Téméraire. Philippe le Bon, qui a trouvé deux cent cinquante manuscrits dans la librairie de son père, en laisse neuf cents à son fils. Tous les membres de la famille ducale nous sont connus par de superbes portraits et Van der Weyden fait celui d'Isabelle de Portugal (Malibu, Paul Getty Museum).

Charles le Téméraire n'atteint pas comme mécène l'envergure de son père, mais on ne saurait comparer huit ans d'un règne mouvementé à cinquante ans d'un règne souvent pacifique. Ce n'en est pas moins Charles le Téméraire qui confie, dès son avènement, à l'évêque et diplomate Guillaume Fillâtre, qui préside le Conseil ducal, la rédaction d'un important *Traité de la Toison d'Or*. Philippe le Bon avait fait de Fillâtre le chancelier de l'ordre. Le duc Charles en fait à la fois le conteur du mythe emprunté à Ovide et l'historiographe d'une nouvelle chevalerie.

Le prestige et le mécénat s'étaient combinés à la génération précédente pour offrir, avec la mode, nouvelle en France, des tombeaux monumentaux, un véritable marché aux sculpteurs. À la fin du XIVe siècle, ces grands édifices funéraires ont remplacé les simples socles pourvus d'un gisant. En choisissant la chartreuse de Champmol près de Dijon pour nécropole de la dynastie qu'il fondait et en s'y faisant représenter par Claus Sluter au portail de la Vierge, le duc de Bourgogne Philippe le Hardi s'était lui-même occupé du tombeau dont il chargeait Sluter et Claus de Werve (Dijon, Musée des Beaux-Arts). Jean sans Peur et Marguerite de Bavière ont longtemps attendu le leur, dont Philippe le Bon ne s'occupe guère. Jean de la Huerta y travaille vers 1462, mais il faudra l'intervention de la sœur du duc, la duchesse de Bourbon, pour qu'Antoine Le Moiturier soit chargé en 1466 de l'achever. La tradition ne se perd pas : Charles le Téméraire n'aura qu'au XVIe siècle, à Notre-Dame de Bruges, son superbe tombeau.

D'autres tombeaux perpétuent cet art. Ainsi celui qu'en 1448 le duc Charles de Bourbon fait élever à l'abbaye de Souvigny par Jacques Morel pour lui-même et la duchesse Agnès de Bourgogne, la fille de Jean sans Peur. Il ne mourra que huit ans plus tard, et Agnès lui survivra jusqu'en 1476.

À la cour de Bretagne, le temps de François II n'est pas celui d'un mécénat comparable à celui du Bourguignon. Le duc s'occupe surtout de trouver sa place dans le jeu politique de l'Europe occidentale et, le duché n'a guère l'occasion d'entretenir des relations avec les autres foyers artistiques et littéraires. Il faudra attendre la duchesse Anne pour voir fleurir de nouveau les commandes aux écrivains et aux artistes. La librairie du duc est peu fournie : une trentaine de manuscrits. François II commande quelques enluminures, comme celles du *Missel des Carmes* de Nantes (Princeton). Puisant dans ses souvenirs personnels des campagnes du connétable, Guillaume Gruel compose une assez superficielle *Chronique d'Arthur de Richemont*. Poussé par le duc à démontrer la souveraineté de la Couronne de Bretagne, Pierre Le Baud rédige de remarquables *Chroniques de Bretagne*. On ne saurait parler d'une politique des lettres et des arts.

Le roi René a compris que son rôle politique est fini, en France comme en Italie, et il ne jouit même plus de sa liberté d'action en Anjou. Résidant à Aix, à Tarascon, à Avignon, c'est en Provence qu'il s'installe durablement en 1471. Il enrichit une librairie qui le suit en chariots dans ses déplacements. Il emprunte et fait copier. Il a son atelier d'enluminure. Il fait venir et garde près de lui, plus que jamais, des artistes provençaux, languedociens comme Nicolas Froment à qui René commande en 1476 le triptyque du *Buisson ardent* destiné à la chapelle des Carmes (Aix, cathédrale Saint-Sauveur), mais aussi italiens ou hollandais comme Barthélemy de Clerc et Coppin Delf. C'est à Francesco Laurana qu'il commande en 1478 un retable du *Portement de Croix* pour l'offrir aux Célestins d'Avignon. On comptera jusqu'à douze peintres à la cour de Provence. Laurana et Pietro da Milano concourent à immortaliser les traits du roi René en ciselant à son profil des médailles à l'italienne. René va jusqu'à charger Laurana de graver, en 1461, la médaille de son fou, Triboulet. Des musiciens allemands et italiens prennent aussi leur part de la vie artistique de la cour provençale.

Non moins lassé de l'action politique, Charles d'Orléans entretient un cour brillante à Blois, mais il meurt en 1465 alors que le futur Louis XII n'a que trois ans, et Marie de Clèves n'a pas pour les lettres l'intérêt que leur portait son époux. Elle commande cependant à Jean Fouquet un livre d'heures. La cour de Blois perd alors son rayonnement intellectuel.

Le temps aura manqué à Charles de France pour développer quelque mécénat que ce soit. Il a en Jean de Laval un peintre attitré, peut-être auteur du livre d'heures (Bibl. Mazarine) qu'il commande quand il est duc de Normandie et dont l'enluminure ne sera jamais achevée.

Le duc Jean II de Bourbon entretient toujours à Moulins une cour littéraire qu'illustrent Guillaume Cadier et Henri Baude, ce rhétoriqueur qui compose des lamentations élégiaques et fournit des thèmes mythologiques pour les cartonniers de tapisserie. On sait qu'il pensionne un temps le pauvre Villon. Mais il fait aussi venir le sculpteur Michel Colombe. Il offre à la collégiale de Moulins un vitrail de la *Vierge glorieuse*. Un inconnu, le Maître de Bourbon, fait son portrait à côté de saint Pierre (Louvre). Le peintre anonyme que l'on appelle le Maître de Moulins commence en Bourgogne, après la chute du Téméraire, une carrière qui culminera à la fin du siècle avec le *Triptyque de la Vierge* commandé par les Beaujeu pour la cathédrale de Moulins. À ses débuts, vers 1480, il est l'auteur du portrait du cardinal de Bourbon (Munich, Alte Pinakhotek).

Dans le Midi, deux cours brillantes sont à signaler, celle des

Albret et celle des Foix. Le duc de Nemours Jacques d'Armagnac a acheté un manuscrit des *Antiquités judaïques* de Josèphe dont le duc de Berry avait fait commencer l'illustration. Il en confie la poursuite à Fouquet, qui l'achève en 1470 (Bibl. nat. de France).

Le haut clergé ne manque pas d'en appeler aux artistes. L'archevêque Jean Bernard commande en 1463 par testament à Jean Fouquet un retable pour l'église de Candes. En 1476, c'est son propre portrait que fait réaliser par le Maître de Moulins le cardinal Charles de Bourbon. Le cardinal Jean Rolin commande à son tour au même artiste une *Nativité* (vers 1480, Musée d'Autun). Mais c'est un simple chanoine qui, vers 1450, confie à Fouquet la réalisation d'une *Pieta* pour la modeste église de Nouans et un autre qui, en 1453, demande à Enguerran Quarton de peindre le *Couronnement de la Vierge* de la chartreuse de Villeneuve-lès-Avignon. Deux ans plus tard, un anonyme réalise pour la même chartreuse la célèbre *Pieta* (Louvre). Bien des abbés, comme Guillaume d'Estouteville au Mont-Saint-Michel, prennent l'initiative de grands travaux dans les monastères, donnant à l'art flamboyant ses ultimes chefs-d'œuvre. On entreprend la reconstruction de l'abbatiale de Saint-Riquier. À la cathédrale de Tours, on continue l'édification de la grande façade flamboyante entreprise sous Charles VII. On poursuit les travaux à Saint-Maclou de Rouen comme à la Trinité de Vendôme. On commence ceux de Saint-Nicolas-de-Port.

Le monde des officiers se montre de plus en plus sensible à la considération que procure le mécénat. Il investit maintenant dans la pierre, et les hôtels dont il se dote à Paris comme à Toulouse, à Dijon comme à Bordeaux, portent témoignage de ce qui est à la fois preuve de goût et manifestation d'opulence.

C'est parfois ainsi qu'on illustre l'émergence de nouvelles dynasties. Issus d'une famille de marchands lyonnais enrichis dans le commerce du drap, les Le Viste sont déjà des notables de la robe au début du siècle. Barthélemy Le Viste est conseiller au Parlement en 1418. Son fils Aimé l'est en 1462. Le fils d'Aimé, Jean, le rejoint en 1464. Il est le gendre du président Mahieu de Nanterre. Il sera en 1489 président de la Cour des aides. Et c'est ce Jean Le Viste qui commande dans les années

1480 à un atelier d'Aubusson l'ensemble de six tentures de laine et de soie dites *La Dame à la licorne* (Musée de Cluny), sans doute sur un carton du Maître de Moulins. Il y fait placer ses armes, ces croissants d'or sur champ d'azur qui donneront matière à la légende d'une commande de Zizim, ce prince écarté d'Orient par son frère Bajazet.

Ancien fidèle du Téméraire devenu en 1477 grand sénéchal de Bourgogne pour le roi, Philippe Pot ne raisonne pas autrement quand, de son vivant, il fait réaliser, pour sa sépulture à Cîteaux, par Antoine Le Moiturier un superbe tombeau (Louvre) aux gisants à l'échelle humaine, une œuvre où se reflète encore la tradition funéraire de la cour de Bourgogne.

C'est bien à la prospérité économique qu'il faut attribuer les innombrables commandes passées dans les villes des Pays-Bas bourguignons par des hommes d'affaires ou par des confréries bourgeoises. Les hôtels de ville ne sont pas, à Bruxelles, à Bruges, à Gouda, les moindres de ces manifestations de puissance. Le Hollandais Dieric Bouts peint à Louvain vers 1465 le grand *Retable du Saint-Sacrement* (Louvain, Saint-Pierre). À Gand, ce sont Juste de Gand et Hugo van der Goes. À Bruges, nous retrouvons en 1466 Philippe de Mazerolles, qui y achève l'illustration d'un livre d'heures offert par la ville au futur Charles le Téméraire. Mais c'est l'agent des Medici à Bruges, Tommaso Portinari, qui commande en 1476 à Van der Goes le grand triptyque de l'*Adoration des bergers* qu'il fera transporter à Florence pour le placer dans la chapelle de sa famille (Florence, Musée des Offices). Et c'est également à Bruges que s'établit l'Allemand Hans Memlinc qui, vers 1480, illustre à Notre-Dame de Bruges pour la confrérie des tanneurs les *Sept joies de Marie* (Munich, Alte Pinakhotek) et à l'hôpital Saint-Jean le *Mariage mystique de sainte Catherine.*

Les milieux d'affaires français viennent lentement à cette pratique du mécénat, déjà familière à la Flandre comme à l'Italie où elle passe pour garantie de solidité financière et pour manifestation de réussite. Lyon, naturellement, donne l'exemple. C'est à Lyon que travaille Jean Perréal, dit Jean de Paris. Le peintre officiel de la ville, Jean Prévost, accumule les commandes comme le décor de la ville pour les fêtes et notamment pour l'entrée de Louis XI en 1476. Une fois de plus, Paris fait ici piètre figure. Une cour absente et un développement économique contrarié suffisent à expliquer cette atrophie du marché de l'art. C'est dans la pierre bâtie que, le monde des officiers dominant désormais la place, s'investit l'argent parisien.

Il faut cependant rappeler le mécénat des confréries et celui des fabriques paroissiales qui se traduit en toutes les villes par une reprise de la construction religieuse qui conduit au triomphe des nouvelles formes de l'art gothique, celles du flamboyant. À Paris, après la nef de Saint-Germain-l'Auxerrois et celle de Saint-Nicolas-des-Champs, dont les travaux vont se poursuivre pendant tout le siècle, on note l'agrandissement de Saint-Eustache et la reconstruction des nefs de Saint-Séverin et de Saint-Médard. Et en 1458 un nouvel orgue sonne à Notre-Dame.

Il faut aussi porter attention à ces résidences aristocratiques qui changent de fonction, ces hôtels de prélats naguère attirés par la cour, aujourd'hui transformés en collèges, ces hôtels des grandes dynasties féodales et princières que rien n'attire plus dans la capitale et qui vendent à des avocats, des magistrats ou des officiers de finance capables de rénover des bâtisses longtemps laissées à l'abandon, voire de réunir des parcelles foncières pour édifier de nouveaux hôtels au goût du jour. Lors de ses rares séjours dans sa capitale, Louis XI loge aux Tournelles, mais c'en est bien fini de cette guirlande d'hôtels qui, un siècle plus tôt, entourait sur la rive droite l'hôtel Saint-Paul de Charles V. L'hôtel de Bourgogne, l'hôtel du roi de Sicile, l'hôtel de Clisson sont délaissés et ils sont mal en point. Deux prélats, cependant, se dotent d'une nouvelle résidence parisienne : ainsi surgissent après 1474 l'hôtel de Sens et après 1485 l'hôtel de Cluny.

La Renaissance fleurit depuis le début du siècle en Italie, où Pie II et Sixte IV rivalisent avec les Medici et les Sforza. Alberti est déjà tenu pour un maître de la théorie. Quand Louis XI monte sur le trône, Masaccio, Brunelleschi, Ghiberti et Domenico Veneziano ont disparu. Donatello, Filarète et Filippo Lippi achèvent leur œuvre. Quand règne Louis XI, Piero della Francesca, Verrochio et Botticelli sont en pleine activité. Déjà, on voit poindre en Italie le classicisme. Or, dans la France des années 1480, on imagine encore mal ce qu'est la Renaissance. Si les humanistes français sont à l'écoute de l'Italie parce qu'ils reçoivent lettres et livres, les artistes et les mécènes ne le sont pas. Fouquet, seul, a visité Rome. Le roi René a connu Naples, mais le foyer de création artistique ne s'y développe qu'après son départ. Les autres princes, ceux qui auraient pu se muer en mécènes, ne découvriront la Renaissance qu'avec les guerres de Charles VIII et de Louis XII. Les livres parviennent à la Sorbonne, mais on ignore dans les cours ce qu'il faut avoir vu pour connaître l'architecture, la peinture, la sculpture. Il faudra attendre la fin du siècle pour que s'érige à Saint-Martin de Tours (à la cathédrale depuis 1834) le double tombeau à la manière italienne offert aux deux fils de Charles VIII.

Le monde des lettres

Parmi les hommes de lettres qui, sous le règne de Louis XI, ont enrichi la vie intellectuelle du royaume, il faut citer ces maîtres et écoliers parisiens dont le roi fait si peu de cas. Lorsque des Grecs chassés de Constantinople trouvent refuge et droit d'enseigner dans l'Université des années 1460, c'est à l'ouverture d'esprit des maîtres, non à celle du roi, qu'il faut rapporter cet enrichissement de la palette des collèges.

Après tant d'années d'effacement, la philosophie reprend alors sa place dans les préoccupations des intellectuels. Les docteurs ayant, à leur corps défendant, dû abandonner leurs prétentions à gouverner l'Église et le royaume, c'est en de nouvelles controverses qu'ils dépensent leur énergie. Est oublié ce premier humanisme qu'avaient animé les familiers de la chancellerie royale aux débuts du règne de Charles VI et ceux de la chancellerie de Louis d'Orléans. La vie de l'esprit se retrouve maintenant dans une Sorbonne moins sclérosée qu'on ne le dit souvent, et dans les collèges qui lui font escorte.

Longtemps tenus à l'écart comme dangereux concurrents des maîtres séculiers parce qu'ils enseignent sans se faire payer en bénéfices, les ordres mendiants relèvent la tête. Les dominicains font revivre dans les années 1460 un aristotélisme universitaire qu'ils entretenaient depuis l'ostracisme de 1277 sans pouvoir lui assurer un véritable rayonnement. Le thomisme revient donc, avec ce qu'il comporte d'équilibre entre la foi révélée et les perceptions de la raison humaine. Maître régent entre 1470 et 1480 dans un collège de Sorbonne qui s'identifie avec la Faculté de théologie, le très moderne Jean Heynlin réhabilite ainsi la métaphysique. Dans le même temps, les franciscains des Cordeliers publient le commentaire, très opposé au rationalisme de Thomas d'Aquin, qu'a donné au XIIIe siècle le franciscain anglais Duns Scot sur les *Sentences* de Pierre Lombard, base de toute la réflexion théologique depuis le XIIe siècle.

La philosophie platonicienne qui l'emporte alors à la cour des Medici touche un autre public, celui des collèges d'Harcourt et de Navarre. Recteur de l'Université de Paris en 1467, Guillaume Fichet correspond avec le cardinal Bessarion. Robert Gaguin est à la fois théologien, rhétoricien, historien et moraliste, mais il fréquente l'humanisme néoplatonicien de Florence et de Rome.

On a dit combien l'imprimerie était avant tout fille de la métallurgie, et ce qu'elle doit aux ouvriers allemands capables de ciseler et de fondre des caractères mobiles en nombre suffisant pour composer une page. À Paris, c'est une Sorbonne enfin en paix après tant de combats souvent vains qui voit s'établir, par la volonté de Guillaume Fichet et de l'ouvrier rhénan Jean Heynlin, la première presse du royaume. Très vite, l'imprimerie devient à la fois un instrument de l'érudition et un moyen de diffusion. Étrangers à toute préoccupation mercantile, les premiers imprimeurs parisiens – Ulrich Gering, Michel Friburger et Martin Crantz, trois Rhénans – publient à partir de 1470 des textes de l'Antiquité classique et de la Renaissance italienne. Ce qu'ils souhaitent, c'est améliorer la langue des universitaires, réformer leur style, favoriser l'étude des grands classiques. Dans le même temps, on imprime, en sachant qu'il y a pour cela des clients, toute une littérature destinée à des bourgeois qui ne refusent pas de lire mais n'auraient pas commandé des manuscrits. Les *Grandes Chroniques* sont, en 1477 grâce au libraire Pasquier Bonhomme, le premier ouvrage publié en français. On éditera aussi en 1485 la *Farce de maître Pathelin* et en 1489 le *Testament* de Villon. On y joindra des ouvrages de morale domestique ou d'économie familiale. Les libraires de l'Université ont vite vu le profit qu'ils pouvaient tirer de l'imprimerie. On compte en 1475 trois ateliers dans la capitale. À la mort de Louis XI, on en comptera quatre-vingt-quatorze. Le métier d'éditeur ne tardera pas à se dessiner, avec la commande à des imprimeurs et le démarchage envers des libraires.

Dès 1472, c'est à Lyon que Barthélemy Buyer, un homme d'affaires qui est issu d'une famille de juristes et a fait quelques études à Paris, a l'idée de tirer parti, sur le marché du livre, du mouvement d'affaires engendré par les foires. Il installe dans sa propre maison l'atelier créé pour le Liégeois Guillaume Le Roy. Là encore, la plupart des imprimeurs qui vont créer la tradition typographique de Lyon sont des Rhénans. Même si un milieu de lettrés que domine l'archevêque tient le même propos que les initiateurs de l'imprimerie parisienne, l'entreprise, ici, n'a rien d'universitaire. La ville, rappelons-le, n'a pas d'université, mais il y a des capitaux et une clientèle. On publie des livres d'histoire, des romans, des ouvrages de dévotion à l'usage des laïcs. Plus que Paris, l'imprimerie lyonnaise privilégie le livre en langue française. Même si l'on imprime en Italie dès 1465, la Péninsule est un marché non négligeable pour les imprimeurs lyonnais. À la mort de Louis XI, soixante imprimeurs feront de Lyon, derrière Paris et Strasbourg, le troisième centre d'imprimerie en Europe. L'imprimerie se répand vite en France. On la trouve à Albi en 1475, à Toulouse et Angers en 1476, à Vienne et à Chablis en 1478, à Poitiers en 1479, à Caen en 1480, à Chambéry en 1482, à Chartres en 1482, à Troyes en 1483. Ce n'est parfois qu'un épisode, limité à la publication d'un livre. Dans bien des villes, comme à Paris, Lyon, Toulouse et Poitiers, l'imprimerie va s'établir durablement.

Dire que tout cela tient à une politique royale serait abusif. L'imprimerie se développe par elle-même, d'abord par l'effet d'une curiosité intellectuelle, ensuite parce qu'il y a un marché pour le livre à bon marché. Au reste, pour la société cultivée, c'est le manuscrit qui demeure le livre par excellence. L'imprimerie n'est encore qu'une commodité de clercs et un amusement de bourgeois.

UN MÉCÉNAT ROYAL ?

Louis XI ne s'inscrit guère parmi les princes qui ont laissé le souvenir d'un mécène. Princes, officiers et marchands forment la cour. On n'y voit guère les intellectuels et les artistes. C'est Paris qui fascine toujours le monde de l'esprit. Les savants sont à Paris, les poètes et les musiciens à Angers, à Blois, ou à Bruxelles, pas à Tours.

Ni l'humanisme ni la Renaissance ne doivent grand-chose à Louis XI. Capable d'indiquer par écrit la hauteur qu'il entend faire donner au fossé d'une fortification, le roi n'a jamais, que l'on sache, donné la moindre instruction pour l'agencement d'un château ou le décor d'une église. Dans les dizaines de lettres adressées à Jean Bourré pendant que celui-ci fait construire Langeais, il n'est pas un mot qui laisse penser que Louis XI se soucie de savoir à quoi ressemblera le château.

L'architecture est en effet un bon reflet de ce manque d'intérêt pour les arts. Non seulement le règne ne se marque pas dans la capitale, où ce sont les bourgeois et leurs fabriques paroissiales – sans oublier l'archevêque de Sens – qui reprennent le train des constructions d'églises et d'hôtels interrompu par la guerre, mais on ne saurait parler à Tours d'une architecture ou d'un urbanisme qui doive quelque chose à Louis XI. Lorsqu'il est à Paris, le roi loge aux Tournelles, le vieux logis construit en 1388 par le chancelier Pierre d'Orgemont. Les Tournelles appartiennent à la maison d'Angoulême : Louis XI se soucie peu d'avoir dans sa capitale une résidence royale. Il n'a pas, non plus, de résidence à offrir à ses visiteurs. Tout « vice-roi » qu'il soit à Perpignan, Boffile de Juge loge en 1475 au Grand Godet. Le roi de Portugal est en 1476 logé chez le financier Laurent Herbelot. En 1479, Alexander Stuart, frère du roi d'Écosse Jacques III, auquel on a ménagé une entrée des plus solennelles, est conduit en cortège jusqu'à son logement à l'auberge du Coq, rue Saint-Martin. On emprunte à l'occasion : pour fêter son chapeau de cardinal, rapporte Jean Maupoint, Balue donne son banquet près des Blancs-Manteaux « en l'hôtel qui fut jadis à Piquet », autrement dit chez un bourgeois. Rares sont ceux qui, comme le cardinal de Bourbon à l'hôtel de Bourbon près du Louvre ou le cardinal de Foix à l'hôtel d'Étampes près de la

Bastille, gardent à Paris une demeure aristocratique en bon état. L'hôtel d'Artois, où le duc de Bourgogne loge encore chez lui en 1461, est ensuite déserté. Jamais Louis XI ne parlera de ranimer le Louvre, auquel on n'a plus travaillé depuis Charles V.

Louis XI n'est donc pas un bâtisseur. La modestie du propos architectural et décoratif du Plessis-lès-Tours a été soulignée. Et c'est pour ses dévotions que le roi fait construire à Cléry ou au Puy-Notre-Dame. Il faut un incendie de la charpente pour qu'on fasse en 1473 de gros travaux de reconstruction à Cléry et qu'on en profite pour agrandir l'église. On ne verra pas de vitraux royaux dans les grandes cathédrales.

L'un des luxes que s'offrent normalement les princes, c'est la chapelle. Le talent des musiciens y contribue à l'apparat des cérémonies. Or Louis XI se soucie fort peu de l'apparat, et il se refuse à voir dans une cour un élément essentiel du prestige royal. On ne s'étonnera donc pas qu'il fasse peu de cas de la musique. Certes, s'il ne la place pas au rang de ses loisirs préférés, il n'y est nullement insensible. Au Plessis, les paysans et les bergers des villages voisins viennent égayer ses journées en chantant ou en viélant les chants populaires qu'il aime. Jean de Roye le dit clairement, le roi malade fait jouer « de bas et doux instruments », mais ils se tiennent à l'écart « afin que le roi y prît plaisir et passe-temps et pour le garder de dormir ». À sa chapelle, les chants liturgiques sont de rigueur, mais pas plus qu'il n'est nécessaire au bon déroulement des offices.

On a déjà cité Johannes Ockeghem. Chanteur dans la maîtrise de Notre-Dame d'Anvers en son enfance, il est devenu à vingt ans le chantre de la chapelle du duc de Bourbon à Moulins. Remarqué par Charles VII, il a été son compositeur et chapelain, puis son maître de chapelle. Il demeure à la chapelle royale pendant tout le règne de Louis XI et restera au service de Charles VIII. Maître de la polyphonie naissante, il fait l'admiration de ses collègues par une technique non exempte de prouesses et par un sens aigu de l'émotion simple et de l'agrément lyrique. On connaît de lui treize messes à plusieurs voix, empreintes d'un mysticisme qui ne peut qu'avoir plu au dévot Louis XI, et même un *Requiem*. Ockeghem est aussi un délicat compositeur de chansons. Force est donc de noter que son nom n'apparaît pas une fois dans la correspondance du roi, non plus que dans ses générosités. La chapelle est une nécessité. Le roi y prête-t-il attention ?

Il en va de sa bibliothèque comme de sa chapelle. Pas plus que son grand-père et son père, Louis XI ne songe à reconstituer une « librairie » comparable à celle de Charles V. Sa bibliothèque n'annonce en rien celle que constituera Charles VIII, surtout après son passage à Naples en 1495, et qui constituera, avec celle de Louis XII, l'une des bases de la grande Bibliothèque royale de François Ier. Suffisent à Louis XI les quelques livres qui lui sont utiles ou agréables. On en compte cent trente au Plessis, qui sont surtout des livres d'histoire. Lorsqu'on doit transporter « les livres du roi », le tout tient, bien emballé dans de gros draps, en un coffre ou un tonneau. À tout le moins les livres qu'il garde près de lui sont-ils des livres qu'il a lus ou qu'il lit. Alors qu'il écrit tant de lettres pour se procurer un lévrier, il n'en est pas une pour demander un livre. Au mieux connaît-on l'ouvrage que lui offre à son avènement l'ambassadeur florentin Donato Acciaiuoli. Louis XI n'a rien d'un collectionneur. Il n'aura de sa vie collectionné que les animaux et les reliques.

Ce serait de même forcer la réalité que de faire honneur au roi d'avoir importé l'imprimerie en France : tout montre que les choses se sont passées sans son intervention. S'il en était allé autrement, c'est évidemment à Tours qu'on eût accueilli ces étrangers qui apportaient quelque nouveauté, intellectuelle et technique. À l'évidence, Louis XI ne manifeste aucun intérêt pour l'imprimerie, alors même qu'il pourrait au moins y voir une industrie possible. Sans doute faut-il penser qu'il n'a prêté aucune attention au nouvel art du livre. Il se veut loin de Paris, loin de la Sorbonne. Quand on imprime en 1482 le texte du traité d'Arras, il ne s'agit bien que d'une commodité politique.

D'encourager les artistes le roi se soucie peu. Il a gardé jusqu'en 1469 le peintre de la cour, Jacques de Littemont. Fouquet attendra la mort de Littemont pour avoir une position officielle. Jean Fouquet a fait les esquisses du décor de l'entrée solennelle à Tours en 1461. Dix ans plus tard, il réalise des tableaux pour orner le chapitre de l'ordre de Saint-Michel, et il place une miniature en frontispice des statuts de l'ordre. En 1474, il fournit des esquisses pour le tombeau que se prépare déjà le roi. Il devient en 1475 peintre du roi, ce qui lui vaut une pension et quelques commandes à l'occasion de fêtes, comme pour l'entrée à Tours du roi de Portugal. Quelques autres font une timide apparition à la cour. Jean Colombe travaille à partir de 1467 pour la reine Charlotte de Savoie. Élève de Fouquet, Jean Bourdichon n'a que vingt ans quand il se voit passer en 1478 commande d'un décor peint pour la demeure et la chapelle du Plessis.

Même si ces noms sont voués à la célébrité, on ne saurait parler d'un mécénat. Pour Louis XI, la peinture est une utilité. Et n'exagérons pas la portée des commandes passées par les villes à l'occasion des venues du roi : du décor des portes et des places publiques à l'enluminure des récits, ce sont là des œuvres de circonstance, plus faites pour la gloire de la ville que pour celle du roi.

On a noté dans les vitraux de son temps plusieurs images de Louis XI. Encore faut-il dire que le vitrail de la cathédrale de Toulouse est un don de l'archevêque et que le dauphin Louis n'y figure qu'avec le roi son père. Louis XI offre des vitraux à la cathédrale d'Évreux, mais il s'agit de remercier la ville de s'être ouverte en 1465 à l'armée royale. S'il en offre à l'église de Béhuard où il fait si souvent pèlerinage, l'acte de dévotion l'emporte là sur l'acte de mécénat. Il en va de même quand Saint-Martin de Tours reçoit une effigie du roi en argent doré.

Nombreux sont les cadeaux qu'il convient de faire aux princes et aux ambassadeurs, de même que les actes de dévotion : on restaure l'église Saint-Eutrope de Saintes qui menace de s'effondrer, on offre le reliquaire du bras de Charlemagne à Aix-la-Chapelle, on place une grille d'argent à Saint-Martin de Tours et une autre à la collégiale de Notre-Dame-de-Sales à Bourges, on fabrique la châsse de sainte Marthe pour l'église de Tarascon. Naturellement, l'église de Cléry n'est pas oubliée : en 1471, le roi commande un tabernacle à un orfèvre parisien. Tout cela, qui laissera des chefs-d'œuvre, ne peut cacher qu'il n'est pas une œuvre d'art qui puisse être mise au compte d'un pur mécénat royal. Au reste, ces œuvres d'art qu'il faut offrir, on les achète souvent à Lyon. En 1481, c'est à Lyon qu'on réalise le reliquaire du bras de Charlemagne destiné à Aix-la-Chapelle. Les quelques orfèvres qui s'attachent à la cour suffisent aux générosités royales. En juin 1466, la coupe qu'à Rouen Louis XI offre à Warwick est fabriquée à Rouen même. Rares sont les cas où le roi veut voir l'ouvrage. Au début de 1470, ayant commandé à l'orfèvre parisien Jean Chenart un « grand calice d'or », il fait venir Chenart à Tours en avril pour y achever l'ouvrage. De même le tabernacle de Cléry est-il doré à Tours. Et c'est l'orfèvre et maître de la monnaie de Tours, Jean Bonsire, qui exécute la grille de Saint-Martin. Rien ne permet d'y voir les signes d'une préoccupation artistique.

Si ses dévotions se traduisent souvent par des dons d'œuvres d'orfèvrerie, ce qu'indique le roi, c'est le prix qu'il y veut mettre. La grille d'argent offerte à Saint-Martin pèsera douze mille livres de poids et coûtera deux cent mille livres tournois : c'est tout ce qu'il en dit. Dans son esprit, la générosité se marque par un nombre de marcs d'or ou d'argent, non par la façon d'un chef-d'œuvre. Parfois, c'est simplement un forfait : la statue qu'il commande pour son tombeau à Cléry devra coûter mille écus. Et il vérifie avec âpreté le devis de la restauration de Saint-Eutrope. Il veut bien « refaire ce qui est pourri et mauvais, et en danger de choir », mais il juge le coût excessif. « Les ouvriers devisent à leur avantage pour y gagner le plus qu'ils peuvent, et spécialement quand ils ont affaire à gens qu'ils cuident qui aient bonne bourse, comme moi, et ne s'en faut pas fier en eux. »

L'étonnant développement de la tapisserie ne doit pratiquement rien au roi. C'est pour réagir à la crise de la draperie des grandes villes, menacée par les nouveaux centres comme ceux du Brabant et par l'industrie rurale commanditée par les marchands, que certaines villes drapantes naguère réputées se sont au XIVe siècle reconverties dans la tapisserie. Elles valorisaient ainsi à la fois une main-d'œuvre qualifiée et une réputation sur les marchés. Au temps de Louis XI, ces grands centres sont surtout Arras et Bruxelles mais on ne peut négliger Audenarde, Bruges, Lille et Tournai. Le mécénat du duc de Bourgogne n'a pas peu contribué au développement de la tapisserie de

Bruxelles. On y fabrique en particulier ces tentures aux mille fleurs qui mêlent un certain naturalisme à la représentation mystique du jardin d'Éden. La ruine d'Arras en 1477 condamne la plupart des liciers à chercher ailleurs un établissement. Il semble que, fondé sur une vieille tradition de draperie, le développement de la tapisserie à Aubusson et Felletin soit pour l'essentiel une conséquence de cet exil. Il n'entre pas dans une politique.

Louis XI pense-t-il à faire chanter ses louanges par les hommes de l'art ? On a de lui quelques rares portraits, et en premier lieu la médaille modelée, en trois versions, par Francesco Laurana, mais elle l'a été à l'intention du roi René (Paris, Bibl. nat. de France). Seule la tête de Toul (auj. Chicago, *Art Institute*) montre Louis couronne en tête. Tenons pour négligeables les figures que présentent les scènes historiques : les miniaturistes chargés de donner du lustre à un manuscrit, notamment aux nombreuses copies des *Grandes Chroniques*, ne pensaient pas reproduire les traits du roi. Il en allait sans doute différemment de la statue du roi à genoux devant la Vierge qui prit place en 1471 dans la Grand-Salle du Palais avec celles de la plupart des rois de France, comptés depuis Pharamond. Comme les autres, elle a disparu à la Révolution.

Louis XI a maladroitement cherché à ce que l'histoire de son règne soit rédigée. Au lendemain de la prise de Perpignan, en janvier 1463, il charge Étienne Chevalier d'en faire écrire l'histoire. « Désirons bien que fassiez mettre par écrit, afin qu'il en soit mémoire, le miracle que mon dit seigneur saint Martin nous a fait en cette besogne, laquelle réputons miraculeuse. Ainsi le veuillez faire. »

Malheureusement, Louis XI n'a trouvé que de médiocres historiens. En fermant le véritable atelier historiographique qu'était à Saint-Denis l'officine de rédaction des *Grandes Chroniques de France*, et cela parce que les moines de Saint-Denis avaient trop loué le règne de Charles VII, Louis XI a tari en 1461 l'une des sources auxquelles s'alimentaient ceux qui entendaient écrire l'histoire. L'historiographe de son père, Jean Chartier, étant écarté, Louis XI fait venir un moine clunisien de Saint-Martin-des-Champs dont on fera en 1472 un abbé de Saint-Maur-des-Fossés : Jean Castel, un petit-fils de Christine de Pisan, qui prend le titre de « chroniqueur de France ». Mais Castel ne développera guère ses *Chroniques abrégées.* Il meurt en 1476 et le roi attendra 1483 pour confier à un moine qu'il choisit cette fois à Saint-Denis, Matthieu Levrien, la charge modeste de « chroniqueur de l'église ». Levrien n'aura pas le temps de prendre la relève. Du temps même de Castel, le roi a fait en 1466 de Guillaume Danicot, moine de Saint-Julien en Auvergne, un « conseiller et historien du roi » qui reste surtout l'auteur d'une *Vie de saint Julien.* Danicot meurt dès 1472.

Cette disparition de toute historiographie monastique de la monarchie est à rapporter au choix que fait Louis XI, vers 1482, de son médecin Pierre Choisnet pour rédiger la partie historique du *Rosier des guerres,* un récit compilé « des choses passées depuis que le nom de France commença à fleurir ».

On ne travaille pas moins hors des monastères. À la demande de Jean Budé, le greffier des Comptes Louis Le Blanc compose une *Histoire de la dévotion des rois de France envers saint Denis* et un *Mémorial des hauts faits des rois de France* qui sont absolument dénués d'intérêt. Quant à Nicolas Gilles, secrétaire du roi et souvent son homme de confiance, rien ne prouve qu'il ait reçu du roi la commande de ces *Annales et chroniques de France* où, après avoir compilé les *Grandes Chroniques*, il donne du règne de Louis XI une vue dont l'élégance stylistique l'emporte sur l'intérêt historique. Il en va de même des compilations de Jean de Reilhac, secrétaire du roi et de surcroît maître des comptes.

Le talent est ailleurs, et Louis XI paiera d'ailleurs cela fort cher au regard de la postérité : alors que le duc de Bourgogne a ses historiens à gages, le roi de France n'a pas dans l'instant ceux qui seraient dignes de son ambition. Il n'y a pas, du côté du roi de France, l'équivalent d'un Chastellain ou d'un Molinet, chroniqueurs officiels de la cour de Bourgogne, ou de ce qu'ont été pour Charles VI et Charles VII un Héraut Berry et un Jean Juvénal des Ursins. Thomas Basin ne décolère pas contre un roi qui ne lui a fait aucune place dans son gouvernement, et son *Histoire de Louis XI* s'en ressent durement. Commynes n'a été employé par le roi qu'à raison de ses qualités de diplomate, non pour les *Mémoires* qu'il rédigera longtemps après la mort du roi.

S'il a laissé sa trace dans l'histoire, c'est bien plus pour son œuvre d'historien que pour son rôle de confident et de diplomate, mais le roi n'a que le mérite d'avoir voulu s'attacher un homme dont le ralliement l'avait servi et dont l'intelligence l'avait séduit. À aucun moment Louis XI ne songe à en faire son historiographe, et l'on sait qu'il faudra, après la mort du roi, l'insistance de l'archevêque de Vienne pour que Commynes se décide à rapporter ce qu'il a vu et ce qu'il en a pensé. Autrement dit, ce chef-d'œuvre de la prose historique et politique que sont les *Mémoires* de Commynes ne peut être mis à l'actif de Louis XI.

Il est vrai que Louis XI ne cherche guère la propagande à long terme. Encore moins veut-il se poser devant ses contemporains en ami des lettres et des arts. Celui qui restera peut-être le plus grand épistolier parmi les rois de France se soucie peu que l'on écrive sur lui pour la postérité. Lorsqu'il se livre à des actions de propagande, elles sont à courte vue : il lui faut persuader ses contemporains. Sa correspondance est certainement plus intéressante que les chroniques qu'il a favorisées : elles répondent à un objet immédiat. Ce roi familier des virages politiques tient-il vraiment à ce qu'on rédige par le menu le récit de ses politiques successives ?

Cette vaine recherche d'un mécénat royal doit-elle nourrir l'image d'un esprit grossier ? Certes pas. Il ne faut pas exagérer le témoignage de culture historique que seraient certaines instructions aux ambassadeurs, et notamment quand il s'agit d'argumenter face au pape sur les prérogatives du « roi très chrétien », si l'on était certain que le roi lui-même a eu part à leur rédaction. Mais on ne peut négliger le jugement que porte sur lui, en 1466, l'ambassadeur Panigarola dans un propos qui, n'étant pas destiné au roi, ne saurait être mis au compte de la flagornerie : « Vous l'eussiez non seulement pris pour un jurisconsulte mais pour l'un de ces empereurs qui instituèrent et introduisirent les lois. »

Les lettres qu'il dicte suffisent d'ailleurs à laisser entrevoir la vivacité de son style, l'acuité de son regard sur les hommes et les événements, sa capacité à assimiler mais à décanter les leçons de l'histoire, la finesse de ses analyses, et même sa capacité à réagir et à revenir sur ses initiatives, toutes qualités qui dénotent un esprit subtil.

S'il ne joue pas au mécène, c'est d'abord et tout simplement parce que Louis XI n'a qu'un métier, le gouvernement du royaume. Jacques Monfrin a bien montré que Charles V lui-même faisait, dans son mécénat même, œuvre de politique plus que d'humaniste et que l'on trouvait chez lui, plus qu'un souci de culture désintéressée, « la notion d'utilité publique ». Cette même notion l'emporte en tout chez Louis XI, mais il est des raisons politiques qui l'écartent de ce monde des intellectuels et des artistes dont Charles V était si proche. La première est que les temps ne sont plus les mêmes. Entre Charles V et Louis XI, il y a eu la guerre, l'éloignement de Paris, la prétention des clercs à jouer un rôle dans le gouvernement de l'État.

La deuxième est le mal d'argent. On ne saurait oublier que la rançon du mécénat de Charles V a été son ultime repentir à l'égard des contribuables. Dès lors qu'il doit financer une politique, et surtout une diplomatie, où l'on paie plutôt qu'on ne multiplie les batailles, Louis XI n'a guère d'argent à consacrer aux beaux-arts. Les moyens financiers du roi de France ne sauraient se comparer à ce dont dispose en Bourgogne et aux Pays-Bas un Philippe le Bon dont les finances ont été relativement épargnées par la guerre. Dans une France qui ne se relève que lentement de ses ruines, il n'est pas le seul à devoir modérer les dépenses de prestige. Pour éclairer la parcimonie du roi, il faut se souvenir de tous ces chantiers qui ne sont pas les siens et qui se voient interrompus parfois plus d'un siècle. Dans sa dépense, Louis XI, comme tant d'autres, a dû faire ses choix, et ils ne sont pas en faveur de ce qui n'apporte rien à son propos politique.

Il est une troisième raison, la plus personnelle : les goûts du roi Louis XI. Nous le savons insensible au faste. Les vaticinations des clercs ne sont pas son affaire, et tout ce qui les touche le laisse sceptique. Il n'a que deux passions, la chasse et la dévotion. Les journées qu'il consacre à traquer le sanglier ou à méditer sa foi suffisent à assurer son équilibre. Le refus d'un véritable mécénat est à mettre tout simplement en relation avec celui d'une vie de cour où le roi ne voit qu'occasions d'intrigues et de complots. Pour comprendre l'attitude de Louis XI à l'égard de la vie de l'esprit, il suffit de regarder Plessis-lès-Tours.

CHAPITRE XXXI

La fin

L'ÂGE

C'est vers le printemps de 1479 que Louis XI commence de souffrir de l'âge. Lorsque Commynes revient d'Italie, il en est surpris. Le roi lui paraît un peu « envieilli, et commençait à se disposer à maladie ». Il y a longtemps que Louis XI souffre de divers maux. Maintenant, ce n'est plus un secret. Un an plus tard, il commence à « envieillir et devenir malade ». Il y a longtemps qu'il se plaint de ses hémorroïdes, mais celles-ci ne l'empêchaient point de chevaucher.

C'est en mars 1481 – la date de 1479 est aujourd'hui abandonnée – que le roi, alors qu'il se lève de table, est frappé par une hémorragie cérébrale. « Lui vint comme une percussion, et perdit la parole », écrira Commynes. Un peu d'air et un clystère, et la parole revient, mais embarrassée, tout comme l'appétit. Ce qui est plus grave, c'est que le malade comprend à peine ce qu'on lui dit. Lorsqu'après une douzaine de jours lui revient le sens, la première demande de ce prince de la méfiance est qu'on lui communique les noms de ceux qui l'ont chambré. Car il pense qu'on l'a retenu par force. Plusieurs disgrâces s'ensuivent, dont Commynes, qui qualifiera cela de fantaisie, pensera qu'elles sont le fruit d'une simulation. Ce que craint maintenant Louis XI, c'est de tomber en dépendance. « Le principal fond de cette matière, qui le mouvait, était de peur qu'on ne le voulût maîtriser en toutes autres choses, comme en expédition de ses affaires et matières, sous couleur de dire que son sens ne fût pas bon ni suffisant. »

Pendant cette « absence », les affaires ont été gérées par ceux qui logeaient à l'étage au-dessous du roi : Charles et Louis d'Amboise, le maréchal de Gié, Jean de Daillon. Il n'y a rien là qui ressemble à un Conseil de régence : les proches ont paré au plus pressé, comme si le roi était là. À peine celui-ci est-il remis, et mal remis, qu'il se fait mettre au courant. On lui montre les lettres qui sont arrivées : il fait semblant de les lire. Il indique les réponses à faire. On lui fait croire qu'on l'a attendu.

La vérité est tout autre. L'entourage a cru le roi mourant et a anticipé sur les décisions qu'il semble utile de prendre dès qu'il sera mort. On a en particulier préparé les mandements allégeant une fiscalité qui n'a cessé de croître depuis quatre ans et dont on peut craindre qu'elle suscite des troubles lors de l'avènement du nouveau roi. Il s'agissait, entre autres, de supprimer la « très excessive taille et cruelle » imposée pour le remplacement des francs archers par l'infanterie suisse. Heureusement, les mandements ne pouvaient être signés tant que le roi était « absent », et ils ne pouvaient encore être intitulés au nom de Charles VIII. Le roi rétabli, on s'empresse de les brûler. Commynes, qui est présent, dit bien l'inquiétude de ceux qui ont voulu bien faire et sont maintenant suspectés. « Nous faisions peu d'expéditions en attendant la fin de cette maladie, car il était maître avec lequel il fallait charrier droit. »

Revenant sur l'ensemble des folies que commet le roi dans ses dernières années, Commynes passera un aveu à peine déguisé. « Qui y pourra mettre remède, si Dieu ne l'y met. » On ne saurait exprimer plus clairement la lassitude de l'entourage. On ne pleurerait pas si le roi disparaissait maintenant.

La crise fera un heureux. Le roi rétabli, les scrupules l'assaillent. Il a peur que cela ne recommence. Une bonne œuvre s'impose : en décembre 1480, il fait libérer Balue. Depuis longtemps, Sixte IV demandait la grâce de l'évêque. Celui-ci ne s'attardera pas : remis au légat, il gagne Rome, où il a sa place comme cardinal. Trois ans plus tard, il troque son titre cardinalice de Sainte-Suzanne contre un évêché suburbicaire : il est cardinal évêque, d'Albano en 1483, de Palestrina en 1491.

De nouvelles atteintes surviennent l'année suivante. Pendant deux heures, en septembre 1481, on croit le roi mort. Il gît sur une paillasse dans une galerie du château du Plessis. Il se remet, part en mars 1482, avec une escorte qui est presque une armée, pour un pèlerinage à Saint-Claude dont Commynes et Batarnay ont fait pour lui le vœu pendant la crise de septembre. Il tombe de nouveau malade. Il apparaît « maigre et défait », semblant plus mort que vif, mais la volonté le porte. S'il n'écoute guère ses médecins, il les comble de dons. De même multiplie-t-il les générosités aux églises. Saint-Jean de Latran et Aquila ont leur part, comme Cologne et Aix-la-Chapelle. Le don qu'il fait à Saint-Jacques de Compostelle est tellement exorbitant qu'il faut reporter le paiement de plusieurs pensions afin de dégager la somme. Les Beaujeu devront faire casser des donations en terres qui leur sembleront excessives.

Dans l'environnement politique du roi, les morts se succèdent, qui lui rappellent à chaque fois les fins dernières. Disparaissent en 1480 son oncle le roi René, en 1481 son cousin Charles II du Maine, en 1482 sa sœur Jeanne, duchesse de Bourbon, et son neveu Philibert de Savoie, sans oublier Marie de Bourgogne. Le proche entourage n'est pas moins décimé.

L'homme qui interdisait à son entourage de lui parler de sa mort ne pense désormais qu'à cela. Le pèlerinage à Saint-Claude était un retour sur sa jeunesse : il s'était arrêté là sur le chemin de l'exil en Brabant. Regagnant la Touraine, c'est bien à sa fin qu'il pense quand, pendant plus d'un mois, en juin et juillet 1482, il s'arrête à Cléry, où il a choisi de faire édifier son tombeau. Il a peine à s'en détacher. Il y revient en août, puis à nouveau en septembre. Ensuite, à l'exception de deux brefs séjours à Amboise où il va voir la reine et le dauphin, il ne quittera plus Tours et le Plessis. Incapable, maintenant, de parcourir les forêts derrière le gibier, il se promène dans le jardin qui demeure l'objet de son attention. Il fait édifier une nouvelle galerie. Bourré est chargé de faire planter de la vigne.

En cette année 1482, alors que Louis XI se prépare à la mort qu'annoncent les reprises de la maladie, il a encore, le plus souvent, la tête aux affaires du royaume. Il l'avoue, sa plus grande crainte est de perdre la raison : il redoute qu'on cherche à le mettre en tutelle. Aussi l'activité prend-elle parfois des airs de fébrilité que reflète une abondante correspondance. Partent à l'occasion des lettres incongrues, comme celle qui, le 14 avril 1482, adresse au Parlement copie du serment du sacre et enjoint à la Cour de « faire justice à chacun ainsi qu'il appartient ». En avril 1482, le Parlement est prié de rechercher dans ses registres une ordonnance de Charles V ; la Cour dira n'avoir rien trouvé, fors quelques ordonnances de Jean le Bon cassées par la suite pour avoir été imposées par les États de 1356. En juillet 1482, le roi prescrit de hâter l'inventaire du Trésor des chartes.

À Cléry, en juillet, Louis XI a reçu les envoyés des États de Flandre. En septembre, il suit de près la négociation pour le renouvellement de la trêve avec l'Angleterre qui portera un coup fatal aux velléités hostiles de Maximilien et à celles de François II de Bretagne. En décembre, il ne perd pas de vue les pourparlers qui aboutissent au traité d'Arras et à l'effondrement des illusions anglaises. Il n'est pas moins attentif aux affaires d'Italie. Il va même, en 1483, jusqu'à évoquer une possible entreprise pour reprendre aux Anglais leur dernière place continentale, Calais.

Père sur le tard d'un fils dont il voit bien qu'il sera roi trop jeune, Louis XI se soucie maintenant de celui qui à douze ans sera Charles VIII. Vers 1482, il « fait rédiger et assembler en un petit volume plusieurs bons notables enseignements servant à la garde, défense et gouvernement du royaume ». Dans ce *Rosier des guerres* qui paraît bien avoir été dicté par lui, il multiplie les conseils au futur roi et conclut par vingt maximes sur les devoirs du Prince et les vertus d'un bon gouvernement. Si tant est que le médecin Pierre Choisnet n'ait pas mis dans sa rédaction trop de lui-même ou un peu de ce qu'il avait auparavant entendu, le testament politique montre qu'au moins par moments le roi jouit, dans ses derniers mois, d'une réelle clarté d'esprit.

À Amboise, dans les longs entretiens qu'ils ont eus du 21 au 24 septembre 1482, il a commencé de mettre en garde le dauphin contre les périls qui l'attendent, et c'est, là encore mais de manière plus solennelle, qu'il a délivré son testament politique.

> Lui avons dit et remontré plusieurs belles et notables choses à l'édifiement de sa vie en bonnes mœurs, gouvernement, entretène-

ment et conduite de la Couronne de France, s'il plaît à Dieu qu'elle lui advienne après nous.

À ce qui semble avoir été le premier jour un long monologue, il y a quelques témoins choisis : Pierre de Beaujeu, Imbert de Batarnay, le maréchal de Gié, l'archevêque François Hallé, Jean de Doyat, Bertrand de Beauvau, Jean Bourré et Olivier Guérin. Un secrétaire, Pierre Parent, prend en note le testament politique du roi et en fera le compte rendu sous la forme d'une ordonnance, datée du 21 et immédiatement adressée à toutes les cours souveraines du royaume. La Chambre des comptes l'enregistrera le 7 novembre. Le Parlement fera de même le 12.

Le propos du roi se réduit à trois points essentiels : écouter les conseils, ne pas se priver de ceux qui ont déjà servi la Couronne, se méfier des princes dont, si l'on n'y prend garde, les conspirations recommenceront.

> Qu'il écoute les conseils des parents et seigneurs de notre sang et lignage et des autres grands seigneurs, barons, chevaliers, capitaines et autres gens notables, sages, de bon conseil et conduite, et principalement de ceux qu'il saura et connaîtra avoir été bons et loyaux à feu notre très cher seigneur et père, que Dieu absolve, à nous et à la Couronne de France.

La liste n'est pas innocente. À ce point développée, elle appelle l'examen de ceux qui manquent : le clergé n'y est pas. Archevêque de Narbonne depuis juillet, François Hallé est surtout l'ancien avocat du roi, le président de l'Échiquier de Normandie et le chancelier de l'ordre de Saint-Michel. En fait, l'Église de France est absente de l'entretien d'Amboise : le roi s'est toujours méfié des prélats, il n'a pas apprécié leur attitude à l'égard de la Pragmatique Sanction, il n'a pas oublié la fraîcheur de l'accueil des clercs et des maîtres au lendemain de son sacre, et il vient d'avoir quelque occasion de se plaindre de celui qui aurait eu là sa place naturelle, l'archevêque de Tours.

On remarquera en revanche un nom qui n'est pas souvent venu dans la bouche de Louis XI : celui de Charles VII. Dans le prologue du *Rosier des guerres*, déjà, il était cité comme « de noble mémoire ». Certes, ces formules sont convenues. Ce qui est à noter, c'est tout simplement que Louis XI n'oublie plus qu'il a eu un père.

Le roi bat sa coulpe. Sauf déloyauté avérée, le nouveau roi ne devrait pas faire ce qu'a fait Louis XI à son avènement. On l'a dit, Louis XI a repris à la longue bien des anciens serviteurs de son père, et nous savons quelle durable confiance a suivi la disgrâce immédiate d'un Dammartin si fortement haï par le dauphin Louis. Le vieux Louis XI, qui n'a jamais eu un mot pour reconnaître ce que le royaume devait au grand roi que fut Charles VII, oublie délibérément les circonstances de son propre avènement. Entre Louis XI et le dauphin Charles, il y a certainement un long manque de confiance et une absence de familiarité, mais il n'y a rien qui ressemble à l'énorme contentieux qui a alimenté la révolte et l'exil de jadis. Le nouveau roi de 1461 était un fils rebelle et un adulte, celui de 1483 ne sera qu'un jeune fils longtemps tenu à l'écart des affaires. Louis XI a raison de le souligner : une vague de révocations ne s'impose pas. De lui-même, il évoque l'erreur de jadis.

> Les grands maux, inconvénients et dommages irréparables qui nous advinrent peu de temps après notre avènement à la Couronne pour n'avoir entretenu lesdits seigneurs et officiers en leurs états, charges et offices.

Le roi est-il naïf ? Il demande à son fils de lever la main droite et de jurer qu'il observera ces conseils. Le procès-verbal ne dit pas si le serment est prêté sur l'Évangile, sur des reliques ou sur rien. Ce qui est sûr, c'est que l'on n'a pas fait venir la croix de Saint-Laud. Mais Pierre Parent se voit intimer l'ordre de préparer déjà, sans les dater, les lettres de confirmation des officiers en place.

Pensant à ces serviteurs souvent modestes mais très proches que sont les secrétaires, le roi fait, en novembre 1482, instrumenter par lettres patentes les privilèges de ce qu'il tient maintenant pour un collège, autrement dit pour une institution. Le chancelier Doriole laisse toutefois traîner les choses et, sans doute heureux de faire pièce à des gens qui sont trop souvent venus lui porter des ordres, le Parlement s'oppose à l'enregistrement. L'une des dispositions plaçait les secrétaires hors de la juridiction du Parlement : on ne pourrait les ajourner que devant le Grand Conseil. On sait la jalousie du Parlement à l'endroit du Grand Conseil. Une autre empiétait sur les attributions des procureurs au Parlement. La Cour n'accepte, le 5 juillet, d'entériner les lettres patentes qu'en rejetant ces deux dispositions. À l'article de la mort, Louis XI ne peut toujours pas dompter le Parlement.

En octobre, il fait venir son plus proche parent en ligne masculine. Le duc Louis d'Orléans a été tenu à l'écart des affaires, et lui confier le gouvernement serait jouer avec l'incertain. Le jeune prince – il a tout juste vingt ans – s'entend prier fermement de renoncer sous serment à la régence. Comme, mal marié par le roi, il trompe l'ennui avec ses maîtresses, il se trouve bien d'être déchargé d'un tel souci. Il jure.

Le 12 mai 1483, le roi va plus loin dans l'organisation du futur règne. Il nomme un nouveau chancelier. Pierre Doriole approche les soixante-dix ans. Il se voit rétrogradé comme président de la Chambre des comptes, une fonction cependant honorifique mais qui ne pèsera guère sur ses épaules. Louis XI ne s'y est pas trompé : le fidèle Doriole est de dix ans son aîné, et il ne lui survivra que deux ans. Il convient donc de laisser au futur roi un chancelier qui soit un ferme appui. Guillaume de Rochefort est issu d'une famille de bonne noblesse de Franche-Comté. Il est l'un de ceux qui ont choisi, à la mort du Téméraire, de passer sans conditions au service du roi de France. Docteur en droit civil et en droit canonique, c'est un grand juriste, rompu aux subtilités de la vie politique et de la diplomatie. Il sera, pour le compte de Charles VIII et au côté d'Anne de Beaujeu, l'un des artisans de la négociation qui conduira au mariage du roi et d'Anne de Bretagne.

En juin 1483, devant ceux qu'il a invités aux fiançailles du dauphin et qu'il a ensuite conviés au Plessis-lès-Tours pour une sorte d'assemblée, Louis XI se force à prendre lui-même la parole, et c'est pour un tableau politique qui se veut à la fois bilan et programme. Le programme, c'est celui de réformes qui offriraient aux sujets du roi plus de justice et plus de prospérité en cassant les entraves et en redressant les abus. À l'énoncé de ce testament politique, on ne peut s'empêcher de penser à

Charles V abolissant à son lit de mort l'impôt dont il juge qu'on l'a trop longtemps levé au mépris du droit. Le repentir de Louis XI au seuil de la mort est sans doute sincère. Le programme n'est que médiocrement crédible.

Il s'agite. Il achète – à n'importe quel prix, et parfois plus que ne demande le vendeur – des chiens en Italie comme en Espagne ou en Bretagne, des chevaux à Naples, une mule en Sicile, des lionceaux en Afrique, des autruches en Tunisie. Grâce aux marchands hanséates, il se procure des hermines et des belettes à Bruges, des élans et des rennes de Scandinavie en Zélande. Encore ne fait-il aucun cas de ces animaux quand ils arrivent. Commynes attribuera cette agitation désordonnée au désir de faire parler de lui pour qu'on ne le tienne pas pour mort.

L'esprit toujours inquiet du roi nourrit plus que jamais des « suspicions ». Souvent à juste titre, il se méfie de tout le monde. À Amboise, en septembre 1482, il n'a pas manqué d'entretenir le futur roi des « conspirations et trahisons » dont il a tant souffert et dont il appréhende le retour. Comme il craint de n'être plus obéi, il punit sévèrement la moindre incartade. Il casse les officiers, rogne les pensions.

Certains, parmi les plus fidèles, prennent du champ pour n'être pas frappés par une soudaine disgrâce. Beaucoup lorgnent déjà du côté du pouvoir qui s'annonce. La fille du roi, Anne de France, voit bien que son père ne verra pas le futur Charles VIII majeur. Elle et son mari Pierre de Beaujeu, qui n'est pas encore duc de Bourbon, se préparent pour la régence. C'est naturellement sans affection qu'ils considèrent ceux qui, tel Commynes, sont trop influents auprès du vieux roi.

Le roi se meurt

Au Plessis, dont on renforce la garde et la fortification, nul n'entre plus, sinon Beaujeu et quelques serviteurs domestiques. Terrorisé à l'idée que son lit pourrait être son lit de mort, le malade préfère maintenant dormir dans le fauteuil que l'on place dans la galerie. De là, dans la journée, il regarde les arbres du parc. Mais il demeure lucide, sachant bien que les grands attendent sa mort alors que les plus modestes dont il a fait la fortune ne voient venir que des désagréments.

> Pour compagnie, il tenait là un homme ou deux auprès de lui, gens de petite condition et assez mal renommés, à qui il pouvait bien sembler, s'ils étaient sages, que, dès qu'il serait mort, ils seraient désappointés de toutes choses, pour le moins qui leur en pourrait advenir.

Il change souvent de valet de chambre. Il est vrai que, Commynes ne le cache pas, certains forment le projet d'entrer de force au Plessis et de « dépêcher les choses ». La méfiance est généralisée. Nommé contrôleur de l'Argenterie alors qu'il est déjà maire de Tours, Pierre Briçonnet, le fils de Jean l'Aîné, doit prêter serment sur la croix de Saint-Laud, ce qui est quand même une bien grande exigence pour un emploi de la sorte. Et quand il a besoin de secrétaires, le roi demande qu'on lui en envoie « des plus jeunes et bien entendus » : il se méfie de ceux qui ont eu le temps de se faire des relations. C'est alors qu'apparaissent les signatures de Jean Amys, Jean Tilhart, Antoine Robert et Jacques Erlant. Demeurent cependant quelques fidèles, comme Villechartre ou Robertet. Mais tout inquiète le malade. Il scrute le visage de ceux qui l'approchent. Au nouveau chancelier Guillaume de Rochefort il reproche son messager.

> Je vous prie, ne m'en envoyez plus par celui qui me les a apportées, car je lui ai trouvé le visage terriblement changé depuis que je ne le vis, et vous promets par ma foi qu'il m'a fait grand-peur.

Louis XI en appelle maintenant aux prières de tous les saints hommes qu'il connaît, ou que connaissent ceux qu'il peut atteindre. « S'il y en a nuls près de vous que vous connaissiez, que aussi les en veuillez prier », écrit-il à un prieur. Naturellement, les offrandes aux églises se multiplient au point que le clerc chargé des « offrandes ordinaires » se plaint de n'avoir plus d'argent. « Ceci touche ma vie », rappelle le roi. Qu'on ne néglige pas ces offrandes, écrit-il aux généraux des finances, « tant que je serai en cette vie ». En novembre 1482, il érige la chapelle du Plessis en une collégiale Saint-Jean, dont les chanoines prieront pour sa santé. Il en coûte 3 000 livres de rentes, amorties pour une part sur le domaine d'Anjou récemment uni au domaine royal. La Chambre des comptes d'Anjou fera des difficultés. Le 7 août 1483, le roi mourant devra encore se fâcher.

L'hiver a été dur, et le malade en a souffert. Le 3 février, il a prescrit des processions à Saint-Denis contre le « vent de galerne », c'est-à-dire le vent froid qui frappe le « pauvre peuple du royaume ». Jean de Roye interprète aisément l'ordre : « Le vent de bise, quand il venterait, ferait moult de maux tant à la santé des corps humains que des biens de la terre. » Tout Paris a suivi des processions. Nul ne s'y est trompé. C'était bien pour le roi. On recommence le 3 mai, et tout Paris va, sur ordre, prier à Saint-Denis pour l'ensemble de la famille royale. Là encore, personne n'est dupe.

Il a fait le vœu d'aller à Compostelle, mais il se rend compte que cela ne sera plus possible. Il se fait relever de son vœu par le pape.

Cela n'interdit pas de recourir à la science de tous les médecins possible. Coictier est toujours là, qui accumule dons et concessions, mais en 1481 l'attaque dont souffre le roi fait revenir Fumée. On voit aussi un nommé maître Claude, et surtout le Bénéventin Angelo Cato, à la fois médecin, astrologue et aumônier. Ses qualités d'astrologue ne l'ont pas desservi : il aurait prédit sa chute au Téméraire. Le médecin Thomas Quissarme semble avoir rempli des rôles assez divers avant qu'en mars 1481 le roi l'anoblisse. On fait venir « le bon médecin qui a guéri Monseigneur de Lorraine ». Pierre Choisnet, médecin mais aussi astrologue et auteur d'un poème moral, semble n'intervenir qu'à la fin du règne ; il est sinon le rédacteur du *Rosier des guerres*, du moins l'organisateur de la matière.

Si le médecin discourt sur la maladie et prescrit les remèdes, le chirurgien opère. Au temps de Louis XI, le chirurgien n'est déjà plus ce barbier monté en grade qu'il était cent ans plus tôt. Il touche le malade, il panse, il saigne, il opère. Un habile chirurgien peut apaiser la douleur. La vieillesse ne faisant qu'ajouter aux maux déjà éprouvés, on voit ce qu'un homme accablé toute sa vie par les hémorroïdes peut attendre d'un chirurgien. Malgré le mécontentement de ses médecins et notamment de Coictier, les chirurgiens se pressent au Plessis. On y voit même, en 1480, une « sirurgienne ».

Un personnage apparaît alors, qui tient le rôle d'un véritable directeur de conscience : c'est un ermite calabrais dont la réputation a franchi les montagnes, Francesco da Paola, qui sera en français saint François de Paule. Il passe pour faire des miracles. Il est lui-même une sorte de miracle : sans avoir rien appris, il est lettré. De même qu'il a fait venir toutes sortes de saints hommes dont il attendait le miracle, Louis XI, à la fin de 1482, a sollicité sa venue. Comme la règle des minimes ne prévoit pas ce genre de déplacement, on demande l'accord du pape, un accord que Sixte IV s'empresse de donner avec le secret espoir que le roi lui en saura gré et fera quelques concessions politiques pouvant aller jusqu'à une rupture avec Venise. Dans le même temps, le roi envoie jusqu'à Naples deux de ses maîtres d'hôtel pour accompagner le thaumaturge. Faible et déjà fort âgé – il a alors soixante-sept ans – l'ermite sera transporté en litière. Un ambassadeur du roi Ferrante de Naples l'accompagne. La ville de Lyon lui réserve en avril un accueil d'exception : le roi a prescrit qu'on le traite « comme si c'était notre Saint Père ». Sur commande de la ville, le peintre Jean Perréal décore la litière dans laquelle on va le conduire. En mai, le saint est à Tours. Logé au Plessis même, il y est l'objet de tous les égards. Le roi malade veille lui-même à ce que, pour végétarien que soit l'ermite, le régime soit de qualité : le 29 juin, il ordonne au général des finances en Languedoc d'envoyer d'urgence des oranges douces, des citrons, des poires muscadelles et des pastenargues.

Le saint homme a du bon sens. Il explique au roi qu'il n'y a pas à espérer un miracle : l'essentiel est de se préparer à une sainte mort. Le secours spirituel l'emporte sur l'illusion. François de Paule sera pour beaucoup dans la résignation que montrera finalement le mourant.

Louis XI n'a cessé de tenir le dauphin à l'écart, et il s'y tient pendant son ultime maladie, à la fois pour épargner à l'enfant la vue de son père diminué et pour qu'à la cour on ne se serve pas trop tôt de l'héritier de la Couronne. Louis XI sait comment on a usé de lui-même pendant la Praguerie. À son lit de mort, il fait cependant venir Charles, surtout pour lui recommander à nouveau de ne pas disgracier ses fidèles. Le dauphin regagne ensuite Amboise. Son père l'a appelé « roi ».

Souffrant de démangeaisons, le roi s'est mis en tête qu'il a peut-être la lèpre. Le premier recours, c'est évidemment le patron de tous les lépreux, saint Lazare. L'ami du Christ est réputé avoir été lépreux, ce pour quoi les maladreries sont toutes placées sous son invocation. Le 13 juin 1482, Louis XI s'en soucie soudain. Au vieux cardinal d'Autun, c'est-à-dire à Jean Rolin, le fils de l'ancien chancelier de Bourgogne, il demande de mener une enquête pour savoir où est le corps du saint. Il a visité en 1479 à Avallon la précieuse relique du chef de saint Lazare, mais on lui a dit, depuis, que le corps entier était à Autun. Cette attention portée au « ladre » le plus célèbre de l'histoire sainte n'est pas désintéressée. Pour conforter sa nouvelle dévotion à saint Lazare, le roi fait dans le même temps une fondation à Sainte-Marthe de Tarascon. Faut-il rappeler que Marthe est la sœur du Lazare de l'Évangile ?

Le roi est maintenant prêt à tout croire, et notamment les charlatans. On lui a parlé d'un remède miraculeux contre la lèpre, la tortue de sept ans que l'on trouve dans l'archipel du Cap-Vert, et plus précisément à São Tiago. Rentré en France sans avoir rien gagné à son équipée, le navigateur Eustache de la Fosse ne voulait pas que l'on répétât qu'il était allé aux îles pour rien. Comme jadis Marco Polo compensant par des récits merveilleux l'échec final de ses affaires, le Tournaisien s'est vanté. Il a fait l'éloge des tortues.

> Le ladre se guérit en les mangeant, en s'oignant de leur sang et en en sauçant toutes les viandes. Ainsi se trouve-t-il, au bout de deux ans, bien purgé et guéri de sa lèpre.

Cela fait fort bien l'affaire du roi. Bissipat reçoit 10 000 livres pour armer à Honfleur deux navires et une barque et conduire trois cents hommes d'armes aux îles du Cap-Vert. Le Grec rapportera des tortues, mais le roi sera mort entre-temps. Quant au corps de saint Lazare, Louis XI sera mort depuis longtemps quand, en 1490, raison sera donnée à Autun par une juridiction plus normalement soucieuse des droits en cause que de l'authenticité des reliques, le Parlement.

Autre talisman contre la lèpre, l'anneau de saint Zanobi est à Florence. En novembre 1482, le roi demande à Laurent de Medici de lui « faire savoir que c'est » et de le lui prêter. Laurent envoie sur-le-champ l'anneau. Toujours aussi prudent que crédule, le roi demande, en remerciant le prêteur, qu'on lui dise « quels miracles il a fait, et s'il a nuls guéri, et qui, et comment il le faut porter ».

En avril 1482, le roi a demandé à l'abbé de Saint-Remi de Reims de lui envoyer « une petite goutte de la Sainte-Ampoule » qui sert depuis le sacre de Louis VIII et que la tradition, déjà bien ancrée au XVe siècle, dit avoir été apportée par un ange – ou par une colombe – pour le baptême de Clovis. La Sainte-Ampoule n'a jamais quitté la ville du sacre, et il a fallu plus d'un an de négociations et une dispense pontificale pour que le clergé de Saint-Remi accepte de la prêter. En juillet 1483, alors que le roi se meurt, un évêque et deux chambellans sont dépêchés pour la chercher. Enveloppée d'un drap d'or, elle est le 31 juillet à Paris, où on l'accueille pour la nuit à la Sainte-Chapelle. Les chanoines de la Sainte-Chapelle y joignent une relique insigne, la Verge de Moïse, qu'on dit envoyée par Dieu à Charlemagne.

La Sainte-Ampoule arrive à temps, au début d'août, et on la place aussitôt sur un buffet dans la chambre du roi. Comme jadis Charles V mourant en regardant la Couronne d'épines et la couronne de France, Louis XI mourra les yeux fixés sur la Sainte-Ampoule du sacre. Mais on jase, car le roi est maintenant familier des fantaisies, et les proches craignent qu'il ne se fasse oindre tout le corps avec le baume sacré. Or, observe Commynes, « ladite Sainte-Ampoule est fort petite, et n'y a pas grand matière dedans ». Au vrai, on n'en prélève qu'une goutte à chaque sacre, goutte mélangée au Chrême consacré le Jeudi saint par l'archevêque de Reims comme par tous les évêques de la Chrétienté. Louis XI devra se contenter de la vénérer.

Il vient maintenant toutes sortes de reliques. En 1481, on a apporté la robe d'un chanoine du Nivernais mort en odeur de sainteté. L'année suivante, c'est une épine de la Couronne d'épines, que le roi n'a pas manqué d'offrir à l'église de Cléry.

Il n'oublie pas la croix de Saint-Laud d'Angers, sur laquelle il a fait prêter tant de serments essentiels à sa politique : le 30 octobre 1482, il demande au chapitre de Saint-Laud de lui envoyer « par écrit et au vrai tous les miracles advenus par ci-devant à cause de la croix ». Le 4 février 1483, sa dévotion à la croix de Saint-Laud n'a fait que croître : il prescrit des processions trois jours par semaine, jusqu'à Pâques, « en faisant dévotes prières et oraisons pour notre santé et prospérité ». Le 13, l'obligation de procession devient quotidienne, et sans terme. Dans le même temps, le roi fait rechercher la sépulture d'un ermite mort en 1419 et dont on se rappelle qu'il avait prédit sa victoire finale au futur Charles VII. Il écrit même longuement au pape et aux cardinaux pour qu'on canonise l'ermite, sans cacher l'intérêt qu'il porte aux miracles qu'on doit à celui-ci. Finalement, il envoie son maître d'hôtel porter aux Jacobins de Troyes un drap d'or pour couvrir la sépulture du saint homme, mais il demande qu'on lui envoie des « patenôtres du saint ermite ».

Sixte IV a envoyé son fidèle Giovanni Andrea de' Grimaldi porteur de reliques insignes comme le corporal sur lequel saint Pierre aurait célébré la messe. On n'oubliera pas de les lui renvoyer ensuite.

Le goût qu'a depuis longtemps le roi pour les reliques est connu dans le monde, et il alimente soudain un épisode burlesque. Fils et successeur de Mahomet II, le sultan Bayazid II – Bajazet pour les Occidentaux – a conservé à Byzance quelques reliques dont il n'a que faire. Il dépêche un homme de confiance, avec une sorte de catalogue de ce qu'il propose à Louis XI. On arrête le Turc à Riez, en Provence. Mais il est au cadeau une condition : Bayazid exige en échange la libération de son frère Djem – le « Prince Zizim » pour l'Occident – qu'ont pris les chevaliers de Rhodes. La Sublime Porte, les agents du roi de France le perçoivent sur-le-champ, ne manque pas d'audace : Djem a été écarté du trône par son frère, et c'est en réfugié demandeur d'une aide en armes qu'après un séjour en Égypte il s'est rendu chez les chevaliers. Djem n'a pas trouvé à Rhodes l'accueil qu'il espérait : l'ordre de Rhodes – jadis ordre de l'Hôpital, plus tard de Malte – est alors soucieux de bonnes relations avec le sultan et c'est à la demande de celui-ci que les chevaliers ont mis le fugitif en prison. Le sultan a payé 45 000 ducats le service ainsi rendu. Transféré en France, puis à Rome, Djem mourra à Naples en 1495. Pour ce qui est des reliques, l'affaire en restera là.

Le roi entre en agonie le lundi 25 août. Depuis une semaine, les secrétaires ne rédigent plus de lettres. Le mourant ne parle plus. Les intimes sont là. La reine n'est pas là. À Amboise, elle se meurt elle aussi.

Le samedi, on observe une légère rémission. Louis XI prononce quelques paroles. Il appelle les Beaujeu. Pendant son pèlerinage à Saint-Claude, l'année précédente, il a déjà nommé Pierre de Beaujeu lieutenant général du royaume, et il a donné à Anne 66 000 écus sur les 100 000 qu'il a récupérés du douaire de sa défunte sœur la duchesse de Bourbon. Il n'y a donc aucune surprise. Pour la régence, inévitable s'il meurt avant un an, il a déjà fait connaître ses dispositions. Anne l'exercera de pair avec son mari Pierre de Beaujeu. Anne a hérité la vivacité d'esprit de son père, et sa force de caractère. Elle est, dit-il, « la moins folle femme de France ». Encore le roi s'est-il, jusque-là, prudemment gardé de lui accorder une trop grande confiance. Pour l'instant, il enjoint à Pierre de Beaujeu de gagner Amboise : plus que d'avoir son gendre à son chevet, il lui importe qu'il soit auprès du jeune prince qui, dans quelques heures, sera roi de France. C'est un roi de treize ans qu'il va falloir protéger.

À Guillaume de Rochefort, le roi ordonne de gagner lui aussi Amboise : le chancelier doit porter le grand sceau de France au nouveau roi. Le sceau au nom de Louis sera, comme le veut le droit, brisé quand la mort sera certaine, et nul doute qu'on ait déjà commandé au graveur le sceau au nom de Charles. Mais le geste s'impose : le sceau doit être à la disposition du roi. Pour Louis XI, Charles VIII est déjà roi. Rochefort prend ensuite la route de Paris : il lui faut, avec le Parlement, prendre les dispositions nécessaires parce que « la justice ne meurt point ». Il arrive à temps, le 27, pour démentir le bruit de la mort du roi, qui court prématurément à Paris et que conforte la fermeture des portes ordonnée par le prévôt des marchands. Mais il le fait les larmes aux yeux, et il regagne rapidement Tours.

Le roi précise encore quelques instructions. Que Philippe de

Crèvecœur reste auprès du nouveau roi pendant au moins six mois. Que celui-ci n'entreprenne rien contre Calais : l'affaire serait dangereuse, car fort capable d'émouvoir le roi d'Angleterre. Qu'on laisse le duc de Bretagne tranquille. Plus généralement, que l'on garde la paix pendant quelques années.

Au seuil de la mort, Louis XI se dépouille soudain de ce qu'il a de plus cher après la Couronne : il fait partir pour Amboise ses chiens et ses faucons.

Commynes est dans la chambre, témoin des derniers instants comme il l'a été de tant d'années de vie et d'action. Louis XI va jusqu'à faire à son habitude un bon mot : « Je ne suis pas si malade que vous pensez. » Et s'il guérissait ? Probablement agacé par l'influence de François de Paule, l'entourage ne se prête pas au jeu. Un théologien, Jean d'Arly, opine que, plutôt que de croire aux pouvoirs surnaturels de l'ermite, le roi devrait se préparer à la mort. Jacques Coictier, qui a toujours parlé très sèchement à son patient, lui confirme qu'il n'y a plus d'espoir. « Il en est fait de vous », lui dit-il. Olivier Le Daim s'autorise à dire des vérités qu'il aurait tues quand il risquait quelque chose. Le roi demande les derniers sacrements. Il se confesse.

Il est temps de réparer quelques injustices. Le mourant n'exprime qu'un regret : avoir fait décapiter le duc de Nemours. Retour bien tardif sur un passé bien lointain, il ordonne la restitution à la famille d'Amboise des biens saisis par Charles VII. Commynes sera dédommagé de ce qu'il perd ainsi. Du moins le mourant le lui promet-il.

C'est le roi de France qui se prépare maintenant pour la mort : on lui passe le grand manteau bleu semé de fleurs de lis, le manteau royal qu'il a si rarement porté.

Louis XI quitte ce monde à l'heure où tombe la nuit, ce samedi 30 août 1483, sans avoir perdu l'esprit. Commynes tiendra cela pour un bienfait de Dieu. Le roi est « en grande santé de sens et d'entendement ». Autant dire que, dans un moment de rémission de ses accidents cérébraux, il meurt en réalité d'épuisement. Il s'en va doucement, sans douleur, sans une plainte. Jusqu'à « une patenôtre avant sa mort », il parle à son entourage.

Les obsèques sont célébrées le 2 septembre à Saint-Martin de Tours. Toute la cour est là, qui attendait depuis plusieurs semaines. Dans tout le royaume, on dit des messes de *Requiem*. On renvoie à Reims la Sainte-Ampoule, que les Parisiens peuvent de nouveau vénérer le 11 à la Sainte-Chapelle.

Comme il l'a demandé, on enterre le roi, le 6 septembre, dans l'église Notre-Dame de Cléry. Il avait pour celle-ci une dilection particulière, moins liée au souvenir de Jeanne d'Arc qu'à la présence de la statue de la Vierge qui passe pour miraculeuse. Il y a souvent fait halte. Il a fait rénover et agrandir l'église, et on y a déposé, six ans plus tôt, le corps de Tanguy du Chastel, tué à son côté pendant le siège de Bouchain. En novembre 1477, il a érigé la seigneurie de Cléry « en châtellenie et baronnie ». On respecte une volonté qui tient à une réelle dévotion. Trois mois plus tard, on enterrera également à Cléry la reine Charlotte, morte à Amboise le 1er décembre.

Louis XI a lui-même décidé de sa sépulture. Ce roi qu'on n'a guère vu vêtu en souverain n'a pas songé à rejoindre ses prédécesseurs à Saint-Denis. Il y a envoyé les Parisiens prier pour sa santé, mais il n'est pas question qu'on l'y enterre. « Ne voulut jamais dire la raison qui l'avait mû à ce », rapporte Jean de Roye, qui met ce choix au compte de la dévotion à la Vierge de Cléry, mais chacun se souvient des mauvaises relations qu'a eues Louis XI, dès son avènement, avec l'abbaye royale. Reposer au côté de Charles VII en un lieu où l'on a tant flatté celui-ci, c'était trop demander à l'ancien exilé de Genappe. Et puis, Cléry répondait dans la mort à ce qu'avait été le Plessis dans la vie : un lieu de simplicité. Le dévot Louis XI choisissait de reposer dans le modeste sanctuaire où il avait souvent prié.

Le tombeau est prêt, un tombeau que, bien avant la Révolution, détruiront les protestants. Une nouvelle statue du roi, due au sculpteur Bourdin, y prendra place en 1622. Encadrée d'angelots, elle sera, comme l'aurait voulu la tradition, celle d'un souverain en grande tenue. Seul subsistera le crâne du roi, que l'on peut encore aujourd'hui voir à travers une glace, dans le dallage de l'église. Mais, connu par le marché passé avec les réalisateurs, le tombeau, conçu par Louis XI lui-même et réalisé sous la direction de Jean Bourré, sort de l'ordinaire. Le propos n'a rien à voir avec ce que sont les tombeaux des ducs ses cousins.

La statue du roi agenouillé devant la Vierge est en effet, selon son désir, le juste reflet de sa personnalité : un monument de cuivre doré et émaillé d'azur et de pourpre, dessiné sur les instructions du roi par Colin d'Amiens et réalisé par deux fondeurs allemands établis à Tours, l'orfèvre Conrad de Cologne et le fondeur de canons Laurent Wrine. L'œuvre est « de cuivre de fonte, de l'épaisseur de deux doigts..., et tout vermeil doré de fin or et de ducats ». On y voit, en « pourtraiture de la hauteur et de la semblance du roi notre sire », Louis XI tel qu'il s'est complu, vêtu d'une jaque de chasseur, botté, portant cor et épée de chasse, tenant respectueusement sur la poitrine son petit chapeau de feutre « entre les mains jointes ». Les traits ne sont pas ceux que Louis XI a tant voulu cacher, ceux de la décrépitude finale : ce sont ceux du jeune roi qu'il a été, avec ses longs cheveux noirs sur les épaules. Un lévrier l'accompagne. Il est agenouillé « sur un coussin émaillé de fin azur et semé de fleurs de lis dorées ». Seule concession à la royauté, il porte « son ordre au cou ».

Ce n'est pas l'image solennelle d'un roi de France, et ce n'est pas celle d'un gisant. Le roi qui a si longtemps refusé l'idée de la mort ne l'a pas voulue sur son tombeau. L'image est celle de l'homme vivant, celle du chasseur qui interrompt sa chevauchée pour prier un instant dans une église familière, au cœur de cette Touraine qu'il a aimée. Ainsi Louis XI a-t-il décidé de se présenter devant Dieu en roi de France, et devant la postérité en simple chasseur.

Destinées

À son fils, le mourant a demandé de ne pas commettre la même erreur que lui à ses débuts : il attribue ses premiers déboires à son trop grand empressement à écarter les serviteurs de son père, et il pense avant tout au Bien public. À peine est-il mort que l'on règle cependant les comptes. Quelques proches font, comme Palamède de Forbin, les frais de l'avènement. Pour la plupart, ceux que l'on a connus parmi les grands n'auront pas à souffrir.

À la mort de Jean II de Bourbon, c'est son frère cadet, Pierre, qui devient en 1488 duc de Bourbon. On le connaissait déjà comme le sire de Beaujeu et, surtout, comme l'époux d'Anne de France. Il partage avec sa femme la régence pendant la minorité de Charles VIII.

Alain d'Albret se rebelle contre les Beaujeu, se joint à François II de Bretagne et à Louis d'Orléans et se fait battre avec eux en 1488 à Saint-Aubin-du-Cormier. Il se rallie alors à Charles VIII, lui livre Nantes et retrouve une place dans le jeu politique du roi. Malgré une vaine tentative pour épouser Anne de Bretagne, il demeure en faveur. En 1500, il marie sa fille à César Borgia. Son petit-fils, Henri d'Albret, roi de Navarre, épousera en 1527 Marguerite de Valois, sœur de François Ier. Leur fille, Jeanne d'Albret, épousera Antoine de Bourbon et sera la mère de Henri IV.

Le nouveau duc d'Alençon, Charles IV, fils et successeur en 1483 du duc René, saura se garder de comploter comme son grand-père et son père. Il prendra part aux guerres de Louis XII et François Ier en Italie.

Charles d'Amboise est mort en 1481. Ses enfants feront de brillantes carrières. L'aîné, l'évêque Louis, qui a servi Louis XI en bien des circonstances, sera, après une courte disgrâce, l'un des principaux hommes de confiance des Beaujeu, de Charles VIII et de Louis XII. Un autre fils, Charles II, sera gouverneur de Paris en 1493. Quant au troisième, Georges, qui a été l'aumônier de Louis XI, il sera dans le parti d'Orléans contre Charles VIII. Arrêté, son procès n'aura pas lieu. L'avènement de Louis XII en fera un archevêque, puis un cardinal. Il sera en fait, après la mort de Guillaume Briçonnet, le principal ministre de Louis XII et le grand maître de sa diplomatie.

La fortune des Briçonnet ne ternit pas. Guillaume, fils de Jean que l'on appelait l'Aîné, est à la mort de Louis XI général des finances de Languedoc. Il passe ensuite à la Chambre des comptes mais devient surtout l'un des agents diplomatiques de Charles VIII en Italie. Il conduit la négociation qui permet la réconciliation du roi et du pape Alexandre VI Borgia. Devenu veuf, il entre dans les ordres, devient évêque, puis en 1495 cardinal. Il est alors le principal ministre de Louis XII.

Pierre de Rohan, le maréchal de Gié, a fait une carrière fulgurante. Il demeure au service de Charles VIII et Louis XII et prend une part active aux guerres d'Italie. À la mort de Charles VIII, il empêche la reine Anne de Bretagne d'emporter ses biens en Bretagne et il connaît la disgrâce. Il sera arrêté, jugé à Toulouse et privé en 1505 de sa charge de maréchal.

Antoine de Chabannes, comte de Dammartin, a été le puissant grand maître de l'Hôtel de Louis XI. Tenu à l'écart par celui-ci à partir de 1478, cet homme qui avait déjà su négocier son ralliement à Charles VII en 1447 puis à Louis XI en 1465 est encore capable de retrouver la faveur en 1483 sous le gouvernement des Beaujeu. Il mourra en 1488. Son petit-neveu Jacques de Chabannes, seigneur de la Palice, sera maréchal. Il sera tué à Pavie en 1525. Ses soldats composeront à sa mémoire une chanson célèbre.

Jean II de Rohan a regagné la Bretagne, mais il y doit répondre d'un meurtre et François II, en 1479, le fait jeter en prison. Libéré en 1484, Jean de Rohan ne lâchera plus le parti du roi de France, combattra le duc de Bretagne et sera parmi les vainqueurs à Saint-Aubin-du-Cormier. Charles VIII en fera un lieutenant général en Bretagne.

Odet d'Aydie a épousé l'héritière de la seigneurie de Lescun, mariage qui l'a fait cousin du Bâtard d'Armagnac, cadet illégitime de la maison de Lescun. Leur fille Jeanne épousera Jean de Foix, vicomte de Lautrec, l'un des petits-fils de Gaston IV de Foix. Un de leurs fils sera gouverneur de Milan, un autre maréchal de France.

Le dernier protégé de Louis XI, l'ermite François de Paule, demeure en faveur auprès de Charles VIII et de Louis XII. Il fonde des couvents de minimes, et c'est au Plessis-lès-Tours, dans le monastère édifié par Charles VIII pour remplacer une petite chapelle dont s'était contenté l'ermite au temps de Louis XI, qu'il mourra en 1507.

Le barbier a suscité trop de haine pour ne pas faire exception, et sa fortune a été trop rapide pour ne pas faire de jaloux. Celui que Jean de Roye surnomme « Olivier le Diable dit Le Daim » a, de surcroît, été chargé de trop de missions désagréables pour le Parlement, comme d'y intervenir pour le roi dans plusieurs procès et d'y imposer la nomination d'un greffier dont la Cour ne voulait pas : tout comte de Meulan qu'il soit, et passible à ce titre de la hache, il est pendu comme un manant le 21 mai 1484 à Montfaucon.

Jean de Doyat ne s'en tire pas vraiment mieux, car il a trop ostensiblement accumulé les générosités royales dans les derniers mois, et le duc de Bourbon a trop supporté son autorité en Bourbonnais pour ne pas prendre sa revanche : arrêté par les gens du duc au lendemain de la mort de Louis XI, Doyat a la langue percée au fer rouge, puis on lui coupe une oreille et on le rosse jusqu'à le laisser presque mort sur le pavé. Ses biens confisqués par le duc, il sera banni, trouvera refuge en Piémont, reprendra du service à la tête de l'artillerie de Charles VIII en Italie et mourra en 1495 en menant campagne près de Naples. Son frère Pierre ne s'en sort pas mieux : il a trempé dans les affaires comme secrétaire du roi. Il est, en 1485, assassiné par les gens du duc de Bourbon.

Louis XI n'est pas encore froid que le maréchal de Gié écrit à Alain d'Albret pour lui dire tout l'intérêt que trouveraient les princes à s'attacher les services de Commynes. Celui-ci ne peut cependant s'attendre à demeurer en faveur. Comme jadis les trop proches conseillers de Charles VII, il sait qu'un avènement peut signifier la disgrâce. Même si celle-ci n'est pas immédiate, il apparaît à Commynes qu'il n'a qu'un seul parti à prendre, celui de Louis d'Orléans. Il suivra celui-ci dans la « Guerre folle ». En 1485, après la victoire des Beaujeu, il sera privé de ses offices, emprisonné pendant plus de deux ans à Loches, puis à Paris. Il se retirera ensuite dans son château d'Argenton.

CHAPITRE XXXII

L'image et la légende

Le jugement des historiens

Mettons à part le transfuge qu'est Commynes, avec tout ce que cela implique de jugements hyperboliques sur le génie politique du roi, évidemment faussés par le besoin de justification. Même s'il ne se prive pas de souligner les fautes politiques de Louis XI, Commynes est en tout subjugué par son habileté. En sens inverse, il en va de même pour l'évêque Thomas Basin que sa rancœur personnelle porte à une hostilité qui nuit à la véracité de son témoignage, d'abord sur l'homme, ensuite et souvent sur les faits. On ne peut que sourire quand Basin, acharné à dénoncer les dépenses excessives du roi, prend prétexte de son modeste train de vie personnel pour le dire ladre. Il faut lire l'un et l'autre avec une attention critique.

Jean de Roye est en revanche un homme qui n'écrit pas pour être lu. Il est le témoin de ce qu'il a vu et l'écho de ce qu'on lui a rapporté. Tout au long de son récit, il est avare de jugements. On n'est que plus étonné quand, à la dernière page de son journal, assuré que le roi est bien mort, il rompt avec le récit objectif où n'apparaissait nul commentaire pour dresser un bilan des plus sévères qui reflète sans doute ce qu'on dit à Paris. Les griefs sont divers. Les âmes damnées sont nommées : Le Daim, Doyat. La grande faute, c'est d'avoir dilapidé l'argent pris au peuple en dons inconsidérés aux églises, en pensions, en cadeaux aux ambassades et en faveurs aux gens de bas étage. Pour le notaire, le peuple a été « mis au désespoir ». Les chiffres concernant l'impôt, on l'a dit, ne le contredisent pas. Et de finir sur un tableau politique assez exact, qui inaugure le portrait du roi terrible. « Il mit en telle sujétion ses ennemis qu'ils vinrent tous par-devers lui à merci, et fut si craint et redouté qu'il n'y avait si grand en son royaume, et mêmement ceux de son sang, qui dormît ni reposât sûrement en sa maison. »

Pour l'essentiel, les historiographes contemporains de Louis XI se divisent donc nettement en deux catégories. Il y a les thuriféraires systématiques du roi de France. Louis XI ayant eu fort peu le souci de jouer au mécène et de mettre en forme sa mémoire, ils sont peu nombreux et de médiocre qualité. Louis XI écrit beaucoup, mais il ne charge que de médiocres historiens d'écrire sur lui. Les chroniqueurs français dont on peut faire quelque cas sont plutôt de braves sujets du roi, qui transmettent une vision des choses empruntée à l'opinion publique, laquelle ne voit que le court terme. Il n'est pas un roi auquel le bon peuple n'ait reproché ses impôts. Pas un de ces témoins ne voit les efforts faits par Louis XI pour développer l'économie du pays. Et, si l'on note la prodigalité de ses dépenses diplomatiques et militaires, pas un ne met à son compte la fin réelle de la guerre de Cent Ans. On sait qu'aux États généraux de 1484 les princes et les députés n'ont qu'une idée en tête : en revenir à la royauté de 1461, ou plus exactement aux bons usages de Charles VII. Les uns pensent à leur rôle politique diminué, les autres à l'impôt alourdi. On ne peut s'étonner que ceux qui écrivent ne puissent s'empêcher de raisonner comme les députés.

D'autre part, il y a les chroniqueurs familiers de la cour de Bourgogne, naturellement portés à l'hostilité envers le roi mais parmi lesquels des nuances s'observent au fil des générations. Fidèle de Philippe le Bon qui s'est si longtemps tenu pour l'un des principaux personnages du royaume de France, Georges Chastellain se montre relativement modéré dans ses jugements envers celui qu'il tient pour son roi, même s'il le tient pour tel avec hostilité et avec un soupçon de mauvaise foi quand il juge négatif le bilan : « La multitude de son embrasier lui fit peu étreindre en la multiformité de son hâtivement conclure et lui fit faire chose étrange. » Les fidèles de Charles le Téméraire raisonnent différemment, eux dont la génération aussi bien que le tempérament font qu'ils considèrent presque le roi de France comme un prince étranger : des gens comme Olivier de la Marche et Jean Molinet se sentent portés sans gêne vers l'Empire et l'Angleterre. Habitués du faste de la cour bourguignonne, tous sont étonnés par la modicité du train royal, et Chastellain ne se prive pas de colporter les propos des bourgeois d'Abbeville qui estiment, en voyant Louis XI, que « tout cela ne vaut pas vingt francs, cheval et habillement de son corps ».

S'ils ne se veulent en aucune manière historiens et si nous avons tendance à tenir leur correspondance pour source documentaire et non historiographique, on ne peut écarter de ceux qui ont formé un jugement les quelques ambassadeurs italiens, surtout milanais, qui n'ont cessé de rédiger des dépêches dans l'instant même de l'action. Leur désir de servir une politique et leur vision rétrécie par la proximité imposent, là encore, la lecture critique, mais leur témoignage a ceci d'essentiel qu'il ne doit rien au recul et à la connaissance des événements ultérieurs. Les ambassadeurs ne connaissent pas la suite, et ce qu'ils rapportent, c'est ce qu'ils ont vu et entendu le jour même. C'est aussi le message qu'ils veulent faire passer. Malheureusement, ces correspondances n'ont été publiées que tardivement, et seulement pour une part. Elles n'ont en rien contribué à former l'image de Louis XI.

Passé le temps des survivants que sont Commynes et Basin, c'est celle-ci qui l'emporte dans les jugements. Les laudateurs de Louis XII font de Louis XI le repoussoir du « Père de la Patrie ». Fils d'un maître d'hôtel du duc de Savoie Amédée IX, Claude de Seyssel, qui vient en France après la mort de Charles VIII, écrit en 1508 un ouvrage intitulé *Les Louanges du bon roi de France Louis XII* où passent tous les griefs dont il a fait collection en Savoie et où il fait entrer en scène pour la première fois le petit chapeau constellé de médailles pieuses, sans s'aviser de l'anachronisme. Ceux de François Ier en font un être ignare et indifférent à la beauté. Brantôme, qui écrit après 1570, consacre à Louis XI un chapitre de ses *Grands Capitaines français* où il fait état des souvenirs de ses parentes qui ont vécu à la cour de Louis XII. Reprenant le portrait aux médailles qu'il emprunte sans doute à Seyssel, il ne trouve finalement à dire que la médiocrité du train de vie : Louis XI était vêtu comme un simple gentilhomme et fort mal nourri. Pour Montaigne, Louis XI est un « être ondoyant et divers ».

C'est parfois à celui-ci qu'est attentive la pensée monarchique de l'Ancien Régime. L'aumônier de Henri IV, Guillaume du Peyrat, auteur d'une *Philosophie royale*, donne Louis XI comme exemple de cette vertu nécessaire au roi, la prudence. Mais l'avocat Jacques de la Fons, dans *Le Dauphin* qu'il publie en 1609, prend en revanche le même Louis XI pour exemple fâcheux d'imprudence et de jalousie. Rédigeant pour le jeune Louis XIII un *Traité de l'Institution du jeune Prince*, le conseiller du roi Jean d'Espagnet prend appui sur un *Rosier des guerres* qui est un éloge des vertus qui font du prince un homme d'État. Bibliothécaire de Mazarin, le médecin Gabriel Naudé se dresse contre l'image déjà dessinée d'un roi assez vulgaire et en tout cas fort ignorant et dénué de curiosités intellectuelles. Non sans exagération il fait de Louis XI un fin lettré, un érudit même, et en tout cas l'égal de Laurent le Magnifique. Le bon connaisseur de Machiavel et l'historien des coups d'État qu'est Naudé ne peut que voir en Louis XI un maître de la politique, mais il s'attache plus aux moyens qu'aux réalisations. Voyant mieux l'essentiel, Bossuet ne manque pas de donner à Louis XI sa place dans la construction de l'absolutisme royal.

On n'est pas étonné que, Voltaire en tête, le temps des Lumières prenne avec vigueur le contre-pied de ces éloges. Louis XI, c'est le tyran. Quant au portrait que brosse Montesquieu, il est réducteur : « tissu de petites fourberies, sans suite et sans but certain ». Les fourberies sont évidentes, mais on ne peut les dire petites. « Sans suite » est une allusion aux virages politiques du roi, mais les dire sans suite et sans but fait bon marché d'une vue constante, qui est celle de l'intérêt permanent de la Couronne.

Le pire était à venir, et c'est la littérature d'imagination qui donne alors le ton. En fabriquant de toutes pièces un Moyen Âge dominé par le grotesque, au sens que donne à ce mot Victor Hugo, le romantisme trouve en Louis XI un gibier de prédilection. C'est Walter Scott qui, dès 1823, ouvre la voie à la figure, caricaturale autant qu'odieuse, qui régale à la fois le bourgeois en quête d'émotions et le libéral trop heureux d'une vue aussi négative de la royauté. Elle va faire fortune. Les historiens romantiques introduisent cependant une autre dimension dans le portrait. Pour Michelet, Louis XI est un homme qui n'a eu ni enfance ni jeunesse, et l'historien le qualifie d'« inquiet, spirituel, malfaisant », sans bien dire ce qu'il entend ici par « spirituel ». Inquiet, c'est certain. Malfaisant est un jugement de valeur bien vague : est-ce l'œuvre qui est jugée, ou sont-ce les moyens ?

Explicites ou non, les jugements de Michelet s'équilibrent d'une page à l'autre. Le jeune roi qui revient de Genappe est « ce roi mendiant, si longtemps nourri par le duc de Bourgogne », ce qui laisse oublier que tant de princes sont alors pensionnés ou entretenus sans être vus comme mendiants. En même temps, Michelet fait l'éloge de l'esprit inventif du roi, de son goût pour les « choses nouvelles », quitte à en faire le ressort principal du recours à « des hommes tout neufs et sans passé » qui n'est pas pour choquer le républicain. Et c'est le même admirateur de la Révolution qui crédite le roi d'avoir ruiné la féodalité. La conclusion (*l'italique est de Michelet*) se colore d'une féroce ironie à l'égard de la postérité.

> Une chose restait d'abord, et fort mauvaise. C'est que Louis XI, sans être pire que la plupart des rois de cette triste époque, avait porté une plus grave atteinte à la moralité du temps. Pourquoi ? *Il réussit.* On oublia ses longues humiliations, on se souvint des succès qui finirent. On confondit l'astuce et la sagesse. Il en resta pour longtemps l'admiration de la ruse et la religion du succès.

À la même époque, et dans le contexte politique de la jeune indépendance du royaume belge, Kervyn de Lettenhove, auquel on doit d'irremplaçables publications de textes, forge l'idée un peu simple d'un Louis XI ennemi de la nation belge.

Les jugements se nuancent à la fin du XIXe siècle. Urbain Legeay, Henri Sée et quelques autres cherchent l'histoire ailleurs que dans la légende. En 1902, le chef de file de l'histoire rationaliste, Ernest Lavisse, en rajoute encore sur ce qu'on sait du portrait physique. Et de mettre en avant un « aspect disgracieux et débile », un visage « enlaidi par un nez bossué, démesurément long », avec « des jambes grêles et déformées » et une « démarche embarrassée ». Naturellement, il ne manque pas le « mauvais chapeau de pèlerin, orné seulement d'une médaille sainte en plomb ». L'exagération n'est pas moindre quand il s'agit de rapporter les faits et gestes. « Souvent, il ordonne de fermer les portes de la ville qu'il quitte ou de rompre un pont derrière lui », écrit sans gêne un Lavisse qui sait bien que cela s'est produit une seule fois et pour une raison politique bien précise. Et l'on voit un Louis XI qui arrive aux cérémonies « par une petite ruelle », autrement dit en rasant les murs. Mais le jugement sur l'homme d'État est infiniment plus serein : sans cacher le caractère brouillon et versatile du roi, son goût des « pratiques » et sa propension à la fourberie, Lavisse est le premier des historiens modernes à reconnaître en Louis XI « un roi passionné pour son métier, un travailleur merveilleusement actif et méthodique », et finalement un « habile homme » qui préfère la négociation à la guerre.

Historien de Charles de France, Henri Stein, non sans souligner les faiblesses du frère du roi, fait de Louis XI un personnage « perfide et violent », le premier mot étant plus juste que le second. Comme toute l'historiographie de l'époque rationaliste, il ne manque pas de taxer de superstition ce qui n'est le plus souvent que dévotion, voire symbole. Stein va jusqu'à mettre au compte de la superstition le martelage de l'anneau ducal de Normandie, parlant de la « valeur morale considérable » de cet insigne de seigneurie, alors qu'il s'agit tout simplement d'un symbole politique : l'objet est aussi symbolique que sa destruction. Stein semble ignorer qu'on détruit de même le sceau royal quand le roi est mort. Lorsqu'il conclut son ouvrage sur les relations de Louis XI et des villes, le même historien souligne cependant avec force le succès d'une politique à laquelle il reconnaît « un caractère tout moderne ». Il va jusqu'à le dire « démocrate et niveleur » et à observer que, plus qu'aucun de ses prédécesseurs, « il prend souci de l'opinion publique ».

En 1968 encore, Peter Lewis, pourtant bon connaisseur de la France du XVe siècle, cède à l'image noire. Il évoque une « aptitude infinie à susciter la haine » et parle d'une « insensibilité névrotique ». La publication des lettres de Louis XI n'a rien arrangé, dans la mesure où il est le premier roi, et pratiquement le seul, dont on ait les lettres personnelles, et peut-être le seul qui ait tant écrit. Cela permet de dénoncer un « amour pathologique des animaux » comme si Louis XI avait été le seul roi passionné par la chasse et soucieux de ses chevaux comme de ses chiens, et le premier à aménager dans son jardin une ménagerie et des volières. Lewis met l'accent sur un entourage terrorisé et montre des ambassadeurs milanais qui tremblent de peur quand ils doivent voir le roi, oubliant la confiance qu'il leur manifeste et les innombrables confidences qu'il leur fait lors de conversations au coin du feu. L'absence de protocole « choque tout le monde », ce qui est une généralisation rapide de l'étonnement de quelques-uns. Et de reprocher au roi de manger dans des tavernes « avec des amis un peu bizarres ». Mais Lewis se contredit quand il voit en fin de règne parvenir à la paix un homme dont il écrit d'abord qu'il aime les affrontements et n'aime pas la concorde, cette concorde dont le nom figure précisément sur la médaille de Laurana. Surtout, retenant les aspects négatifs de la personne, il ne fait aucune place, dans ce portrait, à la construction politique, sinon à ceci qu'il « ne veut pas partager son royaume » et qu'il « ne veut pas être battu », deux traits de caractère qui n'ont guère, chez un roi, de réelle singularité.

Le temps des jugements à l'emporte-pièce est passé. En 1971, l'Américain Paul Murray Kendall, qui ne cache nullement le terrible autoritarisme de Louis XI, dessine avec précision ce qu'il appelle la « sage politique » d'un « précurseur qui contribua à former notre monde moderne ». Et il fustige le romantisme qui en fit « un monstre et un sujet de cauchemar ». Particulièrement équilibrés sont enfin les jugements que porte en 1973 le grand historien britannique des deux derniers ducs de Bourgogne, Richard Vaughan, capable de souligner à juste titre l'acharnement de Louis XI contre le duc de Bourgogne mais d'imputer à Charles le Téméraire un « rêve récurrent de destruction du pouvoir français et une suspicion quasi paranoïaque à l'égard du roi de France ».

Les manuels scolaires n'ont pas manqué d'exacerber la vision noire de l'homme Louis XI et de son règne. Avec la Troisième

République, Louis XI trouve naturellement sa place parmi les caricatures de la royauté. L'image qui s'impose est celle du fourbe et du cruel. C'est « un méchant roi ». Les cages de fer qu'il visite pour narguer ses victimes prennent le premier rang dans ce que retiennent des générations de Français, alors qu'on ne connaît guère que trois prisonniers pour y avoir passé leurs nuits, cependant que le Téméraire prend pour les jeunes Belges les allures d'un précurseur de l'indépendance nationale. Les erreurs commises à Gand en 1477 sont là très lourdes de conséquences : Louis XI s'inscrit pour la postérité parmi les ennemis de la Belgique. On ne dit guère aux Français ce qu'a représenté le règne de Louis XI pour la construction de l'unité, non plus qu'aux Belges à quel point ses sujets des Pays-Bas ont contribué à la faiblesse du Téméraire. On invente alors les déambulations d'un roi déguisé en mouchard pour entendre dans la rue ce que l'on dit de lui. S'impose aussi l'image du bigot dont le chapeau s'orne maintenant d'une collection de médailles qui correspond davantage à l'art et à la dévotion du XVIe et surtout du XIXe siècle qu'à ceux du XVe. Indéniable dans les derniers mois de sa maladie, le goût du roi pour les reliques devient un ressort de ses comportements tout au long du règne.

L'IMAGE

L'illustration ajoute à la partialité par les choix qu'elle souligne. Destiné aux enfants des milieux aisés et aux élèves dignes d'un prix, le *Louis XI* de Job et Georges Montorgueil vise, en 1905, à l'effet dramatique. En quadrichromie, Job met en scène un saisissant entretien du roi et du cardinal Balue dans la demi-obscurité d'un cachot. Le cardinal est quasi invisible, accroupi dans sa cage, et le roi est un vieillard rabougri aux allures chafouines. Or, quand Balue est en prison, le roi n'a pas cinquante ans, la cage fait quand même deux mètres de haut, et nul contemporain n'a rapporté que Louis XI soit allé narguer son prisonnier. Le même Job donne une image caricaturale de Louis XI sentant sa fin prochaine : drapé du grand manteau fleurdelisé à camail d'hermine, portant couronne royale sur son petit chapeau, le mourant présente un visage ravagé par la haine cependant que la Mort elle-même monte la garde en armes. L'illustration suivante exprime les terreurs du roi à l'approche de la mort. On n'y voit que des pendus, un bourreau tranchant une tête et des vols de corbeaux. L'iconographie scolaire semble ignorer que Louis XI a fait couper moins de têtes illustres que Richelieu. Heureusement moins dramatique est en 1904 l'illustration d'Alphonse de Neuville pour les *Cent récits d'histoire de France* que publie en marge de ses manuels scolaires Gustave Ducoudray : on y voit le roi assis sur une haute chaise, approuvant à Péronne les conditions posées par le Téméraire. On notera quand même que, comme par hasard, c'est l'image d'un échec qui est retenue.

Le cinéma n'a réservé à Louis XI que des places à l'arrière-plan. Un excellent film réalisé en 1975 par Alexandre Astruc pour la télévision n'a guère été présenté que, comme prétexte à un débat, le temps d'une soirée. Louis XI n'est, pour les réalisateurs, ni un homme du Moyen Âge chevaleresque comme Godefroy de Bouillon ni un prince de la Renaissance comme François Ier, et les grandes fresques filmées qui empruntent leurs images aux tombeaux de Saint-Denis ne sauraient faire grand cas du tombeau disparu de Cléry.

EN MANIÈRE DE CONCLUSION

Portrait d'un homme d'État

Quand meurt Louis XI, Machiavel a quatorze ans. Il faut le répéter, le roi n'a pas lu le Florentin. Mais Commynes a souvent été tenu pour le Machiavel de la France du XVe siècle, et on décèle assez bien le rôle du futur mémorialiste dans la réflexion politique du roi pendant les dix dernières années de son règne. Quand, rapportant la fuite nocturne des Liégeois, Commynes écrit froidement « car la nuit n'a pas de honte », on ne peut s'empêcher de penser au secrétaire de la République.

À dire le vrai, Louis XI en sa jeunesse a lu l'histoire, comme il se devait. Commynes le dit bien, c'est « grand avantage aux princes d'avoir vu des histoires en leur jeunesse », ce qui circonscrit à un âge de l'homme le temps de la lecture. Si l'on en croit le chambellan, « la vie est si brève qu'elle ne suffit à avoir de tant de choses l'expérience ». Et un étonnant éloge des leçons de l'histoire prend place au prologue de ce *Rosier des guerres* où Louis XI a jugé nécessaire de faire intégrer, après ses réflexions personnelles, une chronique abrégée de l'histoire européenne.

> Nous avons trouvé que, de notre vivant et connaissance, ne soit rien advenu que presque semblable autrefois n'ait été et que la recordition des choses passées est moult profitable tant pour soi consoler, conforter et conseiller contre les adversités que pour esquiver les inconvénients en lesquels d'autres ont trébuché, et soi animer et efforcer à bien faire comme les meilleurs.

L'histoire est donc un prolongement de la mémoire, et ce sont des livres d'histoire que l'on trouve surtout dans la bibliothèque du roi. Au temps de son précepteur Majoris, Louis XI a assurément lu César, comme il a lu Christine de Pisan et les *Grandes Chroniques de France*. Au Plessis, il a sous la main Tite Live, les *Grandes Chroniques de France*, une *Vie de Charlemagne* et les *Chroniques* de Froissart. Il aura assez de souvenirs de ses lectures pour savoir que Philippe le Bel a levé des impôts sur les nobles et les églises, et pour charger l'évêque Louis d'Amboise d'aller vérifier la chose dans les archives de la Chambre des comptes.

Mais il ne paraît pas que Louis, en son âge mûr, ait fait sa nourriture des écrits politiques auxquels il avait accès et qu'il a connus quand Majoris lui faisait lire la *Politique* d'Aristote. Passé les premières années et le temps de Gérard Machet, on ne voit personne, dans son entourage, qui ressemble à ces philosophes, à ces canonistes, à ces légistes qui ont si profondément marqué la pensée et l'action d'un Charles V ou d'un Charles VII. Louis XI n'a ni sa Christine de Pisan ni son Nicole Oresme. Thomas Basin a assez souffert de ne pas s'être vu reconnaître un tel rôle. Le roi a-t-il lu le *Songe du Verger* ? A-t-il lu les écrits politiques de Jean Juvénal des Ursins, dont aucun ne lui est d'ailleurs destiné ? Sans doute pas. C'est dans l'action que Commynes donne ses avis au roi, non, semble-t-il, dans une réflexion systématique. Celle-ci ne nourrira que beaucoup plus tard les digressions – souvent répétitives – qui coupent le propos historique des *Mémoires* de longues dissertations sur les vertus qu'on attend d'un prince. Louis XI ne s'en cache pas, il lit l'histoire comme « plaisir et bon passe-temps ».

Tout un monde échappe à Louis XI, un monde qui n'a pas déserté Paris ou Toulouse pour les rives de la Loire. Pisan mise à part, les maîtres à penser du siècle précédent étaient des clercs. On aura noté que Louis XI se méfie des clercs au point de prendre même la plupart de ses secrétaires parmi les laïcs. Dans les collèges parisiens se poursuit le bouillonnement intellectuel qui forme une nouvelle Renaissance, mais le roi l'ignore. Bien pis, il n'a pour les maîtres de la pensée universitaire qu'un mépris sévèrement affiché. Leurs palinodies politiques ont emporté dans son esprit toute considération pour leurs personnes et leurs œuvres. Le désintérêt est d'ailleurs généralisé, et ne va pas aux seuls écolâtres de la Sorbonne, naguère juges de Jeanne d'Arc ou pères d'un concile passablement anarchique. Dans l'abondante correspondance qu'entretient Louis XI avec l'Italie, il n'y a pas un mot qui touche au rayonnement intellectuel et artistique. De l'Italie de la Renaissance, le roi de France ne retient que la machination.

Il est vrai que Commynes et Jean de Roye ne parlent pas des goûts littéraires du roi, mais il faut forcer les témoignages pour conclure que la raison en est qu'ils ne s'intéressent pas à sa vie personnelle. Commynes ne cesse de décrire l'activité intellectuelle de Louis XI et de cerner sa personnalité. Quant à Jean de Roye, beaucoup plus lointain, il est certain qu'il n'en savait rien, ce qui ne prouve rien, en aucun sens. Commynes reflète finalement fort bien l'attitude du roi quand il blâme les « seigneurs ignorants », non parce qu'ils sont ignares mais parce qu'ils se tiennent obligés de s'entourer de « quelques clercs et gens de robe longue » qui ont à tout propos « une loi au bec ». On ne saurait mieux dire qu'il convient de se méfier, pour gouverner, des intellectuels. « Vous ne valez point que je me mêle de vous », dira le roi aux maîtres de Sorbonne. Il l'aurait aussi bien dit aux avocats.

Bref, ne faisons pas de Louis XI un amateur de ces entretiens qui fleurissent alors en d'autres cours. Il se méfie des intellectuels et il n'a pas de temps à perdre à de vains jeux, ce pour quoi, à l'évidence, il ne tient pas la chasse. Le réaliste qu'il est en tout n'est guère porté sur la poésie. Ses goûts musicaux sont ceux d'un amoureux de la campagne plus que des soirées mondaines. De là à en faire un homme sans culture, il y a loin. Disons simplement qu'il n'est ni Charles d'Orléans ni Laurent le Magnifique, et qu'il n'a aucune envie de l'être. De son métier de roi il se fait une autre idée.

Le maître à penser de Louis XI, c'est son expérience propre, doublée d'une capacité à écouter, à analyser l'instant et à réagir. Mais l'expérience et l'aptitude à prévoir lui font au début défaut, ne se développent qu'au fil des crises et des échecs, ne portent leurs fruits que dans les dix dernières années. À la conversation avec les savants il préfère la méditation dans une résidence intime. Les sages dont il écoute le propos lui parlent d'actions à mener, non de pensée. Les confidents sont des ambassadeurs étrangers comme ceux de Sforza, des diplomates comme Commynes, des secrétaires comme Bourré, des organisateurs comme Dammartin. Commynes se vante sans doute quand il se targue d'avoir « eu connaissance des plus grandes et secrètes matières », mais ce sont des hommes d'action comme lui qui ont eu accès à la réflexion du roi.

C'est donc l'expérience qui fait changer, au fil des années, les comportements politiques du roi. Il est inutile de dire longuement que le Louis XI qui mène l'effondrement de l'état bourguignon ne ressemble plus au dauphin Louis qui battait la campagne en Languedoc ou en Suisse, non plus qu'au jeune roi qui risquait sa vie à Montlhéry. Peut-être faut-il cependant s'attarder sur ce tournant des années 1465 qui voit changer les données de l'action. Jusqu'au Bien public, Louis XI se sait affronté à la haute et à la petite féodalité. L'ancien rebelle doit s'affirmer dans un rôle entièrement nouveau, non sans chercher à se démarquer de l'image de Charles VII. Comme au temps de la Praguerie, l'ennemi est dans le royaume, et Louis XI peine à trouver une attitude qui, face aux mêmes réalités politiques, soit largement différente de celle de son père. Des incohérences en résultent, qui n'ont rien de volontaire. Le roi n'en est pas encore à tisser la toile d'araignée : il lui faut ne pas se faire prendre dans les filets d'autrui.

Le Bien public s'achève sur le triomphe de la tactique naguère profitable à Charles VII : Louis XI disloque la coalition en opposant les intérêts. Montlhéry était un incertain succès pour tous. Conflans et Rouen sont la victoire définitive du roi. L'ennemi le plus redoutable n'est plus dans le royaume, il est aux marges.

Maintenant, Louis XI a compris : le temps est venu de « pratiquer ». C'est tout un arsenal que couvre ce mot, si fréquent dans la réflexion du roi et dans les instructions qu'il donne. Pratiquer, c'est à la fois connaître les hommes et les manœuvrer, les convaincre et les acheter. C'est laisser accumuler les jalousies et les rancœurs, laisser commettre les erreurs. Après 1465, l'impulsif Louis XI devient un sage. Le drame frôlé à Péronne lui enseigne, trois ans plus tard, la prudence. Il apprend que le temps ne passe pas en vain. Le politique se fait calculateur. C'est ainsi qu'apparaît une pensée économique, originale sinon toujours assurée, mais elle n'a jamais, qu'elle soit ou non une arme de guerre, qu'un objectif politique : l'indépendance du royaume.

Louis XI écrit – ou plutôt il dicte – beaucoup, mais ses lettres ne sont que des ordres parfois minutieux et des informations précises. On y chercherait en vain des vues générales et une expression de sa pensée politique. Son modèle en la matière, s'il en a un, c'est le César des *Commentaires*. Et, quand il ne gouverne pas, il chasse. C'est seulement à la fin de son règne, et pour l'éducation de celui qui sera bientôt Charles VIII, que Louis XI formule dans le *Rosier des guerres* les principes du bon gouvernement.

Le fait que les lettres de Louis XI aient été en bonne partie – en quelle proportion ? – conservées et publiées nous induit à voir surtout les ordres, les instructions, les manœuvres, les colères même. Il n'est pas besoin d'imagination pour penser que chaque lettre du roi est une réponse ou appelle une réponse. Le souci de s'informer ne peut être détaché du besoin d'écouter. Dans le calme de son cabinet, quand il lit le courrier qui lui parvient ou quand il s'entretient longuement avec les ambassadeurs, comme lorsqu'en voyage il rencontre princes et bourgeois, le roi ne cesse d'entendre. Ceux qu'on nomme conseillers ne sont le plus souvent que des exécutants, mais le roi, s'il décide seul, ne se prive pas d'avis et de conseils. Ses réseaux sont nombreux, et il est seul au centre de tous ses réseaux. Nul, autre que lui, n'a connaissance de l'ensemble. Les autres, les Dammartin et les Commynes, n'ont que ce qu'il veut bien partager avec eux.

Commynes a fait l'éloge de l'habileté de Louis XI. Peu porté à l'encenser, Chastellain n'hésite pas à écrire que « plus actif engin ni plus esprit subtil n'avait eu longuement par avant en France ». Mais c'est le roi lui-même qui, brossant le portrait de ses adversaires, a fait *a contrario* le sien propre. Lorsqu'en décembre 1465 il lance sa campagne de Normandie, l'ambassadeur Emmanuele di Jacopo suggère que l'appel au secours de Charles de France et les offres de services du duc de Bretagne ne sont peut-être qu'un piège destiné à attirer le roi en Normandie pour l'y faire prisonnier. Celui-ci calme les appréhensions du Milanais : « Ces affaires ne sont pas aussi dangereuses, car les Français n'ont pas dans ce domaine l'esprit aussi inventif que les Italiens. »

Le mot est prononcé : Louis XI est un inventif. C'est cette qualité qui lui fournit la réaction immédiate à une situation qu'il n'a pas su prévoir, comme en Catalogne ou à Péronne. C'est elle qui fera parler Thomas Basin de « son esprit très vif et fertile en expédients, mais fort versatile ». C'est encore elle qui, plus tard, dans la construction d'une politique à long terme, lui permet de voir, comme un bon joueur d'échecs, plusieurs coups à l'avance. Mais il faut bien, là encore, distinguer les périodes, car le roi qui réagit dans l'instant et se fait souvent berner dans les premières années du règne n'est pas encore le roi qui, dans les dernières, tisse avec prudence et obstination la célèbre toile d'araignée et montre une étonnante capacité à organiser l'action dans la durée. Il faut bien le dire, de Picquigny aux premières années de la maladie, le « grand Louis XI » n'est perceptible que pendant quelque six ans. S'il n'avait régné vingt-deux ans, aurait-il été le roi de ces six années ?

Commynes, qui ne l'a vraiment connu qu'à partir du séjour à Péronne, souligne par deux fois ce besoin de réflexion et cette maîtrise du temps qui ne sont venus qu'avec les années et les épreuves.

> Il était tardif, et craintif à entreprendre. Mais à ce qu'il entreprenait il y pourvoyait si bien qu'à grand peine eût-il su faillir à être le plus fort et que la maîtrise ne lui en fût demeurée...
>
> D'aucuns... tenaient le roi pour homme craintif, et était vrai que par le temps il l'était. Mais il fallait bien qu'il y eut cause. Il s'était démêlé de la guerre qu'il avait eue contre les seigneurs de son royaume par largement donner et encore plus promettre, et il connaissait alors qu'il avait erré en beaucoup de passages. Il a semblé à beaucoup de gens que peur et crainte lui faisaient faire ces choses, et s'en sont beaucoup trouvés trompés... car il connaissait bien s'il était temps de craindre ou non.

Peu porté à l'admiration, Thomas Basin souligne à l'occasion un trait de caractère qui ne contredit pas le propos de Commynes : « son esprit était toujours agité d'inquiétudes et de fantasmes ». Une préoccupation revient sans cesse dans sa correspondance : « On veut me tromper. » À tout ce qu'on lui dit il « n'ajoute pas grande foi ». Il n'entend pas « jouer le maître Jean ». D'un ambassadeur vénitien qui s'agite dans son dos, il craint qu'il ne mette « quelque chose dans sa soupe ». Il se méfie en particulier des propos ambigus : « Quand on me dit quelque chose en termes obscurs, je veux savoir incontinent ce que c'est. » On comprend ici qu'il tienne à l'écart les hommes de loi : s'il est clair pour eux, leur langage lui échappe.

Rares sont donc ceux en qui il a entière confiance. Sans doute une enfance difficile n'a-t-elle pas fait de Louis XI un homme immédiatement sûr de lui, et la succession de complots et de révoltes auxquels il lui a fallu faire face a-t-elle développé et justifié une tendance naturelle à la méfiance. Elle va, sur le pont de Picquigny, jusqu'à faire habiller Commynes à l'instar du roi : des assassins peu physionomistes s'y tromperaient. Passé les enthousiasmes de la jeunesse, Louis XI est un homme qui s'avance avec prudence. « Ne le perdez point de vue », commande-t-il en 1475 à Jacques de Beaumont, qu'il charge de seconder et de surveiller Pierre de Beaujeu, pourtant fidèle entre les fidèles, alors que celui-ci part comme lieutenant général en Guyenne. « Je ne m'y fierai que bien à point », écrit-il à propos des protestations d'amitié que lui prodigue en 1476 le roi René. Et Commynes de résumer cette méfiance : il avait « suspicion de tout homme, et spécialement de ceux qui étaient dignes d'avoir autorité ».

Sixte IV, qui n'aime pas Louis XI, a parfaitement défini cet esprit inquiet dont il voit les emballements, et la duchesse de Savoie n'a pas manqué de rapporter le propos pontifical à son frère, lequel s'en irrite : « Au regard de ce que le pape dit que j'ai été un peu ému mais que je serai tantôt rapaisé, je ne suis pas si aisé à émouvoir qu'il dit, aussi ne suis-je pas à rapaiser. »

Louis XI ne partage pas le pouvoir. Quelque envie qu'on ait de discerner les rôles joués dans son entourage, force est d'admettre qu'en tout il est seul à gouverner. Il faut forcer le sens des mots pour lui trouver un premier ministre. Il est seul maître de sa politique intérieure, de sa politique étrangère, de ses finances, de son armée, voire de son clergé. Lui seul fixe le montant de l'impôt exigible, et nul, dans son entourage, ne se risque à le critiquer : « Il n'eût point souffert qu'un autre l'eût fait », dira Commynes. Son cheval, plaisante-t-on, « porte son Conseil avec lui ». Il écoute les conseils, mais il en fait à sa tête. Hors de l'entourage immédiat, dans les évêchés comme au Parlement ou aux Comptes, on trouve des gens qui regimbent. Ils finissent par obtempérer. On ne saurait, en aucun domaine, parler de la politique d'Un Tel. Au plus, comme pour Crèvecœur à la fin du règne et en matière d'organisation militaire, peut-on voir se réaliser des idées qui sont celles d'un conseiller.

Les grands seconds qu'il choisit, les Brézé, les Dammartin, les Bourré, les Doriole, ne sont que des exécutants responsables, des intermédiaires, des chaînons dans la transmission des ordres. On peut en dire autant des plus fidèles de ses capitaines, de Houaste comme du Bâtard de Bourbon. Même s'il écoute ses principaux conseillers et s'il suit parfois leurs avis, le roi ne cesse de décider seul des collations de bénéfices ecclésiastiques, des assignations sur la trésorerie des receveurs généraux, des nominations aux offices les plus modestes comme les plus élevés. Pas un canon n'est bougé dans le royaume, pas une pelle n'est achetée, pas un écu n'est dépensé, pas un huissier n'est nommé au Parlement, que ce ne soit sur l'ordre du roi. Quand il envoie une troupe pour ravager les campagnes au-delà de la Somme, il prescrit par lettre de passer la rivière à Pont-Remy parce que le gué de la Blanche-Taque, près du Crotoy, n'est pas « sûr à grande compagnie ». Lorsqu'il négocie un mariage diplomatique, il s'occupe des bagues à offrir. En pleine campagne de Picardie, en mai 1474, il écrit au recteur et aux étudiants de Caen pour qu'ils nomment son candidat à l'office d'enlumineur. En 1479, il demande à l'évêque d'Albi Louis d'Amboise de réfléchir à un mariage de sa nièce avec un obscur chevalier. On comprend le soin qu'il met à se faire informer de tout au jour le jour, et l'impatience qu'il manifeste quand on ne lui rend pas compte assez vite.

Même quand il laisse Dammartin prendre à certains égards les allures d'un premier ministre, ou lorsqu'à deux reprises, en

1480, il écrit à Batarnay qui négocie avec les gens de Maximilien : « Faites comme vous verrez à l'œil, je vous avouerai de tout », le roi ne cesse d'envoyer à ses représentants des instructions aussi détaillées que contraignantes. La position n'a rien de confortable : ceux qui le servent savent que, s'ils n'obéissent pas strictement, ils seront admonestés, voire sanctionnés, mais que, si le roi s'est trompé, ils seront désavoués.

Le plus grand réalisme gouverne tous ses comportements. Et tout d'abord l'alternative entre une passion fondamentale pour la paix et une volonté farouche de l'obtenir s'il le faut par la guerre. Autrement dit, Louis XI rêve de la paix et, il le dira dans le *Rosier des guerres,* « art et sagesse font plus que puissance », étant entendu que l'art dont il parle ici est celui de l'intelligence politique. Mais il fait la guerre parce qu'il ne peut, à peine de manquer ses objectifs, l'éviter. À ses débuts, il a cru pouvoir réduire les effectifs de son armée permanente. Il se flatte plus tard d'avoir, en payant le prix, évité une reprise de la guerre anglaise. Il s'entremet enfin, au-delà de son devoir, pour favoriser la paix en Italie. Mais il n'aura la paix en France qu'en réduisant par la force la haute féodalité, en montrant son armée sur la frontière de Bretagne et en dévastant la Picardie, en ménageant au duc de Bourgogne les inimitiés qui le perdront. Cet homme de cabinet aime parcourir son pays. Cet amoureux de la paix ne craint pas de manier l'épée, et il le fait avec courage. Au terme de sa vie, il dira qu'un roi doit savoir « l'art de chevalerie ». Encore ne porte-t-il les armes que si c'est vraiment nécessaire : Louis XI n'est pas amateur de ces tournois souvent meurtriers en quoi se complaisent tant d'autres. Les pas d'armes ne sont pas son fort.

De ses stratégies en armes à ses manœuvres diplomatiques en passant par sa politique monétaire et notamment son attitude face à la circulation d'espèces étrangères, tout est empreint de ce réalisme. Et d'abord, tout s'achète, les fidélités comme les alliances. L'or coule à flots et l'on trouve offices et seigneuries à donner quand il s'agit de payer un ralliement, celui de Dammartin, celui de Doriole ou celui du Bâtard de Bourbon, celui d'Odet d'Aydie ou celui de Commynes, autorisé à garder 30 000 ducats sur les 50 000 qu'il a obtenus pour le roi du duc de

Milan. Howard, Rotherham et Hastings sont abondamment pensionnés. Si l'on achète les grands, à plus forte raison convient-il d'acheter le service ou la complaisance des plus petits, et de le payer fort cher. Dès les premières ébauches de sa diplomatie envers la Savoie, le dauphin achète les bonnes grâces de l'entourage de sa sœur Yolande : mille florins à sa demoiselle d'honneur, mille livres à sa gouvernante. Le cynisme n'est même pas déguisé : la générosité du roi doit être visible, car ce que reçoit l'un donne à réfléchir à l'autre.

Les contemporains comme les historiens ont noté le poids du budget militaire et diplomatique. Les lances ont coûté fort cher, et les Suisses aussi. Les pensions et les dons ont fortement grevé le budget. Dans les années difficiles de la fin du règne, quand une dramatique succession de catastrophes climatiques plonge le pays dans la misère, l'alourdissement de la fiscalité a été une faute, et la multiplication des dépenses improductives n'a pas rendu Louis XI populaire. Jean de Roye n'invente rien quand il écrit que le roi laissait « son peuple si au bas que, au jour de son trépas, il était presque au désespoir ».

Si l'on prête attention à la durée, la politique de Louis XI aura cependant été des plus économiques. Il convient de mettre les chiffres en relation avec ce que rapportent, non seulement au budget royal mais au pays tout entier, la paix que lègue Louis XI à Charles VIII, l'assagissement des féodaux et un avancement de la reconstruction économique que ne doit pas, sur le long terme, masquer la crise passagère due, dans les dernières années du règne, à des accidents climatiques. Comparer les dépenses de Louis XI à celles de ses prédécesseurs oblige à comparer aussi l'état de la France en 1483 avec ce qu'il était au temps de ceux-ci. Il n'est pas inutile de mettre en balance avec le poids nouveau des impôts le coût trop longtemps habituel des villes incendiées, des récoltes ravagées, des villages pillés, des circulations commerciales paralysées, des frilosités justifiées devant tout investissement. En finir pour un demi-million d'écus avec la guerre de Cent Ans restera sans doute l'une des meilleures affaires conclues par la monarchie française.

On s'est étonné de voir le budget militaire du roi se maintenir à son plus haut niveau alors que le royaume est enfin en paix, avec les conséquences que l'on sait pour la pression fiscale. Peut-être faut-il penser à quelques leçons qu'il a tirées de l'histoire encore récente. « Dieu nous envoya Monseigneur le Connétable », avouait l'amiral Prégent de Coëtivy en rapportant la providentielle arrivée de Richemont et de son armée bretonne sur le champ de bataille de Formigny, en 1450, au moment où l'Anglais allait l'emporter. Louis XI ne tient pas à ce qu'une autre fois le salut de la Couronne soit à la merci d'un prince rallié. Il laissera à son fils les moyens de la paix. *Si vis pacem, para bellum.*

Il n'est pas moins juste d'évoquer le réalisme en parlant de la politique fiscale. C'est sans états d'âme que Louis XI écoute les délégations qui se succèdent et, ayant constaté l'échec de ses premières réformes, passe à autre chose. Et c'est avec la même sérénité qu'il abolit en 1462 la Chambre des aides pour la rétablir deux ans plus tard. Après les premières expériences de réorganisation financière, le plus grand pragmatisme caractérise la politique royale après l'affaire du Bien public. C'est alors que prend un caractère systématique la révision des estimations qui conduit à l'imposition de crues sur la taille, devenues un impôt en soi dès lors qu'on s'y attend dès le début de l'exercice. C'est la navigation à vue qui s'érige en système.

Du réalisme au cynisme, la distance est courte. Le cynisme éclate quand, apprenant la mort de Marguerite d'Anjou, Louis XI fait saisir les lévriers : « Vous savez qu'elle m'a fait son héritier et que ce sera tout le meuble que j'en aurai. Aussi, c'est celui que j'aime le mieux. » On ne saurait oublier le cynisme avec lequel, en 1479, il traite l'affaire des prisonniers : si les capitaines n'en pensent avoir aucun profit, ils donneront ordre de tuer. Et n'oublions pas le mensonge par prétérition qu'est le propos du roi : c'est en leur offrant des pâtés et du bon vin qu'il a fait repartir les Anglais. Il est vrai qu'il les a festoyés. Il n'en a pas moins payé un demi-million d'écus.

Le réalisme commande parfois de lâcher du lest. Dans le « testament » politique – le mot est de lui – esquissé pour Alberico Maletta qui regagne Milan, Louis XI observe qu'il faut savoir renoncer à une entreprise qui tourne mal : le condottiere Niccolo Piccinino, dit le roi, met toutes forces dans une attaque, mais il les retire si l'affaire tourne mal. Et de reprocher à Francesco Sforza de s'accommoder d'avoir de l'eau jusqu'au cou. Il l'écrira à Tanguy du Chastel : « il n'est pas temps de combattre et perdre ». Il le répète à l'envi, payer pour ne pas se battre coûte moins cher qu'une campagne en armes.

Son absence de scrupules se marque bien dans les retournements de sa politique étrangère, qui sont autant de reniements, voire de trahisons. Les intimes sont seuls à connaître à l'avance les arrière-pensées qui doublent les faux-semblants. Ainsi en est-il quand Louis XI, ayant conclu les trêves d'octobre et novembre 1472, indique à Dammartin qu'il lui appartient, ainsi qu'à Saint-Pol, de les observer ou de les violer sur le front de Picardie.

> J'écris à Monseigneur le Connétable que, si vous et lui voyez que ladite trêve ne vous soit séante par-delà, la faites crier au moins qu'il en fasse semblant, et dites qu'ils l'ont rompue de leur côté. Aussi, si voyez qu'elle vous soit bonne, tenez-la.

C'est toujours le réalisme de l'instant. Mais c'est aussi la leçon que tire le roi du monde qu'il a sous les yeux, un monde dont il n'invente ni la violence ouverte ni la cruauté déguisée. Il n'est pas besoin d'avoir lu Machiavel pour savoir l'histoire de son temps. Alors, pourquoi se nourrir de scrupules ? Louis XI ne s'en embarrasse pas pour changer de camp dans l'affaire de Catalogne. Il accorde par le traité de Saint-Maur une Normandie qu'il n'a pas l'intention de donner. Il trahit à Liège ceux qui se recommandaient de lui. Peut-il s'étonner de voir son frère dans la Ligue du Bien public alors qu'on l'a vu, lui, contre son père dans la Praguerie ? Mais qui lui reprocherait d'avoir dupé son frère, alors que Charles VII n'a eu raison de cette Praguerie qu'en dupant les uns et les autres ? Qui s'est étonné de voir Dammartin partager les secrets du dauphin Louis, puis le trahir pour Charles VII avant d'être le premier des fidèles de Louis XI, ou de voir le plus redoutable ennemi du dauphin, Pierre de Brézé, mourir pour Louis XI à Montlhéry ?

C'est d'ailleurs la principale vertu que reconnaît à l'histoire un Commynes qui, parlant en général mais pensant précisément à Louis XI, ne craint pas d'écrire ce que l'on y voit.

> De telles assemblées et de grandes fraudes, grosses tromperies et parjurements, qu'aucuns des anciens ont faits les uns envers les autres, et pris et tués ceux qui en telles sûretés s'étaient fiés. Il n'est pas dit que tous en aient usé, mais l'exemple d'un est assez pour en faire sages plusieurs et leur donner vouloir de se garder.

Brossant le plus noir portrait, Thomas Basin oubliera délibérément cela. Il entend, dès les premières lignes de l'*Histoire de Louis XI,* « dévoiler ses ruses, ses malices, ses perfidies, ses sottises, ses méfaits et ses cruautés ». La duplicité du roi, voire sa perfidie, il est vrai, sont souvent flagrantes, et il lui arrive de les avouer : « afin que vous les puissiez mieux tromper », écrit-il à ses gens, parlant d'une négociation avec les Catalans. Le plus souvent, elles se cachent. En 1462, pour avoir raison des deux ambassadeurs milanais qui refusent de soutenir sa politique napolitaine, il laisse entendre à chacun qu'il est le meilleur et que l'autre trahit. Chacun informera son maître que la négociation échoue par la faute de l'autre. S'étant ainsi diverti, le roi tire ensuite les ficelles qu'il veut. Et on ne peut que citer la consigne qu'en avril 1475 il donne à Batarnay après la reconquête de Perpignan.

> Endormez-les de paroles le mieux que vous pourrez, et y faites tous les appointements que vous pourrez, vaille que vaille, pour les amuser d'ici à l'hiver. Et, si j'ai quelque trêve et que je puisse y aller, et Dieu me soutient, et Notre Dame et Monseigneur saint Martin, j'irai en personne mettre le remède.

La malice n'est pas moindre quand, en 1479, pour impressionner les Suisses, il améliore à sa guise les clauses de la nouvelle trêve avec l'Angleterre – une trêve à vie, plus cent ans ! – et ne craint pas de laisser croire que les Rois Catholiques y ont adhéré. À la duchesse de Milan, l'année suivante, il annonce que la trêve est conclue pour cent un ans. La ruse, ici, s'appelle mensonge.

Malgré son préjugé, Thomas Basin n'hésite pas à fustiger ensemble Louis XI et Charles le Téméraire. Évoquant les clauses secrètes du traité de Soleuvre qui vouent à la mort le connétable de Saint-Pol et laissent le duc de Bourgogne libre d'attaquer la Lorraine, Basin, qui se tient lui-même pour banni par le roi et relégué par le duc, écrit :

Il n'était guère d'honnêtes gens qui ne tinssent pour infâmes et honteuses ces combinaisons qu'ourdissaient entre eux les princes, au moyen desquelles ils facilitaient leur perte réciproque...

Jusque-là, les choses avaient souvent pris un tour favorable pour le duc de Bourgogne. Mais, lorsqu'il eut conclu ce pacte infâme et qu'il eut trahi l'homme qui s'était réfugié auprès de lui et qu'il avait juré de protéger, il fut à son tour presque abandonné par la faveur divine...

Il n'en faut pas moins stigmatiser la conduite du roi, qui permit à son ennemi le plus acharné de ne faire pour ainsi dire qu'une bouchée du duc de Lorraine, ce prince remarquable qu'il avait poussé à se séparer du duc de Bourgogne et à prendre son propre parti, et qui l'avait servi de son mieux.

Quand on sait que, peu après, le duc de Lorraine tirera les marrons du feu pour Louis XI, on ne peut que comprendre la colère de Basin, qui rappelle fort à propos la dure ironie de Cicéron et de saint Augustin : « Périssent nos amis, pourvu que du même coup périssent nos ennemis. »

Le roi n'accorde sa confiance à un diplomate, dit-il, que s'il se montre capable de mener en même temps deux négociations en sens contraires. Martigny est à cet égard exemplaire, qui ravive en Angleterre le projet de mariage du dauphin avec Élisabeth d'York à l'heure même où, et il le sait, on négocie le mariage du même dauphin avec Marie de Bourgogne.

« Qui ne sait dissimuler ne sait régner », dira le roi à son fils au moment des ultimes recommandations. Cette duplicité se marque dans les violations de la parole donnée, comme lorsque Philippe de Bresse est arrêté à Vierzon malgré le sauf-conduit qui lui a été accordé. Là encore, Louis XI n'invente rien. François II de Bretagne et Charles de Bourgogne, comme le doge de Venise et le duc de Milan, ne manquent pas moins au respect des traités qu'ils ont jurés. Paradoxalement, c'est à son amitié pour Francesco et Giangaleazzo Sforza que Louis XI sera le plus fidèle, et il sera payé de retour. Face à la Savoie comme dans les affaires de l'Église et celles de Naples, leurs intérêts, il faut le dire, coïncident.

Il n'y a pas à dire longuement qu'une telle duplicité appelle le secret. Le roi ne s'en cache pas. N'ayant pas osé refuser à Raymond de Manosque l'office de capitaine d'un petit château proche de Narbonne, il s'en repent sur-le-champ et donne ses instructions à Daillon.

> Je lui ai accordé, mais pourtant je n'entends pas qu'il l'ait. Car, s'il l'avait, il le baillerait incontinent aux Catalans. Et pour ce, dissimulez-le par bonne façon, ainsi que le saurez bien faire.

Le secret n'est pas seulement moyen de tromperie, il est gage d'efficacité. Peu porté en politique intérieure sur les États généraux et les assemblées publiques, Louis XI est encore plus méfiant devant les conférences diplomatiques à grand tapage. C'est de cela que sont mortes les ambitions impériales du Téméraire. Lorsqu'il s'agit de faire la paix avec la Bourgogne, le roi n'est pas moins circonspect. Négocier, c'est marchander, et nul n'a envie d'accepter publiquement un compromis. Il faut « besogner sans le su de la grande assemblée ». Et de préciser : « Là où il y a beaucoup de gens, on se tient toujours en grande fierté et en grandes demandes. Et auront honte de confesser la nécessité devant tant de gens. »

Force est donc de savoir contenir son impatience et jouer de celle des autres. La manœuvre est flagrante dans le récit que fait Commynes du procédé mis en œuvre en 1477 pour amuser les ambassadeurs d'Édouard IV au lieu de s'engager dans l'exécution de l'une des clauses du traité de Picquigny : le mariage du dauphin.

> Quand ses ambassadeurs venaient, on leur faisait tant bonne chère et leur donnait tant de beaux dons qu'ils partaient contents, et jamais ne leur était fait réponse, pour toujours gagner temps. Mais leur disait-on que en peu de temps le roi enverrait devers le roi leur maître bons personnages qui lui donneraient telle sûreté des choses dont il était en doute qu'il s'en devrait bien contenter.
>
> Ainsi, quand ces ambassadeurs étaient partis, trois semaines ou un mois après, aucunes fois plus, aucunes fois moins, ce qui n'était point petit terme en tel cas, le roi y envoyait, et toujours personnages qui n'y avaient point été le voyage précédent, afin que, si ceux-là avaient fait quelque ouverture dont l'effet ne s'en fût point ensuivi, que les derniers n'en sussent que répondre.

Avec « pratiquer », l'un des maîtres-mots de la diplomatie

royale est « amuser ». On amuse ceux que l'on veut étourdir, ceux que l'on veut amadouer, ceux que l'on veut endormir, ceux que l'on veut tenir loin des lieux de décision, ceux que le roi ne veut pas voir et ceux dont il ne veut pas qu'ils aillent ailleurs. C'est à la fois tromper et gagner du temps. En juillet 1482 encore, Louis XI en use ainsi quand se présente à sa cour le connétable de Navarre Pedro de Peralta. Les consignes sont données au chancelier Pierre Doriole.

> Je vous prie que vous lui fassiez bonne chère, et l'entretenez en manière qu'il ne vienne point devers moi, et l'assurez que de jour en jour je m'en dis aller à Tours. Et ce pendant, s'il est possible, tirez de lui ce qu'il est venu faire, afin qu'on le dépêche avant que je sois là.

Absence de scrupules, duplicité, atermoiements, tout cela constitue un arsenal politique dont Louis XI use à l'envi mais dont il sait qu'il n'a pas le monopole. Il est donc un antidote, et c'est la prudence poussée à son paroxysme, la méfiance universelle. Il l'a lui-même écrit, en 1471 : « On doit être sage au temps qui court, spécialement quand on est sûr d'être trompé avant la main si ceux à qui nous avons à faire en ont puissance. » Lorsqu'il faudra envoyer un expert en Angleterre en 1480, le roi demandera qu'on lui trouve dans l'Université un « bon clerc et bien expert, qui sache bien dire sa charge sans entrer en pratique ne tenir parole de quelque chose que ce soit ». Bref, un porte-parole, et rien d'autre. « Entrer en pratique », cela veut dire ici prendre l'initiative de négociations. L'envoyé n'est point fait pour cela.

L'universelle araignée s'est, à ses débuts, prise dans la toile tissée par d'autres. Les leçons ont porté, et Louis XI a appris à ne donner définitivement sa confiance à personne. Le très petit entourage du Plessis-lès-Tours est à lui seul un symbole : le roi est, dans la décision politique ou dans le commandement des opérations militaires comme dans la vie quotidienne, un homme assez seul. Il fait des confidences, bien souvent pour qu'elles soient répétées. Il écoute les proches qu'il s'est pour un temps choisis. Si l'on excepte Commynes, nul, pas même Morvilliers ou Dammartin, ne peut dire qu'il a vraiment exercé sur Louis XI une réelle influence.

Il est une qualité que nul n'a jamais déniée à Louis XI : son extraordinaire capacité de travail et, ceci complétant cela, son aptitude à mener d'un même train et dans le même temps les affaires les plus diverses. « Il avait affaire en moult de lieux », écrira sobrement Commynes avant de formuler son admiration : « Il semblait mieux pour seigneurir un monde qu'un royaume. » Ce peut être dispersion, quand il organise à la fois les négociations sur les foires et les achats de lévriers, et les témoins s'étonneront parfois de ce travail en apparence désordonné, à l'opposé des habitudes d'un Charles VII qui s'occupait d'une affaire par jour. Ce ne l'est pas quand, servi par une mémoire d'exception et une parfaite connaissance de la carte, Louis XI fait face à l'imbrication des affaires politiques, aux intrigues dans le royaume comme aux hostilités au dehors, quand il conjoint face au pape les nécessités de ses relations avec Milan et celles de son autorité sur l'Église de France, quand il tient ensemble en main le destin du navigage de France et celui de la Couronne d'Angleterre, quand il tire les fils de la politique des cantons suisses et ceux des importations flamandes de laine anglaise. Tout conduire à la fois est un art qu'il a lentement appris, auquel il se brûle parfois, comme à Péronne, qu'il maîtrise enfin à partir de l'invasion anglaise.

À cette diversité des champs d'intérêt, il est un revers sérieux : Louis XI se montre parfois déraisonnable. Il est étonnant que la légende noire, qui a si largement mis en avant quelques anecdotes, ait laissé de côté les folies qui, surtout dans les dernières années, quand le vieux roi s'entête, consternent l'entourage. L'aventure de Péronne était un pari dont se mesurait mal le risque : nul ne pouvait prévoir les événements concomitants de Liège. On ne saurait en revanche parler de mesure pour l'entreprise à tous égards fâcheuse de Franchise, pour les générosités foisonnantes faites aux églises, pour l'excessive dépense du champ de guerre, pour les achats d'animaux exotiques et plus généralement pour l'alourdissement de la pression fiscale.

Notons un trait de caractère et de gouvernement qui ne faiblit pas tout au long du règne : la capacité du roi à ignorer sereinement l'adage *De minimis non curat praetor*. Alors même qu'il met en œuvre une politique à long terme et à l'échelle de l'Europe, l'infatigable travailleur qu'est Louis XI a le souci et prend le temps du détail. Commynes forme à cet égard un jugement pour le moins nuancé : « De maintes menues choses de son royaume il se mêlait, et d'assez dont il se fût bien passé, mais sa complexion était telle, et ainsi vivait. » Les instructions qu'il donne plusieurs fois à ses fidèles qui négocient le futur traité d'Arras sont à l'unisson : « Si vous ne pouvez de grandes choses, ne méprisez pas les petites. »

La capacité de travail, Commynes ne la met pas seulement au compte de la volonté propre du roi. Louis XI n'a guère le choix. Du moins faut-il reconnaître que, malgré sa passion pour la chasse, la seule qui lui prenne du temps, il ne se dérobe pas, et qu'il a bien souvent part aux difficultés qu'il rencontre.

> Depuis l'enfance et l'innocence, il n'eut jamais que tout mal et travail jusqu'à la mort. Je crois que, si tous les bons jours qu'il a eus en sa vie, auxquels il a eu plus de joie et de plaisir que de travail et d'ennui, étaient bien nombrés, il s'en trouverait bien peu : je crois qu'il s'en trouverait bien vingt de peine et de travail contre un de plaisir et d'aise.

C'est encore le réalisme qui commande l'oubli des fautes passées, dès lors qu'un homme lui est de nouveau utile. Il n'y a, dans les retours en grâce, nulle trace du pardon que doit un chrétien. Tout est calcul. Le roi sait, dit Commynes, « complaire à ceux dont il a besoin ». L'unique fin est d'exploiter le talent et d'escompter – non sans risque – les profits de la fidélité. Mais lui-même ne se condamne pas à la fidélité et Commynes lui en voudra de ne plus l'écouter comme avant.

Il y a ceux auxquels il ne pardonne pas. Balue et Haraucourt en savent quelque chose, qui restent en prison, onze ans l'un, treize ans l'autre, protégés de toute tentation d'évasion nocturne par la cage de fer dans laquelle on les enferme le soir. Charles d'Armagnac demeure lui aussi treize ans en prison. Jean II d'Alençon y meurt. Thomas Basin, qui se voyait cardinal, finira sa carrière en exil, archevêque de Césarée mais *in partibus*, et professeur de droit à Anvers. Des grands comme Nemours ou Saint-Pol aux simples bourgeois trop prompts à s'insurger, les exécutions capitales ponctuent l'histoire politique du règne. Et la cruauté va jusqu'à l'humiliation des morts. Les bourgeois de Bourges qui ont fomenté l'émeute de 1474 sont promis à « si griève punition que les autres y prennent exemple » : les cadavres des pendus seront attachés une journée entière à la porte de leur maison, et le roi se prend pour généreux en limitant cette exhibition à une journée.

En tout cela, il faut se garder de jugements moraux entachés d'anachronisme et limités à un homme. La violence, la cruauté sont armes normales dans la panoplie politique du XVe siècle. Louis XI connaît l'histoire et il n'a ignoré ni l'exécution sommaire du connétable Raoul de Brienne ou celle de Jean d'Harcourt par ordre de Jean le Bon, ni l'assassinat de Louis d'Orléans par les gens de Bourgogne, ni celui de Jean sans Peur par ceux d'Armagnac, et cela sans que le futur Charles VII intervienne ou désavoue les meurtriers. Le sort de Jeanne d'Arc n'est pas plus enviable que celui de Nemours ou d'Alençon. Tous les princes et tous les capitaines ont fait incendier des villes rétives, et Du Guesclin a beaucoup pratiqué la terre brûlée. Les massacres de 1413 et de 1418 ont durablement marqué l'esprit des Parisiens, et les ducs de Bourgogne n'ont guère agi à Gand et à Liège avec moins de cruauté que Louis XI à Arras.

N'oublions pas ses contemporains d'Outre-Manche, Henri VI assassiné à la Tour de Londres, Clarence noyé dans une barrique de malvoisie par ordre de son frère Édouard IV, les jeunes Édouard V et son frère étouffés dans leur lit pour le compte de leur oncle Richard III. Les évêques du concile ont déposé pape sur pape. Le comte de Charolais a conspiré contre le duc de Bourgogne son père. En Aragon, le roi Jean déshérite son fils et celui-ci mène contre lui un interminable combat. On pourrait poursuivre cette énumération. Ce n'est pas faire l'éloge de la violence que constater, comme l'a fait Huizinga, qu'elle donne à l'histoire du Moyen Âge une couleur assez particulière. On ne saurait faire de Louis XI une exception.

Ramenons les choses à leur exacte dimension. La prison blindée des cages de fer et des « fillettes » et l'échafaud des exécutions capitales n'ont été le lot que de quelques personnalités. Le Français moyen n'en a guère souffert. Quelques villes ont payé fort cher une insurrection. Si l'on se place à l'échelle du royaume, celui-ci a continué de souffrir ce qu'il connaissait déjà, la pression fiscale et les abus d'officiers royaux trop portés à se rembourser ce qu'avait coûté leur office. Il a su ce que lui coûtait une politique où les combats exigeaient un financement mais où les trêves se payaient. Mais aux États généraux de 1484, faisant le bilan d'un règne sans se priver d'en dénoncer le despotisme, on observera que Louis XI a « laissé un héritage de paix ».

Dans la toile d'araignée, on ne peut sous-estimer l'habileté avec laquelle Louis XI use des alliances matrimoniales, celles qu'il noue ou celles qu'il empêche. On l'a dit à propos des principautés qui, par la grâce du roi, se trouvent un jour sans autre héritier. On l'a aussi noté quand il marie avec grande attention ses bâtardes.

L'habileté n'est pas moindre quand il joue de sa capacité à changer la place des hommes dans la société. Les grands apprennent que leur dignité ne les met pas à l'abri de la justice royale. La faveur du roi peut faire de nouveaux grands. Certes, l'anoblissement pour services rendus n'est pas pratique nouvelle, et Louis XI n'en a pas abusé. Il n'a pas, en revanche, hésité devant cette accélération de la promotion par faveur qu'est l'élévation au rang de comte. Même Charles VII ne s'y était guère aventuré et Agnès Sorel n'avait été que « dame » de Beauté. Par la grâce de Louis XI, Jean de Lescun, puis Odet d'Aydie deviennent comte de Comminges cependant que Boffile de Juge est fait comte de Castres et que, à la stupéfaction de tous, Olivier Le Daim se voit titré comte de Meulan. N'allons pas voir là un moyen d'abaisser la haute féodalité en banalisant le comté. Quelques promotions n'y auraient pas suffi. Mais le propos est bien politique : tout, dans le royaume, procède de l'autorité royale.

Louis XI a souvent bénéficié de la chance. Le dévot est quelque peu porté à y voir le doigt de Dieu. Si l'on fait le bilan de chacune des vingt-deux années du règne, il faut bien constater que la chance n'a pas toujours été au rendez-vous, et qu'elle est souvent le fruit d'une longue patience et d'un grand savoir-faire. Chance, peut-on dire, quand l'Anglais s'empêtre en Écosse, quand le Téméraire inquiète tout le monde et en premier l'empereur, quand l'arrivée des Turcs en Italie contraint le pape à accepter la paix. Mais ce n'est pas la chance seule qui a fait la différence entre la carte politique du royaume de France à l'avènement de Louis XI et à l'avènement de Charles VIII. Et ce n'est pas elle seule qui a changé la place que tient le roi de France sur l'échiquier politique européen. Depuis saint Louis et Philippe le Bel, aucun de ses prédécesseurs n'avait été l'un des protagonistes de l'histoire à l'échelle du continent.

Louis XI ne s'est guère recommandé de son père. Douloureusement affronté à Charles VII en sa jeunesse, il n'a jamais fait – sinon une fois à son lit de mort – l'éloge du roi qui a su se métamorphoser d'un roi de Bourges en un constructeur de la France moderne et en un organisateur de la victoire. Louis XI n'a gardé que le souvenir d'un roi que menaient trop les favoris et les maîtresses. Il n'en a pas moins eu l'intelligence de ne rien détruire de ce qu'avait édifié Charles VII. Certes, l'impétuosité et l'appétit de vengeance ont poussé le nouveau roi de 1461 à écarter les fidèles de son père. L'humiliation qui avait accompagné la vie à Genappe n'était pas effacée, et le roi qui se savait haï la veille par nombre des serviteurs de la monarchie pouvait à juste titre souhaiter un entourage plus assuré. Mais le bon sens l'a bien conseillé quand il a rappelé la plupart des victimes du règlement de comptes initial. Cette préservation de l'héritage politique est à mettre au compte de la lucidité. Le fils n'a rien renié de ce qui faisait sa force. Il a préféré poursuivre. Et c'est sans la moindre allusion à Charles VII que Louis XI complète, et achève parfois, les grandes réformes entreprises par celui-ci, celle de l'armée comme celle de la justice ou celle de la monnaie.

Louis XI aura eu quelques passions, les femmes, les chiens, la chasse, voire les pèlerinages. Il aura surtout eu celle de l'action politique. Diplomate quand il l'a pu, chef de guerre quand il l'a fallu, homme de cabinet quand les circonstances le permettaient, inlassable voyageur quand elles l'exigeaient, ce roi peu soucieux du décor a, plus que tout, aimé la réalité du pouvoir. « C'était, écrira Nicolas Gilles, un roi qui ne voulait que régner. » Faut-il rappeler que, pour régner, il a attendu l'âge de trente-huit ans ? Depuis Louis VIII, aucun « fils de roi de France » n'avait tant attendu le pouvoir.

Car toute la politique de Louis XI se définit par une préoccupation lancinante, que Commynes définit fort bien : « la préservation de l'État et la défense du royaume ». C'est même cette préoccupation qui, bien plus que celle de la prospérité, conduit sa politique économique. Elle procède des humiliations de l'enfant né au pire moment de la tourmente qui s'appellera la guerre de Cent Ans. Passionnément, et par tous les moyens, Louis XI a voulu mettre la Couronne à l'abri de ses sujets, des princes comme des officiers, et mettre la France à l'abri de ses voisins.

S'il n'y est parvenu qu'à l'extrême fin de son action politique, c'est bien la paix qu'il a voulu offrir à son royaume. L'ultime propos d'une unification du droit, des poids et mesures et des monnaies, s'il est une lubie de mourant, n'entre pas moins dans cette vue : la paix à l'intérieur comme à l'extérieur. On ne peut négliger cette devise que place Francesco de Laurana au revers de la médaille qu'il consacre à Louis XI : *Concordia Augusta.*

Se refusant à une comparaison avec les autres princes qu'il a connus, Commynes s'en tiendra à un jugement global qui définit l'homme d'État : « En lui avait trop plus de choses appartenant à l'office de roi et de prince que en nul des autres ». Mais comment oublierait-on cette petite phrase dictée un jour pour gronder le grand maître Dammartin : « Vous êtes aussi bien officier de la Couronne comme je suis » ? Ces trois derniers mots disent tout : Louis XI s'est, en tout, voulu « officier de la Couronne ».

Chronologie

1423	juillet	Naissance du dauphin Louis.
	30 juillet	Défaite française à Cravant.
	26 septembre	Victoire française à La Gravelle.
1424		Richemont rallie Charles VII.
1429	17 juillet	Sacre de Charles VII à Reims.
1431	28 mai	Création de l'Université de Poitiers.
	30 mai	Mort de Jeanne d'Arc.
1435	2 février	Mort de Jeanne II, reine de Naples.
	21 septembre	Traité d'Arras. Réconciliation entre Charles VII et Philippe le Bon.
1436	13 avril	L'armée de Charles VII reprend Paris.
	25 juin	Mariage du dauphin Louis et de Marguerite d'Écosse.
1437	octobre	Louis au siège de Montereau.
	8 novembre	Entrée solennelle de Charles VII dans Paris.
1438	7 juillet	Pragmatique Sanction de Bourges.
1439	mai	Louis, lieutenant général en Languedoc.
	octobre	États généraux de Langue d'oil à Orléans.
1440	2 février	Élection du roi des Romains Frédéric III.
	juillet	Début de la Praguerie.
1441	août	Louis au siège de Pontoise.
1442	janvier	Assemblée de Nevers. Fin de la Praguerie.
	2 juin	Alphonse V prend Naples.
1443	août	Louis au siège de Dieppe.
1444		Création d'une troisième foire à Lyon.
	janvier	Louis écrase la révolte de Jean IV d'Armagnac.
	mai	Trêves de Tours.
	juillet	Début de la campagne de Suisse.
	26 août	Bataille de Pratteln.
	7 octobre	Louis blessé au siège de Dambach.
	28 octobre	Traité avec les cantons suisses.

1445	mars	Création des compagnies de l'ordonnance.
	16 août	Mort de Marguerite d'Écosse.
1447		Francesco Sforza prend le pouvoir à Milan.
	janvier	Le dauphin en Dauphiné.
1450	9 février	Mort d'Agnès Sorel.
	15 avril	Bataille de Formigny.
1451	2 avril	Mariage de Louis et de Charlotte de Savoie.
	juillet	Disgrâce de Jacques Cœur.
1452		Réforme de l'Université de Paris.
		Fondation de l'Université de Valence.
		Couronnement de l'empereur Frédéric III.
1453		Création du Parlement de Grenoble.
		Échec d'une entreprise en Italie.
	17 juin	Bataille de Castillon.
1454	17 février	Banquet du Faisan.
	avril	Ordonnance des Montils-lès-Tours sur la rédaction des coutumes.
1455		Début de la guerre des Deux Roses.
	2 mars	Constitution de la Ligue italienne.
1456	7 juillet	Annulation de la condamnation de Jeanne d'Arc.
	30 août	Fuite du dauphin pour le Brabant.
	15 octobre	Le dauphin à Bruxelles.
1457		Révolte à Liège.
1458		Crise politique à Gênes et appel au roi de France.
	28 juin	Mort d'Alphonse V le Magnanime. Jean II, roi d'Aragon.
	19 août	Élection de Pie II (Eneo Silvio Piccolomini).
1459	27 juillet	Naissance de Joachim, premier fils du dauphin Louis.
1460		Installation d'une imprimerie à Strasbourg.
	6 octobre	Alliance avec Milan contre la Savoie.
1461	mars	Les Français chassés de Gênes.
	4 mars	Avènement d'Édouard IV.
	juillet	Naissance d'Anne, future dame de Beaujeu.
	22 juillet	Mort de Charles VII.
	15 août	Sacre de Louis XI.
	31 août	Entrée solennelle dans Paris.
	30 septembre	Libération de François Villon.
	9 octobre	Le roi à Tours.
	27 novembre	Abolition de la Pragmatique Sanction.
1462		Découverte de l'alun de Tolfa.
	3 mars	Traité avec l'Aragon.
	29 avril	Rencontre de Louis XI et de Henri IV de Castille.
	3 mai	Rencontre de Louis XI et de Jean II d'Aragon.
	27 juin	Naissance de Louis d'Orléans, futur Louis XII.
	juillet	Offensive française en Catalogne.

	octobre	Tentative de Marguerite d'Anjou en Angleterre.
1463	9 janvier	Prise de Perpignan.
	15 février	Achat des Montils-lès-Tours.
	8 mars	Création d'une quatrième foire à Lyon.
	28 avril	Rencontre de Louis XI et de Jean II d'Aragon.
	26 mai	Le roi à Toulouse après l'incendie de la ville.
	août	Limitation du droit de chasse.
	novembre	Renouvellement du monopole des ports languedociens.
	22 décembre	Cession de Gênes à Milan.
1464	1er août	Mort de Côme de Medici.
	décembre	Assemblée de Tours.
1465	4 janvier	Mort de Charles d'Orléans.
	4 mars	Charles de France gagne la Bretagne.
	25 mars	Déchéance du prince-évêque de Liège.
	avril	Ligue du Bien public.
	mai	Campagne en Berry.
	juin	Les Bourguignons en Picardie.
	16 juillet	Bataille de Montlhéry.
	28 août	Retour du roi à Paris.
	octobre	Traités de Conflans et de Saint-Maur.
	novembre	Guillaume Juvénal des Ursins redevient chancelier.
	1er décembre	Charles de France à Rouen.
	décembre	Reconquête de la Normandie.
1466		Grave épidémie de peste.
		Les compagnies italiennes se transfèrent de Genève à Lyon.
		Création d'une manufacture de soierie à Lyon.
	mars	Mort de Francesco Sforza. Galeazzo Maria duc de Milan.
	10 septembre	Traité d'Oleye. Soumission de Liège au duc de Bourgogne.
	octobre	Alliance entre l'Angleterre et la Bourgogne.
1467	février	Dammartin nommé grand maître de l'Hôtel.
	juin	Voyage de Warwick en France.
	15 juin	Mort de Philippe le Bon. Avènement de Charles le Téméraire.
	28 octobre	Victoire bourguignonne sur les Liégeois à Brustern.
1468	avril	États généraux de Tours.
	3 juillet	Mariage de Charles le Téméraire et de Marguerite d'York.
	9 septembre	Insurrection de Liège.
	septembre	Isabelle reconnue héritière en Castille.
	10 septembre	Traité d'Ancenis avec la Bretagne.
	9 octobre	Louis XI à Péronne.

	14 octobre	Traité de Péronne.
	30 octobre	Louis XI et Charles le Téméraire à Liège.
	23 décembre	Le Parlement rétabli à Toulouse.
1469	avril	Charles de France, duc de Guyenne.
	avril	Campagne contre l'Armagnac.
	23 avril	Arrestation de Balue et Haraucourt.
	1er août	Fondation de l'ordre de Saint-Michel.
	7 septembre	Rencontre de Louis XI et Charles de France.
	octobre	Mariage de Ferdinand d'Aragon et Isabelle de Castille.
	4 décembre	Avènement à Florence de Laurent le Magnifique.
1470		Création d'une industrie de la soierie à Tours.
		Installation d'une imprimerie en Sorbonne.
	1er mars	Warwick en Normandie.
	30 juin	Naissance du dauphin Charles.
	6 octobre	Warwick libère Henri VI.
	20 octobre	Réunion des représentants des villes.
	novembre	Création d'une foire à Caen.
1471	janvier	Campagne de Picardie.
		Mission commerciale en Angleterre.
	16 février	Traité de commerce avec l'Angleterre.
	10 avril	Monopole des navires français sur le commerce extérieur.
	14 avril	Mort de Warwick.
	4 mai	Victoire d'Édouard IV d'York sur Henri VI à Tewkesbury.
	13 juillet	Traité de paix entre Milan et la Savoie.
	9 août	Avènement de Sixte IV.
1472		Des navires portugais franchissent l'équateur.
		Installation de l'imprimerie à Lyon.
		Rétablissement de la foire Saint-Denis.
	28 mars	Mort d'Amédée IX, duc de Savoie.
	24 mai	Mort de Charles de France.
	juin	Campagne de Picardie.
		Pierre Doriole nommé chancelier.
	juillet	Campagne contre la Bretagne.
		Siège de Beauvais.
	septembre	Commynes rallie le roi.
	15 octobre	Trêve entre la France et la Bretagne.
	novembre	Campagne contre l'Armagnac.
	3 novembre	Trêve entre la France et la Bourgogne.
1473		Basse-Union d'Alsace.
	février	Jean II d'Aragon réoccupe Perpignan.
	5 mars	Troisième prise de Lectoure.
	mai	Le roi victime d'une attaque cérébrale.

	juin	Charles le Téméraire annexe de duché de Gueldre.
	18 juillet	Arrestation du duc d'Alençon.
	17 septembre	Traité de Perpignan. Renonciation au Roussillon.
	30 septembre	Rencontre du duc de Bourgogne et de l'empereur Frédéric III.
	25 novembre	Rupture entre l'empereur et le duc de Bourgogne.
1474		Début de la reconstruction de l'hôtel de Sens à Paris.
	4 janvier	Émission de l'écu couronne.
	mars	Paix perpétuelle entre l'Autriche et les Suisses.
	avril	Insurrection anti-fiscale à Bourges.
	14 mai	Entrevue du roi et du connétable de Saint-Pol.
	juillet	Siège de Neuss par les Bourguignons.
	15 octobre	Traité de Trèves entre le duc de Bourgogne et René II de Lorraine.
	26 octobre	Traité avec les cantons suisses.
	13 novembre	Victoire des Suisses sur les Bourguignons à Héricourt.
	13 décembre	Avènement d'Isabelle, reine de Castille.
	31 décembre	Traité d'Andernach entre la France et l'Empire.
1475		Abolition du droit d'aubaine.
		Jean Fouquet, peintre du roi.
	4 janvier	Traité entre la France et les cantons suisses.
	janvier	Généralisation de la Saint-Charlemagne.
	30 janvier	Traité d'alliance entre la Bourgogne et Milan.
	10 mars	Les Français reprennent Perpignan.
	mai	Campagne contre la Bourgogne.
	juillet	Débarquement anglais à Calais.
	29 août	Traité de Picquigny entre la France et l'Angleterre.
	13 septembre	Traité de Soleuvre entre la France et la Bourgogne.
	2 novembre	Émission de l'écu soleil.
	19 décembre	Exécution du connétable de Saint-Pol.
1476		Introduction de l'imprimerie à Toulouse.
	2 mars	Victoire des Suisses sur Charles le Téméraire à Grandson.
	17 avril	Abrogation du monopole des navires français.
	22 juin	Victoire des Suisses sur Charles le Téméraire à Morat.
	octobre	Conquête de la Lorraine par Charles le Téméraire.
1477		Publication des *Grandes Chroniques de France* par Pasquier Bonhomme.
	4 janvier	Mort de Charles le Téméraire devant Nancy.
	janvier	Occupation de la Bourgogne.
	26 janvier	Naissance d'Anne de Bretagne.
	mars	Occupation de la Picardie et de l'Artois.
	avril	Insurrection à Arras.

	4 août	Exécution du duc de Nemours.
	20 août	Mariage de Marie de Bourgogne et de Maximilien d'Autriche.
1478		Jean Bourdichon décore la chapelle du Plessis-lès-Tours.
		Création de la Cour des aides à Montpellier.
	9 janvier	Traité avec Venise.
	janvier	Accord avec les cantons suisses sur la fourniture de mercenaires.
	26 avril	Attentat contre les Medici à Florence.
	15 septembre	Concile gallican d'Orléans.
1479		Ludovic le More prend le pouvoir à Milan.
	19 janvier	Avènement de Ferdinand le Catholique en Aragon.
	29 juillet	Défaite de Guinegatte.
	octobre	Création des postes aux lettres.
1480	10 juillet	Mort de René d'Anjou.
	octobre	Légation du cardinal della Rovere.
	octobre	Suppression des francs archers.
	décembre	Libération de Balue.
1481		Liquidation de la filiale des Medici à Bruges.
	mars	Le roi victime d'une grave hémorragie cérébrale.
	juin	Création du camp de Pont-de-l'Arche.
	27 juillet	Révocation du monopole des Galées de France.
	11 décembre	Mort de Charles II du Maine. Rattachement de la Provence à la France.
1482	janvier	Disette et grave épidémie de peste.
	27 mars	Mort de Marie de Bourgogne.
	25 août	Mort de Marguerite d'Anjou.
	21 septembre	Le roi s'entretient avec le dauphin Charles.
	23 décembre	Traité d'Arras : rattachement de la Bourgogne au domaine royal.
1483	mars	Rétablissement de la foire Saint-Germain-des-Prés.
	9 avril	Mort d'Édouard IV.
	12 mai	Guillaume de Rochefort nommé chancelier.
	juin	Fiançailles du dauphin et de Marguerite d'Autriche.
	1er juillet	Assemblée du Plessis-lès-Tours.
	30 août	Mort de Louis XI.

Généalogies

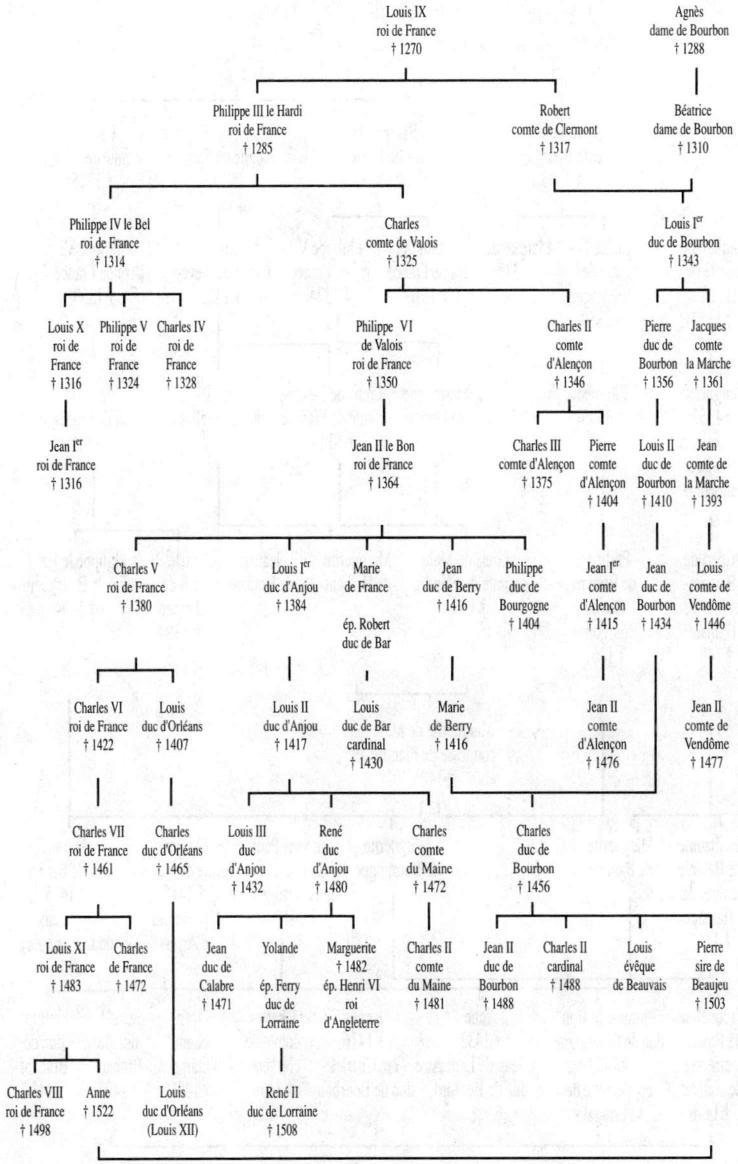

Ce tableau n'a rien d'exhaustif, ni quant aux personnes, dont beaucoup ont été omises par souci de clarté, ni quant aux titres, mentionnés seulement pour l'identification du personnage : on a notamment sous-entendu le titre usuel de roi de Naples – en réalité roi de Jésuralem et de Sicile – pour les ducs d'Anjou. Seuls les mariages importants d'un point de vue dynastique sont mentionnés.

La maison de France

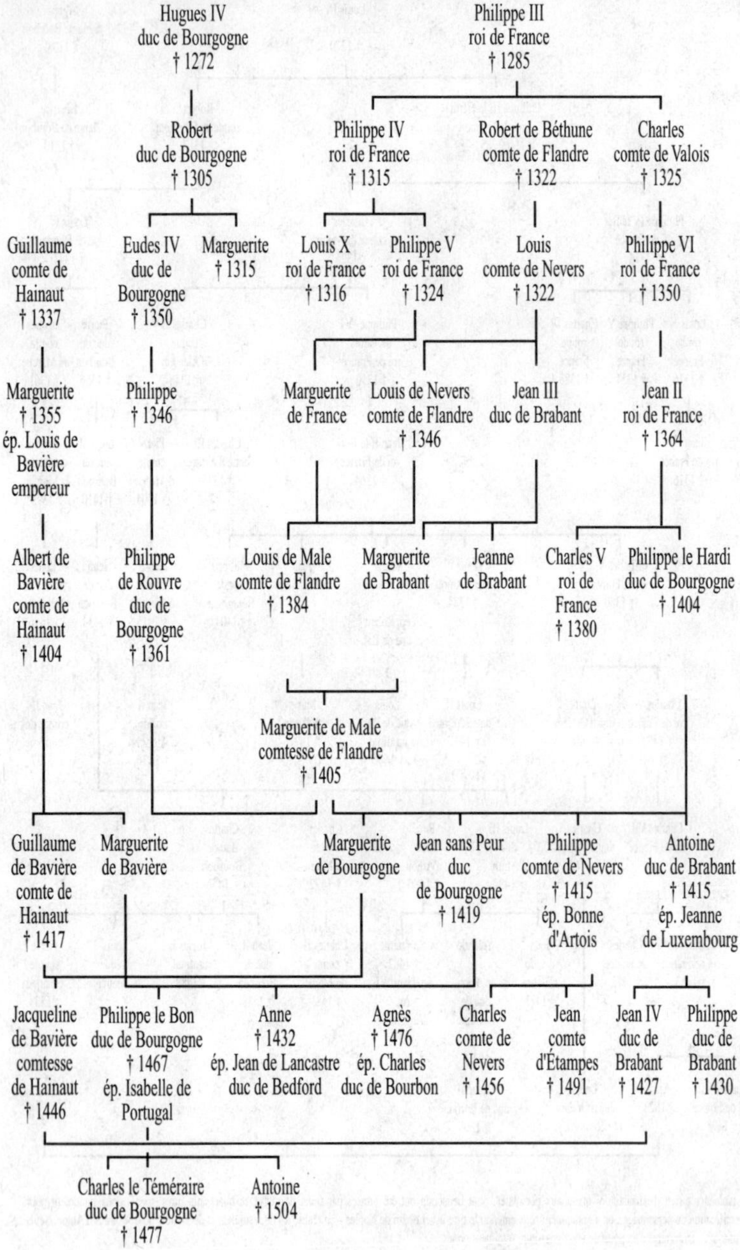

La maison de Bourgogne

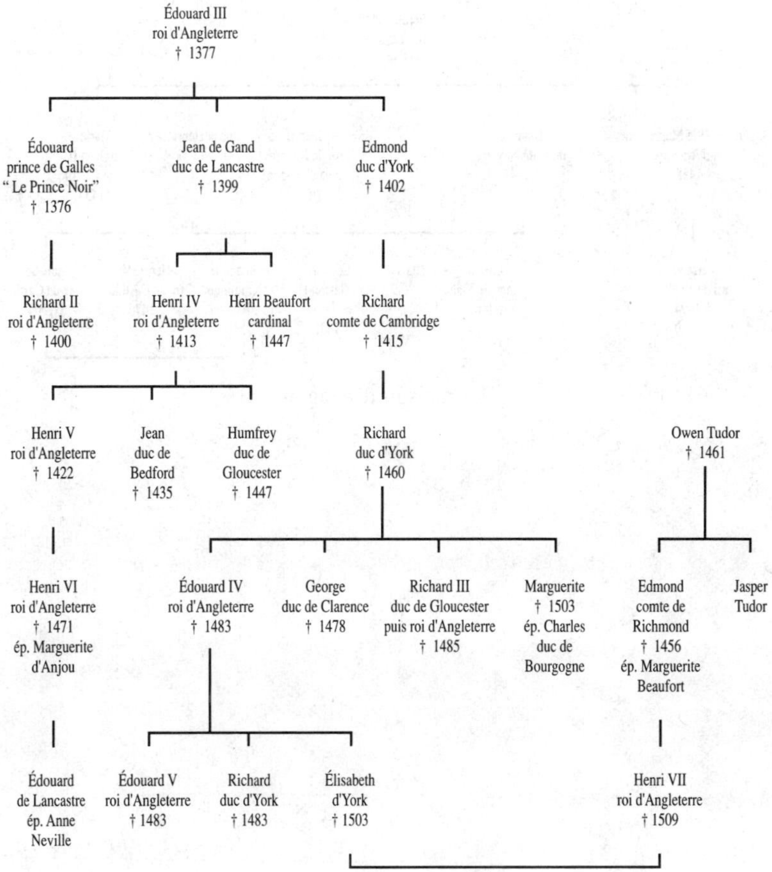

Lancastre, York et Tudor

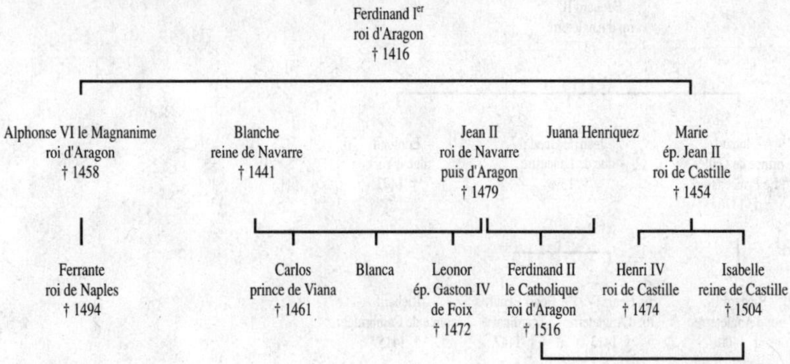

La maison d'Aragon

Sources et travaux

Sources

Journaux, chroniques et mémoires

Quelques-uns de ces textes ont été publiés dans la Bibliothèque de la Pléiade sous le titre *Historiens et chroniqueurs du Moyen Âge*. En ce qui concerne Commynes, nous citons plusieurs éditions en raison de la richesse des introductions et annexes, ainsi que de la diversité des annotations. On trouvera également de très utiles notices dans le *Dictionnaire des lettres françaises* de Robert Bossuat, Louis Pichard et Guy Raynaud de Lage (Paris, 1964), remarquablement mis à jour par Geneviève Hasenohr et Michel Zink (Paris, 1992).

MOLINIER (Auguste). *Les Sources de l'Histoire de France des origines aux guerres d'Italie (1494)*. Tome V. Paris, 1904.

PAUPHILET (Albert). *Historiens et chroniqueurs du Moyen Âge*. Paris, 1938. Rééd. augmentée par Edmond Pognon. Paris, 1952. (Bibl. de la Pléiade).

★

BASIN (Thomas). *Histoire de Charles VII*, éd. Charles Samaran et Henry de Surirey de Saint-Remy. Paris, 1933-1944. 2 vol.

– *Histoire de Louis XI*, éd. Charles Samaran et Monique-Cécile Garand. Paris, 1963-1972. 3 vol.

– *Apologie ou plaidoyer pour moi-même*, éd. Charles Samaran et Georgette de Groër. Paris, 1974.

CHARTIER (Jean). *Chronique de Charles VII, roi de France*, éd. Auguste Vallet de Viriville. Paris, 1858. 3 vol.

– *La Chronique latine de Jean Chartier (1422-1450)*, éd. Charles Samaran. Paris, 1928.

CHASTELLAIN (Georges). *Œuvres*, éd. Kervyn de Lettenhove. Bruxelles, 1863-1866. 8 vol. Rééd. 1971.

Chroniques relatives à l'Histoire de la Belgique sous la domination des ducs de Bourgogne, éd. Kervyn de Lettenhove. Bruxelles, 1873. 3 vol.

COMMYNES (Philippe de). *Mémoires,* éd. Nicolas Lenglet-Dufresnoy. Paris, 1747, 4 vol. (cette édition est encore utile, comme la suivante, pour les preuves qui y sont annexées).

– éd. Émilie Dupont. Paris, 1840-1847. 3 vol. (Société de l'Histoire de France).

– éd. Joseph Calmette et G. Durville. Paris, 1924-1925. 3 vol. (Classiques de l'histoire de France au Moyen Âge).

– éd. Jean Dufournet. Paris, 1979. (Folio).

– éd. Philippe Contamine. Paris, 1994. (Acteurs de l'Histoire, Imprimerie nationale).

DU CLERCQ (Jacques). *Mémoires (1448-1467),* éd. Baron de Reiffenberg. Bruxelles, 1835-1836. 4 vol.

ESCOUCHY (Mathieu d'). *Chronique*, éd. Gaston Du Fresne de Beaucourt. Paris, 1863. 3 vol.

Grandes Chroniques de France. 10 vol. (Société de l'Histoire de France).

Journal d'un bourgeois de Paris sous le règne de Charles VII (1424-1449), éd. Michaud et Poujoulat, *Mémoires relatifs à l'histoire de France*, III, Paris, 1854, p. 237-300.

Journal d'un bourgeois de Paris, 1405-1449, éd. Alexandre Tuetey. Paris, 1881.

LA MARCHE (Olivier de). *Mémoires*, éd. Henri Beaune et J. d'Arbaumont. Paris, 1883-1888. 4 vol. (Société de l'Histoire de France).

LE BOUVIER (Gilles), dit LE HÉRAUT BERRY. *Les Chroniques du roi Charles VII*, éd. Henri Courteault et Léonce Celier. Paris, 1979. (Société de l'Histoire de France).

LESEUR (Guillaume). *Histoire de Gaston IV, comte de Foix,* éd. Henri Courteault. Paris, 1893-1896. 2 vol. (Société de l'Histoire de France).

MAUPOINT (Jean). *Journal parisien de Jean Maupoint, prieur de Sainte-Catherine de la Couture. 1437-1469*, éd. Gustave Fagniez, dans *Mémoires de la SHPIF*, IV, 1877 (1878), p. 1-144.

MOLINET (Jean). *Chronique*, éd. Georges Doutrepont et Omer Jodogne. Bruxelles, 1935-1937. 3 vol.

MONSTRELET (Enguerrand de). *Chronique*, éd. Louis-Claude Douët d'Arcq. Paris, 1857-1862. 6 vol.

RELIGIEUX DE SAINT-DENIS (Jean Chartier, dit Le). *Chronique*, éd. Louis-François Bellaguet. Paris, 1839-1852. 6 vol. (Documents inédits sur l'Histoire de France).

ROYE (Jean de). *Chronique scandaleuse (1460-1483),* éd. Bernard de Mandrot. Paris, 1894-1896. 2 vol. (Société de l'Histoire de France).

TOISON d'OR (Jean Lefèvre de Saint-Rémy, dit). *Chronique,* éd. François Morand. Paris, 1876-1881. 2 vol.

WAVRIN (Jean de). *Recueil des chroniques et anciennes histoires de la Grant*

Bretaigne a present nommé Engleterre, éd. Émilie Dupont. Paris, 1858-1863. 3 vol. (Société de l'Histoire de France).

YOLANDE DE FRANCE, *Chronique*, éd. Léon Ménabréa. Paris, 1859.

Documents publiés

BLANCHARD (Joël). *Commynes et les Italiens. Lettres inédites du mémorialiste.* Paris, 1993.

COSNEAU (Émile). *Les Grands Traités de la guerre de Cent Ans*. Paris, 1889.

DÉPREZ (Eugène). « La trahison du cardinal Balue (1469). Chansons et ballades inédites », dans *Mélanges d'archéologie et d'histoire de l'École française de Rome*, XIX, 1899, p. 259-296.

DOUËT D'ARCQ (Louis-Claude). *Comptes de l'Hôtel des rois de France aux XIVe et XVe siècles*. Paris, 1865. (Société de l'Histoire de France).

– *Nouveaux comptes de l'Argenterie des rois de France.* Paris, 1874. (Société de l'Histoire de France).

DUBOIS (Henri). *Lettres choisies de Louis XI.* Paris, 1996. (Livre de poche).

FAGNIEZ (Gustave). *Documents relatifs à l'histoire de l'industrie et du commerce en France.* Tome II. Paris, 1900.

FAWTIER (Robert). *Comptes du Trésor (1296, 1316, 1384, 1477)*. Paris, 1930.

GINGINS-LA-SARRAZ (Frédéric de). *Dépêches des ambassadeurs milanais sur les campagnes de Charles le Hardi.* Paris-Genève, 1854. 2 vol.

GUENÉE (Bernard) et LEHOUX (Françoise). *Les entrées royales françaises de 1328 à 1515.* Paris, 1968.

JACQUETON (Gilbert). *Documents relatifs à l'administration financière en France de Charles VII à François Ier*. Paris, 1891.

KERVYN DE LETTENHOVE (Baron). *Lettres et négociations de Philippe de Commynes.* Bruxelles, 1867-1874. 3 vol.

KENDALL (Paul Murray) et ILARDI (Vincent). *Dispaches with related documents of Milanese ambassadors in France and Burgundy, 1450-1483.* Athens University Press (Ohio), 1970-1981. 3 vol.

LA TRÉMOILLE (Louis de). *Archives d'un serviteur de Louis XI, Georges de La Trémoille (1451-1481).* Nantes, 1888.

LESELLIER (T.). « Une curieuse correspondance inédite entre Louis XI et Sixte IV », dans *Mélanges d'archéologie et d'histoire de l'École française de Rome,* XLV, 1928, p. 20-37.

LEVEROTTI (Franca), dir. *Carteggio degli oratori mantovani alla corte Sforzesca (1450-1500).* Rome, 1999-2000. 5 vol. parus.

MANDROT (Bernard de) et SAMARAN (Charles). *Dépêches des ambassadeurs milanais en France sous Louis XI et François Sforza*. Paris, 1916-1923. 4 vol. (Société de l'Histoire de France).

MASSELIN (Jean). *Journal des États généraux de France tenus à Tours en 1484 sous le règne de Charles VIII*, éd. Adhelm Bernier. Paris, 1835. (Collection de documents inédits sur l'Histoire de France).

MOLLAT (Michel). *Les Affaires de Jacques Cœur. Journal du procureur Dauvet.* Paris, 1952. 2 vol.

Ordonnances des rois de France de la troisième race. Tomes XIV à XIX. Paris, 1790-1835.

PARAVICINI (Werner). *Der Briefwechsel Karls des Kühnen (1433-1477).* Frankfürt am Main, 1995. 2 vol.

PASQUIER (Félix). *Lettres de Louis XI relatives à sa politique en Catalogne de 1461 à 1473.* Foix, 1895.

PÉRINELLE (Georges). « Dépêches de Nicolas de Roberti, ambassadeur d'Hercule Ier, duc de Ferrare, auprès du roi Louis XI (novembre 1478-juillet 1480) », dans *Mélanges d'archéologie et d'histoire de l'École française de Rome*, XXIII, 1923, p. 139-293.

REILHAC (Albert de). *Jean de Reilhac..., Documents...* Paris, 1886-1888. 3 vol.

STEIN (Henri). *Catalogue des actes de Charles le Téméraire. 1467-1477*, éd. Sonja Dünnebeil. Sigmaringen, 1999.

TUETEY (Alexandre). « Inventaire des biens de Charlotte de Savoie » dans *Bibliothèque de l'École des chartes,* 1865, p. 338-366 et 423-442.

VAESEN (Joseph) et CHARAVAY (Étienne). *Lettres de Louis XI, roi de France.* Paris, 1883-1909. 11 vol. (Société de l'Histoire de France).

Littérature politique

DESCLOS (Jean-Claude). « Le Prince ou les Princes de Georges Chastellain. Un poème dirigé contre Louis XI », dans *Romania*, 102, 1981, p. 46-74.

DIAMANT-BERGER (Maurice). *Le Rosier des guerres.* Paris, 1925.

– *Le Rosier des guerres. Enseignements de Louis XI, roy de France, pour le dauphin son fils.* Paris, 1930.

JEANROY (Alfred). *Les Joies du Gay Savoir. Recueil de poésies couronnées par le consistoire de la gaie science (1324-1484).* Toulouse, 1914.

LEWIS (Peter S.). *Écrits politiques de Jean Juvénal des Ursins.* Paris, 1978-1992. 3 vol. (Société de l'Histoire de France).

LEROUX DE LINCY (Antoine). *Recueil de chants historiques français.* Paris, 1841.

MESCHINOT (Jean). *Lunette des princes*, éd. Christine Martineau-Génieys. Genève, 1972.

– *Chants historiques et populaires du temps de Charles VII et de Louis XI.* Paris, 1857.

PASTOR (Antoine). « Le *Libellus* », éd. Joseph Calmette, dans *Revue d'histoire et d'archéologie du Roussillon,* II, 1901.

PICOT (Émile) et STEIN (Henri). *Recueil de pièces historiques imprimées sous le règne de Louis XI.* Paris, 1925.

THOMAS (Antoine). *Jean Gerson et l'éducation des dauphins de France. Étude critique, suivie du texte de deux de ses opuscules et documents inédits sur Jean Majoris, précepteur de Louis XI.* Paris, 1930.

TRAVAUX

Ouvrages consacrés à Louis XI

BORDONOVE (Georges). *Louis XI.* Paris, 1986.
CHAMPION (Pierre). *Louis XI.* Paris, 1927-1928, 2 vol.
– *Le Roi Louis XI.* Paris, 1936. Rééd. 1979.
GAUSSIN (Pierre-Roger). *Louis XI, un roi entre deux mondes.* Paris, 1976.
HEERS (Jacques). *Louis XI. Le métier de roi.* Paris, 1999.
KENDALL (Paul Murray). *Louis XI.* Londres, 1971. Trad. fr., Paris, 1974.
LEGEAY (Urbain). *Histoire de Louis XI.* Paris, 1874. 2 vol.
MICHELET (Jules). *Histoire de France.* Tomes 5-6. *Charles VII et Louis XI.* Paris, 1841-1844.

Recherches sur les sources et témoignages

L'œuvre de Commynes a donné matière à de nombreuses études. Outre les substantielles introductions aux éditions des *Mémoires*, notamment celles de Jean Dufournet et de Philippe Contamine, il faut signaler, entre bien d'autres, quelques travaux. On doit aussi signaler plusieurs études portant sur les autres historiographes et sur les textes de la littérature politique.

BEAUNE (Colette). « L'historiographie de Charles VII : un thème de l'opposition à Louis XI », dans *La France de la fin du XV*[e] *siècle. Renouveau et apogée,* dir Bernard Chevalier et Philippe Contamine, Paris, 1985, p. 265-282.
BITTMANN (Karl). *Ludwig XI und Karl der Kühne. Die Mémoiren des Philippe de Commynes als historische Quelle.* Göttingen, 1964-1970. 3 vol.
BLANCHARD (Joël). « L'Histoire commynienne. Pragmatique et mémoire dans l'œuvre commynienne », dans *Annales. Économies, Sociétés, Civilisation,* 1991, p. 1071-1105.
– *Commynes l'Européen. L'invention du politique.* Genève, 1996.
– « Commynes et la "nouvelle politique" », dans *Saint-Denis et la royauté, Études offertes à Bernard Guenée*, Paris, 1999, p. 547-561.
DEMERS (Jacques). *Commynes mémorialiste.* Montréal, 1975.
DEVAUX (Jean). *Jean Molinet, indiciaire bourguignon.* Paris, 1996.
DUFOURNET (Jean). *La Destruction des mythes dans les* Mémoires *de Philippe de Commynes.* Genève, 1966.
– *Études sur Philippe de Commynes.* Paris, 1975.
– *Sur Philippe de Commynes. Quatre études.* Paris, 1982.
GUENÉE (Bernard). *Histoire et culture historique dans l'Occident médiéval.* Paris, 1980.
KINSER (Samuel). *Memoirs of Philippe de Commynes.* South California, 1969.
LABORDERIE (Arthur de). « Jean Meschinot, sa vie et ses œuvres, ses satires contre Louis XI », dans *Bibliothèque de l'École des chartes*, LVI, 1895.

LALANNE (Ludovic). *Brantôme, sa vie et ses écrits*. Paris, 1896. (Société de l'Histoire de France).

LINIGER (J.). *Philippe de Commynes.* Paris, 1978.

RICHE (Jacques). « L'historien Nicolas Gilles », dans *Positions des thèses de l'École des chartes,* 1930, p. 135-140.

SAMARAN (Charles). « Pierre Choisnet, le *Rosier des guerres*, et le livre des trois âges », dans *Bibliothèque de l'École des chartes,* 1926, p. 142-163.

– « Notes sur Jean Castel, historiographe de France », dans *Mélanges de philologie et d'histoire offerts à Antoine Thomas,* Paris, 1927, p. 395-404.

– « Un ouvrage de Guillaume Danicot, historiographe de Louis XI », dans *Mélanges d'archéologie et d'histoire publiés par l'École française de Rome,* XLV, 1928, p. 8-20.

– « Mathieu Levrien, chroniqueur de Saint-Denis à la fin du règne de Louis XI », dans *Bibliothèque de l'École des chartes,* XCIX, 1938, p. 125-131.

– « Chanteurs ambulants et propagande politique sous Louis XI », dans *Bibliothèque de l'École des chartes*, C, 1939, p. 233-241.

STEGMANN (André). « Le *Rosier des guerres* : testament politique de Louis XI », dans *La France de la fin du XVe siècle. Renouveau et apogée,* dir. Bernard Chevalier et Philippe Contamine, Paris, 1985, p. 313-323.

Histoire générale, institutionnelle et politique

ANTONETTI (Pierre). *Histoire de Florence.* Paris, 1976.

AUTRAND (Françoise). *Naissance d'un grand corps de l'État. Les gens du Parlement de Paris, 1345-1454.* Paris, 1981.

BEAUNE (Colette). « Saint Clovis, histoire, religion royale et sentiment national en France à la fin du Moyen Âge », dans *Le Métier d'historien au Moyen Âge*, dir. Bernard Guenée, Paris 1977, p. 139-156.

– *Naissance de la nation France.* Paris, 1985.

BEC (Christian), CLOULAS (Ivan), JESTAZ (Bertrand) et TENENTI (Alberto). *L'Italie de la Renaissance. Un monde en mutation (1378-1494).* Paris, 1990.

BELL (Dora M.). *L'idéal éthique de la royauté en France à la fin du Moyen Âge d'après les moralistes de ce temps.* Genève, 1962.

BÉRENGER (Jean). *Histoire de l'Empire des Habsbourg. 1273-1918.* Paris, 1990.

BERGER (H.). *Der alter Zürichkriege im Rahmen der europäischen Politik.* Zurich, 1978.

BILLIOUD (Joseph). *Les États de Bourgogne aux XIVe et XVe siècles.* Dijon, 1922.

BLANCHARD (Joël), dir. *Représentation, pouvoir et royauté à la fin du Moyen Âge.* Paris, 1995.

BRACHET (Auguste). *Pathologie mentale des rois de France. Louis XI et ses ascendants.* Paris, 1903.

BULST (Neithard). « Les États généraux de 1468 » dans *La France de la fin du XVe siècle. Renouveau et apogée,* dir. Bernard Chevalier et Philippe Contamine, Paris, 1985, p. 91-104.

– *Die französischen Generalstände von 1468 und 1484. Prosopografische Untersuchungen zu Delegierten.* Sigmaringen, 1992.

CAILLET (Louis). *Étude sur les relations de la commune de Lyon avec Charles VII et Louis XI (1417-1483).* Lyon-Paris, 1909.

CALMETTE (Joseph). *Louis XI, Jean II et la révolution catalane.* Toulouse, 1903.

CALMETTE (Joseph) et PÉRINELLE (Georges). *Louis XI et l'Angleterre.* Paris, 1930.

CARON (Marie-Thérèse). *Noblesse et pouvoir royal en France, XIIIe-XVIe siècle.* Paris, 1994.

CARON (Marie-Thérèse) et CLAUZEL (Denis), dir. *Le Banquet du Faisan, 1454. L'Occident face au défi de l'Empire ottoman.* Arras, 1997.

Ve Centenaire de la bataille de Morat. Actes du colloque. Fribourg-Berne, 1976.

CHALVY (Gérard), dir. *Histoire de Montpellier.* Toulouse, 1984.

CHEVALIER (Bernard). « Du droit d'imposer et de sa pratique. Finances et financiers du roi sous le règne de Charles VIII », dans Blanchard (Joël), dir., *Représentation, pouvoir et royauté à la fin du Moyen Âge.* Paris, 1995, p. 33-47.

– « Pouvoir central et pouvoirs des bonnes villes en France, aux XIVe et XVe siècles », dans *Principi e città alla fine des Medioevo,* dir. Sergio Gensini, Rome, 1996, p. 53-76.

CHEVALIER (Bernard) et CONTAMINE (Philippe), dir. *La France de la fin du XVe siècle. Renouveau et apogée.* Paris, 1985. (Colloque international du CNRS).

Cinq centième anniversaire de la bataille de Nancy (1477). Actes du colloque organisé par l'Université de Nancy. Nancy, 1979.

CONTAMINE (Philippe). « L'artillerie royale à la veille des guerres d'Italie », dans *Annales de Bretagne,* LXXI, 1964, p. 251-254.

– *Guerre, État et Société à la fin du Moyen Âge.* Paris-La Haye, 1972.

– « Méthodes et instruments de travail de la diplomatie française. Louis XI et la régale des évêchés bretons (1462-1465) », dans *Nottingham Medieval Studies*, 25, 1981, p. 52-72.

– *Des pouvoirs en France. 1300-1500.* Paris, 1992.

– *De Jeanne d'Arc aux guerres d'Italie. Figures, images et problèmes du XVe siècle.* Orléans-Caen, 1994.

– *La Noblesse au royaume de France, de Philippe le Bel à Louis XII. Essai de synthèse.* Paris, 1997.

CONTAMINE (Philippe), GIRY-DELOISON (Charles) et KEEN (Maurice H.), dir. *Guerre et société en France, en Angleterre et en Bourgogne, XIVe – XVe siècle.* Paris, 1991.

COUDERC (Camille). « L'entrée solennelle de Louis XI à Paris », dans *Mémoires de la Société de l'Histoire de Paris,* XXIII, 1896, p. 144.

COVILLE (Alfred). *La Jeunesse et la vie privée de Louis XI.* Paris, 1908.

DELARUELLE (Étienne), LABANDE (Edmond-René) et OURLIAC (Paul). *L'Église au temps du Grand Schisme et de la crise conciliaire (1378-1449).* Paris, 1962. 2 vol. (Histoire de l'Église, 14).

DUCHEIN (Michel). *Histoire de l'Écosse.* Paris, 1998.

DU FRESNE DE BEAUCOURT (Gaston). *Histoire de Charles VII.* Paris, 1882. 6 vol.

FAVIER (Jean). *Paris au XVe siècle.* Paris, 1974. Rééd. 1998.

– *Paris. Deux mille ans d'histoire.* Paris, 1997.

FLANDROIS (Isabelle). *L'Institution du Prince au début du XVIIe siècle.* Paris, 1992.

FRAY (Jean-Luc). *Nancy-le-Duc. Essor d'une capitale princière dans les deux derniers siècles du Moyen Âge.* Nancy, 1986.

GASSER (Adolf). « Ewige Richtung und Burgunderkriege. Zür Klärung einer alten Streitfrage », dans *Revue suisse d'histoire,* 23, 1973.

GILLES (Henri). *Les États de Languedoc au XVe siècle.* Toulouse, 1965.

GUENÉE (Bernard). *Tribunaux et gens de justice dans le bailliage de Senlis à la fin du Moyen Âge.* Paris, 1963.

HOMMEL (Luc). *Marie de Bourgogne et le grand héritage.* Bruxelles, 4e éd. 1951.

– *Marguerite d'York ou la duchesse Junon.* Bruxelles, 1959.

JASSEMIN (Henri). *La Chambre des comptes de Paris au XVe siècle.* Paris, 1933.

KERHERVÉ (Jean). *L'État breton aux 14e et 15e siècles. Les ducs, l'argent et les hommes.* Paris, 1987. 2 vol.

KRYNEN (Jacques). *L'Empire du roi. Idées et croyances politiques en France. XIIIe – XVe siècle.* Paris, 1993.

LAUER (Philippe). *Les Chapeaux de Louis XI.* Paris, 1926.

LATREILLE (André), dir. *Histoire de Lyon et des Lyonnais.* Toulouse, 1975.

LECAT (Jean-Philippe). *Quand flamboyait la Toison d'Or.* Paris, 1982.

– *Le Siècle de la Toison d'Or.* Paris, 1986.

LEGUAI (André). « Émeutes et troubles d'origine fiscale pendant le règne de Louis XI », dans *Le Moyen Âge,* 1967, p. 447-487.

LEWIS (Peter S.). *The Recovery of France in the fifteenth Century.* New York, 1971.

– *La France à la fin du Moyen Âge. La société politique.* Paris, 1977.

– « Les pensionnaires de Louis XI », dans *La France de la fin du XVe siècle, Renouveau et apogée,* dir. Bernard Chevalier et Philippe Contamine, Paris, 1985, p. 167-182.

– « Pourquoi aurait-on voulu réunir les États généraux en France à la fin du Moyen Âge ? », dans Blanchard (Joël), dir., *Représentation, pouvoir et royauté à la fin du Moyen Âge.* Paris, 1995, p. 119-130.

MAJOR (John Russel). *Representatives Institutions in Renaissance France (1421-1559).* Madison, 1960.

MAROT (Pierre). « L'expédition de Charles VII à Metz, 1444-1445 », dans *Bibliothèque de l'École des chartes,* CII, 1941, p. 109-155.

MORARD (Nicolas). « L'Heure de la puissance, 1394-1536 », dans *Nouvelle Histoire de la Suisse et des Suisses.* Lausanne-Bâle-Lugano, 1983.

OURLIAC (Paul). « Le Concordat de 1472. Étude sur les rapports de Louis XI et de Sixte IV », dans *Études d'histoire du droit méridional*, 1934, p. 440-442.

PARAVICINI (Werner). « Peur, pratiques, intelligences. Formes de l'opposition aristocratique à Louis XI d'après les interrogatoires du connétable de Saint-Pol », dans *La France de la fin du XVe siècle. Renouveau et apogée,* dir. Bernard Chevalier et Philippe Contamine, Paris, 1985, p. 183-196.

– « Sterben und Tod Ludwigs XI », dans *Tod im Mittelalter*, dir. Arno Borst, Gerhart von Graevenitz, Alexander Patschovsky et Karlheinz Stierle, Constance, 1993, p. 77-168.

– « Des animaux pour un roi mourant : Louis XI et les Hanséates de 1479 à 1483 », dans *Commerce, finances et société (XIe-XVIe siècles), Recueil de travaux offerts à Henri Dubois*, Paris, 1993, p. 101-121.

PERRET (Paul-Michel). *Histoire des relations de la France avec Venise du XIIIe siècle à l'avènement de Charles VIII.* Paris, 1898. 2 vol.

PETERS (Edward) et SIMONS (Walter P.). « The New Huizinga and the Old Middle Ages », dans *Speculum,* 74, 3, juillet 1999, p. 587-620.

PRENTOUT (Henri). *Les États provinciaux de Normandie.* Caen, 1925-1928. 3 vol.

PREVENIER (Walter) et BLACKMANS (Win). *Les Pays-Bas bourguignons.* Anvers, 1985.

REICHEL (D.), dir. *Grandson, 1476. Essai d'approche pluridisciplinaire d'une action militaire du XVe siècle.* Lausanne, 1976.

RICHARD (Jean), dir. *Histoire de la Bourgogne.* Toulouse, 1978.

RIGAUDIÈRE (Albert). *Gouverner la ville au Moyen Âge.* Paris, 1993.

Saint-Denis et la royauté. Études offertes à Bernard Guenée. Paris, 1999.

SAMARAN (Charles). *La Maison d'Armagnac au XVe siècle et les dernières luttes de la féodalité dans le Midi de la France.* Paris, 1908.

SCHNERB (Bertrand). *L'État bourguignon, 1363-1477.* Paris, 1999.

SÉE (Henri). *Louis XI et les villes.* Paris, 1891.

SEYSSEL (Claude de). *Louenges du roy Loys XXe de ce nom.* Paris, 1508.

– *Histoire de Louis XII,* éd. Théodore Godefroy. Paris, 1615.

SPONT (Alfred). « La taille en Languedoc de 1450 à 1515 », dans *Annales du Midi,* 2, 1890, p. 365-384.

– « Une recherche générale des feux à la fin du XVe siècle », dans *Annuaire-bulletin de la Société de l'histoire de France,* 1892, p. 222-236.

TAVENEAUX (René), dir. *Histoire de Nancy.* Toulouse, 1978.

THIBAULT (Marcel). *La Jeunesse de Louis XI. 1423-1445.* Paris, 1907.

TUETEY (Alexandre). *Les Écorcheurs sous Charles VII.* Montbéliard, 1874. 2 vol.

Les princes

ANSELME (Le Père). *Histoire généalogique et chronologique de la maison royale de France, des pairs, grands officiers...* Paris, 3e éd. 1726-1733. 9 vol.

CARON (Marie-Thérèse). « Jean, comte d'Étampes, en 1437-1438 : un prince dans les allées du pouvoir », dans *Finances, pouvoirs et mémoire. Hommages à Jean Favier* (Paris, 1999), p. 313-322.

CHAMPION (Pierre). *Vie de Charles d'Orléans*. Paris, 1911.

COULET (Noël), PLANCHE (Alice) et ROBIN (Françoise). *Le Roi René. Le prince, le mécène, l'écrivain, le mythe*. Aix-en-Provence, 1982.

LE CAM (Anne). *Charles le Téméraire. Un homme et son rêve*. Paris, 1992.

LECOY DE LA MARCHE (Albert). *Le Roi René. Sa vie, son administration, ses travaux artistiques et littéraires*. Paris, 1875. 2 vol.

LUCHAIRE (Achille). *Alain le Grand, sire d'Albret. L'administration royale et la féodalité du Midi. 1440-1522*. Paris, 1877.

MÉRINDOL (Christian de). *Le Roi René et la seconde Maison d'Anjou. Emblématique, Art, Histoire*. Paris, 1987.

PARAVICINI (Werner). *Karl der Kühne. Das Ende des Hauses Burgund*. Zurich, 1976.

SOISSON (Jean-Pierre). *Charles le Téméraire*. Paris, 1997.

STEIN (Henri). *Charles de France, frère de Louis XI*. Paris, 1919.

SURIREY DE SAINT-REMY. *Jean II de Bourbon, duc de Bourbonnais et d'Auvergne. 1426-1488*. Paris, 1944.

VAUGHAN (Richard). *Philip the Good. The Apogee of Burgundy*. Londres, 1970.

– *Charles the Bold. The last Valois Dukes of Burgundy*. Londres, 1973.

Autres personnages

AMAT (Roman d') et successeurs. *Dictionnaire de biographie française*. Paris, 1929-2001. 19 vol. (jusqu'à la lettre L).

BARDOUX (Agénor). « Les grands baillis au XVe siècle. Jean de Doyat », dans *Revue historique de droit français*, IX, 1863, p. 5-44.

BASSEREAU (Claude). « Jean Briçonnet l'aîné (1420 ? – 1493) et Jean Briçonnet le jeune, bourgeois de Tours et financiers au XVe siècle », dans *Positions des thèses de l'École nationale des Chartes*, 1951, p. 15-19.

BAUDRILLART (Achille) et successeurs. *Dictionnaire d'histoire et de géographie ecclésiastiques*. Paris, 1912-2000, 28 vol. (jusqu'à la lettre J).

BREJON DE LAVERGNÉE (Marie-Édith). « Guillaume de Varye et le commerce au XVe siècle », dans *Finances, pouvoirs et mémoire. Hommages à Jean Favier* (Paris, 1999), p. 513-523.

BRICARD (Georges). *Un serviteur et compère de Louis XI. Jean Bourré, seigneur du Plessis. 1424-1506*. Paris, 1893.

CAILLET (Pierre). *Jean de Bourbon, évêque du Puy, abbé de Cluny, lieutenant général en Languedoc et en Forez (1413 ? – 1485)*. Le Puy, 1929.

CALISTI (Lucie). « Un chancelier de France sous Louis XI : Pierre Doriole », dans *Positions des thèses de l'École nationale des chartes*, 1956, p. 29-34.

CARRIÈRE (Victor). « Nicole Tilhart, secrétaire et général des finances de Louis XI », dans *Le Moyen Âge*, 1905, p. 169-189.

CHAMPION (Pierre). *François Villon. Sa vie et son temps*. Paris, 1913. 2 vol.

CHEVALIER (Bernard). « Guillaume Briçonnet, le premier général des finances du roi de France en Provence, 1482-1493 », dans *Finances, pouvoirs et mémoire. Hommages à Jean Favier* (Paris, 1999), p. 323-331.

CONTAMINE (Philippe). « Un serviteur de Louis XI dans sa lutte contre Charles le Téméraire. Georges de la Trémoille, sire de Craon (vers 1437-1481) », dans *Annuaire-bulletin de la Société de l'histoire de France*, 1976-1977, p. 63-80.

DE SMEDT (Raphaël), dir. *Les Chevaliers de l'ordre de la Toison d'Or au xve siècle. Notices bio-bibliographiques.* 1994.

DUPONT-FERRIER (Gustave). *Études sur les institutions financières de la France à la fin du Moyen Âge.* Paris, 1930-1932. 2 vol.

– *Gallia Regia ou état des officiers royaux des bailliages et des sénéchaussées de 1328 à 1515.* Paris, 1942-1966. 7 vol.

FAVIER (Jean). *François Villon.* Paris, 1982.

FORGEOT (Henri). *Jean Balue, cardinal d'Angers.* Paris, 1895.

GAUSSIN (Pierre-Roger). « Les conseillers de Louis XI, 1461-1483 », dans *La France de la fin du xve siècle. Renouveau et apogée,* dir. Bernard Chevalier et Philippe Contamine, Paris, 1985, p. 105-134.

KENDALL (Paul Murray). *Warwick, le faiseur de roi.* Paris, 1981.

LAPEYRE (André) et SCHEURER (Rémy), *Les Notaires et secrétaires du roi sous les règnes de Louis XI, Charles VIII et Louis XII (1461-1515).* Tome I, Paris, 1978.

MANDROT (Bernard de). *Ymbert de Batarnay, seigneur du Bouchage, conseiller des rois Louis XI, Charles VIII, Louis XII et François Ier (1438-1523).* Paris, 1886.

MATTÉONI (Olivier). *Servir le prince. Les officiers des ducs de Bourbon à la fin du Moyen Âge (1356-1523).* Paris, 1998.

MAUGIS (Édouard). *Histoire du Parlement de Paris.* Paris, 1913-1916. 3 vol.

PASQUIER (Félix). *Un favori de Louis XI, Boffile de Juge, comte de Castres, vice-roi de Roussillon.* Albi, 1914.

POULON (Marie-Édith). « Guillaume de Varye, facteur de Jacques Cœur et général des finances de Louis XI », dans *Positions des thèses de l'École nationale des chartes,* 1972, p. 161-166.

RAUNIÉ (Émile), PRINET (Max), LESORT (André) et VERLET (Hélène). *Épitaphier du Vieux Paris.* Paris, 1890-1999. 13 vol.

ROSSIGNOL (Gilles). *Pierre d'Aubusson, « le bouclier de la chrétienté ». Les Hospitaliers à Rhodes.* Besançon, 1991.

VAESEN (Joseph). « Notice biographique sur Jean Bourré, suivie du catalogue chronologique du fonds manuscrit de la Bibliothèque nationale auquel il a donné son nom », dans *Bibliothèque de l'École des chartes*, XLIII-XLVI, 1882-1885, *passim.*

Économie et société

BARATIER (Édouard) et REYNAUD (Félix). *Histoire du commerce de Marseille.* II. *De 1291 à 1480.* Paris, 1951.

BELAUBRE (Jean). *Les Collections monétaires.* II. *Monnaies médiévales.* 2. *L'ère du gros.* Paris, 1988. (Administration des Monnaies et Médailles).

– *Dictionnaire de numismatique médiévale occidentale.* Paris, 1996.

BERGIER (Jean-François). *Genève et l'économie européenne de la Renaissance.* Paris, 1963.

BERNARD (Jacques). *Navires et gens de mer à Bordeaux (vers 1400-vers 1550).* Paris, 1968. 3 vol.

BILLOT (Claudine) et HIGOUNET-NADAL (Arlette). « Bannissement et repeuplement dirigé à Arras (1479-1484) », dans *107e Congrès national des Sociétés savantes,* Brest, 1982, p. 107-123.

CHEVALIER (Bernard). « La politique de Louis XI à l'égard des bonnes villes. Le cas de Tours », dans *Le Moyen Âge,* 1964, p. 473-504.

– *Tours, Ville royale. 1356-1520. Origine et développement d'une capitale à la fin du Moyen Âge.* Louvain-Paris, 1975.

CRAEYBECKX (Jan). *Un grand commerce d'importation : les vins de France aux anciens Pays-Bas.* Paris, 1958.

DAY (John). *Monnaies et marchés au Moyen Âge.* Paris, 1994.

DELORT (Robert). *Le Commerce des fourrures en Occident à la fin du Moyen Âge.* Rome, 1978. 2 vol. (Bibliothèque des Écoles françaises d'Athènes et de Rome, 236).

DELUMEAU (Jean). *L'Alun de Rome. XVe-XIXe siècle.* Paris, 1962.

DE ROOVER (Raymond). *The Rise and Decline of the Medici Bank. 1397-1494.* New York, 1963.

DUBOIS (Henri). *Les Foires de Chalon et le commerce dans la vallée de la Saône à la fin du Moyen Âge.* Paris, 1976.

– « Le commerce de la France au temps de Louis XI. Expansion ou défensive ? », dans *La France de la fin du XVe siècle, Renouveau et apogée,* dir. Bernard Chevalier et Philippe Contamine, Paris, 1985, p. 15-30.

FAVIER (Jean). *Le Commerce fluvial dans la région parisienne au XVe siècle.* I. *Le registre des compagnies françaises (1449-1467).* Paris, 1975. (Histoire générale de Paris).

– « Circulation et conjoncture monétaires au temps de Marie de Bourgogne », dans *Revue historique*, CCLXXII, 1, 1984, p. 3-27.

– *De l'Or et des épices. Naissance de l'homme d'affaires au Moyen Âge.* Paris, 1987.

Foire (La). Bruxelles, 1953. (Recueils de la Société Jean Bodin, V).

FOURQUIN (Guy). *Les Campagnes de la région parisienne à la fin du Moyen Âge, du milieu du XIIIe siècle au début du XVIe siècle.* Paris, 1954.

GANDILHON (René). *Politique économique de Louis XI.* Paris, 1941.

HEERS (Jacques). *Gênes au XVe siècle. Activité économique et problèmes sociaux.* Paris, 1961.

LAFAURIE (Jean). *Les Monnaies des rois de France, de Hugues Capet à Louis XII.* Paris, 1951.

LA RONCIÈRE (Charles de). *Histoire de la marine française.* Paris, 1899. 4 vol.

LASSALMONIE (Jean-François). *La Boîte à l'enchanteur. Politique financière de Louis XI.* Paris, 2001.

– « La politique fiscale de Louis XI (1461-1483) », dans *L'Argent au Moyen Âge,* p. 255-166.

– « L'abbé Le Grand et le compte du trésorier des guerres pour 1464 : les compagnies de l'ordonnance à la veille du Bien public », dans *Journal des savants*, 2001, p. 43-92.

LAURENT (Henri). *Un grand commerce d'exportation au Moyen Âge. La draperie des Pays-Bas en France et dans les pays méditerranéens (XIIe-XVe siècle).* Paris, 1935.

LE MENÉ (Michel). « La conjoncture économique angevine sous le règne de Louis XI », dans *La France de la fin du XVe siècle. Renouveau et apogée,* dir. Bernard Chevalier et Philippe Contamine, Paris, 1985, p. 51-60.

MISKIMIN (Harry A.). *Money and Power in Fifteenth Century France.* New Haven – Londres, 1984.

MOLLAT (Michel). *Le Commerce maritime normand à la fin du Moyen Âge.* Paris, 1952.

– *Jacques Cœur ou l'esprit d'entreprise.* Paris, 1988.

PIPONNIER (Françoise). « Usages et diffusion de la soie en France à la fin du Moyen Âge », dans *La Seta in Europa, secc. XIII-XX (Istituto internazionale di storia economica F. Datini, 24,* Florence, 1993, p. 785-800.

SPUFFORD (Peter). *Monetary problems and policies in the Burgundian Netherlands. 1433-1496.* Leyde, 1970.

TOUCHARD (Henri). *Le Commerce maritime breton à la fin du Moyen Âge.* Paris, 1967.

VALOUS (Vital de). *Étienne Turquet et les origines de la fabrique lyonnaise.* Lyon, 1868.

ZELLER (Gaston). « Aux origines de notre système douanier. Les premières taxes à l'importation au XVIe siècle », dans *Études historiques*, 1947, p. 165-217.

Vie littéraire et artistique

On ne peut mentionner ici les très nombreux travaux portant sur l'art du XVe siècle, sur l'introduction de l'imprimerie, sur la vie intellectuelle et sur l'humanisme. Nous citerons cependant quelques titres.

Bonne Étoile des Rolin (La). Mécénat et efflorescence artistique dans la Bourgogne du XVe siècle. Autun, 1994.

ERLANDE-BRANDENBURG (Alain). *La Dame à la licorne.* Paris, 1993.

– *Le Sacre de l'artiste. La création au Moyen Âge, XIVe-XVe siècle.* Paris, 2000.

KAMP (Hermann). *Splendeur des Rolin. Un mécénat privé à la cour de Bourgogne.* Paris, 1999.

MARTIN (Henri-Jean) et CHARTIER (Roger). *Histoire de l'édition française.* I. *Le Livre conquérant, du Moyen Âge au milieu du XVIIe siècle.* Paris, 1982.

ROBIN (Françoise). *La Cour d'Anjou-Provence. La vie artistique sous le règne de René.* Paris, 1985.

Index

Bien des personnages cités dans ce livre ont porté, successivement ou simultanément, des noms de seigneurie ou des titres liés à des bénéfices ecclésiastiques, offices ou fonctions trop divers pour qu'on puisse en faire ici état. On n'a retenu à l'index que ce qui permet leur identification.

A

B

C

D

E

G.

H.

I

K

L

M

N

S

U

V

W

X

Y

Z

Table des cartes

Table des matières

Aubin Imprimeur
LIGUGÉ, POITIERS

Achevé d'imprimer en octobre 2001
N° d'édition 16980 / N° d'impression L 62583
Dépôt légal novembre 2001
Imprimé en France

ISBN : 2-213-61003-7
35-65-1203-02/5

IN THE NAME OF

ALLAH

THE ALL-COMPASSIONATE, ALL-MERCIFUL

Muhammad's Prophethood Reality or Myth

- Title: Muhammad's Prophethood Reality or Myth
- Author: 'Abdur-Radhi Muhammad 'Abdul-Mohsin
- English Edition 1 (1999)
- New Revised Edition 2 (2008)
- Layout: IIPH, Riyadh, Saudi Arabia
- Cover Designing: Mounzer Hamzeh
- Filming: Samo Press Group

Muhammad's Prophethood Reality or Myth

نبي الإسلام
بين الحقيقة والإدعاء

'Abdur-Radhi Muhammad 'Abdul-Mohsin

الدار العالمية للكتاب الإسلامي
INTERNATIONAL ISLAMIC PUBLISHING HOUSE

King Fahd National Library Cataloging-in-Publication Data

Abdul-Mohsin, 'Abdur-Radhi Muhammad

Muhammad's Prophethood Reality or Myth. / 'Abdur-Radhi Muhammad 'Abdul-Mohsin ; 2nd ed., - Riyadh, 2008

... p ; ...cm

ISBN Hard Cover: 978-9960-501-10-9

1- Muhammad, Prophet I-Title

239 dc 1429/3265

Legal Deposit no. **1429/3265**
ISBN Hard Cover: **978-9960-501-10-9**

International Islamic Publishing House (IIPH)
P.O.Box 55195 Riyadh 11534, Saudi Arabia
Tel: 966 1 4650818 – 4647213 – Fax: 4633489
E-Mail: iiph@iiph.com.sa – iiphsa@gmail.com
www.iiph.com.sa

List of Contents

Directory of Symbols

(﷾) : *Subḥânahu wa Ta'âla* — "The Exalted."

(ﷺ) : *Ṣalla-Allâhu 'Alayhi wa Sallam* —
"Blessings and peace be upon him."

(﵇) : *'Alayhis-Salâm* — "May peace be upon him."

(﵁) : *Raḍi-Allâhu 'Anhu* — "May Allah be pleased with him."

(﵂) : *Raḍi-Allâhu 'Anha* — "May Allah be pleased with her."

Introduction

All praise is due to Allah (ﷻ), Who has sent the prophets as bearers of glad tidings and as warners for mankind. He sent down the scriptures to them in truth in order to judge between the people in the matters wherein they differed. Those who disputed the scriptures after receiving it did so due to their transgressions among themselves concerning it, even after clear proofs had come unto them. Then Allah (ﷻ) guided the believers to the truth about that upon which they differed.

I testify that there is none worthy of worship except Allah (ﷻ) and that Muhammad (ﷺ), peace and blessings be upon him, is His slave and Messenger; sent by Allah (ﷻ) as the bearer of glad tidings and a warner to *al-'Âlameen* (mankind, the jinn and all that exist). He is the illiterate Prophet (ﷺ) who was mentioned in the Torah and the Gospel and who they therefore recognised just as they recognised their own children. Their prophets gave glad tidings about him, their books described him, and the evidence of prophethood pointed to him.

Muhammad (ﷺ) has become a target for Islam's long-established adversaries and their armies of missionaries and orientalists who have aroused suspicions and propagated allegations against the Prophet of Islam and his Message. Their objective has always been to distort the image of the Prophet of Islam in the eyes of those who do not know him and consequently drive them away from studying Islam and contemplating it in a desperate attempt to lay obstacles in the path of Islam's mission so as to impede its vital role in guiding humanity.

Many a Muslim scholar has written to defend the Prophet (ﷺ) since doing so is an honour and a duty for them. However, such efforts have been made either incidentally in answer to orientalists and missionaries, or in the course of speaking about the evidence of prophethood in Islam. Furthermore, most of the writings were done by non-specialists, although the nature of the topic requires the knowledge of a number of aspects of Islamic philosophy, the history of religions, and western thought. All this made the present study an obligation dictated by the imperious need to introduce Islam as the only cultural alternative that is capable of convincing today's civilised man.

No doubt, any attempt to introduce Islam before establishing the truth of the prophethood of its Messenger in face of skeptics and deniers would be virtually impossible. The Noble Qur'an has drawn our attention to the best method to follow.

﴿سَنُرِيهِمْ ءَايَٰتِنَا فِى ٱلْآفَاقِ وَفِىٓ أَنفُسِهِمْ حَتَّىٰ يَتَبَيَّنَ لَهُمْ أَنَّهُ ٱلْحَقُّ ۗ﴾ [فُصّلَت: ٥٣]

﴿We will show them Our Signs in the universe, and in their own selves, until it becomes manifest to them that this [the Qur'an] is the truth...﴾ *(Qur'an 41: 53)*

Allah (ﷻ) has linked the clarification of the truth to the establishment of its foundations and has even indicated that deduction through evidence surpasses mere clarification. We follow in this study a three-dimensional method that combines the refutation of allegations and suspicions against the prophethood of Muhammad (ﷺ) with the clarification of the truth about it and the establishment of its foundations with stark evidences from the Qur'an, reason, and the facts of modern science.

The preparation of this study took about ten years due to the importance and sensitivity of its subject. There were two phases of research which complemented one another. This study is part of the efforts aimed at correcting the misconceptions about Islam. These efforts resulted in a collection of papers written by a number of our intellectuals and published in a special bulletin entitled *The Prophet of Islam; Between Reality and Allegations*. Our book has become the reference on which such papers rely, because knowing that Muhammad (ﷺ) is truthful and proving the truth of his prophethood must necessarily precede any research into the contents of his message.

This study has three sections

1. This section's objective is to reveal the meaning and nature of *prophethood* in Islam by defining its concept linguistically and also as an Islamic term. That concept, which combines the theory of communication and the ensuing knowledge thereafter, with divine bestowal, represents the only path to prophethood in Islam.

This section comprises (the ranks of Prophets), in hierarchical order (from bottom to top): the Prophets followed by the Messengers, then the Messengers of firm resolve, and at the top of the ladder, the last of the Prophets and the best of the Messengers, Muhammad (ﷺ).

It also explains the "Prophets' infallibility," as the moral perfection that protects them from sins and disobedience, and infallibility of conveyance, which means Allah's protection of His Prophets and Messengers from forgetfulness and aberration. The purpose of that is to enable them to achieve their mission in the most perfect way, and this is exclusive to Islam.

This section concludes with the proof that Muhammad (ﷺ) is the seal (end) of prophethood, and states how compatible his prophethood is with the requirements of sense, legislation and consensus. It also reveals that Muhammad's claim that he was the last of the Prophets is the only such claim in the history of religion uttered by its claimant and recorded in his Book without ambiguity. This fact made it easy to avoid the problem of false Prophets that was common to other religions.

2. This section examines the allegations that have been levelled against the Prophethood of Muhammad (ﷺ) and the authenticity of his call. There are six known allegations that we have proven incorrect.

The first allegation is that the ordinances of Moses and Jesus were perfect and eternal. This is refuted by the fact that the Christians and Jews were waiting for a Prophet whose ordinance they had to follow and obey.

The second states that there was no necessity for a last message. This is refuted by the fact that the message of the Prophet Muhammad (ﷺ) encompasses all the tasks and values brought forth by former messengers and adds to them that which they lacked.

The third states that there are no prophecies about Muhammad (ﷺ) in the former Books. This is refuted by the fact that the former Books contain specific descriptions of the Prophet Muhammad (ﷺ), his nation and his message.

The fourth claims that he had no supporting miracles. This is negated by Muhammad's (ﷺ) spectacular miracles that were witnessed by scores of his companions.

The fifth asserts that he was sent only for the Arabs. This is disproved by Prophet Muhammad's declaration that he is sent to mankind and the jinn. Furthermore, there are many supporting evidences that Islam is a universal Message.

The sixth claims that Islam is a Christian heresy. This is disproved by the authenticity of Islam which makes Muhammad (ﷺ) the founder of a true religion.

3. This section establishes the evidence about Muhammad's prophethood through scientific proofs and clear signs, which is the best way to refute any allegation. The undoubted result of such a method will make it certain that Muhammad (ﷺ) is truthful and that his Message is authentic. This requires dividing the claims of prophethood into four categories.

3.a. The Noble Qur'an confirms the prophethood of Muhammad (ﷺ) as a whole and in detail and includes the different aspects of its scientific miraculous nature.

3.b. The miracles are evidence of prophethood and have three categories; miracles of knowledge, miracles of capability, and miracles of self-reliance.

3.c. The prophecies of other prophets are important in refuting the allegations and misconceptions, because the people of the book admit that their Holy Books, which contain these prophecies, are divine Books sent by Allah (سبحانه وتعالى).

3.d. The Prophet's biography reveals, and his morals show that his honesty and truthfulness was known to friend and foe, a fact has been supported by testimonies of modern historians.

In conclusion, I invoke Allah (سبحانه وتعالى) to accept my efforts in this investigation to be for His sake and to make me successful in defending our Prophet (ﷺ). Allah (سبحانه وتعالى) is the One Who guides to the right path.

Dr. 'Abdur-Radhi Muhammad 'Abdul-Moḥsen

Section One:

Prophethood in Islam

Prophethood in Islam

In Islam the belief in Messengers is one of the articles of faith. Allah (ﷻ) says:

﴿ءَامَنَ ٱلرَّسُولُ بِمَآ أُنزِلَ إِلَيۡهِ مِن رَّبِّهِۦ وَٱلۡمُؤۡمِنُونَۚ كُلٌّ ءَامَنَ بِٱللَّهِ وَمَلَٰٓئِكَتِهِۦ وَكُتُبِهِۦ وَرُسُلِهِۦ لَا نُفَرِّقُ بَيۡنَ أَحَدٖ مِّن رُّسُلِهِۦۚ وَقَالُواْ سَمِعۡنَا وَأَطَعۡنَاۖ غُفۡرَانَكَ رَبَّنَا وَإِلَيۡكَ ٱلۡمَصِيرُ ٢٨٥﴾ [البقرة: ٢٨٥]

﴾The Messenger [Muhammad] believes in what has been sent down to him from his Lord, and [so do] the believers. Each one believes in Allah, His Angels, His Books, and His Messengers. [They say], "We make no distinction between one and another of His Messengers" — and they say, "We hear, and we obey. [We seek], Your Forgiveness, our Lord, and to You is the return [of all]."﴿ *(Qur'an 2:285)*

It is narrated that Jibreel (Gabriel) came to the Prophet (ﷺ) in the shape of a man and asked him about Islam and faith. The Prophet (ﷺ) answered: "Faith is to believe in Allah, His Angels, His Books, His Messengers, the Day of Resurrection and Preordainment (whether good or bad)." (*Ṣaḥeeḥ* Bukhari and *Ṣaḥeeḥ* Muslim, the Book of Faith)

Therefore, whoever denies prophethood denies Islam as a whole, because the Islamic religion is based on revelation and prophethood. These two elements are the sources of Islam and by the miracles contained therein it spread and conquered people's hearts. Its teachings and its pillars were established upon them. This is stated in the following Qur'anic verse:

﴿هُوَ ٱلَّذِيٓ أَرۡسَلَ رَسُولَهُۥ بِٱلۡهُدَىٰ وَدِينِ ٱلۡحَقِّ لِيُظۡهِرَهُۥ عَلَى ٱلدِّينِ
كُلِّهِۦ﴾ [التوبة: ٣٣]

﴿It is He Who has sent His Messenger [Muhammad] with guidance and the religion of truth [Islam], that He may make it [Islam] superior to all religions...﴾ *(Qur'an 48:28)*

Whoever does not believe in the prophets and prophethood has lost all and gone astray. Allah (سبحانه وتعالى) says:

﴿وَمَن يَكۡفُرۡ بِٱللَّهِ وَمَلَٰٓئِكَتِهِۦ وَكُتُبِهِۦ وَرُسُلِهِۦ وَٱلۡيَوۡمِ ٱلۡأٓخِرِ فَقَدۡ ضَلَّ
ضَلَٰلَۢا بَعِيدًا﴾ [النساء: ١٣٦]

﴿... And whosoever disbelieves in Allah, His Angels, His Books, His Messengers and the Last Day, then indeed he has strayed far away.﴾ *(Qur'an 4:136)*

Allah (سبحانه وتعالى) has sent the Messengers and Prophets as bearers of glad tidings about Allah's Bliss for those who obey Him and as warner's against His torment for those who disobey and disbelieve in Allah (سبحانه وتعالى). He (سبحانه وتعالى) says:

﴿۞ إِنَّآ أَوۡحَيۡنَآ إِلَيۡكَ كَمَآ أَوۡحَيۡنَآ إِلَىٰ نُوحٖ وَٱلنَّبِيِّـۧنَ مِنۢ بَعۡدِهِۦۚ
وَأَوۡحَيۡنَآ إِلَىٰٓ إِبۡرَٰهِيمَ وَإِسۡمَٰعِيلَ وَإِسۡحَٰقَ وَيَعۡقُوبَ وَٱلۡأَسۡبَاطِ
وَعِيسَىٰ وَأَيُّوبَ وَيُونُسَ وَهَٰرُونَ وَسُلَيۡمَٰنَۚ وَءَاتَيۡنَا دَاوُۥدَ زَبُورٗا ﴿١٦٣﴾
وَرُسُلٗا قَدۡ قَصَصۡنَٰهُمۡ عَلَيۡكَ مِن قَبۡلُ وَرُسُلٗا لَّمۡ نَقۡصُصۡهُمۡ عَلَيۡكَۚ
وَكَلَّمَ ٱللَّهُ مُوسَىٰ تَكۡلِيمٗا ﴿١٦٤﴾ رُّسُلٗا مُّبَشِّرِينَ وَمُنذِرِينَ لِئَلَّا يَكُونَ
لِلنَّاسِ عَلَى ٱللَّهِ حُجَّةُۢ بَعۡدَ ٱلرُّسُلِۚ وَكَانَ ٱللَّهُ عَزِيزًا حَكِيمٗا ﴿١٦٥﴾﴾

[النساء: ١٦٣-١٦٥]

﴾Verily, We have sent the revelation to you [O' Muhammad] as We sent the revelation to Noah and the Prophets after him; We [also] sent the revelation to Abraham, Ishmael, Isaac, Job, Jonah, Aaron and Solomon; and to David We gave *Zaboor* [Psalms]. And Messengers We have mentioned to you before, and Messengers We have not mentioned to you and to [Moses] Allah spoke directly. Messengers came as bearers of good news as well as of warning in order that mankind should have no plea against Allah after the [coming of] Messengers. And Allah is Ever All-Powerful, All-Wise.﴿ *(Qur'an 4:163-165)*

Allah (سبحانه وتعالى) will not excuse anyone because He has sent His Messengers with Books and wisdom, supported by clear signs and proofs that confirmed that they were truthful. Allah (سبحانه وتعالى) says:

﴿قُلْ هَلْ نُنَبِّئُكُم بِٱلْأَخْسَرِينَ أَعْمَٰلًا ﴿١٠٣﴾ ٱلَّذِينَ ضَلَّ سَعْيُهُمْ فِى ٱلْحَيَوٰةِ ٱلدُّنْيَا وَهُمْ
يَحْسَبُونَ أَنَّهُمْ يُحْسِنُونَ صُنْعًا ﴿١٠٤﴾ أُو۟لَٰٓئِكَ ٱلَّذِينَ كَفَرُوا۟ بِـَٔايَٰتِ رَبِّهِمْ وَلِقَآئِهِۦ
فَحَبِطَتْ أَعْمَٰلُهُمْ فَلَا نُقِيمُ لَهُمْ يَوْمَ ٱلْقِيَٰمَةِ وَزْنًا ﴿١٠٥﴾ ذَٰلِكَ جَزَآؤُهُمْ جَهَنَّمُ بِمَا
كَفَرُوا۟ وَٱتَّخَذُوٓا۟ ءَايَٰتِى وَرُسُلِى هُزُوًا ﴿١٠٦﴾﴾ [الكهف: ١٠٣-١٠٦]

﴾Say [O' Muhammad], "Shall We tell you the greatest losers in respect of [their] deeds?" [Those whose efforts have been wasted in this life while they thought that they were acquiring good by their deeds] "They are those who deny the *Âyât* [proofs, evidences, verses, lessons, signs, revelations, etc.] of their Lord and the Meeting with Him [in the Hereafter]." So their works are in vain, and on the Day of Resurrection, We shall assign no weight for them. "That shall be their recompense, Hell; because they disbelieved and took My *Âyât* [proofs, evidences, verses, lessons, signs, revelations, etc.] and My Messengers by way of jest and mockery."﴾ *(Qur'an 18:103-106)*

The issue of prophethood in Islam was very obvious and simple and therefore did not face the same problem faced by Judaism and Christianity. In this section, we will look at the following four areas of research.

1. Definition of Prophethood
2. Ranks of Prophethood
3. Infallibility of Prophets
4. The End of the Prophethood

1. The Definition of Prophethood

﴿وَمَا نُرْسِلُ ٱلْمُرْسَلِينَ إِلَّا مُبَشِّرِينَ وَمُنذِرِينَ﴾ [الأنعام: ٤٨]

﴾And We send not the Messengers but as givers of glad tidings and as Warners...﴿ *(Qur'an 6:48)*

1.1. The literal meaning of prophethood

The Arabic word for Prophet (*Nabi*) has two possible meanings according to the roots of the word.

1. It means the one who conveys the knowledge and information shown to him by Allah (ﷻ).

2. It also means the one who is of noble and eminent rank and status. So this meaning implies the one who is above ordinary people and who has a high status that was bestowed on him by Allah.

Ibn Taymiyah was quite certain in his study on this issue that the word is derived from the Arabic verb *Nabba'a* which means "to tell" and to particularly tell about the unseen. In the following verses, the verbs "inform," "tell," and the noun "news" are the English translation of the verb *Nabba'a* and the noun *Naba'*.

﴿وَأُنَبِّئُكُم بِمَا تَأْكُلُونَ وَمَا تَدَّخِرُونَ فِي بُيُوتِكُمْ﴾ [آل عمران: ٤٩]

﴿... And I inform you of what you eat, and what you store in your houses...﴾ *(Qur'an 3:49)*

﴿فَلَمَّا نَبَّأَهَا بِهِۦ قَالَتْ مَنْ أَنۢبَأَكَ هَٰذَا ۖ قَالَ نَبَّأَنِيَ ٱلْعَلِيمُ ٱلْخَبِيرُ﴾

[التّحريم: ٣]

﴿...Then when he told her [Ḥafṣah] thereof, she said, "Who told you this?" He said, "The All-Knower, the All-Aware [Allah] has told me."﴾ *(Qur'an 66:3)*

﴿قَالَ يَٰٓـَٔادَمُ أَنۢبِئْهُم بِأَسْمَآئِهِمْ ۖ فَلَمَّآ أَنۢبَأَهُم بِأَسْمَآئِهِمْ قَالَ أَلَمْ أَقُل لَّكُمْ إِنِّىٓ أَعْلَمُ غَيْبَ ٱلسَّمَٰوَٰتِ وَٱلْأَرْضِ وَأَعْلَمُ مَا تُبْدُونَ وَمَا كُنتُمْ تَكْتُمُونَ ﴿٣٣﴾﴾

[البقرة: ٣٣]

﴿"O' Adam! Inform them of their names," and when he had informed them of their names, He said, "Did I not tell you that I know the *Ghayb* [unseen] in the heavens and the earth, and I know what you reveal and what you have been concealing?"﴾ *(Qur'an 2:33)*

﴿عَمَّ يَتَسَآءَلُونَ ﴿١﴾ عَنِ ٱلنَّبَإِ ٱلْعَظِيمِ ﴿٢﴾ ٱلَّذِى هُمْ فِيهِ مُخْتَلِفُونَ ﴿٣﴾﴾

[النّبإ: ١-٣]

﴿What are they asking [one another] about?...about the great news, about which they are in disagreement.﴾

(Qur'an 78:1-3)

﴿قُلْ هُوَ نَبَؤٌا عَظِيمٌ ﴿٦٧﴾ أَنتُمْ عَنْهُ مُعْرِضُونَ ﴿٦٨﴾﴾ [ص: ٦٧-٦٨]

﴿Say, "That [this Qur'an] is a great news." From which you turn away!﴾ *(Qur'an 38:67-68)*

﴿نَبِّـُٔونِى بِعِلْمٍ إِن كُنتُمْ صَـٰدِقِينَ﴾ [الأنعام: ١٤٣]

﴿... Inform me with knowledge if you are truthful.﴾ *(Qur'an 6:143)*

The word "prophet" is used for one who tells and informs about the unseen and in particular for Messengers and those who receive the divine revelation.

1.2. The 'Prophethood' as an Islamic term

The Muslim theologians have given various definitions to the word "prophethood" according to their perspective and the method in which each group treated the concept of prophethood in Islam. The Mu'tazilah[1] adopted the word as a term meaning eminence and high rank, but also as a particular merit bestowed by Allah (ﷻ) on some of His slaves. The Ashâ'irah[2] defined a "prophet" as "an informer about the unseen." Ibn Khaldoon observed in his definition the aspect of communication between a prophet and those honoured in heaven. He believed that in prophethood there is truth that is totally

---

[1] The Mutazilite is an Islamic sect that arose at the end of the Ummayad (*Amavi*) Age and flourished in the Abbasid Age, and has depended on the bare mind in the understanding of the Islamic doctrine being affected with foreign philosophies that led to their deviation from mainstream dogma.

[2] The Ash'ari: an Islamic verbal group, attributed to Abul Ḥassan al-Ash'ari who rebelled against the Mutazilite.The Ash'ari have taken the path of using evidence and mental and verbal indications as means of debating their opponents from the Mutazilite and the philosophers among others, in the confirmation of the truths of religion and the Islamic doctrine.

free of lies. It is communication between the Prophet and the dignified heavenly beings without any other external factor or any assisting means.

The majority of the scholars of the Sunnah (traditions of the Prophet) had a deeper understanding of the two aspects of prophethood; the theory of communication and the knowledge acquired from that communication between the prophet and the divine source. As regards to the theory of communication, they include this aspect in their definitions. Ibn Ḥazm said, "Prophethood is derived from 'informing'. Whomever is informed by Allah (ﷻ) about a matter before it exists or one to whom is revealed any issue from the unseen, is a Prophet." Here Ibn Ḥazm observes the vertical dimension of the theory of communication (from Allah to man).

On the other hand, Ibn Taymiyah confirms in his definition the two dimensions: the vertical (from Allah to man) and the horizontal (from the Prophet to the people). He said, "The Prophet is the one informed by Allah and who informs the people of what he has been informed." He added, "The Prophets are informed by Allah of His commands, prohibitions and other knowledge, and they tell the believers about all the commands, prohibitions and knowledge they receive from Allah."

With regard to the knowledge obtained through prophethood, it is considered by the followers of the Sunnah to be of the three methods of obtaining knowledge: intelligence, the senses, and the combination of the two thereof, like information. Some matters can only be known through receiving information. Ibn Taymiyah said, "The prophethood includes information because the Prophet tells about the unseen. There is no proof that all that was told through the Prophets could be discovered without their informing the people, and it is not true that all that was told by the Prophets could be known to others who had not been informed by the Prophets. Therefore the nation with the best knowledge is the one who adheres to these three methods; the more it neglects these methods, the less knowledgeable it becomes."

For the followers of the Sunnah, the method of receiving prophetic knowledge is distinguished from all other types of knowledge. If we consider inspiration to be revelation, then prophethood is reasonable deduction. If an illusion is an assumption, then prophethood is certainty. Also if the source of divinations was information stolen from the heavens by eavesdropping demons, that ended with the advent of the Prophet Muhammad (ﷺ). Then prophethood is a lawful and secure communication. If fortune-telling is guesswork, then prophethood is an exact science, and if a fantasy is a probability, then prophethood is the truth.

Confirming these concepts, Ibn Ḥazm said, "The prophethood is not an inspiration that becomes the nature of things as mentioned in the following verse. Allah (ﷻ) says:

﴿وَأَوْحَىٰ رَبُّكَ إِلَى ٱلنَّحْلِ﴾ [النحل: ٦٨]

﴿And your Lord inspired the bees...﴾ *(Qur'an 16:68)*

Also it is not an illusion or divination that is learned from demons who eavesdrop on the heavens. Almighty Allah says:

﴿شَيَٰطِينَ ٱلْإِنسِ وَٱلْجِنِّ يُوحِي بَعْضُهُمْ إِلَىٰ بَعْضٍ زُخْرُفَ ٱلْقَوْلِ غُرُورًاۚ وَلَوْ﴾ [الأنعام: ١١٢]

﴿... *Shayâṭeen* [Devils] among mankind and jinn, inspiring one another with adorned speech as a delusion [or by way of deception]...﴾ *(Qur'an 6:112)*

It is neither fortune telling, which is a form of experimentation and an acquired skill nor a dream that no one knows whether it will come true or not.

The Revelation, which is prophethood, is a deliberate act from Allah (تعالى), to inform the concerned person about a truth that is different from all the afore-mentioned forms. Allah (تعالى), informs the person who receives the Revelation that what he receives is the truth. The concerned person becomes aware of that by his consciousness and senses, without a doubt, through the Angel that was sent to him, or directly instilled in him without any intermediary."

In defining prophethood, Muslim theologians mention an important aspect of prophethood: The means to become a Prophet. The Muslim community is unanimous that prophethood is a bestowal from Allah (تعالى) who chooses Messengers from the angels and from mankind.

Ibn Khaldoon says: "The Almighty Allah has chosen from mankind some people to address with a message. He made them naturally disposed to know Him, and made them intermediaries between Him and His slaves. They explain what is good for them and inspire them with guidance in order to be protected from the Hellfire. The Prophets show the people miracles and signs and tell them about matters from the unseen that are impossible to know without the Prophets, and that are impossible for the Prophets to know without the knowledge bestowed on them by Allah. The Prophet Muhammad (ﷺ) said: 'I know nothing except what Allah has taught me.'"

Some of the Mu'tazilah sect say that prophethood is a recompense for deeds, but al-Jibâ'i confirms that it is a bestowal from Allah (تعالى) to those whom He chooses.

The Mu'tazilah also consider prophethood as a mercy from Allah, because sending a Prophet is beneficial for both mankind and the universe. This mercy is a necessity because Allah does only what is good for His slaves. By this definition the Mu'tazilah are not excluded from those who believe that prophethood is a bestowal from Allah, the Exalted, the Almighty.

The Ashâ'irah say that: "Prophethood does not emanate from the Prophet's merits, and it is not a privilege acquired by his deeds or his knowledge about his Lord or his prophethood. All such matters are usually proven before prophethood. To be aware of prophethood is different from being a Prophet." Prophethood is a bestowal from Allah (ﷻ) and a grace to His slave:

﴿وَلَٰكِنَّ ٱللَّهَ يَمُنُّ عَلَىٰ مَن يَشَآءُ مِنْ عِبَادِهِۦ﴾ [إبراهيم: ١١]

﴾... But Allah bestows His Grace to whom He wills of His slaves...﴿ *(Qur'an 14:11)*

The followers of Sunnah consider prophethood a mercy from Allah to His slaves. The explainer of *Ṭaḥḥâwiyah* (doctrine) says: "Sending Messengers is one of Allah's greatest graces upon mankind, particularly in sending Prophet Muhammad (ﷺ)." Allah (ﷻ) says:

﴿لَقَدْ مَنَّ ٱللَّهُ عَلَى ٱلْمُؤْمِنِينَ إِذْ بَعَثَ فِيهِمْ رَسُولًا مِّنْ أَنفُسِهِمْ يَتْلُوا۟ عَلَيْهِمْ ءَايَٰتِهِۦ وَيُزَكِّيهِمْ وَيُعَلِّمُهُمُ ٱلْكِتَٰبَ وَٱلْحِكْمَةَ وَإِن كَانُوا۟ مِن قَبْلُ لَفِى ضَلَٰلٍ مُّبِينٍ ﴿١٦٤﴾﴾ [آل عمران: ١٦٤]

﴾Indeed Allah conferred a great favour on the believers when He sent among them a Messenger [Muhammad] from among themselves, reciting unto them His Verses [the Qur'an], and purifying them [from sins by their following him], and instructing them [in] the Book [the Qur'an] and *al-Ḥikmah* [The wisdom and the Sunnah of the Prophet (i.e. his legal ways, statements, acts of worship)], while before that they had been in manifest error.﴿ *(Qur'an 3:164)*

﴿وَمَآ أَرْسَلْنَٰكَ إِلَّا رَحْمَةً لِّلْعَٰلَمِينَ ﴿١٠٧﴾﴾ [الأنبياء: ١٠٧]

﴾And We have sent you [O' Muhammad] not but as a mercy

> for the *al-'Âlameen* [mankind, jinn and all that exists].﴾
> *(Qur'an 21:107)*

The followers of Sunnah deny the existence of preconditions for this divine bestowal, Ibn Ḥazm says: "Prophethood is possible, and it is the sending forth of people chosen by Allah (ﷻ) only because that was His Will. He bestowed on them knowledge with neither learning nor passing through the stages of acquiring it."

But they assert that the Prophet has a special force in him that distinguishes him from ordinary people, Allah (ﷻ) says:

﴿فَبِمَا رَحْمَةٍ مِّنَ ٱللَّهِ لِنتَ لَهُمْ وَلَوْ كُنتَ فَظًّا غَلِيظَ ٱلْقَلْبِ لَٱنفَضُّوا۟ مِنْ حَوْلِكَ﴾ [آل عمران: ١٥٩]

> ﴿And by the Mercy of Allah, you dealt with them gently. And had you been severe and harsh-hearted, they would have broken away from about you...﴾ *(Qur'an 3:159)*

They also assert that he has virtues, and whomsoever Allah singles out and bestows these virtues upon He has great good planned for him, as Khadeejah said to the Prophet (ﷺ) when Revelation came to him for the first time: "I swear by Allah (ﷻ), Allah will never let you down. You visit your kith and kin, you tell the truth, you help the weak and the poor, you are generous to your guest, and you stand by the truth." Her sense led her to deduce that since Allah has bestowed on him such merits and noble attributes, He will not let him down but honour and glorify him.

These noble merits and personal characteristics are not the reason for becoming a Prophet, because the most essential aspect is to be chosen by Allah for that. Allah's Will is the only determinant, and He knows that Prophet, the Revelation He sends to him and the miracles He bestows on him.

There are some sects that believe that prophethood is acquired and is not a bestowal from Allah. Such sects are: some of the philosophers, Qarâmiṭah, Bâtiniyah, Ismâ'eeliyah and some of the extremist Shi'ites. They believe that prophethood can be attained by three characteristics:

First: A divine force of foreknowledge that the Prophet can acquire easily. He can realise the average level of knowledge without the efforts required by others for the same purpose. In other words: he is more intelligent than the others.

Second: The power of imagination: The Prophet (ﷺ) imagines things, then he hears and sees them. According to them he sees luminous images that are Allah's angels and hears voices that are Allah's speech, like dreams that come true.

They say that what the Prophets have said about Divinity and the Last Day is imagined and not accurate descriptions of what truly exist.

Third: Psychological power that enables the Prophet to have influence on the world of material, as the ill wisher influences the envied person. They believe that signs and miracles are of this type.

The theory of prophethood in philosophy, was transmitted by Abu Ḥâmid al-Ghazâli to the Sufi philosophers like Ibn 'Arabi, al-Ḥallaj, as-Saharwardi, Ibn Qassy, Ibn Sab'een and others. Ibn Taymiyah says: "Al-Ghazâli's speech was the means through which the philosophical ideologies were transmitted to the Sufi philosophers, and that was the base on which Ibn 'Arabi constructed his idea about the last of *Auliyâ'* (pious persons) who take knowledge from the same source where from the Angel receives Revelation to convey to the Prophet.

Dr. 'Abdul Ḥameed Madkoor explains the uniformity in the theory of prophethood of philosophers and Sufis like Ibn 'Arabi. He says: "Ibn 'Arabi says that the phenomenon of influencing things has its origin in a psychological power called by some of the Sufis 'resolution' and by others 'trueness.' Man has two kinds of resolutions one is natural and the other is acquired. This resolution enables man to act freely in the world. Some of the Sufis who have this merit can kill whom they like to kill. It is like envy in which imagination is powerful."

Sufis were influenced in this by philosophers like al-Fârâbi and Avicenna. Fârâbi says that the influence of the divine soul can go beyond its body to the universe and its contents. Avicenna also says that the effect of psychological power is not limited to its body, and that it can have a great effect on the universe that may result in clouds, winds, thunders, earthquakes and springs of water.

Therefore, close examination proves that the viewpoints of philosophers and Sufis, which seem to be different, are so uniform that it is difficult to distinguish one from the other.

A branch of this philosophical theory prefers the philosopher and the *Wali* (saint, pious person) to the Prophet, and prefers the last of the *Auliyâ'* (saints) to the last of the Prophets.

Another branch believes that prophethood has not ended. As-Saharwardi alleged that he would not die before he was commanded by Allah to warn the people. And Ibn Sab'een said that Ibn Âminah [Muhammad (ﷺ)] has transgressed when he said, "There will be no Prophet after me."

This theory that contradicts the reality of prophethood in Islam, and which is a violation of the consensus of the Muslim community is the outcome of the effect of foreign cultures whose partisans expressed animosity to Islam. They therefore propagated allegations and misconceptions aimed at deforming Islam.

The effect of that attack against Islam is not limited to shaking the faith and absolute submission about revelation in Islam, but went as far as to doubt and deny prophethood, Prophets, and their miracles. This attack was led by an atheist Jew called Ibn ar-Ruwandi.

The organisers of this campaign allegedly attributed to Abu Bakr ar-Râzi a book (one of many) called "The miracles of Prophets or the tricks of false Prophets." But Dr. 'Abdul Lateef al-'Abd rejects this accusation against ar-Râzi and adds that the Shi'ite (Ismâilite) were the propagators of that accusation because ar-Râzi criticised them as regards the issue of "*Imâmah*" (leadership). Dr. al-'Abd mentions in an extended study about ar-Razi that the claim that these books were written by him is unfounded. Moreover, Ibn an-Nadeem said that ar-Râzi wrote a book defending prophethood. He added that ar-Râzi neither rejected religions nor Prophets. On the contrary, he called for developing the spiritual and moral aspects of man in order that man should not be lax in performing his religious duties. According to Ibn an-Nadeem, ar-Râzi defended the Prophets' morals and disproved adoration (for other than Allah) as one of their qualities.

The Muslim intellectuals of different sects counteracted such ideas with strong and clear answers that gave prophethood and revelation their respectful place in Islamic teaching. They effaced from these attempts the false glitter that could elude a non-specialist. That is why these ideas vanished away leaving only a faint echo resonating with writers like Muhammad Fareed Wajdi, Muhammad Ḥasanayn Haykal and Zaki Mubârak. Such writers did not dare to explicitly deny prophethood because they feared the Muslim public opinion, but they denied miracles or gave them a psychological interpretation.

Shaykh Muṣṭafa Ṣabri said that since a miracle is closely linked with prophethood, denying one means denying the other because they are both from the unseen.

But we can suggest the following reasons for denial:

1. The deniers of miracles followed the example of the orientalists and western thinkers who were terrified by the miracles of Prophet Muhammad (ﷺ) that established his prophethood beyond a shadow of a doubt, a thing that was lacking in the case of Moses and Jesus. Consequently, they launched a hostile campaign to weaken the reliability of these miracles in an attempt to deprive him of the strongest evidence attesting his prophethood, and thus asserting their claim that he was not aided by a miracle to prove his prophethood.

2. The desire to gain fame by opposing the Muslim unanimity and by appearing as intellectuals and free thinkers.

2. The Ranks of Prophethood

﴿وَلَقَدْ فَضَّلْنَا بَعْضَ ٱلنَّبِيِّـۧنَ عَلَىٰ بَعْضٍۖ﴾ [الإسراء: ٥٥]

﴾... And indeed, We have preferred some of the Prophets above others...﴿ *(Qur'an 17:55)*

The most obvious characteristic of prophethood in Islam is unity and universality. This means that the Islamic concept of prophethood is universal based on the fact that the Prophets and Messengers represent the bricks that compliment one another in the construction of a uniform building of Allah's Messages and Revelation. The call of all the Prophets is one, Allah (ﷻ) says:

﴿وَمَآ أَرْسَلْنَا مِن قَبْلِكَ مِن رَّسُولٍ إِلَّا نُوحِىٓ إِلَيْهِ أَنَّهُۥ لَآ إِلَٰهَ إِلَّآ أَنَا۠ فَٱعْبُدُونِ ﴿٢٥﴾﴾ [الأنبياء: ٢٥]

﴾And We did not send any Messenger before you [O'

Muhammad] but We revealed to him [saying] *Lâ ilâha illâ Anâ* [none has the right to be worshipped but I (Allah)], so worship Me [alone and none else].﴿ *(Qur'an 21:25)*

Moreover, they are brothers, Prophet Muhammad (ﷺ) says: "The Prophets are half brothers; they have different mothers and one religion." That one religion is Islam with which they were sent and to which they have called, the Almighty Allah says:

﴿إِنَّ ٱلدِّينَ عِندَ ٱللَّهِ ٱلْإِسْلَٰمُ﴾ [آل عمران: ١٩]

﴾Truly, the religion with Allah is Islam...﴿ *(Qur'an 3:19)*

Noah (Nooḥ) (عليه السلام) 'May Peace be upon him' said to his people:

﴿وَأُمِرْتُ أَنْ أَكُونَ مِنَ ٱلْمُسْلِمِينَ﴾ [يونس: ٧٢]

﴾... I have been commanded to be of the Muslims...﴿ *(Qur'an10:72)*

And Ibraheem (عليه السلام) received Allah's command to embrace Islam. When his Lord said to him, submit (that is a Muslim) He said:

﴿إِذْ قَالَ لَهُۥ رَبُّهُۥٓ أَسْلِمْ ۖ قَالَ أَسْلَمْتُ لِرَبِّ ٱلْعَٰلَمِينَ ﴿١٣١﴾﴾

[البقرة: ١٣١]

﴾... I have submitted myself [as a Muslim] to the Lord of *al-'Âlameen* [mankind, jinn and all that exists].﴿ *(Qur'an 2:131)*

The mission of all the Prophets was also the same, the Almighty Allah says:

﴿كَانَ ٱلنَّاسُ أُمَّةً وَٰحِدَةً فَبَعَثَ ٱللَّهُ ٱلنَّبِيِّـۧنَ مُبَشِّرِينَ وَمُنذِرِينَ وَأَنزَلَ مَعَهُمُ ٱلْكِتَٰبَ بِٱلْحَقِّ لِيَحْكُمَ بَيْنَ ٱلنَّاسِ فِيمَا ٱخْتَلَفُوا۟ فِيهِ ۚ﴾

[البقرة: ٢١٣]

﴾Mankind were one Ummah [community] and Allah sent

Prophets with glad tidings and warnings, and with them He sent down the scripture in truth to judge between people in matters wherein they differed...﴾ *(Qur'an 2:213)*

Islam has made it an enjoined duty to believe in all the Prophets and Messengers and the Books and Revelation sent to them, as detailed in the following verses:

﴿وَتِلْكَ حُجَّتُنَآ ءَاتَيْنَٰهَآ إِبْرَٰهِيمَ عَلَىٰ قَوْمِهِۦۚ نَرْفَعُ دَرَجَٰتٍ مَّن نَّشَآءُۗ
إِنَّ رَبَّكَ حَكِيمٌ عَلِيمٌ ﴿٨٣﴾ وَوَهَبْنَا لَهُۥٓ إِسْحَٰقَ وَيَعْقُوبَۚ كُلًّا
هَدَيْنَاۚ وَنُوحًا هَدَيْنَا مِن قَبْلُۖ وَمِن ذُرِّيَّتِهِۦ دَاوُۥدَ وَسُلَيْمَٰنَ وَأَيُّوبَ
وَيُوسُفَ وَمُوسَىٰ وَهَٰرُونَۚ وَكَذَٰلِكَ نَجْزِى ٱلْمُحْسِنِينَ ﴿٨٤﴾ وَزَكَرِيَّا وَيَحْيَىٰ
وَعِيسَىٰ وَإِلْيَاسَۖ كُلٌّ مِّنَ ٱلصَّٰلِحِينَ ﴿٨٥﴾ وَإِسْمَٰعِيلَ وَٱلْيَسَعَ وَيُونُسَ
وَلُوطًاۚ وَكُلًّا فَضَّلْنَا عَلَى ٱلْعَٰلَمِينَ ﴿٨٦﴾﴾ [الأنعام: ٨٣-٨٦]

﴿And that was Our Proof which We gave Ibraheem [Abraham] against his people. We raise whom We will in degrees. Certainly your Lord is All-Wise, All-Knowing. And We bestowed upon him Isḥâq [Isaac] and Ya'qoob [Jacob], each of them We guided, and before him, We guided Nooḥ [Noah] and among his progeny Dâwood [David], Sulaymân [Solomon], Ayyoob [Job], Yoosuf [Joseph], Moosa [Moses] and Hâroon [Aaron]. Thus do We reward *al-Muḥsinoon* [the good doers]. And Zakariya [Zachariya] and Yaḥya [John] and 'Eesa [Jesus] and Iliyâs [Elias], each one of them was of the righteous. And Ismâ'eel [Ishmael] and al-Yasa' [Elisha], and Yoonus [Jonah], and Looṭ [Lot] and each one of them We preferred above the *'Âlameen* [mankind and jinn [of their time].﴾

(Qur'an 6:83-86)

And:

﴿إِنَّ ٱللَّهَ ٱصْطَفَىٰٓ ءَادَمَ ...﴾ [آل عِمرَان: ٣٣]

﴿Allah chose Adam...﴾ *(Qur'an 3:33)*

And:

﴿وَإِسْمَٰعِيلَ وَإِدْرِيسَ وَذَا ٱلْكِفْلِ ۖ كُلٌّ مِّنَ ٱلصَّٰبِرِينَ ﴿٨٥﴾﴾

[الأنبيَاء: ٨٥]

﴿And [remember] Ismâ'eel [Ishmael], and Idris [Enoch] and Dhul-Kifl ['Isaiah]: all were from among *aṣ-Ṣâbiroon* [the patient].﴾ *(Qur'an 21:85)*

And:

﴿مُّحَمَّدٌ رَّسُولُ ٱللَّهِ ۚ﴾ [الفَتْح: ٢٩]

﴿Muhammad is the Messenger of Allah...﴾ *(Qur'an 48:29)*

To sum up, Islam has made it an enjoined duty to have absolute belief in the Prophets and Messengers, the Almighty Allah says:

﴿ءَامَنَ ٱلرَّسُولُ بِمَآ أُنزِلَ إِلَيْهِ مِن رَّبِّهِۦ وَٱلْمُؤْمِنُونَ ۚ كُلٌّ ءَامَنَ بِٱللَّهِ وَمَلَٰٓئِكَتِهِۦ وَكُتُبِهِۦ وَرُسُلِهِۦ لَا نُفَرِّقُ بَيْنَ أَحَدٍ مِّن رُّسُلِهِۦ ۚ﴾

[البَقَرَة: ٢٨٥]

﴿The Messenger [Muhammad] believes in what has been sent down to him from his Lord, and [so do] the believers. Each one believes in Allah, His, Angels, His Books, and His Messengers. [They say], We make no distinction between one another of His Messengers...﴾ *(Qur'an 2:285)*

﴿يَٰٓأَيُّهَا ٱلَّذِينَ ءَامَنُوٓا۟ ءَامِنُوا۟ بِٱللَّهِ وَرَسُولِهِۦ وَٱلْكِتَٰبِ ٱلَّذِى نَزَّلَ عَلَىٰ رَسُولِهِۦ وَٱلْكِتَٰبِ ٱلَّذِىٓ أَنزَلَ مِن قَبْلُ ۚ وَمَن يَكْفُرْ بِٱللَّهِ وَمَلَٰٓئِكَتِهِۦ

وَكُتُبِهِۦ وَرُسُلِهِۦ وَٱلْيَوْمِ ٱلْآخِرِ فَقَدْ ضَلَّ ضَلَٰلًۢا بَعِيدًا ﴿١٣٦﴾

[النساء: ١٣٦]

﴾O' you who believe! Believe in Allah, and His Messenger [Muhammad] and the Book [the Qur'an] which He has sent down to His Messenger, and the Scripture which He sent down to those before [him]; and whosoever disbelieves in Allah, His Angels, His Books, His Messengers, and the Last Day, then indeed he has strayed far away.﴿ *(Qur'an 4:136)*

That is because the Qur'an has not mentioned the names of all the Messengers, the Almighty Allah says:

﴿وَلَقَدْ أَرْسَلْنَا رُسُلًا مِّن قَبْلِكَ مِنْهُم مَّن قَصَصْنَا عَلَيْكَ وَمِنْهُم مَّن لَّمْ نَقْصُصْ عَلَيْكَ﴾

[غافر: ٧٨]

﴾And indeed We have sent Messengers before you [O' Muhammad]: of some of them We have related to you their story. And of some We have not told you their story...﴿

(Qur'an 40:78)

And:

﴿وَرُسُلًا قَدْ قَصَصْنَٰهُمْ عَلَيْكَ مِن قَبْلُ وَرُسُلًا لَّمْ نَقْصُصْهُمْ عَلَيْكَ﴾

[النساء: ١٦٤]

﴾And Messengers We have mentioned to you before, and Messengers We have not mentioned to you...﴿

(Qur'an 4:164)

That is why making distinction between the Prophets and believing in some while disbelieving in others is considered as disbelief in them all, Allah (ﷻ) says:

﴿إِنَّ ٱلَّذِينَ يَكْفُرُونَ بِٱللَّهِ وَرُسُلِهِۦ وَيُرِيدُونَ أَن يُفَرِّقُوا۟ بَيْنَ ٱللَّهِ وَرُسُلِهِۦ وَيَقُولُونَ نُؤْمِنُ بِبَعْضٍ وَنَكْفُرُ بِبَعْضٍ وَيُرِيدُونَ أَن يَتَّخِذُوا۟ بَيْنَ ذَٰلِكَ سَبِيلًا ﴿١٥٠﴾ أُو۟لَٰٓئِكَ هُمُ ٱلْكَٰفِرُونَ حَقًّا﴾

[النّساء: ١٥٠-١٥١]

﴾Verily, those who disbelieve in Allah and His Messengers and wish to make distinction between Allah and His Messengers [by believing in Allah and disbelieving in Messengers] saying, "We believe in some but reject others," and wish to adopt a way in between. They are in truth disbelievers...﴿ *(Qur'an 4:150-151)*

And those who make no distinction are promised a good reward, Allah (ﷻ) says:

﴿وَٱلَّذِينَ ءَامَنُوا۟ بِٱللَّهِ وَرُسُلِهِۦ وَلَمْ يُفَرِّقُوا۟ بَيْنَ أَحَدٍ مِّنْهُمْ أُو۟لَٰٓئِكَ سَوْفَ يُؤْتِيهِمْ أُجُورَهُمْ ۗ وَكَانَ ٱللَّهُ غَفُورًا رَّحِيمًا ﴿١٥٢﴾﴾ [النّساء: ١٥٢]

﴾And those who believe in Allah and His Messengers and make no distinction between any of them [Messengers], We shall give them their rewards; and Allah is Ever Oft-Forgiving, All-Merciful﴿ *(Qur'an 4:152)*

Therefore, the ranks of prophethood in Islam are not influenced by any racial tendency, or distinction bases on gender or ethnic origin, rather the only criteria is the nature of the message and Revelation and the patience shown by the Messenger in performance and conveyance. Allah (ﷻ) says:

﴿وَلَقَدْ فَضَّلْنَا بَعْضَ ٱلنَّبِيِّـۧنَ عَلَىٰ بَعْضٍ ۖ وَءَاتَيْنَا دَاوُۥدَ زَبُورًا﴾ [الإسراء: ٥٥]

﴾... And indeed, We have preferred some of the Prophets

above others, and to Dâwood [David] We gave the *Zaboor* [Psalms].﴾ *(Qur'an 17:55)*

And:

﴿تِلْكَ ٱلرُّسُلُ فَضَّلْنَا بَعْضَهُمْ عَلَىٰ بَعْضٍ مِّنْهُم مَّن كَلَّمَ ٱللَّهُ وَرَفَعَ بَعْضَهُمْ دَرَجَٰتٍ وَءَاتَيْنَا عِيسَى ٱبْنَ مَرْيَمَ ٱلْبَيِّنَٰتِ وَأَيَّدْنَٰهُ بِرُوحِ ٱلْقُدُسِ﴾

[البَقَرَة: ٢٥٣]

﴾Those Messengers! We preferred some of them to others; to some of them Allah spoke [directly]; others He raised to degrees [of honour]; and to 'Eesa [Jesus] the son of Maryam [Mary], We gave clear proofs and evidences, and supported him with *Rooḥ al-Qudus* [Jibreel]...﴾ *(Qur'an 2:253)*

The preference here may be related to the number of people to whom the call is addressed e.g. a tribe, a nation, a generation or all the nations and all the generations. It may also be related to the merits accorded to the Messenger or to his nation, or to the nature of the message and how inclusive it is of aspects of human life and others of the universe. Ibn Taymiyah classified prophethood in Islam saying: "The most preferred of Allah's *Auliyâ'* (righteous) are the Prophets, and the most preferred of them are the Messengers, and the most preferred of these are the Messengers of firm resolve, Noah, Abraham, Moses, Jesus and Muhammad (may Allah's peace be upon them all). Allah (ﷻ) says:

﴿شَرَعَ لَكُم مِّنَ ٱلدِّينِ مَا وَصَّىٰ بِهِۦ نُوحًا وَٱلَّذِىٓ أَوْحَيْنَآ إِلَيْكَ وَمَا وَصَّيْنَا بِهِۦٓ إِبْرَٰهِيمَ وَمُوسَىٰ وَعِيسَىٰٓ أَنْ أَقِيمُوا۟ ٱلدِّينَ وَلَا تَتَفَرَّقُوا۟ فِيهِ﴾

[الشّورىٰ: ١٣]

﴾He [Allah] has ordained for you the same religion [Islamic Monotheism] which He ordained for Nooḥ [Noah], and that which We have revealed to you [O' Muhammad], and that which We ordained for Ibraheem [Abraham], Moosa [Moses] and 'Eesa [Jesus] saying you should establish religion [i.e. to do what it orders you to do practically], and make no division in it [religion] [i.e. various sects in religion]...﴾ *(Qur'an 42:13)*

And:

﴿وَإِذْ أَخَذْنَا مِنَ ٱلنَّبِيِّـۧنَ مِيثَـٰقَهُمْ وَمِنكَ وَمِن نُّوحٍ وَإِبْرَٰهِيمَ وَمُوسَىٰ وَعِيسَى ٱبْنِ مَرْيَمَ ۖ وَأَخَذْنَا مِنْهُم مِّيثَـٰقًا غَلِيظًا ﴿٧﴾ لِّيَسْـَٔلَ ٱلصَّـٰدِقِينَ عَن صِدْقِهِمْ ۚ وَأَعَدَّ لِلْكَـٰفِرِينَ عَذَابًا أَلِيمًا ﴿٨﴾﴾ [الأحزاب: ٧-٨]

﴿And [remember] when We took from the Prophets their covenant, and from you [O' Muhammad] and from Nooh [Noah], Ibraheem [Abraham], Moosa [Moses], and 'Eesa [Jesus] son of Maryam [Mary]. We took from them a strong covenant. That He may ask the truthful [Allah's Messengers and His Prophets] about their truth [i.e. conveyance of Allah's Message that which they were charged with]. And He has prepared for the disbelievers a painful torment [Hell-Fire].﴾ *(Qur'an 33:7-8)*

The most preferred of the Messengers of firm resolve is the last Messenger, Muhammad (ﷺ). We will view these ranks as follows:

First: The Prophets

They are among the highest ranks of the blissful men who have received the bestowals of the Almighty, as He (ﷻ) says:

﴿وَمَن يُطِعِ ٱللَّهَ وَٱلرَّسُولَ فَأُو۟لَـٰٓئِكَ مَعَ ٱلَّذِينَ أَنْعَمَ ٱللَّهُ عَلَيْهِم مِّنَ ٱلنَّبِيِّـۧنَ

وَٱلصِّدِّيقِينَ وَٱلشُّهَدَآءِ وَٱلصَّٰلِحِينَ ۚ وَحَسُنَ أُو۟لَٰٓئِكَ رَفِيقًا ﴿٦٩﴾﴾

[النِّساء: ٦٩]

﴾And whosoever obeys Allah and the Messenger [Muhammad], then they will be in the company of those on whom Allah has bestowed His Grace, of the Prophets, the *Ṣiddiqoon* [those followers of the Prophets who were first and foremost to believe in them, like Abu Bakr aṣ-Ṣiddeeq] the martyrs, and the righteous. And how excellent these companions are!﴿ *(Qur'an 4:69)*

Prophets are the best and noblest of mankind, Allah, the Almighty says:

﴿وَتِلْكَ حُجَّتُنَآ ءَاتَيْنَٰهَآ إِبْرَٰهِيمَ عَلَىٰ قَوْمِهِۦ ۚ نَرْفَعُ دَرَجَٰتٍ مَّن نَّشَآءُ ۗ
إِنَّ رَبَّكَ حَكِيمٌ عَلِيمٌ ﴿٨٣﴾ وَوَهَبْنَا لَهُۥٓ إِسْحَٰقَ وَيَعْقُوبَ ۚ كُلًّا
هَدَيْنَا ۚ وَنُوحًا هَدَيْنَا مِن قَبْلُ ۖ وَمِن ذُرِّيَّتِهِۦ دَاوُۥدَ وَسُلَيْمَٰنَ وَأَيُّوبَ
وَيُوسُفَ وَمُوسَىٰ وَهَٰرُونَ ۚ وَكَذَٰلِكَ نَجْزِى ٱلْمُحْسِنِينَ ﴿٨٤﴾ وَزَكَرِيَّا وَيَحْيَىٰ
وَعِيسَىٰ وَإِلْيَاسَ ۖ كُلٌّ مِّنَ ٱلصَّٰلِحِينَ ﴿٨٥﴾ وَإِسْمَٰعِيلَ وَٱلْيَسَعَ وَيُونُسَ
وَلُوطًا ۚ وَكُلًّا فَضَّلْنَا عَلَى ٱلْعَٰلَمِينَ ﴿٨٦﴾﴾ [الأنعام: ٨٣-٨٦]

﴾And that was Our Proof which We gave Ibraheem [Abraham] against his people. We raise whom We will in degrees. Certainly your Lord is All-Wise, All-Knowing. And We bestowed upon him Isḥâq [Isaac] and Ya'qoob [Jacob], each of them We guided, and before him, We guided Nooḥ [Noah], and among his progeny Dâwood [David], Sulaymân [Solomon], Ayyoob [Job], Yoosuf [Joseph], Moosa [Moses], and Hâroon [Aaron]. Thus do We reward *al-Muḥsinoon* [the good doers]. And Ismâ'eel

[Ishmael] and al-Yasa' [Elisha], and Yoonus [Jonah] and Looṭ [Lot], and each one of them We preferred above the *'Âlameen* [Mankind and jinn (of their times)].﴿

(Qur'an 6:83-86)

In addition to that, they are Allah's choice from among mankind to receive His Speech and carry His Messages, and this is mentioned comprehensively and in detail. Allah (ﷻ) says: "Allah chooses Messengers from among the angels and from among men." Allah also mentions in the *Soorah* (chapter) "*Ṣâd*" David, Solomon, Job, Isaac, Jacob and comments that:

﴿وَإِنَّهُمْ عِندَنَا لَمِنَ ٱلْمُصْطَفَيْنَ ٱلْأَخْيَارِ ﴿٤٧﴾﴾ [ص: ٤٧]

﴾And they are with Us, verily of the chosen and the best!﴿

(Qur'an 38:47)

And in the *Soorah* (chapter) of *Âl 'Imrân*:

﴿إِنَّ ٱللَّهَ ٱصْطَفَىٰٓ ءَادَمَ وَنُوحًا وَءَالَ إِبْرَٰهِيمَ وَءَالَ عِمْرَٰنَ عَلَى ٱلْعَٰلَمِينَ ﴿٣٣﴾﴾ [آل عمران: ٣٣]

﴾Allah chose Adam, Nooḥ [Noah], the family of Ibraheem [Abraham] and the family of 'Imrân above the *'Âlameen* [mankind and jinns] [of their times].﴿ *(Qur'an 3:33)*

Allah (ﷻ), identifies those that He has chosen from among His slaves to carry the Message and religion, since the start of the creation so that they are the pioneers of the caravan of faith through the centuries and generations. The Almighty Allah says about Moses:

﴿وَأَلْقَيْتُ عَلَيْكَ مَحَبَّةً مِّنِّى وَلِتُصْنَعَ عَلَىٰ عَيْنِىٓ﴾ [طه: ٣٩]

﴾... And I endowed you with love from Me, in order that you may be brought up under My Eye.﴿ *(Qur'an 20:39)*

And:

﴿وَٱصۡطَنَعۡتُكَ لِنَفۡسِي ۝٤١﴾ [طه: ٤١]

﴾And I have chosen you for Myself.﴿ *(Qur'an 20:41)*

Prophets in Islam, according to Imam Aḥmed, fall under one of four fundamental categories: a guide, evidence, demonstrator, and an iferrer or deducer.

The Guide is Allah (ﷻ), the evidence is the Qur'an, the demonstrator is the Prophet (ﷺ), the Almighty Allah says:

﴿لِتُبَيِّنَ لِلنَّاسِ مَا نُزِّلَ إِلَيۡهِمۡ وَلَعَلَّهُمۡ يَتَفَكَّرُونَ﴾ [النحل: ٤٤]

﴾... That you may explain clearly to men what is sent down to them...﴿ *(Qur'an 16:44)*

And those who infer or deduce are men of knowledge and understanding that are considered guided and knowledgeable by Muslim consensus.

The Prophets assumed great roles and important missions including the following:

1. The call for *Tawḥeed* (to worship Allah alone): This is the essential function and the major mission of the Prophets, Allah says:

﴿وَلَقَدۡ بَعَثۡنَا فِي كُلِّ أُمَّةٖ رَّسُولًا أَنِ ٱعۡبُدُواْ ٱللَّهَ وَٱجۡتَنِبُواْ ٱلطَّٰغُوتَۖ فَمِنۡهُم مَّنۡ هَدَى ٱللَّهُ وَمِنۡهُم مَّنۡ حَقَّتۡ عَلَيۡهِ ٱلضَّلَٰلَةُۚ فَسِيرُواْ فِي ٱلۡأَرۡضِ فَٱنظُرُواْ كَيۡفَ كَانَ عَٰقِبَةُ ٱلۡمُكَذِّبِينَ ۝٣٦﴾

[النحل: ٣٦]

﴾And verily, We have sent among every Ummah [community, nation] a Messenger [proclaiming]: Worship

Allah [Alone], and avoid [or keep away from] *Ṭâghoot* [all false deities i.e. do not worship *Ṭâghoot* besides Allah]...﴾

(Qur'an 16:36)

2. Legislation: This is one of the most important functions of the Prophets, second only to the call for "*Tawḥeed*". Its benefit is the establishment of Allah's laws on earth, which are fair, perfect and above errors and loopholes. The Almighty Allah has clarified this function in the following Qur'anic verse:

﴿وَمَآ ءَاتَىٰكُمُ ٱلرَّسُولُ فَخُذُوهُ وَمَا نَهَىٰكُمْ عَنْهُ فَٱنتَهُوا۟﴾ [الحشر: ٧]

﴿... And whatsoever the Messenger [Muhammad] gives you, take it; and whatsoever he forbids you, abstain [from it]...﴾ *(Qur'an 59:7)*

We can deduce from that the confirmation of the principle of governorship, the Almighty Allah says:

﴿وَمَن لَّمْ يَحْكُم بِمَآ أَنزَلَ ٱللَّهُ فَأُو۟لَـٰٓئِكَ هُمُ ٱلْكَـٰفِرُونَ﴾

[المائدة: ٤٤]

﴿... And whosoever does not judge by what Allah has revealed, such are the *Kâfiroon*...﴾ *(Qur'an 5:44)*

And:

﴿وَمَن لَّمْ يَحْكُم بِمَآ أَنزَلَ ٱللَّهُ فَأُو۟لَـٰٓئِكَ هُمُ ٱلظَّـٰلِمُونَ﴾

[المائدة: ٤٥]

﴿... And whosoever does not judge by that which Allah has revealed, such are the *Dhâlimoon* [polytheists and wrong-doers]...﴾ *(Qur'an 5:45)*

The Messenger is the one entrusted with codifying this principle and applying it to become the law of the Muslim nation that prevails through successive generations.

3. Administration of justice: to settle disputes and differences between the believers, Allah (ﷻ) says:

﴿فَإِن تَنَٰزَعۡتُمۡ فِي شَيۡءٖ فَرُدُّوهُ إِلَى ٱللَّهِ وَٱلرَّسُولِ إِن كُنتُمۡ تُؤۡمِنُونَ بِٱللَّهِ وَٱلۡيَوۡمِ ٱلۡأٓخِرِۚ ذَٰلِكَ خَيۡرٞ وَأَحۡسَنُ تَأۡوِيلًا﴾ [النِّسَاء: ٥٩]

﴾... [And] if you differ in anything amongst yourselves, refer it to Allah and His Messenger, If you believe in Allah and in the Last Day. That is better and more suitable for final determination.﴿ *(Qur'an 4:59)*

Those who reject the judgements made by Prophets are considered to be disbelievers, Allah (ﷻ) says:

﴿فَلَا وَرَبِّكَ لَا يُؤۡمِنُونَ حَتَّىٰ يُحَكِّمُوكَ فِيمَا شَجَرَ بَيۡنَهُمۡ ثُمَّ لَا يَجِدُواْ فِيٓ أَنفُسِهِمۡ حَرَجٗا مِّمَّا قَضَيۡتَ وَيُسَلِّمُواْ تَسۡلِيمٗا ٦٥﴾

[النِّسَاء: ٦٥]

﴾But no, by your Lord, they can have no Faith, until they make you [O' Muhammad] judge in all disputes between them, and find in themselves no resistance against your decisions, and accept [them] with full submission.﴿

(Qur'an 4:65)

4. Education: This is one of the noblest functions of the Prophets who have taken it upon themselves to perfect the theoretical power in the eyes of their followers. We will explain this later in the theme covering the infallibility of the Prophets, Allah (ﷻ) says:

﴿كَمَآ أَرۡسَلۡنَا فِيكُمۡ رَسُولٗا مِّنكُمۡ يَتۡلُواْ عَلَيۡكُمۡ ءَايَٰتِنَا وَيُزَكِّيكُمۡ وَيُعَلِّمُكُمُ ٱلۡكِتَٰبَ وَٱلۡحِكۡمَةَ وَيُعَلِّمُكُم مَّا لَمۡ تَكُونُواْ تَعۡلَمُونَ ١٥١﴾

[البَقَرَة: ١٥١]

﴾Similarly [to complete My Blessings upon you], We have sent among you a Messenger [Muhammad] of your own, reciting to you Our Verses [the Qur'an] and purifying you, and teaching you the Book [the Qur'an] and the *Ḥikmah* [i.e. Sunnah, Islamic laws and *Fiqh* — jurisprudence], and teaching you that which you used not to know.﴿

(Qur'an 2:151)

Ibn Ḥazm asserts that the Prophets' teachings are not limited to knowledge and wisdom, but also include the various sciences and trades.

5. Warning and giving glad tidings: By explaining to the people what they do not know of Allah's bliss and rewards for the good-doers, and His punishment and torment to the disobedient, on the Day of Resurrection, Allah (ﷻ) says:

﴿يَـٰمَعْشَرَ ٱلْجِنِّ وَٱلْإِنسِ أَلَمْ يَأْتِكُمْ رُسُلٌ مِّنكُمْ يَقُصُّونَ عَلَيْكُمْ
ءَايَـٰتِى وَيُنذِرُونَكُمْ لِقَآءَ يَوْمِكُمْ هَـٰذَا ۚ قَالُوا۟ شَهِدْنَا عَلَىٰٓ أَنفُسِنَا ۖ وَغَرَّتْهُمُ
ٱلْحَيَوٰةُ ٱلدُّنْيَا وَشَهِدُوا۟ عَلَىٰٓ أَنفُسِهِمْ أَنَّهُمْ كَانُوا۟ كَـٰفِرِينَ ﴿١٣٠﴾﴾

[الأنعام: ١٣٠]

﴾O' you assembly of jinn and mankind! "Did not there come to you Messengers from amongst you, reciting unto you My Verses and warning you of the meeting of this Day of yours?" They will say, "We bear witness against ourselves." It was the life of this world that deceived them. And they will bear witness against themselves that they were disbelievers.﴿ *(Qur'an 6:130)*

﴿وَبَشِّرِ ٱلَّذِينَ ءَامَنُوا۟ وَعَمِلُوا۟ ٱلصَّـٰلِحَـٰتِ أَنَّ لَهُمْ جَنَّـٰتٍ تَجْرِى مِن
تَحْتِهَا ٱلْأَنْهَـٰرُ﴾ [البقرة: ٢٥]

﴿And give glad tidings to those who believe and do righteous good deeds, that for them will be Gardens under which rivers flow [Paradise]...﴾ *(Qur'an 2:25)*

These warnings and glad tidings will make any plea against Allah (ﷻ) null and void, the Almighty Allah says:

﴿رُّسُلًا مُّبَشِّرِينَ وَمُنذِرِينَ لِئَلَّا يَكُونَ لِلنَّاسِ عَلَى ٱللَّهِ حُجَّةٌۢ﴾

[النِّسَاء: ١٦٥]

﴿Messengers as bearers of good news as well as of warning in order that mankind should have no plea against Allah...﴾ *(Qur'an 4:165)*

6. Guidance: This is the most specific of the Prophet's mission, Allah (ﷻ) says:

﴿وَجَعَلْنَٰهُمْ أَئِمَّةً يَهْدُونَ بِأَمْرِنَا وَأَوْحَيْنَآ إِلَيْهِمْ فِعْلَ ٱلْخَيْرَٰتِ﴾

[الأنبيَاء: ٧٣]

﴿And We made them leaders, guiding [mankind] by Our Command, and We revealed to them the doing of good deeds...﴾ *(Qur'an 21:73)*

Allah (ﷻ) says that the Prophets guide to His Right Way:

﴿... And verily, you [Muhammad] are indeed guiding [mankind] to the Straight Path [i.e. Allah's Religion of Islamic Monotheism].﴾ *(Qur'an 42:52)*

7. Set a good example: Prophets are the ideal examples for all of mankind. Allah (ﷻ) has commanded his slaves to follow them because they are perfect, virtuous, purified, of excellent conduct, noble rank, and intelligent, the Almighty Allah says:

﴿أُوْلَٰٓئِكَ ٱلَّذِينَ هَدَى ٱللَّهُۖ فَبِهُدَىٰهُمُ ٱقْتَدِهْۗ﴾ [الأنعام: ٩٠]

﴿They are those whom Allah had guided. So follow their guidance...﴾ *(Qur'an 6:90)*

And about the Prophet Muhammad (ﷺ), Allah (ﷻ) says:

﴿لَّقَدْ كَانَ لَكُمْ فِى رَسُولِ ٱللَّهِ أُسْوَةٌ حَسَنَةٌ لِّمَن كَانَ يَرْجُوا۟ ٱللَّهَ وَٱلْيَوْمَ ٱلْءَاخِرَ وَذَكَرَ ٱللَّهَ كَثِيرًا ﴿٢١﴾﴾ [الأحزاب: ٢١]

﴿Indeed in the Messenger of Allah [Muhammad] you have a good example to follow for him who hopes for [the Meeting with] Allah and the Last Day, and remembers Allah much.﴾ *(Qur'an 33:21)*

8. Enjoining the "good" and forbidding the "evil": Allah (ﷻ) says:

﴿ٱلَّذِينَ يَتَّبِعُونَ ٱلرَّسُولَ ٱلنَّبِىَّ ٱلْأُمِّىَّ ٱلَّذِى يَجِدُونَهُۥ مَكْتُوبًا عِندَهُمْ فِى ٱلتَّوْرَىٰةِ وَٱلْإِنجِيلِ يَأْمُرُهُم بِٱلْمَعْرُوفِ وَيَنْهَىٰهُمْ عَنِ ٱلْمُنكَرِ﴾ [الأعراف: ١٥٧]

﴿Those who follow the Messenger, the Prophet who can neither read nor write [i.e. Muhammad] whom they find written with them in the *Tawrât* [Torah] and the *Injeel* [Gospel], [John] — he commands them for *al-Ma'roof* [i.e. Islamic Monotheism and all that Islam has ordained]; and forbids them from *al-Munkar* [i.e. disbelief, polytheism of all kinds, and all that Islam has forbidden]...﴾ *(Qur'an 7:157)*

Second: The Messengers

They are more specific than the Prophets. Every Messenger is a Prophet, but not every Prophet is necessarily a Messenger. The

Mu'tazilah see no difference between the Prophet and the Messenger.

Narrated Abu Dharr (رضي الله عنه): "I asked, 'O' Allah's Messenger (ﷺ)! What is the number of the Prophets?' He said, 'One hundred twenty four thousand, three hundred and fifteen of whom are Messengers.'"

Some differences between a Prophet and a Messenger have traditionally circulated:

1. The Messenger is the one informed by Allah, with a matter from heaven and commanded to convey what he has been informed, whereas the Prophet is not required to convey what he has received.

This argument is rejected for the following reasons:

1.a. Allah (سبحانه وتعالى) says that, He has sent both Prophets and Messengers:

﴿وَمَآ أَرْسَلْنَا مِن قَبْلِكَ مِن رَّسُولٍ وَلَا نَبِيٍّ إِلَّآ إِذَا تَمَنَّىٰٓ أَلْقَى
ٱلشَّيْطَٰنُ فِىٓ أُمْنِيَّتِهِۦ فَيَنسَخُ ٱللَّهُ مَا يُلْقِى ٱلشَّيْطَٰنُ ثُمَّ يُحْكِمُ ٱللَّهُ
ءَايَٰتِهِۦ ۗ وَٱللَّهُ عَلِيمٌ حَكِيمٌ ﴿٥٢﴾﴾ [الحج: ٥٢]

﴿Never did We send a Messenger or a Prophet before you but when he did recite the revelation or narrated or spoken, *Shayṭân* [Satan] threw [some falsehood] in it. But Allah abolishes that which *Shayṭân* [Satan] threw in. Then Allah establishes His Revelation. And Allah is All-Knower, All-Wise.﴾ *(Qur'an 22:52)*

1.b. There is mention in the Qur'an about what one of the Prophets of the Children of Israel said to his people:

﴿وَقَالَ لَهُمْ نَبِيُّهُمْ إِنَّ ٱللَّهَ قَدْ بَعَثَ لَكُمْ طَالُوتَ مَلِكًا ۚ قَالُوٓا۟
أَنَّىٰ يَكُونُ لَهُ ٱلْمُلْكُ عَلَيْنَا وَنَحْنُ أَحَقُّ بِٱلْمُلْكِ مِنْهُ وَلَمْ يُؤْتَ سَعَةً

مِّنَ ٱلْمَالِۚ قَالَ إِنَّ ٱللَّهَ ٱصْطَفَىٰهُ عَلَيْكُمْ وَزَادَهُۥ بَسْطَةً فِى
ٱلْعِلْمِ وَٱلْجِسْمِۖ وَٱللَّهُ يُؤْتِى مُلْكَهُۥ مَن يَشَآءُۚ وَٱللَّهُ وَٰسِعٌ
عَلِيمٌ ﴿٢٤٧﴾ وَقَالَ لَهُمْ نَبِيُّهُمْ إِنَّ ءَايَةَ مُلْكِهِۦٓ أَن يَأْتِيَكُمُ
ٱلتَّابُوتُ فِيهِ سَكِينَةٌ مِّن رَّبِّكُمْ وَبَقِيَّةٌ مِّمَّا تَرَكَ ءَالُ
مُوسَىٰ وَءَالُ هَٰرُونَ تَحْمِلُهُ ٱلْمَلَٰٓئِكَةُۚ إِنَّ فِى ذَٰلِكَ لَءَايَةً لَّكُمْ
إِن كُنتُم مُّؤْمِنِينَ ﴿٢٤٨﴾﴾ [البقرة: ٢٤٧-٢٤٨]

﴿And their Prophet [Samuel] said to them, "Indeed Allah has appointed Ṭâloot [Saul] as a king over you." They said, "How can he be a king over us when we are fitter than him for the kingdom, and he has not been given enough wealth." He said, "Verily, Allah has chosen him above you and has increased him abundantly in knowledge and stature. And Allah grants His kingdom to whom He wills. And Allah is All-Sufficient for His creatures' needs All-Knower." And their Prophet [Samuel] said to them: Verily! The sign of His kingdom is that there shall come to you *at-Taboot* [a wooden box], wherein is *Sakeenah* [peace and reassurance] from your Lord and a remnant of that which Moosa [Moses] and Hâroon [Aaron] left behind, carried by the angels. Verily, in this is a sign for you if you are indeed believers.﴾ *(Qur'an 2:247-248)*

1.c. The Prophet's saying:

Prophet Muhammad (ﷺ) said: "The nations were presented to me, I saw a Prophet with a group of followers, another with a man or two and others with no followers at all." (*Sunan at-Tirmidhi*, the Book of Resurrection, chapter 16)

I think that the reason for making this distinction between

Prophethood and Messengership is the influence of Ibn Ḥazm's definition that everyone who is informed by Allah (ﷻ) with a matter before it exists or who receives Revelation about it is a Prophet.

2. The second difference is that the Messenger is the one sent with a new law, and the Prophet is sent to confirm a former law.

This is contradicted by the fact that Adam (عليه السلام) is not a Messenger although he had received a law according to which his two sons Abel and Cain offered sacrifices, Allah (ﷻ) says:

﴿۞ وَٱتْلُ عَلَيْهِمْ نَبَأَ ٱبْنَيْ ءَادَمَ بِٱلْحَقِّ إِذْ قَرَّبَا قُرْبَانًا فَتُقُبِّلَ مِنْ
أَحَدِهِمَا وَلَمْ يُتَقَبَّلْ مِنَ ٱلْءَاخَرِ قَالَ لَأَقْتُلَنَّكَ قَالَ إِنَّمَا يَتَقَبَّلُ ٱللَّهُ مِنَ
ٱلْمُتَّقِينَ ﴿٢٧﴾ لَئِنۢ بَسَطتَ إِلَيَّ يَدَكَ لِتَقْتُلَنِى مَآ أَنَا۠ بِبَاسِطٍ يَدِىَ إِلَيْكَ
لِأَقْتُلَكَ إِنِّىٓ أَخَافُ ٱللَّهَ رَبَّ ٱلْعَٰلَمِينَ ﴿٢٨﴾﴾ [المائدة: ٢٧-٢٨]

﴾And [O' Muhammad] recite to them [the Jews] the story of the two sons of Adam [Hâbeel and Qâbeel] in truth; when each offered a sacrifice [to Allah], it was accepted from the one but not from the other. The latter said to the former, "I will surely kill you." The former said, "Verily, Allah accepts only from *al-Muttaqoon* [the pious]. "If you do stretch your hand against me to kill me, I shall never stretch my hand against you to kill you: for I fear Allah, the Lord of *'Âlameen* [mankind, jinn, and all that exists]."﴿

(Qur'an 5:27-28)

Here the second son did not even have the intention to kill his brother because he believed that killing was a crime and against Allah's law.

This difference is also contradicted by the fact that Noah (عليه السلام) was the first Messenger to mankind, and it is not reasonable that he lived among his people for about ten centuries without a law organising their life and religious affairs.

3. The third difference is that the Messenger is sent to disbelievers to invite them to worship Allah (ﷻ) alone, while the Prophet is sent to people who are believers.

This is contradictory to the case of Jesus who is a Messenger of firm resolve, and was sent to the Children of Israel who believed in Allah as the only Lord, Allah (ﷻ) says:

﴿وَإِذْ قَالَ عِيسَى ٱبْنُ مَرْيَمَ يَـٰبَنِىٓ إِسْرَٰٓءِيلَ إِنِّى رَسُولُ ٱللَّهِ إِلَيْكُم مُّصَدِّقًا لِّمَا بَيْنَ يَدَىَّ مِنَ ٱلتَّوْرَىٰةِ وَمُبَشِّرًۢا بِرَسُولٍ يَأْتِى مِنۢ بَعْدِى ٱسْمُهُۥٓ أَحْمَدُ ۖ فَلَمَّا جَآءَهُم بِٱلْبَيِّنَـٰتِ قَالُوا۟ هَـٰذَا سِحْرٌ مُّبِينٌ ۝٦﴾ [الصّف : ٦]

﴾And [remember] when 'Eesa [Jesus], son of Maryam [Mary], said, "O' Children of Israel! I am the Messenger of Allah unto you, confirming the *Tawrât* [(Torah) which came] before me, and giving glad tidings of a Messenger to come after me, whose name shall be Aḥmed. But when he [Aḥmed i.e. Muhammad] came to them with clear proofs, they said, "This is plain magic."﴿ *(Qur'an 61:6)*

The precise definition of the Messenger is:

"The man who is informed with the matters of the heavens and sent with a new law to the people who believe in the Oneness of Allah or to disbelievers calling them to worship Allah alone, and follow the law he brought, or to both groups."

That was the case of Prophet Muhammad (ﷺ) who was sent to the people of the scriptures (Christians and Jews) as well as to the disbelievers and invited them to worship Allah (ﷻ) alone, and follow the new law that confirms the former laws and prevails over them.

Third: The Messengers of firm resolve

They are the best and the most honourable of the Messengers, the Almighty Allah says:

﴿تِلْكَ ٱلرُّسُلُ فَضَّلْنَا بَعْضَهُمْ عَلَىٰ بَعْضٍ مِّنْهُم مَّن كَلَّمَ ٱللَّهُ وَرَفَعَ بَعْضَهُمْ دَرَجَٰتٍ وَءَاتَيْنَا عِيسَى ٱبْنَ مَرْيَمَ ٱلْبَيِّنَٰتِ وَأَيَّدْنَٰهُ بِرُوحِ ٱلْقُدُسِ﴾

[البَقَرَة: ٢٥٣]

﴿Those Messengers! We preferred some of them to others; to some of them Allah spoke [directly]: others He raised to degrees [of honour]: and to 'Eesa [Jesus], the son of Maryam [Mary], We gave clear proofs and evidences, and supported him with *Rooḥ-ul-Qudus* [Jibreel (Gabriel)]...﴾ *(Qur'an 2:253)*

The Messengers of firm resolve are: Noah, Abraham, Moses, Jesus and Muhammad, may Allah's peace be upon them all. They are mentioned in the following verses:

﴿وَإِذْ أَخَذْنَا مِنَ ٱلنَّبِيِّـۧنَ مِيثَٰقَهُمْ وَمِنكَ وَمِن نُّوحٍ وَإِبْرَٰهِيمَ وَمُوسَىٰ وَعِيسَى﴾ [الأحزَاب: ٧]

﴿And [remember] when We took from the Prophets their covenant, and from you [O' Muhammad], and from Nooḥ [Noah], Ibraheem [Abraham], Moosa [Moses], and 'Eesa [Jesus]...﴾ *(Qur'an 33:7)*

﴿شَرَعَ لَكُم مِّنَ ٱلدِّينِ مَا وَصَّىٰ بِهِۦ نُوحًا وَٱلَّذِىٓ أَوْحَيْنَآ إِلَيْكَ وَمَا وَصَّيْنَا بِهِۦٓ إِبْرَٰهِيمَ وَمُوسَىٰ وَعِيسَىٰٓ أَنْ أَقِيمُوا۟ ٱلدِّينَ وَلَا تَتَفَرَّقُوا۟ فِيهِ﴾

[الشّورىٰ: ١٣]

﴾He [Allah] has ordained for you the same religion [Islamic Monotheism] which he ordained for Nooḥ [Noah] and that which We have revealed to you [O' Muhammad], and that which We ordained for Ibraheem [Abraham], Moosa [Moses] and 'Eesa [Jesus] saying you should establish religion [i.e. to do what it orders you to do practically], and make no divisions in it...﴿ *(Qur'an 42:13)*

The Messengers of firm resolve are undoubtedly the most patient among the Messengers who had the hardest of trials. Noah (ﷺ) stayed among his people for nine hundred and fifty years inviting them to worship Allah alone. Abraham (ﷺ) called his people to Islam and struggled against their false deities until they threw him into the fire from which Allah saved him. Moses (ﷺ) managed to lead his people, with great difficulty, to the land of freedom away from servitude and the tyranny of the Pharaohs. Jesus was sent to the stone-hearted Children of Israel known for belying the Prophets and killing them. They chased after him intending to kill him but Allah saved him and raised him to heaven. Muhammad (ﷺ) had been inviting the polytheists in Makkah for thirteen years during which he suffered unbearable pain, harm and agony but never gave up till Allah (ﷻ) made him victorious.

Allah (ﷻ) gave them a testimonial for their patience:

﴿فَٱصْبِرْ كَمَا صَبَرَ أُوْلُوا۟ ٱلْعَزْمِ مِنَ ٱلرُّسُلِ﴾ [الأحقاف: ٣٥]

﴾Therefore be patient [O' Muhammad] as did the Messengers of firm resolve...﴿ *(Qur'an 46:35)*

Those who followed these great Messengers were in greater numbers than the followers of other Messengers, as they became great leaders of great nations.

Fourth: The last of the Prophets

The last of the Prophets is Muhammad (ﷺ). The Almighty Allah says:

﴿مَّا كَانَ مُحَمَّدٌ أَبَآ أَحَدٍ مِّن رِّجَالِكُمْ وَلَٰكِن رَّسُولَ ٱللَّهِ وَخَاتَمَ ٱلنَّبِيِّـۧنَ﴾ [الأحزاب: ٤٠]

﴾Muhammad is not the father of any of your men, but he is the Messenger of Allah and the last [end] of the Prophets...﴿

(Qur'an 33:40)

And the Prophet (ﷺ) said: "There will be thirty liars (false prophets) in my nation, who will allege that they are Prophets, but I am the last of the Prophets and there will be no Prophet after me."

He is the best of mankind and their leader in this world and in the Hereafter, he says: "Allah chose Kinâ'nah from the children of Ishmael, and chose Quraysh from Kinâ'nah, then chose Banu Hâshim from Quraysh and chose me from Banu Hâshim." Narrated Abu Hurayrah (رضي الله عنه) that the Prophet (ﷺ) said: "I am the leader of the children of Adam on the Day of Resurrection, no pride intended."

Some contemporary writers dispute the fact that Muhammad (ﷺ) is the best of the Prophets and that his message is the best of all messages arguing that: "Historical understanding entails the realisation that each of the Prophets played his role at a certain stage, with equal levels of performance as regards trust, truthfulness, and conveyance of the message; thus, none of them is preferred to the other. On the other hand, being the seal of prophethood, the Message of Prophet Muhammad (ﷺ) is not necessarily the best. It does not attain inherent absolute perfection independent of former elements; rather it is dependent upon those elements without which it cannot be realised. In fact the prophethood of Muhammad (ﷺ) requires former prophethoods to justify it, and at the same time former prophethoods need it to be complete. So it is logically impossible in light of this reciprocal need to prefer any element to the other."

This argument, based solely on the unfounded rejection of the Prophet's sayings in this regard, will also reject other aspects attesting to the supremacy of the last of the Prophets, including:

1. His call and law

With it Allah perfected the religion and completed His Bliss on His slaves, Allah (ﷻ) says:

﴿ٱلْيَوْمَ أَكْمَلْتُ لَكُمْ دِينَكُمْ وَأَتْمَمْتُ عَلَيْكُمْ نِعْمَتِى وَرَضِيتُ لَكُمُ ٱلْإِسْلَٰمَ دِينًا﴾ [المائدة: ٣]

﴿... This day, I have perfected your religion for you, completed My Favour upon you, and have chosen for you Islam as your religion...﴾ *(Qur'an 5:3)*

The Prophet (ﷺ) said: "My similitude in comparison with the other Prophets before me is that of a man who has built a nice and beautiful house, but left out one brick in a corner. The people go around it and marvel at its beauty, but say, 'If only that brick would be placed!' I am that brick, and I am the seal (end) of the Prophets." (*Ṣaḥeeḥ* Bukhari, vol. 4, hadith no. 331)

That is why Allah made Islam a religion and law for all humanity and its successive generations until the end of time, He (ﷻ) says:

﴿وَمَآ أَرْسَلْنَٰكَ إِلَّا كَآفَّةً لِّلنَّاسِ بَشِيرًا وَنَذِيرًا وَلَٰكِنَّ أَكْثَرَ ٱلنَّاسِ لَا يَعْلَمُونَ ﴿٢٨﴾﴾ [سبأ: ٢٨]

﴿And We have not sent you [O' Muhammad] except as a

giver of glad tidings and a Warner to all mankind, but most of people know not.》 *(Qur'an 34:28)*

And:

﴿وَمَآ أَرۡسَلۡنَٰكَ إِلَّا رَحۡمَةٗ لِّلۡعَٰلَمِينَ ١٠٧﴾ [الأنبياء: ١٠٧]

《And We have sent you [O' Muhammad] not but as a mercy for the *'Âlameen* [mankind, jinn and all that exists].》 *(Qur'an 21:107)*

﴿قُلۡ يَٰٓأَيُّهَا ٱلنَّاسُ إِنِّي رَسُولُ ٱللَّهِ إِلَيۡكُمۡ جَمِيعًا ٱلَّذِي لَهُۥ مُلۡكُ ٱلسَّمَٰوَٰتِ وَٱلۡأَرۡضِۖ﴾ [الأعراف: ١٥٨]

《Say [O' Muhammad]: "O' mankind! Verily, I am sent to you all as the Messenger of Allah — to whom, belongs the dominion of the heavens and earth."》 *(Qur'an 7:158)*

Being sent in this manner and for all mankind as mentioned in the above verses, Prophet Muhammad (ﷺ) was favoured over all the Prophets. Narrated Abu Hurayrah (رضي الله عنه) that the Prophet (ﷺ) said: "I was favoured over all the prophets with six merits: I was blessed with comprehensive speech. I was made triumphant by terror (cast in the hearts of my foes), spoils were made permissible to me, the earth was made a purifier and a place of prostration for me, I was sent to all of humanity, and I am the last of the prophets." (*Ṣaḥeeḥ* Bukhari)

2. His book

Which is the best of the Books, for Allah (سبحانه وتعالى) says:

﴿ٱللَّهُ نَزَّلَ أَحۡسَنَ ٱلۡحَدِيثِ كِتَٰبٗا مُّتَشَٰبِهٗا مَّثَانِيَ﴾ [الزُّمَر: ٢٣]

《Allah has sent down the Best Statement, a Book [this Qur'an], its parts resembling each other [in goodness and truth] [and] oft-repeated...》 *(Qur'an 39:23)*

And:

﴿وَلَقَدْ ءَاتَيْنَٰكَ سَبْعًا مِّنَ ٱلْمَثَانِى وَٱلْقُرْءَانَ ٱلْعَظِيمَ ﴿٨٧﴾﴾ [الحجر: ٨٧]

﴿And indeed, We have bestowed upon you seven of *al-Mathanee* [seven repeatedly recited Verses] [i.e. *Soorah al-Fâtiḥah*] and the Great Qur'an.﴾ *(Qur'an 15:87)*

The Qur'an confirms the former (heavenly) Books and prevails over them, Almighty Allah says:

﴿وَأَنزَلْنَآ إِلَيْكَ ٱلْكِتَٰبَ بِٱلْحَقِّ مُصَدِّقًا لِّمَا بَيْنَ يَدَيْهِ مِنَ ٱلْكِتَٰبِ وَمُهَيْمِنًا عَلَيْهِ﴾ [المائدة: ٤٨]

﴿And We have sent down to you [O' Muhammad] the Book [this Qur'an] in truth, confirming the scripture that came before it and *Muhaymin* [trust worthy in highness and a witness] over it [old scriptures]...﴾ *(Qur'an 5:48)*

3. His miracles

Comprise the various kinds of miracles of the former Prophets. In addition to that his grand miracle is the divine Revelation he had received (the Qur'an). We will discuss this later in chapter 3.

4. His life

The life of Muhammad (ﷺ) comprised the merits and attributes of the former Prophets.

He (ﷺ) was known for his enthusiasm as a believer, his love for Allah and people, steadfastness and patience on the straight path, courage in resisting the aggressors, and total submission to Allah's will. These attributes were coupled with those of a political leader and a social reformer. These qualities constituted a form of human perfection, and made Muhammad (ﷺ) the ideal and perfect example for all mankind.

This led Michael Hart to put Prophet Muhammad (ﷺ) at the top of a list containing one hundred of the most influential personalities in history in his book: "*100*" translated by Anees Mansour.

5. Being the most beloved to Allah

Prophet Muhammad (ﷺ) was accorded the highest of ranks: He was the most beloved to Allah, the Prophet (ﷺ) said: "Allah has chosen me as a beloved one as He has chosen Abraham." (*Sunan Ibn Mâjah*)

Also: "Had I been allowed to have a beloved from among the inhabitants of earth, I would have chosen Abu Bakr (رضي الله عنه), but I am the beloved of the Merciful." (*Ṣaḥeeḥ* Bukhari, the merits of the Companions / the merits of Abu Bakr)

But as Allah's beloved, Prophet Muhammad (ﷺ) has two merits over Prophet Abraham and all the other prophets:

5.a. Allah has coupled the Prophet's name to His in the testification of Monotheism, "None has the right to be worshipped but Allah, and Muhammad is Allah's Messenger".

5.b. Allah addresses Muhammad (ﷺ) by his qualities (O' Messenger), (O' Prophet) and his condition: ("O' you wrapped in garments), (O' you enveloped in garments), whereas He addresses the other Prophets and Messengers, including those of firm resolve, with their names, e.g Abraham."

6. The prophets and messengers follow him

Allah took the covenant of all the prophets and messengers to believe in Muhammad (ﷺ) and follow him, He (سبحانه وتعالى) says:

﴿وَإِذْ أَخَذَ ٱللَّهُ مِيثَٰقَ ٱلنَّبِيِّـۧنَ لَمَآ ءَاتَيْتُكُم مِّن كِتَٰبٍ وَحِكْمَةٍ ثُمَّ جَآءَكُمْ رَسُولٌ مُّصَدِّقٌ لِّمَا مَعَكُمْ لَتُؤْمِنُنَّ بِهِۦ وَلَتَنصُرُنَّهُۥ ۚ قَالَ ءَأَقْرَرْتُمْ وَأَخَذْتُمْ عَلَىٰ ذَٰلِكُمْ إِصْرِى ۖ قَالُوٓا۟ أَقْرَرْنَا ۚ قَالَ فَٱشْهَدُوا۟ وَأَنَا۠ مَعَكُم مِّنَ ٱلشَّٰهِدِينَ ﴿٨١﴾﴾ [آل عِمران: ٨١]

﴿And [remember] when Allah took the Covenant of the Prophets, saying, "Take whatever I gave you from the Book and *Ḥikmah* [understanding of the laws of Allah], and afterwards there will come to you a Messenger [Muhammad] confirming what is with you; you must, then believe in him and help him." Allah said, "Do you agree [to it] and will you take up My Covenant [which I conclude with you]?" They said, "We agree." He said, "Then bear witness; and I am with you among the witnesses [for this]."﴾ *(Qur'an 3:81)*

7. His grand intercession on the Day of resurrection

This takes various forms including his intercession on behalf of the dwellers of Paradise and on behalf of the disobedient from his nation.

8. A witness over the people in this world and in the Hereafter

The Almighty Allah says:

﴿وَكَذَٰلِكَ جَعَلْنَٰكُمْ أُمَّةً وَسَطًا لِّتَكُونُوا۟ شُهَدَآءَ عَلَى ٱلنَّاسِ وَيَكُونَ ٱلرَّسُولُ عَلَيْكُمْ شَهِيدًا ۗ﴾ [البَقَرَة: ١٤٣]

﴿Thus We have made you [true Muslims — real believers of Islamic Monotheism, true followers of Prophet Muhammad

> and his Sunnah (legal ways)], a just [and the best] nation, that you be witness over mankind and the Messenger [Muhammad] be a witness[3] over you...﴾ *(Qur'an 2:143)*

Explaining this Qur'anic verse, Sayyed Quṭb said that the Muslim nation is a just one that bears witness over all nations by establishing justice, principles and values, and by evaluating their morals, conceptions and traditions to decide which is true and which is false. It also bears witness over mankind and stands in judgement between them. While the Muslim nation stands witness over humanity, the Prophet Muhammad (ﷺ) stands witness over it, to establish its principles and values, to judge its actions and traditions, and to be the final authority in all its affairs.

As regards his standing witness over people in the Hereafter, Allah (سُبْحَانَهُ وَتَعَالَىٰ) says:

﴿فَكَيْفَ إِذَا جِئْنَا مِن كُلِّ أُمَّةٍ بِشَهِيدٍ وَجِئْنَا بِكَ عَلَىٰ هَٰؤُلَاءِ شَهِيدًا ﴿٤١﴾﴾ [النساء: ٤١]

> ﴾How [will it be] then, when We bring from each nation a witness and We bring you [O' Muhammad], as a witness against these people?﴿ *(Qur'an 4:41)*

---

[3] It is necessary to explain the Islamic idea of "witness". When two people dispute, they advance extravagant claims. A just witness comes forward and brings the light of reason to bear on them, pruning all their selfish extravagances. Thus the mission of Islam, for instance, is to curb the formalism of the Mosaic Law and the extreme "other-worldliness" professed by Christianity. The witness must be unselfish, equipped with first-hand knowledge and ready to intervene in the cause of justice. Such is the position claimed by Islam among rival systems. Similarly, within Islam itself, the position of witness to whom disputants can appeal is held by Muhammad the Chosen.

Conclusions

1. The ranks of prophethood in Islam are classified on the basis of Revelation and Allah's preference of some Prophets over others; nationalism and racism play no role in that.

2. The Prophets are classified in degrees and not categories. They all belong to the foundation of prophethood but differ in rank.

3. There is no collective prophethood in Islam like the group called the "children of the Prophets" in Judaism or the "Messengers" in Christianity. Prophethood in Islam depends solely on Allah's choice, and cannot be attained through education instruction, or elections.

4. There are no female prophets in Islam. There are some who parted with Muslim unanimity on this matter by claiming that the mother of Isaac, Mary (mother of Jesus), the mother of Moses, and Asia the wife of the Pharaoh are Prophets because they received a kind of Revelation, but receiving Revelation is not necessarily a sign of prophethood because Allah may send Revelation to non-humans:

﴿وَأَوْحَىٰ رَبُّكَ إِلَى ٱلنَّحْلِ﴾ [النحل: ٦٨]

﴾And your Lord inspired the bees...﴿ *(Qur'an 16:68)*

Allah (ﷻ) made revelations to Joseph as a young boy:

﴿وَأَوْحَيْنَآ إِلَيْهِ لَتُنَبِّئَنَّهُم بِأَمْرِهِمْ هَٰذَا وَهُمْ لَا يَشْعُرُونَ﴾ [يوسف: ١٥]

﴾... We revealed to him, "Indeed, you shall [one day] inform them of this their affair, when they know [you] not."﴿ *(Qur'an 12:15)*

And to the disciples of Jesus (عليه السلام):

﴿وَإِذْ أَوْحَيْتُ إِلَى ٱلْحَوَارِيِّـۧنَ﴾ [المائدة: ١١١]

﴿And when I [Allah] revealed to *al-Ḥawâriyoon* [the disciples] of 'Eesa (Jesus)]...﴾ *(Qur'an 5:111)*

The concerned persons here were addressed by Revelation and inspiration but they are not Prophets.

In three Qur'anic verses, Allah (ﷻ) says that He has made Revelations to men who neither messengers nor prophets:

﴿وَمَآ أَرْسَلْنَا مِن قَبْلِكَ إِلَّا رِجَالًا نُّوحِىٓ إِلَيْهِم مِّنْ أَهْلِ ٱلْقُرَىٰٓ﴾

[يوسف: ١٠٩]

﴿And We sent not before you [as Messengers] any but men unto whom We revealed, from among the people of townships...﴾ *(Qur'an 12:109)*

And:

﴿وَمَآ أَرْسَلْنَا مِن قَبْلِكَ إِلَّا رِجَالًا نُّوحِىٓ إِلَيْهِمْ ۚ فَسْـَٔلُوٓا۟ أَهْلَ ٱلذِّكْرِ إِن كُنتُمْ لَا تَعْلَمُونَ ﴿٤٣﴾﴾ [النحل: ٤٣]

﴿And We sent not [as Our Messengers] before you [O' Muhammad] any but men, whom We sent revelation, [to preach and invite mankind to believe in the Oneness of Allah]. So ask [you, O' pagans of Makkah] of those who know the Scripture [learned men of the *Tawrât* (Torah) and the *Injeel* (Gospel)], if you know not.﴾ *(Qur'an 16:43)*

﴿وَمَآ أَرْسَلْنَا قَبْلَكَ إِلَّا رِجَالًا نُّوحِىٓ إِلَيْهِمْ ۖ فَسْـَٔلُوٓا۟ أَهْلَ ٱلذِّكْرِ إِن كُنتُمْ لَا تَعْلَمُونَ ﴿٧﴾﴾ [الأنبياء: ٧]

﴿And we sent not before you [O' Muhammad] but men to whom We revealed. So ask the people of the Reminder [Scripture — the *Tawrât* (Torah), the *Injeel* (Gospel)] if you do not know.﴾ *(Qur'an 21:7)*

Ibn Ḥazm suggested that the word "Men" in the above cited verses means "Messengers," not prophets but this is rejected because, when relevant, Allah (ﷻ) specifically mentions that He has sent Prophets and Messengers.

﴿وَمَآ أَرْسَلْنَا مِن قَبْلِكَ مِن رَّسُولٍ وَلَا نَبِيٍّ إِلَّآ إِذَا تَمَنَّىٰٓ أَلْقَى ٱلشَّيْطَـٰنُ فِىٓ أُمْنِيَّتِهِۦ فَيَنسَخُ ٱللَّهُ مَا يُلْقِى ٱلشَّيْطَـٰنُ ثُمَّ يُحْكِمُ ٱللَّهُ ءَايَـٰتِهِۦ ۗ وَٱللَّهُ عَلِيمٌ حَكِيمٌ ﴿٥٢﴾﴾ [الحج: ٥٢]

﴾Never did We send a Messenger or a Prophet before you but when he did recite the revelation or narrated or spoke, *Shayṭân* [Satan] threw [some falsehood] in it. But Allah abolishes that which *Shayṭân* [Satan] throws in. then Allah establishes His Revelations. And Allah is All-Knower, All-Wise.﴿ *(Qur'an 22:52)*

3. The Infallibility of the Prophets

﴿وَمَا كَانَ لِنَبِيٍّ أَن يَغُلَّ ۚ وَمَن يَغْلُلْ يَأْتِ بِمَا غَلَّ يَوْمَ ٱلْقِيَـٰمَةِ ۚ﴾

[آل عمران: ١٦١]

﴾It is not for any Prophet to take illegally a part of the booty [*Ghulool*], and whosoever deceives his companions as regards the booty, he shall bring forth on the Day of Resurrection that which he took [illegally]...﴿ *(Qur'an 3:161)*

The Prophets are the best of creation. They are Allah's testament upon His slaves, the means leading to Him, the doors to His Mercy and the reasons for His Bliss, Allah (ﷻ) has chosen them from among mankind to be his prophets and messengers and therefore created them with perfect natural dispositions, a pure essence, good morals and honourable lineage. The term used for this perfection is "infallibility" and it has two parts.

First Part: Moral infallibility

This includes Allah's protection for his Messengers and Prophets from committing sins, violating prohibitions and any wrongdoing in general. It has two parts as given below.

1. Confirmation of qualities

A group of good moral qualities are confirmed for the Prophets and are necessitated by the nature of their missions and duties. This includes:

Telling the truth

This is one of the most important qualities because upon it rests the trust in the Revelation they convey. The Almighty Allah confirms this quality for them in the following verses:

﴿قَالُوا۟ يَـٰوَيْلَنَا مَنۢ بَعَثَنَا مِن مَّرْقَدِنَا ۜ ۗ هَـٰذَا مَا وَعَدَ ٱلرَّحْمَـٰنُ وَصَدَقَ ٱلْمُرْسَلُونَ ﴿٥٢﴾﴾ [يس: ٥٢]

﴾... This is what the All-Gracious [Allah] had promised, and the Messengers spoke truth!﴿ *(Qur'an 36: 52)*

And:

﴿قَالُوا۟ هَـٰذَا مَا وَعَدَنَا ٱللَّهُ وَرَسُولُهُۥ وَصَدَقَ ٱللَّهُ وَرَسُولُهُۥ﴾ [الأحزاب: ٢٢]

﴾... They said, "This is what Allah and His Messenger [Muhammad] had promised us; and Allah and His

Messenger [Muhammad] had spoken the truth..."﴾

(Qur'an 33:22)

Even before Revelation, the Prophet (ﷺ) was known as the "truthful one" and "the trustworthy one." Telling the truth is not limited to the revealed rules, commands, and prohibitions but also covers all aspects of daily life and ordinary news. Given the importance of this quality and the vital role it plays, Allah decreed a clear judgement for anyone who tells lies about Him and/or His Revelation. He (ﷻ) says:

﴿وَلَوْ تَقَوَّلَ عَلَيْنَا بَعْضَ ٱلْأَقَاوِيلِ ﴿٤٤﴾ لَأَخَذْنَا مِنْهُ بِٱلْيَمِينِ ﴿٤٥﴾ ثُمَّ لَقَطَعْنَا مِنْهُ ٱلْوَتِينَ ﴿٤٦﴾ فَمَا مِنكُم مِّنْ أَحَدٍ عَنْهُ حَٰجِزِينَ ﴿٤٧﴾﴾ [الحاقة: ٤٤-٤٧]

﴿And if he [Muhammad] had forged a false saying concerning Us [Allah]. We surely would have seized him by his right hand [or with power and might]. And then We certainly would have cut off his life artery [aorta]. And none of you could have withheld Us from [punishing] him.﴾

(Qur'an 69: 44-47)

Trustworthiness

This means memorizing all that Allah has revealed to them and accurately conveying it as received unchanged and unaltered. Allah says about Muhammad (ﷺ):

﴿قُلْ مَا يَكُونُ لِيٓ أَنْ أُبَدِّلَهُۥ مِن تِلْقَآيِٕ نَفْسِيٓ﴾ [يونس: ١٥]

﴿Say [O' Muhammad], "It is not for me to change it on my own accord; I only follow that which is revealed unto me..."﴾ *(Qur'an 10:15)*

Narrated 'Â'ishah (رضي الله عنها) that, such honesty is what prevented the Prophet from concealing Allah's words in the following verses:

﴿وَتُخْفِي فِي نَفْسِكَ مَا ٱللَّهُ مُبْدِيهِ وَتَخْشَى ٱلنَّاسَ وَٱللَّهُ أَحَقُّ أَن تَخْشَىٰهُ﴾ [الأحزاب: ٣٧]

﴿... But you did hide in yourself [i.e. what Allah has already made known to you that He will give her to you in marriage] that which Allah will make manifest, you did fear the people [i.e. their saying that Muhammad married the divorced wife of his manumitted slave] whereas Allah had a better right that you should fear Him...﴾ *(Qur'an 33:37)*

This honesty is not limited to Revelation and its conveyance but extends to cover the ordinary daily activities and dealings, the Almighty Allah says:

﴿وَمَا كَانَ لِنَبِيٍّ أَن يَغُلَّ وَمَن يَغْلُلْ يَأْتِ بِمَا غَلَّ يَوْمَ ٱلْقِيَٰمَةِ﴾

[آل عِمرَان: ١٦١]

﴿It is not for any Prophet to take illegally a part of the booty [*Ghulool*], and whosoever deceives his companions as regards the booty, he shall bring forth on the Day of Resurrection that which he took [illegally]...﴾ *(Qur'an 3:161)*

In his interpretation of this verse Sayyid Quṭb says: "It is neither of the nature nor the morals of the Prophet to take anything unlawfully because this goes against his honest, just and pure character."

Conveyance

This means conveying the laws, rules, and regulations that they receive from Allah (ﷻ) to the people. It can be argued that conveyance is part of the Prophets' duties rather than qualities, Allah says:

﴿فَهَلْ عَلَى ٱلرُّسُلِ إِلَّا ٱلْبَلَٰغُ ٱلْمُبِينُ﴾ [النّحل: ٣٥]

﴾... Are the Messengers charged with anything but to clearly convey the Message?﴿ *(Qur'an 16:35)*

And:

﴿۞ يَٰٓأَيُّهَا ٱلرَّسُولُ بَلِّغْ مَآ أُنزِلَ إِلَيْكَ مِن رَّبِّكَ ۖ وَإِن لَّمْ تَفْعَلْ فَمَا بَلَّغْتَ رِسَالَتَهُۥ ۚ وَٱللَّهُ يَعْصِمُكَ مِنَ ٱلنَّاسِ ۗ إِنَّ ٱللَّهَ لَا يَهْدِى ٱلْقَوْمَ ٱلْكَٰفِرِينَ ﴿٦٧﴾﴾ [المائدة: ٦٧]

﴾O' Messenger [Muhammad]! Proclaim [the message] which has been sent down to you from your Lord. And if you do not, then you have not conveyed His Message.﴿ *(Qur'an 5:67)*

Intelligence

There are many Qur'anic verses that attest to the Prophets' intelligence and superior reasoning, Allah (ﷻ) says:

﴿۞ وَلَقَدْ ءَاتَيْنَآ إِبْرَٰهِيمَ رُشْدَهُۥ مِن قَبْلُ وَكُنَّا بِهِۦ عَٰلِمِينَ ﴿٥١﴾﴾ [الأنبياء: ٥١]

﴾And indeed We bestowed afore time on Ibraheem [Abraham] his [portion of] guidance, and We were All-Acquainted with him...﴿ *(Qur'an 21:51)*

﴿وَجَٰدِلْهُم بِٱلَّتِى هِىَ أَحْسَنُ ۚ إِنَّ﴾ [النّحل: ١٢٥]

﴾... And argue with them in a way that is better...﴿ *(Qur'an 16:125)*

And:

﴿قَالُوا يَٰنُوحُ قَدْ جَٰدَلْتَنَا فَأَكْثَرْتَ جِدَٰلَنَا فَأْتِنَا بِمَا تَعِدُنَآ إِن كُنتَ مِنَ ٱلصَّٰدِقِينَ ﴿٣٢﴾﴾ [هود: ٣٢]

﴾They said, "O' Nooḥ [Noah]! You have disputed with us and much have you prolonged the dispute with us..."﴿

(Qur'an 11:32)

The dispute and argument mentioned in these two verses require, as pre-requisites, good reasoning and intelligence on the part of the one making the arguments..

In addition to the afore-mentioned qualities, there are those who attributed other merits and characteristics to the Prophets. Ar-Râzi has summarised those as:

Perfection of the theoretical strength

This is an inner strength that shields him from erring or forgetting except what Allah wills, Allah (ﷻ) says:

﴿سَنُقْرِئُكَ فَلَا تَنسَىٰٓ ﴿٦﴾ إِلَّا مَا شَآءَ ٱللَّهُ﴾ [الأعلى: ٦-٧]

﴾We shall make you to recite [the Qur'an], so you [O' Muhammad] shall not forget [it]. Except what Allah may will...﴿ *(Qur'an 87:6-7)*

Perfection of the practical strength

This is the strength required for performing deeds leading to happiness in this world and in the Hereafter, Allah (ﷻ) says:

﴿وَنُيَسِّرُكَ لِلْيُسْرَىٰ ﴿٨﴾﴾ [الأعلى: ٨]

﴾And We shall make easy for you [O' Muhammad] the easy way [that is the doing of the righteous deeds].﴿

(Qur'an 87:8)

His ability to complement the theoretical strength of others

This is attained by teaching and advising his followers, Allah (ﷻ) says:

﴿فَذَكِّرْ إِن نَّفَعَتِ الذِّكْرَىٰ ﴿٩﴾﴾ [الأعلى: ٩]

﴿Therefore remind [men] in case the reminder profits [them].﴾ *(Qur'an 87:9)*

And the one who is ready to benefit from such advice is:

﴿قَدْ أَفْلَحَ مَن تَزَكَّىٰ ﴿١٤﴾﴾ [الأعلى: ١٤]

﴿Indeed whoever purifies himself [by avoiding polytheism and accepting Islamic Monotheism] shall achieve success,﴾ *(Qur'an 87:14)*

His ability to complement the practical strength of others

This is attained by helping those who want to perfect their worship. The one ready to benefit from this is the one who:

﴿وَذَكَرَ اسْمَ رَبِّهِ فَصَلَّىٰ ﴿١٥﴾﴾ [الأعلى: ١٥]

﴿And remembers [glorifies] the Name of his Lord [worship none but Allah], and prays [five compulsory prayers and *Nawâfil* — additional prayers].﴾ *(Qur'an 87:15)*

2. Infallibility

The Prophets are the role models for all of humanity; they are inspired leaders of men. Had they been vulnerable to disobedience and sinful deeds, they would not have been qualified leaders of mankind.

Nevertheless, there is disagreement amongst the various sects of

Muslim theologians in regards to their infallibility relating to major and minor sins.

The Muslim nation is unanimous on the issue of the infallibility of the Prophets from committing any kind of major sins. However, there are two different opinions about whether or not they commit minor sins:

Theologians of the first group see that the Prophets are infallible regarding both minor and major sins so that people may trust them and that they deserve the divine assignment for which Allah (ﷻ) has chosen them and set a role model for mankind. This group comprises: Râfiḍah, Shi'ites and Mu'tazilah.

The second group, comprising the majority of the Muslim community and theologians, say that Prophets are infallible regarding major sins but can commit minor ones. They deduced that from the following events:

1. Adam (ﷺ) disobeyed Allah's command and ate from the forbidden tree,

﴿وَإِذْ قُلْنَا لِلْمَلَٰٓئِكَةِ ٱسْجُدُوا۟ لِءَادَمَ فَسَجَدُوٓا۟ إِلَّآ إِبْلِيسَ أَبَىٰ... ﴿٣٤﴾ إِنَّ لَكَ أَلَّا تَجُوعَ فِيهَا وَلَا تَعْرَىٰ ﴿١١٨﴾ فَأَكَلَا مِنْهَا فَبَدَتْ لَهُمَا سَوْءَٰتُهُمَا وَطَفِقَا يَخْصِفَانِ عَلَيْهِمَا مِن وَرَقِ ٱلْجَنَّةِ وَعَصَىٰٓ ءَادَمُ رَبَّهُۥ فَغَوَىٰ ﴿١٢١﴾﴾

[البَقَرَة: ٣٤]، [طه: ١١٨، ١٢١]

﴿And [remember] when We said to the angels, "Prostrate yourselves to Adam." They prostrated themselves [all] except *Iblees* [Satan] he refused. Then We said, "O' Adam! Verily, this is an enemy to you and to your wife. So let him not get you both out of Paradise, so that you will be distressed." Verily, you have [a promise from us] that you will never be hungry therein nor naked. And you [will] suffer not from thirst therein nor from the sun's heat. Then *Shayṭân* [Satan] whispered to him, saying, "O' Adam! Shall I lead you to the Tree of Eternity and to a kingdom that will never waste away?" Then they both ate of the tree, and so their private parts became manifest to them, and they began to cover themselves with the leaves of the Paradise for their covering. Thus did Adam disobey his Lord, so he went astray.﴿ *(Qur'an 20:116-121)*

2. Noah (عليه السلام) invoked Allah (سبحانه وتعالى) on behalf of his son:

﴿وَنَادَىٰ نُوحٌ رَّبَّهُۥ فَقَالَ رَبِّ إِنَّ ٱبْنِى مِنْ أَهْلِى وَإِنَّ وَعْدَكَ ٱلْحَقُّ وَأَنتَ أَحْكَمُ ٱلْحَٰكِمِينَ ﴿٤٥﴾﴾ [هود: ٤٥]

﴾And Nooḥ [Noah] called his Lord and said, "O' My Lord! Verily, my son is of my family! And certainly, Your promise is true, and You are the Most just of the judges." He said, "O' Nooḥ [Noah]! Surely he is not of your family; verily, his work is unrighteous, so ask not of Me that of which you have no knowledge! I admonish you lest you should be one of the ignorant."﴿ *(Qur'an 11:45-46)*

3. Moses killed the Egyptian:

﴿وَدَخَلَ ٱلْمَدِينَةَ عَلَىٰ حِينِ غَفْلَةٍ مِّنْ أَهْلِهَا فَوَجَدَ فِيهَا رَجُلَيْنِ يَقْتَتِلَانِ هَٰذَا مِن شِيعَتِهِۦ وَهَٰذَا مِنْ عَدُوِّهِۦ ۖ فَٱسْتَغَٰثَهُ ٱلَّذِى مِن شِيعَتِهِۦ عَلَى ٱلَّذِى مِنْ عَدُوِّهِۦ فَوَكَزَهُۥ مُوسَىٰ فَقَضَىٰ عَلَيْهِ ۖ قَالَ هَٰذَا مِنْ عَمَلِ ٱلشَّيْطَٰنِ ۖ إِنَّهُۥ عَدُوٌّ مُّضِلٌّ مُّبِينٌ ﴿١٥﴾﴾ [القصص: ١٥]

﴾And he entered the city at a time of unawareness of its people: and he found there two men fighting, — one of his party [his religion — from the Children of Israel], and the other of his foes. The man of his [own] party asked him for help against his foe, so Moosa [Moses] struck him with his fist and killed him. He said, "This is of *Shayṭân's* [Satan] doing: verily, he is a plain misleading enemy."﴿

(Qur'an 28:15)

4. David made a hasty judgement before hearing from the second party of the dispute,

﴿۞وَهَلۡ أَتَىٰكَ نَبَؤُاْ ٱلۡخَصۡمِ إِذۡ تَسَوَّرُواْ ٱلۡمِحۡرَابَ ﴿٢١﴾ إِذۡ دَخَلُواْ عَلَىٰ
دَاوُۥدَ فَفَزِعَ مِنۡهُمۡۖ قَالُواْ لَا تَخَفۡۖ خَصۡمَانِ بَغَىٰ بَعۡضُنَا عَلَىٰ بَعۡضٖ فَٱحۡكُم بَيۡنَنَا
بِٱلۡحَقِّ وَلَا تُشۡطِطۡ وَٱهۡدِنَآ إِلَىٰ سَوَآءِ ٱلصِّرَٰطِ ﴿٢٢﴾ إِنَّ هَٰذَآ أَخِي لَهُۥ تِسۡعٞ
وَتِسۡعُونَ نَعۡجَةٗ وَلِيَ نَعۡجَةٞ وَٰحِدَةٞ فَقَالَ أَكۡفِلۡنِيهَا وَعَزَّنِي فِي ٱلۡخِطَابِ ﴿٢٣﴾ قَالَ
لَقَدۡ ظَلَمَكَ بِسُؤَالِ نَعۡجَتِكَ إِلَىٰ نِعَاجِهِۦۖ وَإِنَّ كَثِيرٗا مِّنَ ٱلۡخُلَطَآءِ لَيَبۡغِي بَعۡضُهُمۡ عَلَىٰ
بَعۡضٍ إِلَّا ٱلَّذِينَ ءَامَنُواْ وَعَمِلُواْ ٱلصَّٰلِحَٰتِ وَقَلِيلٞ مَّا هُمۡۗ وَظَنَّ دَاوُۥدُ أَنَّمَا
فَتَنَّٰهُ فَٱسۡتَغۡفَرَ رَبَّهُۥ وَخَرَّۤ رَاكِعٗاۤ وَأَنَابَ۩ ﴿٢٤﴾﴾ [ص: ٢١-٢٤]

﴾And has the news of the litigants reached you? When they climbed over the wall into [his] *Miḥrâb* [a praying place or a private room]; When they entered the place of Dâwood [David], he was terrified of them. They said, "Fear not! [We are] two litigants, one of whom has wronged the other, therefore judge between us with truth, and treat us not with injustice, and guide us to the Right Way. Verily, this my brother [in religion] has ninety-nine ewes, while I have [only] one ewe, and he says, 'Hand it over to me, and he overpowered me in speech.'" [Dâwood (David)] said [immediately without listening to the opponent], "He has wronged you in demanding your ewe in addition to his ewes. And, verily many partners oppress one another, except those who believe and do righteous good deeds, and they are few." And Dâwood [David] guessed that We had tried him and he sought Forgiveness of his Lord, and he fell down prostrate and turned [to Allah] in repentance.﴾

(Qur'an 38:21-24)

5. Allah (سبحانه وتعالى) reproached the Prophet on the following:

5.a. Forbidding for himself what Allah (سبحانه وتعالى) has allowed to him:

﴿يَٰٓأَيُّهَا ٱلنَّبِيُّ لِمَ تُحَرِّمُ مَآ أَحَلَّ ٱللَّهُ لَكَۖ تَبۡتَغِي مَرۡضَاتَ أَزۡوَٰجِكَۚ وَٱللَّهُ
غَفُورٞ رَّحِيمٞ ١﴾ [التحريم: ١]

﴾O' Prophet! Why do you forbid [for yourself] that which Allah has allowed to you, seeking to please your wives? And Allah is Oft- Forgiving, All-Merciful.﴿ *(Qur'an 66:1)*

5.b. Frowning at Ibn Umm Maktoom:

﴿عَبَسَ وَتَوَلَّىٰٓ ١ أَن جَآءَهُ ٱلۡأَعۡمَىٰ ٢ وَمَا يُدۡرِيكَ لَعَلَّهُۥ يَزَّكَّىٰٓ ٣ أَوۡ
يَذَّكَّرُ فَتَنفَعَهُ ٱلذِّكۡرَىٰٓ ٤﴾ [عبس: ١-٤]

﴾[The Prophet] frowned and turned away. Because there came to him the blind man [i.e. 'Abdullah ibn Umm Maktoom, who came to the Prophet while he was preaching to one or some of Quraysh chiefs]. And how can you know that he might become pure [from sins]? Or he might receive admonition, and the admonition might profit him?﴿

(Qur'an 80:1-4)

5.c. Accepting the ransom from the prisoners taken at battle of Badr:

﴿لَّوۡلَا كِتَٰبٞ مِّنَ ٱللَّهِ سَبَقَ لَمَسَّكُمۡ فِيمَآ أَخَذۡتُمۡ عَذَابٌ عَظِيمٞ ٦٨﴾

[الأنفال: ٦٨]

﴾Were it not a previous ordainment from Allah, a severe

torment would have touched you for what you took.﴿

(Qur'an 8:68)

But such minor sins do not disqualify the Prophets from receiving their divine assignment or from being the ideal example they must set for mankind It is noteworthy however, that these minor sins were not kept hidden, but were revealed by Allah (ﷻ) who drew the Prophets' attention to them and reproached them for their slip-ups. Therefore, we are not commanded to follow the Prophets in such behaviour. These minor sins were either oversights or actions taken with good intentions for Allah's sake but had gone awry.

Moreover, minor sins do not contradict with perfection as long as they are followed by sincere repentance,

﴿إِلَّا مَن تَابَ وَءَامَنَ وَعَمِلَ عَمَلًا صَٰلِحًا فَأُوْلَٰٓئِكَ يُبَدِّلُ ٱللَّهُ سَيِّـَٔاتِهِمْ حَسَنَٰتٍۗ وَكَانَ ٱللَّهُ غَفُورًا رَّحِيمًا ۝٧٠﴾ [الفرقان: ٧٠]

﴾Except those who repent and believe [in Islamic Monotheism], and do righteous deeds; for those, Allah will change their sins into good deeds.﴿ *(Qur'an 25:70)*

Wherever the Qur'an mentions such minor sins committed by the Prophets, there is also mention of their repentance and return to Allah (ﷻ). Adam and his wife said:

﴿قَالَا رَبَّنَا ظَلَمْنَآ أَنفُسَنَا وَإِن لَّمْ تَغْفِرْ لَنَا وَتَرْحَمْنَا لَنَكُونَنَّ مِنَ ٱلْخَٰسِرِينَ ۝٢٣﴾ [الأعراف: ٢٣]

﴾Our Lord! We have wronged ourselves. If You forgive us not, and bestow not upon us Your Mercy, we shall certainly be of the losers.﴿ *(Qur'an 7:23)*

﴿قَالَ رَبِّ إِنِّيٓ أَعُوذُ بِكَ أَنْ أَسْـَٔلَكَ مَا لَيْسَ لِي بِهِۦ عِلْمٌۖ وَإِلَّا تَغْفِرْ

لِي وَتَرْحَمْنِيٓ أَكُن مِّنَ ٱلْخَٰسِرِينَ ﴿٤٧﴾ [هود: ٤٧]

﴿Nooḥ [Noah] said, "O' my Lord! I seek refuge with You from asking You that of which I have no knowledge. And unless You forgive me and have Mercy on me, I will indeed be one of the losers."﴾ *(Qur'an 11:47)*

Abraham (ﷺ) said:

﴿رَبَّنَا ٱغْفِرْ لِي وَلِوَٰلِدَيَّ وَلِلْمُؤْمِنِينَ يَوْمَ يَقُومُ ٱلْحِسَابُ ﴿٤١﴾﴾

[إبراهيم: ٤١]

﴿Our Lord! Forgive me and my parents, and [all] the believers on the Day when the reckoning will be established.﴾ *(Qur'an 14:41)*

﴿وَٱلَّذِيٓ أَطْمَعُ أَن يَغْفِرَ لِي خَطِيٓـَٔتِي يَوْمَ ٱلدِّينِ ﴿٨٢﴾﴾ [الشُّعَراء: ٨٢]

﴿And who, I hope, will forgive me my faults on the Day of Recompense, [the Day of Resurrection].﴾ *(Qur'an 26:82)*

Dhun-Noon [Jonah (ﷺ)] said:

﴿لَّآ إِلَٰهَ إِلَّآ أَنتَ سُبْحَٰنَكَ إِنِّي كُنتُ مِنَ ٱلظَّٰلِمِينَ﴾

[الأنبياء: ٨٧]

﴿... None has the right to be worshipped but You [O' Allah], Glorified [and Exalted] are You [above all that (evil) they associate with You]! Truly, I have been of the wrong-doers.﴾

(Qur'an 21:87)

The Almighty Allah said about Prophet David:

﴿... أَنَّمَا فَتَنَّٰهُ فَٱسْتَغْفَرَ رَبَّهُۥ وَخَرَّ رَاكِعًا وَأَنَابَ ۩ ﴿٢٤﴾ فَغَفَرْنَا لَهُۥ ذَٰلِكَ وَإِنَّ لَهُۥ عِندَنَا لَزُلْفَىٰ وَحُسْنَ مَـَٔابٍ ﴿٢٥﴾﴾ [ص: ٢٤-٢٥]

﴿... He sought Forgiveness of his Lord, and fell down prostrate and turned [to Allah] in repentance. So We forgave him that, and verily, for him is a near access to Us, and a good place of [final] return [Paradise].﴾ *(Qur'an 38:24-25)*

Solomon (ﷺ) said:

﴿قَالَ رَبِّ ٱغْفِرْ لِي وَهَبْ لِي مُلْكًا لَّا يَنۢبَغِي لِأَحَدٍ مِّنۢ بَعْدِيٓ إِنَّكَ أَنتَ ٱلْوَهَّابُ ٣٥﴾ [ص: ٣٥]

﴿My Lord! Forgive me, and bestow upon me a kingdom such as shall not belong to any other after me: Verily, You are the Bestower.﴾ *(Qur'an 38:35)*

Moses (ﷺ) said:

﴿قَالَ رَبِّ إِنِّي ظَلَمْتُ نَفْسِي فَٱغْفِرْ لِي فَغَفَرَ لَهُۥٓ﴾ [القصص: ١٦]

﴿My Lord! Verily, I have wronged myself, so forgive me.﴾ *(Qur'an 28:16)*

And:

﴿فَلَمَّآ أَفَاقَ قَالَ سُبْحَٰنَكَ تُبْتُ إِلَيْكَ وَأَنَا۠ أَوَّلُ ٱلْمُؤْمِنِينَ﴾

[الأعراف: ١٤٣]

﴿... I turn to You in repentance and I am the first of the believers.﴾ *(Qur'an 7:143)*

The Mu'tazilah confirm another dimension of impeccability pertaining to the Prophets' physical constitution. They believe that Prophets should be free from deformities that make the people feel distaste for them. There is no doubt that this physical impeccability helps the Prophets fulfil their duties in a perfect manner. Perfection has moral as well as physical aspects, and the Prophets are the worthiest of both.

Second part: Infallibility in conveyance

This is Allah's protection for His Prophets allowing them to convey the Message, it includes:

— Protection from forgetfulness, false dispatches, and concealment.
— Support and immunization to evil from men and jinn who attempt to alter the Revelation or impede the Prophets' conveyance of it.

In my opinion, this is exclusive to Prophet Muhammad (ﷺ), because the preservation of the former Books was entrusted to the rabbis, the Almighty Allah says:

﴿ٱلَّذِينَ أَسْلَمُوا۟ لِلَّذِينَ هَادُوا۟ وَٱلرَّبَّـٰنِيُّونَ وَٱلْأَحْبَارُ بِمَا ٱسْتُحْفِظُوا۟ مِن كِتَـٰبِ ٱللَّهِ﴾ [المائدة: ٤٤]

﴿... And the rabbis and the priests, [too judged for the Jews by the *Tawrât* [Torah] after those Prophets, for to them was entrusted the protection of Allah's Book...﴾ *(Qur'an 5:44)*

The infallibility of Prophets with respect to conveyance is known and proven by doctrine, logic, and consensus. The Qur'an tells us that the Prophets are infallible:

﴿سَنُقْرِئُكَ فَلَا تَنسَىٰٓ ﴿٦﴾ إِلَّا مَا شَآءَ ٱللَّهُ﴾ [الأعلى: ٦-٧]

﴿We shall make you to recite [the Qur'an], so you [O' Muhammad] shall not forget [It]. Except what Allah may will...﴾ *(Qur'an 87:6-7)*

About accumulating the Revelation in the heart of the Prophet, Allah (ﷻ) says:

﴿لَا تُحَرِّكْ بِهِۦ لِسَانَكَ لِتَعْجَلَ بِهِۦٓ ﴿١٦﴾ إِنَّ عَلَيْنَا جَمْعَهُۥ وَقُرْءَانَهُۥ ﴿١٧﴾ فَإِذَا قَرَأْنَـٰهُ فَٱتَّبِعْ قُرْءَانَهُۥ ﴿١٨﴾﴾ [القيامة: ١٦-١٨]

﴾Move not your tongue concerning [the Qur'an, O' Muhammad] to make haste therewith. It is for Us to collect it and to give you [O' Muhammad] the ability to recite it [the Qur'an]. And when We have recited it to you [O' Muhammad through Jibreel (Gabriel)], then follow its [the Qur'an's] recital.﴿ *(Qur'an 75:16-18)*

And about the guarantee of conveyance, Allah (ﷻ) says:

﴿يَٰٓأَيُّهَا ٱلرَّسُولُ بَلِّغْ مَآ أُنزِلَ إِلَيْكَ مِن رَّبِّكَ ۖ وَإِن لَّمْ تَفْعَلْ فَمَا بَلَّغْتَ رِسَالَتَهُۥ ۚ وَٱللَّهُ يَعْصِمُكَ مِنَ ٱلنَّاسِ ۗ إِنَّ ٱللَّهَ لَا يَهْدِى ٱلْقَوْمَ ٱلْكَٰفِرِينَ ﴿٦٧﴾﴾ [المائدة: ٦٧]

﴾O' Messenger [Muhammad]! Proclaim [the Message] which has been sent down you to you from your Lord. And if you do not, then you have not conveyed His Message...﴿ *(Qur'an 5:67)*

About the impossibility of falsifying the Revelation, Allah (ﷻ) says:

﴿وَلَوْ تَقَوَّلَ عَلَيْنَا بَعْضَ ٱلْأَقَاوِيلِ ﴿٤٤﴾ لَأَخَذْنَا مِنْهُ بِٱلْيَمِينِ ﴿٤٥﴾ ثُمَّ لَقَطَعْنَا مِنْهُ ٱلْوَتِينَ ﴿٤٦﴾﴾ [الحاقة: ٤٤-٤٦]

﴾And if he [Muhammad] had forged a false saying concerning Us [Allah]. We surely would have seized him by his right hand [or with power and might]. And then We certainly would have cut off his life artery [aorta].﴿ *(Qur'an 69: 44-46)*

And then there is this comprehensive Qur'anic verse:

﴿وَمَا يَنطِقُ عَنِ ٱلْهَوَىٰٓ ﴿٣﴾ إِنْ هُوَ إِلَّا وَحْىٌ يُوحَىٰ ﴿٤﴾﴾ [النجم: ٣-٤]

﴾Nor does he speak of [his own] desire. It is only a

Revelation revealed.﴿ *(Qur'an 53:3-4)*

About the guarantee of conveyance and protection from evil men and jinn Allah (ﷻ) says:

﴿وَٱللَّهُ يَعۡصِمُكَ مِنَ ٱلنَّاسِۗ﴾ [المائدة : ٦٧]

﴾... Allah will protect you from mankind...﴿ *(Qur'an 5:67)*

And:

﴿عَٰلِمُ ٱلۡغَيۡبِ فَلَا يُظۡهِرُ عَلَىٰ غَيۡبِهِۦٓ أَحَدًا ٢٦ إِلَّا مَنِ ٱرۡتَضَىٰ مِن رَّسُولٖ فَإِنَّهُۥ يَسۡلُكُ مِنۢ بَيۡنِ يَدَيۡهِ وَمِنۡ خَلۡفِهِۦ رَصَدٗا ٢٧ لِّيَعۡلَمَ أَن قَدۡ أَبۡلَغُواْ رِسَٰلَٰتِ رَبِّهِمۡ وَأَحَاطَ بِمَا لَدَيۡهِمۡ وَأَحۡصَىٰ كُلَّ شَيۡءٍ عَدَدَۢا ٢٨﴾

[الجن : ٢٦-٢٨]

﴾[He Alone is] the All-Knower of the *Ghayb* [Unseen], and He reveals to none His *Ghayb* [Unseen]. Except to a Messenger [from mankind] whom He has chosen, [He informs him of unseen as much as He likes], and then He makes a band of watching guards [angels] to march before him and behind him. [He (Allah) protects them (the Messengers)], till He sees that they [the Messengers] have conveyed the Messages of their Lord [Allah]. And He [Allah] surrounds all that which is with them, and He [Allah] keeps count of all things [i.e. knows the exact number of everything.﴿ *(Qur'an 72: 26-28)*

Common sense also obligates us to admit this infallibility since the purpose of prophethood and messengership cannot be realised without it. It has also been proven that the Muslim community is unanimous about the Prophets' infallibility in conveying Allah's Messages.

It can be said that moral infallibility and infallibility in conveying the Message are not only a source of pride for the theme "prophethood in Islam," but is also a unique feature of the Islamic conception of prophethood not found in other ideologies or former conceptions in the history of religion and prophethood in the world.

This conception is the only guarantee for humanity as it submits to the infallible Revelation in terms of its reception, conveyance, and existence, and which is proclaimed by an infallible and perfect Messenger worthy of being followed.

4. The Seal of Prophethood

﴿مَّا كَانَ مُحَمَّدٌ أَبَآ أَحَدٍ مِّن رِّجَالِكُمْ وَلَٰكِن رَّسُولَ ٱللَّهِ وَخَاتَمَ ٱلنَّبِيِّـۧنَ﴾ [الأحزاب: ٤٠]

﴿Muhammad is not the father of any of your men, but he is the Messenger of Allah and the last [end] of the Prophets...﴾

(Qur'an 33:40)

The belief that Muhammad (ﷺ) is the last of the Prophets constitutes one of the most essential pillars of the Islamic faith and the Islamic civilisation. This creed remains beyond arguments and doubts among the different Muslim sects because of strong supporting evidence from the Qur'an, Sunnah, along with common sense and consensus. Allah (ﷻ) says:

﴿مَّا كَانَ مُحَمَّدٌ أَبَآ أَحَدٍ مِّن رِّجَالِكُمْ وَلَٰكِن رَّسُولَ ٱللَّهِ وَخَاتَمَ ٱلنَّبِيِّـۧنَ﴾ [الأحزاب: ٤٠]

﴿Muhammad is not the father any of your men, but he is the

> Messenger of Allah and the last [end] of the Prophets...﴾
> *(Qur'an 33:40)*

And the Prophet (ﷺ) said: "My similitude in comparison with the other Prophets before me is that of a man who has built a nice and beautiful house, but left out one brick in a corner. The people go around it and marvel at its beauty, but say, 'If only that brick would be placed!' I am that brick, and I am the seal (end) of the Prophets." (*Ṣaḥeeḥ* Bukhari, vol. 4, hadith no. 331)

He (ﷺ) also said: "There will be thirty liars (false prophets) in my nation, who will allege that they are Prophets, but I am the last of the Prophets and there will be no Prophet after me." And, "I was favoured over all the prophets with six merits: I was blessed with comprehensive speech. I was made triumphant by terror (cast in the hearts of my foes), spoils were made permissible to me, the earth was made a purifier and a place of prostration for me, I was sent to all of humanity, and I am the last of the prophets." (*Ṣaḥeeḥ* Bukhari)

Common sense proves that Muhammad (ﷺ), is the last of the Prophets and that his Message is the last of Messages, because of its comprehensive characteristics that satisfy the needs of mankind and the requirements of mind, soul, and body.

However, there are other proofs that, he is the final Prophet. His Book (Qur'an), Message and Biography are protected to the smallest detail and feature in such an obvious manner that whoever is seeking guidance can easily find it in original form. This protection made it pointless to wait for the advent of a new Prophet to make clarifications or show alterations.

There is unanimity among Muslims that Muhammad (ﷺ) is the last of the Prophets, and any one who claims prophethood after him is a liar and a disbeliever. Abu Ḥaneefah was told about a man who claimed to be a Prophet and asked the people to give him some time to show them the signs. Abu Ḥaneefah said: "He who asks him to show a sign has apostatized."

Other evidence includes the characteristics and fundamentals of Islam that made it eternal and prevalent over all other religions because of its conformity with the human natural disposition which finds no recourse but to follow it and submit to it.

These proofs are useful for non-Muslim researchers, since they are convincing answers to those who doubt Islam's capability to lead humanity, or its superior merits to those of other religions. Such merits can be summarised as follows:

1. Islam's merits pertaining to the pillars of Faith:

   1st- *Tawḥeed* (Monotheism): followers of other religions paid no attention to the use of intellect in deducing the Oneness of Allah (ﷻ), as did the Muslim theologians.

   2nd- Confirmation of Messengers: Not one of the other religions is free from immoderation or negligence except Islam.

   3rd- Confirmation of the Angels: all religions have faulty beliefs in angels, except Islam.

   4th- Confirmation of the Books: the Qur'an has got virtues and merits that exceed all the other Books.

   5th- Confirmation of Resurrection: Islam is incomparable with respect to this point.

2. The merits of Islam; pertaining to worship:

   If the worthiest religion of survival is the one that is moderate, then the Islamic observances are the best, psychologically, physically, and financially both in quantity and in quality.

3. The merits of Islam pertaining to the political system:

Islam is the top religion with respect to politics and governance. Waging war is permitted only to make Allah's word prevail, and a state is established only to implement Allah's Law on earth, which makes the rule of Islam a Mercy to mankind.

4. The merits of Islam pertaining to the social system:

   Islam is characterised with care and assistance to the poor and needy and equality before the law.

5. The merits of Islam pertaining to development:

   Islam spread wealth and development in all the inhabited areas where it was propagated and followed.

6. The merits of Islam; pertaining to knowledge:

   Islam's achievements in the field of religious and material sciences are greater than those of any other religion.

The fact that Muhammad (ﷺ) is the last of the Prophets has many effects on the Muslim community, including:

1. That faith becomes the distinctive criterion between Muslims and non-Muslims, Muhammad Iqbâl says: "The belief that Muhammad (ﷺ) is the last of the Prophets and Messengers is what distinguishes Muslims from non-Muslims. The Brahmahs, for instance, believe in Allah and that Muhammad is one of His Prophets, nevertheless, they are not Muslims, because like Qadyanis, they do not believe that Muhammad (ﷺ) is the last of the Prophets and Messengers. I do not know of any Muslim sect that dares go beyond this dividing line. The Baha'ists in Iran explicitly reject the principle of the last prophethood, and at the same time they admit that they belong to another nation and that they are not Muslims."

2. It shielded the Muslim community from the evils and religious, moral and social problems in the communities where the issue of the last prophethood is not settled.

3. It contributed to the flourishing of the scientific civilisation and ideological progress in the Muslim world. Its effect extended beyond the metaphysics as a religious faith, to the various fields of the Islamic civilisation.

In addition to that, the belief in Muhammad (ﷺ), as the last of the Prophets preserved his prophethood and protected it from the audacity of the false Prophets which was so common in Judaism and Christianity that it became necessary to set criteria for distinguishing between the true Prophets and the false ones.

In his book *The Last of the Prophets*, Carsten Colpe mentions that the declaration of the end of prophethood in Islam is the only such declaration in the history of prophethood made by the concerned Prophet during his life, and recorded in his Book. It is extremely clear, precise, and unambiguous, and stands in clear contrast to the former declarations reached through deduction or analysis.

Therefore, Muhammad's claim that he is the last of the Prophets is not opposed by any strong argument from law or reason, be it by Muslims, Jews or Christians.

It is proved in Judaism that there is an expected Prophet, while in Christianity there is no mention that Jesus is the last Prophet, therefore there is nothing that prevents Muhammad (ﷺ) from being the last of Prophets and Messengers.

That is confirmed for the Prophet (ﷺ) in two ways: the first consists of the proofs and evidences which will be discussed in the third chapter, and the second is that the reasons for sending a Prophet after him are no longer valid, which usually are:

1. That no Prophet has been sent to this nation, whereas the advent of such a Prophet is necessary to obtain the common benefit mentioned in the following Qur'anic verse:

﴿وَلِكُلِّ قَوْمٍ هَادٍ﴾ [الرّعد: ٧]

﴾And to every people there is a guide.﴿ *(Qur'an 13:7)*

2. Or that a former Prophet had conveyed the Message, but was later altered and obliterated in such a way that the people were no longer able to determine his authentic teachings and commands in order to follow them.

3. Or that the teachings of the former Prophet or Prophets are incomplete, and need to be complemented to be rendered compatible with the requirements of the coming times.

All these reasons were rendered null and void by the advent of Muhammad (ﷺ). This becomes evident when we consider the following:

1. It is known that the Prophet Muhammad (ﷺ) mentioned that he had been sent to all mankind and jinn, Allah (ﷻ) says:

﴿وَمَآ أَرْسَلْنَٰكَ إِلَّا كَآفَّةً لِّلنَّاسِ بَشِيرًا وَنَذِيرًا﴾ [سبَإ: ٢٨]

﴾And We have not sent you [O' Muhammad] except as a giver of glad tidings and a warner to all mankind...﴿

(Qur'an 34:28)

And:

﴿قُلْ يَٰٓأَيُّهَا ٱلنَّاسُ إِنِّى رَسُولُ ٱللَّهِ إِلَيْكُمْ جَمِيعًا ٱلَّذِى لَهُۥ مُلْكُ ٱلسَّمَٰوَٰتِ وَٱلْأَرْضِ لَآ إِلَٰهَ إِلَّا هُوَ يُحْىِۦ وَيُمِيتُ فَـَٔامِنُوا۟ بِٱللَّهِ وَرَسُولِهِ ٱلنَّبِىِّ ٱلْأُمِّىِّ ٱلَّذِى يُؤْمِنُ بِٱللَّهِ وَكَلِمَٰتِهِۦ وَٱتَّبِعُوهُ لَعَلَّكُمْ تَهْتَدُونَ ﴿١٥٨﴾﴾ [الأعراف: ١٥٨]

﴾Say [O' Muhammad], "O' mankind! Verily, I am sent to you all as the Messenger of Allah — to whom belongs the dominion of the heavens and the earth..."﴾ *(Qur'an 7:158)*

﴿قُلْ أُوحِيَ إِلَيَّ أَنَّهُ ٱسْتَمَعَ نَفَرٌ مِّنَ ٱلْجِنِّ فَقَالُوٓا۟ إِنَّا سَمِعْنَا قُرْءَانًا عَجَبًا ﴿١﴾ يَهْدِىٓ إِلَى ٱلرُّشْدِ فَـَٔامَنَّا بِهِۦ ۖ وَلَن نُّشْرِكَ بِرَبِّنَآ أَحَدًا ﴿٢﴾ وَأَنَّهُۥ تَعَـٰلَىٰ جَدُّ رَبِّنَا مَا ٱتَّخَذَ صَـٰحِبَةً وَلَا وَلَدًا ﴿٣﴾﴾ [الجن: ١-٣]

﴾Say [O' Muhammad], "It has been revealed to me that a group [from three to ten in number] of jinn listened [to this Qur'an]. They said, "Verily, We have heard a wonderful Recitation [this Qur'an]!" It guides to the Right Path, and we have believed therein, and we shall never join [in worship] anything with our Lord [Allah]." And He, exalted is the Majesty of our Lord, has taken neither a wife nor a son [or offspring or children].﴿ *(Qur'an 72:1-3)*

﴿وَمَن يَبْتَغِ غَيْرَ ٱلْإِسْلَـٰمِ دِينًا فَلَن يُقْبَلَ مِنْهُ وَهُوَ فِى ٱلْـَٔاخِرَةِ مِنَ ٱلْخَـٰسِرِينَ ﴿٨٥﴾﴾ [آل عمران: ٨٥]

﴾And whoever seeks a religion other than Islam, it will never be accepted of him, and in the Hereafter he will be one of the losers.﴿ *(Qur'an 3:85)*

The Prophet (ﷺ) said: "I was favoured over all the prophets with six merits: I was blessed with comprehensive speech. I was made triumphant by terror (cast in the hearts of my foes), spoils were made permissible to me, the earth was made a purifier and a place of prostration for me, I was sent to all of humanity, and I am the last of the prophets."

The Prophet (ﷺ) implemented this claim and sent messages to Heraclius, the Roman king, Maqocas, ruler of Egypt, Hesro, king of Persia and others inviting them to Islam.

2. Fair non-Muslim scholars have subjected the Qur'anic texts to the

criteria of the science of history and analysis of texts, and concluded that the Qur'anic texts have remained protected from alteration and change as received from the Prophet Muhammad (ﷺ).

The preservation of the Qur'an in this precise and miraculous manner is not attributed to the genius of Arabs or Muslims, but to the Almighty Allah who took upon Himself the protection of this book.

The transmission and succession of the Qur'anic text is attributable to the miraculous protection mentioned in the Qur'an itself, the Almighty Allah says:

﴿إِنَّا نَحْنُ نَزَّلْنَا ٱلذِّكْرَ وَإِنَّا لَهُۥ لَحَٰفِظُونَ ۝٩﴾ [الحجر : ٩]

﴿Verily, We it is Who sent down the *Dhikr* [i.e. the Qur'an] and surely, We will guard it [from corruption].﴾

(Qur'an 15:9)

And:

﴿...وَإِنَّهُۥ لَكِتَٰبٌ عَزِيزٌ ۝٤١ لَّا يَأْتِيهِ ٱلْبَٰطِلُ مِنۢ بَيْنِ يَدَيْهِ وَلَا مِنْ خَلْفِهِۦ﴾ [فُصّلت: ٤١-٤٢]

﴿... It is an honourable well-fortified respected Book. Falsehood cannot come to it from before it or behind it...﴾

(Qur'an 41:41-42)

The miracle of preserving the Qur'an accompanied its revelation and instillment in the Prophet's heart, the Almighty Allah says:

﴿لَا تُحَرِّكْ بِهِۦ لِسَانَكَ لِتَعْجَلَ بِهِۦٓ ۝١٦ إِنَّ عَلَيْنَا جَمْعَهُۥ وَقُرْءَانَهُۥ ۝١٧ فَإِذَا قَرَأْنَٰهُ فَٱتَّبِعْ قُرْءَانَهُۥ ۝١٨ ثُمَّ إِنَّ عَلَيْنَا بَيَانَهُۥ ۝١٩﴾ [القِيَامَة : ١٦-١٩]

﴿Move not your tongue concerning [the Qur'an, O' Muhammad] to make haste therewith. It is for us to collect it and to give you [O' Muhammad] the ability to recite it [the

Qur'an]. And when We have recited it to you [O' Muhammad through Jibreel (Gabriel)], then follow its [the Qur'an's] recital. Then it is for Us [Allah] to make it clear [to you].﴿ *(Qur'an 75:16-19)*

The preservation of the Qur'an against forgetfulness is included, Allah (ﷻ) says:

﴾سَنُقْرِئُكَ فَلَا تَنسَىٰٓ ﴿٦﴾﴿ [الأعلى: ٦]

﴾We shall make you to recite [the Qur'an], so you [O' Muhammad] shall not forget [it].﴿ *(Qur'an 87:6)*

Allah (ﷻ) made it easy for Muslims to memorise the Qur'an. Millions of Muslims today know the whole Qur'an by heart. Allah (ﷻ) says:

﴾وَلَقَدْ يَسَّرْنَا ٱلْقُرْءَانَ لِلذِّكْرِ فَهَلْ مِن مُّدَّكِرٍ ﴿١٧﴾﴿ [القمر: ١٧]

﴾And We have indeed made the Qur'an easy to understand and remember; then is there any one who will remember [or receive admonition]?﴿ *(Qur'an 54:17)*

The Qur'an was collected by means of an unprecedented documentation during the time of the Caliph Abu Bakr aṣ-Ṣiddeeq and during the time of Caliph 'Uthmân an authentic and well verified copy was written and all the other copies were burnt.

The Qur'an continued to be preserved in the hearts of Muslims and in books cared for by states, nations and governments through the generations to our present day. In recent times, Allah (ﷻ) has facilitated the protection of the Qur'an by a new means; that is through advanced technology in printing, cassettes and computers. The protection against change and alteration is not only limited to the Noble Qur'an which is the constitution of Islam, but also includes the Prophet's Sunnah (traditions, legal ways) and his biography. John

Davenport wrote: "It is safe to say that no biography of any legislator or conqueror was written in such a precise, well documented manner as that of Muhammad (ﷺ)."

The protection of the Prophet's Sunnah and biography is not only a source of pride for Muslims but also a unique advantage unknown to other religions. In his book *Prophethood in Islam*, 'Abdul Ḥameed Ṣiddeeqhi says: "In the history of religions, Muhammad (ﷺ) is known as the only Prophet whose biography is written in a detailed and documented way that made him qualified to be the role model for mankind. Muhammad is the only Prophet whose followers have preserved all his words and deeds with precision and verification based on reliable transmission records. Then they were transmitted from one generation to another in a manner worthy of such a sacred trust."

3. That Islam is a perfect religion and humanity needs no other religion to organise life's affairs and to guarantee happiness in the Hereafter. Allah (سبحانه وتعالى) says:

﴿ٱلْيَوْمَ أَكْمَلْتُ لَكُمْ دِينَكُمْ وَأَتْمَمْتُ عَلَيْكُمْ نِعْمَتِى وَرَضِيتُ لَكُمُ ٱلْإِسْلَٰمَ دِينًا﴾ [المائدة: ٣]

﴿... This day, I have perfected your religion for you, completed My favour upon you, and have chosen for you Islam as your religion...﴾ *(Qur'an 5:3)*

And,

﴿مَا كَانَ حَدِيثًا يُفْتَرَىٰ وَلَٰكِن تَصْدِيقَ ٱلَّذِى بَيْنَ يَدَيْهِ وَتَفْصِيلَ كُلِّ شَىْءٍ وَهُدًى وَرَحْمَةً لِّقَوْمٍ يُؤْمِنُونَ﴾ [يوسف: ١١١]

﴿... It [the Qur'an] is not a forged statement but a confirmation of [Allah's existing Books] which were before it [i.e. *Tawrât* (Torah), the *Injeel* (Gospel) and other Scriptures of Allah] and a detailed explanation of everything and a guide and Mercy for the people who believe.﴾ *(Qur'an 12:111)*

And,

﴿وَنَزَّلْنَا عَلَيْكَ ٱلْكِتَٰبَ تِبْيَٰنًا لِّكُلِّ شَيْءٍ وَهُدًى وَرَحْمَةً وَبُشْرَىٰ لِلْمُسْلِمِينَ﴾ [النحل: ٨٩]

﴾... And We have sent down to you the Book [the Qur'an] as an exposition of everything, a guidance a mercy, and glad tidings for those who have submitted themselves [to Allah as Muslims].﴾ *(Qur'an 16:89)*

The Prophet (ﷺ) died after having clarified the principles as well as the branches of Islam and there is no need for any addition. Abu Dharr (رضي الله عنه) narrated: "Muhammad (ﷺ) left us, but even a movement of a bird's wings reminds us of knowledge conveyed by him."

Section Two: Allegations against the Prophethood of Muhammad

Allegations against the Prophethood of Muhammad

﴿يُرِيدُونَ أَن يُطْفِـُٔوا۟ نُورَ ٱللَّهِ بِأَفْوَٰهِهِمْ وَيَأْبَى ٱللَّهُ إِلَّآ أَن يُتِمَّ نُورَهُۥ وَلَوْ كَرِهَ ٱلْكَـٰفِرُونَ ﴿٣٢﴾﴾ [التوبة: ٣٢]

﴾They [the disbelievers] want to extinguish Allah's Light [with which Muhammad has been sent — Islamic Monotheism] with their mouths, but Allah will not allow except that His Light should be perfected even though the *Kâfiroon* [disbelievers] hate [it].﴿ *(Qur'an 9:32)*

The people of the book knew from the Torah and other Books that a Prophet was to come. It is mentioned in the Torah and Old Testament what the Lord had told Moses about him. "I will send them a Prophet from among their brothers, like you. I will put My words in his mouth, and he will tell them all that I will command. Whoever does not hear the speech that he delivers on my behalf, I will call him to account." (Deuteronomy, v.18-19) When John and Jesus were sent, the people knew that neither one was the man mentioned by the Lord to Moses since they were both from the Children of Israel. Had the Lord meant that he would from among them, He (ﷻ) would have said "from yourselves" or "from you." Furthermore, John and Jesus were not like Moses in that they did not have the same capacity as a leader and in war expertise and did not have the same kind of miracles. Allah (ﷻ) did not destroy the foes of John and Jesus and those who revolted against them, and they did not abrogate the Torah. The coming Prophet that was mentioned to Moses was the one who would abrogate the Torah and establish a new law that was to be followed just as Moses predicted.

Therefore at the appearance of Muhammad (ﷺ), the people of the scriptures were certain that he was the one for whom they were waiting. He came with a new law abrogating the former ones, and had personal and physical qualities that made him similar to Moses. They expected him to side with them and show partiality in their favour. Consequently, when nothing of that happened, they started making allegations and spreading suspicions against his Message and against him in person.

The allegations that were made against him can be put into two categories:

First, suspicions were spread about the authenticity of the Prophet's Message and its divine source. They denied that the Prophet (ﷺ) was sent by Allah (ﷻ) and tried to throw doubt on the manifestation of the Revelation witnessed by the Prophet's companions. Some of them said he suffered from epilepsy, some said they were hallucinations, and others said it was a mental disorder. Shaykh Rasheed Riḍa refuted all these allegations in his book, *The Revelation to Muhammad (ﷺ).*

Secondly, suspicions about the value and content of the Message were introduced. They denied that the Qur'an was sent by Allah (ﷻ) and said that it was either composed by Muhammad (ﷺ) or taught to him by the monks. They also said that Islam was derived from the teachings of Judaism and Christianity. The allegations of Islam's foes against Muhammad (ﷺ) and his message are summarized in the following six allegations.

The First Allegation:

Jewish and Christian Laws are Everlasting

The Jewish writer Ibn Kammunah summarised this allegation when he said, "How can the law of Muhammad (ﷺ) be authentic in spite of the extensive and successive transmission, both in Judaism and Christianity, that the validity of their laws will continue until the Day of Resurrection?" This allegation is refuted by the fact that the belief in the expected Messiah is one of the strongest beliefs held by the Jews. It has become one of the pillars of faith in Judaism through theoretical structure and doctrinal conception. Its principles were given their final form by the scholar Moosa ibn Maymoon who called them the thirteen principles constituting the foundation of the Jewish religion.

The Jews expected the Messiah to come in one of the three following forms:

1. A king

The Jews still expect the advent of the Messiah in the form of a king. This idea is taken from a number of texts. For example, the Book of Ermia states, "Days will come when the Lord will say: 'I will make for David a dutiful plant (offspring), and he will have a kingdom that he will run with wisdom. He will establish judgement and obedience on earth. During his days Judah will be saved and will settle in Israel in security.'" The Book of Psalms says, "The Lord said to my master: sit at my right side and I shall cast your foes under your feet. The Lord extends the sceptre of your might from Zion to overcome your foes." It seems that this idea emerged as a result of the political and military failure of the Kingdom of the Children of Israel. They had become fugitives and captives. The Jewish ideology then turned to expect a new form of salvation. There would be a universal disaster that destroys the whole world and after that the Lord would establish His kingdom and proclaim Jerusalem as its capital and govern the world from the Mount of Zion. They believe that this would be preceded or accompanied by the arrival of a Jewish king sent from heaven to lead the Jews and place them at the top of the human hierarchy. This idea has now been transformed, and the hope that used to be for the Messiah is now called "Zionism." The objective of this movement is to bring back the Jews to their national life in the land of Palestine and to re-establish Israel.

2. A priest

There is also the expectation that the Messiah will come in the form of a priest. This is based on a number of texts. The Book of Zachariya claims, "In this manner did the Lord of powers speak saying: 'This is the man named the plant. He grows by himself and builds the temple of the Lord. He will have majesty and sit on the throne and rule. The priest also will be on his throne, and then a completed peace will be between them." (Chapter 6, pp 12-13) The Book of Psalms reads, "You had the leadership when you were born in the glory of holiness from the womb. At dawn you were born, and the Lord swore and will not regret. Forever you will be a priest in the rank of a truthful king." (Chapter 110, pp 3-4) According to a number of studies, the emergence of this form is attributed to the successful revolution of the sacerdotal family of Hashmoon that established a rule that was independent from the Greek Empire and that lasted for about a century.

3. A prophet

There is also the belief that he may appear as a prophet. This is based on the text mentioned from Deuteronomy: "I will send them a

Prophet from among their brothers, like unto you. I will put My words in his mouth. He will convey to them all my commands, and whoever disobeys the speech he tells on my behalf, I will call him to account." Six centuries after the recording of this text, another text appeared in the community of faith that lived in Qamaran in Jordan; "The righteous people should live according to the old law (that was) made to put-in-order the life of the primary society till the Prophet and the two Messiahs come from Aaron and Israel." (E. Lohse, *Die Texte aus Qumran,* 1QS9, 10-11)

The two texts state that the expected Prophet will have the authority to command and forbid. He will call to a new law that will not please the Jews, because it will be conflicting with their law. As a result, they may attempt to revolt against it. That is why the Lord warns them that whoever does not follow the Prophet and act according to his law will be punished.

The history of the Children of Israel also confirms the faith in the expected prophet. The religious history of the Jews tells about a number of people who claimed prophethood. The Jewish historian Yoosufus mentioned in his book *The History of the Jews* the following people who claimed prophethood.

— Yashil in Jerusalem

— Yonatan. He led a group of Jews through the Sinai in a miraculous exodus similar to the exodus of Moses and the Children of Israel from Egypt.

— Theodas. He crossed with his followers the river Jordan in a miracle similar to that of Yushua.

— The prophet of Samaria emerged in the year 36 during the rule of Pilates.

In more recent history there was also one man (Natan) who proclaimed prophethood in 1668. He was followed by the fake

Messiah Sabbatai Zwi. Due to the fact that they were expecting a prophet, some of the Jews followed both Islam and Christianity when Jesus and later Muhammad (peace upon them) appeared. If all the Jews did not follow John, Jesus or Muhammad (ﷺ), it is because they altered the function of the expected Prophet and alleged that his mission was to liberate the Jews and take them to the top of the human hierarchy. None of the three Prophets called for that. On the contrary John called them to repent from their sins and purify themselves. Jesus told them that his kingdom was not in this world. Muhammad (ﷺ) denounced them for altering Allah's Words, killing the Prophets, alleging that they killed Jesus and lying against Mary. He also invited them to Islam where all people are equal regardless of their race or colour and where the only criteria for having merit is doing righteous deeds.

As for the Christians, their claim is based on their belief that Jesus is Allah's Word that became a human being. Allah has therefore said everything and no other word will be said. A priest named John spoke about this in Spain during the sixteenth century. "After having told the fathers many times in many ways about the Prophets, Allah told us at the end of these days about a son whom He made the inheritor of everything, and by whom He created all creatures." He added, "From the time that Allah has sent us His son, His Word, He has had no other word to give. He has said everything through this Word. All that He had told to the Prophets piece by piece, He says now as a whole in His son. If we ask Allah (after that) for a vision or a Revelation, it would not be only a blunder but also a blasphemy against Allah." This statement made by John the priest nullifies the Lord's attribute of speech. In addition, it is necessary to consider the following facts:

First, the Prophet Jesus (عليه السلام) never said that he was the last of the Prophets. On the contrary, he explicitly stated that an educator and a guide would come to lead mankind. "It is better for you that I go. If I do not go, the righteous *paraclitus* will not come. However if I go, I will send him to you. When he comes, he will lead you to the whole truth, because he does not speak of himself, but only tells you what he hears and only speaks about what will happen." (The Gospel of John 61, v. 7-14) The qualities defined by Jesus for the educator and guide are found in Muhammad (ﷺ). This shall be explained in details later.

Secondly, the claim that Jesus (عليه السلام) is the last Prophet is against the concepts of prophethood in Christianity. It also makes null and void the claim that the Messiah's twelve Messengers, Prophets and instructors depend upon revelation and the Holy Spirit in their missions.

Thirdly, the church admits that there is need for a "special revelation" which is necessary to complete the general one by clarifying its incomprehensible parts and to solve the problems that occur during the process of Christianity and which cannot be solved by the general Revelation.

Lastly, not one of the Holy Books from all over the world contains a text stating with certainty that the person sent with such a Book is the last of the Prophets, except the Holy Qur'an.

It is clear that this allegation is intended to challenge the Prophet of Islam. Nevertheless, it is a groundless argument that has neither proofs nor evidence. The only motive of that allegation is absolute rejection as is seen in the book entitled, *The Principles of Faith* issued by the Vatican. It states, "The Christian Faith cannot accept any kind of revelation that corresponds to or tops the revelation of the Messiah, such as that on which non-Christian religions and sects are based."

The Second Allegation: There is No Need for His Message

The essence of this allegation is that there are two divine laws: "There is the law of justice and the law of Clemency. Since Allah is Just and Generous, He wanted to make His Justice apparent to his creation by sending Moses to the Children of Israel. He established the law of justice and commanded them to implement it until it became steadfast in them. Since perfection is an attribute of Allah (ﷻ), then the law of Clemency which was the perfection of the law of Justice, must be sent by the Most Perfect. Thus it is He alone who has the power to establish it. Being the Generous, He offered the best He has: His Word. Therefore He made it a tangible creation by which His Power and Generosity would be apparent. Furthermore, since there is no creation greater than man, He united with the human nature in the Virgin Mary. After this perfection, there can be nothing added. Therefore all the former messages are incomplete, and any messages that come after it will have to take from it. This is because they are inferior to it and an excess that nobody needs." (The Letter of Paul, the Antioch; Pp. 25, 26)

This allegation can be refuted in several ways. There are really three laws: a law of justice alone, a law of clemency alone and a law that combines both justice and clemency. This is the law of the Qur'an which enjoins justice and calls for clemency. It cannot be denied that both Moses and Jesus enjoined justice and called for clemency. Whoever says that Jesus enjoined clemency and forbade the oppressed to take revenge on the one who wronged him or that Moses did not call for clemency, is accusing the laws of these Prophets of shortcomings.

The truth is that justice is more frequently mentioned in the Torah, while clemency is more frequently mentioned in the Gospel.

The Qur'an combined these two qualities in a perfect manner. It indicates that the blissful dwellers of Paradise are two groups: one is the pious and just while the other is those who are closer to Allah by being quick to do the good. The first degree is achieved through justice by observing all commands and leaving the prohibitions. The second degree is achieved by clemency in that they perform the obligations and do voluntary worship and abstain from the prohibitions and anything that is considered questionable. The perfect law of Islam combines justice and clemency. Allah (ﷻ) says:

﴿وَإِنْ عَاقَبْتُمْ فَعَاقِبُوا۟ بِمِثْلِ مَا عُوقِبْتُم بِهِۦ﴾ [النّحل: ١٢٦]

﴿And if you punish [your enemy, O' you believers in the Oneness of Allah], then punish them with the like of that with which you were afflicted...﴾ *(Qur'an 16:126)*

This is justice. Then He (ﷻ) says:

﴿وَلَئِن صَبَرْتُمْ لَهُوَ خَيْرٌ لِّلصَّٰبِرِينَ﴾ [النّحل: ١٢٦]

﴿... But if you endure patiently, verily, it is better for *aṣ-Ṣâbiroon* [the patient].﴾ *(Qur'an 16:126)*

This is clemency. And He (ﷻ) says:

﴿فَمَن تَصَدَّقَ بِهِۦ فَهُوَ كَفَّارَةٌ لَّهُۥ﴾ [المائدة: ٤٥]

﴿But if anyone remits the retaliation by way of charity, it shall be for him expiation...﴾ *(Qur'an 5:45)*

That is justice, but He (ﷻ) also says:

﴿... But whoever forgives and makes reconciliation, his reward is with Allah...﴾ *(Qur'an 42:40)*

In regards to Allah's commands and prohibitions, there are two viewpoints. The first states that all is decided according to Allah's will regardless of the people's welfare. The second states that Allah (ﷻ) has sent the Prophets and sent down the Books to command the people to do what is beneficial for them and refrain from what is harmful. Allah (ﷻ) says:

﴿وَمَآ أَرْسَلْنَـٰكَ إِلَّا رَحْمَةً لِّلْعَـٰلَمِينَ ﴿١٠٧﴾﴾ [الأنبياء: ١٠٧]

﴿And We have sent you [O' Muhammad] not but as a mercy for the *'Âlameen* [mankind, jinn and all that exists],﴾

(Qur'an 21:107)

﴿قَالَ ٱهْبِطَا مِنْهَا جَمِيعًا ۖ بَعْضُكُمْ لِبَعْضٍ عَدُوٌّ ۖ فَإِمَّا يَأْتِيَنَّكُم مِّنِّى هُدًى فَمَنِ ٱتَّبَعَ هُدَاىَ فَلَا يَضِلُّ وَلَا يَشْقَىٰ ﴿١٢٣﴾ وَمَنْ أَعْرَضَ عَن ذِكْرِى فَإِنَّ لَهُۥ مَعِيشَةً ضَنكًا وَنَحْشُرُهُۥ يَوْمَ ٱلْقِيَـٰمَةِ أَعْمَىٰ ﴿١٢٤﴾ قَالَ رَبِّ لِمَ حَشَرْتَنِىٓ أَعْمَىٰ وَقَدْ كُنتُ بَصِيرًا ﴿١٢٥﴾ قَالَ كَذَٰلِكَ أَتَتْكَ ءَايَـٰتُنَا فَنَسِيتَهَا ۖ وَكَذَٰلِكَ ٱلْيَوْمَ تُنسَىٰ ﴿١٢٦﴾﴾ [طه: ١٢٣-١٢٦]

﴿Then if there comes to you guidance from Me, then whoever follows My Guidance he shall neither go astray, nor shall be distressed. But whosoever turns away from My Reminder [i.e. neither believes in this Qur'an nor acts on its teachings], verily, for him is a life of hardship, and We shall raise him up blind on the Day of Resurrection. He will say, "O' my Lord! Why have you raised me up blind, while I had sight [before]?" [Allah] will say, "Like this. Our *Âyât* [proofs, evidences, verses, lessons, signs revelations, etc.] came unto you, but you disregarded them [i.e. you left them, did not think deeply in them, and you turned away from them], and so this Day, you will be neglected [in the Hell-fire, away from Allah's Mercy]."﴾ *(Qur'an 20:123-126)*

According to the first verse, no one has the right to ask why the

Prophets were sent. However according to the second, sending the Prophet Muhammad (ﷺ) has many more benefits and wisdom than in the cases of Moses (عليه السلام) and Jesus (عليه السلام) in regards to this world and the Hereafter.

The Qur'an mentions the Resurrection, describes Hell and Paradise, tells the stories of the Prophets, reveals Allah's names and attributes, explains the angels and their categories, sheds light on the jinn and their creation, confirms monotheism with proof, refers to the former religions, argues with the Prophets' opposition, gives evidence for the principles of religions, makes the pure permissible and forbids the impure, accepts the blood-money for murder, and informs mankind of many other things which were not mentioned in the Torah. As for the Gospel, it is not an independent law; the majority of it consists of referrals to the Torah. In general it is characterised by calling for good conduct and morals, the desired renunciation of the worldly pleasures, and allowing some of the things that had been prohibited. However all of this is present in the Qur'an and in a more perfect manner.

The laws of Moses and Jesus (peace be upon them) would have been sufficient had they been protected and implemented. Most of their features have disappeared, and a great portion of their contents was altered. As a result of that, there was great disagreement among the Christians about the Messiah and other issues. Allah (سبحانه وتعالى) says:

﴿وَمِنَ ٱلَّذِينَ قَالُوٓاْ إِنَّا نَصَٰرَىٰٓ أَخَذْنَا مِيثَٰقَهُمْ فَنَسُواْ حَظًّا
مِّمَّا ذُكِّرُواْ بِهِۦ فَأَغْرَيْنَا بَيْنَهُمُ ٱلْعَدَاوَةَ وَٱلْبَغْضَآءَ إِلَىٰ يَوْمِ ٱلْقِيَٰمَةِۚ
وَسَوْفَ يُنَبِّئُهُمُ ٱللَّهُ بِمَا كَانُواْ يَصْنَعُونَ ﴿١٤﴾﴾ [المائدة: ١٤]

﴿And from those who call themselves Christians, We took their covenant but they have abandoned a good part of the

Message that was sent to them. So We planted amongst them enmity and hatred till the Day of Resurrection [when they discarded Allah's Book, disobeyed Allah's Messengers and His Orders and transgressed beyond bounds in Allah's disobedience]; And Allah will inform them of what they used to do.﴾ *(Qur'an 5:14)*

By the time Muhammad (ﷺ) appeared, the people were in an imperious need for a messenger. They were either illiterate people, who had no Book, living in polytheism and worshipping idols, or people of a Book that they had changed and altered its laws and confused the truth with falsehood.

Allah sent Muhammad (ﷺ) with a Book that was revealed as a confirmation of the former Books and that distinguished between truth and falsehood, guidance and aberration. Allah (ﷻ) says:

﴿يَهْدِي بِهِ اللَّهُ مَنِ اتَّبَعَ رِضْوَانَهُ سُبُلَ السَّلَامِ وَيُخْرِجُهُم
مِّنَ الظُّلُمَاتِ إِلَى النُّورِ بِإِذْنِهِ وَيَهْدِيهِمْ إِلَىٰ صِرَاطٍ مُّسْتَقِيمٍ
(١٦) لَّقَدْ كَفَرَ الَّذِينَ قَالُوا إِنَّ اللَّهَ هُوَ الْمَسِيحُ ابْنُ مَرْيَمَ ۚ قُلْ
فَمَن يَمْلِكُ مِنَ اللَّهِ شَيْئًا إِنْ أَرَادَ أَن يُهْلِكَ الْمَسِيحَ ابْنَ
مَرْيَمَ وَأُمَّهُ وَمَن فِي الْأَرْضِ جَمِيعًا ۗ وَلِلَّهِ مُلْكُ السَّمَاوَاتِ
وَالْأَرْضِ وَمَا بَيْنَهُمَا ۚ يَخْلُقُ مَا يَشَاءُ ۚ وَاللَّهُ عَلَىٰ كُلِّ شَيْءٍ قَدِيرٌ (١٧)
وَقَالَتِ الْيَهُودُ وَالنَّصَارَىٰ نَحْنُ أَبْنَاءُ اللَّهِ وَأَحِبَّاؤُهُ ۚ قُلْ فَلِمَ يُعَذِّبُكُم
بِذُنُوبِكُم ۖ بَلْ أَنتُم بَشَرٌ مِّمَّنْ خَلَقَ ۚ يَغْفِرُ لِمَن يَشَاءُ وَيُعَذِّبُ مَن يَشَاءُ ۚ
وَلِلَّهِ مُلْكُ السَّمَاوَاتِ وَالْأَرْضِ وَمَا بَيْنَهُمَا ۖ وَإِلَيْهِ الْمَصِيرُ (١٨)﴾

[المائدة: ١٦-١٨]

﴾O' people of the Scripture [Jews and Christians]! Now has come to you Our Messenger [Muhammad] explaining to you much of that which you used to hide from the Scripture and passing over [i.e., leaving out without explaining] much. Indeed, there has come to you from Allah a light [Prophet Muhammad] and a plain Book [this Qur'an]. Wherewith Allah guides all those who seek His Good Pleasure to ways of peace, and He brings them out of darkness by His Will unto light and guides them to the Straight way [Islamic Monotheism]. Surely, in disbelief are they who say that Allah is the Messiah, son of Maryam [Mary]. Say [O' Muhammad]: "Who then has the least power against Allah, if He were to destroy the Messiah, son of Maryam [Mary], his mother, and all those who are on the earth together?" And to Allah belongs the dominion of the heavens and the earth, and all that is between them. He creates what He wills. And Allah is Able to do all things. And [both] the Jews and the Christians say: "We are the children of Allah and His loved ones." Say: "Why then does He punish you for your sins?" Nay, you are but human beings of those He has created, He forgives whom He wills and He punishes whom He wills. And to Allah belongs the dominion of the heavens and the earth and all that is between them; and to Him is the return [of all]. O people of the Scripture [Jews and Christians]! Now has come you Our Messenger [Muhammad] making [things] clear unto you, after a break in [the series of] Messengers, lest you say: "There came unto us no bringer of glad tidings and no Warner. But now has come unto you a bringer of glad tidings and a Warner. And Allah is Able to do all things."﴿

(Qur'an 5:15-19)

In the law of the Torah, severity prevails and in the law of the Gospel clemency is dominant. Whereas the law of the Qur'an is moderate, somewhere between the two. Allah (ﷻ) says:

﴿وَكَذَٰلِكَ جَعَلْنَٰكُمْ أُمَّةً وَسَطًا لِّتَكُونُوا۟ شُهَدَآءَ عَلَى ٱلنَّاسِ﴾

[البقرة: ١٤٣]

﴾Thus we have made you [true Muslims — real believers of Islamic Monotheism, true followers of Prophet Muhammad and his Sunnah (legal ways)], a just [and the best] nation, that you be witnesses over mankind...﴿ *(Qur'an 2:143)*

Describing the nation of Muhammad (ﷺ), Allah (ﷻ) says:

﴿مُّحَمَّدٌ رَّسُولُ ٱللَّهِ ۚ وَٱلَّذِينَ مَعَهُۥٓ أَشِدَّآءُ عَلَى ٱلْكُفَّارِ رُحَمَآءُ بَيْنَهُمْ﴾

[الفتح: ٢٩]

﴾Muhammad is the Messenger of Allah. And those who are with him are severe against disbelievers and merciful among themselves...﴿ *(Qur'an 48:29)*

﴿فَسَوْفَ يَأْتِى ٱللَّهُ بِقَوْمٍ يُحِبُّهُمْ وَيُحِبُّونَهُۥٓ أَذِلَّةٍ عَلَى ٱلْمُؤْمِنِينَ أَعِزَّةٍ عَلَى ٱلْكَٰفِرِينَ﴾

[المائدة: ٥٤]

﴾... Allah will bring a people whom He will love and they will love Him; humble towards the believers, stern towards the disbelievers...﴿ *(Qur'an 5:54)*

One of the features of the Islamic law is that it combines clemency, forgiveness and good morals in a way greater than the Gospel; and severity, strife and strict implementation of rules in a way greater than the Torah. That is why it is said that Moses (عليه السلام) is sent with exaltedness, Jesus (عليه السلام) with gracefulness and Muhammad (ﷺ) with perfection.

Allah's Benevolence to His slaves includes bestowing clemency on them and there are two kinds. First, there is the blessing of having their needs satisfied. For example, they are given sustenance to prevent hunger and victory to be safe against their foes. Secondly, there are blessings which enable people to achieve a higher status. By sending Muhammad (ﷺ), the two kinds of favours were realised. The people (both illiterate and those of the scripture) used to live in ignorance and aberration. There was not one follower of the Messiah who was still attached to the true religion that leads to happiness in the Hereafter. They had altered and changed their Book.

Even if there had been no alteration in the former Books, sending Muhammad (ﷺ) would have been necessary to complete Allah's Benevolence and help the people reach the highest status, which was not possible by the first Books. About those who rejected his message, Allah (ﷻ) says:

﴿۞أَلَمْ تَرَ إِلَى ٱلَّذِينَ بَدَّلُوا۟ نِعْمَتَ ٱللَّهِ كُفْرًا وَأَحَلُّوا۟ قَوْمَهُمْ دَارَ ٱلْبَوَارِ ﴿٢٨﴾﴾ [إبراهيم: ٢٨]

﴿Have you not seen those who have changed the Blessings of Allah into disbelief [by denying Prophet Muhammad and his Message of Islam], and caused their people to dwell in the house of destruction?﴾ *(Qur'an 14:28)*

All the denominations on earth admit that Muhammad (ﷺ) has invited them to a better life than what they have. The people of the scripture admit that no people other than themselves have benefited a lot from Islam. The Jews say that the Christians were in great need for Islam, and the Christians say the same about the Jews. The philosophers confess that the world has never witnessed a law better than that of Islam. In the event that the opinion of one group which happens to be in dispute with Islam is rejected, but the testimony of all the groups is acceptable against each other, it must therefore be concluded that all the people on earth testify that Muhammad (ﷺ) has invited them to a religion that is better than what they used to follow.

The Christians admit that the polytheists have obtained great benefits by embracing a religion calling for the Oneness of Allah (ﷻ). They also say that Islam glorifies the Messiah and his mother and refutes the Jewish allegations against her. These are great benefits and goals bestowed by Allah on His slaves.

In addition to that he said that he was sent by Allah (ﷻ), had Muhammad (ﷺ) been a liar, then none of these benefits would have been realised by him. Only a man who comes with knowledge, guidance and good for people in this world, as well as in the Hereafter, is worthy of being the best man on earth and is the first to receive Allah's pleasure.

The generous man who is beneficent to the people is not the one who obligates them to abandon their rights. According to the Christians, the law of the Gospel obligates the people to abandon their rights and not to seek revenge if they are wronged. That is why they do not have a just rule to judge between the people. They have two kinds of rules. There is the rule of the clergymen in which no justice is administered against the wrong doer in favour of the wronged person and the rule of the kings which is not a divine rule and is based on the king's decisions. As a result of this unjust dualism, they apply the Islamic law in judgements relating to property and blood. In regards to the loss of property and blood, it is desirable that the wronged person forgives the wrong-doer. However if the judge obligates the wronged party to forgive and abandon his right, then this is considered injustice. If the killer is set free, the indebted person is not asked to pay back money, and the wrong-doer is not punished, then the oppressors will have nothing to hold them back and there will be anarchy. Therefore it is necessary to have a law based on justice that calls for forgiveness and mercy. Allah (ﷻ) says:

﴿وَلَوۡلَا دَفۡعُ ٱللَّهِ ٱلنَّاسَ بَعۡضَهُم بِبَعۡضٖ لَّفَسَدَتِ ٱلۡأَرۡضُ﴾

[البَقَرَة: ٢٥١]

﴾... And if Allah did not check one set of people by means of another, the earth would indeed be full of mischief...﴿

(Qur'an 2:251)

Both justice and mercy are enacted only by Allah. Therefore the laws of the Torah and the Gospel were only established by Allah (ﷻ). The Christians believe that justice was brought by Moses (عليه السلام) and clemency was enjoined by Allah. However, the law of justice is worthier to be attributed to Allah than that of clemency. Anyone can call for clemency and forgiveness while very few people can administer justice when judging between the people. Therefore how can it be said that Allah commanded the law of clemency and did not command the law of justice? Allah has sent the Prophets to establish justice. He (ﷻ) says:

﴿لَقَدْ أَرْسَلْنَا رُسُلَنَا بِٱلْبَيِّنَٰتِ وَأَنزَلْنَا مَعَهُمُ ٱلْكِتَٰبَ وَٱلْمِيزَانَ لِيَقُومَ ٱلنَّاسُ بِٱلْقِسْطِ ۖ وَأَنزَلْنَا ٱلْحَدِيدَ فِيهِ بَأْسٌ شَدِيدٌ وَمَنَٰفِعُ لِلنَّاسِ وَلِيَعْلَمَ ٱللَّهُ مَن يَنصُرُهُۥ وَرُسُلَهُۥ بِٱلْغَيْبِ ۚ إِنَّ ٱللَّهَ قَوِىٌّ عَزِيزٌ ﴿٢٥﴾﴾

[الحديد: ٢٥]

﴾Indeed We have sent Our Messengers with clear proofs, and revealed with them the Scripture and the Balance [justice] that mankind may keep up justice. And We brought forth iron wherein is mighty power [in matters of war], as well as many benefits for mankind, that Allah may test who it is that will help Him [His religion] and His Messengers in the unseen. Verily, Allah is All- Strong, All-Mighty.﴿

(Qur'an 57:25)

It is known that Jesus' command to the wronged person to forgive the wrong-doer is not an obligation for which one is punished in case of failure, but it is desirable. If one does so, he will be praised. Moses enjoined justice for which there is punishment in case of failure and neglect. Therefore, there is no contradiction between enjoining justice and making forgiveness desirable. Enjoining justice is connected with warnings and threats if abandoned and making forgiveness desirable is connected with the instigating goodness.

In conclusion, the law of the Gospel is not contradictory with that of the Torah but is a complementary part thereof. The allegation that the law of the Gospel is less than of the Torah is only professed by the ignorant and most misguided people.

The Third Allegation:
His Coming was not Prophesied

The essence of this allegation is that the former Prophets mentioned no prophecies on the advent of Muhammad (ﷺ). For instance, it is maintained that Jesus said that no Prophet would come after him. This allegation consists of two parts.

1. Muhammad is not a Prophet because the former Prophets said nothing about him.
2. The prophecies told by the former Prophets are meant exclusively for Jesus (peace be upon him).

An answer for each part is easily provided because all the signs and proofs known from the former Prophets are confirmed and enhanced in the person of Muhammad (ﷺ). First of all, it is not a condition for prophethood that there are prophecies made about him by the former Prophets. It can be confirmed and proved without that. There had been no prophecies by former Prophets about Noah (عليه السلام), Abraham (عليه السلام) and others. Most of the Prophets sent to the Children of Israel had no prophecies made about them like David, Isaiah and others. Even Moses (عليه السلام) who is considered the best example of prophethood by the Children of Israel had no prophecies on his advent told by the former Prophets.

The belief that only Jesus had been predicted by the former Prophets can be refuted in two ways. First, knowing whether Jesus (عليه السلام) was a prophet or not does not depend on any information that the former Prophets may have mentioned about his advent. There are many ways to prove prophethood. When it is proved by any of them, then it is confirmed even if the former Prophets mentioned nothing. Secondly, the Prophets have mentioned prophecies about the advent of Muhammad (ﷺ), particularly Jesus. This is an independent proof of his prophethood. These prophecies are in the Qur'an and the former Books. Allah (سبحانه وتعالى) speaks about this in several verses.

﴿وَإِذْ قَالَ عِيسَى ٱبْنُ مَرْيَمَ يَٰبَنِىٓ إِسْرَٰٓءِيلَ إِنِّى رَسُولُ ٱللَّهِ إِلَيْكُم مُّصَدِّقًا لِّمَا بَيْنَ
يَدَىَّ مِنَ ٱلتَّوْرَىٰةِ وَمُبَشِّرًۢا بِرَسُولٍ يَأْتِى مِنۢ بَعْدِى ٱسْمُهُۥٓ أَحْمَدُ ۖ فَلَمَّا جَآءَهُم بِٱلْبَيِّنَٰتِ
قَالُوا۟ هَٰذَا سِحْرٌ مُّبِينٌ ﴿٦﴾﴾ [الصف: ٦]

﴿And [remember] when 'Eesa [Jesus], son of Maryam [Mary] said, "O' Children of Israel! I am the Messenger of Allah unto you, confirming the *Tawrât* [Torah] which came before me, and giving glad tidings of a Messenger to come after me, whose name shall be Aḥmad [Muhammad]..."﴾

(Qur'an 61:6)

﴿ٱلَّذِينَ يَتَّبِعُونَ ٱلرَّسُولَ ٱلنَّبِىَّ ٱلْأُمِّىَّ ٱلَّذِى يَجِدُونَهُۥ مَكْتُوبًا
عِندَهُمْ فِى ٱلتَّوْرَىٰةِ وَٱلْإِنجِيلِ يَأْمُرُهُم بِٱلْمَعْرُوفِ وَيَنْهَىٰهُمْ عَنِ
ٱلْمُنكَرِ وَيُحِلُّ لَهُمُ ٱلطَّيِّبَٰتِ وَيُحَرِّمُ عَلَيْهِمُ ٱلْخَبَٰٓئِثَ وَيَضَعُ
عَنْهُمْ إِصْرَهُمْ وَٱلْأَغْلَٰلَ ٱلَّتِى كَانَتْ عَلَيْهِمْ ۚ﴾ [الأعراف: ١٥٧]

﴿Those who follow the Messenger, the Prophet who can neither read nor write [i.e. Muhammad] whom they find written with them in the *Tawrât* [Torah] [Deut, xviii 15] and the *Injeel* [Gospel] [John xiv, 16], — he commands them for *al-Ma'roof* [i.e. Islamic Monotheism and all that Islam has ordained]; and forbids them from *al-Munkar* [I.e. disbelief, polytheism of all kinds, and all that Islam has forbidden]; he allows them as lawful *aṭ-Ṭayyibât* [i. e. all good and lawful as regards things, deeds, beliefs, persons foods] and prohibits them as unlawful *al-Khabâ'ith* [i.e. all evil and unlawful as regards things, deeds, beliefs, persons and foods], he releases them from their heavy burdens [of Allah's Covenant with the Children of Israel], and from the fetters [bindings] that were upon them...﴿ *(Qur'an 7:157)*

﴿مُّحَمَّدٌ رَّسُولُ ٱللَّهِ ۚ وَٱلَّذِينَ مَعَهُۥٓ أَشِدَّآءُ عَلَى ٱلْكُفَّارِ رُحَمَآءُ بَيْنَهُمْ ۖ تَرَىٰهُمْ رُكَّعًا
سُجَّدًا يَبْتَغُونَ فَضْلًا مِّنَ ٱللَّهِ وَرِضْوَٰنًا ۖ سِيمَاهُمْ فِى وُجُوهِهِم مِّنْ أَثَرِ
ٱلسُّجُودِ ۚ ذَٰلِكَ مَثَلُهُمْ فِى ٱلتَّوْرَىٰةِ ۚ وَمَثَلُهُمْ فِى ٱلْإِنجِيلِ كَزَرْعٍ أَخْرَجَ شَطْـَٔهُۥ
فَـَٔازَرَهُۥ فَٱسْتَغْلَظَ فَٱسْتَوَىٰ عَلَىٰ سُوقِهِۦ يُعْجِبُ ٱلزُّرَّاعَ لِيَغِيظَ بِهِمُ
ٱلْكُفَّارَ ۗ﴾ [الفتح: ٢٩]

﴾Muhammad is the Messenger of Allah. And those who are with him are severe against disbelievers, and merciful among themselves. You see them bowing and falling down prostrate [in prayer], seeking Bounty from Allah and [His] Good pleasure. The mark of them [i.e. of their Faith] is on their faces [foreheads] from the traces of prostration [during prayers]. This is their description in the *Tawrât* [Torah]. But their description in the *Injeel* [Gospel] is like a [sown] seed which sends forth its shoot, then makes it strong, and becomes thick and it stands straight on its stem, delighting the sowers, that He may enrage the disbelievers with them...﴿ *(Qur'an 48:29)*

﴿ٱلَّذِينَ ءَاتَيْنَٰهُمُ ٱلْكِتَٰبَ يَعْرِفُونَهُۥ كَمَا يَعْرِفُونَ أَبْنَآءَهُمْ﴾ [البقرة: ١٤٦]

﴿Those to whom We gave the scripture [Jews and Christians] recognise him [Muhammad, or the Ka'bah at Makkah] as they recognise their sons...﴾ *(Qur'an 2:146 & 6: 20)*

﴿وَكَانُوا۟ مِن قَبْلُ يَسْتَفْتِحُونَ عَلَى ٱلَّذِينَ كَفَرُوا۟ فَلَمَّا جَآءَهُم مَّا عَرَفُوا۟ كَفَرُوا۟ بِهِۦ ۚ فَلَعْنَةُ ٱللَّهِ عَلَى ٱلْكَٰفِرِينَ﴾ [البقرة: ٨٩]

﴿... Although aforetime they had invoked Allah [for coming of Muhammad] in order to gain victory over those who disbelieved, then when there came to them that which they had recognised, they disbelieved in it. So let the Curse of Allah be on the disbelievers.﴾ *(Qur'an 2:89)*

﴿أَفَغَيْرَ ٱللَّهِ أَبْتَغِى حَكَمًا وَهُوَ ٱلَّذِىٓ أَنزَلَ إِلَيْكُمُ ٱلْكِتَٰبَ مُفَصَّلًا ۚ وَٱلَّذِينَ ءَاتَيْنَٰهُمُ ٱلْكِتَٰبَ يَعْلَمُونَ أَنَّهُۥ مُنَزَّلٌ مِّن رَّبِّكَ بِٱلْحَقِّ ۖ فَلَا تَكُونَنَّ مِنَ ٱلْمُمْتَرِينَ ﴿١١٤﴾﴾ [الأنعام: ١١٤]

﴿Say [O' Muhammad)], "Shall I seek a judge other than Allah while it is He Who has sent down unto you the Book [the Qur'an], explained in detail." Those unto whom We gave the Scripture [the *Tawrât* (Torah) and the *Injeel* (Gospel)] know that it is revealed from your Lord in truth. So be not you of those who doubt.﴾ *(Qur'an 6:114)*

﴿أَوَلَمْ يَكُن لَّهُمْ ءَايَةً أَن يَعْلَمَهُۥ عُلَمَٰٓؤُا۟ بَنِىٓ إِسْرَٰٓءِيلَ ﴿١٩٧﴾﴾ [الشعراء: ١٩٧]

﴿Is it not a sign to them that the learned scholars [like 'Abdullah ibn Salâm who embraced Islam] of the Children of Israel know it [as true]?﴾ *(Qur'an 26:197)*

﴿وَيَقُولُ ٱلَّذِينَ كَفَرُوا۟ لَسْتَ مُرْسَلًا ۚ قُلْ كَفَىٰ بِٱللَّهِ شَهِيدًۢا بَيْنِى وَبَيْنَكُمْ وَمَنْ عِندَهُۥ عِلْمُ ٱلْكِتَـٰبِ ﴿٤٣﴾﴾ [الرّعد: ٤٣]

﴿Sufficient as a witness between me and you is Allah and those too who have knowledge of the Scripture.﴾

(Qur'an 13:43)

﴿وَإِذَا سَمِعُوا۟ مَآ أُنزِلَ إِلَى ٱلرَّسُولِ تَرَىٰٓ أَعْيُنَهُمْ تَفِيضُ مِنَ ٱلدَّمْعِ مِمَّا عَرَفُوا۟ مِنَ ٱلْحَقِّ﴾ [المائدة: ٨٣]

﴿And when they [who call themselves Christians] listen to what has been sent down to the Messenger [Muhammad], you see their eyes overflowing with tears because of the truth they have recognised...﴾ *(Qur'an 5:83)*

﴿وَيَقُولُونَ سُبْحَـٰنَ رَبِّنَآ إِن كَانَ وَعْدُ رَبِّنَا لَمَفْعُولًا ﴿١٠٨﴾ وَيَخِرُّونَ لِلْأَذْقَانِ يَبْكُونَ وَيَزِيدُهُمْ خُشُوعًا ۩ ﴿١٠٩﴾﴾ [الإسراء: ١٠٨-١٠٩]

﴿... Verily those who were given knowledge before it [the Jews and the Christians like 'Abdullah ibn Salâm and Salmân al-Fârisi], when it is recited to them, fall down on their faces in humble prostration. And they say, "Glory is to our Lord! Truly, the Promise of our Lord must be fulfilled." And they fall down on their faces weeping and it increases their humility.﴾ *(Qur'an 17:107-109)*

﴿فَإِن كُنتَ فِى شَكٍّ مِّمَّآ أَنزَلْنَآ إِلَيْكَ فَسْـَٔلِ ٱلَّذِينَ يَقْرَءُونَ ٱلْكِتَـٰبَ مِن قَبْلِكَ ۚ لَقَدْ جَآءَكَ ٱلْحَقُّ مِن رَّبِّكَ فَلَا تَكُونَنَّ مِنَ ٱلْمُمْتَرِينَ ﴿٩٤﴾﴾

[يُونس: ٩٤]

﴿So if you [O' Muhammad] are in doubt concerning that which We have revealed unto you, [that is that your name is written in the *Tawrât* (Torah) and the *Injeel* (Gospel)], then ask those who are reading the Book before you.﴾

(Qur'an 10:94)

﴿ٱلَّذِينَ ءَاتَيْنَٰهُمُ ٱلْكِتَٰبَ مِن قَبْلِهِۦ هُم بِهِۦ يُؤْمِنُونَ ﴿٥٢﴾ وَإِذَا يُتْلَىٰ عَلَيْهِمْ قَالُوٓا۟ ءَامَنَّا بِهِۦٓ إِنَّهُ ٱلْحَقُّ مِن رَّبِّنَآ إِنَّا كُنَّا مِن قَبْلِهِۦ مُسْلِمِينَ ﴿٥٣﴾﴾

[القصص: ٥٢-٥٣]

﴾Those to whom We gave the Scripture [i.e. the *Tawrât* (Torah) and the *Injeel* (Gospel)] before it, they believe in it [the Qur'an]. And when it is recited to them, they say, "We believe in it. Verily, it is the truth from our Lord. Indeed even before it we have been from those who submit themselves to Allah in Islam as Muslims [like 'Abdullah ibn Salâm and Salmân al-Fârisi]." These will be given their reward twice over, because they are patient, and repel evil with good, and spend [in charity] out of what We have provided them.﴾ *(Qur'an 28: 52-54)*

The information that the former Prophets gave prophecies about Muhammad (ﷺ) is derived from different sources. Some of these predictions can be found today in what remains of the former Books and is still available with the people of the scripture. There is also the information given by those who have studied these books. The people of Madeenah, for instance, said that the Jews there used to tell them about the coming of a messenger of Allah that they expected according to their Book. Also the Roman king Heraclius; Maqocus, the ruler of Egypt; and Najashi, the king of Abyssinia, all said that they found the Prophet Muhammad (ﷺ) mentioned in their Books.

The Prophet (ﷺ) was told from time to time by the verses of the Qur'an that he was mentioned in the former Books. Had it not been certain that he was mentioned in these Books, then the Qur'an would not have mentioned it. So, the evidence confirming his prophethood, he said that he was mentioned in the former Books and the former Prophets mentioned prophecies about his advent.

It is a well-known fact that the advent of Islam was the greatest, world-wide event and that it has spread in an unprecedented manner. Had Muhammad (ﷺ) been a liar, the Prophets would have warned the people about him the same way they warned them about the "False Messiah," because his (ﷺ) threat to them is greater given the number of his (ﷺ) followers. Contrary to that, it is known from the Books of the people of the scriptures that the former Prophets praised Muhammad (ﷺ) and that none of them defamed him or found fault with him. Whoever claims prophethood and is praised by the Prophets, then he is a true Prophet (ﷺ). It is impossible to believe that the Prophets would have praised someone who falsely claims prophethood. Allah (ﷻ) says:

﴿وَمَنْ أَظْلَمُ مِمَّنِ ٱفْتَرَىٰ عَلَى ٱللَّهِ كَذِبًا أَوْ قَالَ أُوحِىَ إِلَىَّ وَلَمْ يُوحَ إِلَيْهِ شَىْءٌ﴾ [الأنعام: ٩٣]

﴾And who can be more unjust than he who invents a lie against Allah, or says, "A revelation has come to me" whereas no revelation has come to him...﴿ *(Qur'an 6:93)*

The allegation that Jesus (ﷺ) told the people that there would be no Prophet after him is groundless and even contradicts the concept of prophethood in Christianity. The New Testament mentioned that Jesus told the Jews that the "Expected One" would come after him, and he would not be of the family of David. When the Pharisees gathered together, Jesus (ﷺ) asked them, "What do you see in the Messiah? Whose son is he?" and they replied, "The son of David." He said to them, "How then did David call him Master? David said, 'The Lord said to my master: sit at my right and I will cast your foes under your feet.' Since David called him Master, then how can he be his son?" The Torah has also mentioned the attributes and description of the expected one. The Muslim scholars and even some moderate scholars of the people of the scripture stated that the description of the person is identical with Muhammad (ﷺ) and not with Jesus (عليه السلام).

The Fourth Allegation:

He Had No Miracles

This allegation claims that the Qur'an has no signs and miracles supporting the Prophet Muhammad (ﷺ). It is needless to correct the information about the Prophets' signs and miracles mentioned in their Books. However, it is necessary to answer this allegation for those who believe only in the signs mentioned in the Qur'an and not those found in the traditions about those found in the Torah and the Gospel given to Moses and Jesus respectively.

This allegation is very weak, because it is not a condition of the verified information (*tawator*) that it can only be from the Qur'an. Even the Islamic law includes articles which are not from the Qur'an and that is true about his miracles. There are verified signs about his prophethood that are not mentioned in the Qur'an. Allah (سبحانه وتعالى) says:

﴿وَأَنزَلَ ٱللَّهُ عَلَيۡكَ ٱلۡكِتَٰبَ وَٱلۡحِكۡمَةَ﴾ [النساء: ١١٣]

﴿... Allah has sent down to you the Book [the Qur'an], and *al-Ḥikmah* [the Prophet's Sunnah — legal ways]...﴾

(Qur'an 4:113)

One of the signs of the prophethood of Muhammad (ﷺ) in the Qur'an is the story about the elephants. Allah (سبحانه وتعالى) says:

﴿أَلَمْ تَرَ كَيْفَ فَعَلَ رَبُّكَ بِأَصْحَٰبِ ٱلْفِيلِ ۝١ أَلَمْ يَجْعَلْ كَيْدَهُمْ فِي تَضْلِيلٍ ۝٢ وَأَرْسَلَ عَلَيْهِمْ طَيْرًا أَبَابِيلَ ۝٣ تَرْمِيهِم بِحِجَارَةٍ مِّن سِجِّيلٍ ۝٤ فَجَعَلَهُمْ كَعَصْفٍ مَّأْكُولٍ ۝٥﴾ [الفيل: ١-٥]

﴿Have you [O' Muhammad] not seen how your Lord dealt with the owners of the Elephant? [The Elephant army which came from Yemen under the command of Abrahah al-Ashram intending to destroy the Ka'bah at Makkah] Did He not make their plot go astray? And He sent against them birds, in flocks. Striking them with stones of *Sijjeel* [baked clay]. And He made them like [an empty field of] stacks [of which the corn has been eaten up by cattle].﴾

(Qur'an 105:1-5)

The Christians of Abyssinia were led by Abrahah al-Ashram with an army of elephants that came to Makkah intending to destroy the Ka'bah (the sacred house in Makkah) because some of the Arabs had humiliated their church in Yemen. Allah (ﷻ) sent against them birds which threw stones on them and destroyed the whole army. This sign was not sent to glorify the people living around the Ka'bah, because they were polytheists at that time. Therefore, it was sent either to glorify and protect the Ka'bah or to glorify Muhammad (ﷺ). He was born that year near the Ka'bah. Whatever the case, it is a sign of his prophethood, because no one but the Muslims go for pilgrimage to the Ka'bah and perform prayers in its direction.

The Ka'bah is more sacred in sight of Allah (ﷻ) than the Church, and that is why He destroyed the army who intended to glorify the Church by insulting the Ka'bah.

Another sign from the Qur'an is that the jinn used to eavesdrop on what was being said in heaven, but after the advent of Muhammad (ﷺ), guards and fire were put there to prevent them from doing that.

Allah (سُبْحَانَهُ وَتَعَالَى) says:

﴿قُلْ أُوحِىَ إِلَىَّ أَنَّهُ ٱسْتَمَعَ نَفَرٌ مِّنَ ٱلْجِنِّ فَقَالُوٓا۟ إِنَّا سَمِعْنَا قُرْءَانًا عَجَبًا
﴿١﴾ يَهْدِىٓ إِلَى ٱلرُّشْدِ فَـَٔامَنَّا بِهِۦ ۖ وَلَن نُّشْرِكَ بِرَبِّنَآ أَحَدًا ﴿٢﴾ وَأَنَّهُۥ تَعَٰلَىٰ
جَدُّ رَبِّنَا مَا ٱتَّخَذَ صَٰحِبَةً وَلَا وَلَدًا ﴿٣﴾ وَأَنَّهُۥ كَانَ يَقُولُ سَفِيهُنَا عَلَى ٱللَّهِ
شَطَطًا ﴿٤﴾ وَأَنَّا ظَنَنَّآ أَن لَّن تَقُولَ ٱلْإِنسُ وَٱلْجِنُّ عَلَى ٱللَّهِ كَذِبًا ﴿٥﴾ وَأَنَّهُۥ
كَانَ رِجَالٌ مِّنَ ٱلْإِنسِ يَعُوذُونَ بِرِجَالٍ مِّنَ ٱلْجِنِّ فَزَادُوهُمْ رَهَقًا ﴿٦﴾ وَأَنَّهُمْ ظَنُّوا۟
كَمَا ظَنَنتُمْ أَن لَّن يَبْعَثَ ٱللَّهُ أَحَدًا ﴿٧﴾ وَأَنَّا لَمَسْنَا ٱلسَّمَآءَ فَوَجَدْنَٰهَا مُلِئَتْ
حَرَسًا شَدِيدًا وَشُهُبًا ﴿٨﴾ وَأَنَّا كُنَّا نَقْعُدُ مِنْهَا مَقَٰعِدَ لِلسَّمْعِ ۖ فَمَن يَسْتَمِعِ
ٱلْـَٔانَ يَجِدْ لَهُۥ شِهَابًا رَّصَدًا ﴿٩﴾ وَأَنَّا لَا نَدْرِىٓ أَشَرٌّ أُرِيدَ بِمَن فِى ٱلْأَرْضِ أَمْ
أَرَادَ بِهِمْ رَبُّهُمْ رَشَدًا ﴿١٠﴾﴾ [الجن: ١-١٠]

﴾Say [O' Muhammad], "It has been revealed to me that a group [from three to ten in number] of jinn listened [to this Qur'an]. They said, 'Verily, we have heard a wonderful Recitation [this Qur'an]!' It guides to the Right Path, and we have believed therein, and we shall never join [in worship] anything with our Lord [Allah]. 'And He, exalted is the Majesty of our Lord, has taken neither a wife nor a son [or offspring or children].' And that the foolish among us [i.e. *Iblees* (Satan) or the polytheists amongst the jinn] used to utter against Allah that which was an enormity in falsehood. 'And verily, we thought that men and jinn would not utter a lie against Allah.' And verily, there were men among mankind who took shelter with the males among the jinn, but they [jinn] increased them [mankind] in sin and transgression. 'And they thought as you thought, that Allah will not send any Messenger [to mankind or jinn].' And we have sought to reach the heaven; but found it filled with stern guards and flaming fires. 'And verily, we used to sit therein stations, to [steal] a hearing, but any who listens now will find a flaming fire watching him in ambush.' And we know not whether evil is intended for those on earth, or whether their Lord intends for them a Right Path.﴿

(Qur'an 72:1-10)

This story of the jinn was seen by all the people, believers and disbelievers, and none denied it.

The Fifth Allegation:

He was Sent Only to the Arabs

The people of the scripture allege that Muhammad (ﷺ) was not sent to them, but only to the Arabs. They say that from the beginning of Islam until his death he invited only his people to Islam. They deduced that from what they understood from some Qur'anic verses stating that the Qur'an is a Holy Book sent in the Arabic language.

﴿إِنَّآ أَنزَلْنَٰهُ قُرْءَٰنًا عَرَبِيًّا لَّعَلَّكُمْ تَعْقِلُونَ ﴿٢﴾﴾ [يوسف: ٢]

﴾Verily We have sent it down as an Arabic Qur'an in order that you may understand.﴿ *(Qur'an 12:2)*

They also point out that the verses that commanded the Prophet (ﷺ) to call his relatives mean that he was sent only to his people.

﴿لِتُنذِرَ قَوْمًا مَّآ أَتَىٰهُم مِّن نَّذِيرٍ مِّن قَبْلِكَ لَعَلَّهُمْ يَهْتَدُونَ﴾

[السَّجدَة: ٣]

﴾... So that you warn a people to whom no Warner has come

before you [O' Muhammad], in order that they may be guided.﴿ *(Qur'an 32:3)*

﴿وَأَنذِرْ عَشِيرَتَكَ ٱلْأَقْرَبِينَ ﴿٢١٤﴾﴾ [الشُّعَرَاء: ٢١٤]

﴾And warn your tribe [O' Muhammad] of near kindred.﴿ *(Qur'an 26:214)*

They understood that these verses were a proof that Muhammad (ﷺ) was sent only to the ignorant Arabs whom had not had a Warner before him. They claimed that he did not obligate the Jews or the Christians to follow him because other Messengers before him had come to them and called them in their language and taught them the Torah and the Gospel in those languages. Therefore they argued that as justice entails, the following Qur'anic verse is addressed exclusively to the people of Muhammad (ﷺ).

﴿وَمَن يَبْتَغِ غَيْرَ ٱلْإِسْلَٰمِ دِينًا فَلَن يُقْبَلَ مِنْهُ وَهُوَ فِى ٱلْءَاخِرَةِ مِنَ ٱلْخَٰسِرِينَ ﴿٨٥﴾﴾ [آل عِمرَان: ٨٥]

﴾And whoever seeks a religion other than Islam, it will never be accepted of him, and in the Hereafter he will be one of the losers.﴿ *(Qur'an 3:85)*

The Muslims refute this argument based on three types of evidence. First they reject their argument using the Qur'an and all that was conveyed by Muhammad (ﷺ). The fact that they use the Qur'an to prove that in which they differ with the Muslims is not acceptable. Whoever belies Muhammad (ﷺ) has no right to argue using the Qur'an, because what was told by the Prophet is one entity, so it is not permissible to argue using one part and rejecting the other.

Next, it is important to give the correct interpretation of the verses they used in their argument. The Qur'an was sent down in the Arabic language, because revelation is usually sent down in the language of the people to whom it is originally sent. Afterwards it is conveyed to those who do not know that language. That was the case of Jesus whose language was Aramaic and it was also the language of those who followed him first. The Christians have contradicted their own argument; they too have addressed the other nations and translated the Gospel into these nations' languages.

The Arab Christians and the Jews of Madeenah at the time of the Prophet (ﷺ) understood the Qur'an without translation although their origins were in Persia, Rome, Egypt, Turkey and India. Even those who used the Qur'anic verses to prove that Islam was a religion for the Arabs understood what they were doing without translation.

The fact that the Qur'an was sent down in Arabic is a great blessing from Allah (ﷻ) to His slaves because Arabic is the most perfect language and the most reliable in regards to clarity of meaning. It is also intended to establish a plea against the Arabs who understand its meanings better than the others.

In addition, the fact that it was sent directly to the Arabs does not prevent it from being intended also for the non-Arabs, Jews and Christians as well. According to what they say, Jesus (عليه السلام) sent out his representative from among the disciples to nations other than the Children of Israel. Alleging that Muhammad (ﷺ) was not sent to them because they had Messengers before him is groundless. It is known that the Children of Israel was the nation who received the greatest number of prophets. However that did not prevent the sending of Moses and Jesus to them. So how could it not be possible that Muhammad (ﷺ) was sent after Jesus; noting that the period between the two Prophets was six hundred years.

They made an incorrect interpretation of the Qur'anic verse: "And whoever seeks a religion other than Islam, it will never be accepted of him." It was not addressed only to the Arabs but to all mankind. This verse was actually revealed while the Prophet (ﷺ)

was arguing with a Christian delegation from Najrân. A further proof that the Prophet Muhammad's call is for the Jews, Christians and others is that Allah (ﷻ) mentions in the Qur'an that Islam is the religion of all the Prophets.

﴿إِنَّ ٱلدِّينَ عِندَ ٱللَّهِ ٱلْإِسْلَٰمُ﴾ [آل عمران: ١٩]

﴿Truly, the religion with Allah is Islam...﴾ *(Qur'an 3:19)*

There is a collection of evidence about Islam's universality that also needs to be considered. It is known through verified information from the Qur'an and the Prophet's Sunnah that Muhammad (ﷺ) was sent for the people of the scripture (Jews and Christians), the illiterate and all mankind and the jinn. This evidence can be grouped into four categories. The first proof of universality is that it is well known that the Jews and Christians in Madeenah were invited to Islam. As it is known from the Prophet's biography, many of the Jews in Madeenah embraced Islam after having seen the signs and evidence of his prophethood. The Prophet (ﷺ) argued with the Christian delegation from Najrân and invited them to Islam, but they agreed instead to pay the tribute.

The Prophet (ﷺ) also tried to spread Islam by writing messages to Heraclius, Maqocus, Najashee and Hesro. He sent the following message to the Christian Roman king, Heraclius.

"In the Name of Allah, the Most Gracious, the Most Merciful, (This is) from Muhammad, Allah's Messenger and slave to Heraclius the sovereign of Byzantine. Peace be upon him who follows the right path. I invite you to embrace Islam and be saved from Allah's punishment. If you embrace Islam, you will have a double reward, but if you turn away, you will be responsible for the sins of all your people."

"O' people of the scripture [Jews and Christians]! Come to a word that is just between us and you, that we worship none but Allah

(ﷻ) [Alone], and that we associate no partner with Him, and that none of us shall take others as Lords besides Allah (ﷻ). Then if they turn away, say: Bear witness, that we are Muslims." (a verse from the Qur'an)

He also sent the same message to Maqocus, the ruler of Egypt:

"In the Name of Allah, the Most Gracious, the Most Merciful, (this is) from Muhammad (ﷺ) Allah's Messenger and slave to Maqocus the Sovereign of the Copts. Peace be upon him who follows the right path. I invite you to embrace Islam and be saved from Allah's punishment. If you embrace Islam, you will have a double reward, but if you turn away, you will be responsible for the sins of the Copts." (He then wrote the following verse.)

"O' people of the scripture [Jews and Christians]! Come to a word that is just between us and you, that we worship none but Allah (ﷻ) [Alone], and that we associate no partner with him, and that none of us shall take others as Lords besides Allah. Then if they turn away, say, Bear witness that we are Muslims."

Another point to consider is that the Prophet made Jihâd (fighting in the cause of Allah) against the Jews and the Christians. This shows he felt the obligation to spread Islam... The Prophet (ﷺ) sent Zayd ibn Ḥarithah, Ja'far ibn Abi Ṭâlib and 'Abdullah ibn Rawaḥa as the leaders of the Muslim army to fight the Christians in the battle of Mu'tah. He then led an army himself to fight them in Tabuk. His successors completed what he has started and 'Umar ibn al-Khaṭṭâb (رضي الله عنه) conquered Shâm. The Prophet (ﷺ) also fought against the Jews and sent 'Ali ibn Abi Ṭâlib to fight them in Khaybar.

The Prophet also made the declaration that he was sent to all mankind. Jâbir narrated that the Prophet (ﷺ) said, "A Prophet is sent only to his people, but I am sent to all mankind."

Finally, its universality is proven by the Qur'an's call to the people of the scripture to believe in Muhammad (ﷺ) and the declaration that he is sent to all mankind. Allah (ﷻ) says:

﴿وَمَآ أَرْسَلْنَٰكَ إِلَّا كَآفَّةً لِّلنَّاسِ بَشِيرًا وَنَذِيرًا وَلَٰكِنَّ أَكْثَرَ ٱلنَّاسِ لَا يَعْلَمُونَ ﴿٢٨﴾﴾ [سبأ: ٢٨]

﴾And We have not sent you [O' Muhammad] except as a giver of glad tidings and a Warner to all mankind.﴿ *(Qur'an 34:28)*

﴿قُلْ يَٰٓأَيُّهَا ٱلنَّاسُ إِنِّى رَسُولُ ٱللَّهِ إِلَيْكُمْ جَمِيعًا ٱلَّذِى لَهُۥ مُلْكُ ٱلسَّمَٰوَٰتِ وَٱلْأَرْضِ لَآ إِلَٰهَ إِلَّا هُوَ يُحْىِۦ وَيُمِيتُ فَـَٔامِنُوا۟ بِٱللَّهِ وَرَسُولِهِ ٱلنَّبِىِّ ٱلْأُمِّىِّ ٱلَّذِى يُؤْمِنُ بِٱللَّهِ وَكَلِمَٰتِهِۦ وَٱتَّبِعُوهُ لَعَلَّكُمْ تَهْتَدُونَ ﴿١٥٨﴾﴾ [الأعراف: ١٥٨]

﴾Say [O' Muhammad], "O' mankind! Verily, I am sent to you all as the Messenger of Allah — to Whom belongs the dominion of the heavens and the earth..."﴿ *(Qur'an 7:158)*

Allah (ﷻ) commands the Muslims to fight the Jews and the Christians if they refuse Islam and fight against the establishment of Allah's universal religion.

﴿قَٰتِلُوا۟ ٱلَّذِينَ لَا يُؤْمِنُونَ بِٱللَّهِ وَلَا بِٱلْيَوْمِ ٱلْـَٔاخِرِ وَلَا يُحَرِّمُونَ مَا حَرَّمَ ٱللَّهُ وَرَسُولُهُۥ وَلَا يَدِينُونَ دِينَ ٱلْحَقِّ مِنَ ٱلَّذِينَ أُوتُوا۟ ٱلْكِتَٰبَ حَتَّىٰ يُعْطُوا۟ ٱلْجِزْيَةَ عَن يَدٍ وَهُمْ صَٰغِرُونَ ﴿٢٩﴾﴾

[التوبة: ٢٩]

﴾Fight against those who [1] believe not in Allah, [2] nor in the Last Day, [3] nor forbid that which has been forbidden by Allah and His Messenger [Muhammad] [4] and those

> who acknowledge not the religion of truth [i.e. Islam] among the people of the Scripture [Jews and Christians], until they pay the *Jizyah* [Tribute] with willing submission, and feel themselves subdued.﴾ *(Qur'an 9:29)*

The Sixth Allegation: Islam is a Deviation of Christianity

It is known that the Christians consider Jesus as a God or the son of Allah. According to that belief, they reject any other faith that invites man to use his senses to reach another conclusion and the true faith. They call that heterodoxy.

The Christians that lived inside or outside the Muslim territories considered Islam as a deviation and as an altered version of the authentic Christianity. Even more specifically, they saw it as a heretical doctrine that threatened their religion. They said that because some reasonable Christian sects had agreed with Islam about Jesus and rejected the Trinity. They believe in Jesus only as a man, a Prophet and Messenger. However, the majority of the Christian factions almost unanimously agree with John of Damascus who stated that Islam was a Christian heterodoxy. Theodore Abu Qurrah also followed his teacher John and considered Muhammad (ﷺ) as a false Prophet. Botrus, the Esteemed of Spain (1156), also had the same point of view. Later on Dante along with Nicholas III, Jonivas VIII, and Clement V classified Muhammad (ﷺ) with heterodoxy in his divine comedy. It is well known that Dante was the follower of the theological philosophy of Thomas of Aquinas.

Despite these Christian hypotheses, Islam throughout history always expressed strong convictions that confirmed its complete subjection and strict compliance to the divine Revelation as an authentic religion calling for monotheism. This authenticity of Islam has drawn the attention of the free thinkers among the Christians, and they have denounced such allegations published by their brothers. They attributed these allegations to personal opinions and feelings altered by political intentions that nourished such arguments which were motivated by religious conflicts that are controlled by military confrontations.

We are not here to make an extensive study about the authenticity of Islam or to make a comparison between Islam and Christianity in order to prove that Islam is not a Christian heterodoxy. We only discussed this matter because it leads us to two sub-allegations that emerge from this main one.

1. The Prophet (ﷺ) copied the Qur'an from the Torah, particularly the Old Testament, and thus it is a repetition of the Torah's stories.
2. The Prophet (ﷺ) was taught by a Christian monk called Baḥeerah.

In regards to the first allegation that the Qur'an is a repetition of the Torah's stories, the answer is readily seen when a comparative, methodological criticism is made of the stories in the two books. Between the Qur'an and Torah, there are three essential differences. One, there are stories that are not mentioned in the Bible (Torah and Gospel) that are found in the Qur'an such as the stories of Hood (عليه السلام), Ṣâliḥ (عليه السلام) and Shu'ayb (عليه السلام). Two, there is information in the Bible that has no similarity to the Qur'an such as information about the Resurrection. Three, there are detailed descriptions of Paradise, Hell, torment and bliss in the Hereafter that are mentioned in the Qur'an and have no similarity with Biblical descriptions.

It was Ibn Taymiyah's opinion that instigated the theologians to study the essential difference between the Qur'an and the Bible. Ibn Taymiyah wrote, "The Qur'an has mentioned some of the Prophets' stories which were not available in the Torah nor the Gospel, such as Hood, Ṣâliḥ and Shu'ayb (peace be upon them). In the Qur'an there is also mention of the Hereafter and description of Hell and Paradise which is not there in the Torah nor in the Gospel.

The Torah has never mentioned the Hereafter explicitly and that it contains threats and promises pertinent to this world, like the promise of sustenance, victory and health; and warning of drought, diseases and enemies."

The scholars of comparative methodological criticism have continued their studies on the stories of the Qur'an and the Torah and they came to this question. If Muhammad the author of the Qur'an had copied great parts of the Torah as they alleged, who encouraged him to do that? Why did he not copy the part about Jesus' ancestors and make some corrections in the Qur'an to escape the criticism of contemporary knowledge? It is to be noted that the texts of the Gospels and the Old Testament are not acceptable from a scientific point of view.

Some are ultimately convinced that Islam is a unique religion despite the apparent similarity with the former religions and that Muhammad (ﷺ) is the founder of a true and authentic religion. The similarity and agreement between the Qur'an and the Bible can also be explained. The Qur'an has confirmed the true information of the Bible. This makes sense because the Prophets and Messengers, may peace be upon them all, worshipped Allah (Alone) and He sent them all, so therefore the source of all the Revelations is the same.

There are two more points that make it impossible for this allegation to be true. Foremost, the Prophet Muhammad (ﷺ) was an illiterate man who could not read or write. Obviously, he could not deduce his teachings directly from the Bible. This illiteracy of the Prophet Muhammad (ﷺ) is a proof mentioned by the Qur'an to confirm that he was taught by Allah (ﷻ). The Qur'an mentions that he never read a book before the Qur'an came down.

﴿وَمَا كُنتَ تَتْلُوا۟ مِن قَبْلِهِۦ مِن كِتَٰبٍ وَلَا تَخُطُّهُۥ بِيَمِينِكَ ۖ إِذًا لَّٱرْتَابَ ٱلْمُبْطِلُونَ ﴿٤٨﴾﴾ [العَنكبوت: ٤٨]

﴾Neither did you [O' Muhammad] read any book before it [this Qur'an] nor did you write any book [whatsoever] with your right hand. In that case, indeed, the followers of falsehood might have doubted.﴿ *(Qur'an 29:48)*

Finally, even if it is supposed that the Prophet Muhammad (ﷺ) could read and write, the Arabic versions of the Torah and the Gospel were not available in Arabic in his time. The studies on the issue are unanimous that the Old and New Testaments were not available in Arabic during the time of the Prophet and his guided successors. Some Christian researchers, Dr. Graf for example, state that the first Arabic version of the Bible appeared many centuries later. According to Dr. Graf, there was no real need for one before the ninth and tenth centuries. This is also confirmed by the Theological Encyclopaedia through its precise follow-up of the oldest translations of the Old Testament.

Some have alleged that the Prophet was taught by the Monk Baḥeerah. This allegation is proved false by historical facts because the Prophet Muhammad (ﷺ) met the Syrian monk Baḥeerah when he was only twelve years old while he was with his uncle Abu Ṭâlib and for a short time only. It has to be taken into account that the meeting took place and lasted for a few hours. Obviously, that could not be the source of the Prophet's knowledge. Subjecting the story to methodological criticism and taking into account that the meeting took place in the presence of all the members of the trade caravan, one reaches the conclusion that the monk was seeking information about Muhammad (ﷺ) and that the monk told him nothing.

Unbiased, critical studies of the Christian writers confirm that conclusion. Huwart concluded one of his essays with the statement: "All the Arabic texts found since that time, published and studied, did not allow us to see in the role attributed to that Syrian monk but a fictitious story."

In addition to that, there are many reasons that make this allegation unbelievable. The enemies from his people were the ones most eager to defame him, yet they never said anything about this story. Also, it was known that his people verified that he was never seen with anyone who instructed him. Had Muhammad's teachings been copied from the Bible, the people of the scripture, despite their opposition, would have announced it and revealed his secret.

Also it was significant that when Muhammad (ﷺ) began teaching Islam, there was no one in the whole world who had the same religion. What's more, had that story been true, it would have been known by the Prophet's closest companions and they would have discovered that he was a liar. Even the smallest details of the Prophet's life were known to everybody at that time, so how could such an important issue be concealed?

The people of the scripture used to come to the Prophet (ﷺ) and ask him about matters that could be known only by Prophets. This was to test him. Had they been certain that he was taught by one of their brothers, they would not have had to test him to know whether he was a Prophet (ﷺ) or not. Even if someone proceeded in conformity with the people of the scripture and asked them to present the evidence that Muhammad (ﷺ) wrote in the Qur'an what was taught and dictated to him by the monks, their answer would have to be: "There is no evidence. There is nothing that can support the allegation that states that a Christian monk has taught Muhammad (ﷺ) religious knowledge."

Section Three: The Evidence of Prophethood

The Evidence of Prophethood

﴿سَنُرِيهِمْ ءَايَٰتِنَا فِى ٱلْءَافَاقِ وَفِىٓ أَنفُسِهِمْ حَتَّىٰ يَتَبَيَّنَ لَهُمْ أَنَّهُ ٱلْحَقُّ﴾ [فُصّلت: ٥٣]

﴾We will show them Our signs in the universe, and in their own selves, until it becomes manifest to them that this [the Qur'an] is the truth...﴿ *(Qur'an 41:53)*

The phrase "evidence of prophethood" is not mentioned in the Qur'an, but other synonymous terms are used for that like the word "proof". Allah (ﷻ) says:

﴿فَذَٰنِكَ بُرْهَٰنَانِ مِن رَّبِّكَ﴾ [القَصَص: ٣٢]

﴾... These are two *Burhâns* [signs, miracles, evidence, proofs] from your Lord...﴿ *(Qur'an 28:32)*

﴿فَلَمَّا جَآءَهُم بِٱلْبَيِّنَٰتِ قَالُوا۟ هَٰذَا سِحْرٌ مُّبِينٌ﴾ [الصَّف: ٦]

﴾... But when he [Aḥmad i.e. Muhammad] came to them with clear proofs, they said, "This is a plain magic.﴿ *(Qur'an 61:6)*

﴿فَإِن كَذَّبُوكَ فَقَدْ كُذِّبَ رُسُلٌ مِّن قَبْلِكَ جَآءُو بِٱلْبَيِّنَٰتِ﴾

[آل عِمرَان: ١٨٤]

﴾Then if they reject you [O' Muhammad], so were Messengers rejected before you, who came with *al-Bayyinât* [clear signs, proofs, evidences]...﴿ *(Qur'an 3:184)*

Another term that is used in the Qur'an is "sign":

﴿سَنُرِيهِمْ ءَايَٰتِنَا فِى ٱلْءَافَاقِ وَفِىٓ أَنفُسِهِمْ حَتَّىٰ يَتَبَيَّنَ لَهُمْ أَنَّهُ ٱلْحَقُّ﴾ [فُصِّلَت: ٥٣]

﴿We will show them Our Signs in the universe and in their own selves, until it becomes manifest to them that this [the Qur'an] is the truth...﴾ *(Qur'an 41:53)*

Nevertheless, "evidence of prophethood" was used in the writings of some Muslim scholars like 'Abdul Jabbâr, Ibn Qutaybiyah, al-Bayhaqi and Abu Na'eem al-Asbahâni. It is the most commonly used term and in Islam has the following characteristics:

1. No one can negate the signs of the Prophets. When Pharaoh gathered the magicians and ordered them to defeat Moses (عليه السلام) and efface the evidence of prophethood, they threw their sticks which became snakes. Moses' stick was transformed into an even bigger snake that swallowed all the others. The magicians were convinced that Moses had received a force which was stronger than their magic, and they believed in him. They said to Pharaoh:

﴿قَالُوا۟ لَن نُّؤْثِرَكَ عَلَىٰ مَا جَآءَنَا مِنَ ٱلْبَيِّنَٰتِ وَٱلَّذِى فَطَرَنَا﴾ [طه: ٧٢]

﴿We prefer you not over what have come to us of the clear signs and to Him [Allah] who created us...﴾ *(Qur'an 20:72)*

2. The evidence should be restricted to the Prophet only, and no one is able to share that with him.

3. The evidence should not be contradictory because all things that are from Allah do not contradict each other. Allah (سبحانه وتعالى) says:

﴿وَلَوْ كَانَ مِنْ عِندِ غَيْرِ ٱللَّهِ لَوَجَدُوا۟ فِيهِ ٱخْتِلَٰفًا كَثِيرًا﴾

[النِّسَاء: ٨٢]

﴾... Had it been from other than Allah, they would surely have found therein many contradictions.﴿ *(Qur'an 4:82)*

4. It is a requirement of the evidence that the Prophet (ﷺ) should not use them to prove his prophethood or to challenge his adversaries to make or give similar evidence. For example, the prophecies told by former Prophets about Muhammad (ﷺ) are evidence that he is a true Prophet though he was not using these prophecies at the time they were told. Also there were numerous signs that were witnessed by his companions like the blessing of the food, the water springing from his fingers and the rain coming after his invocation.

5. They should be extraordinary events that cannot be achieved or opposed by non-Prophets.

6. They should be beyond the reach of those to whom the Prophets were sent; mankind and jinn. The angels are capable to do such things but they are sent only to Prophets and do not challenge mankind or the jinn. Allah (ﷻ) says:

﴿قُل لَّئِنِ ٱجْتَمَعَتِ ٱلْإِنسُ وَٱلْجِنُّ عَلَىٰٓ أَن يَأْتُوا۟ بِمِثْلِ هَٰذَا ٱلْقُرْءَانِ لَا يَأْتُونَ
بِمِثْلِهِۦ وَلَوْ كَانَ بَعْضُهُمْ لِبَعْضٍ ظَهِيرًا ﴿٨٨﴾﴾ [الإسراء: ٨٨]

﴾Say, "If the mankind and the jinn were together to produce the like of this Qur'an, they could not produce the like thereof, even if they helped one another."﴿ *(Qur'an 17:88)*

The signs of the Prophet lead to the knowledge that the ones who show such evidences are true prophets. This knowledge about the authenticity of prophethood has two characteristics that add more certainty to it.

1. Absolute certainty

This means it is knowledge of absolutely convincing evidence. Al-Amdi explained, "Proving truthfulness can be by showing miracles by the one who claims prophethood in such a manner that good sense accepts them and submits thereto. For example, one man says, 'I am a Messenger and my sign is that I can do many things that you cannot even if you helped each other.' Then he does such things as bring the dead back to life, cure the leper, give sight to the one who is born blind, split the sea and transform a stick into a snake. If all these signs are realised at the same time of his call, every one who has good sense should follow him and be convinced that he is telling the truth."

2. Inevitability

Al-Amdi said, "It is necessary for every sensible man to recognize as truthful the one who challenges others by prophethood when his claim is accompanied by extraordinary miracles." This necessary and certain knowledge about the truthfulness of a claim of prophethood made by the one who has shown clear evidence is obtained by a means that leads others to certainty who have not seen the evidence of the same degree as those who have seen them. The means leading to being convinced are the following:

General verified transmitted information

This evidence was transmitted from one generation to another by people more often than many of the Shari'ah rules. A small group did transmit the rules about such things as the prostration of forgetfulness and the minimum quantity of property accountable to payment of obligatory poor tax. However most of the signs of the Prophet (ﷺ) were witnessed by large groups of people. They saw such events as him blessing a small quantity of food that increased to satisfy a whole army and water springing from his fingers during the days of the battles of Tabook, the Ditch, Khaybar and Hudaybiyah. They also spread more widely than the news of kings and nations that usually have a greater chance to be diffused.

Special verified transmitted information

An example of this is the transmission among the scholars of the traditions of the Prophet (ﷺ). They are mostly interested in the Prophet's biography and information. They are so accurate that they have written whole books about the narrators of the Prophet's sayings, and they are all in agreement about the evidence.

Moral verified transmitted information

This means that the people have a common knowledge about stories or reports about a single subject. For example, everyone knew about the bravery of 'Antarah, the generosity of Ḥâtim at-Tâ'ee, the clemency of al-Aḥnaf, the justice of 'Umar ibn al-Khaṭṭâb (رضي الله عنه) and the asceticism of al-Ḥasan al-Baṣri. The great number of stories narrated results in a basic knowledge that the concerned person had the quality attributed to him although the individual stories may not have the same effect. It is well known that the signs of Muhammad's Prophethood were many times greater than the stories told about any of the persons above and that the narrators were more reliable.

Admitting and believing

These signs and evidences were witnessed by thousands of people who later narrated them to others who were not present at the time. Then the narrators would trust each other about transmitting the evidence. The ancestors were more accurate and more reliable because they had received the Prophet's saying: "Whoever intentionally tells lies about me shall have his seat in Hell." That is why they agreed to transmit the evidence of prophethood with the objective of also providing certainty about their truthfulness.

The narration of different groups of scholars

The various factions of scholars have successively narrated great numbers of signs and evidence. The books of Qur'anic exegesis, Hadith (Prophet's tradition), biographies and battles, history and jurisprudence and theology are full of them. It is taken for granted that the narration of each of these groups suffices as a source of certain knowledge let alone their unanimity.

The books about the evidence of prophethood

The scholars have compiled many books about the evidence of prophethood. These scholars include al-Bayhaqi, Abu Na'eem al-Asbahâni, Ibn Qutyabah, and Abu al-Faraj ibn al-Jauzi Qâḍi Ayyâḍ. Some of these scholars made distinctions between the Hadiths narrated in the authentic volumes (Bukhari and Muslim) and the volumes of others like al-Bayhaqi and Ibn al-Jauzi. Other scholars mentioned the chains of transmission and discussed them. There are also scholars who refer to the narrators without mentioning the chain of transmission and those who use other means to prove the authenticity of transmissions. These scholars include Qaḍi 'Abdul Jabbâr, al-Mâwardi, al-Jâhidh and others.

The Muslim theologians disagreed about the classification of the Prophet Muhammad's signs. 'Ali ibn Rabân aṭ-Ṭabari, the first who made such a classification, compiled the testimonials and criteria of lessons, as he called them, in ten groups.

1. The Prophet's call for Islamic Monotheism

2. His biography, Sunnah and Shari'ah (law)

3. The signs shown by him and witnessed by his Companions.

4. Telling about the unseen that came true during his life.

5. His prophecies about events that came true after his death.

6. His Holy Book

7. Dominating the other nations.

8. The narrators of his news are the best of people.

9. He is the last of the Prophets and had he not been sent, the former Prophets' prophecies about him would have been false.

10. Previous Prophets have predicted his mission.

Sa'eed ibn Ḥasan al-Askandari in his book about this issue was satisfied that the prophecies were enough evidence to establish prophethood. In his book *The Evidence of Prophethood*, Abu Na'eem mentioned these five proofs:

1. The biography of the Prophet (ﷺ)

2. His miracles

3. The glad tidings

4. His morals and conduct

5. The miracles of his Companions

Abu al-Baqâ' Ṣâliḥ ibn al-Hussayn al-Ja'fari based the prophethood of Muhammad (ﷺ) on three principles:

1. His claim of Prophethood

2. He challenged the adversaries with strong miracles.

3. The statements made by former Prophets about his Prophethood, his Shari'ah (law) and his nation.

The Qur'anic exegetist al-Qurtubi mentioned four:

1. The Prophet's biography and conduct

2. The Qur'an

3. The miracles

4. The miracles of his Companions and followers

Qâḍi 'Abdul Jabbâr was satisfied that the Qur'an and the miracles were sufficient evidence of the authenticity of the prophethood of Muhammad (ﷺ). Al-Ayji mentioned four proofs:

1. His claim of prophethood and miracles including the Qur'an

2. His personality before Revelation

3. The Prophecies

4. The perfection of the practical and theoretical power of his people by the wisdom, knowledge and faith contained in his message and in such a way that made it superior to the other religions.

Al-Mâwardi mentioned five:

1. The Holy Qur'an

2. The miracles

3. The Prophecies

4. The Prophet's biography

5. The Prophet's morals and conduct

Al-Aluci mentioned three:

1. The Holy Qur'an

2. The miracles

3. The Prophecies

Raḥmatullâh mentioned six:

1. The Prophet's miracles

2. His morals and attributes

3. His Shari'ah (law)

4. His appearance among atheists and the rapid spread of his religion within a short period.

5. His advent at a time when mankind needed him more than ever.

6. The prophecies made by former Prophets about him.

This difference in classifying the Prophet's evidence is partly due to the different purposes of the authors themselves. Is the purpose of the book to answer dissenting opinions? For example Raḥmatullâh and al-Jâ'far wrote their books in answer to the Christians. Were the books compiled with the purpose of proving the prophethood by using knowledge and experience from the books of the Jews and the Christians and rendering a service to Islam? Sa'eed ibn Ḥasan al-Askandari did that. Are the books compiled by the famous theologians like Qâḍi 'Abdul Jabbâr and al-Ayji? The difference is also due to the classification of the miracles and whether to consider the Qur'an as a miracle by itself and not under any other category.

The classification made by al-Mâwardi is considered the best one and was the one adopted by Ibn Taymiyah in his great encyclopaedia *The Right Answer.* This classification considers the Qur'an as an independent miracle because it is the strongest, most miraculous and the one that will last until the Day of Resurrection. This classification also contains the various evidence, signs and proofs of the prophethood of Muhammad (ﷺ). The evidence according to the classification of al-Mâwardi will be examined in the following pages.

The First Theme:
The Holy Qur'an

﴿قُل لَّئِنِ ٱجْتَمَعَتِ ٱلْإِنسُ وَٱلْجِنُّ عَلَىٰٓ أَن يَأْتُوا۟ بِمِثْلِ هَٰذَا ٱلْقُرْءَانِ لَا يَأْتُونَ بِمِثْلِهِۦ وَلَوْ كَانَ بَعْضُهُمْ لِبَعْضٍ ظَهِيرًا ﴿٨٨﴾﴾ [الإسراء : ٨٨]

﴿Say, "If the mankind and the jinn were to come together to produce the like of this Qur'an, they could not produce the like thereof, even if they helped one another."﴾

(Qur'an 17:88)

The Holy Qur'an is the greatest verification of the prophethood of Muhammad (ﷺ). It is the strongest proof and most specific sign for four reasons that had never come together in any other miracle or evidence of prophethood in the history of religion and humanity. First of all, it contains the claimed Revelation and the miraculous proof of the prophethood. Ibn Khaldoon said, "The greatest, clearest and most honourable evidence is the Holy Qur'an which was revealed to our Prophet Muhammad (ﷺ). In most cases, the miracles are different from the Revelation received by the Prophet (ﷺ). Then the miracle comes to confirm that, and he is truthful. Qur'an is the claimed Revelation and the miracle itself that needs no other proof from Revelation like the other miracles. It is the clearest evidence where the sign and witness are united, and this is the meaning of the Prophet's saying: 'Every Prophet was given signs which the people have believed, but I was given a Revelation that Allah (ﷻ) revealed to me and I hope that on the Day of Resurrection my followers will be the greatest in number, as compared to those of the other Prophets.' (Bukhari, The Merits of the Qur'an, Revelation) That is to say when the miracle is so clear, so strong, and it is (in itself) the Revelation, it has a greater chance to be believed."

The miracles of the former Prophets overpowered certain classes like the magicians at the time of Moses and the doctors at the time of Jesus. However the Holy Qur'an overpowered a whole nation including eloquent orators, poets and all. The miracle is also sent to each people according to their capacity of understanding. The miracles sent to the Children of Israel addressed their senses only, because they were known to be uncultured and uneducated. There is nothing recorded in history about a famous philosophy or a renowned literary work from them. However the Qur'an was sent to the most eloquent people who had produced remarkable literary works, and that is why they were sent a miracle suitable to their understanding and which they would know by their natural astuteness. Lastly the miracle of the Qur'an is eternal and more apt to spread world wide and that is why it is a strong proof and more truthful.

The Qur'an proves the prophethood of Muhammad (ﷺ) with certainty in two ways:

1. As a whole

The first way encompasses the knowledge that Muhammad (ﷺ) lived in Makkah, then left for Madeenah, declared the prophethood, received the Qur'an in Revelation, made it the proof of his prophethood and challenged the Arabs who were known for their eloquence. All these matters are known with certainty and need no proof.

The Arabs and non-Arabs failed to answer the Prophet's challenge to contradict the Qur'an or produce a similar work. That challenge took a regressive form rather that a progressive one in order to show sarcasm and prove that what they had been asked to do was beyond their reach. The challenge started by asking them to produce a book similar to the whole Qur'an.

﴿أَمْ يَقُولُونَ تَقَوَّلَهُۥ ۚ بَل لَّا يُؤْمِنُونَ ﴿٣٣﴾ فَلْيَأْتُوا۟ بِحَدِيثٍ مِّثْلِهِۦٓ إِن كَانُوا۟ صَٰدِقِينَ ﴿٣٤﴾﴾ [الطُّور: ٣٣-٣٤]

﴿Or do they say, "He [Muhammad] has forged it [this Qur'an]?" Nay! They believe not! Let them then produce a recital like unto it [the Qur'an] if they are truthful.﴾

(Qur'an 52:33-34)

Then, that challenge was lessened only to ten *Soorah*s (chapter of the Qur'an).

﴿أَمْ يَقُولُونَ ٱفْتَرَىٰهُ ۖ قُلْ فَأْتُوا۟ بِعَشْرِ سُوَرٍ مِّثْلِهِۦ مُفْتَرَيَٰتٍ وَٱدْعُوا۟ مَنِ ٱسْتَطَعْتُم مِّن دُونِ ٱللَّهِ إِن كُنتُمْ صَٰدِقِينَ ﴿١٣﴾﴾ [هُود: ١٣]

﴿Or they say, "He [Prophet Muhammad] forged it [the Qur'an]." Say, "Bring you then ten forged *Soorahs* [chapters] like unto it, and call whosoever you can, other than Allah [to your help], if you speak the truth."﴾

(Qur'an 11:13)

Finally the challenge was again lessened to only one *Soorah*.

﴿وَمَا كَانَ هَٰذَا ٱلْقُرْءَانُ أَن يُفْتَرَىٰ مِن دُونِ ٱللَّهِ وَلَٰكِن تَصْدِيقَ ٱلَّذِى بَيْنَ يَدَيْهِ وَتَفْصِيلَ ٱلْكِتَٰبِ لَا رَيْبَ فِيهِ مِن رَّبِّ ٱلْعَٰلَمِينَ ﴿٣٧﴾ أَمْ يَقُولُونَ ٱفْتَرَىٰهُ ۖ قُلْ فَأْتُوا۟ بِسُورَةٍ مِّثْلِهِۦ وَٱدْعُوا۟ مَنِ ٱسْتَطَعْتُم مِّن دُونِ ٱللَّهِ إِن كُنتُمْ صَٰدِقِينَ ﴿٣٨﴾﴾ [يُونس: ٣٧-٣٨]

﴿And this Qur'an is not such as could ever be produced by other than Allah [Lord of the heavens and the earth], but it is a confirmation of [the Revelation] which was before it [i.e. the *Tawrât* (Torah), and the *Injeel* (Gospel)], and of full explanation of the Book [I.e. laws, decreed for mankind] —

wherein there is no doubt — from the Lord of the *'Âlameen* [mankind, jinn and all that exists]. Or do they say, "He [Muhammad] has forged it?" say, "Bring then a *Soorah* [chapter] like unto it, and call upon whomsoever you can besides Allah, if you are truthful."﴾ *(Qur'an 10:37-38)*

The Qur'an mentions with certainty that they will fail to answer the challenge not only during their times but even in the future.

﴿فَإِن لَّمْ تَفْعَلُوا۟ وَلَن تَفْعَلُوا۟ فَٱتَّقُوا۟ ٱلنَّارَ ٱلَّتِى وَقُودُهَا ٱلنَّاسُ وَٱلْحِجَارَةُ ۖ أُعِدَّتْ لِلْكَـٰفِرِينَ ﴿٢٤﴾﴾ [البَقَرَة: ٢٤]

﴿But if you do it not, and you can never do it, then fear the Fire [Hell] whose fuel is men and stones, prepared for the disbelievers.﴾ *(Qur'an 2:24)*

It also confirms that they cannot answer the challenge by calling on their supporters or even seeking the help of the jinn.

﴿قُل لَّئِنِ ٱجْتَمَعَتِ ٱلْإِنسُ وَٱلْجِنُّ عَلَىٰٓ أَن يَأْتُوا۟ بِمِثْلِ هَـٰذَا ٱلْقُرْءَانِ لَا يَأْتُونَ بِمِثْلِهِۦ وَلَوْ كَانَ بَعْضُهُمْ لِبَعْضٍ ظَهِيرًا ﴿٨٨﴾﴾ [الإسرَاء: ٨٨]

﴿Say, "If the mankind and the jinn were to come together to produce the like of this Qur'an, they could not produce the like thereof, even if they helped one another."﴾ *(Qur'an 17:88)*

Since that challenge is obvious and known with certainty, then it proves that the Qur'an is clear evidence of prophethood. Qâḍi 'Abdul Jabbâr said, "The Prophet Muhammad (ﷺ) challenged his people with the Qur'an and made it the evidence of his prophethood that made them oblige to follow, obey and submit to him; abandoning the life of comfort and luxuries to bear the heavy burden. The Arabs were known for eloquence, they had their own way of disdain and pride, and they were ready to make all efforts to remain leaders instead of following a new leader and submitting to him. That is why they attempted with all the means they knew to prove that Muhammad (ﷺ) was a false Prophet. However, they ultimately surrendered and failed to produce anything similar to the Qur'an, and this is a strong proof that it is from Allah (ﷻ) as clear evidence of Muhammad's prophethood.

2. The Details

The second way the Qur'an proves his prophethood is through studying and learning about it. This is possible only for those who can study and understand the Qur'an. Such a study reveals many aspects of the miracles of the Qur'an that cover all the branches of human knowledge. Those aspects can be summarised:

2.1. The miracles of eloquence and style

First of all, the Qur'an is a miracle of eloquence and style. This includes the eloquence of the Qur'an's expressions in two aspects: purity of language and impressiveness. There is also the eloquence of the Qur'an in regards to meaning and this is obvious in different three aspects. In the fist, the meaning is clear from the word itself.

Second, the wording gives the exact meaning. Any addition or any omission would reduce the eloquence and not serve the meaning. That is obvious in the Arabs' saying: "the killing stops killing" and what Allah (ﷻ) says in this verse.

﴿وَلَكُمْ فِي ٱلْقِصَاصِ حَيَوٰةٌ﴾ [البقرة: ١٧٩]

﴾And there is [a saving of] life for you in *Qiṣâṣ* [the law of

Equality in punishment of murder]...﴾ *(Qur'an 2:179)*

Third, the Qur'an also expresses many concepts in just a few words.

The composition of the Qur'an is excellent and obvious in that the Qur'anic speech is harmonious, the measure is balanced and not inconsistent, and if a word is taken from its place, and then the whole Arabic language is searched for a better substitute, it will not be found. Allah (ﷻ) says:

﴿الٓر كِتَٰبٌ أُحۡكِمَتۡ ءَايَٰتُهُۥ ثُمَّ فُصِّلَتۡ مِن لَّدُنۡ حَكِيمٍ خَبِيرٍ ١﴾

[هود: ١]

﴾[This is] a Book, the Verses whereof are perfected [in every sphere of knowledge], and then explained in detail from one [Allah] Who is All-Wise, All-Acquainted [with all things].﴿ *(Qur'an 11:1)*

Then there is the artistic imagery that is found in the Qur'an. This is a new aspect of the Qur'an's miraculous eloquence revealed by Sayyid Quṭb. He studied the general principles of the artistical and esthetical qualities of the Qur'an that are materialised in imagery that he considered the preferred instrument in the style of the Qur'an and the first rule of its eloquence. It expresses in an imaginary image the mental meaning, the psychological state, the tangible incident, the visible spectacle, the human model and man's nature. Then that image is promoted and given life or renewable movement, thus the mental meaning becomes a movement, the psychological state becomes a spectacle, the human model becomes a living person and man's nature becomes visible. The listener forgets that he listens to a recital and imagines himself in front of the spectacle that is being presented or an incident taking place in front of one's eyes. The miraculous aspect of the artistical imagery in the Qur'an is that its instrument is the inanimate word and not the expressive persons, the colours or the accompanying music.

2. 2. Historical events

The Qur'an also is a miracle of information. A study of the Qur'an reveals that the Qur'an narrates in extremely precise detail the stories of the former nations and their stands vis-à-vis their Prophets. It also mentions the biographies of these Prophets and the reactions of their nations. This information was not mentioned in the Bible and includes the stories of Hood, Ṣâliḥ and Shu'ayb (peace be upon them). Some of the stories may have been mentioned in the Bible in brief, but then they are shown in the Qur'an in full detail. The Qur'an also reveals information about the unseen. It gives details about the creation of the universe, Adam, the angels, and the jinn devils. It also describes the Hereafter, recompense, reward and punishment, Paradise and Hell, bliss and torment in a way that has no other Holy Book has.

The Qur'an also gives certain prophecies. It told of events of the unseen that have come true just as mentioned in the Qur'an. Allah (ﷻ) says:

﴿غُلِبَتِ ٱلرُّومُ ﴿٢﴾ فِيٓ أَدۡنَى ٱلۡأَرۡضِ وَهُم مِّنۢ بَعۡدِ غَلَبِهِمۡ سَيَغۡلِبُونَ ﴿٣﴾ فِي بِضۡعِ سِنِينَۗ﴾ [الرُّوم: ٢-٤]

﴿The Romans have been defeated. In the nearest land [Syria, Iraq, Jordan, and Palestine], and they, after their defeat, will be victorious. Within three to nine years. The matter, before and after [these events] is only with Allah...﴾ *(Qur'an 30:2-4)*

Seven years later, the Romans defeated the Persians. Allah also says:

﴿قُلۡ إِن كَانَتۡ لَكُمُ ٱلدَّارُ ٱلۡأٓخِرَةُ عِندَ ٱللَّهِ خَالِصَةٗ مِّن دُونِ ٱلنَّاسِ فَتَمَنَّوُاْ ٱلۡمَوۡتَ إِن كُنتُمۡ صَٰدِقِينَ ﴿٩٤﴾ وَلَن يَتَمَنَّوۡهُ أَبَدَۢا بِمَا قَدَّمَتۡ أَيۡدِيهِمۡۗ وَٱللَّهُ عَلِيمُۢ بِٱلظَّٰلِمِينَ ﴿٩٥﴾﴾ [البَقَرَة: ٩٤-٩٥]

﴿Say to [them], "If the home of the Hereafter with Allah is indeed for you specially and not for others, of mankind, then long for death if you are truthful." But they will never long for it because of what their hands have sent before them [i.e. what they have done]. And Allah is All-Aware of the *Dhâlimoon* [polytheists and wrong-doers].﴾

(Qur'an 2:94-95)

The Jews were very keen to belie Muhammad and claimed that they were on the right path. However they did not show any longing for death in order to meet Allah and obtain the reward in Paradise as they alleged. Allah (ﷻ) said about al-Waleed ibn al-Mugheerah:

﴿سَأُصْلِيهِ سَقَرَ ﴿٢٦﴾ وَمَآ أَدْرَىٰكَ مَا سَقَرُ ﴿٢٧﴾ لَا تُبْقِى وَلَا تَذَرُ ﴿٢٨﴾﴾

[المدَّثر: ٢٦-٢٨]

﴿I will cast him unto Hell-fire. And what will make you know [exactly] what Hell-fire is? It spares not [any sinner], nor does it leave [anything unburned]!﴾ *(Qur'an 74:26-28)*

He (ﷻ) said about Abu Lahab:

﴿تَبَّتْ يَدَآ أَبِى لَهَبٍ وَتَبَّ ﴿١﴾ مَآ أَغْنَىٰ عَنْهُ مَالُهُۥ وَمَا كَسَبَ ﴿٢﴾ سَيَصْلَىٰ نَارًا ذَاتَ لَهَبٍ ﴿٣﴾﴾ [المسد: ١-٣]

﴿Perish the two hands of Abu Lahab [an uncle of the Prophet] and perish he! His wealth and his children will not benefit him! He will be burnt in a Fire of blazing flames!﴾

(Qur'an 111:1-3)

Both of these men died unbelievers. These men would have only had to say the testimony of faith, even without meaning it, to have embarrassed the Prophet and contradicted the verse.

2.3. The miracle of legislation

The Qur'anic legislation is miraculous in that it is an easy one that is compatible with the human natural disposition and is a general balance of human life valid for every time and every place. That makes the Qur'an also a proof that the prophethood of Muhammad (ﷺ) is the last one. The miracle of legislation in the Qur'an is based on moderation. The Christians say that Moses came with justice and Jesus came with clemency, but the legislation of the Qur'an is midway between the two: it enjoins justice and encourages forgiveness. Allah (ﷻ) says:

> ﴾The recompense of an evil is an evil like thereof; but whoever forgives and makes reconciliation, his reward is with Allah...﴿ *(Qur'an 42:40)*

That is why it is said Moses came with glorification of Allah and Jesus came with beauty and that Muhammad was sent with perfection. For example, the perfection of the Islamic doctrine is made known in that it combines ease, leniency, forgiveness, and good morals with strictness, jihad, and establishing the laws.

In addition to its moderation, the miracle of legislation in Islam has more aspects. For example, it is flexible. The Qur'anic legislation is based on general legislative rules that are to be followed and that can be implemented at any place and in any time. The rule of consultation for instance states: "And who conduct their affairs by mutual consultation." The Qur'an calls for its implementation but did not determine a specific form for that. There are also other such rules like "necessities may make permissible what is prohibited", and "to gain benefits and avoid harms (to administer justice between the people)".

The legislation of the Qur'an is also comprehensive. Allah (ﷻ) says:

﴿وَنَزَّلْنَا عَلَيْكَ ٱلْكِتَٰبَ تِبْيَٰنًا لِّكُلِّ شَىْءٍ وَهُدًى وَرَحْمَةً وَبُشْرَىٰ لِلْمُسْلِمِينَ﴾ [النّحل: ٨٩]

﴾... And We have sent down to you the Book [the Qur'an] as an exposition of everything, a guidance, a mercy, and glad tidings for those who have submitted themselves [to Allah as Muslims].﴿ *(Qur'an 16:89)*

The Islamic legislation covers all the affairs of life: morals and conducts, man's relation with his Lord, his knowledge, work, livelihood, political systems, war, and economy. When compared to other laws, it has the privilege of organising worship and morals. When compared to the other religions, the Islamic legislation is outstanding in that it is more comprehensive than all other social groups in the full sense of the terms of politics, economics and sociology. It is not possible in this book to recite all the Qur'anic verses addressing these aspects of the human life, but there is a comprehensive verse to help illustrate this. Allah (ﷻ) says:

﴿۞ إِنَّ ٱللَّهَ يَأْمُرُ بِٱلْعَدْلِ وَٱلْإِحْسَٰنِ وَإِيتَآئِ ذِى ٱلْقُرْبَىٰ وَيَنْهَىٰ عَنِ ٱلْفَحْشَآءِ وَٱلْمُنكَرِ وَٱلْبَغْىِ يَعِظُكُمْ لَعَلَّكُمْ تَذَكَّرُونَ ٩٠﴾

[النّحل: ٩٠]

﴾Verily, Allah enjoins *al-'Adl* [i.e. justice and worshipping none but Allah Alone — Islamic Monotheism] and *al-Iḥsân* [i.e. to be patient in performing your duties to Allah, totally for Allah's sake and in accordance with the Sunnah (legal ways of the Prophet) in a perfect manner], and giving [help] to Kith and Kin [i.e. all that Allah has ordered you to give them e.g., wealth, visiting, looking after them, or any other kind of help], and forbids *al-Fâḥshâ* [i.e. all evil deeds, e.g. illegal sexual acts, disobedience of parents, polytheism, to

> tell lies, to give false witness, to kill a life without right], and *al-Munkar* [i.e. all that is prohibited by Islamic law: polytheism of every kind, disbelief and every kind of evil deeds], and *al-Baghy* [i.e. all kinds of oppression]. He admonishes you, that you may take heed.﴿ *(Qur'an 16:90)*

This Qur'anic verse encompasses the legislation of political affairs, moral and social matters and the economy.

The Qur'anic legislation is easy to follow. Since all the laws and commands are for the benefit of man, the differences between people such as the various levels of mentalities, weakness and disability are taken into account. Therefore, the most important characteristic of these laws and commands is its easiness that made it possible for all the people to adhere to them and live under them. The aspects of easiness include the ease of understanding the commandments and the ease of performing those commandments. The legislative commands are so easy that an illiterate man can understand and follow them. As for performance, it is also so easy. The prayer is only seventeen *Rak'ahs* per day which can be performed in any place even during travel. The *Zakah* (poor-due) is a small amount from the surplus of property. Fasting is but one month per year and during the daylight hours only (practically fifteen whole days). Ḥajj (Pilgrimage) is performed once in a lifetime and only for those who are capable of it.

The easiness of the Islamic laws and commands is not limited to the way of performance but also includes exemptions given to weak people and others of temporary or permanent disability. In some cases, exemptions may include all the commands except the prayer. This is in the case of a poor, weak person who can neither fast nor pay *Zakah* nor go for Ḥajj. Such a person can perform prayer in the most comfortable way for him, even while sitting, sleeping or by moving his head or just a finger.

2.4. The intellectual miracle

The intellectual miracle of the Qur'an is obvious in that it addresses the intelligence in a way that calls for thinking and understanding; joining these two to emotions and feelings to guide mankind to happiness in this world and in the Hereafter. It made clear to mankind what they disputed about and established proofs and evidence of the authentic faiths. It also calls for mankind to reject all that does not conform to intelligence. That is why Islam encourages the thinking process that leads to Islam.

Some of the Muslim thinkers like Muhammad 'Abdu believe that the Qur'an was sent when the human community became mature enough to receive it and was back on the Right Path. Since the Qur'an addresses the mind with the objective to establish certainty in knowledge on a true method as an important introduction to establish certainty in belief, there are some principles to which the Qur'an draws attention in order to establish certainty of belief. One, man should not accept in his mind matters that are not proved to be true and should not establish his faith on illusion. Two, he should not establish his judgement or belief on his own desire or on assumption. Three, he should not pretend knowledge of things that he does not know.

﴿وَلَا تَقْفُ مَا لَيْسَ لَكَ بِهِۦ عِلْمٌ﴾ [الإسراء: ٣٦]

﴾And follow not [O' man i.e., say not, or do not or witness not] that of which you have no knowledge...﴿

(Qur'an 17:36)

Lastly, he should not insist to stick to his opinion if it proves to be false. All these principles are implemented on the structure of the Qur'anic text which is miraculously different from the other holy and ordinary texts. There are three elements that constitute the core of its addressing the mind.

The first element is that there is no differences or contradictions in the Qur'an and that has been claimed in the Book itself. This made it a proof that the Qur'an has a divine source. Allah (ﷻ) says:

﴿وَلَوْ كَانَ مِنْ عِندِ غَيْرِ ٱللَّهِ لَوَجَدُوا۟ فِيهِ ٱخْتِلَـٰفًا كَثِيرًا﴾

[النِّسَاء: ٨٢]

﴾... Had it been from other than Allah, they would surely have found therein many a contradiction.﴿ *(Qur'an 4:82)*

According to Qâḍi 'Abdul Jabbâr this element also includes that the Qur'an is free from contradiction and difference in regards to word, meaning and significance. Whoever says that the Qur'an is contradictory lacks knowledge and contemplation. Abu Ḥâshim al-Jibâ'i said, "Being free from difference and contradiction, the Qur'an is truly from Allah (ﷻ) because these qualities are not known in the human speech."

These are different ways used by the Qur'an to convince the reader of the truth. It takes the reader down a path of intellectual reasoning to arrive at certain proofs. First there is a Qur'anic balance between reason and parables in order to reveal facts and to know the ways to know similarity and difference. Allah (ﷻ) says:

﴿أَفَنَجْعَلُ ٱلْمُسْلِمِينَ كَٱلْمُجْرِمِينَ ﴿٣٥﴾ مَا لَكُمْ كَيْفَ تَحْكُمُونَ ﴿٣٦﴾﴾

[القَلَم: ٣٥-٣٦]

﴾Shall We then treat the Muslims [believers of Islamic Monotheism, doers of righteous deeds] like the *Mujrimoon* [criminals, polytheists and disbelievers, etc.]? What is the matter with you? How judge you?﴿ *(Qur'an 68:35-36)*

Next, there is showing the truth by reasoning through precedence and comparison. This means to confirm a statement or a quality of something on the basis that it has been confirmed previously or that it resembles something that has already been proven. The Qur'an has proved Resurrection in that way in the following verse:

﴿وَضَرَبَ لَنَا مَثَلًا وَنَسِيَ خَلْقَهُۥ قَالَ مَن يُحْيِ ٱلْعِظَـٰمَ وَهِيَ رَمِيمٌ ﴿٧٨﴾ قُلْ يُحْيِيهَا ٱلَّذِىٓ أَنشَأَهَآ أَوَّلَ مَرَّةٍ وَهُوَ بِكُلِّ خَلْقٍ عَلِيمٌ ﴿٧٩﴾﴾

[يس: ٧٨-٧٩]

﴾And he puts forth for Us a parable, and forgets his own creation. He says, "Who will give life to these bones after they are rotten and have become dust?" Say [O' Muhammad], "He will give life to them Who created them for the first time! And He is the All-Knower of every creation!"﴿ *(Qur'an 36:78-79)*

The Qur'an also used a method of referring to the obvious in regards to the divine qualities. It confirms for Allah (ﷻ) all the perfection that is possible for man and deems Him far above any defect confirmed for man. The polytheists once said that Allah (ﷻ) has daughters when at the same time they hated having daughters. The Qur'an says:

﴿أَفَرَءَيْتُمُ ٱللَّـٰتَ وَٱلْعُزَّىٰ ﴿١٩﴾ وَمَنَوٰةَ ٱلثَّالِثَةَ ٱلْأُخْرَىٰٓ ﴿٢٠﴾ أَلَكُمُ ٱلذَّكَرُ وَلَهُ ٱلْأُنثَىٰ ﴿٢١﴾﴾

[النجم: ١٩-٢١]

﴾Have you then considered *al-Lât* and *al-'Uzzâ* [two idols of the pagan Arabs]. And *Manât* [another idol of the pagan Arabs], the other third? Is it for you the males and for Him the females?﴿ *(Qur'an 53:19-21)*

The Qur'an also uses this method to prove the Oneness of Allah. Allah (ﷻ) says:

﴿ضَرَبَ لَكُم مَّثَلًا مِّنْ أَنفُسِكُمْ هَل لَّكُم مِّن مَّا مَلَكَتْ أَيْمَٰنُكُم مِّن شُرَكَآءَ فِي مَا رَزَقْنَٰكُمْ فَأَنتُمْ فِيهِ سَوَآءٌ تَخَافُونَهُمْ كَخِيفَتِكُمْ أَنفُسَكُمْ﴾ [الرُّوم: ٢٨]

﴾He sets forth for you a parable from your ownselves: Do you have partners among those whom your right hands possess [i.e. your slaves] to share as equals in the wealth We have bestowed on you whom you fear as you fear each other...?﴿ *(Qur'an 30:28)*

The man among them did not accept to have his slave as an equal partner in his wealth, so then how could man accept the idea that the created slave is partner to Allah in godship and the right of worship?

The Qur'an uses deduction as well. Whoever knows that one thing is necessary for the realisation of another then uses the result to prove the original thing. This is clear in the following Qur'anic verse:

﴿أَمْ خُلِقُوا مِنْ غَيْرِ شَيْءٍ أَمْ هُمُ الْخَالِقُونَ ﴿٣٥﴾﴾ [الطُّور: ٣٥]

﴾Were they created by nothing? Or were they themselves the creators?﴿ *(Qur'an 52:35)*

Everyone of sound reason must acknowledge that things cannot happen by themselves and without someone responsible.

The Qur'an contains a lot knowledge, theories and topics. Some theorists consider this principle an independent miracle of the Qur'an. Al-Mâwardi said, "The fifth miracle of the Qur'an is that the knowledge contained in it cannot be found in a human being, so it cannot be but from Allah (ﷻ) Who encompasses all things in knowledge." Nevertheless it is classified under the intellectual miracles because in order to make use of the knowledge contained in the Qur'anic text, one needs to make an intellectual effort to deduce them. After that the specialists in every branch of knowledge can refer to them to deduce their principles. The theologians based their opinions in *Tawḥeed* (Monotheism) on what Allah (ﷻ) says:

﴿إِنَّ فِي خَلْقِ السَّمَاوَاتِ وَالْأَرْضِ وَاخْتِلَافِ اللَّيْلِ وَالنَّهَارِ لَآيَاتٍ لِأُولِي الْأَلْبَابِ ﴿١٩٠﴾﴾ [آل عمران: ١٩٠]

﴿Verily! In the creation of the heavens and the earth, and in the alternation of night and day, there are indeed signs for men of understanding.﴾ *(Qur'an 3:190)*

They also depended on the Qur'an in regards to the creation, resurrection and the need to contemplate to understand the reality of the world. The linguists and grammarians compiled their books while deriving the rules from the Qur'an.

The knowledge contained in the Qur'an is not limited to religious knowledge but covers other branches of knowledge like medicine, geometry, algebra, agriculture, astrology and others. Al-Ghazâli says that the Qur'an is the source of all the branches of knowledge. In addition to medicine, astrology, anatomy, physiology and magic, he mentions the knowledge of people in the past and others that are either undiscovered or are beyond mankind's capacity of understanding.

Al-Ghazâli said, "All the branches of knowledge that we have mentioned and those we have not mentioned are coming out of one of Allah's seas of knowledge which are endless. If the sea was ink for writing the words of Allah, the sea would be exhausted before the words of Allah were finished. It is among Allah's acts to cause people to fall sick and to cure them. Allah (ﷻ) says in the story of Ibraheem (عليه السلام):

﴿وَإِذَا مَرِضْتُ فَهُوَ يَشْفِينِ ﴿٨٠﴾﴾ [الشُّعَرَاء: ٨٠]

﴿And when I am ill, it is He Who cures me.﴾ *(Qur'an 26:80)*

This act is known only to those who know medicine and the reasons of curing perfectly well."

Al-Ghazâli continued, "Among His acts also is the knowledge of the sun and the moon. Allah describes them in the following verses:

﴿ٱلشَّمْسُ وَٱلْقَمَرُ بِحُسْبَانٍ ﴿٥﴾﴾ [الرَّحمٰن: ٥]

﴿The sun and the moon run on their fixed courses [exactly] calculated with measured out stages for each [for reckoning].﴾ *(Qur'an 55:5)*

﴿وَقَدَّرَهُۥ مَنَازِلَ لِتَعْلَمُوا۟ عَدَدَ ٱلسِّنِينَ وَٱلْحِسَابَ﴾ [يُونس: ٥]

﴿... And measured out for it stages that you might know the number of years and the reckoning...﴾ *(Qur'an 10:5)*

﴿وَخَسَفَ ٱلْقَمَرُ ﴿٨﴾ وَجُمِعَ ٱلشَّمْسُ وَٱلْقَمَرُ ﴿٩﴾﴾ [القِيَامَة: ٨-٩]

﴿And the moon will be eclipsed. And the sun and the moon will be joined together [by going one into the other or folded up or deprived of their light].﴾ *(Qur'an 75:8-9)*

﴿وَٱلشَّمْسُ تَجْرِى لِمُسْتَقَرٍّ لَّهَا ۚ ذَٰلِكَ تَقْدِيرُ ٱلْعَزِيزِ ٱلْعَلِيمِ ﴿٣٨﴾﴾

[يـٰسٓ: ٣٨]

﴿And the sun runs on its fixed course for a term [appointed]. That is the Decree of the Almighty, the All-Knowing.﴾ *(Qur'an 36:38)*

Nobody understands the operation of the sun and the moon, their eclipse and the alternation of day and night except those who are specialised in astronomy. Furthermore nobody else except those who know physiology, the number of the body's internal and external organs, their kinds and functions can understand the meaning of Allah's words.

﴿ٱلَّذِى خَلَقَكَ فَسَوَّىٰكَ فَعَدَلَكَ ۝٧ فِىٓ أَىِّ صُورَةٍ مَّا شَآءَ رَكَّبَكَ ۝٨﴾

[الانفطار: ٧-٨]

﴿O' man! What has made you careless about your Lord, the Most Generous? Who created you, fashioned you perfectly, and gave you due proportion. In whatever form He willed, He put you together.﴾ *(Qur'an 82:6-8)*

The Qur'an mentioned that knowledge in different locations. Anatomy is an old science that was studied by ancient generations. The Qur'an contains all the sciences of the older generations and of the newer ones." Al-Ghazâli then ends his introduction with the advice, "So contemplate the Qur'an and search this knowledge in order that you come to understand the knowledge of the past and the future. Study it to understand the whole and the detail of it."

As-Suyooṭi said, "The Qur'an encompasses every branch of knowledge, the wonders of creatures and the dominion of the heaven and the earth." Depending on his viewpoint the Qur'an's law is suited for the illiterate Arabs. Ash-Shâṭibi opposed the opinions of as-Suyooti and al-Ghazâli. He said, "Many people go beyond the limit in their claims for the Qur'an by saying that it is the source of all the branches of knowledge both in the past and in the future including physics mathematics, geometry, and logic and this is not correct." Then he interprets the following two verses, that obviously show that the Qur'an contains all the principles of knowledge.

﴿مَّا فَرَّطْنَا فِى ٱلْكِتَـٰبِ مِن شَىْءٍ﴾ [الأنعام: ٣٨]

﴿...We have neglected nothing in the Book...﴾ *(Qur'an 6:38)*

He says that the first verse means only the things that concern worship and obligations.

﴿وَنَزَّلْنَا عَلَيْكَ ٱلْكِتَـٰبَ تِبْيَـٰنًا لِّكُلِّ شَىْءٍ﴾ [النحل: ٨٩]

He says that the "Book" here means the "Preserved Tablet."

> ﴾... And We have sent down to you the book [the Qur'an] as an exposition of everything...﴿ *(Qur'an 16:89)*

However ash-Shâṭibi's restricting the knowledge of the Qur'an to commands, worship and what the Arabs know has no strong proof from common sense or reality if the following points are taken into account.

1. The Qur'an is not intended only for the Arabs, but for all mankind. Thus the miracle of its address is that the illiterate man can understand the commands and legislation, but the literate man can find in it suitable knowledge that suits his intelligence and helps him believe in it. Had the Qur'an been intended only for the illiterate Arabs, the contemporary scholars would have not accepted it. On the contrary, they now follow it because it conforms to the contemporary sciences.

2. The three objectives of the Qur'an (Monotheism-Narration-Information) are not limited only to command and worship but also include other matters relevant to man, the universe and life. If the two verses: "We have neglected nothing in the Book..." and "We have sent down to you the Book as an exposition of everything..." are applicable to commands and worship that does not mean that the Qur'an has neglected other aspects which are very essential to man's religious, economic and social life. This is not reasonable.

3. The reality of the Muslims reveals that they became the pioneers of mankind and more advanced them in the fields of science, culture, sociology and architecture when they made the Qur'an their practical constitution and guide in life.

4. The total number of verses dealing with commands and legislation is one hundred and fifty, whereas the number of those dealing with knowledge and sciences is seven hundred and fifty verses. Has the Qur'an then been sent to clarify the first group of verses and to neglect the bigger one?

5. The Qur'an is the last of the divine Books, and this entails that it should comprise the instruments to make decisions in regards to every change in human life. No doubt, one of these instruments is cognitive development and scientific progress. This means that realising the status of the Qur'an as a true reference depends on whether it contains the basis and principles to answer man's questions relating to branches of knowledge and science still to come.

The various aspects of the Qur'an's miracles are not limited to eloquence, information, intellectual and legislative aspects but there is also another aspect pertaining to the inner effect left in the heart of the Muslim while reciting the Qur'an or listening to it. Nevertheless it is not practical to discuss this matter because it differs from one person to another. Furthermore this only pertains to believers and does affect those who oppose it.

2.5. The scientific miracle

The present time is completely different from the past times. Therefore it is necessary to have a new face of the Qur'anic miracles that suits today's mentality and constitutes a convincing proof for contemporary man. However, the failure of the ancestors to challenge or imitate the Qur'an should suffice contemporary man. Aṭ-Ṭabari says, "Since the Qur'an's evidence and challenge are eternal, the miracles are there at any time and the challenge is for every generation."

The scientific miracle of the Qur'an suits the nature of our time which is characterised by scientific achievement to such an extent that science has now become one of the strongest pillars of survival and the most effective weapon in today's struggle. The subjects of the Qur'an's scientific miracle include astronomy, medicine, geology, botany, zoology, biology, economics, commerce, history, civilisation, maritime studies and more. It is now confirmed that "the Qur'an does not contain any statement that can be scientifically criticised today" according to the witness of Maurice Bucaille who is the author of *The Qur'an, Bible and Science*. Another author states, "Muhammad (ﷺ) has left for the world a Book which is the sign of eloquence and the record of morals. A Holy Book in which there is no contradiction with contemporary scientific discoveries and natural rules. There is no recent scientific fact that contradicts the basis of Islam. Coherence between the teachings of the Holy Qur'an and the natural laws is complete." (Aḥmed Izzet, *Religion and Science*, p. 24) In his encyclopaedia *The Grand Religions,* the religious historian Ninion Smart says that Islam and science support each other and that there is no contradiction between the two.

These non-Muslim scholars reached these results by help of the scientific comparison between the Qur'anic texts and modern science's facts in addition to the reliability of the Qur'anic texts revealed to Muhammad (ﷺ). These scholars have subjected the Qur'anic texts to the criteria of the science of texts, history and criticism. Rodi Bart said, "We apply here on Islam, its history and the other Arabic books that we work with the same criterion of criticism we apply on the history of our thoughts and the registered sources of our world." They concluded that the Qur'an was protected from alteration and change and that its present text is the same as that recited by the Prophet Muhammad (ﷺ) to his Companions. Noldeka said, "The Qur'an's text is in the most perfect form." Le Blox said, "The Qur'an is, today, the only divine Book in which there is no alteration." Maurice Bucaille said, "The Qur'an's text witnessed no alteration from the time of its revelation to Muhammad (ﷺ) until our day." Blashire said, "All the teachings and commands received by Muhammad (ﷺ) were from Allah Who stated them in a Preserved Tablet." That is what led a Christian philosopher to admit that: "Islam is the only documented religion through which the other religions are documented."

It is doubtless then that this absolute reliability in the authenticity of the successive transmission of the Qur'an is attributed to one aspect of the Qur'an's miracles: the protection of it that Allah (ﷻ) took upon Himself. He (ﷻ) says:

﴿إِنَّا نَحْنُ نَزَّلْنَا ٱلذِّكْرَ وَإِنَّا لَهُۥ لَحَٰفِظُونَ ﴿٩﴾﴾ [الحجر: ٩]

﴿Verily, We it is We Who have sent down the *Dhikr* [i.e. the Qur'an] and surely, We will guard it [from corruption].﴾ *(Qur'an 15:9)*

This miracle of protection is reflected in collecting the Qur'an in the heart of the Prophet (ﷺ). Allah (ﷻ) says:

﴿لَا تُحَرِّكْ بِهِۦ لِسَانَكَ لِتَعْجَلَ بِهِۦٓ ﴿١٦﴾ إِنَّ عَلَيْنَا جَمْعَهُۥ وَقُرْءَانَهُۥ ﴿١٧﴾ فَإِذَا قَرَأْنَٰهُ فَٱتَّبِعْ قُرْءَانَهُۥ ﴿١٨﴾﴾ [القيامة: ١٦-١٨]

﴿Move not your tongue concerning [the Qur'an, O' Muhammad] to make haste therewith. It is for Us to collect it and to give you [O' Muhammad] the ability to recite it [the Qur'an]. And when We have recited it to you [O' Muhammad] through Jibreel [Gabriel], then follow its recital.﴾ *(Qur'an 75:16-18)*

Then this protection extends to include protection against forgetfulness.

﴿سَنُقۡرِئُكَ فَلَا تَنسَىٰٓ ۝٦﴾ [الأعلى: ٦]

﴿We shall make you to recite [the Qur'an], so you [O' Muhammad] shall not forget [it],﴾ *(Qur'an 87:6)*

Also Allah made it easy for the Muslim to learn by heart and to recite.

﴿وَلَقَدۡ يَسَّرۡنَا ٱلۡقُرۡءَانَ لِلذِّكۡرِ فَهَلۡ مِن مُّدَّكِرٍ ۝١٧﴾ [القمر: ١٧]

﴿And We have indeed made the Qur'an easy to understand and remember; then is there any one who will remember [or receive admonition]?﴾ *(Qur'an 54:17)*

Before the Prophet's death, Jibreel (عليه السلام) revised the whole Qur'an twice for the Prophet (ﷺ). The Holy Qur'an was collected during the time of Abu Bakr aṣ-Ṣiddeeq (رضي الله عنه) from the skins, papers and the date-palm leaves in an unprecedented documentary method. It was later copied over during the time of 'Uthmân ibn 'Affân (رضي الله عنه).

Had it not been for this miracle of protection, the scientific miracle of the Qur'an would not have been revealed. There will be only a few examples discussed in the following pages because the Qur'anic verses dealing with the facts and topics of science are more than seven hundred and fifty verses; not to mention those dealing with economics, politics, social science, psychology, philosophy, history and methods of legislation.

2.5.1. The creation of the universe

In the Qur'an there is not one successive narration about the creation of the world, but various aspects of this process are discussed on different occasions according to the following information.

a) The stages of creation:

﴿ٱللَّهُ ٱلَّذِى خَلَقَ ٱلسَّمَٰوَٰتِ وَٱلْأَرْضَ وَمَا بَيْنَهُمَا فِى سِتَّةِ أَيَّامٍ﴾

[السَّجدَة: ٤]

﴿Allah it is He Who has created the heavens and the earth, and all that is between them in Six Days...﴾ *(Qur'an 32:4)*

These "six days" actually represent long periods of time and not a literal twenty four hour period because the length of a "day" for Allah is not the same as our day. Allah (ﷻ) says:

﴿يُدَبِّرُ ٱلْأَمْرَ مِنَ ٱلسَّمَآءِ إِلَى ٱلْأَرْضِ ثُمَّ يَعْرُجُ إِلَيْهِ فِى يَوْمٍ كَانَ مِقْدَارُهُۥٓ أَلْفَ سَنَةٍ مِّمَّا تَعُدُّونَ ۝٥﴾ [السَّجدَة: ٥]

﴿He manages and regulates [every] affair from the heavens to the earth; then it [affair] will go up to Him, in one Day, the space whereof is a thousand years of your reckoning [i.e. reckoning of our present world's time].﴾ *(Qur'an 32:5)*

﴿تَعْرُجُ ٱلْمَلَٰٓئِكَةُ وَٱلرُّوحُ إِلَيْهِ فِى يَوْمٍ كَانَ مِقْدَارُهُۥ خَمْسِينَ أَلْفَ سَنَةٍ ۝٤﴾ [المعَارج: ٤]

﴿The angels and the *Rooḥ* [Jibreel] ascend to Him in a Day the measure whereof is fifty thousand years.﴾ *(Qur'an 70:4)*

Thus the day of creation cannot be measured in hours, but only as a long period of time.

b) The method of creation:

The Qur'an mentions the summary of two essential phenomena in regards to the creation of the universe. Allah says:

﴿ثُمَّ ٱسْتَوَىٰٓ إِلَى ٱلسَّمَآءِ وَهِىَ دُخَانٌ﴾ [فُصّلَت: ١١]

﴿Then He rose over [*istawâ*] towards the heaven when it

was smoke...﴾ *(Qur'an 41)*

﴿أَوَلَمْ يَرَ ٱلَّذِينَ كَفَرُوٓا۟ أَنَّ ٱلسَّمَٰوَٰتِ وَٱلْأَرْضَ كَانَتَا رَتْقًا فَفَتَقْنَٰهُمَا وَجَعَلْنَا مِنَ ٱلْمَآءِ كُلَّ شَىْءٍ حَىٍّ﴾ [الأنبياء: ٣٠]

﴿Have not those who disbelieve known that the heavens and the earth were joined together as one united piece, and then We parted them? And We have made from water every living thing...﴾ *(Qur'an 21:30)*

The Qur'an refers to a mass of gas and that there was a process of separation of this first unique mass that was joined.

c) The nature of creation:

The Qur'an also alludes to a various number of heavens, earths and universes. Allah (ﷻ) says:

﴿ٱلْحَمْدُ لِلَّهِ رَبِّ ٱلْعَٰلَمِينَ﴾ [الزُّمَر: ٧٥]

﴿All the praises and thanks be to Allah, the Lord of the *'Âlameen* [mankind, jinn and all that exists].﴾ *(Qur'an 1:2)*

﴿ٱللَّهُ ٱلَّذِى خَلَقَ سَبْعَ سَمَٰوَٰتٍ وَمِنَ ٱلْأَرْضِ مِثْلَهُنَّ﴾ [الطّلاق: ١٢]

﴿It is Allah Who has created seven heavens and of the earth the like thereof [i.e. seven]...﴾ *(Qur'an 65:12)*

Comparing the Qur'anic facts about the process of the creation with the modern scientific facts, the stages of creation of the long periods and the estimated age of the universe (according to scientists 20 billion years) appear to be identical. This is also true about the creation of the universe through a separation known by scientists as the Big Bang Theory. The consistency is clear between the concept of a primary nebula in modern science and the "smoke" in the Qur'an (41:11). Astronomers have proved through their observatories and mathematical and non-mathematical analyses that our solar group is a very minute entity in this universe. According to Karl Sagan, lecturer of astronomy, we are living on an atom of dust that turns around a monotonous star in the remotest corner of a dark galaxy that swims in space. If by chance we enter that space, the probability of being on or near a planet will be less than 1 times 10 to the thirty-third power, per cent.

2.5.2. Astronomy

The Qur'an contains many clarifications about astronomy including the following facts.

a) General contemplation in heavens:

Allah (ﷻ) says:

﴿ٱللَّهُ ٱلَّذِى رَفَعَ ٱلسَّمَٰوَٰتِ بِغَيْرِ عَمَدٍ تَرَوْنَهَا﴾ [الرّعد: ٢]

﴿Allah is He Who raised the heavens without any pillars that you can see...﴾ *(Qur'an 13:2)*

This is the ruling principle that prevents the heavens from falling on earth; by the balance based on the direct proportion between masses and distances. The further the celestial bodies are from each other, the weaker becomes their attraction force to each other.

b) The nature of the celestial bodies:

The Qur'an makes a distinction between the sun and the moon. Allah (ﷻ) says:

﴿وَجَعَلَ ٱلْقَمَرَ فِيهِنَّ نُورًا وَجَعَلَ ٱلشَّمْسَ سِرَاجًا ﴿١٦﴾﴾ [نوح: ١٦]

﴿And has made the moon a light therein, and made the sun a lamp?﴾ *(Qur'an 71:16)*

It calls the sun a "lamp" and the moon a "light." It is known that the sun is a star that produces high heat and light through its internal combustion whereas the moon has no light in itself but reflects the light it receives from the sun.

c) The movement of the sun and the moon:

In the Qur'an it is revealed that the movements of the sun and the moon are in a certain direction and for a certain period of time. Allah (ﷻ) says:

﴿وَسَخَّرَ ٱلشَّمْسَ وَٱلْقَمَرَ﴾ [الرّعد: ٢]

﴿... He has subjected the sun and the moon [to continue going round], each running [its course] for a term appointed...﴾ *(Qur'an 13:2)*

﴿وَٱلشَّمْسُ تَجْرِى لِمُسْتَقَرٍّ لَّهَا ذَٰلِكَ تَقْدِيرُ ٱلْعَزِيزِ ٱلْعَلِيمِ ﴿٣٨﴾﴾ [يس: ٣٨]

﴿And the sun runs on its fixed course for a term [appointed]. That is the Decree of the Almighty, the All-Knowing.﴾ *(Qur'an 36:38)*

The facts of modern science allow us to prophesy that billions of years from now the solar system will not remain as it is but may disappear like other stars that no longer exist. As for the velocity of the sun, astronomers said that the speed of the sun is nineteen kilometres per second in the direction of a star called "Vega."

d) The positions of the stars:

Allah swore in the Holy Qur'an by the mansions of the stars:

﴿فَلَآ أُقْسِمُ بِمَوَٰقِعِ ٱلنُّجُومِ ﴿٧٥﴾ وَإِنَّهُۥ لَقَسَمٌ لَّوْ تَعْلَمُونَ عَظِيمٌ ﴿٧٦﴾﴾ [الواقعة: ٧٥-٧٦]

﴿So I swear by the positions of the stars. And verily that is indeed a great oath, if you but know.﴾ *(Qur'an 56:75-76)*

To know the secret of the greatness of this oath, we have to see the results of the research of astronomers in relation to the stars up to now. It was decided that our universe contains about 100 billion galaxies and each one in turn is made up of 100 billion stars. So the number of stars is about 10^{22} or one billion trillion stars.

The astronomers were able to estimate the distance from earth to some of the glittering stars. It is measured by light years: the light year is the distance that light travels in one year at its known speed (300,000 Km/second). The nearest star is 10 trillion kilometres away.

The following table contains the distance of some stars from the earth:

Name of the Star	**Distance in light-years**
Sirius	9
Irocion	11
Al-Tair	17
Vega	27
Arktoros	36
Kapilla	46
Al-Debaran	68
Betelgense	520
Antaris	520
Dhanab	600
Rajil	900

The observatory of Mount Balomar in America helped to photograph galaxies at 300 million light-years using a telescope with a mirror diameter of 200 inches.

2.5.3. The earth

There are various Qur'anic verses that pertain to different aspects of the earth.

a) Water and sea circulation:

Allah (ﷻ) says:

﴿أَلَمْ تَرَ أَنَّ ٱللَّهَ أَنزَلَ مِنَ ٱلسَّمَآءِ مَآءً فَسَلَكَهُۥ يَنَـٰبِيعَ فِى ٱلْأَرْضِ ثُمَّ يُخْرِجُ بِهِۦ زَرْعًا مُّخْتَلِفًا أَلْوَٰنُهُۥ﴾ [الزُّمَر: ٢١]

﴾See you not that Allah sends down water [rain] from the sky, and causes it to penetrate the earth [and then makes it to spring up] as water-springs, and afterward thereby produces crops of different colours...﴿ *(Qur'an 39:21)*

﴿مَرَجَ ٱلْبَحْرَيْنِ يَلْتَقِيَانِ ﴿١٩﴾ بَيْنَهُمَا بَرْزَخٌ لَّا يَبْغِيَانِ ﴿٢٠﴾﴾

[الرَّحمٰن: ١٩-٢٠]

﴾He has let loose the two seas [the salt and fresh water] meeting together. Between them is a barrier which none of them can transgress.﴿ *(Qur'an 55:19-20)*

The first Qur'anic verse describes a system of water circulation that hydrology has confirmed as perfect. Water evaporates from oceans by the effect of heat, and then the evaporation goes up and forms clouds which are taken by the wind to different places. Then the rain falls and the water eventually flows back to the oceans and seas and the circle is complete and ready to repeat itself. Of the rain that falls on the dry land, some is absorbed by plants and some of it filters down into the soil to replenish the springs and wells.

As for the barrier referred to in the second verse between the sweet water and the salt water, it is the barrier resulting from the osmotic pressure directed from sweet water towards salt water. This makes river water extend long distances in seawater, but not the reverse. There is also an effect of the law of gravity because the level of seawater is lower than that of river water, and that is why river water runs with force towards the seas.

b) Earth topography:

The formation of the earth is also described in the Holy Qur'an. Allah (ﷻ) says:

﴿وَٱللَّهُ جَعَلَ لَكُمُ ٱلْأَرْضَ بِسَاطًا ﴿١٩﴾ لِّتَسْلُكُوا۟ مِنْهَا سُبُلًا فِجَاجًا ﴿٢٠﴾﴾

[نوح: ١٩-٢٠]

﴿And Allah has made for you the earth a wide expanse. That you may go about therein in broad roads﴾ *(Qur'an 71:19-20)*

﴿أَلَمْ نَجْعَلِ ٱلْأَرْضَ مِهَـٰدًا ﴿٦﴾ وَٱلْجِبَالَ أَوْتَادًا ﴿٧﴾﴾ [النبأ: ٦-٧]

﴿Have We not made the earth as a bed and the mountains as pegs?﴾ *(Qur'an 78:6-7)*

These verses are compatible with the geological facts that the earth is formed of a cold, solid and plain crust with winding outcroppings that are the origin of mountain chains. The mountains are protrusions that are attached to the deep layers of the thick crust which is more than 6,000 kilometres deep and in this way act as a stabiliser for the crust.

c) Mineral wealth:

﴿وَأَنزَلْنَا ٱلْحَدِيدَ فِيهِ بَأْسٌ شَدِيدٌ وَمَنَـٰفِعُ لِلنَّاسِ﴾ [الحديد: ٢٥]

﴿... And we brought forth iron wherein is mighty power [in

matters of war], as well as many benefits for mankind...﴾

(Qur'an 57:25)

The "mighty power" mentioned in this verse may be the use of iron in military and civil industries that constitute the tools of economic competition and struggle. It may also be an allusion to the powerful magnetic properties of iron. The temperature of the lower liquid layers of iron is higher than the upper ones, and this causes vertical convection currents. These currents, with the circulation of the earth around its orbit, generate electric current which in turn generates the strong magnetic field of the earth.

d) The atmospheric layers

Modern scientific facts have confirmed some of the atmospheric phenomena that are described in the Qur'an. Allah says:

﴿فَمَن يُرِدِ ٱللَّهُ أَن يَهْدِيَهُۥ يَشْرَحْ صَدْرَهُۥ لِلْإِسْلَٰمِ وَمَن يُرِدْ أَن يُضِلَّهُۥ يَجْعَلْ صَدْرَهُۥ ضَيِّقًا حَرَجًا كَأَنَّمَا يَصَّعَّدُ فِى ٱلسَّمَآءِ﴾

[الأنعام: ١٢٥]

﴿And whomsoever Allah wills to guide, He opens his breast to Islam; and whomsoever He wills to send astray, He makes his breast closed and constricted, as if he is climbing up to the sky...﴾ *(Qur'an 6:125)*

It is now certain that the higher a person travels up from the sea level, the quantity of oxygen in the air decreases to such an extent that it may lead to suffocation over heights of more than ten kilometres unless a supply of extra oxygen is provided.

2.5.4. The creation of man

Embryologists and urologists have researched human reproduction and discovered many new facts. An ovum leaves the ovary and is then fertilised by a spermatozoon that is only one cell (a very small quantity). This spermatic fluid is produced by the testicles and stored in the seminal vesicles and in the Vas deferens that leads ultimately to the urinary tracts. There are various glands along these tracts which add non-fertilising secretions to the seminal fluid. The fertilised ovum then settles in the uterus in the female reproductive system.

After implantation, the embryo starts growing in the form of a morsel of flesh which gradually goes through known stages and forms the skeleton that will be surrounded with the muscles, the nervous system, the circulatory system and other organs. These are exactly the facts (only recently discovered) mentioned in the Holy Qur'an about reproduction. The amazing details of which are examined below.

a) Fertilisation with a very small quantity of fluid:

Allah (ﷻ) says:

﴿خَلَقَ ٱلۡإِنسَٰنَ مِن نُّطۡفَةٖ فَإِذَا هُوَ خَصِيمٞ مُّبِينٞ ٤﴾ [النحل: ٤]

﴾He has created man from *Nutfah* [mixed drops of male and female sexual discharge]...﴿ *(Qur'an 16:4)*

﴿أَلَمۡ يَكُ نُطۡفَةٗ مِّن مَّنِيّٖ يُمۡنَىٰ ٣٧﴾ [القيامة: ٣٧]

﴾Was he not a *Nutfah* [mixed male and female sexual discharge] of semen emitted [poured forth]?﴿ *(Qur'an 75:37)*

There is a reference to the safe place (the womb) where this *Nutfah* is kept. The Qur'an says:

﴿ثُمَّ جَعَلۡنَٰهُ نُطۡفَةٗ فِي قَرَارٖ مَّكِينٖ ١٣﴾ [المؤمنون: ١٣]

﴾Thereafter We made him [the offspring of Adam] as a *Nutfah* [mixed drops of the male and female sexual discharge and lodged it] in a safe lodging [womb of the woman].﴿ *(Qur'an 23:13)*

This is a very precise description of a woman's uterus which is very well protected by the pelvic bones.

b) The nature of the fertilising fluid:

The Qur'an describes two characteristics of this fluid. It is an ejaculated fluid, and it comprises various elements. Allah (ﷻ) says:

﴿خُلِقَ مِن مَّآءٍ دَافِقٍ ۝٦﴾ [الطّارق: ٦]

﴾He is created from a water gushing forth.﴿ *(Qur'an 86:6)*

﴿إِنَّا خَلَقْنَا ٱلْإِنسَٰنَ مِن نُّطْفَةٍ أَمْشَاجٍ﴾ [الإنسان: ٢]

﴾Verily, We have created man from *Nutfah* [drops] of mixed semen [sexual discharge of man and woman]...﴿

(Qur'an 76:2)

It is known that the male seminal fluid comes out by ejaculation and that it is composed of secretions produced in the testicles, the seminal vesicles, prostate gland and the other glands of the urinary tract.

c) The ovum settles in the womb:

The Qur'an points out two points in this regard. First, there is the necessity that the ovum settles in the womb. Allah (ﷻ) says:

﴿وَنُقِرُّ فِي ٱلْأَرْحَامِ مَا نَشَآءُ إِلَىٰٓ أَجَلٍ مُّسَمًّى﴾ [الحجّ: ٥]

﴾... And We cause whom We will to remain in the wombs for an appointed term...﴿ *(Qur'an 22:5)*

Secondly, the ovum settles there by hanging to the womb like a clot of blood. Allah (ﷻ) says:

﴿ٱقْرَأْ بِٱسْمِ رَبِّكَ ٱلَّذِى خَلَقَ ۝١ خَلَقَ ٱلْإِنسَٰنَ مِنْ عَلَقٍ ۝٢﴾

[العلق: ١-٢]

﴿Read! In the Name of your Lord Who has created [all that exists]. He has created man from a clot [a piece of thick coagulated blood].﴾ *(Qur'an 96:1-2)*

﴿أَلَمْ يَكُ نُطْفَةً مِّن مَّنِىٍّ يُمْنَىٰ ۝٣٧ ثُمَّ كَانَ عَلَقَةً فَخَلَقَ فَسَوَّىٰ ۝٣٨﴾

[القيامة: ٣٧-٣٨]

﴿Was he not a *Nutfah* [mixed male and female sexual discharge] of semen emitted [poured forth]? Then he became an *'Alaqah* [a clot]; then [Allah] shaped and fashioned [him] in due proportion.﴾ *(Qur'an 75:37-38)*

d) The development of the embryo:

This is described in the Qur'an in an extremely precise manner. Allah (ﷻ) says:

﴿وَلَقَدْ خَلَقْنَا ٱلْإِنسَٰنَ مِن سُلَٰلَةٍ مِّن طِينٍ ۝١٢ ثُمَّ جَعَلْنَٰهُ نُطْفَةً فِى قَرَارٍ مَّكِينٍ ۝١٣ ثُمَّ خَلَقْنَا ٱلنُّطْفَةَ عَلَقَةً فَخَلَقْنَا ٱلْعَلَقَةَ مُضْغَةً فَخَلَقْنَا ٱلْمُضْغَةَ عِظَٰمًا فَكَسَوْنَا ٱلْعِظَٰمَ لَحْمًا ثُمَّ أَنشَأْنَٰهُ خَلْقًا ءَاخَرَ ۚ فَتَبَارَكَ ٱللَّهُ أَحْسَنُ ٱلْخَٰلِقِينَ ۝١٤﴾ [المؤمنون: ١٢-١٤]

﴿And indeed We created man [Adam] out of an extract of clay [water and earth]. Thereafter We made him [the offspring of Adam] as a *Nutfah* [mixed drops of the male and female sexual discharge and lodged it] in a safe lodging [womb of the woman]. Then We made the *Nutfah* into a clot [a piece of thick coagulated blood], then We made the clot into a little lump of flesh, then We made out of that little lump of flesh bones, then We clothed the bones with flesh, and then We brought it forth as another creation. So Blessed is Allah, the Best of creators.﴿ *(Qur'an 23:12-14)*

It can be said that the scientific miracles of the Qur'an can be considered as the best answer to those who say that the Qur'an was revealed in the seventh century in the Arab Peninsula and should be understood within that context. The civilisation of the Arabian Peninsula in the seventh century was very far from the knowledge and scientific facts that are contained in the Qur'an; some of which have only been discovered in the twentieth century.

The Second Theme:

The Miracles

﴿اقْتَرَبَتِ السَّاعَةُ وَانشَقَّ الْقَمَرُ ﴿١﴾ وَإِن يَرَوْا آيَةً يُعْرِضُوا وَيَقُولُوا
سِحْرٌ مُّسْتَمِرٌّ ﴿٢﴾ وَكَذَّبُوا وَاتَّبَعُوا أَهْوَاءَهُمْ ۚ وَكُلُّ أَمْرٍ
مُّسْتَقِرٌّ ﴿٣﴾ وَلَقَدْ جَاءَهُم مِّنَ الْأَنبَاءِ مَا فِيهِ مُزْدَجَرٌ ﴿٤﴾﴾

[القمر: ١-٤]

﴾The Hour has drawn near, and the moon has been cleft asunder [the people of Makkah requested the Prophet Muhammad to show them a miracle, so he showed them the splitting of the moon]. And if they see a sign, they turn away, and say, "This is continuous magic." They belied [the verses of Allah — this Qur'an], and followed their own lusts. And every matter will be settled [according to the kind of deeds: good deeds will take their doers to Paradise, and similarly evil deeds will take their doers to Hell]. And indeed there has come to them news [in this Qur'an] wherein there is [enough warning [to check [them from evil],﴾ *(Qur'an 54:1-4)*

"A miracle is a remarkable and extraordinary event that seems impossible to explain by means of the known laws of nature. Only the Almighty Allah (ﷻ) enables the Prophets to show miracles." (Qâḍi 'Abdul Jabbâr)

The Prophet Muhammad (ﷺ) has been given miracles and signs that have not been given to any Prophet before him. He has the clearest evidence, and his message is the most comprehensive one. However, there are new efforts to define a miracle as "an extraordinary event" that is not commonly found in the nature of all the creation except the angels, Prophets and righteous people. Allah (ﷻ) gives miracles to His Prophets as a sign of their truthfulness.

The miracles of the Prophet Muhammad (ﷺ) are subject to the attacks of disbelievers. These attacks follow two trends. The first trend believes in the impossibility of the occurrence of a miracle which is against reason and the laws of nature, therefore it cannot be accepted as an evidence of prophethood. However this allegation itself goes against logic for many reasons. Common sense tells us that the occurrence of a miracle is possible because man can already fly, walk on the water and cover a long distance within a short time. Also the occurrence of a miracle is not impossible because it does not combine two contradictory matters together.

There are even more reasons. The impossible is in the mind and not in the eye. Hoxell V. said, "I know no impossible but contradiction, therefore, there is a logical impossible; but there is no natural impossible." The natural laws do not result from the nature of things in such a way that they can neither be changed nor violated. Emile Sesse said, "Science has made remarkable progress in studying nature. However, it has never proved that the natural laws are necessary geometrical laws." Imagining the occurrence of miracles is not any more difficult than imagining the universe by someone who has not seen it. William Stanley Goden, a famous English logician, said, "The power that has created the universe is not unable to omit or add other things thereto. It is easy to say about it that it is inconceivable by the mind, but what is said to be inconceivable is not as inconceivable as the existence of the universe."

According to logical probability, the occurrence of miracles is possible and the natural laws are not a necessity. In addition to that, miracles are real. Many people have witnessed them and transmitted them to us by reliable means. Therefore saying that the occurrence of miracles is impossible is groundless and unjustifiable.

The second trend puts the Prophet's miracles in two groups. The first group claims that the miracles are only a magnified echo of some of those attributed to former Prophets. For example, the water that came out of the Prophet's fingers reminds them of Moses (عليه السلام) getting water out of a rock. The feeding of many people with a small amount of bread reminds them of Jesus (عليه السلام) doing the same. That is also applicable to when the Prophet brought the sun back to prayer time and Joshua retained the sun in the middle of the sky for a whole day.

The second part is all the other miracles that are not similar to the miracles of the other Prophets. They are considered an impact of an inherent tendency in the various ancient civilisations. Known as "cosmology", this is when man has close contact with natural as well as unseen powers. However, at the same time they deny the divinity of the unseen power and affirm the special laws of nature.

This classification implies two criticisms about the miracles of the Prophet. The first implies that a number of these miracles (those similar to the miracles of former Prophets) was taken by Muslims from the Holy Bible and attributed to Muhammad (ﷺ) either as they were or with some modification. It is beyond question that this is contradictory to the date of the translation of the Holy Bible into Arabic. *The Religions' Encyclopaedia* confirms that the oldest Arabic translation of the Bible had appeared in the tenth century. G. Graf mentions in his *History of the Christian Arabic Literature* that the oldest text of the Holy Bible translated into Arabic dates back to the eleventh century.

Also it has to be taken into account that the Prophet's Sunnah (traditions, legal ways) has been written and methodologically classified since the middle of the eighth century. This can be found in the books of scholars like 'Abdul Raziq (211 H), 'Abdullah ibn al-Mubârak (181 H), Sufyân ibn 'Uyaynah (197 H), Sufyân ath-Thawri (161 H), Wakee' ibn al-Jarrah (197 H) and others. These were also narrative books containing various topics that made no distinction between what is authentic and what is not. In addition to these books there are specialised books in the Sunnah that distinguished between the authentic and the false in a precise, critical method. These include the volumes compiled by Bukhari, Muslim, Imam Aḥmad, aṭ-Ṭabarâni and al-Ḥâkim.

The second criticism is that these miracles are superstitions, legends, and lies created by the Muslims as a result of the domination of illusion and imagination that emanated from the desire to interpret the universe from their minds in the absence of religion. There is no doubt that this invective is clear evidence of the ignorance of the person responsible in regards to the nature of Islam in general, and the means of receiving the news and collecting them, in particular. The most important of Islam's characteristics is that all its facts and faiths are received from Allah (ﷻ) through revelation and prophethood, as we have mentioned in Chapter 1.

In regards to how the Muslims received and collected the information, an unprecedented method of precision and verification was followed; particularly those relating to the Qur'an and the

Sunnah. The Muslims still know very well all the Qur'an and Sunnah told by the Prophet (ﷺ), the person who heard him, the occasion, the followers who heard the Prophet's companions narrating that, those who received the news and information from the followers, and the degrees of precision and honesty in translation. The miracles told by the Muslims as evidence of the prophethood of Muhammad were transmitted by a large number of reliable Muslims and recorded in the books of the scholars of the various schools in verified transmitted information that leads to certainty.

The miracles of the Prophet (ﷺ) were transmitted in three ways. The first of which is by verified transmitted information that is reliable according to scientific methods. Some of his miracles were propagated and became well-known and so this knowledge is by the verification of news and information. The third way his miracles were passed on was through individuals.

There are two kinds of transmissions through individuals. In one the content of the transmission (Hadith) has been scientifically verified and that is by five methods. The information may come through an absolutely truthful person, such as the Prophet (ﷺ) or someone certified as truthful by the Prophet (ﷺ). Thus the source is known as truthful and the information as authentic. There are also people who have narrated the information and the Muslim community is unanimous about their truthfulness. It is also a proof of authenticity if the information is accepted and implemented. Sometimes the information might have been linked to a scene or an event that was witnessed by many people who also heard the narration and did not deny it. This certifies that the news is also authentic. Finally, the information should conform to logic.

The second kind of transmission through individuals occurs when the news narrated by one individual who is considered truthful, but it was not confirmed. If the news has endured for a long time without being opposed or rejected, then it is considered, as a whole, as verified. The miracles of the Prophet Muhammad (ﷺ) that cover these kinds are too numerous to be cited here, so only examples of the most authentic miracles will be given.

1. The miracles of the Qur'an

The miracles of the Qur'an have a great value not only as an evidence of prophethood but also as a necessary answer to the people of the scripture who allege that there is nothing miraculous in the Qur'an that supports the prophethood of Muhammad (ﷺ). There are actually two kinds of miracles in the Qur'an. First there are certain miraculous events.

1.1 The events

One of the most known miracles of the Prophet is the splitting of the moon. Allah (ﷻ) says:

﴿ٱقۡتَرَبَتِ ٱلسَّاعَةُ وَٱنشَقَّ ٱلۡقَمَرُ ١ وَإِن يَرَوۡاْ ءَايَةٗ يُعۡرِضُواْ وَيَقُولُواْ
سِحۡرٞ مُّسۡتَمِرّٞ ٢ وَكَذَّبُواْ وَٱتَّبَعُوٓاْ أَهۡوَآءَهُمۡۚ وَكُلُّ أَمۡرٖ
مُّسۡتَقِرّٞ ٣ وَلَقَدۡ جَآءَهُم مِّنَ ٱلۡأَنۢبَآءِ مَا فِيهِ مُزۡدَجَرٌ ٤
حِكۡمَةُۢ بَٰلِغَةٞۖ فَمَا تُغۡنِ ٱلنُّذُرُ ٥ فَتَوَلَّ عَنۡهُمۡۘ يَوۡمَ يَدۡعُ ٱلدَّاعِ إِلَىٰ
شَيۡءٖ نُّكُرٍ ٦ خُشَّعًا أَبۡصَٰرُهُمۡ يَخۡرُجُونَ مِنَ ٱلۡأَجۡدَاثِ كَأَنَّهُمۡ جَرَادٞ مُّنتَشِرٞ
٧﴾

[القمر: ١-٧]

﴿The Hour has drawn near, and the moon has been cleft asunder. And if they see a sign, they turn away, and say, "This is continuous magic." They belied [the Verse of Allah — this Qur'an], and followed their own lusts. And every matter will be settled [according to the kinds of deeds: good deeds will take their doers to Paradise, and similarly evil deeds will take their doers to Hell]. And indeed there has come to them news [in this Qur'an] wherein there is [enough warning] to check [them from evil]. Perfect wisdom [this Qur'an], but [the preaching of] Warners benefit them not. So, [O' Muhammad] withdraw from them. The Day that the caller will call [them] to is a terrible thing. They will come forth, with humbled eyes from [their] graves as if they were locusts spread abroad.﴾ *(Qur'an 54:1-7)*

This was one of the greatest astronomical miracles. The people of Makkah requested the Prophet (ﷺ) show them a miracle, and so he showed them the splitting of the moon. This sign in particular was subjected to great criticism. The deniers of this sign said that it could not happen and that had it taken place, the whole universe would have seen it. However, this criticism can be answered by the following points.

1. The splitting of the moon took place on a cold night and normally the people sleep at this time, so it is very rare to have some people awake to look into the sky without any objective. Just like an eclipse, it may have happened without being noticed by many people.

2. The event did not last long enough to allow those who saw it to wake up other people to see it too.

3. It was not an expected event which would be waited for by the people of the entire world. Some of those who saw the event attributed it to magic.

4. The event was seen by people outside of the Arabian Peninsula. In India it was recorded in the books of historians.

5. Many regions in the world could have been prevented from seeing the splitting of the moon by heavy clouds.

6. It is normal that such events can be witnessed by the people in some regions, but not by the entire world. Due to the difference in time, it may be late night in one region whereas it is still daylight in another region.

7. The number of those who saw the splitting of the moon outside the Arabian Peninsula might not be sufficient for historians to accept as a reliable source and so that event might have been considered a kind of eclipse.

8. If any of the disbelievers in Muhammad (ﷺ) saw that event and were certain that it was an evidence supporting Muhammad's prophethood, he would not report it to others. On the contrary, he would do his best to conceal it.

Another significant event described in the Qur'an is the Night Journey and the Ascension to the heavens. Allah (ﷻ) says:

﴿سُبْحَٰنَ ٱلَّذِىٓ أَسْرَىٰ بِعَبْدِهِۦ لَيْلًا مِّنَ ٱلْمَسْجِدِ ٱلْحَرَامِ إِلَى ٱلْمَسْجِدِ ٱلْأَقْصَا ٱلَّذِى بَٰرَكْنَا حَوْلَهُۥ لِنُرِيَهُۥ مِنْ ءَايَٰتِنَآ ۚ إِنَّهُۥ هُوَ ٱلسَّمِيعُ ٱلْبَصِيرُ ﴿١﴾﴾ [الإسراء: ١]

﴿Glorified [and Exalted] is He [Allah] [above all that [evil] they associate with Him] Who took His slave [Muhammad] for a journey by night from *al-Masjid-al-Harâm* [at Makkah] to *al-Masjid al-Aqṣâ* [in Jerusalem], the neighbourhood whereof We have blessed, in order that We might show him [Muhammad] of Our *Âyât* [proofs, evidences, lessons, signs, etc.]. Verily, He is the All-Hearer, the All-Seer.﴾ *(Qur'an 17:1)*

The Prophet (ﷺ) made a night journey from Makkah to Jerusalem in one night and that normally used to take one month on a camel's back. When the people belied him and asked him to show evidence, he proved it with the following points. He gave them an accurate description of Jerusalem though he had not seen it before that night. Then he told them detailed information about one of their trade caravans which was on the way back to Makkah. He said exactly where it was, how the people were and when it was expected to arrive in Makkah. When the caravan came, all the information told by the prophet (ﷺ) proved to be true.

This story of the Night Journey is mentioned in all the books of Hadiths. The transmissions about that event were successive and attributed to 'Umar ibn al-Khaṭṭâb, 'Ali ibn Abi Ṭâlib, Ibn Mas'ood, Abu Dharr, Abu Hurayrah, Abu Umâmah, Abu Sa'eed al-Khudri, Ibn 'Abbâs, 'Abdullah ibn 'Umar, Jâbir, Ḥudhayfah, and 'Â'ishah and Asmâ' (the daughters of Abu Bakr). Due to the importance and certainty of this miracle, Qâḍi 'Abdul Jabbâr said, "If the Prophet Muhammad (ﷺ) had not had but this miracle, that would have been a sufficient proof of his prophethood." Some of the disbelievers may say that the journey was just a dream and only the soul was involved and not the body. Nevertheless this can also be answered. Allah (ﷻ) said in the Qur'an that He "took His slave on a journey" and did not say He "took the soul of His slave." Moreover, the word "slave" here means body and soul. In addition, had that journey taken place only as a dream, it would have not been a miracle denied by the people of Quraysh, and it would have not led some people to renounce Islam. Next, had it just been a dream, Umm Hâni, the daughter of Abu Ṭâlib, would have not feared that the people of Quraysh would deny and harm the Prophet Muhammad (ﷺ).

The third event that was mentioned was a challenge to the Jews to long for death. The Jews were very keen to contradict Muhammad (ﷺ) and state that it was they who were on the right path and who would be rewarded in the Hereafter. However, they showed fear and no longing for death in order to receive the reward that they claimed they were promised as the Children of Israel. Allah says:

﴿قُلْ إِن كَانَتْ لَكُمُ ٱلدَّارُ ٱلْآخِرَةُ عِندَ ٱللَّهِ خَالِصَةً مِّن دُونِ ٱلنَّاسِ فَتَمَنَّوُا۟ ٱلْمَوْتَ إِن كُنتُمْ صَٰدِقِينَ ﴿٩٤﴾﴾ [البقرة: ٩٤]

﴿Say to [them], "If the home of the Hereafter with Allah is indeed for you specially and not for others, of mankind, then long for death if you are truthful."﴾ *(Qur'an 2:94)*

﴿وَلَا يَتَمَنَّوْنَهُۥٓ أَبَدًۢا بِمَا قَدَّمَتْ أَيْدِيهِمْ ۚ وَٱللَّهُ عَلِيمٌۢ بِٱلظَّٰلِمِينَ ﴿٧﴾﴾

[الجُمُعَة: ٧]

﴿Say [O' Muhammad], "O' you Jews! If you pretend that you are friends of Allah, to the exclusion of [all] other mankind, then long for death if you are truthful." But they will never long for it [death], because of what [deeds] their hands have sent before them! And Allah knows well the *Dhâlimeen* [polytheists, wrong-doers disbelievers].﴾

(Qur'an 62:6-7)

The Qur'an promised the Prophet that Allah is a Sufficient Protector for him against the scoffers of his message. Five of the chiefs of Quraysh used to harm the Prophet (ﷺ); al-Waleed ibn al-Mugeerah, al-Aswad ibn al-Muṭṭalib, al-Aswad ibn Abd Yaghooth, al-'Âṣ ibn Wa'il and al-Ḥârith ibn al-Talatilah. Allah (ﷻ) says:

﴿فَٱصْدَعْ بِمَا تُؤْمَرُ وَأَعْرِضْ عَنِ ٱلْمُشْرِكِينَ ﴿٩٤﴾ إِنَّا كَفَيْنَٰكَ ٱلْمُسْتَهْزِءِينَ ﴿٩٥﴾﴾ [الحِجر: ٩٤-٩٥]

﴿Therefore proclaim openly [Allah's Message — Islamic Monotheism] that which you are commanded, and turn away from *al-Mushrikoon* [polytheists, idolaters, and disbelievers]. Truly! We will suffice you against the scoffers.﴾ *(Qur'an 15:94-95)*

After the verse was revealed, al-Aswad ibn al-Muṭṭalib passed by the Prophet (ﷺ) who threw a green leaf towards his face. The man became blind and started hitting his head against a wall. Al-Aswad ibn Abd Yaghooth passed and the Prophet (ﷺ) pointed to his stomach. Afterwards, the man fell sick with dropsy and died from it. Al-Waleed passed by and the Prophet (ﷺ) pointed to a mark of an old injury on the man's heel, and the wound started bleeding and caused the man's death. Al-'Âṣ passed by the Prophet (ﷺ) who pointed to his foot, and a thorn penetrated the man's foot causing his death. Al-Ḥârith passed by the Prophet (ﷺ) who pointed to the man's head, and the man's head was then filled with pus which caused his death.

One of the events in the Qur'an is the battle of Badr where a thousand angels fought to support the Muslims. Allah (سبحانه وتعالى) says:

﴿إِذْ تَسْتَغِيثُونَ رَبَّكُمْ فَاسْتَجَابَ لَكُمْ أَنِّي مُمِدُّكُم بِأَلْفٍ مِّنَ الْمَلَائِكَةِ مُرْدِفِينَ ﴿٩﴾﴾ [الأنفال: ٩]

﴾[Remember] when you sought help of your Lord and He answered you [saying], "I will help you with a thousand of the angels each behind the other [following one another] in succession."﴿ *(Qur'an 8:9)*

'Umar ibn al-Khaṭṭâb (رضي الله عنه) narrated that on the day of Badr that the Prophet (ﷺ) looked at the troops of the Quraysh (one thousand men) and his Companions (three hundred and seventeen men). He then turned toward the *Qiblah* (Makkah), lifted up his hands and said, "O' Great Lord! Fulfil Your promise to me. O' Great Lord! If this group of Muslims is destroyed, none will worship You." He continued repeating that supplication raising his hands towards the *Qiblah* until his clothes fell back from his shoulders. Abu Bakr (رضي الله عنه) came to the Prophet, put the clothes back on his shoulders, and hugged him from behind. He said, "O' Allah's Messenger (ﷺ)! You have made sufficient supplication and surely Allah (سبحانه وتعالى) will fulfil

His Promise." Then Allah (ﷻ) revealed the above cited verse.

1.2. Prophecies about the future

There are numerous prophecies, but only a few can be examined here. One of the best known prophecies was given about the victory of the Romans. Allah (ﷻ) says:

﴿غُلِبَتِ ٱلرُّومُ (٢) فِيٓ أَدۡنَى ٱلۡأَرۡضِ وَهُم مِّنۢ بَعۡدِ غَلَبِهِمۡ سَيَغۡلِبُونَ
(٣) فِي بِضۡعِ سِنِينَۗ لِلَّهِ ٱلۡأَمۡرُ مِن قَبۡلُ وَمِنۢ بَعۡدُۚ﴾ [الرُّوم: ٢-٤]

﴿The Romans have been defeated. In the nearest land [Syria, Iraq, Jordan and Palestine], and they, after their defeat, will be victorious. Within three to nine years. The decision of the matter, before and after [these events] is only Allah's [before the defeat of the Romans by the Persians, and after the defeat of the Persians by the Romans]...﴾ *(Qur'an 30:2-4)*

Seven years later this prophecy became true, and the Romans defeated the Persians.

There is also a prophesy that both al-Waleed ibn al-Mugheerah and Abu Lahab would die as disbelievers. Allah says about al-Waleed:

﴿ذَرۡنِي وَمَنۡ خَلَقۡتُ وَحِيدٗا (١١) وَجَعَلۡتُ لَهُۥ مَالٗا مَّمۡدُودٗا (١٢) وَبَنِينَ شُهُودٗا
(١٣) وَمَهَّدتُّ لَهُۥ تَمۡهِيدٗا (١٤) ثُمَّ يَطۡمَعُ أَنۡ أَزِيدَ (١٥) كَلَّآۖ إِنَّهُۥ كَانَ لِأٓيَٰتِنَا
عَنِيدٗا (١٦) سَأُرۡهِقُهُۥ صَعُودًا (١٧) إِنَّهُۥ فَكَّرَ وَقَدَّرَ (١٨) فَقُتِلَ كَيۡفَ قَدَّرَ (١٩)
ثُمَّ قُتِلَ كَيۡفَ قَدَّرَ (٢٠) ثُمَّ نَظَرَ (٢١) ثُمَّ عَبَسَ وَبَسَرَ (٢٢) ثُمَّ أَدۡبَرَ وَٱسۡتَكۡبَرَ (٢٣)
فَقَالَ إِنۡ هَٰذَآ إِلَّا سِحۡرٞ يُؤۡثَرُ (٢٤) إِنۡ هَٰذَآ إِلَّا قَوۡلُ ٱلۡبَشَرِ (٢٥) سَأُصۡلِيهِ سَقَرَ
(٢٦) وَمَآ أَدۡرَىٰكَ مَا سَقَرُ (٢٧) لَا تُبۡقِي وَلَا تَذَرُ (٢٨)﴾ [المدَّثر: ١١-٢٨]

﴿Leave Me Alone [to deal] with whom I created lonely [without any wealth or children etc., i.e., al-Waleed ibn al-

Mugheerah al-Makhzoomi], And then granted him resources in abundance, And children to be by his side, And made life smooth and comfortable for him. After all that he desires that I should give more; Nay! Verily, he has been opposing Our *Âyât* [proofs, evidences, verses, lessons, signs, revelations]. I shall oblige him to [climb a slippery mountain in the Hell-fire called as-Sa'ood, or] face a sever torment! Verily, he thought and plotted. So let him be cursed: how he plotted! And once more let him be cursed: how he plotted! Then he thought. Then he frowned and he looked in a bad tempered way; then he turned back, and was proud. Then he said, "This is nothing but magic from that of old. This is nothing but the word of a human being!" I will cast him into Hell-fire. And what will make you know [exactly] what Hell-fire is? It spares not [any sinner], nor does it leave [anything unburnt]!﴿ *(Qur'an 74:11-28)*

Regarding Abu Lahab, He (ﷻ) says:

﴿تَبَّتْ يَدَآ أَبِي لَهَبٍ وَتَبَّ ۝١ مَآ أَغْنَىٰ عَنْهُ مَالُهُۥ وَمَا كَسَبَ ۝٢ سَيَصْلَىٰ نَارًا ذَاتَ لَهَبٍ ۝٣﴾ [المسد: ١-٣]

﴾Perish the two hands of Abu Lahab [an uncle of the Prophet] and perish he! His wealth and his children will not benefit him! He will be burnt in a Fire of blazing flames!﴿
(Qur'an 111:1-3)

Therefore the prediction came true when they both died as disbelievers.

The Prophet was also told that he would be coming back to Makkah which he had left for Madeenah. Allah (ﷻ) says:

﴿إِنَّ ٱلَّذِى فَرَضَ عَلَيْكَ ٱلْقُرْءَانَ لَرَآدُّكَ إِلَىٰ مَعَادٍ﴾ [القصص: ٨٥]

﴿Verily, He Who has given you [O' Muhammad] the Qur'an [i.e. ordered you to act on its laws and to preach it to others] will surely bring you back to Ma'âd [place of return, either to Makkah or to Paradise after your death]...﴾ *(Qur'an 28:85)*

The Prophet (ﷺ) returned to Makkah in the year of the conquest.

There was also a prophecy that the Prophet (ﷺ) and the Muslims would re-enter Makkah safely after he had been forced to leave.

﴿لَتَدْخُلُنَّ ٱلْمَسْجِدَ ٱلْحَرَامَ إِن شَآءَ ٱللَّهُ ءَامِنِينَ مُحَلِّقِينَ رُءُوسَكُمْ وَمُقَصِّرِينَ لَا تَخَافُونَ﴾ [الفتح: ٢٧]

﴿... Certainly, you shall enter *al-Masjid al-Ḥarâm,* if Allah wills, secure, [some] having your heads shaved, and [some] having your head hair cut short, having no fear...﴾ *(Qur'an 48:27)*

This prophecy became true and the Muslims conquered Makkah and entered the city in complete security.

Allah promised the Muslims that He would grant them succession and authority. Allah (ﷻ) says:

﴿وَعَدَ ٱللَّهُ ٱلَّذِينَ ءَامَنُوا۟ مِنكُمْ وَعَمِلُوا۟ ٱلصَّٰلِحَٰتِ لَيَسْتَخْلِفَنَّهُمْ فِى ٱلْأَرْضِ كَمَا ٱسْتَخْلَفَ ٱلَّذِينَ مِن قَبْلِهِمْ وَلَيُمَكِّنَنَّ لَهُمْ دِينَهُمُ ٱلَّذِى ٱرْتَضَىٰ لَهُمْ وَلَيُبَدِّلَنَّهُم مِّنۢ بَعْدِ خَوْفِهِمْ أَمْنًا ۚ يَعْبُدُونَنِى لَا يُشْرِكُونَ بِى شَيْـًٔا ۚ﴾

[النور: ٥٥]

﴿Allah has promised those among you who believe and do righteous good deeds, that He will certainly grant them succession to [the present rulers] in the land, as He granted it to those before them, and that He will grant them the authority to practise their religion which He has chosen for them [i.e. Islam]. And He will surely give them in exchange a safe security after their fear [provided] they [believers] worship Me and do not associate anything [in worship] with Me.﴾ *(Qur'an 24:55)*

Allah (ﷻ) has fulfilled His promise to the Prophet Muhammad (ﷺ) and his nation. He made them successors of great kings and powerful rulers, and their lands and properties were inherited by the Muslims.

2. The miracles in the books of hadith

There are two kinds of miracles found in the hadith. The first are called the miracles of action. These are the miracles that pertain to the influence practised on beings either by the Prophet or by Allah (ﷻ) without any role played by the Prophet. For example, the enemies were destroyed and the people were made to submit to the Prophets and love them.

2.1. Throwing stones in the faces of disbelievers

It is narrated in Muslim's authentic volume of Hadith that al-'Abbâs ibn 'Abdul Muṭṭalib said that in the battle of Ḥunayn a fierce fighting was going on between the Muslims and the polytheists. The Prophet (ﷺ) took small stones and threw them towards the enemy and said, "By the Lord (Lord) of Muhammad (ﷺ), withdraw!" Al-'Abbâs added, "By Allah, a short time later the troops of the Quraysh were seen running away."

2.2. Water springing from the Prophet's fingers

It is narrated by Bukhari and Muslim that the Prophet (ﷺ) was travelling with a group of his Companions. When it was prayer time, they told the Prophet (ﷺ) that they did not have enough water. He ordered them to bring some water in a bowl. He put his fingers in the bowl and water started springing from his fingers until the whole group (more than three hundred people) performed ablution from that water.

Abu 'Ubaydah al-Khazraji believes that water springing out of flesh and bones is more surprising than water springing out of a stone (the case of Moses). He also sees that Moses (عليه السلام) made the water spring out from a specific stone and when the Children of Israel asked him to do that from another stone he refused, but the Prophet Muhammad (ﷺ) did not specify any bowl for that miracle.

2.3. Causing a small amount of food to suffice many people

'Abbâs ibn Muhammad ad-Douri narrated that Jâbir ibn 'Abdullah prepared a small amount of food using a handful of barley and meat. The Prophet (ﷺ) blessed that food by reciting some verses of the Qur'an and all the troops of the battle of the Ditch (one thousand people) ate from that food and still some of the food remained. (Bukhari and Muslim)

2.4. Curing sick people

It was narrated that on the day of the battle of Khaybar the Prophet (ﷺ) sent for 'Ali ibn Abi Ṭâlib (رضي الله عنه) who had sore eyes at that time. He said, "I will give this flag to a man loved by Allah and His Messenger and he loves Allah and His Messenger. Allah will help him and make him a conqueror." When 'Ali came to the Prophet (ﷺ), he spat in his eyes and 'Ali was immediately cured. It was as if he had never complained of any pain in his eyes. (Bukhari and Muslim)

2.5. The longing of the trunk

It was narrated that Jâbir ibn 'Abdullah said, "The Mosque used to have pillars made of date palm trunks and while delivering the sermon, the Prophet (ﷺ) used to stand next to one of these trunks. When a *minbar* (pulpit) was made inside the Mosque and the Prophet (ﷺ) moved there to deliver his sermons, we heard a sound like that of a camel coming out of the trunk until the Prophet (ﷺ) came and put his hand on the trunk, and then it calmed down." (Bukhari and Muslim)

3. The verbal miracles

This kind of miracle is either informing someone about unseen matters or an answered invocation. The Prophet sometimes told someone information about something that was unseen or unknown. An example of this occurred when one man attempted to question the Prophet (ﷺ). Anas (رضي الله عنه) narrated that when the news of the Prophet's arrival at Madeenah reached 'Abdullah ibn Salâm, he went to the Prophet (ﷺ) and said, "I am going to ask you about three things which only a Prophet can answer. What is the first sign of the Hour? What is the first food which the people of Paradise will eat? Why is a child similar to his father or mother?" The Prophet (ﷺ) replied, "Jibreel has just told me the answers." Ibn Salâm said, "Jibreel (عليه السلام) is the enemy of the Jews from amongst the angels."

The Prophet (ﷺ) said, "As for the first sign of the Hour, it will be a fire that will collect the people from the east to the west. As for the first meal which the people of Paradise will eat, it will be the caudate (extra) lobe of the fish liver. As for the child, if the man's discharge precedes that of the woman, the child attracts the similarity to the man, and vice versa." On this 'Abdullah ibn Salâm said, "I testify that none has that the right to be worshipped but Allah, and that you are the Messenger of Allah." He added, "O' Allah's Messenger! The Jews make such lies as make one astonished, so please ask them about me before they know about my conversion to Islam."

The Jews came and the Prophet (ﷺ) asked, "What kind of man is 'Abdullah ibn Salâm among you?" They replied, "(He is) The best of us and the son of the best of us, and the most superior among us, and the son of the most superior among us." The Prophet (ﷺ) said, "What would you think if 'Abdullah ibn Salâm should embrace Islam?" They said, "May Allah protect him from that." The Prophet (ﷺ) repeated his question and they gave the same answer, then 'Abdullah came out to them and said, "I testify that none has the right to be worshipped but Allah and that Muhammad is the Messenger of Allah." On this, the Jews said, "He is the most wicked among us and the son of the most wicked among us." So they degraded him. On this Ibn Salâm said, "It is this, that I was afraid of, O' Allah's Messenger!" (*Ṣaḥeeḥ* Bukhari vol. 5, hadith no. 275)

Another example was narrated by Thawban, the Prophet's servant. He said that he was standing near the Prophet (ﷺ) when a Jewish rabbi came and said, "Peace upon you, O' Muhammad." Thawban pushed him so violently that he was about to fall down, and he asked him, "Why did you push me?" Thawban asked him, "Why did you not say 'O' Allah's Messenger'?" The Jew said, "But I used the name given to him by his parents." The Prophet (ﷺ) said, "The name given to me by my parents is Muhammad." The Jew said, "I want to ask you some questions." The Prophet (ﷺ) told him, "What I am going to say will be of benefit to you." The Jew said he would listen. The Prophet (ﷺ) said, "Then ask what you want."

The Jew then asked him, "Where will the people be on the Day when the earth will be changed to another earth and heavens to other heavens?" The Prophet (ﷺ) said, "In the darkness below the bridge." The Jew asked, "And who will be the first to pass?" The Prophet (ﷺ) said, "The poor from among the *Muhâjiroon* (those who migrated from Makkah to Madeenah)." The Jew asked, "What will be the first food they will eat?" The Prophet (ﷺ) answered, "The extra lobe of the fish liver." He asked, "And what will be their following meal?" The Prophet (ﷺ) replied, "The ox of Paradise that gazes in it will be slaughtered for them." He asked, "What will be their drink?" The Prophet (ﷺ) replied, "From a spring in Paradise called *Salsabeel.*" The Jew said, "What you have said is true."

The Jew continued his questions. "I want to ask you about a matter that is known only to a Prophet (ﷺ): the resemblance of the child." The Prophet (ﷺ) replied, "The man's discharge is of white colour and that of the woman is of yellow colour. The two discharges meet together, and if the colour of the man's discharge is dominant, the child will be a male, and if the colour of the woman's discharge is dominant, the child will be a female." The Jew said, "You are truthful, and you are a Prophet." He then left. The Prophet (ﷺ) said (to those around him), "When he started asking his questions I knew nothing about the answers, but Allah (ﷻ) revealed them to me."(*Ṣaḥeeḥ* Muslim)

3.1 The martyrdom of 'Umar and 'Uthmân

It was narrated that the Prophet (ﷺ), Abu Bakr (رضي الله عنه), 'Umar (رضي الله عنه) and 'Uthmân (رضي الله عنه) ascended one day on the Mount of Uḥud and it started shaking. The Prophet (ﷺ) hit the Mount with his foot and said, "Calm down! On you are a Prophet, a highly truthful man and two martyrs." He also told the people that the first member of his family who would die after him would be his daughter Fâṭimah who died six months after the Prophet's death. (Bukhari)

3.2. Prediction about the leadership of al-Ḥasan ibn 'Ali and his reconciliation of two factions in Islam

Abul Ḥasan said that he heard Abu Bakrah say, "I saw the Prophet (ﷺ) on the pulpit and al-Ḥasan ibn 'Ali at his side. From time to time the Prophet (ﷺ) looked to al-Ḥasan and said, 'This son of mine (his daughter's son) is a chief and maybe Allah will make him reconcile two great Muslim groups.' That is exactly what happened." (Bukhari)

3.3. A liar from Thaqeef

Asmâ', the daughter of Abu Bakr (رضي الله عنه), said that she spoke to al-Ḥajjâj ibn Yousuf. "Allah's Messenger (ﷺ) has told us that there will be a liar and a destroyer in Thaqeef. The liar, we have already seen, but as for the destroyer I think it is you and nobody else." (Muslim)

There is no doubt that the realisation of such prophecies as they were told by the Prophet (ﷺ) is clear evidence that he is a Prophet helped with Revelation. There are also reports of other verbal miracles when Allah (سبحانه وتعالى) answered his invocations in general matters for the good of Muslims.

3.4. Invoking Allah for rain

Anas (رضي الله عنه) narrated that while the Prophet (ﷺ) was delivering the sermon of Friday prayer, a man came into the Mosque, faced the Prophet and said, "O' Allah's Messenger! The animals have perished and the people have suffered! Please, may you invoke Allah for rain!" The Prophet (ﷺ) raised his hands and said (three times), "O' Great God! Send us rain." Anas (رضي الله عنه) added, "By Allah, the sky was as clear as glass, but the moment the Prophet (ﷺ) finished his invocation it was filled with huge clouds like mountains and before the Prophet (ﷺ) left the *minbar* rain started running down his face."

The next Friday at the time of sermon, a man came into the Mosque, faced the Prophet (ﷺ) and said, "O' Allah's Messenger! The animals have perished and the properties were destroyed, please may you invoke Allah to hold the rain." The Prophet (ﷺ) raised his hand and said, "O' Great God! Make it rain in our surroundings on the land and valleys and not directly on us." Each time he pointed into a direction, the clouds moved away until the sky above Madeenah became clear. (Bukhari, the Book of Friday)

4. Special invocations

4.1. Ibn 'Abbâs

Ibn 'Abbâs (ﷺ) narrated that the Prophet (ﷺ) went out to relieve himself and he prepared water for him for ablution. When he (ﷺ) came back, he said, "O' Great Lord! Please make him a scholar in religion." This invocation was answered and Ibn 'Abbâs became a very famous scholar known as the interpreter of Qur'an.

4.2. The mother of Abu Hurayrah

Abu Hurayrah (ﷺ) said, "Every believer on this earth loves me." He was asked, "O' Abu Hurayrah! How do you know that?" He replied, "I was inviting my mother to Islam and she used to refuse. I invited her one day and she said evil words about the Prophet (ﷺ). I came to the Prophet and told him my story and then requested him to invoke Allah to guide my mother to the Right Path. The Prophet (ﷺ) said, 'O' Great God! Guide the mother of Abu Hurayrah to the Right Path.' I went back home to tell my mother the good news, but when I came home the door was locked. I tried to push the door, but my mother who was inside taking a bath and told me to wait. Then she opened the door and the moment I entered into the house she said, 'I testify that none has the right to be worshipped but Allah and that Muhammad is Allah's Messenger.' I returned to the Prophet (ﷺ) weeping with happiness, whereas I used to weep with sorrow for her sake. I said to him, 'O' Allah's Messenger! Allah has answered your invocation. He has guided Abu Hurayrah's mother and she embraced Islam. Please invoke Allah to make me and my mother loved by the believers and to make the believers endeared by us.' The Prophet (ﷺ) said, 'O' Great God! Endear this slave of yours and his mother to the believers and endear the believers to them.'" (Muslim, the Merits of the Companions)

4.3. His invocation for Anas ibn Mâlik

Anas (ﷺ) narrated that Umm Sulaym (Anas' mother) accompanied him to the Prophet (ﷺ) and said, "O' Allah's Messenger! This is my son Anas. I brought him to serve you, so please invoke Allah to bless him." The Prophet (ﷺ) said, "O' Great Lord! May You bless his property and his children." Anas (ﷺ) said, "By Allah I have a good property, and my children and grandchildren are more than a hundred." (Muslim, the Merits of the Companions)

The Third Theme:
The Prophesied Glad Tidings

﴿ٱلَّذِينَ يَتَّبِعُونَ ٱلرَّسُولَ ٱلنَّبِيَّ ٱلْأُمِّيَّ ٱلَّذِى يَجِدُونَهُۥ مَكْتُوبًا عِندَهُمْ فِى ٱلتَّوْرَىٰةِ وَٱلْإِنجِيلِ﴾ [الأعراف: ١٥٧]

﴿...The Prophet who can neither read nor write [i.e. Muhammad] whom they find written with them in the *Tawrât* [Torah] and the *Injeel* [Gospel]...﴾ *(Qur'an 7:157)*

The prophecies (glad tidings) are the predictions and information given by the former Prophets and Messengers in their Books about the advent of the Prophet Muhammad (ﷺ). These prophecies only have value as evidence of Muhammad's prophethood to the Jews and Christians because other people do not believe in the Books containing that information. However, these glad tidings are important for several reasons. First of all, they are necessary to refute the allegation of the people of the scripture that the Bible did not give prophecies about Muhammad (ﷺ). Secondly, the Prophet (ﷺ) has used them as evidence and the Qur'an states that they were mentioned in the Holy Bible. Allah (ﷻ) says:

﴿وَإِذْ قَالَ عِيسَى ٱبْنُ مَرْيَمَ يَـٰبَنِىٓ إِسْرَٰٓءِيلَ إِنِّى رَسُولُ ٱللَّهِ إِلَيْكُم مُّصَدِّقًا لِّمَا بَيْنَ يَدَىَّ مِنَ ٱلتَّوْرَىٰةِ وَمُبَشِّرًۢا بِرَسُولٍ يَأْتِى مِنۢ بَعْدِى ٱسْمُهُۥٓ أَحْمَدُ ... ﴿٦﴾﴾

[الصَّف: ٦]

﴿And [remember] when 'Eesa [Jesus], son of Maryam [Mary], said, "O' Children of Israel! I am the Messenger of Allah unto you, confirming the *Tawrât* [(Torah) which came] before me, and giving glad tidings of a Messenger to come after me, whose name shall be Aḥmad [Muhammad]...﴾ *(Qur'an 61:6)*

﴿ٱلَّذِينَ يَتَّبِعُونَ ٱلرَّسُولَ ٱلنَّبِىَّ ٱلْأُمِّىَّ ٱلَّذِى يَجِدُونَهُۥ مَكْتُوبًا عِندَهُمْ فِى ٱلتَّوْرَىٰةِ وَٱلْإِنجِيلِ﴾ [الأعراف: ١٥٧]

﴿Those who follow the Messenger, the Prophet who can neither read nor write [i.e. Muhammad] whom they find written with them in the *Tawrât* [Torah] and the *Injeel* [Gospel]...﴾ *(Qur'an 7:157)*

The Qur'an also states that the people of the scripture know the Prophet Muhammad (ﷺ) very well because of his signs and allusions made about him in their Books. Allah (ﷻ) says:

﴿ٱلَّذِينَ ءَاتَيْنَـٰهُمُ ٱلْكِتَـٰبَ يَعْرِفُونَهُۥ كَمَا يَعْرِفُونَ أَبْنَآءَهُمْ﴾ [البقرة: ١٤٦]

﴿Those to whom We gave the Scripture [Jews and Christians] recognise him [Muhammad or the Ka'bah at Makkah] as they recognise their sons...﴾ *(Qur'an 2:146)*

The glad tidings of the illiterate Prophet in the former Books are also important because they are evidence of the knowledge of the unseen which Allah (ﷻ) revealed only to His chosen Prophets. In addition, they constitute an obligation for the Jews and Christians to believe in the Prophet because the Prophets that had preceded him knew the sign of Muhammad's prophethood and informed their followers about his arrival.

Given the importance of this issue, the efforts of the Muslim theologians were united in searching for these prophecies in the Holy Bible in order to determine their places and to see the extent to which they are applicable to the Prophet Muhammad (ﷺ). Books and theses have been compiled in this field in such big numbers that they represent a rich topic for research and study. There are several books written exclusively about this issue; *The State and Religion to Prove the Prophethood of Muhammad (ﷺ)* by 'Ali ibn Rabân aṭ-Ṭabari, *Proving the Prophethood* by Abu al-Ḥasan Aḥmad ibn al-Ḥussayn, *Muhammad in the Bible* by 'Abdul-Aḥad Dâwood, and *Muhammad (ﷺ) in the Torah, Gospel and Qur'an* by Ibraheem Khaleel Aḥmad. Every book that addressed the issue of the evidence of prophethood has studied the predictions to show how they conform to the Prophet Muhammad (ﷺ). In addition, those who wrote about the comparison of religions mentioned examples of the most famous predictions that they had chosen for research and study. In the books written to answer the Jews and Christians, the theme of glad tiding is one of the most essential topics. It is one of the reasons of disagreement between Islam on one side and Judaism and Christianity on the other side. They are also one of the proofs of the prophethood of Muhammad (ﷺ).

There is a criticism against these predictions that states that the Muslims have made their interpretation and their translation of the texts of the Holy Bible to suit Muhammad (ﷺ) or that they cited texts that are not in the Bible. This invective is just a groundless accusation which is not based on a careful study of these prophecies discovered by the Muslim scholars and verified as confirmed evidence.

There are certain points that should be taken into account while considering this issue. To begin with we have not received all that was told by the former Prophets, and this is known with certainty from our knowledge about the way in which the Holy Bible was collected transmitted and translated. A relevant point is also that copies and translations of the Holy Bible in our time are not unified nor had they been so at the time when the Muslim scholars discovered the prophecies. Therefore, it is not a surprise if 'Ali ibn Rabân aṭ-Ṭabari discovered some texts in which the name of the Prophet Muhammad (ﷺ) is explicitly mentioned. For instance, he found these prophecies in the gospel of David: "Verily, our Lord is Praiseworthy, and in the village of our God and in His Mount, He is most Holy and Praiseworthy (Muhammad)." In addition, there is the one taken from Isaiah, "Oh islands and nations listen and understand! The Lord praised me from far and mentioned my name while I was still in the womb. He made my tongue like a sharp sword. When I was in the womb, He protected me with the shadow of His Right Hand and made me in His Quiver like the chosen arrow. He chose me for His secrets and said to me, 'You are my slave.' My acts and judgements before the Lord are truthful, and my deeds are shown to my Lord. I became praiseworthy (Muhammad) with the Lord, and in my Lord, are my power and my strength." (The name Muhammad means "praiseworthy" in Arabic).

It is also not a surprise that al-Fâdhil Haydar 'Ali al-Qurashi mentioned in his book in Urdu, *Summary of the Muslims' Sword,* the name Muhammad in a prophecy from the Holy Bible from Isaiah and it says: "Glorify Allah (ﷻ) a new glorification, the seal of his authority is on his back and his name is Aḥmad (another name for Muhammad)." This was translated by the Armenian priest Oskan to the Armenian language and was published by Antoni Portolli press in 1733, book 42.

The next point to take into consideration is that the differences in the various copies and translations of the Holy Bible also led to a difference between the Muslim scholars about whether the Prophet Muhammad (ﷺ) is mentioned in the Bible with his name or with his qualities and characteristics. This difference is perhaps one of the bases used by the originators of this next criticism. A group of Muslim scholars says that the predictions mentioning the Prophet (ﷺ) in the Bible do not mention his name in an explicit manner. Furthermore, since they are in the form of signs and symbols, then they are subject to interpretation. Any text that is subject to interpretation can easily be made an ambiguous text. A second group says that the glad tidings of Muhammad (ﷺ) in the Bible mentioned his qualities, town, nation, law and his name in an explicit way.

Since they are implicit and not explicit, then deciphering these signs requires interpretation. This is normally the point of difference particularly when the objectives and religions are different. For this reason Qâḍi 'Abdul Jabbâr considers the predictions as a weak evidence of prophethood. He says, "The glad tidings of Muhammad (ﷺ) in the Bible is what we have known from the Qur'an. There are many words about a great Prophet (ﷺ) yet to come mentioned in the Torah. However that is not the only evidence of the prophethood of Muhammad (ﷺ), and if the people of the scripture argued with us about what we claim as regards these words and their meanings, we will have no reliable reference. The reason is that for us this interpretation has not proved to be authentic and therefore we cannot use as a proof in our argument." He added, "The theologians have compiled books exclusively for this topic. They have mentioned the texts in the Holy Books containing the glad tidings and signs. If you look for that, you will find it otherwise and what you already have will suffice you."

Other theologians have followed the same method. Al-Ayji for instance said, "The third way is information by the former Prophets about his prophethood in the Torah and the Gospel." If it is said that "you allege that there is a detailed description that says in a certain year and in a certain town a Prophet will appear whose qualities are so and so; then this is false because there is no such specification neither in the Torah nor in the Gospel. As for the information in general, that is not an evidence of a Prophet, but a perfect person or someone still to come". Then the reply is, "The most important element is the miracle and those other aspects are complementary."

The name "Aḥmad" or "Muhammad" had not been given to any one before and was reserved in a miraculous manner for Allah's most famous Messenger to avoid any possible confusion. Allah (ﷻ) has protected that name which was later joined to His in the testimony of faith and in the call for prayer repeated five times a day. The Jews and the Christians were expecting a Prophet based on the predictions that they found in their Books. Muhammad claimed prophethood and showed evidence of truthfulness, so there should be no objection to his being the one that was explicitly or implicitly mentioned in their Books.

In conclusion, the former Prophets have been given glad tidings of the Prophet Muhammad (ﷺ) in many places in their Books. They are classified in different ways and one example of will be given of each.

1. The name of the Prophet

The name of the Prophet was indicated by the use of the word Parqaleeta that is mentioned in four places in the Gospel of John. Jesus said, "If you love me, keep my commandments, and I will pray to the father and He shall give you another *Paraqleeta* that he may abide with you forever. The spirit of the truth and the universe cannot receive him, because they do not see him nor recognise him, but you know that he will abide with you and be among you." (John 14:15,

16) In another verse, Jesus said, "But the *Paraqleeta*, the Holy Spirit that the father will send in my name, will teach you everything and will remind you of all that I have said to you." (John 14:26, 27) Jesus also said, "And when the *Paraqleeta* comes that I send to you from the father, the spirit of the truth which proceeds from the father, he shall testify for me. And you also shall bear witness because you have been with me from the beginning." (John 15:26, 27) In the last verse found in John, Jesus said, "It is better for you that I go; for if I do not go away, *Paraqleeta* will not come unto you; but if I depart, I will send him unto you. And when he comes, he will reprove the world of sin, and approve righteousness and judgement. When he, the spirit of the truth, has come, he will guide you to the whole truth: for he shall not speak of himself; but whatsoever he shall hear, that he speaks; and he will show you things to come. He shall glorify me: for he shall receive of mine, and he shall show it unto you." (John 16:7-14)

Paraqleeta is a form of the Greek word *Parakletos* which means "the most glorified", "the most famous," or "the one who is praiseworthy". That is the word for a quality of a prophet that was to come after Jesus and about whom he spoke. These qualities conform to the Prophet of Islam, and the meaning of that word is the same as that of the word *Aḥmad* in Arabic. According to the modern Catholic translation, the word *Paraqleeta* was translated to advocator and consoler in the translation of the Protestants published by William Wattson in London, 1857. The Christian fathers, who issued a modern translation of the New Testament in 1989, commented on the text of John. They said, "In the Greek language *Parakletos* is derived from the legal language. It means the one called to defend an accused person. Therefore, the meaning is 'advocate', 'helper', and 'defender'. Therefore accordingly many other synonymous words appeared such as consoler and intercessor."

The Priest 'Abdul Aḥad Dâwood, an expert in Greek language, rejects this translation and accused it of being altered. According to him the word cannot mean consoler, advocate, mediator, supporter or the one called for help because the verb used for that *Parakaloo* means to call, to invite, to console, and to request. The noun form is *Paracalon* and not *Pracletos*. Furthermore the equivalent of the word advocate in Greek is *Sanegorus* and that of mediator or intercessor is *Meditea*. However, the misinterpretation of the word does not mean that it does not conform to the Prophet Muhammad (ﷺ) nor it does the addition of the terms "Holy Spirit or the spirit of the truth".

Raḥmatullâh says that there are thirteen points proving that the *Paraqleeta* is a Prophet that was predicted to come after Jesus:

1. Jesus said, "If you love me, keep your commandments." He then said that *Paraqleeta* was the Prophet to come and he feared that his followers might not believe in him. So it is unreasonable to say that he was talking about the Holy Spirit because they (were very familiar with it) knew that very well. Furthermore, the Holy Spirit descends into the heart and there is no way to deny it.

2. The spirit is absolutely united with the father and with the son because of the unity of the divinity (according to them). Therefore it is not possible to say of it "another Paraqleeta", but it is possible to use the phrase for a Prophet.

3. Power of attorney and intercession are of the qualities of the Prophets and not of those of the Holy Spirit that is united with Allah (ﷻ) (according to them).

4. Jesus said, "He will remind you of what I have said to you." It has not been proven from the New Testament that the scribes had forgotten what Jesus (peace be upon Him) had said to them and that the spirit descending on the fiftieth day reminded them.

5. Jesus was telling the scribes about an event that was still to come. He said, "I am telling you about that matter before it takes place, so that you believe in it when it comes." (John14:29)

6. Jesus said about the *Paraqleeta* that "he shall testify for me". The spirit did not testify for him before anyone because his scribes were in no need for such testimonial since they knew Jesus very well. Neither did the spirit testify for him before the disbelievers. Muhammad (ﷺ), on the contrary, testified for Jesus and believed in him. He also declared him innocent of alleging godhood and declared his mother (Mary) innocent of the accusation of adultery by the Jews.

7. Jesus said, "And you also shall bear witness". This is explicit evidence that the witness of *Paraqleeta* was not the same as that of the scribes, whereas the witness of the spirit was not different from that of the scribes.

8. Jesus associated the advent of *Paraqleeta* with his departure and it is known that the spirit descended to them in Jesus' presence when he sent them to the towns of Israel. Therefore, the descent of the spirit was not dependent on Jesus' departure whereas the advent of Muhammad (ﷺ) was associated with Jesus' departure.

9. Jesus confirmed that one of the *Paraqleeta's* teachings is that "he will reprimand the world of sin" and there is no one who accused the people of the world of sin more than Muhammad (ﷺ) did. He warned all mankind and scolded them because of sin; particularly the Arab pagans, Indian and Turkish polytheists, the Magus, and the people of the scripture (Christians and Jews).

10. Jesus justified the reprimand. He said, "As for the sin, it is because they do not believe in me." However, it is known that the disciples believed in Jesus, therefore they needed no reproof. Furthermore, the spirit did not appear to anyone to scold him and that should be a Prophet who would come to the people and reprimand them.

11. Jesus said, "I have yet many things to say unto you, but you cannot bear them now. Then when he comes, the spirit of the truth, he

will guide you to the whole truth?" It is known that the Holy Spirit still has not descended on them with the obligations and laws that they could not bear. However after Jesus departed, they did reject the law of Saturday, the prohibition of pig meat and most of the rules of the Torah. So *Paraqleeta* meant a Prophet whose law (Shari'ah) would have new rules in addition to those of the Torah and that would make it unbearable for those of weak faith.

12. The *Paraqleeta* would not speak by himself, but he would speak of that which he would hear. That was not the case of the spirit which was united with Allah, but it was the case of Muhammad (ﷺ) about whom Allah (ﷻ) says:

﴿وَمَا يَنطِقُ عَنِ ٱلْهَوَىٰٓ ۝٣ إِنْ هُوَ إِلَّا وَحْىٌ يُوحَىٰ ۝٤﴾ [النّجم: ٣-٤]

﴿Nor does he speak of [his own] desire. It is only a Revelation revealed.﴾ *(Qur'an 53:3-4)*

He said about himself:

﴿إِنْ أَتَّبِعُ إِلَّا مَا يُوحَىٰٓ إِلَىَّ﴾ [الأنعام: ٥٠]

﴿... I but follow only what is revealed to me...﴾

(Qur'an 6:50)

13. Jesus said, "Because he takes from what is mine." This is not possible about the Holy Spirit who is considered a perfect and ancient god (according to them). However, it can be said about a Prophet from mankind.

It can be added to these points that some Christians alleged that they were the *Paraqleeta* promised in the Gospel of John and that many people have followed them. A great Prophetic movement was established known as Montanosism taken from the name of Montanos who alleged that he was *Paraqleeta* and called the people to follow him. It is interesting to note that at that time nobody objected by saying that *Paraqleeta* was the Holy Ghost and not a human prophet.

2. The qualities of the Prophet (ﷺ)

There are more prophecies in the Book of Isaiah. One verse reads, "This is My slave that I support, and My choice about whom I am satisfied. I made My spirit on him and he makes My Justice manifest to the nations. He neither shouts nor raises his voice and his voice is not heard in the streets. He propagates the truth with honesty and will not forsake it until it prevails on earth and for his Shari'ah (laws) the lands are waiting." Ibn al-Qayyim commented on this verse and said, "Who else does this description suit but Muhammad ibn 'Abdullah. If all mankind on earth gathered together, they would not be able to mention another Prophet who had all these qualities; qualities which will remain in our Prophet's nation until the Day of Resurrection." He then begins to justify and show how this verse is consistent with the Prophet Muhammad (ﷺ). First he points out that the reference to "my slave" in the verse matches Allah's address to Muhammad (ﷺ) in the Qur'an:

﴿تَبَارَكَ ٱلَّذِى نَزَّلَ ٱلْفُرْقَانَ عَلَىٰ عَبْدِهِۦ لِيَكُونَ لِلْعَـٰلَمِينَ نَذِيرًا ۝١﴾

[الفرقان: ١]

﴾Blessed is He Who sent down the criterion [of right and wrong, i.e. this Qur'an] to His slave [Muhammad], that he may be a Warner to the *'Âlameen* [mankind and jinn].﴿

(Qur'an 25:1)

﴿سُبْحَـٰنَ ٱلَّذِىٓ أَسْرَىٰ بِعَبْدِهِۦ لَيْلًا مِّنَ ٱلْمَسْجِدِ ٱلْحَرَامِ إِلَى ٱلْمَسْجِدِ ٱلْأَقْصَا﴾

[الإسراء: ١]

﴾Glorified [and Exalted] is He [Allah] [Above all that (evil) they associate with Him] Who took His slave [Muhammad] for a journey by night from *al-Masjid al-Ḥarâm* [at Makkah] to *al-Masjid al-Aqsâ* [in Jerusalem]...﴿

(Qur'an 17:1)

The verse states that he is the "chosen" and that also conforms to the Prophet's saying: "Allah has chosen the Kinâ'nah from the children of Ishmael, and the Quraysh from Kinâ'nah, and then the Bani Ḥâshim from Quraysh, and has chosen me from Bani Ḥâshim." The claim that he does not shout or laugh loudly corresponds with what 'Â'ishah said about Muhammad (ﷺ): "Allah's Messenger was never seen laughing loudly, he only smiled."

The verse also states, "I made My spirit on him." These words reflect what Allah (سبحانه وتعالى) says about Muhammad (ﷺ):

﴾And thus We have sent to you [O' Muhammad] *Rooḥ* [a Revelation, and a Mercy] of Our Command...﴿

(Qur'an 42:52)

In addition, the Prophet is the only one that can claim that the description, "he makes My Justice manifest to the nations" and prove that it corresponds to him. Allah (سبحانه وتعالى) says to Muhammad (ﷺ):

﴿فَلِذَٰلِكَ فَٱدْعُ ۖ وَٱسْتَقِمْ كَمَآ أُمِرْتَ ۖ وَلَا تَتَّبِعْ أَهْوَآءَهُمْ ۖ وَقُلْ ءَامَنتُ
بِمَآ أَنزَلَ ٱللَّهُ مِن كِتَٰبٍ ۖ وَأُمِرْتُ لِأَعْدِلَ بَيْنَكُمُ﴾ [الشورى: ١٥]

﴾So unto this [religion of Islam alone and this Qur'an] then invite [people] [O' Muhammad], and stand firm [on Islamic Monotheism by performing all that is ordained by Allah [good deeds], and by abstaining from all that is forbidden by Allah [sins and evil deeds], as you are commanded, and follow not their desires but say: "I believe in whatsoever Allah has sent down of the Book [all the holy Books, — this Qur'an and the Books of the old from the *Tawrât* (Torah), or the *Injeel* (Gospel) or the Pages of Ibraheem (Abraham)] and I am commanded to do justice amongst you...﴿

(Qur'an 42:15)

Finally, the statement "he propagates truths with honesty" conforms to what Allah (ﷻ) says in the Qur'an:

﴿وَدَاعِيًا إِلَى ٱللَّهِ بِإِذْنِهِۦ وَسِرَاجًا مُّنِيرًا ﴿٤٦﴾﴾ [الأحزاب: ٤٦]

﴾O' Prophet [Muhammad]! Verily, We have sent you as a witness, and a bearer of glad tidings, and a Warner. And as one who invites to Allah [Islamic Monotheism, i.e. to worship none but Allah (Alone)] by His Leave, and as a lamp spreading light [through your instructions from the Qur'an and the Sunnah — the legal ways of the Prophet].﴿

(Qur'an 33:45-46)

3. The place of revelation of the Prophet (ﷺ)

"The Lord (Lord) came from Sinai, shone from Sa'ir and glared from Faran." (Deuteronomy 33:2)

Faran is Makkah. This is known because the Torah says about Ishmael: "Allah has been with the lad while he grew up and settled in the wilderness. He was a bowman who settled in the wilderness of Faran and then took a wife from Egypt." (Genesis 21:20, 21) 'Ali ibn Rabân aṭ-Ṭabari believes that "Lord" here means the Prophet (ﷺ) who came out of Faran. The Arabs used the word *Rabb* (Lord) to refer to Allah but it also can mean "man" in a phrase like "the Lord of the house." As-Samaw'al says almost the same thing. He states, "Making reference to these places, which were the locations of Prophets, require the sensible people to look for a sound and reliable interpretation." Those who studied the prophecies and commented on them interpreted that "Allah has sent down the Torah in Sinai, the

Gospel in Sa'ir and the Qur'an to the Prophet Muhammad (ﷺ) in the wilderness of Faran (Makkah)".

Ibn Taymiyah said that the revelation of the Torah was like the dawn; the Gospel was like the shining of the sun and the Qur'an was like a clear sun in the middle of the sky. That is why the Prophet Muhammad (ﷺ) is called "a lamp spreading the light" imperiously needed by mankind. He also associated this prophecy with what Allah (ﷻ) mentioned in the Qur'an; "by the fig and olive, by Mount Sinai, by this city of security..." (*Soorah at-Teen* 1-3) Allah (ﷻ) swears by the fig and olive referring to the land where they grow (Sham) and where the Gospel was revealed. Then He swears by Mount Sinai; the Mount where Allah spoke directly to Moses (عليه السلام), and He (ﷻ) swears by the secured city Makkah where Abraham settled his son Ishmael and his mother. Ibn Taymiyah also said that the order in which these places are mentioned is a chronological one in the Torah, whereas it is an order of preference in the Qur'an.

It can also be said that the prediction of a coming revelation in Sa'ir is not restricted only to Jesus because most of the Prophets sent to the Children of Israel came from Palestine. This was mentioned in the Old Testament and the Qur'an and the contemporaries of Jesus came from there like Zachariya and John. Similarly, Palestine was not restricted to the revelation of the Gospel alone since the Psalms of David were revealed there too.

4. The advent of the Prophet

The Lord says to Moses, "I will make them a Prophet from among their brothers, like you, and I will make my speech in his mouth. He says to them all that I command him. Any man who does not follow the speech he says in My Name will be punished." (Deuteronomy 18:18, 19) This prophecy is consistent with the Prophet Muhammad (ﷺ) for several reasons.

1. It states that the expected Prophet is from the brethren of the Children of Israel, and Muhammad (ﷺ) is the only one who falls under this condition.

2. The expected Prophet is like Moses (عليه السلام) and the similarity between Moses (عليه السلام) and Muhammad (ﷺ) are many.

— Their nations were similar. The Children of Israel used to be scattered in Egypt and subjected by its kings. Moses gathered them and they became a nation who managed to establish a kingdom. This is similar to the case of Arabs before Islam. They used to be different tribes fighting each other. Islam united them and they dominated the world.

— Their personalities were the same. They were both leaders who were obeyed by their followers and both were called Allah's slave.

— Their laws were comparable. Both systems included civil policies, required purity for worship, and taught major ritual washing in the event of major ritual impurity such as woman's menses and childbirth. They also embrace the banning of pork meat, sacrifices to idols, eating dead animals and blood. They both command punishment for adultery, and both call for holy war (Jihâd).

3. The disbeliever in this Prophet will be punished. There is no known punishment for someone who disbelieved in a Prophet after Moses (عليه السلام) except the disbelievers in Muhammad (ﷺ), particularly the followers of Moses; e.g. Banu Quraythah, Banu an-Naḍeer, and the people of Fadak and Khaybar.

The Jews and Christians reject this as a prophecy for Muhammad (ﷺ); the Jews apply it to Joshua and the Christians apply it to Jesus. However this can be proved false based on the following points:

— Both Joshua and Jesus were from the Children of Israel and not from their brethren. The Torah states that there was no Prophet after Moses like him from the Children of Israel.

— Neither one of them was similar to Moses. In regards to Joshua it is important to point out that he was not a Prophet, he had no general law but was subject to the rules of the law of Moses, and he was a contemporary of Moses whereas the prediction was for someone to come after Moses. As far as Jesus was concerned, they were not similar because Moses was not considered a god by his followers, but a slave. According to the Christian faith Jesus was killed and crucified as a saviour and Moses was not. Also he was cursed after his death, and Moses was not. Jesus went to Hell after his death to save the tormented and he was born of a mother without a father and had neither a wife nor children. Moses had a mother and father as well as a wife and children. Jesus' Shari'ah (law) does not include ordained punishments, rules of major ablution, purity, prohibited foods and drinks like that of Moses. Jesus was not an obeyed leader of his people like Moses was.

Finally, there is prediction concerning the description of the nation of Muhammad (ﷺ) in Isaiah, Book 42: "I tell you of the news to come. Chant a new song for the Lord, a glorification from the remotest parts of earth. Oh, explorers of the seas and what is in them! O' islands and their inhabitants! The wilderness and its towns and the pens inhabited by Qaydar should raise their voices. The people of the rock should cry from the tops of the mounts to glorify the Lord and tell about his praises in the islands."

Qaydar is a Semitic name meaning "the capable" or "the black". It is a name given to Ishmael's second born who was the ancestor to the most famous Arab tribe and from his name their country was called the Land of Qaydar. Ibn al-Qayyim therefore asks the following questions. "Who are the dwellers of the wilderness, other than the nation of Muhammad (ﷺ)? Who is Qaydar other than the son of Ishmael, the Prophet's grandfather? Who were the inhabitants of the caves and tops of the mounts, but the Arabs? And who is the one whose fame has remained forever?"

Raḥmatullâh explained this prophecy and showed how it is consistent with the nation of the Prophet Muhammad (ﷺ). He said, "The new glorification is the new method, Muhammad's Shari'ah (law), and crying from the top of mounts refers to the special rituals performed during Ḥajj when millions of people shout, 'Here I am, oh my Great God, answering your call.' It is a well known fact that the earth (land, sea and islands) has never been filled with glorification and praises until after the advent of Muhammad (ﷺ). The whole earth was purified for his prayers and a mosque for him. Now the Muslims perform prayer five times a day all over the world.

The Fourth Theme:

The Prophet's Conduct and Morals

The evidence of prophethood in Islam stands alone in this theme. Never before the advent of Muhammad was moral perfection used as evidence of prophethood. There are various reasons for that moral perfection that can be considered as proof. First of all, it is the Holy Qur'an which praises the Prophet's morals. Allah (ﷻ) says:

﴿وَإِنَّكَ لَعَلَىٰ خُلُقٍ عَظِيمٍ ۝٤﴾ [القلم: ٤]

﴾And Verily, you [O' Muhammad] are on an exalted [standard of] character.﴿ *(Qur'an 68:4)*

The Prophet's good morals and conduct made his Companions gather around him. Allah (ﷻ) says:

﴿وَلَوْ كُنتَ فَظًّا غَلِيظَ ٱلْقَلْبِ لَٱنفَضُّوا۟ مِنْ حَوْلِكَ﴾ [آل عِمرَان: ١٥٩]

﴿... And had you been severe and harsh-hearted, they would have broken away from about you...﴾ *(Qur'an 3:159)*

Also, the perfect character is in itself a miracle, and many people may try hard to achieve it but can not. The perfect morals require truthfulness which in turn obliges one to accept whatever is said. Since the most important element in prophethood is informing and accepting what is given, then perfect character is evidence of someone being a Messenger.

In addition, the confirmation of the Prophet's perfect morals and conduct answers the criticisms of his accusers that he had bad morals that made him unqualified to have the honour of Prophethood. The Prophet's moral perfection was the strongest evidence that obliged many people to believe in Muhammad (ﷺ), even before they witnessed a tangible miracle. Examples are Khadeejah (the Prophet's first wife), Abu Bakr, 'Ali and others (may Allah be pleased with them all).

1. The perfection of qualities

The Prophet (ﷺ) had a smiling face that made him loveable to the people who submitted to him and followed him. He was also wise, discerning, and patient. Severe trials used to make him stronger. He had no interest in the worldly pleasures. He was the example of modesty. He was kind to all, and he used to walk in the markets and sit on the ground. He could only be distinguished from his Companions by his shyness and silence.

One of the Prophet's most honourable attributes was his extreme tolerance. The Arabs showed him hatred and animosity but that made him even kinder and more merciful. He never showed wrath or took vengeance unless it was for Allah's sake. He fulfilled the promise and kept the covenant.

2. The virtues of the Prophet's speech

1. He had tremendous wisdom and such comprehensive knowledge that it surprised his contemporaries.

2. He had the strong ability to learn by heart and never forgot one single part of his Message.

3. He explained his laws and teachings with very clear proofs.

4. He impelled his people to have virtues and good conduct, and forbade jealousy, hatred and all that is abominable.

5. He gave a clear answer whenever asked and a strong proof whenever he argued.

6. He kept his tongue from altering or perverting speech, and he became known as truthful.

7. He expressed what he wanted in a perfect manner.

8. He was the most eloquent person whose words were clear and lucid.

3. The virtues of the Prophet's deeds

1. He had the best manners.

2. He combined at the same time showing mercy (for followers) and instilling awe (in the opposition).

3. His Shari'ah (law) is a just one; moderate since it falls between excess and negligence.

4. He took from this world just what is sufficient.

5. He explained his teachings and the rule of worship in such a clear manner that no law other than his is required.

6. He combined an invitation to the religion with arguments with his readiness to fight the enemies until he was victorious.

7. He was courageous when fighting and had a strong desire to rescue the needy and the frightened.

8. He showed exemplary generosity.

It is noteworthy that considering the Prophet's conduct and moral as an evidence of prophethood is not limited to the believers from the Arabs. The most famous story in this respect is the dialogue between Abu Sufyân and the Roman king Heraclius. Ibn 'Abbâs (رضي الله عنه) narrated this story from Abu Sufyân who told it to him personally.

"I set out during the truce that had been concluded between me and Allah's Messenger (ﷺ). While I was in Shâm, Duhya al-Kalbi brought the letter of Muhammad (ﷺ) to the governor of Baṣra who forwarded it to Heraclius. Heraclius said, 'Is there anyone from the people of this man who claims to be a Prophet?' The people replied that there was. So along with some other Qurayshi men I was called and we entered upon Heraclius and were seated in front of him. Then he asked, 'Who amongst you is the nearest relative to the man who claims to be a Prophet?' "

"I (Abu Sufyân) replied, 'I am the nearest relative to him from amongst the group.' So they made me sit in front of him and made my companions sit behind me. Then he called upon his interpreter and told him, 'Tell them (Abu Sufyân's companions) that I am going to ask him (Abu Sufyan) regarding that man who claims to be a Prophet. So if he tells me a lie, they should contradict him (instantly)!' By Allah, had I not been afraid that my companions would consider me a liar, I would have told lies."

"Heraclius then told to his interpreter to ask me, 'What is his (that is the Prophet's) family status amongst you?' I said, 'He belongs to a noble family from among us.' Herclius asked, 'has anyone from among you claimed the same thing?' I said, 'No." Heraclius then asked, 'Was any of his ancestors a king?' I said, 'No.' He asked, 'Do the nobles follow him or the poor people?" I said, "It is the poor who follow him." He asked, 'Is the number of his followers increasing or decreasing?' I said, 'They are increasing.' He asked, 'Does anyone renounce his religion (that is Islam) after embracing it?' I said. 'No.' He asked, 'Did you ever accuse him of telling lies before he began to say what he has said?' I said, 'No.' He asked, 'Does he ever betray?' I said, 'No, but now we are away from him in this truce and we do not know what he will do in it.'" Abu Sufyân added, "By Allah, I was not able to insert in my speech a word (against him) except that."

"He asked, 'Did you fight with him?' I said, 'Yes.' He asked, 'How was your fighting with him?' I said, 'The fighting between us was undecided and victory was shared by him and us in turns. He inflicts casualties upon us and we inflict casualties upon him.'"

"What does he command you to do?" I said, "He commands us to worship Allah alone and not to associate any other with Him. He orders us to leave what our fathers believed in, and he commands us to pray, be honest, be ascetic and good to our kin."

"Then Heraclius told me the following through his interpreter. 'I first asked you about his family status amongst you. Verily all Messengers come from the noblest family among their people. Then I asked you whether anyone had said this statement before him; and you denied that. Thereupon I thought, if somebody had said that statement before him, then I would have said that he was but a man copying some sayings said before him. Then I asked you whether any of his ancestors was a king, and you denied that. Thereupon I thought that if one of his forefathers had been a king, I would have said that he was seeking to rule the kingdom of his forefathers. Then I asked whether you have ever accused him of telling lies before he said what he said, and your reply was in the negative. Therefore, I took for granted that a man who did not tell a lie about others would never tell a lie about Allah (ﷻ). Then I asked you regarding his followers, whether they were the noble or the poor among the people, and you said that they were only poor (who follow him). In fact, such are the followers of Messengers. Then I asked you whether his followers were increasing or decreasing. You claimed that they were increasing, and that is the way of true faith till it is complete. Then I asked you whether anyone of his followers had renounced his religion after embracing it being displeased with it, and you denied that. Such is faith when its delight enters the heart and mixes with it completely. Then I asked you whether he has ever betrayed anyone; you claimed that he had never betrayed. Indeed, Messengers never betray. Then I asked you what he ordered you to do and you said that he ordered you to offer prayers and not to associate any other with Him and that he forbade you from the worship of the idol and he ordered you to be chaste and honest! If whatever you have said is true, then his kingdom will expand to what is under my feet! I had known that he [that is the Prophet (ﷺ)] was going to appear, but I never thought that he would be from among you. If I were certain that I could reach him, I would like to meet him and if I were with him I would wash his feet.'"

"Then Heraclius asked for the letter of Allah's Messenger (ﷺ) to read it." The following letter was read.

"In the Name of Allah, the Most Gracious, the Most Merciful.

(This letter is) from Muhammad (ﷺ), the slave and messenger of Allah, to Heraclius the sovereign of Byzantine.

Peace be upon him who follows the right path. Now then, I call you to embrace Islam. Embrace Islam and you will be saved (from

Allah's punishment). Embrace Islam and Allah will give you a double reward. If you reject this, you will be responsible for the sins of the Arians (people of his kingdom). Allah (ﷻ) says: ﴾O' people of the scripture [Jews and Christians]! Come to a word that is just between us and you, that we worship none but Allah [Alone] and not associate others with Him and not to take each other as Lords. If they renounce this, then say: We testify that we are Muslims﴿."

Abu Sufyân continued, "When he finished reading the letter, voices grew louder near him and there was a great hue and cry and we were ordered to go out." Abu Sufyân added, "While coming out I said to my companions, the matter of Ibn Abu Kabshah [that is Muhammad (ﷺ)] has became so prominent that even the King of the Romans is afraid of him. So I continued to believe that Allah's Messenger (ﷺ) would be victorious, till Allah made me embrace Islam."

Such were the morals of the Prophet Muhammad (ﷺ) and such were the testimonials of his enemies before his friends.

Transliteration Chart

أ	a
آ . ى	â
ب	b
ت	t
ة	h or t (when followed by another Arabic word)
ث	th
ج	j
ح	ḥ
خ	kh
د	d
ذ	dh
ر	r
ز	z
س	s
ش	sh
ص	ṣ
ض	ḍ
ط	ṭ

ظ	<u>dh</u>
ع	‘
غ	gh
ف	f
ق	q
ك	k
ل	l
م	m
ن	n
هـ – ه – ـه	h
و	w
و (as a long vowel)	oo
ي	y
ي (as a long vowel)	ee
ء	’ (Omitted in initial position)

َ	Fatḥah	a
ِ	Kasrah	i
ُ	Ḍammah	u
ّ	Shaddah	Double letter
ْ	Sukoon	Absence of vowel

Glossary

Al-'Âlameen	العالمين	: The Worlds: Mankind, jinn and all that exist.
Al-Fâtiḥah	الفاتحة	: Opening *Soorah* (chapter) of the Qur'an.
Al-Ḥawâriyoon	الحواريون	: 'Eesa's disciples (Grammar: Subjective case of *Ḥawâriyeen*).
Al-Ḥikmah	الحكمة	: Lit. Wisdom; the Sunnah.
Al-Iḥsân	الإحسان	: Perfection of faith, Beneficence.
Al-Lât and 'Uzza	اللات والعزّى	: Idols of the Pre-Islamic era.
Al-Ma'roof	المعروف	: Every deed that is good.
Al-Muḥsineen	المحسنين	: Pious, good-doers, righteous (Grammar: Objective case of *Muḥsinoon*).
Al-Munkar	المنكر	: Every deed that is bad.
Al-Mushrikeen	المشركين	: Polytheists, pagans (Grammar: Objective case of *Mushrikoon*).
Anṣâr	أنصار	: Helpers of the Prophet Muhammad in Madeenah.
Aṣ-Ṣâbiroon	الصابرون	: The patient (Grammar: Subjective case of *Ṣâbireen*).
Aṭ-Ṭayyibât	الطيبات	: Every thing (food and drink) that is good and legal.

Auliya'	أولياء	: Saints, helpers, protectors.
Âyât	آيات	: Signs, proofs, evidences, verses, lessons, revelations, etc.
Burhâns	براهين	: Signs, evidences, miracles, proofs.
Dhâlimoon	ظالمون	: Wrong-doers, oppressors (Grammar: Subjective case of *Dhâlimeen*.
Dhikr	ذِكر	: Remembrance of Allah.
Fiqh	فِقْه	: Islamic jurisprudence.
Ghayb	غَيْب	: The unseen.
Ghulool	غُلول	: Taking from the booty without legal right.
Ḥajj	حَج	: Pilgrimage to Makkah in the month *Dhul-Ḥijjah*, one of the five pillars of Islam.
Iblees	إبليس	: The devil, Satan.
Imâmah	إمامة	: Leadership.
Istawâ	إسْتوى	: Rose over.
Jihâd	جِهاد	: Lit. Struggling; Fighting in the cause of Allah.
Jizyah	جِزْيَة	: Tax paid by non-Muslim for living safely in the Islamic state.
Ka'bah	الكعبة	: The Holy House in Makkah.
Kâfireen	كافرين	: Disbelievers (Grammar: Objective case of *Kâfiroon*).
Miḥrâb	مِحراب	: Place of worship inside a mosque.
Muhâjireen	مهاجرين	: Emigrants.

Mujrimeen مُجرمين : Wrongdoers, criminals.

Nabi نبي : Prophet.

Nawâfil نوافل : Sing. *Nafl*; preferable Sunnah acts, supererogatory.

Nutfah نُطفَة : Mixed sexual discharge.

Qiblah قِبْلة : The direction of prayer (i.e. towards Ka'bah).

Qiṣâṣ قِصَاص : Equality law for murder, punishment, requital.

Rooḥ al-Qudus الروح القُدس : Jibreel (Gabriel).

Ṣaḥeeḥ صحيح : Authentic hadith, a book of compiled authentic *aḥâdeeth.*

Sakinah سَكينة : Tranquility.

Salsabeel سَلسَبيل : A spring in Paradise.

Shari'ah الشريعة : Islamic law.

Shayâṭeen شياطين : Devils.

Ṣiddiqeen صِدِّيقِين : Faithful believers.

Sunan سُنن : Ways of the Prophet Muhammad.

Ṭâghoot طاغوت : Anything worshipped besides Allah, a false god.

Tawḥeed توحيد : Monotheism.

Ummah أُمّة : Nation, community.

Wali والي : Protector, helper.

Zakah زكاة : Poor-due, one of the pillars of Islam.